Précis De Microscopie: Technique, Expérimentation, Diagnostic...

Maurice Langeron

Collection de Précis Médicaux

(Volumes in-8° cartonnés, toile souple.)

Cette collection s'adresse aux étudiants pour la préparation aux examens, et à tous les praticiens qui, à côté des grands traités, ont besoin d'ouvrages concis, mais vraiment scientifiques, qui les tiennent au courant. D'un format maniable, élégamment cartonnés en toile anglaise souple, ces livres sont très abondamment illustrés.

PRÉCIS

DE MICROSCOPIE

PRÉCIS

DE

MICROSCOPIE

TECHNIQUE — EXPÉRIMENTATION — DIAGNOSTIC

PAR

LE Dr M. LANGERON

Chef des travaux de parasitologie à l'Institut de médecine coloniale,
Préparateur à la Faculté de Médecine de Paris.

—

PRÉFACE PAR M. LE PROFESSEUR R. BLANCHARD
Membre de l'Académie de médecine.

—

DEUXIÈME ÉDITION ENTIÈREMENT REFONDUE
AVEC 292 FIGURES DANS LE TEXTE

—

PARIS
MASSON ET Cie, ÉDITEURS
LIBRAIRES DE L'ACADÉMIE DE MÉDECINE
120, BOULEVARD SAINT-GERMAIN
—
1916

PRÉFACE

DE LA PREMIÈRE ÉDITION

Voilà dix ans déjà que le Dr Langeron est entré au Laboratoire de Parasitologie de la Faculté de Médecine de Paris, en qualité de préparateur; ses travaux de botanique m'étaient connus, je savais trouver en lui un naturaliste habile et consciencieux et attacher à mon Laboratoire un précieux auxiliaire. Mon attente n'a pas été trompée : il est devenu un très habile micrographe, un technicien consommé et, lorsqu'il me devint possible de lui confier la direction des travaux pratiques de Parasitologie de l'Institut de Médecine coloniale, je savais que les élèves trouveraient en lui le guide le plus dévoué et le démonstrateur le plus expérimenté.

L'autorité qu'il a acquise dans ce rôle, ainsi qu'auprès des élèves du Laboratoire, m'a depuis longtemps engagé à lui suggérer l'idée d'écrire un ouvrage de technique micrographique. Sur mon insistance, il finit par en accepter l'idée, puis en ajourna l'exécution, sous prétexte de connaissances insuffisantes, en réalité par un sentiment d'excessive modestie. J'insistai encore, et il finit par entendre raison.

Le livre que j'attendais de lui, et que j'ai le grand plaisir de présenter au public médical, est incorporé par l'éditeur à une bibliothèque de *Précis* de médecine, mais je ne crains pas de dire qu'il a plutôt l'importance d'un *Traité*, en ce sens que, bien loin d'être un livre élémentaire, il aborde et expose dans toute leur ampleur les diverses questions ou scientifiques ou pratiques qui sont de nature à intéresser tous ceux qui travaillent dans les laboratoires d'histologie, de zoologie, de botanique, de parasitologie, en un mot et d'une façon plus générale, dans les établissements où l'on étudie l'une ou l'autre des branches multiples qui sont du ressort de la Biologie.

Les livres de technique microscopique sont nombreux déjà, mais presque tous, et les plus prétentieux sont ceux qui présentent le plus ce caractère, s'obstinent à répéter, en se copiant les uns les autres, des formules surannées et des méthodes désuètes. M. Langeron a eu le mérite de couper court avec tout ce fatras et de ne s'en tenir qu'aux procédés vraiment nouveaux, avec lesquels il est très familiarisé et dont la valeur relative lui est bien connue. Ce qu'il indique, il l'a appliqué lui-même nombre de fois, et l'on peut s'en rapporter à ses appréciations, car elles sont le fruit de sa propre expérience. Ce que je dis là n'est pas seulement vrai pour la technique micrographique : c'est tout aussi exact en ce qui concerne la partie instrumentale et la partie expérimentale de son ouvrage.

C'est donc, dans toute la force du terme, un livre vécu et longuement mûri que j'ai mission de présenter aux amis des sciences médicales et naturelles. Ce livre ne fait double emploi avec aucun autre, parce qu'il est conçu sur un plan entièrement nouveau et parce que, dans chacun de ses chapitres, il porte l'empreinte de son

auteur. Il va devenir indispensable dans tous les laboratoires de biologie et il sera, dans une large mesure, un
instrument de progrès scientifique. En effet, grâce à un
tel guide, se trouvent mises à la portée de chacun des
méthodes perfectionnées, souvent délicates, mais d'un
résultat certain, à la condition de suivre à la lettre les
prescriptions formulées par l'auteur et les tours de main
dont une longue expérience lui a démontré les avantages. Le succès sur lequel je compte pour cet ouvrage
viendra démontrer que je n'ai pas apprécié d'une façon
trop élogieuse les mérites du Dr Langeron et que j'ai eu
raison de lui proposer d'écrire un tel livre, dont le
besoin se faisait depuis longtemps sentir.

R. BLANCHARD,

Professeur de parasitologie
à la Faculté de Médecine de Paris.

AVERTISSEMENT

DE LA DEUXIÈME ÉDITION

La guerre a retardé d'un an l'apparition de cette deuxième édition, c'est pourquoi elle vient si longtemps après l'épuisement de la première. Celle-ci a été accueillie avec tant de faveur qu'un court intervalle aurait dû séparer la publication des deux éditions successives. Pourtant, de profonds remaniements s'imposaient, tant pour présenter des méthodes nouvelles et importantes que pour mettre à profit certaines critiques judicieuses. En même temps, il était nécessaire de ne pas augmenter sensiblement l'épaisseur du volume, aussi me suis-je efforcé d'alléger le texte et de me limiter rigoureusement aux méthodes fondamentales et éprouvées.

Dans la première partie les modifications sont peu importantes. Elles ont consisté à supprimer tout ce qui paraissait superflu. Toutefois l'aspect de cette partie est sensiblement modifié, parce que j'ai enlevé, autant que possible, toutes les figures représentant des instruments de provenance austro-allemande. J'ai dû pourtant en conserver quelques-unes ainsi que bon nombre d'indications, car ces microscopes sont très répandus dans les laboratoires. Toutes ces figures ont été remplacées par d'autres, représentant des instruments de fabrication française.

Dans la seconde partie, j'ai remanié complètement ce qui a trait à la fixation, au mordançage et à la théorie des colorations, en donnant une grande importance au rôle des phénomènes de réduction et d'oxydation. J'ai signalé quelques techniques nouvelles : emploi de la ligroïne pour l'inclusion à la paraffine (P. Masson); emploi des colorants acides nitrés (Semichon); nouvelle méthode rapide de Giemsa; May-Giemsa acide acétique et panchrome-acide picrique pour les coupes (Pappenheim); enfin j'ai décrit la méthode au vert de méthyle-pyronine, passée sous silence dans la première édition.

C'est surtout dans la troisième partie que j'ai été amené à faire des modifications importantes, notamment au chapitre des Protozoaires. Voici les principales nouveautés : recherche des kystes d'Amibes, détermination de l'indice endémique en pays paludéen, culture des *Plasmodium* et organismes voisins, recherche des Flagellés du tube digestif, xénodiagnostic, nouveaux détails sur les cultures de Flagellés. Le chapitre des organismes spiralés a été complètement transformé; on y trouvera la méthode de Ross à la gelée et le procédé de Fontana, avec les modifications de Tribondeau; par contre j'ai éliminé sans pitié les méthodes inutiles ou désuètes. J'ai consacré beaucoup de détails à l'étude des Microfilaires sanguicoles et j'ai fait une critique aussi serrée que possible des procédés compliqués de l'école allemande.

En coprologie, j'ai adopté, pour l'examen des selles, une méthode dérivée de celle de Telemann et j'ai insisté sur l'emploi de la lumière polarisée.

Enfin, j'ai introduit un peu partout une foule de modifications de détail avec de nouvelles figures et de nombreuses indications bibliographiques. J'ai cru bon de terminer l'ouvrage par une liste des réactifs et instruments les plus indispensables avec indication des quantités nécessaires.

Telle est cette seconde édition qui, je l'espère, pourra rendre de nouveaux services aux travailleurs. Un ouvrage de ce genre n'a d'intérêt que par son actualité. En effet, à côté d'un fond de doctrine bien assis et presque immuable, il renferme l'élément éminemment changeant des techniques spéciales. Celles-ci naissent en grand nombre, se transforment rapidement, s'améliorent ou souvent disparaissent. Lorsqu'un livre comme celui-ci est accueilli avec faveur, les éditions peuvent se succéder assez rapidement pour être toujours au courant des nouveautés vraiment utiles. C'est pourquoi je souhaite pour cette deuxième édition un succès égal à celui de la première.

31 décembre 1915.

M. Langeron.

TABLE DES MATIÈRES

DEUXIÈME PARTIE

MÉTHODES GÉNÉRALES. 223

TROISIÈME PARTIE

INTRODUCTION

DE LA PREMIÈRE ÉDITION

Le mot microscopie veut dire examen de toutes espèces d'objets, à l'aide du microscope.

Dans une matière aussi complexe, il faut faire un choix, sous peine de donner à l'ouvrage une étendue démesurée et d'accabler le novice sous la multitude des procédés. Je me suis donc attaché à faire ressortir les méthodes générales de travail et à décrire ce qu'on ne trouve pas dans les autres livres de technique microscopique.

Dans les ouvrages de ce genre, on laisse généralement de côté tout ce qui a trait au microscope et à son maniement, parce qu'on suppose ces notions connues du travailleur ou tout au moins faciles à connaître pour lui. Or il n'en est rien; tous ceux qui sont appelés à diriger des élèves savent que, la plupart du temps, ceux-ci ignorent totalement les principes les plus élémentaires de l'emploi du microscope. Aussi ai-je consacré un tiers de ce précis à la description du microscope et de son fonctionnement.

La seconde partie renferme l'exposé des méthodes générales de la microscopie. J'ai conservé celles qui m'ont paru réellement pratiques et d'une application sûre et facile. J'ai fait table rase des procédés surannés; j'ai laissé de côté tous ceux qui m'ont paru trop compliqués ou qui font double emploi avec les méthodes classiques. Mais, de ce que je ne cite pas une technique, il ne s'ensuit pas que je la désapprouve. Dans un ouvrage de ce genre, on ne peut tout dire; j'ai dû, pour ne pas dérouter le débutant, passer sous silence d'excellents procédés.

Les méthodes spéciales font l'objet de la troisième partie. C'est ici surtout que le choix s'impose; il est en même temps des plus difficiles, à cause des procédés particuliers. Chaque chercheur, qui s'est spécialisé dans une branche, a perfectionné la technique de cette branche et indiqué des tours de main qui peuvent être très précieux. Je donne le plus grand nombre possible de ces indications de détail, surtout pour les questions qui intéressent particulièrement le médecin et l'expérimentateur. Malheureusement je ne puis être complet et tout citer. Mon choix n'est pas guidé seulement par la valeur des méthodes, mais surtout par le désir d'être avant tout pratique. Aussi, dans mes indications bibliographiques, je ne mentionne que les ouvrages les plus récents et ceux qui me paraissent les plus utiles à connaître. J'ai dû laisser de côté, bien à regret, d'excellentes publications; le fait de ne pas citer n'implique donc, de ma part, ni oubli, ni désapprobation.

Je n'ai pas parlé de la technique des réactions humorales (agglutination et déviation du complément), parce que ces procédés ne font pas partie du domaine de la microscopie proprement dite; ils sont d'ailleurs exposés, d'une façon très détaillée, dans de nombreux ouvrages récents.

J'ai essayé et contrôlé moi-même presque toutes les méthodes que je décris. J'ai eu la bonne fortune de travailler dans des laboratoires très différents et de faire beaucoup de botanique et de systématique, avant de devenir zoologiste et parasitologue. J'ai donc eu l'occasion d'étudier des objets très variés et d'essayer beaucoup de techniques. Je sais par moi-même combien les débutants peuvent être désorientés, même dans de très bons laboratoires, faute de certaines indications pratiques. A plus forte raison le travailleur isolé, et particulièrement le colonial, peuvent être arrêtés par des obstacles, en apparence insurmontables, dont un mot d'éclaircissement les aurait délivrés, en leur permettant de poursuivre des travaux d'un grand intérêt.

La *valeur des procédés techniques*, même insignifiants en apparence, est donc très grande. Claude Bernard a dit excellemment que « dans l'investigation scientifique, les moindres procédés sont de la plus haute importance » et que « les plus grandes vérités scientifiques ont leurs racines dans les détails de l'investigation expérimentale ».

Mais que le débutant ne s'y méprenne pas; la perfection des procédés techniques n'est pas la condition essentielle des découvertes. Dans son admirable *Introduction à l'étude de la médecine expérimentale*, à laquelle je viens d'emprunter les lignes qui précèdent, Claude Bernard dit encore, au sujet de la découverte, qu'elle est « l'idée neuve qui surgit à propos d'un fait trouvé par hasard ou autrement » mais qu' « il n'y a pas de règles à donner pour faire naître dans le cerveau une idée juste et féconde ». Plus loin, il ajoute que « la méthode expérimentale ne donnera pas des idées fécondes à ceux qui n'en ont pas, elle servira seulement à diriger les idées chez ceux qui en ont », que « dans toutes les sciences, le plus grand nombre des hommes développe et poursuit les idées d'un petit nombre d'autres »; et il conclut en disant qu'*il ne saurait y avoir de méthode pour faire des découvertes*.

Pour bien montrer que la perfection des techniques n'est pas la cause des grandes découvertes, il suffit de rappeler la genèse de ces dernières dans le domaine de la microscopie. Les premiers maîtres, tels que Leeuwenhoek, Swammerdamm, Malpighi et tant d'autres, ont ouvert la voie en observant avec des lentilles rudimentaires et sans l'aide d'aucun colorant. Les travaux de Pasteur, fondement de nos connaissances actuelles, ont été effectués sans le secours des méthodes de coloration. Laveran a découvert les parasites du paludisme par de simples examens de sang à l'état frais. Schaudinn, qui avait pourtant à sa disposition l'arsenal moderne, est arrivé à voir le premier le Tréponème, en examinant simplement la sérosité fraîche des chancres. De même les Trypanosomes et les Spirochètes sanguicoles ont été découverts par des examens de sang à l'état frais. C'était bien simple, dira-t-on; mais encore fallait-il y penser. En effet, ce qui est difficile, ce n'est pas d'apercevoir des organismes très petits, c'est de *voir ce qui n'a pas encore été vu par d'autres*. Il faut penser à regarder, savoir voir, puis interpréter ce qu'on a vu; tout est là. Les grandes découvertes ont presque toujours été faites avec des moyens excessivement simples, compensés par une grande puissance d'observation; les perfectionnements de la technique sont venus ensuite, pour permettre de retrouver facilement les nouveaux objets découverts et d'étudier leur structure fine.

Le travail le plus difficile, en microscopie, c'est précisément le procédé d'examen le plus simple, à l'état frais ou par les colorations vitales. C'est là qu'il faut déployer tous les artifices d'éclairage et savoir observer. Avec de la patience et du soin, on réussit toujours une préparation colorée et on arrive sans trop de peine à la lire; il n'en est pas de même pour un simple examen entre lame et lamelle.

J'écris ceci pour le débutant, qui est souvent tenté de considérer la préparation définitive, montée et étiquetée, comme le but de ses efforts. S'il pense ainsi, il est tout à fait dans l'erreur. Les méthodes techniques, les bonnes préparations, ne sont pas la *fin* à laquelle il doit tendre, ce sont seulement les *moyens* qui lui permettront, dans le domaine de la microscopie, d'arriver à la connaissance de la vérité. Les bonnes préparations sont des documents précieux, qu'il faut conserver avec soin et accumuler en nombre aussi grand que possible; mais, en fin de compte, ce sont seulement des matériaux. Il faut ensuite les mettre en œuvre et, pour cela, il n'y a pas de méthode technique.

La puissance de la pensée et de l'observation sont les dons naturels nécessaires pour effectuer de grandes découvertes. Mais s'il n'est pas donné à tous d'en faire, tout observateur patient et consciencieux peut noter des faits, qui, lorsqu'ils sont bien observés, sont susceptibles d'éclairer singulièrement des questions mal connues. Pour s'exercer à observer, il n'est pas de meilleur moyen que de répéter les observations et expériences, publiées par des maîtres d'une autorité reconnue, sur un point quelconque de microscopie. On choisit ce point, suivant ses tendances personnelles et suivant le matériel dont on dispose. Il faut s'appliquer à vérifier minutieusement, dans les plus petits détails, toutes les particularités de morphologie et de biologie du sujet qu'on s'est proposé. Il est indispensable de s'astreindre à la plus scrupuleuse exactitude, en décrivant et dessinant tout ce qu'on observe. C'est seulement ainsi qu'on arrive à développer son acuité visuelle et son jugement.

En terminant cette introduction, je tiens à exprimer à mon excellent maître, le professeur R. Blanchard, toute ma reconaissance pour sa préface si bienveillante, et pour la libéralité avec laquelle il m'a ouvert sa riche bibliothèque. Je remercie tous ceux qui m'ont donné des renseignements ou des conseils. Deux excellents collègues et amis ont particulièrement droit à ma gratitude : le Dr E. Brumpt m'a généreusement prodigué une foule d'indications précieuses et inédites, puisées dans son trésor expérimental et a eu l'obligeance de revoir toutes mes épreuves; je dois au Dr P. Masson, outre de multiples détails, plusieurs méthodes rationnelles et sûres, qui méritent de devenir classiques.

Je souhaite que ce Précis vienne en aide aux nombreux travailleurs de bonne volonté que suscite le merveilleux essor des sciences naturelles, appliquées à la pathologie animale ou végétale. Le microscope n'est plus un instrument réservé aux seules recherches de science pure; il est devenu un moyen de diagnostic qu'il n'est plus permis de négliger. A ceux qui savent l'interroger, il révèle toujours des faits intéressants, et il procure, même aux plus modestes, des satisfactions qui compensent amplement les petits déboires de l'apprentissage.

Paris, 31 décembre 1912.

M. LANGERON.

PRÉCIS

DE

MICROSCOPIE

TECHNIQUE — EXPÉRIMENTATION — DIAGNOSTIC

PREMIÈRE PARTIE

LE MICROSCOPE
ET SES ACCESSOIRES

CHAPITRE PREMIER

PRINCIPE DU MICROSCOPE

Le microscope est un instrument d'optique qui permet de voir et d'étudier des objets que leur petitesse rend plus ou moins invisibles à l'œil nu ; il fournit de ces objets une image considérablement agrandie. Ce résultat est obtenu par des combinaisons de lentilles.

Le microscope est donc essentiellement constitué par deux systèmes de lentilles qui forment la partie optique et sont portées par un ensemble de pièces représentant la partie mécanique. Ce microscope correspond à ce que les physiciens nomment *microscope composé*, par opposition à la loupe ou *microscope simple*, constitué par une lentille ou par un système de lentilles fonctionnant comme lentille simple.

Un microscope, adapté aux besoins de la technique moderne, se compose d'une monture (*partie mécanique*), d'un appareil d'éclairage, d'objectifs et d'oculaires (*partie optique*), et enfin d'un certain nombre d'accessoires destinés aux mensurations, aux dessins, etc. Pour utiliser complètement les ressources que fournit le microscope, il est nécessaire de connaître la signification et l'emploi de chacune de ses parties.

Rappelons d'abord en quelques mots le principe sur lequel est fondé le microscope et donnons quelques définitions indispensables pour comprendre la construction de sa partie optique. Dans ces notions très sommaires, nous faisons intentionnellement abstraction de toute donnée mathématique, de façon à conserver à cet ouvrage son caractère exclusivement pratique.

Lentilles. — Les lentilles sont des instruments d'optique qui produisent la convergence ou la divergence des rayons lumineux. Elles sont construites en verre, sauf dans des cas particuliers. Elles sont limitées soit par deux surfaces courbes, soit par une surface plane et une surface courbe. Dans le premier cas, elles peuvent être biconvexes, ou encore convexes-concaves; dans le second cas, elles sont plan-convexes ou plan-concaves. Les lentilles à surfaces convexes sont dites encore positives, convergentes, collectrices ou grossissantes; les lentilles à surfaces concaves sont dites négatives, divergentes, dispersives et fournissent une image réduite. Dans le cas des lentilles convexes-concaves, c'est la surface à courbure la plus accentuée qui détermine les propriétés de la lentille.

Réfraction. — Ces propriétés des lentilles sont dues aux phénomènes de réfraction que subissent les rayons lumineux qui les traversent. Lorsqu'un rayon lumineux, dit rayon incident, arrive normalement à la surface d'une lame de verre à faces parallèles, il n'est pas dévié de son trajet rectiligne en passant de l'air dans le verre et du verre dans l'air. Au contraire, si ce rayon tombe obliquement sur la lame du verre, il est dévié de sa direction rectiligne, d'abord à son entrée dans le verre, c'est-à-dire au moment de son passage d'un milieu moins dense dans un milieu plus dense, puis au moment de sa sortie du verre et de son nouveau passage dans un milieu de moindre densité.

Cette déviation se nomme *réfraction.* La nouvelle direction que prend le rayon réfracté dépend de la densité du milieu traversé. Lorsque le rayon incident passe de l'air dans le verre, il se rapproche de la normale au point d'incidence; au contraire, lorsqu'il sort du verre pour repasser dans l'air, il s'éloigne de la normale. La figure 1 rend compte de ce phénomène. Soient *nn'* la normale au point d'incidence *b*, *ab* le rayon incident, *bc* la direction du rayon réfracté après passage d'un milieu moins dense dans un milieu plus dense (*bc* se rapproche de la

normale *nn'*), *cd* la direction du rayon réfracté après passage
d'un milieu plus dense dans un milieu moins dense (*cd* s'éloigne
de la normale *nn'*).

Réfraction dans les lentilles. — Dans les lentilles convexes,
les seules qui nous intéressent, la réfrac-
tion se produit suivant les mêmes lois.
L'étude sommaire de ces phénomènes
est indispensable pour comprendre les
propriétés des lentilles. Prenons d'abord
comme exemple une lentille plan-convexe (fig. 2). Supposons trois rayons
a, *b*, *c*, dont l'incidence est normale
par rapport à la face plane de la lentille.
Ces rayons ne seront pas réfractés ; ils
vont traverser la lentille, arriver à la
face convexe où leur sort est différent.

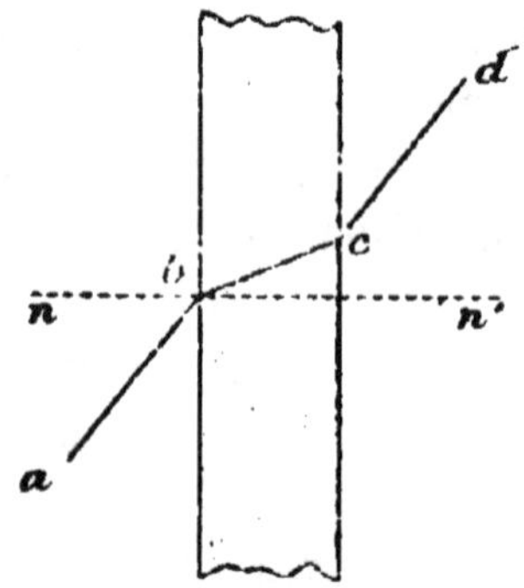

Le rayon *bn*, qui coïncide avec l'axe
de la lentille, n'est pas réfracté. Il se
comporte comme s'il sortait, au niveau

Fig. 1. — Réfraction à travers une lame de verre à
faces parallèles. *ab*, rayon
incident ; *bcd*, rayon réfracté ; *nn'*, normale au point
d'incidence *b*. — *Original.*

du point d'émergence, d'une facette plane, parallèle à la surface
d'incidence.

Les rayons *a* et *c* sont au contraire obliques par rapport à la
surface courbe de la lentille.
Ils vont donc être réfractés
et s'éloigneront de la normale *xy*, *x'y'* au point d'incidence, puisqu'ils passent
du verre dans l'air. Ils se
rapprochent de l'axe de la
lentille et vont venir couper
le rayon *bn* au point *f* (fig. 2).

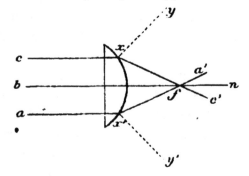

Fig. 2. — Réfraction, dans une lentille
plan-convexe. *a,b,c,* rayons incidents parallèles ; *xy, x'y'*, normales aux points d'incidence ; *xc' xa'*, rayons réfractés ; *f*, foyer
de la lentille. — *Original.*

Deux lois résultent de ces
considérations :

1° Tout rayon passant par
le centre d'une lentille n'est
pas réfracté ;

2° Tout rayon ne passant pas par le centre est réfracté : la
déviation est d'autant plus grande qu'il traverse la lentille en un
point plus éloigné du centre. Les rayons ainsi réfractés convergent tous en un point qui est le *foyer* de la lentille.

Foyer. — Le foyer est donc le point où viennent converger les rayons parallèles à l'axe, après avoir traversé la lentille.

On peut facilement s'en rendre compte en recevant sur une lentille plan-convexe ou biconvexe les rayons provenant d'une source lumineuse très éloignée, par exemple du soleil. Ces rayons sont parallèles et on les voit converger en arrière de la lentille en un point qui est à la fois très lumineux et très chaud, d'où le nom de foyer. Les rayons calorifiques suivent la même marche que les rayons lumineux.

Distance focale. — La distance focale est la distance qui sépare le foyer du centre de la lentille.

En réalité cette définition n'est pas exacte, car la distance focale est celle qui sépare les foyers des plans principaux de la lentille. Les plans principaux sont les plans perpendiculaires à l'axe de la lentille, au niveau desquels se coupent les rayons incidents et réfractés. Pratiquement nous ne pouvons pas tenir compte de cette marche réelle des rayons et nous compterons la distance focale à partir du centre de la lentille.

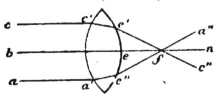

Fig. 3. — Réfraction dans une lentille biconvexe. *a,b,c*, rayons incidents; *f*, foyer; première réfraction en *a'* et *c'*; deuxième réfraction en *e'* et *c''*. — *Original*.

Nous avons, pour plus de simplicité, pris le cas d'une lentille plan-convexe. La marche des rayons est fondamentalement la même dans une lentille biconvexe (fig. 3). La seule différence est que les rayons subissent deux réfractions successives, la première en entrant dans la lentille, la seconde à la sortie, puisque ces rayons, sauf celui qui passe par l'axe optique, se trouvent être obliques par rapport aux surfaces convexes. Pourtant, dans les constructions très simples que nous avons à faire, nous négligerons ces deux réfractions et nous supposerons que les rayons incidents ne sont réfractés qu'une seule fois, au niveau d'un plan perpendiculaire à l'axe optique et passant par le centre de la lentille.

Formation de l'image par les lentilles convexes. — Les phénomènes de réfraction que nous venons d'étudier vont nous permettre d'expliquer comment les lentilles peuvent former des images.

Prenons une lentille biconvexe et un objet. L'image de cet objet variera suivant qu'il sera plus ou moins éloigné de la lentille. Trois cas peuvent se présenter :

1° L'objet est très éloigné de la lentille, à une distance plus grande que le double de la distance focale. L'image sera *réelle*, *renversée* et d'autant plus petite que l'objet sera plus éloigné. C'est le cas des objectifs photographiques.

2° L'objet est placé un peu au delà du foyer, l'image sera *réelle, renversée* et d'autant plus grande que l'objet sera plus rapproché du foyer. C'est le cas des objectifs de microscope.

3° L'objet est placé entre la lentille et le foyer. L'image sera *virtuelle, droite* et d'autant plus petite que l'objet sera plus rapproché de la lentille. C'est le cas des loupes et des oculaires de microscope.

Ces lois sont les mêmes pour les combinaisons de lentilles formant un système centré.

Lentilles concaves. — Ajoutons, pour être complet, que les lentilles concaves donnent toujours une image virtuelle et renversée, placée entre le foyer et la lentille. Cette image est d'autant plus petite et plus rapprochée du foyer que l'objet est plus éloigné de la lentille.

Image réelle. — Les images réelles sont formées par des rayons convergents, elles peuvent être recueillies sur un écran ou sur une plaque photographique.

Image virtuelle. — Les images virtuelles sont dues à des rayons divergents; elles ne sont pas constituées comme les images réelles par une véritable convergence de rayons. Ce sont des images purement subjectives qui ne peuvent être recueillies sur un écran ou une plaque photographique. Nous ne les percevons que parce que notre œil suit le prolongement de ces rayons divergents en arrière de l'objet et les fait converger de manière à constituer l'image virtuelle. Ces images jouent un grand rôle dans les instruments d'optique.

Prenons deux exemples pour montrer comment se forme l'image réelle d'un objectif microscopique simple et l'image virtuelle d'une loupe.

1er *cas.* — L'objet *ab* (fig. 4) est placé un peu au delà du foyer *f* d'une lentille biconvexe. Le rayon *ae*, parallèle à l'axe optique, est réfracté au foyer *f'* et continue son trajet rectiligne jusqu'au point *a'*, où il rencontre le rayon *ac* qui, passant par le centre de la lentille, n'a pas été réfracté. Tous les rayons qui partent du point *a* se réunissent donc en *a'* pour y former l'image du point *a*. Il en est de même pour le point *b* et pour tous les points qui se trouvent entre *a* et *b*. Comme le point *a'* se trouve de l'autre côté de l'axe optique par rapport au point *a*, il en résulte que l'image est renversée. En outre c'est une image réelle qu'on peut recevoir sur un écran.

2° cas. — L'objet *ab* (fig. 5) est placé en dedans du foyer *f*,

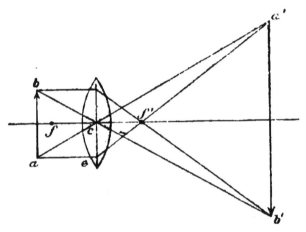

Fig. 4. — Image réelle. L'objet *ab* est placé en avant du foyer, l'image *a'b'* est réelle, agrandie et renversée. — *Original.*

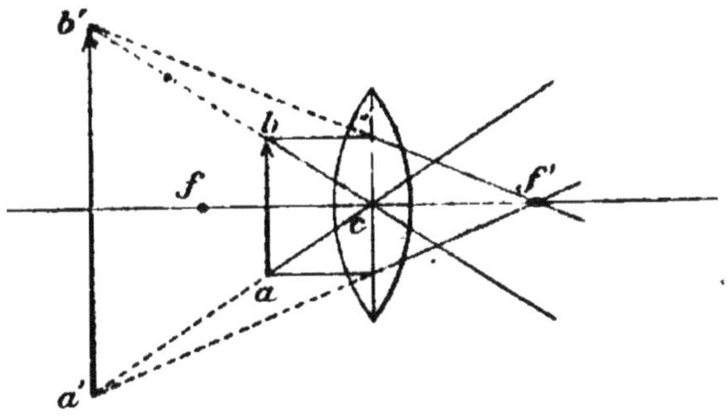

d'une lentille biconvexe. Parmi les rayons émis par l'objet, les uns sont réfractés et viennent se réunir au foyer *f'*. Les autres, *ac* et *bc*, ne sont pas réfractés, continuent leur trajet rectiligne et ne peuvent converger avec les rayons réfractés pour former une image réelle. Mais l'œil suit le trajet de ces rayons qui paraissent converger en arrière de l'objet, de façon à former l'image virtuelle et agrandie *a'b'*. Celle-ci se trouve toujours en arrière de l'objet et c'est elle seule que l'œil perçoit.

Formation de l'image dans le microscope composé. — Ce que nous savons des propriétés des lentilles va nous permettre de comprendre le principe du microscope composé. Cet instrument

Fig. 5. — Image virtuelle. L'objet *ab* est placé en dedans du foyer, l'image *a'b'* est virtuelle, agrandie et droite. — *Original.*

est ainsi nommé par opposition à la loupe, ou microscope simple, parce qu'il est formé de deux systèmes de lentilles. Ces deux systèmes, qui doivent être centrés, c'est-à-dire avoir le même axe optique, peuvent être considérés chacun comme une lentille simple.

La lentille qui est tournée du côté de l'objet se nomme *objectif* et possède une distance focale très courte. Il est donc facile de placer l'objet un peu au delà de son foyer, de façon à obtenir une image réelle, renversée et agrandie.

La lentille par laquelle regarde l'observateur se nomme *oculaire*. Elle fonctionne comme loupe et sert à observer et à agrandir l'image réelle fournie par l'objectif. La distance entre l'oculaire et l'objectif doit donc être calculée de telle sorte que l'image réelle fournie par la lentille objective se forme en dedans du foyer de la lentille oculaire.

Le grossissement fourni par le microscope composé dépendra donc d'abord de la longueur focale de l'objectif. Plus cette longueur sera petite et plus l'objet sera rapproché de l'objectif, plus l'image réelle sera grande. Le grossissement dépend en outre de la longueur focale de la lentille oculaire qui grossira d'autant plus l'image réelle que son foyer sera plus court.

Une construction très simple (fig. 6) rendra compte de cette marche des rayons. Soient *Obj* l'objectif et *Oc* l'oculaire, *ab* l'objet,

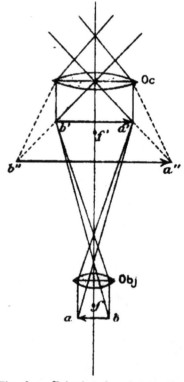

Fig. 6. — Principe du microscope composé. *Obj.*, objectif; *Oc.*, oculaire; *ab*, objet. — *Original*.

f le foyer de l'objectif, f' le foyer de l'oculaire. La lentille objective fournit l'image réelle, renversée et agrandie $a'b'$. Cette image se forme en dedans du foyer f' de la lentille oculaire. L'œil de l'observateur percevra donc, à travers cette dernière, l'image virtuelle, droite et agrandie $a''b''$ de l'image réelle $a'b'$.

CHAPITRE II

PARTIE MÉCANIQUE DU MICROSCOPE

La partie mécanique du microscope se nomme encore monture ou statif. Elle est de forme et de dimensions très variables, suivant le constructeur et le prix de l'instrument.

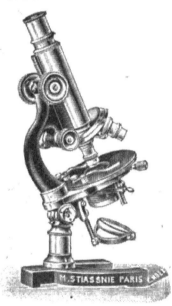

Fig. 7. — Microscope moyen modèle de Stiassnie, avec nouveau mouvement micrométrique, platine ronde centrable et appareil d'éclairage à levier.

On divise généralement les microscopes en grands modèles, moyens modèles et microscopes de voyage.

Les grands modèles (fig. 8) sont munis de tous les perfectionnements mécaniques qui assurent au travailleur le maximum de rapidité, de précision et de confortable dans l'examen des préparations. Ce sont des instruments en quelque sorte universels, qui se prêtent aux travaux les plus variés et sont susceptibles de recevoir toutes les combinaisons d'objectifs et d'oculaires ainsi que tous les appareils accessoires (polariseurs, spectroscopes, chambres photographiques, etc.).

Les moyens modèles (fig. 7 et 9) sont déjà d'un emploi plus restreint. Suffisants pour des examens bactériologiques rapides, ils ne deviennent appropriés à tous les travaux micrographiques que s'ils sont munis d'un bon appareil d'éclairage et d'une platine à chariot. Ce genre d'instruments est surtout pratique pour les laboratoires où travaillent de nombreux

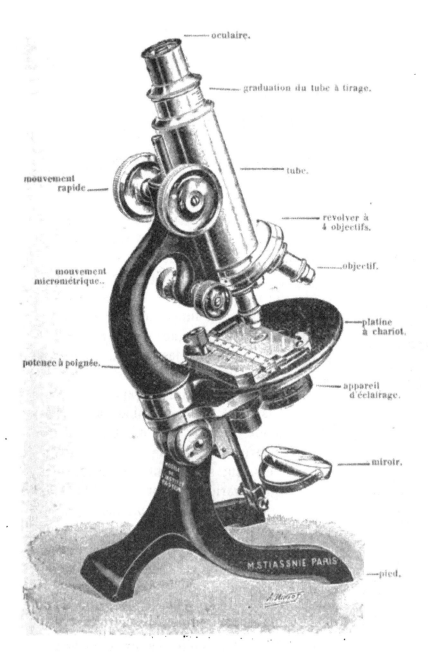

Fig. 8. — Microscope grand modèle de Stiassnie.

élèves, auxquels il faut fournir des microscopes plus simples et plus robustes que les grands modèles, mais permettant cependant l'emploi des objectifs à immersion.

Enfin les petits microscopes répondent à des besoins très restreints. Il est difficile d'y adapter un revolver ou un appareil d'éclairage; ils ne peuvent donc fournir que des grossissements faibles et moyens, jusqu'à 500 ou 600 diamètres. Ce sont des instruments qui ne conviennent que pour des examens très sommaires, des travaux élémentaires de zoologie et de botanique ou des études de systématique. Un de leurs principaux inconvénients est leur peu de stabilité, qui résulte de leur petit volume et de leur faible poids. La platine est aussi très petite et peu commode. Ces petits microscopes peuvent rendre des services comme instruments de voyage : à ce point de vue, ils sont encore inférieurs aux véritables microscopes de voyage ou microscopes pliants (p. 95).

Nous préférons beaucoup à ces petits modèles les montures pour examens sommaires telles que celle que représente la figure 10. Le pied est stable et la platine, qui est très large, permet de manipuler commodément. La crémaillère est d'une

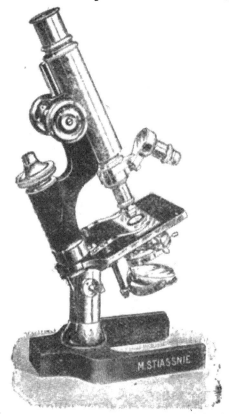

Fig. 9. — Microscope moyen modèle de Stiassnie, avec platine carrée et appareil d'éclairage à levier.

finesse suffisante pour permettre de mettre au point des objectifs donnant un grossissement d'environ 300 diamètres.

Toute monture, quelle que soit sa complication, présente à considérer un *pied*, une *platine* et un *tube*.

I. — LE PIED DU MICROSCOPE

Il existe deux formes principales de pied, le pied en fer à cheval et le pied anglais.

Le pied en fer à cheval est, comme son nom l'indique, formé d'une lourde masse en forme de fer à cheval, dont la partie cintrée supporte une tige sur laquelle repose tout le reste de l'appareil.

Le pied anglais, très variable de forme, est fondamentalement un trépied, dont les branches sont diversement écartées, courbées, bifurquées ou évidées. Ce genre de pied, généralement considéré comme plus élégant que le précédent, est aussi plus léger et malgré cela un peu plus stable, à cause de l'écartement des branches.

Microscope inclinant. — Les grands et moyens microscopes sont dits inclinants, c'est-à-dire que la partie supérieure du pied porte une charnière autour de laquelle l'ensemble de la platine et du tube peut se déplacer dans un plan vertical. Généralement le microscope peut être immobilisé dans une position quelconque au moyen d'une sorte de clef ou levier qui fait pression. Dans certains modèles (fig. 7, 8 et 9), la longueur de l'axe horizontal autour duquel tourne la partie supérieure du microscope permet d'établir en

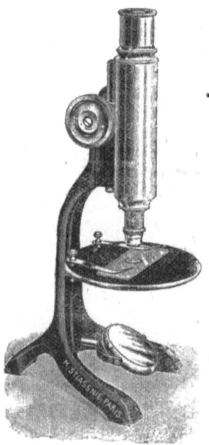

Fig. 10. — Microscope de Stiassnie pour examens sommaires.

permanence un serrage suffisant et dispense de l'emploi du levier.

Les avantages que procure un microscope inclinant sont multiples. D'abord cette disposition est presque indispensable pour la microphotographie. En effet il y a avantage, au point de vue de la commodité, de la mise au point et de la stabilité, à employer les appareils horizontaux. Il faut donc, dans ce cas, pouvoir placer le tube du microscope horizontalement.

D'autre part, bon nombre d'observateurs travaillent avec le microscope incliné. Il est certain que l'on est ainsi dans une position beaucoup plus confortable : quelle que soit la hauteur respective de la table et de la chaise, on peut observer sans être obligé de pencher péniblement la tête comme lorsque le tube du microscope est vertical. Mais on ne peut utiliser cet avantage qu'avec des préparations terminées et bien lutées, et encore, même avec ces préparations, l'emploi des objectifs à immersion est peu agréable, parce que la goutte d'huile de cèdre, obéissant à la pesanteur malgré sa viscosité, finit par couler et par dépasser les bords de la lamelle, puis de la lame. On a bien la ressource de n'employer qu'une très petite goutte, mais on tombe alors dans un autre inconvénient : un déplacement même très peu étendu de la préparation fait perdre le contact entre la lentille frontale de l'objectif et la goutte d'huile et l'image disparaît.

Le travail avec le microscope incliné, quoique beaucoup plus agréable, ne convient donc que pour des cas très limités. Il devient tout à fait impraticable lorsqu'on examine des préparations extem- poranées, de petits organismes vivants, et en général toutes les préparations faites en milieu liquide et non lutées. Il en est de même lorsqu'on suit au microscope une coloration ou une diffé- renciation de frottis ou de coupes baignés par un liquide : nous verrons que cette opération est très fréquente dans les travaux de laboratoire. Lorsqu'on dessine à la chambre claire, même si on dispose d'une table spéciale, il est véritablement peu pratique de dessiner avec le microscope incliné. Dans l'immense majorité des cas, le micrographe doit donc travailler avec le microscope vertical : le seul moyen d'éviter une position incommode de la tête et une grande fatigue des muscles du cou, consiste à régler la hauteur de la table de travail ou de la chaise, de manière à ce que l'oculaire du microscope arrive à peu près au niveau de l'œil de l'observateur. Les tabourets à siège mobile, au moyen d'un support à vis, peuvent rendre de grands services dans ce cas.

II. — LA PLATINE

La platine est destinée à supporter les préparations : elle présente en son centre une ouverture circulaire pour le passage des rayons lumineux fournis par l'appareil d'éclairage.

Platine tournante. — Dans la plupart des grands microscopes cette platine est ronde, peut tourner dans un plan horizontal et de plus, au moyen de deux vis latérales, elle peut effectuer des mouvements lents en tous sens. Ce mécanisme est généralement très précis et fort commode pour le centrage exact de fins détails et pour les mensurations. Malheureusement, les mouvements n'ont qu'une très faible amplitude et ne peuvent être utilisés pour l'examen méthodique d'une vaste surface.

Au contraire, les platines à chariot ou à double mouvement, dans deux directions perpendiculaires, ont un champ beaucoup plus étendu. Elles permettent l'examen méthodique et complet des préparations entières et facilitent la recherche d'organismes très disséminés, tels que les Hématozoaires dans les lames de sang. Leur emploi économise beaucoup de temps et de fatigue. Elles sont munies de deux verniers, au moyen desquels on peut repérer et retrouver un point quelconque d'une préparation.

Platine carrée. — Prenons quelques exemples parmi les modèles de platines les plus usités. La figure 9 nous montre la forme de platine la plus simple, qui est la platine carrée. C'est une simple plaque de métal noirci, de verre, ou plus souvent d'ébonite, percée en son centre d'une ouverture pour le passage des rayons lumineux. La préparation peut être immobilisée, sur ce genre de platine, au moyen de deux valets. Ces valets sont formés de deux lames flexibles, traversées à l'une de leurs extrémités par deux tiges rigides et cylindriques. Les deux tiges pénètrent à frottement dur dans deux orifices placés à droite et à gauche, sur le bord postérieur de la platine. Les lames flexibles appuient ainsi sur la préparation à la manière de ressorts. Ces valets peuvent être de fabrication plus ou moins compliquée. Ceux de Stiassnie (fig. 9 et 49) sont bien compris : la lame flexible est fixée à la tige rigide par l'intermédiaire d'un ressort à boudin ; on peut ainsi dégager la préparation en faisant basculer la lame flexible, sans avoir à toucher aux tiges rigides, enfoncées à frottement dur dans la platine.

Platines à chariot. — L'emploi des platines à chariot dispense d'ailleurs de l'emploi des valets. Ces platines répondent à un double but : 1° permettre l'examen méthodique et complet de toute la surface des préparations ; 2° faciliter le repérage des points intéressants et permettre de retrouver ces points sans difficulté au moyen de verniers.

Les *verniers* [1] sont de petites règles, graduées sur une longueur de 9 mm. Ces 9 mm. sont divisés en 10 parties égales, qui correspondent

Fig. 11. — Vernier au dixième. — A, vernier ; B, échelle millimétrique.

chacune à 9/10 de millimètre : la différence entre les longueurs d'une division millimétrique et d'une division du vernier est donc de un dixième de millimètre. Cet artifice permet d'évaluer les dixièmes de millimètre par la simple juxtaposition d'une échelle millimétrique ordinaire et du vernier. Il suffit pour cela de lire le chiffre de l'échelle millimétrique qui est le plus rapproché du 0 du vernier. Soit 2 ce chiffre dans le vernier de la figure 11. Puis on suit les divisions du vernier, à partir du 0, jusqu'à ce que l'une d'elles se trouve coïncider avec un des traits de la division millimétrique. Soit, toujours dans le vernier de la figure 11, la 4° division de ce vernier, la longueur ainsi mesurée correspondra à 2 mm. 4. En effet, à cause de la valeur de la différence entre une division du vernier et une division millimétrique, les traits du vernier 0, 1, 2 et 3, qui précèdent celui pour lequel il y a coïncidence, sont distants du trait de la division millimétrique de 4, 3, 2, 1 dixièmes de mm. Par suite, le trait 0, qui précède de 4 divisions le trait 2, est distant de ce trait de 4 dixièmes de mm. On peut donc, au moyen des verniers, repérer un objet, dans deux **directions perpendiculaires** (fig. 11), à un dixième de millimètre près.

Notons dès maintenant qu'en pratique les verniers ne servent à rien. A mon avis les constructeurs devraient les supprimer, de manière à diminuer un peu le prix des chariots. Pour faire avancer la préparation d'arrière en avant ou d'avant en arrière, on n'a pas besoin de vernier ; on se contente de déplacer le chariot de l'étendue d'un champ. Quant au repérage des points intéressants, il est trop long de le faire au vernier, de noter les chiffres lus et trop difficile de remettre tout en place dans la suite. En outre, ces indications ne sont valables que pour un seul microscope. J'indique, page 219, des procédés plus simples et plus sûrs pour le repérage.

1. Les verniers sont ainsi nommés du nom du géomètre Pierre Vernier d'Ornans (Doubs), inventeur de cet artifice, décrit dans un ouvrage imprimé à Bruxelles en 1631 et intitulé : *La construction, l'usage et les propriétés du cadran nouveau.*

Dans les platines amovibles (fig. 12), le chariot ne fait pas corps avec la platine proprement dite du microscope : il est donc amovible et peut être adapté sur une monture quelconque.

Le chariot est ici constitué par trois pièces : 1° un collier qui permet de fixer l'appareil soit à la potence du microscope, soit à la

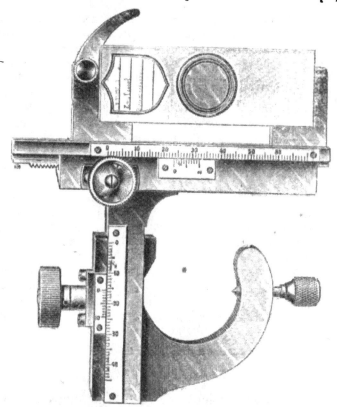

Fig. 12. — Platine à chariot de Stiassnie.

platine fixe, au moyen d'une vis de pression ; 2° un chariot pour le mouvement antéro-postérieur, et 3° un chariot pour le mouvement latéral.

La préparation est fixée sur ce dernier ; elle est maintenue contre l'équerre de droite par un levier à ressort. Le vernier de ce chariot est, dans certains modèles, au vingtième, c'est-à-dire qu'il correspond à une longueur de 19 mm. divisée en vingt parties. Il permet donc de repérer à 1/20 de millimètre près.

Une bonne précaution consiste à fixer une fois pour toutes le collier sur la monture du microscope. Si on désire enlever les chariots, il suffit de dégager de sa crémaillère le chariot antéro-postérieur en le poussant en avant, sans toucher à la vis de pression du collier. La platine du microscope devient libre ainsi pour les manipulations que l'on désire effectuer.

Il existe d'autres platines à chariot pourvues, en outre des vis de commande, d'un *déplacement automatique*. Stiassnie fabrique depuis quelque temps des platines de ce genre pour ses grands modèles (fig. 8).

Le mouvement automatique est produit par un levier qui commande un cliquet. Il y a un levier pour chaque chariot et la manœuvre de chacun d'eux déplace le chariot correspondant d'une quantité déterminée. L'emploi de ce dispositif doit être combiné

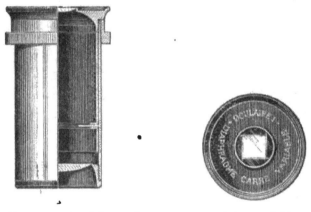

Fig. 13. — Oculaire à champ quadrangulaire variable.

avec celui d'un oculaire à champ quadrangulaire variable (fig. 13). On arrive ainsi à déterminer, pour chaque objectif, le nombre de mouvements du levier nécessaires pour déplacer la préparation d'une quantité correspondant au champ embrassé par l'objectif. Ce dispositif permet de parcourir automatiquement, et sans en laisser échapper un seul point, des préparations très étendues. Ces platines peuvent rendre des services pour l'examen du sang ou des matières fécales et en général pour tous les cas où il faut rechercher et compter des corpuscules disséminés dans une préparation.

Nous terminerons ici notre description des platines à chariot. Nous ne saurions les énumérer toutes, car chaque constructeur a, pour ainsi dire, son modèle particulier. On voit que toutes, en définitive, sont constituées par deux chariots, placés à angle droit et dont les déplacements se mesurent au moyen de verniers. Ainsi est rempli le double but de ces appareils qui est de permettre d'une part l'examen méthodique des préparations, d'autre part le repérage des points intéressants.

III. — LE TUBE

Le tube supporte la partie optique proprement dite du microscope, c'est-à-dire les oculaires et les objectifs. Il est formé de deux cylindres creux, concentriques, glissant à frottement l'un dans l'autre. Sa longueur est donc variable. Le tube intérieur doit porter une graduation millimétrique, dont l'usage sera indiqué plus loin (p. 77).

Dans les grands modèles, destinés à la microphotographie, le tube est très large afin d'éviter les réflexions sur les parois et de permettre de faire des photographies sans se servir d'oculaire et sous un grand angle.

Le tube est adapté, par un bras horizontal, à la tige qui surmonte le pied.

Potence du microscope. — Cette tige, reliée au pied par l'articulation qui sert à incliner la partie supérieure de l'instrument, se nomme la potence du microscope. Dans les modèles construits jusqu'à ces dernières années (fig. 9), cette potence renfermait la vis micrométrique servant à la mise au point précise des objectifs. Dans les grands statifs modernes (fig. 7 et 8), cet appareil micrométrique est reporté à l'extrémité du bras horizontal de la potence et cette dernière est transformée en poignée.

Mécanisme de mise au point. — La mise au foyer des objectifs se fait en déplaçant verticalement le tube : ce mouvement s'effectue, dans les microscopes grands et moyens, par l'intermédiaire de deux appareils, le mouvement rapide ou crémaillère et le mouvement lent ou vis micrométrique. Les petits microscopes ne possèdent que le mouvement lent micrométrique.

Mouvement rapide. — La crémaillère qui sert au mouvement rapide est fixée au tube lui-même : elle porte des dents obliques qui engrènent avec les dents également obliques d'un petit pignon. Le tout est disposé de façon que deux dents soient toujours en prise à la fois. On évite ainsi tout retard dans la transmission. Le petit pignon est actionné par deux grandes vis placées de chaque côté du bras horizontal. Ce mouvement rapide est très commode pour la mise au point grossière, pour l'emploi des objectifs très faibles et aussi pour relever rapidement le tube et laisser la platine libre. Dans les petits microscopes, ce mouvement s'effectue en faisant glisser à la main le tube dans un cylindre porté par le bras horizontal. Nous déconseillons absolument l'emploi de ces petits modèles sans crémaillère : un de leurs principaux inconvénients est de ne pas permettre l'emploi du revolver porte-objectif et de l'éclairage par condensateur.

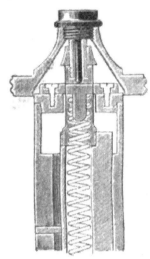

Fig. 14. — Ancienne vis micrométrique.

Mouvement micrométrique. — La mise au point précise se fait encore, dans certains microscopes, au moyen de la vis micrométrique (fig. 14). Cette vis est placée dans la potence et meut à la fois le tube et le bras qui le supporte. Généralement un fort ressort antagoniste permet d'obtenir le mouvement vertical de va-et-vient. La tête de la vis micrométrique porte une graduation établie de telle sorte que chaque division correspond à un déplacement vertical de $1/100^e$ de millimètre. Cette disposition permet d'évaluer approximativement l'épaisseur des objets, en mettant au point successivement leurs parties superficielle et profonde et en repérant chaque fois la tête de la vis, au moyen de l'index fixé au tube.

Le mouvement de cette vis micrométrique n'a qu'une étendue d'environ 5 millimètres et il est limité par deux arrêts brusques. En outre, la précision de ce mouvement est forcément limitée, car on ne peut dépasser une certaine finesse dans la taille du pas de la vis micrométrique, c'est-à-dire environ 0,5 millimètre.

Actuellement, la plupart des grands microscopes (fig. 7 et 8) sont munis d'un mécanisme micrométrique beaucoup plus perfectionné. Chaque constructeur a son dispositif particulier. Tous reposent sur le même principe qui consiste à agir sur la vis micrométrique, non pas directement, comme dans l'ancien modèle, mais par l'intermédiaire d'engrenages qui permettent de faire avancer cette vis de quantités très faibles. En outre, dans les modèles bien construits, le nouveau mouvement micrométrique fait vis sans fin, et agit également dans les deux sens. Le contact de l'objectif avec la lamelle est rendu inoffensif car le tube remonte automatiquement dès que la lentille frontale vient à toucher la préparation.

Ces nouveaux mouvements micrométriques, quelle que soit la façon dont ils sont conçus, sont très supérieurs aux anciens. Ils permettent une mise au point beaucoup plus exacte et beaucoup plus précise : on évite aussi une grande partie de la fatigue oculaire qui résulte des efforts d'accommodation nécessités par une mise au point imparfaite.

L'appréciation et la mensuration des épaisseurs se trouvent grandement facilitées. Enfin le parallélisme des axes du mouvement rapide et du mouvement micrométrique rend beaucoup plus rapide et beaucoup plus commode le passage de l'un à l'autre.

Revolver. — Un accessoire important du tube est le revolver, qui permet le changement rapide des objectifs. Le revolver (fig. 8) est constitué essentiellement par deux calottes sphériques concentriques et adaptées très exactement l'une sur l'autre. La calotte inférieure porte une série de bagues, sur lesquelles se vissent les objectifs. La calotte supérieure forme couvercle et s'adapte sur les bagues avec assez de précision pour empêcher l'entrée de la poussière. La calotte supérieure est fixe : la calotte inférieure tourne autour d'un axe qui est placé en avant du tube du microscope. En partant de cette définition, il est facile d'imaginer toutes les variantes que peut présenter le revolver. La calotte inférieure peut porter un nombre variable de bagues : 2, 3 ou 4. La calotte supérieure peut être échancrée et former une série de couvercles séparés, pour chacune des bagues. Elle peut aussi rester continue et former une vaste calotte protectrice. Les figures 7, 8, 9, représentent des microscopes munis de cet organe important. Ainsi, les objectifs sont bien protégés de la poussière et, pour passer de l'un à l'autre, il suffit d'un simple mouvement de rotation.

Le choix d'un revolver n'est pas indifférent. Il est certain que les revolvers à deux objectifs ne conviennent que pour les microscopes de voyage ou pour ceux qui sont destinés aux séances de travaux pratiques. En ce qui concerne les grands microscopes, les constructeurs sont malheureusement trop enclins à les munir de revolvers triples. C'est là une tendance fâcheuse, car le revolver triple est très insuffisant dans la pratique. Nous verrons plus loin qu'il est nécessaire d'avoir toujours à sa disposition trois objectifs à sec de puissance progressive et un objectif à immersion. Nous ne saurions donc trop recommander de toujours choisir un revolver quadruple.

La longueur des objectifs doit être calculée de telle façon qu'avec les systèmes à sec il suffise de tourner le revolver pour que l'image soit immédiatement visible. Un léger mouvement de la vis micrométrique complétera la mise au point. Les constructeurs n'apportent pas toujours une attention suffisante à ce détail important. On perd ainsi une partie des avantages que procure l'emploi du revolver, puisque, au lieu d'exécuter un simple mouvement de rotation, il faut d'abord relever le tube du microscope au moyen du mouvement rapide, puis refaire la mise au point, après avoir changé l'objectif.

CHAPITRE III

APPAREIL D'ÉCLAIRAGE

L'appareil d'éclairage est fixé sous la platine. Son but est d'éclairer l'objet par *lumière transmise*. En effet, dans l'immense majorité des cas, l'étude des préparations se fait par transparence. Ce n'est que très exceptionnellement et dans des cas déterminés qu'on observe en *lumière réfléchie*, c'est-à-dire en éclairant la surface de l'objet.

L'appareil d'éclairage se compose essentiellement d'un miroir et d'un diaphragme; mais ce dispositif est insuffisant pour l'emploi des forts objectifs à sec et surtout des objectifs à immersion. Aussi un microscope complet doit-il posséder en outre un condensateur et un diaphragme-iris.

Le *miroir* est à deux faces plane et concave : il devra donc tourner autour de deux axes horizontaux de manière à ce qu'on puisse utiliser à volonté les deux faces et diriger convenablement les rayons lumineux dans l'axe optique du microscope, suivant la position de la source lumineuse. L'emploi du condensateur rend inutiles des mouvements plus compliqués, qui seraient destinés à modifier considérablement la direction du faisceau éclairant et à obtenir, par exemple, des cônes lumineux très obliques. Nous verrons que ces modalités de l'éclairage ne peuvent être utiles que dans des cas très spéciaux et qu'ils sont réalisés d'une façon beaucoup plus précise par la manœuvre du diaphragme-iris et avec l'aide du condensateur.

Le *diaphragme* destiné à être employé avec le miroir seul doit être placé immédiatement sous la platine : il doit présenter une série d'ouvertures de diamètres variables de manière à permettre d'obtenir des cônes lumineux de plus en plus étroits.

Tantôt ce diaphragme est dit *tournant* : il est alors formé d'une plaque métallique circulaire ou disque, muni d'une série d'ouvertures de plus en plus petites. Ces ouvertures viennent se placer l'une après l'autre au centre de l'ouverture de la platine, lorsqu'on fait tourner le disque. Leur centrage est assuré par un cliquet à ressort qui s'engage dans des crans correspondant aux ouvertures.

Un autre diaphragme est celui qui est dit *à cylindre*. Ce diaphragme présente à son tour deux formes. Dans les petits microscopes le cylindre est à *tiroir* : chaque diaphragme est porté par un cylindre métallique

Fig. 15. — Diaphragme à cylindre, remplaçant le condensateur.

qui glisse à frottement dur dans un chariot, fixé lui-même par des coulisses à la face inférieure de la platine. Pour changer de diaphragme on abaisse le cylindre et on tire la coulisse. Dans les microscopes plus complets, le diaphragme est un *cylindre* proprement dit (fig. 15), qu'on introduit dans le manchon de l'appareil d'éclairage, à la place du condensateur, et sur lequel on peut adapter une série d'ouvertures de plus en plus petites. Enfin, dans certains microscopes modernes, le diaphragme à cylindre est remplacé par un *diaphragme-iris à coupole* (fig. 19), qui est fixé à demeure dans l'appareil d'éclairage.

Il en résulte une sous-platine très compliquée; cela augmente le prix du microscope d'une façon d'autant plus regrettable que ce dispositif n'est d'aucune utilité. En effet, avec la méthode d'éclairage que je préconise (p. 36) on ne se sert pas de ce diaphragme.

Condensateur. — Pour obtenir les grands cônes lumineux nécessaires pour l'emploi des forts grossissements, il faut avoir recours aux appareils, dits condensateurs, formés d'une ou de plusieurs lentilles. Ce terme de condensateur est d'ailleurs fort impropre, car il n'y a pas en réalité une condensation des rayons lumineux, mais seulement un agrandissement de la section du cône éclairant, d'où résulte une plus grande clarté de l'image. En réalité, la puissance lumineuse de ce cône n'est pas supérieure à celle de la source de lumière. Quelle que soit la puissance du condensateur, c'est tout au plus si on peut obtenir pour le cône lumineux une clarté égale à celle de la source.

Le condensateur le plus employé est celui d'Abbe : il est formé de deux (fig. 16) ou de trois lentilles. Dans le premier cas l'ouverture numérique [1] est de 1,20 tandis que dans le second elle est de 1,40 et permet ainsi d'avoir un cône lumineux très large. Ces appareils sont dits *condensateurs ordinaires*, par opposition aux *condensateurs achromatiques*. Ces derniers sont construits avec des lentilles doubles plus ou moins nombreuses, d'après le type des objectifs à immersion. Ils sont corrigés

1. Voir, p. 49, la définition de l'ouverture numérique.

commé ces derniers pour les aberrations chromatique et sphérique et pour l'aplanétisme. Ils sont généralement pourvus d'un mécanisme de centrage. Ces condensateurs s'emploient de préférence pour la micro-photographie, car, grâce à leur cor-rection, ils permettent d'obtenir dans le plan de l'objet une image parfaite-ment nette d'une petite source lumi-neuse, condition nécessaire pour avoir une définition aussi parfaite que pos-sible. Les condensateurs non achro-matiques ont une aberration de sphé-ricité trop forte pour donner une image à contours nets d'une surface lumi-neuse d'étendue réduite; pour obtenir ce résultat, il faut s'adresser à une source lumineuse bien plus large, telle que les nuages blancs, car alors

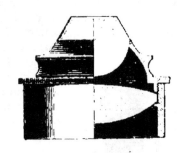

Fig. 16. — Condensateur Abbe à deux lentilles.

les rayons qui partent de divers points de cette vaste surface se réunis-sent pour agir sur chaque point de l'objet. Pour le travail courant les condensateurs ordinaires sont parfaitement suffisants [1].

Le *diaphragme-iris* est le complément indispensable du con-densateur. Primitivement, pour rétrécir le cône lumineux, on se servait de diaphragmes circulaires. On les insérait au-dessous du condensateur dans un porte-diaphragme qu'il fallait excentrer chaque fois qu'on voulait changer de diaphragme. Les dia-phragmes à iris ont remédié à cet inconvénient; ils permettent d'obtenir instanta-nément, sans au-tre manœuvre que celle d'agir sur un levier, une série graduée de cônes lumineux, passant insensiblement de l'un à l'autre.

Fig. 17. — Une des lames falciformes du dia-phragme-iris, pouvant tourner autour d'un point fixe. — *Original.*

Fig. 18. — Disque inférieur du diaphragme-iris, por-tant des encoches dans lesquelles pénétrent les extrémités libres des la-mes mobiles. A gauche se trouve le bouton du diaphragme. — *Original.*

Tout diaphragme-iris est formé d'un certain nombre de minces lames d'acier taillées en croissant et imbriquées. Chacune de ces lames est fixée à une extrémité par une vis autour de laquelle elle peut tourner (fig. 17), tandis qu'à l'autre extrémité elle se termine par une

1. Au sujet des condensateurs consulter Bolles Lee, *La Cellule*, XIX, p. 415-419, 1902; Nelson, The substage condensor, its history, construction and manage-ment. *Journ. Roy. microscop. Soc.*, p. 90, 1891; Carpenter, *The microscope*, 8e édit., p. 298-316, 1901.

expansion rectangulaire libre. Ces lames sont ainsi disposées sous le disque supérieur du diaphragme : dans le disque inférieur se trouve une pièce métallique circulaire (fig. 18), mue par un levier et portant une série d'encoches, dans lesquelles pénètrent les expansions rectangulaires des lames falciformes. Le tout est complètement enfermé dans un tambour.

On comprend donc qu'en appuyant sur le levier on fait tourner les lames autour de leur point fixe et ainsi on rétrécit ou on élargit l'ouverture centrale.

Dans certains cas, il peut être utile de déplacer excentriquement le diaphragme, de manière à obtenir un *éclairage oblique*. Ce déplacement s'effectue au moyen d'une crémaillère, qui permet de faire glisser dans un plan horizontal le tambour qui renferme le diaphragme. L'éclairage oblique est surtout utile pour l'examen des organismes ou corpuscules pourvus d'ornements très fins en relief, tels que les Diatomées, les œufs d'Helminthes, les spores, etc. Nous verrons plus loin (p. 62) que l'éclairage oblique permet, dans certaines conditions, d'augmenter la puissance de résolution des objectifs. Il est indispensable que le tambour du diaphragme puisse tourner autour d'un axe vertical, après avoir été excentré, de façon à faire varier l'incidence du faisceau lumineux oblique et à mettre ainsi en évidence les plus fins détails des organismes qu'on examine.

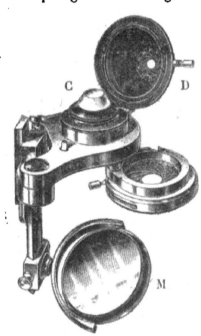

Fig. 19. — Appareil d'éclairage d'un microscope grand modèle de Stiassnie. M, miroir; I, diaphragme-iris; C, condensateur; D, diaphragme-iris à coupole.

Enfin le porte-diaphragme doit pouvoir être facilement dégagé et amené sur le côté, ce mouvement est indispensable pour contrôler l'ouverture de l'iris ou pour introduire dans la rainure, réservée à cet effet dans le porte-diaphragme, des verres colorés ou dépolis, un polariseur, etc.

L'ouverture maxima de l'iris doit être au moins égale à l'angle d'ouverture du condensateur. Il est commode d'avoir des divisions gravées sur le tambour le long de la course du levier : elles permettent, surtout pour la microphotographie, de repérer exactement la largeur du cône lumineux.

Les lentilles du condensateur réfractent les rayons lumineux réfléchis par le miroir, de manière à les faire converger sur l'objet en un cône à large ouverture. Le foyer de l'appareil se trouve en effet au voisinage du plan de l'objet observé, à environ 2 mm. au-dessus de la lentille supérieure (fig. 46 et 47). Le maximum d'éclairage est obtenu quand l'objet se trouve exactement au foyer. Pour réaliser cette coïncidence et pour éloigner dans certains cas de l'objet le foyer du condensateur, il est nécessaire que l'appareil d'éclairage puisse être déplacé dans le sens vertical. Dans les grands microscopes, ce résultat est obtenu au moyen d'une crémaillère et d'un pignon : dans les modèles les plus petits le mouvement vertical est produit par une vis, par un levier, ou même simplement à la main.

SOURCES LUMINEUSES

Avant d'expliquer l'emploi de l'appareil d'éclairage, il est nécessaire d'étudier sommairement les sources lumineuses les plus employées en microscopie. Nous laisserons de côté celles qui servent en microphotographie, car leur étude compliquerait trop notre exposé.

Lumière du jour. — C'est naturellement l'éclairage le plus employé. La manière la plus favorable de l'utiliser est de recevoir sur le miroir la lumière réfléchie par les nuages blancs : un ciel bleu et limpide est moins favorable à l'observation. La lumière directe du soleil ne peut être utilisée que pour la microphotographie; en aucun cas elle ne peut servir à l'observation directe; cependant on pourrait à la rigueur la diffuser au moyen d'une étoffe blanche et utiliser la lumière fournie par cet écran.

La condition essentielle, pour avoir un bon éclairage, est que la source lumineuse, quelle qu'elle soit, ait une étendue suffisante pour couvrir toute la surface du miroir et pour remplir tout l'angle d'ouverture du condensateur. Il sera donc nécessaire de placer la table de travail contre la fenêtre, surtout si celle-ci n'est pas très grande. Quand on a le choix, la meilleure exposition est certainement celle du nord, car on n'y est jamais gêné par le soleil, du moins dans l'hémisphère boréal.

Lumière artificielle. — La lumière artificielle présente des avantages considérables au point de vue de la constance et de l'intensité. Aussi est-elle particulièrement favorable pour les forts grossissements, avec lesquels elle est souvent préférable à la lumière du jour. Certains observateurs l'emploient uniquement, de manière à avoir toujours un éclairage uniforme. Bolles Lee[1] a publié à ce sujet une étude fort intéressante, où on trouvera de nombreux documents sur les divers condensateurs et sur les principales sources lumineuses. Les détails de cette étude dépassent malheureusement de beaucoup la portée de la pratique courante. En effet, la plupart du temps, on achète de confiance un microscope, tel que le fournit la maison à laquelle on s'adresse, sans commander spécialement le condensateur. On a d'ailleurs raison, car les microscopes des grandes maisons spéciales sont généralement bien compris; il vaut mieux les prendre tels quels si on est incompétent dans la matière. En outre on utilise au hasard la source lumineuse dont dispose le laboratoire où on travaille. Aussi les très intéressantes indications de Bolles Lee seront-elles rarement mises en pratique.

Les sources lumineuses artificielles sont très variables, suivant les conditions où se trouve l'observateur : lampes à huile végétale ou animale, à pétrole, lampes électriques à incandescence ou à arc, becs de gaz variés, mais de préférence à incandescence. Les principes généraux que nous allons donner permettront à l'observateur d'utiliser pour le mieux la source de lumière artificielle dont il disposera.

La condition essentielle est toujours d'envoyer sur le miroir un cône lumineux bien homogène et possédant un angle d'ouverture suffisant. Lorsque la source lumineuse a une faible étendue[2], il faut qu'elle soit suffisamment rapprochée du microscope. Dans le cas contraire, il peut être bon d'interposer entre elle et le miroir soit une grande lentille collectrice, soit un ballon de verre rempli d'eau et faisant l'office de lentille. On règle la position de ce ballon

---

1. Bolles Lee, L'éclairage et l'emploi du condensateur dans la micrographie histologique. *La Cellule*, XIX, p. 403-433, 1 pl., 1902.
2. Giltay, *Zeitschr. f. wiss. Mikr.*, XXV, p. 163, 1908, fait remarquer que les sources lumineuses trop restreintes donnent lieu à des figures d'interférence qui troublent la vision. On les reconnaît à l'aide de grains d'amidon de pomme de terre, en suspension dans l'eau, qui se montrent entourés de bandes lumineuses colorées.

(p. 37) de manière à ce que toute la surface du miroir soit bien uniformément éclairée. Un très bon moyen de s'en assurer est de placer sur le miroir un morceau de papier blanc.

Pour les faibles grossissements, lorsqu'on veut obtenir un large cône lumineux avec une source de faible étendue, on peut interposer un papier de soie ou un verre finement dépoli entre la lampe et le miroir. On peut encore placer dans le porte-diaphragme un disque de *verre dépoli*. Mais, par ce moyen, on perd beaucoup de lumière et on nuit à la définition, car les images sont plates, sans relief et sans détails. En outre on ne peut user de cet artifice avec les forts objectifs.

La couleur de la lumière artificielle est quelquefois très gênante, surtout pour étudier des préparations colorées : le pétrole et le gaz, en particulier, donnent des flammes très jaunes ou rougeâtres. On les améliore en introduisant un disque de verre bleu dans le porte-diaphragme. Quand on se sert d'un ballon comme lentille collectrice, on peut teinter l'eau qu'il renferme avec un peu d'eau céleste (obtenue en versant quelques gouttes d'ammoniaque dans une solution de sulfate de cuivre). Janssens [1] conseille l'emploi d'une solution de carbonate de cuivre préparée d'après la formule de Ost [2] et diluée de moitié, ou plus simplement une solution de bleu de méthylène. Ces liquides interceptent une partie des radiations rouges et laissent passer tous les rayons utiles, notamment les radiations violettes. Ces écrans peuvent aussi être disposés dans une cuve verticale à faces planes.

Lampes pour micrographie. — Nous ne dirons qu'un mot des lampes construites spécialement pour l'éclairage du microscope. La lampe de Ranvier n'est pas autre chose qu'une lampe à gaz ou à huile munie d'une lentille condensatrice. Les lampes albo-carbon, dans lesquelles le gaz se sature de naphtaline et donne une flamme très blanche n'ont plus guère de raison d'être depuis que les *brûleurs à manchon* genre Auer sont répandus partout. Parmi ces derniers, les plus commodes sont les becs dits renversés à cause des faibles dimensions du manchon.

Les *lampes électriques à incandescence* se prêtent d'autant moins mal à l'observation microscopique que le filament est plus court ou, tout au moins, enroulé dans un étroit espace, de façon à fournir une source lumineuse aussi puissante que possible sous un petit volume. La lampe de Nernst (p. 209), dont le filament est remplacé par une spire à tours très rapprochés, formée d'oxydes métalliques (zirconium et thorium), est suffisante à ce point de vue. Il faut se méfier des miroirs concaves ou des ampoules argentées sur une de leurs faces. Ces appareils donnent des rayons lumineux non orientés, avec lesquels il est très difficile d'établir un éclairage microscopique correct.

Des micrographes de grande valeur et d'une incontestable autorité, comme Bolles Lee (p. 26, note 1), considèrent que le meilleur éclairage

1. *La Cellule*, XIX, p. 11, 1901.
2. *Chemiker Zeitung*, p. 1784-85, 1829-30, 1895.

possible pour les travaux cytologiques est celui qui est fourni par les *lampes à pétrole à mèche plate.* Une lampe quelconque de ce modèle fournit un éclairage suffisant, pourvu que la mèche ait environ 12 millimètres de largeur et qu'elle soit taillée en pointe obtuse, de manière à fournir une flamme pointue. Cette indication peut rendre des services aux colonies ou dans les pays où il n'y a ni gaz ni électricité.

EMPLOI DE L'APPAREIL D'ÉCLAIRAGE

Rappelons brièvement les principes sur lesquels est fondé l'appareil à éclairage des microscopes. Une source lumineuse, quelle qu'elle soit, envoie sur l'objet un faisceau de rayons convergents. L'angle d'ouverture de ce faisceau dépend de la grandeur et de l'éloignement de la source lumineuse : dans le microscope la source lumineuse est en réalité le miroir plan ou concave ou l'ensemble formé par le miroir et le condensateur.

Supposons que l'appareil d'éclairage envoie sur l'objet des rayons émanant d'une source lumineuse d'*étendue illimitée,* ce qui est le cas pour la lumière du jour. L'objet est éclairé par un cône lumineux convergent vers lui et divergent vers l'objectif. La grandeur et l'angle d'ouverture de ce cône dépendent de l'étendue réelle ou relative de la surface éclairante, lentille ou miroir, quelle que soit la forme de ce dernier, plan ou concave. La grandeur du cône dépend de la dimension du miroir et l'angle d'ouverture de sa distance à l'objet : cet angle augmente en raison inverse de la distance, il augmente aussi par l'introduction d'une lentille entre le miroir et l'objet. La lentille agit alors comme si elle agrandissait la surface réfléchissante. Si on introduit un diaphragme, on diminue l'étendue du faisceau éclairant : alors l'éloignement du miroir et sa dimension n'ont plus d'action, pourvu que la surface du miroir n'ait pas une étendue inférieure à l'ouverture du diaphragme.

Si, au contraire, la source lumineuse a une *étendue limitée,* comme c'est le cas pour la lumière artificielle, les choses se passent autrement. Le miroir plan se comporte par rapport au miroir concave comme si on avait diaphragmé le cône lumineux fourni par ce dernier. Le miroir concave fournit donc, dans ce cas, un cône lumineux beaucoup plus large que le miroir plan, car il reçoit plus de rayons lumineux et les réfléchit par toute sa surface, tandis que le miroir plan reçoit moins de rayons et n'éclaire l'objet que par une partie de sa surface. De son côté, le condensateur, pour une source lumineuse ou une surface de miroir relative-ment petites, fournit un cône lumineux très large et pro-portionnel à l'ouverture et à la longueur focale du système.

Le miroir concave et le condensateur agissent donc comme s'ils donnaient à la source lumineuse une plus grande étendue, sans diminuer son intensité, ou comme s'ils la rapprochaient.

En résumé, l'appareil d'éclairage du microscope a pour but, au moyen d'une source lumineuse d'une position et d'une étendue données, d'envoyer sur l'ob-jet un faisceau lu-mineux de même intensité, mais sous forme de cône à lar-ge ouverture. Il doit aussi permettre une gradation facile et étendue de l'ouver-ture et de la direc-tion de ce cône.

Après avoir établi ces principes géné-raux de la théorie de l'éclairage par la lumière transmise, nous allons étudier la signification et l'emploi de chacune des parties de l'ap-pareil d'éclairage.

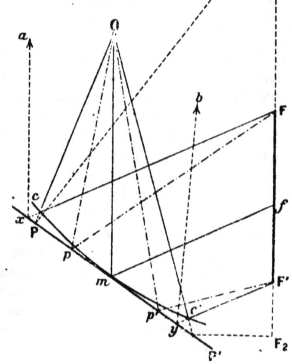

Fig. 20. — Valeur relative du miroir plan et du miroir concavo.

— · — · — · rayons utiles réfléchis par lo miroir plan[1].

——————— rayons utiles réfléchis par le miroir concave.

- - - - - - rayons non utiles.

Emploi des mi-roirs. — Généralement on emploie au hasard le miroir plan ou le miroir concave et le plus souvent à tort. Nous allons donc pré-ciser dans quelles conditions il faut choisir l'un ou l'autre. Pour cela, nous devons examiner successivement l'emploi des miroirs seuls ou combinés avec le condensateur.

1. Le point d'incidence des rayons Fp et F'p' devrait se trouver sur lo miroir plan. C'est par erreur que l'incidence se produit sur lo miroir concavo.

1° Emploi du miroir seul, sans condensateur. — Examinons d'abord la valeur relative du miroir plan et du miroir concave (fig. 20); lorsque nous connaîtrons leurs propriétés, nous pourrons en déduire leur mode d'emploi.

Soit FF' une source lumineuse, par exemple l'ouverture d'une fenêtre, PP' un miroir plan, cc' un miroir concave et O l'objet à éclairer. Le rayon central fmO sera réfléchi de la même manière par les deux miroirs, mais il y a de grandes différences pour les autres rayons. Les rayons envoyés par les bords de la source lumineuse et réfléchis par le miroir plan ne peuvent éclairer l'objet que s'ils proviennent de points de ce miroir situés entre p et p'. Ainsi le rayon Fx sera réfléchi dans la direction xa, le rayon $F'y$ dans la direction yb. La source lumineuse FF' fournit donc, par réflexion sur le miroir plan PP', un cône lumineux dont l'angle d'ouverture est pOp.

Le miroir concave cc' fournira, avec la même source lumineuse, un cône beaucoup plus large, dont l'angle d'ouverture sera cOc'. En effet, les rayons qui partent des points F et F' sont réfléchis sur l'objet, suivant les directions cO et $c'O$.

Donc, pour une source lumineuse de même étendue et placée à la même distance, le miroir concave fournit un cône lumineux plus large, et utilise une bien plus grande partie de la surface de cette source. Il peut donc envoyer plus de lumière à l'objet. Pour que le miroir plan puisse fournir une égale quantité de lumière, il faudrait que la source lumineuse soit représentée par la ligne F_1F_2. L'avantage du miroir concave est donc de fonctionner vis-à-vis du miroir plan comme une source lumineuse plus étendue.

Une première règle découle de ces faits : le miroir plan donne des cônes lumineux, étroits, plus favorables à l'emploi des objectifs faibles; les cônes plus larges, fournis par le miroir concave, conviennent mieux (pratiquement, mais non théoriquement) aux objectifs forts, qui demandent un faisceau éclairant à grande ouverture.

Influence du diaphragme sur le miroir. — Le diaphragme interposé entre le miroir et l'objet (diaphragme à disque, à tiroir, à cylindre, diaphragme-iris en coupole) permet de rétrécir le cône lumineux fourni par le miroir. Un diaphragme d'ouverture donnée laissera passer un cône d'autant plus étroit qu'il sera placé plus loin de l'objet. On pourra donc régler l'éclairage, avec le diaphragme à cylindre ou le diaphragme-iris à coupole, non seulement en changeant le diamètre de l'ouverture, mais encore en la déplaçant verticalement : on voit donc l'importance de ce mouvement vertical.

L'expérience montre que l'usage des diaphragmes est fort utile pour donner plus de netteté aux images. Nous en comprendrons plus loin la raison, quand nous expliquerons (p. 59) le rôle de la région de l'objectif dite *espace obscur*. C'est en effet dans cette région que se trouvent les faisceaux de diffraction produits par les fins détails de structure des objets, faisceaux qui ont une si grande importance dans la formation de l'image. Bien que cette image soit d'autant plus parfaite que l'angle d'ouverture de l'objectif est plus grand, on comprend que, pour ménager l'espace obscur, il est souvent nécessaire de diminuer, par l'usage des diaphragmes, l'angle d'ouverture du faisceau éclairant et de le rendre bien inférieur à ce qu'il devrait être pour remplir tout l'angle d'ouverture de l'objectif.

Influence du miroir sur le cône d'éclairage. — Lorsqu'on n'emploie pas de diaphragme et que la source lumineuse est d'étendue illimitée, l'ouverture du faisceau éclairant dépend de la dimension du miroir. Dans ce cas, le miroir plan se comporte exactement comme le miroir concave; il n'y a de différence que pour une source lumineuse d'étendue limitée, comme nous le verrons plus loin.

Les dimensions du miroir ne peuvent, pratiquement, dépasser certaines limites. On peut bien augmenter l'angle d'ouverture du faisceau en rapprochant le miroir de l'objet; mais alors la platine du microscope empêche l'arrivée des rayons lumineux sur le miroir, si elle en est trop rapprochée. En outre, les rayons sont réfractés par le porte-objet; ceux dont l'inclinaison dépasserait le double de l'angle limite (p. 40) pour l'air et le verre, subiraient infailliblement la réflexion totale (p. 40); or cet angle est de 41°. Ceci nous donne la limite de la puissance des miroirs. Pour obtenir des cônes lumineux plus larges, il est nécessaire d'avoir recours aux condensateurs.

Emploi de la lumière artificielle. — Lorsqu'on se sert de la lumière artificielle, ou en général d'une source lumineuse d'étendue limitée, il ressort de ce que nous avons dit plus haut que le miroir concave donne toujours un faisceau de plus grande ouverture. C'est donc surtout dans ce cas que s'applique la règle que nous avons formulée : prendre le miroir plan pour des objectifs faibles et le miroir concave pour les objectifs forts. Mais, outre la largeur du faisceau lumineux, il est une autre condition de l'éclairage qui a surtout une grande importance avec les objectifs faibles, c'est la réalisation d'un champ uniformément éclairé sur toute son étendue, permettant de voir toute la partie de l'objet comprise dans ce champ.

Uniformité d'éclairage du champ. — Pour une source lumineuse d'étendue illimitée, cette uniformité dépend uniquement, comme nous l'avons vu, de la dimension du miroir et de la distance qui le sépare de l'objet. Peu importe dans ce cas qu'il soit plan ou concave.

Au contraire, pour une source lumineuse d'étendue limitée, le miroir plan donne un champ éclairé plus vaste que celui fourni par le miroir concave. Ce dernier projette à peu près dans le plan de l'objet une image réelle de la source lumineuse, qui se confond avec l'image de l'objet et qui est très gênante. D'ailleurs, cet inconvénient est encore plus sensible avec le condensateur qui fournit une image très petite de la source lumineuse dans le plan de l'objet.

Donc, *pour avoir un champ uniformément éclairé avec les objectifs très faibles, il faut employer le miroir plan seul, sans condensateur.*

2° Emploi du condensateur. — Nous avons vu plus haut que le miroir seul, même lorsqu'il est concave, ne peut pas fournir des cônes lumineux, ayant une ouverture supérieure à 82°. Or, cet éclairage est insuffisant avec les objectifs de grande ouverture numérique (voir p. 41). On est alors obligé d'avoir recours aux condensateurs. Nous savons que ces appareils ont une forte ouverture numérique. L'objet est placé au voisinage et un peu au-dessous de leur foyer supérieur. Dans ces conditions, les rayons que le condensateur reçoit du miroir sont à peu près parallèles; il n'est donc pas nécessaire que ce dernier ait une grande surface.

Pour utiliser complètement la grande ouverture numérique des condensateurs (1.20 et même 1.40), il faut interposer une goutte d'huile de cèdre à immersion entre la lentille supérieure et le porte-objet, de façon à empêcher une partie des rayons lumineux de subir la réflexion totale, au moment de leur passage du verre dans l'air. Cette précaution est, d'ailleurs, rarement indispensable et ne saurait avoir d'importance que pour les objectifs à immersion. En effet, les objectifs à sec ne peuvent admettre, même dans les circonstances les plus favorables, qu'un cône lumineux ayant une ouverture égale au plus au double de l'angle limite pour le verre et l'air; or le condensateur fournit facilement un cône de cette ouverture sans interposition d'huile de cèdre. Ajoutons que l'immersion du condensateur n'est réellement efficace que lorsque l'instrument a été spécialement calculé dans ce but.

Pour rétrécir le large cône lumineux fourni par le condensateur, on emploie le *diaphragme-iris* dont nous avons donné la description. Ce diaphragme est placé en dedans du foyer inférieur du condensateur.

L'emploi du condensateur est absolument indispensable avec les objectifs à sec puissants et avec les objectifs à immersion, qui exigent un cône éclairant très large dont l'ouverture puisse atteindre 120°. Avec ces objectifs, le foyer du condensateur doit se trouver dans le plan de l'objet ou un peu au-dessus pour que l'appareil donne son maximum d'effet. Le mouvement vertical servira à assurer la *mise au point du condensateur* : en effet, lorsque la source lumineuse est éloignée, le cône projeté est large et court, tandis qu'il est plus étroit et plus allongé lorsque la source lumineuse est rapprochée (lumière artificielle). Cette mise au point du condensateur assurera donc la pénétration, dans l'objectif, d'un cône lumineux aussi large que possible.

Certains observateurs conseillent de limiter l'emploi du condensateur aux objectifs à immersion et aux systèmes à sec très puissants. Tel n'est pas notre avis. Nous pensons qu'il y a grand avantage à employer le condensateur, même avec les objectifs faibles, jusqu'à 25 millimètres environ de distance focale, c'est-à-dire jusqu'aux objectifs n° 2 inclusivement. Pour une distance focale plus grande, on ne peut obtenir un champ uniformément éclairé, même en abaissant le condensateur au maximum. Dans ce cas, on emploiera le miroir plan seul. Pour les objectifs à foyer inférieur à 25 millimètres, on abaissera le condensateur, de manière à ce que l'image de la source lumineuse ou des barreaux de la fenêtre ne gêne pas la perception de l'image microscopique. Dès que ce résultat est atteint, on arrête le mouvement du condensateur et on se sert du diaphragme-iris pour régler l'éclairage, en diminuant l'ouverture du cône lumineux. Pour les observations qui réclament de fréquents changements d'objectifs, ce procédé est bien plus pratique que celui qui consiste à écarter à chaque instant le condensateur de l'axe du microscope, puis à régler de nouveau l'éclairage avec le miroir et le diaphragme de la platine. Il suffit, en changeant l'objectif, de modifier légèrement la position verticale du condensateur et l'ouverture de l'iris. Avec un peu d'habitude, ces mouvements sont exécutés presque automatiquement. En outre, en enlevant le condensateur, on se priverait du diaphragme-iris qui permet de régler très commodément l'éclairage : le diaphragme-iris à coupole, installé sous la platine, ne donne jamais un réglage aussi précis et des images aussi bien définies. Comme la grande majorité des observations courantes se font à des grossissements variant de 25 à 800 diamètres, on pourra, dans ces limites, ne jamais supprimer le condensateur : nous recommandons vivement cette manière de procéder, comme économisant beaucoup de temps et donnant d'excellentes images avec le minimum de fatigue oculaire.

Quel miroir faut-il employer avec le condensateur ? Dans les conditions ordinaires, c'est-à-dire avec la lumière du jour ou avec une lumière artificielle suffisamment éloignée, c'est le miroir plan qui permet d'obtenir les cônes lumineux les plus ouverts, c'est donc lui qu'il faudra presque toujours employer. Le miroir concave conviendra pour les cas où la source lumineuse est très rapprochée : en effet, dans ces conditions, le miroir concave peut éclairer tout l'angle d'ouverture du condensateur avec une source lumineuse bien moins étendue que celle qu'exigerait le miroir plan. Au contraire, pour une source lumineuse éloignée, le miroir concave exige une surface éclairante plus étendue que le miroir plan, pour illuminer tout l'angle d'ouverture du condensateur.

Influence de la largeur du cône d'éclairage sur l'image microscopique. — Nous nous sommes efforcés jusqu'ici d'obtenir les cônes lumineux les plus larges possibles dans toutes les conditions d'éclairage qui peuvent se présenter. Il nous reste à voir comment on doit utiliser ces larges faisceaux et dans quelles conditions on doit les réduire au moyen du diaphragme. En effet la largeur du cône d'éclairage exerce une grande influence sur la qualité de l'image microscopique. Plus ce cône est étroit, plus l'image a des contours nets : au contraire, l'image produite par un cône à grande ouverture résulte de la superposition d'un grand nombre d'images, formées par des rayons dont l'inclinaison varie par rapport à l'axe. Les images fournies par ces derniers ne sont pas identiques et l'image totale, formée par la superposition de ces images élémentaires, n'a pas des contours absolument nets.

L'expérience est facile à faire en éclairant un objet non coloré avec un cône lumineux très large : on verra alors que le champ n'est pas net et même, dans certains cas, l'image microscopique pourra disparaître entièrement. Il n'en sera pas de même pour une préparation colorée, car alors les éléments ne se distinguent pas uniquement par la différence de leurs indices de réfraction, mais en outre par leur plus ou moins grande faculté d'absorption pour les rayons lumineux. Si on se sert d'un objectif parfaitement corrigé pour la totalité de son ouverture, on peut éclairer la préparation avec un cône lumineux très large sans que l'image disparaisse. Au contraire, ce sont les parties non colorées et non absorbantes dont l'image disparaîtra, ce qui constitue un avantage, par exemple pour la recherche des Bactéries colorées au milieu d'éléments ou de tissus non colorés.

Par contre, l'étroitesse du cône éclairant augmente le pouvoir pénétrant de l'objectif et la planéité du champ. On sait, en effet, que la plupart des objectifs microscopiques donnent un champ qui paraît plus ou moins courbe : il en résulte que l'image ne peut être mise au point en même temps au centre et sur les bords. Plus le cône d'éclairage est large, plus la zone centrale de netteté est étroite. Cet inconvénient est surtout sensible pour la microphotographie : dans l'observation oculaire, le mouvement constant de la vis micrométrique supplée largement à ce défaut.

On peut admettre, comme règle générale, que l'*éclairage le plus favorable est fourni par un cône lumineux, dont l'ouverture est égale au tiers de celle de l'objectif* et qui, par conséquent, n'éclaire que le tiers de l'ouverture de cet objectif On peut s'en assurer en enlevant l'oculaire et en regardant dans le tube du microscope : on peut aussi laisser l'oculaire en place et se servir d'une loupe pour contrôler la largeur du cône d'éclairage.

En pratique, il faut, pour toutes les préparations, faire varier la largeur du cône éclairant en manœuvrant le diaphragme-iris. Cette manœuvre, très facile, et qu'on arrive en peu de temps à exécuter instinctivement, permet de trouver pour chaque objet l'éclairage le plus favorable et qui fournit la meilleure définition. En général, avec les objectifs à sec, on ouvre peu le diaphragme, surtout avec les forts grossissements dont l'ouverture numérique est moindre. Au contraire, avec les objectifs à immersion, et surtout lorsqu'on examine des préparations intensément colorées, on peut l'ouvrir entièrement et utiliser la totalité du cône lumineux.

En général, les préparations colorées peuvent être examinées avec un cône lumineux très ouvert, pourvu toutefois que l'objectif puisse fournir une image nette dans ces conditions. Dans ce cas, les contours qui apparaissent grâce à la différence de réfringence sont moins marqués et les colorations ressortent mieux. Au contraire, s'il s'agit d'objets non colorés, c'est la différence de réfringence seule qui permet de distinguer les contours et d'apercevoir les détails de structure : il faut alors employer des cônes lumineux plus étroits. Pourtant, il ne faut pas descendre au-dessous d'une certaine limite. Nous verrons en effet, en étudiant les propriétés des objectifs (p. 64), qu'on peut arriver, au moyen de cônes lumineux de grande ouverture, à augmenter dans certains cas la puissance de résolution des objectifs et à distinguer de fins détails de structure qui restent invisibles lorsqu'ils sont éclairés par un faisceau de faible ouverture.

RÉSUMÉ DE L'EMPLOI DE L'APPAREIL D'ÉCLAIRAGE

1° Emploi du miroir seul. — On emploie le miroir plan seul, sans condensateur, avec les objectifs faibles à long foyer (25 à 40 mm.). A partir de 25 mm. de distance focale, ce qui correspond aux objectifs n° 2 et au-dessous (*aa* de Zeiss), nous conseillons vivement de se servir du condensateur.

Le miroir concave sera employé avec les objectifs forts à sec, lorsqu'on ne disposera pas d'un condensateur et lorsque la source lumineuse sera de faible étendue (lumière artificielle, fenêtre étroite).

2° Emploi du condensateur et des miroirs. — On emploie le condensateur toutes les fois que cela est possible, c'est-à-dire toutes les fois que l'objectif n'a pas une distance focale supérieure à 25 mm.

Quand la source lumineuse, quelle que soit son étendue, est éloignée du condensateur, on éclaire avec le miroir plan. Le miroir concave ne doit être employé que lorsque la source lumineuse est à la fois de faible étendue et très rapprochée.

Pour obtenir un champ uniformément éclairé, on élève ou on abaisse le condensateur au moyen du pignon et de la crémaillère et on règle l'intensité de l'éclairage avec le diaphragme-iris. Cette remarque est très importante : on ne doit jamais chercher à diminuer l'intensité de l'éclairage en déplaçant le condensateur, mais seulement en fermant le diaphragme-iris [1]. Le mouvement vertical du condensateur ne sert qu'à obtenir un champ uniformément éclairé : pour les objectifs faibles, on sera obligé d'abaisser le condensateur au maximum; pour les objectifs moyens, on le relèvera plus ou moins; pour les objectifs à immersion, il devra être relevé au maximum ou presque au maximum.

L'éclairage optimum est obtenu en projetant l'image de la source lumineuse dans le plan de l'objet; pour la lumière du jour, s'en assurer en amenant provisoirement dans le champ l'image

---

1. Théoriquement le diaphragme-iris ne doit servir qu'à régler les dimensions du cône lumineux, mais non à modérer l'intensité de la lumière. Pratiquement, dans le travail courant, ces deux opérations se trouvent confondues. Pour les observations difficiles, il faut régler l'intensité lumineuse avec des verres colorés.

d'un barreau de la fenêtre : cette image doit être parfaitement nette ; pour l'éclairage artificiel, voir plus loin, 4°.

3° Centrage du cône d'éclairage. — Je suppose le microscope placé en face d'une fenêtre ou d'une lampe : on peut chercher l'éclairage optimum par tâtonnements, en déplaçant le miroir pendant que l'œil regarde par l'oculaire ; on arrête les mouvements du miroir dès qu'on pense avoir obtenu un éclairage suffisant.

Voici une méthode beaucoup plus facile et plus sûre :

1° Prendre un objectif faible n° 2 ou 3 (*aa* ou A de Zeiss). Le centrage de l'éclairage est beaucoup plus facile avec un objectif faible qu'avec un objectif fort.

2° Retirer l'oculaire et regarder dans le tube du microscope, tout en faisant varier la position du miroir. On voit très nettement, à une petite distance de l'objectif, une image de la source lumineuse, fenêtre ou lampe. On déplace lentement le miroir, jusqu'à ce qu'on ait amené bien au centre l'image de la flamme ou celle d'un carreau bien éclairé. On remet alors l'oculaire et on peut observer.

3° Quand on emploie le condensateur et la lumière artificielle, voici comment on peut procéder : le condensateur est remonté au maximum et le centrage se fait comme ci-dessus. On remet l'oculaire et on monte ou descend le tube, jusqu'à ce qu'on aperçoive de nouveau nettement l'image grossie de la flamme ou du manchon lumineux. On abaisse alors le condensateur, jusqu'à ce que l'image de la flamme disparaisse et que le champ soit bien uniformément éclairé. Si on passe à un objectif plus fort, on relève le condensateur autant qu'il est possible sans nuire à l'uniformité d'éclairage du champ. La règle est de toujours tenir le condensateur aussi haut que possible.

4° Lumière artificielle et lentille convergente. — Cette méthode permet d'agrandir beaucoup la surface de la source lumineuse et d'obtenir un éclairage aussi bon que la lumière naturelle. Prendre une lentille ou un ballon de verre de 15 centimètres au moins de diamètre et rempli d'eau. Colorer l'eau avec un peu d'eau céleste ou placer un verre bleu dans le porte-diaphragme. Disposer la lentille entre la source lumineuse et le microscope, à 15 centimètres environ de chacun d'eux. On arrive ainsi à éclairer toute la surface du miroir plan (vérifier avec un petit carré de carton blanc qu'on pose sur le miroir).

CHAPITRE IV

OBJECTIFS

L'objectif est un système optique, formé d'une ou plusieurs lentilles, et destiné à fournir une image réelle de l'objet. Bien entendu, les lentilles doivent former un système centré, c'est-à-dire que leurs axes optiques doivent coïncider exactement pour former l'axe optique du système. L'objectif est vissé à la partie inférieure du tube, soit directement sur ce dernier, soit sur un revolver ou un changeur à coulisse tels que ceux qui sont décrits plus haut. L'image réelle fournie par l'objectif est observée au moyen de l'oculaire placé à la partie supérieure du tube : elle est alors agrandie et transformée en image virtuelle. La netteté de cette dernière dépend donc essentiellement de la qualité de l'image réelle projetée par l'objectif.

Avant de décrire les différents modèles d'objectifs, il est indispensable de définir certaines propriétés des lentilles et des systèmes de lentilles, dont la connaissance préside à la construction des objectifs et permet au micrographe d'en faire un emploi judicieux.

Nous avons étudié plus haut la formation des images par les différentes sortes de lentilles; ces lois sont les mêmes pour un système centré, si complexe qu'il soit, que pour une seule lentille.

Notons en outre que, pour l'œil humain, il existe une distance minima bien déterminée, à laquelle il distingue nettement et sans effort de très petits objets, tels, par exemple, que les caractères imprimés d'un livre. C'est ce qu'on nomme *distance de la vision normale* : elle est en général de 25 cm., mais elle est plus courte chez les myopes et plus longue chez les hypermétropes. Pour percevoir nettement l'image fournie par une lentille, il suffit de la regarder à la distance de la vision normale. En réalité les choses sont un peu plus compliquées et une foule de conditions viennent influer sur la perception des images réelles ou virtuelles, par exemple l'angle d'ouverture de la lentille.

Angle d'ouverture. — C'est l'angle que forment entre eux les rayons marginaux extrêmes qui traversent la lentille. En d'autres termes, c'est l'angle formé par les rayons qui limitent le cône lumineux émis par un point donné. On obtiendra donc l'angle d'ouverture en réunissant par des lignes droites les bords de la lentille au point dont elle doit former l'image.

L'angle d'ouverture est un facteur très important pour la puissance optique d'une lentille. Il est presque toujours modifié par la présence d'un diaphragme.

Modifications de l'angle d'ouverture par le diaphragme. — Un diaphragme est une plaque métallique, percée d'une ouverture circulaire et placée soit en arrière du système de lentilles, soit entre les groupes de lentilles. Le diaphragme sert à éliminer les rayons marginaux qui produisent les aberrations, il a aussi pour but de limiter le champ, mais en même temps il réduit l'angle d'ouverture. Pour con-

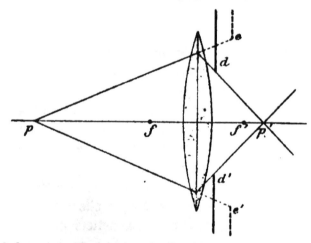

Fig. 21. — Influence du diaphragme sur l'angle d'ouverture d'une lentille. — *dd'*, diaphragme; *ff*, foyers de la lentille; *p*, objet; *p'*, image de l'objet; *ee*, image virtuelle de l'ouverture du diaphragme (pupille d'entrée). — *Original.*

naître l'étendue de la modification apportée à cet angle par un diaphragme, il suffit de construire l'image du diaphragme formée par la lentille diaphragmée. Comme le diaphragme est presque toujours situé près de la lentille et en dedans du foyer, cette image sera virtuelle et agrandie. Il suffit, pour avoir l'angle d'ouverture, de joindre le point lumineux aux bords de l'image de l'ouverture du diaphragme.

Ainsi, dans la figure 21, soit *dd'* le diaphragme, *f* et *f'* les foyers de la lentille : l'image virtuelle de l'ouverture du diaphragme sera en *ee* et l'image du point *p* sera en *p'*. L'angle d'ouverture de la lentille sera *epe'*.

Cette image virtuelle de l'ouverture du diaphragme, fournie par la lentille ou le système de lentilles en arrière desquelles il est placé, ne permet pas seulement de déterminer l'angle d'ouverture du système, elle joue encore un très grand rôle dans la théorie des instruments d'optique. C'est à elle qu'Abbe a donné le nom d'*Eintrittspupille* ou pupille d'entrée.

Lorsque le diaphragme est placé entre les éléments d'un système de lentilles, l'image formée par les lentilles qui se trouvent en arrière de ce diaphragme donne la mesure de l'angle d'ouverture du système.

C'est à cette image qu'Abbe a donné le nom d'*Austrittspupille* ou pupille d'émergence.

L'examen de la figure 21 montre que la grandeur de l'angle d'ouverture de la lentille dépend de l'éloignement du point à observer. Cet angle est d'autant plus petit que le point est plus éloigné. Par contre, la position de l'image du diaphragme n'est pas modifiée. Cette image peut donc servir à déterminer l'angle d'ouverture pour un point quelconque situé sur l'axe optique ou en dehors de cet axe ; elle permet aussi de trouver l'image d'un point quelconque.

Modifications de l'angle d'ouverture par la réfraction. Angle limite. Réflexion totale. — L'angle que font entre eux les rayons marginaux d'un cône lumineux est modifié par le passage de ce cône d'un milieu donné à un autre milieu, dont l'indice de réfraction est différent, lorsque la surface de séparation des deux milieux est plane. Il est possible de calculer, par la trigonométrie, l'angle d'ouverture

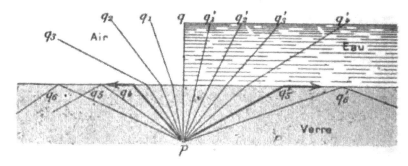

Fig. 22. — Réflexion totale et angle limite. — *Original.*

d'un faisceau lumineux pénétrant dans un milieu donné quand on connaît l'angle d'ouverture du faisceau dans le premier milieu et l'indice de réfraction des deux milieux.

Cette modification de l'angle d'ouverture est facile à comprendre d'après les notions élémentaires que nous avons exposées plus haut (p. 2) sur la réfraction. Nous savons que lorsqu'un rayon lumineux passe d'un milieu plus dense dans un milieu moins dense, par exemple du verre dans l'air, le rayon réfracté s'écarte plus de la normale que le rayon incident. Plus l'angle formé par le rayon incident avec la normale est grand, plus le rayon réfracté se rapproche de l'horizontale. Il arrive un moment où ce rayon réfracté devient parallèle à la surface de séparation des deux milieux ; le rayon incident forme alors, avec la normale, un certain angle dont la valeur varie suivant l'indice de réfraction du milieu. Au delà de cet angle, dit *angle limite*, le rayon réfracté cesse d'être horizontal et se trouve réfléchi par la surface du milieu le plus dense. Il ne peut donc passer dans le milieu moins dense et a subi ce qu'on nomme la *réflexion totale.* L'angle limite est d'autant plus grand que la différence entre les indices de réfraction des deux milieux est plus faible.

De ces données, nous pouvons conclure qu'un cône lumineux ne peut passer complètement d'un milieu plus dense dans un milieu moins dense, que si son angle d'ouverture ne dépasse pas l'angle limite pour les milieux donnés. En effet, tous les rayons qui dépassent cet angle ne peuvent passer dans le milieu moins dense et subissent la réflexion totale au niveau de la surface du milieu le plus dense.

La figure 22 donne un exemple de ce phénomène. Soit $p\,q^6\,q^6$ l'angle d'ouverture d'un cône lumineux fourni par le point p situé dans le verre. La moitié gauche de la figure représente le passage des rayons du verre dans l'air, la moitié droite du verre dans l'eau. L'angle limite pour le verre et l'air est de 41°, il est de 61° pour le verre et l'eau. Aussi, voyons-nous le rayon q^5 subir la réflexion totale en passant du verre dans l'air, tandis que c'est seulement le rayon q'^6 qui est réfléchi totalement au passage du verre dans l'eau.

La connaissance de l'angle limite a une très grande importance pour l'éclairage du microscope. Nous y reviendrons en parlant des objectifs à immersion (p. 69). Nous pouvons cependant dire tout de suite que la supériorité de ces objectifs sur les objectifs à sec découle de ce qu'on évite le passage des rayons lumineux du verre dans l'air, au sortir de la préparation, et qu'on peut ainsi donner à ces objectifs un angle d'ouverture beaucoup plus grand que pour les objectifs à sec.

Ouverture numérique. — Pour désigner l'angle d'ouverture des objectifs, il est bon d'avoir une notation particulière qui soit indépendante de la nature plus ou moins dense du milieu. Abbe a proposé pour cette notation une valeur à laquelle il a donné le nom d'*ouverture numérique*. Le calcul de cette valeur est basé sur ce fait, que le produit du sinus du demi-angle d'ouverture du cône lumineux, après réfraction, par l'indice de réfraction du milieu, est constant pour un même cône lumineux, quel que soit le milieu traversé. C'est ce produit qu'Abbe a désigné sous le nom d'ouverture numérique, et qui est employé maintenant pour indiquer l'angle d'ouverture d'un objectif. L'ouverture numérique a d'un système optique est déterminée par l'équation :

$$a = n \sin. u,$$

u étant le demi-angle d'ouverture pour un milieu d'indice n.

Dans le cas où l'objet se trouve dans l'air et où, par conséquent $n = 1$, l'ouverture numérique sera $a = \sin. u$, c'est-à-dire sera égale au sinus du demi-angle d'ouverture.

Nous reviendrons plus loin (p. 50) sur cette importante donnée, en étudiant les qualités des objectifs. Mais nous pouvons dire dès maintenant qu'elle exprime très bien leur puissance optique, puisque c'est de l'ouverture numérique que dépendent leurs qualités les plus essentielles. En effet la *clarté* de l'image, pour un même grossissement, croît comme le carré de l'ouverture numérique. Le *pouvoir résolvant* et le *pouvoir définissant*, dont l'importance est majeure, sont directement proportionnels à l'ouverture numérique. Par contre, la profondeur du foyer, qu'on désigne encore sous le nom de *pouvoir pénétrant*, est inversement proportionnelle à cette grandeur. Remarquons toutefois que ce dernier rapport n'est vrai que pour les faibles angles d'ouverture ; avec de grands angles, le pouvoir pénétrant est en proportion inverse de la tangente du demi-angle d'ouverture.

Champ. — L'étendue du champ d'un système optique dépend, d'une part du diamètre de l'ouverture des diaphragmes qu'il renferme, d'autre part de l'angle d'ouverture de l'œil. En effet, l'œil ne perçoit avec la même intensité lumineuse qu'une partie de l'*image virtuelle* d'un objet fournie par une lentille ; en dehors de ce cercle uniformément éclairé et dont l'intensité lumineuse est proportionnelle à l'angle d'ouverture de la lentille, l'éclairement de l'image diminue progressivement. Pour réaliser un éclairage uniforme et, par conséquent, pour limiter nettement le champ, il faut éliminer par un diaphragme toute la portion de l'image située en dehors de la partie uniformément éclairée.

Lorsqu'il s'agit d'une *image réelle*, il en est de même : outre le diaphragme destiné à régler l'angle d'ouverture de la lentille, il faut encore placer, dans le plan de l'image virtuelle, un diaphragme dit *de champ*, destiné à éliminer les parties marginales de l'image dans lesquelles l'éclairage diminue progressivement.

Nous retrouverons l'application de cette notion quand nous parlerons des oculaires (p. 83).

Distance frontale. — C'est la distance qui sépare la lentille frontale de l'objectif du couvre-objet de la préparation, lorsque l'image est au point. Il est très avantageux que pour un objectif donné, cette distance frontale soit maxima. En effet, pour les objectifs faibles, elle permet de pratiquer plus facilement, sous le microscope, les dissections ou dilacérations. Pour les objectifs puissants, elle facilite la mise au point, permet l'exploration en profondeur de coupes ou de préparations épaisses, l'examen d'organismes en goutte pendante et rend moins funestes les variations d'épaisseur des lamelles couvre-objet. Cette donnée ne doit pas être confondue avec la *distance focale* (p. 4), dont elle dépend d'ailleurs.

Les objectifs actuels possèdent la distance frontale maxima compatible avec leur grossissement et leur angle d'ouverture.

Aberrations des lentilles. — Nous avons supposé jusqu'ici que les images formées par les lentilles ou les systèmes de lentilles sont des points. En réalité, il n'en est rien, car toutes les lentilles et tous les systèmes de lentilles donnent des images plus ou moins défectueuses. Ces défauts sont dus aux aberrations, c'est-à-dire à l'inégale réfraction que subissent les rayons lumineux, émis par un objet, en traversant les lentilles ou les systèmes de lentilles. Cette réfraction inégale influe sur les images de deux manières différentes : d'une part les contours de l'image sont dépourvus de netteté, parce que les rayons réfractés ne se réunissent pas en un même point, c'est ce qu'on nomme *aberration de sphéricité* ; d'autre part, les bords de l'image sont entourés de bandes colorées dues à ce que les lentilles décomposent la lumière blanche, mais ne peuvent réunir en un même point les rayons qui ont été séparés et qui sont inégalement réfrangibles, c'est ce qu'on nomme l'*aberration chromatique.*

Ces aberrations sont d'autant plus accentuées que la courbure des lentilles est plus forte. Pour y remédier on emploie différents moyens, dont on combine généralement l'action :

1° On intercepte, au moyen de diaphragmes, les rayons marginaux qui sont les plus déviés. Malheureusement ce procédé est d'un emploi très limité à cause de la grande perte de lumière qui en résulte, surtout aux fortes amplifications. En effet la luminosité d'un système de lentilles diminue proportionnellement au carré du grossissement ; on est donc obligé, pour les puissants objectifs, d'utiliser autant que possible toute l'ouverture de la lentille, ce qui limite singulièrement l'emploi des diaphragmes.

2° On remplace les lentilles simples de forte courbure par des systèmes de deux ou plusieurs lentilles, présentant individuellement une courbure moindre.

3° On emploie des lentilles plan-convexes, dont l'aberration est moindre que celle des lentilles biconvexes, surtout en ayant soin de diriger la face plane du côté de l'objet à observer.

Le moyen le plus sûr, s'il était praticable, serait de remplacer les lentilles sphériques par des lentilles taillées en hyperbole, en parabole ou en ellipse, suivant l'éloignement de l'objet. Malheureusement la taille de pareilles lentilles présenterait trop de difficultés. Le mieux est donc de combiner les courbures des deux surfaces de la lentille de manière à réduire l'aberration au minimum. Pour les verres très réfringents, dont l'indice de réfraction dépasse 1,65, la meilleure forme de lentille est la forme plan-convexe, mais il n'est pas indifférent de tourner vers l'objet l'une ou l'autre face de la lentille. Dans le cas de l'objectif microscopique, où l'objet est très rapproché du foyer de la lentille, celle-ci reçoit des rayons divergents ; aussi l'aberration est-elle réduite au minimum lorsque la surface plane est tournée vers ces rayons, c'est-à-dire vers l'objet.

4° On réunit des lentilles de pouvoir dispersif différent, de manière à ce que l'aberration de l'une corrige les défauts de l'autre.

La correction de l'aberration de sphéricité se nomme *aplané-tisme*, celle de l'aberration chromatique se nomme *achromc-tisme*.

1° Aberration de sphéricité. — Elle consiste essentiellement en ce que les rayons, partis d'un point situé sur l'axe optique, ne se réunissent pas de nouveau en un même point, après avoir traversé la lentille, mais viennent couper l'axe en des points plus ou moins éloignés les uns des autres.

Prenons comme exemple une lentille biconvexe: si elle présente une courbure accentuée, les rayons qui passent près des bords sont plus fortement réfractés que ceux qui passent au voisinage de l'axe, aussi vont-ils couper l'axe en un point plus rapproché de la lentille. Dans la figure 23, nous voyons que les rayons *pa* et *pa'* sont réfractés plus fortement que les rayons *pb* et *pb'* et coupent l'axe en un point *c* plus rapproché de la lentille que le point *d* où viennent se réunir les rayons *pb* et *p'b'*. Donc, au lieu d'avoir une image nette et punctiforme du

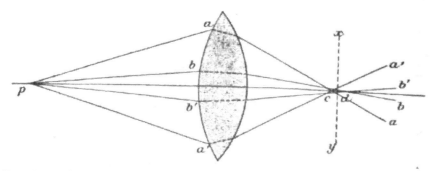

Fig. 23. — Cette figure montre à la fois l'aberration de sphéricité et la correction par défaut. Les rayons marginaux *aa* et *a'a'* coupent l'axe plus près de la lentille que les rayons centraux *bb* et *b'b'*. — *Original.*

point *p*, nous obtiendrons une série de cercles de dispersion, répartis entre les points *c* et *d* et dont le diamètre minimum se trouvera dans le plan *xy*. C'est au niveau de ce plan que se formera l'image la plus nette que puisse donner la lentille en question. Toutefois on ne peut dire que ce plan soit réellement le plan de l'image puisque celle-ci se trouve comprise en réalité dans une série de plans situés entre les points *c* et *d*. On voit donc qu'une telle lentille ne peut pas donner d'images nettes. En effet il se produit, par suite de ces phénomènes, plusieurs images placées les unes derrière les autres. Comme elles sont de grandeur différente, elles ne se recouvrent pas; il en résulte que l'image perçue par l'œil est courbe et indistincte sur les bords.

Nous avons dit que l'aberration de sphéricité est, en général, d'autant plus accentuée que la courbure de la lentille est plus forte; mais il intervient un autre facteur qui est l'indice de réfraction de la substance dont est formée la lentille. En effet la distance focale d'une lentille dépend non seulement de son rayon de courbure, mais encore de son indice de réfraction. Donc, des lentilles de même distance focale, mais construites en verres différents, n'auront pas la même aberration. Inversement,

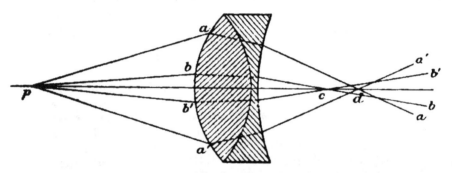

Fig. 24. — Correction par excès. — Les rayons marginaux *aa* et *a'a'* coupent l'axe plus loin que les rayons centraux *bb* et *bb'*. — *Original*.

pour une même aberration, elles n'auront pas la même distance focale. L'aberration de sphéricité est d'autant plus faible que l'indice de réfraction est plus élevé pour une même longueur focale. C'est cette propriété qu'on utilise pour corriger l'aberration de sphéricité, c'est-à-dire pour obtenir l'aplanétisme.

Supposons qu'on réunisse deux lentilles, l'une concave et l'autre convexe, dont les aberrations soient égales, mais de sens contraire, l'aplanétisme se trouvera réalisé. Pour que ce système fonctionne comme une lentille convexe, il suffit que l'élément convexe soit fait d'un verre plus dense, donc plus réfringent; cet élément réfractera plus fortement les rayons lumineux que l'élément concave et aura un foyer plus court. Dans ces conditions, le système formé par ces deux lentilles fonctionnera comme une lentille simple convergente et dépourvue d'aberration de sphéricité.

Dans certaines conditions, au lieu de rechercher un aplanétisme parfait, on ne corrige que partiellement l'aberration sphérique.

Deux cas peuvent alors se présenter :

1° L'action correctrice de la lentille concave peut être assez forte, non seulement pour compenser l'aberration de la lentille convexe, mais encore pour faire apparaître une aberration de sens contraire. Un tel système est dit *corrigé par excès* (fig. 24) : en effet le point de convergence des rayons marginaux est plus éloigné de la lentille que le point de convergence des rayons centraux.

2° Dans le cas contraire, le système est dit *corrigé par défaut* (fig. 23), parce que l'aberration de la lentille convexe n'est pas complètement corrigée.

Jusqu'ici, nous n'avons considéré que les points situés le long de l'axe optique. Mais il ne suffit pas, pour obtenir de bonnes images, de compenser l'aberration pour ces points ; il faut encore, autant que possible, supprimer l'aberration pour tous les rayons compris dans les limites de l'angle d'ouverture, quelle que soit leur direction. On tend ainsi à réaliser l'égalité du grossissement linéaire pour tout le champ, ce qui est la condition essentielle pour obtenir une image parfaite.

Quelle que soit la perfection des combinaisons de lentilles, il n'est pas possible d'obtenir une correction absolument complète au point de vue théorique. Tout ce qu'on peut arriver à réaliser, c'est une compensation suffisante pour que les aberrations ne soient plus sensibles à l'œil. En effet notre œil est constitué de telle sorte, qu'il perçoit sous forme de points, les cercles dont le diamètre ne dépasse pas certaines dimensions. Il suffit donc, pour obtenir des images pratiquement nettes, sinon théoriquement, d'abaisser au-dessous de cette limite le diamètre des cercles de dispersion produits par les diverses aberrations.

Il faut remarquer en outre que les combinaisons de lentilles, employées pour remédier aux aberrations, ne donnent une image nette que dans un plan déterminé et pour une distance déterminée de l'objet. Si celui-ci s'approche ou s'éloigne, l'image se forme dans un autre plan : ses défauts apparaissent alors d'autant plus accentués qu'elle s'éloigne davantage du plan pour lequel a été réalisée la correction maxima.

2° **Aberration chromatique.** — L'aberration chromatique ou aberration de réfrangibilité est due, comme l'aberration de sphéricité, à une réfraction inégale des rayons lumineux. Mais ici, cette inégalité n'est pas produite uniquement par la courbure de la lentille ; elle est due à la différence de réfrangibilité des différents rayons du spectre suivant leur longueur d'onde : plus cette dernière est courte, plus les rayons sont déviés. Les rayons qui composent la lumière blanche sont donc inégalement réfractés, c'est-à-dire que le foyer des rayons les plus réfrangibles et à courte longueur d'onde, qui sont les rayons violets, sera plus rapproché de la lentille que celui des rayons rouges qui sont les moins réfrangibles et dont la longueur d'onde est la plus grande. Les foyers des autres rayons sont répartis entre ces deux foyers extrêmes. Il en résulte que l'image fournie par la lentille est formée par la superposition d'images élémentaires, en nombre

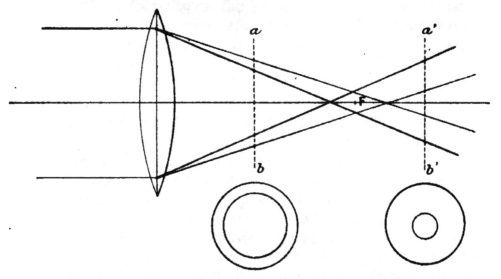

Fig. 25. — **Aberration chromatique.** — Cette figure, très schématisée, montre la décomposition des rayons lumineux par la lentille et leur réfraction inégale. En dedans du foyer, dans le plan *ab*, l'image a une bordure rouge; au delà du foyer, dans le plan *a'b'*, elle a une bordure bleue. En outre ces images n'ont pas la même grandeur. — *Original.*

égal à celui des rayons du spectre. Les bords de l'image totale seront donc indistincts et entourés de franges colorées; en dedans du foyer l'image a une bordure rougeâtre, en dehors du foyer elle présente une bordure violette. Comme ces images élémentaires ne sont pas toutes de même taille, ainsi que le montre la figure 25, elles ne se recouvrent pas complètement et forment une image totale à contours indistincts et colorés. En somme la lentille agit comme un prisme sur la lumière blanche, elle la décompose, mais ne peut en réunir ensuite en un même point les éléments constituants.

Nous avons dit que l'aberration chromatique ne dépend pas seulement de la courbure de la lentille, mais encore de la nature du verre de cette lentille. En effet, l'aberration est d'autant plus accentuée que le pouvoir dispersif est plus grand, c'est-à-dire que les différences sont plus grandes entre les indices de réfraction d'un verre donné pour les différents rayons du spectre. Mais il n'y a pas à proprement parler de proportionnalité entre la réfringence et le pouvoir dispersif. Prenons en effet comme exemple le crown-glass et le flint-glass[1] : la différence entre les indices de réfraction pour les rayons rouges et violets est de 0,0204 pour le crown, 0,0434 pour le flint, ce qui donne pour ce dernier un pouvoir dispersif plus de deux fois plus fort que celui du crown. Par contre, la différence entre les indices de réfraction des deux verres pour des rayons de même couleur est beaucoup plus faible et ne dépasse guère 0,1, ainsi qu'en témoigne le tableau suivant :

Indices de réfraction pour les rayons :

	(Rouge.)	(Orangé.)	(Violet.)
Flint-glass	1,6277	1,6350	1,6711
Crown-glass	1,5243	1,5280	1,5447

Donc, de deux lentilles construites avec ces verres et possédant à peu près la même longueur focale, celle de flint aura un pouvoir dispersif beaucoup plus considérable que celle de crown. Inversement, pour un même pouvoir dispersif, la lentille de crown aura une longueur focale beaucoup plus grande que celle de flint.

On corrige l'aberration chromatique, comme l'aberration de sphéricité, en combinant deux lentilles, l'une convexe en crown, l'autre concave en flint, calculées de telle sorte que l'aberration chromatique de la lentille convexe soit compensée autant que possible par la lentille concave, tout en conservant à l'ensemble les propriétés d'une lentille convexe. On réalise ainsi un système dit *achromatique*, c'est-à-dire dans lequel le spectre secondaire est supprimé, au moins d'une façon approchée. Ce mode de correction de l'aberration chromatique a été découvert en 1757 par un opticien de Londres, Dollond. C'est encore le procédé qui est employé aujourd'hui.

Pourtant cet achromatisme n'est jamais parfait. En effet, le pouvoir dispersif du crown et du flint n'est pas le même pour toutes les longueurs d'onde, aussi un système de lentilles pour

1. On sait que les verres sont des silicates doubles de potassium et de calcium pour les verres ordinaires, de potassium et de plomb pour le cristal.

Le flint-glass est un cristal, c'est-à-dire un silicate de potassium et de plomb, riche en oxyde de plomb. C'est donc un verre dense et très réfringent; il est plus riche en plomb que le cristal ordinaire. Son pouvoir dispersif est très grand.

Le crown-glass est, comme le verre de Bohême, un silicate de potassium et de calcium, mais il est plus riche que ce dernier en potasse et en chaux, il est moins réfringent et moins dispersif que le flint.

lequel on a obtenu la coïncidence exacte des rayons des deux couleurs n'est-il pas du tout corrigé pour les autres. De là résulte la production de ce qu'on nomme le *spectre secondaire*, formé par les franges colorées qui proviennent de la déviation inégale des autres rayons.

Lorsque la partie bleue du spectre domine, l'image est entourée d'une lueur bleuâtre et l'objectif est dit *corrigé par excès*; au contraire, lorsque l'image présente une auréole jaunâtre, l'objectif est dit *corrigé par défaut*. C'est cette dernière correction qui est toujours adoptée.

Un autre obstacle à l'achromatisme parfait est l'angle d'incidence des rayons. En effet la coïncidence complète des rayons de deux couleurs ne peut être réalisée que pour une incidence donnée, qu'elle soit oblique ou normale; avec toute autre incidence on voit immédiatement apparaître les franges colorées, même avec les systèmes de lentilles les mieux corrigés. C'est ce qu'Abbe a nommé *différence chromatique de l'aberration sphérique*. Il est facile de comprendre que ce défaut sera d'autant plus accentué que l'angle d'ouverture du système sera plus grand. Un moyen d'y obvier consiste à réaliser la correction non pour les rayons centraux, mais pour les zones moyennes de la lentille. Remarquons d'ailleurs que ce défaut était beaucoup plus sensible avec les anciens verres. Depuis l'emploi des verres spéciaux d'Iéna [1] on arrive bien plus facilement à compenser ce genre d'aberration.

Enfin, une dernière condition de l'achromatisme est d'obtenir des images d'égale grandeur pour toutes les couleurs du spectre. Il faut donc compenser ce qu'on nomme *différence chromatique du grossissement*.

Grâce aux verres actuels, tous ces défauts d'achromatisme sont devenus pratiquement négligeables, aussi les *objectifs achromatiques* fournissent-ils d'excellentes images, parfaitement suffisantes pour le travail courant.

Pourtant on a cherché à obtenir un achromatisme encore plus parfait et à réunir en un même point non plus seulement les rayons de deux couleurs, mais ceux de trois couleurs. On arrive ainsi à supprimer presque complètement le spectre secondaire. Les objectifs ainsi construits sont dits *apochromatiques*,

1. Les verres généralement employés en optique depuis une vingtaine d'années présentent deux ordres d'avantages : 1° les rapports entre la réfringence et la dispersion sont beaucoup plus variés, c'est ainsi que certains crown peu dispersifs sont aussi réfringents que du flint; 2° les verres présentent une proportionnalité bien plus accentuée de la dispersion pour les différentes zones du spectre. Par suite de ces qualités, ils permettent de réaliser un achromatisme beaucoup plus parfait. L'addition d'acide phosphorique et borique en quantités déterminées est un des principaux facteurs de ces améliorations.

nous les étudierons plus loin (p. 66). Nous verrons que, dans ces systèmes, on corrige aussi l'aberration de sphéricité pour deux couleurs différentes, ce qui fait disparaître la différence chromatique due à l'aberration sphérique. Malheureusement ces avantages ne peuvent être réalisés, comme nous le verrons, que pour un écartement déterminé de l'objet et de l'image. En deçà et au delà les défauts reparaissent.

Qualités des objectifs. — Nous avons déjà indiqué (p. 41) l'importance de l'angle d'ouverture et de l'ouverture numérique; nous venons de voir la nécessité de la correction des aberrations pour la netteté des images.

La réalisation de ces deux qualités : grande ouverture numérique et correction des aberrations, donne aux objectifs les propriétés que nous devons exiger de ces appareils :

Pouvoir résolvant ou *séparateur*, c'est-à-dire faculté de distinguer les plus fins détails de structure des objets : ce pouvoir dépend surtout de l'ouverture numérique et non du grossissement, comme nous le verrons plus loin (p. 55).

Pouvoir définissant, c'est-à-dire faculté de fournir des images à contours parfaitement nets : ce pouvoir dépend surtout de la correction des aberrations.

La réalisation de ces deux qualités remplit le but du microscope, qui est de nous montrer avec une netteté parfaite les plus fins détails de structure des objets.

On parle souvent aussi du *pouvoir pénétrant* des objectifs microscopiques, qualité qui est surtout recherchée par les débutants, et qui permet de voir simultanément et avec netteté plusieurs plans d'un même objet. Cette qualité ne peut appartenir qu'aux objectifs faibles; comme elle dépend de l'étroitesse de l'angle d'ouverture, elle se trouve être opposée au pouvoir résolvant. En réalité le pouvoir pénétrant n'a qu'une importance très secondaire, car la manœuvre de la vis micrométrique le compense dans une très large mesure.

Nous dirons même avec Ranvier[1] que le défaut apparent de pénétration est « la qualité la plus précieuse de l'objectif, puisqu'il permet non seulement d'étudier les contours, mais de connaître la situation relative des différentes parties d'un objet, de le toucher, pour ainsi dire, à l'aide de la vis micrométrique et d'en

---

[1]. *Traité technique d'histologie*, 2ᵉ éd., 1889, p. 24.

apprécier l'épaisseur ». On établit ainsi, par la pensée, une série de coupes optiques, dont la superposition donne une idée exacte de la structure de l'objet.

Il est pourtant un cas où la pénétration est une qualité importante d'un objectif microscopique, c'est en microphotographie. Dans ce cas, en effet, on ne peut y suppléer, comme dans l'observation oculaire, soit par la faculté d'accommodation et l'insensibilité de l'œil aux petits défauts des images, soit par la manœuvre incessante de la vis micrométrique.

Le défaut de pénétration des objectifs est donc un grand obstacle à l'obtention de bonnes épreuves microphotographiques aux forts grossissements et avec des préparations un peu épaisses.

Le pouvoir résolvant et le pouvoir définissant dépendent encore de conditions plus complexes que celles que nous venons d'indiquer. Aussi croyons-nous nécessaire d'entrer dans quelques détails sur le rôle des phénomènes d'interférence et de diffraction dans la formation des images microscopiques.

Théorie de l'image secondaire d'après Abbe. — Rappelons en quelques mots que les phénomènes lumineux sont expliqués par la théorie des ondulations; la lumière est produite par un mouvement vibratoire ou ondulatoire de l'éther, perpendiculaire à la direction de propagation de la lumière. L'intensité de la lumière varie en raison directe de l'amplitude des vibrations. Les couleurs différentes des rayons lumineux sont dues à la vitesse plus ou moins grande de ces vibrations : cette vitesse est mesurée par ce qu'on appelle la *longueur d'onde*, quantité qu'on désigne par la lettre grecque λ. Dans la figure 26, soit AB la direction suivant laquelle se propage le rayon lumineux, *ab* représentera l'amplitude de la vibration et AB la longueur d'onde, c'est-à-dire l'espace correspondant à la durée d'une phase comprise entre les deux positions extrêmes d'une molécule

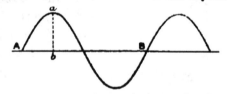

Fig. 26. — Mouvement ondulatoire d'un rayon lumineux se propageant dans la direction AB. — *ab*, amplitude de la vibration; AB, longueur d'onde (λ) du rayon lumineux. — *Original*.

d'éther, vibrant sous l'impulsion d'un rayon lumineux. La longueur d'onde dépend non seulement de la couleur du rayon lumineux, mais encore du milieu dans lequel se propage ce rayon.

Voici les principales longueurs d'onde, correspondant aux raies de Frauenhofer et aux principales couleurs du spectre dans l'air : l'unité est le dix-millième de millimètre ou unité d'Ångström qu'on désigne par la lettre Å.

Raie A	7.604	Orangé	5.889	Bleu	4.666
Raie B	6.867	Jaune	5.500	Indigo	4.382
Raie C	6.562	Raie E	5.269	Raie G	4.307
Rouge	6.200	Vert	5.172	Violet	4.226
Raie D_1	5.895	Raie F	4.860	Raie H	3.968

Interférence. — On donne le nom d'interférence à l'apparition de bandes alternativement claires et obscures : ces bandes sont les *franges d'interférence.* Ce phénomène est dû à la rencontre de plusieurs mouvements vibratoires se produisant en même temps, dans la même direction.

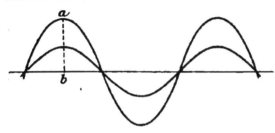

Fig. 27. — Interférence de deux rayons lumineux dont les vibrations coïncident : les deux amplitudes s'ajoutent de manière à donner une amplitude double de celle de chacun des deux rayons. L'intensité de la lumière est doublée. — *Original.*

Supposons deux rayons lumineux de même longueur d'onde et se propageant dans la même direction : il est évident que si leurs vibrations coïncident, les intensités de ces vibrations s'ajouteront de manière à renforcer la lumière (fig. 27). Si, au contraire, l'un des deux rayons est en retard sur l'autre, par exemple d'une demi-longueur d'onde, la molécule d'éther recevra au même moment deux impulsions égales et de sens contraire; elle n'entrera donc

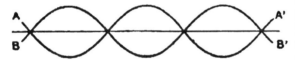

Fig. 28. — Interférence de deux rayons lumineux dont l'un BB' est en retard d'une demi-longueur d'onde, les deux amplitudes se détruisent et s'annulent. L'intensité de la lumière est réduite au minimum d'où obscurité. — *Original.*

pas en vibration et la rencontre des deux rayons lumineux produira de l'obscurité. C'est ce qu'on appelle interférences (fig. 28).

En d'autres termes, l'onde qui résulte de l'interférence de deux mouvements ondulatoires a une amplitude maxima, lorsque le retard ou l'avance d'un des deux rayons est égale à un nombre pair de demi-longueurs d'onde; elle a au contraire une amplitude minima, lorsque la différence est égale à un nombre impair de demi-longueurs d'onde. Entre ces deux extrêmes on trouve tous les passages.

Ces phénomènes peuvent être concrétisés en recevant sur un écran deux rayons d'une lumière simple, par exemple de lumière rouge, convenablement dirigés; on voit se former sur l'écran une série de bandes alternativement claires et obscures, qu'on nomme *franges d'interférence.* On peut dire, dans ce cas, que de la lumière ajoutée à de la lumière peut produire de l'obscurité, puisque les bandes obscures correspondent aux points où s'entrechoquent des molécules d'éther animées de la même vitesse mais en sens contraire. Si on intercepte un des deux rayons, les franges disparaissent et on perçoit une lumière uniforme.

Diffraction. — Ce que nous venons de dire sur les phénomènes d'interférence permet d'expliquer les phénomènes de diffraction ; on nomme ainsi les modifications qu'éprouve dans sa marche un rayon lumineux qui vient à raser la surface d'un corps.

Supposons un faisceau lumineux monochromatique pénétrant dans une chambre noire, à travers une lentille convergente à court foyer. Faisons raser par ce faisceau monochrome le bord d'un mince écran. Recevons sur un autre écran l'ombre ainsi produite. Cette ombre ne sera pas l'ombre géométrique exacte du premier écran, c'est-à-dire qu'il n'y aura pas une ligne de démarcation tranchée entre la lumière et l'ombre. Une faible lumière pénétrera dans cette ombre ; puis, en dehors, on verra apparaître une série de bandes ou franges, alternativement bril-

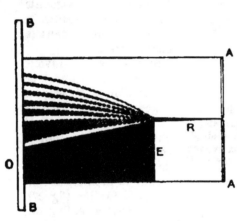

Fig. 29. — Représentation très schématique des franges de diffraction produites par un écran E. — AA, paroi de la chambre noire par où pénètre le rayon R ; BB, fond de la chambre noire sur lequel s'étalent les franges ; O, zone d'ombre pure. — *Original.*

Fig. 30. — Franges intérieures et extérieures produites par un corps très mince CC (figure très schématique). — *Original.*

lantes et sombres. Ce sont les *franges de diffraction* : elles sont dues à un phénomène d'interférence (fig. 29).

Toutes les couleurs du spectre peuvent donner naissance à ces franges, mais celles-ci sont d'autant plus étroites que le rayon coloré est plus réfrangible. En outre, si on fait pénétrer dans la chambre noire un faisceau de lumière blanche, au lieu d'un faisceau monochrome, la lumière sera décomposée par diffraction et on apercevra sur le second écran des franges irisées. Les franges de chaque couleur seront séparées à cause de leur inégalité et les spectres obtenus présenteront le rouge en dehors et le violet en dedans.

On obtient les mêmes phénomènes en plaçant, sur le trajet du rayon lumineux, non plus un écran opaque, mais un corps très étroit, tel qu'un cheveu. On observera alors des franges intérieures, placées dans l'ombre du cheveu, et des franges extérieures en dehors de l'ombre (fig. 30).

Théorie d'Abbe. — Cette théorie repose sur une distinction fondamentale qu'établit Abbe, entre l'image des corps lumineux par eux-mêmes et celle des corps non lumineux par eux-mêmes.

Image des corps lumineux par eux-mêmes. — En ce qui concerne les premiers, chacun de leurs points constitue un centre d'ébranlement indépendant. Il en résulte que seuls les rayons partant d'un même point produisent entre eux des phénomènes d'interférence. Au contraire, les ondes lumineuses qui partent des différents points de ces objets sont en quelque sorte incohérentes les unes vis-à-vis des autres, et leurs ondes élémentaires ne peuvent interférer entre elles.

L'image d'un point lumineux fournie par une lentille sera donc formée d'un point central très lumineux, entouré de cercles de diffraction dont l'intensité lumineuse décroît très rapidement. L'étendue de ces cercles dépend de l'angle d'ouverture de la lentille et du diamètre du diaphragme. Comme les longueurs d'onde sont des fractions de millième de millimètre, avec un diaphragme de quelques millimètres de diamètre, l'image de diffraction sera si petite qu'elle donnera l'impression d'un point lumineux, où l'œil ne pourra distinguer les cercles de diffraction.

S'il s'agit d'un objet et non plus d'un point, chaque point de cet objet donnera lieu de même à une image entourée de cercles de diffraction excessivement petits. Nous savons que les ondes lumineuses émises par chacun de ces points sont indépendantes et ne peuvent interférer entre elles. Par conséquent, l'image de chacun des points d'un objet se forme indépendamment, sans que ces images élémentaires puissent influer les unes sur les autres et donner naissance à des phénomènes d'interférence ou de diffraction.

Donc, d'après Abbe, dans le cas des corps lumineux par eux-mêmes, l'image se forme point pour point, suivant les lois de l'optique géométrique.

Image des corps non lumineux par eux-mêmes ou image secondaire. — Abbe nomme *image secondaire* l'image des corps non lumineux par eux-mêmes. Ces corps, pour donner une image, doivent être éclairés par une source lumineuse, mais ils agissent par absorption, réfraction et diffraction sur les rayons fournis par cette source.

Les conditions de formation de l'image sont ici toutes différentes. Chaque point de l'image de l'objet est formé par la convergence de rayons provenant de tous les points de la source lumineuse éclairant l'objet. Ces rayons sont indépendants l'un de l'autre et ne peuvent, comme dans le cas précédent, former une image de diffraction d'un point de l'objet. Au contraire, les rayons qui proviennent des différents points de l'objet microscopique peuvent interférer entre eux.

D'après la théorie d'Abbe l'objet agit sur les rayons partant de la source lumineuse comme un *réseau de diffraction*, et donne d'abord de cette source une image de diffraction. De cette dernière image partent des rayons, dont l'interférence produit une image de l'objet. Celle-ci est donc un *phénomène secondaire*, subordonné à la production de l'image de diffraction, d'où le nom d'*image secondaire* donné par Abbe. Cette image présente des détails d'autant plus fins que l'image de diffraction pénètre plus complètement dans l'objectif. Nous pouvons dire dès maintenant que *le pouvoir résolvant*, ou pouvoir de rendre visibles les structures fines, *dépend en premier lieu de l'angle d'ouverture de l'objectif*. Plus cet angle est grand, plus sera grande la portion de l'image de diffraction, produite par la structure donnée, qui pénétrera dans le microscope.

Au point de vue optique, un *réseau* est constitué par une série d'espaces alternativement transparents et opaques, excessivement rapprochés les uns des autres et régulièrement distribués. Il faut qu'il y ait au moins 40 divisions par millimètre. La lumière, en traversant un tel réseau, produit des phénomènes de diffraction caractérisés par l'apparition de spectres très purs qui présentent un caractère particulier : en effet le violet y est moins dévié que le rouge, aussi, ces spectres sont-ils violets en dedans et rouges en dehors.

On peut se rendre compte d'une manière très simple de ce qu'est un réseau ; il suffit pour cela de rapprocher les paupières de manière à entrecroiser les cils. Ces derniers forment alors un véritable réseau. Si, dans ces conditions, on regarde la flamme d'une bougie ou d'une lampe, on apercevra une lueur horizontale due aux rayons diffractés et on pourra même voir des spectres assez nets. Un autre exemple de réseau est fourni par le *Pleurosigma angulatum* (fig. 192), Diatomée qui sert de test-objet, dont nous aurons à parler fréquemment dans la suite. Si on place une préparation de *Pleurosigma* entre l'œil et une source lumineuse en ayant soin de l'incliner convenablement, on voit apparaître successivement toutes les couleurs du spectre au fur et à mesure qu'on éloigne ou qu'on rapproche l'œil. Chacune de ces Diatomées couvertes de fines stries fonctionne comme un réseau et fournit des spectres de diffraction.

Les irisations de la nacre et des plumes de certains Oiseaux sont dues aussi à des phénomènes de diffraction.

Images de diffraction. — En ce qui concerne le microscope, on peut étudier ces phénomènes d'une manière précise en se servant de la lame de diffraction d'Abbe. Cette lame est constituée par 3 lamelles circulaires, dont une face est argentée et fixée sur une lame porte-objet. Dans la mince couche d'argent, on a gravé, au moyen d'un diamant et de la machine à diviser, des réseaux constitués par des systèmes de lignes parallèles.

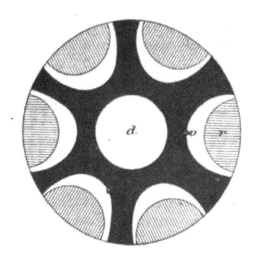

Fig. 31. — Image de diffraction produite par le *Pleurosigma angulatum*. — *dd*, faisceau direct; *v*, partie violacée; *r*, partie rouge des spectres de diffraction. — *Original*.

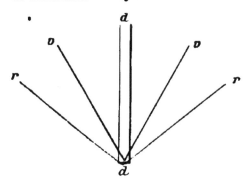

Fig. 32. — Représentation schématique du faisceau direct (*dd*) et des faisceaux diffractés (*v*, *r*), produits par le *Pleurosigma angulatum*. — *Original*.

A défaut de la lame de diffraction d'Abbe, on peut étudier l'image de diffraction à l'aide du *Pleurosigma angulatum* (fig. 192, p. 168), Diatomée qui sert habituellement de test-objet (p. 166) et qu'il est facile de se procurer chez tous les marchands de microscopes. On met au point une de ces Diatomées avec un fort objectif à sec ou avec un objectif à immersion, puis on enlève l'oculaire et on regarde dans le tube. En réglant convenablement l'ouverture du diaphragme, on voit au centre du champ une image blanche circulaire, représentant l'ouverture du diaphragme, et, à la périphérie du champ, 6 spectres de diffraction dont les couleurs sont d'autant plus nettes que l'ouverture du diaphragme est plus petite (fig. 31). Bien entendu ces spectres sont rouges à la périphérie. Les trois systèmes de stries du *Pleurosigma* agissent comme un réseau de diffraction; ces trois systèmes, en se coupant, donnent des figures hexagonales qui se traduisent par 6 spectres, correspondant deux par deux aux trois systèmes de stries.

Images secondaires. — L'image de l'objet, dans le microscope, est produite, d'après la théorie d'Abbe, par l'interférence des rayons émis par les spectres de diffraction que nous venons d'étudier. Le calcul permet d'établir que, pour obtenir une image exactement semblable à l'objet, il faut que l'objectif puisse embrasser la totalité de l'image de diffraction produite par cet objet. Par contre, on ne percevra aucun détail d'une structure s'il ne pénètre pas dans l'objectif au moins un spectre de diffraction en plus de l'image blanche directe de la source lumineuse.

Reprenons l'exemple du *Pleurosigma angulatum* et examinons la figure 32 qui schématise le parcours des rayons diffractés. Le faisceau *dd* représente les rayons directs, formant l'image blanche centrale de la figure 31. De chaque côté se trouve un faisceau diffracté, dans lequel les rayons violets *v* sont les moins déviés, tandis que les rayons rouges *r* se trouvent à la périphérie. Un objectif dont l'ouverture serait trop petite pour admettre d'autres rayons que ceux du faisceau central ne montrerait aucun détail de structure. D'autre part, l'angle que les faisceaux diffractés forment avec l'axe optique est d'autant plus ouvert que la structure est plus fine : par conséquent l'objectif devra avoir une ouverture numérique d'autant plus grande pour résoudre cette structure. Il faut en outre que le cône éclairant soit assez large pour que les spectres de diffraction soient entièrement compris dans le champ : c'est alors que l'image aura son maximum de netteté et de clarté. Un cône plus large ne fera que rendre l'image indistincte en faisant pénétrer dans l'objectif des rayons autres que ceux qui proviennent de l'objet. Nous trouvons ici une nouvelle preuve de l'utilité du diaphragme-iris qui permet de réduire le cône d'éclairage aux dimensions nécessaires (p. 34).

Ces lois se démontrent plus facilement au moyen des réseaux de la plaque de diffraction d'Abbe et des diaphragmes particuliers qui l'accompagnent.

En diminuant l'angle d'ouverture de l'objectif, au moyen de diaphragmes spéciaux de plus en plus étroits, on diminue en même temps le pouvoir résolvant du microscope, par suite de la suppression des rayons diffractés. Le pouvoir résolvant disparaît si on n'admet pas au moins deux faisceaux diffractés. Donc, ainsi que nous le disions plus haut, le pouvoir résolvant dépend en premier lieu de l'angle d'ouverture de l'objectif.

Avec d'autres diaphragmes, ou produit *l'apparition de stries fictives*, ou la disparition des stries réelles.

Parmi les nombreuses expériences qu'on peut réaliser avec cet appareil j'en avais décrit et figuré quatre séries dans la première édition de cet ouvrage. Les lecteurs qui s'intéressent à ces questions pourront s'y reporter. Par contre je décris (p. 62), en parlant de l'emploi de l'éclairage oblique, une série d'expériences analogues qu'on peut effectuer grâce à cet artifice, avec le *Pleurosigma angulatum*.

La conclusion générale de toutes ces expériences est que les rayons centraux sont incapables de fournir seuls une image exacte des structures fines. Les rayons diffractés sont absolument indispensables pour la résolution de ces structures. Plus l'objectif admettra de rayons diffractés, plus la structure fine en question sera représentée fidèlement.

Des objets dont la structure est identique peuvent donner des images dissemblables si on ne recueille pas le plus grand nombre possible de rayons diffractés. Par contre, des objets de structure très différente pourront donner des images semblables, si on ne fait pas intervenir tous les rayons diffractés dans la formation de l'image, comme le montrent bien les expériences des pages 63 et 64.

Ces considérations montrent l'importance capitale de la théorie d'Abbe pour l'étude et l'interprétation des structures fines; nous verrons plus loin (p. 64) avec quelle prudence cette interprétation doit être conduite.

Il n'en est pas de même pour les objets relativement volumineux, c'est-à-dire dépassant de beaucoup les dimensions de la longueur d'onde des rayons lumineux (voir p. 52 la table de ces longueurs d'onde). Dans ce cas, les rayons centraux suffisent à former l'image qui est constituée suivant les lois de l'optique géométrique. Un bon exemple de ces objets nous est fourni par les chambres humides graduées qui servent à la numération des globules sanguins. Le volumineux réseau qui y est tracé forme une image microscopique sans intervention des rayons diffractés. Si on prend une structure un peu plus fine, les rayons diffractés seront nombreux et localisés dans un étroit espace autour du faisceau central : un objectif de faible ouverture pourra les recevoir tous et fournir une image exacte. Enfin, pour une structure très fine, les rayons diffractés seront moins nombreux et plus éloignés les uns des autres (voir p. 55 l'étude de la formation des images de diffraction); il faudra donc que l'objectif ait un grand angle d'ouverture, de manière à recueillir le plus possible de ces rayons diffractés.

Nous n'avons étudié jusqu'ici que des réseaux réguliers, mais les lois que nous venons d'établir s'appliquent aussi bien aux structures irrégulières, quelles qu'elles soient. Il peut être difficile d'établir, pour de tels objets, la disposition et l'étendue des images élémentaires de diffraction; mais il subsiste toujours, comme règle générale, que le faisceau de diffraction doit faire, avec le faisceau direct, un angle d'autant plus grand que la structure est plus fine. Ces structures irrégulières ne peuvent être résolues, c'est-à-dire perçues dans l'image fournie par un objectif, que si ce dernier reçoit au moins le premier des spectres de diffraction fourni par la structure observée.

Nous sommes donc amenés à énoncer une fois de plus cette loi fondamentale : *le pouvoir résolvant d'un système de lentilles dépend surtout de son angle d'ouverture.*

Avant la publication des travaux d'Abbe on connaissait déjà empiriquement l'importance de l'angle d'ouverture, mais on n'arrivait pas à comprendre pourquoi, dans certains cas, il fallait, pour obtenir des images plus parfaites, employer des cônes lumineux relativement étroits. Il semblait que, dans ce cas, une partie seulement de l'ouverture de l'objectif était susceptible de fonctionner utilement. Ce fait paraissait en complet désaccord avec la nécessité d'un grand angle d'ouverture pour obtenir une bonne résolution. On sait maintenant que les faisceaux de diffraction tombent précisément dans cette portion de l'ouverture de l'objectif dite *espace obscur* (p. 31), qui n'est pas éclairée directement. Or ce sont ces faisceaux de diffraction qui jouent un rôle capital dans la formation de l'image microscopique des structures fines. La théorie d'Abbe explique parfaitement cette apparente anomalie.

Maintenant que nous connaissons la véritable nature du pouvoir résolvant, nous pouvons comprendre sans peine que cette qualité est indépendante du grossissement. Il est facile de prouver expérimentalement qu'un objectif donnant un grossissement considérable peut résoudre moins bien les fines stries qu'un autre objectif de grossissement plus faible, mais d'une meilleure résolution. Par exemple avec un bon objectif donnant 300 diamètres, on pourra mieux distinguer une fine structure qu'avec un mauvais objectif donnant

600 diamètres. La grandeur de l'image fournie par un microscope ne donne donc pas la mesure de la valeur des combinaisons optiques.

Limites de la résolution. — La théorie de l'image secondaire nous amène à rechercher quelle peut être la limite du pouvoir résolvant, c'est-à-dire la limite extrême au delà de laquelle on ne peut plus percevoir l'écartement de deux lignes.

Prenons le cas le plus simple, qui est celui de stries parallèles. On peut calculer la valeur du sinus de l'angle que forment les faisceaux diffractés avec le faisceau direct. Cette valeur est égale au rapport qui existe entre la longueur d'onde des rayons lumineux et l'écartement des stries. On peut donc, pour une longueur d'onde donnée, calculer les différentes valeurs de l'angle pour les diverses distances qui séparent les raies.

Nægeli et Schwendener ont établi pour une longueur d'onde moyenne de 0,5 μ la valeur de cet angle.

Leurs calculs ont montré qu'un faisceau de diffraction, formant avec l'axe optique d'un objectif un angle α, d'une valeur donnée, ne pourra pénétrer dans cet objectif, que si celui-ci possède un angle d'ouverture dont la valeur soit au moins double, c'est-à-dire égale à 2 α. Pour des stries distantes de 1 μ, le premier faisceau de diffraction ne pourra pénétrer dans un objectif, que si celui-ci possède un angle d'ouverture d'au moins 60°. Si l'écartement des stries est égal à la longueur d'onde, c'est-à-dire à 0 μ, 5 il faudra, pour que le premier faisceau de diffraction puisse pénétrer dans un objectif, que celui-ci possède un angle d'ouverture de 180°. Or cette limite n'a jamais pu être atteinte. Donc, dans les conditions données, il est impossible de résoudre, c'est-à-dire de distinguer nettement les unes des autres, des stries dont l'écartement est inférieur à 0 μ, 5.

Moyens de reculer la limite de la résolution. — On possède deux catégories de moyens qui permettent d'essayer d'élever la puissance de résolution au-dessus de cette limite. C'est d'une part l'emploi de rayons lumineux de très faible longueur d'onde et d'autre part l'emploi d'artifices d'éclairage.

1° *Emploi de rayons de faible longueur d'onde.* — Il faut, dans ce cas, employer un éclairage monochromatique réalisé avec des rayons de longueur d'onde très courte.

C'est ainsi que la photographie permet d'employer les rayons ultra-violets, dont la longeur d'onde est de 2.750 Å, et d'obtenir des détails que l'œil ne peut percevoir avec les rayons de grande longueur d'onde auxquels il est seulement sensible (méthode de Köhler [1]). On peut arriver ainsi à abaisser la limite de résolution de 0 µ, 5 à 0 µ, 4. Hâtons-nous de dire que ce procédé est plus théorique que pratique et qu'il n'est pas sans présenter de grandes difficultés, sur lesquelles nous reviendrons plus loin (p. 69). Mentionnons dès maintenant la nécessité de se servir uniquement de lentilles, de lames et de lamelles en quartz, car le verre ne laisse pas passer les rayons ultra-violets. La source lumineuse doit être une étincelle électrique jaillissant entre des électrodes de cadmium ou de magnésium ou une lampe à vapeur de mercure en quartz. La mise au point se fait à l'aide de verres fluorescents, qui rendent visibles les rayons ultra-violets.

En outre, on ne peut employer qu'une zone déterminée du spectre ultra-violet, car, au-dessous d'une longueur d'onde de 2.000 Å, les rayons ne peuvent traverser l'air.

Il y a un moyen beaucoup plus simple de *diminuer la longueur d'onde des rayons lumineux*. Il consiste à les faire passer, avant leur entrée dans l'objectif, non dans l'air, mais dans un milieu plus réfringent. Ce procédé est réalisé dans les objectifs à immersion dont nous aurons à parler plus longuement. On sait que la longueur d'onde et la vitesse de translation des rayons lumineux sont inversement proportionnelles à l'indice de réfraction du milieu traversé. Autrement dit, si on fait passer des rayons lumineux d'une couleur déterminée à travers des milieux transparents diversement réfringents, ces rayons conservent leur couleur, c'est-à-dire le nombre de leurs vibrations, mais leur longueur d'onde est modifiée et devient d'autant plus faible que le milieu est plus réfringent, c'est-à-dire optiquement plus dense.

L'indice de réfraction de l'air étant égal à l'unité, si, par exemple, l'indice de réfraction du liquide d'immersion est 1,5, la longueur d'onde des rayons qui traverseront ce liquide sera raccourcie de deux tiers. Pour des stries distantes de 0 µ, 5 il suffira d'un angle de 42° pour que le premier faisceau de diffraction pénètre dans l'objectif. En employant comme liquide d'immersion le monobromure de naphtaline, dont l'indice de réfraction est très élevé (1,66), et en éclairant la préparation avec des rayons de 4 000 Å (0 µ, 40) de longueur d'onde, l'extrême limite de résolution sera abaissée à $\frac{0,40}{1,66} = 0$ µ, 24. On pourra donc, dans ces conditions, arriver à distinguer des stries distantes de 0 µ, 24.

1. *Zeitschrift. f. wiss. Mikroskopie*, XXI, p. 129-165, 273-304, 1904.

2° *Emploi d'artifices d'éclairage*. — *a*) *Éclairage oblique*.
— Un bon moyen d'augmenter la puissance de résolution des objets est d'employer l'éclairage oblique. Si, au moyen de la crémaillère spéciale on déplace latéralement le porte-diaphragme de l'appareil d'éclairage, on peut arriver à régler l'éclairage de telle sorte que le faisceau lumineux direct qui traverse l'objet soit

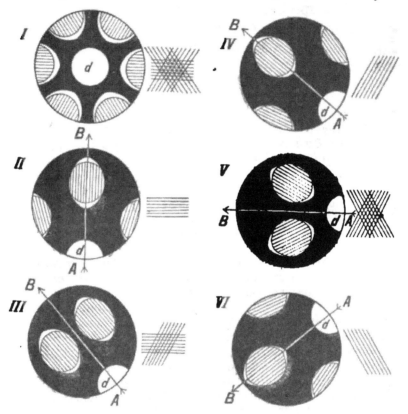

Fig. 33. — Expériences montrant les effets de l'éclairage oblique. — AB, direction du cône lumineux; *d*, faisceau direct. Pour chaque expérience la figure schématique représente, à l'intérieur du cercle, les spectres de diffraction qu'on aperçoit en enlevant l'oculaire et, à côté, les systèmes de stries qu'on voit apparaître en remettant l'oculaire. — *Original*.

tangent au diaphragme de l'objectif après réfraction par la lentille. Dans ces conditions, il pénètre encore dans le microscope, et sous le même angle, un faisceau de diffraction. L'angle que forment entre eux la faisceau direct et le faisceau diffracté est double de ce qu'il serait avec l'éclairage central. A défaut de dispositif spécial pour l'éclairage oblique, on peut encore le réaliser soit en inclinant convenablement le miroir, soit en cachant avec un carton noirci la moitié de l'ouverture du diaphragme-iris.

La différence fondamentale entre l'éclairage central et l'éclairage oblique est donc la suivante. Avec l'éclairage central, l'image blanche du faisceau direct se trouve au milieu de l'image de diffraction et est entourée de spectres de diffraction incomplets (fig. 31 et I, fig. 33). Au contraire, avec l'éclairage oblique, l'image blanche du faisceau direct se trouve au bord du champ visuel; les spectres de diffraction qui se trouvent sur un des côtés peuvent donc s'étendre sur un espace deux fois plus grand. L'éclairage oblique double donc le pouvoir résolvant d'un objectif.

Voici la série d'expériences qu'on peut effectuer avec le *Pleurosigma angulatum* (fig. 33). On éclaire le microscope avec le condensateur Abbe et le miroir plan. On a soin d'abord de chercher, avec un objectif faible, un *Pleurosigma* dont la nervure médiane soit dans le plan sagittal du microscope. On fixe la préparation dans cette position, puis on met au point avec un fort objectif n° 6 ou 7. On distingue plus ou moins nettement les trois systèmes de stries (p. 167). En enlevant l'oculaire, on voit les six spectres de diffraction représentés dans la figure 33, I; ils sont plus ou moins complets suivant l'ouverture numérique de l'objectif et l'ouverture du diaphragme. Généralement on ne voit que les portions violette et bleue; mais plus les spectres sont complets, plus la résolution est parfaite.

1re expérience. — Décentrer au maximum le diaphragme-iris au moyen de la crémaillère spéciale. L'oculaire étant enlevé, on voit l'image blanche du faisceau central rejetée au bord du champ et réduite de moitié. Au lieu de six spectres placés symétriquement, on n'en voit plus qu'un seul au milieu du champ, mais très complet et très pur; sur les côtés on aperçoit une portion de deux autres spectres.

Faisons tourner légèrement le porte-diaphragme dans son plan horizontal, de manière à amener le spectre complet dans la direction du plan sagital du microscope (fig. 33, II). La direction AB du cône lumineux se trouve donc dans ce plan sagittal. Remettons l'oculaire : nous voyons apparaître très nettement une striation transversale, perpendiculaire à la direction du cône lumineux.

2e expérience. — Enlever l'oculaire, faire tourner la porte-diaphragme, vers la gauche, en sens contraire des aiguilles d'une montre, de manière à amener dans le champ l'image de deux spectres complets (fig. 33, III). Remettre l'oculaire et observer l'apparition d'un système de stries obliques qui vient croiser le système de stries transversales de la première expérience.

3e expérience. — Enlever l'oculaire, faire tourner le faisceau lumineux encore un peu à gauche, comme dans la figure 33, IV. Remettre l'oculaire et remarquer que les stries transversales ont disparu. Il n'y a plus que les stries obliques, perpendiculaires à la direction AB du seul spectre visible.

4e expérience. — Enlever l'oculaire, accentuer le mouvement à gauche, de manière à ce que le faisceau lumineux soit dévié de 90° par rapport à la 1re expérience (fig. 33, V). On voit apparaître deux spectres complets et remarquablement purs. Remettre l'oculaire et observer l'apparition de deux systèmes de stries obliques.

5e expérience. — Enlever l'oculaire, amener le cône lumineux dans la direction AB (fig. 33, VI) et constater, en remettant l'oculaire qu'on ne voit plus que les stries obliques perpendiculaires à AB.

Discussion. — Que peut-on conclure de ces expériences au sujet de l'existence réelle des stries ainsi mises en évidence? Nous avons déjà signalé, p. 57, les artifices qu'on peut réaliser en diminuant plus ou moins l'angle d'ouverture de l'objectif; tout ce qu'on peut dire, c'est que l'objet possède une structure capable de produire les phénomènes de diffraction observés.

Plus les détails de cette structure sont délicats, plus est faible le nombre des faisceaux de diffraction qui pénètrent dans l'objectif, même si celui-ci possède un grand angle d'ouverture. On aura alors d'autant moins de certitude au sujet de la structure réelle de l'objet. Aussi peut-on penser que l'interprétation des ornements des Diatomées est purement hypothétique. Au fond, il est impossible, avec les meilleurs objectifs et les plus forts grossissements de décider si le *Pleurosigma angulatum* possède deux ou trois systèmes de stries, ou simplement des ponctuations isolées, en creux ou en relief (p. 168). Tout ce qu'on peut dire c'est que la carapace de cette Diatomée réalise les conditions optiques nécessaires pour produire les phénomènes de diffraction que nous venons d'observer. Puisque nous voyons, avec l'éclairage central, six spectres symétriques, inclinés d'environ 65° par rapport aux rayons non diffractés, il existe certainement, à la surface ou dans l'intérieur des frustules, des éléments optiques hétérogènes, ordonnés d'après un système de triangles; mais, comme ces éléments n'ont rien à voir avec des effets d'ombre, il est impossible de décider si ce sont réellement des portions figurées. La distribution des parties claires et sombres, à la surface des frustules, sous forme de champs hexagonaux, n'est que le résultat de l'interférence entre les six faisceaux lumineux isolés produits par la diffraction. Nous ne savons donc rien de certain sur la véritable structure du *Pleurosigma angulatum.* Ces conclusions pessimistes ne sont valables, bien entendu, que pour les objets à structure fine.

b) *Éclairage central.* — L'éclairage central obtenu avec un très large cône lumineux permet, avec des objectifs bien corrigés, de résoudre certains détails de structure qui, avec un cône lumineux étroit, ne seraient visibles qu'en lumière oblique. En effet, dans le cas d'un cône très large, les rayons marginaux diffractés peuvent pénétrer dans l'objectif et produire par interférence une image de la structure étudiée. On peut donc, en employant un cône lumineux qui remplit complètement l'ouverture de l'objectif, obtenir la même puissance de résolution qu'avec l'éclairage oblique.

Quelle sera l'extrême limite de résolution qui pourra être atteinte au moyen de ces artifices d'éclairage? Nous avons vu qu'avec l'éclairage central, l'immersion au monobromure de naphtaline et la lumière violette on pouvait arriver à résoudre des stries distantes de 0 μ, 24. Avec l'éclairage oblique, cette limite pourra être portée à 0 μ, 12. Ce chiffre est d'ailleurs tout théorique et ne saurait être atteint dans les conditions ordinaires. D'ailleurs l'emploi d'un éclairage avec des rayons de faible longueur d'onde présente de grandes difficultés pratiques.

Conclusions pratiques. — 1° Il est évident, d'après cette étude sommaire des phénomènes de diffraction, que les objectifs à grande ouverture numérique sont indispensables pour la résolution des fins détails. Ils sont donc nécessaires non seulement pour l'étude des Diatomées, mais encore, et surtout, pour les travaux de protistologie et de cytologie, car ce genre de recherches exige le maximum de résolution et de définition. C'est dans ces conditions que les apochromats pourront rendre de réels services, en permettant de voir nettement des détails que les objectifs ordinaires feraient seulement soupçonner. C'est aussi dans ces cas particuliers qu'il y a intérêt à pousser la résolution à ses dernières limites.

2° Pour le travail courant, au cours duquel il n'est pas question de résoudre les plus fins détails de structure, mais plutôt de reconnaître à leur forme, des éléments histologiques ou des êtres de très petite dimension, les grandes ouvertures numériques ne sont pas nécessaires. En effet, à un grossissement faible, les fins détails fournis par l'objectif ne seraient pas perceptibles à l'œil. Il faut donc rechercher plutôt les objectifs à grande longueur focale, à champ très étendu et doués d'un certain pouvoir de pénétration, permettant d'étudier des coupes ou des objets un peu épais. De bons objectifs achromatiques, tels que ceux qu'on fabrique à l'heure actuelle, sont parfaitement suffisants pour ce genre de recherches.

3° A défaut de la lame de diffraction d'Abbe, le *Pleurosigma angulatum*, qu'il est facile de se procurer dans toutes les maisons de microscopes, fournit un moyen très simple de contrôler le pouvoir résolvant des objectifs puissants. Ce test devra montrer, en enlevant l'oculaire après la mise au point, six spectres de diffraction correspondant aux trois systèmes de stries, comme l'indique la figure 31. Même si le grossissement est insuffisant pour bien distinguer les stries, la présence de six spectres et la régularité de leur disposition permettront de conclure à la qualité de l'objectif.

CLASSIFICATION DES OBJECTIFS

Il y a trois catégories d'objectifs microscopiques : les objectifs achromatiques, les objectifs apochromatiques et les objectifs monochromatiques. Dans chacune de ces catégories, on distingue encore deux groupes : les objectifs à sec et les objectifs à immersion.

1° Objectifs achromatiques et apochromatiques. — Comme nous l'avons déjà dit plus haut (p. 49), ces deux catégories d'objectifs ne diffèrent que par une correction plus ou moins parfaite des aberrations de sphéricité et de réfrangibilité. Nous savons que cette correction est obtenue au moyen de lentilles composées, formées de verres spéciaux, possédant des pouvoirs réfringent et dispersif appropriés. On arrive ainsi à diminuer dans une large mesure les aberrations des systèmes de lentilles.

Malheureusement, ces deux ordres de correction ont une tendance à s'annuler réciproquement. Aussi est-on obligé de sacrifier un peu l'aberration de sphéricité dont les inconvénients sont moins grands : si le champ est un peu trop courbe, on peut toujours y remédier par l'emploi de la vis micrométrique. Au contraire, l'aberration chromatique nuit beaucoup au pouvoir définissant, par la zone irisée ou spectre secondaire dont elle entoure les images. C'est donc elle surtout qu'on s'attache à corriger.

Dans les *objectifs achromatiques*, la correction du spectre secondaire est réalisée en réunissant en un même point deux rayons de couleur différente, choisis autant que possible dans la partie du spectre qui renferme le plus de rayons lumineux, c'est-à-dire entre les raies D (jaune) et F (vert-bleu). De plus cette correction s'étend difficilement à toute la surface de la lentille ; elle n'est généralement réalisée que pour une seule zone de l'objectif. L'aberration de sphéricité n'est corrigée que pour une seule couleur. L'emploi des verres nouveaux (phospho et borosilicates) permet pourtant de fabriquer ces objectifs dans des conditions de perfection qui les rendent pratiquement égaux aux apochromatiques. Certains constructeurs y font entrer des lentilles en fluorine qui en augmentent encore les qualités d'achromatisme.

Dans les *objectifs apochromatiques*, on arrive à faire converger, en un même point de l'axe, trois rayons de couleurs différentes et cette correction de l'aberration chromatique est uniforme pour toutes les zones de l'objectif. Ces systèmes réalisent donc un achromatisme d'ordre supérieur. En outre, l'aberration de sphéricité est corrigée pour deux rayons de couleur différente. Les nouveaux verres à base d'acide borique ou phosphorique ne suffisent pas pour obtenir des corrections aussi parfaites. Il a fallu pour cela employer des lentilles de fluorine (fluorure de calcium, spath-fluor). Ce minéral présente les avantages suivants : 1° une grande transparence; 2° un indice de réfraction très faible (1, 4339); 3° une dispersion relative très faible (représentée par 97, alors que les verres utilisés en optique n'ont pas moins de 66,5 à 67) [1]. Il remplace donc avantageusement l'ancien crown-glass. En combinaison avec le flint ordinaire, il produit une déviation secondaire exactement opposée à celle du spectre secondaire ordinaire. Dans ces conditions, une lentille formée de fluorine et de flint pourra corriger complètement le spectre secondaire d'un système ordinaire de lentilles. De plus, en associant la fluorine avec un flint très peu réfringent, on obtient une combinaison qui corrige très bien l'aberration de sphéricité. Enfin la nature du pouvoir dispersif de la fluorine permet de l'associer à des flints d'une dispersion exactement proportionnelle.

C'est ainsi qu'on arrive à supprimer le spectre secondaire; il ne subsiste plus qu'un spectre tertiaire très petit et d'un éclat très faible, qui ne nuit en rien à la netteté des images.

Il résulte de cet achromatisme supérieur que ces objectifs fournissent des images à peu près également nettes pour tous les rayons du spectre : comme toutes ces images ont pratiquement à peu près le même foyer, elles se superposent exactement et donnent ainsi une image générale d'un éclat particulier. Les couleurs naturelles des objets sont rendues très exactement et l'image est à peu près aussi nette sur les bords qu'au milieu du champ. En outre, la correction plus parfaite des deux aberrations permet d'utiliser plus complètement l'ouverture de l'objectif, puisque la correction est faite pour toute l'étendue du champ : il en résulte une augmentation du pouvoir résolvant. A ce point de vue, les apochromats se comportent comme si leur ouverture numérique était augmentée. Enfin, l'image fournie par ces objectifs supporte un grossissement par l'oculaire bien plus considérable que pour les objectifs achromatiques.

---

1. Voir pour ces chiffres Behrens, *Tabellen zum Gebrauch bei mikroskopischen Arbeiten*, 4° édit., 1908, cf. tab. 42 et 43, p. 50 et 51.

Les apochromats présentent pourtant quelques inconvénients. Par suite de leur forte ouverture numérique et de leur grande distance focale, le champ est toujours un peu courbe, surtout dans les objectifs puissants. Il ne faut donc pas s'attendre, avec ces derniers, à avoir une netteté absolue sur toute l'étendue du champ. Ce défaut est facilement compensé par l'emploi de la vis micrométrique ; il a d'ailleurs peu d'importance, car on n'emploie guère ces objectifs pour avoir des vues d'ensemble. On les réserve pour l'étude des détails difficiles à résoudre et, dans ce cas, on n'étudie jamais à la fois qu'un champ très limité.

En outre ces objectifs présentent deux défauts qui ne peuvent être corrigés simultanément. D'abord il subsiste toujours une aberration de sphéricité pour des longueurs d'onde autres que les longueurs moyennes : c'est ce qu'Abbe a nommé *différence chromatique de l'aberration de sphéricité*. Puis, malgré la coïncidence presque parfaite des rayons de différentes couleurs, il y a toujours des écarts entre les distances focales de ces couleurs. Pour atténuer le premier défaut, il faut corriger les lentilles supérieures et, pour effacer le second, il faut modifier les lentilles inférieures. On choisit la première alternative et on conserve une lentille frontale non achromatique, de manière à ne pas diminuer l'ouverture du système. Il en résulte que les images bleues sont un peu plus grandes que les images rouges : par conséquent les bords du champ seront un peu colorés et les objets opaques paraîtront, dans cette zone, entourés d'un liséré bleu en dedans et jaune rougeâtre en dehors. Pour obvier à cet inconvénient et compenser ce reste d'aberration chromatique, on se sert d'*oculaires* particuliers, dits *compensateurs* (p. 85), qui possèdent une aberration chromatique exactement opposée, c'est-à-dire qui grossissent un peu plus l'image rouge que l'image bleue. C'est ainsi qu'on arrive à obtenir un achromatisme aussi parfait que possible.

Malheureusement ces objectifs sont d'un prix très élevé, nous dirons même excessif, par suite des difficultés de leur construction et de la rareté de la fluorine utilisable pour l'optique. Il importe en outre de faire remarquer que, malgré la correction du spectre secondaire et la beauté des images, ces objectifs ne possèdent pas un pouvoir résolvant supérieur à celui des bons objectifs achromatiques. Lorsque ces derniers sont bien construits, ils suffisent parfaitement pour tous les travaux courants. Même pour la microphotographie, où on emploie presque toujours un éclairage monochromatique, les objectifs achromatiques donnent des résultats en tout comparables à ceux qu'on obtient avec les apochromats ; la courbure du champ est même, à ce point de vue, un inconvénient des numéros forts de ces derniers.

Nous conseillerons donc toujours l'emploi des bons objectifs achromatiques comme parfaitement suffisant, sauf dans des cas très spéciaux [1].

Les objectifs *monochromatiques*, calculés par Rohr et Köhler, et fabriqués par Zeiss, sont uniquement destinés à la photographie en lumière ultra-violette, avec des rayons de longueur d'onde de 2750 Å (0 μ, 275). Nous avons déjà indiqué (p. 60) l'emploi des rayons de faible longueur d'onde comme un moyen de reculer les limites du pouvoir résolvant des objectifs. Les monochromats de Zeiss possèdent une ouverture numérique maxima de 1,25, mais, grâce à l'emploi des rayons ultra-violets, le plus puissant de ces systèmes possède un pouvoir résolvant égal à celui d'un objectif ordinaire dont l'ouverture numérique serait de 2,5, chiffre qu'il est impossible d'obtenir actuellement. Ces objectifs sont dits *monochromatiques*, parce qu'ils sont corrigés pour des rayons d'une seule longueur d'onde. Ils réalisent pour ces rayons un aplanétisme au moins égal à celui des apochromatiques.

Ces objectifs sont d'un prix excessivement élevé (le plus fort système à immersion vaut 750 francs). Les lentilles sont en quartz fondu [2], seule substance qui soit perméable aux rayons ultra-violets. Les oculaires, les lentilles du condensateur, les lamelles et les lames doivent être aussi en quartz. Le liquide d'immersion doit être un mélange de glycérine et d'eau, possédant un indice de réfraction particulier.

Les rayons ultra-violets sont obtenus en décomposant, par des prismes de quartz, la lumière fournie par une forte étincelle électrique jaillissant entre des électrodes de cadmium ou de magnésium. Les rayons de longueur d'onde convenable sont réunis par un collecteur et envoyés dans le condensateur, par l'intermédiaire d'un prisme à réflexion totale.

La mise au point se fait au moyen d'un chercheur, forte loupe qui permet d'examiner l'image rendue visible par un écran fluorescent.

L'avantage de la photographie en lumière ultra-violette est de doubler le pouvoir résolvant des objectifs et de révéler, sur des préparations non colorées, des différences de transparence correspondant à de très fins détails de structure, et dues à l'absorption inégale des différents éléments histologiques pour les rayons ultra-violets. Il en résulte que ces préparations non colorés, fraîches ou fixées, se comportent exactement comme le font, en lumière blanche, les préparations colorées.

2° Objectifs à sec et objectifs à immersion. — Les objectifs à sec et les objectifs à immersion diffèrent par la nature du milieu interposé entre la lentille frontale de l'objectif et la lamelle couvre-objet. Dans les objectifs à sec ce milieu est l'air, dont l'indice de

1. Se méfier des objectifs dits semi-apochromatiques ou panachromatiques annoncés dans certains catalogues. Ces dénominations, qui n'ont rien de scientifique, ont un caractère de réclame contre lequel il est bon d'être mis en garde.
2. On ne peut employer le quartz naturel à cause de sa biréfringence ; il est nécessaire de le rendre amorphe par la fusion (procédé de Herschkowitsch, *Zeitschr. für phys. Chemie*, XLVI, 1903).

réfraction (n = 1) est très différent de l'indice moyen du verre (n = 1,5). Au contraire, dans les objectifs dits à immersion, le milieu qui sépare la lentille frontale du couvre-objet est un liquide dont l'indice de réfraction est aussi voisin que possible de celui du verre. Ce liquide peut être de l'eau distillée (n = 1,33) ou mieux de l'huile de cèdre, dont l'indice de réfraction (n = 1,515) est presque identique à celui du verre.

Dans le cas des objectifs à sec, tous les rayons dont l'inclinaison par rapport à l'axe dépasse une certaine valeur subissent la réflexion totale au moment de leur passage de la lamelle dans l'air. Nous avons étudié plus haut (p. 40) la réflexion totale et l'angle limite qui la détermine : nous avons vu que la valeur de cet angle s'oppose à ce que l'angle d'ouverture de l'objectif dépasse une certaine valeur (82°). L'interposition d'eau distillée entre la lentille frontale et la lamelle permet de doubler la valeur de l'angle limite et de porter l'angle d'ouverture à 122°. Les résultats sont encore meilleurs lorsque le liquide d'immersion a le même indice de réfraction que le verre. Dans ce cas, la réflexion totale et la réfraction sont entièrement supprimées ; tous les rayons pénètrent dans l'objectif, et l'angle d'ouverture n'a d'autres limites que celles qui sont imposées par les difficultés de la construction. L'avantage des objectifs à immersion est donc de diminuer ou d'éviter la réfraction des rayons lumineux par l'air entre la lamelle et l'objectif ; par suite, la luminosité de l'image est considérablement augmentée, tandis que, dans les objectifs à sec, elle diminue en proportion du carré du grossissement. En outre, l'admission des rayons marginaux permet d'utiliser des cônes lumineux beaucoup plus étendus et de faire pénétrer dans l'objectif les rayons obliques, dont l'importance est si grande pour la production des images de diffraction (p. 57). L'emploi de l'immersion augmente donc l'angle d'ouverture de l'objectif et permet ainsi une meilleure résolution, par suite de l'admission d'un plus grand nombre de rayons diffractés. Enfin, nous avons vu (p. 61) que le passage des rayons lumineux à travers un milieu très réfringent diminuait leur longueur d'onde et favorisait ainsi la résolution.

Voici, d'après Francotte [1], un moyen très simple de démontrer la supériorité des objectifs à immersion sur les objectifs à sec. On prend une préparation dans laquelle se trouvent deux groupes de Diatomées : les

1. Francotte, *Manuel de technique microscopique*, cf. p. 46.

unes sont montées à sec, dans l'air, simplement entre lame et lamelle; les autres sont montées dans le baume. On peut ainsi passer facilement d'un groupe à l'autre. Examinons-les avec un objectif à immersion; il est clair que, pour le premier groupe, l'objectif à immersion fonctionnera comme un objectif à sec, puisque dans ce cas, grâce à la présence de l'air entre la lame et la lamelle, cette dernière fonctionnera en réalité, comme si elle était la face inférieure de la lentille frontale. En passant d'un groupe à l'autre, nous transformerons donc notre objectif à immersion en objectif à sec et réciproquement. Enlevons l'oculaire, après avoir mis au point, et examinons la pupille d'émergence, nous verrons, pour les Diatomées montées au baume, un cercle lumineux large et brillant. Faissons glisser la préparation et amenons dans le champ les Diatomées

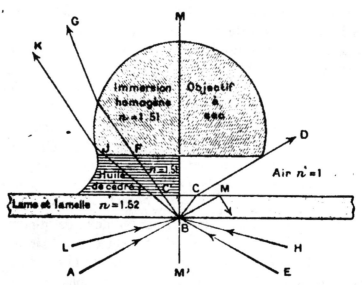

Fig. 34. — Marche schématique des rayons lumineux dans l'air et dans l'huile de cèdre, dans le cas d'un objectif à immersion homogène et d'un objectif à sec de même puissance. — *Original.*

montées dans l'air, immédiatement la pupille d'émergence se rétrécit et devient un petit cercle entouré d'une couronne obscure. Voilà donc le même objectif qui reçoit beaucoup plus de rayons quand il est employé avec immersion.

La figure 34 rend parfaitement compte de la marche des rayons lumineux dans l'air et dans l'huile de cèdre, au sortir de la lamelle. Elle représente une coupe verticale à travers la lentille frontale d'un objectif à immersion homogène et d'un objectif à sec de même puissance. On a figuré deux demi-lentilles pour réunir les deux cas en une même figure. Soit un rayon lumineux ABCD, pénétrant en B dans la préparation : il est réfracté, se rapproche ainsi de la ligne médiane MM' et suit dans le verre la direction BC. En C il quitte le verre pour passer dans l'air et est de nouveau réfracté dans la direction CD. Il ne peut donc atteindre la lentille frontale de l'objectif à sec. Le rayon EBC'FG qui possède exactement la même incidence n'est réfracté qu'une fois, à son entrée dans la préparation, en B. Il continue ensuite sa marche en ligne droite à travers l'huile d'immersion et la lentille frontale, pour contribuer à la formation de l'image. Un rayon lumineux encore plus oblique, qui suit le trajet HBIJK peut encore être recueilli par la lentille frontale. Un rayon de même incidence LBM subit la réflexion totale au moment de son passage de la lamelle dans l'air. On voit donc, par cette figure schématique, que les objectifs à immersion peuvent admettre un cône lumineux très large et que leur ouverture numérique est très supérieure à celle des objectifs à sec de même puissance.

L'emploi de l'immersion n'est possible qu'avec les objectifs à courte distance frontale, par conséquent à fort grossissement. C'est d'ailleurs pour ceux-là seuls qu'elle présente un avantage, car les faibles objectifs sont toujours assez lumineux. Au delà d'un grossissement de 700 à 800 diamètres, l'emploi des lentilles à immersion devient absolument nécessaire pour avoir une image suffisamment lumineuse et nette, car les systèmes à sec n'admettent plus assez de rayons obliques nécessaires pour une bonne résolution.

Classification des objectifs à immersion. — On établit, parmi ces objectifs, autant de catégories que de liquides d'immersion. Nous distinguerons donc les objectifs à immersion *à eau*, *à huile de cèdre* et à *monobromure de naphtaline*.

Les *objectifs à immersion à l'eau* ne remplissent qu'imparfaitement le but de ces instruments, à cause de l'indice de réfraction de l'eau ($n = 1,33$) trop différent de celui du verre ($n = 1,52$). Néanmoins ces objectifs, à l'époque où ils furent inventés, constituaient déjà un progrès considérable. Ils ne sont plus guère employés maintenant. Il est rare qu'on puisse se permettre le luxe de cet accessoire. Pourtant ils peuvent rendre des services pour suivre la marche de la différenciation, au cours de certaines méthodes cytologiques. Dans ce cas, on peut les employer sans lamelle. Ils peuvent aussi être commodes pour l'examen de petits animaux aquatiques. Le liquide d'immersion doit toujours être de l'eau distillée, de façon à ce que son évaporation ne laisse pas, à la surface des lentilles, de dépôt susceptible de les rayer.

Les *objectifs à immersion à l'huile de cèdre* sont dits aussi à *immersion homogène* parce que l'huile de cèdre, ayant à très peu près le même indice de réfraction que le verre, les rayons lumineux traversent un milieu *optiquement homogène*. L'indice de réfraction de l'huile de cèdre est n = 1,515; celui du verre des lentilles est aussi de 1,515; celui du verre des lames et lamelles est environ de 1,520. Pourtant les huiles de cèdre de diverses provenances ne sont pas identiques; il y a toujours entre elles quelque différence. Il est donc préférable d'employer l'huile de cèdre fournie par le constructeur de l'objectif et pour laquelle les lentilles ont été corrigées [1].

Ces objectifs à immersion sont, à l'heure actuelle, de beaucoup les plus employés.

Nous ne signalerons que pour mémoire les *objectifs à immersion au monobromure de naphtaline*. L'indice de réfraction de ce corps est n = 1,66; il permet de porter l'ouverture numérique à 1,63. Malheureusement ces objectifs n'ont guère d'utilité pratique, car, outre leur prix fort élevé, ils nécessitent des précautions particulières. L'objet doit être monté dans un milieu excessivement réfringent tel que le monobromure de naphtaline, le biiodure de mercure, etc.; les lamelles doivent être en flint très lourd et avoir une épaisseur particulière. Le cône éclairant doit avoir une ouverture numérique de 1,40 et être fourni par un condensateur de flint. Les lames elles-mêmes doivent être en flint, alors que les lames et les lamelles ordinaires sont en crown. Ces objectifs sont donc plutôt des curiosités scientifiques, servant à déterminer les limites de la visibilité microscopique au moyen de Diatomées difficiles à résoudre.

Emploi des objectifs à immersion. — Nous donnerons plus loin, en parlant de l'emploi du microscope (p. 138), quelques conseils pratiques sur la manière d'employer les objectifs à immersion. Nous devons simplement examiner ici dans quels cas on doit se servir des objectifs à immersion de préférence aux objectifs à sec.

Nous avons déjà dit que pour un grossissement supérieur à 500 diamètres il était préférable d'employer les objectifs à immersion, qui sont plus lumineux et donnent une meilleure résolution. Pourtant il est des cas où les forts objectifs à sec sont plus commodes, car ils dispensent de l'emploi du liquide d'immersion. Un micrographe exercé saura tirer parti de l'appareil d'éclairage et obtiendra, avec un bon objectif à sec, d'aussi bons résultats qu'avec l'immersion. Néanmoins l'emploi de l'immersion est à conseiller à la majorité des travailleurs et des débutants, car il est assez diffi-

1. Voir p. 462 l'emploi de l'huile de paraffine comme huile d'immersion. Le Dr Joyeux m'a indiqué, en outre qu'en cas de nécessité, il avait eu de bons résultats avec l'huile de Ricin officinale. Ces particularités sont intéressantes pour les voyageurs et explorateurs.

cile de trouver de très bons objectifs à sec puissants et encore plus difficile de s'en servir utilement.

Nous devons mentionner ici un dernier avantage des objectifs à immersion sur les objectifs à sec : c'est de permettre l'emploi de lamelles d'épaisseur quelconque, sans nécessiter de correction. Ceci nous amène à étudier l'influence de l'épaisseur de la lamelle et les objectifs à correction.

Influence de la lamelle. Objectifs à correction. — Pour les objectifs à sec puissants, l'épaisseur de la lamelle a une importance beaucoup plus grande qu'on ne le croit généralement. Ces objectifs sont en effet corrigés pour une réfraction produite par

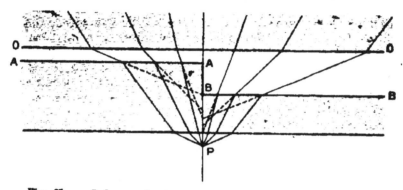

Fig. 35. — Influence de l'épaisseur de la lamelle sur la marche des rayons lumineux.

des lamelles d'une épaisseur déterminée, généralement 170 μ. Si on emploie des lamelles plus épaisses ou plus minces, l'image est médiocre. Voici pourquoi.

La figure 35 représente une lamelle deux fois plus épaisse à gauche qu'à droite. OO est le plan qui limite la lentille frontale de l'objectif. P est un point de l'objet d'où part un cône lumineux. Les rayons qui forment ce cône traversent la lamelle, puis en sortent par les plans AA et BB pour passer de nouveau dans l'air et de là dans l'objectif OO. Tous ces milieux font subir des réfractions aux rayons qui les traversent. Il en résulte que les rayons qui pénètrent dans l'objectif ont tous une direction différente.

Si on vient à prolonger ces rayons en arrière, après leur sortie du couvre-objet, on remarque qu'ils coupent l'axe optique en des points différents, et d'autant plus rapprochés de la lentille frontale que leur inclinaison ou leur obliquité est plus forte. De plus ces rayons viennent couper l'axe en des points d'autant plus éloignés les uns des autres que la lamelle est plus épaisse : c'est ce que montre à l'évidence la comparaison des deux moitiés de la figure.

Il résulte de ceci que, pour les objectifs puissants, dont le foyer est très court, l'image de l'objet est formée non par un point, mais par une série de points superposés le long d'une ligne verticale d'autant plus longue que la lamelle est plus épaisse et que l'ouverture de l'objectif est plus grande. Les rayons externes paraissent partir du point le plus élevé et l'effet définitif est de donner une image dépourvue de netteté, exactement comme si l'objectif était corrigé par excès pour l'aberration de sphéricité.

Pour compenser cet inconvénient, on utilise la propriété que possède l'éloignement des lentilles de corriger l'aberration de sphéricité. On sait en effet que, dans un objectif corrigé par défaut (fig. 23) les rayons marginaux coupent l'axe optique en un point plus rapproché de la lentille que les rayons centraux. Si, par la pensée, nous intervertissons les rôles, c'est-à-dire si nous considérons l'image comme l'objet et l'objet comme l'image, il devient évident que ce système, corrigé par défaut, peut réunir en un point le faisceau de rayons superposés le long de l'axe. Il suffira donc, pour corriger la déformation due à l'épaisseur de la lamelle, d'augmenter la correction par défaut, d'autant plus que l'épaisseur de la lamelle est plus grande.

Dans ce but, certains objectifs sont munis de ce qu'on appelle une *bague de correction*, au moyen de laquelle on peut déplacer, d'une quantité donnée, les lentilles supérieures et les éloigner ainsi des lentilles inférieures. La figure 36 représente un objectif muni de sa bague de correction. Cette bague porte des divisions dont chacune correspond à un déplacement d'un centième de millimètre. Un trait gravé sur la partie fixe de la monture permet d'arrêter la bague à un chiffre correspondant à l'épaisseur de la lamelle pour laquelle on veut corriger l'objectif. La correction doit toujours être faite pour les objectifs qui possèdent la bague de correction. Une négligence

Fig. 36. — Objectif à correction. — En tournant la bague de correction on fait varier l'écartement entre la paire supérieure et la paire inférieure de lentilles.

à ce point de vue altérerait considérablement l'image et ferait perdre à l'objectif une partie de ses qualités.

Mensuration de l'épaisseur des lamelles. — Pour effectuer la correction, il est nécessaire de connaître exactement l'épaisseur de la lamelle. Il existe un appareil spécial, dit calibre-cadran, sorte de pince à ressort qui saisit la lamelle, dont l'épaisseur est indiquée par une aiguille actionnée par la pince et parcourant un cadran gradué. Un autre appareil plus simple est formé d'une vis pourvue d'un tambour gradué. Ces appareils sont gradués en centièmes de milliinètre.

A défaut de ces instruments il y a plusieurs méthodes qui permettent de trouver assez facilement l'épaisseur des lamelles, même pour des préparations définitives, dont on ne peut les retirer.

Le moyen le plus simple est de mesurer l'épaisseur du paquet et de diviser par le nombre de lamelles.

On peut aussi trier les lamelles d'après le son qu'elles rendent en tombant sur une table. Toutes les lamelles qui donnent le même son ont à peu près la même épaisseur. On superpose les lamelles ainsi triées, on mesure l'épaisseur du paquet et on divise l'épaisseur obtenue par le nombre de lamelles.

Une autre méthode consiste à employer les divisions gravées sur la tête ou le tambour de la vis micrométrique. Ces divisions, nous l'avons vu plus haut (p. 18), permettent, au moyen d'un index, de mesurer de très faibles déplacements verticaux de l'appareil optique. On met successivement au point la face supérieure et la face inférieure de la lamelle, en ayant soin de tourner la vis micrométrique dans le même sens. Pour faciliter cette mise au point, il suffit de quelques grains de poussière sur les deux faces de la lamelle. Pour éviter l'erreur due à l'accommodation il est bon de se servir de l'oculaire micrométrique ; grâce à la présence de l'échelle dans le plan focal, on sera sûr de ne pas suppléer à la mise au point en accommodant. La différence entre les deux lectures correspond, pour un objectif à sec, à l'épaisseur d'une couche d'air représentant l'objet. Pour connaître l'épaisseur réelle d'une substance autre que l'air, il faut tenir compte de l'indice de réfraction (p. 181, fig. 103) de l'objet qu'on mesure La formule suivante : $D = nd$, donne une évaluation très approchée de cette épaisseur. D est l'épaisseur cherchée, n l'indice de réfraction de l'objet, d la différence entre les deux lectures. Connaissant l'indice de réfraction, on peut avoir l'épaisseur réelle et inversement, connaissant l'épaisseur, on peut calculer l'indice de réfraction. Pour le verre des lamelles on peut prendre 1,5 comme valeur approchée de n.

Enfin Czapski[1] a indiqué une méthode très précise pour évaluer exactement l'épaisseur de la lamelle d'une préparation. On prend, comme terme de comparaison, trois ou quatre lamelles, dont on a déterminé l'épaisseur exacte au moyen du calibre. On les mesure au moyen des divisions de la vis micrométrique, sans s'occuper de la valeur de ces divisions, puis on divise l'épaisseur réelle de ces lamelles par les chiffres obtenus pour chacune d'elles. La moyenne des quotients donne un coefficient qui servira pour corriger toutes les mesures faites avec la même combinaison optique, la même longueur de tube et le même éclairage.

Si on ne peut connaître l'épaisseur de la lamelle, on établit la correction par tâtonnement en tournant lentement la bague dans un sens ou dans l'autre, tout en regardant dans l'oculaire. On arrive ainsi à trouver le point qui donne pour l'image le maximum de netteté.

1. Czapski, Die Bestimmung von Deckglasdicken an fertigen Präparaten, *Zeitschr. f. wiss. Mikr.*, V, p. 482-484, 1888.

Les montures à correction sont réservées aux objectifs à sec ou à immersion à l'eau. Les objectifs à immersion homogène se font toujours à monture fixe. En effet, à cause de l'homogénéité du milieu que traverse la lumière (verre-huile de cèdre-verre), la netteté de l'image est à peu près indépendante de l'épaisseur de la lamelle. D'autre part, une modification dans l'écartement des lentilles pourrait nuire à la correction des aberrations. Si l'épaisseur anormale du couvre-objet nécessitait une compensation, on aurait recours au tirage du tube du microscope.

Emploi du tube à tirage. — Nous avons vu plus haut (p. 17) que le tube à tirage du microscope porte une division millimétrique. Ce tirage n'est pas destiné à augmenter le grossissement, comme beaucoup de débutants le croient, mais bien à compléter la correction des objectifs. Dans le cas des objectifs à sec, le tirage sert particulièrement à compenser l'épaisseur des lamelles : on le raccourcit dans le cas de lamelles trop épaisses (lamelles de 200 à 250 μ) et on l'allonge dans le cas contraire (lamelles de 100 à 120 μ).

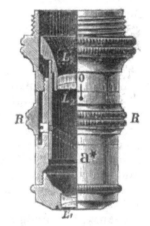

Fig. 37. — L'objectif a* de Zeiss. — En faisant tourner la bague *RR* on élève la paire supérieure de lentilles (*L₁*) dans la position *L₁'* indiquée par les traits pointillés (grand. nat.).

L'emploi du tirage est surtout important avec les objectifs à immersion. Ces appareils sont corrigés pour une longueur de tube déterminée[1], généralement 170 mm., dont il faut retrancher l'épaisseur du revolver ou du changeur à coulisse. Une différence de 10 mm. suffit quelquefois pour donner des images très médiocres.

Il ne faut pas confondre avec le mécanisme des bagues à correction la monture spéciale de certains objectifs faibles, tels que le a* de Zeiss (fig. 37). Ces objectifs sont constitués par deux lentilles doubles qu'une bague mobile permet d'écarter et de rapprocher : on obtient ainsi une série de grossissements variés qui, pour un même oculaire, vont généralement du simple au double. Ces objectifs sont précieux pour les dessins qui doivent être exécutés à un très faible grossissement.

1. Les objectifs de Stiassnie sont corrigés pour un tirage de 20 cm., mais ils supportent facilement de grands écarts dans la longueur du tube. On peut travailler normalement avec le tube complètement abaissé, c'est-à-dire ayant 15 cm. de longueur, revolver compris.

NOTATION DES OBJECTIFS

Les objectifs achromatiques à sec sont généralement désignés par des numéros arbitraires, 1, 2, 3, ou par des lettres, A, B, C.

Les objectifs achromatiques à immersion sont désignés par leur distance focale exprimée en pouces anglais. Les chiffres 1/10, 1/12, 1/15, 1/18, que portent les montures de ces objectifs, signifient donc que leur distance focale est de 1/12, 1/15 de pouce anglais, etc. Le pouce anglais vaut 25 mm. 4. Les objectifs 1/10, 1/12, 1/15, 1/16, 1/18 ont donc 2 mm. 5, 1 mm. 9, 1 mm. 8, 1 mm. 6, 1 mm. 4 de distance focale.

Les objectifs apochromatiques sont tous désignés par leur distance focale exprimée en millimètres et fractions de millimètre. On dit, par exemple, un apochromatique de 16, 8, 4, 3, 3, 2, 1,5 mm.

La connaissance de la distance focale permet de calculer facilement le grossissement propre de l'objectif, c'est-à-dire l'amplification qu'il donnerait, employé seul, sans oculaire. On obtient ce grossissement propre en divisant le chiffre 250, qui correspond à la distance de la vision distincte, par la valeur de la distance focale. Par exemple, pour un apochromatique de 4 mm. de distance focale, le grossissement propre est égal à $\frac{250}{4} = 62,5$.

On est quelquefois très embarrassé pour établir une concordance entre les objectifs des divers constructeurs. Voici quelques indications à ce sujet. La plupart des constructeurs français et étrangers désignent leurs objectifs achromatiques par des chiffres arbitraires, le n° 1 étant le plus faible et le plus fort étant le n° 8 ou le n° 9, suivant les maisons. Les numéros d'ordre des objectifs français ne correspondent pas exactement à ceux des objectifs étrangers, surtout pour les systèmes puissants. Ainsi le 2 et le 4 de Stiassnie et de Leitz sont à peu près identiques, tandis que le 7 de Leitz correspond plutôt au 6 de Stiassnie.

Les objectifs achromatiques de Zeiss sont désignés par des lettres minuscules et majuscules suivant leur puissance. Le a^2 correspond à peu près au 2 de Stiassnie, le C au 4 et le DD au 6; voir à ce sujet la table de concordance de la p. 91.

Le 1 a toujours un très long foyer; il convient pour l'entomologie, les dissections et dissociations, les dessins à un faible grossissement (*15-20 diamètres*).

Le **2** a encore un long foyer ; néanmoins il peut déjà être associé commodément sur un revolver à des objectifs plus forts. Il faut abaisser le tube quand on passe au **3** ou au **4**, mais d'une quantité qui permet de trouver rapidement la mise au point. C'est un objectif commode pour les études topographiques et qui à notre avis doit faire partie d'un microscope bien compris. Il donne des grossissements de *30 à 60 diamètres*.

Le **3** et le **4**, surtout ce dernier, allient à l'étendue du champ un grossissement suffisant (*100-200 diam.*) pour permettre la recherche des œufs d'Helminthes dans les déjections, l'étude préparatoire des coupes et, en général, tous les travaux de topographie et de repérage qui exigent un grossissement moyen avec un champ aussi étendu que possible.

Le **5**, à notre avis, ne fournit pas des images suffisamment grossies. Nous préférons beaucoup le **6** ou le **7**, suivant les constructeurs ; on peut avec ces objectifs et un jeu d'oculaires obtenir

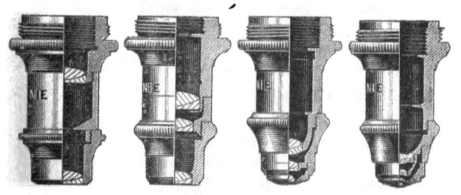

Fig. 38. — Objectif faible (n° 2) de Stiassnie.   Fig. 39. — Objectif moyen (n° 4) de Stiassnie.   Fig. 40. — Objectif fort (n° 6) de Stiassnie.   Fig. 41. — Objectif à immersion (1/15) de Stiassnie.

facilement des grossissements de *300 à 500 diamètres* qui sont les plus courants, pour toutes sortes de travaux zoologiques et botaniques.

Nous ne conseillons pas l'emploi des numéros **8** et **9**. Ces objectifs sont toujours peu lumineux et donnent souvent des images médiocres, quoique très grossies. Ils supportent mal les oculaires forts, qui leur enlèvent la plus grande partie de leur luminosité déjà très faible.

Au delà de 500 diamètres il est préférable, en général, d'employer les objectifs à immersion. Il faut choisir un numéro fort parmi ces derniers, 1/12 au moins. Le 1/15 est préférable et le 1/16 est encore d'un emploi très pratique. Nous reviendrons d'ailleurs sur cette question, en traitant du choix d'un microscope.

Les figures 38 à 41 représentent la section de trois types d'objectifs achromatiques. Dans les figures 38 et 39 nous voyons deux objectifs à sec d'un type faible ou moyen : il sont formés de lentilles doubles par lesquelles on obtient la correction des aberrations. La figure 40 représente un objectif à sec puissant : la lentille frontale hémisphérique produit presque à elle seule le grossissement : les deux lentilles doubles servent aux corrections. De même, dans la figure 41, qui représente un type d'objectif à immersion homogène, le grossissement est produit par la lentille frontale hémisphérique et par la lentille en forme de ménisque, intercalée entre la frontale et les lentilles de correction. Cette disposition, inventée par les Américains Spencer et Tolles et encore employée aujourd'hui, se nomme duplexfront. Les autres lentilles doubles sont des lentilles correctrices.

Table de concordance
des objectifs de Zeiss, Leitz et Stiassnie.

Zeiss	Numéro .	a°			a'	a²	a³	aa		A	AA		B	
	Longueur focale . .	45			39	37	28	26		15	17		12	
	Ouv. numérique.							0,17		0,20	0,30		0,35	
Leitz	Numéro .	1*	1					2			3		3a	4
	Longueur focale. .	42	40					24			16,2		13	10
	Ouv. numérique.	0,08	0,11					0,21			0,30		0,40	0,47
Stiassnie	Numéro .		1					2			3			4
	Longueur focale. .		41,6					22,2			16,3			10,9

Zeiss	Numéro .	C		D	DD	1/7	E				Apo.		F	1/12		
	Longueur focale. .	7		4,2	4,3	3,5	2,8				2		1,8	1,8		
	Ouv. numérique.	0,40		0,65	0,85	0,90	0,90				1,30		0,90	1,30		
Leitz	Numéro .	5				6	7	1/10	8	9	10	Apo.		1/12	1/16	
	Longueur focale. .	5,4				4	3,2	2,8	2,6	2,2	2,1	2		1,8	1,6	
	Ouv. numérique.	0,77				0,82	0,85	1,30	0,87	0,87	1,20	1,32		1,30	1,32	
Stiassnie	Numéro .		5			6	7		8			1/12	9	1/15	1/16	1/18
	Longueur focale .		4,9			4	3,5		2,6			1,9	1,8	1,8	1,5	1,4

Table de concordance
des oculaires de Zeiss, Leitz et Stiassnie.

OCULAIRES COMPENSATEURS

Zeiss	Numéro . . .	2	4	6	8		12	18
	Grossissement propre . . .	2	4	6	8		12	18
	Longueur focale	90	45	30	22,5		15	10
Leitz	Numéro . . .	2	4	6		8	12	18
	Grossissement propre . . .	2,8	5,6	8,3		11,1	16,7	25
	Longueur focale	90	45	30		22,5	15	10
Stiassnie	Numéro . . .	4	6		9	12	18	
	Grossissement propre . . .	4	6		9	12	18	

OCULAIRES D'HUYGHENS

Zeiss	Numéro . . .	1	2	3	4	5	
	Grossissement propre . . .	3	4	5,5	7	9	
	Longueur focale	50	40	30	25	20	
Leitz	Numéro . . .	0	1	2	3	4	5
	Grossissement propre . . .	4	5	6	8	10	12
	Longueur focale	62,5	50	41,65	31,25	25	20,85
Stiassnie	Numéro . . .		1	2	3		
	Grossissement propre . . .		5	7	9		

CHAPITRE V

OCULAIRES

L'oculaire du microscope est formé de deux lentilles, simples ou composées, généralement séparées par un diaphragme, et montées aux deux extrémités d'un tube, glissant à frottement doux dans la partie supérieure du tube du microscope.

L'oculaire sert à observer l'image réelle et renversée fournie par l'objectif. Il exerce sur cette image une double action :

1° Il l'agrandit en la transformant en une image virtuelle, mais toujours renversée ;

2° Il aplanit et éclaircit le champ optique, ou plan circulaire éclairé dans lequel l'objet paraît placé.

La lentille supérieure se nomme lentille oculaire ; c'est elle qui agrandit l'image réelle. La lentille inférieure se nomme lentille collectrice ou verre de champ, c'est elle qui aplanit et éclaircit l'image en restreignant le grossissement de la lentille oculaire. Pour se rendre compte de l'action de cette lentille, prenons un oculaire d'Huyghens, enlevons le verre de champ et examinons de nouveau l'image microscopique. Nous verrons que le grossissement est beaucoup plus fort, mais que le champ a diminué dans les mêmes proportions. On ne voit plus qu'une minime partie de l'objet et il faut déplacer l'œil pour apercevoir les différentes zones du champ primitif, fourni par l'oculaire complet. En outre, l'aberration de sphéricité déforme considérablement l'image.

Les oculaires ordinaires appartiennent à deux types, l'un dit négatif, ou oculaire d'Huyghens, l'autre dit positif ou oculaire de Ramsden. Les oculaires compensateurs constituent un troisième type d'oculaires.

Oculaires d'Huyghens. — Ce sont les oculaires employés couramment avec les objectifs achromatiques. Ils sont formés de deux lentilles plan-convexes (fig. 42), dont la convexité est tournée du côté de l'objectif. Ces deux lentilles ne sont pas achromatiques, mais elles donnent pourtant une image à peu près achromatique, parce que leur écartement est à peu près égal à la demi-somme de leurs longueurs focales. En outre, la longueur focale de la collectrice est à peu près double de celle de la lentille oculaire.

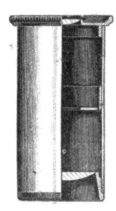

Fig 42, — Oculaire d'Huyghens.

Le foyer inférieur se trouve placé entre les deux lentilles, tandis que le foyer supérieur est un peu au-dessus de la lentille oculaire. L'image se forme donc entre les deux lentilles, d'où le nom d'oculaire négatif. Le diaphragme destiné à limiter le champ optique se trouve dans le plan de l'image.

Il résulte de cette construction que ces oculaires ne peuvent servir de loupe, puisqu'on ne peut placer l'objet entre le foyer et la lentille. Par contre, on peut les faire fonctionner comme loupe en les retournant et en regardant par le verre de champ ; malheureusement le foyer est excessivement court. Les oculaires dits aplanétiques, orthoscopiques, périscopiques, etc., sont construits avec des lentilles oculaires corrigées par excès, de façon à ce que leur foyer soit plus allongé aux bords qu'au centre. Grâce à cet artifice, l'image ne paraît pas bombée : c'est ainsi qu'on obtient une plus grande planéité du champ.

Oculaires de Ramsden. — Dans ces oculaires, les deux lentilles ont leur face plane tournée en dehors et leur face convexe tournée en dedans. Les deux foyers se trouvent en dehors de l'oculaire, qui peut ainsi servir de loupe sur ses deux faces. L'image se forme en avant des deux lentilles, d'où le nom d'oculaire positif. Le diaphragme se trouve donc aussi en avant des lentilles et non entre elles, comme dans l'oculaire d'Huyghens.

Dans les anciens oculaires du type Ramsden, on obtenait l'achromatisme en calculant les foyers des deux lentilles, de façon à ce qu'ils soient égaux entre eux et à l'écartement des deux verres. Mais cet achromatisme est toujours imparfait, aussi l'oculaire de Ramsden est-il à peu près abandonné.

L'image réelle de l'objectif doit se trouver en dehors de l'oculaire et en dedans de son foyer, de telle sorte que cet oculaire fonctionne comme loupe simple. Au contraire, dans l'oculaire d'Huyghens, l'image réelle de l'objectif doit tomber entre les deux lentilles. La pupille d'émergence se trouve au voisinage du foyer supérieur.

Nous avons vu que le diaphragme se trouve en avant des lentilles, dans le même plan que l'image réelle. Cette particularité permet d'utiliser l'oculaire de Ramsden comme oculaire micrométrique et lui donne une supériorité, à ce point de vue, sur l'oculaire d'Huyghens. En effet, dans l'oculaire de Ramsden, l'échelle est placée dans le diaphragme, *en avant des deux lentilles*, et se trouve grossie également par tout l'oculaire, tandis que, dans l'oculaire d'Huyghens, l'échelle est placée dans le diaphragme, *entre les deux lentilles*, et n'est grossie que par la lentille oculaire; il en résulte des aberrations qui nuisent à la précision des mesures. Aussi le dispositif de Ramsden est-il généralement adopté pour les oculaires micrométriques de précision, à tambour gradué.

Oculaires compensateurs. — Ces oculaires sont destinés, comme nous l'avons dit plus haut (p. 68), à compenser l'inégalité de grossissement pour les diverses couleurs (différence chromatique du grossissement, p. 49) dans les objectifs apochromatiques. Nous savons que ce défaut est dû, pour ces objectifs, à la lentille frontale non achromatique nécessaire pour augmenter l'ouverture numérique. Il en résulte que les diverses images colorées qui se superposent pour former l'image complète de l'objet n'ont pas exactement les mêmes dimensions; l'image bleue dépasse légèrement l'image rouge. Si on regarde cette image avec un oculaire ordinaire, on voit que les contours sont marqués d'un liséré coloré, qui augmente à mesure qu'on s'approche de la périphérie du champ. D'ailleurs, les constructeurs donnent intentionnellement à leurs apochromatiques un certain degré de ce défaut, afin de pouvoir le corriger entièrement au moyen des oculaires compensateurs. Ceux-ci sont calculés pour présenter au même degré le défaut contraire, par conséquent pour *compenser* le défaut d'achromatisme des objectifs. Ces oculaires donnent donc pour les rayons rouges une image plus grande que pour les rayons bleus; il est facile de s'en rendre compte en regardant à travers un numéro fort; on aperçoit le diaphragme bordé d'une marge rougeâtre. L'image microscopique totale sera aussi pure que possible, c'est-à-dire exempte de contours colorés jusqu'aux bords du champ.

Ceci explique pourquoi les oculaires compensateurs donnent en général de mauvais résultats avec les objectifs achromatiques à sec; c'est parce que ces derniers ne présentent pas la même différence chromatique de grossissement. Il n'en est pas de même des objectifs achromatiques à immersion dont la différence chromatique est généralement assez forte pour leur permettre de supporter les oculaires compensateurs.

La construction de ces oculaires varie suivant leur grossissement propre. Tantôt le foyer inférieur se trouve au-dessus de la collectrice (fig. 43), comme dans les oculaires d'Huyghens, tantôt au-dessous(fig. 44), comme dans les oculaires de Ramsden. La position est facile à reconnaître, d'après la situation du diaphragme qui se trouve toujours à son voisinage. En général, le type Huyghens est celui des numéros faibles, le type Ramsden celui des numéros forts : la collectrice, dans ces derniers, est une lentille triple achromatique. Dans certains numéros forts, le foyer supérieur est assez éloigné de la lentille oculaire

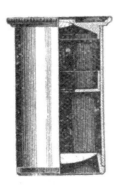

Fig. 43. — Oculaire compensateur (n° 9) de Stiassnie.

pour qu'il soit nécessaire de marquer, par un autre diaphragme, la position de l'œil de l'observateur (fig. 44). Ces grandes variations dans la hauteur du foyer inférieur auraient pour conséquence de modifier considérablement la mise au point à chaque changement d'oculaire. Pour obvier à cet inconvénient, on munit la monture des numéros forts d'une bague, calculée de façon que le foyer inférieur de tous les oculaires d'une même série tombe au même point dans le tube du microscope. De cette manière, la longueur optique du tube, c'est-à-dire la distance entre le foyer postérieur de l'objectif et le foyer inférieur de l'oculaire, reste constante.

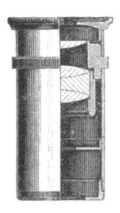

Fig. 44. — Oculaire compensateur (n° 12) de Stiassnie.

L'avantage des oculaires compensateurs est de permettre de grands écarts de grossissement. En effet, les objectifs apochromatiques supportent des oculaires très forts, sans que la netteté et la clarté des images soient influencées dans de trop grandes limites. Néanmoins, pour le travail normal, il sera bon de s'en tenir aux numéros faibles ou moyens, par exemple le 6 ou le 9, avec lesquels la fatigue de l'œil est moins grande.

NOTATION DES OCULAIRES

1° Oculaires d'Huyghens. — Les oculaires d'Huyghens sont toujours désignés par des chiffres arbitraires arabes ou romains (0, 1, 2, 3, 4, 5 ou I, II, III, IV, V, voir la table de concordance de la page 82). En effet leur grossissement propre ne peut généralement pas être exprimé en nombres entiers, par suite des distances focales des types courants. De plus, leurs foyers antérieurs ne se trouvent pas au même niveau.

Les numéros forts sont généralement défectueux, **car ils sont** obtenus en réduisant autant que possible l'action de la lentille de champ. Ils ont donc un champ très étroit, une aberration sphérique très accentuée et une faible luminosité, car, pour diminuer la déformation de l'image, on est obligé de rétrécir fortement le diaphragme. Il faut donc se limiter à l'emploi des numéros faibles et moyens et n'employer les numéros forts que dans les cas où il est indispensable d'obtenir l'étalement maximum de l'image, pour une numération ou un dessin à la chambre claire.

2° Oculaires compensateurs. — Il n'en est pas de même pour les oculaires compensateurs, qu'on désigne par la valeur de leur grossissement propre pour la distance de la vision distincte, c'est-à-dire 250 mm. Les chiffres 2, 4, 6, 8, 12, 18 indiqueront donc que le grossissement propre de ces oculaires est de 2, 4, 6, 8, 12, 18 fois. Outre que cette notation est parfaitement rationnelle, elle présente encore l'avantage de permettre de calculer rapidement le grossissement total d'une combinaison d'oculaire et d'objectif. Il suffit de multiplier le numéro de l'oculaire par le grossissement propre de l'objectif.

Soient : G le grossissement cherché :

g le grossissement propre de l'objectif;

g' le grossissement propre de l'oculaire.

Nous aurons : $G = gg'$.

Pour déterminer g, il suffit de diviser le nombre 250, représentant en millimètres la distance de la vision normale, par la distance focale de l'objectif exprimée en millimètres. Soit f cette distance, nous aurons : $g = \dfrac{250}{f}$.

CHAPITRE VI

FORMATION DE L'IMAGE
MICROSCOPIQUE

Maintenant que nous connaissons les détails de structure de la partie mécanique et de la partie optique du microscope, nous pouvons étudier la marche des rayons dans cet instrument et nous rendre compte de la façon dont se produit l'image virtuelle que nous voyons lorsque nous examinons une préparation.

Prenons d'abord le cas le plus simple (fig. 45), en supposant que l'oculaire et l'objectif sont formés chacun d'une seule lentille. L'objet OO' se trouve un peu au delà du foyer de l'objectif (Obj.) qui donne en O^1O^1 une image réelle et fortement grossie de cet objet. Cette image se forme en dedans du foyer de l'oculaire qui fonctionne comme loupe et donne une image O^2O^2 virtuelle, agrandie et située à la distance de la vision normale.

Derrière l'objectif se trouve un diaphragme DD dont l'ouverture est en dd'. Nous savons que l'image de ce diaphragme représente la pupille d'entrée du microscope et que l'angle p O p' est égal à l'angle d'ouverture de l'objectif. La pupille d'émergence du microscope correspond à l'image du diaphragme DD fournie par l'oculaire; comme ce diaphragme est très éloigné, son image ee' se formera dans le plan E E, très près du foyer f' de l'oculaire. On voit que le cône lumineux qui sort du microscope a son minimum de largeur au niveau de la pupille d'émergence. Donc, pour que l'œil recueille le plus possible de rayons, il faut que sa pupille d'entrée vienne coïncider avec la pupille d'émergence du microscope.

Supposons maintenant que la marche des rayons se produit dans un microscope complet (fig. 46), avec miroir plan M, conden-

saleur C C avec diaphragme D D, objectif *obj* et diaphragme *dd*,
oculaire de Huyghens avec lentille collectrice *coll*, lentille oculaire *oc* et diaphragme *do*. Pour plus de clarté dans la figure, nous
ne représenterons qu'un demi-objet OO′ de façon à n'étudier la
marche des rayons
que d'un seul
côté. L'image
réelle de l'objet
serait projetée par
l'objectif en $O_1O'_1$
si elle n'était pas
réfractée en $O_2O'_2$,
par la collectrice
sous forme d'une
image plus petite,
qui se trouve ainsi
en dedans du foyer
de la lentille ocu-
laire. Celle-ci agit
comme loupe et
donne la grande
image virtuelle
$O_3O'_3$ à la distance
de la vision nor-
male. Cette image
virtuelle, perçue
par l'œil, vient
former sur la ré-
tine la petite image
réelle $O_4O'_4$.

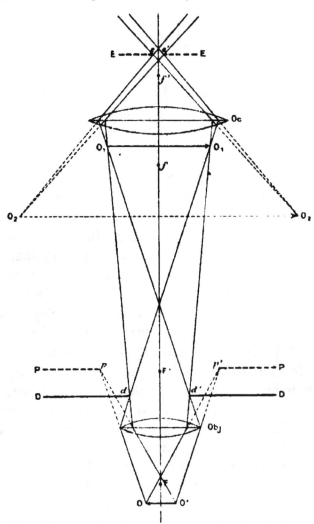

Fig 45. — Marche des rayons dans un microscope simplifié (une seule lentille oculaire).

La pupille d'en-
trée se trouve,
comme précédem-
ment, en *ee′*, der-
rière le diaphragme *dd* de l'objectif, qui limite la pénétration
des rayons lumineux. L'angle d'ouverture de l'objectif est donc
égal à l'angle *e* O *e′*. La pupille d'émergence du microscope est
limitée par l'image du diaphragme de l'objectif fournie par l'oculaire; dans la figure 46, elle coïncide avec la pupille d'entrée de l'œil.
Cette pupille d'émergence est beaucoup plus petite que la pupille

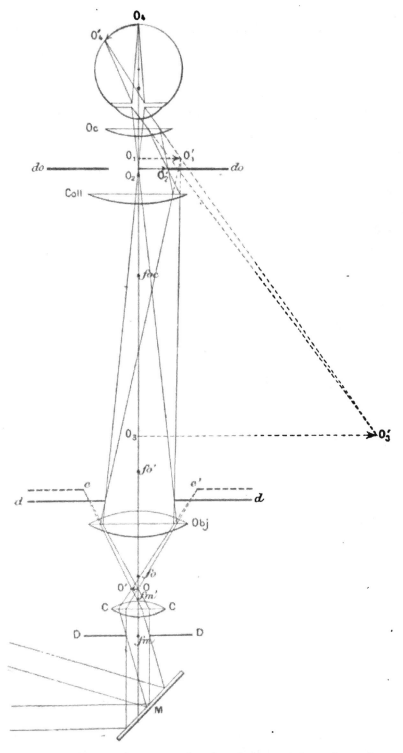

Fig. 46. — Marche des rayons dans le microscope composé complet (condensateur, objectif à une lentille, oculaire à deux lentilles).

d'entrée, elle est même plus petite que l'angle d'ouverture de l'œil.

L'appareil d'éclairage envoie dans le plan de l'objet OO' un cône lumineux qui remplit tout l'angle d'ouverture de l'objectif.

Le champ du microscope est délimité par le diaphragme *do* qui se trouve dans l'oculaire, exactement au point où se forme l'image $O_2O'_2$, fournie par la lentille collectrice.

La figure 47 représente la marche réelle des rayons dans un microscope muni de la nouvelle mise au point micrométrique et de deux objectifs, un objectif faible à sec et un objectif à immersion homogène vissé sur le revolver. L'éclairage est produit par un miroir plan et un condensateur à deux lentilles. L'objet O est placé entre lame et lamelle sur la platine du microscope.

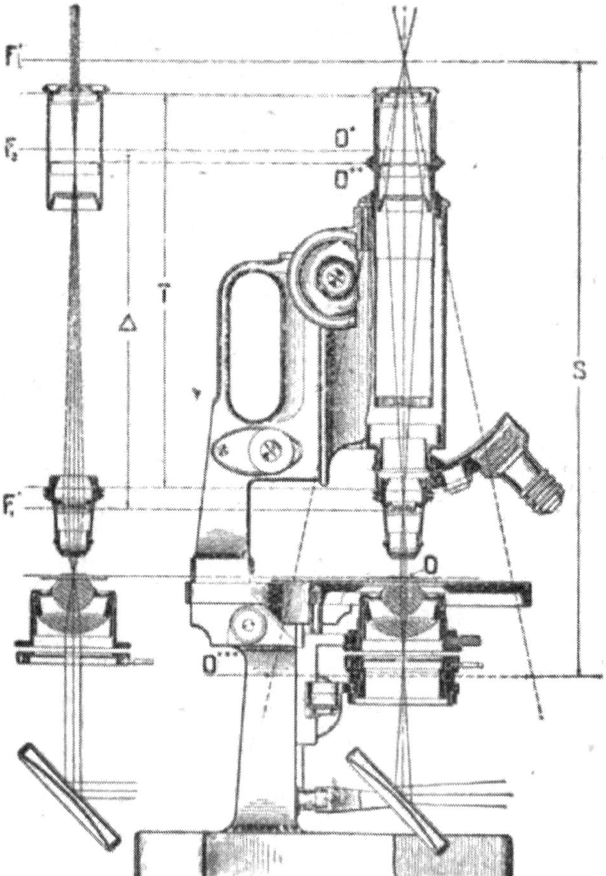

Fig. 47. — Marche réelle des rayons dans le microscope.

La figure I montre la marche des rayons qui traversent un point de l'objet situé dans le plan focal antérieur du microscope; la figure II représente les rayons limitant le champ.

L'image réelle de l'objet formée par l'objectif tombe dans le plan O*, mais la lentille collectrice la reporte dans le plan du diaphragme de l'oculaire O**. Comme l'œil est censé accommodé ou corrigé pour l'infini, les rayons provenant de cette image réelle, vue à travers la lentille oculaire, sont parallèles (fig. 47, I). Les limites de ce faisceau sont déterminées par l'ouverture supérieure de l'objectif qui joue le rôle de diaphragme et délimite l'angle d'ouverture. Ces rayons parallèles vont former sur la rétine de l'observateur une image réelle, petite et renversée : ils forment aussi, dans le plan focal postérieur du microscope entier (F'), l'image du diaphragme de l'objectif fournie par l'oculaire. Cette image correspond au petit cercle lumineux, situé un peu au-dessus de l'oculaire et auquel nous avons donné le nom de *pupille d'émergence* ou de *cercle oculaire*, ou encore de *cercle de Biot* ou de *Ramsden*. Tous les rayons venant de l'image microscopique ont ce cercle pour base. Si la pupille de l'observateur est placée dans le plan de ce cercle et si elle a le même diamètre, l'œil recevra tous les rayons provenant de l'image microscopique.

Pour comprendre la formation de cette image, suivons (fig. 47, II) trois rayons émanés de trois points différents de l'objet. Ces rayons sont d'abord parallèles, puis se coupent dans le plan focal postérieur (F'_1) de l'objectif. Ils passent ensuite par le diaphragme de l'oculaire qui limite le champ : il en résulte qu'après avoir traversé la lentille oculaire, les deux rayons marginaux limitent aussi l'angle sous lequel sera vue l'image microscopique. Or la grandeur de cette image est précisément déterminée par cet angle. L'image virtuelle et renversée définitive fournie par l'oculaire est localisée dans le plan O***. La distance entre ce plan et le plan focal postérieur du microscope entier est égale à la distance de la vision distincte (S = 250 mm.). C'est pour cette distance que sont calculés les grossissements des combinaisons optiques.

La distance T, qui sépare le point d'appui de l'oculaire du point d'appui de l'objectif, représente la *longueur réelle du tube*. Cette longueur varie suivant les constructeurs : elle est de 160 mm. chez Zeiss, 170 mm. chez Leitz, 200 mm. chez Stiassnie, etc. Dans cette longueur doit être comprise l'épaisseur du revolver, du changeur d'objectif, et des appareils micrométriques qui relèvent la lentille oculaire.

La distance Δ représente la *longueur optique du tube*, c'est-à-dire la distance entre le foyer postérieur F'_1 de l'objectif et le foyer antérieur F^2 de l'oculaire. Cette longueur diffère suivant les combinaisons d'objectifs achromatiques et d'oculaires, mais elle est sensiblement constante pour les objectifs apochromatiques : aussi la mise au point n'est-elle pour ainsi dire pas modifiée quand on change d'oculaire.

Dans la figure I, les rayons provenant de la source lumineuse se croisent, après réflexion sur le miroir et réfraction dans le condensateur, dans le point de l'objet situé sur l'axe optique. Les rayons provenant de la source lumineuse sont donc parallèles, mais ce parallélisme n'est pas nécessaire, car dans le cas où la source lumineuse est suffisamment étendue, il n'est pas indispensable d'en projeter une image nette dans le plan de l'objet. Les traits pointillés représentent les faisceaux diffractés extrêmes qui peuvent pénétrer dans l'objectif.

Dans la figure II, on n'a représenté que les rayons qui, après réflexion, se croisent au niveau du diaphragme-iris, ce dernier jouant le rôle d'une source lumineuse très éloignée.

Nous pouvons concrétiser ces notions théoriques en cherchant à voir, par l'observation directe, les images que nous venons de construire schématiquement. Pour cela, il suffit de prendre une préparation d'un objet assez gros, par exemple le test d'Abbe (p. 164) ou, plus simplement, un micromètre objectif gravé sur verre (p. 170). On met au point avec un objectif assez puissant, par exemple le 6 de Stiassnie ou le 7 de Leitz.

Pour voir l'*image réelle fournie par l'objectif* $(O_1O'_1)$, on dévisse les deux lentilles d'un oculaire et on place, sur le diaphragme de cet oculaire, une rondelle de papier à décalquer bien transparent et à grain aussi fin que possible. Comme l'image réelle, d'après la figure 46, se forme un peu au-dessus du diaphragme de l'oculaire, il ne faut pas enfoncer complètement ce dernier dans le tube du microscope pour apercevoir l'image qui vient se peindre sur le papier transparent. Il faut avoir soin, en outre, d'éloigner l'œil jusqu'à la distance de la vision normale. Si on appliquait l'œil à l'orifice du tube de l'oculaire, on ne distinguerait rien.

Pour voir l'*image réelle fournie par la lentille collectrice* $(O_2O'_2)$ on visse cette lentille au tube de l'oculaire, on installe ce dernier dans le tube du microscope et on aperçoit une image plus petite que l'image réelle de l'objectif, ce qui est conforme à la construction de la figure 46.

Enfin, pour se rendre compte de l'étroitesse de la *pupille d'émergence*, on visse les deux lentilles de l'oculaire et on le met en place, puis on met au point comme d'habitude. On prend ensuite

un verre dépoli ou un carré de papier transparent et on le tient
verticalement au-dessus de l'oculaire. En tâtonnant, on finit par
trouver une position telle qu'on aperçoit un tout petit cercle lumineux très net, c'est la pupille d'émergence; son diamètre varie
suivant le grossissement de l'oculaire. On est toujours surpris en
voyant pour la première fois l'étroitesse de ce faisceau émergent.

THÉORIE DE LA MISE AU POINT DU MICROSCOPE

Il résulte de ce qui précède que, pour obtenir une mise au point
correcte, l'image formée par l'oculaire doit se trouver exactement
à la distance de la vision distincte. Nous savons (voir p. 17) que
cette mise au point se fait en déplaçant de haut en bas l'ensemble
du système optique renfermé dans le tube du microscope; on
augmente et on diminue ainsi la distance qui sépare l'objet de la
lentille frontale du microscope. Lorsqu'on descend le tube, pour
rapprocher l'objectif de l'objet, l'image de ce dernier s'éloigne de
la collectrice et se rapproche de la lentille oculaire qui donne une
image définitive moins grossie. De très faibles déplacements verticaux du tube modifient considérablement la situation et les dimensions de l'image microscopique. La mise au point est donc à très
peu de chose près la même pour un œil normal, myope ou hypermétrope.

Si on vient à modifier la longueur du tube, par exemple à
l'allonger, la mise au point sera changée et il faudra faire descendre tout l'appareil optique pour obtenir de nouveau la netteté
de l'image. En effet, l'allongement du tube nous oblige à éloigner
de l'objectif l'image réelle fournie par ce dernier, de façon à ce
qu'elle soit projetée au même niveau que précédemment dans
l'oculaire.

Ces considérations théoriques nous amènent une fois de plus
à conclure que, pendant l'observation microscopique, la vis micrométrique doit être sans cesse en mouvement pour explorer les
divers plans de la préparation et ménager le mécanisme d'accommodation de l'œil.

CHAPITRE VII

MICROSCOPES DE VOYAGE

L'essor de la médecine coloniale et de la parasitologie a donné, depuis quelques années, une importance inattendue aux microscopes de voyage. L'absolue nécessité du microscope pour le diagnostic des maladies parasitaires, rend ces instruments indispensables à tout médecin appelé à exercer dans les régions intertropicales.

Pour rendre les services que l'on doit attendre d'eux, les microscopes de voyage doivent réunir un certain nombre de qualités qui sont quelquefois contradictoires. C'est ainsi que la légèreté et la stabilité sont deux conditions incompatibles et qu'il faut sacrifier un peu de la première pour donner à la seconde une importance suffisante.

Examinons quelles doivent être les qualités essentielles requises par un microscope de voyage.

En premier lieu, il doit se prêter à l'emploi de tous les grossissements et en particulier des objectifs à immersion. Il faut donc qu'il possède un condensateur Abbe avec diaphragme iris. Il est nécessaire qu'il ait, outre le mouvement micrométrique, une crémaillère à mouvement rapide et un revolver à deux objectifs au minimum. La platine doit être large et susceptible de recevoir une platine à chariot, indispensable pour l'examen méthodique des lames de sang. Ces exigences excluent un volume trop restreint et un poids trop minime. La partie supérieure de la monture étant assez chargée, le pied devra être suffisamment lourd pour assurer la stabilité. C'est précisément la forme du pied qui rend défectueux un certain nombre de modèles de microscopes de voyage. Quelques constructeurs, cherchant avant tout à réduire le volume de la monture, ont adopté un pied pliant, formé de deux branches

pouvant s'écarter à angle aigu. Généralement ces deux branches
ne sont pas assez lourdes et leur écartement est insuffisant pour
donner à l'instrument une parfaite stabilité. Pourtant, certains
modèles récents sont conçus d'une façon plus pratique et répondent

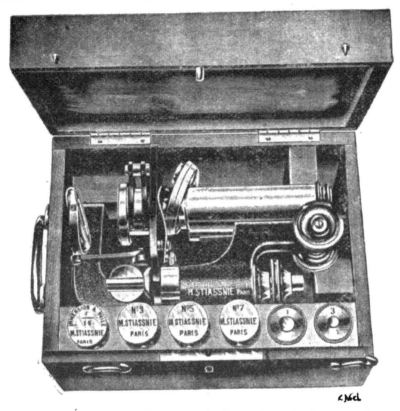

Fig. 48. — Microscope de voyage de Stiassnie replié dans sa boîte,
sans démonter ni dévisser aucune pièce.

aux desiderata que nous venons d'exprimer. D'autres constructeurs
renoncent à plier les deux branches du pied, à redresser la platine
verticalement et à loger ainsi l'instrument dans une boîte très
plate. Ils plient le microscope, par divers dispositifs, au niveau de
sa charnière d'inclinaison. Un des meilleurs modèles est celui de
Stiassnie, qui est représenté par la figure 48. Une fois plié, il tient
avec son revolver, ses oculaires et ses objectifs dans une caissette
cubique qu'il est facile de loger dans une valise ou une cantine.

Ce microscope correspond au modèle moyen représenté par la
fig. 9 (p. 10). L'appareil d'éclairage est manœuvré par un levier,
dispositif très simple, mais très suffisant dans la pratique. La
crémaillère est assez robuste pour supporter le poids d'un revolver

à 4 objectifs, chargé de son optique. La platine carrée doit être
complétée par la platine à chariot amovible de la fig. 12 (p. 15).
Celle-ci ne peut malheureusement pas donner toute l'étendue de

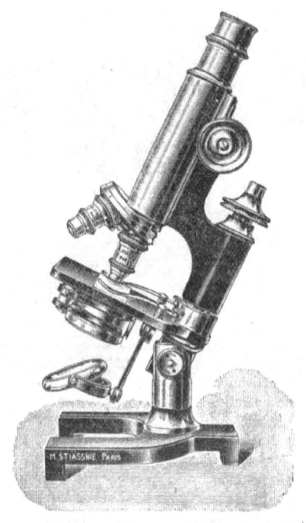

Fig. 19. — Microscope de voyage de Stiassnie, monté.

son jeu, dans le sens antéro-postérieur, à cause de l'exiguïté
relative de la platine fixe.

L'optique à conseiller n'est pas celle qui est représentée sur la
fig. 48; je préfère les objectifs à sec 2, 4, 6 et l'immersion homogène 1/15 ou 1/16. Les oculaires seront les 6 et 9 compensateurs.
Ainsi compris, ce microscope pourra rendre presque les mêmes
services que les grands modèles, avec l'avantage d'être bien plus
facilement transportable.

CHAPITRE VIII

LOUPES ET MICROSCOPES
A DISSECTION

Les modèles de microscopes que nous venons d'étudier ne peuvent généralement convenir que pour l'examen d'objets préparés, c'est-à-dire dissociés dans un liquide, réduits en coupes minces, etc. Ces objets sont montés dans un liquide conservateur, entre lame et lamelle, puis portés sur la platine du microscope pour être observés à un grossissement approprié. Pour la confection de ces préparations, pour la manipulation et la dissection de petits objets, il est souvent nécessaire d'opérer à un grossissement très faible. La dissection ou la dilacération sous le microscope est généralement une opération difficile, car le renversement des images exige une grande habitude pour le maniement correct des aiguilles ou scalpels. De plus, la distance frontale généralement très courte des objectifs est un obstacle qu'il est difficile de surmonter. Enfin les mains de l'opérateur ne trouvent pas, sur la platine, l'appui nécessaire pour la sûreté de leurs mouvements.

Il existe des instruments qui répondent à ce besoin. Ce sont les loupes à dissection, loupes montées ou microscopes simples et les microscopes binoculaires à primes redresseurs. Il existe un grand nombre de modèles de microscopes simples, de construction plus ou moins compliquée et perfectionnée. Nous ne saurions les décrire ici. Qu'il nous suffise de dire que ces instruments doivent posséder une bonne loupe, susceptible d'être mise au point commodément, une large platine et des appuie-bras confortables.

Les loupes qu'on adapte à ces instruments sont des loupes de Steinheil ou des doublets achromatiques; il en existe toute une série, grossissant de 6 à 40 diamètres. L'emploi des numéros forts n'est pas conseillé, à cause de l'étroitesse du champ et de la brièveté de la distance frontale. Au delà de 20 diamètres, il est bien préférable d'employer le microscope binoculaire. D'ailleurs, depuis la création de ce dernier instrument, les microscopes simples ont perdu beaucoup de leur importance et de leur utilité.

Nous avons déjà indiqué (p. 1) quelle différence il y a, au point de vue optique, entre le microscope composé et la loupe ou microscope simple. Nous savons que le premier est composé de deux systèmes de lentilles, tandis que le second ne comprend qu'une lentille ou une combinaison de lentilles fonctionnant comme lentille simple. Nous savons aussi (voir p. 2) que la loupe est une lentille positive, biconvexe ou plan-convexe, qui donne une image virtuelle d'un objet placé entre la lentille et un de ses foyers (fig. 5).

Fig. 50. — Loupe à dissection de Stiassnie.

Les loupes sont affectées des mêmes *aberrations* que les autres lentilles. L'aberration de sphéricité est surtout accentuée dans les loupes formées d'une simple lentille convexe. Aussi est-il préférable, pour avoir des images bien planes et non déformées, de prendre une lentille plan-convexe, dont on tourne vers l'objet la face plane (voir p. 43). On peut aussi construire de bonnes loupes en montant deux lentilles plan-convexes aux deux extrémités d'un tube; un diaphragme élimine les rayons marginaux. Les deux faces planes étant tournées vers l'objet, le champ est très plan. La figure 50 représente une loupe de ce genre construite par Stiassnie; son champ très large et son long foyer permettent de disséquer facilement.

Fig. 51. — 1, loupe cylindrique; 2, loupe de Brewster; 3, loupe de Coddington. — *Original.*

Pour obtenir des grossissements plus considérables, on a recours aux loupes dites cylindriques, taillées dans un bloc de verre. Ce sont : la loupe cylindrique ordinaire (fig. 51, 1) dont les extrémités n'ont pas la même courbure, la loupe de Coddington (fig. 51, 3) et la loupe de Brewster (fig. 51, 2) toutes deux échancrées dans leur portion médiane pour éliminer les rayons marginaux. L'inconvénient de ces trois formes de loupe est d'avoir un foyer très court et un champ très étroit. Elles ne peuvent donc convenir que comme loupes à main, pour l'examen sommaire de petits objets, mais ne se prêtent pas aux travaux de dissection.

Fig. 52. — Loupe du type de Steinheil.

Le meilleur procédé pour construire des loupes aplanétiques et achromatiques consiste à employer des lentilles composées de deux ou trois lentilles concaves et convexes. On obtient ainsi la loupe dite de Steinheil, généralement formée d'une lentille biconvexe de crown-glass et de deux lentilles concaves-convexes de flint-glass (fig. 52). La correction ainsi obtenue est presque parfaite. Ces loupes peuvent grossir jusqu'à 40 diamètres.

On nomme *doublets* des loupes formées de deux lentilles doubles, comprenant un élément biconvexe et un élément plan concave. Tantôt ces loupes sont construites sur le type de

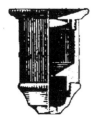

Fig. 53. — Loupe entomologique   Fig. 54. — Doublet du type
de Stiassnie.   Ramsden.

l'oculaire de Ramsden (fig. 54), avec les deux faces planes tournées en dehors, tantôt les deux faces planes sont tournées en dedans. Stiassnie construit, pour l'entomologie, des loupes (fig. 53) analogues aux doublets et grossissant 12, 16 et 27 diamètres.

La loupe dite *de Brücke* est d'une construction tout à fait différente (type oculaire de Ramsden). Ce n'est ni un microscope composé ni une loupe, mais bien une véritable lunette de Galilée à distance focale raccourcie. Elle est constituée par un tube, portant à une extrémité un objectif formé d'une lentille biconvexe et à l'autre extrémité une lentille biconcave fonctionnant comme oculaire. L'objet doit être placé au delà du foyer de l'oculaire, qui donnerait ainsi une image réelle de l'objet, si la lentille divergente ne coupait pas ces faisceaux convergents, de manière à les rendre divergents et à former une image virtuelle et agrandie de l'objet. L'avantage de la loupe de Brücke est d'avoir une grande distance frontale et de se prêter ainsi aux dissections et dissociations.

Depuis que l'emploi des microscopes binoculaires s'est répandu et que leur fabrication s'est perfectionnée, l'importance des microscopes simples a beaucoup diminué en tant que loupes montées ou instruments de dissection. Par contre, leur utilité en tant que loupes à main ou loupes de poche est restée la même. La loupe sera toujours la fidèle compagne du naturaliste : sur la table du laboratoire, en excursion, la loupe doit toujours être à portée de la main ; c'est elle qu'on consulte la première, même pour examiner certaines coupes. Dans les travaux de systématique, chacun sait que la loupe a une importance capitale et qu'elle seule permet de reconnaître commodément les caractères délicats. Il est bien rare qu'un naturaliste n'ait pas toujours une loupe dans sa poche.

Fig. 55. — Loupe de poche.

Le meilleur grossissement, pour une loupe de poche, est 12 ou 15 diamètres. On a ainsi un instrument de petite dimension, permettant d'étudier de fins détails. La plupart des constructeurs montent dans ce but des loupes de Steinheil telles que celle que représente la figure 55. On établit aussi des biloupes de poche, très commodes parce qu'elles donnent deux grossissements différents.

Fig. 56. — Manche pour loupes.

Pour le laboratoire, on fait des manches très pratiques (fig. 56), permettant d'utiliser comme loupe à main les lentilles des microscopes simples. Enfin, pour les travaux qui exigent des observations prolongées, on emploie des pieds porte-loupe, munis de bras permettant toutes les inclinaisons.

Il nous est impossible de décrire toutes les loupes et tous les pieds porte-loupe. Nous ne pouvons cependant passer sous silence un bras porte-loupe qui nous a rendu de grands services (fig. 57). Cet instrument est construit par Cogit (Paris) : il est en aluminium et très léger. C'est un simple bras formé d'une barre aplatie, fixée à l'une de ses extrémités, par une

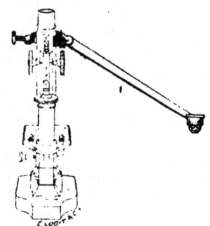

Fig. 57. — Bras porte-loupe de Cogit.

vis, à une pièce courbe, calculée pour embrasser la circonférence du tube d'un microscope et pouvant être fixée solidement à ce tube au moyen d'une vis de pression. La barre peut s'élever ou s'abaisser à volonté, en tournant autour de son point d'attache : à son autre extrémité, elle supporte un anneau porte-loupe qui, lui aussi, peut tourner autour d'un axe horizontal. Ce porte-loupe peut recevoir une loupe de Steinheil ou un doublet. Le grand avantage de cet appareil est de permettre d'utiliser, pour la mise au point,

Fig. 58. — Loupe de poche de Stiassnie. La lentille est du type Steinheil.

le mouvement rapide du microscope. On incline plus ou moins le bras, suivant la hauteur où se trouve l'objet à examiner; on place la loupe bien horizontalement, grâce à l'articulation de l'anneau porte-loupe, et on achève la mise au point avec la crémaillère du microscope.

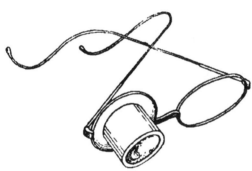

Fig. 59. — Loupe à monture de lunettes de Benoit-Bazille.

Pour ceux qui ne possèdent pas de microscope binoculaire, cet appareil très simple, très léger et peu encombrant remplace avantageusement les microscopes à dissection et les pieds porte-loupe souvent très défectueux. Il permet même de dessiner à la chambre claire, avec ou sans grossissement.

Je signalerai enfin l'ingénieux dispositif imaginé par Benoit-Bazille, fabriqué par Stiassnie et représenté par la figure 59. Une loupe ainsi adaptée à une monture de lunettes dispense de l'emploi des loupes montées et permet de disséquer ou d'observer très facilement en gardant les deux mains libres.

CHAPITRE IX

MICROSCOPES
A PRISMES REDRESSEURS

Ces microscopes sont caractérisés par l'interposition, entre l'objectif et l'oculaire, d'un système de prismes qui redressent l'image. En même temps, la monture de ces microscopes est construite spécialement en vue de la dissection ou du dessin : ces instruments ne donnent que de faibles grossissements, qui ne dépassent généralement pas 70 diamètres.

Les microscopes à prismes redresseurs se divisent en deux catégories, suivant qu'ils sont monoculaires ou binoculaires.

Les premiers conviennent surtout pour dessiner de grandes préparations à la chambre claire, à de très faibles grossissements. Pour les travaux de dissection, leur emploi est bien moins commode que celui des microscopes redresseurs binoculaires, qui donnent la vision stéréoscopique et qui sont en outre beaucoup plus clairs.

Il ne faut pas confondre les microscopes binoculaires avec les dispositifs binoculaires que l'on peut adapter sur un microscope quelconque. Dans ces derniers, l'image est produite par un seul objectif. Le faisceau lumineux est alors partagé entre deux oculaires, par réflexion partielle sur une mince couche d'air placée entre deux prismes : l'une des deux portions est ensuite reprise par un prisme à réflexion totale.

Dans les microscopes binoculaires à dissection (fig. 60), deux images distinctes sont produites par deux microscopes redresseurs distincts. Dans le modèle que nous figurons, les objectifs sont montés par paires sur un patin commun qui glisse dans une coulisse portée par le double tube. Celui-ci est surmonté par

deux tambours renfermant les prismes redresseurs, ou prismes de
Porro. Les tambours peuvent tourner autour d'un axe vertical,
ce qui permet de régler la position des oculaires qui les surmontent
pour tous les écartements des yeux. Ce réglage est tout à fait
indispensable pour obtenir l'effet stéréoscopique. La mise au point
se fait au moyen de la crémaillère. Une autre mise au point est

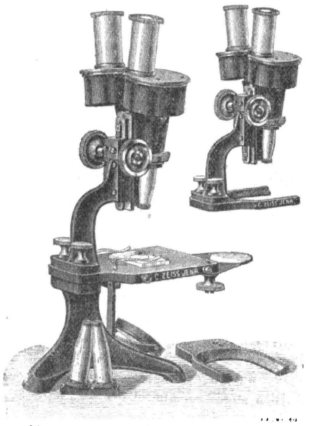

Fig. 60. — Microscope binoculaire. — Contre le pied du microscope on voit la
paire d'objectifs à immersion à l'eau; à droite se trouve le fer à cheval en
ébonite qui sert à monter le dermatoscope qu'on voit à droite en haut.

quelquefois nécessaire, lorsque les deux yeux de l'observateur
n'ont pas la même accommodation. Dans ce cas, on visse ou on
dévisse un des deux objectifs qui porte un pas de vis dans ce but.
Une fois qu'on a obtenu la netteté parfaite des deux images, on
immobilise l'objectif au moyen d'une bague de pression. La
platine de ces microscopes porte simplement une ouverture
centrale sous laquelle on peut amener, par la rotation d'un bouton,
une plaque métallique mi-partie noire et blanche. L'éclairage

par transmission s'obtient au moyen d'un miroir à deux faces, plane et convexe, qui peuvent être recouvertes d'un carton blanc et réfléchir ainsi une lumière très diffusée. Ce miroir est très mobile en tous sens. La platine peut être munie latéralement d'appuie-mains qui sont indispensables pour les dissections fines. L'éclairage par réflexion s'obtient au moyen d'une lentille qui concentre un faisceau sur l'objet.

Cet appareil est susceptible de recevoir des paires différentes d'objectifs, qui, combinées avec des paires d'oculaires, donnent toute une série de grossissements (maximum 70 diam.). Le plus puissant de ces objectifs est destiné à observer des objets immergés dans l'eau. C'est un objectif à immersion à l'eau, à long foyer, très commode pour les recherches sur le plankton et pour étudier les petits animaux aquatiques.

Non seulement ce microscope binoculaire stéréoscopique facilite beaucoup les dissections fines, mais encore il rend les plus grands services pour l'étude des Insectes, des Champignons microscopiques et, en général, de tous les objets qui devaient autrefois être examinés à la loupe. En un mot, le binoculaire est devenu le complément indispensable du microscope.

Si l'on dévisse les deux boutons qui se trouvent en arrière de la potence, au-dessus de la platine, on sépare facilement de cette platine, l'appareil optique du microscope binoculaire. Cette partie peut alors être tenue à la main et servir à explorer des objets volumineux. Pour faciliter l'examen des surfaces cutanées, on visse à la place de la platine une pièce en ébonite en forme de fer à cheval (fig. 60). On transforme ainsi le microscope en un dermatoscope.

On peut encore se servir du binoculaire sans monture, en tenant à la main la partie optique. On peut suivre ainsi des parasites très mobiles (Puces, etc.) dans le pelage des animaux, à condition de ne pas prendre un trop fort grossissement. Avec un peu d'habitude, on devient très adroit.

CHAPITRE X

APPAREILS A DESSINER

Quels que soient les progrès accomplis par la microphotographie, le dessin des préparations microscopiques restera toujours la seule méthode qui permette de représenter un objet d'une façon complète et précise. La microphotographie fournit des documents irréfutables, complètement indépendants de toute interprétation personnelle. Mais, si parfaites que soient les photographies, elles ne peuvent représenter qu'un seul aspect d'un objet, qu'un seul plan d'une coupe. Les limites de la netteté sont très étroites, tant en profondeur qu'en surface : aussi la confection de bons clichés photographiques exige-t-elle des préparations très minces et parfaitement planes. Plus le grossissement augmente, plus le champ de netteté diminue à la fois en étendue et en profondeur. En outre, en raison des difficultés techniques et du temps nécessité par les manipulations, la microphotographie ne saurait être d'un emploi constant au cours du travail micrographique.

A l'heure actuelle, nous devons donc considérer les microphotographies comme insuffisantes, à elles seules, pour illustrer un travail scientifique. Elles sont indispensables, en tant que documents, pour montrer l'aspect réel de la préparation, la place des détails et la façon dont ils se présentent à l'observateur. Mais ces documents doivent être complétés par un dessin interprété, quoique scrupuleusement fidèle. Ce dessin montrera les objets tels que l'observateur les voit et les comprend : il mettra en lumière les détails de structure tels que les montrent la transparence de la préparation et les variations infiniment délicates de la mise au point. Le dessin fera la somme de la multitude de coupes optiques que l'observateur fait à chaque instant et qui, seules, dans la vision microscopique, arrivent à donner la sensation du relief et de la profondeur.

Ceci expliquera l'importance que nous attachons au dessin microscopique et le développement que nous donnons à la description des appareils à dessiner. Aucun exercice n'est plus utile que le dessin pour le micrographe débutant : on peut dire qu'on n'a pas bien vu une préparation tant qu'on ne l'a pas dessinée. Une quantité de fins détails, que le dessin oblige à rendre, passent souvent inaperçus, même pendant une observation attentive.

Sans parler du croquis ordinaire, qui, pour être exact, exige une éducation de dessinateur, on peut arriver à dessiner rigoureusement les objets microscopiques sans l'aide d'aucun instrument. Il suffit pour cela de regarder d'un œil dans le microscope et de l'autre la surface sur laquelle on dessine. On arrive ainsi à suivre les contours de l'image microscopique avec la pointe du crayon. Malgré sa simplicité, cette méthode est rarement employée, car elle exige beaucoup d'exercice et produit généralement une grande fatigue. Outre une égalité parfaite dans la puissance et l'accoutumance des deux yeux, il faut encore que l'image microscopique et le papier à dessin soient éclairés avec la même intensité. L'avantage que pourrait présenter cette méthode consiste en ce que l'œil n'est nullement gêné pour regarder l'image microscopique et qu'il perçoit cette image sans aucun intermédiaire.

Nous ne mentionnons cette méthode que pour mémoire, car on a généralement recours, pour dessiner les objets microscopiques, aux *appareils à dessiner*, ou *chambres claires*.

Le but de ces appareils est de faire coïncider sur la rétine les rayons émanés de l'image microscopique et du plan sur lequel on doit dessiner. Ce résultat est obtenu par des combinaisons de prismes et de miroirs, qui agissent par réflexion ou réfraction. L'œil perçoit donc en même temps l'image de la préparation et celle de la feuille de papier. Il est facile de suivre sur cette dernière, avec la pointe d'un crayon, les contours des détails les plus délicats; on peut obtenir ainsi un croquis très exact, avec la mise en place de tous les points importants; on peut compléter ensuite ce premier dessin en enlevant la chambre claire et en regardant directement l'image microscopique.

Les appareils à dessiner se divisent en deux groupes, suivant qu'ils utilisent une moitié du faisceau lumineux émergeant du microscope ou ce faisceau tout entier. Les premiers se nomment de préférence chambres claires, les seconds représentent les appareils

à dessiner proprement dits. Ce sont ces derniers que nous allons
étudier tout d'abord.

Signalons auparavant deux autres catégories un peu différentes
d'appareils à dessiner : ce sont d'abord la chambre claire d'Oberhäuser dont la construction est exactement inverse de celle des
appareils précédents, puis d'autres appareils, destinés uniquement
aux très faibles grossissements, et qui projettent, dans le plan de
la feuille de papier, une image réelle de l'objet à dessiner. Ces
derniers appareils ne sont d'ailleurs pas destinés à être adaptés
au microscope composé.

I. — APPAREILS A DESSINER A MIROIR

Prenons pour exemple l'appareil à dessiner d'Abbe [1] (fig. 61);
il est constitué essentiellement par un miroir fixé à l'extrémité d'un bras horizontal et par un petit appareil placé au-
dessus de l'oculaire et nommé cube d'Abbe. Ce cube est formé
de deux prismes isocèles à angle droit. La face hypoténuse

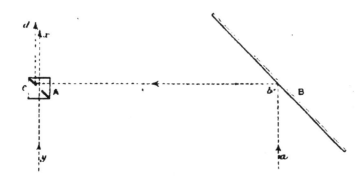

Fig. 61. — Principe de l'appareil à dessiner d'Abbe. — A, cube d'Abbe; B,
miroir; *xy*, rayon lumineux provenant du microscope; *abcd*, rayon lumineux
provenant de la surface du dessin et réfléchi en *b* et *c*. — *Original.*

du prisme supérieur est argentée, à l'exception d'un petit cercle
médian, de 1 ou 2 mm. de diamètre, à travers lequel l'image
microscopique est perçue, presque sans subir aucune perte de
lumière. Pour cela, cette ouverture doit coïncider avec la pupille
d'émergence du microscope, point au niveau duquel les rayons

1. **Czapski**, Ueber einen neuen Zeichenapparat und die Construction von
Zeichenapparaten im allgemeinen. *Zeitschrift f. wiss. Mikr.*, XI, p. 289-298,
1894.

issus de l'oculaire sont condensés dans un très petit espace (p. 92). La position de la pupille d'émergence étant variable avec les oculaires, il est indispensable de régler la hauteur à laquelle se trouve placé le cube d'Abbe, de manière à utiliser tous les rayons lumineux et à avoir un champ aussi vaste et aussi éclairé que possible. Ce réglage se fait en fixant tout l'appareil à une hauteur convenable sur le tube du microscope, au moyen de la bague de serrage [1].

Les rayons provenant du papier sont réfléchis par le grand miroir sur la face hypoténuse argentée du prisme supérieur, puis réfléchis de nouveau par cette surface dans la direction de l'œil. Ces rayons viennent former sur la rétine une image qui se superpose à celle de l'image microscopique. Comme la face argentée du prisme est inclinée de 45°, il est indispensable que le miroir ait la même inclinaison pour qu'on puisse dessiner sans déformation sur une surface horizontale.

La longueur du bras varie suivant l'étendue de l'image à dessiner. Ce bras doit éloigner le miroir à une certaine distance du microscope, car le centre du miroir doit être perpendiculaire au centre du champ du dessin, puisque le rayon axial ou droit qui joint le centre du miroir au centre du dessin est vertical. En effet le plan du dessin doit toujours être perpendiculaire à cette droite, même après la double réflexion des rayons lumineux. Or la direction de cette droite dépend de l'angle que font entre elles les deux surfaces réfléchissantes; en effet, on démontre géométriquement que le plan du dessin doit faire, avec l'horizontale, un angle double de celui que ces surfaces font entre elles. Lorsque celles-ci sont parallèles, il doit être horizontal, ce qui est le cas pour l'appareil à dessiner d'Abbe. La direction du plan du dessin est donc tout à fait indépendante de l'angle que les surfaces réfléchissantes peuvent faire avec la verticale.

Outre ces raisons d'ordre géométrique, la longueur du bras doit être d'autant plus grande que le champ à embrasser est plus vaste, de manière à pouvoir exécuter un dessin sans modifier la position du miroir et par conséquent sans déformer l'image. Dans ce cas, on déplace le miroir le long du bras, au moyen d'une glissière dont il est quelquefois muni, ou bien on emploie un

1. En principe, l'appareil à dessiner d'Abbe est établi pour un seul oculaire, généralement l'oculaire n° 2 ou n° 3. Aussi est-il préférable, autant que possible, de ne l'employer qu'avec cet oculaire.

appareil spécialement construit pour les oculaires à grand champ,
avec bras de 125 mm. de longueur.

Il est nécessaire que l'inclinaison du miroir soit assurée exactement à 45° par un arrêt automatique ou par un trait de repère
gravé sur l'axe de rotation. Cette condition est tout à fait essentielle pour éviter la déformation de l'image. Il faudra donc rejeter
ou modifier les appareils dans lesquels on ne peut contrôler l'inclinaison du miroir.

Nous figurons, à titre d'exemple, le grand appareil à dessiner (fig. 62). On le fixe sur le tube du microscope, à la hauteur voulue, au moyen d'une bague de serrage. On enlève d'abord
l'oculaire, on place la bague, puis on écarte le cube d'Abbe, de

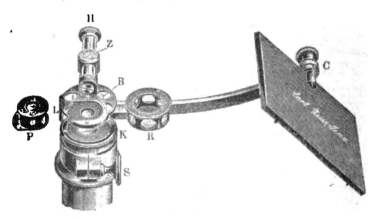

Fig. 62. — Grand appareil à dessiner d'Abbe. — A, miroir destiné à envoyer
l'image du papier et du crayon sur la surface réfléchissante du prisme ; B, disque
portant les verres fumés destinés à régler l'éclairage de l'image microscopique ;
C, bouton permettant de faire varier l'inclinaison du miroir ; H, vis de centrage
du cube d'Abbe pour le déplacement antéro-postérieur ; K, bague pour la fixation de l'appareil à dessiner sur le tube du microscope ; L, vis de centrage du
cube d'Abbe pour le déplacement latéral ; R, bonnette portant les verres fumés
destinés à régler l'éclairage du papier à dessin : S, vis de serrage de la bague ;
Z, axe autour duquel tourne l'ensemble du cube d'Abbe, du disque et de la
bonnette ; P, cube d'Abbe interchangeable.

façon à replacer l'oculaire dans le tube. Le centre de l'ouverture
ronde, pratiquée dans l'argenture du prisme, doit coïncider avec
l'axe optique du microscope. Dans certains modèles simples, cette
coïncidence a lieu automatiquement. Dans le modèle que nous
décrivons, le centrage exact est assuré par les deux vis L et H,
agissant dans deux directions perpendiculaires. Le miroir se
trouve placé à droite du microscope. Le papier est disposé sur une
surface horizontale, sous le miroir, à côté du pied du microscope.

Plusieurs conditions doivent être réalisées pour assurer la netteté et la visibilité des deux images. Nous avons déjà vu que la *direction* du plan du dessin avait une grande influence sur la déformation de l'image. La *distance* de ce plan à l'œil de l'observateur et l'*égalité d'éclairage* des deux images n'ont pas moins d'importance pour leur visibilité.

Pour être perçus nettement, l'image microscopique et le plan du dessin doivent se trouver à la distance normale de la vision distincte, c'est-à-dire environ à 250 mm. de l'œil. Bien qu'on puisse dessiner sur la table qui supporte le microscope, il est préférable d'élever le papier à dessin au niveau de la platine ou même un peu au-dessus, à la distance de 25 cm. environ de l'ouverture de la chambre claire, de façon à éviter que l'œil soit obligé de faire des efforts d'accommodation. Il existe pour cela de nombreux dispositifs, depuis la pile de livres jusqu'aux tables à dessiner que nous décrirons plus loin (fig. 74). Les myopes[1] devront dessiner avec des lunettes ou intercaler un verre correcteur sur le trajet des rayons lumineux, de façon à n'être pas obligés d'approcher le plan du dessin trop près de l'œil.

L'égalité d'éclairage de l'image microscopique et du plan du dessin a aussi une importance capitale. C'est là un des écueils sur lesquels les débutants échouent le plus fréquemment, car les conditions à réaliser sont très variables, suivant la puissance des objectifs et la nature de la préparation. L'image microscopique est d'autant plus lumineuse que le grossissement est plus faible. Il faudra donc, avec les objectifs faibles, diminuer l'éclat de l'image microscopique par le jeu du diaphragme-iris ou l'emploi de verres fumés; au contraire, avec les objectifs forts, on donnera au microscope le maximum d'intensité lumineuse compatible avec la définition, et on réduira la luminosité du plan du dessin par des verres fumés ou des écrans convenablement disposés.

Les appareils à dessiner d'Abbe sont toujours munis de verres fumés, au moins sur le trajet des rayons réfléchis par le miroir. Dans le modèle très complet de la figure 62, il y a deux séries de ces verres fumés. La série supérieure, destinée à régler l'intensité lumineuse de l'image du papier, est disposée autour d'une bonnette R, placée sur le cube d'Abbe. Cette bonnette porte six ouvertures circulaires, dont cinq sont garnies de verres fumés

plus ou moins opaques. On place l'une ou l'autre de ces ouvertures
sur le trajet des rayons réfléchis par le miroir; elle y est maintenue par un cran qui pénètre dans une encoche correspondant à
chaque ouverture. L'éclat de l'image microscopique peut être
modifié au moyen du disque tournant B, qui porte six ouvertures
semblables à celles de la bonnette.

Ce modèle possède aussi deux cubes d'Abbe interchangeables,
dont les ouvertures sont respectivement de 1 et 2 mm. Le cube de
2 mm. est destiné aux faibles grossissements; il permet d'utiliser

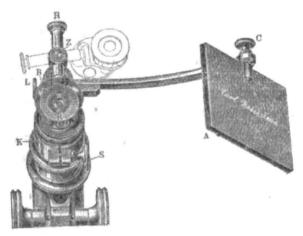

Fig. 63. — Grand appareil à dessiner d'Abbe. — Figure montrant la manière
d'écarter du champ optique l'ensemble formé par le cube d'Abbe et les deux
systèmes de verre fumés. Mêmes lettres que pour la figure 62.

toute l'étendue du faisceau émergent. Le changement des cubes
se fait très facilement, en enlevant la bonnette portant les verres
fumés et en faisant glisser la monture du cube dans ses rainures
(fig. 62). Le centrage exact du cube est effectué ensuite au moyen
des deux vis H et L dont nous avons parlé : pour qu'il soit parfait,
il faut que le petit cercle lumineux, correspondant à l'image de
l'ouverture de l'objectif donnée par l'oculaire (pupille d'émergence),
coïncide avec l'ouverture circulaire du prisme.

Pour écarter du champ le cube d'Abbe et rendre libre l'oculaire, il suffit de faire tourner la partie supérieure de l'appareil
autour de l'axe Z. L'image en pointillé (fig. 63) représente la nouvelle position que l'on obtient par ce mouvement.

L'appareil à dessiner de Reichert (fig. 64) tient le milieu entre celui
d'Abbe et les chambres claires ordinaires. Il possède le grand miroir
du premier et a un petit prisme triangulaire à la place du cube d'Abbe.

Comme la face réfléchissante de ce petit prisme est inclinée de 45°, le

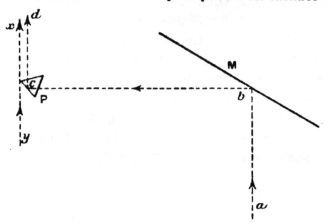

Fig. 64. — Principe de l'appareil à dessiner de Reichert. — P, prisme à réflexion totale; M, miroir: *xy*, rayon lumineux provenant du microscope; *abcd*, rayon lumineux provenant de la surface du dessin et réfléchi en *b* et *c*. — *Original*.

miroir devra avoir la même direction et le dessin sera exécuté sur une surface horizontale.

II. — CHAMBRES CLAIRES PROPREMENT DITES

La *chambre claire à angle variable de Malassez*[1] (fig. 65), construite par Stiassnie, est constituée essentiellement par deux prismes, renfermés dans une boîte métallique portant à sa face

supérieure une ouverture dont une moitié est couverte par l'angle d'un des prismes.

Cette ouverture doit coïncider avec la pupille d'émergence du microscope : pour ce faire, on déplace l'appareil le long du tube du microscope, auquel il est fixé par une bague à ressort.

L'image microscopique est vue directement, à travers la moitié de l'ouverture qui n'est pas couverte par l'arête du prisme. L'image du papier est perçue à

Fig. 65. — Chambre claire à angle variable de Malassez.

travers cette arête, après avoir subi deux réflexions totales sur les faces des prismes.

Cet appareil est construit sur le principe de l'ancienne chambre

1. *C. R. Soc. Biol.*, XXVII, p. 277-279, 1885.

claire de Doyère et Milne-Edwards : il est formé de deux prismes (fig. 67) triangulaires, à angle droit. Le petit prisme est placé au-dessus de l'oculaire, le grand prisme est fixé latéralement.

La figure 67 montre que les surfaces réfléchissantes de ces prismes ne sont pas parallèles ; il est donc nécessaire, pour éviter

une déformation de l'image, que le plan du dessin soit incliné suivant un certain angle.

Les deux principaux inconvénients de ce dispositif sont : 1° l'obligation de dessiner sur un plan d'une inclinaison donnée ; 2° l'inégalité d'éclairage des différentes zones des deux images, inégalité due à ce que la moitié de la pupille d'émergence est couverte par l'arête du prisme.

Fig. 66. — Manière de dessiner avec la chambre claire de Malassez, le grand prisme et le microscope étant inclinés à 45°.

Cette chambre claire peut être employée avec le microscope vertical ou avec le microscope incliné. Il suffit pour cela de faire varier l'angle que forme son axe optique avec celui du microscope, en tournant un bouton dont l'axe porte un index, indiquant deux positions extrêmes du grand prisme, à 18° et à 45°. Lorsqu'on dessine avec le microscope vertical, on donne au prisme l'inclinaison de 18°. La chambre claire doit alors être tournée du côté droit du microscope et le papier à dessin placé du même côté. Pour éviter les déformations, il est indispensable que ce papier repose sur une planchette inclinée de 18°, par exemple la planchette à dessiner de Malassez qui convient parti-

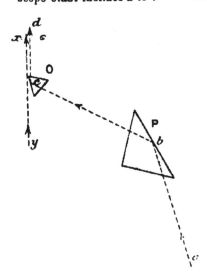

Fig. 67. -- Principe de la chambre claire de Malassez. — O, prisme oculaire ; P, grand prisme ; *xy*, rayon lumineux provenant du microscope : *abcd*, rayon lumineux provenant de la surface du dessin. — *Original.*

culièrement pour l'emploi de cette chambre claire. Le sommet de l'angle d'inclinaison doit être dirigé du côté du microscope.

Lorsque la nature de la préparation permet d'incliner le microscope, il est beaucoup plus commode de donner au prisme un angle de 45°. Dans ce cas, on tourne la chambre claire en arrière du microscope et, au lieu d'incliner le papier, on incline le microscope à 45°. On peut ainsi dessiner commodément sur la table, dans une situation analogue à celle qui est représentée par la figure 66.

Si on veut interrompre le dessin pour examiner l'image microscopique, il suffit de rabattre la chambre claire qui tourne autour d'une charnière horizontale. L'instrument peut être déplacé autant de fois qu'il est nécessaire, il reprend toujours sa position primitive.

L'emploi de cette chambre claire est agréable, car le faisceau d'émergence du microscope arrive directement à l'œil, sans avoir subi ni réflexion, ni réfraction; l'image microscopique n'est donc ni déformée, ni obscurcie. L'image du papier et du crayon ne présente pas de double contour. Grâce au petit volume du prisme placé au-dessus de l'oculaire, on peut apercevoir tout le champ du microscope.

Néanmoins, il faut une certaine habitude pour bien se servir de cet appareil. Comme le faisceau d'émergence est divisé par l'angle du petit prisme, il est nécessaire, pour voir nettement à la fois l'image microscopique et la pointe du crayon, que le centre de l'ouverture pupillaire de l'observateur coïncide avec l'arête du petit prisme. Si la pupille dévie tant soit peu à droite ou à gauche, on ne voit que la préparation ou que la pointe du crayon. Un grave défaut de cet appareil est de ne posséder aucun dispositif permettant de réaliser l'égalité d'éclairage des deux champs.

La *chambre claire de Dumaige* ne diffère de celle de Malassez que par la présence d'un miroir à la place du grand prisme P. Elle donne un champ remarquablement étendu et bien éclairé. C'est un des meilleurs appareils qui existent pour dessiner à de faibles grossissements ou même directement.

La *chambre claire de Nachet* est formée d'un prisme rhombique (fig. 69) R, auquel est collé latéralement, par sa face hypoténuse, un petit prisme triangulaire à angle droit P. C'est ce petit prisme qui est placé au-dessous de l'oculaire, auquel il présente un des côtés de son angle droit. Le faisceau émergent du microscope traverse donc ce petit prisme, ainsi que l'arête du prisme rhombique. Les rayons émis par la surface du dessin sont réfléchis en b et en c et suivent alors la même direction que le faisceau xy.

Ces deux prismes sont enfermés dans une boîte métallique (fig. 68). Deux orifices correspondent aux points d'entrée et de sortie du rayon xy; une partie de la face inférieure du prisme rhombique est libre pour laisser pénétrer les rayons émis par le dessin. Un verre fumé, porté par un anneau mobile autour d'un

Fig. 68. — Chambre claire de Nachet.

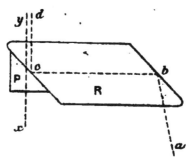

Fig. 69. — Principe de la chambre claire de Nachet. — R, grand prisme rhombique; P, petit prisme triangulaire. Les autres lettres comme dans la figure 67. — *Original.*

axe excentrique, peut obscurcir à volonté le champ du microscope ou celui du dessin : on réalise ainsi l'égalité d'éclairage de ces deux champs.

Lorsque les deux faces réfléchissantes du prisme rhombique

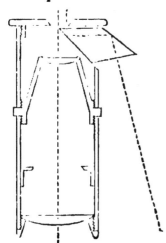

Fig. 70. — Marche des rayons lumineux dans l'oculaire à dessiner de Leitz.

sont parallèles, on peut dessiner sur une surface horizontale. Cet appareil présente deux inconvénients : son champ est étroit et sa luminosité est faible à cause de la perte de lumière qui se produit, par réflexion, au moment où le rayon xy pénètre dans le grand prisme rhombique.

L'oculaire à dessiner de Leitz [1] appartient à la même catégorie d'instruments; il se distingue par quelques particularités que nous allons étudier.

Au lieu d'être une simple chambre claire, cet appareil est un oculaire combiné avec un prisme rhombique (fig. 71). Le faisceau émergent est coupé par l'arête du prisme, comme dans les appareils précé-

1. *Zeitschrift f. wiss. Mikr.*, XII, p. 289, 1895.

dents, mais ici l'image du papier est réfléchie par ce seul prisme, comme dans la chambre claire de Nachet.

Cet oculaire est fabriqué en deux modèles, suivant qu'il doit servir avec le microscope vertical ou avec le microscope incliné à 45°.

L'oculaire destiné à dessiner avec le microscope vertical (fig. 71) est tourné du côté droit du micros- cope ; le papier est placé du même côté, sur une planchette inclinée de 12°, car les deux faces réfléchissantes du prisme rhom- bique ne sont pas parallèles. Au contraire, avec l'oculaire destiné à dessiner avec le microscope incli- né à 45°, le papier doit être placé horizontalement, derrière le pied du microscope. L'oculaire est tourné dans cette direction, ainsi que le montre la figure 66. L'éga- lité d'éclairage des deux champs peut être réalisée, dans les deux

Fig. 71. — Oculaire à dessiner de Leitz. Modèle destiné à servir avec le microscope vertical. A gauche vis de pression, à droite la boîte du prisme et les deux bras articulés portant des verres fumés.

modèles, au moyen de disques de verre fumé, fixés au-dessous du prisme à deux bras mobiles (fig. 71).

III. — AUTRES APPAREILS A DESSINER

Nous ne mentionnerons que pour mémoire la chambre claire d'Ober- häuser : cet instrument a été très employé autrefois, mais il a dû céder la place aux appareils à miroir à cause de son incommodité. Il est cons- truit sur un principe exactement inverse de celui des autres chambres claires : le plan du dessin est vu directement, tandis que l'image microscopique subit deux réflexions avant de parvenir à l'œil de l'ob- servateur.

La chambre claire d'Oberhäuser est formée de deux cylindres placés à angle droit. Le cylindre vertical pénètre dans le tube du microscope, à la place de l'oculaire qui doit être enlevé. Les rayons qui proviennent de l'objectif sont réfléchis par un premier prisme et envoyés dans un oculaire placé dans le cylindre horizontal (fig. 72), puis ils sont réfléchis une seconde fois par un petit prisme qui les envoie dans la direction de l'œil de l'observateur. Ce petit prisme est fixé au centre d'un anneau métallique à travers lequel l'observateur voit en même temps le plan du dessin.

Comme les deux surfaces réfléchissantes sont parallèles et inclinées de 45°, le plan du dessin doit être horizontal.

L'*appareil d'Edinger* ne saurait être décrit ici, car il n'est pas destiné à être installé sur un microscope. Cet instrument est destiné à projeter et à dessiner de grandes préparations à un faible grossissement. La préparation est fortement éclairée par une lampe et un système de

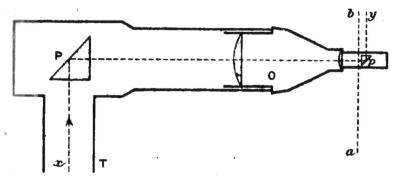

Fig. 72. — Principe de la chambre claire d'Oberhäuser. — P, grand prisme ; p, petit prisme ; O, oculaire ; T, tube vertical ; *xy*, faisceau émergent réfléchi en P et p ; *ab*, faisceau provenant du plan du dessin. — *Original.*

miroirs et de lentilles. L'objectif projette son image sur le plan du dessin ou au foyer d'une chambre noire photographique.

IV. — EMPLOI DES APPAREILS A DESSINER

La seule difficulté du dessin à la chambre claire consiste à obtenir un éclairage égal de la préparation et du papier sur lequel on dessine, de manière à ce que les deux pupilles soient également dilatées. En effet, avec les objectifs faibles, l'image microscopique est plus éclairée que le papier et rend la pointe du crayon presque invisible, tandis qu'avec les objectifs forts le papier est trop lumineux et les contours de l'image microscopique sont à peine perceptibles.

On arrive à réaliser cette égalité d'éclairage en intercalant, sur le trajet des rayons émanés de l'une ou de l'autre source, des verres plus ou moins colorés. En ce qui concerne l'image micros-copique, on a encore la ressource du diaphragme-iris. Une fois qu'on a obtenu l'égalité des deux éclairages, on doit voir avec une égale netteté la pointe du crayon et l'image de la préparation.

Lorsqu'on a déterminé le point de la préparation qui doit être dessiné, on installe la chambre claire sur le tube du microscope, puis on dispose la feuille de papier à côté du microscope ou en arrière, suivant le modèle de l'appareil à dessiner. Le plan du dessin doit se trouver à la distance de la vision normale, c'est-à-dire environ à 250 mm. de l'œil de l'observateur, en supposant que celui-ci ne soit ni myope, ni hypermétrope. Il ne suffit pas, en effet, que les deux champs soient également éclairés, pour qu'on perçoive nettement et sans fatigue l'image de la préparation et celle du crayon. Il faut encore que ces deux images se trouvent à la même distance, de façon à ce que les deux yeux n'aient pas à effectuer des efforts d'accommodation pour deux distances différentes. Or le microscope est construit de telle façon (p. 92) que l'image microscopique définitive se forme un peu au-dessous de la platine (fig. 47), à 250 mm. de la rétine. Le plan du dessin sera donc établi à la même hauteur. En réalité, il faut encore tenir compte du trajet effectué par les rayons lumineux dans la chambre claire. La figure 73 montre en effet que, pour obtenir la superposition exacte des images, il faut que la distance de l'œil à l'image microscopique soit égale à la longueur $a'\,cd\,b'$. On réglera donc, par tâtonnements, la hauteur du plan du dessin, de manière à

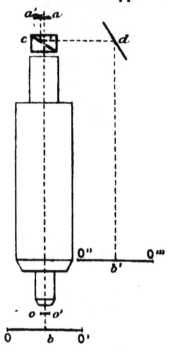

Fig. 73. — Schéma d'un microscope muni de l'appareil à dessiner d'Abbe, montrant les rapports de hauteur du plan du dessin O''O''' et de l'image microscopique OO', assurant la superposition exacte de l'image du crayon et de l'image de l'objet; ab, distance de l'œil à l'image de l'objet; $a'cdb'$, distance de l'œil au plan du dessin. — *Original.*

assurer le mieux possible cette coïncidence et à épargner à l'œil des efforts d'accommodation. Si la vue de l'observateur n'est pas normale, il faudra se servir de verres correcteurs.

Les pupitres à dessiner, tel que celui que représente la figure 74, sont particulièrement commodes pour réaliser ce dispositif. Ce pupitre, dit pupitre de Bernhard [1], peut être élevé à volonté jusqu'à la hauteur de

1. Bernhard, Ein Zeichentisch für mikroskopische Zwecke. *Zeitschr. f. wiss. Mikr.*, IX, p. 439-445, 1892, et XI, p. 298-301, 1894.

17 cm. au-dessus du plan de la table. La tablette supérieure peut être inclinée jusqu'à 35°, lorsqu'on emploie des chambres claires sans miroirs. En outre, la planche qui supporte le pupitre et le microscope peut s'incliner aussi vers l'observateur, pour lui permettre de dessiner commodément avec le microscope incliné en arrière. Aucune déformation du dessin n'est à craindre, puisque le microscope et le plan du dessin sont déplacés solidairement. Enfin un appuie-bras permet d'éviter toute fatigue. La figure 74 montre l'appareil de Bernhard disposé avec le microscope incliné en arrière et la planchette à dessiner inclinée par rapport

Fig. 74. — Pupitre à dessiner de Bernhard.

à l'horizontale. En effet, bien que la chambre claire d'Abbe permette de dessiner sur un plan horizontal, à condition que le miroir soit incliné à 45°, il arrive, dans ce cas, qu'une partie de l'image n'est pas projetée sur le papier, surtout si on dessine au niveau de la table, à côté du pied du microscope. Pour pouvoir dessiner toute l'étendue du champ, il faut modifier l'inclinaison du miroir; mais alors, pour éviter la distorsion de l'image, il faut incliner aussi le plan du dessin. C'est ce cas particulier que représente la figure 74. La planchette doit être inclinée de telle sorte que, pour une position donnée du miroir, la droite qui joint le centre du miroir au centre du champ à dessiner soit perpendiculaire au plan du papier.

Il y a plusieurs moyens de s'assurer que l'inclinaison du dessin est correcte et que l'image est exempte de distorsion. Le plus simple consiste à dessiner le contour du champ du microscope : on doit obtenir un cercle parfait, ce dont on s'assure en mesurant deux diamètres perpendiculaires. Si on trouve une ellipse c'est que l'inclinaison est mauvaise; il faut la modifier jusqu'à ce qu'on obtienne un cercle. Une méthode plus précise consiste à employer le micromètre objectif (p. 170); on en dessine les divisions en plaçant successivement l'échelle graduée dans deux directions perpendiculaires. Les traits que l'on dessine doivent être équidistants sur toute la surface du champ, sinon il faut rectifier l'inclinaison de la planchette. Cette opération doit être faite avec un grossissement assez fort (au moins 200 diam.), afin que les traits soient séparés par une distance suffisante. Comme ces traits ont une certaine épaisseur, il faut suivre avec le crayon soit leur partie médiane, soit un des bords.

Si on ne possède pas de table à dessiner spéciale, réglable en tous sens, on installe une tablette, une boîte, une pile de livres, etc., au moyen desquels on règle la hauteur et l'inclinaison du papier à dessin. Le tout doit avoir la plus grande fixité possible, car le moindre déplacement et même les vibrations nuisent à l'exactitude du dessin. Le papier devra donc être fixé solidement au support, par exemple au moyen de punaises.

On doit employer du papier blanc, épais, à grain très fin, supportant bien la gomme à effacer (papier bristol et papier Whatman). Les crayons seront de la meilleure qualité, de préférence en graphite, mais, en ce qui concerne leur dureté, les avis sont partagés. Les uns emploient les numéros les plus durs, d'autres préfèrent des mines plus tendres : cela dépend surtout de la légèreté de la main. Personnellement, je préfère les crayons très durs, taillés en pointe fine et très allongée; je reproche aux numéros plus tendres de s'émousser trop vite, de nécessiter un taillage trop fréquent et de donner un trait plus étalé et moins précis. Pour aiguiser la pointe du crayon, le mieux est d'employer une lime spéciale ou encore du papier de verre ou d'émeri très fin.

On trouve dans le commerce des petits blocs de papier de verre très commodes pour cet usage.

Les meilleures gommes à effacer sont celles qui sont souples et molles. Il existe une gomme, dite gomme mie de pain, qu'on peut pétrir en boulettes de forme quelconque; nous recommandons cette gomme qui ne tache jamais le papier, n'atténue pas les traits à l'encre et permet de faire des boulettes pointues, très commodes pour corriger de petits détails.

Lorsque les contours doivent être suivis avec une grande exactitude, il est préférable de dessiner à la plume, dont la pointe ne s'émousse pas comme celle du crayon. Le trait à l'encre est plus visible que le trait de crayon, à travers l'image microscopique, parce qu'il laisse une trace noire et mate. Ce procédé n'est pas à la portée de tout le monde; il faut une main très sûre et très exercée pour dessiner directement à la plume.

Les meilleures plumes à dessin sont les plumes Brandauer (de Birmingham) n° 518 : on peut employer aussi les plumes Joseph Gillott n° 291. L'encre sera toujours de l'encre de Chine liquide.

Dans certains cas, lorsqu'il s'agit de préparations très foncées, il y a avantage à dessiner sur du bristol noir, avec un crayon jaune ou blanc, dont on peut suivre plus facilement la pointe. Il est plus simple encore de placer sur le papier à dessin une feuille de papier noir à décalquer, immobilisée par un poids ou par des punaises. On suit alors les contours de l'image microscopique avec une fine pointe blanche, par exemple une grosse aiguille émoussée sur une pierre à aiguiser et emmanchée sur une tige de bois. On dessine légèrement les contours et les principaux détails, puis on enlève le papier à décalquer et on achève le dessin à la manière ordinaire.

Quelle que soit l'habileté du micrographe, la chambre claire ne peut donner que le contour de l'image et la mise en place des principaux détails. L'achèvement définitif ne peut être fait à la chambre claire; on terminera donc le dessin en regardant alternativement la préparation et le papier et en s'efforçant de rendre, avec la plus scrupuleuse exactitude, l'aspect de l'image microscopique.

Généralement, les dessins exécutés à la chambre claire constituent des documents précieusement conservés. Lorsque le dessin doit être reproduit pour une publication scientifique, il est préférable de le calquer sur papier transparent avec un crayon demi-tendre. On reporte ensuite ce calque sur bristol, en intercalant une feuille de papier bleu à décalquer, ou simplement une feuille de papier préalablement frottée de crayon bleu. Le tout est bien immobilisé au moyen de poids ou de punaises. On passe alors sur les traits du calque une pointe fine et bien lisse en métal, en buis ou en ivoire. Lorsque le décalque est terminé, on enlève les deux papiers minces et on exécute le dessin à la plume. Les traits bleus ont l'avantage d'être invisibles sur la reproduction photographique en zincographie, c'est pourquoi nous conseillons de décalquer en bleu. Bien entendu, un gommage soigneux doit faire disparaître la plus grande partie de ces traits [1].

1. Le cadre de cet ouvrage ne nous permet pas de nous étendre sur le dessin micrographique; on consultera avec fruit sur ce sujet : Husnot, *Le dessin d'histoire naturelle*, in-8° de 79 p., 6 pl., 1900. Chez l'auteur à Cahan, par Athis, Orne. Extrait du *Bull. Soc. linnéenne de Normandie*, 5e série, III, 1900.

Les *dessins au trait*, à l'encre de Chine, sont les moins coûteux à reproduire par la zincographie; ils donnent des clichés d'une grande netteté qu'on tire facilement avec le texte. Les *dessins au lavis*, dans lesquels il y a forcément des demi-teintes, exigent la reproduction par la simili-gravure, autre procédé zincographique qui est plus cher et exige, pour le tirage dans le texte, des papiers spéciaux. Enfin les aquarelles doivent être reproduites sur planches séparées, par la lithographie en couleurs; la simili-gravure en couleurs ne peut être conseillée car elle donne des images par trop médiocres.

La lumière du jour est celle qui est la plus favorable au dessin à la chambre claire, du moins pour les grossissements faibles et moyens. Lorsqu'il s'agit de dessiner des objets très fortement grossis, tels que des Protozoaires, des Bactéries avec flagelles, etc., il y a souvent avantage à éclairer le microscope à la lumière artificielle, de manière à égaliser plus facilement l'éclairage des deux champs. Quel que soit le mode d'éclairage, il faut disposer des abat-jour ou des écrans (fig. 75 et 78) de telle sorte que les yeux reçoivent aussi peu que possible de lumière étrangère, c'est-à-dire autre que celle qui provient du microscope et du papier. Dans certains cas, il est utile de diminuer considérablement et d'une manière égale l'éclairage des deux champs. On obtient ainsi une meilleure définition des objets et un élargissement de la pupille qui facilite la perception des fins détails.

La *mensuration* des dessins et la *détermination du grossissement* seront étudiées au chapitre des mensurations microscopiques. Notons simplement ici l'importance de cette détermination qu'on ne devra jamais négliger, sous peine d'avoir des documents de peu de valeur. *Tout dessin doit être accompagné d'une échelle représentant la valeur de 10 μ (p. 170).*

CHAPITRE XI

CHOIX D'UN MICROSCOPE

Nous ne pouvons donner ici que des indications très générales en ce qui concerne le choix d'un microscope. Il serait beaucoup trop long d'énumérer tous les modèles des maisons sérieuses françaises et étrangères. Les exemples que nous avons choisis dans la partie descriptive, traitant du microscope, pourront donner une bonne idée des modèles les plus appropriés aux divers genres de travaux micrographiques.

Pour le travail de haute précision et pour les recherches sur des groupes difficiles, tels que les Protozoaires, ou sur des questions de cytologie fine, il est hors de doute qu'il faut choisir une monture munie des perfectionnements les plus complets et pourvue d'objectifs, dont un au moins, à immersion, doit être apochromatique. En effet, pour ces observations très délicates, de petites différences dans la correction des objectifs, dans leur pouvoir définissant et résolvant, peuvent épargner beaucoup de temps et de fatigue et permettre de voir nettement des détails qu'on ne saurait préciser avec des instruments moins parfaits. Ces petites différences, dont l'avantage est insensible pour le travail courant, peuvent favoriser considérablement le chercheur et lui permettre des découvertes et des interprétations impossibles avec des objectifs médiocres. De même, pour la microphotographie, la perfection de la partie mécanique et de la partie optique est une condition indispensable de réussite.

Nous avons dit que, pour le travail courant, les objectifs achromatiques sont parfaitement suffisants. Nous allons donc indiquer quels sont les grossissements qui, à notre avis, sont les plus favorables et décrire le modèle qui nous paraît le plus pratique pour tous les travaux.

Choix d'un modèle. — Il faut d'abord se procurer une monture qui permette l'emploi de tous les objectifs et de tous les appareils accessoires. Même si on dispose de fonds limités et si on n'a besoin d'abord que de combinaisons optiques très simples, il faut acheter un modèle grand ou moyen, permettant d'effectuer tous les travaux. On pourra toujours, dans l'avenir, compléter la partie optique, au fur et à mesure des besoins, tandis que si on achète un petit microscope, on se trouve, au bout de quelques années, possesseur d'un instrument insuffisant et quelquefois inutilisable. De là double dépense et perte d'une somme qu'on aurait mieux employée à compléter les combinaisons optiques. On choisira donc un grand modèle ou un moyen modèle, qui devra satisfaire aux conditions que nous allons énumérer.

Il faut choisir, autant que possible, un microscope *inclinant*. Bien qu'on soit obligé, la plupart du temps, de travailler avec le microscope vertical, il est bon de disposer du mouvement d'inclinaison pour effectuer sans fatigue des examens prolongés.

La *platine* devra être fixe; sa forme ronde ou carrée a peu d'importance, pourvu qu'elle soit de grandes dimensions et munie d'un chariot. Je ne sais vraiment pas pourquoi les constructeurs s'obstinent à fabriquer des platines tournantes, à mécanisme de centrage mû par deux vis de rappel. La platine tournante a sa raison d'être dans les statifs destinés à la microphotographie et plus encore dans les statifs minéralogiques. Pour le travail courant elle est très insuffisante. En effet, on ne se sert pour ainsi dire jamais du mouvement tournant ; quant au mécanisme de centrage, il est évidemment très commode pour pratiquer des mensurations ou pour amener au centre du champ un détail particulier. Mais si on tente de l'utiliser pour explorer une surface, même très restreinte, de la préparation, on est tout de suite arrêté par le peu d'amplitude du mouvement. On ne peut en effet déplacer la platine que dans deux directions obliques, et ce déplacement est limité par la très faible longueur des vis. En réalité, on fait décrire à la préparation des arcs de cercle qui se coupent au hasard, sans qu'il soit possible de parcourir méthodiquement une région, si peu étendue qu'elle soit, ni de pouvoir retrouver un point déjà vu. Je considère donc la platine tournante comme une complication tout à fait superflue, dont un des multiples inconvénients est d'augmenter inutilement le prix du microscope.

La vraie platine microscopique est la platine à chariot, à deux mouvements rectangulaires, permettant d'explorer complètement et méthodiquement toute la surface d'une lame porte-objet.

Quelques constructeurs en ont enfin compris la nécessité et se sont décidés à créer des modèles grands ou moyens avec platine à chariot, fixe ou amovible. Je citerai le grand modèle à platine exploratrice de Stiassnie (fig. 8), puis, du même constructeur, le microscope n° IV (modèle Calmette), à platine exploratrice et le microscope moyen (modèle Malassez), à platine carrée à chariot. La maison Durand, du Havre, a créé, en s'inspirant de mes indications, un grand modèle simple et robuste, dit le « Bacterio », destiné aux recherches bactériologiques et parasitologiques. Ce microscope est caractérisé par une potence en forme de poignée, une platine à chariot faisant corps avec l'instrument et une sous-platine débarrassée de tous les accessoires inutiles.

A défaut d'un de ces modèles, on devra choisir un statif à platine carrée et fixe, sur laquelle on fera adapter un chariot amovible. Tous les bons constructeurs ont un ou deux modèles de ces chariots, qu'on peut même adapter après coup au microscope à platine carrée, si on n'a pu faire de suite la dépense d'un chariot. L'économie qu'on réalise en supprimant la platine tournante représente une partie du prix du chariot; le supplément de dépense occasionné par ce dernier est amplement compensé par les services rendus.

L'*appareil d'éclairage* est d'une importance capitale. Il est absolument indispensable de posséder un condensateur Abbe grand modèle, avec diaphragme-iris. Par contre, les dispositifs compliqués des constructeurs allemands, comprenant la crémaillère pour l'éclairage oblique, le condensateur à charnière et le diaphragme-iris à coupole, sont à peu près inutiles. Les seuls mouvements indispensables sont le déplacement vertical pour la mise au point du condensateur et le déplacement latéral pour écarter rapidement le condensateur hors de l'axe optique, au moment de l'emploi des objectifs très faibles. Ces mouvements peuvent être exécutés au moyen d'une crémaillère, d'une vis d'Archimède ou même d'un levier à bascule (Stiassnie). Le diaphragme-iris à coupole, destiné à régler l'éclairage par le miroir seul, est un organe coûteux et superflu. D'après les règles que nous avons posées pour l'éclairage du microscope, le miroir n'est employé seul qu'avec les objectifs très faibles, pour lesquels l'emploi d'un diaphragme à iris ou à cylindre est complètement inutile.

Quel que soit le dispositif du condensateur, il doit permettre d'installer facilement un condensateur à fond noir ou un appareil de polarisation. C'est là une condition indispensable.

La *mise au point* devra, de toute nécessité, posséder le mouvement rapide par crémaillère et le mouvement lent par vis micrométrique. Un des avantages les plus sérieux de la nouvelle mise au point avec axe horizontal, mouvement démultiplié et vis sans fin, est de permettre de saisir le microscope par la potence, sans exposer la vis micrométrique à une usure rapide comme dans les anciens modèles. En effet lorsqu'on saisit par la potence un ancien microscope, tout le poids de la portion inférieure de l'instrument porte sur la vis micrométrique, par l'intermédiaire de la colonne prismatique creuse. C'est principalement cette considération qui fera préférer le nouveau mouvement micrométrique.

Le *tube* devra être à tirage et porter une graduation millimétrique ; nous avons appris à en connaître la nécessité pour corriger l'épaisseur des lamelles.

Le *revolver* porte-objectifs est de la plus absolue nécessité. Nous conseillons vivement de prendre un revolver pour quatre objectifs. Une longue expérience nous a appris que le revolver à trois, qui a malheureusement la préférence des constructeurs, est pratiquement insuffisant. Même si on n'achète au début que deux objectifs, il faut prendre un revolver à quatre places : c'est là une précaution que nous ne saurions assez recommander. On a toujours à se repentir de faire adapter après coup un autre revolver sur un ancien statif.

La *composition optique* normale d'un microscope doit comprendre, à notre avis, quatre objectifs et au moins deux oculaires.

Les objectifs. — Un microscope complet doit posséder quatre objectifs, dont trois à sec et un à immersion. Ce dernier sera choisi suffisamment puissant[1], il faut éviter les immersions 1/10 ou 1/12, qui peuvent suffire pour la bactériologie, mais qui ne permettent pas les recherches de protozoologie et nécessitent presque toujours l'emploi de très forts oculaires. La puissance de ces objectifs varie du reste, suivant les constructeurs, pour une même distance focale. C'est ainsi que le 1/12 achromatique de Zeiss correspond à peu près au 1/15 de Stiassnie et au 1/16 de Leitz (p. 81) : ces trois types sont

1. Il importe de remarquer que certains objectifs à immersion très puissants peuvent avoir une distance frontale trop courte pour permettre l'examen de préparations recouvertes par une lamelle et ne conviennent que pour les frottis.

de bons exemples d'objectifs à immersion propres à tous les travaux.

Les objectifs à secs devront comprendre un numéro faible, un moyen et un fort. Les grossissements qui, à notre avis, sont les plus avantageux, correspondent à 40, 125, 300 diamètres (pour un oculaire faible); voici trois exemples de combinaisons optiques susceptibles de les fournir : objectifs 2, 4, 6, de Stiassnie, 2, 4, 7, de Leitz, A, C, E de Zeiss. Avec un oculaire moyen, le plus fort objectif à sec de ces trois combinaisons donne un grossissement supérieur à 500 diamètres, parfaitement suffisant pour toutes les observations qui n'exigent pas l'emploi des objectifs à immersion.

Je ne conseille pas l'emploi courant d'objectifs à sec plus forts, surtout pour les débutants. En effet les systèmes à sec très puissants sont généralement peu lumineux, ce qui nécessite un emploi très habile de l'appareil d'éclairage. De plus le choix de ces objectifs doit être très sévère, car ils sont souvent médiocres, même dans les meilleures maisons.

Les oculaires. — Deux oculaires suffisent pour le travail ordinaire. Dans les oculaires d'Huyghens, on choisira un n° 0 ou 1 et un n° 3. Certaines maisons, par exemple Stiassnie, fabriquent pour leurs objectifs achromatiques des oculaires d'une construction plus soignée, dont la lentille oculaire, au lieu d'être simple, est formée d'un système de lentilles destiné à corriger la différence chromatique du grossissement (p. 49). Ces oculaires sont dénommés un peu improprement oculaires compensateurs, car les véritables oculaires compensateurs sont construits exclusivement pour les objectifs apochromatiques (p. 85). Quoi qu'il en soit, les meilleurs numéros des oculaires compensateurs sont le 6 et le 9.

Les oculaires très forts tels que le type Huyghens n° 5 ou le type compensateur n° 18 peuvent être utiles dans certains cas, pour faire des numérations et grossir un détail, mais ne sauraient convenir pour le travail courant, à cause de leur faible luminosité et de la fatigue oculaire produite par le peu de netteté de l'image.

Appareils accessoires. — L'*oculaire micrométrique*, du type représenté figure 97, ou au moins un micromètre oculaire amovible (fig. 98), est indispensable pour les mensurations. Il devra être complété par un *micromètre objectif* gravé sur verre, nécessaire pour étalonner l'oculaire micrometrique et pour établir le grossissement des dessins.

La *chambre claire* devra être prise chez le même constructeur que le microscope. Tous les modèles de chambre claire que j'ai rits sont bons; je les ai tous expérimentés longuement et je suis certain qu'un opérateur, bien exercé au maniement d'un de ces appareils, obtiendra toujours des dessins très exacts. Le point le plus important est d'avoir une chambre claire bien adaptée au microscope, c'est pourquoi je conseille vivement de prendre ces deux appareils chez le même constructeur.

Pour préciser ces indications, je vais donner la composition de quelques types de microscopes, appropriés à divers ordres de recherches micrographiques. Chacun de ces types est simplifié autant que possible et représente le minimum indispensable pour chaque genre de travail.

1° *Microscope permettant tous les travaux, même les plus délicats.*

Monture grand modèle ou moyen modèle inclinante à platine fixe.

Platine à chariot adhérente au microscope ou amovible;

Appareil d'éclairage d'Abbe grand modèle;

Revolver à 4 objectifs;

Objectifs : trois numéros à sec (Stiassnie : 2, 4, 6) et un à immersion homogène (1/15);

Oculaires : trois numéros dont un très fort;

Oculaire micrométrique;

Micromètre objectif;

Chambre claire.

2° *Microscope plus simple,* mais permettant encore d'aborder tous les travaux.

Monture moyen modèle, inclinante, à platine fixe;

Appareil d'éclairage d'Abbe grand modèle;

Revolver à 3 objectifs;

Objectifs : deux numéros à sec (Stiassnie : 3, 6) et un à immersion homogène (1/15);

Micromètre objectif;

Chambre claire.

3° *Microscope pour travaux de systématique,* ne permettant pas la bactériologie, et à peine la protozoologie et la mycologie.

Monture moyen modèle, à platine fixe;

Appareil d'éclairage d'Abbe;

Revolver à 2 (ou 3) objectifs;

Objectifs : deux (ou trois) numéros à sec;

Oculaires : deux numéros;

Accessoires comme plus haut.

4° *Microscope de voyage* pour naturalistes et médecins.

Monture aussi peu compliquée que possible;

Platine à chariot amovible;

Appareil d'éclairage d'Abbe grand modèle;

Revolver à 4 objectifs;

Objectifs : trois numéros à sec et un à immersion homogène;

Oculaires : deux numéros;

Oculaire micrométrique;

Micromètre objectif;

Chambre claire.

Je crois que ces devis d'appareils, combinés avec les descriptions que j'ai données de chacun des organes du microscope, suffiront pour guider le choix du débutant.

CHAPITRE XII

ENTRETIEN DU MICROSCOPE

L'entretien du microscope consiste à le préserver de la poussière des vapeurs acides et du contact des réactifs.

Pour le préserver de la poussière, il faut, lorsqu'on travaille par intermittences, le remettre dans son armoire après chaque séance. Les armoires, dans lesquelles sont livrés les microscopes grands et moyens, sont construites de telle sorte qu'on peut y introduire l'instrument tout monté, muni de ses objectifs et de sa platine à chariot. Rien n'est donc plus facile que de l'y ranger : on le retrouve prêt à servir lorsqu'on en a besoin.

Un très bon procédé consiste à recouvrir le microscope d'une cloche de verre, mais il faut alors, pour empêcher complètement l'entrée de la poussière, que l'instrument et la cloche reposent sur une épaisse plaque de feutre.

Les vapeurs acides sont encore plus dangereuses que la poussière; il faut donc éviter absolument de manier des réactifs pouvant dégager ces vapeurs au voisinage du microscope et même dans la salle où il se trouve. Il ne faut jamais placer le microscope, même enfermé dans son armoire, dans un placard où se trouvent des réactifs pouvant dégager des vapeurs acides ou ammoniacales. Cette précaution est très importante, car les dégâts causés par ces émanations ne se révèlent généralement que lorsqu'ils sont devenus irrémédiables.

Un peu de soin suffit pour préserver le microscope, et particulièrement les objectifs, du contact direct des réactifs liquides. Lorsqu'on effectue des réactions microchimiques, il faut se servir de larges lamelles (22 > 22 mm) et n'employer qu'une faible quantité de réactifs. On absorbe l'excès de liquide avec des bandelettes de buvard épais qu'on doit toujours avoir à sa disposition sur la table de travail. Si, malgré toutes les précautions, l'objectif vient à être souillé, il faut l'essuyer immédiatement avec un linge fin ou un peu de papier joseph. Au besoin, laver à l'eau distillée, avec le linge ou le papier buvard, puis sécher avec soin.

Je crois inutile d'ajouter qu'il ne faut jamais toucher le microscope avec les doigts souillés de colorants ou de réactifs, ni dévisser ou démonter aucun de ses organes. A part les cas que nous allons indiquer, il faut s'adresser au constructeur dès qu'on constate une défectuosité dans le fonctionnement de la partie mécanique ou de la partie optique.

Nous allons passer en revue les soins que nécessite chacune des parties du microscope.

Oculaires. — Un point essentiel est de laisser toujours un oculaire dans le tube du microscope, surtout lorsque les objectifs sont vissés sur le tube ou sur le revolver. On comprend en effet qu'en l'absence d'oculaire, la poussière tombera dans le tube et viendra souiller la lentille postérieure de l'objectif. Or cette lentille est généralement assez difficile à nettoyer. Même lorsque le tube ne porte pas d'objectif, il est essentiel de le préserver de la poussière, car celle-ci s'attache à la paroi interne et peut ensuite donner lieu à des jeux de lumière ou tomber sur l'objectif. Adoptons donc pour règle de *laisser toujours un oculaire dans le tube du microscope.*

Le nettoyage des lentilles de l'oculaire doit être fait avec un vieux linge très doux et autant que possible non pelucheux. La lentille oculaire est très souvent salie par la poussière et le contact des cils ou des doigts; elle exige donc un nettoyage fréquent.

Les poussières qui peuvent se trouver sur la face inférieure de la lentille oculaire ou sur la collectrice apparaissent dans le champ du microscope. Pour s'assurer qu'elles sont dans l'oculaire il suffit de faire tourner ce dernier. Si les poussières tournent aussi, dévisser et nettoyer la lentille collectrice ou la lentille oculaire. Si on dévisse à la fois les deux lentilles, avoir bien soin de marquer à quelle extrémité du tube doit se trouver la collectrice.

Objectifs. — La lentille frontale des objectifs est très facilement salie par le baume, l'huile de cèdre, les luts liquides, etc.; on peut même dire que, la plupart du temps, la mauvaise qualité de l'image microscopique est causée par la souillure de la lentille frontale. Nous engageons donc le débutant à porter son attention sur ce point, avant d'accuser la mauvaise qualité du microscope, de l'éclairage ou de la préparation. Lorsque la préparation est simplement montée dans un milieu liquide et n'est pas lutée, il peut arriver que ce liquide déborde la lamelle et vienne mouiller la lentille frontale. L'image devient immédiatement indistincte et il faut se hâter de nettoyer l'objectif, surtout lorsqu'il est souillé par une solution acide ou alcaline. Le même accident peut se produire avec l'huile de cèdre, lorsqu'on reprend avec un objectif faible une préparation qui a été examinée avec un objectif à immersion. On enlèvera l'huile de cèdre comme il est indiqué p. 139.

Les avis sont très partagés sur la manière dont on doit nettoyer les lentilles des objectifs. Ranvier recommande la surface d'une cassure fraîche d'un morceau de moelle de sureau. Dans les laboratoires où on n'emploie pas cet objet, on pourra se contenter d'un vieux linge très doux. Pour enlever les taches, on humectera ce linge avec un dissolvant approprié (eau, alcool, toluène), en ayant bien soin de ne pas inonder les lentilles et d'essuyer immédiatement après avec un autre linge bien sec. Souvent, il suffit de projeter l'haleine à la surface de la lentille, puis d'essuyer doucement.

Pour enlever les poussières qui ont pu tomber sur la face postérieure de l'objectif, on emploiera soit un pinceau très doux, soit un morceau de moelle de sureau fraîchement taillé en pointe, soit une allumette à l'extrémité de laquelle on a attaché un petit tampon de vieux linge.

Quel que soit le procédé de nettoyage adopté, deux précautions sont indispensables :

1° *Éviter de rayer les lentilles*, pour cela n'employer ni linges neufs, ni peaux, même les peaux de chamois, ni chiffons souillés de poussière. Pour enlever les poussières, employer de préférence un pinceau doux avec lequel on a moins de chance de produire des raies.

2° *Éviter de mouiller les lentilles*, lorsqu'on emploie un dissolvant pour enlever les taches. Cette précaution est surtout importante pour les hydrocarbures (benzène, toluène, xylol) qui, en pénétrant dans la monture de l'objectif, peuvent dissoudre le baume du Canada qui colle les éléments de ces lentilles. Il en résulterait une grave détérioration. Voir page 139 les précautions spéciales à prendre pour enlever l'huile des objectifs à immersion.

3° *Ne jamais dévisser les lentilles*. Cette recommandation demande à être bien comprise. Ce qu'il ne faut dévisser sous aucun prétexte, c'est l'assemblage des lentilles des objectifs moyens et forts : cet assemblage est d'ailleurs vissé de telle sorte qu'il est presque impossible d'y toucher, car il n'y a pas de molettes et le nickelage a généralement été fait après le montage. Mais on remarquera que les objectifs moyens et forts sont divisés en deux parties : la partie inférieure, munie d'une molette, renferme le système optique ; la partie supérieure est un simple tube, garni ou non de diaphragmes, destiné à donner à l'objectif la longueur voulue. On peut séparer sans danger ces deux parties, de manière à nettoyer la face postérieure de l'objectif. Il en est de même pour les objectifs faibles, dont on peut généralement dévisser la ou les lentilles pour les nettoyer.

Une règle très simple consiste à ne *dévisser que les parties munies de molettes*. On sera sûr ainsi de ne rien détériorer. Un dévissage intempestif peut modifier le centrage des objectifs et les endommager irrémédiablement.

Conservation des objectifs. — Lorsqu'on ne doit pas se servir des objectifs pendant un certain temps, il faut les enfermer dans leurs boîtes de laiton. C'est le seul moyen de les préserver de la poussière et de l'humidité. On a renoncé à peu près définitivement aux écrins qui les garantissaient très incomplètement. Si, au cours du travail, on a besoin d'un nombre d'objectifs supérieur au nombre de places du revolver, on conservera, sous une petite cloche de verre, ceux qui ne servent pas momentanément.

Eviter avec soin les *chutes* et les *chocs* qui décentrent les lentilles et détériorent gravement les objectifs.

Altérations des lentilles. — Ces altérations, qui se manifestent par l'apparition d'un trouble ou d'une opacité, ne surviennent guère que sous les tropiques et sont dues à trois causes :

1° *Altération* du verre des lentilles qui se tache et se dépolit sous l'influence d'une atmosphère chaude et humide ;

2° *Vitrification* du baume du Canada qui unit les lentilles, sous l'influence d'une température trop élevée ;

3° *Condensation* de fines gouttelettes d'eau entre les lentilles. Ce dernier accident est rare avec les objectifs bien montés. Il se réduit généralement à une buée qui recouvre les faces accessibles des lentilles. Cet accident se produit aussi en hiver dans les pays tempérés, lorsqu'on passe le microscope d'une pièce froide dans une pièce chauffée, ou simplement par condensation de l'haleine au contact d'un microscope froid.

Les altérations dues aux climats tropicaux sont de moins en moins à craindre, car les objectifs modernes sont construits de manière à être peu sensibles à la chaleur humide. J'ai vu un certain nombre de microscopes revenir intacts après une longue campagne, par exemple en Afrique occidentale. D'ailleurs les maisons sérieuses réparent toujours gratuitement les lentilles qui viennent à se troubler par l'effet du climat.

Appareil d'éclairage. — Le miroir et les lentilles du condensateur seront nettoyés, comme les autres lentilles, avec un vieux linge bien propre et imbibé au besoin d'un peu d'alcool ou de toluène. Une propreté parfaite de l'appareil d'éclairage est indispensable pour la luminosité et la bonne définition des images. Quelquefois, dans les microscopes munis d'un condensateur indépendant du miroir, on voit apparaître, dans le champ optique, des poussières qui ne tournent pas avec l'oculaire et qui ne proviennent pas de l'objectif : un léger déplacement vertical du condensateur montre qu'elles sont déposées sur le miroir.

Entretien de la partie mécanique. — On peut essuyer les parties ternies avec une peau, mais jamais avec un linge mouillé d'alcool ou de toluène qui dissoudraient le vernis et feraient des taches indélébiles. La platine se nettoie avec une trace de vaseline. Lorsque les crémaillères ou la vis micrométrique ont besoin d'être graissées, employer une trace de vaseline bien neutre ou mieux encore une trace d'huile d'os sans acide.

CHAPITRE XIII

EMPLOI DU MICROSCOPE

Les conseils que nous allons donner succinctement pour l'emploi du microscope ne sont point superflus. Les règles les plus élémentaires du maniement du microscope sont souvent ignorées, même par des travailleurs déjà exercés, qui, par des manœuvres imprudentes, compromettent la durée de leur instrument ou se privent de ressources qu'il est capable de fournir.

I. — MANIÈRE DE SAISIR ET DE TRANSPORTER LE MICROSCOPE

Ce point est très important pour ne pas léser la vis micrométrique. Les microscopes, munis du nouveau mouvement micrométrique horizontal, doivent être pris par la potence en forme de poignée. Les anciens modèles, à mouvement micrométrique vertical et à prisme, doivent être saisis par le pied. Beaucoup de personnes les prennent par la potence qui supporte le tube : c'est une pratique déplorable, qui amène tôt ou tard la détérioration de la vis micrométrique. En effet, en saisissant ainsi le microscope, tout le poids de l'appareil repose sur la vis, dont les filets sont peu à peu émoussés. Certains constructeurs, par exemple Reichert, ont eu la bonne idée de munir ces anciens modèles d'une poignée. Il y a longtemps que ce petit perfectionnement devrait être généralisé, on conserverait ainsi à l'ancienne vis micrométrique verticale toute sa douceur et toute sa précision.

Je crois inutile de dire qu'un microscope ne doit jamais être pris par la platine, ni à plus forte raison par le tube.

II. — INSTALLATION DU MICROSCOPE

Le microscope, étant saisi correctement, est sorti de son armoire et placé sur une table en face d'une fenêtre. Pour assurer sa stabilité et empêcher qu'il ne glisse, il est bon de le poser sur une plaque de feutre ou sur un cahier de papier joseph. On visse alors les objectifs sur le revolver, en ayant soin de les placer suivant l'ordre de leurs puissances. Il est bon de visser de suite tous les objectifs, de façon à les avoir à sa disposition suivant les besoins de l'observation. Ceci fait, amener dans l'axe optique un objectif faible.

Enlever l'oculaire et régler l'éclairage, comme il a été dit plus haut (p. 36), en dirigeant le miroir vers la source lumineuse et en mettant au point le condensateur. Compléter l'éclairage après avoir introduit dans le tube un oculaire faible.

Le microscope doit être installé soit devant une fenêtre, de préférence exposée au nord, soit devant une lampe, avec ou sans interposition d'une lentille condensatrice. Éviter avec soin les rayons solaires directs qui sont dangereux pour la vue : pourtant, dans les pays tempérés, on pourra tamiser les rayons solaires par un rideau de cretonne blanche à tissu très serré; on obtient ainsi une lumière diffuse qui peut remplacer celle des nuages.

III. — MISE AU POINT DU MICROSCOPE

Après avoir choisi un siège de hauteur convenable, permettant de regarder sans fatigue dans le microscope vertical, on met une préparation sur la platine. On doit avoir, au début, devant les yeux, un petit tableau donnant les distances frontales et le grossissement des objectifs. Avant de placer la préparation sur la platine, on a donc soin de relever le tube du microscope, avec la crémaillère, à une hauteur plus grande que la distance frontale de l'objectif faible. Ceci fait et une portion bien visible à l'œil nu de la préparation étant mise au centre de l'ouverture de la platine, on applique l'œil à l'oculaire et on abaisse très lentement le tube au moyen de la crémaillère à mouvement rapide. Dès que l'image apparaît, même confuse, on quitte la crémaillère pour prendre le mouvement micrométrique, avec lequel on parfait la mise au point.

Il faut avoir bien soin, lorsque la vis micrométrique, ancienne ou nouvelle, n'est pas à vis sans fin, de toujours la tenir à peu près au milieu de sa course[1] et de ne lui faire subir que des déplacements peu étendus. Si on la laisse arriver à fond de course, on s'expose soit à ne pouvoir mettre au point, soit, en insistant, à arracher les filets, ce qui serait un grave dommage.

Si l'image n'apparaît pas, le débutant doit agir avec une grande prudence pour ne pas heurter l'objectif contre la préparation, en exagérant le mouvement de descente du tube. Cet accident peut amener le bris de la préparation et endommager sérieusement la lentille frontale. Donc, si rien n'apparaît, s'assurer, en regardant le microscope de côté, qu'on n'a pas dépassé la limite de la distance frontale. Si c'est le cas, il faut remonter le tube, pour recommencer ensuite le mouvement de descente. Si rien n'apparaît encore, c'est qu'il faut déplacer légèrement la préparation, pour l'amener exactement dans l'axe optique. Si la préparation ne renferme que de rares éléments très éloignés les uns des autres, on peut chercher à mettre au point, soit sur une bulle d'air, soit sur le bord de la lamelle. On arrive ainsi à trouver la distance frontale de l'objectif faible et, en déplaçant méthodiquement la préparation, on ne tarde pas à amener un des éléments au milieu du champ. En combinant ces mouvements, on arrive promptement à mettre au point avec l'objectif faible.

Grâce au revolver, rien n'est plus facile alors que de passer à un objectif plus puissant. Lorsque le microscope est bien réglé, il suffit de tourner le revolver et de modifier légèrement la mise au point avec la vis micrométrique.

En suivant ces indications, le débutant est sûr de ne jamais endommager ni ses préparations, ni ses objectifs. C'est d'ailleurs la marche que devrait suivre tout micrographe digne de ce nom. Dès qu'on a un peu d'habitude, ces mouvements se font très vite : c'est seulement en s'astreignant, dès le début, à les effectuer qu'on apprendra à faire l'examen méthodique d'une préparation. Combien de fois n'ai-je pas vu commencer à examiner une coupe avec un grossissement de 300 ou 400 diamètres, ou même avec l'objectif à immersion! C'est à ce manque de méthode que sont dues les erreurs grossières qui ôtent à certains toute confiance dans les données du microscope. Au contraire, en com-

1. Pour les anciens microscopes, la vis micrométrique est au milieu de sa course lorsqu'on voit le prisme à la base de la colonne sur une hauteur de 3 mm. environ.

mençant l'examen de la préparation avec un grossissement faible, on facilite la mise au point, on prend une vue d'ensemble de la topographie de l'objet et on centre sans difficulté les points intéressants. C'est alors qu'on entreprend l'examen de ces derniers avec la série des objectifs plus puissants.

IV. — MISE AU POINT DES OBJECTIFS A IMMERSION

L'emploi de ces objectifs demande quelques mots d'explication, car, pour les mettre au foyer, il ne suffit pas de tourner le revolver. *Il faut tout d'abord s'assurer, avec un objectif faible, qu'il y a quelque chose dans le champ*; cette précaution est indispensable, car il est très difficile de chercher l'objet avec les objectifs à immersion à cause de leur faible distance frontale et de l'étroitesse de leur champ. L'objectif faible est d'ailleurs indispensable pour régler l'éclairage.

Donc, une fois l'éclairage et l'objet à examiner bien centrés, relever le tube, amener l'objectif à immersion dans l'axe optique, puis déposer une goutte d'huile de cèdre au milieu de la préparation. Cette huile sera autant que possible celle qui est fournie par le fabricant de l'objectif et dont l'indice de réfraction est calculé pour la correction des lentilles [1].

Ceci fait, on abaisse le tube avec le mouvement rapide, en regardant le microscope de côté, de manière à amener la lentille frontale en contact avec la goutte d'huile. Celle-ci doit avoir conservé sa convexité; il ne faut donc pas attendre qu'elle se soit étalée sur la préparation, sinon en remettre un peu. Dès que le contact est établi, ce dont on s'aperçoit immédiatement au changement de forme de la goutte, on relève légèrement le tube, sans cependant perdre le contact. On met alors l'œil à l'oculaire et on abaisse très lentement le tube avec le mouvement rapide; dès que l'image apparaît, même confuse, on achève la mise au point avec la vis micrométrique.

Lorsque l'observation est terminée, il est indispensable de relever le tube avec le mouvement rapide, de manière à éloigner la lentille frontale de la préparation. C'est seulement alors qu'on pourra retirer cette dernière, sans craindre d'endommager l'ob-

1. Voir p. 462 l'emploi de l'huile de paraffine et p. 73 celui de l'huile de ricin comme huiles d'immersion.

jectif par frottement contre la lamelle. Cette précaution est tout aussi nécessaire avec les forts objectifs à sec.

Nettoyage des objectifs à immersion. — Dès que l'observation est terminée, il faut enlever l'huile adhérente à la lentille frontale. C'est une très mauvaise pratique que de laisser cette huile se dessécher d'un jour à l'autre ; on risque, en voulant l'essuyer, de rayer la lentille ou de faire pénétrer dans l'objectif une partie du dissolvant qu'on est obligé d'employer en excès. Il faut donc essuyer doucement l'huile avec un peu de papier joseph, puis achever le nettoyage avec un vieux linge très légèrement imbibé de xylol ou de toluène. Ne jamais tremper l'extrémité de l'objectif dans ces liquides : c'est une pratique très dangereuse, qui peut amener le décollement des lentilles.

Je ne sais par suite de quelle aberration certaines personnes conseillent d'enlever l'huile de cèdre avec de l'alcool. Ce liquide ne dissout pas l'huile de cèdre épaissie, avec laquelle il forme un épais précipité blanc. Donc ne jamais employer d'alcool, même absolu, pour le nettoyage des objectifs à immersion.

V. — CAUSES D'ERREUR DANS LA MISE AU POINT

Il arrive quelquefois que, malgré toutes les précautions, on n'arrive pas à mettre l'image au point ; cet accident se produit surtout avec les objectifs forts et peut être dû à deux causes (voir plus loin, p. 158, les autres causes d'insuccès).

1° *Le revolver est mal centré.* — Dans ce cas on ne peut retrouver, au fort grossissement, un objet qui avait été mis au milieu du champ avec un grossissement faible. Cet accident se produit surtout lorsqu'on examine de très petits organismes épars dans une préparation. Dans ce cas, pour obvier au défaut de centrage, inhérent aux revolvers les mieux construits, il faut repérer l'objet par des centrages successifs, d'abord avec un objectif très faible, puis avec un moyen ; on a bien des chances alors pour le retrouver avec un objectif puissant. Ces centrages successifs permettent aussi de voir de quelle quantité il faut déplacer la préparation pour la centrer définitivement, après le passage d'un objectif faible à un numéro fort. Les changeurs d'objectifs à coulisse ont pour but d'obvier à cet inconvénient.

2° *La préparation est retournée.* — Ce petit accident arrive beaucoup plus souvent qu'on ne croit et même à des micrographes exercés ; il se produit surtout avec les lames de sang et les préparations au baume bien sèches. Au faible grossissement on ne s'aperçoit pas de l'erreur et on est tout étonné de ne pouvoir mettre au point avec l'objectif à immersion ou même avec un fort objectif à sec. En effet, à partir d'un grossissement de 300 diamètres environ, la distance frontale des objectifs est trop courte pour qu'on puisse mettre au point un objet placé sous une lame porte-objet. Dans ce cas, il ne faut jamais insister, mais on doit relever de suite le tube et s'assurer que la préparation est bien face en-dessus. Généralement, on constate alors qu'elle est retournée. Pour éviter ce désagrément, il faut prendre l'habitude de vérifier avec le doigt la saillie de la lamelle avant de poser la préparation sur la platine. Pour les lames de sang, on s'assure, en regardant la préparation par réflexion, que le côté mat est dirigé en haut.

3° *La lamelle est trop épaisse.* — Il se produit alors le même phénomène que lorsque la préparation est retournée. La lentille frontale vient buter contre la lamelle et l'image n'apparaît pas ou reste confuse.

Cet accident est beaucoup moins fréquent qu'autrefois, car les objectifs, même puissants, ont une distance frontale suffisante pour empêcher cet inconvénient. Les lamelles qu'on trouve actuellement dans le commerce ont aussi une épaisseur plus régulière. Toutefois, lorsque la préparation est très épaisse, il peut arriver qu'on ne puisse mettre au point les plans profonds, même avec les objectifs actuels. Il faut bien se garder d'insister et de continuer à abaisser le tube, car on serait certain de faire éclater la lamelle, d'écraser l'objet et peut-être de détériorer irrémédiablement la lentille frontale. Ajoutons qu'avec les nouveaux mouvements micrométriques le bris de la lamelle est beaucoup moins à craindre, car la vis cesse généralement d'agir sur le tube dès que l'objectif entre en contact avec la lamelle.

VI. — MANŒUVRE DE LA VIS MICROMÉTRIQUE ET OBSERVATION MICROSCOPIQUE

Pendant l'observation au microscope, un œil est appliqué à l'oculaire, une main manœuvre continuellement la vis micrométrique et l'autre déplace lentement la préparation au moyen des pignons de commande du chariot.

Examinons successivement le rôle de l'œil et le rôle des mains.

1° *De quel œil doit-on regarder au microscope ?* — Les avis sont très partagés à ce sujet : la majorité des théoriciens pose en principe qu'on doit observer de l'œil gauche. On donne, comme raison de cette préférence, que l'œil droit doit rester libre pour dessiner avec ou sans chambre claire.

En pratique cette règle est rarement observée. D'abord beaucoup de personnes éprouvent une grande difficulté à regarder au microscope de l'œil gauche : plutôt que de s'imposer la gêne d'une rééducation, pénible surtout au début des études microscopiques, on préfère naturellement observer avec l'œil droit. Personnellement je suis dans ce cas et j'ai toujours travaillé de l'œil droit : j'estime donc qu'on peut observer indifféremment avec l'un ou l'autre œil, suivant la convenance personnelle. Ceux qui peuvent travailler alternativement avec les deux yeux possèdent un grand avantage qui leur permet d'éviter la fatigue de l'observation monoculaire.

2° *Doit-on fermer un œil ?* — Je suis d'accord avec la plupart des auteurs pour recommander d'observer au microscope avec *les deux yeux ouverts*. Il est très fatigant, pour une observation un peu prolongée, de tenir un œil fermé : la contraction des muscles d'une part, la pression exercée sur le globe de l'œil d'autre part, produisent promptement de la fatigue et même de la douleur oculaire et de la céphalalgie. On peut très bien s'habituer à observer avec les deux yeux ouverts ; au bout de peu de temps on arrive à ne percevoir que les images fournies par l'œil appliqué au microscope. Il est pourtant une condition essentielle, c'est que la table sur laquelle repose l'instrument ne soit pas plus éclairée que le champ optique ; si donc cette table est blanche (lave émaillée) ou de couleur claire, il faudra la recouvrir d'un papier foncé ou noir. De cette manière, l'œil qui ne sert pas à l'observation ne reçoit qu'une faible quantité de rayons lumineux et fournit des images trop peu éclairées pour pouvoir troubler la perception de l'autre œil.

Écrans oculaires. — Lorsqu'on doit faire des observations prolongées, à de forts grossissements, il est très avantageux de protéger les deux yeux contre les rayons lumineux étrangers, c'est-à-dire autres que ceux qui proviennent du microscope. C'est dans ce but qu'ont été inventés les écrans oculaires [1], destinés à la fois à empêcher des images de se former dans l'œil qui n'observe pas et à protéger l'œil qui observe contre les rayons réfléchis par la monture du microscope, ou provenant directement de la source lumineuse.

Le plus simple de ces écrans peut être exécuté avec une mince feuille de carton noirci découpée suivant la forme indiquée par la figure 75.

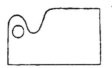

Fig. 75. — Écran oculaire.

Fig. 76. — Écran oculaire anglais.

On passe le tube du microscope dans l'orifice circulaire. L'échancrure sert à introduire le nez. Avec cette forme d'écran très simple on peut dessiner à la chambre claire, puisque tout un côté du microscope reste libre [2].

On trouve dans le commerce des écrans oculaires simples ou doubles. La figure 76 représente un écran oculaire simple fabriqué par divers

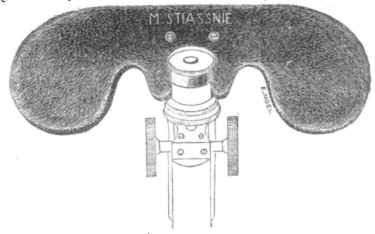

Fig. 77. — Écran oculaire de Stiassnie.

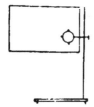

Fig. 78. — Grand écran monté sur support en fer.

constructeurs anglais (Baker, Flatters and Garnett, etc.); il est formé de deux pièces métalliques noircies : un anneau qui embrasse le tube du microscope et une palette dont on règle la position suivant l'écartement des yeux.

Stiassnie fabrique un écran double (fig. 77) recouvert de peluche verte. Cet appareil est très commode et permet de regarder avec l'un ou l'autre œil; son seul défaut est d'empêcher le dessin à la chambre claire, car il occupe à la fois les deux côtés du microscope. On le fixe au moyen de la bague sur le tube du microscope.

Ces écrans oculaires, pour protéger suffisamment de la lumière étrangère, ont besoin d'être complétés par un

1. Peiser, Ein Mikroskopierschirm. *Ztschr. f. wiss. Mikr.*, XXI, p. 467, 1904.
2. Voici les dimensions de l'écran que j'emploie : 16 cm. de longueur sur 9 cm. 5 de largeur. L'échancrure nasale a 2 cm. de largeur dans sa portion profonde, elle s'évase ensuite progressivement. L'orifice circulaire est à 5 mm. du bord droit, de façon à ne pas gêner la chambre claire.

grand écran en carton noirci monté sur un pied. Un moyen très simple de fabriquer ces écrans consiste à prendre un petit support à entonnoirs en fer. Sur un des anneaux, qu'on a soin de tourner verticalement, on fixe, au moyen de fil de laiton, une grande feuille de carton noirci ou recouvert de papier noir[1]. En déplaçant l'anneau le long de la tige verticale du support, on règle à volonté la hauteur de l'écran (fig. 78). Je recommande vivement l'emploi d'un écran de ce genre, surtout lorsqu'on travaille avec une lumière artificielle intense. Il permet aussi, lorsqu'on dessine à la chambre claire, de régler plus facilement l'éclairage du papier. Des écrans de ce genre, à surface plus ou moins courbée, existent dans le commerce.

3° *Manœuvre de la vis micrométrique.* — Nous avons déjà dit à maintes reprises que, pendant l'observation microscopique, la main droite devait mouvoir continuellement la vis micrométrique. Nous savons en effet que le microscope ne peut nous montrer nettement qu'un seul plan des objets, et même, à cause de l'inévitable courbure du champ, nous ne pouvons pas voir avec netteté, au même instant, toute la surface de ce plan. Or, si petits qu'ils soient, les objets que nous examinons sont des corps solides à trois dimensions ; même lorsque nous étudions une coupe, les éléments figurés qui la constituent présentent une certaine épaisseur. Nous ne pouvons donc prendre connaissance de la forme et des rapports de ces objets qu'en superposant, par la pensée, toute une série de coupes optiques que nous aurons examinées successivement en manœuvrant la vis micrométrique.

La netteté de cette perception peut être assurée par deux moyens : la mise au point du système optique et le pouvoir d'accommodation de l'œil. Disons tout de suite que ce dernier ne doit absolument pas entrer en jeu dans l'observation microscopique. En effet, si la mise au point est insuffisante et si, par voie réflexe, l'œil s'efforce d'y remédier par des modifications de sa courbure, il en résulte rapidement une fatigue intense des muscles accommodateurs. Au contraire, en modifiant continuellement la mise au point par la manœuvre de la vis micrométrique, l'œil fonctionne comme s'il était au point sur l'infini, c'est-à-dire qu'il donne sur la rétine une image nette de l'objet, sans que son mécanisme accommodateur soit mis en action.

Nous voyons donc que la manœuvre continuelle de la vis micrométrique est nécessitée par deux raisons :

1° Mettre au point successivement les différents plans de l'objet

1. Dimensions de l'écran : 30 sur 25 cm.

afin de prendre connaissance de sa forme par la superposition de coupes optiques infiniment minces ;

2° Assurer la netteté de ces images rétiniennes successives, sans que le mécanisme d'accommodation ait à entrer en jeu.

Aussi ne saurait-on assez recommander aux débutants la manœuvre correcte de la vis micrométrique, car c'est le seul moyen d'observer sans fatigue, sans danger pour l'œil et d'éviter les erreurs provenant d'une exploration insuffisante des plans successifs des objets.

4° *Manœuvre de la platine mobile.* — La main gauche de l'observateur, après avoir réglé l'éclairage au moyen de la crémaillère et du diaphragme-iris, déplace la préparation au moyen du double chariot de la platine mobile. En principe on déplace la préparation, par fractions successives, d'avant en arrière : chaque fraction est étu-

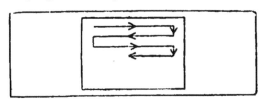

Fig. 79. — Marche à suivre pour parcourir méthodiquement une préparation avec la platine à chariot.

diée sur toute sa largeur au moyen du déplacement latéral. A défaut de platine mobile, la préparation est saisie par ses deux grands côtés, entre le pouce et l'index reposant sur la platine fixe, le médius prenant un point d'appui sous la platine. On peut ainsi faire glisser la préparation sans trop d'à-coups et en explorer toute l'étendue.

VII. — CHOIX DES OBJECTIFS ET DES OCULAIRES

Nous avons dit qu'on doit toujours examiner une préparation avec une série de grossissements d'abord faibles, puis de plus en plus forts. Nous savons que l'image perd en étendue et en clarté au fur et à mesure que le grossissement augmente. Cette augmentation du grossissement doit être obtenue au moyen d'objectifs de plus en plus puissants : il est mauvais, en principe, de chercher à l'obtenir au moyen des oculaires. En effet l'oculaire ne fait qu'agrandir l'image fournie par l'objectif : plus l'oculaire est fort, plus cette image perd en netteté, en clarté et en étendue. On devra donc, pour le travail courant, se contenter des oculaires faibles et moyens et ne chercher à augmenter le grossissement qu'en employant des objectifs puissants. Les oculaires forts seront réservés pour des cas particuliers ; il faut bien avoir présent à l'esprit ce fait qu'ils diminuent la définition et qu'ils n'augmentent pas la résolution. Nous avons déjà dit plus haut (p. 59) que la grandeur de l'image fournie par une combinaison optique n'est pas une preuve de sa valeur au point de vue des pouvoirs résolvant et définissant.

CHAPITRE XIV

L'OBSERVATION MICROSCOPIQUE

Les chapitres qui précèdent nous ont fait connaître la structure du microscope et la manière d'employer chacun de ses organes. Il était nécessaire d'établir ces notions fondamentales, car elles économisent beaucoup de temps et de tâtonnements. Certains auteurs affirment qu'on ne peut fixer de règles pour l'emploi du microscope et que l'habitude seule doit enseigner la manière de disposer l'éclairage et de mettre en valeur les détails des préparations. Je ne suis pas de cet avis : j'ai moi-même longtemps tâtonné à mes débuts et passé beaucoup de temps à découvrir des procédés d'observation que je ne trouvais dans aucun livre. J'estime donc, au contraire, qu'il faut tracer le plus possible de règles précises, ayant pour bases scientifiques les propriétés physiques du microscope et de ses divers organes. L'application correcte de ces règles est bien une affaire d'exercice et de pratique mais leur connaissance est indispensable au micrographe. Si elles font défaut à l'élève, celui-ci est obligé de refaire toute la série d'expériences, souvent infructueuses, qui ont permis à ses prédécesseurs de tirer du microscope tous les services qu'on est en droit d'en attendre.

Aussi allons-nous traiter maintenant de l'observation microscopique, c'est-à-dire de la perception oculaire des images fournies par le microscope, de la manière de réaliser cette perception sans fatigue et dans les meilleures conditions, enfin des erreurs et illusions d'optique auxquelles elle peut donner lieu.

I. — CONDITIONS DE LA VISION MICROSCOPIQUE

Pour interpréter correctement les images fournies par le microscope, il faut bien connaître la nature de la vision microscopique.

Si on se rend bien compte que c'est une vision spéciale, une manière d'apercevoir les objets toute différente de celle à laquelle nous sommes habitués, on s'épargnera beaucoup de difficultés et d'erreurs.

La vision normale est une vision binoculaire qui nous donne la sensation de la distance et du relief. Cette sensation est due à la superposition des deux images rétiniennes et à la fusion des deux perceptions correspondantes. Ces deux images ne sont pas identiques, elles diffèrent d'autant plus que l'objet est plus que rapproché; aussi la sensation de relief diminue-t-elle au fur et à mesure de l'éloignement de cet objet. Au contraire, la vision microscopique est une *vision monoculaire* : nous devons donc, en regardant au microscope, faire abstraction de l'éducation primitive de l'œil et apprécier par d'autres moyens le relief et l'épaisseur des corps.

Dans la vision normale, le mécanisme de l'accommodation nous permet de voir nettement, l'un après l'autre, mais non simultanément, des objets situés à diverses distances. Dans la vision microscopique, le *mécanisme de l'accommodation n'entre pas en jeu*; nous ne percevons à la fois qu'un seul plan très mince de l'objet à examiner et, pour voir les autres plans, nous devons faire varier la mise au point du système optique. Nous ne voyons donc jamais qu'un seul de ces plans à la fois et, pour nous faire une idée exacte de l'objet, nous devons superposer par la pensée toutes les images élémentaires fournies sur chacun de ces plans. Plus le grossissement du microscope est fort, plus grand est le nombre de plans que nous devons mettre au point successivement, pour apprécier l'épaisseur et le relief d'un corps.

Une autre différence importante entre la vision ordinaire et la vision microscopique résulte de la *nature de l'éclairage*. Les objets qui nous entourent sont vus par réflexion, grâce à la lumière qu'ils diffusent. Au microscope, l'immense majorité des préparations est examinée en lumière transmise, c'est-à-dire par transparence; il en résulte que les phénomènes de réfraction jouent un rôle bien plus considérable que dans la vision à l'œil nu. A ce point de vue, nous devons diviser les images microscopiques en deux groupes. Les unes sont fournies par des *préparations colorées*, qui agissent sur les rayons lumineux par *absorption*; ces images ne montrent que la couleur et les contours des objets. Les autres sont fournies par des préparations *incolores*; c'est le cas des organismes examinés à l'état frais, sans coloration. Ces préparations agissent sur les rayons lumineux par *réflexion* et *réfraction*; elles montrent non seulement les contours des objets, mais encore les détails de leur structure, simplement par des différences de réfringence ou par des contrastes de lumière et d'ombre.

La vision microscopique diffère encore de la vision normale par suite de l'ouverture considérable du cône qui sert à l'éclairage des préparations. Les dimensions de ce cône lumineux influent beaucoup sur la nature des phénomènes de réfraction.

Enfin la vision microscopique diffère essentiellement de la vision normale par la *nature du milieu* dans lequel baignent les objets. Nous sommes habitués à voir autour de nous des corps plongés dans l'air; au contraire, au microscope, les préparations doivent presque toujours être montées en milieu liquide. En effet, d'une part, le montage dans l'air est généralement impossible, à cause des phénomènes de dessiccation et de racornissement qui l'accompagnent; d'autre part, l'introduction de l'air dans les interstices des objets ou des tissus produirait des phénomènes de réfraction tels qu'aucune structure ne serait discernable. Il faut donc monter les objets dans un milieu liquide, qui les préserve de la dessiccation et dont l'indice de réfraction soit tel qu'il permette de distinguer les plus fins détails.

Mais l'aspect des objets est très différent suivant l'indice de réfraction du milieu. Si l'objet a le même indice de réfraction que le milieu dans lequel il est plongé, il devient invisible. Si l'objet est plus réfringent que le milieu, il présente les caractères d'un corps solide; enfin, s'il est moins réfringent que le milieu, il prend les apparences d'un corps creux. Ranvier a proposé un excellent exemple pour concrétiser ces phénomènes. On prend trois flacons semblables, renfermant respectivement de l'eau, du sulfure de carbone et du baume du Canada; on plonge une baguette de verre dans chacun de ces trois flacons. Dans le premier, la baguette paraît solide, parce que le verre est plus réfringent que l'eau; dans le second, elle paraît creuse, parce que le verre est moins réfringent que le sulfure de carbone; enfin, dans le troisième, elle disparaît, car le baume du Canada et le verre ont le même indice de réfraction.

Voici donc un premier exemple, très grossier, qui nous montre jusqu'à quel point l'apparence des corps peut être modifiée par la réfringence du milieu qui les baigne. Pour mieux comprendre les phénomènes qui se produisent dans la vision microscopique, nous allons étudier deux corps d'une forme bien déterminée, très fréquents dans les préparations microscopiques et dont il faut bien connaître les propriétés optiques. Ce sont les bulles d'air et les globules graisseux.

1° *Bulle d'air dans l'eau.*

On emprisonne quelques bulles d'air entre lame et lamelle dans une gouttelette d'eau ou de salive. On choisit une bulle assez petite pour qu'elle ne soit pas comprimée et qu'elle garde bien sa forme sphérique. On a soin de diaphragmer assez fortement le condensateur.

Mettons d'abord l'objectif au point, de façon à ce que la circonférence de la bulle soit bien nette (fig. 80, B); nous verrons alors le centre formé d'un cercle très brillant, entouré d'une zone grisâtre, puis d'un large anneau noir zébré d'anneaux concentriques clairs et minces, correspondant à des franges de diffraction.

Si on enfonce l'objectif, de façon à mettre au point la partie inférieure de la bulle, le cercle blanc central devient plus petit et plus clair; il est aussi plus net et a perdu sa bordure grise. L'anneau noir qui l'entoure est plus large, flou au bord et pourvu à la périphérie de plusieurs anneaux de diffraction (fig. 80, A).

Enfin, si on met au point la partie supérieure de la bulle, on voit le cercle blanc central augmenter d'étendue. En même temps apparaissent autour de lui de larges cercles gris, entourés d'un anneau noir beaucoup plus étroit que précédemment. Cet anneau noir est traversé, sur son bord externe, par de nombreux cercles de diffraction (fig. 80, C).

Ces apparences s'expliquent (à part les anneaux de diffraction) par le phénomène de la réflexion totale[1] (p. 40). Le faisceau lumineux qui traverse la bulle d'air peut être considéré comme formé de rayons parallèles. Parmi ces rayons, ne pénétreront dans le microscope que ceux dont l'inclinaison par rapport à l'axe, après réfraction, ne dépassera pas, d'une part, la valeur de l'angle limite pour le passage de l'eau dans l'air (48°) et, d'autre part, la moitié de l'angle d'ouverture de l'objectif, mesuré par rapport à l'eau. Tous les autres subiront la réflexion totale; c'est

---

1. Pour une explication moins élémentaire de ces phénomènes voir la théorie des franges de Becke dans Vlès, *Propriétés optiques des muscles*. Thèse de Paris, Doct. sciences. p. 93 et 116-133, 1911.

pourquoi les bords de la bulle d'air paraissent obscurs. La
figure 81 rend compte de ce phénomène, en même temps qu'elle
explique les variations de dimension de l'anneau obscur. Les
rayons a' et a'' pénétreront seuls dans l'objectif, dont l'angle
d'ouverture n'est pas suffisant pour recueillir le rayon a'''. Quant
au rayon a''', il subit la réflexion totale, car il dépasse l'angle

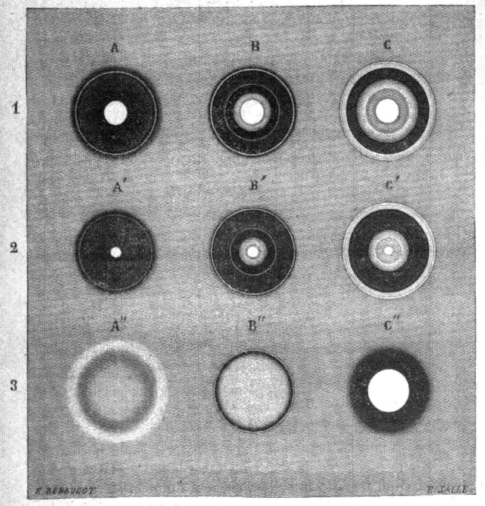

Fig. 80. — 1. Bulle d'air dans l'eau. Mise au point : A, sur la partie profonde;
B, sur la partie moyenne; C, sur la partie supérieure. — 2. Bulle d'air dans le
baume du Canada. Même signification pour les lettres. — 3. Globule de graisse
dans l'eau. Même signification pour les lettres (d'après Ranvier).

limite. Supposons maintenant que nous mettions l'objectif au
point sur le plan xy, passant par l'équateur de la bulle d'air; le
cercle clair central aura pour diamètre $C a''_2$, puisque l'œil perçoit
le rayon a'' dans la direction suivant laquelle il est réfracté. Au
contraire, si nous mettons au point sur la partie inférieure de la

bulle, nous ne percevons plus qu'un étroit cercle clair, ayant pour diamètre $C_1 a''_1$. Enfin, en mettant au point sur la partie supérieure de la bulle, le cercle clair sera beaucoup plus large ($C_2 a''_3$). Pour chacune de ces positions de l'objectif, la zone obscure correspondra à la partie de la bulle située en dehors du rayon a''. En un mot, la bulle d'air agit comme une lentille biconcave et transforme le faisceau parallèle en un faisceau divergent.

En comparant les figures 80 et 81, on verra que ces données théoriques correspondent à peu près exactement aux résultats

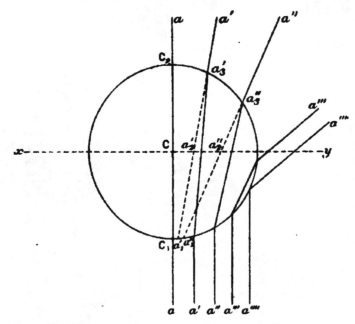

Fig. 81. — Marche des rayons lumineux dans une bulle d'air examinée dans l'eau.

fournis par l'expérience. En effet, en examinant la bulle d'air, nous voyons que le bord n'est pas absolument obscur; cela tient à ce que les rayons qui subissent une réfraction trop grande pour pénétrer dans l'objectif, sont en partie réfléchis vers l'intérieur de la bulle et sont ainsi en partie perçus par l'œil de l'observateur. C'est ce phénomène supplémentaire qui explique pourquoi la zone claire et la zone obscure ne sont pas toujours exactement limitées.

Enfin, nous avons constaté la présence de nombreux anneaux de diffraction. Ceux-ci sont dus à ce que la zone obscure de la bulle agit sur le faisceau lumineux comme un diaphragme et produit ainsi des franges de diffraction. Ces anneaux seront d'autant plus nombreux que le diaphragme, c'est-à-dire le cercle clair, sera plus étroit : leur nombre augmente donc au fur et à mesure qu'on met au point sur une partie plus profonde de la bulle. Ils sont d'autant plus distincts que l'angle d'ouverture du faisceau éclairant est plus petit.

2° *Bulle d'air dans le baume du Canada.*

Il est très facile d'emprisonner des bulles d'air dans le baume : il suffit pour cela de l'agiter avec une petite baguette de verre. Nous savons que l'angle limite est d'autant plus petit que la différence entre l'indice de réfraction des deux milieux est plus grand. Par conséquent, dans le baume du Canada, qui est beaucoup plus réfringent que l'eau, il n'y aura que les rayons tombant très près du pôle de la bulle d'air qui pourront parvenir à l'œil de l'observateur.

La figure 80 montre en effet, en A', que le cercle clair, aperçu en mettant au point le fond de la bulle, est beaucoup plus petit qu'en A. Il en est de même pour les figures B' et C', l'une correspondant à la mise au point sur le plan médian et l'autre à la mise au point sur la partie supérieure de la bulle.

3° *Globule de graisse dans l'eau.*

On agite, dans un flacon, une goutte d'huile avec une dizaine de centimètres cubes d'eau. On prélève une goutte de cette émulsion et on l'examine entre lame et lamelle, en ayant soin de choisir un globule assez petit pour qu'il ne soit pas déformé par la pression.

En mettant au point sur la partie inférieure du globule, on aperçoit (fig. 80, A') une masse grisâtre très floue, présentant trois zones concentriques : une extérieure plus claire, une moyenne foncée et une centrale grise.

En mettant au point le centre du globule, on voit ce dernier limité par un étroit anneau noir très net, zébré de cercles de diffraction. Le reste du globule apparaît en gris clair.

Enfin, en mettant au point sur la partie supérieure, on voit l'anneau noir s'élargir et devenir flou et grisâtre à sa périphérie. Au centre, apparaît un cercle très brillant et nettement délimité.

Ces apparences sont, on le voit, exactement opposées à celles que donne une bulle d'air dans l'eau ou dans le baume : la zone obscure diminue au lieu d'augmenter, lorsqu'on abaisse peu à peu l'objectif.

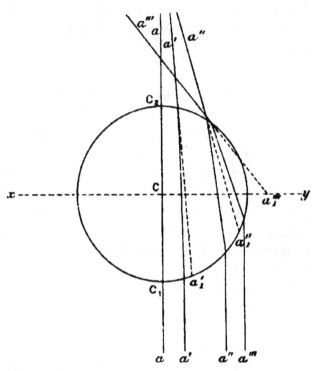

La figure 82 montre que les rayons a', a'', a''' sont déviés en sens inverse de la figure 81. L'œil de l'observateur les verra donc dans la direction a'_1, a''_1, a'''_1. On comprend immédiatement pourquoi le cercle clair diminue lorsqu'on met au point le pôle supérieur du globule de graisse. Celui-ci agit comme une lentille biconvexe et transforme le faisceau parallèle en un faisceau convergent.

Fig. 82. — Marche des rayons lumineux dans une gouttelette de graisse examinée dans l'eau.

II. — CONSÉQUENCES PRATIQUES

1° *Phénomènes de réfraction.*

Ces trois expériences nous ont appris à connaître les bulles d'air et les globules graisseux et à ne pas les confondre avec des éléments histologiques, d'origine animale ou végétale. Elles nous montrent aussi la différence qui existe entre les corps plus réfringents ou moins réfringents que le milieu dans lequel ils sont plongés.

Les corps *plus réfringents que le milieu* (gouttes d'huile dans l'eau) présentent une partie centrale d'autant plus claire et plus étroite, entourée d'un anneau obscur d'autant plus large, qu'on examine un point plus rapproché de leur *surface supérieure*. Ils se comportent comme des lentilles biconvexes.

Au contraire, les corps *moins réfringents que le milieu* (bulles d'air dans l'eau) présentent une partie centrale d'autant plus claire et plus étroite, entourée d'un anneau obscur d'autant plus large, qu'on examine un point plus rapproché de leur *surface inférieure*. L'effet est d'autant plus accentué que la différence entre les deux indices de réfraction est plus grande (bulle d'air dans l'eau ou dans le baume). Ces corps se comportent comme des lentilles biconcaves.

Inversement, les *objets convexes* et plus réfringents que le milieu agissent sur la lumière comme les globules graisseux dans l'eau : les *objets concaves* et moins réfringents que le milieu se comportent comme les bulles d'air dans l'eau. Un bon exemple du second cas nous est fourni par les globules sanguins des Mammifères, examinés à l'état frais, entre lame et lamelle.

Nous savons que ces globules sont des disques biconcaves à leur partie centrale et bordés d'un rebord convexe. Si on met au point la face inférieure de la partie centrale, on apercevra un disque clair, entouré d'un anneau grisâtre. Si on met au point la face supérieure, le centre paraît gris foncé, entouré d'un anneau clair.

Ces phénomènes ont une grande importance pour l'interprétation microscopique des corps cylindriques pleins ou creux et des ornements qui peuvent exister à la surface ou à l'intérieur des objets, pourvu toutefois que la dimension de ces éléments dépasse considérablement la longueur d'onde de la lumière employée.

Nous savons, par l'étude des bulles d'air et des globules graisseux, qu'un corps sphérique, plongé dans un milieu plus réfringent, agit comme une lentille concave, tandis que, dans un milieu moins réfringent, il agit comme une lentille convexe. Donc, pour apprécier le relief des objets, il suffit de savoir que lorsqu'on perçoit un aspect brillant, en relevant l'objectif, il s'agit d'une surface convexe; si, au contraire, il faut abaisser l'objectif pour percevoir cet aspect brillant, il s'agit d'une surface concave. C'est d'ailleurs ainsi que nous venons d'apprendre à distinguer les gouttelettes graisseuses, qui peuvent être considérées comme des corps sphériques pleins, des bulles d'air qui se comportent comme des corps sphériques creux.

Pour l'étude des propriétés des corps cylindriques (fibres), prenons comme exemple de très fins filaments de verre pleins et creux.

1° Filaments pleins (fig. 83). — Dans un milieu *moins réfringent* (air ou eau), ils présentent une large surface brillante quand on met au point sur la partie médiane, une surface brillante étroite quand on relève l'objectif et une surface obscure uniforme quand on l'abaisse. Au contraire, dans un *milieu plus réfringent* (monobromonaphtaline ou biiodure de mercure), les apparences sont inverses et le filament plein paraît comme un corps creux immergé dans le liquide. Enfin, dans un *milieu de même réfringence* (baume du Canada), le filament plein prend l'aspect d'une bande aplatie.

Il est donc capital de connaître la différence de réfringence du milieu et de l'objet, pour pouvoir se faire une idée exacte de sa forme réelle. Il faut souvent aussi examiner l'objet dans des milieux de réfringence différente.

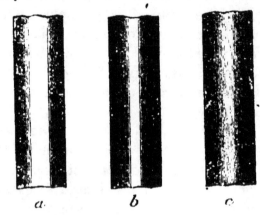

Fig. 83. — Étude d'un filament plein, en lumière centrale. — *a*, mise au point sur le plan médian; *b*, sur la face supérieure; *c*, sur la face inférieure (d'après Dippel).

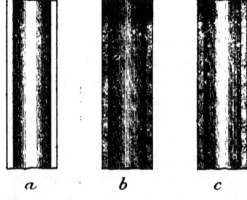

Fig 84. — Étude d'un filament creux en lumière centrale. — *a*, mise au point sur le plan médian; *b*, sur la surface supérieure; *c*, sur la surface inférieure (d'après Dippel).

2° Filaments creux (fig. 84). — Examinons une fine pipette de verre *remplie d'air*. Si nous mettons au point sur la partie médiane, nous obtenons le même aspect que pour un tube plein, avec cette différence que nous voyons en plus le double contour des deux parois. Mais en mettant au point successivement les deux surfaces, nous observons des phénomènes inverses du cas

précédent : en relevant le tube la raie brillante disparaît, puis elle
reparaît quand on abaisse le tube pour mettre au point la concavité inférieure. Ces apparences se retrouvent dans les poils creux,
les fibres creuses, les canalicules creusés dans une substance
solide. Les sillons ou cannelures demi-cylindriques (fig. 87) agissent
comme des lentilles concaves, quel que soit le côté par lequel on
les observe. Si la concavité est dirigée du côté de l'observateur, il
faut relever le tube pour voir la raie brillante et l'abaisser dans le
cas contraire.

Si le filament est *rempli de liquide*, deux cas peuvent se présenter. Si le liquide a un indice de réfraction égal ou supérieur à
celui du milieu environnant, le filament creux se comporte optiquement comme le filament plein ; on ne peut le distinguer de
ce dernier que par la présence du double contour. Au contraire,
si le liquide qui remplit le filament est moins réfringent que le
milieu environnant, ce filament se comporte à peu près comme
s'il était rempli d'air. Mais ici, il faut encore tenir compte de la
réfringence des parois du tube capillaire ; si celui-ci est moins
réfringent que les deux liquides, la paroi fait l'effet d'une cavité,
creusée dans le
milieu le plus ré-
fringent.

*En lumière
oblique*, les résul-
tats obtenus ne
diffèrent pas en
principe ; les raies
lumineuses sont
seulement dépla-
cées suivant l'inci-
dence du cône
éclairant. Pour les
filaments pleins
(fig. 85), la ligne
brillante est déviée
du côté d'où vient
la lumière, lors-
qu'on relève l'ob-

Fig. 85. — Étude d'un fila
ment plein en lumière
oblique, dirigée de droite
à gauche. — *a*, mise au
point sur la surface supérieure ; *b*, sur le plan
médian (d'après Dippel).

Fig. 86. — Étude d'un fila
ment creux en lumière
oblique, dirigée de droite
à gauche. — *a*, mise au
point sur la surface su-
périeure ; *b*, sur le plan
médian (d'après Dippel).

jectif ; au contraire, pour les filaments creux et les rainures
(fig. 86), il faut abaisser l'objectif, pour obtenir cette apparence

du côté opposé à celui d'où vient la lumière. En relevant ou en abaissant un peu plus l'objectif, l'objet présente une moitié sombre et une moitié éclairée, placées inversement suivant que le filament est plein ou creux.

3° Ornements en creux ou en relief. — Les rainures demi-cylindriques creusées dans une membrane (fig. 87) se comportent comme des lentilles concaves et paraissent brillantes quand on abaisse l'objectif. Des épaississements de même forme produisent l'effet inverse et paraissent brillants quand on relève l'objectif. Enfin, lorsque des épaississements alternent avec des dépressions, en formant une surface ondulée (fig. 88), il est facile de distinguer les parties concaves des parties convexes d'après les mêmes règles : les unes sont obscures pendant que les autres sont brillantes ou inversement, suivant les variations de la mise au point.

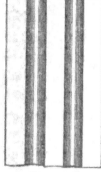

Fig. 87. — Épaississements ou dépressions demi-cylindriques (d'après Dippel).

Fig. 88. — Épaississements et dépressions demi-cylindriques alternants (d'après Dippel).

Dans le cas où une mince membrane, d'épaisseur uniforme, présente une surface ondulée, il est plus difficile de distinguer les parties concaves des parties convexes, puisque toutes agissent sur la lumière comme des lentilles concaves. Pourtant, on distinguera les dernières à l'abaissement plus considérable de l'objectif, nécessaire pour les faire apparaître brillantes.

4° Épaisseur des objets. — Les parties plus ou moins épaisses des parois des objets se comportent comme les ornements que nous venons d'étudier. Pour bien apprécier ces différences d'épaisseur et les distinguer sûrement des structures produites par des ornements, il faut se servir de liquides très réfringents. Dans le premier cas, on aperçoit les mêmes apparences qu'en examinant dans l'eau ; dans le second cas, l'image est très différente. Si l'image paraît plus brillante quand on abaisse l'objectif, il y a un épaississement ; dans le cas contraire, il y a une dépression.

2° *Phénomènes de diffraction*.

Les *stries de diffraction* peuvent être la source d'une illusion d'optique et être prises par l'observateur pour une structure véritable. Il y a plusieurs moyens de reconnaître leur véritable nature : tous se ramènent à voir si ces stries peuvent être exagérées et si on peut modifier leur écartement. En cas de résultat positif, ce sont bien des stries de diffraction. Pour cela on réduit, au moyen d'un diaphragme, la section du cône éclairant, ou bien on observe la préparation en lumière monochromatique jaune. Dans le premier cas, les stries sont d'autant plus distinctes que le diaphragme est plus petit ; dans le second, réalisé au moyen d'une lampe à sodium ou, plus simplement, en intercalant un écran de verre jaune dans le porte-diaphragme, les stries de diffraction sont exagérées et écartées.

Nous avons établi, au début de ce chapitre, une distinction fondamentale entre les images des *objets colorés*, produites par des phénomènes d'*absorption*, et les images des *objets non colorés*, dues à des phénomènes de *réflexion* et de *réfraction*. Ces dernières sont, comme on vient de le voir, très compliquées et leur interprétation peut être excessivement difficile ; les zones claires et foncées et les franges de diffraction peuvent en imposer pour des membranes ou des stries véritables. Il faut donc être mis en garde contre ces illusions d'optique. Au contraire, les images par absorption sont beaucoup plus fidèles et représentent exactement les contours des objets. Leur interprétation est donc beaucoup moins sujette à des erreurs, car on n'est pas obligé de tenir compte des phénomènes de réfraction ou de diffraction.

3° *Causes d'insuccès*.

1° *Obscurité du champ*. — Elle provient d'un mauvais centrage de l'éclairage. Vérifier la position du miroir, la hauteur du condensateur, la position du diaphragme-iris qui peut être trop fermé ou décentré, surtout dans les montures qui permettent l'éclairage oblique. Se reporter (p. 28) aux règles concernant l'éclairage du microscope.

Une *obscurité partielle* du champ peut être due au revolver, qu'on n'a pas tourné jusqu'au cran d'arrêt ou qui a été poussé au delà. L'objectif n'est centré que lorsqu'on a senti la resistance de ce cran d'arrêt.

2° *Manque de netteté de l'image.* — Si ce manque de netteté persiste, après le réglage soigneux de l'éclairage et une mise au point attentive, il faut en rechercher méthodiquement la cause.

a) *La préparation.* Elle peut être salie sur une de ses deux faces; on le reconnaît à ce que les stries et les ombres se déplacent en même temps que la préparation. Nettoyer avec un linge fin, imbibé d'alcool ou de xylol. Enlever notamment avec soin les traces d'huile de cèdre, de baume ou de lut. Ce nettoyage doit être fait avec précaution, de manière à ne pas comprimer l'objet placé sous la lamelle. *Éviter de poser les doigts sur la lamelle*, car il reste toujours des traces graisseuses qui troublent l'observation. Ne pas oublier que la préparation peut être *retournée* par mégarde et que la lamelle peut être trop épaisse. Dans ces deux cas, on ne peut mettre au point les objectifs forts (voir plus loin, p. 139).

b) *L'oculaire est sali* : on s'en assure en le faisant tourner, on doit voir les corps étrangers tourner en même temps. Nettoyer comme il a été dit plus haut (p. 131).

c) *Objectif* : lorsque l'éclairage, la préparation et l'oculaire sont corrects, la cause d'insuccès vient généralement de l'objectif. La lentille frontale peut être souillée de baume, d'huile de cèdre ou d'un autre liquide; la lentille postérieure peut être couverte de poussière. Voir plus haut (p. 131) la manière d'y remédier.

Lorsqu'on se sert des objectifs à immersion, l'huile peut être sale ou trop épaisse. Dans le premier cas, les corps étrangers font ombre; dans le second, la lamelle peut adhérer fortement à la lentille frontale. Elle se soulève lorsqu'on relève l'objectif, ce qui rend la mise au point impossible et peut détériorer la préparation. Il faut se servir d'huile suffisamment fluide et ne jamais la laisser sécher sur l'objectif ou sur les préparations.

d) *Appareil d'éclairage.* Le trouble peut provenir de l'appareil lui-même : défaut de centrage, poussières ou taches sur le miroir et les lentilles du condensateur. Il peut provenir d'objets extérieurs : barreaux de fenêtres, objets interposés accidentellement sur le trajet des rayons lumineux.

Dans les deux cas, on s'assure de la nature du trouble en déplaçant légèrement le condensateur, au moyen de la crémaillère : on voit immédiatement l'éclairage s'améliorer et on reconnaît d'où vient le mal.

3° *Troubles subjectifs.* — Ils sont dus à ce qu'on nomme les
« mouches volantes ». Ce sont des images de corpuscules incolores, arrondis, en chapelet ou en forme de filaments, qui paraissent
se déplacer dans le champ du microscope. Avec un peu d'habitude,
en déplaçant légèrement la préparation ou en modifiant la mise
au point, on voit que ces formations sont indépendantes de l'objet
examiné et du microscope. Ce sont généralement des débris cellulaires qui flottent dans le corps vitré et projettent leur ombre
sur la rétine. Les images auxquelles ils donnent lieu ont donc leur
origine dans l'œil de l'observateur. Ces mouches volantes sont
quelquefois très gênantes : on n'arrive à s'en débarrasser, au
moins momentanément, que par le repos.

4° *Courants et mouvement brownien.* — Les courants se produisent surtout dans les préparations non montées : ils sont dus soit
à la position inclinée du microscope, soit à la dessiccation progressive, soit à l'addition de liquides sur les bords de la lamelle. Ils
sont particulièrement gênants dans les examens de sang à l'état
frais, entre lame et lamelle. On y obvie en lutant les préparations
et en ayant soin de les faire aussi minces que possible; en effet,
moins il y a de liquide, moins les courants sont sensibles.

Le mouvement brownien ou mouvemement moléculaire est une
sorte de trépidation qui agite sans cesse les corps de très petites
dimensions. Il faut éviter de le confondre, notamment lorsqu'il
s'agit de Bactéries, avec des mouvements actifs. Cette distinction
n'est pas toujours facile et réclame une attention minutieuse.

CHAPITRE XV

DÉTERMINATION DES CONSTANTES OPTIQUES DU MICROSCOPE

Sous le nom de constantes optiques, on comprend le grossissement, la distance focale, la distance frontale, la position des plans focaux, l'angle d'ouverture et enfin les pouvoirs définissant et résolvant.

Nous laisserons de côté la détermination des distances focale et frontale, des plans focaux et de l'angle d'ouverture, car il est très rare que le micrographe ait à les effectuer. D'ailleurs, dans les catalogues actuels des bonnes maisons de microscopes, ces données sont indiquées avec précision pour chaque objectif. Nous nous contenterons donc d'étudier la détermination pratique du grossissement, ainsi que la vérification des pouvoirs définissant et résolvant.

I. — DÉTERMINATION DU GROSSISSEMENT

Le grossissement du microscope, pour un observateur donné, est exprimé par le rapport entre le diamètre de l'objet et le diamètre de l'image microscopique à la distance minima de la vision distincte, c'est-à-dire à 250 mm. Il est nécessaire de préciser ces conditions car, de toute évidence, le grossissement dépend de la distance à laquelle est vue l'image virtuelle. Si cette image est recueillie sur l'oculaire même, elle est très petite; si elle est prise au niveau de la table, elle est beaucoup plus étendue. On s'accorde donc aujourd'hui pour apprécier le grossissement à peu près au niveau de la platine du microscope, c'est à-dire à la distance de la vision distincte, soit 250 mm. Il faut bien savoir que c'est seulement dans ces conditions que les grossissements sont comparables.

Ce qui nous intéresse, ce n'est pas le grossissement propre de l'objectif, mais le grossissement total de la combinaison objectif-oculaire, afin de savoir dans quelles conditions nous travaillons. Ce grossissement est toujours donné par les constructeurs, dont les catalogues renferment une table indiquant, pour chaque objectif, le grossissement obtenu avec les divers oculaires. Mais ces chiffres sont forcément approximatifs, surtout en ce qui concerne les objectifs forts, car ces derniers ne sont jamais absolument identiques. Nous allons donc indiquer des procédés simples et rapides pour déterminer le grossissement total du microscope.

Auparavant, il est bien entendu que le grossissement doit toujours être calculé pour une même longueur de tube, 160 mm. ou 170 mm. suivant les constructeurs. C'est une condition absolument indispensable pour que les résultats soient comparables.

Pour les objectifs apochromatiques, combinés avec les oculaires compensateurs, le grossissement est facile à calculer; en effet le foyer inférieur de ces derniers tombe toujours au même niveau, dans le tube du microscope. Il en résulte qu'avec les divers oculaires, l'image donnée par l'objectif a toujours les mêmes dimensions. Il suffit donc, pour connaître le grossissement total, de multiplier le chiffre indiquant le grossissement propre de l'objectif par le numéro de l'oculaire qui correspond toujours au grossissement propre de ce dernier. Or le grossissement propre d'un objectif est égal au quotient de la distance de la vision normale (250 mm) par la distance focale de cet objectif, calculée en millimètres. Soit un apochromat de 4 mm.; son grossissement propre sera 250 : 4 = 62,5. Si on combine cet objectif avec un oculaire compensateur n° 6, c'est-à-dire grossissant 6 fois, le grossissement total de la combinaison sera de 62,5 × 6 = 375. Le même calcul peut être effectué avec les objectifs achromatiques et les nouveaux oculaires d'Huyghens, construits de manière à ce que les foyers inférieurs soient tous à la même hauteur.

Ce procédé très simple ne peut être employé pour les combinaisons d'objectifs achromatiques et des anciens oculaires d'Huyghens. En effet, le foyer inférieur de ces derniers ne tombe jamais au même point; aussi l'image réelle fournie par l'objectif varie de dimensions, suivant l'oculaire employé, ce qui rend le calcul beaucoup plus compliqué.

Nous allons indiquer maintenant les procédés empiriques qui permettent, dans tous les cas, de connaître rapidement le grossissement du microscope, pourvu qu'on opère toujours avec la même longueur de tube.

1° **Procédé de la chambre claire.** — On dessine à la chambre claire l'image d'un micromètre-objectif (p. 170), à la dis-

lance exacte de 250 mm. On a soin de tenir compte, dans l'évaluation de cette distance entre l'œil et la feuille de papier, du
trajet effectué par les rayons lumineux entre les surfaces réfléchissantes de la chambre claire, comme il a été dit p. 119 (fig. 73).
Il va sans dire qu'on a eu soin de s'assurer, par une inclinaison
convenable du plan du dessin, que le tracé obtenu ne sera pas
déformé. On dessine ainsi un certain nombre de divisions du micromètre objectif, puis on mesure leur écartement sur le dessin avec
une règle graduée en millimètres. Le rapport entre le chiffre ainsi
obtenu et l'écartement réel donne immédiatement le grossissement.
Au cas où la longueur occupée par une division du micromètre ne
correspondrait pas à un nombre entier de millimètres, il faudrait
mesurer un certain nombre de divisions, 2, 3, 4, jusqu'à ce qu'on
trouve un nombre entier de millimètres. Alors, par une règle de
trois, on connaîtra la longueur exacte d'une division. On détermi-
nera le grossissement en multipliant par 100 le chiffre obtenu,
puisque les divisions représentent des centièmes de millimètre.
Supposons, par exemple, que 5 divisions micrométriques dessi-
nées correspondent exactement à 16 mm. ; une division mesurera
16 : 5 = 3 mm. 2 et le grossissement sera de 320. Si on
trouve immédiatement un nombre entier de millimètres pour
une division, il suffira de multiplier ce nombre par 100. Ainsi,
lorsque, sur le dessin, une division vaut 6 mm. le grossissement
est de 600.

Pour les grossissements très faibles, on peut se contenter de
dessiner une échelle ordinaire divisée en millimètres ou en demi-
millimètres. Quelle que soit l'échelle employée, il faut avoir soin,
lorsque les traits sont fortement grossis, de dessiner le milieu de
ces traits ou un de leurs bords choisi toujours du même côté.

2° *Procédé du micromètre oculaire.* — Ce procédé, beaucoup moins précis,
ne peut être employé qu'avec le micromètre oculaire mobile, décrit
p. 176 (fig. 98). Il faut, en effet, que le grossissement puisse être apprécié
avec tous les oculaires et non pas seulement avec l'oculaire micrométrique, du type représenté par la figure 108. On superpose les images des
deux divisions et on cherche combien une division du micromètre objectif recouvre de divisions du micromètre oculaire. Supposons que l'échelle
de ce dernier représente des dixièmes de millimètre et soit grossie 10 fois,
ce qui est le cas des oculaires micrométriques courants. Une division
vue à travers cet oculaire vaudra 1 mm. Pour connaître le grossissement, il suffira donc, dans ce cas, de multiplier par 100 le nombre de
divisions couvertes par une division du micromètre objectif. Je ne conseille pas cette méthode, car elle nécessite l'emploi de deux échelles et

la connaissance exacte du grossissement du micromètre. Or cette dernière ne peut être déterminée commodément qu'à la chambre claire. Le résultat n'est qu'approximatif et ne donne que des chiffres ronds, car il est difficile d'évaluer exactement une fraction de division du micromètre oculaire.

II. — VÉRIFICATION DU POUVOIR DÉFINISSANT

Nous savons que le pouvoir définissant, ou faculté de fournir des images parfaitement nettes, dépend en très grande partie de l'objectif, parce qu'il résulte de la coïncidence plus ou moins exacte des rayons lumineux qui ont traversé ce dernier. La définition est donc sous la dépendance étroite de la correction des aberrations sphérique et chromatique. Aussi, la vérification du microscope à ce point de vue se ramène à la vérification des objectifs.

En pratique on se sert, pour cette vérification, soit du test d'Abbe, soit de préparations repérées et bien connues de l'observateur.

1° *Emploi du test d'Abbe.* — Le test d'Abbe est un porte-objet sur lequel sont collées une ou plusieurs lamelles argentées à leur face inférieure ; dans la couche d'argent on a gravé des groupes de lignes parallèles très fines. Comme la couche d'argent est extrêmement mince, les bords des traits constituent un test très délicat, même pour les objectifs les plus puissants. En effet la couche d'argent est complètement opaque, aussi les stries paraissent-elles excessivement nettes, avec des bords

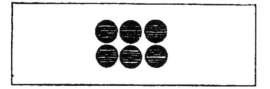

finement dentelés qui permettent une mise au point très exacte.

Dans les tests à plusieurs lamelles (fig. 89), celles-ci sont au nombre de six et d'épaisseur différente, mesurant respectivement 90, 120, 150, 180, 210 et 240 μ.

Fig. 89. — Test d'Abbe à six lamelles.

Dans les tests à une seule lamelle (fig. 90), celle-ci est longue et étroite ; elle est taillée de telle sorte que son épaisseur augmente légèrement et progressivement d'une extrémité à l'autre. Les deux faces ne sont donc pas parallèles, mais forment entre elles un angle très aigu. La valeur de l'épaisseur est indiquée, en centièmes de millimètre, par une échelle tracée sur la lame porte-objet. Cette échelle, qui varie nécessairement un peu pour chaque test, commence aux environs de 90 μ et se termine au delà de 200 μ. Dans les deux sortes de tests, on trouve donc toutes les épaisseurs correspondant aux lamelles du commerce et aux corrections des objectifs.

Examinons d'abord un objectif de *grande ouverture*, muni d'un oculaire fort, au point de vue de la *correction sphérique*. Il suffit de le mettre au point sur les différentes parties du test et d'examiner, dans la partie centrale du champ, la qualité des images, en se servant alternativement de l'éclairage central et de l'éclairage oblique. Nous avons vu, en étudiant l'appareil d'éclairage (p. 24), qu'on produit l'éclairage oblique en décentrant le porte-diaphragme au moyen d'un pignon particulier : ce déplacement doit être fait perpendiculairement aux lignes du test. On s'assure de la direction des rayons lumineux et de l'ouverture du cône éclairant, en enlevant l'oculaire et en examinant dans le tube la répartition de la lumière. Toute l'ouverture de l'objectif doit d'abord être éclairée ; on diaphragme un peu ensuite, si c'est nécessaire.

Si l'aberration sphérique est parfaitement corrigée, pour une épaisseur de lamelle correspondant à un endroit donné du test, les stries doivent rester parfaitement nettes, dans la partie centrale du champ, sans bords

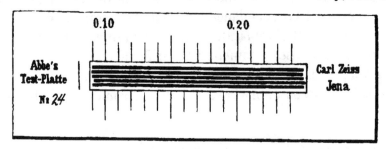

Fig. 90. — Test d'Abbe à une lamelle.

flous ni franges laiteuses ou nébuleuses, quelle que soit la direction de l'éclairage. Quand on passe de la lumière centrale à la lumière oblique, on ne doit pas être obligé de modifier la mise au point. Si ces conditions ne peuvent être réalisées pour aucun point du test, c'est que la correction des aberrations de sphéricité est défectueuse. Elle pèche par excès dans la zone marginale quand, en lumière oblique, les contours sont bordés de franges laiteuses ou nébuleuses ; elle pèche par défaut lorsque les franges laiteuses sont absentes et la netteté impossible à obtenir. La nécessité de changer la mise au point, lorsqu'on passe d'un éclairage à un autre, prouve qu'il y a une différence de niveau entre les images formées par les rayons centraux et obliques. Cette différence provient d'un manque d'équilibre entre les diverses zones de l'objectif.

L'examen de la *correction chromatique* se fait en lumière oblique et repose sur l'aspect des franges colorées. Pour les objectifs *achromatiques*, on ne doit voir, au milieu du champ, que des franges colorées étroites, dont les couleurs sont complémentaires de celles du spectre secondaire : d'un côté vert jaunâtre à vert pomme, de l'autre violet à rose. Ces franges sont d'autant plus pures que l'aberration sphérique sera mieux corrigée. En cas de correction chromatique insuffisante, on verra apparaître du bleu et du rouge. Pour les objectifs *apochromatiques*, les couleurs dues au spectre secondaire doivent disparaître dans la partie centrale du champ.

Ce que nous venons de dire a trait aux objectifs à grande ouverture. Pour les autres, les différences d'épaisseur du couvre-objet sont peu sensibles, sauf pour les grandes variations.

Nous avons eu soin de n'observer que la partie centrale du champ. En effet, pour les points situés en dehors de l'axe, la qualité des images ne dépend plus uniquement de la correction des aberrations. Elle est alors influencée par les différences de grossissement entre les différentes zones de l'objectif. C'est ce qu'on a désigné, bien à tort, sous le nom de défauts de courbure. Nous avons vu plus haut (p. 49) que les meilleurs objectifs ne peuvent être exempts de ces défauts lorsque leur ouverture numérique est grande.

Ces expériences démontrent de la façon la plus nette que la qualité de la définition est proportionnelle à la valeur des corrections.

A défaut des tests d'Abbe, on pourra se servir, pour apprécier la définition des objectifs, de préparations présentant des détails très fins. Chacun les choisira suivant les études particulières auxquelles il se livre. Citons par exemple : les poils de Souris, les ponctuations des vaisseaux des Conifères, les trachées des Insectes, les fibres musculaires striées des Insectes ou des Vertébrés, les écailles des ailes des Moustiques, les écailles des ailes de Papillons ou les carapaces de Diatomées à ornements bien définis, les granulations des leucocytes, les Trypanosomes ou les parasites du paludisme colorés au Romanovsky, les Infusoires conservés dans le formol, etc. Personnellement, pour éprouver la définition des objectifs, j'examine successivement les écailles des ailes du *Culex pipiens*, les trachées du siphon des larves de *Culex*, le tout monté au baume, puis un *Trypanosoma Lewisi* ou *Brucei* et un *Plasmodium vivax* colorés au Romanovsky, et enfin un Infusoire, de préférence le *Balantidium coli*, conservé dans le formol.

On doit distinguer avec la plus grande netteté : les stries des écailles des ailes de *Culex*; les tours de spires des trachées du siphon de la larve; le blépharoplaste, le noyau et le flagelle du Trypanosome, les granulations de Schüffner du *Plasmodium vivax*, les stries longitudinales hérissées de cils du *Balantidium*.

III. — VÉRIFICATION DU POUVOIR RÉSOLVANT

Nous savons (p. 50) que le pouvoir résolvant est la propriété que possèdent les objectifs de montrer les détails des fines structures, par exemple de permettre de distinguer nettement les unes des autres des stries très délicates. Nous avons vu que ce pouvoir était directement proportionnel à l'ouverture numérique; mais, bien entendu, il dépend aussi de la perfection des corrections, aussi faut-il savoir le vérifier pratiquement, sans s'en rapporter exclusivement à la valeur de l'ouverture.

On se sert pour cela, soit d'un test artificiel, en l'espèce les plaques de Nobert, soit d'un test naturel, généralement une Diatomée de structure très délicate et présentant des stries d'une grande finesse.

Les plaques de Nobert sont des porte-objets sur lesquels le constructeur traçait 19 systèmes de raies, distantes, pour le premier système, de un millième de ligne (2 μ 25) et, pour le dernier, un dix-millième de ligne (0 μ 22). Dans les derniers systèmes, les raies sont donc si rapprochées qu'on n'arrive pas à les distinguer nettement, même avec les plus forts objectifs. Nous n'insisterons pas sur ce genre de test dont l'emploi ne saurait être courant.

Les tests naturels les plus faciles à se procurer et les plus fréquemment employés sont les écailles des ailes de l'*Epinephele janira* et surtout, parmi les Diatomées, *Pleurosigma angulatum* et *Surirella gemma*. Il est rare que les constructeurs ne livrent pas avec le microscope une préparation de *Pleurosigma* ou de *Surirella*, suivant la puissance des objectifs.

Fig. 91. — Écaille de l'aile de l'*Epinephele janira*. 1, × 50; 2, × 300; 3, × 1000.

1° Epinephele janira. — On choisit de préférence des écailles de la femelle, qui conviennent pour éprouver à peu près tous les grossissements. A 50 diamètres, on doit percevoir des stries longitudinales (fig. 91, 1) dont l'écartement est d'environ 2 μ; à 300 diamètres, ces stries sont devenues de larges lignes, entre lesquelles on voit apparaître (fig. 91, 2) de très fines stries transversales distantes de 1 μ environ; à 800 ou 1000 diamètres, les stries longitudinales forment de larges bandes obscures, sur lesquelles se détachent des corpuscules arrondis; les stries transversales apparaissent comme des lignes doubles, séparées par des rangées de corpuscules arrondis aux angles et contigus (fig. 91, 3). En lumière oblique, ces derniers corpuscules donnent l'impression d'autres stries longitudinales. Les stries longitudinales correspondent au premier groupe de Nobert et les stries transversales au quatrième.

2° Pleurosigma angulatum. — Ce test, qui correspond au huitième groupe de Nobert, convient pour les grossissements de 200 diamètres et au-dessus. On doit voir trois systèmes de stries (fig. 92).

Le premier système est perpendiculaire à la nervure médiane; les deux autres sont obliques par rapport à cette nervure, inverses l'un par rapport à l'autre et se croisent sous un angle d'environ 58°. Ces stries sont distantes d'environ 0 μ, 5. Avec un objectif à sec donnant 500 diamètres, on ne voit bien ces trois systèmes qu'en employant l'éclairage oblique. Avec un bon objectif a immersion, on doit arriver à les résoudre avec l'éclairage central.

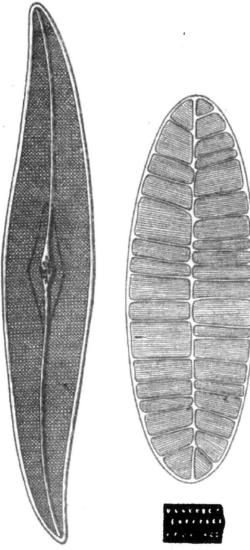

En réalité, la carapace de ces Diatomées paraît, à un très fort grossissement, couverte de perles rondes et brillantes, qui correspondent probablement à des cavités. C'est l'ordonnance régulière de ces perles qui donne aux espaces qui les séparent l'apparence de stries. Les perles paraissent brillantes ou obscures suivant qu'on relève ou qu'on abaisse l'objectif (voir p. 64).

3° **Surirella gemma.** — Cette Diatomée, dont la structure est extrêmement délicate, ne convient que pour l'examen des objectifs à immersion. A un faible grossissement (fig. 93), on aperçoit une nervure médiane, de chaque côté de laquelle partent des nervures transversales irrégulièrement disposées. Entre ces nervures et parallèlement à elles se trouvent

Fig. 92. — *Pleuro-
sigma angulatum.
— Original.*

Fig. 93. — *Surirella
gemma.*

trouvent de très fines lignes transversales, distantes d'environ 0 μ 44. Avec les plus forts objectifs, ces stries se résolvent en rangées de perles ovales, mesurant 0 μ 44 sur 0 μ 38. En lumière oblique, dirigée perpendiculairement à la nervure médiane, on voit apparaître, en outre, de très fines stries longitudinales assez irrégulières. Cette apparence est due à ce que les perles sont ordonnées suivant le sens transversal, mais non suivant le sens longitudinal. Le *Surirella gemma* correspond, comme difficulté de résolution, au dixième groupe des plaques de Nobert.

Remarquons, pour terminer, que les objectifs forts ne doivent pas être appréciés au même point de vue que les objectifs faibles. Pour les premiers, il faut surtout s'attacher au pouvoir résolvant, par conséquent choisir parmi les objectifs à grande ouverture numérique. On peut dire en quelque sorte l'inverse des objectifs faibles : si leur ouverture numérique est trop considérable, les défauts que nous avons signalés p. 49 pour la zone marginale deviennent très apparents. D'ailleurs, pour ces objectifs de faible puissance, le pouvoir résolvant a beaucoup moins d'importance. Certains constructeurs, par exemple Zeiss, fabriquent deux séries d'objectifs à sec possédant des ouvertures numériques différentes (A et AA, D et DD); il y a quelquefois avantage, pour le travail courant, à choisir ceux dont l'ouverture numérique est plus faible.

IV. — VÉRIFICATION DE L'ÉTENDUE ET DE LA PLANÉITÉ DU CHAMP ET DES DÉFORMATIONS DE L'IMAGE

L'étendue du champ dépend en grande partie de l'oculaire. La courbure du champ ne peut pas être totalement supprimée : tant que ce défaut ne dépasse pas certaines limites, il présente peu d'inconvénients; il suffit, pour y remédier, de faire varier la mise au point. Un défaut beaucoup plus grave est la déformation de l'image dans la zone marginale : pour vérifier un microscope à ce point de vue, il faut examiner, avec les divers objectifs, un micromètre quadrillé ou un micromètre ordinaire. Les traits doivent rester parallèles sur toute l'étendue du champ : on est obligé de mettre au point successivement la zone centrale et la zone marginale, mais le parallélisme ne doit pas être altéré. Si on constate une déformation, celle-ci peut être due soit à l'objectif, soit à l'oculaire, soit à tous deux.

CHAPITRE XVI

MENSURATIONS MICROSCOPIQUES

Les mensurations microscopiques peuvent s'appliquer aux trois dimensions des objets et à l'évaluation de leurs angles. Nous n'étudierons ici que la détermination des trois dimensions des objets, c'est-à-dire les mensurations dans un plan horizontal et dans les plans parallèles à l'axe du microscope. Nous laisserons complètement de côté la mesure des angles, qui est exceptionnelle au cours des recherches biologiques et qui nécessite des appareils particuliers.

I. — MENSURATION DANS UN PLAN HORIZONTAL

Il est bien évident que les mensurations microscopiques ne peuvent être faites directement, c'est-à-dire en superposant une règle graduée à l'objet à mesurer. On les pratique d'une manière indirecte, en comparant une échelle type à l'objet, par l'intermédiaire d'un dessin ou d'une autre échelle arbitraire, dont la valeur est variable suivant le grossissement. Nous allons étudier successivement ces diverses méthodes de mensuration.

L'étalon-type, qui est la base de toutes les mesures microscopiques, est le micromètre objectif. C'est une lame de verre de la dimension d'un porte-objet, sur laquelle une longueur de 1 mm. a été divisée en 100 parties, au moyen de traits gravés ou photographiés. Ces traits sont donc séparés par un espace égal à un centième de mm. ou 10 millièmes de mm. Comme l'unité de mesure, en micrographie, est le *micron* ou millième de mm., qu'on désigne par la lettre grecque μ, l'intervalle qui sépare deux divisions est donc égal à 10 microns ou 10 μ.

Les micromètres gravés au diamant sur verre présentent plus
de garanties d'exactitude que les micromètres photographiés,
mais ils ont l'inconvénient d'être presque invisibles sous l'huile
d'immersion, lorsque les divisions ne sont pas remplies d'une
matière colorée.

A défaut de micromètre, on peut employer les chambres graduées des compte-globules, dont les divisions sont généralement
distantes de un dixième de millimètre ou 100 μ. On peut aussi
prendre comme étalon un objet microscopique de dimensions
connues et invariables, tel que le globule rouge du sang de
l'Homme, dont le diamètre est de 7 à 8 μ, mais les mesures ainsi
obtenues sont toujours approximatives.

1° Procédé de la chambre claire. — L'objet à mesurer est
dessiné autant que possible à un fort grossissement, de manière à
rendre l'approximation plus exacte. On a soin de prendre toutes
les précautions indiquées p. 121, de manière à ce que le dessin ne
soit pas déformé. Une fois celui-ci effectué, on remplace la préparation par le micromètre objectif dont on dessine quelques divisions, aussi exactement que possible, en s'attachant à relever bien
exactement le milieu des traits ou un de leurs côtés, toujours le
même.

Pour effectuer la mensuration, il suffit de comparer l'échelle
dessinée au dessin de l'objet, soit par superposition directe, soit au
moyen d'un compas.

Le procédé par *superposition* nécessite la confection préalable
d'une série d'échelles, correspondant à toutes les combinaisons
d'objectifs et d'oculaires. On les dessine sur le bord d'une languette de bristol fort ou on les reporte sur verre, soit à l'aide d'encre
de Chine silicatée, soit, ce qui est beaucoup mieux, avec un diamant à écrire. On remplit les traits du diamant avec de l'encre et
on recouvre d'une goutte de baume et d'un couvre-objet. En
employant les échelles sur verre, il faut avoir soin de superposer
au dessin le côté du couvre-objet, afin d'éviter les erreurs dues à
la réfraction.

Le procédé du *compas* ne nécessite pas absolument la confection de ces échelles, puisqu'il suffit de prendre le diamètre de
l'objet dessiné et de comparer ce diamètre à l'échelle dessinée.

Dans l'un et l'autre cas, les divisions obtenues ne correspondent
qu'à des centièmes de millimètre. Pour obtenir la valeur en

microns, il faut se servir d'une formule ou d'une échelle fractionnée.

La *formule* nécessite la détermination du grossissement par la méthode
de la chambre claire (p. 162) et la confection du dessin à la même hauteur et avec le même tirage de tube. Connaissant le grossissement de
la combinaison optique et le diamètre en millimètres du dessin obtenu,
il suffit de diviser ce diamètre par le grossissement pour connaître le

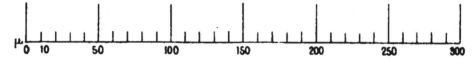

Fig. 94. — Exemple d'échelle pour un grossissement de 300 diamètres.
Chaque division vaut 10 μ et mesure 3 mm.

diamètre réel. Supposons qu'un élément, dessiné à un grossissement
de 500 diamètres, ait un diamètre de 6 mm., son diamètre réel sera
6 : 500 = 0 mm. 012 = 12 μ.

L'*échelle fractionnée* permet, au moyen du compas, de déterminer directement le diamètre réel, avec une approximation qui
dépend de la construction de l'échelle. Voici comment on peut
construire cette échelle fractionnée.

1° On prend pour ordonnée (fig. 95) *ox*, la longueur d'une division du micromètre dessinée avec une combinaison optique donnée.

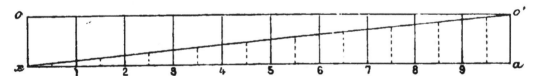

Fig. 95. — Échelle fractionnée pour un grossissement de 1000 diamètres.
ox et *o'a* ont un centimètre et valent 10 μ.

L'abscisse *ax* sera d'autant plus longue que l'approximation
cherchée sera plus exacte. Prenons une abscisse de 10 cm., divisée
en centimètres et en millimètres, puis traçons la diagonale *o'x*.
Comme l'ordonnée *ox* correspond à un centième de millimètre ou
10 μ, chaque division de l'échelle, correspondant à un centimètre,
permettra d'évaluer sur le dessin une longueur correspondant à
1 μ et chaque millimètre une longueur correspondant à 1 dixième
de μ (0 μ 1). Supposons, par exemple, que le diamètre d'un élément, mesuré au compas, coïncide exactement avec la hauteur de
la coordonnée n° 7, cet objet aura un diamètre de 7 μ; si le diamètre est compris entre les coordonnées 7 et 8, on peut l'évaluer

en dixièmes de micron, au moyen d'une échelle millimétrique, mais il suffit généralement, comme sur notre échelle, d'évaluer à une approximation de un demi-micron. En doublant la longueur de l'abscisse, on aurait une approximation encore plus précise.

Pour effectuer une mesure, on suit l'abscisse ax avec une des pointes du compas et on s'arrête lorsque l'autre pointe coïncide exactement avec un point de la diagonale; il suffit alors de lire le chiffre de la coordonnée la plus voisine.

2° Pour les très forts grossissements on peut dessiner une échelle (fig. 96), permettant de mesurer jusqu'à l'approximation

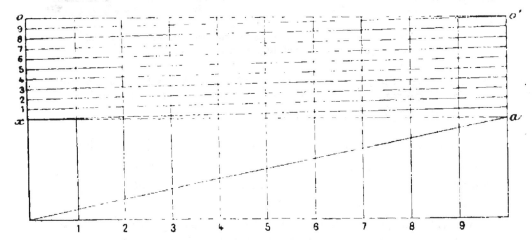

Fig. 96. — Échelle fractionnée pour un grossissement de 2000 diamètres. — ox et $o'a$ ont deux centimètres et valent 10 μ. Les fractions de ox et de $o'a$ valent 1 μ; les fractions de ax et de oo' valent 0 μ,1.

de un demi-dixième de micron (0 μ 05 ou 0 mm. 00005), sans avoir une abscisse trop longue. Pour cela, au lieu de tracer une seule diagonale, on divise les ordonnées ox et $o'a$, représentant 0 mm. 01, en 10 parties, correspondant chacune à un micron, puis on trace les 10 diagonales. L'abscisse sera divisée en centimètres ou en demi-centimètres de façon à permettre d'évaluer commodément la moitié de l'intervalle entre deux coordonnées. Pour effectuer une mesure, on relève au compas le diamètre de l'élément dessiné, puis, comme précédemment, on applique une des pointes du compas au point x; la position de l'autre pointe, sur l'ordonnée ox, donne immédiatement le nombre de microns. Pour connaître les fractions de micron, il suffit de suivre l'abscisse ax et de s'arrêter quand l'autre pointe du compas coïncide avec un point de la diagonale. On lit alors le chiffre de la coordonnée. Supposons, comme précédemment, que la pointe du compas tombe sur la ligne *ox*, entre les divisions 7 et 8. Nous suivons l'abscisse avec la pointe inférieure et nous nous arrêtons quand la pointe supérieure rencontre la diagonale n° 7. Si cette rencontre a lieu au niveau de la coordonnée n° 6, le diamètre réel est de 7 μ 6; si la rencontre a lieu entre les coordonnées 6 et 7, le diamètre réel est de 7 μ 65. Dans la figure 107, *ox* correspond à 10 μ et chacune des divisions de *ox* à 1 μ; l'abscisse *ax* est divisée en 10 parties, correspondant chacune à 0 μ 1; la moitié de chacune de ces divisions vaut 0 μ 05.

Quelle que soit la méthode employée, l'exactitude des mensurations dépend de la précision avec laquelle le dessin de l'objet et de l'échelle aura été exécuté. Il faut donc avoir soin d'employer un crayon très dur, taillé en pointe très fine, de manière à ne tracer que des traits délicats.

Lorsqu'on a beaucoup de mesures à effectuer, il faudra exécuter tous les dessins avec la même longueur de tube et à la même hauteur; on pourra alors se servir avec avantage, soit du calcul, soit des échelles fractionnées. Toutefois il suffit, sans autre précaution, de reproduire, au coin de chaque dessin, quelques divisions du micromètre pour pouvoir ultérieurement mesurer les objets et déterminer le grossissement du dessin, sans qu'on ait à s'occuper de la longueur du tube et de la hauteur à laquelle le dessin a été pris. Le grossissement obtenu dans ce cas n'est pas celui du microscope, tel que nous l'avons défini p. 170, mais simplement celui du dessin, pour une longueur de tube et une hauteur quelconque, puisqu'on n'a pas pris les précautions que nous avons indiquées, en traitant de la détermination du grossissement au moyen de la chambre claire.

Pour éviter l'ennui de repérer exactement la distance de 250 mm. chaque fois qu'on exécute un dessin, il est beaucoup plus simple de dessiner à une hauteur quelconque et toujours la même, par exemple au niveau de la platine ou de la table, et de relever chaque fois l'échelle micrométrique. Cette opération ne prend que quelques instants et donne toute garantie pour l'appréciation de la dimension des objets dessinés. De même, tout dessin publié devrait être accompagné d'une échelle, indiquant au moins la longueur correspondant à 10 μ. Beaucoup d'auteurs croient être précis en indiquant les numéros de la combinaison optique employée pour exécuter le dessin. En réalité ce renseignement n'a aucune valeur : non seulement il oblige le lecteur, s'il veut connaître le grossissement, à se reporter au catalogue du constructeur, mais encore les indications ainsi obtenues sont tout à fait approximatives, car les tables des catalogues sont généralement peu précises. En leur supposant même une exactitude suffisante, elles peuvent être inutilisables si on n'a pas dessiné avec la longueur du tube et à la hauteur voulue. Combien de fois n'arrive-t-il pas qu'on oublie de tirer le tube ou que, faute de temps et de matériel, on dessine simplement au niveau de la table. Le plus sûr est donc, pour éviter tout calcul et aussi toute indication insuffisante, de figurer une portion du micromètre sur tous les dessins. Le procédé de mensuration à la chambre claire est le seul qui donne des résultats précis, lorsqu'il s'agit de *mesurer des lignes courbes ou des corps filiformes et enroulés.* L'évaluation de la longueur se fera au moyen d'un compas ou d'un bon curvimètre, tels que ceux qui servent à mesurer les distances sur les cartes topographiques.

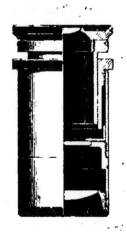

Fig. 97. — Oculaire micrométrique de Stiassnie.

2° Procédé de l'oculaire micrométrique. — La méthode de mensuration la plus simple et la plus rapide consiste à employer l'oculaire micrométrique. Cet instrument (fig. 97) est un oculaire d'Huyghens ou de Ramsden (p. 84), ou un oculaire compensateur dans lequel, à la place du diaphragme, se trouve une échelle graduée. Nous savons qu'en ce point se forme l'image fournie par la lentille collectrice (p. 84 et fig. 46); l'image de l'objet et celle du micromètre se projettent donc en même temps sur la rétine de l'observateur, mais avec des grossissements différents. Les divisions de l'échelle mesurent généralement un dixième de millimètre. La lentille oculaire est montée sur un tube à frottement, de manière à pouvoir être mise exactement au point sur l'échelle.

L'oculaire micrométrique peut encore être réalisé d'une façon plus simple : on se sert pour cela du micromètre oculaire (fig. 98), petite lame de verre ronde, portant la division micrométrique. On introduit cette lame, face en dessous, dans l'oculaire, après avoir dévissé la lentille supérieure. Elle vient reposer sur le diaphragme. Au cas où l'échelle ne serait pas vue distinctement, on peut dévisser la lentille oculaire d'un certain nombre de tours.

Il est nécessaire, avons-nous dit, de tourner vers l'objectif le côté gravé du micromètre. Autrement, les stries pourraient paraître doubles, par suite de réflexions à la surface de la lame. En outre, la réfraction à travers cette lame n'aurait plus la même valeur pour les rayons qui forment l'image de l'objet et celle du micromètre, ce qui nuirait à l'exactitude des mensurations. Il faut donc, lors de l'usage de ce micromètre ou lors du démontage d'un oculaire micrométrique, avoir bien soin de placer le côté gravé du micromètre face en dessous.

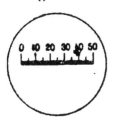

Fig. 98. — Micromètre oculaire.

Quel que soit le micromètre employé, il faut établir, pour chaque objectif, la valeur en microns d'une division de l'échelle. Si on se sert du petit micromètre amovible, il faut déterminer cette valeur pour chaque combinaison d'oculaires et d'objectifs. Pour ce faire, on installe le micromètre objectif sur la platine du microscope et on met au point les deux échelles (fig. 99 et 100). On cherche combien de divisions du micromètre objectif sont recouvertes exactement par une ou plusieurs divisions du micromètre oculaire. On doit établir la coïncidence des traits du micromètre oculaire avec le milieu des traits du micromètre objectif

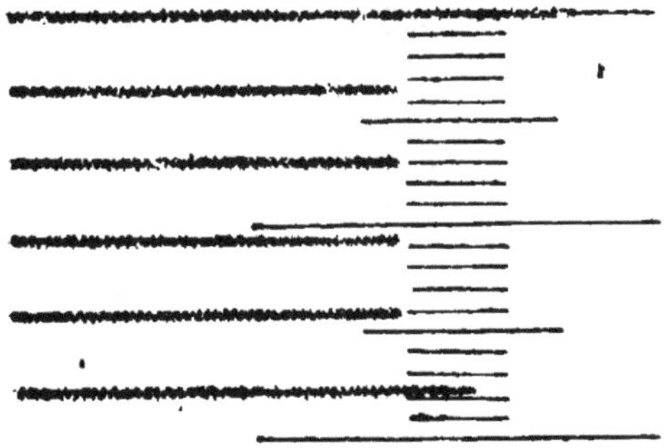

Fig. 99. — Aspect des deux échelles micrométriques superposées, à un grossissement de 700 diam. 7 divisions du micromètre oculaire correspondent à 2 divisions (20 μ) du micromètre objectif. Le coefficient sera 2 μ 857. — *Original.*

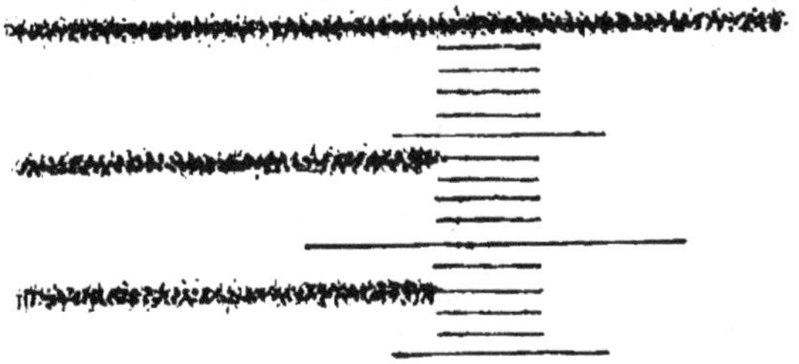

de manière à superposer les images des deux échelles

Fig. 100. — Aspect des deux échelles micrométriques superposées, à un grossissement de 1200 diam. 6 divisions du micromètre oculaire correspondent à 1 division (10 μ) du micromètre objectif. Le coefficient sera 1 μ 666. Remarquer la coïncidence de l'échelle oculaire avec le milieu des traits de l'échelle objective. — *Original.*

ou avec un de leurs bords, toujours le même. En effet, plus le grossissement est considérable, plus ces traits paraissent épais. Il faut donc choisir ceux des traits du micromètre oculaire qui coïncident exactement avec la partie moyenne des traits du micromètre objectif. Si, par exemple, avec un objectif n° 5, 10 divisions du micromètre oculaire recouvrent exactement 5 divisions du micromètre objectif, divisé en 100 parties de 1 centième de millimètre (0 mm. 01), une division du micromètre oculaire vaudra $\frac{0 \text{ mm. } 05}{10} = 0$ mm. 005 = 5 μ. Ce chiffre constitue le *coefficient micrométrique*. La table de ces coefficients pour chaque objectif sert à calculer les dimensions réelles des objets : il suffit de multiplier le nombre de divisions du micromètre oculaire par le coefficient de l'objectif employé.

On peut encore se servir du grossissement des diverses combinaisons optiques, lorsque celui-ci a été déterminé avec précision. Il suffit alors de déterminer la valeur d'une division au moyen du micromètre objectif pour un seul objectif. On calcule les coefficients des autres objectifs en sachant qu'ils sont inverses du grossissement. Soit 4 μ 8 le coefficient trouvé pour un objectif. Pour un autre système grossissant 2,5 fois autant que le premier, le coefficient micrométrique sera $\frac{4,8}{2,5} = 1$ μ 96. Cette méthode est moins sûre que la précédente.

Ces coefficients sont utilisables pour un observateur quelconque, car le déplacement de la lentille oculaire, nécessaire pour mettre au point l'image de l'échelle, ne modifie pas le rapport entre le grossissement de l'objet et celui du micromètre. En effet, ce rapport ne dépend que de la longueur du tube du microscope, pourvu que la distance entre la collectrice et l'échelle reste constante. Aussi faut-il rejeter tout système de mise au point de l'échelle basé sur le déplacement vertical de cette dernière, car on aurait alors des variations continuelles dans le rapport des grossissements du microscope et du micromètre.

Pour faire une mensuration, on remplace l'oculaire ordinaire par l'oculaire micrométrique et on cherche à combien de divisions correspond la longueur, la largeur ou le diamètre de l'objet à mesurer. Il ne reste plus qu'à multiplier ce nombre de divisions par le coefficient micrométrique trouvé, pour l'objectif employé. Bien entendu, il faut toujours opérer avec la même longueur de tube. Pour faciliter les calculs, je recommande d'établir une fois pour toutes une table à double entrée, analogue à la table de Pythagore, et donnant, pour chaque objectif, les valeurs de 1 à 10 divisions du micromètre oculaire. Si on fait les mensurations au moyen du micromètre oculaire amovible, on fera autant de tables qu'on possédera d'oculaires.

Un autre moyen de simplifier les calculs, lorsqu'on prend un grand nombre de mesures d'objets semblables, est d'établir une moyenne des chiffres représentant les divisions du micromètre et de calculer la valeur réelle de cette moyenne.

Lorsqu'on emploie les objectifs apochromatiques de Zeiss et l'oculaire compensateur n° 6, le calcul est supprimé, car cet oculaire est construit de manière à ce qu'une division du micromètre oculaire représente autant de microns que la distance focale de l'objectif mesure de millimètres, pourvu que le tube soit tiré à 160 mm. Ainsi, pour l'apochromat de 16 mm., une division vaut 16 μ, pour celui de 8 mm. elle vaudra 8 μ et ainsi de suite [1].

Les constructeurs fournissent toujours une table indiquant la valeur *approximative* d'une division du micromètre oculaire pour chaque combinaison d'oculaire et d'objectif, pour une longueur de tube donnée; mais, pour avoir des résultats *exacts*, il est nécessaire de procéder par comparaison avec un micromètre objectif, suivant la méthode que nous avons indiquée, car les objectifs et les oculaires présentent toujours des différences individuelles qui influent sur la valeur micrométrique.

La méthode du micromètre oculaire est rapide et commode; elle fournit des résultats très exacts, pourvu qu'on ait soin de se conformer aux prescriptions que nous venons de formuler, de ne pratiquer les mensurations qu'au milieu du champ et de surveiller rigoureusement la mise au point des objets, ainsi que le contact de leurs bords avec les divisions de l'échelle. Pour faciliter ce contact, Gebhardt [2] a proposé l'emploi d'échelles

Fig. 101. — Échelle micrométrique de Gebhardt.

micrométriques dans lesquelles les traits sont remplacés par de petits carrés, placés de manière à se toucher par leurs angles (fig. 101). Cet artifice permet d'évaluer sans difficulté la valeur d'un demi-intervalle entre deux divisions. Il double donc la précision du micromètre. En outre, lorsqu'il s'agit de mesurer des objets incolores ou de déterminer l'écartement de stries très délicates, cette échelle est beaucoup plus visible que celles qui sont formées de traits parallèles.

Le micromètre oculaire à échelons de Metz [3], répond aux mêmes indications. L'échelle est formée de groupes de dix divisions (fig. 102), chaque groupe est constitué par dix échelons noirs d'un côté, blancs de l'autre. Cette échelle est très claire, aussi facilement visible sur des objets transparents que sur des objets obscurs et avec l'éclairage à

1. *Zeitschrift f. wiss. Mikr.*, V. p. 150-155, 1888.

2. Gebhardt, Ueber neue leicht sichtbare Mikrometerteilungen. *Ztschr. f. wiss. Mikr.*, XXIV, p. 366-369, 1907.

3. Metz, Das Stufenmikrometer mit vereinfachter Mikronteilung. *Ztschr. f. wiss. Mikr.*, XXIX, p. 72, 1912.

fond noir. Les intervalles des divisions ne correspondent pas, comme dans les autres échelles à des dixièmes ou des vingtièmes de millimètres mais à 60 μ : on peut ainsi, pour une longueur de tube déterminée, obtenir des valeurs micrométriques en nombres entiers, ce qui simplifie beaucoup les mensurations.

Enfin, il existe des oculaires micrométriques à échelle mobile au moyen d'une vis latérale ; on arrive ainsi, sans déplacer l'objet, à obtenir une coïncidence plus parfaite des bords de ce dernier avec les divisions de l'échelle.

L'exactitude des mensurations est proportionnelle au grossissement du microscope. En effet, plus l'image de l'objet est grande, plus il est facile de faire coïncider exactement les divisions du micromètre avec les bords de cette image et plus les erreurs de lecture deviennent petites. A ce point de vue, le micromètre oculaire amovible présente le grand avantage de permettre l'emploi d'oculaires très forts qui, d'une part, grossissent l'image de l'objet et, d'autre part, augmentent l'étendue des divisions de l'échelle. On peut alors apprécier plus facilement les fractions de ces divisions. Il est même possible, dans ce cas, d'établir à la chambre claire des échelles fractionnées, analogues à celles que nous avons conseillées pour l'emploi du micromètre objectif.

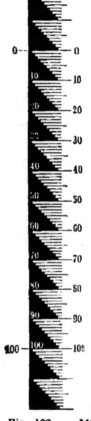

Fig. 102. — Micromètre oculaire à échelons de Metz.

Pour permettre d'apprécier à la lecture directe les subdivisions de l'échelle, Vlès [1] a fait construire un *oculaire micrométrique à vernier intérieur*. C'est, comme toujours, un vernier au 10ᵉ, gravé sur la face inférieure d'une lame glissant sur celle de l'échelle fixe. Le mouvement se produit au moyen d'une vis de commande et d'un ressort antagoniste. Cet instrument est aussi précis que les oculaires à tambour et son maniement est beaucoup plus rapide.

La méthode du micromètre oculaire, quand elle est appliquée avec soin et avec un bon instrument, est certainement une des plus précises, mais elle ne convient que pour mesurer les diamètres ou des objets rectilignes. Des corps de forme irrégulière ou compliquée, tels que des Filaires ou d'autres Nématodes, ne peuvent

1. F. Vlès, Sur un micromère oculaire à vernier intérieur. *C. R. Soc. biol.*, LXXVII, p. 537-538, 1909.

être mesurés avec rapidité et précision que par le procédé de la chambre claire et du curvimètre (p. 175).

Oculaires micrométriques à tambour. — Ces oculaires sont destinés à mesurer avec précision des images très étendues, occupant une grande partie du champ. Le principe de ces appareils consiste à faire coïncider un index avec une des extrémités de l'objet à mesurer, puis à déplacer cet index, au moyen d'une vis micrométrique mise en mouvement par un tambour gradué, jusqu'à ce qu'on ait atteint l'autre extrémité de l'objet. Le tambour porte, par exemple, 100 divisions, et chaque révolution complète déplace l'index d'une longueur de un demi-millimètre qu'on peut lire sur une échelle divisée en millimètres et demi-millimètres, placée entre les deux lentilles de l'oculaire. Dans ce cas, une division du tambour correspond à un déplacement de l'index sur une longueur de 5 μ. Bien entendu, il faut établir, au moyen du micromètre objectif, la valeur micrométrique absolue d'une division du tambour pour chaque objectif.

Nous ne ferons que mentionner la *platine micrométrique*, destinée à mesurer avec précision les objets trop grands pour entrer dans le champ du microscope. L'objet est déplacé par un chariot commandé par une vis micrométrique à tambour divisé. On peut ainsi mesurer des objets ayant environ un centimètre.

3° Procédé de mensuration directe. — Ce procédé est très simple, mais très fatigant; il consiste à regarder d'un œil l'image microscopique et à la projeter de l'autre sur la platine du microscope, où on la mesure au moyen d'un compas.

Pour obtenir des résultats précis, il faut observer les précautions suivantes : on donne à la platine une plus grande surface en y plaçant un carton recouvert de papier blanc, de manière à pouvoir poser commodément les pointes du compas et à les apercevoir nettement. L'œil doit être tenu parfaitement immobile. Enfin il faut que l'épaisseur du carton soit égale à celle du porte-objet et la distance de ces objets à l'œil de l'observateur doit être toujours la même.

Cette méthode est très précise, malheureusement elle nécessite des précautions minutieuses et elle occasionne une grande fatigue. Aussi, malgré sa simplicité, est-elle rarement employée car, pour donner de bons résultats, elle exige un long exercice.

II. — MENSURATION DES ÉPAISSEURS

Pour effectuer cette mesure, il suffit, en apparence, de mettre au point successivement la surface supérieure et la surface inférieure de l'objet et de lire, sur la graduation que porte la tête de la vis micrométrique, dans les grands statifs, les chiffres correspondant aux deux positions de l'objectif. En réalité l'opération est un peu plus compliquée. D'abord il est assez difficile de déterminer exactement le plan supérieur et le plan inférieur d'une

coupe ou d'un objet microscopique. On en comprendra la raison en
se reportant à ce que nous avons dit plus haut (p. 50) du pouvoir
pénétrant des objectifs. Les mesures dans un plan vertical sont
donc beaucoup plus difficiles à effectuer que dans un plan horizontal. En outre, il faut tenir compte de phénomènes de réfraction
lorsqu'on se sert d'objectifs à sec : les chiffres lus sur la tête de la
vis micrométrique ne représenteraient la distance réelle entre les
deux plans que si le
parcours des rayons
lumineux se faisait
en milieu homogène.
Dans le cas contraire,
l'erreur due à la ré-
fraction est d'autant
plus grande que la
couche d'air inter-
posée entre la lamelle
et l'objectif est plus
épaisse.

Supposons par
exemple (fig. 103),
que nous voulions
déterminer l'épais-
seur d'une lamelle
avec un objectif à

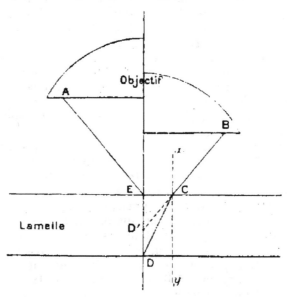

Fig. 103. — Mesure de l'épaisseur d'une lamelle.
Correction nécessitée par la réfraction.

sec. La partie gauche de la figure nous montre l'objectif mis au
point sur E, dans le plan supérieur de la lamelle. Pour mettre
ensuite au point sur le plan inférieur, il semblerait qu'on doive
l'abaisser de la quantité ED, mais en réalité il suffit de le déplacer
de la quantité ED' car, après réfraction, les rayons partis de D
paraissent suivre le trajet BD'. Pour connaître l'épaisseur réelle de
la lamelle (p. 75), il faut multiplier la différence des deux chiffres
lus sur la vis micrométrique par l'indice de réfraction du verre de
cette lamelle. Dans le cas d'un objectif à immersion homogène,
l'épaisseur est égale au chiffre primitif; au contraire, si le liquide
d'immersion a un indice de réfraction (n') différent de celui du
verre (n), il faudra multiplier le chiffre primitif par $\frac{n}{n'}$.

CHAPITRE XVII

EMPLOI DE LA LUMIÈRE POLARISÉE

Nous ne nous occuperons, dans ce chapitre, que des appareils de polarisation qu'on peut adapter aux microscopes ordinaires pour étudier en lumière polarisée des objets ou des tissus animaux ou végétaux. Nous laissons complètement de côté les microscopes polarisants, construits spécialement pour l'étude des minéraux en lumière polarisée convergente et pour l'observation des anneaux d'interférence.

I. — NOTIONS SUR LA LUMIÈRE POLARISÉE

Prenons comme point de départ la théorie des ondulations et admettons que les phénomènes lumineux sont dus à un mouvement ondulatoire de l'éther, milieu hypothétique qui remplirait tout l'espace et pénétrerait tous les corps. On connaît la longueur d'onde de ces vibrations : elle oscille entre 0,4 et 0,7 μ. On sait aussi que leur rapidité est de 450 à 700 billions de vibrations par seconde. Les vibrations de l'éther sont perpendiculaires à la direction de propagation du rayon lumineux; dans la lumière ordinaire ou naturelle elles se produisent uniformément dans tous les sens.

Au contraire, dans la lumière polarisée, les vibrations ne sont pas égales dans tous les sens, les plus fortes se produisent dans une direction déterminée et les plus faibles dans une autre direction, ou bien encore toutes se produisent dans le même sens. La lumière polarisée est donc un mouvement ondulatoire bien plus simple que la lumière ordinaire. C'est ce que montre la figure 104 empruntée à Rinne[1]. Soit R un rayon lumineux ordinaire, les diamètres de l'anneau D, D..., vu en perspective, représenteront une infinité de plans, suivant lesquels s'effectuent les vibrations. Au contraire, pour le rayon polarisé R', les vibrations n'ont lieu que dans le plan D'D'.

On peut produire de la lumière polarisée par réflexion d'un rayon de lumière naturelle, sur une lame de verre convenablement orientée. Mais la polarisation ainsi obtenue est incomplète et insuffisante pour les études microscopiques; les corps biréfringents produisent une polarisation beaucoup plus parfaite.

Pour bien comprendre la polarisation par les corps biréfringents, considérons un rayon de lumière naturelle, se propageant à travers un milieu qui présente, dans tous les sens, la même résistance au cheminement des particules d'éther. Nous dirons que ce milieu possède une *élasticité optique* égale dans toutes les directions. Suivant la nature de cette élasticité, la lumière naturelle se propagera plus ou moins vite, mais ne sera pas modifiée. Au contraire, si cette élasticité optique n'est pas uniforme dans tous les sens, les vibrations des particules d'éther ne seront plus égales et la lumière sera polarisée.

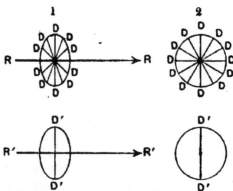

Fig. 104. — Schéma représentant la direction de vibration d'un rayon de lumière naturelle RR et d'un rayon de lumière polarisée R' R'. Dans la fig. 1, le rayon est dans le plan du papier. Dans la fig. 2, le rayon est perpendiculaire au plan du papier. D'après Rinne.

Corps isotropes et anisotropes. — Les corps dont l'élasticité optique est égale dans tous les sens sont dits *isotropes* ou *monoréfringents*. En traversant ces corps, les rayons lumineux peuvent subir le phénomène de la réfraction (p. 2), qui traduit simplement un changement dans la vitesse de propagation, lorsque la lumière passe dans un milieu de densité différente. Ces corps ne polarisent pas la lumière. Tous les corps amorphes, non comprimés, sont isotropes. Il en est de même des cristaux du système

1. F. Rinne, *Le microscope polarisant*. Trad. Pervinquière, Paris, 1904. — Voir aussi Ambronn, *Benutzung des Polarisationsmikroskop bei histologischen Untersuchungen*, Leipzig, in-8° de 59 p., 1 pl., 1892.

cubique, parce que leur symétrie optique est représentée par une sphère.

On nomme *anisotropes* ou *biréfringents* les corps dont l'élasticité optique est inégale. Prenons comme exemple le spath

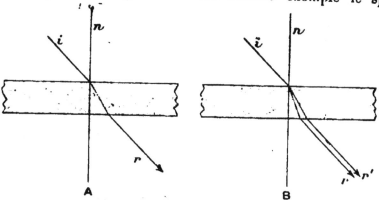

Fig. 105. — A, monoréfringence; B, biréfringence; *n*, normale au point d'incidence; *i*, rayon incident; *r, r'*, rayons réfractés. *Original.*

d'Islande[1]; si on regarde à travers un mince prisme de cette substance une petite ouverture ronde lumineuse, on verra deux cercles clairs. Le rayon incident unique a été remplacé par deux rayons réfractés distincts, cheminant avec des vitesses inégales. La figure 105 montre qu'à la sortie de ce corps, le rayon incident s'est divisé en deux rayons réfractés. En éliminant un de ces deux rayons, on obtient avec l'autre de la lumière complètement polarisée. Les corps anisotropes comprennent tous les cristaux autres que

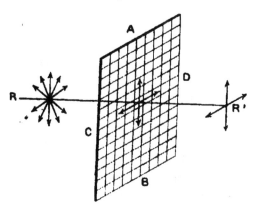

Fig. 106. — Triage des rayons lumineux par les corps biréfringents d'après Rinne. — R, R' rayon de lumière naturelle vibrant en R dans toutes les directions. En R' on ne retrouve que les vibrations parallèles aux fils tendus suivant AB et CD.

ceux du système cubique et un certain nombre de corps isotropes ayant subi des efforts mécaniques (traction, compression).

1. Le spath d'Islande est une variété très pure de calcite (carbonate de calcium rhomboédrique), remarquable par l'énergie de sa double réfraction, visible à l'œil nu.

Suivant la comparaison très ingénieuse de Rinne, ces corps se comportent comme un tamis, dont les fils seraient placés à angle droit : ce tamis opère le triage des rayons et ne laisse passer que ceux qui sont parallèles aux deux systèmes de fils perpendiculaires (fig. 106).

La notion de l'*ellipse d'élasticité* sert à figurer, dans un plan, les phénomènes d'isotropie et d'anisotropie. Supposons un point lumineux placé à l'intérieur d'un corps et rayonnant dans toutes les directions. Si le corps est isotrope, c'est-à-dire si son élasticité optique est égale dans tous les sens, les rayons rencontreront partout la même résistance et arriveront tous au même instant à la surface d'une sphère, dont le centre sera le point lumineux. C'est le cas des cristaux du système cubique.

Si, au contraire, le corps est anisotrope, les rayons ne rencontreront pas partout la même résistance ; aussi parcoureront-ils dans le même temps des chemins différents. Représentons, par deux droites perpendiculaires, le maximum et le minimum d'élasticité optique. Le point où se rencontrent ces deux droites sera le centre d'une ellipse, dite *ellipse d'élasticité* ; les deux droites seront les axes de cette ellipse ou *axes d'élasticité*.

L'expérience du cube de gélatine permet de concrétiser ces notions théoriques. Un cube découpé dans une masse de gélatine solidifiée est isotrope ; sa surface d'élasticité est une sphère. Si on vient à comprimer deux faces opposées, il est évident que la sphère, inscrite dans le cube, deviendra un ellipsoïde de révolution. En effet, la masse de gélatine manifeste alors, dans certaines conditions, les propriétés d'un corps biréfringent. On obtient les mêmes effets en exerçant une traction sur une lame de gélatine.

Polarisation rectiligne. — On distingue plusieurs sortes de polarisation : rectiligne, elliptique, circulaire, suivant la nature des vibrations des particules d'éther.

Nous ne nous occuperons ici que de la polarisation rectiligne, dans laquelle le rayon lumineux reste toujours dans un seul et même plan, dit plan de polarisation, les vibrations de l'éther ayant toujours lieu dans le même sens.

Le meilleur moyen d'obtenir de la lumière polarisée en ligne droite, est de faire traverser par un rayon de lumière naturelle un prisme de spath d'Islande. Nous savons qu'après ce passage le rayon naturel est décomposé en deux rayons polarisés, vibrant dans deux directions perpendiculaires. En effet, tout rayon qui pénètre dans un cristal biréfringent, dans une direction non parallèle à l'axe optique du cristal, se trouve, par suite de l'inégalité de l'élasticité optique, divisé en deux rayons polarisés en ligne droite et animés de vitessès différentes. En outre, les vibrations de ces deux rayons se produisent dans deux plans perpendiculaires l'un à l'autre. Pour obtenir de la lumière polarisée dans un seul plan, il suffit de supprimer un de ces deux rayons : on obtient généralement ce résultat à l'aide des prismes dits de Nicol.

II. — APPAREILS DE POLARISATION

Prismes de Nicol. — Un prisme de Nicol est construit avec un rhomboèdre de spath d'Islande, choisi de manière à ce que sa longueur soit environ le triple de son épaisseur. Les faces terminales sont usées, de façon à leur donner une forme losangique et un angle de 68°, par rapport aux angles des grands côtés; puis on coupe ce prisme en deux moitiés, suivant la direction de son axe longitudinal. Les deux surfaces de section sont polies; puis recollées au baume du Canada.

Nous savons qu'un rayon lumineux, pénétrant dans ce prisme par une des petites faces (fig. 107), est décomposé en deux rayons qui ne se propagent pas avec la même vitesse. Ils n'ont donc pas le même indice de réfraction et leur vitesse est en raison inverse de la valeur de cet indice; donc le plus fortement réfracté est celui qui se déplace le plus lentement. L'un de ces rayons est le *rayon ordinaire* (RO, fig. 107), toujours uniformément réfracté suivant la loi de Descartes. L'autre est dit *rayon extraordinaire* (RE) et n'a pas un indice de réfraction constant.

Dans le cas qui nous occupe, le rayon ordinaire est plus fortement dévié et arrive sur le baume sous un angle supérieur à l'angle limite (v. p. 40). Il subit donc la réflexion totale et est absorbé par

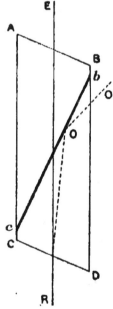

Fig. 107. — Marche des rayons dans un prisme de Nicol. — *bc*, plan de section occupé par une couche de baume du Canada; RE, rayon extraordinaire; RO, O' rayon ordinaire.

la monture noire du prisme. Le rayon extraordinaire, moins réfrangible, traverse le baume et sort du prisme complètement polarisé.. Il vibre dans la direction de la petite diagonale de la face terminale losangique du prisme. Le *plan de polarisation* est toujours perpendiculaire au plus petit diamètre de la section du prisme. Il est nécessaire de connaître la position de ce plan, aussi est-elle toujours indiquée sur la monture des prismes de Nicol. On peut, avec Rinne, comparer le prisme de Nicol à un tamis en grillage (fig. 108), formé de fils parallèles, ne laissant passer que les rayons dont le plan de vibration est parallèle à ces fils.

Polariseur et analyseur. — Nous voici donc en possession d'un faisceau de lumière polarisée dans un seul plan : le prisme qui nous la fournit se nomme *polariseur*. Dans le microscope, ce prisme est fixé entre le miroir et la platine, à la place ou au-dessous du condensateur[1]. Mais cet appareil, employé seul, ne nous donnerait que des renseignements très incomplets, sur la façon dont les objets microscopiques agissent sur la lumière polarisée. C'est tout au plus si on peut observer le pléochroïsme, c'est-à-dire la propriété des cristaux d'absorber la lumière d'une façon différente suivant les directions.

Pour reconnaître si un corps est biréfringent, ce qui est le but principal de notre étude, il faut placer ce corps entre deux nicols et voir s'il polarise lui-même la lumière.

Etudions donc ce qui va se passer lorsque nous superposons deux nicols. Le second nicol, nommé *analyseur*, se place, dans le microscope, au-dessus de l'oculaire ; il est disposé dans une bague moletée (fig. 109), de façon à pouvoir tourner autour de l'axe optique. Le polariseur étant mis en place et le miroir orienté, faisons tourner l'analyseur d'un tour complet, soit de 360°. Nous remarquerons que l'éclairage du champ est modifié quatre fois ; il passe deux fois par un maximum d'éclairage et deux fois par un maximum d'obscurité. Lorsque les plans de polarisation des deux nicols sont parallèles il y a éclairement, lorsqu'ils sont croisés il y a obscurité.

En effet, le rayon extraordinaire polarisé en ligne droite, qui sort du polariseur, traverse l'analyseur sans être modifié, lorsque

1. Pour les observations avec des grossissements faibles et moyens, il faut enlever le condensateur, de façon à avoir des rayons bien parallèles. Pour les très forts grossissements, si l'éclairage est trop insuffisant, on peut intercaler le condensateur entre le polariseur et la préparation. Pratiquement, le résultat est le même qu'avec des rayons réellement parallèles.

les deux prismes sont parallèles. Mais si l'analyseur est légèrement tourné par rapport au polariseur, le rayon est décomposé en deux rayons, dont un seul, l'extraordinaire, traverse le second nicol. Si l'angle des deux prismes atteint 90° les deux rayons sont complètement réfractés et n'arrivent plus à l'œil de l'observateur.

On voit donc qu'en tournant l'analyseur de 360°, on passe deux fois par une position où les plans de polarisation des deux nicols sont parallèles (éclairement maximum), et deux fois par une position où ces plans sont croisés à angle droit (obscurité complète). Pour concrétiser ces faits, reprenons la comparaison de Rinne :

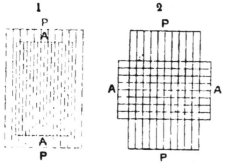

Fig. 108. — Relations du polariseur et de l'analyseur d'après Rinne. — 1, nicols parallèles ; 2, nicols croisés. — A, analyseur ; P, polariseur.

supposons les deux nicols représentés par deux grillages formés chacun de fils parallèles. Si ces deux grillages sont orientés dans le même sens (fig. 108, 1), le second laissera passer les rayons polarisés, tamisés par le premier et orientés dans le sens des fils. Mais si les grillages sont croisés (fig. 108, 2), la lumière sera éteinte par le second grillage, dont les fils se trouvent dirigés perpendiculairement au plan de vibration des rayons polarisés.

Examen en lumière polarisée. — Pour étudier l'action d'un objet transparent sur la lumière polarisée, il faut l'examiner entre les nicols croisés. Deux cas peuvent se présenter : ou bien le champ reste obscur ou bien il s'éclaire plus ou moins.

Lorsque le champ reste obscur, il faut faire tourner l'objet dans le plan de la platine. Si l'obscurité persiste pour toutes les positions, c'est que l'objet est isotrope ou monoréfringent. Si, en faisant tourner l'objet, on voit reparaître la lumière c'est qu'on a affaire à un corps anisotrope ou biréfringent[1]. En effet, l'interposition de ce corps modifie le rayon extraordinaire issu du polariseur ; il le partage en deux rayons, dont l'un donne, dans l'analyseur, un rayon extraordinaire qui rétablit l'éclairement. En faisant tourner l'objet, on doit le voir *s'éteindre* et *s'éclairer* quatre fois. Chacune

[1]. Il ne faut pas oublier que si un corps biréfringent est orienté de telle sorte qu'un de ses axes optiques coïncide avec celui du microscope, il reste obscur dans toutes les positions.

de ces quatre extinctions correspond au moment où les axes d'élasticité de l'objet sont parallèles aux plans de polarisation des nicols. Les quatre phases d'éclairement maximum correspondent aux moments où ces axes sont exactement perpendiculaires aux plans de polarisation des nicols.

Couleurs d'interférence. — Les objets biréfringents, examinés à la lumière blanche, entre les nicols croisés, ne sont pas seulement éclairés mais présentent encore de vives colorations, dont les teintes sont les mêmes que celles des bulles de savon ou des couches d'huile très minces. Ces teintes ne sont pas autre chose que des couleurs d'interférence, appartenant à l'échelle de Newton.

Voici comment elles se produisent. Nous venons de voir que le corps biréfringent agit sur la lumière polarisée, en décomposant de nouveau le rayon extraordinaire polarisé en deux autres rayons. Si le corps est très mince, ces deux rayons ne se séparent pas à la sortie : l'un d'eux est moins rapide que l'autre et se trouve en retard d'une certaine quantité. Ce retard se nomme *différence de marche* et produit l'interférence. Nous savons (v. p. 27 et fig. 52 et 28) que lorsque deux rayons lumineux suivent le même chemin, on peut reconnaître leur présence, par suite des phénomènes d'interférence qui se manifestent par le renforcement, l'affaiblissement ou même l'extinction totale de la lumière. Lorsque ces deux rayons ont une différence de marche égale à leur longueur d'onde, ils se renforcent réciproquement (fig. 27); au contraire, lorsque la différence de marche est d'une demi-longueur d'onde, les deux vibrations s'annulent (fig. 28). Les couleurs pour lesquelles cette différence équivaut à une demi-longueur d'onde sont donc éteintes par l'analyseur, qui ne laisse passer que le rayon extraordinaire. Les autres couleurs subsistent à l'état de mélange et l'objet, même complètement incolore, sera vivement coloré de teintes, d'autant plus intenses que l'angle formé par le plan de vibration de l'objet et celui du nicol sera plus voisin de 45°. En outre, les couleurs que prend l'objet entre les nicols parallèles sont complémentaires de celles qu'on aperçoit lorsqu'on l'examine entre les nicols croisés. Bien entendu, en faisant tourner l'objet de 360°, dans le plan de la platine, les couleurs apparaissent quatre fois et s'éteignent quatre fois. Ainsi, avec la lame de gypse donnant le rouge de 1er ordre, le champ paraît deux fois rouge, deux fois vert clair et quatre fois obscur, pendant une rotation complète de l'analyseur ou de la lame de gypse.

Entre les nicols croisés, chaque couleur aura uu maximum d'intensité, dans les conditions indiquées, lorsque la différence de marche sera un multiple pair de la demi-longueur d'onde et un maximum d'obscurité lorsque cette différence sera un multiple impair de la demi-longueur d'onde. Entre les nicols parallèles les conditions sont inverses.

Ces couleurs peuvent, jusqu'à un certain point, servir à la détermination des objets, surtout lorsqu'il s'agit de minéraux ou de corps cristallisés. En effet, elles dépendent de la valeur de la biréfringence et de l'épaisseur du corps examiné. Donc, à épaisseur égale, les corps les plus biréfringents s'illumineront des couleurs les plus vives. D'autre part, à réfringence égale, plus la lamelle est mince, plus les colorations sont vives; plus elle est épaisse, plus les couleurs pâlissent et s'effacent, pour se fondre dans une luminosité blanche. En étudiant, en lumière polarisée, des lamelles de gypse d'épaisseur croissante, on constate que les couleurs se succèdent par groupes, qui commencent par un ton violacé ou bleuâtre et se terminent tous par du rouge. Les premiers groupes vont du bleu lavande ou du pourpre au rouge, en passant par toute une gamme de verts et de jaunes. Dans les derniers groupes, on ne trouve plus qu'une alternance de jaune verdâtre et de rouge pâle. Ce sont ces groupes ou *ordres*, au nombre de six, qui servent à distinguer les couleurs de polarisation. On dira rouge de 1er ordre, rouge de 2e ordre, etc.

Usage des couleurs d'interférence. — Le rouge de 1er ordre a une grande importance, à cause de la sensibilité avec laquelle il passe soit au bleu, soit au jaune. Il existe, dans le commerce, des plaques de gypse qui donnent les rouges des divers ordres. Plaçons, entre l'analyseur et l'objet (soit sous l'analyseur, soit au-dessus de l'objectif), une de ces plaques donnant le rouge de 1er ordre[1] entre les nicols croisés. Comme les couleurs d'interférence varient suivant l'épaisseur du corps examiné, il est évident que l'interposition d'un objet biréfringent va modifier la coloration fournie par la lame de gypse.

Plusieurs cas peuvent se présenter. Si les deux rayons, issus de l'objet biréfringent, sont parallèles à ceux qui sortent de la lame de gypse et orientés de telle sorte que la différence de marche de ces rayons soit la même pour l'objet que pour le gypse, il est évident que l'ensemble se comportera comme une lame de gypse augmentée de l'épaisseur de l'objet. Le rouge se transformera donc en une couleur d'ordre supérieur, correspondant à cette épaisseur nouvelle. La coloration ainsi

---

1. Ces plaques sont montées de telle façon que leurs axes d'élasticité sont dirigés à 45° du plan de polarisation des nicols croisés.

obtenue sera dite *additive* ou d'*addition*, ou bien encore on dira que la teinte *monte*.

Au contraire, si les deux rayons émis par l'objet, tout en restant parallèles à ceux de la plaque de gypse, sont orientés de telle sorte que leur différence de marche soit inverse, le rouge se transformera en une coloration d'ordre inférieur, car, au point de vue optique, tout se passe comme si la lame de gypse, avait diminué d'épaisseur. La teinte obtenue *baissera*, *descendra* ou bien encore sera dite *soustractive* ou *de soustraction*.

Enfin, si les rayons sont orientés à 45° la coloration n'est pas modifiée.

La connaissance de ces phénomènes est très utile pour les examens en lumière polarisée. Un corps biréfringent, placé entre les nicols croisés, au-dessous d'une lame de gypse donnant le rouge de 1er ordre, présentera les aspects suivants, pendant la durée d'une rotation de 360°. On verra apparaitre 4 fois le rouge de 1er ordre et, entre ces quatre apparitions, on verra deux fois une couleur d'addition (par exemple le violet ou le bleu de 2e ordre) et deux fois une couleur de soustraction (par exemple l'orange ou le jaune de 1er ordre).

Cet examen avec la lame de gypse sert à deux fins : d'abord à déterminer la direction des axes d'élasticité. Quand la teinte monte, l'axe de plus petite élasticité de l'objet correspond à l'axe de plus grande élasticité de la lame de gypse : c'est l'inverse lorsque la teinte descend. Plus l'objet est mince, plus les teintes sont basses et plus le changement est facile à apprécier. En outre, la lame de gypse sert à déceler les faibles biréfringences (p. 195); en effet, le changement de teinte est plus facile à reconnaître que les alternatives d'éclairement et d'extinction qui, pour les corps faiblement biréfringents, sont à peine perceptibles. On peut encore employer dans ce but des lames de quartz ou de mica, comme nous le verrons plus loin (p. 196).

Voici, à titre de document, la succession des couleurs d'après les six ordres de l'échelle de Newton, avec les teintes complémentaires entre les nicols parallèles.

	Ier ORDRE	IIe ORDRE	IIIe ORDRE	IVe ORDRE
NICOLS CROISÉS.	Noir Gris bleuâtre Blanc Jaune paille Jaune brillant Orange Rouge	Violet sensible n° 1 Indigo Bleu Vert Jaune Orangé Rouge	Violet sensible n° 2 Indigo Bleu verdâtre Vert brillant Jaune verdâtre Rouge	Gris violacé sensible n° 3 Gris bleuâtre Gris vert Gris verdâtre Gris jaunâtre Rouge clair
NICOLS PARALLÈLES.	Blanc Blanc jaunâtre Pourpre violacé Bleu indigo clair Bleu indigo Bleu Vert pâle	Jaune verdâtre Jaune vif Orangé Carmin clair Indigo Bleu foncé Vert	Jaune verdâtre Jaune vif Orangé Rouge Violacé Vert	Gris jaune verdâtre clair Gris rosé Gris rouge clair Gris lilas Gris bleu verdâtre Vert clair

Nous ne donnons que les quatre premiers ordres de teintes, car dans le 5ᵉ et le 6ᵉ ordre, les couleurs sont très peu distinctes. On remarquera aussi que, dans le 1ᵉʳ ordre les jaunes dominent, dans le 2ᵉ ordre le spectre est complet, dans le 3ᵉ ordre les verts sont en majorité et enfin, dans le 4ᵉ ordre, que les teintes commencent à se fondre dans le gris. Dans les ordres suivants, le blanc grisâtre efface de plus en plus les couleurs et on arrive ainsi au blanc dit d'ordre supérieur.

III. — MICROSCOPE POLARISANT

Il n'est question ici que du microscope ordinaire, transformé en microscope polarisant par l'addition de deux nicols; nous laissons complètement de côté la description des microscopes minéralogiques. Pour transformer un microscope ordinaire en microscope polarisant, il suffit de le munir d'un polariseur et d'un analyseur.

Le polariseur (fig. 109, P) est

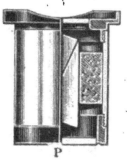
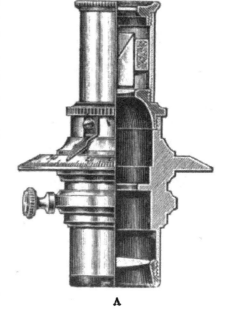

Fig. 109. — Appareil de polarisation de Stiassnie. — A, analyseur; P, polariseur.

formé d'un nicol dont les faces terminales sont obliques par rapport à l'axe optique; il est serti dans une monture qui se place généralement dans le porte-diaphragme de l'iris de l'éclairage Abbe. Il faut avoir soin de retirer auparavant le condensateur ou de l'écarter hors de l'axe, suivant la construction du microscope.

L'analyseur est un nicol dont les faces terminales sont normales à l'axe. C'est généralement un prisme du type Hartnack-Prazmowski. Il est monté de telle sorte qu'il puisse se placer sur l'oculaire; la monture est donc généralement divisée en deux parties (fig. 109, A) : l'une qui se fixe sur le tube du microscope et dans laquelle on introduit l'oculaire, cette partie porte aussi un index fixe; l'autre partie s'applique à frottement doux sur la première et porte, outre le nicol analyseur, un cercle gradué en 360°. En saisissant l'analyseur par la bague molettée, on peut le faire tourner autour de l'axe du microscope et observer les alternatives d'éclairements et d'extinctions que nous venons de décrire. On réserve généralement, dans la monture de l'analyseur, une échancrure dans laquelle on peut introduire la lame de gypse donnant le rouge de 1er ordre.

IV. — EMPLOI DU MICROSCOPE POLARISANT

Le microscope polarisant renseigne sur les propriétés optiques des corps, au point de vue de la biréfringence. Il peut donc servir, soit à déterminer la nature de ces propriétés optiques, soit, celles-ci étant connues, à déterminer ou vérifier la nature de l'objet. Le microscope polarisant trouve un de ses principaux emplois dans l'étude des roches débitées en plaques minces : dans ces coupes, on reconnaît la nature des minéraux constituants, par la forme des cristaux et par les couleurs brillantes dont ils s'illuminent entre les nicols croisés. Cette étude n'est pas de notre domaine, mais nous pouvons en tirer d'utiles enseignements, pour l'application du microscope polarisant à l'histologie animale ou végétale.

Il est certain que ce moyen de recherche est malheureusement trop peu employé. Il est pourtant susceptible de mettre en évidence certains éléments des tissus, avec une netteté qu'aucune méthode de coloration ou d'imprégnation n'est capable de fournir. Il pourrait même révéler des détails de structure qui n'apparaîtraient autrement, ni par leur réfringence particulière, ni par absorption de radiations colorées, ni par aucune méthode de coloration.

Précautions à prendre. — Par suite des phénomènes de réfraction qui se produisent dans les deux nicols, il est évident qu'il y a une grande perte de lumière. Nous avons vu en effet que les rayons lumineux sont dédoublés deux fois, lorsqu'on examine un corps biréfringent entre les nicols croisés; il ne parvient donc guère à l'observateur qu'un quart des rayons lumineux réfléchis par le miroir. Aussi est-il nécessaire, pendant les observations en lumière polarisée, de se garantir contre toute lumière étrangère.

Nous ne saurions donc trop recommander l'emploi des écrans dont nous avons parlé page 142. Le meilleur écran sera une grande feuille de carton noir, assez haute pour cacher toute la tête de l'observateur et présentant à sa partie inférieure une échancrure, par laquelle les rayons de la source lumineuse parviendront au miroir.

En outre, pour les recherches très délicates, sur des corps très faiblement biréfringents, il faut s'assurer que les lames et les lamelles ne présentent aucune trace de biréfringence. Pour cela, on les examine avec la lame de gypse ou avec la lame de quartz sensible. Il est plus rare d'être gêné par la biréfringence des oculaires et des objectifs.

Pour l'examen des précipités cristallins desséchés, il est nécessaire d'en examiner une partie à sec et l'autre partie dans le baume du Canada, qui fait mieux ressortir les couleurs d'interférence. Il est bon, dans ce cas, de monter sous lamelle avec une très petite quantité de baume, de façon à ce qu'une partie des cristaux soient dans l'air.

Recherche de la biréfringence entre les nicols croisés. — Installer le polariseur et orienter le miroir comme d'habitude; placer l'objet sur la platine, puis mettre l'analyseur sur l'oculaire. S'assurer de la mise au point exacte entre les nicols parallèles, puis tourner l'analyseur de 90°, de façon à ce que les nicols soient croisés. Il est plus commode que, dans cette position, le plan de vibration de l'analyseur coïncide avec le plan sagittal du microscope; celui du polariseur, étant perpendiculaire, se trouvera parallèle au plan frontal du microscope.

Les nicols étant croisés, faire tourner lentement l'objet dans le plan de la platine, autour de l'axe optique du microscope. Ici deux cas peuvent se présenter : si le microscope est muni d'une platine tournante, celle-ci *doit être centrée très exactement* : c'est à cette seule condition qu'elle pourra être utilisée; autrement, pendant la rotation de la platine, l'objet sortira du champ optique. Si le microscope n'a pas de platine tournante, on fait tourner la préparation à la main sur la platine, ce qui, aux faibles grossissements et avec un peu d'habitude, ne présente pas de grandes difficultés.

La plupart des platines tournantes, dites centrables, sont en réalité très difficiles à centrer. Il faut d'abord effectuer un centrage approximatif au moyen des vis de rappel; puis, prenant d'abord un très faible grossissement, examiner un porte-objet sur lequel on a tracé, à l'encre ou au diament, une croix ou un petit cercle de 1 millimètre de diamètre. Amener cet objet bien au milieu du champ et le fixer avec les valets, puis tourner lentement la platine. Inévitablement l'objet sort du champ; il faut l'y maintenir en le déplaçant à la main et en combinant ces mouvements avec ceux des vis de rappel. En tâtonnant, on arrive à faire accomplir à la platine une rotation complète, sans que l'objet sorte du champ. Passer alors à un grossissement plus fort qui permet, au moyen des mêmes manœuvres, de parachever le centrage. A partir de ce moment, ne plus toucher aux vis de rappel.

La platine étant centrée et l'objet tournant entre les nicols croisés, sous l'œil de l'observateur, deux cas peuvent se présenter. Si l'objet s'éteint quatre fois et s'éclaire quatre fois, dans des positions qui sont à 45° l'une de l'autre (ce qu'on peut vérifier au moyen du cercle gradué de l'analyseur), il est évidemment biréfringent. Il ne faut pas oublier que, pour des objets très minces ou très peu anisotropes, l'éclairement peut être excessivement faible. Si le champ reste obscur pendant toute la durée d'une rotation complète de la platine, nous devons envisager trois hypothèses.

1° Le corps est pourtant biréfringent, mais mal orienté. En effet, si son axe coïncide avec celui du microscope, il se comporte comme un corps isotrope. Dans ce cas, il faut, soit déplacer l'objet, soit faire une autre préparation.

2° Le corps est biréfringent, mais trop faiblement pour produire un éclairement. Dans ce cas, passer à l'examen avec la lame de gypse ou de quartz sensible.

3° Enfin le corps est bien isotrope : le changement d'orientation et la plaque de gypse laissent le champ complètement obscur dans toutes les positions.

Recherche d'une très faible biréfringence. — Il faut d'abord assurer l'éclairage maximum de la préparation, en employant une source lumineuse intense. En outre, on s'aide soit de la plaque de gypse donnant le rouge de 1er ordre, soit de la plaque de quartz à teinte sensible, donnant le violet sensible n° 1 de 2e ordre. Des corps à biréfringence très faible, peu ou pas visible entre les nicols croisés, exercent pourtant une action sur les couleurs fournies par ces lamelles, dites sensibles, à cause de la facilité avec laquelle les corps biréfringents modifient leur teinte de polarisation. On place les lames sensibles sous l'analyseur, dont la monture doit porter une échancrure spéciale. On fait tourner l'objet et on observe le changement de teinte; avec la lame de gypse, le rouge passe soit au bleu, soit au jaune; avec la lame du quartz, le violet passe soit au rouge, soit à l'indigo.

On peut encore employer une plaque de mica, dite *mica quart d'onde*, c'est-à-dire taillée de telle sorte que les deux rayons polarisés sortent de cette lame avec une différence de marche d'un quart d'onde. Les différences de marche, produites par l'objet et le mica, s'ajoutent ou se retranchent, comme pour les autres lames sensibles, et la teinte monte ou descend.

Avec toutes ces lames sensibles et pendant la durée d'une rotation complète, un corps biréfringent apparaît quatre fois de la couleur de la plaque, deux fois avec une couleur plus haute et deux fois avec une couleur plus basse.

Il est bien entendu que, pour obtenir la teinte que doivent fournir les lames sensibles, celles-ci doivent être orientées en diagonale par rapport aux nicols croisés, de telle sorte que l'axe de plus faible élasticité, c'est-à-dire correspondant à l'indice de réfraction maximum, soit à 45° des plans de polarisation des nicols. Généralement cette direction est marquée sur la monture des lames sensibles. Par exemple, pour la lame de gypse, il faut qu'entre les nicols croisés on obtienne un rouge bien franc, qui se change en vert entre les nicols parallèles.

Nous bornerons là nos études sur la polarisation au microscope. Nous laissons intentionnellement de côté la détermination des axes d'élasticité, des corps uniaxes et biaxes, des corps positifs et négatifs. Nous renvoyons pour ces recherches aux ouvrages spéciaux.

Examen des grains d'amidon en lumière polarisée. — Parmi les objets d'origine végétale, les grains d'amidon sont certainement ceux qui se prêtent le mieux aux études en lumière polarisée. Ce mode d'éclairage constitue même un très bon procédé de diagnostic spécifique des diverses sortes d'amidon.

Entre les nicols croisés, les grains d'amidon se comportent comme des sphéro-cristaux : ils présentent une croix noire sur fond éclairé. Les bras de la croix coïncident avec les plans de vibration des nicols et leur point d'intersection marque le hile du grain d'amidon. Par conséquent, dans les grains d'amidon de Pomme de terre, la croix sera très excentrique; avec l'amidon de Blé ou de Légumineuses, on apercevra une belle croix noire dont les bras partent du hile central.

Si on glisse dans l'analyseur la plaque de gypse donnant le rouge de 1er ordre, les espaces clairs se colorent immédiatement et deux d'entre eux prennent une couleur complémentaire de celle des deux autres. La croix devient rouge ou verte, suivant la situation des nicols et les espaces clairs sont alternativement bleus et jaunes.

Les grains d'amidon sont donc biréfringents. On explique ce fait par leur nature cristalline. Ils se comportent comme des sphéro-cristaux, composés d'aiguilles cristallines (triclites), disposées en séries radiales, formant des couches concentriques. Dans le règne végétal, les grains d'amidon sont seuls à présenter cette structure : les sphéro-cristaux d'inuline et de phosphate de calcium produisent bien les mêmes phénomènes, mais ces formations ne prennent naissance qu'après le séjour dans l'alcool de certains tubercules (Dahlia).

Examen des selles en lumière polarisée. — Voir à ce sujet page 603 où on trouvera indiqués les éléments biréfringents des matières fécales (certains débris alimentaires et certains œufs d'Helminthes).

Recherche du pigment paludéen. — Voir p. 500.

Pléochroïsme. — On désigne, sous le nom de pléochroïsme, des variations de coloration particulières aux corps biréfringents colorés et produites, non plus par interférence, mais par *absorption inégale* des rayons polarisés, suivant diverses directions dépendant de la constitution optique de l'objet.

Pour observer le pléochroïsme, on retire l'analyseur et on ne se sert que du polariseur. On fait tourner l'objet comme il a été précédemment indiqué et on note les changements de coloration.

Parmi les objets qui permettent d'étudier le plus facilement le pléochroïsme, citons les cristaux colorés de la carotte qui, pendant une rotation complète, paraissent deux fois presque incolores et deux fois colorés en rouge intense. En effet, ces cristaux de carotine laissent passer, dans une direction, presque tout le spectre et dans l'autre seulement des rayons rouges. Les membranes cellulosiques, colorées en violet par le chlorure de zinc iodé (p. 789), présentent aussi de très beaux phénomènes de pléochroïsme.

CHAPITRE XVIII

ÉCLAIRAGE A FOND NOIR
ET ULTRAMICROSCOPIE

L'éclairage normal du microscope est produit par *lumière transmise* : autrement dit, les rayons émis par la source lumineuse pénètrent *directement* dans l'appareil, après avoir traversé l'objet qui agit sur eux par absorption, réfraction et diffraction. Au contraire, dans les appareils *à fond noir, aucun rayon lumineux ne pénètre directement dans le microscope*; ils y pénètrent *indirectement* après avoir été réfléchis, réfractés ou diffractés par l'objet.

Il s'est établi une certaine confusion dans les esprits au sujet de l'éclairage à fond noir et de l'ultramicroscopie. On a pris la mauvaise habitude, notamment dans le monde médical, d'appliquer à tous les appareils à fond noir, indistinctement, le nom d'ultramicroscope. Bien que tous ces instruments soient basés sur le même principe, il y a pourtant quelque différence entre le fond noir et l'ultramicroscope. Tout ultramicroscope nécessite un fond noir, mais tout appareil à fond noir n'est pas un ultramicroscope.

L'*ultramicroscope* est destiné à rendre visibles des corps réellement ultramicroscopiques,[1] c'est-à-dire dont les dimensions sont au-dessous des limites du pouvoir résolvant du microscope et de la visibilité de l'œil humain. C'est un instrument compliqué, d'un maniement délicat, nécessitant presque toujours l'emploi d'un éclairage électrique très intense.

---

1. Voici quelques définitions qu'il est bon de connaître pour bien comprendre ce qui suit : *ultramicroscopique* s'applique seulement aux corps dont les dimensions sont au-dessous du pouvoir résolvant maximum des objectifs microscopiques (0 μ. 25 environ). Ces corpuscules sont dits *submicroscopiques*, quand on peut arriver à les éclairer et à les rendre visibles, *amicroscopiques* dans le cas contraire.

Il en est tout autrement de l'*éclairage à fond noir*. C'est un dispositif qui permet de voir sans coloration, sans manipulations chimiques, des objets de dimensions microscopiques, c'est-à-dire susceptibles d'être vus aussi avec les microscopes ordinaires. Le fond noir permet simplement de les trouver et de les observer plus commodément. Ce procédé de recherche est entré dans la pratique courante, parce qu'il est d'application très simple, facile à installer, à la portée de tous les travailleurs.

I. — PRINCIPE DE L'ÉCLAIRAGE A FOND NOIR

L'éclairage à fond noir n'est pas une nouveauté, comme certains le croient. C'est une méthode connue depuis longtemps : sans remonter plus loin qu'une vingtaine d'années, tous les grands microscopes des maisons sérieuses possédaient déjà, parmi leurs accessoires, un diaphragme à fond noir. C'était une sorte de diaphragme à étoile (fig. 110) qu'on plaçait au-dessous du condensateur, au niveau de l'iris. Le résultat ainsi obtenu était assez imparfait.

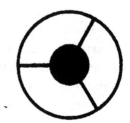

Fig. 110. — Diaphragme pour fond noir.

L'essor qu'a pris récemment cette méthode d'examen est dû à des causes multiples, dont les principales sont le perfectionnement des sources lumineuses, la découverte du Tréponème et enfin les travaux sur les véritables objets ultramicroscopiques.

L'éclairage à fond noir nécessite une source lumineuse intense. Aussi, tant qu'on en a été réduit à l'emploi des grosses lampes à arc, cette méthode de recherches ne pouvait réellement entrer dans la pratique courante. L'apparition des petites lampes à arc et surtout de la lampe de Nernst, ainsi que des brûleurs à gaz à manchon (type droit ou renversé), donnant une lumière éclatante, a permis d'installer, commodément et sans grands frais, un éclairage très suffisant pour les observations à fond noir.

La découverte du Tréponème a provoqué la recherche d'un procédé de diagnostic facile, rapide et sûr. Il faut, pour colorer convenablement ce parasite et le découvrir dans une préparation, une éducation technique que n'ont malheureusement pas tous les praticiens. Pour un opérateur un peu exercé et avec les méthodes actuelles, il ne faut pas plus de cinq minutes pour colorer un frottis : néanmoins c'est encore trop long lorsqu'on a de nombreux malades à examiner. L'emploi du fond noir est beaucoup plus rapide et tout aussi sûr. Aussi l'usage universel qui en a été fait pour le diagnostic de la syphilis a-t-il grandement influé sur le perfectionnement et la simplification des appareils. D'ailleurs tous ces perfectionnements étaient corrélatifs des progrès accomplis dans le domaine de l'ultramicroscopie pure, qui est du ressort de la physico-chimie. Les sciences biologiques ont profité des perfectionnements réalisés dans l'étude des objets réellement invisibles.

Dans l'éclairage à fond noir, les objets apparaissent comme des points brillants sur un fond obscur, comme un ciel constellé d'étoiles par une nuit claire et sans lune. On conçoit que des objets très petits, très difficiles à colorer ou peu réfringents, deviennent très facilement visibles grâce à cet artifice.

Voici comment on arrive à le réaliser. On s'arrange de manière à arrêter tous les rayons lumineux qui pourraient pénétrer directement dans l'objectif. On y parvient au moyen d'un diaphragme, dont le diamètre correspond à l'ouverture de l'objectif et qui est interposé, sous le condensateur, sur le trajet des rayons lumineux. Par contre, l'objet à examiner est éclairé vivement par les rayons qui traversent la zone annulaire entourant le précédent diaphragme. Cette zone est située au delà des limites de l'angle d'ouverture de l'objectif. Il ne parvient donc, dans ce dernier, aucun rayon lumineux direct; aussi le champ est-il parfaitement obscur. De son côté, l'objet est éclairé par des rayons latéraux très obliques qui subissent la *réflexion totale* (p. 40); il modifie la marche de ces rayons en les réfractant et en les diffractant et les fait pénétrer ainsi dans l'objectif; cet objet paraît donc brillamment éclairé sur le fond obscur. Le phénomène est analogue à celui qui se produit, lorsqu'un rayon de soleil pénètre dans une chambre obscure et illumine les poussières invisibles qui flottent dans l'air.

Il faut donc, pour obtenir un bon éclairage à fond noir, réaliser les deux conditions suivantes :

1° Empêcher qu'aucun rayon du faisceau éclairant ne pénètre dans l'objectif;

2° Eclairer l'objet par des rayons latéraux aussi intenses que possible.

Ces deux conditions sont réalisées grâce au phénomène de la réflexion totale, qui se trouve être le fondement de la méthode du fond noir.

II. — APPAREILS POUR L'ÉCLAIRAGE A FOND NOIR

Nous n'étudierons ici que les appareils à fond noir applicables à la - pratique courante. Toutefois, pour être complet, nous dirons un mot des ultramicroscopes.

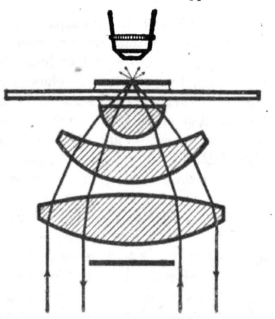

1° Diaphragme à fond noir. — Le plus simple de tous ces appareils est le diaphragme qui se place sous le condensateur et qui est un perfectionnement de l'ancien diaphragme que nous venons de décrire (fig. 111). Le diaphragme à fond noir de Zeiss est construit exclusivement pour être associé à des condensateurs dont l'ou-

Fig. 111. — Diaphragme à fond noir de Zeiss avec condensateur ordinaire de 1,40.

verture numérique n'est pas inférieure à 1,40. On place cet appareil sur l'iris complètement ouvert : on installe d'abord un disque à étoile, dont le bouton central doit être tourné vers le haut ; puis, sur ce premier disque, on centre un second disque de plus grand diamètre. Ce centrage est le point délicat de l'emploi de l'appareil ; s'il n'est pas fait très exactement, le fond noir ne se produit pas, parce qu'il arrive dans l'objectif des rayons lumineux directs.

2° Condensateurs coniques. — Ces condensateurs s'introdui-sent, dans l'appareil d'éclairage, à la place du condensateur ordi-naire. Ils doivent être remontés au maximum, de manière à être reliés à la face inférieure du porte-objet par une goutte d'huile de cèdre, condition indispensable pour que l'éclairage à fond noir se produise. En effet, dans le cas contraire, les rayons subiraient la réflexion totale avant de pénétrer dans la préparation et ne pourraient éclairer les objets. Cette couche de liquide d'immersion est indiquée par la lettre I dans la fig. 112. Les autres précautions sont les mêmes que pour le diaphragme à fond noir.

Les objectifs forts, à sec ou à immersion, donneront de meilleurs résultats, lorsqu'ils seront munis d'un diaphragme central

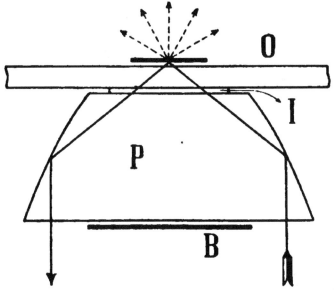

Fig. 112. — Condensateur parabolique de Siedentopf. — P, paraboloïde; B, diaphragme; I, huile de cèdre; O, préparation.

interceptant les rayons marginaux. Je signale deux types de ces instruments. Le condensateur parabolique ou paraboloïde de Siedentopf est formé d'une épaisse lentille (P) de verre, plan-convexe, dont la courbure est un paraboloïde de révolution et dont le foyer se trouve en O, au niveau du porte-objet. Le diaphragme B intercepte tous les rayons dont l'ouverture numérique est inférieure à 1,1. On obtient ainsi un éclairage latéral annulaire qui produit le fond noir par réflexion totale des rayons lumineux sur l'air, à la sortie du couvre-objet. La marche des rayons éclairants est indiquée par des traits pleins, celle des rayons diffractés par l'objet est représentée en pointillé.

Le condensateur parabolique est plus facile à manier que les condensateurs sphériques, parce qu'il supporte plus facilement des écarts de mise au point, c'est-à-dire des préparations plus ou moins épaisses.

Le condensateur à miroirs concentriques de Jentzch possède

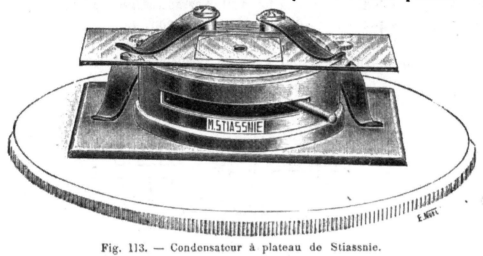

Fig. 113. — Condensateur à plateau de Stiassnie.

deux surfaces réfléchissantes, une interne convexe et une externe concave (fig. 115).

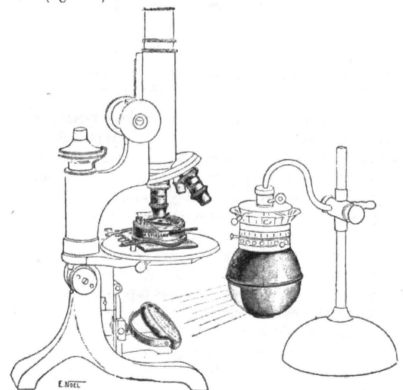

Fig. 114. — Dispositif de Stiassnie pour l'éclairage à fond noir.

Le centrage est facilité par deux petits cercles gravés à la surface du condensateur (fig. 120).

3° Condensateurs à plateau. — Ces instruments se posent sur la platine du microscope ; on les fixe au moyen des valets ou de l'équerre de la platine à chariot. Ils sont donc plus difficiles à centrer que les condensateurs coniques et on a de la peine à déplacer, sans modifier le centrage, la préparation maintenue à leur surface par des valets et par l'adhérence de l'huile de cèdre. Je prends pour type de ces appareils le condensateur de Stiassnic

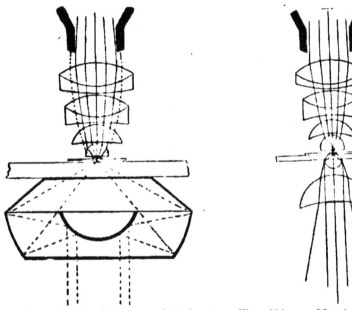

Fig. 115. — Marche des rayons dans le condensateur à miroirs concentriques de Jentzch.

Fig. 116. — Marche des rayons dans le condensateur de Stiassnie.

(fig. 113). Il est constitué (fig. 116), par deux lentilles, l'une inférieure concave-convexe, portant un diaphragme qui intercepte les rayons centraux, l'autre hémisphérique. L'écartement de ces deux lentilles peut être réglé au moyen d'un levier, visible sur les fig. 113 et 114. On centre ce condensateur avec un objectif 2, en amenant bien au centre du champ le contour de la lentille supérieure. On règle ensuite l'éclairage comme le montre la fig. 114 ; il n'est pas nécessaire d'interposer une lentille condensatrice. Après orientation convenable du miroir, on règle l'écartement des deux lentilles, au moyen du levier, de manière à obtenir un fond parfaitement noir avec l'objectif employé. Il va sans dire qu'il faut interposer une goutte d'eau ou mieux d'huile de cèdre entre la préparation et la lentille supérieure.

III. — REMARQUES CONCERNANT
TOUS LES APPAREILS A FOND NOIR

1° Production du fond noir. — Dans tous ces appareils, sans aucune exception, *le fond noir est produit par réflexion totale* des rayons, au moment où ils sortent de la lamelle pour passer dans l'air. Ce phénomène est dû à ce que les rayons qui ont traversé l'espace annulaire entourant le diaphragme ont pris, par suite des réflexions ou des réfractions, un angle supérieur à l'angle limite (v. p. 40).

2° Nécessité de l'immersion du condensateur. — De là résulte la nécessité absolue de relier la face inférieure de la lame et la face supérieure du condensateur par une goutte d'huile de cèdre ou d'eau. Si on néglige cette précaution, la réflexion totale se produit à la sortie du condensateur et il n'y a plus éclairage de la préparation. L'huile d'immersion doit être *très fluide*, parfaitement limpide et exempte de bulles d'air. On peut très bien employer, au lieu d'huile de cèdre, de l'huile de paraffine, de la glycérine ou même de l'eau. Avec les condensateurs placés sous la platine, il suffit, pour éviter les bulles d'air, d'abaisser le condensateur, de mettre une goutte de liquide sur la lentille supérieure, une autre sous la préparation, puis de remonter le condensateur avec la crémaillère, de façon à obtenir le contact des deux gouttes.

3° Épaisseur des lames. — Les appareils à fond noir sont calculés de telle sorte que leur foyer se trouve à 1 mm. environ au-dessus de leur surface supérieure. Cette distance correspond à l'épaisseur moyenne d'une lame. Il est donc nécessaire, pour obtenir des images parfaitement nettes, de se servir de lames dont l'épaisseur ne s'éloigne pas trop de celle pour laquelle a été construit l'appareil. Avec les condensateurs à fond noir qui se placent sous la platine, on peut remédier aux différences d'épaisseur des lames en remontant ou abaissant légèrement le condensateur, au moyen de la crémaillère. Parmi les condensateurs qui se fixent sur la platine, le modèle de Stiassnie possède le grand avantage d'avoir un levier, permettant ces légers déplacements verticaux. Avec tous ces appareils, on peut donc se servir de lames quelconques d'épaisseur moyenne.

Au contraire, avec des modèles plats, tels que ceux de Reichert,

qui ne peuvent se déplacer verticalement, il est indispensable de
n'employer que les lames calibrées, livrées avec l'appareil.

· **4° Minceur des préparations.** — De ce que nous venons
de dire découle la nécessité de ne faire que des préparations très
minces. Si elles sont trop épaisses, les parties qui se trouvent en
dehors de la zone focale ne peuvent être mises au point et donnent
lieu à des reflets qui gênent l'observation.

5° Épaisseur des lamelles. — Elle a la même importance que

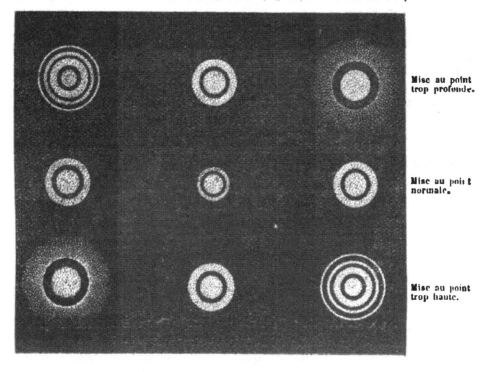

Mise au point
trop profonde.

Mise au point
normale.

Mise au point
trop haute.

Lamelle trop mince.   Lamelle normale.   Lamelle trop épaisse.

Fig. 117. — Aspect des cercles de diffraction suivant l'épaisseur des lamelles.

dans l'observation microscopique ordinaire (p. 74). Comme on
se sert de préférence d'objectifs assez forts, il ne faut pas négliger
ces variations d'épaisseur qui peuvent nuire à la netteté des
images. Il faut donc employer, autant que possible, des lamelles
de 170 μ d'épaisseur.

Le défaut de netteté peut être dû à une correction insuffisante des
aberrations chromatique et sphérique, qui sont certainement beaucoup
plus sensibles avec l'éclairage à fond noir qu'en lumière centrale. Mais,
même avec de très bons objectifs, si l'épaisseur de la lamelle et le tirage
du tube ne sont pas corrects, on peut avoir de mauvaises images sur

fond noir. Siedentopf[1] a donné un moyen certain et très simple pour apprécier la manière dont la correction nécessitée par l'épaisseur de la lamelle a été réalisée. On met au point une très petite particule (fig. 117). Si la lamelle a une *épaisseur convenable* pour la longueur de tube employée ou inversement, l'image de la particule apparaît entourée d'un ou deux cercles de diffraction; l'aspect de ces cercles ne se modifie pas sensiblement en faisant varier la mise au point.

Si la lamelle est *trop mince*, en abaissant l'objectif avec la vis micrométrique, on voit apparaître de nombreux anneaux de diffraction; en relevant l'objectif, on passe par une période de netteté relative, puis les anneaux s'effacent et s'estompent en une nébulosité dans laquelle on ne distingue plus rien de net.

Si la lamelle est *trop épaisse*, la succession des phénomènes est inverse. La nébulosité se produit lorsqu'on abaisse l'objectif et les anneaux concentriques apparaissent lorsqu'on le relève.

Pour remédier à ces variations d'épaisseur de la lamelle, on se sert du tube à tirage, comme il a été déjà dit p. 77, on le raccourcit pour les lamelles trop épaisses et on l'allonge pour les lamelles trop minces jusqu'à ce qu'on obtienne l'aspect de la rangée médiane de la figure 117.

6° Milieu de montage des préparations. — Les objets à examiner doivent être montés dans l'eau ou l'huile de cèdre, mais *jamais dans l'air*, ni dans un milieu optiquement trouble; cette nécessité découle des règles précédentes. Si l'objet est monté à sec, dans l'air, il est clair que la réflexion totale aura lieu avant d'arriver à l'objet et qu'on n'obtiendra aucune image. Si le milieu est optiquement trouble, les particules en suspension s'illumineront et masqueront la préparation.

Mentionnons à ce propos l'influence perturbatrice des *poussières* et des *bulles d'air*. Il faut donc s'assurer de la propreté méticuleuse des lames et lamelles, qui doivent avoir été lavées à l'alcool et soigneusement essuyées avec un chiffon non pelucheux.

Les petits grains de poussière, inclus dans la préparation, forment autant de points lumineux qui peuvent être une source d'erreurs. Il en est de même des bulles d'air. Dans la préparation elles s'illuminent; au contraire, lorsqu'elles se trouvent dans le liquide d'immersion qui réunit la lame au condensateur, elles causent des voiles plus ou moins notables, en déviant une partie des rayons lumineux.

7° Choix des objectifs. — Il ressort des considérations théo-

1. Siedentopf, Ueber mikrokopische Beobachtungen bei Dunkelfeldbeleuchtung *Zeitschr. f. wiss. Mikr.*, XXV, p. 273-282, 1908.

riques sur l'éclairage à fond noir, que les meilleurs objectifs à employer pour ces observations sont les systèmes à sec moyens ou forts, dont l'ouverture numérique n'est pas trop grande. Plus cette ouverture est élevée, moins le fond est noir, parce que l'objectif admet alors un certain nombre de rayons qui n'ont pas subi la réflexion totale. Aussi, avec les objectifs à sec très puissants à grande ouverture numérique, et surtout avec les objectifs à immersion, est-il nécessaire d'éliminer les rayons marginaux, en introduisant un diaphragme particulier dans la monture de l'objectif

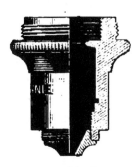

Fig. 118. — Diaphragme intérieur pour objectif à immersion.

(fig. 118). Ces diaphragmes intérieurs doivent généralement être ajustés par le constructeur; ils sont amovibles ou non suivant les cas. Pratiquement, et pour les travaux courants, on emploiera donc les objectifs à sec, associés à des oculaires très puissants, pour augmenter le plus possible le grossissement. Si on veut employer les objectifs à immersion, il faut faire placer dans leur tube un diaphragme amovible.

L'avantage des objectifs à immersion est d'être beaucoup moins sensibles aux variations d'épaisseur des lamelles et à la présence de grains de poussière à la surface des préparations, mais ils donnent moins de contraste et perdent de leur puissance de résolution.

En outre, pour chaque appareil, on aura soin de se conformer aux indications données par le constructeur, en notant bien que l'emploi des apochromats est réservé aux recherches tout à fait délicates.

8° **Choix des oculaires.** — Pour régler l'éclairage et mettre au point, on se sert d'oculaires faibles; mais, pour observer, on devra recourir aux oculaires les plus puissants, de manière à compenser le grossissement insuffisant des objectifs.

9° **Choix de la source lumineuse.** — Pour les travaux courants, les lampes à arc ne sont pas indispensables; on construit d'ailleurs maintenant de petites lampes à arc à main qui fonctionnent avec les courants ordinaires de 110 et 220 volts. Néanmoins les sources lumineuses les plus pratiques, au laboratoire, sont les lampes de Nernst et les brûleurs à gaz intensifs à manchons[1]. La

---

1. La lumière froide de Dussaud est économique et pratique. L'appareil se branche sur le secteur électrique.

lampe de Nernst est une lampe électrique, à filament formé d'oxydes de zirconium et de thorium, donnant une lumière blanche très intense et très fixe. Cette lampe ne s'allume pas immédiatement ; il est nécessaire que le fil de platine soit d'abord porté au rouge avant que l'incandescence se produise. Après un usage plus ou moins prolongé, il peut même arriver que la lampe ne s'allume plus seule ; dans ce cas, on dévisse le globe avec précaution, et, après avoir établi le courant, on chauffe légèrement le filament dans la flamme d'un bec Bunsen : l'incandescence ne tarde pas à se produire et on remet de nouveau la lampe dans son globe. Toutes ces manipulations doivent être exécutées avec beaucoup de soin, car cette lampe est très fragile : les secousses désagrègent rapidement les oxydes, font tomber le filament en poussière et la lampe devient inutilisable. Pour la même raison, il ne faut faire fonctionner cet appareil que pendant le temps strictement nécessaire pour ces opérations.

Cette lampe est assez coûteuse (20 fr.), mais elle consomme relativement peu d'électricité. Elle se fait en plusieurs modèles, suivant la nature et le voltage du courant (110 ou 220 volts).

Les *brûleurs à gaz* peuvent être du type droit (genre Auer) ou renversé. Ce dernier est le plus commode, car il donne une source lumineuse plus intense et plus condensée.

La lampe de Nernst fournit une intensité lumineuse environ 30 fois supérieure à celle d'un bec renversé et 30 fois moindre que celle d'une lampe à arc de 3 à 5 ampères.

En dehors du laboratoire et notamment *en voyage*, on emploiera les procédés de fortune que l'ingéniosité de chacun lui suggérera. Je vais pourtant en signaler quelques-uns, dont j'ai pu expérimenter l'efficacité.

Un bon modèle de brûleur à incandescence est la petite lampe à alcool qui est employée pour les appareils de projection : elle marche au moyen d'une soufflerie en caoutchouc, genre thermocautère. Le manchon est petit, mais très lumineux et en donnant au moyen de la poire une forte pression, on arrive à obtenir une incandescence parfaite. Ce manchon, même usagé, peut devenir facilement transportable : il suffit pour cela de le tremper dans un liquide nommé soléine qui lui rend sa rigidité et sa solidité premières. Les lampes à acétylène de tous les modèles sont encore plus pratiques et donnent une excellente lumière. Notamment, les lanternes de bicyclettes donnent de très bons résultats, elles sont

surtout à recommander en plein air ou sous la tente. Pour l'intérieur des maisons, il est préférable de choisir d'autres modèles
portatifs, moins sujets aux fuites.

A défaut de ces appareils, on peut très bien faire fonctionner le
fond noir avec une lampe à pétrole ordinaire, *pourvu qu'on se place
à l'obscurité*. Une grosse loupe ou un petit ballon rempli d'eau
suffisent pour éclairer le miroir. Avec ce dispositif très simple,
on peut faire d'excellentes observations dans une chambre obscure.

10° Installation et centrage de la source lumineuse. —
Ces opérations sont de première importance, car le meilleur éclairage donnera des résultats très médiocres s'il n'est pas soigneusement centré.

Le centrage s'effectue en deux temps : on centre d'abord l'éclairage, puis le condensateur à fond noir.

a. Centrage de la source lumineuse. — Si on ne se sert pas
de lentille condensatrice, le centrage est soumis aux mêmes règles
que pour le microscope. On commence donc par centrer avec
ou sans condensateur ordinaire, comme il a été dit page 36. Puis
sans déplacer le microscope, ni la source lumineuse, on installe
le condensateur à fond noir. *Employer le miroir plan.*

Si on se sert d'une lentille condensatrice (ou d'une boule remplie d'eau) il faut régler les positions de la lampe, de la lentille et
du microscope, de manière à ce que toute la surface du *miroir
plan* soit parfaitement éclairée. Il est notamment
indispensable que les bords du miroir soient
éclairés très uniformément. Pour cela on place la
lentille ou la boule de verre à 15 ou 20 centimètres

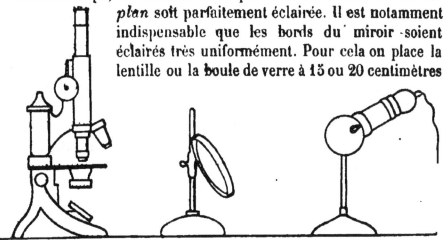

Fig. 119. — Eclairage du condensateur à fond noir avec une lampe de Nernst et
une lentille condensatrice.

du microscope. Le miroir de ce dernier étant incliné à 45°, il est
nécessaire que la lentille lui soit parallèle et soit placée à peu près
au niveau de la platine. La source lumineuse est placée à 20 cen-

timètres environ de la lentille, aussi exactement que possible à son foyer principal [1]. Elle est placée un peu haut, de telle sorte que le trajet des rayons lumineux soit dirigé, de la lampe au miroir, suivant une ligne oblique, faisant un angle de 45° environ avec le plan de la table (fig. 119).

Avec la boule d'eau, qu'on peut réaliser avec un gros ballon de verre de un ou deux litres, rempli d'eau très légèrement colorée en bleu par une petite quantité de sulfate de cuivre, il suffit d'élever la lampe à une hauteur suffisante pour que son image vienne se former sur le miroir plan.

Pour contrôler l'éclairement du miroir on le recouvre d'un morceau de carton blanc. On approche ou on éloigne le microscope, jusqu'à ce que la surface du papier, correspondant au miroir, soit exactement couverte d'un cercle lumineux bien uniformément brillant. Par quelques tâtonnements on règle ensuite la position définitive du miroir.

b. Centrage du condensateur à fond noir. — La plupart des condensateurs portent, gravés sur leur face supérieure, un ou deux petits cercles (fig. 120). Il suffit, après avoir réglé l'éclairage, d'amener ces cercles bien au milieu du champ [2], d'abord avec un objectif faible, puis de parfaire ce centrage avec des objectifs plus forts. A défaut de cercle gravé, on s'efforce, avec un objectif très faible, de mettre au milieu du champ l'espace circulaire obscur qui correspond au diaphragme de l'appareil. Lorsqu'il s'agit d'un condensateur conique, on agit sur les vis de centrage : avec un condensateur à pla-

Fig. 120. — Aspect des cercles de repère des condensateurs à fond noir.

teau, on fait subir au plateau de petits déplacements antéropostérieurs et latéraux jusqu'à obtention du centrage.

IV. — TECHNIQUE DE L'EXAMEN SUR FOND NOIR

Cette technique est des plus simples. L'objet à examiner est généralement une sérosité ou un liquide de l'organisme, dans

1. Pour trouver le foyer principal de la lentille, mettre un carton blanc à la place de la lampe et chercher à former sur ce carton l'image nette d'une source lumineuse éloignée (soleil), en approchant ou éloignant la lentille. Une fois la distance trouvée la mesurer une fois pour toute.
2. Ces cercles ne sont visibles que si a surface du condensateur n'est pas recouverte d'huile de cèdre

lequel on recherche des éléments figurés, parasitaires ou non.

L'examen sera donc toujours fait dans un liquide, de manière à empêcher la réflexion totale des rayons avant que ceux-ci n'arrivent à l'objet. Si le prélèvement du liquide organique est insuffisant, on diluera donc avec de l'eau distillée, de la solution physiologique ou du sérum naturel. Dans d'autres cas, l'objet sera plongé dans un milieu plus réfringent (huile de cèdre, baume du Canada, etc.).

Quel que soit le liquide employé, la préparation devra être très mince, de manière à éviter autant que possible les reflets qui peuvent gêner l'observation.

Mise au point. — La préparation étant achevée et au besoin convenablement lutée, on la porte sur la platine. On a eu soin de mettre une goutte d'eau ou d'huile de cèdre bien fluide au milieu de la face inférieure de la lame et une autre gouttelette sur le condensateur. Le contact de ces deux gouttes assure la continuité optique et, grâce à cet artifice, on évite la formation de bulles d'air (voir plus haut p. 205). On met alors au point d'abord un objectif faible (obj. 3 et oculaire 0). Si le miroir est bien orienté *on doit apercevoir une tache lumineuse au milieu du champ*. Cette tache, qui correspond à l'image de la source lumineuse, doit être rendue *aussi petite que possible* par de légers mouvements verticaux du condensateur. On remplace alors l'objectif faible par un objectif puissant, combiné avec un fort oculaire. Si le contraste n'est pas parfait, on l'améliore par de légers mouvements, latéraux pour le miroir, verticaux pour le condensateur. Les objets doivent être éclairés uniformément, sans faisceaux déviés, ni franges colorées.

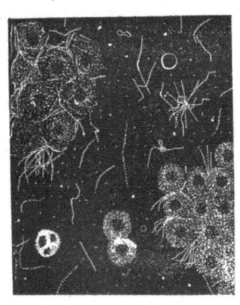

Fig. 121. — Aspect de la sérosité d'un chancre syphilitique, examinée avec l'éclairage à fond noir.

Aspect du champ. — Lorsque le centrage et la mise au

point sont corrects, on aperçoit, sur un fond noir, des taches et des points lumineux mobiles ou immobiles. Il faut savoir reconnaître, parmi ces taches, celles qui sont dues aux défauts du verre et aux grains de poussière : pour cela on examine une préparation faite simplement en mettant une goutte d'huile de cèdre entre lame et lamelle.

Parmi les éléments mobiles, les uns sont simplement entraînés par des courants dus à la capillarité et à la dessiccation progressive, les autres sont réellement animés de mouvements propres. Il faut alors savoir distinguer le mouvement brownien de certaines particules des mouvements véritables des organismes mobiles.

Nous indiquerons, en traitant des méthodes spéciales, la manière d'examiner sur fond noir les divers éléments figurés.

V. — INDICATIONS DE L EMPLOI DU FOND NOIR

L'éclairage à fond noir est très séduisant par son apparente simplicité, aussi a-t-il donné lieu, particulièrement dans le monde médical, à un véritable emballement. Ce procédé rend évidemment de grands services; mais, *en ce qui concerne la pratique courante*, il doit rester une méthode de diagnostic et ne peut supplanter les autres méthodes de recherche. En effet, ce mode d'éclairage ne produit pas une augmentation du pouvoir résolvant (p. 50), mais seulement une *amélioration de la visibilité*, par suite du contraste entre les objets fortement éclairés et le fond obscur. En outre, *pour interpréter correctement les images données par le fond noir, il faut connaître d'avance la structure de l'objet étudié* : cette méthode, loin de détrôner les anciens procédés optiques, suppose au contraire une connaissance parfaite du microscope et notamment une longue pratique de l'examen à l'état frais, sans coloration, en lumière ordinaire. Il est bon d'insister sur ce point, car des observateurs un peu superficiels ont une tendance à préconiser l'examen sur fond noir au lieu et place de toute autre méthode. Entre des mains habiles, le fond noir est appelé à rendre des services importants et montre des détails que l'éclairage central ordinaire est impuissant à révéler. Mais le débutant doit être mis en garde contre les sources d'erreur très nombreuses, cachées sous la simplicité trompeuse de cet artifice d'éclairage. Meyer a publié[1], sur ce sujet, une

1. Meyer, Aussehen der Bakterien im Ultramikroskop. *Archiv. . Protistenkunde*, XXIV, p. 76, 1911.

critique sévère, mais juste, dont la lecture est à recommander.

Ces réserves faites, disons que la principale application *pratique* du fond noir est *la recherche, dans les liquides organiques, d'éléments très petits, peu réfringents et très disséminés*, qui seraient peu distincts ou même invisibles avec l'éclairage ordinaire et qui deviennent facilement visibles lorsqu'ils sont vivement éclairés sur fond obscur. Le type de cette recherche est représenté par le diagnostic de la syphilis, que nous décrivons en détail page 552.

Les autres objets qui se prêtent le mieux à cet examen sont ceux qui sont très minces et dont les détails de structure reposent sur des différences de réfringence. Comme exemple nous pouvons donner les Diatomées et les corps à structure fibrillaire, les corpuscules linéaires (Bactéries, cils, fibres) ou punctiformes. Au contraire les corps épais, colorés, ou dont les détails de structure se manifestent par l'absorption des rayons lumineux (préparations colorées), sont tout à fait impropres pour l'éclairage à fond noir.

Dans tous les cas, il faut user du fond noir avec circonspection, s'exercer d'abord avec des objets parfaitement connus, bien décrits dans les livres et dont on a étudié soigneusement la structure en lumière centrale. C'est alors seulement qu'on pourra se risquer à examiner des objets plus difficiles : on arrive ainsi aux confins d'un domaine accessible seulement à une élite, et dans lequel le fond noir est certainement appelé à résoudre beaucoup de difficultés et à étendre notablement les limites de la visibilité.

Un des écueils de cette méthode est la part qui revient forcément à l'interprétation personnelle dans l'étude de préparations vivantes et mobiles, dont il ne reste rien lorsque l'observation est terminée. Ces conditions rendent le contrôle et la critique des résultats obtenus particulièrement difficiles, puisque rien de permanent ne subsiste, qui puisse servir de document justificatif et de matériel de comparaison.

Il faut donc être très prudent en interprétant les résultats obtenus par ce genre d'examen, et n'accueillir qu'avec beaucoup de réserves les publications qui ne se présentent pas avec la garantie d'une compétence indiscutable.

Pour prouver combien sont difficiles les recherches qui sortent de la pratique du diagnostic, je mentionnerai, par exemple, outre les travaux de Meyer cités plus haut, ceux de K. Reichert sur les

Bactéries ciliées[1]. Ils montrent que ce sujet dépasse déjà la technique courante et n'est accessible qu'à des chercheurs bien entraînés. En effet, la visibilité de ces cils ne dépend ni des propriétés optiques, ni des propriétés osmotiques du liquide dans lequel on les examine, mais bien des propriétés chimiques des substances qu'il tient en dissolution. Il faut que le milieu renferme un électrolyte et une substance colloïde qui favorise la coalescence des cils et les rende ainsi plus visibles. Les non-électrolytes et les bases rendent les cils invisibles, tandis que les acides et les sels sont les corps les plus favorables. Le meilleur milieu pour l'observation des cils des Bactéries se trouve être l'eau de condensation de la gélose ou la gélatine nutritive, diluée avec son volume de bouillon. Les mordants, tels que le liquide de Zettnow, produisent le curieux effet de rendre les cils très visibles et aussi nets que dans les meilleures préparations colorées. En ce qui concerne les Protozoaires, Duboscq estime que l'éclairage à fond noir peut rendre des services considérables, par exemple pour la systématique des Spirochètes, chez lesquels la nature des mouvements fournit de bons caractères distinctifs. Certains détails des membranes, myonèmes, flagelles, cils, pseudopodes, etc., ne peuvent être révélés que par le fond noir. Mais, ici encore, nous touchons à des questions très délicates, accessibles seulement aux chercheurs très spécialisés.

VI. — NOTIONS SUR L'ULTRAMICROSCOPIE

L'ultramicroscope est destiné à rendre visibles les objets trop petits pour être vus avec les grossissements microscopiques dont nous disposons actuellement. C'est donc un instrument bien différent du fond noir, qui sert à observer des objets déjà visibles au microscope. Michaelis[2] a montré en effet que l'ultramicroscope donne, avec ces objets, des images dont les contours ne sont pas nets, mais entourés de nombreux anneaux de diffraction. Il donne comme exemple les leucocytes et les hématies. Gaidukov insiste sur le même inconvénient et déclare que l'ultramicroscope ne peut convenir pour le travail courant.

Pour définir l'objet ultramicroscopique[3], il faut connaître la limite de visibilité des objets microscopiques. Cette limite dépend, d'une part, du pouvoir résolvant du microscope, d'autre part de la constitution de l'œil humain. Parlons de ce dernier : il est évident que, pour apprécier

1. K. Reichert, Ueber die Sichtbarmachung der Geisseln und die Geisselbewegung der Bakterien. *Centralblatt für Bakteriologie, Orig.*, LII, p. 14-94, 1909.
2. Michaelis, Ultramikroskopische Untersuchungen. *Virchow's Archiv*, CLXXIX, p. 195-208, 1905.
3. Cf. p. 198, note 1.

la distance qui sépare deux points, il faut que cette distance soit plus grande que l'espace qui sépare deux éléments sensibles de la rétine. Nous ne pourrons donc pas distinguer les limites d'un objet, si ces limites sont comprises dans un espace d'étendue inférieure à cette donnée anatomique. En ce qui concerne le microscope, nous avons dit (p. 60) que ce qui importe n'est pas le grossissement linéaire, mais le pouvoir résolvant, et nous avons établi les limites de la résolution des meilleurs objectifs. Nous savons que, pratiquement, cette limite est de 0 μ 5 et que, dans certaines conditions particulières, elle peut être diminuée de moitié et portée à 0 μ 25, soit un quart de micron. Ce dernier chiffre ne peut être obtenu qu'avec l'éclairage monochromatique ultra-violet et l'image ne peut être vue que par l'intermédiaire de la plaque photographique (p. 60 et 69).

Il faut non seulement envisager ces conditions, mais encore la manière dont se forment les images microscopiques. Nous avons vu (p. 54) que l'optique géométrique n'en donne pas une explication complète. Il faut encore tenir compte du mouvement ondulatoire des rayons lumineux, mouvement qui se traduit par des phénomènes de diffraction. En effet, pour un point supposé lumineux par lui-même, l'image obtenue n'est pas un point, mais une tache circulaire, formée par des cercles de diffraction. Lorsque le point est très petit, l'image devient une petite tache pâle et diffuse, dont la netteté n'augmente pas avec le grossissement du microscope. De plus, au-dessus de la limite de résolution que nous avons indiquée (0 μ 25), la tache cesse complètement d'être visible. Or les objectifs actuels ont été tellement perfectionnés, qu'on est arrivé à atteindre la limite théorique imposée par la constitution même de la lumière, quelles que soient les radiations employées. Aussi, pour voir les particules ultramicroscopiques, c'est-à-dire celles dont les dimensions sont une fraction de micron, qui peut même descendre au millionième de millimètre, a-t-il fallu chercher un procédé détourné.

On est arrivé à rendre *visibles* ces particules au moyen de l'éclairage latéral, par un procédé analogue à celui du fond noir. Mais il faut bien savoir que cette visibilité est d'une nature toute spéciale et qu'elle exclut absolument toute étude morphologique. *C'est là ce qui constitue la différence fondamentale entre le fond noir et l'ultramicroscope.* Dans le premier, l'objet est encore défini morphologiquement, on peut le reconnaître et l'étudier, quoique imparfaitement. Dans le second, l'objet n'est pas défini; son existence nous est simplement révélée par illumination, sans que nous ayons aucune notion de sa forme. Nous ne voyons pas l'objet qui est et restera toujours au delà de notre visibilité, mais nous percevons les rayons diffractés par lui. Ce phénomène est tout à fait analogue à celui qui nous permet de voir facilement, à l'œil nu, des étoiles dont les plus puissants télescopes ne nous permettent pas de déterminer la forme et les dimensions. Il suffit que ces étoiles émettent une quantité de lumière capable d'impressionner la rétine. Elles sont d'autant plus visibles que le fond du ciel est plus obscur.

Il ne peut être question de décrire ici les ultramicroscopes. Nous nous contenterons de mentionner les principaux dispositifs.

Ultramicroscope cardioïde de Zeiss. — Le condensateur cardioïde [1]

---

1. La surface réfléchissante concave de ce condensateur devrait être théoriquement une courbe cardioïde, d'où le nom donné à cet instrument pour le distinguer des autres condensateurs sphériques.

ressemble beaucoup au condensateur sphérique de Leitz; on l'emploie avec l'arc électrique, pour l'étude des mouvements browniens et des colloïdes liquides. L'avantage de cet appareil réside dans sa simplicité relative. Les préparations sont faites entre lame et lamelle. L'inconvénient résulte des attractions exercées par la lame et la lamelle sur les particules ultramicroscopiques, ce qui trouble à la fois l'éclairage et la concentration du colloïde. On obvie à ce dernier inconvénient par l'emploi de chambres en quartz.

Ultramicroscope de Cotton et Mouton [1]. — Le condensateur est remplacé par un bloc de verre de forme parallélipipédique. La lumière pénètre dans ce bloc par une face oblique, normale à la direction des rayons, puis est réfléchie totalement par la face inférieure. Une nouvelle réflexion totale se produit à la face supérieure de la lamelle, de telle sorte qu'aucun rayon lumineux ne peut pénétrer dans l'objectif. Cet appareil présente, au point de vue de la préparation, les mêmes inconvénients que le cardioïde. Le faisceau diffracté n'est ni dans l'axe du faisceau éclairant, comme dans les condensateurs sphériques, ni perpendiculaire à cet axe, comme dans les appareils à fente.

Ultramicroscope à fente de Siedentopf et Zsigmondy. — Dans cet appareil, le liquide à examiner est enfermé dans une cellule de forme particulière, éclairée par un faisceau lumineux qui traverse d'abord une fente réglable, puis un objectif qui projette une image très réduite de cette fente. On arrive ainsi à réaliser, dans les liquides ou les solides, des coupes optiques très minces. Cet appareil est le seul qui permette l'examen des colloïdes solides.

Les ultramicroscopes proprement dits n'ont encore rendu que bien peu de services aux sciences biologiques, du moins au point de vue pratique. La cause en est surtout dans l'impossibilité de déterminer la *forme* des objets observés. Ce grave inconvénient est irrémédiable, puisqu'il résulte du principe même de la méthode. Il s'opposera toujours à l'étude approfondie des parasites, dits invisibles, dont le rôle apparaît déjà comme très considérable en pathologie. Par contre, l'ultramicroscope a fait faire quelques progrès à nos connaissances sur la *structure du protoplasme*, en nous révélant la constitution des colloïdes inorganiques et en nous permettant ainsi d'aborder l'étude de la matière colloïdale vivante. L'ultramicroscope nous a édifié aussi sur la nature des particules animées du *mouvement brownien;* il nous a appris que ces corpuscules sont de dimensions ultramicroscopiques. Si nous les apercevons quelquefois, dans les préparations éclairées par un faisceau central ordinaire, c'est qu'elles sont illuminées par des rayons obliques et deviennent visibles par diffraction, sans que nous percevions leur forme véritable. Ces particules, animées parfois d'une trépidation intense et de véritables mouvements de locomotion ne doivent pas être confondues avec de véritables organismes figurés vivants, dont les mouvements sont immédiatement arrêtés par les agents fixateurs.

1. Cotton et Mouton, *Les ultramicroscopes*, Paris, Masson, 1906.

CHAPITRE XIX

APPAREILS ACCESSOIRES

Je serai très bref au sujet de ces appareils, car je considère que la plupart d'entre eux sont superflus, surtout pour le travail courant.

Je signale, sans le décrire, l'*opak-illuminator*. C'est un dispositif qui permet d'examiner des objets opaques en lumière réfléchie, même avec de puissants objectifs à court foyer; il consiste à

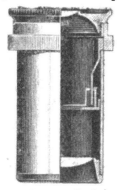

Fig. 122. — Oculaire indicateur.

éclairer l'objet au moyen d'un prisme à réflexion totale qui se trouve dans la monture de l'objectif au-dessus des lentilles. Ce prisme reçoit latéralement l'éclairage de la source lumineuse. Cet appareil est surtout employé dans la métallographie microscopique.

Un accessoire très important, pour les micrographes qui sont obligés de se livrer à l'enseignement, est l'*oculaire indicateur* (fig. 122). Le principe en est très simple : c'est un oculaire ordinaire, dans lequel se trouve, dans le plan du diaphragme, une aiguille indicatrice. Avec cette aiguille, on peut montrer à l'élève un point précis d'une préparation. Grâce à cet accessoire, on peut épargner un temps considérable dans les démonstrations et on peut s'assurer si l'élève a compris, en lui faisant montrer avec l'aiguille le point sur lequel on l'interroge.

Il est très facile de réaliser soi-même un oculaire indicateur. Van Walsem[1] perce un petit orifice dans le tube d'un oculaire quelconque, juste au-dessus du diaphragme. Dans cet orifice il

1. Van Walsem, Ueber ein einfachstes fakultatives Demonstrationsokular, *Zeitschr. f. wiss. Mikr.*, XXI, p. 174, 1901.

fait passer une épingle qu'on peut enfoncer plus ou moins. R. de Sinéty[1] place au-dessus du diaphragme un mince anneau de liège, dans lequel il pique une très fine aiguille. Shiino[2] colle un poil de pinceau entre deux anneaux de papier et place ce petit appareil sur le diaphragme de l'oculaire. L'extrémité du poil ne doit pas atteindre le centre du champ.

Les constructeurs fabriquent presque tous des oculaires indicateurs plus ou moins compliqués. Les meilleurs sont naturellement ceux dont l'aiguille est mobile (fig. 122), ce qui permet d'atteindre tous les points du champ optique, en combinant la manœuvre de l'aiguille avec un mouvement de rotation de l'oculaire.

Le *marqueur* est destiné à repérer exactement la position des objets dans une préparation. Nous savons déjà effectuer ce repé-

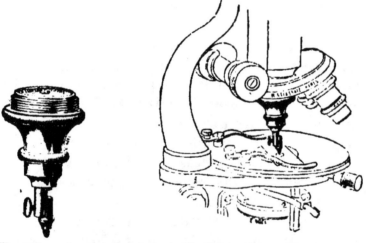

Fig. 123. — Marqueur à pointe de diamant.

Fig. 124. — Le marqueur prêt à entourer d'un cercle un point de la préparation.

rage au moyen des verniers de la platine à chariot, mais nous avons fait remarquer (p. 14) que ce procédé n'était pas toujours fidèle et ne pouvait servir que pour un seul microscope. Le marqueur permet de tracer sur la préparation elle-même un petit cercle visible à l'œil nu. Il y a beaucoup de modèles de marqueurs : un des meilleurs est celui qui possède une pointe de diamant (fig. 123). On le visse à la place de l'objectif, dont il a la forme,

1. Strasburger, *Das botanische Praktikum*. Jena, Fischer. 4e édit., 1902, cf. p. 684.
2. Shiino. Einfaches Demonstrationsokular. *Zeitsch. f. wiss. Mikr.* XXIX, p. 321, 1912.

et, en faisant tourner la pointe au moyen d'une bague molettée, on trace un petit cercle sur la préparation (fig. 124). On a eu soin de mettre l'objet bien au centre du champ optique.

On peut varier à volonté le diamètre du cercle car la tige qui porte le diamant peut être écartée plus ou moins de l'axe, au moyen d'une vis de rappel. Le contact de la pointe de diamant avec la préparation est assuré par un ressort à boudin très doux, qui évite tout danger de briser la lamelle.

A défaut de marqueur, on aura recours, pour retrouver un point dans une préparation, aux petits moyens très simples que l'ingéniosité de chacun lui suggérera. En voici quelques-uns : on peut tracer un cercle sur la lamelle, avec une plume et de l'encre indélébile (p. 473), en se servant d'un objectif faible. Pour les frottis, on peut tracer ce cercle sous la lame ou, plus simplement encore, dans le frottis lui-même, avec un crayon très dur ou une aiguille. On peut aussi faire une marque à l'encre, sur le bord de la lame, en face du point intéressant. Pour faciliter le tracé exact et l'utilisation consécutive de ces signes, on peut graver, avec une pointe d'acier, un ou plusieurs traits de repère sur la platine et faire coïncider avec ces traits les signes inscrits sur le bord de la lame. Avec la platine carrée et fixe dont je recommande l'emploi, on trace une ligne médiane, antéro-postérieure, ou deux lignes en croix ou mieux encore quatre lignes se coupant à 45°, suivant la méthode de Vescovi [1]. Pour tracer exactement ces lignes, Curreri [2] conseille de les dessiner d'abord sur un carré de papier de la dimension de la platine. Pour centrer le papier, on perce au milieu un trou avec une fine aiguille et on centre avec un objectif moyen. On marque alors, sur la platine, des points correspondant aux extrémités des lignes; il ne reste plus qu'à réunir ces points. Pour centrer la platine de nouveau, on emploie le même artifice. On repère les préparations au moyen de trois points correspondant à trois lignes contiguës.

Enfin, l'appareil dit *chercheur Maltwood* et les appareils similaires pourront rendre des services. Théoriquement les verniers des platines à chariot devraient suffire au repérage. Malheureuse-

1. De Vescovi, Un semplicissimo marcatore geometrico per micrografia. *Zool. Anzeiger*, XV, p. 203, 1892.

2. Curreri, Metodi vecchi e nuovi per determinare e ritrovare la posizione di uno o più punti interessanti di preparati microscopici. *Ricerche labor. anat. norm. Roma.* XII, p. 53-85, pl. III, 1906. Très important mémoire où tous les appareils de repérage sont passés en revue. Bibliographie très complète.

ment, comme il a été dit (p. 14), leur emploi est peu pratique et
les indications qu'ils donnent n'ont de valeur que pour un seul
microscope. On peut faire de même avec les platines tournantes,
mais il faut les centrer soigneusement chaque fois, si on veut
utiliser les repères. Il est évident que, sans cette précaution, on
n'arrivera pas à retrouver le point cherché.

Les *platines chauffantes* peuvent rendre de réels services dans
les examens à l'état frais, aussi je ne puis les passer sous silence.

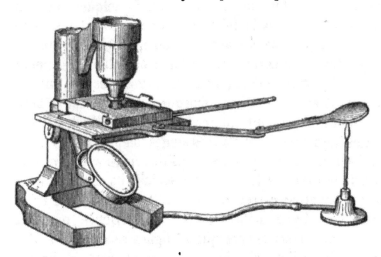

Fig. 125. — Platine chauffante de Malassez.

La plus simple est celle de Malassez [1] (fig. 125). Elle se compose
d'une plaque métallique surmontée d'une petite chambre, métallique aussi. On introduit la préparation latéralement et on la fixe
au moyen de deux petites portes à coulisse. On peut aussi glisser
un thermomètre dans la chambre. Le chauffage se fait par con-
ductibilité, au moyen d'une lamelle métallique articulée, qu'on
chauffe directement et dont on peut modifier la longueur suivant
la température désirée. La source de chaleur sera une lampe à
alcool ou un bec Bunsen à petite flamme.

La platine de Schultze est basée sur le même principe, mais elle
est un peu moins pratique. La préparation n'est pas enfermée
dans une chambre, aussi le chauffage est-il moins régulier.

Parmi les platines à circulation d'eau, je me bornerai à citer
celles de Ranvier, de Pfeiffer et de Stricker.

1. *C. R. Soc. biol.*, 7 juillet 1886; *Arch. de physiol.*, p. 271-273, 1886.

DEUXIÈME PARTIE

MÉTHODES GÉNÉRALES

CHAPITRE PREMIER

BUT DE LA TECHNIQUE MICROSCOPIQUE

L'étude du microscope nous a montré que les objets, observés avec cet instrument, doivent être très minces et très transparents. Nous savons, en effet, que, dans l'immense majorité des cas, ces objets sont examinés en lumière transmise. L'emploi de la lumière réfléchie est très rare; il ne s'applique guère qu'à l'étude des Arthropodes, pour laquelle on se sert de préférence de loupes ou de microscopes binoculaires.

On ne peut donc observer au microscope, en lumière transmise, que des préparations suffisamment minces pour permettre à la lumière de les traverser et aussi pour ne pas empêcher l'emploi d'objectifs puissants, à courte distance frontale.

La plupart des objets ne pourront donc être observés tels quels. Même si on les examine à l'état frais, il faudra qu'ils soient dissociés, ou réduits en tranches minces, pour permettre de les enfermer entre lame et lamelle. Nous devrons donc étudier tout d'abord les procédés d'*examen à l'état frais*, soit des objets tels quels, soit après dissociation ou dilacération.

Mais cet examen ne saurait nous donner des préparations définitives, susceptibles d'être conservées en collection ; il est en outre insuffisant pour nous montrer tous les détails de l'organisation. Nous savons que la plupart des objets doivent être colorés, de façon à donner une image par absorption, beaucoup moins sujette aux illusions d'optique que les images par réfraction et diffraction (p. 158). Aussi, outre les *colorations vitales*, qui rentrent dans l'examen à l'état frais, devrons-nous étudier les diverses *méthodes de coloration* qui constituent la base de la technique microscopique moderne.

Ces colorations ne peuvent être faites que sur du matériel convenablement *tué*, *fixé*, et éventuellement réduit en tranches ou *coupes très minces*. Nous devrons donc étudier successivement la *manière de tuer les animaux*, les *procédés de fixation*, la *méthode des coupes* et les *méthodes de coloration*, auxquelles se joignent les *méthodes d'imprégnations métalliques*. L'objet, une fois coloré, doit être plongé, pour l'observation, dans un milieu qui l'imprègne complètement et dont l'indice de réfraction soit tel qu'il permette, sans nuire à la transparence, de voir le plus possible de détails de structure. Nous devrons donc consacrer un chapitre particulier aux *méthodes de montage* et aux divers *milieux* ou *mediums*.

La technique microscopique est donc l'ensemble des procédés qui permettent d'étudier un organisme vivant, d'examiner des tissus frais, puis de les fixer, de les réduire en tranches minces, de les colorer et de les monter en préparations définitives. Chacune de ces opérations s'effectue grâce à des méthodes physiques ou chimiques, dont l'ensemble constitue la technique moderne. Ainsi que nous l'avons dit dans l'introduction, nous étudierons d'abord les méthodes générales, qui peuvent convenir à la grande majorité des cas et avec lesquelles l'élève devra d'abord se familiariser. Dans la troisième partie, nous décrirons les méthodes spéciales à chaque groupe d'êtres organisés. Dès maintenant, nous pouvons dire que les méthodes générales sont applicables à la fois aux végétaux et aux animaux. Il n'y a pas, en réalité, une technique botanique et une technique zoologique ; les mêmes procédés généraux de technique microscopique peuvent être appliqués à ces deux groupes d'êtres. Il n'y a de différences que pour les procédés spéciaux dont nous traiterons séparément.

Nous ne saurions trop répéter ici ce que nous avons dit dans notre introduction, à savoir que la technique est un moyen et non une fin. La fin, c'est avant tout la connaissance exacte de la structure intime de l'objet étudié, en tant que cette structure nous permet de connaître et de comprendre les phénomènes biologiques. La préparation, si bien exécutée et si agréable à regarder qu'elle soit, n'est que le moyen de parvenir à cette fin. Voilà ce qu'il ne faut pas oublier, si on veut faire de bonne besogne scientifique.

CHAPITRE II

LA PRÉPARATION MICROSCOPIQUE

Faire une préparation microscopique consiste, le plus souvent, à enfermer l'objet à examiner entre deux lames de verre[1]. De ces deux lames, l'une sert à supporter l'objet, c'est le porte-objet ou plus simplement la *lame* : c'est ce dernier vocable que nous emploierons toujours. L'autre sert à couvrir l'objet, elle est en verre très mince et se nomme couvre-objet ou *lamelle* : nous la désignerons toujours par ce dernier terme. Nous dirons donc que l'objet

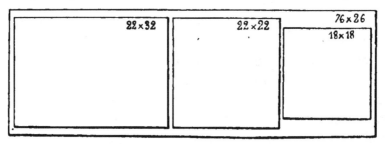

Fig. 126. — Dimensions des lames et lamelles les plus usitées.

est monté entre lame et lamelle; le verbe *monter* indiquera pour nous l'exécution d'une préparation microscopique définitive.

Il existe des *lames* de plusieurs formats, mais il est entendu que, pour le travail courant, nous employons exclusivement les lames du format 76×26 mm. Les amateurs se servent volontiers de lames à bords rodés, qui sont mieux choisies et en verre plus blanc. Dans les laboratoires où on travaille beaucoup et où la consommation est grande, il est préférable de prendre simplement des

1. Cette définition s'applique à la majorité des préparations microscopiques. Font seuls exception les frottis desséchés conservés sans lamelle.

lames ordinaires, non rodées, qui sont beaucoup moins chères et parfaitement suffisantes.

Par contre, il faut avoir un assortiment de *lamelles* de différentes dimensions, suivant la nature des objets. Les formats les plus courants sont 18/18, 22/22, 22/32. Ces lamelles sont carrées ou rectangulaires : il existe aussi des lamelles rondes. Ces dernières sont plus élégantes et permettent d'employer la tournette pour faire des bordures bien régulières. Pourtant, j'ai vu la majorité des travailleurs employer des lamelles carrées : ce sont celles dont je me sers toujours et dont je recommande l'usage. On proportionne les dimensions de la lamelle à la surface de l'objet à recouvrir. Les deux formats carrés conviennent pour des objets isolés ou des éléments en suspension dans un liquide. Les grandes lamelles rectangulaires s'emploient surtout pour les coupes.

Un point important est *l'épaisseur des lames et des lamelles*. On fera bien de s'en tenir, pour les unes et les autres, à un chiffre moyen. Une épaisseur trop faible augmente la fragilité, sans grand bénéfice au point de vue optique. Pour les lamelles, il faut se rapprocher autant que possible du chiffre moyen pour lequel les objectifs puissants sont corrigés. Nous avons vu (p. 74) l'influence fâcheuse que des lamelles trop épaisses ou trop minces peuvent exercer sur la netteté des images. Nous avons indiqué en même temps les principaux procédés permettant de mesurer l'épaisseur des lamelles (p. 75).

Nous indiquons plus loin (p. 229) les procédés de *nettoyage* des lames et des lamelles. Notons bien ici que, mêmes neuves, elles ne peuvent être employées telles quelles. Toujours elles sont souillées de poussières et de matières grasses : il est donc indispensable de leur faire subir au moins une immersion préalable dans l'alcool[1]. Lames et lamelles seront conservées dans ce liquide d'où on les sort au moment de s'en servir : on les essuie alors avec un linge propre, doux et non pelucheux. On placera donc, sur la table de travail,

Fig. 127. — Bocaux droits pour conserver les lames et les lamelles dans l'alcool.

les lames et les lamelles dans une série de bocaux droits (fig. 127),

1. Par économie on peut employer, au lieu d'alcool éthylique, l'alcool méthylique ordinaire.

bouchés à l'émeri : on puise dans ces bocaux au fur et à mesure des besoins.

L'objet peut être monté entre lame et lamelle, soit dans l'air, ce qui est le cas le plus rare, soit presque toujours dans un milieu liquide. Parmi ces derniers, les uns sont solidifiables, soit par refroidissement, soit par évaporation, les autres sont des solutions aqueuses. Dans le premier cas, il suffit de laisser refroidir ou sécher la préparation ; dans le second, il faut que la préparation soit fermée hermétiquement, pour éviter l'évaporation du liquide et la dessiccation de l'objet. Cette fermeture s'exécute en réunissant la lamelle à la lame au moyen d'un ciment ou lut. Nous étudierons en détail ces procédés de fermeture (p. 404).

La préparation, une fois terminée, doit être étiquetée. L'*étiquette* sera collée de préférence à gauche de la préparation. Si cette étiquette ne suffit pas pour consigner tous les renseignements, on en collera une autre à droite. Ces étiquettes porteront le nom de l'animal ou de la plante, celui de l'organe, l'indication éventuelle du mode de fixation, de coloration et de montage, et enfin la date de la préparation.

Nous ne pouvons énumérer ici toutes les variantes des préparations microscopiques : nous les étudierons méthodiquement et complètement dans les chapitres qui vont suivre.

Ajoutons quelques mots sur la *nécessité de la lamelle*. Les débutants sont quelquefois tentés de négliger son emploi, surtout dans les examens à l'état frais, et sont tout étonnés de ne pouvoir obtenir une image distincte, même avec les objectifs faibles. Il n'y a qu'un cas dans lequel la lamelle ne soit pas indispensable, c'est pour l'examen des frottis desséchés, mais il faut avoir soin de les recouvrir d'huile de cèdre, non seulement pour l'emploi des objectifs à immersion, mais encore pour donner à la préparation une transparence suffisante et une homogénéité optique nécessaire à la bonne marche des rayons lumineux.

Dans tous les autres cas, l'objet doit être mis entre lame et lamelle pour que la préparation ait une planéité suffisante et pour que la lentille frontale des objectifs forts ne plonge pas dans le liquide. La planéité de la préparation a une grande importance, tant au point de vue de la facilité de la mise au point que de la qualité des images. On sait que, par suite des actions capillaires, une goutte de liquide, placée sur une lame de verre, peut s'étaler rapidement ou former une calotte sphérique, suivant que le verre est mouillé ou non. Dans le premier cas, le liquide s'étale et l'objet n'est plus couvert ; dans le second, il y aura des jeux de lumière dus à des inégalités de réfraction et de réflexion. La lamelle a pour effet de retenir le liquide, sous forme de tranche d'épaisseur convenable, à surfaces planes et entourant complètement l'objet. Il faut, autant que possible, que la lamelle soit bien horizontale et parallèle à la lame. Pour les objets un peu épais ou irréguliers, on obtient cette horizontalité au moyen do cales de diverse nature (p. 236).

Lamelles en gélatine. — Pranter[1] a eu l'idée ingénieuse de substituer, dans certains cas, des feuilles de gélatine aux lamelles de verre. Il utilise les feuilles très minces et parfaitement transparentes dont on se sert pour envelopper certaines denrées alimentaires (pain d'épices, etc.). Ce procédé ne peut convenir que pour des coupes deshydratées et montées au baume ou à la térébenthine de Venise, car les feuilles de gélatine se dissolvent dans l'eau, la glycérine, le lactophénol et tous les milieux aqueux. En outre, les préparations ainsi montées n'ont pas une durée absolument indéfinie. Pourtant le bon marché de ces lamelles peut les rendre précieuses pour l'enseignement, pour les travaux pratiques d'élèves et pour les préparations de grande surface. Elles supportent très bien l'huile d'immersion, ainsi que le nettoyage au toluène, mais elles craignent la chaleur et l'humidité, qui les font plisser.

Nettoyage des lames et des lamelles.

1. Lames neuves. — Pour les travaux délicats et notamment pour les frottis de sang, il est préférable d'employer des *lames neuves*. Pour les frottis, qui nécessitent des lames sèches, on dégraisse ces lames neuves dans de l'alcool et, au sortir de ce liquide, on les essuie avec un linge fin, non pelucheux. Lorsqu'on fait ce nettoyage à l'avance, il faut envelopper les lames, par paquets, dans du papier blanc ou du papier dit hygiénique. On les garde ainsi à l'abri de la poussière et on n'ouvre les paquets qu'au moment de s'en servir.

Pour coller les coupes, on peut employer des lames sortant de l'eau et supprimer ainsi les inconvénients de l'essuyage, qui graisse toujours un peu le verre et prend du temps. Voici comment P. Masson conseille de procéder : on plonge les lames neuves dans un mélange à parties égales d'alcool à 90° et d'acide chlorhydrique, puis on les lave à plusieurs eaux. Finalement, on les plonge dans l'eau distillée et on ne les en sort qu'au moment de coller les coupes. Le dégraissage est parfait et l'adhérence remarquable.

Pour l'étalement des liquides destinés à coller les coupes, rappelons la facilité avec laquelle les liquides s'étalent sur le verre préalablement flambé (p. 237). Ce qui est un inconvénient pour les cultures cellulaires devient ici un avantage. Le flambage peut donc servir à l'occasion pour le nettoyage des lames : il doit être fait dans une flamme non fumeuse.

1. Pranter, Ein billiger Ersatz für Deckgläser. *Ztschr. f. wiss. Mikr.*, XVIII, p. 159, 1901.

2. Lames usagées. — Leur nettoyage est plus difficile. On y arrive asséz facilement avec de l'eau chaude et du savon, pour les lames et lamelles sur lesquelles il n'y a ni baume, ni résine, ni huile de cèdre. Pour les préparations au baume, surtout anciennes, il est souvent plus économique de jeter les lames plutôt que de les nettoyer, car le temps qu'on y passe et les réactifs nécessaires coûtent plus cher que le verre. Pourtant, lorsqu'on désire les faire resservir, on les fera tremper pendant plusieurs jours dans le mélange suivant :

```
Bichromate de potassium. . . . . . . . .   100 gr.
Acide sulfurique . . . . . . . . . . . . .   100 —
Eau . . . . . . . . . . . . . . . . . .     1000 —
```

puis on les lavera à grande eau et, finalement, on les conservera dans l'alcool.

3. Lamelles. — Les procédés de nettoyage sont les mêmes que pour les lames, mais on doit tenir compte de leur fragilité, aussi faut-il prendre des précautions particulières pour l'essuyage. Quelques auteurs recommandent de les essuyer d'une seule main, entre le pouce et l'index ; je trouve qu'on peut, sans inconvénient, les essuyer à deux mains, en les tenant par la tranche entre le pouce et l'index gauche.

Il est plus nécessaire encore que pour les lames de les laver à l'alcool acide, car elles sont souvent recouvertes d'un enduit blanchâtre adhérent. On les conserve ensuite dans l'alcool ordinaire, jusqu'au moment de l'emploi.

Altérations des lames et des lamelles.

En Europe, les lames et lamelles se conservent assez bien, pourtant ces dernières se dépolissent quelquefois au point de devenir inutilisables, lorsqu'on les conserve dans leurs boîtes d'origine.

Dans les *pays tropicaux* ces altérations sont beaucoup plus rapides : au contact de l'atmosphère chaude et humide, la dévitrification peut être assez intense pour rendre la surface du verre opalescente et mettre hors d'usage non seulement les lamelles, mais encore les lames.

Dans certains cas, l'enduit blanc qui se forme sur les lames et lamelles est soluble dans les acides ; un lavage à l'alcool acidulé par l'acide acétique suffit alors pour leur rendre leur transparence.

Il y a peu de moyens pratiques pour lutter contre la dévitrification : il faut d'abord choisir des lames et lamelles en verre de première qualité, aussi peu altérable que possible. On peut aussi enduire les lamelles d'essence de girofle ou d'huile de paraffine. Ce moyen est très efficace, mais il nécessite un nettoyage ultérieur très soigneux et quelquefois impossible, si on ne dispose pas de dissolvants appropriés. La conservation en boîtes métalliques hermétiques donne de bons résultats.

CHAPITRE III

EXAMEN A L'ÉTAT FRAIS

L'examen à l'état frais est la méthode histologique à la fois la plus simple et la plus ancienne; c'est aussi une de celles qui ont donné lieu aux plus grandes découvertes.

Sans parler des organismes des fermentations trouvés par Pasteur au moyen de cette simple méthode, nous pouvons citer, comme acquisitions capitales de la science, la Bactéridie charbonneuse, le Bacille de la fièvre typhoïde, le Spirochète de la fièvre récurrente, les Plasmodies du paludisme, les Filaires du sang, les Champignons des teignes, les Trypanosomes qui, tous, ont été découverts sans l'aide d'aucun colorant, par l'examen à l'état frais du sang ou des produits pathologiques.

Une méthode qui a fourni des découvertes aussi capitales, ayant véritablement révolutionné les sciences médicales, ne saurait être négligée, quels que soient par ailleurs les perfectionnements de la technique histologique moderne. Cette méthode est absolument indiquée toutes les fois qu'il faut rechercher, dans un liquide organique, la présence d'un organisme parasitaire ou d'un corps figuré, ou qu'il faut mettre en évidence une manifestation de la vie telle que les mouvements, contractions, courants protoplasmiques, phénomènes de digestion intracellulaire, etc. On emploiera l'examen à l'état frais, non seulement pour ces divers ordres de recherches, mais encore pour l'examen préliminaire du sang et des autres liquides organiques, la recherche de certaines Bactéries, des Champignons microscopiques et parasites, et enfin, d'un bon nombre de parasites animaux.

Cette méthode a pour elle l'avantage d'une extrême simplicité; elle est donc généralement d'un emploi très facile et, en outre, ne produit aucune modification dans les objets examinés. Notamment elle nous montre, avec une parfaite exactitude, la forme et les mouvements des organismes. Malheureusement son emploi est restreint par d'étroites limites. Elle ne s'applique qu'à des objets très minces et transparents; elle ne permet pas des observations très prolongées, et enfin elle ne démontre qu'une très faible partie des détails de structure. Pourtant, en choisissant convenablement les objets, on peut arriver à voir des détails cytologiques tels que les centrosomes : Bresslau [1] les observe à l'état frais, dans les œufs de *Mesostoma Ehrenbergi*, Turbellarié qui vit dans les marécages peu profonds (20 à 30 cm.), à fond d'humus et de feuilles mortes, de préférence dans les endroits ombragés.

L'examen à l'état frais nécessite certaines précautions. Étudions d'abord celles qui sont d'ordre optique. Comme il s'agit de préparations non colorées, on se reportera à ce qui a été dit à ce sujet p. 147. On éclairera la préparation avec des faisceaux aussi étroits que possible, qu'on obtient en rétrécissant convenablement l'ouverture du diaphragme iris, de manière à ne pas noyer les détails dans une lumière trop intense. L'éclairage joue ici un rôle considérable car il s'agit le plus souvent d'objets dont l'indice de réfraction diffère peu de celui du milieu dans lequel on les examine.

L'emploi du *fond noir* (p. 198) peut rendre des services dans les examens à l'état frais, surtout lorsqu'il s'agit de rechercher des éléments figurés de petite taille et très disséminés.

I. — LIQUIDES D'EXAMEN

Il y a deux catégories de liquides pour l'examen à l'état frais : les uns servent à examiner les organismes à l'état vivant, les autres sont destinés à rendre ces organismes plus visibles, grâce à leur réfringence, mais sans respecter leur vitalité.

1° **Liquides physiologiques.** — Nous désignons ainsi les liquides, naturels ou artificiels, qui conservent les organismes vivants et dans des conditions aussi rapprochées que possible de l'état naturel. On les nomme encore liquides indifférents, parce qu'ils n'exercent pour ainsi dire aucune action modificatrice sur les éléments figurés. Le plus facile à obtenir et à conserver est la *solution de chlorure de sodium à 9 p. 1 000, dite solution physiologique* [2].

1. Bresslau, Ueber die Sichtbarkeit der Centrosomen in lebenden Zellen. Ein Hinweis auf *Mesostoma Ehrenbergi* als Objekt zu cytologischen Untersuchungen. *Zool. Anz.*, XXXV, p. 141-145, 1909.

2. La véritable solution isotonique pour l'Homme et les autres Mammifères doit renfermer 0 gr. 9 p. 100 de chlorure de sodium. Cf. Engelmann, Einiges über die sogenannte physiologische Kochsalzlösung. *Deutsche med. Woch.*, XXIV, p. 64-65, 1903.

Elle suffit la plupart du temps ; mais, pour des recherches très délicates, il est préférable d'employer les milieux naturels où vivent les cellules. Ces milieux naturels sont le sérum sanguin, obtenu par coagulation ou centrifugation, le liquide d'ascite, le liquide amniotique, l'humeur aqueuse. Les meilleurs résultats seront obtenus avec un liquide provenant de l'animal sur lequel les éléments à examiner ont été prélevés.

Pour avoir du *liquide amniotique*, il faut se procurer un utérus gravide, à l'abattoir ou chez le boucher. Le mieux est de le ponctionner avec un trocart. S'il faut inciser, on aura soin de bien laver la paroi utérine avant d'ouvrir les membranes, de manière à éviter le mélange du liquide avec le sang.

L'*humeur aqueuse* sera extraite d'yeux de Lapin ou de Bœuf.

Pour les Invertébrés, on prendra du liquide de la cavité générale et, pour les animaux marins, simplement de l'eau de mer.

A défaut des liquides naturels, on aura recours à des solutions physiologiques artificielles, établies de manière à compenser le déplacement inévitable du calcium et du potassium produit par le chlorure de sodium [1]. Les meilleurs types de ces solutions sont le *liquide de Ringer*, pour les animaux inférieurs, et le *liquide de Locke*, pour les Mammifères. Voici leur composition :

Solution de Ringer.

Chlorure de sodium	6 gr.
— potassium	0 gr. 075
— calcium	0 gr. 10
Bicarbonate de sodium.	0 gr. 10
Eau distillée.	1 000 gr.

Solution de Locke.

Chlorure de sodium	9 gr.
— potassium	0 gr. 075
— calcium	0 gr. 10
Bicarbonate de sodium.	0 gr. 10
Glycose	1 gr.
Eau distillée.	1 000 gr.

2° Liquides additionnels. — Ces liquides produisent généralement la mort des organismes qu'on y plonge, mais ils peuvent rendre de grands services, en rendant visibles certaines parties des objets non colorés. Leur emploi constitue un procédé intermédiaire entre l'examen à l'état frais proprement dit et l'examen après fixation ; il consiste à traiter extemporanément les objets par un liquide qui modifie leurs propriétés optiques et les rend plus apparents.

Ces liquides sont des solutions alcalines, acides, ou des liquides

1. Osterhout, On the importance of physiologically balanced solutions for plants. *Bot. Gazette*, XLII, p. 127, 1906 ; XLIV, p. 259, 1907. — Novi, Azione desintegrante del chloruro sodico sul cervello. *Mem. Accad. scienze Istituto di Bologna*, p. 211, 1910.

réfringents et éclaircissants miscibles avec l'eau. Comme exemples, je citerai la solution de potasse qui détruit la plupart des éléments anatomiques et permet de reconnaître les fibres élastiques, les Champignons (p. 770), etc., l'acide acétique qui éclaircit les cellules et met le noyau en évidence ; les milieux de Amann (p. 786) qui fixent, gonflent, éclaircissent et font très bien ressortir certaines structures ; le mélange alcool-glycérine-eau à parties égales excellent pour les Helminthes et les matériaux végétaux. L'emploi de ces réactifs se fait extemporanément : il suffit généralement d'en déposer une goutte sur une lame, d'y plonger l'objet et de recouvrir d'une lamelle ; on chauffe légèrement s'il y a lieu, puis on examine immédiatement.

Nous pouvons mentionner ici l'emploi de l'*encre de Chine* que nous étudierons plus à fond en parlant des préparations sèches (p. 758). On choisira de l'encre de Chine liquide très fine, de préférence celle qui est vendue spécialement pour ce genre d'examens. Les éléments figurés qui y sont plongés apparaissent comme des taches claires dans le fond noir de l'encre et leurs contours sont particulièrement nets. C'est un bon moyen de rendre plus visibles des organismes incolores et très peu réfringents, qui seraient invisibles ou très difficiles à apercevoir sur les milieux ordinaires. L'encre de Chine n'étant pas une teinture, mais une suspension de particules charbonneuses très fines, ne pénètre pas dans les objets. On emploiera l'encre diluée comme il est dit page 758 : on mélange à cette encre une goutte du liquide renfermant les éléments à étudier et on recouvre d'une lamelle.

II. — MÉTHODES D'EXAMEN

Examen entre lame et lamelle. — Le principe de cette méthode consiste à examiner l'objet vivant entre lame et lamelle, dans des conditions qui se rapprochent autant que possible de celles de son milieu naturel. Le procédé le plus simple se réduit à prélever, à l'aide d'une pipette effilée, un peu du liquide renfermant en suspension les objets qu'on veut étudier. On dépose cette goutte sur une lame propre et on recouvre d'une lamelle bien essuyée. Il faut éviter que la goutte soit trop volumineuse, autrement une partie des organismes serait chassée en dehors de la préparation. S'il y a trop de liquide, il faut donc, avant de recouvrir d'une lamelle, en aspirer une partie avec une effilure de pipette ou avec du papier joseph.

Pour éviter que des objets très délicats ne soient écrasés soit par le poids de la lamelle, soit par suite d'actions capillaires, appliquant fortement la lamelle sur la lame, on a soin d'interposer, entre ces deux dernières, des corps dont l'épaisseur sera proportionnée à celle des objets à examiner. On peut employer l'artifice qui consiste à soutenir les quatre angles de la lamelle par quatre gouttelettes de cire. On se sert du mélange suivant qu'on fait fondre sur un feu très doux :

Cire (blanche de préférence) . . . 2 parties en poids.
Térébenthine de Venise. . . . . . 1 partie.

Cette masse doit s'amollir facilement entre les doigts et se pétrir en boulettes de formes variées.

Sur une lame bien propre on fixe, en des points convenables, quatre petites masses préalablement pétries entre les doigts. On installe l'objet avec une goutte de liquide et on applique la lamelle, garnie en-dessous d'une goutte du même liquide, de manière à éviter les bulles d'air. Cette lamelle doit reposer par ses angles sur les quatre boulettes de cire. On règle alors l'épaisseur de la préparation par des pressions méthodiques exercées sur les angles de la lamelle, en ayant soin d'appuyer successivement sur deux angles placés en diagonale. S'il y a un excès de liquide, on l'absorbe progressivement avec des bandes de buvard.

Grâce à cet artifice, on arrive non seulement à régler l'épaisseur de la préparation, de manière à ne pas écraser l'objet, mais encore à exercer au besoin sur ce dernier une pression constante et modérée et à l'immobiliser pour qu'il ne puisse sortir du champ. C'est donc un procédé à employer, toutes les fois qu'on voudra observer à l'état vivant de petits organismes très mobiles.

Il y a encore d'autres moyens d'empêcher l'écrasement de l'objet. Ils consistent à introduire, entre la lame et la lamelle, des corps solides d'épaisseur convenablement choisie : poils, cheveux, filaments de verre étiré, fragments de lamelles, bandelettes de carton.

Si l'observation doit durer quelque temps, il faut border la préparation pour l'empêcher de se dessécher. On recouvre donc les bords soit avec de la vaseline appliquée au pinceau, soit avec de la paraffine ou du lut solide appliqué au fer chaud, comme il est dit p. 465.

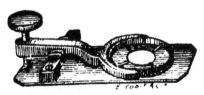
Fig. 128. — Compresseur de Fourment modifié par Brumpt.

Compresseurs. — Dans d'autres cas, il faut au contraire exercer sur l'objet une compression plus ou moins forte, de manière à l'aplatir suffisamment pour le rendre transparent, mais sans l'écraser ni le tuer. On emploie dans ce but des instruments particuliers, dits compresseurs. Il en existe beaucoup de modèles, dont les uns agissent par des ressorts, les autres par des vis de pression. Certains appareils très compliqués tels que celui de Ziegler, permettent d'établir une circulation d'eau. Un modèle

très simple et très pratique est le compresseur de Fourment
modifié par Brumpt (fig. 128). Il a été calculé pour servir avec des
lamelles carrées de 22 mm. sur lesquelles il exerce une pression
très uniforme et facile à régler.

Examen des animaux vivants. — En choisissant des animaux
transparents et, autant que possible, aquatiques, on peut arriver
aussi à voir admirablement la circulation, la contraction des
muscles somatiques ou intestinaux, la digestion et l'excrétion
(emploi des colorations vitales). Citons comme exemples les
petites espèces de Sangsues, certains petits Trématodes (flammes
ciliées de l'appareil excréteur), les petits Crustacés aquatiques, les
Rotifères, les Têtards peu pigmentés, etc.

Nous aurons l'occasion de revenir sur l'examen à l'état frais en
traitant des techniques spéciales, notamment en ce qui concerne
les Protozoaires (p. 486) et le sang (p. 669).

Examen en chambre humide. — Pour une observation un
peu prolongée, ce procédé est très supérieur au précédent. C'est
encore ce qu'on nomme *examen en goutte pendante.*

On peut employer une cellule formée d'un porte-objet creusé
en son milieu d'une *concavité* (fig. 129), sur laquelle on renverse

Fig. 129. — Lame à concavité pour l'examen en   Fig. 130. — Anneau de verre
    goutte pendante.   pour cellule.

une lamelle chargée d'une goutte du liquide à examiner. Il faut
avoir soin que la goutte soit très petite, autrement elle vient en
contact avec un point de la cavité et alors elle s'étale immédiatement. En outre, si la goutte est trop grosse, les organismes tombent à sa partie inférieure et on ne peut les apercevoir à un fort
grossissement. Notons enfin, comme l'a déjà fait remarquer
M. Nicolle et comme nous l'avons souvent observé, que le flambage des lamelles dans la flamme du bec Bunsen favorise singulièrement l'étalement de la goutte. On peut donc les laver simplement à l'alcool ; mais, comme nous l'avons observé, on peut aussi les
flamber dans la flamme d'une lampe à alcool, sans avoir à craindre
l'étalement de la goutte. Une fois la goutte pendante correctement
installée, on lute à la vaseline ou à la paraffine.

Un autre genre de cellule, encore plus simple, est celle qu'on réalise en collant sur une lame un *anneau de verre*. Ces anneaux (fig. 130) se trouvent tout préparés dans le commerce. On les fixe au moyen de baume du Canada, de lut solide ou simplement de paraffine. On vaseline le bord supérieur, sur lequel

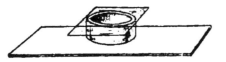

Fig. 131. — Cellule en verre pour examen en goutte pendante.

on renverse la lame chargée d'une goutte de liquide (fig. 131). Si cette goutte est assez petite, on peut observer aux plus forts grossissements.

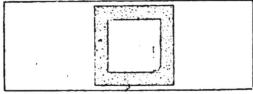

Fig. 132. — Cellule en carton pour examen en goutte pendante.

Fig. 133. — Coupe verticale de la cellule en carton pour examen en goutte pendante.

A défaut d'anneau de verre, on peut découper, dans une feuille de carton un peu épaisse, un fragment carré, de la dimension de la lamelle. On le perce en son centre d'une ouverture circulaire ou carrée, on imbibe d'eau cette cellule de carton (fig. 132). Au besoin on la stérilise par ébullition. Il suffit de la maintenir humide pendant la durée de l'observation.

Il y a une autre catégorie de chambres humides, dont l'emploi est un peu plus délicat, mais se prête mieux à l'usage des forts

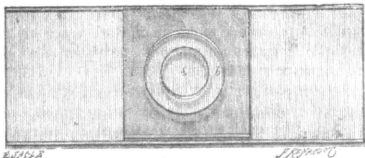

Fig. 134. — Chambre humide de Ranvier. — *c*, cellule en verre; *a*, disque central; *b*, rigole circulaire.

grossissements, c'est la *chambre humide de Ranvier*. Elle est constituée par une forte lame de verre (fig. 134), creusée en son centre d'une rigole circulaire, limitant un disque dont l'épaisseur est inférieure de un dixième de millimètre à celle de la lame.

C'est sur ce plateau qu'on dépose la goutte de liquide, on recouvre
ensuite d'une lamelle qu'on lute à la vaseline ou à la paraffine. La
goutte se trouve emprisonnée entre la face supérieure du plateau
et la face inférieure de la lamelle. Elle forme donc une couche de
liquide de un dixième de millimètre d'épaisseur, présentant deux
faces parallèles. On conçoit que l'observation, à un fort grossissement, ne sera pas troublée par les phénomènes de réflexion et de

réfraction qui se pro-
duisent inévitablement à
la surface d'une goutte
sphérique[1].

Fig. 135. — Coupe médiane de la chambre
humide de Ranvier, montrant la différence d'é-
paisseur entre le disque central et la cellule.

Ce genre de prépara-
tion, pour être réussi,
exige certaines précau-
tions. La goutte doit être
assez petite pour ne pas
déborder le plateau après
application de la lamelle.
Dans le cas contraire, elle

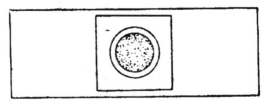

Fig. 136. — Schéma de la chambre humide de Ranvier. Le disque central est figuré en pointillé.

se répand dans la rigole ou même sur la lame et les organismes
disparaissent du champ. Pour appliquer correctement la lamelle,
on la saisit avec une pince par un bord et on met le bord opposé
en contact avec la lame, puis on abaisse d'un seul coup. La gouttelette doit s'étendre uniformément à la surface du plateau, sans le

dépasser. La rigole doit
rester pleine d'air, destiné
à entretenir quelque temps
la vie des organismes.

Fig. 137. — Microaquarium de Schaudinn.

Microaquariums. — Aux
chambres humides, se rattachent les appareils nommés
microaquariums. Celui de Schaudinn[2] peut être construit en taillant,
sur le grand côté d'une lame, une échancrure rectangulaire de 18
à 20 mm. de côté. Sur les deux faces de la lame on colle des lamelles
de 22 mm. Dans l'espace compris entre ces deux lamelles, on introduit l'eau et les animaux à examiner. On peut encore, plus simplement, coller sur une lame des bandes découpées dans une autre
lame et limiter ainsi un espace carré, fermé sur 3 côtés (fig. 137); on

1. Voir p. 499 la méthode de Biffi qui permet aussi les examens à l'état frais en
couche très mince à de très forts grossissements.
2. F. Schaudinn, Ein Mikroaquarium welches auch zur Paraffineinbettung
kleiner Objekte benutzt werden kann. *Ztschr. f. wiss. Mikr.*, XI, p. 326-329, 1891.

recouvre cet espace avec une lamelle collée sur les bandes de verre. Ces aquariums restent ouverts sur un côté, mais l'eau ne se répand pas, car elle est retenue par la capillarité. On peut introduire avec les animaux quelques filaments de Spirogyres qui servent à aérer l'eau. Pour coller les pièces de ces aquariums on emploiera soit du baume du Canada, soit du lut à la colophane (p. 464).

Examen sur la platine chauffante. — Lorsqu'il s'agit d'organismes parasites des Vertébrés à sang chaud, il peut être indispensable, pour les conserver vivants, de les maintenir, pendant la durée de l'examen, à la température de leur hôte. Un procédé imparfait consiste à placer les préparations dans une étuve réglée à la température voulue et à les en sortir au moment de les examiner. Il est préférable d'employer les platines chauffantes. Voir p. 221 la description de ces appareils.

III. — INDICATIONS DE L'EXAMEN A L'ÉTAT FRAIS

On trouvera, au cours de l'étude des méthodes spéciales, de nombreuses indications de l'examen à l'état frais. Je mentionnerai seulement ici les principales. En général, on examinera par ce procédé tous les éléments cellulaires isolés à l'état vivant, que ce soient des Protozoaires ou des cellules isolées des Métazoaires (sang, lymphe, leucocytes, etc.). Cette méthode est particulièrement indiquée pour la recherche des parasites du sang, l'examen des urines, des matières fécales, des pulpes d'organes, le diagnostic et l'étude des Champignons parasites, etc. L'examen à l'état frais est indispensable toutes les fois qu'il s'agit d'étudier un organisme ou un élément figuré mobile. Ajoutons enfin qu'en botanique cette méthode est encore plus employée qu'en zoologie et qu'elle s'applique à tous les végétaux microscopiques, aux spores, aux grains de pollens et même aux coupes d'organes.

CHAPITRE IV

COLORATIONS VITALES

Nous avons reproché à la technique d'examen à l'état frais de ne pas nous montrer les détails des objets. La méthode des colorations vitales constitue un procédé intermédiaire entre cette technique et celle des colorations après fixation. Elle a pour but de faire apparaître certaines parties de la cellule, telles que le noyau ou les inclusions, sans toutefois causer de modifications physiques ou chimiques pouvant amener la déformation, l'altération et finalement la mort de l'élément examiné. Celui-ci finit bien par mourir, mais non pas uniquement du fait de la coloration.

Les colorations vitales permettent de démontrer la réalité de l'existence de certaines inclusions cellulaires qui pourraient être prises pour des précipités colorés, autrement dit pour des artifices de préparation. Cette existence réelle ne sera prouvée qu'autant que la coloration aura eu lieu sans que la vie de la cellule soit arrêtée. C'est ainsi qu'à l'aide du rouge neutre, on a démontré le rôle digestif des granulations et des vacuoles de beaucoup de Protozoaires. On a découvert, grâce à cette méthode, des phénomènes intra-cellulaires d'oxydation et de réduction qu'on met en évidence par la décoloration de certains réactifs (p. 246). Il faut savoir en outre que, parmi les inclusions cellulaires, tout ce qui se colore n'est pas vivant : des pigments divers et des cadavres de Bactéries se colorent souvent très intensément. Enfin, dans beaucoup de cellules, surtout chez les Protozoaires, les noyaux sont bien plus difficiles à colorer que les inclusions.

La valeur des colorations vitales est très contestable et très contestée. Des techniciens de premier ordre, comme Galeotti, Lee, Mayer, arrivent à conclure que les résultats obtenus ne constituent pas de véritables colorations. Le colorant peut diffuser dans la cellule vivante, mais ne produit pas une véritable teinture. Généralement le noyau, et particulièrement la chromatine, ne se colorent pas : si la coloration se produit, c'est que la cellule est morte. Les meilleures colorations vitales sont celles des granulations du protoplasma : mais justement ceux de ces corps qui se colorent le mieux ne font pas partie intégrante du cytoplasme. Ce sont généralement des matériaux nutritifs ou des produits d'échanges.

Il s'agit donc de savoir si le phénomène de la coloration est compatible avec la vie, si un élément vivant peut réellement se colorer ou si la teinture ne se produit qu'après sa mort. Un fait est certain, c'est que les éléments vivants peuvent réagir chimiquement sur les matières colorantes. On sait, en ce qui concerne le bleu de méthylène, que ce corps peut être fixé par certains éléments (terminaisons nerveuses, cylindres-axes) et réduit par d'autres éléments (parenchyme rénal). Ces deux réactions sont évidemment compatibles avec la vitalité de la cellule. D'autre part, les travaux de Przesmycki [1], pour ne citer qu'un exemple, ont montré que, chez certains Infusoires, Rotifères, Vers et Crustacés, le noyau peut fixer des matières colorantes et continuer ensuite à vivre et à se diviser.

On pourrait citer beaucoup d'autres exemples, car cette question comporte une littérature très touffue [2]. Contentons-nous de remarquer que, parmi toutes ces observations, aucune ne se rapporte à un véritable phénomène de teinture. Il ne s'agit en réalité que de phénomènes d'imbibition. Les animalcules de Przesmycki, transportés dans de l'eau pure, se décolorent rapidement; leur mort amène aussi leur décoloration. Chez les animaux qui ont reçu du bleu de méthylène dans la circulation, il faut se hâter de mettre le système nerveux à nu et en contact avec l'oxygène atmosphérique, si on ne veut pas voir la coloration disparaître par suite des phénomènes de réduction. Pour conserver ces colorations, il faut les fixer par des liquides oxydants (procédé de Bethe). Il y a donc une véritable défense cellulaire, qui se manifeste par des phénomènes de réduction tels, que les auteurs recommandent toujours d'opérer le plus possible au contact de l'air.

Les colorations, dites vitales, se réduisent donc généralement à la succession des phénomènes suivants : *coloration des inclusions* non vivantes, *action réductrice* de la matière vivante, insuffisante cependant pour empêcher d'abord l'*imbibition progressive*, puis la *mort* de la cellule qui subit alors la véritable teinture.

Je ne crois pas que, sauf dans des cas particuliers, la coloration vitale puisse constituer une méthode de travail courante. Je passerai donc sous silence la plus grande partie de ces expériences, dont on trouvera la description dans les ouvrages spéciaux de technique histologique. A mon avis, les colorations vitales ne peuvent trouver un emploi journalier que dans l'étude des Protozoaires et du sang, et dans certaines réactions microchimiques. On trouvera dans les chapitres qui y sont consacrés (p. 487 et 670) des indications suffisantes.

Colorants vitaux proprement dits. — Les colorants, dits

1. Przesmycki, Ueber intravitale Färbung des Zellkerns. *Sitzungsber. Gesell. f. Morphol. und Physiol. München*, 1899.

2. Par exemple : A Fischel, Untersuchungen über vitale Färbung. *Anat. Hefte*, 1 Abt., XVI, p. 417, 1901. — De Beauchamp, Les colorations vitales, *Année biologique*, XI, p. 1906, 1909 et Thèse doct. sc., Paris, 1909. — Article Colorations vitales, dans *Encyklopädie d. mikr. Technik*, 2ᵉ éd., 1910.

vitaux, ne devront pas être quelconques. Ils seront choisis parmi des substances peu ou pas toxiques et seront toujours employés en solutions très diluées. Ce sont en général les colorants basiques qui conviennent le mieux. Les couleurs acides sont bien moins favorables. D'ailleurs, cette règle n'est pas absolue, car des corps très voisins et de même réaction peuvent produire des effets très différents, sans qu'on puisse expliquer cette élection particulière des tissus. Parmi les théories qui tentent de rendre compte de ces phénomènes, nous ne mentionnerons que celle d'Overton[1], pour qui la faculté de se prêter aux colorations vitales dépend de la solubilité des couleurs dans les lipoïdes. Les colorants vitaux posséderaient cette solubilité, notamment vis-à-vis de la cholestérine et de la lécithine qui, d'après Overton, imprègnent la pellicule protoplasmique externe des cellules.

Les couleurs acides seraient précisément très peu solubles dans les lipoïdes. C'est pourquoi, à part quelques exceptions, elles sont peu propres aux colorations vitales.

Liste des colorants vitaux. — Les plus usités sont :

Bleu de méthylène chimiquement pur de Höchst ou de Merck, en solution à 1 p. 500, 1 p. 1000, 1 p. 10 000.

Bleu de Nil (sulfate ou chlorhydrate à 1 p. 1000).

Bleu de crésyl brillant (Brillantkresylblau) à 1 p. 1000 (p. 670).

Azur I et *II* (p. 400).

Rouge neutre (p. 244 et 671).

Colorants indicateurs (p. 246).

Technique des colorations vitales. — Il y a deux principaux moyens d'employer les colorants vitaux. Ou bien on mélange une gouttelette de la solution très étendue, avec une goutte de liquide renfermant les éléments à étudier, ou bien on prépare des lames, en y déposant une goutte de solution colorante qu'on laisse sécher avec ou sans étalement préalable (méthode de Pappenheim, p. 670). Sur cette couche desséchée, on dépose une goutte de liquide à examiner, on recouvre d'une lamelle et on lute pour éviter la dessiccation.

Les colorants vitaux s'emploient toujours en solutions très étendues : au millième pour l'examen entre lame et lamelle, au dix-millième et au cent-millième pour les colorations par immer-

---

1. Overton, Studien über die Aufnahme der Anilinfarben durch die lebende Zelle. *Jahrb. wiss. Bot.*, XXXIV p. 670, 1900.

sion, au centième pour les injections. Ces proportions varient d'ailleurs suivant les cas particuliers.

Le dissolvant sera de l'eau pure, lorsqu'il s'agit de colorer des Invertébrés aquatiques. Pour les injections, on prendra toujours de l'eau physiologique et on chauffera le liquide à la température de l'animal.

La coloration dite *post-vitale*, d'après Arnold, se fait en détachant des fragments d'organes, des lambeaux de membranes ou même en râclant des éléments cellulaires à la surface des muqueuses. Ces éléments sont plongés dans le bain colorant très dilué et rendu soigneusement isotonique.

Enfin, lorsque l'examen par transparence n'est pas possible, il faut, après un temps jugé suffisant, *fixer* la coloration par une méthode appropriée (p. 709, note 1) et pratiquer des coupes.

Les deux principaux colorants vitaux sont le bleu de méthylène et le rouge neutre.

Le *bleu de méthylène* (p. 395) doit être chimiquement pur. On en fait des solutions à 1 p. 500, 1 p. 1000, 1 p. 10000, dans l'eau distillée[1], pour l'examen entre lame et lamelle, par exemple pour la coloration vitale des Protozoaires et la coloration post-vitale de lambeaux de membranes ou de cellules isolées par raclage d'une muqueuse. Les solutions à 1 p. 100 dans la solution physiologique conviennent pour certaines injections, par exemple l'étude des sacs lymphatiques des Batraciens. On peut administrer aussi ce colorant par la voie digestive, à raison de 10 centigrammes par kilogramme d'animal pendant une semaine.

Chez les Métazoaires, la coloration vitale par le bleu de méthylène est surtout employée pour la recherche des terminaisons nerveuses et des cylindres-axes.

Le *rouge neutre* a été découvert par Witt en 1879 et introduit dans la technique microscopique par Ehrlich. C'est une poudre de couleur foncée, à reflets verdâtres, facilement soluble dans l'eau distillée, avec une couleur rouge tirant un peu sur le violacé. On en fait des solutions à 1 p. 1000, 1 p. 10000, et 1 p. 100000. Il possède la précieuse propriété de virer sous l'influence des réactifs acides ou alcalins. Une faible trace d'un acide organique donne à la liqueur une belle couleur rouge cerise ou rouge fuchsine.

Une très faible alcalinité, telle que celle de l'eau de source, fait

---

1. Voir p. 670 l'excellente méthode de Sabrazès pour la coloration vitale du sang et des Protozoaires.

virer au jaune brunâtre les solutions faibles et au brun rougeâtre les solutions plus concentrées. Ces phénomènes permettent d'étudier les réactions du cytoplasme et de ses inclusions, particulièrement chez les Infusoires (p. 561).

En solution alcoolique, le rouge neutre est brun rouge en liqueur concentrée et brun jaunâtre en liqueur étendue.

Ces phénomènes de métachromatisme s'expliquent facilement si on réfléchit que le rouge neutre, en solution aqueuse, est toujours fortement dissocié. La solution renferme le sel rouge très soluble, la base jaune orange peu soluble, et le radical acide incolore. Les acides forment un sel rouge avec la base, tandis que les alcalis achèvent de la déplacer et finissent même par la précipiter sous forme de cristaux orangés. Nous verrons plus loin (p. 726) comment le rouge neutre se comporte vis-à-vis des corps gras.

Le rouge neutre est très propre à fournir des colorations vitales, parce qu'il est relativement peu toxique. On peut l'administrer aux animaux par la voie sous-cutanée ou même intraveineuse et par la voie digestive. Pour les animaux aquatiques, il suffit souvent de les plonger dans une solution très diluée (Mollusques, larves de Batraciens). Pour les injections, on emploie des solutions plus concentrées (1 à 2 p. 100) et on peut en inoculer chaque jour plusieurs centimètres cubes. La résistance des Mammifères est assez variable. Les Lapins et les Cobayes supportent très longtemps ces injections, tandis que les Souris meurent généralement au bout d'une semaine. Les résultats obtenus sont médiocres. La peau, les muqueuses, l'urine, les fèces prennent bien une coloration rouge, mais, à l'examen microscopique, on trouve que le colorant n'a pénétré que dans les espaces intercellulaires. Les cellules ne se colorent ni dans leur noyau, ni dans leur cytoplasme, et la coloration produite par le rouge neutre est très fugace. Pour pratiquer des coupes sur les tissus ainsi colorés, il faut fixer la coloration par la méthode de Golovine [1].

Le *bleu de Nil* et le *bleu de crésyl brillant* se comportent comme le rouge neutre, avec cette différence que ces sels sont bleus, tandis que leur base est rouge ou orangée. Les solutions alcooliques sont donc d'un bleu pur, tandis que les solutions aqueuses sont violacées : en effet, par suite de la dissociation, il y a superposition de la teinte bleue du sel et de la couleur rouge de la base. Les acides font virer la solution aqueuse au bleu pur et les alcalis au rouge franc. Pour l'action des graisses, voir p. 726.

1. *Zeitschrift f. wiss Mikr.*, XIX, p. 176-185, 1902.

Colorants indicateurs. — Les propriétés indicatrices du *rouge neutre* nous amènent à parler d'une série de colorants qui, sans fournir des colorations vitales proprement dites, peuvent être utilisés avantageusement, dans les examens à l'état frais, pour déterminer la réaction acide ou alcaline de certains organismes ou éléments figurés. L'étude de ces corps touche de près à la microchimie au sujet de laquelle on trouvera p. 721 des renseignements complémentaires.

Le *rouge Congo* se présente sous forme de poudre brun rougeâtre, facilement soluble dans l'eau. C'est surtout un bon réactif indicateur qui vire au bleu avec les acides. Scholz s'en est servi le premier pour colorer vitalement les Rotifères et mettre en évidence la réaction acide du tube digestif, qui tranche en bleu sur le fond rouge de l'animal. Il est bon de savoir que ces réactions ne sont pas toujours fidèles : le virage au bleu ne se produit pas en présence de l'ammoniaque, ou d'un coagulum albumineux; en outre l'acide carbonique est sans action.

Les *tropéolines* 00 (orange I et II de Höchst) et 000 (orange IV de Casella) rougissent immédiatement avec la moindre trace d'alcali. Elles sont insensibles à l'acide carbonique.

Le *Sudan III* colore électivement les graisses (p. 706) et certains éléments végétaux tels que la cire, la cutine et la subérine (p. 789). Un colorant voisin, le *diméthylamidoazobenzol*, s'emploie aussi en solution alcoolique (0,4 p. 100); il colore le protoplasma en jaune, les graisses et certaines vacuoles en rouge.

L'*orangé de diméthylaniline* (Goldorange, héliauthine) peut servir pour l'étude de la réaction du cytoplasme, au moins chez les végétaux. La solution aqueuse à 0,01 p. 100 est d'un jaune orangé. Les acides, mêmes organiques, la font passer au brun rouge d'une manière très nette.

Le *vert diazine* convient pour l'étude des réductions, au cours desquelles il se dédouble en deux leuco-composés (incolores), dont l'un redevient rouge par oxydation. La couleur verte n'est jamais régénérée.

Injections intravitales. — Outre les injections de bleu de méthylène, destinées à l'étude du système nerveux, je mentionnerai les injections de poudres colorées, nécessaires pour les travaux sur les *cellules* ou les *organes phagocytaires* : les substances les plus employées sont l'encre de chine et le carmin pulvérisé. Pour l'étude de l'*appareil excréteur*, on emploie le carminate d'ammoniaque et le carmin d'indigo : cette dernière substance n'est d'ailleurs pas un colorant vital proprement dit. Le carmin et l'encre de chine servent aussi pour l'étude de la nutrition des Amibes et des Infusoires.

On trouvera l'exposé de cet important sujet au chapitre consacré à l'étude des injections physiologiques (p. 731).

CHAPITRE V

DISSOCIATION.
DIGESTION ARTIFICIELLE.
DÉCALCIFICATION

Je vais insister assez longuement sur la dissociation et sur tous les procédés qui s'y rattachent, parce que les débutants sont trop enclins aujourd'hui à négliger ces méthodes. Séduits par la facilité avec laquelle on arrive à pratiquer des coupes, dans la majorité des tissus et des organismes, ils négligent l'étude individuelle des éléments histologiques.

On se fait ainsi une idée très fausse de la forme véritable de ces éléments car on ne les connaît que sous l'aspect qu'ils revêtent dans les sections minces. Si on présente à l'élève la même cellule, isolée ou simplement coupée dans un sens auquel il n'est pas habitué, il ne la reconnaît plus. On oublie trop que l'œil humain est fait pour prendre connaissance des objets extérieurs suivant trois dimensions et que nos théories sur les rapports et les fonctions des organismes sont basées sur la représentation que nous nous faisons de ces objets dans l'espace. Comment comprendre la complexité des mouvements nucléaires qui président à la mitose ou les rapports multiples que présentent entre eux les éléments si variés d'un organe parenchymateux, si nous en sommes réduits à nous les représenter sur un plan, au moyen de coupes optiques? C'est grâce à une longue habitude que les micrographes exercés arrivent, comme nous l'avons expliqué (p. 143), à superposer ces coupes optiques, pour reconstituer l'objet entier dans l'espace. Le débutant en est incapable : aussi n'aura-t-il qu'une connaissance incomplète et une idée fausse de la forme des éléments cellulaires, s'il ne s'astreint pas d'abord à les étudier isolément, à les faire tourner en quelque sorte sous ses yeux, pour les voir sous toutes leurs faces. La méthode des coupes lui montrera ensuite les diverses modalités d'association de ces éléments, en même temps que, par les fixations très parfaites qu'elle permet, elle lui révèlera des détails de structure qu'on ne peut déceler sur les cellules isolées.

Ayant acquis une base solide, constituée par des faits bien observés, contrôlés par des dessins, il pourra leur appliquer ses facultés imaginatives, reconstruire dans son esprit la structure des organes et l'agencement de leurs éléments, leur prêter au besoin les dimensions normales des objets qui nous environnent et arriver ainsi à comprendre leurs relations physiologiques. L'élève atteindra ainsi le but de toute bonne morphologie histologique, qui est de servir de base à la physiologie et à la pathologie cellulaires.

La dissociation consiste à isoler les éléments constitutifs des tissus. Elle peut être simplement *mécanique*, c'est-à-dire pratiquée au moyen d'aiguilles ; elle peut être *chimique*, en ce sens que la dissociation mécanique est précédée de l'action de réactifs qui dissolvent les substances intercellulaires et mettent en liberté les éléments. Les procédés mécaniques d'*agitation* interviennent alors pour en parfaire la séparation. L'action des réactifs chimiques peut même être plus profonde, tout en restant élective, et détruire certains éléments des tissus, pour mettre les autres en évidence : tels sont les procédés de *digestion artificielle* et de *décalcification*.

I. — DISSOCIATION MÉCANIQUE

On peut l'exercer soit sur des tissus frais, soit sur du matériel déjà fixé et coloré en masse. Cette opération, quoique très simple, demande beaucoup de soin, de patience et d'attention : elle est excellente pour affermir la main et lui donner l'habileté qui manque généralement aux débutants.

Aiguilles. — La dissociation mécanique se pratique à l'aide d'aiguilles. Les deux formes utiles sont l'aiguille droite et l'aiguille lancéolée. Il faut avoir une petite provision de ces instruments car ils s'émoussent assez vite et, pour obtenir de bonnes dissociations, il faut qu'ils soient toujours en parfait état. Non seulement il faut que les pointes soient très aiguës, mais encore il est nécessaire que la surface en soit parfaitement polie.

Beaucoup d'auteurs conseillent de se servir d'aiguilles à coudre, qu'on emmanche dans des porte-aiguilles : à mon avis, ces aiguilles ne valent pas les aiguilles emmanchées. D'abord la pointe n'en est pas assez fine, elle est conique et non longuement effilée, comme dans les aiguilles emmanchées. Ensuite elles sont trop flexibles : si, pour remédier à cet inconvénient, on prend des numéros un peu forts, les pointes deviennent beaucoup trop grosses. On a bien la ressource de les user sur la pierre, puis de les polir sur un cuir, mais ces opérations sont assez longues et on ne réussit pas toujours très bien. Je conseille donc de préférence l'emploi de bonnes aiguilles emmanchées à pointe très effilée et à base solide, non flexible, ou, à leur défaut, d'épingles à Insectes de première qualité, qu'on fixe dans un porte-aiguilles.

Pour manipuler de très petits objets (Infusoires, Diatomées, etc.), on peut employer, comme les anciens, une soie de Porc, ou mieux un cil de Porc, qu'on fixe avec un peu de lut à la cire (p. 464) à l'extrémité d'un petit bâton.

Manœuvre des aiguilles. — Il faut deux aiguilles, une pour chaque main : à droite, une aiguille droite qui sépare les éléments, à gauche, une aiguille lancéolée qui peut fixer les fragments par le plat et les diviser par la pointe et le tranchant.

On peut dissocier à l'œil nu, sous la loupe montée, ou sous le binoculaire. Si on peut disposer de ce dernier, on travaillera sans fatigue dans des conditions excellentes. A défaut d'autre appareil, on pourra employer le bras porte-loupe décrit p. 101 (fig. 57), ou encore une petite loupe à trois pieds d'un modèle très courant dans le commerce. Qu'on travaille à la loupe ou à l'œil nu, il est impor-

tant que la préparation soit convenablement éclairée. Pour cela il faut disposer d'un fond mi-partie noir et blanc (fig. 242) : on le réalise au moyen d'une plaque de verre sous une moitié de laquelle on colle du papier blanc et sous l'autre du papier noir. On peut ainsi passer d'un fond à l'autre, suivant la teinte de l'objet à dissocier. Il faut, en outre, que la lame sur laquelle on dissocie ne repose pas immédiatement sur le fond, de manière à ce que l'ombre projetée ne vienne pas

Fig. 138. — Loupe à trois pieds.

obscurcir l'image de l'objet. On fera donc reposer la lame sur un support quelconque, de manière à ce qu'elle soit éclairée par réflexion. On peut employer à cet effet une boîte de Petri, un couvercle de cylindre Borrel ou simplement un fragment d'agitateur courbé deux fois à angle droit, de manière à former un **U**. Lorsqu'on dissocie sous le binoculaire, on dispose de fonds blancs et noirs ainsi que d'un miroir (p. 104). Je ne conseille pas la dissociation sous le microscope, à cause du renversement des images et de l'absence d'appuie-bras.

Pour manœuvrer correctement les aiguilles, il faut avoir

quelques notions sur la structure du tissu à dissocier, savoir si ses éléments sont parallèles ou entre-croisés. En effet si on dilacère au hasard, on *déchire* les éléments au lieu de les *séparer* et on les rend méconnaissables. Supposons que nous voulions obtenir des fibres musculaires : nous savons que ces fibres sont parallèles, nous prendrons donc un petit fragment, coupé dans le sens des fibres; nous le séparerons d'abord en deux, puis, mettant de côté une moitié, nous diviserons l'autre, et nous répéterons cette opération, de manière à obtenir des filaments de plus en plus fins. Dans ce cas, on dissocie dans le sens de la longueur, en appliquant les aiguilles à une extrémité des fragments, toujours la même, pour limiter les traumatismes, et en écartant progressivement les deux moitiés pour les séparer.

Emploi des liquides. — Il est évident que cette opération ne peut se faire à sec, sous peine d'altérer irrémédiablement les tissus. Les fragments à dissocier seront donc maintenus en suspension dans un liquide, mais en quantité juste suffisante pour empêcher les éléments de se dessécher et d'adhérer à la lame. Pour les tissus frais, on emploiera la solution physiologique ou un des liquides indifférents indiqués p. 233 et 234.

La *demi-dessiccation*, imaginée par Ranvier, s'applique au tissu conjonctif, formé d'éléments entre-croisés de telle sorte qu'il s'étire en tous sens sans se déchirer. En étalant ce tissu sur une lame de verre et en lui faisant subir un commencement de dessiccation, on arrive à faire adhérer certaines parties à la lame et à obtenir la séparation des éléments.

L'*agitation* de fragments ou de tranches d'organes avec une petite quantité de liquide, dans un tube à essai bouché, donne quelquefois de très bons résultats[1].

Le *raclage* ou *grattage* avec un scalpel permet d'isoler facilement les éléments superficiels d'une muqueuse ou d'une tumeur.

Le *brossage* avec un petit pinceau très fin convient pour les organes lymphoïdes : on chasse ainsi les leucocytes et on peut étudier plus facilement les cellules fixes et la trame conjonctive. Ce brossage s'opère sur des tranches minces, dans une goutte d'eau physiologique.

La *compression* où l'écrasement modérés peuvent faciliter la dissociation des cellules nerveuses. Un fragment de substance grise d'une corne antérieure de la moelle, très légèrement écrasé dans un peu d'eau physiologique entre lame et lamelle, peut montrer de beaux éléments (p. 710). Signalons ici un petit tour de main indiqué par Ranvier et qui consiste à laisser tomber une goutte d'eau sur les objets dissociés et à séparer ainsi des éléments qu'on déchirerait infailliblement avec les aiguilles. Le procédé du *tapotement* sera étudié p. 253.

1. Je ne puis que mentionner le très curieux procédé du diapason électrique de Dovier-Lapierre; cf. *C. R. Soc. biol.*, V, p. 797, 1888.

Mentionnons enfin la méthode des *injections interstitielles*, qui, lorsqu'elle est bien exécutée, donne de bons renseignements sur le tissu conjonctif. Ce procédé, imaginé par Ranvier, consiste à produire une boule d'œdème en injectant de la solution physiologique dans le tissu cellulaire sous-cutané; on sectionne rapidement une tranche de cet œdème et on l'enferme entre lame et lamelle. La réussite de cette opération exige une grande dextérité. On opère soit sur l'animal lui-même, soit sur un morceau de peau prélevé par biopsie.

II. — DISSOCIATION CHIMIQUE

Nous distinguerons trois catégories d'agents chimiques produisant la dissociation. Ce sont les dissociateurs proprement dits, les ferments solubles produisant la digestion artificielle et enfin les décalcificateurs.

Agents dissociateurs. — Il est impossible de citer tous les corps susceptibles de produire la dissociation ou macération. Je me contente d'indiquer les plus usuels et les plus faciles à employer.

L'*eau* chaude ou bouillante, appliquée pendant dix à quinze minutes, peut donner des résultats pour la dissociation de la peau, des muscles et des tendons. On peut opérer par ébullition directe ou mieux au bain-marie.

L'*alcool au tiers*, imaginé par Ranvier, convient surtout pour l'étude des épithéliums. Il permet d'étudier très bien les cellules à cils vibratiles. On le prépare en mélangeant :

Alcool à 90° . . . . 1 vol.
Eau distillée . . . . 2 —

Les objets qu'on y plonge doivent être très petits et on les y laisse au moins vingt-quatre heures. On peut l'employer aussi pour isoler les cellules ganglionnaires de la moelle épinière, et pour l'étude des éléments des organes glandulaires. Pour ces derniers, on prolonge l'action du réactif pendant plusieurs jours.

Mann recommande vivement l'emploi de l'alcool au tiers, modifié selon Felix en le saturant d'acide salicylique. On double le temps d'immersion indiqué par Ranvier. Ce liquide est parfait pour l'étude du système musculaire de la Grenouille : les muscles deviennent blancs, tandis que les tendons restent transparents.

Les *alcalis caustiques* (potasse et soude), en solution concentrée, n'altèrent pas les cellules et dissolvent bien le ciment intercellulaire. Au contraire, en solutions faibles, ils détruisent les éléments figurés. On emploiera donc des solutions à 30 ou 40 p. 100, fratchement préparées avec de la potasse ou de la soude en pastilles, qui sont faciles à peser et se conservent très bien en flacons à l'émeri bien bouchés. On emploie ces liquides pour l'étude des muscles striés du cœur et des muscles lisses qui résistent très bien; on s'en sert aussi pour l'isolement des fibres élastiques, qui sont respectées tandis que les autres éléments conjonctifs disparaissent. L'action est très rapide, aussi est-il bon d'opérer sur le porte-objet ou dans un verre de montre. On examine les éléments dans le liquide dissociateur ou dans du formol à 10 p. 100 : mais il faut bien se garder d'ajouter de l'eau qui, en abaissant la concentration, amènerait la dissolution immédiate des éléments figurés. Le traitement par le formol permet de laver à l'eau et de colorer.

Les solutions alcalines faibles ne peuvent convenir que pour l'étude des éléments cornés, poils et ongles.

Les *acides minéraux* les plus employés sont l'acide chlorhydrique et l'acide azotique. L'acide chlorhydrique pur isole bien les canalicules uriniferes en quinze à vingt heures. L'acide azotique très fort, à 40 p. 100, produit le même effet, en trois à quatre heures; en solution à 20 p. 100, il est excellent pour dissocier les muscles qu'on y laisse vingt-quatre heures et qu'on agite ensuite dans l'eau.

Après les acides, on peut sans inconvénient laver les éléments à grande eau pour les examiner dans la glycérine.

Les *agents fixateurs, convenablement modifiés*, peuvent produire d'excellentes macérations. On peut donc, en combinant les concentrations, les faire agir isolément ou successivement comme fixateurs et comme dissociateurs. Dans ce dernier cas, il est nécessaire de *n'employer qu'une très petite quantité de liquide*, car, même aux faibles concentrations, ils peuvent agir comme fixateurs, lorsque leur volume est considérable par rapport à celui de la pièce.

L'*acide osmique* dissocie de 0,03 à 0,20 p. 100 et fixe à partir de 0,5 p. 100.

Le *sublimé* dissocie jusqu'à 0,15 p. 100 et fixe à partir de 0,25 p. 100.

Les *bichromates alcalins* dissocient de 0,1 à 1 p. 100 et fixent à partir de 1 p. 100.

L'*acide chromique* dissocie de 0,01 à 0,20 p. 100, fixe de 0,25 à 0,50 p. 100, dissocie de nouveau aux environs de 1 p. 100 puis devient destructeur à partir de 2 à 3 p. 100.

L'*acide azotique* se comporte inversement, puisqu'il dissocie de 3 à 40 p. 100 et fixe de 1,5 à 3 p. 100.

Les liquides chromiques conviennent particulièrement pour le système nerveux.

Digestion artificielle. — Cette méthode diffère de la dissociation simple en ce qu'elle est capable de détruire certains éléments pour en mettre d'autres en évidence. On opère avec la pepsine ou avec la pancréatine.

Pepsine. — On peut employer le suc gastrique naturel, extrait par une fistule gastrique, ou la macération d'estomac de Porc (1 partie en poids pour 20 parties d'HCl à 0,4 p. 100). Il est plus commode de prendre de la pepsine en paillettes qu'on dissout dans de l'acide chlorhydrique à 0,2 p. 100. Le titre de cette solution de pepsine peut varier de 0,1 à 0,5 p. 100, suivant la puissance du produit et l'effet qu'on veut obtenir. On opère à la température de 37° ou mieux de 40° et on surveille attentivement, pour arrêter l'opération au moment où le résultat désiré est obtenu. On peut ajouter un cristal de thymol pour empêcher les pullulations bactériennes.

Une bonne formule de suc gastrique artificiel antiseptique est celle de Jousset (p. 751).

Pancréatine. — Ce ferment agit en solution alcaline. On en fait une solution de 0,2 à 0,5 p. 100 dans de la soude caustique à 0,2 p. 100, on fait agir à 37-40° en ayant soin d'ajouter un cristal de thymol.

La digestion peptique convient pour l'étude des muscles et du tissu élastique. Elle est excellente pour isoler les parties chitineuses et pour obtenir, à l'état de liberté, certains parasites animaux (Cysticerques p. 579, Trichines p. 587, etc.)

La digestion pancréatique est employée en histologie pour isoler les fibrilles et les réseaux collagènes et, en général, pour l'étude du tissu conjonctif. Elle convient très bien pour la préparation des éléments calcaires ou chitineux des animaux.

Pour les recherches histologiques, il est bon d'éprouver la puissance des solutions, au moyen d'albumine cuite ou de fibrine fraîchement extraite du sang, avant de soumettre les objets de recherche à leur action.

A la digestion artificielle se rattachent les méthodes de recherche du Bacille de la tuberculose par l'inoscopie, l'antiformine, etc. (p. 750).

Traitement des objets dissociés et digérés. — Ces objets doivent subir encore un traitement mécanique, destiné à achever la séparation des éléments. L'*agitation* dans un petit tube, aux deux tiers rempli du dissociateur, donne un liquide trouble dont on prélève une goutte avec une pipette. On peut encore, lorsqu'il s'agit de membranes, les saisir avec une pince pour les agiter dans le liquide, soit dans le tube, soit simplement sur la lame. L'emploi du *pinceau* peut rendre de grands services. La *dilacé-ration* proprement dite avec les aiguilles est quelquefois néces-saire. Enfin la *percussion* ou le *tapotement* entre lame et lamelle donnent souvent de meilleurs résultats que toutes les autres méthodes. Ce procédé demande beaucoup de légèreté de main et ne doit pas être confondu avec l'écrasement des tissus sous la lamelle. Cette dernière doit donc être soutenue par une cellule en papier découpé ou par quatre boulettes de cire placées sous les angles (p. 236). L'objet est placé sur la lame avec un peu de liquide et recouvert par la lamelle posée sur ses supports. On tapote alors doucement au-dessus de l'objet avec une aiguille ou une petite tige de verre ou de bois. On obtient ainsi, surtout pour les épithéliums, une séparation très parfaite des éléments.

Lorsque la séparation des éléments a été suffisante dans le liquide dissociateur, il peut être nécessaire de les réunir de nouveau pour les laver, les colorer et les monter en préparations définitives. Cette réunion peut être effectuée par *sédimentation naturelle* ou par *centrifugation*. La sédimentation se fait de préférence dans de petits tubes bouchés (fig. 217) : on décante le liquide clair qu'on remplace par de l'eau ou de l'alcool, puis par le colorant et enfin par les liquides intermédiaires et le milieu de conservation définitif. La *centrifugation* (p. 697) donne les mêmes résultats avec une grande économie de temps.

Les éléments très délicats, isolés par tapotement sur la lamelle, exigent de grandes précautions pour être montés en préparation définitive. Toutes les opérations doivent être effectuées *sous la lamelle*. Celle-ci est supportée aux quatre angles par des boulettes de cire et on fait passer sous elle tous les liquides successifs des-tinés au lavage, à la fixation, à la coloration, au montage, etc. Ces liquides sont introduits d'un côté avec une pipette (fig. 139), tandis qu'on aspire de l'autre côté le liquide précédent, au moyen de bandelettes de papier buvard.

Pour ne pas déranger l'objet et ne pas déplacer la lamelle, il ne faut pas introduire plus de liquide qu'on n'en retire. Les bande-lettes de buvard, pour agir efficacement, ne doivent pas être déchirées au hasard, mais découpées régulièrement avec des ciseaux. Il faut leur donner la largeur du petit côté de la lamelle et une longueur à peu près double. On doit les tenir inclinées et mettre leur tranche seule en contact avec le bord de la lamelle. Si on les dépose sur la lame, celle-ci se trouve mouillée par le liquide, ce qui, entre autres inconvénients, produit des phénomènes de capillarité qui peuvent être gênants. Le liquide aspiré doit monter lentement dans l'épaisseur du buvard. Il faut aussi avoir soin de n'ajouter un nouveau liquide qu'après avoir aspiré une partie du précédent, surtout lorsqu'il y a entre eux une diffé-

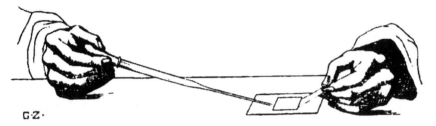

Fig. 139. — Manière de traiter un objet par des liquides successifs, sans déranger la lamelle.

rence de densité. Autrement le nouveau liquide, au lieu de pénétrer sous la lamelle, se répandra tout autour. Lorsque l'objet est particulièrement délicat et mobile, il faut, pour ne pas le déplacer, l'entraîner et le perdre, aspirer méthodiquement sur les quatre côtés de la lamelle et procéder avec beaucoup de prudence.

La pénétration des liquides s'effectue facilement avec les petits objets, tels que des Protozoaires ou des cellules dissociées. Elle est beaucoup plus lente avec les objets larges et plats comme les Trématodes, les fragments de membranes, etc. : en effet, les liquides ne sont en contact avec ces objets que par une tranche très mince et passent autour d'eux sans les pénétrer autrement que sur leurs bords. Il faudra donc prolonger leur action et la suivre au microscope. Si des liquides très mobiles et très peu denses, tels que l'alcool ou le xylol, viennent à mouiller la face supérieure de la lamelle, il faut avoir soin de bien les essuyer avant de continuer les opérations.

Il va sans dire que cette méthode, longue et délicate, n'est à employer que dans des cas exceptionnels. On l'évite la plupart du temps par l'emploi des frottis secs ou humides (p. 671 et 675).

III. — DÉCALCIFICATION

Cette opération consiste à dissoudre les sels calcaires qui imprègnent les os, les dents et, en général, tous les tissus calcifiés.

de manière à pouvoir les étudier par la méthode des coupes. Chimiquement, les liquides décalcifiants, qui possèdent tous la fonction acide, déplacent les sels de chaux unis à la substance collagène du tissu osseux, et se combinent à eux pour les transformer en sels solubles. Du côté du décalcifiant, il se produit donc une neutralisation progressive par les bases terreuses.

En ce qui concerne la composition de la solution acide, il faut éviter deux écueils : une dissolution trop lente des sels calcaires et une altération des éléments figurés du tissu à décalcifier. Aussi la décalcification nécessite-t-elle les précautions suivantes :

1° Ne décalcifier que du matériel préalablement *bien fixé*, mais jamais du matériel frais. Comme fixateur, on emploiera un liquide très pénétrant et facile à éliminer tel que le picroformol de Bouin (p. 285), ou simplement le formol à 5 p. 100, surtout s'il s'agit de grosses pièces.

2° Ne jamais employer les acides minéraux forts (excepté l'acide azotique), sans addition d'une substance destinée à empêcher le gonflement ou la gélification du collagène.

3° Accélérer le plus possible la dissolution des sels calcaires et, pour cela, employer un *très grand volume* de décalcifiant, *suspendre* l'objet à décalcifier au milieu du liquide et *changer* fréquemment ce liquide si l'os est volumineux.

4° Il est indispensable, après la décalcification, de *neutraliser* les tissus, par action chimique ou par lavage.

Décalcifiants. — On a proposé, comme décalcifiants, un grand nombre de corps acides, choisis parmi ceux qui forment des sels solubles avec les bases alcalino-terreuses. Remarquons que tous les fixateurs acides agissent plus ou moins comme décalcifiants, mais cette action est très lente et insuffisante.

Le meilleur décalcifiant est certainement l'*acide azotique*. On l'emploie, soit pur, en solution aqueuse (Schaffer) ou alcoolique (Mayer), soit additionné de substances qui empêchent son action gonflante et parmi lesquelles la plus importante est la phloroglucine.

1° *Solution aqueuse d'acide azotique à 2-15 p. 100 d'après Schaffer*. Cette solution se prépare en ajoutant à 3-23 volumes d'acide azotique concentré, de densité 1,4, la quantité d'eau distillée nécessaire pour faire 100 volumes. Ses avantages sont les suivants d'après Schaffer [1] : elle décalcifie plus vite que tous les autres acides (12-24 heures) et elle ne gonfle pas le collagène, à

1. Schaffer, Article *Knochen und Zähne* in *Encyclopädie der mikroskopischen Technik*; pour les méthodes de Retterer, cf. *Journal de l'Anatomie et de la physiologie*, XLI. 1905 et *CR. Soc. de biologie*, janvier 1906.

condition de ne pas descendre au-dessous de 1,6 p. 100 et de ne pas mettre le tissu en contact avec de l'eau pure, pour éliminer l'acide après décalcification.

Schaffer conseille de ne rien ajouter pour empêcher le gonflement : toutes les formules proposées ont, d'après lui, l'inconvénient de retarder beaucoup la décalcification [1] (sauf la phloroglucine [2]).

L'*élimination de l'acide* ne doit jamais se faire par immersion dans l'eau pure. Il faut commencer par un lavage de vingt-quatre heures dans l'alun de potasse à 5 p. 100. On peut ensuite laver dans l'eau sans inconvénient..

2° *Solution d'acide azotique à 5 p. 100 dans l'alcool à 90°* (*Mayer*). D'après Mayer, contrairement à ce que dit Schaffer, l'alcool azotique ne produit jamais d'altération ou de gonflement sur les os préalablement bien fixés. Ce liquide agit beaucoup plus lentement que la solution aqueuse (2 à 3 semaines). On lave, d'après Thoma, pendant huit à quinze jours, dans de l'alcool tenant en suspension un excès de carbonate de calcium précipité (obtenu en précipitant une solution de chlorure de calcium par une solution de bicarbonate de sodium et lavant bien le précipité), jusqu'à ce que le liquide reste neutre au papier de tournesol.

L'*acide sulfureux* est aussi un excellent décalcifiant, presque aussi rapide que l'acide azotique et moins nuisible au collagène que les mélanges à la phloroglucine. Son emploi a été réglé par Ziegler, dont la méthode est recommandée par Schaffer, Mayer et Mann.

On fixe d'abord les fragments dans le formol, puis on les plonge dans une solution aqueuse d'acide sulfureux commercial à 5 p. 100. Le phosphate tricalcique insoluble est converti en monophosphate très soluble, de telle sorte qu'un humerus de Cobaye adulte peut être décalcifié en douze heures à + 35° et de gros os humains en une semaine (Mann). On lave longuement à l'eau courante et on déshydrate graduellement pour inclure à la paraffine ou au collodion.

---

1. Pourtant Malassez obtenait de très bons résultats avec une solution aqueuse saturée d'acide picrique, additionnée de 2 p. 100 d'acide azotique.

2. D'après Andeer et Haug, la phloroglucine préserve les tissus de l'action destructive des acides et permet de les employer en solutions concentrées. Haug dissout 1 gr. de phloroglucine dans 10 gr. d'acide azotique pur, en chauffant légèrement, puis ajoute 50 gr. d'eau. On complète le volume de 300 cm³ avec de l'acide à 20 p. 100 ou moins fort. L'action est très rapide. Ensuite on lave deux jours à l'eau courante.

CHAPITRE VI

THÉORIE DE LA FIXATION

Les méthodes d'examen à l'état frais ne donnent que des renseignements insuffisants sur la cellule vivante, parce que les éléments qui la constituent possèdent tous à peu près le même indice de réfraction. La nature des rayons auxquels l'œil humain est sensible ne permet pas de surmonter cet obstacle par des procédés optiques et d'arriver ainsi à distinguer nettement les détails de structure du noyau et du cytoplasme. Nous avons vu (p. 69) que l'emploi des rayons ultra-violets permet, jusqu'à un certain point, de révéler ces détails sans colorations, mais c'est une méthode purement photographique, sans intérêt pratique. Il faut donc, pour étudier la structure de la cellule, la colorer, afin de suppléer aux différences de réfringence par des différences de coloration. Nous savons que cette coloration est à peu près impossible à l'état vivant et que, pour la pratiquer avec succès, il faut tuer la cellule. C'est là le rôle de la fixation.

Définition de la fixation. — La fixation est donc une opération destinée à tuer les cellules, en les conservant, autant que possible, dans l'état où elles se trouvaient pendant la vie. Une bonne fixation doit, en quelque sorte, immobiliser la cellule, conserver exactement toutes ses parties constituantes et ne pas faire apparaître artificiellement de nouveaux détails de structure. Cette fixation exacte est impossible à réaliser avec les procédés actuels. Une action prompte et énergique du réactif empêche bien les altérations spontanées *post mortem*, mais elle modifie aussi plus ou moins profondément la structure cellulaire. Les meilleurs de nos fixateurs sont ceux qui, tout en agissant rapidement, produisent le moins possible de modifications secondaires ou artifices, susceptibles de nous donner une idée très fausse de la morphologie interne des cellules.

Un tissu bien fixé montrera donc des cellules pleines, non vacuolisées, ni gonflées, ni ratatinées, mais présentant beaucoup de détails de structure fine.

En quoi consiste donc essentiellement la fixation? Il est certain que la masse cellulaire, formée d'albuminoïdes, ne peut être conservée exactement que par un procédé qui la solidifie. Or, en mettant à part la congélation et la dessiccation, cette solidification ne peut être obtenue que par coagulation ou précipitation.

Mann a très bien fait ressortir la différence qui existe entre ces deux phénomènes : la coagulation (bien distincte de la solidification par le refroidissement), est produite par les agents physiques, tandis que la précipitation, toujours accompagnée de modifications chimiques, est produite par les agents chimiques. Le véritable but de la fixation est donc de produire une coagulation ou une précipitation aussi complètes que possible de tous les albuminoïdes cellulaires, en leur conservant un aspect correspondant à leur nature amorphe (cytoplasme), granuleuse (grains de sécrétion, mitochondries), filamenteuse (ergastoplasme, appareil réticulaire), etc.

Ces réserves faites sur l'imperfection théorique de la fixation et sur sa nature, nous pouvons envisager pratiquement en quoi elle consiste. Elle a d'abord pour but de *tuer* les éléments anatomiques, avec une rapidité suffisante pour qu'ils n'aient pas le temps de modifier leur forme et leur structure.

Elle doit ensuite assurer la *conservation morphologique* de ces éléments et les rendre aptes à se *colorer* électivement.

1. **Conservation morphologique des tissus.** — Elle doit les *durcir* suffisamment pour leur permettre de résister, sans déformation, à toutes les manipulations subséquentes (deshydratation, inclusion, coupes, etc.). Le durcissement est une opération distincte de la fixation : la plupart des fixateurs actuels durcissent suffisamment les tissus, mais la réciproque n'est pas vraie et les anciens liquides durcissants ne sont pas pour cela des fixateurs. C'est pour cette raison que leur usage tombe de plus en plus en désuétude. Pourtant, il peut être nécessaire, dans certains cas, de faire suivre la fixation par un durcissement consécutif.

La fixation doit produire, en même temps, l'*insolubilisation* des éléments constitutifs des cellules et des tissus. Il est, en effet, de toute nécessité que les détails de structure, conservés par le fixateur, ne soient pas détruits ensuite par l'action des liquides de lavage ou les solutions colorantes. Cette insolubilisation peut être produite par deshydratation, coagulation et surtout par combinaison chimique du réactif fixateur avec les albuminoïdes cellulaires.

Le lavage des pièces, après la fixation, devra être réglé suivant la nature de ces combinaisons, d'ailleurs très mal connues, mais dont la stabilité et l'insolubilité varient avec les fixateurs.

Remarquons, que *le pouvoir de précipitation n'est pas proportionnel au pouvoir fixateur* : l'acide osmique, qui est un fixateur très puissant (p. 269) a un indice de précipitation très faible. D'autre part, le tannin, qui précipite énergiquement tous les albuminoïdes, n'a aucune propriété

fixatrice. Les fixateurs ne produisent pas tous des précipités; il y
qui donnent des coagulations homogènes. Nous aurons occasio.
revenir sur ces particularités en étudiant les différents agents fixate

De ces différentes réactions peut résulter aussi une véritable *différenciation optique*. En effet, la coagulation ou la précipitation du contenu
de la cellule amène des modifications plus ou moins grandes dans la
réfringence de ses diverses parties. Il en résulte que des détails, invisibles à l'état vivant, parce que leur indice de réfraction était très
voisin de celui de l'eau, apparaissent nettement après que l'action des
fixateurs a notablement élevé cet indice, mais de quantités variables
suivant la nature de chacun d'eux.

2. Préparation à la coloration. — Certaines combinaisons formées
entre fixateurs et tissus jouissent de la propriété de se combiner avec
diverses matières colorantes. Elles peuvent donc *mordancer* les tissus et
permettre des colorations caractéristiques, qu'on ne pourrait réaliser
autrement. Mais elles peuvent aussi être réfractaires à d'autres colorations. La fixation peut donc produire le *mordançage* des tissus, comme
nous allons l'expliquer, en diminuant leur pouvoir réducteur et en les
rendant ainsi plus aptes à se combiner avec les matières colorantes.

Rôle des phénomènes d'oxydation. — Jusqu'aux récents
travaux de Unna [1] on ignorait que la plupart de nos fixateurs usuels
agissent comme *oxydants*. Ces formules, établies d'abord empiriquement, reposent presque toujours sur l'emploi de solutions
acides coagulantes, car on avait remarqué, sans en comprendre la
raison, que les fixateurs produisent leur maximum d'action en
présence de l'acide acétique. Or il se trouve que les fixateurs
choisis empiriquement sont précisément des oxydants acides (sauf
les alcools et le formol), qui conservent l'oxygène des tissus et
diminuent leur pouvoir réducteur.

Les tissus animaux sont doués de propriétés réductrices qui
doivent être neutralisées, car elles empêchent les colorations. En
effet, les colorants histologiques sont généralement très sensibles
aux actions réductrices qui, en introduisant de l'hydrogène dans
leur chromophore (p. 368), les transforment en leucocomposés,
par conséquent les décolorent. Les plus sensibles sont, par exemple,
le vert de méthyle, le bleu de méthylène, la fuchsine, comme le
montre la décoloration rapide des préparations montées dans des
milieux réducteurs (p. 483).

Toutes les portions des tissus ne sont pas également réductrices.
Les éléments les plus réducteurs sont les cytoplasmes, les muscles,
la couche cornée de la peau, les poils. Au contraire, le noyau [2], le

1. Unna et Golodetz. Die Bedeutung des Sauerstoffes in der Färberei. *Dermatologische Studien*, XXII, 1912.
2. Unna, Die Reduktionsorte und Sauerstofforte des tierischen Gewebes. *Festschrift Waldeyer. Archiv. f. mikr. Anat.*, LXXVIII, 1911.

mucus, le cartilage, les labrocytes sont plus riches en oxygène. Le noyau peut même être considéré comme un oxydant acide; il en résulte qu'il n'a aucune affinité pour les fixateurs oxydants, dont le type est le mélange de Flemming. Aussi est-il bien conservé par ce réactif et par les fixateurs analogues.

Ces mélanges fixateurs oxydants ont régné sans conteste pendant une longue période, au cours de laquelle on a négligé l'étude des cytoplasmes pour celle du noyau. En effet, les cytoplasmes sont fâcheusement influencés par les oxydants acides qui les détruisent purement et simplement ou forment avec eux des combinaisons peu colorables. Fischer avait bien compris l'importance de ces altérations, mais sans en deviner la nature; il était arrivé à admettre que les réseaux obtenus par la coagulation du cytoplasme étaient toujours purement artificiels. Pour lui, chaque albuminoïde cellulaire aurait sa figure de précipitation et chaque fixateur produirait sa figure de fixation. Ces recherches ont eu une grande influence et une portée considérable, mais elles ne gardent maintenant qu'un intérêt historique.

L'emploi raisonné des *fixateurs réducteurs* a inauguré une ère nouvelle, dans laquelle nous vivons; on est arrivé à obtenir, pour les cytoplasmes réducteurs, des résultats aussi bons que pour le noyau. Ces fixateurs, représentés par les alcools et par le formol, ont l'avantage de ne pas former avec les albuminoïdes du cytoplasme des albuminates métalliques incolorables.

Ce résumé très bref des recherches de Unna montre quelle lumière elles ont jeté sur la nature de la fixation. A l'heure actuelle, il faut donc considérer dans un fixateur non seulement son acidité, mais encore son pouvoir oxydant, si on veut en tirer tout le parti qu'on est en droit d'en attendre.

Unna, partant de ces données, a formulé la loi très générale de l'*oxypolarité*. Nous en voyons une première application à la fixation et nous en trouverons une autre non moins importante au point de vue du mordançage et des colorations (p. 373). L'oxypolarité n'est autre chose que l'affinité particulière des corps peroxydés pour ceux qui sont moins oxydés ou réducteurs. En ce qui concerne les rapports des fixateurs avec les tissus, nous voyons les acides et sels oxydants manifester une affinité marquée pour les cytoplasmes réducteurs. Ils se combinent avec eux (acides osmique et picrique) ou même les détruisent (acide chromique et chlorure de platine). Ces oxydants, par contre, ne se com-

binent pas avec le noyau qui est, de son côté, riche en oxygène.

Ce qui montre bien que l'affinité chimique, au sens étroit du
mot (affinité des acides pour les bases et inversement), n'est pour
rien dans ces phénomènes, c'est qu'on voit des tissus acides se
combiner à des fixateurs acides, pour lesquels ils ont peu d'affinité,
dite chimique, lorsqu'il existe entre eux une affinité oxypolaire.
C'est le cas des cytoplasmes acides et réducteurs et des acides
picrique et phosphomolybdique, corps acides et oxydants.

Au contraire, les fixateurs réducteurs (alcools, formol) manifestent de l'affinité pour les noyaux riches en oxygène avec lesquels
ils se combinent (formol) ou qu'ils détruisent (alcools) en s'empa-
rant de leur oxygène. Ces fixateurs sont indifférents vis-à-vis des
cytoplasmes réducteurs.

Nécessité de la fixation. — Il est superflu, après ce que
nous venons de dire, d'insister sur la nécessité de fixer les tissus
pour en faire l'étude microscopique. La rapidité des altérations
post mortem, la difficulté des examens à l'état frais et de la
coloration des objets non fixés, en sont des preuves suffisantes.

On peut donc dire que *la fixation est la pierre angulaire, le
fondement de toute bonne histologie.*

Qualités des fixateurs. — Le fixateur idéal serait celui qui
conserverait la cellule dans un état identique à l'état vivant, en
gardant à ses éléments constitutifs l'intégrité de leurs caractères
morphologiques. Nous savons que ce fixateur idéal n'existe pas
encore : les meilleurs agents que nous possédons doivent réunir
un ensemble de qualités nécessaires pour réduire autant que
possible les artifices de préparation.

La première qualité d'un bon fixateur est la *puissance de
pénétration*, au moins en ce qui concerne les tissus, de manière
à ce que le liquide puisse fixer aussi bien les zones profondes que
la couche superficielle. Le tannin est un fixateur déplorable,
malgré son remarquable pouvoir de précipitation, parce que son
pouvoir de diffusion est très faible ; les cellules ont le temps de se
nécroser avant d'être atteintes par le réactif.

Le fixateur doit produire une *coagulation totale* des albuminoïdes, mais cela ne veut pas dire que la coagulation doive être
violente et instantanée. Il faut, au contraire, que la coagulation soit
en quelque sorte fractionnée afin d'éviter les contractions. Von

Tellyesniczky a bien montré que, dans les mélanges à base d'acide acétique, qu'il considère comme les meilleurs fixateurs, ce réactif prépare la coagulation totale, en acidifiant les protoplasmes et en les précipitant en partie. Les autres agents qui font partie du mélange (acide osmique, bichromate de potassium, etc.), diffusent plus lentement et n'arrivent au contact des cellules que lorsque celles-ci ont été tuées et en partie précipitées par l'acide acétique. La rapidité d'action d'un fixateur doit donc avoir pour objet de tuer le plus vite possible les cellules : la précipitation totale, au contraire, doit se produire secondairement, de façon à ne pas produire de contractions. Pour résumer d'un mot ces propriétés, nous dirons que la mort des cellules doit être *immédiate* et que leur coagulation doit être *médiate*. Il ne faut pourtant pas que la diffusion soit trop lente, sous peine de causer des altérations dans les cellules des parties profondes.

L'*acidité* du fixateur est donc une qualité indispensable. L'acide acétique est l'acide le plus employé : la plupart des fixateurs en renferment de 1 à 5 p. 100. Ce corps agit non seulement comme fixateur de la chromatine, mais surtout en neutralisant ou acidifiant les tissus. En effet, la puissance de coagulation ou de précipitation de la plupart des fixateurs ne peut s'exercer qu'en milieu neutre ou acide; un milieu alcalin la paralyse presque complètement [1]. Unna a montré que tous les bons fixateurs sont des oxydants acides, qu'ils neutralisent les propriétés réductrices des tissus, et qu'ils favorisent ainsi les colorations.

Nous venons d'insister (p. 261) sur les propriétés *oxydantes* ou réductrices des fixateurs. C'est là un point de vue nouveau qui modifie complètement les théories anciennes de la fixation.

L'*isotonie* est une qualité plus discutable. Il semble que son importance, invoquée par Sjöbring, soit plutôt théorique. En effet un liquide, isotonique pour un tissu donné, cessera de l'être dès le premier contact et n'atteindra les couches profondes qu'après avoir perdu son isotonie. Il ne faut pas oublier non plus qu'une

---

1. Pourtant V. Barnabo aurait obtenu de très bons résultats histologiques et cytologiques (système nerveux, testicule), avec des *fixateurs alcalins* renfermant parties égales de chlorure de sodium et de sublimé et alcalinisés par le bicarbonate de soude. Pour obtenir des fixations encore plus fines on ajoute du formol. *Bull. della Soc. zool. ital.*, XIII, p. 198-200, 1904 et XIV, p. 139-149; 205-214, 1905. Je n'ai pas essayé ces méthodes.

augmentation ou une diminution de concentration peuvent produire une surfixation de la périphérie des objets, ou nuire à la rapidité de la diffusion. L'emploi des liquides isotoniques a été repris à un autre point de vue par Dekhuysen (p. 299) et par Rubenthaler (p. 297).

Notons enfin qu'un bon fixateur ne doit pas ratatiner les tissus, ne pas les noircir ni les rendre cassants et friables, enfin ne pas gêner les colorations ultérieures.

CHAPITRE VII

AGENTS FIXATEURS

Les agents fixateurs peuvent être d'ordre physique ou d'ordre chimique. Nous allons étudier séparément les uns et les autres.

Agents physiques. — Le *froid* ne peut exercer une action fixatrice. Il durcit les tissus et suspend les altérations cellulaires dues à la nécrose et à l'auto-digestion. Aux températures ne dépassant pas 0°, cet agent ne saurait donc être qu'un adjuvant, par exemple dans la méthode de Borrel (p. 281). La congélation des tissus frais paraît être, *a priori*, un détestable procédé histologique : l'augmentation de volume des liquides qui remplissent les éléments et la formation d'aiguilles cristallines ne peuvent manquer de produire de véritables délabrements. Son seul avantage est de ne pas précipiter les albumines et de ne pas les altérer. Nous aurons à revenir sur cette question à propos des procédés de coupes par congélation (p. 336).

La *chaleur* exerce une action bien différente, suivant qu'elle est appliquée à des objets humides ou secs. La fixation par l'*eau bouillante* peut rendre des services pour les Invertébrés et pour les recherches microchimiques. Von Tellyesniczky pense que l'action successive de l'acide acétique et de l'eau bouillante peut donner de bons résultats, mais cette méthode ne paraît pas devoir se généraliser. La *chaleur sèche* est un agent fixateur très important : elle ne peut s'appliquer qu'aux frottis desséchés (p. 677).

Ceci nous amène à parler de la *dessiccation* dont le rôle est capital dans l'étude du sang et de beaucoup de Protozoaires. Nous y reviendrons à propos de la méthode des frottis desséchés (p. 671). Au point de vue microchimique, cette méthode serait très précieuse si elle pouvait être appliquée pratiquement aux tissus ; malheureusemement elle présente de grandes difficultés techniques (p. 376).

Nous mentionnerons ici l'emploi de la *narcotisation* comme adjuvant de la fixation. Ce procédé a été employé par Rubenthaler (p. 297) pour les tissus et il est d'usage courant (p. 563 et 664) pour les petits animaux aquatiques.

Agents chimiques. — Pour l'étude des tissus, les fixateurs chimiques sont préférables à tous les autres. Nous allons passer en revue les principaux agents, classés d'après le point de vue nouveau de leur pouvoir oxydant ou réducteur. Nous sommes ainsi amenés à établir cinq groupements d'agents fixateurs minéraux et organiques.

1er groupe. — Acides minéraux.

Acide chromique (CrO^2). — Cristaux rouges très déliquescents, à conserver en flacons bien bouchés à l'émeri, ou mieux en solution à 1 p. 100 dans l'eau distillée. Son action fixatrice ne s'exerce qu'en solutions très diluées (0,1 à 1 p. 100) car, en solutions plus concentrées, c'est un dissociateur puissant (p. 253) quoiqu'il fixe bien les noyaux. Ce corps est rarement employé seul à cause de ses nombreux inconvénients : il manque de pénétration et il produit, dans le cytoplasme, des réseaux artificiels, quelquefois très réguliers et très trompeurs ; il empêche en outre les colorations (sauf par l'hématoxyline ferrique) parce qu'il donne lieu, par réduction, à la formation de sesquioxyde de chrome dans les protoplasmes. Par contre il fait partie de nombreux mélanges, dont le type est le liquide de Flemming et dans lesquels il joue un rôle très important. Dans ces mélanges acides, il ne se transforme pas en sesquioxyde de chrome, mais en sels chromiques solubles, faciles à éliminer et qui ne gênent pas les colorations. D'après Unna et Golodetz, c'est un oxydant énergique ; il cède facilement de l'oxygène et, employé avec d'autres acides qui forment des chromates solubles avec l'oxyde de chrome mis en liberté par réduction, il augmente la colorabilité des tissus.

Acide osmique (OsO^4). — Ce corps devrait être nommé plus exactement tetroxyde d'osmium, parce qu'il ne possède pas en réalité de propriétés acides et ne fait pas virer le tournesol. Il se présente sous forme de cristaux jaunâtres. On le vend dans de petits tubes de verre scellés, renfermant des quantités variant de 0 gr. 1 à 1 gr. (se méfier des erreurs de pesage). La manipulation de ce corps présente des difficultés particulières. Il est très volatil et émet sans cesse des vapeurs extrêmement irritantes ; il faut bien se garder de respirer ces vapeurs et de s'y exposer, car elles peuvent déterminer des conjonctivites très graves [1]. Ce corps

1. Les avis sont partagés à ce sujet. Mais, tout en tenant compte des idiosyncrasies, on fera bien de prendre des précautions, parce que l'action de ce réactif sur les yeux ne se fait pas sentir immédiatement, comme pour d'autres substances, telles que le formol ou l'ammoniaque, dont les vapeurs sont intolérables.

est d'ailleurs un oxydant très énergique; aussi est-il très rapidement réduit par des traces de matière organique. De ces particularités découle la nécessité de prendre des précautions spéciales pour préparer la solution. Le titre habituel est de 1 ou 2 p. 100; elle peut être faite dans de l'eau distillée ou mieux encore, comme l'indique Bolles Lee, dans de l'acide chromique à 1 p. 100. Sous cette dernière forme, elle se conserve beaucoup mieux et se prête parfaitement à la fixation par les vapeurs osmiques et à la fabrication des mélanges chromo-acétiques. On peut encore, d'après Cori, ajouter à la solution aqueuse une très petite quantité de permanganate de potassium, suffisante pour produire une coloration rosée. On renouvelle cette quantité si la solution se décolore. On peut enfin, d'après Pintner et Mayer, ajouter à 100 cm³ de solution aqueuse 10 gouttes de solution de sublimé à 5 p. 100.

Préparation de la solution. — On peut employer sans inconvénient un flacon en verre blanc, pourvu qu'il soit bien bouché à l'émeri. Bolles Lee a montré que la lumière ne réduit pas la solution, pourvu qu'on la tienne à l'abri de la poussière. L'essentiel est de nettoyer le flacon avec le plus grand soin, d'abord avec une solution de permanganate de potassium, puis avec de l'acide azotique et enfin de l'eau distillée. On nettoie aussi le petit tube qui renferme l'acide osmique : on enlève l'étiquette et toute trace de colle par un lavage minutieux. On donne alors un trait de lime sur le tube, on le laisse tomber dans le flacon, on bouche et on agite pour briser le tube. Dès que ce résultat est obtenu, on ajoute la quantité de liquide voulue : les débris du tube restent au fond du flacon. L'acide osmique se dissout assez lentement à froid, mais il faut bien se garder d'employer de l'eau chaude qui pourrait le dissocier.

Les solutions d'acide osmique doivent être manipulées avec des soins particuliers. Non seulement les vapeurs qu'elles émettent sont dangereuses, mais il faut les préserver avec soin de la poussière qui les réduit très rapidement, avec formation d'un précipité noir. Comme c'est un produit très coûteux, on a intérêt à empêcher autant que possible cette réduction qui rend les solutions inutilisables. Il faut donc essuyer avec soin le pourtour du bouchon et du goulot avant d'ouvrir la bouteille, ne jamais y reverser un liquide déjà employé, même pour fixer par les vapeurs, et ne jamais y puiser avec une pipette.

L'acide osmique ne forme pas de sels, mais seulement des composés d'addition ou d'oxydation. On peut dire avec Mann que ce corps tient, parmi les composés métalliques, la même place que l'aldéhyde formique parmi les composés organiques. Comme lui, au point de vue morphologique, il fixe sans précipiter, c'est-à-dire d'une toute autre manière que les sels métalliques. Il tue rapidement les cellules et fixe bien le cytoplasme, mais moins bien le noyau. Il donne aux éléments une apparence homogène, qui nuit à la bonne différenciation optique des fins détails de structure. De plus, il a grande tendance à se réduire dans les tissus et à les noircir par précipitation de l'osmium métallique, surtout lorsqu'ils renferment beaucoup de cellules adipeuses. L'acide osmique est donc un fixateur électif des substances grasses et de la myéline, auxquelles il cède très facilement son oxygène. Par contre, il forme avec les protoplasmes une combinaison presque incolorable; aussi est-il nécessaire de l'associer à l'acide chromique qui ne peut plus exercer son action nuisible sur le protoplasme, mais l'oxyde et le rend colorable. Son plus grand défaut est d'être très peu diffusible, et par conséquent très peu pénétrant, de sorte que les couches superficielles des pièces sont surfixées (p. 280) bien avant que le réactif ait pénétré dans la profondeur. La surfixation donne aux éléments des couches superficielles une grande friabilité et une apparence homogène.

Ces inconvénients se présentent surtout avec la solution aqueuse, aussi l'emploie-t-on très rarement isolément. On l'associe généralement aux acides chromique et acétique dans les mélanges du type Flemming (p. 280).

Au contraire, *à l'état de vapeurs*, c'est un fixateur parfait, mais il ne convient que pour des objets très petits ou très minces, tels que les Protozoaires ou les frottis de sang. Pour le faire agir sous cette forme, le mieux est de préparer un bocal à large goulot sans col, bouché à l'émeri (fig. 127), dont on garnit le fond de billes de verre, pour augmenter la surface d'évaporation. Sur ces billes, on verse quelques centimètres cubes de solution à 2 p. 100. Pour des Protozoaires en suspension dans une goutte d'eau, on pose pendant 30 à 40 secondes la lame renversée sur l'orifice du bocal. Pour les frottis humides ou desséchés, on procède plus simplement, en introduisant la lame tout entière dans le bocal qu'on ferme immédiatement. L'exposition dure de 30 secondes à 1 minute.

2ᵉ groupe. — *Sels métalliques.*

Bichromates. — L'action de ces sels est bien connue grâce aux recherches de Burchardt [1]. Cet auteur les divise en deux groupes : certains bichromates alcalins (K, Na, AzH⁴, Mg) et même ceux de strontium et de zinc fixent bien le cytoplasme, mais détruisent les noyaux. Au contraire, les bichromates de baryum, de calcium et de cuivre fixent bien les mitoses, mais non le cytoplasme.

1. Burchardt, Bichromate und Zellkern *La Cellule*, XII, p. 357, 1897.

Burchardt et von Tellyesniczky (p. 282) ont montré qu'on peut corriger ce défaut par l'addition d'acide acétique et qu'on obtient ainsi d'excellents fixateurs. L'acide acétique permet aux bichromates d'abandonner une partie de leur oxygène et de se transformer partiellement en acide chromique.

Le plus employé de ces sels est le bichromate de potassium ($K^2Cr^2O^7$, gros cristaux d'une belle couleur rouge orangé, facilement solubles dans l'eau (12,4 p. 100). Cette solution se conserve bien, de préférence en flacons à l'émeri.

Bichlorure de mercure ou Sublimé corrosif ($HgCl^2$). — Petits cristaux blancs très toxiques, solubles dans l'eau (à froid 7 p. 100, à l'ébullition 54 p. 100), très solubles dans l'alcool (33 p. 100). Pour préparer la solution aqueuse saturée à froid, on dissout à chaud 10 p. 100 de ce sel et on laisse refroidir. Il se dépose de belles aiguilles cristallines et on décante le liquide clair au fur et à mesure des besoins.

Le sublimé est un oxydant acide et il précipite énergiquement les albuminoïdes, surtout ceux du noyau. Ces propriétés sont exaltées par l'addition d'acide acétique qui rend le fixateur plus pénétrant.

Ce corps est un fixateur de premier ordre, mais il est nécessaire de l'éliminer complètement des tissus, dès que la fixation est terminée, pour éviter la formation de cristaux. Il est bien entendu qu'aucun objet métallique ne doit entrer en contact avec les solutions de sublimé, sous peine de précipitation immédiate. Les solutions de sublimé pénètrent rapidement les pièces mais seulement à une faible profondeur, aussi ne faut-il traiter que des fragments très minces (2-3 mm).

Chlorure de platine. — Ce sel correspond au bichlorure de platine ($PtCl^4$) mais, d'après Unna, ce serait plutôt un chlorhydrate (PtH^2Cl^6). C'est un corps brun, déliquescent, soluble dans l'eau et dans l'alcool. Il agit dans les mélanges fixateurs comme oxydant acide. Les propriétés fixatrices sont les mêmes que celles de l'acide chromique; il conserve bien le noyau, mais altère le cytoplasme. Il n'est pas réduit par les protoplasmes, comme l'acide chromique. Il favorise les colorations en diminuant les propriétés réductrices des tissus, notamment des protoplasmes. Il empêche, comme l'acide acétique, la production de sesquioxyde de chrome aux dépens de l'acide chromique.

Chlorure de zinc ($ZnCl^2$). — Corps blanc, extrêmement avide d'eau, par conséquent très déliquescent. A conserver en flacons à l'émeri bien bouchés. Ce sel est considéré genéralement comme un corps neutre et non oxydant, aussi son emploi en histologie paraît-il aller à l'encontre de la théorie de l'oxydation. Pourtant il n'en est rien, comme le montrent les résultats obtenus par Unna[1] et par Reimann et Unna[2]. Le chlorure de zinc s'emploie en solution à 2 p. 100 dans l'eau distillée; on y fixe des fragments de tissus pendant 8 jours. Les résultats sont surtout favorables pour les colorations au bleu polychrome et au vert de méthyle-pyronine phéniqué. La solution de chlorure de zinc à 2 p. 100 conserve les pièces aussi bien que le formol et permet ensuite l'inclusion, les coupes par congélation, les colorations, etc. Les colorations de la graisse par l'acide osmique et le Sudan III sur les coupes de tissus congelés réussissent particulièrement bien. Les colorations par les colorants basiques sont meilleures qu'après les fixations au formol.

3ᵉ groupe. — Acides organiques.

Acide acétique cristallisable. — Liquide incolore, cristallisant au dessous de + 17°. Réactif des plus importants, faisant partie de presque tous les mélanges fixateurs en tant que fixateur de la chromatine et élément acide très pénétrant. D'après Unna et Golodetz, il augmente les contrastes entre le noyau et le cytoplasme parce qu'il gonfle ce dernier, tandis qu'il précipite les substances nucléaires; c'est pourquoi il possède la propriété de mettre le noyau en évidence, en modifiant sa réfringence et en accentuant son contour. De plus il empêche la séparation des oxydes métalliques et, mélangé avec des acides oxydants, augmente la colorabilité de tous les tissus: cette action est de nature chimique et bien différente de la propriété purement physique par laquelle, employé seul, il augmente les contrastes entre les diverses portions des tissus. Employé seul (en solution aqueuse à 1 p. 100), il sert donc à mettre en évidence le noyau des Protozoaires, au cours des examens extemporanés, mais ne peut servir de fixateur proprement dit, car il conserve très mal le cytoplasme et ses enclaves.

Acide picrique ou trinitrophénol. — Petits cristaux jaunes,

1. Unna et Golodetz, Die Bedeutug des Sauerstoffes in der Färberei. *Dermatologische Studien*, XXII, p. 95, 1912.

2. Reimann et Unna, Die Verbesserung der Farbungen durch Fixierung des Gewebes mit Chlorzink. *Medizinische Klinik*, VIII, p. 1319, 1912.

qu'on emploie en solution aqueuse saturée ou en solution alcoolique[1]. Solubilité à froid dans l'eau : 0,6 p. 100, beaucoup plus
soluble à chaud. Pour préparer la solution saturée à froid, mettre
au fond d'un grand flacon, bouché au liège ou à l'émeri, une
épaisseur de un centimètre d'acide picrique ; verser par-dessus de
l'eau distillée chaude, agiter et laisser reposer au moins douze
heures. Quand on prélève une partie de ce liquide, on la remplace
par un égal volume d'eau distillée, de manière à avoir toujours
une provision de solution saturée. Ce liquide est inaltérable.
Éviter de chauffer à feu nu les cristaux avec l'eau, à cause des
propriétés explosives de l'acide picrique.

Ne s'emploie seul qu'en histologie végétale. En histologie animale, l'acide picrique, qui est un des réactifs les plus pénétrants,
fait partie de mélanges dont le type est le liquide de Bouin (p. 285).
L'acide picrique est un oxydant des plus énergiques et à ce titre
un excellent fixateur, surtout au point de vue tinctorial. Il se fixe
avec une intensité particulière sur les protoplasmes réducteurs, et
les neutralise. Il facilite donc toutes les colorations, notamment
le vert de méthyle-pyronine phéniqué (p. 446). Nous avons déjà
fait remarquer (p. 262) que les affinités de l'acide picrique pour
les cytoplasmes ne dérivent pas de sa fonction acide, mais de ses
propriétés oxydantes. C'est pourquoi il s'unit énergiquement aux
cytoplasmes réducteurs et laisse intact le collagène qui est neutre.

*4e groupe. — **Oxydants organiques non acides**. —*
Je crée ce groupe artificiel pour ranger les oxydants organiques
non acides, dont l'emploi se généralisera certainement en histologie, lorsque la théorie de l'oxydation sera mieux connue. Nous
ne possédons à l'heure actuelle qu'un seul fixateur rentrant dans
ce groupe, c'est le peroxyde de benzol.

Peroxyde de benzol ou lucidol. — Poudre blanche insoluble dans l'eau, soluble dans l'acétone et la pyridine. Ce corps,
qui est un oxydant énergique et sert dans l'industrie au blanchiment de divers produits, a été introduit récemment dans la technique microscopique par Szecsi[2], sur les conseils d'Ehrlich. Il fixe

---

1. L'acide picrique fait des taches indélébiles sur la laine et la soie. Sur le
linge les taches s'effacent au lavage. Les taches des doigts s'enlèvent très facilement avec une solution de carbonate de lithium. Jellinek (*Ztschr. f. wiss. Mikr.*,
XI, p. 243, 1892) a montré que ce sel forme avec l'acide picrique une combinaison
très soluble. On peut profiter éventuellement de cette propriété pour décolorer
rapidement les tissus jaunis par les fixateurs picriques (p. 358).
2. Szecsi, Lucidol, ein neues Fixiermittel. *Deutsche med. Woch.*, p. 1584, 1913.
— A new method of fixation. *Journ. of state medicine*, XXII, p. 99, 1914.

rapidement en solution acétonique, plus lentement en solution pyridique et convient particulièrement pour les travaux hématologiques [3]. Voici, d'après Szecsi, les conditions dans lesquelles il doit être employé :

I. Frottis de sang et de moelle osseuse.

1. *Fixer* les frottis bien secs, pendant 15 minutes, dans la solution acétonique :

> Peroxyde de benzol. 10
> Acétone 100

Opérer dans un bocal ou flacon bien bouché à l'émeri, pour éviter l'évaporation.

2. *Laver* pendant 10 minutes dans le mélange :

> Acétone. . . . . 3 parties
> Xylol ou toluène. . . . . 2 —

pour enlever les cristaux de lucidol qui se forment immédiatement par évaporation.

3. *Laver* 30 secondes à 1 minute dans l'alcool méthylique pur.

4. Colorer par la méthode panoptique de Pappenheim (p. 422).

II. Objets parasitologiques (frottis de sang ou de déjections, etc.).

A. *Fixation sèche.*

1. *Fixer* pendant 20 minutes dans la solution pyridique :

> Peroxyde de benzol 12
> Pyridine 100

2. *Laver* 10 minutes comme plus haut dans le mélange acétone-xylol. On peut remplacer l'acétone par la pyridine.

3. *Laver* 1 minute dans l'alcool méthylique; un peu plus longtemps après le mélange pyridine-xylol.

4. Colorer.

B. *Fixation humide.*

1er *temps.* — *Fixer* le frottis humide par le sublimé alcoolique, les mélanges osmiés (Hermann, Flemming) ou simplement par les vapeurs d'acide osmique.

2e *temps.* — *Fixer* pendant 15 à 20 minutes dans la solution pyridique (jusqu'à blanchiment après l'emploi de l'acide osmique).

Laver et colorer comme plus haut.

III. Tissus.

1. *Fixer* de petits fragments, à la température ordinaire, pendant 4 à 6 heures dans la solution acétonique ou pendant 10-12 heures dans la solution pyridique.

1. M. Langeron, Remarques sur l'emploi du peroxyde de benzol en hématologie coloniale. *C. R. Soc. de biologie*, LXXVI, p. 502, 1914.

2. *Laver* 8 à 10 heures au maximum (à cause du durcissement) dans l'acétone-xylol.

3. Xylol, paraffine, etc.

5° groupe. — *Réducteurs organiques*.

Alcool méthylique. — Réactif très important dans la technique des frottis desséchés (p. 418 et 676). Unna le considère comme un puissant réducteur.

Alcool éthylique. — Ce corps ne peut servir de fixateur à l'état isolé que sous forme d'*alcool absolu*[1] ou au moins d'alcool à 95-96°. Aux autres concentrations, l'action deshydratante l'emporte sur l'action fixatrice et produit des contractions énergiques. Au contraire, l'alcool bien absolu peut donner des fixations excellentes, surtout pour le système nerveux. Il fixe aussi très bien les frottis desséchés (p. 676).

Dans les bonnes maisons de produits chimiques, on trouve de l'alcool suffisamment absolu. Un bon moyen de s'en assurer consiste à verser quelques gouttes de cet alcool dans un tube à essai à demi plein de toluène ou de xylol; s'il ne se produit aucun louche, même très léger, l'alcool est absolu. L'épreuve contraire ne signifierait rien car le xylol se mélange très bien avec un excès d'alcool à 90, sans produire de trouble. On peut encore employer le carbure de calcium, qui dégage de l'acétylène au contact de la moindre trace d'eau.

On peut arriver à deshydrater de l'alcool insuffisamment absolu, en l'additionnant d'une certaine quantité de *sulfate de cuivre* calciné. Ce dernier existe aussi dans le commerce, mais il est bon de le calciner de nouveau, au rouge, dans une capsule de porcelaine ou un têt de terre poreuse, en le brassant avec un fil de fer ou de cuivre, jusqu'à ce qu'on obtienne une poudre bien blanche. Sous cette forme, le sulfate de cuivre est un corps extrêmement avide d'eau, dont il s'empare en bleuissant. On répètera donc le traitement de l'alcool, par addition de poudre calcinée et décantations successives, jusqu'à ce que le sulfate de cuivre ne bleuisse plus. A défaut de sulfate de cuivre, on pourra employer le *sulfate de sodium* desséché ou le *carbure de calcium* en poudre, qu'on agitera avec l'alcool à deshydrater.

L'alcool éthylique est peu pénétrant, aussi ne faut-il y plonger que des **fragments très minces** (5 mm. au plus). Unna a démontré

---

[1] La fixation par des alcools de concentration croissante, très employée par les anciens histologistes, est tout au plus bonne pour conserver leur forme aux objets ... aux recherches de systématique.

que ce corps est faiblement réducteur, qu'il fixe très mal les noyaux et passablement les cytoplasmes. Son action est plutôt négative, en ce sens qu'il respecte les granulations des cytoplasmes et les corps de Nissl des cellules ganglionnaires, tandis que les fixateurs métalliques forment avec ces éléments des albuminates incolorables. L'alcool peut donc être très précieux pour l'étude des cytoplasmes, surtout en histologie pathologique, mais on ne saurait trop répéter que la fixation par l'alcool seul est d'un emploi délicat, sauf pour la grosse anatomie végétale. L'oubli de ce principe est trop souvent la cause de très mauvaises fixations. On ne tient pas compte de ce que la plupart des tissus renferment environ 80 p. 100 d'eau : or, si on n'emploie pas une grande quantité d'alcool et si on ne renouvelle pas fréquemment le liquide, le titre de ce dernier baisse immédiatement et, au lieu d'une fixation véritable, on obtient simplement une deshydratation, plus ou moins compliquée de macération.

En outre, les tissus fixés par l'alcool ne se colorent en général que faiblement, car ce réactif augmente encore les propriétés réductrices et décolorantes du cytoplasme. Pourtant les bleus basiques (bleu polychrome) agissent bien après la fixation par l'alcool.

Lorsqu'on emploie l'alcool bouillant, il faut opérer au bain-marie (l'alcool éthylique bout à + 78°5) et avec précaution, à cause de l'inflammabilité des vapeurs.

D'après Kittsteiner [2], on pourrait employer l'*alcool dénaturé* par la pyridine, dans les mêmes conditions que l'alcool à 90°, c'est-à-dire comme constituant de mélanges fixateurs et comme liquide de lavage, mais jamais comme fixateur unique, parce que les bases pyridiques contractent les noyaux et en dissolvent certaines parties. L'acide acétique neutralise cette action.

Formaldéhyde. — Ce corps est un gaz, dont la solution aqueuse porte le nom de formaline ou de *formol*. Toutes les fois que nous parlerons de formol pur, nous aurons en vue la solution commerciale à 40 p. 100.

Le *formol* a pris en technique une importance considérable à cause de son prix peu élevé et de la facilité de son emploi. Il a même été l'objet d'un véritable engouement, dont on tend d'ail-

1. Kittsteiner, Untersuchungen über die Einwirkung des denaturierten Alkohols auf tierische Organe und seine Verwendbarkeit in der mikroskopischer Technik. *Ztschr. f. wiss. Mikr.*, XXVI, p. 191-192, 1909.

leurs à revenir. On a notamment abusé de ce produit comme liquide conservateur, mais on n'a pas tardé à s'apercevoir qu'il présente, dans certains cas, les plus graves inconvénients (p. 469).

Comme fixateur, il joue un rôle important à cause de son pouvoir coagulant et de sa remarquable puissance de pénétration. Il importe de dire que ces propriétés ont été signalées pour la première fois par un Français, Trillat, en 1892[1] et non par Blum, dont la publication est postérieure d'une année[2]. Ce corps a fait depuis l'objet d'un grand nombre de travaux, parmi lesquels il convient de citer ceux de Hermann[3] et de Sjöbring[4].

Le formol du commerce est un liquide incolore, émettant des vapeurs très irritantes mais beaucoup moins dangereuses que celles de l'acide osmique. Il est fort désagréable de manipuler des pièces imbibées de formol, à cause de violents picotements qu'on ne tarde pas à ressentir dans les yeux : l'action sur la muqueuse pituitaire est peut-être moins sensible, mais plus durable, et l'olfaction peut finir par se trouver sensiblement diminuée. Il faut éviter aussi de mettre les doigts en contact avec les solutions renfermant du formol, car l'épiderme se trouve rapidement fixé et durci d'une manière fort désagréable.

Pour manipuler, sans être incommodé, les pièces qui ont séjourné dans le formol, on les lave à l'eau et on les plonge dans de l'eau légèrement ammoniacale. Toute odeur se trouve ainsi supprimée.

Il faut adopter une convention pour formuler le titre des dilutions : pour nous, le pourcentage visera toujours la solution commerciale à 40 p. 100. Ainsi on préparera une solution à 5 p. 100 en mélangeant 5 cm³ de formol avec 95 cm³ d'eau. Quand on relève une formule dans un mémoire, il faut avoir soin de s'assurer si la teneur est indiquée en formol commercial ou en aldéhyde formique. Exemple : formol à 4 p. 100 veut dire mélange de 4 cm³ de formol avec 96 cm³ d'eau, tandis que formaldéhyde à 4 p. 100 veut dire mélange de 10 cm³ de formol avec 90 cm³ d'eau. Dans le premier cas on prend 1 p. 24 de formol, dans le second cas 1 p. 9.

---

1. *C. R. Acad. des sc.*, CXIV, p. 1278, 1892.
2. *Ztschr. f. wiss. Mikr.*, X, p. 313, 1893.
3. *Anat. Anz.*, p. 112, 1893.
4. Sjöbring, Ueber das Formol, als Fixirungs Flüssigkeit. *Anat. Anz.*, XVII, p. 273, 1900.

La solution commerciale présente quelquefois une altération particulière, qui se manifeste par une apparence laiteuse et par la formation d'un précipité blanc, plus ou moins abondant, de paraformol. Le froid semble jouer un grand rôle dans ce phénomène. J'ai vu des flacons entiers, rapportés par Neveu-Lemaire de son exploration des hauts plateaux de Bolivie, complètement transformés en une masse blanche gélatineuse. Personnellement, j'ai observé que, pour une même solution, des portions exposées aux froids assez considérables des hivers jurassiens étaient partiellement transformées en paraformol, tandis que d'autres portions, conservées dans une cave, restaient inaltérées.

Théoriquement, la formaldéhyde est un non-électrolyte, par conséquent incapable de former des sels, mais pouvant donner des composés d'addition. C'est un réducteur qui nuit aux colorations en effaçant les contrastes.

Le formol seul, pur ou dilué, est donc un mauvais fixateur cytologique : il produit un certain gonflement des tissus et vacuolise les cellules ou bien leur donne l'aspect surfixé, homogène, vitreux, qu'on observe à la périphérie des objets traités par l'acide osmique. Enfin, il rend très difficile la coloration par l'éosine des éléments acidophiles et il diminue beaucoup les contrastes colorants entre le noyau et le cytoplasme. Par contre, il conserve bien les graisses neutres et les lipoïdes. L'addition d'acide acétique corrige l'action du formol et augmente notablement la colorabilité du noyau.

Pratiquement, le formol, même dilué dans l'eau ordinaire, peut rendre d'immenses services en voyage ou en exploration, lorsqu'on n'a pas d'autres fixateurs sous la main. Il conserve suffisamment les tissus pour permettre de bonnes études topographiques, ainsi que la recherche des Protozoaires parasites. Les pièces conservées dans l'alcool, dans les mêmes conditions, sont généralement macérées et inutilisables. La meilleure dilution est à 5 p. 100, c'est-à-dire renfermant 1 partie de formol pour 20 parties d'eau.

Dans les organes très vascularisés, le formol produit souvent des précipités noirâtres très gênants, qui peuvent en imposer pour du pigment. Pour s'en débarrasser, Verocay [1] conseille de traiter les coupes par la potasse alcoolique très diluée :

Potasse (en pastilles) à 1 p. 100. . . . .   1 cm³
Alcool à 80°. . . . . 25 —

pendant 10 minutes. Laver deux fois dans l'eau, cinq minutes chaque fois, passer dans l'alcool à 80° pendant cinq minutes, puis laver de nouveau. Après ce traitement, les hématies se colorent très bien par l'éosine.

---

1. J. Verocay, Beseitigung der Formol-Niederschläge aus mikroskopischen Schnitten. *Centralbl. f. allg. Pathol. u. pathol. Anat.*, XIX, p. 769-774, 1908.

Le formol fait partie d'un grand nombre de mélanges fixateurs ; c'est en outre un des meilleurs fixateurs pour le système nerveux.

A ces divers titres, c'est un des réactifs les plus importants de la technique moderne. Nous étudierons plus loin (p. 469) son rôle comme liquide conservateur.

Acétone. — Ce corps peut constituer, dans certains cas, un fixateur assez passable pour les frottis desséchés (p. 417) mais il n'est pas à recommander pour les tissus, car il cause encore plus de contractions que l'alcool. C'est surtout un agent de deshydratation (p. 305).

CHAPITRE VIII

MÉLANGES FIXATEURS

Le bref exposé de la théorie de la fixation et des propriétés des principaux agents fixateurs, nous a montré qu'aucun de ces derniers n'est capable de réunir à lui seul les qualités que doit posséder un bon fixateur (p. 263). Dans la technique moderne, il est donc très rare, du moins pour les tissus, d'employer un agent fixateur unique. On se sert presque exclusivement de mélanges, combinés de manière à compléter l'action d'un fixateur par un autre, ou à contre-balancer les actions nuisibles. De cette manière, les différentes cellules d'un tissu et les divers éléments de ces cellules peuvent être conservés aussi parfaitement que possible.

Je crois préférable de classer ces mélanges par groupes caractérisés par l'élément le plus actif.

I. — FIXATEURS A BASE D'ACIDE OSMIQUE

Pour obvier aux inconvénients des solutions d'acide osmique, on a tenté d'y adjoindre d'autres réactifs qui en complètent et en modèrent l'action. Les principaux sont les acides acétique et chromique et le chlorure de platine. Il faut en exclure *a priori* les agents réducteurs tels que l'alcool. L'acide acétique réalise l'acidité du milieu, nécessaire pour une bonne fixation (p. 264) et empêche la formation de sesquioxyde de chrome; il augmente la pénétration, fixe la chromatine nucléaire et atténue la surfixation du cytoplasme, tout en améliorant la différenciation optique. L'acide chromique contribue à la fixation de la chromatine et diminue le noircissement des tissus. Le chlorure de platine possède un pouvoir coagulant considérable et, en outre, agit comme mordant énergique pour les colorants basiques, tels que la safranine et le bleu de toluidine (p. 270).

Parmi les nombreux mélanges qui ont été proposés, nous ne retiendrons que ceux de Flemming, d'Hermann, de Borrel et de Lindsay Johnson.

Mélange de Flemming *ou chromo-acéto-osmique.*

Il existe deux formules, dites mélange fort et mélange faible. Nous ne donnerons que celle du *mélange fort*, qui fournit d'excellents résultats. D'ailleurs, comme l'a montré Carnoy, les proportions peuvent varier un peu sans inconvénient. Pour éviter la réduction de l'acide osmique par l'acide acétique, on fait le mélange au moment de l'emploi.

> Acide chromique à 1 p. 100. . . . .   15 vol.
> Acide osmique à 2 p. 100. . . . .   4 —
> Acide acétique cristallisable. . . . .   1 —

Si on désire un fixateur plus faible, on ajoute 4 à 5 parties d'eau distillée.

Voici, d'après Unna, comment agissent les éléments de ce mélange :

L'*acide osmique* préserve la morphologie du protoplasme et du noyau, mais il diminue la colorabilité du protoplasme.

L'*acide chromique* fixe très bien le noyau mais altère profondément le cytoplasme; il améliore la colorabilité, principalement celle du noyau.

L'*acide acétique* empêche la formation du sesquioxyde de chrome et favorise la pénétration du fixateur; il conserve bien le noyau, mais altère le cytoplasme; il augmente la colorabilité du noyau et diminue celle du cytoplasme.

Le mélange de Flemming est donc un fixateur de premier ordre pour l'étude du noyau, mais non un réactif universel. Aussi ne convient-il pas pour le travail courant des recherches topographiques ou pathologiques.

Il ne peut être employé que pour de *très petits objets* ou de très petits fragments d'organes. En effet, son pouvoir de pénétration est très faible : l'acide osmique, qui en est l'agent fixateur le plus actif ne fait guère sentir son influence au delà de 5 à 6 couches de cellules. Aussi les fragments doivent-ils avoir au plus 1 à 3 millimètres d'épaisseur. Malgré ces précautions, la partie vraiment utilisable et bien fixée est très mince, à cause des phénomènes de *surfixation* ou *action périphérique* qui se produisent dans les couches superficielles. Ceux-ci se manifestent, comme nous l'avons dit p. 269, par une apparence homogène et vitreuse du contenu cellulaire, très nuisible à la bonne différenciation optique. Les opinions sont encore partagées sur la cause de cette surfixation : nous ne pouvons discuter ici cette question qui est traitée à fond dans les publications de Fischer[1], Mann[2], von Tellyes-niczky[3], etc.

Le volume du liquide doit être environ 4 fois celui des fragments et la durée de la fixation de vingt-quatre heures au moins, et de quarante-huit heures au plus. Pour le *lavage* des pièces ainsi fixées, voir p. 295.

Le mélange de Flemming ne permet pas de bonnes colorations par les laques d'hématoxyline. Par contre, il se prête très bien à l'emploi de la safranine et des couleurs d'aniline, par exemple le trichromique de Cajal (p. 440).

Mélange de Hermann ou *platino-acéto-osmique.*
Ce mélange diffère de celui de Flemming en ce que l'acide chromique est remplacé par du chlorure de platine. On prend par exemple :

Chlorure de platine à 1 p. 100. . . . . 15 vol.
Acide acétique cristallisable . . . . 1 —
Acide osmique à 2 p. 100 . . . . 4 —

Il est bon de ne pas préparer à la fois de grandes quantités de ce mélange. Le mode d'emploi est le même que pour le Flemming.

La raison d'être du chlorure de platine dans ce mélange et dans les deux suivants a été expliquée plus haut (p. 270). Les deux principaux dérivés de ce mélange sont les liquides de Borrel et de Lindsay Johnson.

Mélange de Borrel.

Acide osmique . . . . 2 gr.
Chlorure de platine. . . . . 2 —
Acide chromique . . . . 3 —
Acide acétique cristallisable . . . . 20 —
Eau distillée . . . . 350 —

On fixe de très petits fragments à la glacière, pendant vingt-quatre heures. On colore au trichromique de Cajal.

Mélange de Lindsay Johnson.

Bichromate de potassium à 2,5 p. 100. . . . . 70 vol.
Acide osmique à 2 p. 100. . . . . 10 —
Chlorure de platine à 1 p. 100. . . . . 15 —
Acide acétique ou formique . . . . 5 —

On n'ajoute ce dernier réactif qu'au moment de l'emploi, pour éviter la réduction de l'acide osmique.

1. *Anat. Anzeiger*, IX, p. 678, 1894 et X, p. 769, 1895. — *Fixierung, Färbung und Bau des Protoplasmas*, 1899.
2. *Physiological histology, methods and theory*, Oxford, Clarendon Press, 1902.
3. *Encyklopädie der mikroskopischen Technik*, 2e édit., 1910; article Fixation.

Ce dernier mélange est très vanté par Lee et Henneguy. Ce serait un des meilleurs réactifs pour fixer le cytoplasme et ses inclusions; en effet il possède les propriétés oxydantes de trois de nos meilleurs fixateurs métalliques, mises en valeur par l'action de l'acide acétique.

Pour tous les fixateurs de ce groupe, le volume des objets à fixer, la durée de la fixation, le mode de lavage, la colorabilité des pièces fixées sont exactement les mêmes.

II. — FIXATEURS A BASE DE CHROME

Nous savons que l'acide chromique et les bichromates, employés seuls, ne constituent pas de bons fixateurs (p. 267 et 269). Mélangés avec l'acide acétique, l'acide osmique ou le bichlorure de mercure, ils donnent les meilleurs réactifs que l'on connaisse. Jamais on ne doit leur adjoindre de substances réductrices, à cause de la facilité avec laquelle ils cèdent une partie de leur oxygène. Tous les mélanges d'acide chromique et de bichromates dans lesquels il entre de l'alcool ou du formol (liquides de Perenyi [1], de Graf, etc.) devraient être proscrits comme irrationnels.

Mélange bichromaté de von Tellyesniczky. — C'est le seul qu'il est utile de signaler :

Bichromate de potassium. . . . . 3 gr.
Acide acétique cristallisable. . . . . 5 cm³
Eau . . . . 100 —

Il constitue un excellent fixateur très rationnel (p. 264) qui conserve à la fois le cytoplasme (bichromate) et les noyaux (acide acétique). On peut y plonger des objets petits ou moyens, mais ne dépassant pas autant que possible 5 millimètres d'épaisseur : on les y laisse un ou deux jours ou même plus longtemps sans inconvénient, suivant leur volume. On lave à l'eau courante pendant vingt-quatre heures (p. 295) et on passe lentement par les alcools, en commençant par l'alcool à 15 p. 100. Les résultats sont analogues à ceux du liquide de Zenker. Les objets supportent à peu

---

1. Je rappellerai, pour mémoire, que le *mélange de Perenyi* doit être rangé parmi les formules surannées et irrationnelles. Il était en effet composé d'alcool, d'acide nitrique et d'acide chromique : ces corps réagissent entre eux, de telle sorte que, finalement, on n'a plus qu'un mélange d'éther azotique. d'oxyde de chrome, d'alcool et d'acide azotique. Autrement dit, c'est un alcool nitrique, très médiocre fixateur (Mayer).

près toutes les colorations : à ce point de vue, les fixateurs chromo-acétiques tiennent le milieu entre les mélanges osmiés et les liquides à base de sublimé ou de formol : ce sont ces derniers qui permettent les colorations les plus belles et les plus faciles.

Mélange de Orth. — Je suis obligé de mentionner aussi ce mélange parce qu'il est recommandé pour la fixation des pièces qui doivent être colorées au Romanovsky (p. 428). On le prépare en ajoutant 10 p. 100 de formol au liquide de Müller (eau 100 cm³; bichromate de potassium 2 gr. 5; sulfate de sodium 1 gr.). Ce liquide est irrationnel, à cause de l'action réductrice que le formol exerce sur le sel chromique. Il faut donc, si on croit devoir s'en servir, le préparer au moment de l'emploi. On peut, à mon avis, le remplacer avantageusement par le Tellyesniczky, le Zenker ou le peroxyde de benzol.

III. — FIXATEURS A BASE DE SUBLIMÉ CORROSIF

On emploie rarement la solution aqueuse pure. Il est préférable d'y ajouter au moins une certaine quantité d'acide acétique.

Sublimé acétique.

Solution aqueuse saturée de sublimé. . . . . 95 cm³
Acide acétique cristallisable. . . . .   5 —

Sous cette forme [1], le sublimé est un excellent fixateur à peu près universel, convenant très bien pour tous les travaux courants. Il pénètre vite et ne gène pas les colorations, mais il ne faut pas le laisser agir trop longtemps, sous peine de rendre les objets friables : il faut donc les retirer dès qu'ils ont pris jusqu'au centre une teinte blanchâtre opaque, indiquant qu'ils sont pénétrés.

Sublimé alcoolique de Schaudinn.

Solution aqueuse saturée de sublimé . . . . . 2 vol.
Alcool absolu. . . . .   1 —

1. C'est à dessein que je n'indique pas la formule du *mélange de Dominici* au sublimé iodé et formolé. Ce fixateur a donné d'excellents résultats entre les mains de Dominici et de ses élèves. Personnellement je ne le trouve pas supérieur aux formules courantes et je lui fais le grand reproche d'être irrationnel et instable, puisqu'il est constitué par deux corps chimiquement incompatibles, incapables de donner naissance à des composés stables et définis. Aussi, sans nier la valeur de ce mélange, je n'en conseille l'emploi ni pour les débutants, ni pour le travail courant.
Consulter à ce sujet : Dominici, Sur un procédé de technique histologique appliqué à l'étude des cellules conjonctives. *Folia hæmatologica*, II, p. 219-226, 1905. — Rubens Duval, *Cytologie des inflammations cutanées*. Thèse de la Fac. de méd. de Paris, 1908. Cf. p. 15-18.

Ce réactif joue un rôle très important dans l'étude des Protozoaires. On l'emploie à froid, ou chauffé à 60°-70°.

Je ferai deux remarques à son sujet : on peut le préparer avec de l'alcool à 90°, les résultats sont exactement les mêmes. En outre, ce fixateur, très vanté par l'école allemande, n'est pas supérieur, à aucun point de vue, aux mélanges de Bouin et de Duboscq-Brasil (p. 285 et 286).

Mélange de Gilson. — On dissout du sublimé à saturation dans le mélange suivant :

Alcool absolu. . . . . 1 vol.
Acide acétique cristallisable . . . . 1 —
Chloroforme . . . . 1 —

Ce fixateur est un des plus pénétrants qui existent et convient pour des objets très difficiles à fixer [1], tels que les œufs de Nématodes (*A caris*, p. 719).

Mélange de Zenker.

Bichlorure de mercure. . . . . 5 gr.
Bichromate de potassium. . . . . 2,5 —
Sulfate de sodium [2] . . . . 1 —
Eau distillée. . . . . 100 cm^3
Acide acétique (ajouter au moment de l'emploi) . 5 —

Ce réactif, très vanté, convient assez bien pour le travail courant. Personnellement, je ne le trouve pas supérieur au Bouin ou au Tellyes-niczky et il présente, en outre, l'inconvénient d'exiger un lavage soigneux et prolongé, d'abord à l'eau pour éliminer le bichromate, puis à l'alcool iodé pour éliminer le sublimé.

Sa vogue est probablement due à ce qu'il est une amélioration du vieux liquide de Müller, devenu par trop insuffisant et démodé, mais dont l'emploi est extraordinairement enraciné.

Mélange de Helly. — C'est du Zenker, auquel on ajoute, *au moment de l'emploi*, 10 p. 100 de formol. Ce fixateur, recommandé pour les organes lymphoïdes et pour les tissus dans lesquels se trouvent des Protozoaires, est tout aussi irrationnel que le mélange de Orth (p. 283). Les remarques que j'ai faites au sujet de ce dernier s'appliquent aussi au Helly.

Pour le mode d'emploi de ces mélanges et pour le lavage après fixation, se reporter aux pages 289 et 295.

1. Dans ce but, on peut employer le mélange de Carnoy ou de van Gehuchten, qui est également un fixateur des plus pénétrants :

Chloroforme. . . . . 3 vol.
Alcool absolu. . . . . 6 —
Acide acétique cristallisable . . . . 1 —

2. On ne voit pas trop ce que vient faire là le sulfate de sodium, vestige suranné de la vieille formule de Müller, qui date de 1859.

IV. — FIXATEURS A BASE D'ACIDE PICRIQUE

Nous savons que l'acide picrique seul, **en solution saturée**, aqueuse ou alcoolique, n'est pas un bon fixateur des tissus animaux, bien qu'il possède une grande puissance de pénétration et de précipitation. Aussi l'emploie-t-on toujours en mélange.

Picroformol de Bouin.

Solution aqueuse saturée d'acide picrique. . . 30 vol.
Formol à 40 p. 100. . . . . 10 —
Acide acétique cristallisable . . . . 2 —

Il est préférable de préparer ce mélange au moment de l'emploi.

On se demande pourquoi Bouin n'a pas simplement saturé d'acide picrique du formol au quart. Des modifications de ce genre ont déjà été employées par plusieurs micrographes de grande valeur, par exemple par René Maire et Pierre Masson. Je propose donc de préparer d'avance, en provision, la solution suivante :

Formol à 40 p. 100. . . . . 1 partie
Eau. . . . . 3 parties
Acide picrique. . . . . à saturation.

On prépare le picroformol en ajoutant à ce liquide, *au moment de l'emploi*, 5 p. 100 d'acide acétique cristallisable. L'avantage de ce nouveau liquide est d'être plus riche en acide picrique et plus facile à préparer.

Le picroformol, extrèmement pénétrant, peut être considéré comme un fixateur *universel*. A mon avis, il peut convenir pour toutes sortes de travaux, même pour les recherches de cytologie. Son emploi est des plus faciles, parce qu'on peut y plonger des objets assez volumineux et les y laisser un temps quelconque (3 jours au moins, 8 jours au plus d'après P. Masson). En outre, il ne nécessite pas de lavage particulier après la fixation (voir p. 272, note 1, et p. 358, procédé rapide de Jellinek pour l'élimination). Il suffit de transporter les pièces dans l'alcool à 90° qu'on change deux ou trois fois (p. 296). C'est le fixateur que je recommande le plus chaudement pour l'usage courant. Avec lui, les débutants n'auront jamais d'insuccés.

Mélange de Duboscq-Brasil.

Alcool à 80°	150 cm³
Formol à 40 p. 100.	60 —
Acide acétique cristallisable	15 —
Acide picrique.	1 gr.'

Ce mélange se nomme encore Bouin alcoolique, liquide de Bouin-Duboscq, ou de Brasil. Il est bon de le préparer au moment de l'emploi; aussi fera-t-on bien d'avoir en provision la solution d'acide picrique dans l'alcool à 80° et de mélanger les trois liquides au moment de se servir du fixateur.

On peut dire que ce mélange complète heureusement celui de Bouin, en lui donnant des qualités encore plus pénétrantes. Aussi convient-il parfaitement, d'une part pour les frottis humides (p. 492), d'autre part pour les objets difficiles à fixer, tels que les Arthropodes [1].

Mélanges au sublimé et à l'acide picrique.

Ces mélanges, préconisés d'abord par Mann et Rabl, puis par Branca, Bouin, etc., sont aussi d'excellents fixateurs universels.

Mélange de Mann.

Bichlorure de mercure	2,5 gr.
Eau bouillante.	100 cm³
Après dissolution, ajouter acide picrique. . .	1 gr.
Au moment de l'usage, ajouter formol. . . .	20 cm³

On peut fixer dans ce liquide des objets assez volumineux, pourvu qu'ils ne soient pas trop épais : ils peuvent y rester plusieurs jours. On lave ensuite à l'alcool iodé (p. 296) pour éliminer à la fois l'acide picrique et le sublimé.

Mélange picronitrique de Mayer.

Eau distillée	100 cm³
Acide azotique à 25 p. 100.	5 —
Acide picrique	q. s. pour saturer.

Ce mélange est destiné à remplacer l'ancien mélange picro-sulfurique de *Kleinenberg*. Il donne des résultats au moins aussi beaux et possède l'avantage de ne pas former de cristaux de sulfate de calcium, dans les organismes renfermant du carbonate de calcium. Il convient surtout pour les Arthropodes, mais, même à ce point de vue, ne présente pas de supériorité sur le mélange de Duboscq-Brasil. Ce dernier, grâce à la présence de l'acide picrique, pénètre très bien la chitine.

1. Pour les travaux très délicats, Bouin et Duboscq recommandent d'éviter l'emploi de l'alcool absolu. On passe de l'alcool à 90° à un mélange à parties égales d'alcool absolu et de chloroforme, puis au chloroforme pur. On imprègne de paraffine à basse température et on enrobe définitivement dans la paraffine dure.

V. — FIXATEURS A BASE DE FORMOL

Le formol est rarement employé seul, comme fixateur histologique, car il gonfle et vacuolise les cellules. Pourtant il convient très bien pour l'étude du système nerveux central, sous forme de solution à 10 p. 100.

Comme ce corps est un puissant réducteur, il ne faut jamais le mélanger à des corps oxydants tels que l'acide chromique. Les principaux mélanges au formol ne sont autre chose que des mélanges picriques (liquides de Bouin, de Duboscq-Brasil, de Mann, etc.). Mentionnons encore l'*alcool-formol* qui convient très bien pour le système nerveux (p. 709) :

Alcool à 90° . . . . 90 vol.
Formol à 40 p. 100 . . . . 10 —

VI. — FIXATEURS A BASE D'ALCOOL

Nous savons que l'alcool différencie très mal le noyau et le cytoplasme (voir p. 274) parce qu'il se comporte comme réducteur. Par contre, il présente l'avantage de ne pas agir chimiquement sur la cellule, mais seulement comme deshydratant; il ne modifie donc pas la colorabilité des éléments cellulaires. Il se comporte à ce point de vue comme l'alcool méthylique, l'acétone et l'éther. Ces deux derniers ne constituent pas à proprement parler des fixateurs. Nous savons que l'acétone n'est qu'un agent deshydratant. Quant à l'éther, on ne peut l'employer seul à cause de sa très faible solubilité dans l'eau. Associé à l'alcool (alcool-éther), il peut convenir pour la fixation des frottis desséchés (p. 676), mais non pour celle des éléments frais qu'il contracte beaucoup. L'alcool est surtout employé en anatomie végétale, en technique neurologique pour la fixation des corps de Nissl et enfin pour l'étude des cytoplasmes par les bleus basiques.

CHAPITRE IX

CHOIX D'UN FIXATEUR

Je m'efforcerai, dans ce chapitre, de guider le choix du débutant. Le travailleur exercé connaît les fixateurs qui conviennent le mieux à chaque cas, mais le débutant est toujours désorienté au milieu de ces multiples formules. Bien que j'en aie réduit considérablement le nombre, j'ai été obligé de mentionner certains mélanges célèbres, dont l'emploi est conseillé dans beaucoup d'ouvrages et qui doivent figurer dans un précis de technique.

Aucun de ces mélanges ne fixe également bien toutes sortes d'objets. Le liquide de Bouin lui-même, qui est pourtant le type du fixateur universel, ne convient guère pour l'histologie végétale et fixe assez mal le rein et le testicule des Mammifères. Le choix du fixateur dépendra donc de la nature de l'objet et du but qu'on se propose.

Le *débutant*, qui veut se familiariser avec la méthode des coupes et étudier topographiquement toutes sortes d'organes, devra se servir uniquement du mélange de Bouin. Par ce moyen, il sera sûr de n'avoir aucun insuccès et d'obtenir des pièces toujours suffisamment fixées pour y retrouver les détails histologiques essentiels.

En cas d'*urgence* ou en *voyage*, si on n'a pas de liquide fixateur sous la main, il faut employer le formol à 5 p. 100, dans lequel on peut laisser indéfiniment les pièces, mais jamais l'alcool. En effet, le formol donne toujours des matériaux utilisables tandis que l'alcool, s'il n'est pas employé en grande quantité, macère les tissus et rend toute étude *histologique* impossible[1].

---

1. C'est tout le contraire lorsqu'il s'agit de la *conservation morphologique* pour l'étude *systématique*. Nous verrons plus loin (p. 469) qu'il faut alors *rejeter absolument le formol* et n'employer que l'alcool.

Lorsqu'on est un peu familiarisé avec la méthode des coupes, on peut employer tous les fixateurs en les adaptant aux divers genres de tissus et de recherches. Nous pouvons diviser ces recherches en trois groupes.

1. Travaux d'histologie générale, qu'on peut encore nommer travaux topographiques. On employera le mélange de Tellyesniczky (p. 282), le sublimé acétique (p. 283), le mélange de Zenker (p. 284), les mélanges au sublimé-formol-acide picrique (p. 286) *et surtout le mélange de Bouin* (p. 285).

2. Travaux cytologiques. — Il faut distinguer ici les tissus parenchymateux ou facilement pénétrables (glandes, testicule, etc.) et les matériaux difficiles à fixer, tels que certains œufs (*Ascaris*).

Dans le premier cas, on peut employer les mélanges osmiés, appliqués à de très petites pièces (mélange de Flemming, p. 280) ou les fixateurs à base d'acide picrique (picroformol de Bouin, p. 285, ou mélanges au picroformol-sublimé, p. 286). Ce sont ces deux catégories de fixateurs qui se prêtent le mieux à l'emploi des colorations dites cytologiques (trichromique de Cajal, méthode de Prenant, hématoxyline ferrique).

Dans le second cas, il faut avoir recours à des fixateurs excessivement puissants et doués d'un grand pouvoir de pénétration. C'est alors qu'on utilisera les mélanges de Gilson (p. 284) et de Carnoy (p. 284, note 1).

3. Recherches microchimiques. — Dans cet ordre de travaux, ainsi que dans l'analyse chromatique proprement dite, c'est-à-dire dans la recherche de l'affinité des éléments pour les colorants acides, basiques ou neutres, il faut modifier le moins possible les propriétés des cellules. Aussi, dans ce cas, faut-il avoir recours aux fixateurs chimiquement indifférents [1], dont le type est l'alcool absolu, ou, lorsque cela est possible, aux agents physiques tels que le froid (p. 336), la chaleur et la dessiccation (p. 266).

Bien entendu, ces indications n'ont qu'un caractère très général ; elles nous servent simplement à classer les fixateurs en grands groupes et à orienter le débutant dans le dédale des formules. En réalité, il faut, pour chaque cas particulier, choisir le fixateur le mieux approprié ;

1. Pourtant, d'après les recherches de Mlle Asvadourova, la recherche du fer dans les cellules pigmentaires des Amphibiens a donné des résultats beaucoup plus précis après fixation dans le Flemming ou le Bouin. Cf. Prenant, Méthodes et résultats de la microchimie, *Journ. de l'anat. et phys.*, XLVI, p. 395, 1910.

c'est ainsi que le Bouin donne des résultats imparfaits avec le testicule et le rein. Pour le premier, le sublimé acétique est préférable, tandis que le second est très bien fixé par le mélange de Carnoy (p. 284).

A un autre point de vue, l'inclusion à la paraffine exige des fixations très solides. Aussi est-ce une des raisons pour lesquelles les mélanges fixateurs très puissants ont pris une importance prépondérante.

Il faut tenir compte aussi de la coloration qui sera employée. Nous savons que les fixateurs gênent certaines colorations et en favorisent d'autres. Ainsi les mélanges osmiés rendent difficile l'emploi de l'hématotyline et du carmin, tandis qu'ils s'allient très bien à la safranine et aux couleurs d'aniline. Les mélanges picriqués préparent admirablement les colorations à l'hématoxyline. Le sublimé se prête à toutes les teintures.

Il sera donc nécessaire de compléter plus loin ces indications, dans le chapitre des méthodes spéciales, et d'indiquer, pour chaque catégorie d'objets, le fixateur qui convient le mieux.

CHAPITRE X

PRATIQUE DE LA FIXATION

Après avoir fait choix d'un fixateur, nous devons déterminer de quelle manière il doit être appliqué aux tissus, pour donner les meilleurs résultats. Nous laissons de côté les procédés physiques (dessiccation, chaleur), dont l'étude sera mieux placée dans les méthodes spéciales. Nous ne nous occuperons que du traitement des tissus par les mélanges fixateurs.

Nous devons examiner successivement le mode de prélèvement des pièces, le volume de fixateur à employer, la durée et la température de la fixation et enfin le traitement consécutif au lavage.

Prélèvement des pièces. — L'animal est saigné de préférence ou tué par le gaz d'éclairage[1] ou par le chloroforme et attaché comme il est expliqué pour les autopsies (p. 573). Nous supposons ici l'animal ouvert et l'organe à étudier mis à nu. L'essentiel est d'extraire cet organe, sans lui faire subir de traumatisme qui puisse altérer sa structure. Pour le libérer de ses attaches conjonctives, on se servira de préférence d'un bistouri bien tranchant et on évitera de le saisir avec les pinces à dissection. Celles-ci ne seront appliquées que sur la gaine conjonctive ou graisseuse qui entoure l'organe. Une fois l'organe isolé, le traitement variera, suivant que le tissu est contractile ou non contractile.

Organes non contractiles. — Ce sont par exemple les glandes, le système nerveux, les organes parenchymateux tels que le foie, la rate, le rein. Pour le travail courant, notamment avec le mélange de Bouin, la fixation doit être faite en deux temps.

Premier temps. — On coupe d'abord dans ces organes des

---

1. Dans un bocal ou sous une cloche pour les petits animaux, dans le four Pasteur pour les gros animaux : on fait arriver le gaz par une des tubulures du couvercle.

fragments assez volumineux, gros comme une noix ou une noisette et on les jette dans le fixateur. Celui-ci sera contenu dans un bocal à large ouverture, garni au fond d'une couche d'ouate pas trop épaisse. Les morceaux seront disposés de façon à ne pas se toucher.

Deuxième temps. — Dès qu'ils sont suffisamment durcis, c'est-à-dire au bout d'une heure ou deux, on les retire un à un, pour procéder au second temps de la fixation. Celui-ci consiste à débiter les morceaux en fragments définitifs, ayant au maximum 5 mm. d'épaisseur, et à les plonger dans du mélange fixateur neuf.

Ce procédé en deux temps a pour but d'obtenir des morceaux bien réguliers et convenablement orientés. En effet, les organes frais sont très mous et très difficiles à couper correctement en tranches minces : on risque d'obtenir des fragments informes, qui se recroquevillent dans le fixateur. Au contraire, en ayant soin de durcir la périphérie de morceaux un peu volumineux, on peut les réduire ensuite en tranches de l'épaisseur voulue. Pendant la fin de la fixation, ces tranches conservent leur forme.

Pour couper les organes, il faut prendre une lame à la fois large, mince et bien tranchante, telle qu'un couteau à cerveau. A son défaut, on se servira d'un rasoir réservé à cet usage, à cause de l'action du fixateur sur la lame. Il est nécessaire de poser l'organe sur une plaque de liège, afin que les sections puissent être complètes, franches, et que le tranchant du couteau puisse pénétrer légèrement dans le support, sans toutefois s'émousser. Pour pratiquer les sections, il ne faut pas appuyer la lame mais la tirer à soi d'avant en arrière, de manière à diviser les tissus sans les écraser. On comprend qu'un scalpel ou bistouri, même très affilé, a une lame trop étroite et trop légère pour effectuer correctement ces mouvements.

Lorsque les tranches définitives sont débitées, on les porte dans un nouveau liquide fixateur frais, sur une légère couche d'ouate. On laisse ainsi s'achever la fixation.

Cette méthode ne peut être pratiquée avec les fixateurs à base de sublimé, car il faut éviter absolument le contact des instruments métalliques avec les pièces et avec le liquide.

Organes contractiles. — Dans cette catégorie, nous rangeons le tube digestif et la vessie. Il est essentiel de les fixer en extension, afin que les couches musculaires ne déforment pas la muqueuse en se contractant irrégulièrement.

Intestin. — On isole une anse intestinale ou une portion du gros intestin. On ligature une des extrémités et, par l'autre, on injecte, avec une pipette ou une seringue de verre, une quantité de liquide fixateur suffisante pour distendre modérément la cavité. On achève de lier l'extrémité par laquelle on a pratiqué l'injection et on plonge le tout dans le fixateur, en maintenant la pièce suspendue par un des fils de ligature. Après fixation complète, on peut débiter en rondelles.

Estomac. — Pour les estomacs de petite dimension, procéder comme pour l'intestin; pour les grands estomacs, dont on ne peut fixer que des portions, voici comment il faut s'y prendre. On prépare une lame de liège de la dimension convenable (4 cent. de côté environ), de préférence percée en son centre d'une large ouverture (de 2 cm. de côté environ). On a soin de la tremper dans de la paraffine dure (60°), fortement chauffée (80°), de manière à ce qu'elle soit bien imbibée. Cette précaution est indispensable pour empêcher le liquide fixateur de mouiller le liège et de faire diffuser le tannin dans la pièce à fixer.

On découpe rapidement une portion de la paroi stomacale et on l'étend sur le liège, sans l'étirer, en la fixant au moyen de fines épingles métalliques ou d'aiguillons de Hérisson, suivant la nature du fixateur. On fait flotter le tout sur le fixateur, en ayant soin que la membrane soit en dessous. Si on s'est servi d'une lame percée d'un orifice, on a soin de remplir cet espace de fixateur. Au bout de quelques heures, la membrane est suffisamment fixée pour qu'on puisse enlever les épingles et débiter en tranches.

Vessie. — Les vessies de petite dimension seront distendues modérément avec le liquide fixateur injecté à la seringue, puis liées au col et plongées dans le fixateur.

Peau. — Opérer comme pour l'estomac, en ayant soin de ne pas distendre plus qu'à l'état normal.

Poumon. — Il y a deux cas à distinguer. Lorsque les poumons forment de véritables sacs, comme chez les Amphibiens et les Reptiles, on les traite comme les anses intestinales ou les petits estomacs. Pour les poumons des grands Mammifères, si on ne peut les remplir de fixateur en les injectant par la trachée, le mieux est d'en prélever des fragments qu'on jette dans un fixateur alcoolique très pénétrant, de préférence le mélange de Duboscq-Brasil. En effet, dans les mélanges aqueux, les fragments surnagent et se fixent incomplètement. Pour l'étude fine du poumon, le mieux est de noyer dans le fixateur des fœtus de petits Mammifères ayant respiré.

Volume des pièces. — Nous avons déjà dit, à propos des liquides osmiés très peu pénétrants, que les objets à fixer ne devaient pas avoir une épaisseur supérieure à 1 ou 2 mm. Cette règle est commune à tous les fixateurs; même avec les liquides les plus pénétrants, il n'est pas bon de faire des tranches dont l'épaisseur dépasse 5 mm. Avec des morceaux de 1 cm. d'épaisseur, la fixation des parties centrales est insuffisante. On proportionnera donc l'*épaisseur* des pièces à la puissance de pénétration du fixateur : avec le Flemming, 2 mm. au maximum ; avec le Bouin, 5 à 6 mm. au maximum. Il n'en est pas de même pour la *surface* des tranches : celle-ci pourra être aussi considérable qu'on le désire. Pour les travaux topographiques, on pourra très bien faire de belles tranches ayant 2 cm. sur 3 cm., dont les coupes tiendront sous une grande lamelle 22 × 32. Par contre, pour les études cytologiques, on ne prendra que des fragments très petits, de manière à favoriser autant que possible la fixation et à raccourcir la durée des manipulations.

Volume du fixateur. — Il est nécessaire que la composition du fixateur demeure aussi constante que possible, pendant toute la durée de la fixation, malgré les actions osmotiques et chimiques exercées par les pièces à fixer. Il faut donc employer un volume de fixateur très grand par rapport à celui des pièces. Le chiffre classique est de cinquante fois, mais il pourra être diminué beaucoup pour les fixateurs osmiés (p. 281).

Pour faciliter la pénétration du fixateur et les courants de diffusion à l'intérieur de l'objet à fixer, il est nécessaire que ce dernier soit suspendu dans le liquide. On y arrive, soit au moyen d'un fil pour les organes ligaturés (intestin), soit en faisant flotter (membranes piquées sur liège), soit en mettant une couche d'ouate au fond du récipient, soit enfin en suspendant l'organe dans un nouet de mousseline.

Durée de la fixation. — Nous l'avons définie à propos de chaque mélange fixateur. En principe, il vaut mieux prolonger la fixation, surtout avec les mélanges picroformolés, dans lesquels les pièces peuvent rester longtemps. Par contre, il ne faut laisser les pièces dans les fixateurs osmiés et dans le sublimé acétique que juste le temps nécessaire à la fixation, car ces liquides rendent les objets cassants. Pour le sublimé, on compte une heure par millimètre d'épaisseur. Enfin cette durée est fonction de la température ; on peut la diminuer de moitié en fixant à l'étuve à 40°.

Température de la fixation. — Dans la majorité des cas, on fixe à la température ordinaire : c'est la règle pour les mélanges osmiés, à cause de la très grande volatilité de l'acide osmique.

Pour les autres liquides, il y a intérêt à fixer à l'étuve à 37° ou 40° au maximum. Les courants ascendants, qui se produisent dans le liquide chaud, mettent à chaque instant des nouvelles portions de fixateur en contact avec l'objet. En outre, le pouvoir pénétrant est augmenté par l'élévation de la température. Il faut avoir soin de boucher hermétiquement les flacons, afin d'éviter la déperdition des produits volatils (formol, alcool, acide acétique).

Les liquides bouillants ne doivent être employés que pour des objets très difficiles à pénétrer, tels que les Arthropodes. Nous reviendrons sur ce sujet à propos des méthodes spéciales (p. 584).

Le froid retarde la fixation. Son emploi n'est indiqué que dans des cas très particuliers, par exemple pour éviter l'auto-digestion des cellules à grains de sécrétion. C'est ainsi que Borrel fixe à la glacière avec un mélange d'Hermann modifié (p. 281).

Lavage après fixation. — *Cette opération, souvent trop négligée par les débutants, est d'une importance capitale.* En principe, dès que la fixation est terminée, il faut éliminer le plus tôt possible les substances fixatrices, parce que ces corps nuisent à la coloration ultérieure et à la conservation des coupes. Le dissolvant employé varie avec la nature du fixateur.

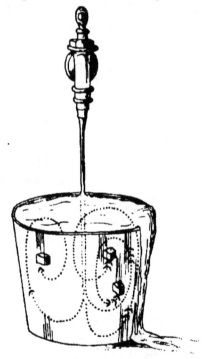

Fig. 140. — Dispositif de Beatti pour le lavage à l'eau courante des pièces fixées.

Les pièces fixées par les *mélanges osmiés et bichromatés*, doivent être lavées à l'eau courante ou au moins souvent renouvelée. Il est essentiel que cette eau ne soit ni trop calcaire, ni séléniteuse, de façon à ne pas former de dépôts adhérents à la surface des pièces. La durée du lavage sera à peu près égale à celle de la fixation. On a proposé de nombreux appareils destinés à faciliter ce lavage. Le dispositif le plus simple est encore celui qui est employé par Beatti[1] et qui est représenté par la figure 140. Un robinet, muni d'un brise-jet, laisse tomber une veine liquide le long du bord d'un vase cylindrique en verre. Il se pro-

1. *Ztschr. f. wiss. Mikr.*, XXX, p. 485. 1914.

duit des courants circulaires, dirigés de telle sorte que les objets en suspension dans le liquide sont maintenus en mouvement sans être entraînés en dehors du récipient et sans tomber au fond. Le déversement s'opère par un des bords du verre. Les pièces sont ainsi parfaitement lavées.

On ne transportera les pièces dans l'alcool à 70° qu'après ce lavage, de manière à éviter la formation des précipités. Pour les pièces fixées au Tellyesniczky (p. 282) il faut d'abord passer par l'alcool à 15° et n'employer l'alcool à 70° que lorsqu'il ne donne plus de précipités.

Les pièces fixées au *sublimé* doivent être lavées à l'*alcool iodé*. En effet l'alcool dissout le sublimé beaucoup mieux que l'eau; l'iode contribue encore à l'élimination de ce sel, en le transformant en iodure de mercure. On met donc les pièces, au sortir du sublimé, dans de l'alcool à 70°, auquel on ajoute une quantité de teinture d'iode suffisante pour lui donner une légère teinte brune. Au bout de quelque temps, l'alcool se décolore et on ajoute de nouveau de la teinture d'iode. On continue ainsi, par additions successives et en surveillant, jusqu'à ce que l'alcool ne se décolore plus. On a soin de renouveler aussi l'alcool deux ou trois fois, suivant le nombre et le volume des pièces, car il faut éviter la formation, à leur surface, de cristaux d'iodure de mercure.

Ce lavage a une très grande importance pour faciliter la coloration des coupes, et pour éviter la formation, dans les tissus, de fins précipités, sous forme de poussières, d'aiguilles ou de granulations. Ces précipités sont dûs non seulement au sublimé, mais encore aux combinaisons que forme ce sel avec les phosphates alcalins des tissus ou à ses transformations en sels basiques insolubles. L'emploi de l'iode a pour but de solubiliser tous ces produits et d'empêcher la formation des précipités [1].

Les pièces fixées dans les *mélanges picriqués* doivent toujours être lavées à l'*alcool*. Il n'y a pas là seulement une raison de plus grande solubilité : l'acide picrique ne forme pas avec les éléments des tissus, comme les sels des métaux lourds, des combinaisons insolubles dans l'eau. Bien au contraire, les précipités formés par l'acide picrique avec les albuminoïdes sont facilement détruits par l'eau et doivent être d'abord durcis par l'action de l'alcool. Il ne faut pas non plus effectuer le lavage à chaud, même avec de l'alcool (voir p. 272, note 1, et p. 358 le procédé de lavage de Jellinek).

L'élimination de l'acide picrique n'a pas besoin d'être complète pour pratiquer la deshydratation et l'inclusion. Pour les pièces fixées au Bouin et au Duboscq-Brasil, on pourra deshydrater de suite par l'alcool à 90° et l'alcool absolu.

Lorsque les liquides picriques renferment du sublimé, on lave d'abord rapidement à l'alcool à 70° ordinaire, pour éliminer la plus grande partie de l'acide picrique, puis on passe à l'alcool iodé comme il a été dit plus haut.

---

1. Les avis sont partagés sur la question de savoir si on peut employer aussi la solution aqueuse d'iode dans l'iodure de potassium. En tous cas, l'addition d'un peu d'iodure de potassium à l'alcool de lavage ne peut que favoriser la solubilisation des précipités mercuriques. Mais il ne faut jamais employer l'iodure de potassium seul, car il donne naissance à du protoiodure de mercure qui se décompose en biiodure et mercure métallique. Ce dernier forme des précipités opaques et insolubles (Mayer).

Conservation des pièces fixées. — Après le lavage, les objets fixés peuvent être gardés longtemps dans l'alcool à 70°. Mais il faut bien savoir que dans ce liquide, et plus encore dans l'alcool à 90°, les tissus deviennent friables et perdent assez rapidement leur colorabilité; notamment, par suite de l'hydrolyse des composés phosphorés du noyau, la coloration de ce dernier devient bien moins élective. *La conservation dans l'alcool n'est donc qu'un pis aller et il faut, dès qu'on le peut, procéder sans tarder à l'inclusion dans la paraffine.* Sous cette forme, les tissus peuvent se conserver *indéfiniment*, sans aucune altération.

APPENDICE

MÉTHODES SPÉCIALES DE FIXATION

Nous ne pouvons passer sous silence deux méthodes particulières de fixation, qui ont l'une et l'autre pour but une conservation des éléments beaucoup plus parfaite que celle que peut donner l'ablation des organes et leur immersion pure et simple dans le liquide fixateur. Nous devons aussi dire un mot de la fixation des animaux marins.

Fixation par injection. — On trouvera dans l'ouvrage de Mann [1] la description complète de cette méthode. Les principaux avantages sont la rapidité de la fixation (toutes les cellules sont tuées en 50 secondes), la fixation parfaite des organes les plus délicats, l'uniformité complète de la fixation dans toute l'épaisseur des organes, la conservation de la forme de tous les organes creux.

L'appareil à injection pourra être un simple entonnoir de un ou deux litres muni d'un long tube de caoutchouc. On emploie comme fixateur le Bouin ou le Mann, chauffés à 38°. On commence par insensibiliser l'animal par le gaz d'éclairage qui dilate les vaisseaux et retarde la coagulation du sang. On lave d'abord les vaisseaux en y faisant passer de la solution physiologique, puis on injecte le fixateur.

Méthode rationnelle de Rubenthaler. — Nous ne pouvons donner ici qu'un aperçu de cette méthode. Les cytologistes désireux de l'expérimenter pourront trouver des détails très complets dans les publications de l'auteur [2].

Rubenthaler trouve que l'immersion pure et simple de l'objet à fixer dans le fixateur est un procédé brutal, dont l'action est assez violente pour produire de nombreux artifices, sans être assez puissante pour

1. Mann, *Physiological histology*, p. 144-146.
2. Rubenthaler, Méthode générale de fixation ayant pour but de restreindre les artefacts. *Ztschr. f. wiss. Mikr.*, XXIV, p. 133-138, 1907.

effectuer une fixation instantanée. Son procédé a pour but d'atténuer la réaction cellulaire, au moment du contact avec le fixateur. On y arrive, d'une part, en produisant l'anesthésie des cellules, d'autre part en graduant, par des dilutions successives, l'action du liquide fixateur. Toutes les opérations sont pratiquées à la température du corps de l'animal auquel est emprunté l'organe à fixer : pour les Mammifères, on doit donc opérer à l'étuve à 37° ou 38°.

1. *Anesthésie des cellules.* — L'objet, très petit, est placé dans cent fois son volume d'un liquide isotonique, variable avec sa nature (serum sanguin pour les muscles, liquide céphalo-rachidien pour le cerveau. liquide amniotique pour les embryons, sève ou sucs de plantes, etc.). On a préparé, d'autre part, une solution de chlorhydrate de cocaïne à 1 p. 100 dans le même liquide. L'anesthésie est produite peu à peu, en remplaçant par tiers le liquide isotonique par la solution de cocaïne, avec des intervalles de 10 minutes.

2. *Fixation progressive.* — Opérée avec trois dilutions du fixateur avec un quart, un demi, trois quarts d'eau. Ces trois dilutions doivent de même remplacer par tiers le liquide anesthésique, avec des intervalles de 10 minutes. On laisse ensuite le temps voulu dans le fixateur pur, à froid ou à chaud.

L'anesthésie demande 30 minutes et la fixation progressive 2 heures.

Fixation des animaux marins. — Cette fixation exige des précautions particulières, à cause de la teneur élevée de ces organismes en substances salines; leurs liquides intérieurs doivent en effet être isotoniques avec l'eau de mer. Il faut donc éviter l'emploi de fixateurs qui produiraient des précipités, soit à leur surface, soit dans l'intimité des tissus et gêneraient les manipulations.

La première précaution à prendre est de bien égoutter les animaux, quand on ne peut les ouvrir : pour cela, on les dépose sur un linge ou sur plusieurs doubles de papier joseph. En effet, s'ils sont imprégnés et mouillés d'eau de mer, il peut se produire à leur périphérie des précipités qui empêcheront la pénétration ultérieure des liquides.

Il faut employer des fixateurs acides, tels que l'alcool acidulé par les acides acétique ou azotique, ou encore le mélange picronitrique de Mayer. Les mélanges picriqués et formolés conviennent aussi très bien pour le travail courant.

Les animaux très contractiles doivent être d'abord anesthésiés : on y arrive en mélangeant à l'eau dans laquelle ils se trouvent du chloroforme, de l'hydrate de chloral (méthodes de Rubenthaler, p. 297, et de de Beauchamp, p. 664), de l'alcool, du chlorétone (Randolph [1]), de l'eugénol (Schlegel [2]). Ces produits sont ajoutés

1. *Zool. Anzeiger*, XXIII, p. 435, 1900.
2. *Bull. Soc. zool. de France*, XXXV, p. 116, 1910.

peu à peu par petites quantités, de manière à immobiliser les animaux en extension. On les fixe dès que ce résultat est obtenu.

Dekhuysen a proposé deux liquides isotoniques pour les animaux marins calcaires et non calcaires [1].

Liquide A, pour tous les animaux sauf les Téléostéens, basé sur le fait que la pression osmotique des Invertébrés et des Sélaciens est égale à celle de l'eau de mer.

```
Bichromate de potassium à 2,5 p. 100. . . . .   250 cm³
Acide azotique à 6,3 p. 100 . . . . . . . . .    25 —
Acide osmique à 2 p. 100. . . . . . . . .        54 —
```

Liquide B, non acide, pour les objets dont on veut conserver les formations calcaires.

On fait d'abord une solution de 12 gr. 5 de bichromate de potassium recristallisé et fondu dans 500 cm³ d'eau de mer. On mélange 173 cm³ 1 de cette solution avec 26 cm³ 9 d'acide osmique à 2 p. 100. Pour avoir tout l'effet de ce mélange, il faut fixer à la glacière et encore on n'arrive pas complètement à éviter l'acidité qui résulte de l'hydrolyse et de la mise en liberté d'ions H.

Quel que soit le fixateur employé, les lavages doivent être très soignés et exécutés avec de l'alcool faible, de manière à éliminer complètement les sels et à empêcher leur dépôt à la surface des objets.

1. Dekhuysen, Liquides fixateurs isotoniques avec l'eau de mer. *C. R. Acad. des Sc.*, CXXXVII, p. 415-417; 445-447, 1903.

CHAPITRE XI

MÉTHODES D'INCLUSION

La grande majorité des objets fixés doivent être traités par la méthode des coupes ; c'est le cas des organes et tissus qui font l'objet du travail courant. Que ces pièces soient colorées en masse, avant l'inclusion, ou sur coupes après inclusion, la méthode est la même. Aussi, comme la méthode de coloration des coupes sur lames est la plus habituelle, traiterons-nous d'abord de l'inclusion.

L'*inclusion* est une opération qui a pour but d'enfermer l'objet dans une masse plastique qui le pénètre intimement, jusque dans la profondeur des éléments cellulaires les plus délicats. On obtient ainsi des blocs facilement maniables, renfermant des pièces, mêmes très petites, parfaitement orientées pour être coupées dans un sens déterminé. De plus, les tissus acquièrent une consistance qui permet de les débiter en tranches d'une extrême minceur, sans modifier en rien la forme et les rapports des organes et des éléments cellulaires.

L'inclusion se distingue de l'*enrobage* simple en ce que ce dernier ne fait qu'englober la pièce dans une matière plastique qui la soutient de tous côtés, mais sans la pénétrer ou l'infiltrer.

Il est inutile d'insister sur l'utilité et la nécessité de l'inclusion. C'est le seul procédé qui permette d'obtenir de coupes suffisamment fines, pour les travaux d'histologie animale et de cytologie, et de conserver les rapports des parties, dans les tissus non homogènes ou les animaux entiers. Il y a pourtant deux autres procédés qui sont encore employés à l'heure actuelle et rendent de grands services dans des cas particuliers. Ce sont la *méthode des coupes par congélation* pour les tissus animaux et la *méthode des coupes à main levée* ou au *microtome à main* pour l'histologie végétale. Nous les décrirons dans des chapitres spéciaux.

Les substances employées pour l'inclusion se nomment *masses d'inclusion*. Pour pénétrer les objets, elles doivent être à l'état de fusion ou de dissolution. Après refroidissement ou évaporation, elles doivent avoir une consistance appropriée à la fabrication des coupes. Il y a deux grands groupes de masses d'inclusion, les masses aqueuses et les masses anhydres. Les *masses aqueuses* permettent d'infiltrer les objets sans les déshydrater : tels sont le savon, la gomme arabique, la gélatine. Leur emploi est actuellement limité à des recherches spéciales de physiologie et de microchimie.

Les *masses anhydres* nécessitent la déshydratation préalable des objets et leur imprégnation par un dissolvant de la masse choisie. Il y a deux procédés : l'inclusion à la paraffine et l'inclusion au collodion ou à la celloïdine. Ces deux procédés sont d'importance égale et répondent l'un et l'autre à des besoins particuliers. Pourtant, la *méthode à la paraffine* doit être considérée comme la méthode générale d'inclusion. En effet, cette substance permet d'obtenir des coupes de toutes les épaisseurs, avec toutes espèces d'objets. Elle est facile à manier, elle permet des manipulations très rapides et enfin elle assure la conservation indéfinie des objets.

La *méthode au collodion* répond à des exigences plus particulières : elle permet d'exécuter des coupes de très grand diamètre, sans aucun risque de les voir se tasser ou se fendiller, comme il arrive quelquefois avec la paraffine. Le collodion convient aussi pour les objets peu homogènes ou présentant de grandes cavités; pour les matériaux durs ou fibreux (Arthropodes, os décalcifiés, fibromes); pour les tissus qui supportent mal la température de l'inclusion à la paraffine (tissu nerveux). Enfin le collodion présente des avantages dans les pays chauds, où il est quelquefois difficile de faire de bonnes coupes à la paraffine.

Un *procédé mixte*, collodion et paraffine est quelquefois très utile.

I. — INCLUSION A LA PARAFFINE

La paraffine, dont le nom indique les faibles affinités chimiques (*parum affinis*), est un mélange d'hydrocarbures saturés solides, extraits par refroidissement des huiles lourdes de pétrole où ils sont dissous. En réalité, il n'y a pas une paraffine, mais des paraffines constituant des mélanges très variés, caractérisés par leur point de fusion. Celui-ci varie généralement de 35° à 65°. Les paraffines à point de fusion élevé sont dites *paraffines dures*, par opposition aux *paraffines tendres* dont le point de fusion est bas. Ces corps se présentent, dans le commerce, sous la forme de pains ou plaques d'une substance blanche, inodore, obscurément cristalline. On peut reconnaître approximativement la dureté de la paraffine par le contact du doigt, par la trace de l'ongle et par le son que rendent les plaques, lorsqu'on les laisse tomber sur une table : les paraffines dures donnent un son clair et élevé, les paraffines tendres un son sourd et bas.

Il faut savoir que le point d'ébullition des paraffines est aux environs de 300° et que leurs vapeurs s'enflamment facilement, pour brûler avec une flamme très éclairante.   •

Pendant la fusion, la paraffine ne suit pas du tout la loi physique qui veut que tant qu'il reste une portion non fondue, la température ne s'élève pas au-dessus du point de fusion. Cette loi n'est vraie que pour les corps homogènes, mais non pour les mélanges. Il faut donc prendre de grandes précautions et bien surveiller la température, si on est obligé de faire refondre de la paraffine renfermant des pièces.

La paraffine est insoluble dans l'eau, très peu soluble dans l'alcool (1 p. 100 environ), peu soluble dans l'acétone, beaucoup plus soluble dans le chloroforme (11 p. 100), le toluène (10 p. 100), le xylol (17 p. 100), etc.

C'est incontestablement le milieu d'inclusion le plus parfait, à cause de sa structure moléculaire qui permet l'exécution de coupes extraordinairement fines. L'emploi de ce procédé est absolument indispensable pour les recherches d'histologie fine et de cytologie. C'est aussi le seul qui permette d'obtenir facilement et rapidement des rubans de coupes sériées, indispensables pour les études topographiques et embryologiques.

Les inconvénients reprochés au procédé à la paraffine (altérations des tissus et du contenu des cellules) proviennent presque toujours d'une mauvaise technique. On les évitera sûrement en suivant la marche que nous allons indiquer.

La paraffine étant insoluble dans l'eau et dans l'alcool, il faut, pour en imprégner un objet, que celui-ci soit d'abord deshydraté, puis pénétré par un dissolvant de la paraffine destiné à chasser l'alcool. Nous devrons donc effectuer successivement :

1° La deshydratation par la série des alcools [1];

2° L'imprégnation par un dissolvant de la paraffine [1];

3° L'imprégnation par la paraffine;

4° L'inclusion définitive.

1. Deshydratation. — L'objet, fixé et lavé, est porté successivement dans des alcools de concentration croissante et finalement dans l'alcool absolu. *Pratiquement*, pour les objets courants, on n'emploie que les alcools à 70°, 90° et 100°. Ainsi, les pièces fixées au Bouin et au Duboscq-Brasil sont lavées rapidement dans

1. Ces deux premières opérations peuvent être remplacées par un traitement à l'acétone (p. 305).

l'alcool à 90°, changé deux ou trois fois, puis plongées dans l'alcool absolu. Le matériel conservé dans l'alcool à 70° ou 90° peut passer directement dans l'alcool absolu.

Préparation des alcools. — *L'alcool absolu* doit l'être réellement. Il est d'ailleurs facile de s'en procurer dans les bonnes maisons de produits chimiques ou de micrographie. Nous avons indiqué p. 275 la manière de vérifier pratiquement sa qualité [1]. Il est à conseiller de ne se faire livrer ce produit que par flacons de 250 grammes au maximum. Si on était obligé d'entamer un litre entier, il faudrait répartir de suite cette quantité dans des petits flacons de 100 à 200 grammes, bien bouchés avec un liège fin et souple. Il ne faut jamais laisser en vidange un flacon de grande contenance, sous peine de voir le titre baisser, par suite de l'absorption de la vapeur d'eau atmosphérique. Bien entendu, il ne faut jamais laisser débouché un flacon renfermant de l'alcool absolu.

L'alcool à 90° se trouve tel que dans le commerce. Pratiquement, il remplace les alcools à 94°, 95°, 96° indiqués dans certaines formules. C'est cet alcool qui sert à préparer les dilutions plus faibles. Il ne faut jamais diluer de l'alcool absolu qui coûte au moins deux fois plus cher que l'alcool à 90°.

Alcools faibles. — On les prépare en diluant avec de l'eau de l'alcool à 90°, suivant les indications de la table suivante :

Table de dilution de l'alcool.

ALCOOL À OBTENIR	ALCOOL A DILUER								
	90	85	80	75	70	65	60	55	50
85	6,56								
80	13,79	6,83							
75	21,89	14,48	7,20						
70	31,05	23,14	15,35	7,64					
65	41,53	33,03	24,66	16,37	8,15				
60	53,65	44,48	35,44	26,47	17,58	8,76			
55	67,87	57,90	48,07	38,32	28,63	19,02	9,47		
50	84,71	73,90	63,04	52,43	41,73	31,25	20,47	10,35	
45	105,34	93,30	81,38	69,54	57,78	46,09	34,46	22,90	11,41
40	130,80	117,34	104,01	90,76	77,58	64,48	51,43	38,46	25,55
35	163,28	148,01	132,88	117,82	102,84	87,93	73,08	58,31	43,59
30	206,22	188,57	171,05	153,61	136,04	118,94	101,71	84,54	67,45
25	266,12	245,15	224,30	203,61	182,83	162,21	141,65	121,16	100,73
20	355,80	329,84	304,01	278,26	252,58	226,98	201,43	175,96	150,55
15	505,27	471,00	436,85	402,81	368,83	334,91	301,07	267,29	233,64
10	804,50	753,65	702,89	652,21	601,60	551,06	500,50	450,19	399,85

1. Le moyen le plus sûr est, évidemment, d'employer l'alcoomètre centésimal, en faisant la correction de température, mais, pratiquement cette expérience est inutile.

Voici comment on se sert de cette table. Nous voulons faire de l'alcool à 70° avec de l'alcool à 90° : nous cherchons dans la colonne verticale correspondant au titre de 90° le chiffre correspondant à la ligne horizontale du titre 70° à obtenir. Soit 31,05 ce chiffre. Donc à 100 volumes d'alcool à 90°, il faut ajouter 31,05 volumes d'eau pour obtenir de l'alcool à 70°.

Pour l'usage courant, voici une table donnant, en chiffres ronds, les dilutions à faire pour l'alcool à 90°.

Alcool à obtenir	85	80	75	70	65	60	55	50	45	40	35	30	25	20	15	10
Volume d'eau à ajouter à 100 vol. d'alcool a 90	6	14	22	31	42	54	68	85	105	131	163	206	266	356	505	805

Pour avoir un résultat tout à fait exact, il faut mesurer séparément l'alcool et l'eau, dans des éprouvettes distinctes, et mélanger les liquides dans un troisième récipient. Ceci à cause de la contraction que subissent les mélanges d'alcool et d'eau. Agiter minutieusement, car les deux liquides ne se mêlent pas immédiatement.

Löwi [1] a fait connaître un *procédé de dilution* applicable aussi bien à l'alcool qu'aux solutions salines. On verse dans une éprouvette graduée autant de centimètres cubes de la solution mère que la solution étendue doit contenir pour 100 de substance en dissolution. On complète ensuite, avec le liquide de dilution, le nombre de centimètres cubes égal au pourcentage de la solution mère.

Exemples : pour préparer une solution à 3 p. 100 avec une solution à 10 p. 100, prendre 3 cm³ de solution forte et compléter à 10 cm³ avec de l'eau.

Pour faire de l'alcool à 60° avec de l'alcool à 90°, prendre 60 cm³ d'alcool et compléter à 90 cm³ avec de l'eau distillée.

Vases à employer. — Les récipients les plus commodes et les plus économiques, pour toutes les opérations que doivent subir les pièces à inclure, sont les petits tubes bas à fond plat et bouchés au liège fin qui servent pour les collections (fig. 217). Les deux dimensions les plus pratiques sont 7 cm. de hauteur sur 23 mm. et 18 mm. de diamètre intérieur. Pour les toutes petites pièces on peut avoir d'autres tubes de 14 mm. de diamètre.

On peut employer aussi de petits bocaux bas, mais la présence du goulot gêne beaucoup pour décanter les liquides et pour retirer les pièces.

1. Löwi, Eine Methode zur leichten und schnellen Herstellung von Verdünnungen aus Stammlösungen. *Ztschr. f. wiss. Mikr.*, XXIX, p. 545 1912.

Quantité d'alcool. — Il n'est pas nécessaire d'employer une grande quantité d'alcool : il suffit que le liquide dépasse les pièces de 1 cm. environ. Il est préférable de changer l'alcool plus souvent. Si on met une grande quantité de liquide, les couches inférieures se saturent d'eau et la deshydratation ne marche pas mieux. Donc, employer de petites quantités et les renouveler deux ou trois fois.

Pour changer les liquides, il est préférable d'opérer par décantation, de manière à détériorer les pièces le moins possible. Éviter l'emploi des pinces, surtout pour les organes délicats. Pour empêcher les objets de tomber du tube pendant la décantation, obturer partiellement l'orifice avec le bouchon.

Durée de la deshydratation. — Elle varie suivant le volume des pièces. Vingt à trente minutes suffisent pour chaque bain avec des pièces de dimensions moyennes (1 cm. carré sur 5 mm. d'épaisseur); avec deux bains d'alcool à 90° et trois bains d'alcool absolu, la deshydratation durera en moyenne deux heures et demie à trois heures.

On reconnaît qu'une pièce est deshydratée en versant du xylol dans le tube, après avoir bien égoutté le dernier alcool absolu. Si le xylol reste limpide, la deshydratation est bonne. Si le moindre louche apparaît, il faut effectuer un nouveau passage par l'alcool absolu.

Deshydratation par l'acétone. — Les anatomo-pathologistes tendent de plus en plus à remplacer l'alcool absolu par l'*acétone* pour la deshydratation des pièces. Théoriquement, l'acétone présente sur l'alcool de grands avantages : en effet ce corps est miscible à la fois avec l'eau et avec la paraffine, il dispense donc de l'emploi de liquides intermédiaires : on passe directement de l'acétone à la paraffine.

Il est indispensable que l'acétone soit anhydre. On s'en assure, comme pour l'alcool absolu (p. 274), en versant quelques gouttes d'acétone dans un tube à essai bien sec, à demi plein de xylol. Pour que l'épreuve soit décisive, il faut qu'il y ait un grand excès de xylol. Si on voit apparaître un louche, même très léger, l'acétone ne peut servir pour l'inclusion. On peut la deshydrater par le sulfate de cuivre ou le sulfate de sodium anhydres.

Il est difficile de se prononcer sur la valeur exacte de ce procédé. L'acétone paraît donner de bons résultats et ne pas altérer les tissus. Néanmoins, pour des recherches très délicates, la deshydratation classique par l'alcool absolu reste la méthode de choix.

Personnellement, je ne vois à ce procédé que l'avantage de l'économie. Il est certain que l'acétone dissout mal la paraffine; comme, d'autre part, sa volatilité est extrême, il doit se produire des dégâts dans les tissus au moment de l'immersion dans le bain de paraffine, par suite du départ brusque de l'acétone, non compensé par une pénétration équivalente de la paraffine.

Deshydratation par la créosote. — Pavlov [1] conseille, après fixation et lavage à l'eau, de deshydrater par un séjour de 4 à 24 heures dans la créosote de Hêtre, suivant les dimensions de la pièce. Après un second bain de 2 à 3 trois heures, on essuie au buvard, et on passe au bain de paraffine, soit directement, soit après un bain de toluène. Je n'ai pas essayé cette méthode.

2. Imprégnation par un dissolvant de la paraffine. —

Cette opération consiste à chasser, par un dissolvant de la paraffine, l'alcool qui imprègne l'objet deshydraté. Beaucoup d'auteurs donnent à ce temps de l'inclusion le nom d'*éclaircissement*, parce que les liquides employées sont généralement des hydrocarbures ou des essences aromatiques, doués d'une haute réfringence et qui rendent les tissus transparents. Ces liquides, dits *intermédiaires*, doivent être solubles en toutes proportions dans l'alcool qui les précède et dans la paraffine qui les suit.

Les dissolvants de la paraffine les plus employés sont le benzol, le toluène, le xylol et l'essence de bois de cèdre [2]. Les meilleurs, d'après Apathy, sont ceux qui dissolvent le mieux la paraffine à froid, qui ont le point d'ébullition le plus bas et qui ont une densité supérieure à celle de la paraffine. Le benzol et le toluène sont les plus volatils, par conséquent les plus faciles à éliminer; ce sont aussi les moins chers. Le xylol ne présente pas d'avantage particulier, il est beaucoup plus cher et il durcit énormément les objets, aussi je ne vois pas pourquoi il est toujours conseillé. *Pour le travail courant je conseille d'imprégner par le toluène.*

On trouvera les points d'ébullition de ces corps dans le tableau suivant :

Points d'ébullition en degrés centigrades.

Éther	34°	Benzol	80°
Sulfure de carbone	46°	Toluène	111°
Acétone	56°	Acide acétique	119°
Chloroforme	61°	Xylol	140°
Alcool méthylique	66°	Essence de cèdre	237°
Alcool éthylique	78°	Glycérine	290°

L'essence de bois de cèdre est, d'après Bolles Lee, le meilleur intermé-

[1]. *Ztschr. f. wiss. Mikr.*, XXII, p. 186-187, 1905.
[2]. Lorsqu'on veut conserver la graisse dans les tissus fixés par les mélanges osmiés, il faut employe le chloroforme ou mieux l'éther de pétrole (voir p 705).

diaire. Elle supporte que la deshydratation soit faite avec de l'alcool à 95°. ce qui présente quelquefois de grands avantages.

Il ne faut pas confondre l'essence de bois de cèdre avec l'huile de cèdre épaisse pour objectifs à immersion. Cette dernière ne peut convenir, parce qu'elle produit avec l'alcool absolu un abondant précipité blanc. Au contraire, l'essence fluide de bois de cèdre est parfaitement miscible, en toutes proportions, avec l'alcool absolu.

Le *chloroforme* est recommandé (p. 286, note 1) par Duboscq et Bouin et par Apathy[1] pour les objets difficiles, mais il faut qu'il soit anhydre et ne renferme aucune trace d'alcool. Il est donc nécessaire de se procurer du chloroforme chimiquement pur et de le deshydrater au besoin par le sulfate de cuivre anhydre ou le sulfate de sodium anhydre. Quant au *sulfure de carbone*, très vanté par Heidenhain, son odeur désagréable et son inflammabilité ne sont pas compensées par des avantages suffisants pour qu'on puisse conseiller son emploi.

P. Masson m'a fait connaître les bons résultats qu'il a obtenus en se servant de la *ligroïne*. Ce corps est voisin de l'éther de pétrole et du benzol ou essence de pétrole; sa densité est de 0,70 à 0,73 et il bout à 100-120°. Il présente l'avantage de ne pas durcir les tissus et de ne pas dissoudre les graisses osmiées. Ce liquide convient donc particulièrement pour les tissus durs, se coupant mal et moins bien pour les tissus mous auxquels il ne donne pas assez de consistance. Un autre avantage est son prix très bas (60 à 75 centimes le litre). A cause de son point d'ébullition peu élevé, il faut, après les trois bains de ligroïne destinés à éliminer l'alcool absolu, passer les pièces dans une solution saturée de paraffine dans la ligroïne, préparée de telle sorte que ce mélange fonde à 38-40°. Notons enfin que la ligroïne ne supporte pas la moindre trace d'eau dans l'alcool de deshydratation.

Technique de l'imprégnation. — Je considère, à la suite de la plupart des histologistes, les mélanges successifs d'alcool absolu et d'hydrocarbures comme des complications inutiles. Pour la grande majorité des pièces, il suffit de décanter le dernier alcool absolu et de verser sur la pièce une petite quantité de toluène, suffisante pour la bien recouvrir. Si ce liquide ne se trouble pas, c'est que la deshydratation a été bien faite.

En employant les petits tubes bouchés que nous recommandons, on n'a pas à craindre de détériorer les pièces avec les pinces, ni de les voir surnager dans l'hydrocarbure et se dessécher à la surface. Aussi déconseillons-nous complètement l'ancien procédé, qui consistait à transporter les pièces dans des verres de montre renfermant les liquides successifs.

Pour l'essence de cèdre il est préférable d'employer le procédé suivant, dû à Mayer et Giesbrecht. On verse au fond d'un tube une quantité d'essence de cèdre proportionnée au volume de l'objet, soit un ou deux

1. Apathy, Neuere Beiträge zur Schneidetechnik. *Ztschr. f. wiss. Mikr.*, XXIX, p. 451, 1912.

centimètres de hauteur. Sur cette essence, on dépose, au moyen d'une pipette, un volume égal d'alcool absolu. En opérant avec précaution, la différence de densité des deux liquides suffit pour les empêcher de se mélanger[1]. On introduit doucement l'objet dans l'alcool absolu : de cette manière, il pénètre peu à peu dans la couche d'essence de cèdre, en se débarrassant progressivement de son alcool. Lorsqu'il est tombé au fond du tube, l'imprégnation est terminée. On retire alors, avec une pipette, l'alcool et le mélange d'alcool et d'essence qui surmontent l'objet. Au besoin, on traite encore ce dernier par un bain d'essence de cèdre pure.

Durée de l'imprégnation. — On n'a pas à s'en préoccuper avec l'essence de cèdre, car les objets peuvent y séjourner presque indéfiniment sans s'altérer. Il n'en est pas de même pour les hydrocarbures qui durcissent beaucoup les pièces et les rendent cassantes.

Avec l'essence de cèdre, l'imprégnation est finie lorsque la pièce est tombée au fond du tube et paraît bien transparente. Avec le toluène, il faut renouveler au moins trois fois le liquide et chaque bain doit durer de 10 à 30 minutes suivant le volume de l'objet. Celui-ci doit devenir transparent ou au moins translucide.

Quel que soit le mode d'imprégnation, *le point essentiel est d'éliminer complètement toute trace d'alcool absolu.* Lorsqu'on se sert du xylol ou du toluène, il faut donc renouveler le liquide au moins trois ou quatre fois, jusqu'à ce qu'il ne se produise plus, soit au moment du changement de liquide, soit après repos, des stries indiquant la présence de couches de densités différentes. *La réussite de l'inclusion dépend de la rigueur avec laquelle l'alcool absolu a été éliminé.*

3. Bain de paraffine. — La meilleure paraffine est celle qui fond à 55°[2]. Je conseille de l'employer toujours parce qu'elle présente un ensemble de qualités qui la rendent propre à tous les usages. Elle permet, dans les pays tempérés, de faire de bonnes coupes de toutes les épaisseurs et n'a pas l'inconvénient de soumettre les pièces à une température trop élevée. La paraffine trop tendre ne permet pas d'obtenir des coupes très fines (de 6 à

---

1. On peut aussi introduire l'essence sous l'alcool, au moyen d'une pipette.
2. On trouve dans le commerce des paraffines fondant à toutes les températures comprises entre 35° et 75°. Les points de fusion vont généralement de 10 en 10°. Pour *vérifier le point de fusion d'une paraffine,* en aspirer un peu dans un fragment d'effilure de pipette et laisser solidifier; attacher ce tube capillaire au réservoir d'un thermomètre, plonger le tout dans un vase rempli d'eau et chauffer lentement. Faire la lecture au moment exact où la paraffine commence à couler du tube capillaire

4 μ), tandis que la paraffine trop dure risque de cuire les pièces et fournit difficilement des coupes en rubans. Pourtant, dans les pays chauds, on peut être obligé de se servir de paraffine à 60°; mais, là encore, on peut tourner la difficulté en faisant l'imprégnation à 55° et en ne prenant la paraffine à 60° que pour l'inclusion définitive.

Quelques auteurs conseillent l'emploi de la paraffine surchauffée qui donnerait une masse plus homogène, sans tendance à la cristallisation. Apathy a montré, en effet, que les produits gazeux contenus dans la paraffine nuisent à son homogénéité; c'est pourquoi la vieille paraffine, débarrassée de ses gaz par un long chauffage est meilleure que la paraffine neuve.

Les pains de paraffine renferment quelquefois de l'eau emprisonnée mécaniquement. Il faut absolument éliminer cette eau qui est très nuisible aux pièces et aussi à la paraffine. En effet, celle-ci, chauffée au contact de l'eau, finit par en absorber une petite quantité, prend une odeur désagréable et forme, en se solidifiant, une masse molle et blanchâtre, absolument impropre à faire des coupes. Pour éliminer l'eau, il suffit de faire fondre lentement la paraffine : l'eau se rassemble au fond en grosses gouttes et on décante la paraffine pure. Pour la filtration voir p. 312.

Chauffage de la paraffine. — Pendant toute la durée du bain, la paraffine doit être maintenue *au voisinage de son point de fusion*. Pour assurer la constance de cette température, on ne peut pas chauffer la paraffine à feu nu. Il faut se servir d'une étuve ou d'une plaque métallique.

L'étuve sera d'un très petit modèle [1], car il suffit que ses trois dimensions intérieures soient de 15 à 20 cent.; on se sert généralement de petites étuves en cuivre, à double paroi remplie d'eau. Il est indispensable que cette étuve soit munie d'un thermomètre : ceux qui sont suspendus dans l'étuve indiquent souvent une température inférieure à la température réelle de la paraffine, aussi est-il préférable de faire tremper le réservoir dans un des récipients à paraffine. L'étuve sera chauffée par un moyen quelconque : électricité, gaz, lampe à essence de pétrole, veilleuse à huile, etc. Quelle que soit la source de chaleur (sauf l'électricité), il n'est pas indispensable d'avoir un régulateur de température, car ces derniers fonctionnent généralement très mal. Les régulateurs à mercure, en verre, du type Chancel, ne valent rien, car ils donnent facilement des écarts de plusieurs degrés. Les régulateurs métalliques, du type Roux, sont théoriquement parfaits; pratiquement,

---

1. Il existe dans le commerce un grand nombre de modèles d'étuves à paraffine plus ou moins compliquées. Une des plus pratiques est le bain-marie dit de Naples. Bien entendu, il faut proscrire absolument les bains-marie ordinaires, car la paraffine *ne doit jamais être en contact avec de l'eau ou de la vapeur d'eau.*

les grands modèles seuls donnent des résultats satisfaisants et encore faut-il qu'ils soient construits par une maison sérieuse. À défaut d'un bon régulateur, on obtiendra un réglage suffisant en combinant le volume de la flamme et sa distance au fond de l'étuve. Les pieds de cette dernière seront donc assez élevés pour permettre de caler le brûleur à la hauteur convenable. L'étuve à paraffine ne doit servir qu'à cet usage. Ne jamais y introduire ni eau ni solutions aqueuses.

Cette étuve n'est pas indispensable. On peut faire d'excellentes inclusions en chauffant la paraffine par l'intermédiaire d'une

plaque métallique, de cuivre ou de laiton. Cette plaque sera de préférence courbée en S (fig. 141), de manière à fournir toute une gamme de températures. Le chauffage se fera, comme précédemment, avec une veilleuse à gaz, à essence ou à l'huile. Pour contrôler la température de

Fig. 141. — Étagère ou platine chauffante de Malassez.

la paraffine, on dispose d'un signe *infaillible* : lorsque la paraffine fondue est recouverte en partie d'une pellicule solidifiée, on est sûr de ne pas avoir dépassé le point de fusion. Il faut donc, lorsqu'on opère à l'air libre sur une platine chauffante, régler la température de manière à avoir cette pellicule ou au moins un anneau solidifié sur le bord du récipient.

Il existe des modèles perfectionnés de platine chauffante, tels que la platine de Radais et celle de Gatin. Ces instruments ne sont pas indispensables.

Récipients pour l'inclusion. — On peut faire fondre la paraffine dans un récipient quelconque, en porcelaine, en verre ou en métal. Je ne conseille pas l'emploi des verres de montre qui manquent de profondeur et se renversent trop facilement. Les petites boîtes de Petri et les petits cristallisoirs en verre de Bohême ou, encore, les couvercles de cylindres Borrel (fig. 165) conviennent très bien pour l'étuve. Pour la platine chauffante, je préfère les petits récipients métalliques, meilleurs conducteurs de la chaleur et nécessitant par conséquent une température moins élevée pour produire la fusion de la paraffine, ce qui diminue les chances de dépasser ensuite le point de fusion. Les capsules d'étain, servant à couvrir les goulots de bouteilles, sont excellentes pour cet usage. On peut prendre aussi de petites casseroles en fer-blanc.

Les capsules de porcelaine présentent d'assez graves inconvénients . ·· ·s sont mauvaises conductrices, peu stables, même avec un fond plat, et se brisent très facilement, lorsqu'on les réchauffe sans précautions pour fondre la paraffine qu'elles renferment.

Durée du bain de paraffine. — Les avis sont très partagés à ce sujet, mais les opinions les plus autorisées s'accordent sur deux points : 1° la durée du bain doit être aussi courte que possible pour les objets faciles à pénétrer et à couper, ou qui durcissent facilement (centres nerveux, foie) ; 2° il n'y a aucun inconvénient à prolonger la durée du bain pour les objets peu perméables, tels que la peau.

Dans le premier cas, la durée du bain de paraffine sera de 30 minutes à 1 heure ou 2 heures, suivant le volume de l'objet et la tendance qu'il peut avoir à durcir.

Dans le second cas, on pourra laisser la pièce dans la paraffine pendant 10 à 12 heures ou même plus, pourvu que la température ne dépasse pas notablement le point de fusion.

Les insuccès qu'on attribuait autrefois au bain de paraffine proviennent d'une mauvaise deshydratation[1] ou d'une élimination insuffisante de l'alcool absolu. Une pièce bien deshydratée et bien desalcoolisée peut rester longtemps dans la paraffine fondue et subir des écarts de température, sans qu'il en résulte aucun dommage.

Technique du bain de paraffine. — Ici encore, nous devons considérer comme absolument superflus les bains préalables dans des mélanges de paraffine et de dissolvant ou dans une paraffine molle. On doit transporter directement les objets du liquide d'imprégnation (toluène ou essence de cèdre) dans la paraffine en fusion. Il n'y a pas à craindre d'altérations, même pour les objets les plus délicats, surtout quand ces derniers sortent de l'essence de cèdre. Bien entendu, ce transport sera fait avec précaution, pour ne pas endommager les pièces. Le contenu du tube sera vidé dans un petit cristallisoir et l'objet sera saisi avec des pinces ou transporté avec une stapule de métal ou de carton léger. Il faut avoir bien soin que l'objet baigne immédiatement dans la paraffine, sans surnager, accident qui amènerait des dom-

---

1. Pourtant Hugo Fischer (*Ztschr. f. wiss. Mikr.*, XXX, p. 176, 1913) s'éleva contre le dogme de la deshydratation complète. Certains objets, tels que le thalle des Lichens ou les pièces renfermant du sang, se coupent mieux après deshydratation incomplète. Fischer emploie successivement : alcool à 50°, alcool à 92°, alcool à 92° avec volume égal de chloroforme, chloroforme, paraffine.

mages irréparables, par suite de la dessiccation. L'étiquette, écrite au crayon ou à l'encre de Chine, qui a suivi les objets dans les divers liquides, doit les accompagner encore dans la paraffine.

Pour assurer l'élimination complète du dissolvant, il faut employer deux bains successifs. Supposons un objet qui doive rester une heure dans la paraffine : le premier bain, dans de la paraffine ayant déjà servi, durera trente minutes. Pendant la seconde demi-heure, l'objet séjournera dans de la paraffine neuve.

Avec les dissolvants volatils, la même paraffine peut servir longtemps pour le premier bain : à la rigueur, on pourra même ne donner que ce seul bain. Au contraire avec l'essence de cèdre, il faudra jeter la paraffine qui a servi deux fois.

4. Inclusion définitive. — L'objet est sorti du dernier bain de paraffine et transporté dans un moule rempli de paraffine fondue; le tout est refroidi d'abord à l'air, puis sous l'eau.

La paraffine qui sert à l'inclusion définitive doit ne jamais avoir servi pour les bains et ne renfermer aucune trace de dissolvant. Dans le cas contraire, elle forme en se solidifiant une masse pâteuse et blanchâtre, avec laquelle il est impossible d'obtenir des coupes. Il en est de même, lorsqu'elle a été chauffée longtemps en contact avec de l'eau ou de la vapeur d'eau.

Par contre, la paraffine provenant d'anciens blocs ou de rognures de blocs est excellente pour l'inclusion définitive. Il suffit seulement de la purifier par *filtration*, de façon à ce qu'elle ne renferme en suspension ni corps étrangers, ni poussières qui pourraient ébrécher le rasoir. Cette filtration se fait sur papier à filtrer ordinaire et de préférence à l'étuve à paraffine ou encore dans un entonnoir à double paroi, dit à filtrations chaudes. On peut encore filtrer sur coton dans un petit entonnoir en fer-blanc qu'on réchauffe de temps à autre avec la flamme du bec Bunsen; ce procédé est très rapide et très pratique. Un autre procédé, plus simple mais moins bon, consiste à laisser la paraffine en fusion séjourner quelque temps à la surface d'une certaine quantité d'eau très chaude : les impuretés tombent au fond de l'eau et le refroidissement fournit un disque de paraffine propre. Si on a soin de ne pas trop chauffer, la paraffine n'absorbe pas d'eau.

Il y a diverses sortes de *moules*. Les *verres de montre* à fond plat sont commodes pour les très petites pièces, parce qu'on peut les faire flotter à la surface de l'eau. Il en est de même pour les *capsules d'étain*. Pour inclure de grandes pièces, il est préférable de se servir des barres de Leuckart ou d'un moule analogue (fig. 142). Ces moules sont constitués par deux pièces métalliques rectangulaires, qu'on pose sur une lame de verre et qu'on rap-

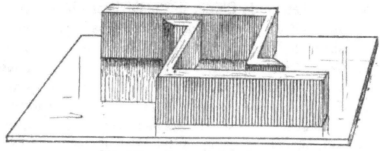

Fig. 142. — Barres de Leuckart.

proche plus ou moins, suivant la dimension du bloc à obtenir. Ils donnent de très beaux blocs cubiques, faciles à manipuler et à ranger.

Enfin on peut se servir de *boîtes en papier* ou en feuilles d'étain qu'on fabrique facilement soi-même d'après les schémas suivants. On prend une feuille de fort papier mesurant 10 cent. sur 6,5 cent. pour les grandes boîtes et 5 cent. sur 3 pour les petites. On plie d'abord (fig. 143) suivant 1 et 2, 3 et 4. On déplie et on plie de nouveau suivant 5 et 6, 7 et 8. Ensuite (fig. 144) on abat les angles A B C D, en ayant soin de bien plier à angle droit. Il ne reste plus (fig. 145) qu'à rabattre en dehors les côtés, 5, 6,

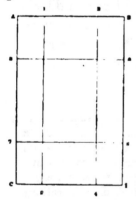

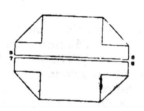

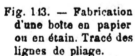

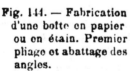

Fig. 143. — Fabrication d'une boîte en papier ou en étain. Tracé des lignes de pliage.

Fig. 144. — Fabrication d'une boîte en papier ou en étain. Premier pliage et abattage des angles.

Fig. 145. — Fabrication d'une boîte en papier ou en étain. Rabattement des côtés.

7, 8. En tirant sur ces côtés, la boîte se forme toute seule et prend l'aspect de la figure 146.

Certains auteurs recommandent de glycériner légèrement le moule. Je trouve que c'est une complication inutile. Les barres de Leuckart se détachent toujours très facilement; les capsules d'étain se déchirent pour mettre à nu la paraffine. Quant aux objets en verre, il suffit de les chauffer très légèrement pour en détacher la paraffine si elle y est adhérente.

Technique de l'inclusion. — On remplit le moule de paraffine fondue au point de fusion et tenue en réserve dans une casserole, puis, sans perdre de temps, on sort la pièce du bain de paraffine avec une pince chauffée et on la porte dans le moule. Cette manœuvre demande une certaine dextérité, car, si on laisse trop refroidir la paraffine ou l'objet, ce dernier est mal inclus et ne fait pascorps avec la masse du bloc.

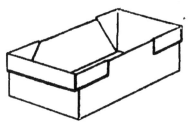

Fig. 146. — Boîte en papier ou en étain terminée.

Il ne suffit pas de déposer l'objet dans le moule, il faut encore l'*orienter*, c'est-à-dire le disposer de telle sorte que la surface qui doit être coupée coïncide avec un côté déterminé du moule. Pour cela on se sert encore de la pince chauffée. L'objet est facile à immobiliser dans une bonne position, car la paraffine se solidifie rapidement sur le fond et les faces du moule, formant une masse pâteuse, dans laquelle on enfonce l'objet en bonne place [1].

L'orientation terminée, il faut *refroidir la paraffine*. La majorité des auteurs recommande d'opérer ce refroidissement très rapidement, de manière à éviter la cristallisation de la paraffine.

Il semble, en effet, que cette substance, refroidie trop lentement, forme des masses lamelleuses, cristallines, non homogènes, de couleur blanchâtre, irrégulièrement réparties dans le bloc. Personnellement, il m'est arrivé d'obtenir d'excellents blocs, en les laissant refroidir sur la table et d'avoir de très mauvaises inclusions malgré un refroidissement rapide dans l'eau. La cristallisation et le défaut d'homogénéité de la paraffine sont donc dus à d'autres causes.

La première est la présence, dans la masse, de traces du dissolvant. Ces traces suffisent à provoquer la formation de zones molles et blanchâtres remplies d'aiguilles cristallines. Une autre a été récemment élucidée par les recherches de Carazzi [2], c'est le refroidissement lent à

---

1. Il est souvent avantageux de disposer ensemble plusieurs fragments du même objet qui seront coupés en même temps. Pour les orienter convenablement, on réchauffe la pince à plusieurs reprises, de manière à entretenir la fusion de la paraffine et à empêcher la formation d'une pellicule à la surface. Il existe de nombreuses méthodes d'orientation pour les petits objets. Nous ne pouvons les indiquer, parce qu'elles ne sont pas en usage dans le travail courant et nécessiteraient de longs développements. On trouvera quelques indications à ce sujet, p. 315, à propos des cas particuliers d'inclusion et p. 565 à propos des coupes d'Infusoires. Mentionnons seulement la méthode de Patten modifiée par Hoffmann, *Ztschr. f. wiss. Mikr.*, XV, p. 314, 1899, la méthode de Woodworth, *Bull. Mus. compar. Zool. Harvard College*, XXV, p. 46-47, 1893, celle de Lécaillon, Thèse sciences Paris, 1898, cf. p. 44, et enfin le microaquarium adapté à l'inclusion (p. 239).

2. Carazzi, Zur Abkühlung des Paraffins. *Zeitschr. f. wiss. Mikr.*, XXVI, p. 530, 1909.

l'air. Sous cette influence, il se produit non des cristaux, mais de petites cavités entre les sphérites ou géodes qui constituent la paraffine solide. Le bloc est alors formé d'une masse blanchâtre qui se coupe mal et se comporte comme si elle était souillée de dissolvant.

Au contraire, lorsque la masse de paraffine est refroidie sous l'eau, tiède ou froide, il se forme des sphérites très petits et très serrés, dont les intervalles sont remplis par des feuillets, sans qu'il existe aucune cavité. On obtient ainsi des blocs parfaits, même dans de l'eau à 30 ou 35°. D'ailleurs la température de l'eau importe peu.

Voici donc comment on devra pratiquer le *refroidissement de la paraffine*. On prépare un cristallisoir plein d'eau et, dès que l'orientation est terminée, on fait flotter le moule, si sa forme et son poids le permettent. C'est facile avec les verres de montre et les capsules d'étain. Dans le cas contraire, on attend simplement que la surface soit couverte d'une pellicule assez épaisse, dont on accélère l'apparition en éventant le moule. Dès que ce résultat est obtenu, on immerge doucement. Cette immersion demande quelques précautions, autrement la paraffine, encore liquide, pourrait être projetée à travers la pellicule, accident qui amènerait la formation, dans le bloc, de cavités remplies d'eau. On laisse les pièces dans l'eau de vingt minutes à une demi-heure, plus encore pour les blocs volumineux. Après refroidissement complet, on démoule comme il a été dit plus haut.

Au cas où le bloc présenterait des bulles ou des cavités, on pourrait les faire disparaître avec un fil de fer chauffé. Cette opération doit être effectuée avec précaution et pour peu que le bloc paraisse défectueux, il vaut mieux recommencer l'inclusion.

Pourtant, d'après Apathy[1] et Béla Farkas[2], il faudrait que la surface du bloc ne se refroidisse qu'après le centre, de façon à ce que l'objet puisse se débarrasser, à travers la surface liquide, des dernières traces du dissolvant et des bulles gazeuses qui nuisent à l'homogénéité du bloc. Il faudrait donc éviter l'immersion des blocs et les refroidir seulement par leur partie inférieure, par exemple en les faisant flotter quand cela est possible.

Cas particuliers. — La méthode que nous venons de décrire ne s'applique qu'aux fragments assez volumineux pour être maniés commodément. Pour de *très petits objets* (voir p. 314, note 1) on procède autrement : on les sort du bain de paraffine, on les égoutte et on les laisse refroidir sur une lame. On a préparé, d'autre part, au moyen d'un moule, un bloc rectangulaire. Sur un des petits côtés de ce bloc, on

1. Apathy, Neuere Beiträge zur Schneidetechnik. *Ztschr. f. wiss. Mikr.*, XXIX, p. 451, 1912.
2. Béla Farkas, Bemerkungen über die Abkühlung des Paraffins. *Ztschr. f. wiss. Mikr.*, XXX, p. 168, 1913.

creuse une cavité suffisante pour recevoir l'objet qu'on oriente convenablement. Il ne reste plus qu'à faire fondre la paraffine tout autour, au moyen d'une aiguille chauffée, de manière à compléter l'inclusion sans rien déranger. On refroidit sous l'eau et le bloc est prêt à couper.

Pour des objets encore plus petits, tels que des Infusoires, on procède autrement. Toutes les opérations de fixation, coloration, deshydratation, imprégnation, ayant été effectuées au moyen du centrifugeur, on inclut le culot dans le tube même qui a servi à centrifuger et, après refroidissement, on casse le tube. On peut aussi verser le culot dans un petit tube à fond rond ou dans un verre de montre, de manière à rassembler les objets dans le plus petit espace possible. On casse le tube pour avoir le cylindre de paraffine; pour détacher plus facilement du verre de montre la lentille de paraffine, on a eu soin, avant d'y couler cette dernière, de l'enduire très légèrement de glycérine ou d'essence de girofle (pour des détails plus complets voir p. 565, technique des coupes d'Infusoires).

5. Insuccès. — 1. *Paraffine molle et blanche.* Cet accident arrive lorsqu'on emploie de la paraffine souillée de dissolvant. Recommencer l'inclusion définitive avec de la paraffine neuve.

2. *Cavités remplies de paraffine molle et blanche.* Cet accident est produit, soit par des traces de dissolvant, soit par un refroidissement trop lent à l'air. Recommencer l'inclusion définitive.

3. *Cavités remplies d'eau.* Le bloc a été immergé trop tôt et trop rapidement dans l'eau. Aspirer l'eau au buvard et remplir les cavités au fer chaud (fig. 180).

4. *Cavités remplies d'air.* Bloc refroidi trop vite. Remplir ces cavités avec le fil de fer chaud (fig. 180).

6. Conservation des blocs. — Les tissus, bien imprégnés de paraffine, se conservent indéfiniment sans altérations. C'est ce procédé qui est de beaucoup le meilleur pour constituer une collection de réserve de pièces histologiques. Nous avons dit, en effet (p. 297), qu'aucun liquide n'est réellement conservateur, au point de vue de la colorabilité du cytoplasme et du noyau. L'alcool absolu rend les tissus cassants, au point d'empêcher complètement la confection des coupes. Dans l'alcool à 60° ou 70° ou dans les solutions formolées, il se produit assez rapidement des phénomènes d'hydrolyse qui modifient les éléments cellulaires et les rendent difficilement colorables. Rien de tout cela n'a lieu avec une inclusion bien faite.

Les blocs de paraffine présentent encore d'autres avantages : ils ne sont pas fragiles et ils ne craignent rien de la dessiccation. Toutefois, pour plus de précaution, il faut plonger rapidement dans la paraffine fondue la surface de section des blocs entamés, afin de mettre les tissus à l'abri de l'air.

On conserve les blocs dans de petites boîtes de carton, par exemple des boîtes à lamelles, en ayant soin d'y joindre une étiquette. On peut, avec une pointe dure, graver sur chaque bloc un numéro correspondant à l'étiquette. P. Masson badigeonne la face du bloc sur lequel on a ainsi écrit, avec un mélange à parties égales d'encre de Chine et d'alcool absolu. On laisse sécher puis on essuie et les traits gravés en creux restent seuls noirs. Il existe dans le commerce des boîtes à compartiments, très commodes pour ranger méthodiquement les collections de blocs.

Résumé de l'inclusion à la paraffine. — Voici, en résumé, comment on devra opérer dans la majorité des cas :

1. *Fixer* les pièces au Bouin pendant *trois* jours.

2. *Laver* à l'alcool à 90° et conserver provisoirement les pièces dans ce liquide. *Il est préférable d'inclure le plus tôt possible.*

3. *Deshydrater* en 24 heures dans *trois* alcools absolus successifs.

4. *Chasser l'alcool* par *trois* toluènes successifs en 24 heures.

5. *Imprégner* dans *trois* paraffines successives en 24 heures, la dernière paraffine servant à l'inclusion définitive.

P. Masson se sert d'une boîte en bois à six compartiments disposés suivant le schéma ci-dessous :

alcool 1	alcool 2	alcool 3
8 heures	12 heures	18 heures
toluène 1	toluène 2	toluène 3
8 heures	12 heures	18 heures

La dimension des compartiments dépend du nombre de pièces qu'on veut traiter à la fois. On écrit au fond de chaque case le numéro du liquide et l'heure à laquelle les pièces doivent passer dans ce compartiment; il est bon de protéger cette étiquette par une plaque de verre qui formera le fond de chaque case.

II. — INCLUSION AU COLLODION

L'inclusion au collodion ou à la celloïdine, quoique très vantée par certains auteurs, perd de jour en jour du terrain. A mon avis. elle présente plus d'inconvénients que d'avantages réels et ne doit être employée qu'en cas d'absolue nécessité.

Il est d'abord incontestable qu'elle est beaucoup plus longue et beaucoup plus délicate. Elle ne peut donner des coupes minces, car, au-dessous de 10 μ, il ne faut plus compter avoir des sections régulières. Enfin, elle se prête très mal à la préparation des coupes sériées et exige alors des manipulations interminables et très délicates.

Ce sont là des inconvénients dont il est difficile d'atténuer la gravité. Passons aux prétendus avantages de la méthode. On a soutenu qu'il était impossible de couper correctement à la paraffine des pièces de grandes dimensions : c'était peut-être vrai autrefois, mais, avec les microtomes et les rasoirs actuels, on peut débiter, en tranches de moins de 10 μ, des blocs rectangulaires mesurant 2 cm. sur 4 à 5 cm., ce qui est déjà une jolie taille. Cette limite, qui est celle des lames de format courant, peut très bien être dépassée. La difficulté d'inclusion de ces grosses pièces est illusoire; on la tourne en diminuant l'épaisseur, sans rien retrancher à la surface.

On a prétendu aussi que certains tissus, tels que les centres nerveux, le foie, la peau, durcissaient dans la paraffine au point de ne pouvoir être coupés. Mon expérience personnelle me permet d'affirmer le contraire. Le foie, le cerveau, le cervelet bien inclus se coupent admirablement : il suffit de préparer des tranches minces et de raccourcir autant que possible le bain de paraffine. Pour la peau, on doit prolonger la durée de ce dernier (p. 311).

On a enfin reproché à l'inclusion à la paraffine d'altérer les tissus délicats et préconisé à ce point de vue l'inclusion au collodion. L'ensemble des travaux cytologiques modernes, tous effectués avec des matériaux inclus dans la paraffine, est là pour faire justice de cette allégation.

Nous devons donc considérer l'inclusion au collodion comme un procédé de secours, utile dans des cas très particuliers :

1° Pour couper des objets présentant dans leur intérieur de grandes cavités ou lacunes, qui pourraient s'effondrer avec la paraffine;

2° Pour les objets renfermant des parties de consistance très différente, tels que les Arthropodes.

Dans ces cas, l'avantage du collodion est de donner une masse transparente, perméable à tous les colorants. On n'est donc pas obligé de l'éliminer comme la paraffine et on arrive ainsi à conserver toutes les parties de l'objet avec l'intégrité de leurs rapports;

3° Pour couper des objets de très grande dimension, tels que des cerveaux entiers;

4° Lorsque les conditions du milieu rendent très difficile l'emploi de la paraffine, par exemple dans les pays chauds.

La celloïdine se trouve dans le commerce en tablettes renfermées dans des boîtes de fer-blanc. Chaque tablette pèse environ 200 grammes et correspond à 40 grammes de celloïdine sèche. Ce produit n'est pas autre chose que du collodion très pur, qui donne des masses plus transparentes que le collodion ordinaire; aussi a-t-on à peu près abandonné ce dernier, bien qu'il puisse fournir d'aussi bonnes inclusions[1]. On dissout la celloïdine, comme le fulmicoton, dans un mélange à parties égales d'alcool absolu et d'éther. On peut employer la celloïdine telle quelle, c'est-à-dire chargée d'eau; mais, suivant Apathy, il est préférable de la découper d'abord en lanières qu'on fait sécher et qu'on dissout ensuite. On obtient ainsi un liquide parfaitement privé d'eau qui donne une masse d'inclusion plus transparente. Par contre, la celloïdine sèche a l'inconvénient de se dissoudre lentement.

Technique de l'inclusion au collodion. — Cette inclusion se fait à froid. Les objets, bien deshydratés, sont pénétrés d'abord par une solution faible de celloïdine, puis par une solution forte. Dès que la pénétration est achevée, la masse et l'objet sont versés dans un moule et on procède au durcissement du bloc, qui peut ensuite être coupé. Nous allons étudier chacune de ces opérations.

1. *Solutions de celloïdine*. — On peut les faire sans peser, en dissolvant la celloïdine non séchée dans le mélange à parties égales d'alcool absolu et d'éther, jusqu'à obtention d'un liquide épais et sirupeux. C'est la *solution forte* qu'on étend de deux volumes d'alcool-éther pour avoir la *solution faible*.

Avec la celloïdine séchée suivant Apathy, on peut procéder par pesée. La *solution faible* sera, par exemple, à 2 ou 4 p. 100 et la *solution forte* à 8 ou 10 p. 100.

2. *Préparation de l'objet*. — Après deshydratation complète,

---

1. On a préconisé récemment l'emploi du celluloïd dissous dans l'acétone, pour remplacer le collodion et la celloïdine. Secheyron, *Arch. méd. de Toulouse*, XVIII, p. 287, 1er juillet 1911

on le pénètre pendant quelques heures par le mélange alcool absolu-éther anhydre, qu'on renouvelle plusieurs fois.

Apathy[1] a montré l'absolue **nécessité** d'une *deshydratation parfaite*, pour assurer une bonne pénétration. Pour éviter entièrement le contact de l'eau, il conseille d'opérer dans l'exsiccateur à acide sulfurique. En effet, la fluidité de la celloïdine est compromise par la moindre trace d'eau ; on ne peut l'amener aux concentrations élevées (16 p. 100) sans qu'elle se solidifie, que dans une atmosphère absolument sèche.

3. *Imprégnation par la méthode ordinaire.* — L'objet séjourne dans la solution faible pendant 24 heures à une semaine, et dans la solution forte pendant une autre semaine, au moins, car, pour les pièces volumineuses, il faut quelquefois des mois de pénétration. On a avantage à employer successivement les bains à 2, 4 et 8 p. 100 et à prolonger surtout les deux premiers.

Il va sans dire que ces opérations sont effectuées dans des tubes bien bouchés, ou mieux dans l'exsiccateur à acide sulfurique.

4. *Imprégnation par la méthode rapide* (d'après Gilson et Bolles Lee). — L'objet, deshydraté et imprégné d'alcool-éther,

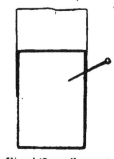

Fig. 117. — Support en liège et boîte en papier pour inclusion au collodion.

est mis dans un tube à essai ou un tube à fond plat ordinaire avec de la celloïdine très claire. On plonge le tube dans un bain de paraffine fondue, de manière à produire l'ébullition du mélange et son évaporation rapide. Cette ébullition est sans inconvénient puisqu'elle se produit à basse température. Dès que le mélange est devenu sirupeux, on procède au durcissement par le chloroforme.

5. *Enrobage.* — On verse la celloïdine épaisse dans un moule de papier (fig. 146) de forme rectangulaire ou mieux de forme ronde (fig. 147). Ces derniers sont très faciles à faire : on prend un bouchon de liège de forme cylindrique et de taille appropriée à celle de l'objet. On l'entoure d'une collerette de papier fort, qu'on fixe avec une épingle. Ce procédé, dû à Bolles Lee, est très commode, car le bouchon est facile à fixer sur le microtome.

1. Apathy, Neuere Beiträge zur Schneidetechnik. *Ztschr. f. wiss. Mikr.*, XXIX, p. 457, 1912.

Il faut avoir soin de couvrir le bouchon et le papier d'une couche de celloïdine qu'on laisse sécher complètement ; ceci pour éviter que des bulles d'air ne viennent se loger dans la celloïdine. On peut aussi prendre comme moules les petits tubes de verre à fond plat qui servent à la deshydratation.

Quel que soit le procédé employé, on a soin d'orienter l'objet dans une direction déterminée et d'éliminer les bulles d'air avec une aiguille, ou par l'exposition aux vapeurs d'éther dans un vase bien clos.

6. *Durcissement.* — *Méthode à l'alcool.* — Lorsque la surface de la celloïdine contenue dans le moule a pris, par évaporation, une consistance un peu ferme, on transporte le tout avec précaution dans de l'alcool à 80°. Apathy préfère exposer 24 heures aux vapeurs d'alcool à 70°, puis durcir dans cet alcool. Dans les deux cas, lorsque la masse est complètement durcie, ce qui est assez long, le bloc est retiré du moule. Si on s'est servi du procédé du bouchon (fig. 147), il suffit de dérouler le papier et la pièce est prête à couper. Les blocs sont conservés définivement dans l'alcool à 70°. Le procédé à l'alcool convient pour les objets volumineux. Si on a pris un moule imperméable, il faut en retirer la masse dès qu'elle est assez ferme, de manière à ce qu'elle soit pénétrée de toutes parts. Pour la retirer facilement, on glisse un scalpel le long des parois du moule.

Méthode de Bolles Lee au chloroforme et à l'essence de cèdre. — La masse contenue dans le moule est exposée, en vase clos, aux vapeurs de chloroforme. Dès qu'elle est devenue assez résistante, on la sort du moule (si c'est un moule en papier on le développe) pour faciliter l'action des vapeurs. Après durcissement, on éclaircit dans un mélange de une partie de chloroforme pour deux parties d'essence de cèdre[1]. Lorsque l'objet est bien pénétré, on laisse évaporer le chloroforme, en ajoutant de temps en temps un peu d'essence de cèdre. Les blocs deviennent transparents comme du verre ; on peut les conserver à sec, dans un flacon bien bouché, et les couper à sec, ce qui est un avantage considérable.

Méthode d'Apathy au terpinéol. — Le bloc, durci comme ci-dessus par l'alcool à 70° d'abord en vapeurs (24 heures), puis

---

1. Comme pour l'imprégnation avant la paraffine (p. 306), il faut prendre l'essence de cèdre et non l'huile d'immersion, qui donne avec le chloroforme un mélange trouble.

liquide, est plongé dans un mélange à parties égales d'alcool à 80° et de terpinéol. On l'imprègne ensuite de terpinéol pur, bien anhydre. Par ce procédé on ne peut obtenir des coupes au-dessous de 15 μ.

Méthode celloïdine-essences d'Apathy. — Durcir comme ci-dessus par l'alcool à 70°, puis deshydrater le bloc par l'alcool à 90°. On le plonge ensuite dans le mélange d'essences d'Apathy ainsi constitué *en poids* :

Chloroforme	4
Essence d'origan	2
Huile de bois de cèdre	4
Alcool absolu	1
Acide phénique neigeux	1

Dès que le bloc est éclairci, renouveler deux fois le mélange à 24 heures d'intervalle chaque fois. Le volume du liquide doit être 10 fois celui du bloc. Conserver ensuite dans le terpinéol ou même à sec, après imprégnation parfaite par ce dernier liquide.

III. — INCLUSION MIXTE
A LA PARAFFINE ET AU COLLODION

Cette méthode ne rentre pas dans le cadre du travail courant, mais il faut la connaître, puisqu'elle peut rendre de grands services pour l'étude des Arthropodes, notamment dans les recherches parasitologiques sur les Diptères piqueurs. Elle permet en effet d'obtenir des coupes très fines, avec des objets trop fragiles et de consistance trop inégale pour se prêter à l'inclusion à la paraffine pure. Les blocs ainsi obtenus se coupent comme les blocs de paraffine et donnent des coupes en rubans.

Quel que soit le procédé, la marche est toujours la même : l'objet est d'abord imprégné de collodion, puis inclus à la paraffine. Le bloc à couper est donc en paraffine et donne des rubans comme la méthode ordinaire à la paraffine.

De nombreux procédés ont été proposés. Nous n'en retiendrons qu'un petit nombre.

Breckner [1] emploie un procédé dérivé de ceux de Kultschitzky et de Ryder. Au sortir de l'acool absolu, les pièces sont plongées dans une solution de 5 gr. de celloïdine (sèche) pour 200 gr. de mélange alcool-éther. On durcit dans le chloroforme pendant cinq à dix heures, on passe au benzol, puis dans une solution de paraffine dans le benzol, puis dans la paraffine à 45° et enfin dans la paraffine à 52°. Dans le traitement ultérieur des coupes, éviter l'emploi de l'alcool absolu, qui

1. Breckner, Zur doppelten Einbettung in Celloïdin und Paraffin. *Ztschr. f. wiss. Mikr.*, XXV, p. 29, 1909.

dissout le collodion et le remplacer, soit par un mélange à parties égales d'alcool et de chloroforme, soit par du xylol phéniqué à 1 p. 3.

Pour les petits animaux et le plankton, durcir par le chloroforme dans une masse de celloïdine qu'on inclut ensuite à la paraffine. Le plankton se manipule de préférence dans un tube de 10 millim. de diamètre, fermé par de la soie à bluter.

Gandolfi[1] deshydrate par l'alcool absolu, imprègne dans un mélange à parties égales d'alcool absolu et de toluène, et passe dans une solution un peu épaisse de celloïdine dans ce même mélange (consistance d'huile à immersion). Après trois à sept jours d'imprégnation, durcir dans du chloroforme, auquel on ajoute quelques gouttes d'éther et un peu de paraffine. Au bout de quinze minutes (pas plus), porter dans la paraffine à 50°.

Stephens et Christophers[2] opèrent encore plus simplement. Après deshydratation, les objets restent un jour ou deux dans la celloïdine à 1 p. 100 et un jour ou deux dans la celloïdine à 3 p. 100. On porte ensuite dans l'huile de cèdre et on imprègne une heure dans la paraffine. Cette dernière méthode convient surtout pour les Moustiques; voir à ce sujet d'autres procédés (p. 614).

Apathy[3] inclut au collodion et durcit le bloc d'abord par les vapeurs de chloroforme, puis par le chloroforme. Il deshydrate ensuite dans son mélange d'essences (p. 322), enlève les essences par le xylol et imprègne de paraffine à chaud. Il est bon d'intercaler quelques passages de benzol entre le xylol et la paraffine. La forme et le volume du bloc ne doivent pas changer. S'il s'agit de blocs conservés dans le terpinéol, enlever celui-ci par des bains de xylol.

Nous devons citer aussi la *méthode de Field et Martin*[4] qui est un peu différente : c'est une inclusion simultanée et non combinée. On passe dans un mélange à parties égales d'alcool absolu et de toluène, puis on imprègne dans une solution de celloïdine dans ce même liquide (consistance d'essence de girofle), saturée de paraffine en copeaux à une température qui ne doit pas dépasser 20 à 23° C. Dès que l'objet est bien pénétré (ce qui est assez rapide), durcir par une solution saturée de paraffine dans le chloroforme ou le toluène et inclure finalement à la paraffine pure.

IV. — AUTRES MASSES D'INCLUSION

Je ne mentionnerai d'autres méthodes d'inclusion qu'à titre de renseignement, car elles ne sont pas d'usage courant. La *gomme glycérinée* est un mélange de trois parties de solution sirupeuse de gomme arabique et de une partie de glycérine : elle sert à inclure à froid des objets très

1. Gandolfi, Ueber ein kombinierte Einbettungsmethode. *Ztschr. f. wiss. Mikr.*, XXV, p 421, 1908.
2. Stephens et Christophers, *Practical study of malaria*, 3e édit., p. 115, 1908.
3. Apathy, Neuere Beiträge zur Schneidetechnik. *Ztschr. f. wiss. Mikr.*, XXIX, p. 468, 1912.
4. *Bull. Soc. Zool. France*, XIX, p. 48, 1894.

durs, tels que des poils ou des organes chitineux. On laisse épaissir en couche mince, renfermant l'objet, jusqu'à consistance suffisante.

La *gélatine glycérinée* (méthode de Nicolas[1]) peut rendre des services pour l'étude d'organes ou d'organismes très délicats et très riches en eau, car elle permet d'inclure des objets non deshydratés. On trempe d'abord les pièces, pendant un ou deux jours, dans de la gélatine à 3 cu 4 p. 100 maintenue à 25°, puis, pendant le même temps, d'abord dans une solution à 10 p. 100 et finalement dans une solution à 20 ou 25 p. 100, additionnée de 8 à 10 p. 100 de glycérine et maintenue à 35°. L'inclusion définitive se fait en boîtes de papier : dès que la masse a fait prise, on la porte dans du formol à 1 p. 7 d'eau. On peut couper après durcissement suffisant ou conserver dans le formol faible. Cette masse se coupe comme la celloïdine, mais prend les colorants plasmatiques. Les coupes se montent très bien à la glycérine, mais plus difficilement dans le baume : le mieux est de les deshydrater avec précaution et de les étaler dans du crésylol.

Apathy[2] a récemment décrit une méthode à la gélatine et aux essences que nous ne pouvons donner ici à cause de la longueur des explications qu'elle nécessite.

1. *Bibliographie anatomique*, p. 274, 1896. .
2. Apathy, Neuere Beiträge zur Schneidetechnik. *Ztschr. f. wiss. Mikr.*, XXIX, p. 472, 1912.

CHAPITRE XII

MÉTHODES POUR EXÉCUTER LES COUPES

La méthode des coupes a pour but de rendre les objets et les tissus propres à l'étude microscopique, en les réduisant en tranches assez minces pour être examinées par transparence.

Il y a plusieurs méthodes pour exécuter les coupes. La plus simple consiste à couper l'objet tel quel, frais ou durci dans l'alcool : c'est la méthode des *coupes à main levée*. Ces mêmes objets peuvent être fixés dans un *microtome à main*, qui permet déjà d'exécuter des coupes plus régulières et d'une plus large surface. Avec la méthode de la *congélation*, des coupes peuvent être faites, sans inclusion préalable, dans des objets frais ou fixés. Enfin les méthodes des *coupes à la paraffine et au collodion* sont les véritables procédés histologiques. Nous allons étudier successivement ces diverses méthodes.

La plupart d'entre elles nécessitent l'emploi d'instruments spéciaux, nommés *microtomes*, destinés à régler plus ou moins automatiquement l'épaisseur des coupes et à guider la marche du rasoir. Nous étudierons ces microtomes au fur et à mesure, car ils sont généralement adaptés à des emplois particuliers.

Il est au contraire un instrument, plus important encore que le microtome, souvent trop négligé, et sans lequel il n'est pas de bonne coupe possible. C'est le *rasoir*. Sans qu'il soit besoin d'insister, on comprendra que, même avec le meilleur microtome, il est impossible d'avoir de bonnes coupes si le rasoir ne coupe pas bien. Toute la méthode des coupes repose donc sur la qualité et l'entretien des rasoirs.

1. Forme du rasoir. — Elle diffère suivant la nature des

coupes à exécuter. Pour les coupes à main levée, un rasoir a
barbe ordinaire peut suffire; mais il est préférable d'employer
une lame évidée seulement du côté supérieur et plane sur le côté
qui est en contact avec l'objet (fig. 149 x). Il y a avantage à
prendre un rasoir un peu lourd et volumineux, qui est mieux en
main que les modèles légers. Pour les coupes au microtome à
main et au microtome Rocking, les mêmes rasoirs peuvent servir;

Fig. 148. — Rasoir pour coupes à la
paraffine.

mais, pour les grands microtomes, il faut des rasoirs
spéciaux. Les microtomes à
glissière du type Jung sont
toujours accompagnés de
leurs couteaux particuliers,
de grande dimension. Le
choix est plus difficile pour les microtomes genre Minot, pour
lesquels il existe un grand nombre de types de lames. La meilleure
forme est, à notre avis, celle qui est représenté par la figure 148.

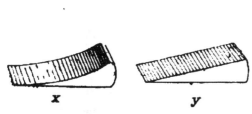

Fig. 149. — Les deux principaux types de lames
de rasoirs; x, pour objets mous, y, pour paraffine et objets durs.

Fig. 150. — Schéma du biseau
à facettes asymétriques des
rasoirs à paraffine.

C'est une forte lame à faces planes, dont la figure 149 (y) représente une section : elle est munie, à chaque extrémité, d'une
poignée très commode pour l'aiguisage. Avec une lame de ce
genre, on peut couper toutes espèces d'objets, aussi bien dans la
paraffine que dans le collodion. P. Masson préfère donner au
biseau la forme asymétrique représentée par la figure 150; la
facette la plus inclinée doit être tournée du côté du bloc à couper.
Grâce à cet artifice on évite en grande partie le tassement de la
paraffine et les coupes se font beaucoup mieux. Ce résultat est
obtenu au moyen d'un appareil d'affûtage particulier (fig. 152),
simplement par passage de la lame sur les faces 3 et 4 d'un cuir
carré (fig. 153, p. 331).

En ce qui concerne l'épaisseur de la lame et du tranchant, on peut guider son choix sur les considérations suivantes. Les lames du type x (fig. 149), à tranchant très mince, conviennent pour les objets tendres et délicats, tandis que les lames du type y (fig. 149), plus épaisses, à tranchant en forme de triangle isocèle, sont nécessaires pour couper les objets durs et résistants. Les lames du premier type sont très bonnes pour les coupes à main levée ou au microtome à main, tandis que les solides lames, à dos très large, du second type, sont les meilleures pour les coupes à la paraffine et, en général, pour tous les travaux courants.

La forme du tranchant peut varier aussi. Ou bien les deux faces de la lame se rapprochent, en formant un angle plus ou moins aigu, comme dans les couteaux ordinaires, ou bien le tranchant forme un biseau à facettes, comme la figure 150 le représente schématiquement. Cette dernière disposition est la plus commode pour le repassage ; on comprend de suite que, pour entretenir la régularité de la première forme, il faut user toute la surface de la lame, tandis que, dans le second cas, il suffit de repasser les deux facettes du biseau, ce qui facilite beaucoup les opérations.

2. Repassage du rasoir. — Nous verrons (p. 331), en étudiant le mode d'action du rasoir, qu'on peut le considérer comme un coin pénétrant dans les tissus pour les diviser. Les coupes seront d'autant plus minces et le tissu moins altéré que ce coin sera plus mince et plus poli. Quelles que soient la forme et l'épaisseur de la lame, il faut donc que le tranchant, biseauté ou non, présente un poli parfait. Moins il y aura de stries microscopiques, plus le coin pénétrera facilement dans les tissus et moins il y causera de lésions. En effet, les petites stries que laisse dans l'acier un repassage imparfait empêchent le tranchant de pénétrer et se terminent par des dents et des crans microscopiques qui déchirent les cellules et produisent, dans les rubans de coupes, des rayures qui peuvent aller jusqu'à la section complète en bandelettes longitudinales.

Pendant la confection des coupes, le tranchant du rasoir s'émousse, s'ébrèche ou se recourbe s'il est trop mince. Ce dernier accident est rare avec les rasoirs à paraffine dont nous recommandons l'emploi, mais l'angle que forment les deux biseaux du tranchant tend à devenir de moins en moins aigu, des crans microscopiques apparaissent et le poli diminue. Le repassage a pour but de rendre au tranchant sa forme et son poli primitif. Il faut donc enlever d'abord une mince couche d'acier, de manière à rectifier la forme des facettes, puis les polir aussi parfaitement que possible.

Nouvelles méthodes de polissage. — Le repassage a cessé d'être une pratique empirique, exercée par certains professionnels. Il est devenu un procédé scientifique et tout micrographe doit pouvoir maintenir ses rasoirs dans un état de poli suffisant. Disons tout de suite que les anciens procédés de repassage sur cuir ont fait leur temps et ne sont qu'un pis aller. Un aiguisage rationnel doit être calqué sur les méthodes de polissage usitées en optique et en métallographie microscopique : on arrive ainsi à obtenir des surfaces assez parfaites, pour qu'à 750 diamètres on ne distingue aucune strie.

Le repassage idéal est donc celui qui est pratiqué suivant les méthodes optiques et métallographiques. Comme ces procédés ne sont pas à la portée de la majorité des micrographes, il sera préférable d'envoyer ses rasoirs à une maison spéciale de microtomes. Le poli parfait et le tranchant rigoureusement rectiligne ainsi obtenus sont très durables; en ménageant le rasoir et en ayant soin de ne pas l'ébrécher sur des objets durs, on pourra le conserver très longtemps en bon état. Il suffit, après usage, de l'essuyer avec un linge fin, imbibé de toluène ou d'alcool, suivant la nature des objets coupés : pour entretenir le poli, on passe très légèrement sur un cuir très fin et très doux en se gardant bien d'employer aucune pâte[1].

Anciennes méthodes d'affûtage. — Nous devons décrire ces méthodes, car, toutes imparfaites qu'elles sont, elles seront longtemps encore en usage chez les micrographes qui ne savent où faire aiguiser scientifiquement leurs rasoirs, et qui sont obligés de se contenter des instruments de repassage qu'on trouve dans le commerce.

L'affûtage ordinaire[2] consiste à employer successivement la pierre et le cuir. La pierre sert à enlever les ébréchures et à redresser un tranchant trop arrondi; le cuir sert à parfaire l'aiguisage obtenu sur la pierre et à raviver le tranchant lorsqu'il est émoussé, mais non ébréché.

Appareils d'affûtage. — Quel que soit le mode de repassage, pierre ou cuir, la condition essentielle à réaliser est de conserver au rasoir la forme et l'inclinaison de son tranchant. Pour cela, il faut que ce tran-

1. On trouvera dans le mémoire de Funck, A propos de l'aiguisage des rasoirs à microtome (*Comptes rendus Assoc. des Anatomistes*, Réun. 10, p. 294, 1909) des renseignements très complets sur la manière de pratiquer soi-même l'affûtage scientifique, par l'emploi successif de la pierre d'Arkansas et d'une dalle de glace, combiné avec une pâte d'alumine calcinée et lévigée.

2. Cette méthode est longuement décrite par W. Ssobolew, Theorie und Praxis des Schleifens. *Ztschr. f. wiss. Mikr.*, XXV, p. 65-79, 1909.

MÉTHODES POUR EXÉCUTER LES COUPES

chant ait, pendant le repassage, une inclinaison convenable par rapport à la surface polissante. Avec les rasoirs à dos très large, comme ceux dont je recommande l'emploi pour les coupes à la paraffine (fig. 148), aucune précaution n'est nécessaire. Il suffit d'appuyer le rasoir bien à plat, en le tenant appliqué sur la pierre ou le cuir. Pour les rasoirs ordinaires à dos étroit, il faut tenir le dos du rasoir un peu relevé, de manière à ne pas donner au tranchant un angle trop aigu. Comme il est difficile d'obtenir à la main cette inclinaison, on se sert d'appareils d'affûtage. Ces appareils sont de deux sortes : pour les rasoirs à paraffine et à congélation, dont le tranchant forme un angle assez ouvert, on doit augmenter l'épaisseur du dos. On emploie alors une sorte de cylindre creux (fig. 151) portant une rai-

Fig. 151. — Appareil d'affûtage pour rasoirs à faces planes.

nure dans laquelle on engage le dos du rasoir. L'épaisseur de ce cylindre donne au rasoir l'inclinaison voulue ; il suffit de repasser en appliquant sur la pierre le tranchant et le cylindre. Pour les rasoirs plans sur une face et concaves sur l'autre face, on relève le côté plat avec un appareil formé d'une triangle métallique.

P. Masson emploie un appareil d'affûtage particulier (fig. 152), aplati sur un côté, qui permet de donner au biseau du rasoir la forme dissymétrique représentée par la figure 150 (p. 326). Cet appareil est assez long pour pouvoir être saisi à pleine main à chaque extrémité.

, *Pierres à aiguiser*. — L'étude précise des pierres à aiguiser est assez difficile, parce que les dénominations vulgaires s'accordent mal avec la

Fig. 152. — Appareil d'affûtage de P. Masson, pour rasoirs à biseau dissymétrique.

nomenclature pétrographique et minéralogique. Aussi n'en dirons-nous que quelques mots. En principe, une bonne pierre à aiguiser doit avoir des grains très fins (de 1 à 3 μ), bien cimentés, très uniformes et aussi durs que l'acier. Les grains trop gros ou ceux qui se détachent produisent dans le tranchant des crans ou ébréchures. Par suite, la *pierre lithographique* est mauvaise, car son grain est calcaire, trop tendre et se détache du ciment, d'où usure rapide et inégale. La *pierre du Levant*, ou pierre à l'huile, est mauvaise aussi, parce que son grain est trop dur. La meilleure pierre est la *pierre d'Arkansas*, sorte de phyllade de couleur jaune ambré, à grains très fins (1 μ environ) et bien cimentés. On peut, en place de pierre, se servir d'une plaque de verre dépoli bien plane, couverte d'une pâte composée d'huile d'olive et d'émeri le plus fin possible.

Liquide à employer. — Il ne faut jamais repasser sur une pierre sèche, parce que les particules d'acier ne tardent pas à remplir les espaces qui séparent les grains et ceux-ci n'agissent plus qu'imparfaitement et irrégulièrement. Le liquide sert donc à tenir en suspension les particules d'acier et les débris de la pierre.

Les liquides les plus employés sont l'eau, l'eau de savon, l'huile de pétrole, l'huile de vaseline, l'huile d'olive. Plus le liquide est épais, mieux il adhère à la pierre, qu'il rend plus fine en s'insinuant entre les grains et en diminuant leur épaisseur. Une même pierre peut donc donner deux effets, suivant qu'on la recouvre d'eau ou d'huile. Les rasoirs de microtome seront de préférence repassés avec de l'huile.

Les pierres à l'eau doivent être bien essuyées après l'usage et préservées de la poussière et des taches de graisse. Ces dernières s'enlèvent avec du savon. Les pierres à l'huile doivent rester légèrement imbibées de ce liquide : on les préserve soigneusement des poussières et on les essuie avant l'usage.

Repassage sur la pierre. — *Sur la pierre, le tranchant du rasoir doit toujours être dirigé en avant.* — On saisit donc le rasoir par son manche ou par ses deux extrémités, suivant sa forme. On applique sur la pierre d'abord le dos du rasoir, puis le tranchant, pour être sûr de ne pas émousser ce dernier par un mouvement imprudent. On tire alors obliquement la lame vers soi, le tranchant en avant, de manière à utiliser toute la longueur de la pierre pour une face du rasoir. Arrivé à l'extrémité, on retourne la lame, on l'applique sur la pierre avec les mêmes précautions, et on la pousse le tranchant en avant. Pour les rasoirs à manche, on repasse toujours de la base à l'extrémité de la lame; pour les rasoirs à extrémités symétriques, on commence par l'une de ces extrémités, toujours la même.

Il faut appuyer très légèrement et même, avec les rasoirs volumineux, le poids de la lame suffit à assurer le repassage. Il est très important de passer les deux côtés de la lame le même nombre de fois sur la pierre.

Morfil. — Il faut arrêter l'action de la pierre avant l'apparition du morfil : on nomme ainsi une très mince plaque d'acier qui se forme des deux côtés du tranchant. Ce morfil est impossible à enlever sur la pierre, à cause de son élasticité : en insistant, il ne ferait qu'augmenter. Pourtant, lorsqu'il y a des dents à faire disparaître, on ne s'occupe pas du morfil.

Polissage sur le cuir. — Ce polissage est indispensable, car le tranchant obtenu sur la pierre présente toujours un peu de morfil, ainsi que des stries et des dentelures microscopiques. Ces défauts disparaissent avec le cuir.

Sur le cuir, le dos du rasoir doit toujours être dirigé en avant. A part cela, les précautions sont les mêmes que pour la pierre; on se sert des appareils d'affûtage et on utilise toute la longueur du cuir pour chaque côté de la lame. On appuie très peu et on passe rapidement. Les couteaux lourds seront retournés en les faisant basculer sur le dos, afin de ne pas abimer le tranchant ni le cuir.

L'action du cuir résulte de son élasticité; il se déprime sous le poids du couteau, ce qui permet au morfil de se briser et de disparaître. En outre le tranchant devient uni, poli et durable.

Il y a beaucoup de modèles de cuirs à rasoirs. Un des meilleurs est le cuir carré à quatre faces (fig. 153). Une des faces sert de pierre,

Fig. 153. — Cuir à quatre faces.   Fig. 154. — Cuir pour grands rasoirs.

deux autres sont enduites de pâtes à l'émeri, noire à grain moyen, rouge à grain très fin. Le quatrième côté est un cuir propre, qui doit servir au polissage définitif. Certains cuirs à deux faces possèdent une face en moelle de sureau très commode pour enlever le morfil; l'autre face sert au polissage. Enfin les cuirs formés d'une large courroie tendue sur un bâti de bois (fig. 154) sont commodes pour les grands rasoirs.

Quel que soit le modèle de cuir, il faut bien savoir que le polissage définitif ne peut se faire que sur un cuir non enduit de pâte : en effet les pâtes agissent exactement comme la pierre et servent à enlever les dents et aspérités du tranchant. Aussi faut-il avoir bien soin, en passant de la pierre au cuir et d'une face à l'autre du cuir, d'essuyer soigneusement le rasoir.

Ne jamais passer sur le cuir une lame ébréchée, sous peine de le déchirer irrémédiablement.

Essai du tranchant. — Après le repassage sur la pierre, il faut essayer le tranchant : il y a pour cela beaucoup de procédés. D'après Ssobolew, le meilleur consiste à poser le dos de la lame sur quatre doigts de la main gauche et à passer légèrement la pulpe du pouce sur le tranchant. On peut aussi le poser à plat sur la paume de la main, sans appuyer, et voir s'il coupe les saillies épidermiques. Un bon moyen consiste aussi, en tenant le dos de la main devant le jour, à essayer de couper un poil de cette région.

3. Mode d'action du rasoir. — Le rasoir agit de deux façons différentes, suivant qu'on coupe des objets humides ou secs, c'est-à-dire élastiques ou non, et suivant qu'on opère à la main ou au microtome mécanique. Pour exécuter les coupes à la main ou dans des objets élastiques (blocs de celloïdine), le rasoir est tiré obliquement, tandis que, dans les microtomes à paraffine, il agit perpendiculairement à la surface à couper. Dans les deux cas, il pénètre comme un coin : la position oblique a seulement pour but d'allonger et d'amincir la section de ce coin. La plupart des auteurs sont d'accord maintenant pour admettre que le rasoir agit toujours comme un coin et non comme une scie, quelle que soit son obliquité. En effet chaque point de l'objet n'est jamais attaqué que par un point du tranchant du rasoir. En plaçant le rasoir obliquement, on augmente simplement la distance de la base au tranchant, ce qui donne en réalité à ce dernier un angle plus aigu. Avec les objets élastiques, susceptibles de se courber sous la pression du rasoir, celui-ci doit agir obliquement, de manière à pénétrer dans l'objet plus facilement et sans le courber. Au contraire, avec les objets durs, on peut attaquer le bloc normalement à une de ses faces.

I. — COUPES A MAIN LEVÉE

Cette méthode n'est plus guère employée que pour l'histologie végétale, car les tissus animaux sont généralement trop mous pour être coupés ainsi. Les instruments nécessaires sont : un bon

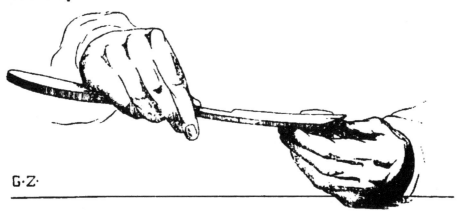

Fig. 155. — Tenue du rasoir et de l'objet pour les coupes à main levée.

rasoir, possédant une face plane, et des baguettes de moelle de Sureau, préalablement privées de leur cuticule qui renferme des particules très dures.

Suivant sa consistance, l'objet est coupé tel quel, à l'état frais, ou seulement après fixation (alcool pour les tissus végétaux). On en prélève une tranche d'épaisseur convenable. On coupe un fragment de baguette de moelle de Sureau et on le divise longitudinalement, soit complètement, soit simplement par une fente, entre les deux lèvres de laquelle on insinue l'objet. Pour couper la moelle de Sureau, on prend un scalpel à lame très large et bien affilée, ou mieux un vieux rasoir, ou encore une petite scie à découper très fine. Si l'objet est cubique ou cylindrique, on creuse une petite cavité dans les deux moitiés du fragment de moelle de Sureau, ou bien on déprime simplement la moelle avec le manche d'une aiguille.

On peut couper en comprimant le tout entre les doigts, mais il est encore plus commode d'assurer cette compression, soit par quelques tours de fil, soit avec une pince à linge en bois, une pince de Bunsen pour tuyaux de caoutchouc, etc.

Une fois la pièce incluse dans la moelle de Sureau, on saisit le tout entre le pouce et l'index de la main gauche et on prend le rasoir de la main droite, comme l'indique la figure 155. On peut couper d'avant en arrière (tranchant du rasoir tourné contre soi) ou d'arrière en avant : le premier mouvement paraît plus naturel, mais le second permet de mieux voir le tranchant et l'objet à couper et aussi d'appuyer la lame du rasoir sur l'ongle du pouce. Quoi qu'il en soit, le rasoir doit toujours attaquer obliquement l'objet et il faut utiliser la plus grande longueur possible du tranchant pour chaque coupe. Le rasoir doit donc avancer chaque fois de gauche à droite, de la base à l'extrémité de la lame, sans secousses et d'un mouvement uniforme. On s'efforce d'obtenir les tranches les plus minces possibles, tout en intéressant la surface totale de l'objet. Pour faciliter l'attaque du cylindre de moelle, on peut le tailler préablement en biseau.

Si l'objet est de bonne consistance, on peut couper à sec ; mais si ce sont des tissus délicats, ou si l'objet menace de se dessécher rapidement, on doit tremper fréquemment le bloc de moelle de Sureau dans de l'alcool à 70° et mouiller à chaque coupe la lame du rasoir, avec ce liquide qu'on tient à sa portée dans une soucoupe.

Dans les deux cas, les coupes doivent être recueillies dans un petit cristallisoir rempli d'alcool. On s'aide d'une aiguille ou d'une pince pour les détacher du rasoir sous le liquide, de manière à ne pas les déchirer. En posant le cristallisoir sur un carton ou une plaque de verre à fond mi-partie noir et blanc (fig. 242), il sera facile d'éliminer les fragments de moelle de Sureau et de choisir les coupes les moins épaisses pour les colorer et les monter.

La moelle de Sureau ne convient pas toujours pour l'enrobage : on peut employer aussi du foie préalablement durci ou du liège. Le foie à employer sera du foie amyloïde ou simplement du foie de Bœuf ou de Veau durci dans l'alcool; on en découpe des lames plus ou moins épaisses, entre lesquelles on enrobe l'objet, après creusement d'une cavité si c'est nécessaire. Le liège convient pour les objets très durs, qu'on coupe à sec : on choisit un bouchon de liège très fin, on le divise en deux avec un vieux rasoir ou une petite scie à découper et on enrobe comme avec la moelle de Sureau.

La méthode des coupes à main levée donne d'excellents résultats entre des mains exercées, mais elle nécessite beaucoup d'habileté et de sûreté. Son principal avantage est sa grande simplicité. Elle était très employée autrefois : certains botanistes célèbres pouvaient débiter ainsi un sac embryonnaire en tranches presque aussi belles que celles que donnent les microtomes automatiques.

II. — COUPES AU MICROTOME A MAIN

Les microtomes à main donnent les mêmes résultats que la méthode des coupes à main levée, mais ils permettent de faire très facilement des coupes régulières. Le type de ces appareils est le microtome de Ranvier. Cet instrument comprend essentiellement un cylindre surmonté d'une large plate-forme; on place l'objet dans le cylindre, après l'avoir enrobé dans la moelle de Sureau. Un piston, actionné par une vis micrométrique, fait monter l'objet de petites quantités. Le rasoir coupe tout ce qui dépasse la plate-forme. Avec ces instruments, la finesse des coupes n'a pas d'autres limites que la finesse du tranchant et la perfection de la vis micrométrique. Le modèle primitif de Ranvier, dans lequel il

Fig. 156. — Microtome à main à serrage latéral.

fallait caler l'objet avec de la moelle de Sureau et faire gonfler le tout dans l'alcool faible, ou encore pratiquer un enrobage à la paraffine, a été heureusement modifié. Dans les modèles récents (fig. 156), le cylindre de moelle de Sureau est maintenu par une

piuce intérieure; cette pince peut être à serrage latéral (fig. 156) ou à serrage central, comme dans le microtome de Peltrisot[1] (fig. 157). La vis micrométrique fait monter la pince qui supporte l'objet; on peut alors, avec un bon rasoir, faire des coupes de 10 µ et même de 5 µ. Comme les coupes sont très régulières, on peut très bien leur donner jusqu'à 15 mm. de diamètre.

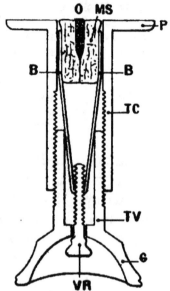

Fig. 157. — Microtome à main, à serrage central, de Peltrisot. — O, objet; MS, moelle de Sureau; B, pince assurant le serrage central; VR, vis actionnant la pince; P, platine; TC, tube du microtome; TV, mandrin fileté servant à faire monter l'objet au moyen de la vis G.

Pour se servir de cet instrument, il faut absolument avoir un rasoir plan sur un côté. Le microtome est saisi à pleine main gauche, la plate-forme reposant sur le pouce et l'index; le rasoir, tenu de la main droite, est posé bien à plat sur la plate-forme. On le tire très obliquement en appuyant légèrement avec le pouce droit posé sur la face supérieure de la lame. Pour obtenir un mouvement bien régulier, sans saccades, l'avant-bras et la main doivent former un ensemble rigide et le déplacement du rasoir doit être produit uniquement par des mouvements du bras.

On coupe à sec ou en mouillant le rasoir et l'objet, suivant la nature du tissu. Dans les deux cas, on recueille les coupes dans un cristallisoir plein d'eau ou d'alcool. On peut, auparavant, éliminer sur le rasoir les débris de moelle de Sureau avec une aiguille.

Aux microtomes à main se rattache un excellent instrument qui est le microtome du type Lelong (fig. 158). Cet appareil, très simple et très solide, se compose d'un lourd bloc rectangulaire métallique renfermant un plan incliné, sur lequel glisse le chariot porte-objet. Ce chariot, qui épouse exactement la forme du plan incliné, est pourvu d'une pince, entre les mors de laquelle on dispose l'objet dans la moelle de Sureau. Le tout est déplacé, sur le plan incliné, par une vis micrométrique dont la tête porte un tambour divisé. Le rasoir est guidé par deux glissières de verre qui garnissent les bords du bloc métallique. On coupe, comme avec le microtome à main, en appuyant légèrement le rasoir sur les glissières par sa face plane. Grâce à son poids, ce microtome

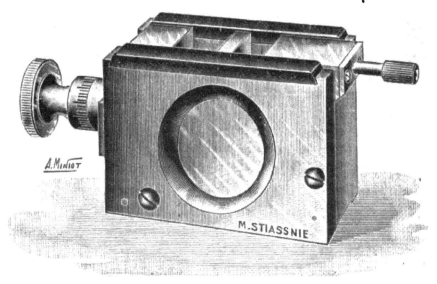

Fig. 158. — Microtome de Lelong.

a beaucoup de stabilité et n'a pas besoin d'être tenu. Il est, à mon avis, très supérieur aux microtomes à main pour les coupes dans la moelle de Sureau : on peut très bien couper aussi dans le collodion. Au besoin, on inonde d'eau ou d'alcool la pièce et le rasoir et, une fois les coupes terminées, on essuie soigneusement l'instrument.

III. — COUPES PAR CONGÉLATION

Je ne mentionnerai que pour mémoire ce procédé qui donne d'excellents résultats, dans des cas particuliers, et peut même être indispensable pour certaines recherches de microchimie, mais qui, à mon avis, ne saurait constituer une méthode courante de travail.

Ces coupes peuvent être obtenues avec un microtome quelconque, pourvu qu'il possède un porte-objet creux spécial. Dans la cavité de cet instrument, on fait évaporer un liquide très volatil tel que l'éther, le chlorure d'éthyle, ou bien encore on fait détendre un gaz liquéfié comme l'acide carbonique.

On peut congeler des tissus frais, en collant la pièce sur le porte-objet au moyen d'un peu d'eau. Ce procédé, très expéditif et qui dispense de toute fixation ou inclusion, est quelquefois employé dans les services de chirurgie pour le diagnostic rapide des tumeurs. Naturellement, le résultat ainsi obtenu ne peut être que très médiocre, car le froid ne constitue pas une méthode de fixation. La congélation rapide et brutale des tissus détermine la formation d'aiguilles de glace et produit des déchirures cellulaires.

Il est généralement préférable de congeler des tissus déjà fixés. C'est sous cette forme que la méthode peut rendre le plus de services. Pourtant, je crois qu'il faut la réserver pour des cas très limités, car l'avantage de la rapidité et de la simplicité est fâcheusement compensé par des altérations inévitables et par la difficulté de manipulation des coupes. Celles-ci peuvent être transportées une à une, à la spatule, de liquide en liquide, dans des verres de montre, ou mieux encore collées sur lames. On emploie pour cela le procédé d'Anitschkov [1]. Les coupes, durcies dans de l'alcool à 50°, sont étalées sur la lame enduite d'albumine de Mayer (p. 354). On appuie avec du buvard, puis on porte dans les alcools à 95° et 70°, puis dans l'eau. Pour colorer les graisses, on plongera d'abord dans de l'alcool-formol (alcool à 50°, 50 cm³ et formol 7,5 cm³), puis dans de l'eau, ou mieux on fixera au préalable les pièces par le chlorure de zinc à 2 p. 100 (p. 270).

Le procédé à la paraffine donne des coupes bien plus lisibles et, quand on sait s'arranger, on peut obtenir d'excellentes préparations en peu d'heures. Pour une pièce prélevée le matin, on peut donner un diagnostic le soir même ou, au plus tard, le lendemain matin et après un examen autrement complet que celui que permettent les coupes à la congélation.

IV. — COUPES A LA PARAFFINE

Pour exécuter ces coupes il est indispensable de posséder un microtome automatique. Les microtomes à main ne conviennent pas du tout pour ce genre de travail, car ils ne fournissent que des coupes fortement enroulées, très difficiles à manipuler. Quant aux instruments à bon marché, du type microtome d'étudiant, le mieux est de les passer sous silence. Pour faire de bonnes coupes à la paraffine et au collodion, il faut un microtome sérieux et bien construit. Il en est de cet instrument comme du microscope :

1. Anitschkov, Ueber die Methoden zur Aufklebung von Gefrierschnitten auf d'e Objektträger. *Ztschr. f. wiss. Mikr.*, XXVII, p. 71, 1910.

c'est une dépense qu'on fait une fois pour toutes, aussi faut-il acheter un objet de première qualité. Pour 200 à 250 francs, on peut avoir un excellent microtome genre Minot, avec lequel on exécute du travail parfait.

Nous avons appris à considérer la méthode à la paraffine comme le procédé histologique fondamental, aussi nous étendrons-nous

Fig. 159. — Microtome de Minot, modèle de Stiassnie.

particulièrement sur la manière d'obtenir des coupes avec les blocs de paraffine[1].

Rasoirs. — Nous avons donné p. 326, fig. 148, le type des rasoirs pour coupes à la paraffine. Ce rasoir doit avoir un dos très épais et une lame formant un angle assez ouvert, de manière à diminuer autant que possible les vibrations.

Microtomes. — Les microtomes qui se prêtent le mieux aux coupes à la paraffine sont ceux dans lesquels le rasoir est immobile et solidement fixé au bâti de l'appareil, par ses deux extrémités. L'objet est mobile et rencontre le rasoir avec une certaine

1. Bien entendu les blocs mixtes au collodion et à la paraffine doivent être coupés d'après ce procédé et fournissent d'excellents rubans, exactement comme les blocs à la paraffine pure.

vitesse qui, combinée à la masse du chariot et du volant, produit une force vive suffisante pour produire très facilement la section du bloc. Ce type de microtome est exactement l'inverse de celui qui est réalisé par les microtomes dits à celloïdine. Les meilleurs modèles de microtome à paraffine sont le Minot, le Radais et le rocking; tous trois sont automatiques. C'est au Minot que nous donnons la préférence; il constitue, pour nous, le type du microtome destiné au travail courant de micrographie.

Le microtome du type Minot est fabriqué par un grand nombre de maisons. La figure 159 représente le type adopté par Stiassnie : cet instrument unit la précision à la simplicité et à la solidité. Le principe du microtome de Minot consiste à faire mouvoir et avancer l'objet par le jeu combiné de deux coulisses perpendiculaires. Le volant, bien équilibré, agit, par l'intermédiaire d'un axe horizontal, sur une bielle qui produit le mouvement de va-et-vient d'un chariot glissant dans une coulisse verticale, taillée dans un fort pilier. Ce mouvement de bas en haut actionne le mécanisme qui, par l'intermédiaire d'une roue dentée, fait avancer le chariot porte-objet dans la coulisse horizontale. Voici comment se produit cet avancement : le chariot vertical porte un levier qui vient toucher un butoir. Suivant la position de ce butoir, un cliquet, porté par le levier, entraîne un plus ou moins grand nombre de dents de la roue dentée. Celle-ci actionne la vis micrométrique qui fait avancer le chariot horizontal. Chaque dent de la roue dentée équivaut à un avancement de 2 μ, 5 du chariot horizontal. Le butoir porte un certain nombre de repères qui permettent de régler les coupes à 1/400 (2 μ, 5), 1/200 (5 μ), 1/150 (6 μ, 5), 1/100 (10 μ), 1/50 (20 μ).

Le microtome Radais [1], fabriqué par Stiassnie, est un instrument parfait, dont le seul défaut est son prix élevé. Il coûte en effet 500 francs, alors qu'un bon Minot ne vaut que 200 à 250 francs. Dans le Radais, le porte-objet n'a qu'un seul mouvement vertical; le mouvement micrométrique horizontal est reporté sur le chariot du rasoir. On peut couper indifféremment le collodion ou la paraffine, en modifiant l'inclinaison du rasoir. Nous verrons que le Minot possède le même avantage.

Le microtome rocking, du type Cambridge, est fabriqué par un grand nombre de constructeurs. C'est avant tout un instrument léger, utilisant les rasoirs ordinaires et ne pouvant couper que de petites pièces. En effet, il n'y a pas ici de coulisses comme dans le Minot : le bras porte-objet oscille autour d'un axe qui tourne dans une gorge demi-cylindrique. Cet axe est maintenu en place par un ressort à boudin; on comprend donc que, si la résistance de l'objet dépasse celle du ressort, le bras est repoussé en arrière et les coupes ne se font plus. En outre, par suite de la nature du mouvement du bras porte-objet, la pièce décrit une trajectoire, d'où il résulte que les coupes sont des calottes sphériques à très faible courbure, au lieu d'être planes comme avec le Minot ou le Radais. Malgré ces inconvénients, le rocking est un excel-

1. M. Radais, Microtome à chariot vertical sans glissière. *Arch. de zool. expér. et gén.* (4), I, notes et revue, p. 65-75, 1903.

lent instrument, très sérieux et bien moins cher que le Minot ou le Radais. Il est indispensable qu'il soit muni d'un porte-objet à trois axes indépendants, permettant une orientation parfaite de l'objet.

A la rigueur, on peut faire des coupes à la paraffine avec les microtomes à celloïdine des types Jung ou Thoma, mais les résultats ne sont pas aussi bons et il est notamment difficile d'obtenir des coupes en rubans. Ceci est dû à ce que le rasoir est mobile et à ce qu'il peut vibrer trop facilement, puisqu'il n'est fixé que par une extrémité.

Emploi du microtome de Minot. — Cet emploi nécessite les opérations suivantes : préparation de l'objet, orientation du rasoir, confection des coupes [1].

1. *Préparation de l'objet*. — Le bloc de paraffine, obtenu après l'inclusion, est *taillé* à la forme convenable et fixé sur le

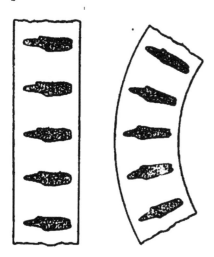

plateau porte-objet. Lorsqu'on s'est servi des barres de Leuckart ou des boîtes en papier, on obtient des blocs prismatiques, dont on doit retrancher l'excédent de paraffine. Il suffit que l'objet soit entouré de tous côtés par un mur très mince d'environ 1 à 2 mm. d'épaisseur. Le bloc ne sera pas trop haut, 10 à 15 mm. suffisent largement pour les pièces de dimension moyenne. Lorsqu'on a inclus dans un verre de montre ou dans une capsule, on taille la masse de paraffine en forme de prisme rectangulaire. La paraffine doit être débitée par petits

Fig. 100. — A, ruban rectiligne obtenu avec un bloc correctement taillé ; B, ruban courbe produit par un bloc mal taillé.

copeaux, avec une lame bien tranchante. Il ne faut jamais essayer de couper un bloc en deux ou d'enlever une portion épaisse, car on risque de voir la masse se fendre irrégulièrement et de détériorer l'objet. Les rognures de paraffine sont soigneusement mises à part pour être refondues, filtrées au besoin et pour servir à confectionner de nouveaux blocs.

Pour *fixer* le bloc sur le porte-objet, on commence par recou-

1. Il va sans dire que le microtome doit être solidement fixé à la table avec des vis ou avec deux presses à vis. Pourtant, avec les modèles lourds il suffit de poser l'instrument sur une main de papier joseph pour lui assurer une stabilité suffisante.

vrir ce dernier d'une couche de paraffine, soit en le trempant dans cette substance fondue, soit au moyen d'un fer à luter (fig. 180). Au moment de fixer le bloc, on fait fondre cette couche de paraffine avec le fer et on applique rapidement le bloc. Pour assurer une adhésion parfaite, il faut encore, avec le fer chaud, faire fondre la paraffine autour des quatre côtés et, au besoin, en ajouter un peu, de manière à former un bourrelet. Le tout est refroidi sous un robinet d'eau.

On procède alors à la *taille définitive* du bloc. En effet, peu importe que les faces latérales aient une direction quelconque, mais il est essentiel que les faces supérieure et inférieure soient parallèles, au moins dans le plan de section. S'il en est autrement, on

Fig. 161. — Appareil pour tailler les blocs de paraffine.

obtient un ruban courbe, difficile à étaler et à coller correctement (fig. 160) ; les préparations ainsi obtenues ont généralement un aspect très disgracieux. On taille le bloc avec un scalpel ou un vieux rasoir.

Il existe des appareils qui facilitent beaucoup cette opération et permettent de donner aux blocs de paraffine une forme géométrique. Un des plus pratiques est représenté par la figure 161. Le porte-objet est fixé dans une coulisse, terminée par un tambour divisé : on peut couper les quatre faces exactement à angle droit, en amenant successivement en face de l'index les extrémités de deux diamètres perpendiculaires. La vis S sert à avancer et à reculer l'objet. Le couteau est guidé par les deux tiges verticales.

La face supérieure du bloc doit être rendue bien plane, en grattant la paraffine avec le scalpel, jusqu'à ce que la surface de l'objet soit visible.

Lorsque le bloc est collé et taillé, on fixe le porte-objet sur le chariot, et au moyen de trois axes indépendants, ou de la genouillère, suivant le modèle, on oriente exactement l'objet, pour le couper perpendiculairement à son axe et parallèlement à la face qui a été repérée au moment de l'inclusion.

2. *Orientation du rasoir*. — Le rasoir est fixe et placé perpendiculairement au bloc à couper, mais le tranchant peut être plus ou moins incliné vers ce bloc. Cette *inclinaison* doit être

suffisante pour que l'objet, dans son mouvement de va-et-vient
vertical, ne puisse toucher le dos élargi du couteau. Une inclinaison insuffisante se reconnaît aussi au son métallique émis par
le rasoir, lorsque l'objet repasse devant lui, avant d'avoir été
avancé par la vis micrométrique. Au moment où se fait la coupe,
on entend un bruit sourd, qui résulte de l'écrasement de l'objet
par le rasoir. Si on arrête alors le mouvement de la vis microm-
trique et si on fait faire à l'objet une course verticale, on constate
qu'il se produit une deuxième coupe, bien que l'objet n'ait pas
été avancé. En effet, le bloc, comprimé lors de la première coupe,
reprend sa longueur par élasticité. Par suite de cette compression,
les coupes sont plissées et d'épaisseur inégale.

Une inclinaison trop forte est tout aussi préjudiciable. A chaque
coupe, la lame vibre et émet un son sec et élevé. Non seulement
les coupes ont tendance à s'enrouler, mais elles sont ondulées,
c'est-à-dire que, par suite des vibrations de la lame, elles présentent des portions alternativement épaisses et minces. En outre,
elles peuvent être fragmentées longitudinalement et, de temps à
autre, des coupes manquent. Si l'inclinaison est par trop accentuée, le rasoir n'agit plus comme un coin, mais comme un racloir,
et arrache des portions de tissus.

L'inclinaison se règle au moyen des vis de pression qui servent
à fixer le rasoir. Ces vis sont généralement au nombre de quatre,
disposées par paires de chaque côté du porte-rasoir. On peut
adopter, comme règle pratique, que la facette qui fait face à
l'objet doit être parallèle au plan dans lequel l'objet se meut.

3. *Confection des rubans de coupes.* — Le rasoir étant convenablement incliné et le porte-objet fixé à la pince d'orientation,
on libère l'arrêt du microtome et, saisissant le volant, on amène
avec précaution l'objet au-dessus du rasoir, de manière à le placer
bien parallèlement au tranchant. Il est très important que, pendant cette opération, l'objet ne touche pas le tranchant; il faut
bien se garder d'en enlever une tranche épaisse, sous prétexte
d'entamer le bloc. On risquerait de décoller l'objet et de détériorer gravement le rasoir. Il faut, au contraire, fixer l'objet à une
petite distance du rasoir, un demi ou un quart de millimètre, et
l'amener au contact de la lame par le jeu du chariot microm-
trique.

Il est préférable, pour chaque nouveau bloc, de ramener la vis
rométrique à son point de départ. Avec le Minot de Stiassnie,

cette manœuvre s'exécute instantanément, grâce à une manivelle qui permet de faire tourner à la main la roue dentée, après débrayage du cliquet. Les positions respectives du rasoir et de l'objet se règlent ensuite pour chacun d'eux, soit avec la coulisse du rasoir, soit en avançant ou reculant le porte-objet, suivant la hauteur du bloc.

Avant de commencer à couper, il faut aussi *régler l'épaisseur des coupes*, au moyen du disque gradué ou de l'excentrique, suivant les modèles. On peut commencer à couper à 10 ou 12 μ, puis passer ensuite à 5 ou 6 μ, qui est l'épaisseur normale des bonnes coupes histologiques. Si, pour entamer le bloc, on veut faire des coupes plus épaisses, il faut réserver pour cela une zone particulière du rasoir, car la partie du tranchant ayant servi à faire des coupes épaisses ne peut plus donner de bonnes coupes minces, sans avoir été affûtée de nouveau.

Tout étant bien en place, on tourne la manivelle du microtome avec une vitesse modérée. Si le bloc a été bien inclus, le rasoir bien affûté et. si la température est convenable, les coupes se collent automatiquement les unes aux autres, de manière à former une *chaîne* ou *ruban*. Chacune s'attache par son bord antérieur à la coupe qui la précède et par son bord postérieur à la coupe qui la suit (fig. 160).

Les *rubans de coupes* constituent un des principaux avantages de la méthode à la paraffine : ces rubans sont très faciles à manipuler et à coller sur les lames. Pour les coupes en séries, on est absolument sûr de l'intégrité de la série et de la conservation de l'ordre des coupes, sans qu'il soit possible d'en perdre ou d'en déranger sans s'en apercevoir.

Il est à conseiller de ne pas faire de rubans trop longs. On laisse les premières coupes glisser sur la lame et, dès que le ruban a dépassé celle-ci, on le saisit par son extrémité avec une pince fine, au moyen de laquelle on le soutient sans exercer de traction, tout en tournant la manivelle de l'autre main[1]. On peut en dérouler ainsi 20 à 30 centimètres si les coupes se font bien. Pour couper le ruban, on prend un bon scalpel, au moyen duquel, sans lâcher la pince, on recueille l'autre extrémité du ruban sur la lame du rasoir, en ayant bien soin de ne pas rayer le tranchant.

1. Je considère comme superflus les appareils spéciaux destinés à dérouler les rubans de coupes sur une bande de papier ou de toile.

Le ruban est ainsi transporté, avec la pince et le scalpel, sur une feuille de papier où on l'étale.

Il est bon de savoir que le moindre courant d'air peut déchirer le ruban et disperser les coupes. Il faut même éviter de parler en manipulant les rubans. Un autre accident provient de l'électrisation du ruban, qui se tord et ondule dans l'air et vient souvent toucher une pièce du microtome à laquelle il se colle. Pour éviter cet ennui, on ne débitera que de courtes portions à la fois.

4. *Soins à donner au microtome.* — Ils consistent à bien graisser les coulisses au moyen de bonne huile de vaseline. Il faut aussi que ces coulisses soient serrées juste à point, sans jeu ni excès de serrage. Ce réglage se fait, pour chaque coulisse, au moyen de deux ou quatre vis. La vis micrométrique doit être serrée suffisamment, autrement la roue dentée n'est pas entraînée par le levier et le chariot n'avance plus.

Dès qu'on a fini de couper, il faut enlever le rasoir et le remettre dans sa boîte. Cette précaution a non seulement pour but de ménager le tranchant, mais encore d'éviter des accidents très graves. Rien n'est dangereux comme de laisser un rasoir sur un microtome à paraffine; le tranchant dirigé en haut peut, à la moindre inattention, produire des coupures terribles.

Il va sans dire que la plus minutieuse propreté est de rigueur. Le rasoir doit être débarrassé, avec un chiffon imbibé de toluène, de la paraffine adhérente, provenant des débris de coupes. Cette opération doit être répétée, pendant la confection des coupes, autant de fois qu'il est nécessaire, car le ruban ne peut glisser convenablement si le rasoir n'est pas parfaitement propre.

Lorsque le microtome ne sert pas, il doit être recouvert d'une cloche, d'un cadre vitré ou au moins d'une boîte de bois ou de carton, de manière à le préserver de la poussière.

5. *Insuccès et remèdes.* — Malgré la perfection du mécanisme du Minot, le débutant est souvent aux prises avec des difficultés qui le rebutent, lorsqu'il n'en connaît pas la cause et le remède.

1. *Les coupes ne se font pas :* ou bien le chariot n'avance pas parce que la vis micrométrique est à fond de course, et alors il faut la ramener au point de départ, ou bien a du jeu, et alors il faut serrer la vis de réglage; il arrive aussi que le rasoir n'a pas été serré dans sa pince et qu'il se déplace devant l'objet.

2. *On entend un bruit métallique,* dont il faut chercher la cause. Normalement le microtome est silencieux, on ne doit entendre que le bruit du

levier qui rencontre le butoir et celui de l'encliquetage. Les autres bruits proviennent toujours du rasoir, dont l'inclinaison est mauvaise; il faut donc vérifier cette inclinaison. Il peut arriver aussi, avec les blocs très bas et très plats, qu'une des vis d'orientation vienne buter sur une des pièces du chariot porte-rasoir. Dans ce cas, on modifie latéralement la position de ce chariot, ou bien on avance le porte-objet, de manière à pouvoir reculer un peu le chariot micrométrique horizontal.

3. *Les coupes s'enroulent et le ruban ne se fait pas.* Il y a à cela plusieurs causes : généralement, cet accident est dû à ce que la paraffine est trop dure ou le laboratoire trop froid. On y remédie de plusieurs façons : 1° couper plus mince, 2° chauffer le laboratoire, 3° refaire l'inclusion définitive avec une paraffine plus tendre. Souvent le premier remède suffit. Autre remède qui peut être utile lorsqu'on ne tient pas à avoir des coupes en ruban : découper un morceau de papier à cigarette un peu moins large que le bloc, l'appliquer mouillé sur la surface de section et couper; la coupe ne s'enroule pas et reste adhérente au papier.

4. *Les coupes se font bien, mais ne se collent pas* : mêmes causes et mêmes remèdes que pour le n° 3. En outre, il suffit quelquefois de tourner un peu plus vite pour faire adhérer les coupes.

5. *Les coupes se plissent* exagérément et le ruban colle au rasoir. C'est le défaut contraire du précédent : la paraffine est trop tendre ou le laboratoire trop chaud. Voici comment on peut y remédier : 1° couper plus épais; 2° couper dans un endroit plus froid (cave, courant d'air, etc.); 3° refroidir le bloc et le rasoir dans l'eau glacée et se hâter d'obtenir quelques coupes; 4° refaire l'inclusion définitive avec une paraffine plus dure.

Ces inconvénients se font surtout sentir dans la saison chaude et dans les pays tropicaux. Pourtant, avec de la paraffine à 55° et en coupant du grand matin, on peut arriver à tourner la difficulté.

6. *Le ruban est courbé dans un plan horizontal.* Il a été dit (p. 341) que, pour empêcher cet accident, il fallait que les bords supérieur et inférieur du bloc soient exactement parallèles.

7. *Les coupes sont striées ou déchirées.* Cet accident provient souvent d'un polissage insuffisant des facettes du biseau : les petites dents et stries microscopiques suffisent pour dilacérer les coupes. Des débris de tissus, qui restent adhérents au tranchant et se dressent au-dessus de son arête, suffisent aussi pour produire des stries et des déchirures. Dans ce cas, on y remédie en passant sur les deux faces du rasoir un linge imbibé de toluène ou simplement la pulpe du doigt.

8. *Les coupes se détachent du ruban* et ce dernier est troué de perforations régulières correspondant à l'objet. Cet insuccès se produit lorsque l'inclusion définitive a été faite dans une paraffine trop froide : l'objet n'a pas pu faire corps avec elle. Le seul remède consiste à recommencer l'inclusion.

9. *Les coupes sont à la fois plissées et ondulées*; leur épaisseur n'est pas uniforme. Cet accident se produit avec un rasoir trop incliné ou avec des objets très durs. Dans le premier cas, le rasoir vibre avec un bruit sec; dans le second les tissus crient sous le couteau et se coupent par saccades. Il faut alors bien affûter le rasoir et couper très lentement, en recueillant au besoin les coupes une à une.

10. *Les coupes se pulvérisent.* Cet accident arrive avec des tissus très durcis, cuits ou mal pénétrés par la paraffine. Il n'y a aucun remède, si

ce n'est de collodionner la surface de section. Pour cela on se sert d'un petit pinceau et de celloïdine fluide, mais séchant en deux ou trois secondes, sans laisser de traces luisantes à la surface de la paraffine. On passe ce pinceau très légèrement sur la surface de section avant chaque coupe. Il faut avoir bien soin de ne pas mouiller les grands côtés du bloc, car les coupes adhéreraient au rasoir. Pour couper, on attend que la pellicule de collodion soit sèche. Les coupes sont recueillies une à une et collées au Schællibaum (p. 359).

11. *Les coupes ne sont pas toutes de la même épaisseur*, quelquefois même elles alternent régulièrement [1]. Il peut y avoir plusieurs causes : le rasoir n'est pas bien immobilisé, il n'est pas assez incliné, ou bien enfin la vis micrométrique est mal réglée ou usée.

Emploi du microtome rocking. — Les précautions à prendre sont les mêmes que pour le Minot. L'orientation du rasoir est automatique, car le porte-rasoir est très étroit et il suffit de bien serrer la lame avec les deux vis de pression. L'objet doit être petit et pas trop dur. Aux causes d'insuccès déjà énumérées, s'ajoutent celles provenant de la résistance de l'objet qui peut dépasser la puissance du ressort antagoniste.

V. — COUPES AU COLLODION

Contrairement aux coupes à la paraffine, les microtomes automatiques rapides ne conviennent pas pour le collodion; il faut leur faire subir une transformation et leur donner un débit plus lent. Le rocking ne peut convenir pour cet usage, mais le Radais et le Minot s'y adaptent très bien. Pour ce dernier, on remplace le porte-rasoir horizontal par une pince oblique et on prend un porte-objet spécial. Bien entendu, les meilleurs microtomes à collodion sont les microtomes horizontaux à glissière, des types Thoma ou Jung. Mais, pour le travailleur habitué à la marche rapide, silencieuse et propre des microtomes automatiques, il est bien désagréable de travailler avec un instrument qu'il faut inonder d'huile sur les glissières et d'alcool sur le rasoir. Après chaque séance, il faut effectuer un nettoyage complet, sous peine de voir les glissières encrassées ou rouillées et le fonctionnement gravement compromis. Aussi je conseillerai plutôt aux fervents de la paraffine, qui ne coupent qu'exceptionnellement au collodion, de

---

1. Il ne faut pas confondre cet accident avec un autre phénomène qui résulte de l'élasticité de la paraffine. Quand on cesse pendant quelques instants de manœuvrer le microtome, le bloc, qui a été comprimé par suite des chocs successifs contre le tranchant du rasoir, reprend sa longueur primitive. Aussi la première coupe qui se détache, quand on recommence un autre ruban, est-elle toujours plus épaisse, mais les suivantes reprennent l'épaisseur primitive.

conserver leur Radais ou leur Minot, en les modifiant pour la circonstance.

Quel que soit le microtome, la technique fondamentale est la même.

1. **Préparation de l'objet.** — Lorsque l'objet a été inclus sur un liège entouré de papier (p. 320), il est tout prêt à être coupé. On n'a qu'à fixer le bouchon dans la pince porte-objet. Mais ce moyen ne convient que pour des objets petits et tendres, car le liège se déforme facilement sous la pression du rasoir et on risque d'obtenir des coupes en forme de calotte, très difficiles à étaler entre lame et lamelle. Pour éviter cet inconvénient, on doit coller les blocs de celloïdine sur des petit blocs cubiques de bois blanc, de 2 cent. de côté environ, ou sur des blocs de stabilite. On emploie pour cela de la celloïdine très épaisse ou mieux, d'après Apathy, le mélange suivant, *en poids* :

> Celloïdine à 16 p. 100 dans l'alcool-éther. 3
> Essence de girofle. 1

Pour les blocs à l'alcool, on durcit dans l'alcool à 70°; pour les blocs au terpinéol et aux mélanges huileux, on laisse sécher un quart d'heure, puis on plonge dans le terpinéol. La face intérieure du bloc à coller doit être très lisse et mouillée d'alcool-éther.

Le porte-objet est orienté de telle sorte que le bloc de celloïdine présente un de ses angles au tranchant du rasoir. Il va sans dire que l'objet est orienté au moyen des trois axes : cette opération est facile grâce à la transparence du bloc.

2. **Orientation du rasoir.** — Le rasoir doit être placé très obliquement par rapport à la pièce, de manière à utiliser la plus grande longueur possible de la lame pour chaque coupe. Il est bon d'avoir, pour le collodion, un rasoir particulier, à dos moins large et à lame plan-concave beaucoup plus mince. Les coupes se feront bien mieux qu'avec les épais couteaux à paraffine. Il n'est plus question ici d'inclinaison, le biseau inférieur du rasoir doit être parallèle à la surface de section.

3. **Confection des coupes.** — Avec les microtomes à glissières, celles-ci doivent être inondées d'huile de vaseline, de telle sorte que le chariot porte-rasoir glisse sans difficulté. On saisit ce chariot à pleine main et on tire à soi le rasoir d'un mouvement bien franc, sans lenteur, ni hésitation. Le mouvement micromé-

trique qui fait monter la pièce après chaque coupe est automatique ou non, suivant le type.

Avec le Radais ou le Minot modifiés, il faut tourner le volant beaucoup moins vite que pour les coupes à la paraffine, d'autant plus que l'objet est mobile et qu'il est peut-être un peu plus difficile à couper correctement qu'avec les microtomes à glissières. On coupe à 20 µ environ.

Lorsque la celloïdine a été durcie par les méthodes ordinaires, il faut arroser d'alcool à 70° le rasoir et l'objet, pour que les coupes ne se dessèchent pas et glissent bien sur le rasoir. On peut verser l'alcool à la main, avec un flacon compte-gouttes (fig. 164), ou installer un dispositif, au moyen duquel l'alcool tombe goutte à goutte automatiquement.

Après traitement par le mélange de chloroforme et d'essence de cèdre, par le terpinéol ou par le mélange d'essences d'Apathy, on peut couper à sec, ce qui est beaucoup plus propre et plus commode. Je recommande particulièrement cette méthode à ceux qui ont l'habitude de la paraffine et qui reculent devant les complications apparentes du collodion.

Quel que soit le procédé adopté, les coupes seront recueillies dans de l'alcool à 70°, où on les conserve en attendant le traitement ultérieur[1].

Pour empêcher l'enroulement des coupes au collodion, le meilleur moyen consiste à attaquer le bloc par un angle ou à le tailler en forme de prisme triangulaire, qu'on attaque par le sommet.

VI. — COUPES PAR USURE ET POLISSAGE

Lorsqu'on veut obtenir des sections minces d'organismes ou d'organes calcaires ou siliceux, sans dissoudre préalablement les parties solides, il faut employer des méthodes d'usure et de polissage, analogues à celles qui servent à tailler des plaques minces dans les roches et les fossiles. Ce genre de préparation s'applique aux os et aux organismes incrustés, tels que les Coraux, les coquilles de Mollusques, etc. Comme ces opérations sortent du domaine du travail courant, je serai très bref à leur sujet.

On commence par scier, avec une petite scie à découper, un disque de l'objet à polir. Ce disque est d'abord poli sur une face, puis collé au

1. Les coupes à la gélatine et à la gomme glycérinées se font exactement comme des coupes au collodion.

baume sec sur une lame et enfin usé et poli sur l'autre face. Il ne reste plus qu'à monter en préparation.

Le polissage se fait successivement sur une pierre fine à aiguiser, puis sur un verre finement dépoli. On n'emploie ni émeri, ni aucune poudre à polir, mais seulement de l'eau ; on use en décrivant des cercles à la surface de la pierre à polir. Pour coller la préparation sur la lame, on se sert de baume épais naturel, non dissous, dont on dessèche une goutte sur lame, en chauffant avec attention sur une très petite flamme. Éviter avec soin la production de bulles. Par refroidissement, le baume doit former une masse dure. On peut employer aussi la glycérine gélatinée (formule de Deane, p. 585, note 2).

Quand l'objet est devenu assez mince pour être transparent, on monte à sec ou mieux dans le baume fondu (ou la glycérine gélatinée) ; on peut très bien observer ainsi les canalicules remplis d'air.

Pour scier et polir des objets renfermant des parties molles, on commence par les colorer *in toto* au carmin ou à l'hématoxyline, puis, après deshydratation et éclaircissement, on les imprègne de baume dissous dans le toluène. On fait évaporer le tout à l'étuve, de manière à obtenir une sorte d'inclusion dans le baume. Lorsque celui-ci est assez dense pour se solidifier par le refroidissement, on retire l'objet, puis on le scie et polit comme plus haut et enfin on le monte dans le baume dissous dans le toluène ou le xylol.

CHAPITRE XIII

TRAITEMENT ET COLLAGE
DES COUPES

I. — COUPES A LA PARAFFINE

Les coupes à la paraffine sont collées sur lames, séchées, puis colorées et montées au baume. Un des grands avantages de la méthode à la paraffine est donc la possibilité d'effectuer toutes les opérations sur lames, procédé beaucoup plus facile, plus rapide et plus sûr que celui qui consiste à transporter chaque coupe de liquide en liquide.

Collage des coupes sur lames. — Les rubans de paraffine que nous avons obtenus ont été transportés sur une feuille de papier et tenus à l'abri des courants d'air. On peut conserver longtemps ces rubans dans un tiroir, ou mieux dans des boîtes plates en carton, ayant environ 25 millimètres de hauteur et 18 sur 24 centimètres pour la longueur et la largeur. Ce procédé est très commode pour conserver provisoirement des provisions de rubans débités, destinés à être collés ultérieurement, si la pièce est intéressante, ou à être distribués aux élèves, dans les laboratoires où on fait de l'enseignement.

Pour coller les coupes sur lames, on prélève, avec un bon scalpel, une ou plusieurs coupes et on les dépose sur une lame bien propre, c'est-à-dire lavée préalablement à l'alcool (p. 229). Ce prélèvement exige plusieurs précautions. La longueur du ruban à coller sera proportionnée à la dimension des lamelles. Lorsqu'il s'agit de coupes en séries, on en met le plus grand nombre possible dans un espace correspondant à la surface d'une ou de deux lamelles. On range les rubans côte à côte, en séries disposées en largeur (fig. 162, 1) ou en hauteur (fig. 162, 2). En tous cas, la *face brillante* des coupes doit être tournée *en-dessous*, du côté du verre, car l'adhérence se produit ainsi beaucoup mieux.

Il faut, en calculant les dimensions, tenir compte de la dilatation qu'éprouvera le ruban, une fois qu'il sera sectionné dans l'intervalle qui sépare deux coupes. Cette opération ne présente aucune difficulté avec des objets volumineux ou de teinte foncée (pièces fixées aux mélanges osmiques ou picriques), mais elle peut être délicate avec des pièces très petites ou incolores. Dans ce cas, un bon moyen est de prévoir la difficulté avant de faire les coupes et de donner au bloc une forme trapézoïdale, en coupant les petits côtés non parallèles. Il en résulte une série de crans, correspondant chacun à la ligne qui sépare deux coupes successives. On peut encore incliner légèrement le bloc sur l'horizontale, de manière à ce que les grands côtés ne soient pas tout à fait parallèles au rasoir; on ob-

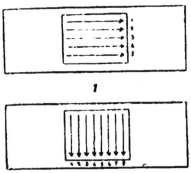

Fig. 162. — Deux manières de ranger sur une lame les rubans de coupes en séries.

tient encore une série de crans, délimitant les coupes.

Étalement des coupes. — Certains micrographes déposent les coupes sur de l'eau tiède (albumineuse ou non), contenue dans une capsule ou un cristallisoir et ne les recueillent sur les lames que lorsqu'elles sont étalées[1]. Je ne conseille pas ce procédé qui, à mon avis, ne convient que pour les coupes un peu épaisses et de grande surface qu'on traite isolément. Je préfère beaucoup procéder à l'étalement sur lames; c'est le seul procédé applicable aux coupes minces et aux séries.

On peut opérer de deux façons : ou bien on dispose les coupes sur la lame, comme il a été dit plus haut, et on introduit *sous* ces coupes, avec une pipette, sans les déranger, le liquide qui sert à étaler et à coller; c'est là, à mon avis, le procédé de choix. Ou bien on verse sur la lame une grosse goutte de liquide et on dépose les coupes sur cette goutte; ce dernier procédé convient très bien pour distribuer des coupes à des élèves, car, une fois en

---

1. Salkind (*Ztschr. f. wiss. Mikr.* XXIX, p. 542, 1912) étale les coupes sur de l'eau tiède, à la surface de laquelle il a versé une goutte d'huile de cèdre. Il a observé que les coupes adhèrent mieux au verre et résistent mieux à la chaleur.

contact avec le liquide, elles ne risquent plus de s'envoler au moindre courant d'air.

Quoi qu'il en soit, dès que cette opération est effectuée, on porte les lames chargées de coupes sur une étagère de Malassez (fig. 141) modérément chauffée ou au-dessus de l'étuve à paraffine ou mieux encore sur la table de l'étuve spéciale de P. Masson (p. 163). La seule difficulté consiste à chauffer les lames juste assez pour que les coupes s'étalent sur le liquide tiède, sans toutefois que la paraffine fonde. Avec un peu d'attention, il est facile d'y arriver, en choisissant sur l'étagère l'endroit où la température est la plus favorable. Il faut aussi que les coupes flottent librement sur une couche épaisse de liquide. On voit alors les coupes se déplisser et devenir d'une planéité parfaite ; à ce moment, on retire la lame de l'étagère et on procède au séchage.

Insuccès et remèdes. — Avant d'étudier cette seconde opération, nous devons passer en revue les divers *insuccès* qui peuvent se produire.

1° *Les coupes ne se déplissent pas*, même en élevant la température. Cet accident est le plus fréquent, car si les coupes froncées s'étalent d'elles-mêmes, les plis véritables sont beaucoup plus difficiles à faire disparaître. Dans ce cas il faut, *avant de chauffer*, déplisser les coupes sur la goutte de liquide avec des aiguilles. Pour cela, on coupe les bords [1] du ruban de paraffine en face des plis et on exerce de légères tractions longitudinales. On fera bien, pour les coupes incolores, d'opérer sur fond noir (fig. 242). Il est inutile de tenter le déplissement après chauffage et commencement d'étalement, car alors les plis sont irrémédiablement collés.

2° Il peut y avoir des *bulles d'air* sous les coupes : il est nécessaire de les enlever avant de chauffer. Pour cela on déplace légèrement les coupes à la surface du liquide. En cas de bulles particulièrement tenaces, la dernière ressource est de piquer la bulle, à travers la coupe, avec une aiguille.

3° *La paraffine fond.* Tant que cet accident est limité aux bords du ruban, rien n'est perdu. Il suffit de retirer promptement la lame de la plaque chauffante et de la déposer sur un corps froid. On peut encore souffler délicatement sur les coupes pour hâter le refroidissement. Mais si la paraffine qui soutient la coupe a fondu, il n'y a plus aucun remède, car les éléments cellulaires seront sûrement dissociés et rendus méconnaissables. Weber [2] a montré que, même avant la fusion, il se produit une dislocation de l'édifice cristallin de la paraffine. Ce phénomène qui déforme la coupe et modifie les rapports des éléments, nous est révélé par l'aspect transparent que prend le ruban de paraffine.

1. Cette opération est d'autant plus facile que les murs latéraux du bloc (p. 340) sont moins épais.

2. Weber, Notes critiques sur l'étalement et les déformations des coupes à la paraffine. *C. R. Assoc. des anatomistes*, 3ᵉ session, p. 72-77, 1901.

4° *Il n'y a pas assez de liquide*, alors les coupes ne peuvent s'étaler librement, elles se plissent et se dessèchent sur les bords. Quand on s'aperçoit à temps de ce défaut, il est facile d'y remédier.

5° *Le ruban se courbe.* Quelquefois, en effet, la courbure du ruban ne se manifeste qu'à l'étalement (fig. 160). Évidemment cet accident n'est pas grave en soi et ne compromet pas la qualité des coupes. Il faut pourtant s'efforcer de l'éviter [1] et y porter remède, car des préparations qu'on laisse en cet état dénotent, chez l'opérateur, un manque de soin regrettable, qui peut se manifester par des négligences plus graves. Sans attacher aux détails d'esthétique une importance qu'ils n'ont pas, je prétends que ces petits défauts des préparations sont d'un fâcheux augure, car un travailleur qui ne sait pas s'astreindre à les éviter, manquera à peu près sûrement une préparation difficile. C'est en s'habituant à travailler proprement et minutieusement qu'on arrive à exécuter des techniques délicates et à voir ce que les autres n'ont pas encore vu. Il faut donc remédier à la courbure du ruban et aligner correctement les coupes. Pour cela, après étalement, on coupe, avec un bon scalpel, de petits triangles de paraffine, entre chaque coupe, de manière à rétablir la rectitude de l'alignement.

Liquides pour l'étalement et le collage des coupes. — Comme nous l'avons dit plus haut, dans le procédé que nous recommandons, l'étalement et le collage des coupes sur lames ne sont que deux temps d'une même opération. Il nous reste donc à étudier les liquides employés dans ce but.

Les méthodes à recommander sont celles de l'eau distillée, de l'eau albumineuse et de la gélatine. Nous étudierons ensuite les procédés de collage sans étalement préalable.

1. *Eau distillée.* — Cette méthode repose sur la propriété que possède le verre parfaitement propre de retenir fortement, par adhésion moléculaire, les coupes qui sont mises en contact intime avec lui.

Deux conditions sont nécessaires pour réussir cette méthode : des lames rigoureusement propres et des coupes parfaitement étalées.

Pour avoir des lames propres, P. Masson conseille (p. 229) de les traiter par un mélange à parties égales d'alcool à 90° et d'acide chlorhydrique, on lave ensuite à plusieurs eaux et on se sert de ces lames sans les essuyer.

La méthode à l'eau distillée est la plus élégante, puisqu'elle ne laisse, entre la lame et les coupes, aucune trace de colle. Mais elle ne donne pas une sécurité absolue et ne convient tout à fait

---

1. En outre, on gagne de la place et du temps avec des coupes bien alignées et on peut en mettre un plus grand nombre sur une lame.

que pour les coupes d'organes parenchymateux, sans cavités ni portions chitineuses ou sclérosées.

2. *Eau albumineuse.* — C'est la *méthode de choix pour les matériaux fixés dans des liquides non chromés*. On prépare l'eau albumineuse au moyen de l'albumine de Mayer qui se trouve dans le commerce. On peut la faire soi-même en mélangeant poids égaux de blanc d'œuf et de glycérine et en filtrant le mélange. Il faut avoir soin de couper le blanc d'œuf en tous sens avec des ciseaux et de bien le battre avec la glycérine. On ajoute 1 gramme de salicylate de sodium dissous dans un peu d'eau. La filtration est extrêmement lente; il faut couvrir l'entonnoir pour le préserver de la poussière. On peut encore filtrer à part le blanc d'œuf préalablement coupé ou battu et le mélanger ensuite avec la glycérine.

A 50 centimètres cubes d'eau distillée, on ajoute XV gouttes de solution albumineuse et on se sert de ce liquide pour étaler et coller. On peut encore, plus simplement, dissoudre extemporanément un peu d'albumine sèche dans de l'eau distillée et filtrer.

3. *Gélatine. Méthode de P. Masson.* — Ce procédé convient à la fois pour les *pièces chromées* ou *non chromées*. Faire dissoudre à chaud dans un tube à essai d'eau distillée (20 cm³) 1 centimètre carré de gélatine blanche. Se servir de ce liquide pour étaler les coupes. Sécher comme d'habitude. Éliminer la paraffine par le toluène, laver à l'alcool, puis, *pour tanner la gélatine*, passer dans un mélange de formol (1 partie) et d'alcool (4 parties). Laver à l'eau et colorer.

Ce procédé est bien plus rationnel que ceux qui consistent à mélanger à la gélatine liquide la substance insolubilisante.

Séchage des coupes. — Quel que soit le liquide employé, il faut, dès que les coupes sont étalées, faire écouler avec précaution l'excès de ce liquide et placer les lames sur un égouttoir, de préférence à l'étuve à 37°. Pour se débarrasser du liquide, sans déranger les coupes, on maintient celles-ci avec la pointe d'une aiguille, pendant qu'on incline doucement la lame. Quand on emploie le procédé de l'égouttoir, il est inutile d'essuyer la lame. Dès qu'on est assuré que les coupes ne se dérangeront plus, on les dispose une dernière fois avec l'aiguille et on pose la lame sur un égouttoir à plaques photographiques. L'excès d'eau s'écoule très bien et l'adhérence devient parfaite.

Les coupes doivent être *parfaitement desséchées* avant d'être débarrassées de la paraffine. Il faut donc les sécher à la température ordinaire au moins pendant douze heures ou à l'étuve à 37° au moins pendant trois ou quatre heures. Pour cela on les laisse sur l'égouttoir ou dans une boîte en bois à rainures.

P. Masson étale à la température de 46°, égoutte le liquide, essore les coupes avec du papier mousseline, puis sèche à l'étuve à 42-43° en 15 minutes. Il obtient ainsi des coupes transparentes et très adhérentes.

P. Masson a fait construire une étuve-table chauffante (fig. 163), qui permet d'étaler et de sécher les coupes beaucoup mieux et beaucoup plus rapidement que par les procédés ordinaires. En effet, si les lames ne sont pas parfaitement dégraissées et si les coupes ne sont pas absolument planes, de l'air s'introduit toujours sous ces dernières pendant le séchage. La coupe devient alors opaque, n'adhère pas et se détache plus ou moins complètement pendant la coloration.

Au contraire, si on opère la dessiccation à la température optima d'étalement, inférieure seulement d'un degré ou deux au point de fusion de la paraffine employée, les coupes se ramollissent, s'appliquent étroitement au verre et sèchent très rapidement en restant transparentes. L'adhérence est parfaite au bout de 30 minutes.

Il faut toujours accueillir avec une grande défiance les nouveaux appareils, dont l'achat ne sert souvent qu'à grever le budget des laboratoires. Ce n'est pas le cas pour l'étuve-table de P. Masson qui rendra d'immenses services aux histologistes. Cet appareil, représenté par la figure 163, est une étuve en cuivre à double paroi remplie d'eau : le chauffage est excentrique, ce qui assure l'égalité de température par la circulation du liquide. Le toit est formé d'une plaque de verre noir qui permet d'étaler commodément les coupes. Dans la cavité, trois rayons perforés permettent de sécher à la fois 36 préparations; des ouvertures ménagées dans la porte et dans la paroi peuvent activer le séchage par un courant d'air dirigé de bas en haut. Pour se servir de l'étuve-table, on commence par assurer l'horizontalité rigoureuse du toit, au moyen des vis calantes. Ensuite on règle la température à 2 degrés au-dessous du point de fusion de la paraffine employée.

On couvre une lame de colle (eau albumineuse ou gélatine) et on dépose les coupes à la surface du liquide. On porte la lame sur le toit de l'étuve. Une fois le déplissement obtenu, on égoutte, on essore dans un cahier de papier joseph, puis on replace de suite la lame sur un des rayons intérieurs ou sur le toit. En 30 à 60 minutes au plus la dessiccation est parfaite. Pour la rendre encore plus rapide, fermer les ventouses d'aération et mettre dans la cavité une petite capsule de porcelaine avec quelques gouttes de formol. L'adhérence est parfaite au bout de 5 à 10 minutes au plus; il est bon de ne pas dépasser ce temps, car la paraffine deviendrait moins soluble.

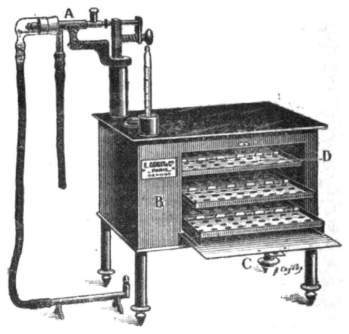

Fig. 163. — Étuve-table chauffante de P. Masson pour l'étalement et le séchage des coupes.

A. Régulateur bimétallique. — B. Portion de la double enveloppe formant réservoir. La flamme du brûleur doit être sous ce réservoir. — C. Porte en guichet. — D. Rayons perforés destinés à recevoir chacun deux rangées de lames.

Élimination de la paraffine. — Il est bien évident que les coupes ne peuvent être colorées correctement [1], si elles ne sont pas débarrassées de la couche de la paraffine qui les imprègne. Même si le matériel a été coloré en masse avant les coupes, il faut enlever la paraffine avant de monter au baume.

On commence par chauffer modérément la lame, de manière à faire fondre la paraffine. Cette fusion n'est d'ailleurs indispensable qu'avec le procédé à l'albumine, car il a alors pour but de

---

1. Nous verrons page 428 une exception à cette règle (procédé de Schilling).

coaguler la mince couche de colle et de rendre l'adhésion définitive plus parfaite.

En opérant ce chauffage, il faut prendre bien soin de ne pas
dépasser trop le point de fusion de la paraffine, sous peine de détériorer gravement les coupes. Je signale cet écueil parce que j'ai
vu souvent les débutants y échouer. Il est commode d'opérer en
posant la lame sur une portion convenablement choisie de l'étagère
de Malassez (fig. 141) ; on surveille mieux la fusion qu'avec la
flamme du bec Bunsen et on obtient un chauffage plus égal.

Dès que la paraffine a fondu, on n'a plus qu'à plonger la lame
dans un cylindre Borrel plein de toluène. Il est indifférent que la
paraffine se soit solidifiée de nouveau après fusion.

Lorsqu'on ne traite qu'une lame à la fois, on peut se contenter
de verser à sa surface du toluène pour dissoudre la paraffine, puis
de l'alcool à 90° pour chasser le toluène et enfin de plonger la
lame dans l'eau. Les flacons compte-gouttes,
analogues à celui que représente la figure 164,
sont très commodes pour ces opérations.

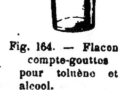

Mais si on colore de nombreuses lames, il y
a intérêt à installer une batterie de cylindres
Borrel, de manière à déparaffiner rapidement
les coupes. Je me sers d'un bloc de bois (fig.
165) ou d'une étagère en fil de fer (fig. 166)
contenant cinq cylindres Borrel [1]. Les deux-
premiers sont remplis de toluène et servent à
dissoudre la paraffine, les trois autres sont pleins

Fig. 164. — Flacon
compte-gouttes
pour toluène et
alcool.

d'alcool à 90° et destinés à éliminer le toluène paraffiné. En sortant

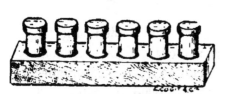

Fig. 165. — Batterie de cylindres Borrel
dans un bloc de bois.

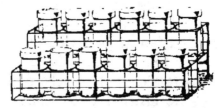

Fig. 166. — Batterie de cylindres Borrel
dans une étagère en fil de fer.

du troisième alcool, les coupes peuvent être plongées dans de
l'eau contenue dans une boîte à rainures (fig. 167) en verre ou en
porcelaine.

1. On peut prendre aussi des tubes Jolly (fig. 168) qui exigent une moindre
quantité de liquide.

On croit généralement qu'il faut laver les coupes à l'alcool absolu en les sortant du toluène. C'est une erreur. Je me sers toujours d'alcool à 90° et ce liquide ne se trouble jamais.

Je recommande tout particulièrement l'emploi des batteries de tubes, parce que ce procédé est très économique [1]. On peut passer dans le même liquide une très grande quantité de coupes. Il faut changer le toluène dès qu'on voit des cristaux de paraffine se former au-dessus du liquide sur la paroi du tube. On jette alors le contenu du premier tube; le second tube devient le premier et peut servir longtemps encore. Il faut changer l'alcool dès que les coupes, au sortir de cet

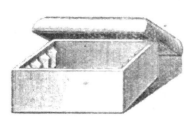

Fig. 167. — Cuve à rainures en verre ou en porcelaine.

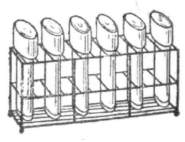

Fig. 168. — Batterie do tubes Jolly dans une étagère en fil de fer.

alcool, donnent à l'eau une teinte laiteuse. On rejette alors les deux premiers tubes et on fait passer le troisième à la place du premier.

Dès que les coupes sont bien hydratées, il faut les colorer, car il est très mauvais de les garder longtemps dans l'eau. Pourtant, lorsque les pièces ont été fixées au Bouin, il est nécessaire que tout l'acide picrique soit éliminé avant la coloration. Pendant le collage des coupes, une grande quantité de ce corps s'est déjà dissoute dans l'eau tiède qui a servi à l'étalement et, si les coupes sont minces, elles sont à peu près décolorées. Avec des coupes plus épaisses, il faut prolonger le séjour dans les alcools, au besoin à l'étuve, jusqu'à disparition complète de toute coloration jaune.

Un bon moyen d'activer *l'élimination de l'acide picrique* est d'employer le *procédé de Jellinck*, déjà mentionné p. 272, note 1. On ajoute à l'alcool quelques gouttes de solution aqueuse saturée de carbonate de lithium; l'alcool se trouble. On y plonge les coupes : on voit alors le trouble disparaître et l'alcool jaunir. On ajoute peu à peu la solution de carbonate de lithium, jusqu'à ce que le précipité ne se dissolve plus. A ce moment les coupes sont décolorées et il ne reste plus qu'à les laver dans un dernier alcool.

Conservation des coupes collées. — Les coupes, collées par un des procédés que nous venons d'indiquer et bien séchées,

1. En mettant dans chaque cylindre un prisme de Borrel (fig. 262, p. 677) on diminue la quantité de liquide et on peut traiter trois lames à la fois ou même six en les plaçant dos à dos.

peuvent être conservées indéfiniment, pourvu qu'elles soient à l'abri de la poussière. On peut constituer ainsi des réserves précieuses, destinées soit à des travaux futurs, soit à l'enseignement. A mon avis, le meilleur procédé pour conserver les coupes collées est de les garder dans des boîtes à rainures fermant bien. Mais il ne faut pas oublier de bien étiqueter les coupes, car, au bout de quelques mois ou de quelques années, on peut ne plus les reconnaître et alors on n'a plus qu'un matériel inutilisable. L'encre de Chine silicatée (p. 473), bien sèche, résiste à tous les liquides. Les traits des crayons gras pour le verre s'effacent sous le doigt et dans le toluène. On peut aussi graver un numéro d'ordre, soit avec un petit diamant à écrire sur le verre, soit même avec un fragment de silex. Voir p. 473 le moyen d'écrire sur le verre avec une pointe d'aluminium.

Procédés rapides de collage. — Ces procédés, qui suppriment l'étalement des coupes, ne peuvent être employés qu'avec des coupes non plissées, ni comprimées. Or il est bien rare, à moins de coupes très épaisses, que la paraffine ne soit pas un peu tassée et que les coupes aient exactement la même surface que le bloc. L'emploi des procédés rapides est donc déjà très limité par cette condition. De plus il ne permet pas la conservation des coupes collées et non colorées.

Albumine de Mayer. — On étend sur la lame, avec un pinceau, une très mince couche d'albumine glycérinée, suivant la formule donnée plus haut. Appliquer les coupes sur la lame ainsi enduite, appuyer légèrement avec du papier joseph. Passer à la flamme pour coaguler l'albumine et fondre la paraffine. Déparaffiner et colorer.

Ce procédé est excellent et donne une adhésion parfaite. Malheureusement, il ne convient que pour des coupes sans plis. Henneguy combine ce procédé avec celui de l'eau. Il verse de l'eau distillée sur la lame enduite d'albumine et étale comme il a été dit plus haut (p. 351).

Collodion de Schœllibaum. — On le prépare en mélangeant une partie de collodion avec 3 ou 4 parties d'essence de girofle (voir p. 456, la modification de Benoit-Bazille). On étale en couche très mince sur la lame avec un petit pinceau, puis on applique les coupes en les étalant avec un pinceau sec. On peut sécher pendant dix minutes à l'étuve à 37° ou même faire fondre de suite la paraffine et déparaffiner, de préférence par l'éther de pétrole (Field et Martin) qui ne dissout pas le collodion comme le toluène.

Ce procédé est beaucoup moins sûr que le précédent. Il n'est à recommander que pour obtenir très rapidement une préparation ou pour certaines manipulations d'élèves avec des coupes épaisses et non plissées.

Insuccès. — Le seul insuccès qui puisse se produire, dans le traitement des coupes avant coloration, est le décollement. Cet accident peut être dû à diverses causes : lames mal nettoyées, coupes mal séchées, tissus très scléreux, etc. Il n'y a qu'un remède, applicable seulement aux coupes épaisses, c'est de recueillir la coupe qui se décolle, de la colorer sur lame ou dans un verre de montre et de lui faire subir sur ce support toute la série des opérations. Généralement il est préférable d'abandonner la préparation et d'en faire d'autres. Il faut savoir que certains tissus très sclérosés sont rebelles au collage.

Collodionnage des coupes. — Ce procédé, conseillé par Regaud [1], peut remédier, dans une certaine mesure, au décollement des coupes à la paraffine. Il ne s'applique qu'aux coupes déjà déparaffinées par le toluène. On prépare la solution suivante :

Collodion ordinaire non riciné	20
Éther.	40
Alcool absolu	40

Au sortir de l'alcool à 90° on y plonge les coupes pendant une à deux minutes, on égoutte avec soin et, sans sécher, on plonge dans l'alcool à 70°. Le collodion est immédiatement précipité sous forme de pellicule transparente qui préserve les coupes de tout décollement et ne gêne en rien la coloration. On lave ensuite à l'eau et on colore.

II. — COUPES AU COLLODION

Le grand avantage des coupes au collodion est de ne pas nécessiter l'enlèvement de la masse d'inclusion. Le collodion est parfaitement transparent et ne se colore pas avec la majorité des teintures usuelles. On est donc sûr, avec les objets fragiles, de conserver parfaitement l'intégrité des tissus et les rapports exacts de leurs parties.

Nous avons dit que les coupes devaient être recueillies au fur et à mesure dans l'alcool à 70°. Il y a deux méthodes pour les traiter ensuite. On peut colorer les coupes isolément, en les passant de godet en godet avec une spatule, chaque godet renfermant un liquide particulier. La déshydratation ne peut être faite avec l'alcool absolu, qui dissout le collodion. On se contente d'alcool à 95°, suivi d'un éclaircissement par l'essence d'origan

1. Voir aussi à ce sujet : Zimmermann (*Die botanische Mikrotechnik*, 1892), qui recouvre de collodion à 5 p. 100 les coupes collées avec une solution de gélose à 1 p. 1000 d'après Gravis (*Bull. soc. belge de micr.*, XV, p. 72, 1888).

ou de bergamote, ou encore par *xylol phéniqué de Weigert* (xylol 3, acide phénique neigeux 1) ou aniliné (ne dissout pas les couleurs d'aniline basiques, mêmes proportions). Ne pas employer l'essence de girofle qui dissout le collodion. On n'a plus alors qu'à porter la coupe sur une lame pour la monter au baume. Le transport des coupes se fait avec une spatule.

On peut aussi procéder comme pour les coupes à la paraffine et les coller sur lames, isolément ou en séries.

Je ne mentionnerai que deux méthodes très simples : l'albumine de Mayer et la celloïdine.

L'emploi de l'albumine de Mayer, conseillé par Bolles Lee, est très simple : on l'étend sur la lame avec un pinceau, en couche très mince, et on dépose la coupe, qu'on fait adhérer par une légère pression ; on porte ensuite dans l'alcool, puis dans l'eau.

Pour pratiquer l'autre méthode, on commence par recouvrir les lames d'une solution faible de celloïdine. Dès que ce collodion a fait prise, on dépose les coupes, qu'on recouvre d'une nouvelle couche de celloïdine faible. Après évaporation, on plonge dans l'alcool à 80°, puis dans l'eau. Cette dernière méthode est celle qui préserve le mieux les coupes, au cours des manipulations ultérieures. C'est, au fond, le procédé qu'emploie Weigert pour coller sur une lame des coupes sériées à la celloïdine. Pour empêcher la série de se dessécher, on la dépose, au fur et à mesure, sur une feuille de papier mince et résistant, posée sur un coussin de buvard imbibé d'alcool. Quand une série est complète, on la renverse sur la lame collodionnée.

CHAPITRE XIV

THÉORIE DES COLORATIONS

Les procédés de coloration jouent un rôle considérable dans la technique histologique moderne, si bien que le débutant se trouve réellement perdu, au milieu des innombrables formules préconisées par les auteurs. Aussi, avant de commencer l'exposé des méthodes que nous considérons comme fondamentales, croyons-nous bon de donner un aperçu théorique sur la valeur et la nécessité des colorations, sur la nature des phénomènes de teinture et sur la classification des colorants. Il est bien entendu que, dans cet ouvrage, nous ne pouvons étudier toutes les matières colorantes employées en microscopie, mais nous nous efforcerons de fournir au débutant des méthodes éprouvées, qui constitueront le fond de son éducation technique, et le mettront à même de faire un choix judicieux parmi les procédés rationnels ou empiriques qui sont proposés chaque jour.

Nécessité de la coloration. — Nous savons que les images produites par absorption, dans les préparations colorées, sont bien plus faciles à interpréter que les images de diffraction données par les préparations incolores (p. 158). D'autre part, nous avons établi que les divers éléments des tissus possèdent tous à peu près le même indice de réfraction, ce qui rend leur différenciation optique particulièrement ardue.

Ces deux arguments nous font comprendre de suite la nécessité des colorations, pour l'*étude morphologique* des cellules et des tissus.

Nous verrons de plus, en étudiant la nature des colorations dites électives, que certains colorants présentent une affinité particulière pour des éléments déterminés et que, dans quelques cas, ils peuvent, jusqu'à un certain point, être comparés à des réactifs

chimiques, qui mettent en évidence certaines portions des cellules
ou des tissus. Ceci nous révèle la nécessité des colorations, pour
l'*analyse chromatique* et *microchimique*.

Valeur des méthodes de coloration. — Il ne faut pas s'illu-
sionner sur la valeur des méthodes de coloration. Mann a bien
montré, et il est bon de le répéter, que les anciens histologistes
ont fait d'admirables découvertes sans l'aide des colorants ou avec
des méthodes rudimentaires. A ce sujet on peut se reporter à ce
que nous avons dit (p. 232) de l'importance de l'examen à l'état
frais, sans coloration. Mann fait remarquer aussi que la facilité
avec laquelle on arrive à différencier beaucoup de structures, par
le moyen des colorants, amène souvent une regrettable légèreté
dans la manière d'étudier les coupes. Il est certain que la science
histologique n'a pas progressé proportionnellement au nombre
énorme de réactifs colorants qui ont été mis à sa disposition. Il
faut donc bien savoir que les colorations ne sont pas toute l'histologie et que le premier devoir du micrographe n'est pas d'être un
teinturier, mais de savoir regarder au microscope. C'est là un art
que les anciens maîtres possédaient à fond et qu'il serait à désirer
de voir un peu plus cultiver aujourd'hui.

Nature des colorations. — Pour qu'il y ait coloration véritable, il faut que la matière colorante se fixe sur l'objet à teindre,
avec une intensité telle qu'un lavage effectué avec le dissolvant
qui a servi à préparer le bain de teinture, ne décolore pas l'objet.
On distingue, en histologie comme en teinturerie, deux groupes
de colorations. Les unes se produisent simplement par immersion
dans le bain colorant, ce sont les *colorations directes* (colorations
substantives des Allemands). Dans les autres, le colorant ne peut
agir directement; il faut que l'objet à colorer soit traité auparavant par une autre substance, qui le prépare à recevoir le colorant
et qu'on nomme *mordant* : ce sont les *colorations indirectes* ou
par mordançage (colorations adjectives des Allemands). La combinaison que le mordant forme avec le colorant se nomme une
laque[1].

On a proposé beaucoup d'interprétations du phénomène des teintures.
Aucune n'est pleinement satisfaisante et ne s'applique à tous les cas,

---

1. Du moins c'est ainsi que nous comprenons ce terme, dont la signification
n'est pas parfaitement définie. Il semble qu'en Angleterre on ne donne le nom
de laques qu'aux composés formés par les mordants basiques avec les couleurs
acides.

si bien qu'il n'y a pas de théorie d'ensemble des teintures et qu'on ne sait pas au juste pourquoi et comment nous obtenons des colorations histologiques. Nous allons cependant exposer, très sommairement, les différentes explications qui ont été données de l'affinité que les tissus présentent pour les matières colorantes, affinité qui est la base des méthodes histologiques et cytologiques.

Pour les partisans de la *théorie chimique*, il se produit un véritable sel, par combinaison du colorant avec le corps coloré. Cette opinion s'appuie sur les recherches de savants tels qu'Ehrlich, Mayer, Flemming, Heidenhain, Unna, Benda, Michaelis, Giemsa, etc. La molécule albuminoïde est considérée comme renfermant des groupements acides et basiques, auxquels la précipitation n'enlève rien de leurs propriétés chimiques générales et qui se combinent avec les groupements acides ou basiques des matières colorantes. Unna et Golodetz ont insisté récemment (p. 261) sur le rôle considérable que joue l'oxygène dans les phénomènes de teinture et sur la nécessité de paralyser les propriétés réductrice des tissus, par l'emploi de fixateurs et de mordants oxydants.

Les partisans de la *théorie physique*, dont le protagoniste est A. Fischer, ne veulent voir, dans les colorations, qu'une fixation mécanique des matières colorantes, par suite de phénomènes d'*adsorption*[1], sorte de condensation ou d'attraction, de nature purement physique, comparable à l'action exercée par le noir animal sur les gaz et sur certaines matières colorantes. On objecte à Fischer et à ses disciples que l'électivité manifestée par certains éléments, pour des colorants déterminés, ne concorde pas avec une condensation purement physique, qui devrait s'exercer indifféremment sur toutes les matières colorantes. Au contraire, on constate toujours que cette électivité correspond à la prédominance des groupements basiques ou acides, dans un albuminoïde donné.

Il faudrait plutôt attribuer à l'*adsorption* des phénomènes de condensation produits, non plus par les molécules, mais par des particules de dimensions mesurables, de véritables éléments morphologiques. Dans ce cas, la matière colorante serait énergiquement retenue, dans les petits interstices qui séparent ces éléments. C'est alors un phénomène superposé à la véritable coloration et auquel on remédie par la différenciation (p. 370).

Entre ces deux opinions extrêmes, vient se placer l'hypothèse de Witt, qui considère les colorations directes comme des *solutions solides*. On sait en effet, grâce aux recherches de van't Hoff[2], que les corps solides peuvent présenter toute une série de propriétés qu'on pensait appartenir exclusivement aux liquides ; tels sont les phénomènes de diffusion et de dissolution. C'est ainsi que si on comprime fortement l'un contre l'autre un cylindre de plomb et un cylindre d'or, l'or diffuse dans le plomb. De même, on peut considérer les alliages et les verres colorés comme des solutions solides. Witt admet donc que les colorants se dissolvent dans les tissus solides comme dans de l'eau. La substance à colorer s'empare du colorant, simplement parce qu'elle le dissout plus

1. C'est Frankenheim qui a employé le premier, dès 1835, le terme d'adsorption (*Lehre von der Cohäsion*, Breslau, 1835). Il désignait ainsi la propriété que possèdent tous les corps solides, surtout ceux qui sont finement divisés (noir animal, mousse de platine), d'attirer et de condenser, sur leurs surfaces libres, les corps liquides ou gazeux.

2. *Ztschr. f. phys. Chemie*, V, p. 322, 1890.

facilement que l'eau. Les deux dissolvants en présence, le tissu et l'eau, se comportent vis-à-vis du colorant comme deux liquides non miscibles en présence d'une substance solide soluble. On peut comparer ce phénomène à celui qui se produit, quand on agite de l'iode avec de l'eau et du sulfure de carbone.

Bien que cette théorie soit très séduisante elle ne résiste pas à certaines objections. Ainsi, il est prouvé expérimentalement que les tissus sont, pour les colorants, des dissolvants beaucoup moins bons que l'eau. On ne s'explique donc pas comment ils pourraient extraire la matière colorante dissoute dans l'eau, et on comprend encore moins que des solutions colorantes très faibles puissent arriver à produire une coloration très intense. Le phénomène de la solution solide ne saurait donc être qu'un intermédiaire entre la simple absorption ou diffusion et la fixation chimique du colorant.

Actuellement, on tend de plus en plus à considérer les colorations comme des phénomènes très complexes, dans lesquels les actions physiques et chimiques sont synergiques, mais avec prépondérance de ces dernières. Pour en donner un exemple, je citerai la très ingénieuse explication proposée récemment par Giemsa [1], pour rendre compte des colorations du noyau. On sait que la substance nucléaire est très riche en composés phosphorés, principalement sous forme d'acide métaphosphorique. Or Giemsa a montré que les couleurs basiques d'aniline, susceptibles de produire des colorations directes, donnent, avec l'acide métaphosphorique vitreux, des précipités de métaphosphates colorés, d'autant plus insolubles dans l'excès de liquide que le colorant employé a plus d'affinité pour les noyaux. Cette réaction ne réussit ni avec l'acide orthophosphorique, ni avec l'acide pyrophosphorique; nous avons donc ainsi le moyen d'essayer un colorant *in vitro*, au point de vue de sa valeur comme colorant nucléaire. Ce qui ajoute à l'intérêt de cette expérience, c'est le fait que l'albumine, peu ou pas sensible à l'état normal aux colorants nucléaires, le devient lorsqu'elle est transformée en nucléoprotéide phosphorée. Inversement, Reichenow a montré que la volutine de l'*Hæmatococcus pluvialis* perd sa colorabilité, lorsque ces Flagellés ont été cultivés quelque temps dans un liquide privé de phosphore.

Ces faits, très curieux, montrent bien le rôle que les phénomènes purement chimiques jouent dans le processus de la coloration; mais il est nécessaire de rappeler ici, avec Mann, que l'ancienne barrière qui séparait autrefois les phénomènes physiques des phénomènes chimiques tend de plus en plus à s'abaisser et que, pour faire de la micrographie réellement scientifique et rationnelle, il faudra de plus en plus tenir compte des propriétés physico-chimiques des tissus et des corps qu'on fait réagir sur eux.

1. Von Prowazek, *Handbuch der pathogenen Protozoen*, I, p. 18, 1911.

CHAPITRE XV

CLASSIFICATION DES COLORANTS

Comme toutes les classifications, celle que nous adoptons pour les colorants est très artificielle. La seule méthode vraiment rationnelle serait de les ranger d'après leur constitution chimique, mais, pratiquement, une telle classification est inabordable. Nous diviserons donc les colorants en deux grands groupes très inégaux : les colorants naturels et les colorants artificiels.

Les *colorants naturels*, extraits directement de produits animaux ou végétaux, sont le carmin, l'hématoxyline, l'orcéine et le safran.

Les *colorants artificiels* (couleurs d'aniline, couleurs de la houille) sont presque toujours employés sous forme de sels. Ils ne diffèrent pas fondamentalement des colorants naturels, mais doivent former une classe à part, parce que leur constitution est assez bien connue et parce qu'ils sont susceptibles d'être multipliés presque à l'infini, par les procédés synthétiques.

La classification des colorants artificiels, qui est encore admise par la plupart des auteurs, est due à Ehrlich; elle est purement histologique. Elle repose sur les affinités que le noyau et le cytoplasme présentent pour deux grands groupes de colorants. Les uns sont dits *nucléaires* ou *basiques* parce que leur composant colorant actif est une base colorée; les autres sont dits *cytoplasmiques* ou *acides* et caractérisés par un acide coloré. Il est très rare qu'on utilise les bases ou les acides libres, à cause de leur peu de solubilité. Les colorants artificiels, tels qu'on les emploie en microscopie, sont donc presque toujours des *sels*.

Les *colorants basiques* sont des sels dont la base est colorée et l'acide incolore. Ainsi, le corps désigné sous le nom de bleu de méthylène n'est autre chose que du chlorhydrate de bleu de méthylène, c'est-à-dire un sel formé par la combinaison de la base du bleu de méthylène avec l'acide chlorhydrique.

Dans les *colorants acides*, c'est la base qui est incolore et l'acide qui est coloré. Ainsi, l'éosine n'est pas autre chose que de l'éosinate de potassium ou de sodium, dans lequel l'acide éosinique (tétrabromofluorescéine) est coloré, tandis que la potasse et la soude sont incolores.

Ehrlich distingue encore des *colorants neutres*, dans lesquels la base et l'acide sont colorés. De bons exemples de ces colorants sont l'éosinate de bleu de méthylène et l'éosinate d'azur de méthylène, qui jouent un si grand rôle dans la coloration du sang et des Protozoaires.

Il est bon de ranger dans la catégorie des *colorants indifférents*, créée par Michaelis, ceux qui ne sont ni acides, ni basiques et ne possèdent pas de groupements capables de former des sels. Ces colorants sont généralement insolubles dans l'eau, mais solubles dans l'alcool, l'éther et les huiles grasses. Ce sont, par exemple, deux colorants importants des matières grasses, le Sudan III et le Ponceau ou Scharlach R.

Enfin, Giemsa propose de nommer *amphochromes* certains colorants neutres, constitués par des bases colorées polyacides et des acides colorés polybasiques, pouvant se combiner diversement, pour former des sels basiques, acides ou neutres.

Tout récemment, Unna [1] a fait connaître de nouvelles affinités tinctoriales entre les colorants et les tissus. Il a montré que beaucoup de colorations sont dues, non pas à des affinités entre corps doués de propriétés acides ou basiques, mais à des phénomènes d'oxydation et de réduction. Prenons comme exemple l'action d'un mélange d'un colorant acide (rubine acide) et d'un colorant basique (bleu de méthylène) sur une coupe de peau : le collagène faiblement acide se colore en rouge, tandis que les cytoplasmes fortement acides des cellules épithéliales et conjonctives se colorent en bleu; dans ce cas la coloration est due à l'affinité des acides pour les bases. Colorons maintenant une autre coupe de peau avec un mélange de deux colorants acides (rubine acide et acide picrique) : le collagène se colore encore en rouge, mais les cytoplasmes, quoique acides, fixent l'acide picrique parce qu'ils sont réducteurs et que ce corps est oxydant.

1. Unna et Golodetz, Die Bedeutung der Sauerstoffs in der Farberei. *Dermatologische Studien*, XXII, 1912.

Nous avons vu en outre (p. 261) que les propriétés réductrices des tissus doivent être neutralisées par l'action de fixateurs oxydants. En effet, la plupart des colorants histologiques sont très sensibles aux actions réductrices qui les transforment en leuco-composés. Nous verrons plus loin (p. 373), à propos du mordan-çage, de nouveaux exemples montrant l'importance des phénomènes d'oxydation et de réduction au cours des colorations.

Il est donc nécessaire de classer les colorants non seulement au point de vue de leur nature acide ou basique au sens d'Ehrlich, mais encore d'après leur sensibilité aux actions réductrices.

Avant d'étudier en détail les propriétés des différents colorants, il est nécessaire de *définir ce que c'est qu'un colorant*. La plupart de nos con-naissances à ce sujet sont dues à Otto Witt qui, dès 1876, présenta une théorie très séduisante de la constitution des matières colorantes.

Un colorant n'est pas seulement un corps coloré, mais il faut encore qu'il puisse communiquer sa coloration à d'autres corps incolores. La plupart des colorants artificiels, ou même naturels (hématoxyline), dérivent de corps incolores, par exemple de carbures aromatiques. Comment donc ces corps incolores deviennent-ils brusquement colorés, quelquefois avec une intensité extrême?

On suppose que le pouvoir colorant est dû à la présence, dans une molécule, de deux groupements atomiques, le *chromophore* et l'*auxo-chrome*. Le chromophore est quelque chose comme les ambocepteurs ou sensibilisatrices; il donne lieu à la formation de matières colorantes d'une façon indirecte, car il ne peut agir seul. Sa présence, dans une molécule, ne la rend pas encore colorante, mais la sensibilise en la transformant en *chromogène*.

L'auxochrome est comparable au complément ou alexine; c'est lui qui complète le chromogène et révèle ses caractères latents. Il est nécessaire que cet auxochrome se fixe à la molécule du chromogène, pour que le colorant soit constitué. En outre, l'auxochrome modifie la réaction des chromogènes : ceux-ci, qui sont généralement neutres, deviennent acides ou basiques.

Au fond, nous ne devons pas nous laisser tromper par ces mots qui ne nous servent qu'à masquer notre ignorance. Nous ne savons pas ce que sont ce chromophore et cet auxochrome, ni pourquoi ils confèrent à des corps incolores des colorations intenses. Mais en précisant bien à l'avance la valeur réelle de ces termes métaphysiques, il est utile et commode de les employer pour concrétiser nos idées.

CHAPITRE XVI

CLASSIFICATION DES MÉTHODES
DE COLORATION

Tous les colorants ne peuvent servir indistinctement en microscopie. Il faut en effet distinguer deux grands groupes de colorations : les unes teignent les objets d'une façon diffuse, tandis que les autres se fixent électivement sur certaines parties, toujours les mêmes, qu'elles mettent ainsi en évidence. Les *colorations diffuses* n'ont aucun emploi en microscopie, car elles sont tout à fait impropres à l'analyse chromatique. Les *colorations électives* sont les seules qui nous occuperont; ce sont elles qui nous permettent de réaliser la différenciation optique, dont nous avons parlé plus haut, sur laquelle sont basées presque toutes nos connaissances histologiques. Les colorations électives sont dites *spécifiques* lorsque, dans un tissu, on colore exclusivement un élément ou un groupe d'éléments (coloration des fibres élastiques, de la fibrine, etc.). Elles prennent le nom de *cytologiques*, lorsqu'elles sont destinées à mettre en évidence des éléments particuliers du noyau ou du cytoplasme (chromosomes, mitochondries, ergastoplasme, appareil réticulaire).

Quand nous parlerons de colorations, il ne s'agira donc que de colorations électives. Celles-ci peuvent être classées de plusieurs manières, suivant la méthode qui sert à les pratiquer.

1° *Colorations directes et indirectes*. — Nous avons défini plus haut (p. 363) la nature de ces deux modes de coloration.

2° *Colorations progressives et régressives*. — Ces deux méthodes diffèrent par la manière dont on conduit la coloration.

Dans la *méthode progressive*, on emploie des solutions colorantes faibles, qu'on fait agir longtemps sur les tissus ou les coupes. Lorsque l'objet est retiré du colorant, il doit avoir sa coloration définitive, comme ton et comme intensité. La seule intervention du micrographe consiste à surveiller la coloration et à l'arrêter au moment voulu, en entraînant par un lavage mécanique l'excès de colorant non fixé par le tissu. Ce procédé est donc un de ceux qui permettent de révéler le plus sûrement les affinités des éléments histologiques pour les colorants. Il peut être employé avec beaucoup de substances, notamment avec les couleurs d'aniline acides, telles que le bleu de méthyle, le bleu coton, etc., qui donnent des colorations très solides et très difficiles à différencier. La plupart des colorations au carmin et à l'hématoxyline peuvent rentrer dans cette catégorie. Les meilleures solutions seront celles qui auront le moins de tendance à donner des surcolorations ou à colorer autre chose que l'élément à mettre en évidence. Autrement on aurait une coloration diffuse, ou bien on serait obligé d'employer la méthode régressive.

Les seuls inconvénients de la méthode progressive sont la difficulté qu'on éprouve à limiter la coloration à certains éléments et l'uniformité du ton obtenu pour toute la préparation.

Dans la *méthode régressive*, on surcolore l'objet et on le décolore ensuite par un dissolvant approprié ou *différenciateur*. Ce second temps, se nomme donc *différenciation*, car il est destiné à mettre en évidence un élément particulier [1].

Ici, l'action du micrographe, se fait beaucoup plus sentir, car le résultat définitif varie, suivant l'insistance avec laquelle la différenciation est poussée.

Pour donner de bons résultats, la méthode régressive doit être soumise à quelques règles très simples.

1° On ne doit l'appliquer qu'à des coupes très minces et d'épaisseur égale, car, avec des coupes épaisses, l'extraction est irrégulière, et avec des coupes d'épaisseur différente les résultats ne sont plus comparables, ni uniformes.

2° Les meilleures couleurs pour teinture régressive sont l'hématoxyline et les colorants basiques, parce qu'elles se prêtent très bien à la différenciation.

---

1. A cette opération se rattache ce que Heidenhain (*Arch. f. mikr. Anat.*, LXIII, p. 438) nomme *coloration par soustraction* et Unna (*Ztschr. f. wiss. Mikr.*, XII) *préoccupation tinctoriale*. Ce mode de coloration consiste à teindre d'abord certains éléments, par une couleur pour laquelle ils ont beaucoup d'affinité, puis à faire agir sur les coupes un autre colorant. Celui-ci ne se fixe que sur les portions non teintes par le premier colorant et il est complètement extrait des premières portions par le différenciateur.

3° Heidenhain conseille, avec raison, d'employer des solutions étendues pour la surcoloration [1]. En effet les solutions concentrées colorent plus vite, mais donnent des images irrégulières après la différenciation. La dilution favorise aussi la dissociation du colorant et sa fixation sur les tissus.

4° La différenciation ou extraction devra être pratiquée lentement, pour être régulière. Les méthodes rapides sont à rejeter, aussi bien pour la surcoloration que pour la différenciation.

5° Il est quelquefois nécessaire d'augmenter la colorabilité de certains éléments par l'emploi des mordants. Les colorations régressives sont donc souvent aussi des colorations indirectes, tandis que les colorations progressives sont presque toujours des colorations directes.

3° *Colorations simples et combinées.* — Les *colorations simples* sont celles qu'on obtient avec une seule couleur simple, acide ou basique. Suivant leur objet, elles sont *nucléaires* ou *plasmatiques*, les premières étant produites surtout par les colorants acides. Suivant leur nature, elles sont *monochromatiques* ou *métachromatiques*. Dans le premier cas, tous les éléments sont teints du ton du bain colorant, tandis que, dans le second cas, certains éléments font virer la couleur à un ton différent; c'est ce que nous étudierons plus loin (p. 376) sous le nom de *métachromasie*.

Les *colorations combinées* peuvent être pratiquées en faisant agir plusieurs colorants, soit successivement, soit simultanément. Dans les colorations *successives*, chaque couleur simple peut agir pour son propre compte et se fixer sur un élément donné, comme dans la coloration à l'hématéine-éosine. Il peut arriver aussi qu'un élément agisse, non seulement comme colorant, mais aussi comme différenciateur, par exemple le vert lumière qui, après coloration par le magenta, chasse ce colorant du cytoplasme; l'orange G qui, après coloration par le Romanovsky ou le bleu polychrome de Unna, se fixe sur les éléments acidophiles.

Dans les colorations *simultanées*, chaque élément agit généralement pour son compte, du moins dans les formules rationnelles, car il faut se défier de certains liquides donnant automatiquement des colorations triples ou quadruples, dont le résultat est presque toujours défectueux ou inconstant. Un bon exemple de coloration simultanée nous est fourni par le triacide d'Ehrlich.

1. Mayor est d'un avis différent. Voir à ce sujet p. 403.

4º *Colorations panoptiques.* — Il ne faut pas confondre ces colorations avec les colorations combinées; dans ces dernières, en effet, on ne fait agir que des colorants basiques ou acides, tandis que les agents des colorations panoptiques sont des colorants neutres (ou mieux amphochromes). Le but des colorations panoptiques est de mettre en évidence le plus grand nombre possible d'éléments, avec une grande variété de tons. Cette méthode a pris une importance capitale pour l'étude du sang et des Protozoaires. Le type des colorations panoptiques est la méthode de Romanovsky, modifiée par les procédés de Giemsa et de Pappenheim, dans lesquels la coloration est produite par l'éosinate d'azur de méthylène et par l'éosinate de bleu de méthylène. Les phénomènes de métachromasie jouent un grand rôle dans les colorations panoptiques et contribuent encore à les distinguer des colorations combinées.

5º *Colorations en masse.* — Les procédés de la technique moderne sont presque toujours appliqués aux coupes : certains de ces procédés, par exemple la méthode régressive et les colorations combinées ou panoptiques, ne peuvent être employés que dans ces conditions. Mais il faut savoir que les objets peuvent aussi être colorés en masse; cette méthode, très employée autrefois, peut rendre encore des services, notamment pour l'étude des animaux entiers et pour l'enseignement.

Les colorations en masse sont surtout *directes, simples et progressives* et doivent être, appliquées avec des colorants très pénétrants. Pratiquement, elles ne sont possibles qu'avec le carmin et l'hématéine. Les couleurs d'aniline sont exclues parce qu'elles ne sont pas assez pénétrantes; elles surcolorent les parties périphériques et n'atteignent pas les parties profondes.

Ce procédé est très expéditif et économique, car il permet de monter les coupes immédiatement au baume, dès qu'elles sont déparaffinées, sans avoir besoin de passer par l'alcool. Mais on n'obtient jamais de colorations aussi délicates que par le traitement direct des coupes.

Mordançage. — Nous savons que les mordants sont des corps qui servent d'intermédiaires entre le corps à colorer et le colorant. D'après l'excellente définition de Mann, ils provoquent une combinaison chimique entre deux corps qui n'ont aucune affinité chimique l'un pour l'autre. D'une part, ils sensibilisent en quelque sorte le tissu, en contractant avec lui une combinaison stable et en

exaltant son électivité et, d'autre part, ils peuvent produire avec
le colorant un précipité fortement coloré et insoluble dans l'eau.
En définitive, il se forme entre le tissu, le mordant et le colorant
une triple combinaison colorée, assez stable pour résister aux
agents de décoloration (acides, alcool, etc.).

Les mordants ne peuvent former des combinaisons stables avec les
albuminoïdes qu'en les précipitant. Aussi, bon nombre de fixateurs sont
en même temps des mordants et beaucoup de colorations, qui semblent
être directes, ne sont pas autre chose que des colorations après mordançage : c'est le cas, en particulier, des pièces fixées par l'acide chromique, les bichromates et, en général, tous les sels métalliques.
Les mordants peuvent être employés d'une autre façon. Au lieu de
les faire agir d'abord sur les tissus, on les mélange au colorant, de
manière à produire une laque soluble. On teint alors l'objet avec cette
laque, qu'il fixe grâce à la présence du mordant.
Les teintures à l'hématoxyline nous fournissent de bons exemples de
ces deux modes d'application du mordançage. Dans la coloration à
l'hématoxyline ferrique, qui est à la fois indirecte et régressive, on fait
agir d'abord le mordant, qui est l'alun de fer, puis le colorant, qui est
l'hématoxyline, et enfin on différencie de nouveau avec le mordant.
L'hémalun de Mayer, au contraire, est une laque aluminique d'hématoxyline qui donne une coloration indirecte et progressive.

Il importe de ne pas confondre le mordançage de l'industrie
teinturière et celui de la technique microscopique. En teinturerie,
les mordants basiques jouent un grand rôle; en microscopie, au
contraire, on n'emploie que des mordants neutres ou acides, car
les mordants basiques exerceraient une action nuisible sur les tissus
animaux, qui sont généralement très acides. En outre, les oxydes
métalliques, en se combinant avec les tissus, uniformiseraient la
teinture et rendraient impossibles les colorations électives. En
effet, le but poursuivi par le teinturier est fondamentalement
différent de celui du micrographe : le premier cherche à produire
des teintures uniformes et homogènes, tandis que le second
s'efforce d'obtenir des colorations électives et différenciées.

En micrographie, on nomme donc *mordant* toute substance
qui renforce les colorations ou même qui, dans certains cas, les
rend possibles. Il en résulte que les mordants micrographiques
sont bien plus compliqués et bien plus nombreux que les mordants
industriels.

Les travaux récents de Unna[1] ont jeté sur la nature du mor-

1. Unna et Golodetz. Die Bedeutung der Sauerstoffs in der Färberei. *Dermatologische Studien*, XXII, 1912.

dançage histologique une aussi vive lumière que sur la fixation (p. 261) et la coloration (p. 367). Unna a démontré que les mordants neutres ou acides employés en microscopie ne manifestent pas d'affinité basique pour les tissus, mais une affinité dite oxypolaire (p. 262), c'est-à-dire que les mordants oxydants se combinent avec les tissus réducteurs. Aussi le rôle de ces mordants oxydants, qui est accessoire en teinturerie, devient capital en micrographie. Nous savons en effet que tous les efforts de l'histologiste doivent tendre à neutraliser le pouvoir réducteur des tissus animaux qui empêche les colorations. C'est pourquoi nous trouvons parmi les corps oxydants le plus grand nombre de mordants susceptibles d'améliorer les colorations histologiques.

Nous adoptons donc, pour étudier les mordants, la classification de Unna.

1° **Mordants métalliques dissociables.** — Ces mordants sont très employés en teinturerie. *Ils n'agissent pas comme oxydants*, mais ils produisent dans les fibres textiles une séparation d'oxydes insolubles ou de sels basiques, aux dépens de sels solubles neutres ou acides d'aluminium, de fer, de chrome, de cuivre, etc. En définitive, il se forme dans la fibre à teindre une laque insoluble. Ces mordants n'ont aucun emploi en micrographie, à cause de l'uniformité des colorations qu'ils produisent. Nous avons vu à propos de la fixation (p. 261) qu'il faut précisément éviter à tout prix la séparation des oxydes métalliques basiques dans les tissus.

2° **Mordants oxydants proprement dits.** — Ces corps sont employés aussi bien en micrographie qu'en teinturerie. Leur rôle est d'aviver les colorations en affaiblissant ou neutralisant toutes les influences réductrices qui viendraient les gêner. On peut en distinguer trois groupes :

a. *Oxydants métalliques.* — Ce sont des acides oxydants (acides chromique, osmique, phosphomolybdique, azotique) ou des chlorures métalliques (chlorures de platine, de zinc, de mercure). Nous savons que la plupart de ces corps agissent à la fois comme fixateurs et comme mordants (p. 261 et 267).

On peut rattacher à ce groupe les mordants chromiques désignés sous le nom de *Chrombeize* GAI et GAII de Höchst, introduits par Rawitz[1] dans la technique histologique. Ce sont des solutions de chromate d'oxyde de chrome, acidulées pour le GAI par l'acide chlorhydrique et pour le GAII par l'acide acétique. Le plus employé est le GAI : on l'étend à raison de 70 parties pour 130 parties d'eau distillée et on le conserve ainsi. Pour l'emploi, on le dilue encore de son volume d'eau distillée pour les pièces fixées par un fixateur chromique, et de 6 à 10 volumes d'eau distillée, pour les pièces fixées aux liquides picriques. Le mordançage dure 24 heures à la température ordinaire et doit être suivi d'un lavage à l'eau, prolongé jusqu'à ce que celle-ci ne se colore plus.

1. *Anat. Anz.*, XI, p. 294, 1895. — *Ztschr. f. wiss. Mikr.*, XI, p. 503, 1895.

b. *Métalloïdes.* — Le brome n'est guère employé qu'à l'état de vapeurs (p. 516). L'iode agit sous forme de teinture d'iode ou de liquide de Lugol. On l'utilise de deux façons. Pour renforcer l'action du vert de méthyle et du bleu Victoria, on traite les coupes pendant quinze minutes, avant la coloration, par de la teinture d'iode. En outre, l'action mordançante de l'iode, pour certaines couleurs et certains tissus, est la base de la méthode de Gram (p. 405). Il est essentiel d'éliminer complètement l'iode, car il détruirait dans la suite toutes les colorations (p. 482).

c. *Oxydants organiques.* — Un des plus employés est l'*acide picrique*. Ce corps jouit de propriétés très précieuses, car il agit comme fixateur (p. 271), comme mordant et comme différenciateur, seul ou associé à des colorants acides (mais non à des colorants basiques avec lesquels il forme des sels insolubles).

Parmi les mordants organiques, il est tout un groupe de corps qui ne sont pas des oxydants proprement dits, mais qui jouissent de la propriété d'activer les oxydations : ce sont, par exemple, l'*aniline*, qui, sous la forme d'eau anilinée, sert à la préparation de la safranine anilinée (p. 404) et du violet de gentiane aniliné (p. 404), colorants très importants, et l'*acide phénique*, qui joue un rôle considérable dans la préparation des colorants usités en bactériologie (p. 405 et 408). Il faut y joindre le *formol*, proposé dès 1895 par Ohlmacher, repris par Wermel [1], puis par Biot (voir sa curieuse méthode, p. 749) et enfin par Morel et Dalous [2], pour toute une série de colorants formolés.

3° **Aluns.** — Ces sels ne se combinent pas aux tissus, mais ils ont la propriété de former avec certains colorants (hématéine, acide carminique) des solutions intensément colorées et douées de propriétés électives. Les deux aluns les plus employés en microscopie sont l'alun de potasse (sulfate double d'aluminium et de potassium) et l'alun de fer (sulfate double d'ammonium et de sesquioxyde de fer). En teinturerie, au contraire, on fait agir les aluns en tant que mordants dissociables, pour en séparer l'hydrate d'alumine.

4° **Tannin.** — Ce corps sert en teinturerie à mordancer le coton avant coloration par les couleurs basiques; il est rarement employé dans ces conditions en microscopie, parce qu'il produit une coloration uniforme. On ne s'en sert guère que dans la méthode de Lœffler, pour la coloration des cils des Bactéries (p. 757) [3]. On le fait plutôt agir après la coloration et comme différenciateur, parce qu'il forme avec les couleurs basiques des sels polyacides solubles. On l'emploie alors associé avec un colorant acide (tannin-orange de Unna, p. 409).

5° **Mordants basiques.** — Ces corps sont plutôt des accentuateurs que de véritables mordants. Ils agissent soit en modifiant la nature du colorant (production d'azur), soit en diminuant sa solubilité et en le plaçant dans un état voisin de la précipitation (Schwebefällung de Unna).

Potasse caustique à 1 p. 10 000 : bleu de Lœffler (p. 403). Elle est remplacée par le carbonate de potassium dans la solution d'Azur II de Giemsa (p. 400).

---

1. *Meditzinskiye Obosrenie*, p. 829 833, 1897. — *Ztschr. f. wiss. Mikr.*, XVI, p. 50-54, 1899.
2. Morel et Dalous, L'emploi du formol dans les colorations histologiques. *Presse médicale*, p. 573-576, 12 août 1903.
3. Pour le mordançage par le tannin-tartre stibié voir Rawitz, *loc. cit.*, p. 393.

Borate de sodium : sert à préparer les bleus boraciques de Manson et de Sahli (p. 402).

Il faut être très circonspect dans l'emploi des mordants, surtout lorsqu'on débute dans les travaux de microscopie, parce qu'on obtient toujours une surcoloration, due en grande partie à des précipités qui se forment dans les tissus. Il faut donc pratiquer une différenciation très soignée, de manière à éloigner tout ce qui est artifice de coloration et interpréter très prudemment les résultats obtenus.

Action des fixateurs sur les colorations. — Nous savons que les tissus non fixés se colorent très mal ; nous avons vu (p. 241) avec quelle difficulté on colore les tissus vivants : il en est à peu près de même pour les tissus et organismes morts mais non fixés. La fixation exerce donc une influence particulière sur la colorabilité des tissus. Certains fixateurs agissent comme de vrais mordants (p. 373) ; ce sont ceux qui donnent naissance à des albuminates métalliques et qui agissent comme oxydants. D'autres, comme l'alcool, précipitent simplement les albumines et les sels dissous dans les cytoplasmes ; ils ne font que conserver ou accentuer l'affinité naturelle des éléments pour les matières colorantes, tout en réservant presque exactement les réactions naturelles des albuminoïdes. Ces réactions sont encore mieux respectées par la dessiccation, procédé qui a permis à Ehrlich de fonder l'analyse chromatique, mais qui n'est malheureusement pas applicable aux tissus [1].

Par contre nous savons que l'acide osmique gêne beaucoup de colorations, notamment celles à l'hématéine, et que l'action prolongée de l'alcool rend difficiles toutes les colorations (p. 297).

Il faut donc tenir grand compte de l'action des fixateurs et des liquides conservateurs, aussi bien dans la théorie que dans la pratique des colorations.

Métachromasie. — Nous avons mentionné plus haut les colorations métachromatiques ; comme elles jouent un rôle considérable dans la technique moderne, nous devons donner à leur sujet quelques mots d'explication. D'après Ehrlich, pour qu'il y ait métachromasie, il faut qu'un colorant chimiquement défini colore différents éléments histologiques en nuances différentes. Ainsi, la

---

1. La méthode de dessiccation d'Altmann ne peut rentrer dans les procédés normaux de la micrographie.

thionine colore en bleu presque tous les éléments d'une préparation et en rouge les granulations des labrocytes [1] et le mucus. La
métachromasie est donc un virage de certaines matières colorantes au contact d'éléments particuliers. Les couleurs qui présentent cette propriété sont dites *métachromatiques* (μετὰ, pré-
fixe impliquant l'idée de changement) et les éléments qui les font
virer sont dits *chromotropes* [2], d'après la nomenclature d'Ehrlich.
Les *colorations métachromatiques* s'opposent donc aux *colorations orthochromatiques* [3], ces dernières n'étant pas accompagnées d'un virage du colorant.

Les principaux colorants métachromatiques sont : le *violet de
méthyle* et le *dahlia*, colorants violets, qui colorent en rouge la
matière amyloïde et les granulations des labrocytes ; la *thionine* et
le *bleu de toluidine* [4], colorants bleus, qui colorent la matière amyloïde en bleu et les granulations des labrocytes en rouge ; le
violet de méthylène, colorant violet, qui colore les granulations
des labrocytes en rouge ; le *crésylviolet RR*, colorant violet, qui
colore la matière amyloïde en bleu et les granulations des labrocytes en rouge ; la *safranine*, colorant rouge, qui colore les noyaux
en rouge et le mucus en jaune. En somme, les principaux colorants métachromatiques sont des couleurs basiques, dont la nuance
normale est bleue ou violette et la nuance métachromatique
rouge.

Les principales substances chromotropes sont la matière amyloïde, les granulations des labrocytes, le mucus et la substance
fondamentale du cartilage. Ces deux derniers sont colorés en
rouge par tous les colorants métachromatiques bleus et violets.

Les opinions sont partagées au sujet de la *nature de la métachromasie*. Il faut d'abord éliminer les phénomènes métachromatiques
produits par des *impuretés* contenues dans les colorants. Ainsi, le vert
d'iode n'est métachromatique pour la matière amyloïde que parce qu'il
renferme des traces de violet de méthyle ; le bleu de méthylène ne
colore en rouge les granulations des labrocytes que lorsqu'il renferme

---

1. *Mastzellen* des Allemands. Le nom de labrocyte (λάβρος, vorace) a été très
heureusement introduit dans la nomenclature cytologique, par le Prof. R. Blanchard, pour désigner cet élément important qui n'avait pas de nom français, ou
du moins de désignation correspondant aux autres termes de la nomenclature
scientifique internationale, à racines gréco-latines.

2. Ne pas confondre avec les chromotropes de Höchst, p. 411.

3. On peut dire aussi que les *colorants métachromatiques* s'opposent aux *colorants monochromatiques*.

4. Le *bleu de Nil* et le *bleu de crésyl brillant* sont aussi des bleus métachromatiques.

du violet de méthylène. D'autre part, des expériences très précises, effectuées avec des colorants chimiquement purs, ont montré que la propriété métachromatique est bien inhérente à certaines couleurs et tout à fait indépendante de la présence d'impuretés.

Il faut savoir en outre que la *nuance métachromatique est toujours de la couleur de la base libre*. En effet la base de la thionine, du bleu de toluidine, du violet de méthyle et du violet de méthylène est rouge. Celle de la safranine est rouge. Comme ces bases sont mises en liberté par les alcalis, on a cru d'abord que la métachromasie était due à l'alcalinité des substances chromotropes. Mais les acides, par exemple l'acide chlorhydrique, ne modifient pas la couleur métachromatique, tandis qu'ils reforment immédiatement des sels bleus avec des bases colorées libres.

Michaelis considère la métachromasie comme une *modification tautomère*[1] *des sels colorants*. Ce serait quelque chose d'analogue aux changements de coloration que certains corps, tels que l'iode, présentent au contact de différents dissolvants. Par exemple, les solutions alcooliques d'iode sont brunes, tandis que les solutions chloroformiques sont violettes. Giemsa obtient des résultats analogues au moyen d'une expérience très élégante. On fait une solution aqueuse très étendue de chlorhydrate d'azur de méthylène chimiquement pur. Cette solution doit être transparente. On en remplit au tiers trois tubes à essai, disposés dans un porte-tubes. On met dans chacun d'eux la base en liberté, au moyen de quelques gouttes de lessive de soude très diluée; puis on agite le contenu d'un tube avec de l'éther de pétrole, d'un autre avec de l'éther sulfurique et du troisième avec du chloroforme. La base est extraite par chacun de ces liquides et prend respectivement les teintes jaune, rouge et violette. Comme la base peut être combinée de nouveau à l'acide chlorhydrique, puis mise une seconde fois en liberté, et ainsi de suite, il s'agit évidemment, dans ce cas, d'un phénomène de tautomérie. De même, Michaelis a montré que la thionine bleue et la thionine rougie par le mucus sont tautomères.

Si j'entre dans ces détails, c'est parce que l'interprétation tautomérique de la métachromasie ne repose pas seulement sur ces analogies, mais encore sur des faits expérimentaux précis, mis en lumière par Nietzki et Michaelis. Il est en effet démontré que la couleur du sel coloré varie, suivant la position des atomes aux dépens desquels il se produit et suivant la mise en liberté de certains autres atomes.

Pourtant, cette ingénieuse explication ne rend pas compte de tous les faits, aussi Hansen a-t-il récemment proposé[2] une autre interprétation, basée sur l'*hydrolyse*. Par suite de ce phénomène, les solutions *aqueuses* des colorants sont dissociées et renferment des molécules de base libre. C'est ce qui donne leur ton pourpré aux solutions de colorants métachromatiques, tels que la thionine, le bleu de toluidine, etc. Plus la solution est concentrée, plus la teneur en base augmente, tandis qu'en liqueur diluée, la base est hydrolysée comme le sel lui-même et la solution redevient bleue. Quand la base libre est très faiblement

1. Deux corps sont tautomères lorsqu'ils ont la même formule brute et ne diffèrent que par la disposition des atomes dans la formule de constitution.
2. Hansen, Ueber die Ursachen der metachromatischen Färbung. *Ztschr. f. wiss. Mikr.*, XXV, p. 145-153, 1908.

colorée ou est de la même couleur que le sel, il n'y a pas métachromasie.

Donc, d'après Hansen, la coloration métachromatique résulte de ce que certains éléments prennent la couleur de la base libre *préexistant* dans le liquide. Il appuie sa théorie sur la nécessité de la présence de l'eau pour la plupart des colorations métachromatiques, sur leur destruction par deshydratation et leur régénération par l'eau. Remarquons toutefois que quelques-unes de ces colorations, par exemple celle des labrocytes et du mucus, résistent très bien à l'alcool et peuvent être montées au baume. Les autres seront montées au sirop de lévulose [1] ou au sirop d'Apathy (p. 460).

Métachromasie basophile et neutrophile. — Ce qui complique encore l'étude de la métachromasie, c'est l'existence très probable de plusieurs espèces de métachromasie. Dans un récent travail [2], Pappenheim distingue en effet une *métachromasie basophile* et une *métachromasie neutrophile* (p. 415).

La première donne une coloration directe des chromotropes basophiles, tels que le mucus, les granulations des labrocytes, le cytoplasme des Protozoaires. Elle est produite par les bleus basiques métachromatiques (bleu de toluidine, thionine, bleu de Nil, bleu de crésyl brillant), mais non pas par le bleu de méthylène pur.

La seconde n'est produite que par le mélange d'azur ou de violet de méthylène avec une substance telle que l'éosine (mélange de Romanovsky); cette seconde substance joue probablement le rôle de mordant (p. 398). Il s'agirait donc ici d'une coloration indirecte. Cette métachromasie neutrophile est celle de la chromatine des Protozoaires et des corps azurophiles.

1. Voici comment Michaelis (*Encykl. d. mikr. Technik*) conseille de préparer ce sirop : mélanger la lévulose avec un peu moins que son volume d'eau et laisser 24 heures à l'étuve, de manière à avoir un liquide épais. Passer directement de l'eau à ce sirop qui éclaircit mieux que la glycérine et ne cristallise jamais. Il est utile de luter les préparations.

2. Pappenheim, *loc. cit.*, p. 401, note 3.

CHAPITRE XVII

COLORATIONS AU CARMIN

Le carmin est un produit rouge pulvérulent, extrait de la Cochenille, c'est-à-dire du *Coccus cacti*, Hémiptère parasite d'un Cactus du Mexique. Le carmin provient seulement des femelles et n'existe chez elles que dans le corps graisseux et le vitellus des œufs. C'est essentiellement une combinaison d'acide carminique avec de l'alumine, de la chaux et des albuminoïdes. On peut donc préparer les colorants au carmin, en partant de la Cochenille, du carmin ou de l'acide carminique. Il n'y a pas d'avantage à se servir de la Cochenille elle-même, nous passerons donc sous silence les colorants à base de Cochenille.

Le carmin est le colorant le plus anciennement employé en microscopie. Göppert et Cohn paraissent avoir été les premiers à s'en servir en botanique en 1849. Ce n'est que beaucoup plus tard, en 1863, qu'on commença à utiliser l'hématoxyline et les couleurs d'aniline. Nos connaissances rationnelles sur les colorations par le carmin ne datent que des travaux relativement récents de Paul Mayer [1] (1892-1899) : grâce à lui, nous savons que l'alumine joue un rôle capital dans ces colorations.

Actuellement, le carmin est encore un de nos meilleurs colorants. Malheureusement, il ne se prête guère à la coloration des coupes à la paraffine, ni aux recherches cytologiques. Aussi est-il négligé par les débutants, qui font rarement de l'anatomie microscopique et s'orientent plutôt vers la cytologie, et par ceux qui font de la microscopie pratique, pour le diagnostic, car là encore ce sont les méthodes cytologiques (Romanovsky) qui triomphent. Il ne faut pourtant pas oublier que le carmin donne des colorations nucléaires très fines et très précises et que c'est le meilleur colorant que nous possédions pour les objets entiers. Son emploi s'impose donc pour la coloration en masse des tissus, des embryons et des petits animaux, ainsi que des objets à dis-

---

1. *Mittheil. Zool. Stat. Neapel*, X, p. 480, 1892.

socier, en un mot pour tous les travaux d'anatomie microscopique proprement dite.

Les meilleurs liquides pour les colorations en masse sont le carmin au borax alcoolique de Grenacher et le carmin chlorhydrique alcoolique : le premier est alcalin et, par suite, peut nuire aux objets délicats; le second est acide et donne des colorations moins électives, mais il est encore plus pénétrant : il ne peut convenir pour les objets contenant du carbonate de calcium. Le carmin aluné est moins pénétrant, mais donne une coloration nucléaire très pure, sans jamais surcolorer : c'est en outre un colorant électif de la cellulose, très employé en histologie végétale. Enfin, le picro-carmin est encore un des meilleurs réactifs qu'on connaisse pour les tissus frais.

Carmin au borax alcoolique de Grenacher [1].

Solution aqueuse de borax à 4 p. 100. . . . 100 cm³.
Carmin n° 40 . . . . 2 à 3 gr.

Faire bouillir doucement pendant trente minutes, puis ajouter un égal volume d'alcool à 70°, laisser reposer vingt-quatre heures et filtrer.

Les objets à colorer y restent un temps variable (quelques heures à quelques jours), suivant leur volume. On les transporte ensuite, sans les laver, dans de l'alcool à 70°, acidulé par l'acide chlorhydrique (4 à 6 gouttes pour 100 cc.). On les y laisse jusqu'à ce qu'ils ne laissent plus échapper de nuages de matière colorante et qu'ils aient pris une belle couleur rouge clair, ce qui indique que la différenciation nucléaire est complète. On passe ensuite par les alcools pour inclure.

Pour les objets très difficiles à pénétrer et bien fixés, on peut colorer à l'étuve, en tubes bien bouchés. La coloration ne réussit pas après les fixateurs osmiés; les bichromates et l'acide chromique ne gênent pas, pourvu que le lavage ait été bien fait.

Ce liquide ne convient pas pour les coupes collées à la paraffine, mais seulement pour les coupes non collées et les objets entiers.

---

1. Le paracarmin et le carmalun de Paul Mayer sont des formules plus rationnelles, mais, pratiquement, elles ne présentent pas de supériorité évidente sur les vieilles formules de Grenacher, datant de 1879. Aussi, pour ne pas dérouter le débutant, je les passe sous silence.

Carmin chlorhydrique alcoolique.

Broyer 5 gr. de carmin avec 5 cm³ d'acide chlorhydrique et 5 cm³ d'eau. Laisser une heure en contact, puis verser dans 200 cm³ d'alcool à 90°. Faire bouillir doucement pendant une heure au bain-marie, dans un ballon à fond plat fermé par un bouchon de liège percé d'un petit trou.

Ce liquide est excellent pour les objets difficiles à pénétrer (Vers, Arthropodes); il colore très rapidement à cause de sa grande richesse en carmin. Il est donc plus puissant que le carmin boracique et altère moins les tissus, pourvu que ceux-ci ne renferment pas de parties calcaires. Si la coloration est trop intense et un peu diffuse, différencier dans de l'alcool chlorhydrique (alcool à 80 à 0,5 p. 100 d'HCl). Il est toujours bon de faire au moins un premier lavage rapide dans cet alcool acide, pour éliminer l'excès de colorant et éviter sa précipitation par l'alcool à 90°. Cette coloration se conserve très bien dans le baume.

Carmin aluné de Grenacher.

Eau.	100 cm³.
Alun de potasse.	4 gr.
Carmin . . . . . :	1 gr.

Faire bouillir quinze à vingt minutes à petit feu, laisser refroidir, puis filtrer et ajouter un cristal de thymol, pour éviter le développement des Moisissures.

Il ne faut colorer dans ce liquide que des objets bien lavés à l'eau et ne renfermant pas trace d'alcool. Laver à l'eau après coloration. C'est un colorant très électif des noyaux et de la cellulose, mais il pénètre mal et ne convient que pour des objets peu épais : il ne peut servir pour les coupes collées à l'albumine.

Picrocarmin de Ranvier. — Cet excellent réactif est tombé en désuétude parce qu'il est difficile à préparer et parce qu'il ne répond plus aux tendances actuelles. En effet, il ne peut servir pour les coupes collées à l'albumine; d'autre part, on ne colore presque plus d'objets à l'état frais et on ne fait guère de dissociations, comme au temps où Ranvier écrivait son *Traité technique d'histologie*. Il suffit de lire cet admirable ouvrage, pour voir combien la technique s'est transformée en un petit nombre d'années. La méthode des coupes a acquis une perfection telle, qu'elle peut être appliquée même par les débutants et, dans cette méthode, le picrocarmin ne joue aucun rôle, car on dispose, pour colorer les coupes, de colorants bien plus sûrs et plus électifs. En outre, comme nous l'avons dit plus haut, on tend de plus en plus à délaisser l'anatomie microscopique pour la cytologie. Néanmoins des savants tels que Mann recommandent encore l'emploi du picrocarmin pour les tissus frais. Il est préférable d'acheter ce réactif tout préparé, sous la forme liquide ou solide.

Carmin acétique de Schneider. — Dissoudre du carmin à saturation dans de l'acide acétique à 45 p. 100, porté à l'ébullition. Filtrer. Je ne donne cette formule que parce qu'elle a été souvent conseillée pour tuer et colorer les Protozoaires entre lame et lamelle. Son action est analogue à celle du vert de méthyle acétique (p. 394), mais certainement moins précise.

CHAPITRE XVIII

COLORATIONS A L'HÉMATOXYLINE

L'hématoxyline est une substance cristalline, incolore ou légèrement jaunâtre, extraite du bois de Campêche (*Hæmatoxylon campechianum*), Légumineuse arborescente de l'Amérique centrale. Ce corps n'a, par lui-même, aucun pouvoir colorant, mais il est très facilement oxydable et se transforme d'abord en *hématéine*, qui s'oxyde à son tour et finit par donner des produits inutilisables pour la coloration. Les anciennes solutions d'hématoxyline devaient donc mûrir, c'est-à-dire s'oxyder, pour acquérir leur pouvoir colorant, dont elles étaient plus ou moins rapidement privées de nouveau, par les progrès de l'oxydation. En réalité, c'est l'hématéine qui est la véritable substance active des solutions d'hématoxyline : tous les procédés de préparation de ces solutions ont pour but, volontaire ou non, la transformation de l'hématoxyline en hématéine. C'est principalement aux travaux de Unna et de Paul Mayer que nous devons nos connaissances à ce sujet.

Il est bien démontré maintenant que ni l'hématoxyline ni l'hématéine seules ne peuvent fournir de colorations, mais qu'elles doivent être associées à une base, avec laquelle elles forment un sel qui porte le nom de *laque*. Nous avons donc ici un excellent type de coloration par mordançage, puisque le colorant ne peut agir qu'en présence du mordant. La base qui sert de mordant peut être l'alumine, ou bien être empruntée à un sel de fer, de cuivre, de chrome, de vanadium [1], etc. Dans la coloration par la laque aluminique, celle-ci est préformée dans la solution, qui agit généralement par teinture progressive. Avec les autres laques, le mor-

---

1. M. Heidenhain, Ueber Vanadiumhæmatoxylin, Pikroblauschwarz und Kongokorinth. *Ztschr. f. wiss. Mikr.*, XXV, p. 401-410, 1908.

dant et le colorant sont appliqués séparément et la laque se forme dans les tissus à colorer.

L'hématoxyline et l'hématéine sont toutes deux solubles dans l'alcool et la glycérine. L'hématéine est très peu soluble dans l'eau, tandis que l'hématoxyline l'est beaucoup plus. L'hématéine se présente dans le commerce sous la forme d'une poudre brune.

J. — COLORATION PAR LA LAQUE ALUMINIQUE

Cette méthode correspond à l'ancienne coloration par l'héma- toxyline. Le terme d'hématoxyline est resté dans le langage usuel, mais nous savons très bien que l'hématoxyline n'est pour rien dans cette coloration. Le principe colorant de toutes les solutions d'hématoxyline est la laque aluminique d'hématéine. De très nombreuses formules ont été proposées, mais, depuis que Mayer a fourni le moyen de préparer des solutions immédiatement mûres et stables, il faut faire table rase de toutes les anciennes recettes qui encombrent encore les ouvrages de technique.

Je considère qu'avec deux liquides, l'un pour les colorations en masse et la coloration courante des coupes, l'autre pour les maté- riaux qui exigent un colorant très puissant, on peut effectuer tous les travaux. Le premier sera l'hémalun de Mayer et le second le glychémalun de Mayer.

Hémalun de Mayer [1].

Eau	1000 cm³.
Hématoxyline crist	1 gr.
Iodate de sodium [2]	0 gr. 2.
Alun de potasse [3]	50 gr.

On mélange le tout et on laisse la dissolution se faire à la température ordinaire.

Pour préparer l'*hémalun acide* on ajoute par litre :

Hydrate de chloral	50 gr.
Acide citrique	1 gr.

et on laisse dissoudre.

1. Je ne donne ici que la formule la plus récente parue en 1904 dans *Ztschr. f. wiss. Mikr.*, XX, p. 410.

2. Carazzi préfère employer l'iodate de potassium, qui est plus facile à obtenir parfaitement pur (*Ztschr. f. wiss. Mikr.*, XXVIII, p. 273, 1911). Ces corps agissent comme oxydants et transforment instantanément l'hématoxyline en hématéine.

3. Avoir soin de le pulvériser pour hâter la dissolution.

Personnellement, je préfère employer l'hémalun acide, qui donne une coloration nucléaire plus précise et se conserve encore mieux [1]. Dans une solution préparée depuis plus d'un an, je n'ai pas la moindre trace de précipité ni au fond du flacon ni sur les parois.

Dès que la dissolution des produits est achevée, le colorant est prêt à employer. Il colore très rapidement les coupes (5 à 10 minutes suivant le mode de fixation) et pénètre très bien les objets pour la coloration en masse (24 à 48 heures).

Ce liquide est un des meilleurs qui existent pour la coloration en masse : c'est aussi notre colorant le plus parfait, pour la teinture des coupes par l'action successive de l'hématéine et de l'éosine (p. 431).

L'hémalun ordinaire donne une coloration bleuâtre et l'hémalun acide une coloration rougeâtre. Pour obtenir un beau ton bleu noir définitif, il suffit de laisser les pièces ou les coupes, pendant quelques minutes après le lavage, dans de l'eau de source. Celle-ci agit par les sels alcalino-terreux qu'elle tient en dissolution (carbonate de calcium). Si on n'a que de l'eau non calcaire, il faut plonger les coupes dans une solution très faible (1 p. 100) de bicarbonate de sodium ou de carbonate de lithium, puis laver à l'eau ordinaire.

En cas de coloration un peu diffuse, il suffit de laver les coupes ou les pièces dans de l'alun à 1 p. 100, puis dans de l'eau ordinaire. Ce passage par l'alun est toujours une bonne précaution à prendre pour les colorations en masse.

En cas de *surcoloration*, régresser dans l'alcool chlorhydrique faible à 0,5 p. 100, en surveillant attentivement, car ce réactif agit très vite. Quelques secondes suffisent. On lave ensuite abondamment à l'eau de source, jusqu'à bleuissement complet. Pour plus de sûreté, passer dans l'eau alcalinisée comme plus haut.

Pour diluer l'hémalun, il faut toujours employer de l'alun à 2 p. 100 et non de l'eau ordinaire qui rendrait la coloration diffuse.

Les colorations à l'hémalun se conservent bien dans le baume, à condition qu'il soit dissous dans le chloroforme, le xylol ou le toluène, mais non dans les essences de girofle ou de bergamote.

---

1. Ehrlich a montré, dès 1886, que l'addition d'acide acétique empêche la dissociation de l'alun en acide sulfurique libre et composés basiques d'alumine. Ces derniers, en se combinant avec l'hématoxyline, produisent une laque aluminique insoluble qui se précipite. Le liquide s'appauvrit ainsi peu à peu. L'acidification enraye ce processus, c'est pourquoi je conseille vivement de préparer de l'hémalun et du glychémalun acides.

Quelquefois les préparations pâlissent près des bords de la lamelle (voir insuccès, p. 482). La glycérine conserve assez bien la coloration, mais ceci a peu d'importance, car ce medium est bien rarement employé pour les coupes.

Glychémalun de Mayer [1].

Peser 0,4 gr. d'hématéine de Geigy, de Bâle, et broyer dans un mortier avec quelques gouttes de glycérine. Quand on a obtenu une pâte bien homogène, on lave le mortier, par portions, avec le liquide suivant, de manière à entraîner toute la pâte :

Eau distillée. . . . . 70 cm³.
Glycérine . . . . /. . . . 30 cm³.
Alun de potasse . . . . 5 gr.

Faire dissoudre à chaud l'alun dans l'eau, puis ajouter la glycérine. On peut acidifier en ajoutant 2 p. 100 d'acide acétique cristallisable.

Je crois que ce colorant, qui est très stable et très énergique, doit remplacer avantageusement l'hématoxyline de Delafield qui, par suite d'une routine incompréhensible, est encore préconisée partout. Je reproche à cette dernière d'être très longue à préparer (deux mois environ) et de se conserver très mal. Il n'y a aucune raison de perpétuer cette antique formule alors que le glychémalun nous donne une teinture aussi puissante, très stable et de préparation instantanée. Il faut abandonner aussi l'hématoxyline de Böhmer qu'on voit encore citer dans quelques ouvrages.

Le mode d'emploi du glychémalun est le même que celui de l'hémalun. On peut procéder par la méthode progressive, ou surcolorer et régresser dans l'alcool chlorhydrique faible.

II. — COLORATION PAR LA LAQUE FERRIQUE

Il y a deux procédés principaux de coloration par la laque ferrique, celui de Heidenhain et celui de Weigert. Le premier est essentiellement une méthode indirecte et régressive, tandis que

---

1. Ce liquide se rapproche beaucoup de l'hématoxyline acide d'Ehrlich qui était une des meilleures formules anciennes. Voici d'autre part la nouvelle formule de Carazzi (*Ztschr. f. wiss. Mikr.*, XXVIII, p. 273, 1911) : Eau dist. 400; glycérine 100; alun 25; iodate de potassium 0,01; hématoxyline 0,5. Mêler le tout ensemble et laisser dissoudre, sans chauffer.

le second est encore une méthode progressive. Ces procédés sont exclusivement réservés aux coupes [1].

Hématoxyline ferrique de Heidenhain (1891).

Préparer les deux réactifs suivants :

1° Mordant. — Solution à 3 p. 100 d'alun de fer (sulfate double d'ammonium et de sesquioxyde de fer).

2° Colorant. — Solution aqueuse d'hématoxyline à 1 p. 100, préparée en mélangeant 10 cm³. de solution d'hématoxyline à 10 p. 100 dans l'alcool à 90° avec 90 cm³. d'eau distillée.

Pour préparer la solution d'alun de fer, il ne faut employer que des cristaux violets bien clairs [2] : s'ils présentent une teinte jaunâtre, ils sont altérés et doivent être rejetés. Pour avoir sûrement du bon alun de fer, il ne faut pas acheter de petits cristaux, ni de l'alun de fer pulvérulent; mais, suivant le conseil de Francotte, exiger de très gros cristaux qui se conservent parfaitement en bocaux bien bouchés à l'émeri. Au moment de faire la solution, on racle avec un scalpel la quantité nécessaire et on obtient ainsi une dissolution immédiate. Le liquide, qui est jaunâtre, doit être absolument limpide. Il ne faut pas préparer à l'avance une quantité de cette solution, car elle ne se conserve pas. Il est essentiel de faire la solution *à froid*.

La solution d'hématoxyline est d'autant meilleure qu'elle est plus ancienne. Elle devient noire, par suite de l'immersion des coupes imprégnées d'alun de fer, mais il n'y a pas à s'en occuper. D'après Mayer, il ne s'y formerait pas d'hématéine, mais d'autres composés plus riches en oxygène.

Le temps consacré au mordançage et à la coloration diffère beaucoup, suivant la nature des pièces, le mode de fixation, le résultat cherché. Pour une simple coloration nucléaire topographique, il suffit d'un mordançage et d'une coloration de trente minutes à une heure, tandis que, pour les différenciations cytologiques, les bains doivent être prolongés pendant douze et même vingt-quatre heures. Dans le premier cas, la coloration obtenue est bleue, tandis que dans le second, elle est parfaitement noire.

Voici la marche générale du procédé. On opère avec une batterie de cylindres Borrel ou de tubes Jolly.

1° Mordancer les coupes dans l'alun de fer pendant trente minutes à douze heures;

2° Laver rapidement à l'eau distillée;

1. Pourtant Hœmors est arrivé à colorer en masse, par le procédé de Heidenhain, en prolongeant le mordançage et la coloration pendant 2-8 jours; on lave ensuite à l'eau sans différencier. *Bibliogr. anat.*, IX, p. 1, 1900. Voir aussi, p. 391, le procédé de Morel et Bassal.

2. Ne pas confondre avec le sel double de protoxyde de fer ou sel de Mohr, en cristaux verts.

3° Colorer dans la solution d'hématoxyline pendant trente minutes à vingt-quatre heures.

On accélère beaucoup la coloration dans l'étuve à 37°[1]. La préparation doit prendre une coloration noire encre de Chine ;

4° Laver rapidement à l'eau distillée ;

5° Différencier dans l'alun de fer[2]. Il faut prendre un liquide différent de celui qui sert à mordancer. La concentration peut être la même ou plus faible (1 p. 100), s'il y a intérêt à ralentir le processus pour le suivre plus exactement[3]. En effet, il est indispensable de retirer les coupes de temps en temps, pour contrôler la différenciation. On les lave rapidement à l'eau et on les examine avec un grossissement approprié.

C'est dans ce cas qu'un objectif à immersion à l'eau peut rendre des services. Pour les objectifs à sec forts, il est nécessaire de déposer une lamelle à la surface de la préparation. Pour retirer cette lamelle, sans endommager les coupes, il suffit de plonger la lame dans un tube Borrel plein d'eau : la lamelle se détache d'elle-même.

Il faut prendre soin de ne pas répandre de l'eau ou de l'alun de fer sur la platine du microscope ; pour cela, il faut essuyer soigneusement la face inférieure de la lame ou, mieux encore, recouvrir la platine d'une plaque de verre ou d'une boîte de Petri. Bien entendu, cet examen ne doit pas être pratiqué avec le chariot, dont il faut enlever la partie amovible.

6° Après différenciation, laver soigneusement à l'eau, colorer si on le juge utile par un colorant plasmatique (voir p. 408 colorants acides), puis deshydrater et monter au baume.

La différenciation peut varier dans de très larges limites ; on la pousse plus ou moins loin, suivant les parties qu'on veut mettre en évidence. C'est là à la fois l'avantage et l'écueil de la méthode de Heidenhain ; elle permet au travailleur exercé de différencier les plus fins détails cytologiques, mais elle expose le débutant à de graves erreurs d'interprétation. En effet, non seulement le résultat obtenu varie, suivant la durée de la coloration et de la différenciation, mais encore il ne faut pas prendre tous les corpuscules sidérophiles pour des inclusions nucléaires ou cytoplasmiques, ni

1. Gurwitsch mordance et colore à chaud (étuve à 40°), puis différencie à la température ordinaire. On arrive ainsi à avoir en dix minutes une bonne coloration. *Ztschr. f. wiss. Mikr.*, XVIII, p. 291, 1902.

2. Voir p. 438 la méthode de différenciation de P. Masson, par la teinture d'iode.

3. On peut différencier par immersion dans le tube Borrel ou simplement en mettant sur les coupes, lavées et égouttées, une grosse goutte d'alun de fer. On installe sur le microscope et on surveille la marche de la différenciation.

tirer des conclusions erronées d'une différenciation incomplète ou trop poussée. Il faut savoir aussi que l'épaisseur des coupes ou des frottis influe beaucoup sur le résultat final de la différenciation. Par conséquent, dans une même préparation, les noyaux ne seront pas tous au même point : les uns seront trop différenciés, les autres pas assez et il faudra savoir choisir ceux qui se présentent à l'état voulu, pour le détail à démontrer.

Dans une préparation bien réussie, les structures nucléaires ressortent en noir intense sur un fond incolore ou à peine coloré. La coloration est à la fois très énergique et très précise; au point de vue optique, elle présente donc des avantages considérables, car elle permet l'examen avec les plus forts grossissements et même l'emploi des oculaires les plus puissants, ce qui n'est pas toujours possible avec les colorations à la laque aluminique ou avec les couleurs d'aniline. Aussi, cette méthode est-elle certainement la plus importante de toutes les techniques cytologiques, aussi bien pour les coupes que pour la coloration des Protozoaires dans les frottis. Elle paraît devoir remplacer presque toutes les méthodes aux couleurs d'aniline, qui donnent des résultats moins stables. Il est certain que l'hématoxyline ferrique et le Romanovsky sont maintenant les deux pierres angulaires de la cytologie et de la protistologie.

Hématoxyline ferrique de Weigert[1] (1904).

Dans ce procédé, on emploie le perchlorure de fer au lieu d'alun de fer et on mélange extemporanément le colorant et le mordant, pour les faire agir ensemble sur les coupes.

A.   Hématoxyline crist . . . .   1 gr.
     Alcool à 95° . . . .   100 cm³.

Cette solution doit être vieillie au soleil, ou au moins à la lumière du jour, pendant un mois environ.

B.   Perchlorure de fer officinal [2] . . . .   4 —
     Acide chlorhydrique pur [3] . . . .   1 —
     Eau distillée. . . . .   95 —

1. Weigert, Eine kleine Verbesserung der Hæmatoxylin-van Gieson Methode. *Ztschr. f. wiss. Mikr.*, XXI, p. 1, 1904. Les méthodes de Weigert, spéciales pour le système nerveux, seront étudiées p. 710. La méthode que nous donnons ici est une méthode générale.

2. De la pharmacopée allemande, à 10 p. 100 de fer. Mallory pratique le procédé de Heidenhain avec du perchlorure de fer à 10 p. 100, au lieu d'alun de fer. *Ztschr. f. wiss. Mikr.*, XVIII, p. 177. 1901.

3. De densité 1,124, renfermant 25 p. 100 d'HCl.

Au moment de l'emploi (ou mieux dix minutes avant), mélanger parties égales de A et de B et colorer avec ce mélange pendant vingt à trente minutes, ou même moins, suivant la nature des pièces. Il faut colorer plus longtemps (vingt à trente minutes) si on doit faire ensuite un van Gieson, à cause de l'action décolorante de l'acide picrique.

L'avantage de cette méthode est d'être très rapide et progressive. Elle ne produit donc pas de surcoloration et ne nécessite pas de différenciation. Elle est surtout commode, lorsqu'on l'associe à la méthode de van Gieson. Au point de vue cytologique, elle ne saurait remplacer le procédé de Heidenhain.

Morel et Bassal[1] sont arrivés à stabiliser ce colorant, en y ajoutant de l'acétate de cuivre. Voici comment ils modifient la solution B.

B. Perchlorure de fer. . . . .   2 cm³.
    Acide chlorhydrique. . . . .   1 —
    Acétate de cuivre à 4 p. 100. . . . .   1 —
    Eau distillée. . . . .   95 —

On mélange parties égales de A et B comme plus haut et on peut colorer en masse ou sur coupes. Après coloration, on lave dans un mélange à parties égales d'alcool et d'eau, puis à l'eau. Ensuite on monte ou on inclut.

Seidelin[2] remplace l'hématoxyline par de l'hématéine qu'il dissout à *froid*. Il prend 3 parties de A pour 2 parties de B.

Nous passons sous silence les autres laques d'hématoxyline, considérant qu'elles n'ont pas d'applications dans le travail courant.

Importance des colorations à l'hématoxyline. — Il est curieux de constater que l'hématoxyline, dont la constitution chimique est inconnue et dont le mode d'emploi est resté pendant très longtemps empirique, est encore un de nos colorants les plus importants ; elle n'a pu être détrônée par les couleurs synthétiques. C'est en 1863 que Waldeyer tenta d'employer l'extrait aqueux de bois de Campêche ; deux ans plus tard, en 1865, Böhmer combina la première formule rationnelle, préparée avec l'hématoxyline cristallisée et associée à l'alun, suivant les procédés des teinturiers. Unna et Mayer nous ont enfin donné le moyen de préparer des solutions immédiatement mûres et stables. A part cela, on

1. Morel et Bassal, Sur un procédé de coloration en masse par l'hématoxyline. *Journ. Anat. et Physiol.*, XLV. p. 632-633, 1909.
2. *Parasitology*, IV, p. 91-103, 1911.

colore encore comme au temps de Böhmer, du moins avec la laque aluminique.

Ce qui assure la supériorité de l'hématoxyline, sur le carmin et les couleurs d'aniline, c'est qu'elle peut colorer après tous les fixateurs (au moins la laque ferrique). La coloration obtenue est très élective, très stable et permet des doubles colorations très démonstratives.

Nous verrons plus loin, en étudiant ces colorations, que la méthode à l'hématéine-éosine est le procédé fondamental de l'histologie normale et pathologique, de même que le procédé à la laque ferrique est la méthode cardinale de la cytologie et de la protistologie. Ce dernier procédé présente, sur la coloration par les couleurs d'aniline basiques, l'avantage de teindre non seulement le noyau, mais encore les centrosomes et certaines portions du cytoplasme, comme les grains de sécrétion et les fuseaux achromatiques. Il colore aussi les fibres nerveuses, musculaires et conjonctives.

CHAPITRE XIX

COLORATIONS PAR LES COULEURS D'ANILINE

Nous avons exposé plus haut (p. 366) la classification des couleurs d'aniline. Nous allons étudier maintenant les méthodes générales de coloration par les colorants basiques, acides et neutres.

I. — COLORANTS BASIQUES

Comme nous l'avons dit, les couleurs d'aniline basiques sont des colorants nucléaires, mais leur électivité ne s'exerce pas toujours dans les mêmes conditions. Les unes peuvent être employées par la méthode progressive, tandis que les autres exigent la méthode régressive. Ces colorations sont surtout directes, car on se sert rarement des mordants proprement dits [1], mais plutôt des accentuateurs (formol, aniline, phénol). Pourtant l'iode peut, dans certains cas, servir avec avantage au mordançage (p. 375).

A. — *Colorations progressives.*

La plupart des couleurs basiques, en solution acidifiée à 1 p. 100 par l'acide acétique, donnent des colorations progressives. En pratique, très peu sont utilisables sous cette forme.

___

1. Il m'est impossible, dans un ouvrage de ce genre, d'indiquer toutes les méthodes de mordançage et de coloration, généralement très ingénieuses, proposées par Rawitz. Ce sont des procédés trop spéciaux pour un livre où je ne peux donner qu'un petit nombre de méthodes générales, nécessaires pour la pratique courante du laboratoire. Les spécialistes liront avec intérêt l'exposé des idées très originales de Rawitz dans ses *Leitfaden für histologische Untersuchungen*, Iéna, 1895, et *Lehrbuch der mikr. Technik*, 1907.

Vert de méthyle. — C'est un chlorure double de zinc et de violet pentaméthylé, aussi renferme-t-il souvent, comme impureté, une certaine quantité de violet, ainsi que d'autres corps. Il faut l'avoir aussi pur que possible.

Il ne faut pas confondre le *vert de méthyle* (*Methylgrün*) avec le *vert d'iode*, qui est encore plus souillé de violet (p. 377), ni avec le *vert lumière* (*Lichtgrün*) qui est un colorant acide (p. 412).

Le vert de méthyle doit toujours être employé en solution acide et en milieu neutre ou acide, car il est extrèmement sensible à l'action des alcalins. Le *vert de méthyle acétique* à 1 p. 100, est un *colorant important pour les tissus frais, non fixés*. Dans le noyau, il met la chromatine en évidence avec une électivité remarquable. La nucléine est colorée en bleuâtre et les acides nucléiniques en vert pur. Dans le cytoplasme, il peut colorer diverses enclaves ou sécrétions. Il colore en outre la soie, le mucus et le cartilage. La coloration est très rapide et il n'y a jamais de surcoloration.

Cette coloration est fugace et ne résiste pas à l'alcool. Il faut conserver les préparations dans la glycérine pure ou gélatinée. Unna et Golodetz [1] ont montré récemment que ce colorant est très sensible aux agents réducteurs et n'est pas réversible par oxydation. Le secret de son action élective sur les noyaux, le mucus et le cartilage réside dans ce fait qu'il colore les parties des tissus riches en oxygène et qu'il est décoloré par les portions réductrices. Il colore mieux les noyaux frais que les noyaux fixés, parce que les premiers sont plus riches en oxygène. Il colore d'autant mieux les tissus fixés que ceux-ci ont été soumis à l'action de fixateurs oxydants (p. 261).

Le vert de méthyle fait partie de mélanges tels que le triacide d'Ehrlich et le vert de méthyle-pyronine phéniqué de Unna-Pappenheim (p. 446).

Thionine ou violet de Lauth. — C'est un corps très voisin du bleu de méthylène et un colorant important, à cause de ses propriétés métachromatiques (p. 377) et de son électivité pour le noyau. On l'emploie simplement en solution hydro-alcoolique à 1 p. 100 ou mieux en solution phéniquée, suivant la *formule de Nicolle* [2].

> Solution saturée de thionine dans l'alcool à 60° . 1 partie.
> Eau phéniquée à 2 p. 100 . . . . 4 —

Dans beaucoup d'ouvrages, on parle de solution aqueuse concentrée, ce qui me semble assez peu rationnel, car la thionine se dissout difficilement dans l'eau. La thionine phéniquée agit tout aussi bien et se conserve beaucoup mieux.

La coloration des frottis et des coupes se produit en quelques

---

1. *Loco citato*, p. 373, note 1.
2. On peut préparer aussi la thionine phéniquée d'après le procédé indiqué, p. 405, pour le violet de gentiane.

minutes et le résultat est séduisant, car il n'y a guère que la chromatine qui soit teinte[1]. On lave ensuite à l'eau. Au cas où il y aurait un peu de surcoloration, il suffit de différencier dans l'alcool, ce qui ne présente pas de difficulté, à cause de la résistance de la coloration. Le seul inconvénient de cette méthode est que les préparations ne se conservent pas du tout. Je ne connais aucun moyen sérieux de les garder : elles pâlissent aussi bien dans le baume neutre que dans l'huile de cèdre; le meilleur milieu est encore l'huile de paraffine.

Bleu de toluidine. — C'est un corps très voisin du bleu de méthylène et de la thionine. Il est métachromatique sous toutes les formes, c'est-à-dire en solutions neutres, alcalines ou acides. Cette propriété le distingue donc bien du bleu de méthylène, qui ne devient métachromatique qu'après traitement par les alcalis. Dans le bleu de toluidine, c'est la base libre qui est métachromatique; dans le bleu de méthylène alcalinisé, c'est un nouveau corps, car la base libre est bleue et non métachromatique. Par contre, le bleu de toluidine ne colore jamais la chromatine des Protozoaires ou les corps azurophiles, ni seul, ni combiné à l'éosine.

D'après Mann c'est, en solution acidifiée par l'acide acétique (1 p. 100 environ), un très bon colorant des noyaux et des nucléoprotéides, tels que les corps de Nissl.

Il peut remplacer le bleu de méthylène pour beaucoup de colorations, notamment pour la recherche des corps de Nissl (p. 711), pour les examens bactériologiques rapides (Thiry) (p. 747), et pour la préparation du bleu polychrome (p. 401) que Martinotti[2] formule ainsi :

Eau distillée. . . . .   75 cm³
Carbonate de lithium. . . . .   0,5 gr.
Bleu de toluidine. . . . .   1 gr.

Après dissolution complète ajouter :

Glycérine. . . . .   20 gr.
Alcool à 95° . . . .   5 cm³

Cette solution est bonne pour l'emploi lorsqu'elle a pris une teinte rouge.

Bleu de méthylène. — Ce corps, qui est le plus important des colorants basiques, par ses emplois multiples et par ses dérivés,

1. Le mucus est coloré en rouge. Voir à ce sujet p. 727.
2. Martinotti, Bleu policromo e bleu di toluidina. *Ztschr. f. wiss. Mikr.*, XXVII, p. 24-27, 1910. Je donne cette formule parce qu'elle permet, en cas de besoin, de remplacer le bleu polychrome de Unna.

est le chlorhydrate de la tétraméthylthionine. Nous n'avons en vue ici que le bleu de méthylène chimiquement pur et non le sel double, associé au chlorure de zinc. Le bleu de méthylène, même très pur, renferme très souvent de l'azur de méthylène : ce corps se forme spontanément dans toutes les solutions (p. 398) et constitue un des principes actifs de certains colorants, tels que le bleu polychrome de Unna.

Il *importe de ne pas confondre*, comme cela se voit encore dans certains ouvrages, *le bleu de méthylène avec le bleu de méthyle*, qui est un colorant acide, absolument différent par sa constitution et ses propriétés (p. 412).

Le bleu de méthylène peut servir à la coloration des noyaux, (en solution à 1 p. 100), mais il est moins électif que la thionine et que le bleu de toluidine. A mon avis, il convient peu pour ce genre de coloration ; qu'il s'agisse de coupes ou de frottis, on obtient de bien meilleurs résultats avec l'azur de méthylène, sous forme de bleu polychrome de Unna ou de mélange de Romanovsky.

Au contraire, le bleu de méthylène pur fournit d'excellentes colorations vitales (p. 244 et méthode de Sabrazès, p. 670) d'animaux entiers, de cellules isolées et surtout du système nerveux. Pour ce dernier usage et pour la mise en évidence du ciment intercellulaire, des lymphatiques, etc., il présente certains avantages sur les imprégnations métalliques. En effet, il est d'un emploi plus rapide et plus facile et, pour les tissus nerveux, il a la précieuse propriété de ne colorer que quelques éléments, ce qui permet de suivre leur trajet plus facilement qu'avec les imprégnations à l'or, qui en colorent un trop grand nombre et rendent la préparation confuse.

Le bleu de méthylène pur n'est pas métachromatique [1]. Il colore bien les granulations des labrocytes, mais en bleu, comme d'autres colorants basiques, et non en rouge. Il ne colore pas non plus la chromatine des Protozoaires.

En somme, en dehors des colorations vitales, le bleu de méthylène *pur* n'a aucun emploi en microscopie. Toutes les colorations nucléaires qu'on lui attribuait autrefois sont liées à ses deux principaux dérivés, l'azur de méthylène et le violet de méthylène, Toutes les solutions classiques de bleu de méthylène (bleu de Unna, de Manson, de Sahli, de Löffler, de Kühne, etc.) n'agissent que par

---

1. De même que le vert de méthyle pur n'est pas métachromatique et ne le devient que s'il est souillé de violet de méthyle (p. 377).

suite de la présence de ces corps. Cela ne diminue en rien l'intérêt du bleu de méthylène, puisque c'est lui qui fournit ces importants dérivés et puisque sa présence est nécessaire pour qu'ils exercent leur action.

Azur de méthylène. — Ce corps s'emploie sous forme de chlorhydrate; il est devenu *un des colorants cytologiques les plus importants* de la technique moderne.

Son histoire est des plus curieuses : longtemps méconnu, puis désigné sous des noms divers et confondu avec d'autres corps, il a été d'abord employé empiriquement dans la méthode de Romanovsky et, comme toujours dans ces conditions, donnait des résultats assez irréguliers. Aujourd'hui, grâce aux travaux de Bernthsen, Unna, Nocht, Michaelis, Giemsa et Pappenheim, la question est très simplifiée et on colore à coup sûr avec l'azur de méthylène.

Je crois que l'étude de ce corps doit être présentée ici, au moins dans ses grandes lignes, car il est, avec le violet de méthylène, le colorant le plus employé, dans les laboratoires où on se borne aux recherches d'hématologie. L'importance de ce corps n'est donc pas moins grande pour le médecin européen ou colonial que pour l'histologiste de profession. Je pense même que, dans le domaine médical, les colorants à base d'azur de méthylène peuvent remplacer tous les autres. La connaissance des propriétés de ce corps est donc indispensable.

L'histoire de l'azur de méthylène commence en 1891. A cette époque, Romanovsky[1] découvre fortuitement qu'un mélange d'une solution de bleu de méthylène avec une solution d'éosine permet de colorer en violet carminé le noyau des parasites du paludisme. Ce noyau n'avait pu jusque-là être mis en évidence par aucun réactif. Malheureusement, cette coloration spécifique, dont Romanovsky avait saisi toute l'importance, était très difficile à obtenir. Un léger excès de l'un ou l'autre liquide l'empêchait de se produire : les proportions à employer différaient avec les diverses marques de bleu et, malgré toutes les précautions, il y avait des cas où la réaction ne réussissait pas. Romanovsky remarqua pourtant que les solutions *anciennes* de bleu de méthylène étaient celles qui donnaient les meilleurs résultats.

La même année, Unna[2] découvre aussi, par hasard, la coloration métachromatique des granulations des labrocytes, en employant une solution de bleu de méthylène alcalinisée et ancienne. Il arrive à reproduire à volonté cette coloration avec son bleu polychrome, qui est encore actuellement un de nos meilleurs colorants directs. Ce bleu polychrome n'est autre chose qu'une solution de bleu de méthylène, fortement alcalinisée par le carbonate de potassium et transformée en un liquide violacé, dont nous étudierons plus loin la composition.

C'est à Nocht[3] que nous devons la première tentative d'explication

1. Romanovsky, Zur Frage der Parasitologie und der Therapie der Malaria. *St-Petersbourg med. Woch.*, VIII, p. 297-307, 1891.
2. *Ztschr. f. wiss. Mikr.*, VII, p. 417, 1891.
3. Nocht, Zur Färbung der Malariaparasiten. *Centralblatt f. Bakt.*, XXIV, p. 839-817, 1898, et XXV, p. 761, 1899.

de la coloration de la chromatine des Protozoaires, par la méthode de
Romanovsky. Il pensa que cette coloration devait être due à quelque
impureté du bleu de méthylène, puisqu'elle ne réussit qu'avec des solutions anciennes. Il remarqua que le bleu polychrome de Unna, après
neutralisation, produit très bien cette coloration, lorsqu'il est associé à
de l'éosine et à du bleu de méthylène pur, non altéré. Finalement, il
montra que, dans le bleu polychrome et dans les solutions mûries de
bleu de méthylène, il s'est formé un nouveau corps, qu'il nomma *rouge
du bleu de méthylène*, sans se prononcer sur sa nature. Ce corps peut être
extrait en agitant la solution de bleu de méthylène avec du chloroforme : ce dernier se colore en rouge et abandonne, par évaporation, un
corps qui, associé au bleu de méthylène et à l'éosine, produit à coup
sûr la coloration de Romanovsky. Donc, pour réussir la méthode de
Romanovsky, il est nécessaire d'employer une solution de bleu de méthylène, renfermant du rouge du bleu de méthylène.

Nous étudierons plus loin, en traitant des colorants neutres, la nature
de la réaction de Romanovsky. Pour le moment, nous devons chercher à
savoir ce qu'est le *rouge du bleu de méthylène* [1] découvert par Nocht. En
réalité, on discute encore sur la véritable nature de ce corps. Il
semble pourtant résulter des recherches de Giemsa, de Mac Neal et de
Pappenheim, que c'est un mélange d'azur de méthylène et de violet de
méthylène. Au contraire, pour Michaelis [2], ce serait de l'azur de méthylène : ce qui fait l'erreur de Michaelis, comme l'a montré Pappenheim,
c'est qu'il attribue à l'azur de méthylène, contenu dans le bleu polychrome, la propriété de colorer métachromatiquement les granulations
des labrocytes. Or Pappenheim a démontré que l'azur de méthylène pur
ne donne pas cette coloration métachromatique rouge, mais colore les
granulations en bleu. Il y a donc, dans le bleu polychrome de Unna et
dans les préparations analogues, trois corps en présence : du bleu de
méthylène non altéré, du violet de méthylène et de l'azur de méthylène.

L'azur de méthylène n'est donc pas autre chose qu'un produit
de l'oxydation du bleu de méthylène en solution alcaline. On
l'obtient rapidement en traitant, à froid ou à chaud, le bleu de
méthylène par la potasse, la soude, la lithine, le borate de
sodium, etc. Dans les vieilles solutions de bleu de méthylène, il
se forme spontanément, sous l'influence de petites quantités
d'alcali qui proviennent du verre.

La propriété essentielle de l'azur de méthylène, celle qui lui
donne une si grande importance dans la technique moderne, c'est
qu'il produit une *coloration spécifique de la chromatine et en
général des substances dites azurophiles*. Cette coloration spécifique ne peut se produire qu'en présence d'une couleur acide, particulièrement de l'éosine. Il faut bien savoir pourtant que l'éosine

1. Ne pas le confondre avec le *rouge de méthylène* qui ne joue aucun rôle
dans la réaction et qui est un composé bien défini.
2. Michaelis, Das Methylenblau und seine Zersetzungsprodukte. *Centrabl. f.
Bakt., Orig.*, XXIX, p. 763-769, 1905.

n'agit pas ici comme colorant, mais comme agent chimique et probablement comme mordant, car on peut la remplacer par d'autres corps, tels que la résorcine, la pyrocatéchine, l'hydroquinone, etc. Non seulement la coloration de la chromatine est la plus intense de toutes celles qu'on puisse obtenir, mais encore elle est *spécifique*[1] *pour la chromatine des Protozoaires*. En effet, tandis que la chromatine des Métazoaires se colore par une quantité de couleurs basiques, y compris l'azur et le bleu de toluidine, celle des Protozoaires ne se colore que par le mélange d'azur de méthylène et d'éosine, non par l'azur seul, ni par aucune autre couleur d'aniline basique. Nous étudierons plus loin la nature de cette coloration, ainsi que celle des corps azurophiles.

On nomme *corps azurophiles* ceux qui ne peuvent être colorés que par l'*éosinate d'azur* et non par d'autres colorants neutres ou basiques. L'azur seul, sans éosine, peut colorer vitalement les granulations azurophiles des leucocytes, mais non la chromatine des Protozoaires. Dans ces colorations vitales, les granulations sont colorées en bleu et non en pourpre.

Ce qu'il faut bien savoir, et ce qui a bien été mis en évidence par Pappenheim, c'est que l'azur seul n'est pas métachromatique, c'est-à-dire qu'il colore en bleu et non en rouge violacé la mucine et les granulations des labrocytes. L'azur seul ne colore pas la chromatine des Protozoaires; mais il colore celle des Métazoaires et la plupart des corps basophiles en bleu, mais non en pourpre.

On a proposé de nombreux procédés pour préparer des solutions de bleu de méthylène riches en azur : tous reposent sur ce fait que le bleu de méthylène se transforme plus ou moins complètement en azur de méthylène, en présence des alcalis et de l'oxygène. Ainsi, le *bleu polychrome de Unna* (p. 401), qui est très riche en azur, est préparé par l'action du carbonate de potassium sur le bleu de méthylène, à la température de l'ébullition. Michaelis prépare de même l'azur, au moyen de la soude caustique. Ces solutions, très fortement alcalines, doivent être neutralisées pour servir à la réaction de Romanovsky.

Un très bon moyen de préparer l'azur est le procédé dit du bleu Borrel, introduit dans la technique par Laveran[2]. Il repose sur l'action de l'oxyde d'argent sur le bleu de méthylène. Bernthsen[3], à qui nous devons la plupart de nos connaissances théoriques sur le bleu de méthylène et ses dérivés, a montré en effet que l'oxyde d'argent met en liberté, beaucoup mieux que les alcalis forts, la base du bleu de méthy-

1. Bien entendu il n'est question ici que des couleurs d'aniline. Cela n'exclut pas la possibilité de la coloration par le carmin et l'hématoxyline ferrique.
2. *C. R. Soc. biol.*, p. 250, 1899.
3. *Liebigs Annalen*, CCLI, p. 19, 1889.

lène, qui est la tétraméthylthionine. Ce dernier corps, qui est très instable, se transforme en grande partie, par oxydation, en azur de méthylène. J'ai longuement décrit, en 1908 [4], la préparation du bleu à l'oxyde d'argent. Je n'y reviendrai pas ici, car je considère que cette méthode a fait son temps et j'ai complètement renoncé à son usage.

On trouve actuellement dans le commerce de l'azur très pur, préparé suivant le procédé secret de Giemsa. Il est donc bien préférable d'employer soit cet azur, soit la solution de Giemsa spéciale pour le Romanovsky.

Le produit vendu sous le nom d'*azur I* est du chlorhydrate d'azur de méthylène pur; l'*azur II* est un mélange de chlorhydrate d'azur de méthylène et de chlorhydrate de bleu de méthylène. C'est le produit le plus employé, car, pour une raison encore inconnue, les propriétés de l'azur ne se manifestent pleinement qu'en présence du bleu de méthylène. Nous verrons plus loin qu'il en est de même pour le violet de méthylène.

Solution d'azur II de Giemsa.

A. Azur II. . . . .   1 gr.
   Eau phéniquée à 0,5 p. 100. . . . .   100 cm³.
Se conserve indéfiniment.
B. Carbonate de sodium ou de potassium à 1 p. 100.

Diluer A avec de l'eau distillée jusqu'à obtention d'une solution transparente. A 10 cm³ de cette dilution, ajouter 1 à 10 gouttes de B. Colorer 10 à 15 secondes.

Ce liquide remplace avantageusement tous les bleus alcalins (bleu de Manson, bleu de Sahli, bleu de Löffler).

Violet de méthylène [1]. — C'est encore un dérivé du bleu de méthylène; il se produit aussi par l'action des alcalis, concurremment avec l'azur de méthylène et en proportion variable suivant les conditions de l'expérience.

Bernthsen, Michaelis, Giemsa, reconnaissent son existence dans les solutions de bleu de méthylène traitées par les alcalis, mais ils lui refusent tout pouvoir colorant et tout rôle dans la réaction de Romanovsky. Pourtant, dès 1904, Unna [2] démontrait que, dans son bleu poly-

1. M. Langeron, Technique microscopique appliquée à la médecine coloniale. *Archives de parasitologie*, XII, p. 135-163, 1908.

2. Ne pas confondre ce corps avec le violet de méthyle, qui appartient à un tout autre groupe (p. 404).

3. Unna, Die wirksamen Bestandteile der polychromen Methylenblaulösung und eine Verbesserung der Spongioplasmafärbung. *Monatsh. f. prakt. Dermat.*, XXXVIII, p. 113-131, 1904.

chrome, il y a autre chose que de l'azur de méthylène et que le violet
de méthylène y joue un rôle considérable. La même année, Marino [1]
préconise l'emploi simultané du violet de méthylène et de l'azur de
méthylène, pour la coloration de Romanovsky. Enfin, en 1906, Mac Neal [2],
dans un travail très important, mais qui ne paraît pas avoir été suffisamment remarqué, a définitivement démontré l'importance du violet
de méthylène. Non seulement Mac Neal confirme les vues de Unna sur
la valeur tinctoriale de ce corps, mais encore il démontre qu'il peut
remplacer l'azur dans la coloration de Romanovsky. Pappenheim [3] a
récemment repris cette question, confirmé les résultats de Mac Neal et
expliqué le rôle du violet de méthylène.

Ce corps, *agissant en présence du bleu de méthylène*, possède
les mêmes propriétés que l'azur (coloration spécifique de la chromatine des Protozoaires et des corps azurophiles), mais, de plus, il
colore métachromatiquement les granulations des labrocytes. Il
réunit en somme les propriétés du bleu de toluidine à celles de
l'azur. Pourtant, il ne colore pas comme l'azur d'autres substances
basophiles non chromotropes et les colorations azurophiles qu'il
fournit sont moins intenses que celles qu'on obtient avec l'azur.

Le point intéressant de l'histoire de ce corps, c'est la mise en
valeur de son importance par Unna, Mac Neal et Pappenheim :
il joue un grand rôle dans le bleu polychrome de Unna et dans
les solutions de bleu de méthylène mûries par l'action des alcalis.
Ce rôle a été longtemps méconnu. Unna, puis Pappenheim, ont
bien montré que, dans le bleu polychrome de Unna, c'est le violet
de méthylène et non l'azur qui est doué de propriétés métachromatiques. Si, dans ce liquide, on supprime le violet de méthylène,
les granulations des labrocytes ne se colorent plus en rouge. En
outre, Pappenheim a montré que, dans les vieilles solutions de
Giemsa, il se forme toujours du violet de méthylène, par décomposition de l'azur.

Bleu polychrome de Unna. — Connaissant les propriétés de
l'azur de méthylène et du violet de méthylène, nous pouvons
étudier ce colorant célèbre. Nous avons dit qu'il est fabriqué en
faisant agir du carbonate de potassium sur du bleu de méthylène

1. *Ann. Inst. Pasteur*, 1904.
2. Mac Neal, Methylenviolet and methylenazur. *Journ. infect. diseases*, III,
p. 412-433, 1906, très bonne analyse de M. Nicolle, dans *Bull. Inst. Pasteur*,
p. 602, 1906.
3. Pappenheim, Panchrom, eine Verbesserung der panoptischen Universalfarb-
lösung für Blutpräparate jeder Art nebst Ausführungen über metachromatische
Farbstoffe und die metachromatische Potenz des polychromen Methylenblau.
Folia hæmatologica, XI, Archiv, p. 194-218, 1911.

en solution aqueuse, à la température de l'ébullition. On évapore lentement au bain-marie la solution suivante :

Bleu de méthylène pur.	1 gr.
Carbonate de potassium	1 —
Alcool à 90°	20 cm³.
Eau distillée.	100 —

jusqu'à ce qu'elle soit réduite au volume de 100 cm³. Cette préparation est assez délicate à réussir, aussi est-il préférable d'acheter le colorant tout fait.

Il renferme à la fois du bleu de méthylène non transformé, de l'azur de méthylène, sous forme de carbonate, et du violet de méthylène. C'est un merveilleux colorant pour l'étude du tissu conjonctif, dans lequel il met admirablement en évidence les plasmocytes (p. 704), les labrocytes, les cellules conjonctives, etc. Le carbonate d'azur colore le granoplasma (partie granuleuse du cytoplasme des cellules conjonctives, d'après la conception de Unna), tandis que le violet de méthylène met en évidence le spongioplasma (partie réticulée du cytoplasme, d'après Unna) qui est coloré orthochromatiquement[1] et les granulations des labrocytes qui sont colorés métachromatiquement[1].

Le bleu polychrome de Unna surcolore généralement les tissus ; il faut donc différencier avec l'éther glycérique de Unna (p. 442). Dans ce cas, on procède par la méthode régressive.

Pour les colorations progressives, on emploie encore le bleu *boracique de Manson*, qui renferme de l'azur et du violet de méthylène, comme toutes les solutions de ce genre :

Eau bouillante	100 cm³.
Borate de sodium	5 gr.
Bleu de méthylène chimiquement pur	2 gr.

On dilue cette solution jusqu'à ce qu'elle devienne transparente ou bien on l'emploie concentrée.

Ce colorant est très voisin du *bleu boracique de Sahli*[2] :

Solution aqueuse saturée de bleu de méthylène.	3 vol.
Solution aqueuse de borate de sodium à 5 p. 100.	2 —
Eau distillée.	5 —

1. Voir p. 377 la définition de ces termes.
2. *Ztschr. f. wiss. Mikr.*, II, p. 49, 1885.

Les *bleus alcalins de Löffler* et de *Kühne*, dont la conservation est difficile, seront avantageusement remplacés par l'azur II alcaliné de Giemsa (p. 400).

B. — Colorations régressives[1].

Nous savons déjà (p. 370) que les colorations régressives ne peuvent s'appliquer qu'aux frottis et aux coupes très minces et bien uniformes, si on veut obtenir des résultats constants et comparables. Bien que les colorants agissent sans *mordant*, il est cependant certain que les matériaux fixés par les mélanges chromiques donnent de meilleurs résultats; à défaut de ce mode de fixation, on peut chromer par le Chrombeize GAI de Höchst (p. 374); la coloration sera à la fois plus intense et plus élective.

La *concentration* des solutions a une certaine importance : concentrées, elles colorent plus vite, mais moins électivement que des solutions étendues agissant lentement, comme le conseille Heidenhain (p. 371).

La *différenciation* s'effectue généralement avec de l'alcool (à 90° ou absolu) et souvent avec de l'alcool chlorhydrique à 0,5 ou 1 p. 100. On a eu soin d'éliminer d'abord, par un lavage à l'eau, l'excès de matière colorante. Il faut savoir que l'alcool chlorhydrique agit très rapidement et qu'il décolore la chromatine au repos avant les mitoses. On peut différencier aussi avec une autre couleur d'aniline, généralement un colorant acide.

Pour *arrêter la différenciation*, on plonge les coupes dans l'eau ou mieux dans un liquide intermédiaire entre l'alcool et le baume. Le xylol (ou le toluène) est le plus employé : il arrête instantanément la différenciation et permet le passage rapide au baume. Beaucoup d'auteurs conseillent l'essence de girofle; dans certains cas, ce liquide peut compléter la différenciation, mais, à mon avis, son emploi est généralement une complication inutile, car il faut toujours l'enlever ensuite par le xylol ou le toluène.

Safranine. — Il existe un très grand nombre de safranines[2]. Il n'est pas toujours facile d'obtenir des solutions aqueuses con-

---

1. Nous avons déjà dit que l'importance de ces colorations a beaucoup diminué, depuis l'apparition des méthodes à l'hématoxyline ferrique.
2. Curtis a indiqué le moyen d'isoler la base de la safranine, qui donne des colorations plus rapides et plus intenses. *C. R. Soc. biol.*, LX, p. 983. 1906.

centrées, aussi beaucoup d'auteurs conseillent-ils de faire des solutions hydroalcooliques.

Solutions de Babes. — Babes conseille, soit de mélanger parties égales de solutions concentrées aqueuses et alcooliques, soit de saturer de safranine de l'eau anilinée saturée. Personnellement, j'ai obtenu de très bons résultats avec cette dernière formule. Quand on se sert de très vieille eau d'aniline, on obtient une coloration très rapide, en 5 à 10 minutes au lieu de 12 heures. Voici comment je procède : je prépare à l'avance, comme le conseille Duboscq, de l'eau anilinée saturée, en mettant dans un grand flacon de l'eau avec un excès d'aniline. Quand on veut faire une solution de safranine, on filtre, sur un filtre *mouillé*, la quantité voulue de cette vieille eau d'aniline et on la sature de safranine. Le colorant se conserve indéfiniment.

Solution de Zwaardemaker.

> Solution alcoolique saturée de safranine ⎫ ãã
> Eau anilinée saturée ⎭

On recommande généralement de colorer au moins 12 heures, mais, avec la formule Babes-Duboscq, 10 minutes peuvent suffire. Le matériel qui se colore le mieux est celui qui a été fixé au Flemming; pourtant j'ai obtenu d'excellents résultats avec des pièces fixées au Bouin : on peut aussi mordancer par l'iode, suivant le procédé de Gram (p. 405), comme le conseillent Babes et Prenant.

La différenciation [1] se fait généralement à l'alcool absolu, mais, pour mettre les mitoses en évidence, on peut employer l'alcool chlorhydrique très faible (1 p. 1000).

Violet de gentiane.

Violet de gentiane. — Ce colorant n'est autre chose qu'un mélange de pentaméthylpararosaniline (violet de méthyle, violet de Paris) et de violet hexaméthylé ou cristal-violet. On a conseillé de remplacer ce corps par le cristal-violet, qui est beaucoup plus pur et donnerait des colorations plus précises.

Ces divers violets s'emploient en solution aqueuse ou hydroalcoolique : il est bon d'y ajouter, comme accentuateur, de l'aniline ou de l'acide phénique. On obtient ainsi les violets aniliné et phéniqué, colorants très employés en bactériologie et qui conviennent non moins bien en histologie.

Violet aniliné d'Ehrlich. — Se prépare en ajoutant à de l'eau anilinée filtrée une solution alcoolique saturée de violet, jusqu'à formation d'une pellicule irisée. Ce colorant ne se conserve pas et doit être préparé au moment de l'emploi.

---

1. Voir, au sujet de la coloration par la safranine, Ssobolew, Zur Technik der Safraninfärbung. *Ztschr. f. wiss. Mikr.*, XVI, p. 425-426, 1899.

Violet phéniqué. — Triturer dans un mortier :

Violet de gentiane.	1 gr.
Alcool à 90° [1]	10 cm³.
Acide phénique crist.	2 gr.

On dissout d'abord le colorant dans l'alcool puis on ajoute peu à peu l'acide phénique. Quand le mélange est bien homogène, on rince le mortier avec de l'eau, par petites portions, qu'on reverse au fur et à mesure dans un flacon ; il faut employer 100 cm³ d'eau. On filtre après 24 heures de repos. Cette solution peut se conserver très longtemps lorsqu'elle a été bien préparée.

Dans certains ouvrages, on conseille de mélanger simplement une solution alcoolique de violet avec de l'eau phéniquée. A mon avis, ce procédé est mauvais : on obtient généralement un liquide trouble, presque dépourvu de pouvoir colorant.

Ces violets s'emploient comme la safranine ; on différencie par l'alcool absolu, additionné d'acide chlorhydrique (1 p. 100) ou d'acétone (voir Gram-Nicolle). Les colorations sont des plus intenses, mais ne se conservent pas indéfiniment. A l'emploi des accentuateurs (aniline, acide phénique) on joint très souvent le mordançage par l'iode, qui agit ici d'une façon particulière, connue sous le nom de méthode de Gram.

Méthode de Gram. — Elle repose sur ce fait que les couleurs dérivées de la *pararosaniline* [2] (violet de gentiane, violets penta et hexaméthylés, bleu Victoria) forment avec l'iode une combinaison que l'alcool ne peut dissocier. Certains éléments (chromatine en mouvement dans les figures de karyokinèse, certaines Bactéries) ont pour cette combinaison une affinité telle que l'alcool ne peut l'entraîner : on dit alors que ces éléments *prennent le Gram.* D'autres ne possèdent pas cette affinité, *ne prennent pas* le Gram, et abandonnent à l'alcool la combinaison iodopararosaniline. Celle-ci n'est pas dissociée, mais entraînée. La coloration des parties qui prennent le Gram est due, non au violet, mais à la combinaison iodée, car elles prennent une teinte bleu noir.

Cette réaction ne se produit pas avec les couleurs dérivées de la *rosaniline* (fuchsine, magenta, diamantfuchsine, solferino, etc.). Celles-ci forment avec l'iode une combinaison instable qui est dissociée par l'alcool : ce dernier entraîne l'iode et laisse la couleur

1. Beaucoup d'auteurs indiquent l'alcool absolu. Je ne vois pas très bien pourquoi, car la couleur se dissout aussi bien dans l'alcool à 90° et il me semble inutile de prendre de l'alcool absolu pour l'hydrater ensuite.
2. Unna, Die Rosaniline und Pararosaniline. Eine bakteriologische Farbenstudie. *Dermatologische Studien*, IV, 1887.

dans le tissu qui est teint uniformément, sans différenciation. C'est donc un non-sens d'appliquer la méthode de Gram après une coloration à la fuchsine phéniquée. Théoriquement, si on se servait de rubine basique véritable, qui est un dérivé de la para-rosaniline, on pourrait appliquer la méthode de Gram, mais les fuchsines basiques du commerce sont toujours un mélange de chlorhydrates et d'acétates de rosaniline et de pararosaniline (p. 407).

Technique de la méthode de Gram.

1. *Colorer* par le violet phéniqué ou aniliné.

2. *Laver* rapidement, pour enlever l'excès de matière colorante. Certains auteurs recommandent de ne pas laver : je crois qu'un lavage *très rapide* ne peut nuire à la réaction [1].

3. *Mordancer* par le *liquide de Lugol* [2] (solution forte d'après Nicolle) :

Iodure de potassium . . . . 2 gr.
Iode . . . . 1 gr.
Eau distillée . . . . 200 cc.

laisser en contact avec la préparation pendant 30 secondes ou une minute. Les frottis ou la coupe doivent prendre une teinte brun noir.

4. *Laver* rapidement à l'eau.

5. *Différencier* par l'alcool absolu ou par *l'alcool-acétone* de Nicolle.

Alcool absolu. 5
Acétone 1

6. Laver à l'eau pour arrêter la différenciation et colorer le fond ou passer rapidement par l'alcool absolu et le xylol et monter au baume.

Cette marche fondamentale peut être légèrement modifiée, suivant les cas indiqués dans les méthodes spéciales. Ce qu'il faut bien savoir, c'est que *le temps délicat est celui de la différenciation*. Si on le prolonge trop, la décoloration pourra être complète, sans respecter aucun élément; si on l'écourte, on n'obtiendra pas la différenciation cherchée. Comme toutes les colorations indi-

1. Mann (*Physiological histology*, p. 223) rince aussi à l'eau avant le Lugol.
2. Et non liquide de Gram, comme on le nomme souvent à tort. Il n'y a pas de liquide de Gram, mais une méthode de Gram. *Fortschr. d. Med.*, II, 1884.

rectes et régressives, la méthode de Gram n'est pas automatique : le résultat dépend de la manière dont on conduit la différenciation.

Pour obvier à cet inconvénient on peut employer la *méthode de Claudius* [1], qui, en cas de doute, peut tirer d'embarras.
1. Colorer au violet phéniqué, comme plus haut.
2. Laver rapidement à l'eau.
3. Traiter pendant une minute par :

Solution aqueuse saturée d'acide picrique $\Big\}$ ãã
Eau distillée

4. Egoutter, éponger doucement au buvard et différencier par le chloroforme ou l'essence de girofle, jusqu'à ce que ces liquides ne se colorent plus en bleu.
5. Xylol, baume.

Il est bon de savoir que les préparations traitées par le Gram sont moins stables que celles qui sont colorées au violet de gentiane ordinaire.

Bleu Victoria. — Ce réactif a la propriété de colorer les fibres élastiques, mais, à ce point de vue, il est très inférieur à la méthode de Weigert et à la méthode à l'orcéine. Il a été maintes fois proposé pour remplacer le violet de gentiane et les autres violets : je persiste à le considérer comme très au-dessous de ces colorants. Son emploi n'a de raison d'être que dans la méthode d'Anglade pour la coloration de la névroglie (p. 711).

Fuchsine basique. — Il y a toute une série de colorants qu'on peut ranger sous ce nom et qui, dans le commerce, sont intitulés : rubine, fuchsine rubine, magenta, solférino, diamant-fuchsine, etc. Tous sont des colorants *basiques* qu'il ne faut pas confondre, comme je l'ai trop souvent vu faire, avec la fuchsine ou rubine acide (p. 410). Théoriquement, on peut les diviser en deux groupes qui sont, d'une part, les rubines basiques ou chlorhydrates de pararosaniline et les fuchsines basiques proprement dites ou chlorhydrates de rosaniline.

Pratiquement. les colorants commerciaux basiques du groupe des fuchsines sont des mélanges de chlorhydrates et d'acétates de rosaniline et de pararosaniline. D'ailleurs, les sels de pararosaniline ne diffèrent guère des autres que par leur plus grande solubilité.

1. *Annales Inst. Pasteur*, XI, p. 332, 1897.

Il y aurait pourtant avantage, au point de vue de la réaction iodée de Gram (p. 405), à avoir des dérivés purs de la rosaniline ou de la pararosaniline.

La meilleure solution est la *fuchsine phéniquée de Ziehl*, qu'on prépare comme le violet phéniqué (p. 405), avec cette différence qu'au lieu de 2 gr. d'acide phénique on en prend 5 gr. On emploie aussi la solution de magenta saturée dans l'eau pour le trichromique de Cajal (p. 440).

La fuchsine est utilisée en histologie pour des colorations combinées avec le vert lumière et avec le picro-indigo carmin (p. 440). En bactériologie, le liquide de Ziehl est d'un emploi constant (p. 748).

II. — COLORANTS ACIDES

Les colorants acides sont toujours des colorants plasmatiques, mais l'inverse n'est pas vrai, car, en employant convenablement les mordants, on peut obtenir des colorations du cytoplasme avec la plupart des colorants basiques. Néanmoins, dans la pratique courante, les colorants plasmatiques sont toujours choisis parmi les couleurs acides. Parmi ces dernières, il faut distinguer celles qui produisent des colorations diffuses, comme l'éosine, et celles qui se fixent plus particulièrement sur les inclusions du cytoplasme (graisse [1], mucus, élastine, etc.).

Acide picrique. — Colorant plasmatique très important et très solide. Sa couleur s'allie très bien à celle du carmin (picro-carmin) et de l'hématoxyline. Avec cette dernière, son emploi est surtout indiqué après la coloration par la laque ferrique, car la coloration à la laque aluminique pâlit trop et prend une vilaine teinte brunâtre, sous l'influence de l'acide picrique. On l'emploie surtout associé à la rubine acide, pour la coloration de van Gieson (p. 434) et au bleu de méthyle pour la coloration du collagène (p. 702).

Colorants acides nitrés. — A l'acide picrique ou trinitrophénol se rattachent d'autres colorants acides nitrés, sur le rôle desquels Semichon [2] a récemment attiré l'attention. Les meilleurs colorants

1. Les colorants des graisses seront étudiés plus loin, au chapitre consacré à la microchimie (p. 705 et 725).
2. L. Semichon, L'emploi des colorants nitrés et les substances nitrophiles *Bull. Soc. zool. de France*, XXXVIII, p. 275, 1913.

de ce groupe sont l'aurantia et le jaune Victoria, car ils résistent mieux à l'alcool que le jaune de Martius et le jaune naphtol; l'acide picrique exerce une action trop énergique sur la coloration nucléaire préalable.

Les pièces doivent être fixées par le Bouin, le van Gehuchten ou le Gilson; on colore les noyaux par l'hémalun ou le bleu de toluidine, mais non par le magenta (fuchsine basique), le bleu Victoria ou les violets. On fait agir ensuite le mélange suivant :

Colorant acide non nitré en solution aqueuse à 5 p. 1000. } aã
Colorant nitré en solution aqueuse saturée .... }

Ce mélange met en évidence certaines substances dites nitrophiles (p. 728), corne, élastine, soie, etc.

Orange G[1]. — Colorant plasmatique très précis, mais peu intense. On l'emploie seul, en solution à 1 p. 100, après l'hématoxyline ferrique. Associé à l'éosine, il donne des colorations très nuancées dans la méthode à l'hématéine-éosine (p. 431) et la méthode de Mann au bleu de toluidine (p. 444). Il agit à la fois comme colorant et comme différenciateur dans le *tannin-orange de Unna*.

Tannin-orange de Unna. — Ce réactif est difficile à préparer soi-même, aussi est-il préférable de l'acheter tout fait. Il sert à différencier les colorations par le bleu polychrome de Unna et quelquefois aussi (p. 419, note 1) les colorations au Romanovsky.

Son emploi repose sur le fait qu'une préparation surcolorée par le bleu polychrome et traitée par une solution d'une couleur acide (orange G ou rubine acide), additionnée d'une forte proportion de tannin, subit une différenciation très précise (p. 375). Les substances intercellulaires se colorent intensément par la couleur acide et se dépouillent de toute trace de bleu. De son côté le bleu de méthylène, en tant que colorant basique, a plus d'affinités pour le tannin que le colorant acide; pourtant il n'est pas retenu par toutes les parties des tissus, ainsi le granoplasma, le spongioplasma et le suc nucléaire ne restent pas colorés en bleu. Ce sont seulement les portions les plus acides, nucléoles, mitoses, noyaux acides, fibrine, élastine et beaucoup de Bactéries qui gardent cette couleur; elle est fortement fixée par le tannin et ces parties ressortent nettement sur le fond jaune de la préparation.

1. Ne pas le confondre avec l'orange III (orangé de méthyle ou de diméthylaniline, Goldorange) qui sert de réactif indicateur (p. 246).

Fuchsine acide. — Ce corps est encore désigné sous le nom de : Fuchsin S, Rubin S, rubine acide, Säurefuchsin, Säurerubin, Magenta S. Il ne faut pas le confondre avec ses homonymes basiques (p. 407) qui ont des propriétés toutes différentes. Nous savons que la rubine acide proprement dite est un dérivé sulfoné de la pararosaniline, tandis que la fuchsine acide dérive de la rosaniline. Pratiquement, les fuchsines acides du commerce sont des mélanges de sels monacides de sodium et d'ammonium, de pararosaniline et de rosaniline trisulfonées.

Ce colorant présente une particularité très importante : lorsqu'on le neutralise, il se transforme en un sel neutre incolore ; aussi est-il extrêmement sensible aux alcalis, même très faibles. Par conséquent, le lavage à l'eau ordinaire décolore très rapidement les coupes ; pour conserver les préparations colorées à la fuchsine acide, il faut les laver à l'eau acidulée par l'acide acétique ou les traiter par le xylol acide (p. 435).

La fuchsine acide s'emploie en solution à 1 p. 500 ou p. 1000, après les teintures à l'hématoxyline.

Je passe intentionnellement sous silence les célèbres mélanges dits triacide d'Ehrlich et mélange d'Ehrlich-Biondi-Heidenhain, dans lesquels la rubine acide joue un rôle important.

Ces colorants, excellents pour l'époque à laquelle ils ont été imaginés, doivent, à mon avis, céder le pas aux méthodes panoptiques, à base d'azur de méthylène et de violet de méthylène (p. 416). En tous cas, ils ne sauraient plus convenir pour le travail courant et ne doivent donc pas trouver place dans cet ouvrage.

Éosines. — Les éosines sont des dérivés de la fluorescéine. Il y a beaucoup d'éosines et on les emploie quelquefois à tort et à travers. Je vais donc m'efforcer de mettre un peu d'ordre dans cette question et de donner des indications pratiques.

1. *Les éosines proprement dites*, ou bromées, sont des sels de sodium ou de potassium de la fluorescéine bromée. C'est dans cette catégorie que se rangent l'éosine soluble à l'eau, l'éosine jaunâtre (éosine w. g.), l'éosine bleuâtre (éosine bläulich), l'éosine extra BA de Höchst, l'éosine pure française. La couleur de ces diverses éosines dépend surtout du nombre d'atomes de brome fixés au noyau de la fluorescéine. Les dérivés mono et dibromés sont jaunâtres, tandis que les dérivés tétrabromés sont bleuâtres.

Les éosines donnent en général des colorations diffuses ; mais, quand on les emploie à bon escient, on peut en obtenir une gamme de tons variant du rose très léger au rose vif et mettre en évidence divers éléments acidophiles. La première condition, pour obtenir ce résultat, est d'employer les éosines en *coloration régressive*. On surcolore dans une solution aqueuse à 1 p. 100 et on régresse, d'abord par l'eau, puis par l'alcool à 70° (p. 432). On peut obtenir ainsi une élection très nette pour les granulations éosinophiles des leucocytes et pour les éléments musculaires.

Toutes les éosines ne se prêtent pas aussi bien à cette différenciation. D'après un récent travail de Martinotti (p. 705), on peut les ranger comme il suit : l'éosine bleuâtre à l'eau donne une coloration élective des granulations éosinophiles sur fond incolore; l'éosine extra BA de Höchst et l'éosine pure française permettent d'obtenir en outre une coloration du fond; enfin, l'éosine jaunâtre à l'eau (w. g.) est la moins élective. Je dois dire pourtant que j'ai employé longtemps cette dernière marque par la méthode régressive et que j'en ai obtenu d'excellents résultats.

Ces diverses éosines sont solubles dans l'eau et dans l'alcool : ces solutions sont douées d'une fluorescence particulière, surtout accentuée dans les solutions alcooliques. Les solutions aqueuses s'altèrent assez facilement, par suite du développement de Moisissures : aussi ne faut-il pas en préparer de grandes quantités à la fois.

2. *Eosines solubles à l'alcool*. Ce sont des éosines-éthers méthylés ou éthylés, solubles surtout dans l'alcool à 50 p. 100. Il y a aucun avantage à les employer.

3. *Erythrosines* ou éosines iodées. Ce sont des sels de sodium ou de potassium de la fluorescéine tétraiodée. Ces couleurs n'ont pas d'emploi en microscopie, mais le radical acide libre, connu sous le nom d'iodéosine, est un réactif microchimique important, pour la détermination de l'alcalinité par la réaction de Mylius (p. 721).

4. Je mentionne seulement, pour être complet, la *safrosine* ou éosine écarlate, qui est un dérivé bromonitré de la fluorescéine et la *phloxine*, qui est un sel de sodium de la fluorescéine chlorée. Leur emploi ne présente pas d'avantages.

Chromotropes de Höchst. — Aux éosines, nous rattacherons les chromotropes, en tant que colorants plasmatiques rouges. Ces corps sont des dérivés azoïques de l'acide chomotropique. On les emploie, soit en solution aqueuse acidulée, soit de préférence en solution alcoolique concentrée.

Le chromotrope 2R donne une coloration rouge cerise, tandis que le 6B et le 7B sont plus carminés. Ces colorants présentent, sur les éosines, l'avantage de se fixer facilement sur les coupes colorées à l'hématéine et alcalinisées et de colorer d'une façon plus élective [1]. Leur mode d'emploi sera décrit p. 434.

1. M. Heidenhain, Ueber die Anwendung des Azokarmins und der Chromotrope. *Ztschr. f. wiss. Mikr.*, XXII, p. 337-343, 1905.

Vert lumière (Lichtgrün). — Ce colorant plasmatique joue un grand rôle dans certaines colorations combinées : méthode de Prenant (p. 437), safranine-vert-lumière (p. 439). On l'emploie en général avec les colorants nucléaires rouges (safranine, magenta, carmin).

Bleus d'aniline. — On comprend sous ce nom toute une famille de *colorants bleus acides* qu'il faut bien distinguer des colorants bleus basiques [1]. Malheureusement, l'opinion s'est accréditée que tous les colorants bleus sont basiques et beaucoup de personnes ne font encore aucune distinction entre les bleus basiques et les bleus acides.

Tous les bleus acides dérivent de la triphénylrosaniline ou bleu d'aniline proprement dit : ce sont des sels de sodium d'acides sulfonés.

Commercialement, on désigne sous le nom de *bleu de méthyle* tous les dérivés sulfonés du bleu d'aniline. Ce colorant joue un grand rôle dans la méthode de Mann (p. 443) et dans les méthodes de coloration du tissu conjonctif (p. 701). A ce groupe appartiennent aussi le *bleu à l'eau* (Wasserblau et Methylwasserblau) et les *bleus pour micrographie n° 1 et 2 de Saint-Denis* (voir trichromique de Masson, p. 437, et picrobleu de Dubreuil, p. 703).

Le *bleu coton* (Baumwollblau) est plus spécialement un bleu tri ou tétrasulfoné. Il présente des avantages particuliers pour la coloration de la callose (p. 788) et des Champignons (p. 771). C'est à ce corps que paraît correspondre le sel de calcium de la triphénylrosaniline trisulfonée, employé dans la méthode de Blochmann (p. 513) et le sel de sodium que Schuberg emploie de la même façon (p. 513).

Carmin d'indigo ou sulfo-indigotate de sodium. — C'est encore un colorant acide qui n'a aucune parenté avec le carmin. On l'associe à l'acide picrique sous le nom de picro-indigo carmin ou carmin d'indigo-picrique : c'est un bon colorant de fond après l'hématéine, la safranine et surtout après le magenta (trichromique de Cajal, p. 440). On l'emploie aussi en injections vitales, pour l'étude de l'appareil excréteur (p. 734).

Orcéine. — L'orcéine ne peut rentrer dans aucune des catégories que nous venons d'étudier. Je la place à la suite des colo-

1. Il y a des bleus d'aniline basiques (bleu de Lyon, de Paris, bleu lumière, bleu de nuit, mais ils sont insolubles dans l'eau et nous n'avons pas à nous en occuper, car je considère leur emploi comme superflu.

rants plasmatiques acides, car je ne peux pas lui consacrer un chapitre spécial. Elle serait mieux au voisinage de l'hématoxyline, puisque c'est aussi une couleur d'origine végétale. C'est à la fois un colorant basique et un colorant acide. On l'extrait des Lichens à orseille (*Lecanora roccella*); elle forme la plus grande partie de l'orseille du commerce (voir p. 791, note 3).

C'est un colorant spécifique des fibres élastiques et c'est à ce seul titre qu'elle est employée en technique microscopique (p. 704).

Safran. — Pierre Masson a découvert la propriété que possède l'infusion de safran de teindre le collagène en jaune d'or. Voir à ce sujet p. 436.

III. — COLORANTS NEUTRES

C'est encore à Ehrlich que nous devons l'introduction des colorants neutres dans la technique microscopique. Son mélange triacide, dans lequel les trois groupements basiques du vert de méthyle sont saturés par l'orange et la fuchsine acide, a été le premier colorant neutre rationnel. Ce mélange célèbre a été longtemps le meilleur réactif pour l'analyse chromatique, surtout dans les recherches d'hématologie, tandis que le mélange neutre de Ehrlich-Biondi-Heidenhain a rendu les mêmes services pour les coupes. Les travaux de Rosin[1], puis de Laurent[2], ont beaucoup contribué à nous faire connaître les colorants neutres et leurs propriétés et à établir les règles de la préparation de l'éosinate de bleu de méthylène.

Les colorants neutres peuvent être très nombreux, car il suffit, pour les préparer, de mélanger en proportions convenables une couleur basique et une couleur acide en solution aqueuse. On peut obtenir ainsi un colorant neutre susceptible de cristalliser, qui peut donc être purifié. Ces colorants neutres se précipitent au moment du mélange, parce qu'ils sont insolubles dans l'eau. Mais, pour obtenir une précipitation complète, il faut opérer avec beaucoup de soin, car le précipité est soluble dans un excès de colorant basique et surtout de colorant acide.

Comme ces colorants sont insolubles dans l'eau, il faut tourner la difficulté pour arriver à obtenir des colorations. Plusieurs méthodes ont été proposées :

1. H. Rosin, Ueber eine neue Gruppe von Anilinfarbstoffen, ihre Bedeutung für die Biochemie der Zelle und ihre Verwendbarkeit für die Gewebsfarbung. *Berl. klin. Woch.*, p. 251, 1898. — *Centralbl. f. Physiol.*, XIII, p. 551-555, 1900.

2. Laurent, Ueber eine neue Farbemethode mit neutraler Eosinmethylenblaumischung. anwendbar auch auf andere neutrale Farbgemische. *Centrabl. f. allg. Pathol.*, XI, p. 86-97, 1900.

1. Dissoudre dans un excès du colorant acide (Ehrlich).
2. Dissoudre dans un excès du colorant basique (Rosin).
3. Dissoudre le colorant neutre par ébullition (Laurent).
4. Appliquer le colorant neutre à l'état naissant, car, à ce moment, il manifeste un maximum d'activité. On mélange les colorants acide et basique au moment d'effectuer la coloration (procédé primitif de Romanovsky, méthodes de Ziemann, de Nocht et toutes les variantes à l'eau du procédé de Romanovsky).
5. Dissoudre dans un liquide indifférent, tel que l'alcool méthylique (Jenner, Leishman, May-Grünwald, Giemsa).

De ces cinq méthodes c'est la dernière, imaginée par Jenner, qui paraît devoir être seule conservée.

Les remarquables résultats obtenus avec les éosinates de bleu de méthylène, d'azur de méthylène et de violet de méthylène ont accaparé l'attention des techniciens, au point de leur faire négliger complètement les autres colorants neutres. On obtient avec ces éosinates des colorations panoptiques superbes, mais on pourrait peut-être avoir aussi des résultats féconds avec d'autres corps neutres.

Personnellement, j'avais entrepris, il y a quelques années, toute une série de recherches expérimentales sur les corps neutres obtenus en précipitant la série des colorants basiques usuels (vert de méthyle, violet hexaméthylé, bleu de toluidine, bleu de méthylène pur ou transformé partiellement en azur) par des colorants acides (éosines diverses, rubine acide, orange G, vert lumière). Les solutions de colorant basique et acide étaient mélangées de telle sorte que la précipitation fut aussi complète que possible ; le précipité était recueilli sur un filtre, longuement lavé à l'eau distillée, desséché, puis dissous dans l'alcool méthylique pur, suivant le procédé de Jenner. Pour colorer, je versais sur le frottis ou la coupe, un mélange en proportions variables, déterminées par tâtonnements, de solution alcoolique et d'eau distillée. J'obtenais toujours des colorations nucléaires presque instantanées, mais jamais une élection spécifique sur la chromatine des Protozoaires aussi nette que celle de l'éosinate d'azur. Les combinaisons qui ont donné les meilleurs résultats étaient bleu de toluidine-orange G et violet de gentiane-orange G.

Éosinates de bleu de méthylène, de bleu de toluidine, d'azur de méthylène, de violet de méthylène.

— Les seuls colorants neutres employés couramment sont, d'une part, les *éosinates de bleu de méthylène et de bleu de toluidine* et, d'autre part, le mélange complexe de bleu de méthylène et d'éosinates d'azur et de violet de méthylène qu'on nomme *mélange de Romanovsky*.

Il est essentiel de bien distinguer ces deux ordres de colorants qui sont malheureusement trop souvent confondus, bien que leurs propriétés soient très différentes.

La caractéristique de la méthode de Romanovsky est de colorer en rouge violacé la chromatine du noyau des Protozoaires, ainsi que certains autres éléments, dits azurophiles (p. 309). Au contraire, les éosinates de bleu de méthylène et de bleu de toluidine ne colorent pas les noyaux des Protozoaires et colorent les autres noyaux en bleu. Cette propriété du mélange de Romanovsky paraît être du même ordre que les phénomènes de métachromasie : c'est du moins l'opinion qui semble la plus probable, d'après les recherches de Michaelis, de Giemsa, de Neumann [1] et de Pappenheim. Ce dernier, dans un récent mémoire [2], donne une interprétation très séduisante de cette *métachromasie*, qu'il nomme *neutrophile*, par opposition à la *métachromasie basophile*, produite par les couleurs basiques telles que la thionine, le bleu de toluidine, le bleu de méthylène polychrome (p. 379).

En outre, la métachromasie basophile paraît être le résultat d'une coloration directe (substantive), tandis que la métachromasie neutrophile se produirait par coloration indirecte (adjective) et le mordant serait l'éosine (ou un autre corps tel que la résorcine, p. 399, puisque la présence de ce corps est nécessaire pour la production de la coloration de Romanovsky.

Nous pouvons donc distinguer, avec Pappenheim, une métachromasie basophile et directe, produite par les colorants basiques métachromatiques sur les substances chromotropes telles que la mucine et les granulations des labrocytes et une métachromasie neutrophile et indirecte, caractéristique des corps chromotropes azurophiles (noyau des Protozoaires) et produite uniquement par le mélange de Romanovsky (bleu de méthylène et éosinates d'azur et de violet de méthylène).

Ce qui fait l'importance de cette métachromasie neutrophile du mélange de Romanovsky, c'est qu'elle est *spécifique*. Ce mélange est, jusqu'ici, le seul colorant dérivé de l'aniline (p. 399, note 1) qui permette de mettre en évidence la chromatine des Protozoaires. Ni l'éosinate de bleu de méthylène, ni l'éosinate de bleu de toluidine ne peuvent la colorer.

Mélange de May-Grünwald [3]. — Ce mélange est simplement de l'éosinate de bleu de méthylène (non transformé en azur), dissous dans de l'alcool méthylique. C'est un perfectionnement de la méthode primitive de Jenner. Sa préparation repose sur le 5e mode d'emploi des colorants neutres (p. 414). Nous expliquerons plus loin, à propos de la méthode de Romanovsky, comment le colorant est mis en liberté.

Ce mélange peut être employé aussi bien pour les coupes que pour les frottis. Il colore en bleu les éléments basophiles et en rouge les éléments acidophiles : ces derniers sont généralement très mal mis en évidence par le Romanovsky. Aussi Pappenheim a-t-il, avec raison, préconisé l'emploi successif du May-Grünwald et du Romanovsky-Giemsa pour colorer tous les éléments, y com-

1. Neumann, Zum Wesen der Romanovsky-Nochtschen Färbung (relative Metachromasie). *Centralbl. f. Bakteriologie*, Orig., XLIII, p. 746-752, 1907.
2. *Loco citato*, voir p. 401, note 3.
3. *Centralbl. f. innere Medizin*, XXIII, n° 11, p. 265-268, 1902.

pris les acidophiles. Nous étudierons donc l'emploi du mélange de May-Grünwald [1] en même temps que la méthode panoptique de Pappenheim (p. 422).

Il faut bien savoir que le May-Grünwald ne colore pas les noyaux des Protozoaires et ne peut convenir seul pour l'étude des parasites du sang.

MÉTHODE DE ROMANOVSKY

Nous savons que cette méthode repose sur l'emploi d'un mélange à proportions variables d'éosinate d'azur de méthylène, d'éosinate de violet de méthylène et de bleu de méthylène.

Nous avons expliqué (p. 398 et 414) le mode d'action de ces colorants neutres. Nous savons aussi que cette méthode est la seule qui puisse donner une coloration métachromatique *spécifique* du noyau des Protozoaires.

Nous avons vu que l'éosinate d'azur peut donner cette réaction, mais que la présence du bleu de méthylène est nécessaire pour obtenir une coloration tout à fait parfaite de la chromatine, sans qu'on puisse expliquer pourquoi.

Nous savons aussi que ce mélange ne produit que la métachromasie neutrophile. Pour obtenir la métachromasie basophile, il faut y adjoindre de l'éosinate de violet de méthylène.

Donc, pour obtenir du mélange de Romanovsky le maximum d'effet utile, il doit renfermer, en proportions convenables, les éosinates d'azur et de violet de méthylène et du bleu de méthylène.

Les innombrables formules qui ont été proposées pour réaliser ce mélange n'ont plus, à mon avis, qu'un intérêt historique. On semble avoir complètement abandonné, et avec raison, les *procédés à l'eau*, qui consistent à mélanger extemporanément des solutions aqueuses d'éosine et de bleu chargé d'azur et de violet de méthylène (procédés de Nocht, de Laveran, etc.).

Les *procédés à l'alcool méthylique* jouissent de la faveur parce qu'ils donnent des résultats beaucoup plus sûrs et plus rapides. Ils reposent sur l'isolement du colorant neutre et sur sa dissolution dans l'alcool méthylique (principe de la méthode de Jenner, 5° mode d'emploi des colorants neutres, p. 414). Mais, sous cette forme, le colorant neutre ne peut agir; il faut le mettre en liberté par addition d'eau. Celle-ci doit

---

1. Le colorant de May-Grünwald se trouve dans le commerce soit en solution dans l'alcool méthylique, soit sous forme de poudre qu'on fait dissoudre dans l'alcool méthylique *pur* à la dose de 0,5 p. 100.

être ménagée de telle sorte que la matière colorante reste encore un certain temps à l'état de dissolution et puisse exercer son action. En effet, dès que la précipitation du colorant neutre est complète, le colorant n'agit plus, ni à froid, ni à chaud; il est inutile de prolonger le contact avec l'objet à colorer, car il ne reste plus en solution que l'excès de colorant basique qui sert à retarder la précipitation.

On est donc pris entre deux alternatives : en solution alcoolique, le corps neutre ne colore pas ; par addition d'eau, il précipite et ne colore plus. Pour réussir, il faut donc saisir le stade intermédiaire, dans lequel le colorant neutre est encore dissous dans l'alcool méthylique très dilué. Ceci nous rend compte des précautions à observer pour bien réussir une coloration; surtout avec le mélange de Giemsa.

Les solutions les plus employées actuellement, pour obtenir la coloration de Romanovsky, sont celles de Giemsa, de Pappenheim et de Leishman. Pour le travail normal de coloration des frottis, je conseille la *nouvelle méthode rapide de Giemsa (1914)* et la *méthode panoptique de Pappenheim* (May-Giemsa ou May-panchrome). Comme ces procédés sont destinés à la coloration des frottis desséchés, je donnerai ensuite les *méthodes particulières applicables aux frottis humides et aux coupes.*

Procédés applicables aux frottis desséchés.

I. **Méthode rapide de Giemsa (1914)** [1]. — Dans la première édition de cet ouvrage, j'ai décrit, sous ce nom, une coloration rapide proposée par Giemsa en 1910. Ce procédé est à rayer de la technique, car Giemsa vient d'en faire connaître un autre tout aussi rapide (11 minutes) et qui, de plus, ne le cède en rien, comme valeur, à la méthode panoptique de Pappenheim. L'ancien procédé, dit Giemsa rapide, présentait plusieurs inconvénients : la fixation était généralement insuffisante; l'emploi de l'acétone, qui obviait à cet inconvénient, rendait le colorant instable, surtout dans les pays chauds; enfin le fait de diluer la solution mère diminuait sa puissance colorante.

La nouvelle méthode rapide de Giemsa nécessite l'emploi d'un nouveau liquide particulier nommé Farbfixierlösung nach Giemsa. Il ne faut pas confondre ce colorant avec le mélange de teneur supérieure en alcool méthylique et moindre en azur II et en glycérine.

---

1. Giemsa, Zur Schnellfärbung (Romanovsky-Färbung) von Trockenausstrichen. *Centrabl. f. Bakteriol*, Orig., LXXIII, p. 493, 1914.

1° *Fixation.* — 1. Mettre la lame portant le frottis bien sec dans une boîte de Petri, sur deux petites cales de verre ou mieux dans une boîte de verre spéciale (fig. 169).

2. Verser sur le frottis, avec la pipette d'un flacon compte-gouttes (fig. 170), 8-10 ou 15 gouttes du mélange spécial de Giemsa, de manière à ce que tout le frottis soit bien recouvert.

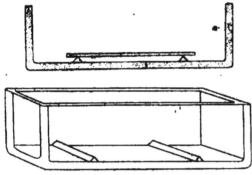

Fig. 169. — Boîte de verre pour la méthode rapide de Giemsa.

Le tout doit être bien horizontal pour que le liquide ne coule pas hors de la lame.

3. Couvrir immédiatement la boîte pour que le liquide ne sèche pas.

4. *Laisser agir 30 secondes environ, jamais plus d'une minute.*

Un grand avantage des méthodes à l'alcool est de dispenser de la fixation par l'alcool absolu qui, avec les méthodes à l'eau, devait durer dix minutes. Ici, comme dans le Leishman ou le panoptique, la fixation est produite très rapidement par l'alcool méthylique qui sert de dissolvant au colorant. C'est un grand avantage pour les colonies, où il est souvent très difficile de trouver et de conserver de l'alcool absolu. En outre, en présence du colorant la fixation est beaucoup plus parfaite que par l'alcool méthylique seul.

2° *Coloration.* — 1. On a préparé *immédiatement au moment de l'emploi*, dans une large éprouvette, un mélange de 10 cm³ d'eau distillée avec 10 gouttes de liquide de Giemsa. On peut se servir indifféremment soit de la nouvelle formule, soit de l'ancienne formule ordinaire.

2. Dès que la fixation est terminée, on verse ce mélange sur le frottis contenu dans la boîte de verre. On incline doucement en divers sens pour bien mélanger ce nouveau liquide avec le fixateur. La lame doit être complètement plongée dans le colorant. On laisse agir 10 minutes.

3° *Lavage.* — Laver rapidement à la pissette, à l'eau ordinaire, ou simplement sous le robinet, sous un jet d'eau assez fort. Le lavage doit donc être violent, pour entraîner les précipités, et *rapide* pour ne pas nuire à la coloration.

Si la coloration était trop bleue ou trop intense, on pourrait la différencier [1] en prolongeant un peu le lavage, de préférence alors dans l'eau distillée.

On peut aussi, comme le conseille Giemsa lorsque le frottis à colorer est un peu épais, le plonger pendant *une minute* dans la solution physiologique ou dans l'eau distillée, puis le laisser sécher avant de le colorer. De cette manière, on évite que la sérosité qui forme le fond de la préparation ne se colore d'une façon gênante.

4° *Séchage*. — Dès que le lavage est terminé, se hâter de sécher le frottis par compression, dans un cahier de papier joseph.

Il ne faut pas craindre d'appuyer, comme lorsqu'on sèche au buvard une page d'écriture. Mais il faut éviter que le buvard glisse sur le frottis, car la mince couche de sang serait éraillée. Il ne faut *jamais chauffer* un frottis pour en achever la dessiccation, mais le passer à deux ou trois reprises dans le buvard. Se méfier du transport possible de parasites d'une lame à l'autre par l'intermédiaire du buvard.

5° *Examiner* avec l'objectif à immersion dans une goutte d'huile de cèdre, *sans lamelle*; après examen, enlever l'huile de cèdre en plongeant la lame dans un tube Borrel plein de xylol ou de toluène, sécher au buvard, et *conserver à sec sans lamelle*, et bien à l'abri de la poussière, dans des boîtes à rainures. En effet ces colorations ne peuvent supporter ni les milieux réducteurs, ni les milieux acides; le mieux est de les conserver à sec au contact de l'air (p. 483). On peut aussi monter dans la paraffine liquide (p. 462).

Pour examiner avec les *objectifs faibles à sec* (recherche des Filaires, etc.), on étend avec le doigt une mince couche d'huile de cèdre sur le frottis, pour le rendre transparent. Il ne faut *jamais* examiner un frottis non imbibé d'huile de cèdre, car on ne distingue aucun détail. Pour les *objectifs forts à sec*, mettre une grosse goutte d'huile de cèdre et une lamelle, afin de ne pas risquer de faire immersion avec les objectifs à courte distance focale. Après examen, plonger la lame dans le toluène : la lamelle se détache d'elle-même.

---

1. On peut différencier aussi par le *tannin-orange de Unna*, étendu de son volume d'eau, mais ce procédé, excellent autrefois après la coloration au bleu Borrel-éosine, nuit à la finesse des tons et empêche de colorer de nouveau un frottis qui serait insuffisamment coloré.

Précautions à prendre pour préparer le Giemsa dilué.

Les liquides de Giemsa pour la coloration de Romanovsky (Giemsa's Lösung für Romanowskyfärbung) sont des solutions d'azur II-éosine et d'azur II dans un mélange d'alcool méthylique et de glycérine.

Bien entendu, il ne faut pas les préparer soi-même, mais les acheter tout faits [1]. Nous avons exposé (p. 400) la nature de l'azur II : l'azur II-éosine est l'éosinate d'azur, qui agit comme colorant neutre et qui est doué de la métachromasie neutrophile spécifique pour les corps azurophiles (p. 415). Nous savons aussi (p. 401) que, dans les flacons un peu anciens de solutions de Giemsa, il y a toujours un peu de violet de méthylène. Naturellement le liquide renferme aussi de l'éosinate de bleu de méthylène et un excès de colorants basiques (bleu de méthylène et azur de méthylène), calculé de manière à retarder la précipitation de l'éosinate d'azur, au moment de la dilution, sans toutefois influencer la coloration.

La glycérine a pour but de donner des solutions plus concentrées en matière colorante que l'alcool méthylique seul ne pourrait le supporter et d'obvier à l'extrême volatilité de cet alcool (qui bout à 67°). Primitivement [2] la teneur en glycérine était de 50 p. 100, mais depuis 1907 [3], elle a été abaissée à 25 p. 100 et elle est tombée finalement à 5 p. 100 dans le nouveau mélange pour coloration rapide (p. 417), sans que la puissance colorante et la faculté de conservation du liquide aient été influencées.

En opérant la dilution, il faut éviter tout ce qui peut favoriser la précipitation de l'éosinate d'azur.

1° L'eau distillée *ne doit pas être acide* : il est même préférable qu'elle soit légèrement alcaline. Les moindres traces d'un acide organique ou minéral et même l'anhydride carbonique nuisent à la coloration. Cette sensibilité est telle que le papier de tournesol est impuissant à déceler les traces d'acide suffisantes pour altérer les composants basiques du colorant. Il faut employer, comme *réactif indicateur* [4], *la solution alcoolique d'hématoxyline*. Dissoudre dans de l'alcool à 95° quelques cristaux d'hématoxyline, ou prendre la solution à 1 p. 100 qui sert pour la méthode à la laque ferrique (p. 388). Prendre 10 cm³ de l'eau à

---

1. Voici pourtant la formule du liquide de Giemsa ordinaire :

Azur II-éosine	3 gr.
Azur.	0 —, 8
Glycérine chimiquement pure	125 —
Alcool méthylique chimiquement pur.	375 —

2. Giemsa, Eine Vereinfachung und Vervollkommung meiner Methylenazur-Methylenblau-Eosin Färbemethode. *Centralbl. f. Bakt.*, Orig., XXXVII, p. 308, 1904.

3. Giemsa, Beitrag zur Färbung der Spirochäte pallida in Ausstrichpräparaten. *Deutsche med. Woch.*, n° 17, 1907.

4. Ces détails sont empruntés à Giemsa. *Deutsche med. Woch.*, n° 12, 1910.

essayer, y ajouter 2 gouttes de la solution d'hématoxyline et agiter. Si, au bout de cinq minutes, l'eau est restée incolore ou jaunâtre, ajouter à la provision d'eau distillée et goutte à goutte, une solution à 1 p. 100 de carbonate de sodium ou de potassium, jusqu'à ce que cette eau, éprouvée par l'hématoxyline, prenne, *au bout de cinq minutes* (et non d'une seule minute), une coloration violacée, faible mais nette.

A la rigueur, on peut se servir d'eau de pluie ou de neige fondue, après ébullition et filtration. Dans les eaux de source, les sels de magnésium sont les plus nuisibles.

Pour la mise en évidence des granulations de Maurer, dans les hématies parasitées par le *Plasmodium falciparum*, il faut une eau franchement alcaline : on la prépare en ajoutant une nouvelle goutte de carbonate de potassium à 1 p. 100 pour 20 cm³ d'eau distillée.

2° *Le mélange ne doit pas être concentré.* — La dilution *normale* est de 1 goutte de Giemsa pur pour 1 cm³ d'eau distillée. On peut, pour la méthode panoptique de Pappenheim, porter la dose à 3 gouttes pour 2 cm³, mais c'est l'extrème limite qu'il ne faut jamais dépasser. On risque non seulement de voir le mélange précipiter rapidement, mais, en outre, la trop grande concentration en glycérine et en alcool méthylique nuit à la coloration. Giemsa insiste beaucoup sur ce point, car on est facilement tenté de forcer la dose.

3° *Propreté absolue du matériel* (éprouvettes, pipettes, lames et lamelles). — Lorsque du précipité est adhérent aux parois de ce matériel, la dilution est beaucoup moins stable et précipite avant d'avoir coloré. Il faut donc laver soigneusement les vases avec de l'eau distillée ou de l'alcool, en cas de précipité trop adhérent. Rincer à l'eau distillée et *éviter toute trace d'acide.*

4° *Ne pas agiter le mélange.* — On est souvent tenté de secouer le liquide pour assurer son homogénéité : c'est une pratique dangereuse, qui amène promptement la précipitation du colorant. Il faut donc se servir d'un vase assez large, ayant au moins 3 cent. de diamètre : on mesure l'eau distillée dans une éprouvette spécialement destinée à cet usage et on la verse dans le large tube où on fait le mélange. On a soin d'y introduire d'abord l'eau et de faire tomber dans cette dernière les gouttes de liquide de Giemsa. Effectuer rapidement le mélange en agitant très doucement, par un mouvement tournant. Si on prépare une certaine quantité de mélange, il faut agiter au fur et à mesure qu'on fait tomber les gouttes.

5° *Préparer le mélange immédiatement au moment de s'en servir* et jamais à l'avance, même pour quelques minutes. Nous avons vu, en effet (p. 417), que le colorant produit son effet maximum au moment où la solution alcoolique est additionnée d'eau.

Lorsqu'un mélange a précipité, il est inutile de prolonger la coloration ou de colorer à chaud. La seule chose qu'il y ait à faire est de jeter le mélange, de bien rincer le frottis à l'eau distillée et de le recouvrir d'un autre mélange préparé avec soin.

Fig. 170. — Flacon compte-gouttes à tétine.

6° *Ne jamais introduire dans le mélange aucun instrument métallique.*

7° *Conservation des colorants neutres.* — Le meilleur moyen, pour conserver intactes les solutions alcooliques de colorants neutres (Giemsa, Giemsa rapide, May-Grünwald, panchrome, Leishman, etc.), est de les garder dans des flacons compte-gouttes à tétine [1], du modèle représenté figure 170. On a sur la table, dans une étagère (fig. 166) ou un bloc en bois (fig. 165) toute la série des colorants usuels.

On évite ainsi les confusions de compte-gouttes et l'introduction de poussières ou d'impuretés dans les liquides. En outre, les gouttes ont toujours le même volume, puisqu'elles sont toujours comptées avec le même instrument. En voyage, on retire les tubes compte-gouttes, on les numérote pour les emballer à part et on les remplace par des bouchons de liège numérotés.

II. **Méthode panoptique de Pappenheim** [2]. — Ce procédé est basé sur l'emploi successif du mélange de May-Grünwald et de celui de Giemsa (ancienne formule). Le premier colore surtout les éléments acidophiles et les granulations neutrophiles des leucocytes, tandis que le second colore les noyaux et les parties

1. **Pour conserver intacts les objets en caoutchouc**, notamment sous les tropiques, le procédé suivant, qui m'a été communiqué par le D[r] Ch. Joyeux, donne d'excellents résultats : il suffit d'enfermer les objets dans un bocal de verre bouché à l'émeri et contenant des rognures de bougie. La présence de traces de stéarates suffit pour empêcher le caoutchouc de devenir cassant.

2. Pappenheim, Panoptische Universalfärbung für Blutpräparate. *Medizinische Klinik*, IV, 2 p. 1241, 1908.

azurophiles. Séparément, chacune de ces deux méthodes donne une coloration incomplète, car le May-Grünwald colore mal les noyaux et pas du tout les corps azurophiles, tandis que le Giemsa met insuffisamment en évidence les parties acidophiles et les granulations neutrophiles.

1° *Fixation*. — Verser sur le frottis 10 gouttes [1] de liquide de May-Grünwald. Couvrir avec une boîte de verre bien sèche ou opérer dans une boîte de Petri (fig. 171). Laisser agir 3 minutes. *Il est essentiel que le liquide ne sèche pas* [2].

Fig. 171. — Boîte de Petri, pour colorations au Romanovsky.

2° *Coloration*. — En deux temps.

Premier temps. — Découvrir le frottis, verser à sa surface 10 gouttes d'eau distillée [3]. Bien mélanger avec le May-Grünwald, en inclinant la lame en tous sens. Laisser agir une minute.

Ce temps a pour but de colorer tous les éléments acidophiles en rose vif et les granulations neutrophiles. Pour effectuer la coloration, on se sert avec avantage du support en verre, ou mieux en nickel, avec cuvette, représenté par la figure 172. On opère ainsi très proprement, sans tacher la table et on peut même laver à la pissette sur la cuvette.

Fig. 172. — Cuvette et support pour colorations au Romanovsky.

Deuxième temps. — Rejeter le colorant précédent et, *sans laver*, verser sur le frottis du Giemsa dilué [4] dans la proportion de 3 gouttes pour 2 cm³ d'eau distillée. Laisser agir de 5 minutes à 30 minutes ou une heure, suivant la nature et l'ancienneté du frottis : un frottis frais demande en général 10 à 15 minutes de coloration.

Le lavage, la différenciation, le séchage, le montage et l'examen se font comme dans la méthode rapide de Giemsa (p. 418).

1. Ou 12, 15 gouttes, si c'est nécessaire pour bien couvrir la lame.
2. Si cet accident arrivait, il faudrait, pour y remédier, laver le frottis à l'alcool méthylique, de façon à dissoudre le précipité adhérent. On verserait ensuite de nouveau 10 gouttes de mélange colorant et on passerait immédiatement au premier temps de la coloration.
3. Employer toujours un nombre de gouttes d'eau distillée égal au nombre des gouttes de May-Grünwald qui ont servi pour la fixation.
4. Voir p. 120, les précautions à prendre pour cette dilution.

III. **Mélange panchrome de Pappenheim** (Pappeinheims Panchromgemisch). — Pappenheim a combiné ce mélange de manière à arriver à colorer le plus grand nombre possible d'éléments différents, avec des nuances particulières, correspondant à toutes les réactions cytologiques actuellement connues : basophilie, acidophilie, neutrophilie, métachromasie basophile et neutrophile.

Ce qui manque surtout aux mélanges genre Giemsa ou Leishman, c'est la faculté de colorer métachromatiquement les chromotropes basophiles tels que le protoplasme des Protozoaires et les granulations des labrocytes. Aussi Pappenheim a-t-il voulu composer un mélange du type Giemsa (alcool méthylique-glycérine) renfermant, d'une part le bleu de méthylène, l'azur de méthylène et l'éosine et, en outre, le bleu de toluidine et le violet de méthylène. Le tout est dissous dans un mélange d'alcool méthylique, d'acétone et de glycérine. L'avantage du bleu de toluidine est de permettre une coloration plus intense des éléments acidophiles, car l'éosinate de bleu de toluidine est beaucoup plus facile à dissocier que les éosinates de bleu de méthylène et d'azur. L'avantage du violet de méthylène est de colorer métachromatiquement les chromotropes basophiles (granulations des labrocytes). Le panchrome est préparé en deux concentrations différentes, l'une pour les frottis de sang [1], l'autre pour les coupes.

1° *Fixation*. — Comme dans la méthode panoptique (p. 423).

2° *Coloration*. — *Premier temps*. Comme dans la méthode panoptique (p. 423).

Deuxième temps. Verser sur le frottis un mélange de 15 gouttes de panchrome pour 10 cm³ d'eau distillée. Colorer au moins cinq minutes. Pour les Protozoaires, il est préférable de colorer au moins 20 minutes à l'étuve à 37°, en boîte de Petri fermée, pour éviter l'évaporation.

3° *Lavage et séchage* au buvard, comme pour la méthode panoptique (p. 418).

4° *Différenciation*. — Après séchage au buvard, il est quelquefois bon de différencier par le mélange suivant :

Alcool méthylique 75
Acétone 25

[1]. Voici la formule du panchrome :

Bleu de méthylène . . . . 1 gr.
Bleu de toluidine . . . . 0 —, 5
Azur I . . . . 1 —
Violet de méthylène . . . . 0 —, 5
Éosine . . . . 0 —, 75
Alcool méthylique . . . . 250 —
Glycérine . . . . 200 —
Acétone . . . . 50 —

Si ce mélange est trop actif, différencier simplement par l'eau ordinaire ou l'eau distillée.

Ce procédé permet de colorer des frottis très anciens et ne donne jamais de précipité.

IV. Procédé de Leishman[1]. — Cette méthode est encore très en usage dans les pays de langue anglaise, mais, à mon avis, elle n'est pas supérieure aux procédés qui viennent d'être décrits.

1° *Fixation.* — Verser sur le frottis 6 gouttes de solution de Leishman[2], couvrir avec une boîte de verre bien sèche, laisser agir 30 secondes.

2° *Coloration.* — Découvrir le frottis et verser sur la lame un nombre de gouttes d'eau distillée double de celui des gouttes de la solution de Leishman, soit 12 gouttes. Mélanger avec soin, en balançant la lame et laisser agir cinq à dix minutes.

3° *Différenciation à l'eau distillée.* — Ce temps est très important et doit être contrôlé au microscope. Il a pour but de dissoudre le précipité, de préciser la coloration rouge des noyaux des Protozoaires et de donner aux hématies une teinte rosée.

4° *Sécher* au buvard et *examiner* dans l'huile de cèdre.

Procédés applicables aux frottis humides.

Voir p. 675 la méthode de préparation et de fixation des frottis humides. La coloration peut être effectuée soit par le procédé de Giemsa, soit par les méthodes de Pappenheim (panoptique et panchrome). Pour ces deux dernières méthodes, procéder comme il est indiqué pour les coupes (p. 427).

Procédé de Giemsa[3]. — 1° *Fixation.* Dans le sublimé alcoolique de Schaudinn (p. 283), pendant douze à vingt-quatre heures.

Giemsa trouve que le sublimé est très supérieur à l'alcool et au formol qui modifient trop la structure de la chromatine et l'empêchent de prendre la teinte azurophile caractéristique. En outre, le sublimé est facile à éliminer par l'iode. Je crois, néanmoins. qu'on peut très bien fixer au Bouin; dans ce cas, le traitement à l'iode est inutile, il suffit d'éliminer complètement l'acide picrique (p. 272, note 1, et 358).

1. *Journ. Roy. micr. Soc. London*, p. 715, 1901. — *Brit. med. journ.*, II, p. 757, 1901.

2. Acheter la solution toute faite ou le colorant sec qu'on dissout dans l'alcool méthylique pur à la dose de 0,15 p. 100.

3. Giemsa, Ueber die Färbung von Feuchtpräparaten mit meiner Azur Eosinmethode. *Deutsche med. Woch.*, p. 1751, 1909.

2° Lavage : *Premier temps.* — Laver rapidement à l'eau et plonger cinq à dix minutes dans du Lugol faible [1] ainsi constitué :

Eau distillée.	100 cm³.
Iodure de potassium.	2 gr.
Lugol ordinaire (p. 406)	3 cm³.

Deuxième temps. — *Immédiatement après* le traitement au Lugol, laver rapidement à l'eau et plonger dix minutes dans [2] :

Hyposulfite de sodium	0,5 gr.
Eau distillée.	100 cm³.

Troisième temps. — Laver cinq minutes à l'eau courante.

3° Coloration, pendant une à douze heures ou plus, dans la dilution normale du mélange de Giemsa (p. 421), soit une goutte par centimètre cube d'eau distillée. Après la première demi-heure, rejeter le colorant et le remplacer par une dilution fraîche.

La coloration doit être faite dès que le lavage est terminé, car si on conserve les frottis quelque temps, ils perdent leur colorabilité.

4° Lavage rapide à l'eau distillée, au besoin différenciation prolongée.

5° Deshydratation par passages successifs dans les quatre liquides suivants [3] :

1. Acétone . . . . . 95 cm³. + Xylol. . . . . . 5 cm³.
2. — . . . . . 70 — + — . . . . . 30 —
3. — . . . . . 70 — + — . . . . . 30 —
4. Xylol pur . . . .

6° Monter au baume bien pur et neutre ou mieux encore dans la paraffine liquide (p. 462).

La méthode de Giemsa, appliquée aux frottis humides, donne des différenciations nucléaires beaucoup plus fines qu'avec les frottis desséchés. Les résultats obtenus présentent, sur les colo-

1. L'emploi du Lugol est indispensable, car la solubilisation du sublimé par l'iodure de potassium seul aboutit à la production d'un précipité opaque de mercure métallique, provenant de la dissociation du proto-iodure de mercure (p. 296, note 1).
2. C'est la méthode de Heidenhain (p. 482).
3. L'acétone a, sur l'alcool absolu, l'avantage de très peu décolorer les frottis et de s'emparer de leur eau, même en présence du xylol. En outre elle produit une légère différenciation qui améliore la coloration. Cette différenciation est maxima avec le liquide n° 1. On peut aussi employer de l'acétone pure.

rations à la laque ferrique, l'avantage de la polychromie, qui rend la lecture des préparations beaucoup plus facile.

Procédés applicables aux coupes.

I. Procédé de Giemsa[1]. — Ce procédé diffère très peu de celui qui est applicable aux frottis humides.

1° *Fixation*. Les fragments d'organes ne doivent pas avoir plus de 5 mm. d'épaisseur. Fixer dans le sublimé alcoolique de Schaudinn (p. 283) pendant quarante-huit heures, en renouvelant le liquide au bout de vingt-quatre heures.

On peut employer aussi la solution aqueuse saturée de sublimé, mais il ne faut pas y laisser trop longtemps les organes à cause des cristaux qui envahissent les tissus. Au contraire, on peut garder longtemps (trois mois) les pièces dans le sublimé alcoolique, à condition d'employer des flacons bien bouchés à l'émeri. *Il ne faut jamais toucher les pièces avec un instrument métallique.*

2° *Deshydrater* par les alcools, *imprégner* au toluène, puis à la paraffine et *couper* à 4 µ au plus. *Déparaffiner* les coupes comme il est dit p. 356.

3° *Traitement des coupes par le Lugol*. Employer soit le Lugol faible (p. 426), soit l'alcool à 70° additionné de 3 p. 100 de Lugol ordinaire (p. 406), soit simplement de la teinture d'iode faible. Ce dernier procédé produit un mordançage très favorable à l'obtention d'une coloration protoplasmique bleue intense : il doit alors durer 20 à 30 minutes.

4° *Élimination de l'iode*, par :

a. Lavage rapide à l'eau distillée ;

b. Séjour de 10 minutes dans l'hyposulfite de sodium à 0,5 p. 100 ;

c. Lavage de 5 minutes à l'eau ordinaire ;

d. Lavage rapide à l'eau distillée.

5° *Coloration*, pendant deux à douze heures, dans le Giemsa dilué à 1 goutte pour un centimètre cube d'eau distillée (ou pour

1. Giemsa, Ueber die Färbung von Schnitten mittels Azur-Eosin. *Deutsche med. Woch.* n° 12, 1910. — Schuberg, Ueber die Färbung von Schnittpräparaten mit der Giemsaschen Azur-Eosin Methode. *Deutsche med. Woch.*, XXXV. p 2106, 1909. — Voir aussi à ce sujet : Seidelin, An iron-hæmatein stain with remarks on the Giemsa stain. *Parasitology*, IV, p. 94-103, 1911.

2 cm³ en cas de coloration très lente), changer le colorant après la première demi-heure.

6° Laver à l'eau distillée et traiter ensuite comme les frottis humides (p. 426).

II. Procédé de Schilling[1]. — Ce procédé, excessivement simple, consiste à étaler les coupes à la paraffine sur de l'eau tiède puis à les faire flotter sur le colorant (Giemsa dilué) ; on les reporte ensuite sur l'eau. Coller sur lame, sécher, déparaffiner par le xylol et monter au baume.

III. Procédés de Pappenheim[2]. — Pappenheim conseille de fixer les pièces par les liquides de Orth (p. 283) ou de Helly (p. 284). Nous renvoyons aux remarques faites plus haut à propos de ces fixateurs et nous pensons qu'on peut fixer tout aussi bien au Bouin ou au lucidol. Après le Helly, il faut éliminer le sublimé par l'iode et l'iode par l'hyposulfite de sodium (p. 426). Inclure à la paraffine.

Méthode May-Giemsa-acide acétique[3].

1. Colorer les coupes pendant 15 minutes à l'étuve à 37°, par le May-Grünwald ou le Jenner (1 cm³ pour 4 cm³ d'eau distillée).

2. Sans laver, colorer 40 minutes, à l'étuve à 37°, dans du Giemsa (ou du panchrome) dilué à raison de 3 gouttes pour 2 cm³ d'eau distillée.

3. Laver à l'eau distillée, *différencier* dans l'eau acétifiée à 5 gouttes p. 100, laver de nouveau à l'eau distillée, puis essorer au buvard.

4. *Deshydrater* par un mélange à parties égales d'alcool absolu et d'acétone. Xylol, baume (ou mieux paraffine liquide, p. 426).

Méthode panchrome-acide picrique[4].

1. Colorer au May-Grünwald comme ci-dessus.

2. Sans laver, colorer 30 minutes à 37° par le panchrome de Pappenheim dilué (1 goutte pour 1 cm³ d'eau distillée).

3. Laver à l'eau distillée, différencier dans l'acide picrique à 0,1 p. 100, jusqu'à ce que la préparation ait pris une teinte

1. *Beihefte z. Archiv f. Schiffs u. Trop. Hyg.*, I, p. 86, 1912.
2. Pappenheim, Ueber die Anwendung des kombinierten May-Giemsaverfahren zur Schnittfärbung, *Folia hæmatologica*, XI, *Archiv*, p. 373-377, 1911. Voir aussi *Dermatol. Studien*, XXI, 1910.
3. Pappenheim, Die kombinierte May-Giemsa-Essigsäure Färbungsmethode als histologische Universalübersichtfärbung. *Anat. Anzeiger*, XLII, p. 525, 1912.
4. Pappenheim, *Ibidem*, et Zur Blutzellfärbung im klinischen Bluttrockenpräparat und zur histologischen Schnittpräparatfärbung der hämatopoetischen Gewebe. *Folia hæmatologica*, XIII, *Archiv*, p. 340, 1912.

rouge. Pour les Protozoaires, remplacer l'acide picrique par le picrate d'ammoniaque.

4. Laver à fond à l'eau distillée (5 minutes), puis essorer au buvard.

5. Plonger quelques secondes dans un mélange à parties égales d'alcool absolu et d'acétone, additionné de 6 volumes de xylol.

6. Essorer de nouveau au buvard.

7. Achever de deshydrater par le mélange n° 5, contenu dans un autre tube Borrel.

8. Xylol, baume neutre ou mieux paraffine liquide (p. 426).

CHAPITRE XX

COLORATIONS COMBINÉES

Je ne décrirai que les colorations combinées les plus utiles. Comme ces colorations sont presque toujours destinées aux coupes, c'est dans ce chapitre que je donnerai la marche à suivre pour colorer les coupes à la paraffine. Cette marche est d'ailleurs la même pour les coupes au collodion : la seule différence consiste, au lieu de traiter les coupes sur lames, à les passer généralement de godets en godets, dans les divers liquides colorants et intermédiaires (p. 360).

La méthode type sera la coloration à l'hématéine-éosine, qui, à mon avis, est la méthode fondamentale de l'histologie normale et pathologique.

Qu'est-ce qu'une coloration combinée? Sous ce nom, je réunirai les colorations doubles ou multiples, qu'elles soient successives ou simultanées. Je crois qu'il n'y a pas intérêt à pulvériser les méthodes et à multiplier les catégories, comme on a quelquefois tendance à le faire. L'arsenal technique paraît si embrouillé et si obscur au débutant, qu'il faut autant que possible lui en simplifier l'accès. Je distingue donc les *colorations simples*, où on n'emploie qu'un colorant (hématoxyline au fer, thionine phéniquée, bleu polychrome de Unna) et les *colorations combinées*, dans lesquelles on emploie plusieurs colorants, simultanément ou successivement (hématéine-éosine, trichromique de Cajal, triple coloration de Prenant, etc.). Parmi ces dernières nous établirons des catégories d'après la nature du colorant nucléaire : (hématoxyline, couleurs basiques, etc.).

I. — COLORATIONS A L'HÉMATOXYLINE

1. Méthode à l'hématéine-éosine.

Nous avons expliqué (p. 356) la manière de déparaffiner les coupes. Nous supposons donc que les lames ont été hydratées, après passage dans les toluènes et les alcools. Elles sont dans une boîte à rainures remplie d'eau. Nous avons devant nous une batterie de tubes Borrel ou Jolly renfermant :

Hémalun acide de Mayer (p. 385).
Alcool chlorhydrique à 0,25 p. 100 (V gouttes p. 100).
Eosine extra BA de Höchst à 1 p. 100[1].
Alcool à 70°.
Alcool à 90°.
Alcool absolu.
Xylol.

1° Sortir la lame de l'eau et la plonger dans l'hématéine[2]. *Colorer* de cinq à vingt minutes ou plus, suivant le cas ;

2° *Rincer* à l'eau et vérifier au microscope, avec un objectif faible (50 diam.), si les noyaux sont suffisamment colorés ; on peut, sans inconvénient, surcolorer pour régresser ensuite à l'alcool acide ;

3° *Différencier quelques secondes* dans l'alcool chlorhydrique[3], puis se hâter de laver abondamment.

4° *Virage.* — Laisser séjourner les coupes dans une boîte à rainures remplie d'eau de source, jusqu'à ce qu'elles aient pris une belle teinte bleu noir.

Ce virage est *des plus importants*, non seulement pour avoir une bonne teinte nucléaire, mais encore pour éliminer sûrement toute trace d'acide et assurer la conservation de la préparation. On peut aussi saturer l'acide par le carbonate de lithium ou le bicarbonate de sodium à 1 p. 100 (p. 386).

1. Ou un mélange à parties égales de solutions à 1 p. 100 d'orange G et d'éosine extra BA de Höchst ou encore le mélange bleu de méthyle-éosine de Mann.
2. On peut colorer deux lames à la fois dans un tube Jolly et trois ou six dans un tube Borrel muni d'un prisme.
3. Cette différenciation n'est pas indispensable avec l'hémalun acide de Mayer, si on n'a pas poussé trop loin la coloration. Elle permet d'avoir une teinture exclusivement nucléaire.

5° *Colorer* une minute dans l'éosine;

6° *Laver* abondamment à l'eau pour enlever tout l'excès de colorant;

7° *Différencier* dans l'alcool à 70°, puis dans l'alcool à 90°, en surveillant au microscope, jusqu'à ce que la teinte rouge diffuse ait disparu;

L'éosine ne doit produire qu'une coloration cytoplasmique bien franche et donner une gamme de roses plus ou moins vifs, suivant l'intensité de l'acidophilie des divers éléments. On pousse plus ou moins loin la décoloration, suivant les parties qu'on désire mettre en évidence. Noter que les tissus fixés au formol prennent très difficilement l'éosine (p. 277) et se décolorent très vite.

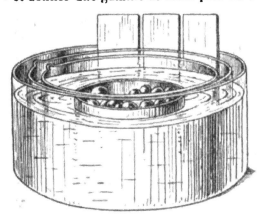

Fig. 173. — Appareil formé de cristallisoirs emboîtés, pouvant servir à remplacer les batteries de tubes pour les colorations. Le vase central est rempli de billes de verre ou de grenaille de plomb pour assurer l'immobilité du système. L'intervalle qui sépare chaque cristallisoir est rempli par un liquide différent.

8° *Deshydratation.* — Ce temps est très important, car c'est de lui que dépend la réussite du montage au baume. Les coupes, au sortir de l'alcool à 90°, sont déjà partiellement deshydratées. Bien essuyer le dessous de la lame et la plonger dans un tube plein d'alcool absolu, ou mieux verser à trois reprises, à la surface de la lame, de l'alcool absolu conservé dans un petit flacon bien bouché. Verser suivant la longueur de la lame, de manière à chasser l'alcool hydraté qui imprègne les coupes. Balancer la lame pour que les coupes soient bien pénétrées par le liquide[1]. Une grande quantité n'est pas nécessaire : on peut deshydrater une lame avec quelques centimètres cubes, à condition d'opérer *méthodiquement* et *rapidement*;

9° *Eclaircissement.* — Essuyer rapidement le dessous de la

1. A mon avis, la deshydratation sur lame est beaucoup plus sûre, car l'alcool absolu employé en tubes Borrel se charge d'eau peu à peu; avec un peu d'habitude, on deshydrate sur lame aussi rapidement qu'avec les tubes. Avoir à sa portée un petit cristallisoir pour y rejeter l'alcool qui, au besoin, pourra servir à d'autres usages (lavages, collections, etc.).

lame et *se hâter* de la plonger dans un tube de xylol bien propre [1]
où elle séjourne pendant qu'on prépare une lamelle. Le xylol [2] ne
doit pas se troubler, même par un louche léger, sinon il faut
recommencer la déshydratation [3].

10° *Montage au baume.* — Essuyer rapidement autour des
coupes l'excès de xylol, déposer une goutte de baume du Canada
au xylol (p. 452) au milieu de la préparation et couvrir avec la
lamelle; appuyer *très légèrement* pour chasser les bulles d'air
et absorber au besoin l'excès de baume avec des bandelettes de
buvard.

Pour éviter sûrement les bulles d'air, employer le tour de main suivant :
déposer une goutte de baume sur la coupe et une autre sur la lamelle,
mettre les deux gouttes en contact et appliquer doucement la lamelle.
Celle-ci ne doit pas tomber brusquement sur les coupes, mais être appliquée d'abord par le côté gauche, puis abaissée lentement, en la soutenant du côté droit avec une pince (p. 454).

La préparation doit être absolument transparente et ne montrer
aucune trace de louche, en l'examinant sur un fond noir. S'il y a
une opalescence, c'est que la déshydratation est mauvaise. Dans
ce cas, il faut enlever la lamelle avec soin. Dissoudre le baume
en versant du xylol sur la lame et reprendre par l'alcool absolu.

Pendant toute cette série de manipulations (de la coloration
au montage définitif), *il faut veiller attentivement à ce que les
lames portant les coupes soient toujours dans un liquide et ne
sèchent pas entre deux opérations.*

Lorsqu'on doit traiter de nombreuses lames, on peut faire toutes les
opérations dans des cuvettes à rainures [4], dans des cylindres Borrel ou
dans des bocaux bas plus larges. Dans ces deux derniers cas, on peut
employer le procédé suivant, qui m'a été communiqué par le Dr Aldo
Perroncito. On découpe de minces rondelles de moelle de Sureau (2 mm.
d'épaisseur environ); on sépare les lames avec ces rondelles qu'on
place à leur partie supérieure et qui adhèrent par capillarité. On peut
ainsi mettre de nombreuses lames dans un bocal sans qu'elles se
touchent. On les retire une à une, ce qui est préférable aux dispositifs

1. Avoir soin d'essuyer la face inférieure de la lame et le pourtour des coupes,
pour introduire le moins possible d'alcool dans le xylol.
2. Pour cette opération, je préfère le xylol au toluène qui est trop volatil.
3. Se méfier de l'alcool plus ou moins hydraté, qui peut rester adhérent à la
face inférieure de la lame et qui produit un louche, même après une bonne deshydratation des coupes.
4. Employer des cuvettes à rainures disposées pour placer les lames horizontalement et non verticalement, car, dans ce dernier cas, les coupes un peu larges
sont détériorées par le bord des rainures.

plus ou moins compliqués, au moyen desquels on les retire toutes ensemble. Voir aussi le petit appareil de Funck [1] qui est très pratique et qu'on peut construire soi-même.

Mann conseille de coller les coupes destinées à l'enseignement sur des plaques de mica de 10 à 20 centimètres carrés. On fait toutes les opérations dans des cuvettes photographiques. Finalement, on sépare les coupes avec des ciseaux, on les colle au baume sur lame, le mica en dessous et on recouvre d'une goutte de baume et d'une lamelle.

2. Méthode aux chromotropes de Heidenhain.

1. Colorer à l'hémalun, différencier et virer comme plus haut.
2. Plonger la lame une ou deux minutes dans un tube d'alcool à 90°.
3. Alcool ammoniacal à 1 p. 1000.
4. Alcool à 90° pur.
5. Colorer en solution alcoolique concentrée de chromotrope 2 R[2] ou 6 B, jusqu'à obtention de la teinte rouge (voir p. 411).
6. Alcool absolu, xylol, baume.

3. Méthode de van Gieson.

Cette méthode met très bien en évidence le tissu conjonctif, ainsi que les basales et le reticulum des organes lymphoïdes, mais non les fibres élastiques. C'est un procédé célèbre qui a joui d'une grande vogue, peut-être un peu exagérée. En tous cas, pour bien réussir cette coloration, il faut observer certaines précautions. La coloration à l'hématoxyline ferrique est indispensable, car, avec les laques aluminiques, les noyaux prennent une teinte brun rougeâtre très défavorable.

1. *Colorer* à la laque ferrique de Heidenhain [3] ou de Weigert.
2. *Laver* à l'eau.
3. *Colorer* par le mélange de van Gieson (acide picrique et rubine acide) pendant quelques secondes.

De très nombreuses formules ont été proposées pour ce mélange. Une

1. Funck, Dispositif pour déshydratation. *Ztschr. f. wiss. Mikr.*, XXVI, p. 422, 1909.
2. Le 2 R s'emploie en solution plus faible que le 6 B. Fröhlich passe à l'hémalun, deshydrate, colore en solution d'acide picraminique dans l'alcool absolu (3 à 5 min.), lave à l'alcool absolu et colore de nouveau par une solution alcoolique d'un chromotrope. Collagène rouge, élastique jaune, muscle brun, hématies jaunes. *Ztschr. f. wiss. Mikr.*, XXVII, p. 219-352, 1910.
3. Le procédé à chaud, indiqué p. 389, est le plus rapide. A la rigueur, on pourrait virer au noir, dans l'alun de fer, une coloration à l'hématéine.

des meilleures est la suivante, donnée par Weigert; elle s'associe très bien à son hématoxyline ferrique.

Rubine acide à 1 p. 100 . . . . 10 cm³.
Sol. aq. sat. d'acide picrique. . . . . 100 cm³.

On peut augmenter ou diminuer la quantité de rubine acide, suivant la nature des tissus à colorer.

Völker [1] colore une nuit ou plus dans le mélange suivant :

Acide picrique à 0,1 p. 100 . . . . 100 cm³
Rubine acide à 0,1 p. 100 . . . . 0,5 à 1 —

Passer ensuite rapidement à l'eau distillée acétifiée, à l'alcool absolu et au xylol, puis monter au baume épais. Ce mélange colorant peut servir très longtemps.

P. Masson commence par colorer pendant 2 à 3 minutes par du jaune métanil à 1 p. 100. Sans laver, il verse ensuite sur les coupes une solution à 1 p. 100 de rubine acide dans la solution aqueuse saturée d'acide picrique. Laisser agir 30 secondes au plus puis rincer à l'eau distillée.

4. *Laver* très rapidement à *l'eau distillée.*

5. *Deshydrater* très rapidement par l'alcool absolu [2].

6. *Xylol.* P. Masson lave d'abord dans du xylol saturé d'acide salicylique pour fixer la coloration par la rubine acide. Lorsqu'on n'emploie pas le procédé au jaune métanil, il faut laisser ensuite très longtemps les coupes dans le xylol, pendant plusieurs heures ou même 24 heures, de façon à différencier la coloration par l'acide picrique. On obtient ainsi une élection particulière des fibres élastiques et des hématies en beau jaune brillant.

7. *Monter au baume.* En sortant les coupes du xylol salicylé, on laisse évaporer ce liquide sur les bords de la lame, jusqu'au moment où on voit apparaître des cristaux d'acide salicylique. A ce moment, on ajoute le baume qui se trouve ainsi chargé d'une quantité d'acide salicylique suffisante pour assurer la conservation de la coloration par la rubine acide.

Causes d'insuccès. — 1. *Décoloration des noyaux.* L'acide picrique agit comme un différenciateur énergique sur l'hématoxyline et surtout sur la laque aluminique. Il faut surveiller cette action.

1. Wölker, Eine Modifikation der van Giesonschen Färbung. *Ztschr. f. wiss. Mikr.*, XXX, p. 185, 1913.
2. Weigert deshydrate les coupes à la celloïdine par l'alcool à 90° et les éclaircit par le xylol phéniqué (xylol 3, acide phénique 1) (p. 361).

2. *Lavage à l'eau.* — L'eau de source *dissout* et *décolore* la rubine acide. On y remédie en employant l'eau distillée et en traitant les coupes par le xylol salicylique.

3. *Deshydratation.* — L'alcool dissout rapidement l'acide picrique et atténue la coloration jaune.

Dans une préparation bien réussie, les éléments conjonctifs sont rouge vif, les protoplasmes jaunes, les noyaux noirs. Ce procédé *n'est pas une méthode générale*, comme on le croit souvent à tort, mais il est surtout destiné à l'étude du tissu conjonctif.

4. Méthode de Mann.

1. *Colorer* à l'hémalun de Mayer, *laver* et *virer* comme d'habitude.

2. *Colorer le fond* par le mélange bleu de méthyle-éosine de Mann (p. 445), pendant 5 à 7 minutes.

3. *Laver* à l'eau de manière à bien différencier la coloration (suivre au microscope).

4. Alcool à 90°, alcool absolu, xylol, baume.

5. Méthode au safran de Pierre Masson [1].

Je recommande particulièrement cette méthode, qui donne des résultats remarquables et qui est très facile à réussir, surtout avec les pièces fixées au Bouin. A mon avis, les résultats sont très supérieurs à ceux du van Gieson. Les couleurs sont plus agréables à l'œil, les coupes plus lisibles et la conservation assurée.

1. *Colorer* à l'hémalun.
2. *Différencier* dans l'alcool chlorhydrique (V gouttes p. 100).
3. *Bleuir* dans le carbonate de lithium à 1 p. 100.
4. Bien *laver* à l'eau ordinaire.
5. *Colorer* 10 minutes dans l'éosine jaunâtre à l'eau à 5 p. 100 ou une heure dans la solution à 1 p. 100.
6. *Laver.*
7. *Colorer* 10 minutes dans la solution de safran préparée comme il suit :
Faire bouillir 1 gramme de *safran du Gâtinais de l'année* dans 100 centimètres cubes d'eau de source, pendant une heure. Filtrer. Ajouter 1 cm³ de tannin à 5 p. 100 et 1 cm³ de formol du commerce.

1. P. Masson, Le safran en technique histologique. *C. R. Soc. de biologie*, LXX, p. 573, 1911.

8. *Laver.*

9. *Deshydrater* par l'alcool absolu (pas d'alcool à 90°, qui décolore le safran).

10. *Monter* au baume.

Le résultat est beau et très démonstratif. Les noyaux sont bleu foncé, les protoplasmes rosés ou saumon, les fibres nerveuses, élastiques et musculaires rose franc vif, les fibres conjonctives, l'osséine, la chondrine jaune d'or brillant, les granulations éosinophiles rouge intense.

6. *Triple coloration de Prenant*[1].

1. *Colorer* à l'hématoxyline ferrique.

2. *Colorer le fond* par la méthyléosine ou l'érythrosine[2] en solution concentrée pendant 10 minutes.

3. *Laver* à l'eau pour enlever l'excès du colorant ou, simplement, essuyer le dos de la lame.

4. *Colorer* par le vert lumière à 1 p. 100 dans l'alcool à 90°. C'est là le temps délicat de la méthode : si le vert lumière agit trop longtemps, il déplace complètement l'éosine et donne à la préparation une teinte vert sale très désagréable. Le vert lumière ne devra donc agir que pendant quelques secondes.

5. *Deshydrater* rapidement, xylol, baume.

La chromatine est noire, les protoplasmes sont rouges ou rosés, le collagène est vert foncé. Malheureusement cette méthode est très difficile à réussir et les préparations se conservent mal.

Ce procédé s'applique aux tissus végétaux, dans lesquels le vert lumière colore électivement la cellulose.

7. *Trichromique de Pierre Masson*[3].

1. *Mordancer* dans l'alun de fer à 1 p. 100. Durée : 12 heures à froid ; 10 minutes à l'étuve à 40°.

2. *Laver* à l'eau distillée.

1. *Arch. d'anat. micr.*, V, p. 191, 1902.

2. D'après ce que nous avons dit, p. 411, la méthyléosine n'est soluble que dans l'alcool ; l'érythrosine (sel de la fluorescéine iodée) est soluble dans l'eau. Dans le premier cas on colore donc en solution alcoolique et dans le second en solution aqueuse : employer des solutions à 1 p. 100 et colorer 10 minutes environ, suivant l'affinité des tissus pour ce colorant. J'inclinerais à préférer l'érythrosine comme plus élective et comme résistant mieux à l'action des alcools de deshydratation.

3. *Bull. soc. anatomique*, juin 1912.

3. *Colorer* par l'hématoxyline ainsi préparée :

Hématoxyline cristallisée	1 gr.
Alcool absolu.	10 cm³
Glycérine	10 gr.
Eau distillée q. s. pour compléter.	100 cm³

Ce liquide agit pour le mieux entre le 3ᵉ et le 15ᵉ jour après sa préparation. Les solutions plus âgées sont moins électives. Durée de la coloration : 12 heures à froid ; 10 minutes à l'étuve à 40°.

4. *Laver* à l'eau distillée.

5. *Deshydrater* par l'alcool absolu.

6. *Différencier* 30 secondes dans la *teinture d'iode à satura-tion* dans l'alcool à 95°. La solution doit être aussi concentrée que possible ; elle jouit de la curieuse propriété de décolorer tous les éléments de la préparation, sauf les noyaux qui restent d'un beau noir pur.

7. *Laver* dans deux alcools à 90° pour éliminer l'iode le plus rapidement possible ; changer souvent ces alcools.

8. *Laver* à l'eau ordinaire.

9. *Traiter* par le carbonate de lithium à 1 p. 100, pour achever l'élimination de l'iode, qui passe à l'état d'iodure de lithium très soluble.

10. *Rincer* à l'eau ordinaire, puis à l'eau acétifiée, pour éliminer toute trace de carbonate de lithium qui empêcherait la coloration par la rubine acide.

11. *Colorer les cytoplasmes* pendant 30 secondes à 1 minute dans une solution aqueuse de rubine acide à 1 p. 1000.

12. *Différencier* pendant 5 minutes dans l'acide phosphomo-lybdique à 1 p. 100, qui décolore le collagène et laisse les cyto-plasmes colorés en rose.

13. *Colorer le collagène* pendant 20 minutes au moins (une heure au plus) dans :

Bleu d'aniline à l'eau n° 2 de Poirrier à 1 p. 100 ⎱ ãã
Sol. aq. d'acide phosphomolybdique à 1 p. 100 ⎰

14. *Rincer* à l'eau distillée, puis à l'alcool à 90° pour extraire tout le bleu qui imbibe les coupes sans y être fixé.

15. *Deshydrater* par l'alcool absolu.

16. Traiter par le xylol ordinaire, puis par le *xylol salicylé* (p. 435).

17. *Monter* au baume comme il est dit p. 435, de manière à assurer l'acidification du baume par l'acide salicylique, condition indispensable pour la conservation de la coloration par la rubine acide.

Remarques. — 1. On peut, si on trouve que la différenciation par la teinture d'iode est trop énergique, remplacer les 10 premières opérations par la méthode classique de Heidenhain (p. 388), en ayant soin de différencier par l'alun de fer jusqu'à décoloration complète du tissu conjonctif et, autant que possible, des cytoplasmes.

2. Veiller avec grand soin à la qualité de l'*acide phosphomolybdique*; il doit être en cristaux bien formés et entièrement solubles dans l'eau distillée. Il faut donc rejeter le produit qui se présente sous la forme d'une poudre jaune en grande partie insoluble.

Les noyaux sont noirs; la coloration cytoplasmique est particulièrement bonne, avec toute une gamme de rouges plus ou moins vifs; les plus fines fibrilles de collagène sont colorées en bleu intense. Non seulement cette méthode est *la meilleure qui existe pour la mise en évidence du collagène*, mais, en outre, elle est d'une réussite absolument certaine et les préparations se conservent très bien.

Cette méthode est une simplification de celle de Mallory (p. 512). Elle est supérieure à toutes les autres méthodes au bleu d'aniline (Curtis, Dubreuil (p. 702), Blochmann (p. 513), parce qu'elle n'emploie pas l'acide picrique qui finit toujours par diffuser.

II. — COLORATION A LA SAFRANINE

Méthode de Benda[1]. *Safranine-vert lumière.*

1. *Colorer* dans la safranine anilinée de Babes, pendant 5 minutes à 12 heures, suivant la puissance du colorant et la nature du tissu (p. 404).
2. *Laver* rapidement à l'eau.
3. Colorer 30 secondes dans :

Vert lumière (Lichtgrün) . . . . 1 gr.
Alcool à 90°. . . . . 400 cm³. [2]

Ce liquide différencie la safranine et colore en même temps le tissu conjonctif en vert. Dans une préparation réussie, les noyaux seuls doivent être rouges.

1. *Arch. Anat. Phys. Phys. Abt.*, p. 549, 1891.
2. L'indication originale est 1 p. 400 mais souvent on emploie une solution à 1 p. 100 ou même du vert lumière en solution aqueuse, ce qui, à mon avis, est contraire à l'esprit de la méthode.

Nous indiquerons, dans le chapitre consacré au tissu conjonctif (p. 702) d'autres colorations combinées (méthode de Dubreuil, de Curtis).

C'est avec intention, que je ne décris pas ici la célèbre méthode de Flemming (safranine, violet de gentiane, orange) ; ce procédé, de même que les modifications de Reinke et de Laguesse, est d'une application très délicate et, à mon avis, ne convient pas pour le travail courant [1].

III. — COLORATIONS A LA FUCHSINE BASIQUE

Ces méthodes, comme toutes celles où on emploie le magenta, ne conviennent que pour les pièces fixées au Flemming.

1. Magenta-vert lumière de Pierre Masson.

1. *Colorer* 2 minutes à 45°-50° dans le magenta [2] phéniqué, préparé suivant la formule de Ziehl (p. 408).

2. *Laver* à l'eau.

3. *Colorer* 15 à 20 secondes dans le vert lumière à 1 p. 100 dans l'alcool à 95°.

4. *Différenciation* dans l'alcool picriqué, jusqu'à ce qu'il ne s'échappe plus de nuages rouges.

5. Alcool absolu, xylol, baume.

Cette méthode ne réussit qu'avec les pièces fixées au Flemming.

2. Trichromique de Ramon y Cajal [3].

A. — Pour les coupes non fixées au Flemming.

1. *Colorer* 10 minutes *à froid* dans :

Sol. sat. de magenta dans l'alcool absolu . . . 1 vol.
Eau distillée . . . . 5 —

1. On trouvera de minutieux détails à ce sujet dans : von Winiwarter, Hans und G. Sainmont, Erfahrungen über die Flemmingsche Dreifärbung. *Ztschr. f. wiss. Mikr.*, XXV, p. 157-162, 1908. Voir aussi Laguesse, *Arch. anat. micr.*, IV, p. 157-218, 1901.

2. R. Maire a obtenu de très beaux résultats, chez les Basidiomycètes, avec la diamantfuchsine préparée suivant la formule de Ziehl. Thèse de Paris (sciences), p. 21, 1912, et *Bull. Soc. mycol. France*, 1902. On trouvera, dans cet important ouvrage, toute une série de colorations combinées, avec la diamant-fuchsine comme colorant nucléaire. Ces méthodes, employées pour la cytologie des Basidiomycètes, sont transposables pour la cytologie animale ou végétale en général.

3. Je dois à mon excellent ami, le Dr Pierre Masson, ces indications très précises sur la manière d'appliquer le procédé de Cajal.

2. *Laver* largement à l'eau.

3. *Colorer* 10 minutes dans la solution de Cajal :

> Carmin d'indigo. . . . .   25 centigr.
> Sol. aq. sat. d'ac. picrique. . . . .   100 cm³.

4. *Rincer* à l'eau distillée.

5. *Différencier* 2 minutes dans :

> Eau distillée. . . . .   100 cm³.
> Acide acétique crist.. . . . .   2 gouttes.

pour débarrasser de l'acide picrique le tissu conjonctif qui devient bleu pur.

Les noyaux sont rouges, les cytoplasmes jaunes, le collagène bleu.

B. — *Pour les coupes fixées aux liquides chromiques et osmiques.*

1. *Colorer* 5 minutes *à chaud* (45°) dans le magenta (même formule que plus haut).

2. *Laver* à l'eau.

3. Colorer 30 secondes dans :

> Carmin d'indigo . . . .   40 centigr.
> Sol. aq. sat. d'acide picrique . . . . . .   100 cm³.

Le reste comme plus haut.

IV. — COLORATIONS AUX BLEUS BASIQUES

1. Méthode du bleu polychrome de Unna.

Nous avons étudié p. 401 la composition du bleu polychrome de Unna. Nous savons que c'est un mélange, en solution fortement alcaline, de bleu de méthylène, d'azur de méthylène et de violet de méthylène.

C'est un colorant cytologique de premier ordre qui convient surtout pour l'étude des lésions inflammatoires et pour celle du cytoplasme dans les divers éléments cellulaires du tissu conjonctif. Il est applicable aussi bien aux frottis qu'aux coupes et donne une différenciation très délicate. Il faut pourtant noter que les résultats sont moins beaux avec les pièces fixées dans les liquides chromiques.

1. *Colorer* une à cinq minutes ou douze heures, suivant le cas, dans le bleu polychrome pur.

2. *Laver* rapidement, pour enlever l'excès de colorant.

3. *Différencier* par l'éther glycérique (*Glycerinaethermischung*) de Unna étendu de trois parties d'eau, au moins.

4. *Laver* longtemps et à fond, dans l'eau ordinaire, de manière à éliminer *complètement* toute trace de différenciateur.

5. *Deshydrater très rapidement* à l'alcool absolu.

6. Xylol, huile de cèdre.

Telle est la méthode fondamentale; mais elle est susceptible d'une infinité de variantes, suivant la nature des éléments qu'on désire mettre en évidence.

Le point important est de bien effectuer la différenciation. Pour cela, quelques explications complémentaires sont indispensables.

Éther glycérique, Glycerinaether ou Glycerinaethermischung de Unna. — Cet important réactif est quelquefois interprété d'une manière très fantaisiste. Ce n'est point, comme on le croit trop souvent, un mélange de glycérine et d'éther sulfurique, mais bien un produit très complexe, dans lequel des éthers de la glycérine sont dissous dans un mélange convenablement dosé d'alcool absolu et de glycérine.

Ce produit est préparé depuis 1892; on ne connaît pas au juste sa composition centésimale, mais on sait que sa partie active est un éther ou mieux un anhydride de la glycérine. Pour l'obtenir, on soumet la glycérine à la distillation sèche fractionnée avec 2 p. 100 de chlorure d'ammonium [1]; on recueille les produits, on les mélange de nouveau, on les additionne du tiers de leur poids d'alcool absolu et on ajoute assez de glycérine pour donner une consistance convenable.

Je crois qu'on peut appeler ce mélange *éther glycérique* : je propose cette dénomination, pour qu'enfin on puisse désigner en français un produit important, d'usage journalier dans les laboratoires. En tout cas, c'est le terme que j'adopte pour cet ouvrage.

On emploie très rarement l'éther glycérique pur, parce que son pouvoir décolorant est très grand. Unna conseille généralement de l'étendre de trois volumes d'eau. Je préfère une dilution encore plus grande, par exemple V gouttes pour 10 centimètres cubes d'eau distillée. Le mélange est toujours trouble : on peut l'employer tel quel ou le filtrer.

Ce différenciateur agit d'une façon très spéciale : en effet, *il décolore la chromatine avant le cytoplasme* : il est donc tout particulièrement propre à démontrer les inclusions basophiles (corps de Nissl, granulations basophiles, etc.). En outre, il met admirablement en évidence les granulations métachromatiques des labrocytes : il les dépouille complètement de toute teinte bleue et les fait apparaître en rouge pur. On peut même, en prolongeant la différenciation, arriver à ne plus avoir que ces gra-

---

1. Il se forme certainement aussi une petite quantité d'acroléine.

nulations métachromatiques, ressortant en rouge sur le fond très pâle de la préparation.

Dès que la différenciation est terminée, il est *indispensable* de procéder à un *lavage à l'eau* soigneux et prolongé, de manière à éliminer toute trace d'éther glycérique. Si on néglige cette précaution, on s'expose à voir les coupes se décolorer complètement.

La deshydratation doit se faire à l'alcool absolu et très rapidement, pour ne pas décolorer la préparation. On passe ensuite au xylol et on monte au baume parfaitement neutre ou à l'huile de cèdre (p. 458) qui sèche suffisamment et conserve très bien la coloration. On peut encore employer avantageusement l'huile de paraffine ou le sirop d'Apathy, mais, dans ce dernier cas, sans deshydrater.

Les colorations ainsi obtenues sont remarquablement belles. Au point de vue topographique, elles ne parlent pas à l'œil; mais, examinées à de forts grossissements, elles montrent une grande richesse de détails très délicats, avec toute une gamme de tonalités qui les rendent très précieuses pour les recherches de cytologie fine, sur les éléments du tissu conjonctif. Ces préparations sont très transparentes, sans aucune tendance à cet empâtement qui est l'écueil de beaucoup de colorations par les bleus basiques. Les parties acidophiles sont colorées en verdâtre : pour bien apprécier leur répartition, il est bon de comparer avec une coupe de la même pièce colorée à l'hématéine-éosine.

Bleu polychrome et orcéine.

1. *Colorer* 5 à 15 minutes par le bleu polychrome.
2. *Laver* à l'eau.
3. *Différencier* et *deshydrater* dans une solution d'orcéine à 0,25 p. 100 dans l'alcool à 70°.
4. Alcool absolu, xylol, baume.

Cette méthode donne des résultats presque aussi beaux que celle de l'éther glycérique et présente l'avantage de colorer en outre le collagène en rouge. La différenciation est très fine et convient très bien pour l'étude aux forts grossissements.

Bleu polychrome et tannin-orange.

1. *Colorer* 5 à 15 minutes par le bleu polychrome.
2. *Laver* à l'eau.
3. *Différencier* par le tannin-orange de Unna, suivant la technique décrite p. 409.

4. *Laver* rapidement à l'eau.

5. Alcool à 90°, alcool absolu, xylol, baume.

Le résultat obtenu est décrit p. 409.

2. Méthode à l'éosine et au bleu de toluidine.

Ce procédé, dit de Dominici, jouit en France d'une assez grande vogue, parce qu'il a été adopté par Dominici et par ses élèves. Il a été publié par Mann en 1894[1], comme méthode générale, applicable non seulement au système nerveux, mais encore à tous les autres tissus; ce serait, d'après Mann, le meilleur procédé pour la détermination quantitative de la chromatine. C'est d'ailleurs une excellente méthode, qui donne des colorations agréables à l'œil et très solides. Elle mérite d'être conservée comme méthode générale, d'un emploi sûr et facile, mais elle sera toujours inférieure au Romanovsky.

Rubens Duval[2] a précisé avec beaucoup de soin la technique à suivre.

1. *Colorer* pendant une heure dans :

$$\left. \begin{array}{l} \text{Éosine à l'eau à 1 p. 100} \\ \text{Orange G à 1 p. 100} \end{array} \right\} \tilde{a}\tilde{a}$$

2. *Laver* rapidement à l'eau pour enlever l'excès de colorant.

3. *Colorer* une minute dans le bleu de toluidine à 1 p. 100.

4. *Laver* rapidement à l'eau.

5. *Différencier* par l'alcool absolu.

6. Xylol.

7. Monter à l'huile de cèdre (p. 458).

On peut différencier aussi par l'éther glycérique (p. 442), laver soigneusement à l'eau et achever par l'alcool absolu. Au lieu de bleu de toluidine, on peut employer le violet hexaméthylé. Rubens Duval a eu de bons résultats en mordançant 15 secondes dans l'alun de fer à 1 p. 100; l'élection acidophile est plus précise.

Dans une préparation réussie, les hématies sont jaune orangé, le collagène rouge vif, les noyaux bleus, les granulations éosino-

---

1. Mann, Ueber die Behandlung der Nervenzellen für experimentell-histologische Untersuchungen. *Ztschr. f. wiss. Mikr.*, XI, p. 489, 1894.

2. Rubens Duval, *Cytologie des inflammations cutanées*. Thèse de Paris (médecine), in-8° de 272 p., 3 pl., 1908; cf. p. 24-28. — Fixer les pièces au Dominici, au sublimé acétique ou au Bouin.

philes rouge vif, les granulations neutrophiles violacées, les granulations basophiles bleu foncé.

V. — MÉTHODE DE MANN[1] AU BLEU DE MÉTHYLE-ÉOSINE

Je donne cette méthode en même temps que les procédés généraux, parce qu'elle est susceptible de nombreuses applications. Nous avons déjà vu (p. 436) qu'elle constitue une excellente coloration de fond, après la teinture à l'hématéïne. Elle a, en outre, une grande importance pour l'étude du système nerveux, pour celle des Protozoaires et pour la recherche des corpuscules de Negri (p. 567).

Le *colorant de Mann* est un mélange de bleu de méthyle[2] et d'éosine. Les proportions de ces deux colorants *acides* sont combinées de manière à éviter la précipitation du bleu :

Bleu de méthyle à 1 p. 100 dans l'eau distillée . . . 35 cm³.
Éosine à 1 p. 100 dans l'eau distillée. . . . . . . 45 —
Eau distillée . . . . 100 —

Ce mélange est doué de propriétés particulières qui se rapprochent, à certains égards, de celles des colorants basiques. Les pièces fixées par le sublimé et les mélanges chromiques donnent des résultats particulièrement beaux.

Il est bien entendu que ce procédé ne s'applique qu'à des frottis ou à des coupes à la paraffine et collées à l'albumine.

Méthode rapide.

1. Au sortir de l'eau, *colorer* les coupes dans ce mélange pendant 5 à 10 minutes, suivant leur épaisseur et l'effet désiré.

2. *Laver* à l'eau pour différencier la coloration par l'éosine.

3. Alcool absolu, xylol, baume.

Méthode lente.

1. *Colorer* douze à vingt-quatre heures.

2. *Rincer* 30 secondes à l'eau distillée.

3. *Deshydrater* par l'alcool absolu.

Il est essentiel de faire agir la potasse dans un milieu absolument

1. Mann, *Physiological histology*. Oxford, Clarendon Press, in-8° de xxiii-488 p., 1 pl., 1902; cf. p. 216-217. Il est bon de dire que cette méthode a été publiée pour la première fois par Mann dès 1892.
2. Et non de bleu de méthylène. Voir p. 412 l'étude de ce colorant acide.

privé d'eau, afin d'éviter son action caustique sur les éléments. C'est pourquoi on doit déshydrater une première fois les coupes, avant de les soumettre à l'alcool alcalin.

4. *Différencier* dans l'alcool alcalin[1].

Alcool absolu. . . . . 30 cm³.
Potasse caustique à 1 p. 100 dans l'alcool absolu[2]. V gouttes.

Les coupes virent au rouge. Cette opération dure de 10 secondes à 10 minutes au plus; on l'arrête lorsque la coloration rouge est arrivée au point voulu. Ne pas s'occuper du bleu.

5. *Laver* à fond à l'alcool absolu pour éliminer tout l'alcali.

6. *Différencier* l'éosine dans l'eau distillée. Les hématies doivent ressortir en rouge vif, les leucocytes neutrophiles et les plasmosomes en pourpre[3].

On peut aussi ne pas différencier par l'eau distillée, et laisser les coupes dans le xylol jusqu'à ce que la coloration bleue ait reparu avec l'intensité voulue.

7. Alcool absolu, xylol, baume.

D'après Mann, il n'y a pas de meilleure méthode pour mettre en évidence les éléments du noyau des cellules nerveuses, glandulaires et conjonctives. Les hématies ressortent d'une façon extraordinairement nette. Les muscles striés sont aussi colorés en rouge vif.

VI. — MÉTHODE DE UNNA-PAPPENHEIM AU VERT DE MÉTHYLE-PYRONINE

J'avais passé cette méthode sous silence dans ma première édition, parce qu'elle ne fournit pas de colorations durables. Je crois pourtant devoir la signaler à cause des résultats intéressants qu'elle peut donner en histologie pathologique.

Les pièces seront fixées soit par l'alcool absolu (ou à 95°), soit par le chlorure de zinc à 2 p. 100 (p. 270), soit enfin par les

---

1. On peut remplacer la potasse par l'ammoniaque.
2. Pour préparer cette solution, on met, dans un flacon bien bouché, 100 cm³ d'alcool absolu et 1 gr. de potasse caustique. On met ce flacon au-dessus d'une étuve, pour favoriser les courants de diffusion. On filtre au bout de 24 heures pour éliminer la potasse non dissoute.
3. Au cas où la coloration bleue paraîtrait trop faible, on peut l'intensifier par de l'eau faiblement acétifiée (2 gouttes d'acide acétique cristallisable pour 100 cm³ d'eau).

mélanges picriques, à condition que le lavage destiné à éliminer le fixateur soit parfait.

L'action du mélange vert de méthyle-pyronine est basée sur l'affinité du noyau pour le vert de méthyle (p. 394) et sur celle des cytoplasmes pour la pyronine. On doit donc, en traitant une coupe par ce colorant, obtenir des noyaux colorés en vert brillant et les diverses parties du cytoplasme colorées par la pyronine en rouge plus ou moins vif. Ces phénomènes dépendent de l'inégale sensibilité de ces deux colorants aux actions réductrices : le vert de méthyle, excessivement sensible à la réduction, se fixe sur les noyaux riches en oxygène et est repoussé par les cytoplasmes réducteurs; la pyronine se comporte d'une manière inverse. Cette coloration est donc, comme l'ont montré Unna, Golodetz, Reimann, un exemple frappant du rôle capital des phénomènes d'oxydation en technique micrographique (p. 261 et 367).

1° Les coupes déparaffinées sont colorées, en tube Borrel ou sur lame, par le mélange vert de méthyle-pyronine-phéniqué de Unna-Pappenheim (Karbol-Methylgrün-Pyronin). *Colorer* à froid pendant 15 à 60 minutes, ou de préférence à chaud pendant 15 minutes à 50°.

2° *Laver* rapidement à l'eau distillée (l'eau de source décolore le vert de méthyle).

3° *Différencier* très rapidement par l'alcool à 90°.

4° *Deshydrater* par l'alcool absolu.

5° Toluène, baume.

Les plasmocytes (Plasmazellen) et les corps de Nissl sont mis tout particulièrement en évidence et colorés en rouge. Les labrocytes prennent une teinte orangée. Les préparations obtenues par cette méthode sont en général assez pâles et ne se conservent que dans du baume bien neutre ou dans l'huile de paraffine.

CHAPITRE XXI

IMPRÉGNATIONS MÉTALLIQUES

L'imprégnation métallique consiste essentiellement à produire, sur des éléments déterminés des tissus, un fin précipité de métal réduit. Le métal est mis en contact avec les tissus sous forme de solution saline ; la réduction est due, en partie à l'action propre du tissu, en partie à l'action de substances réductrices ou d'agents physiques tels que la lumière. Les métaux les plus employés sont l'argent, l'or et l'osmium.

La méthode des imprégnations métalliques a une très grande importance en histologie. Dans cet ouvrage, où je ne donne que les méthodes essentielles du travail courant d'examen et de diagnostic, je serai forcément très bref. Pourtant, comme l'imprégnation argentique joue un grand rôle dans l'étude des organismes spiralés, j'insisterai surtout sur la méthode de Cajal, qui a servi de point de départ aux recherches effectuées sur ce sujet.

Imprégnations à l'argent.

Le sel d'argent le plus employé est le nitrate, aussi cette opération se nomme-t-elle encore nitratation. On imprègne à l'argent deux sortes d'éléments :

1° Les *endothéliums* (mésentère, péricarde, poumon et vaisseaux), pour mettre en évidence les limites des éléments cellulaires qui les composent. On obtient ainsi une image *négative*, dans laquelle la substance intercellulaire seule est colorée par le précipité métallique, tandis que les cellules elles-mêmes restent incolores.

2° Les *éléments nerveux* (terminaisons, cylindres-axes, neurofibrilles), pour lesquels on cherche au contraire à obtenir une image *positive*, c'est-à-dire à produire le précipité dans les éléments eux-mêmes.

1° Imprégnation des endothéliums.

Choisissons comme exemple le mésentère de la Grenouille et procédons par la *méthode de Ranvier*.

1. *Isoler* une partie du mésentère de la Grenouille et la *tendre* sur un anneau d'Éternod ou, plus simplement, sur une plaque de liège, percée d'un trou de 20 mm. de diamètre. Le point important est que la membrane soit *parfaitement tendue*, sans faire aucun pli.

2. *Laver* rapidement à l'eau distillée avec une pissette.

3. *Arroser* avec une solution de nitrate d'argent à 1 p. 500 dans l'eau distillée et exposer à une vive lumière.

4. Au bout de deux minutes environ, lorsque le tissu a bruni après être devenu opalescent, *laver* à l'eau distillée.

5. *Durcir* 15 minutes dans l'alcool à 90°.

6. *Découper* des fragments de la membrane, désormais fixée et durcie.

7. Deshydrater et monter au baume.

Pour imprégner les *animaux marins*, il faut éliminer les chlorures qui précipiteraient immédiatement le nitrate d'argent. Harmer[1] lave d'abord les Bryozoaires, Hydroïdes, Méduses, Eponges, Annélides, etc. dans le nitrate de potassium à 5 p. 100 ou le sulfate de sodium à 4,5 p. 100, puis imprègne comme plus haut.

2° Imprégnation du système nerveux[2].

Méthode de Ramon y Cajal pour l'imprégnation des neurofibrilles[3].

Cette méthode est une des plus précieuses acquisitions de la technique moderne : toutes les méthodes actuelles d'imprégnation

---

1. *Mitteil. Zool. Stat. Neapel*, V, p. 445, 1884.
2. Voir p. 709, les autres méthodes concernant le système nerveux.
3. S. Ramon y Cajal, Un sencillo metodo de coloracion del retículo protoplásmico y sus efectos en los diversos centros nerviosos de Vertebrados é Invertebrados. *Trabajos del Laboratorio de investigaciones biológicas de la Universidad de Madrid*, II, 4, p. 129-221, décembre 1903. Traduction Azoulay. *Bibliogr. anatomique*, *Nancy*, XIV, p. 1-93, 1905.
Ueber einige Methoden der Silberimprägnirung sur Untersuchung der Neuro-

argentique (méthodes de Levaditi, Yamamoto, Veratti, etc.), ne sont que des dérivés du procédé de Cajal.

L'animal de choix, pour s'exercer à l'étude des neurofibrilles, est le Lapin de 1 à 30 jours, sur lequel on prélève des petits fragments de centres nerveux ayant au plus 3 à 4 mm. d'épaisseur.

1. *Imprégner* les fragments pendant 4 jours ou plus dans une solution aqueuse de nitrate d'argent titrant 0,75 à 3 p. 100, à l'étuve à 37° et à l'obscurité.

2. *Laver* quelques secondes à l'eau distillée.

3. *Réduire* vingt-quatre heures dans :

Acide pyrogallique ou hydroquinone. . . 1 gr.
Formol à 40 p. 100 . . . . 5 à 15 cm³
Eau distillée . . . . 100 cm³

4. Laver, déshydrater et inclure à la paraffine. Couper et monter au dammar.

Cet exposé général de la méthode est très simple, mais il montre aussi combien le procédé est élastique et combien il demande de tact de la part de l'opérateur. Cajal nous a du reste fourni de minutieuses instructions, dont je vais donner un court résumé.

Titre de la solution argentique. Le chiffre moyen de 3 p. 100 permet d'imprégner en une seule fois un certain nombre de fragments. On a de meilleurs résultats, en harmonisant la concentration avec la nature des pièces.

Solution à 3 p. 100. Titre moyen applicable à tout et pénétrant en 4 à 6 jours.

Solution à 6 p. 100. Préférable pour les Invertébrés et pour les fixations énergiques et rapides. Agit en 2 à 3 jours. Produit facilement des surcolorations de la périphérie des pièces, dont il vaut mieux abandonner le centre.

Solutions à 1 et 1,5 p. 100. Donnent un précipité très fin et très électif. Évitent l'inconvénient des surcolorations superficielles. Agissent en 4 à 6 jours. Conviennent très bien pour essayer la méthode sur le jeune Lapin. Permettent d'utiliser la totalité des pièces pas trop épaisses.

Solutions à 1,50 et 0,75 p. 100. Donnent quelquefois (bulbe, moelle, Souris et Rat d'un mois, Vertébrés inférieurs) de meilleurs résultats que les liquides concentrés. Agissent en 3 à 6 jours.

fibrillen, der Achsencylinder und der Endverzweigungen. *Ztschr. f. wiss. Mikr.* XX, p. 401-408, 1903-1904.

Trois modifications pour des usages différents de ma méthode de coloration des neurofibrilles par l'argent réduit. *C. R. Soc. de biologie,* LVI, p. 368-371, 1904.

Quelques formules de fixation destinées à la méthode au nitrate d'argent. *Trabajos...* V, p. 215-221, 1907.

Las formulas del proceder del nitrato de plata reducido y sus efectos sobre los factores integrantes de las neuronas. *Trabajos...* VIII, p. 1-26, 1910.

Quel que soit le titre de la solution, *il est indispensable que le volume du liquide soit au moins vingt fois celui des pièces et que le poids de nitrate d'argent, dissous dans ce volume de liquide, soit supérieur au poids des pièces.*

Une pièce bien imprégnée présente à la coupe, au sortir de l'étuve, une couleur ocreuse ou marron. Une teinte laiteuse indique une imprégnation insuffisante. Il y a une phase optima de maturation qu'il faut savoir saisir ; on y arrive en retirant et traitant des fragments par intervalles.

Méthode de Sand[1] pour l'imprégnation des neurofibrilles et des cylindre-axes.

1. *Fixer* des blocs de 5 mm. d'épaisseur au plus dans :

Acétone anhydre	90 cm³
Acide azotique.	10 —

Changer le liquide après 1 heure et 24 heures. Fixer en tout 48 heures. Placer les blocs sur une couche de coton ou de papier filtre.

2. *Deshydrater* par l'acétone pendant 6 heures, puis imprégner 30 minutes dans du xylol.

3. *Inclure* à la paraffine à 50° en 2 heures. Couper, coller les coupes à l'albumine, déparaffiner par le xylol et l'acétone, puis laver à l'eau.

4. *Imprégner* les coupes collées, dans du nitrate d'argent à 20 p. 100, pendant 3 jours à 37°, en vase bien bouché.

5. Sans laver, *réduire* pendant 10 minutes dans :

Eau.	1 000 gr.
Acétate de sodium fondu.	10 —
Acide gallique.	5 —
Tannin	3 —

Le liquide doit être préparé depuis 3 jours. On le renouvelle dès qu'il se trouble. Il ne sert qu'une fois.

6. *Virer* en cinq minutes, jusqu'au gris violacé, dans :

Eau distillée	80 cm³
Sulfocyanure d'ammonium à 2 p. 100	17 —
Chlorure d'or à 2 p. 100.	3 —

7. Laver, fixer quelques secondes dans l'hyposulfite de sodium à 5 p. 100, laver de nouveau et monter au baume.

D'après l'auteur, ce procédé est absolument sûr, régulier et facile.

Il a été expérimenté sur l'Homme, le Chien, le Chat et le Lapin.

Les coupes, au lieu de subir l'imprégnation argentique, peuvent être colorées par une méthode quelconque. Le procédé ne réussit pas pour l'écorce cérébrale et cérébelleuse.

1. *C. R. Assoc. des anatomistes*, XII, p. 128, 1910.

CHAPITRE XXII

MILIEUX D'OBSERVATION
ET DE CONSERVATION

Monter un objet en préparation microscopique consiste à enfermer cet objet, entre lame et lamelle, dans un liquide réfringent qui sert à la fois de *milieu d'observation* et de *milieu de conservation*. Ce *milieu* ou *medium*, dans lequel sont plongés les objets microscopiques, doit posséder des qualités optiques et chimiques qui assurent à la fois la visibilité parfaite de tous les détails et la conservation indéfinie de l'objet. Les milieux peuvent être *liquides* et rester tels ou devenir *solides* par refroidissement ou évaporation. Les milieux solidifiables sont en principe les meilleurs, parce qu'ils donnent des préparations très solides, sans qu'il soit nécessaire de les luter. Les meilleurs milieux solidifiables sont les résines, qui permettent un véritable embaumement des objets. On est quelquefois obligé d'employer des milieux liquides; dans ce cas il faut fermer la préparation au moyen d'un lut.

Milieux solides.

Il y a deux catégories de milieux solides ou solidifiables : les résines, solubles dans l'alcool ou les hydrocarbures, et les milieux aqueux, tels que la glycérine gélatinée ou les sirops de sucre et de gomme.

Baume du Canada. — Cette résine est de beaucoup la plus employée parce qu'elle est très réfringente et se solidifie très vite. Elle provient de divers conifères de l'Amérique du Nord (*Abies balsamea* et *canadensis*).

Elle se trouve dans le commerce sous diverses formes. Il existe un baume du Canada pur et neutre au xylol. Son inconvénient est d'être cher; il ne convient donc pas pour les laboratoires où travaillent de nombreux élèves. Ce n'est pas seulement la réaction plus ou moins acide qui importe pour la conservation des couleurs, mais plus souvent encore l'action réductrice. Or celle-ci est la même pour toutes les sortes de baume : c'est elle qui empêche l'emploi de cette résine pour les couleurs du groupe du bleu de méthylène, qui se décolorent en milieu réducteur. Le baume du Canada sec, en fragments de volume variable, se dissout facilement dans le xylol. Son seul inconvénient est de donner une masse qui est parfois très foncée. Le baume fluide ou sirupeux est d'un emploi très commode pour les grands laboratoires, parce qu'il suffit d'y ajouter quelques gouttes de xylol pour l'amener à la consistance voulue. Malheureusement, c'est celui qui donne le plus de prise à la fraude : il arrive qu'au lieu de baume pur on reçoit un mélange de diverses résines de moindre valeur. Le véritable baume du Canada n'est qu'en partie soluble dans l'alcool et l'addition d'alcool dans la solution éthérée amène un trouble.

Le xylol est le meilleur dissolvant du baume. Je déconseille le chloroforme, qui altère les couleurs d'aniline, et l'essence de térébenthine, qui décolore l'hématéine.

Pour les coupes et objets minces, il faut employer des solutions bien fluides, de façon à obtenir une couche de baume très peu épaisse, ce qui facilite l'étude aux forts grossissements et donne une garantie de conservation des couleurs. Pour les objets épais, on prend des solutions très denses, de manière à éviter la rentrée de l'air par évaporation du dissolvant.

Emploi du baume du Canada. — On garde le baume du Canada dans des flacons dits à baume (fig. 174), fermés par un capuchon de verre et renfermant un petit agitateur effilé à son extrémité. On ne peut monter dans ce milieu que des objets parfaitement deshydratés. Il est donc nécessaire de les soumettre d'abord à l'action de l'alcool absolu, puis de chasser l'alcool par le xylol. Lorsque l'objet est mal deshydraté, les traces d'eau qu'il renferme produisent immédiatement, au contact du baume, un précipité de gouttelettes résineuses

Fig. 174. — Flacon à baume.

opaques, qui enlève à la préparation sa transparence. On s'aperçoit immédiatement de cet accident à la teinte laiteuse que prend la préparation, surtout lorsqu'on l'examine sur un fond noir. Lorsque cet accident se produit, il faut se hâter d'enlever la lamelle ; on dissout le baume en versant du xylol à plusieurs reprises, puis on reprend par l'alcool absolu. Lorsque la deshydratation est parfaite, on passe de nouveau au xylol et au baume.

Après la deshydratation, on conseille quelquefois de traiter les objets par l'*essence de girofle*. Je crois qu'il faut éviter autant que possible l'emploi de ce réactif, parce qu'il nuit à beaucoup de colorations et empêche le baume de se solidifier convenablement. Son emploi n'est indiqué que pour les Arthropodes (p. 640) et encore dans certains cas très particuliers. Lorsqu'on a employé l'essence de girofle comme différenciateur, il faut donc l'enlever par le xylol avant de monter au baume. Dans tous les cas où on croira devoir employer cette essence, on la remplacera avec avantage par l'essence de lavande (Benoit-Bazille) ou par le terpinéol.

Le xylol phéniqué de Weigert (p. 361) n'a de raison d'être qu'avec les coupes au collodion, qui ne peuvent être deshydratées à l'alcool absolu et qui ne supporteraient pas le xylol pur, après l'alcool à 90°.

Montage des coupes. — Pour les coupes collées sur lames, suivre la technique indiquée p. 433. Avoir soin, pour éviter les bulles d'air, de déposer une goutte de baume sur la coupe et une autre sur la lamelle. Retourner la lamelle, la tenir obliquement avec une pince, appliquer le côté gauche sur la lame, mettre les deux gouttes en contact et abaisser doucement le côté droit.

Les coupes au collodion sont deshydratées comme il vient d'être dit (voir aussi p. 361), puis portées sur la lame, dans une goutte de baume, et recouvertes d'une lamelle. Si ces coupes ont une tendance à se gondoler, on les comprime entre la lame et la lamelle au moyen d'un poids ou d'un compresseur, comme il va être dit plus loin (p. 456).

Montage des objets séparés. — Les petits objets séparés et isolés (Vers, Arthropodes, fragments d'organes animaux ou végétaux, etc.), sont montés entre lame et lamelle, dans une goutte de baume, sans difficulté [1]. Lorsque l'objet est épais, il est souvent nécessaire de l'enfermer dans une cellule de verre ou de papier.

On trouve dans le commerce des cellules toutes préparées : ce sont des lames de verre, d'épaisseur variable, de la dimension des lamelles, et percées en leur centre d'une ouverture circulaire. On peut préparer soi-même des cellules en papier (fig. 175), au moyen d'un emporte-pièce rond, en acier, qu'on trouvera dans une maison de quincaillerie. On découpe, dans une feuille de carton ou de buvard blanc épais, des

---

[1]. 613 les précautions particulières à prendre pour les Arthropodes.

carrés de dimension égale à celle des lamelles. On perfore ces carrés
avec l'emporte-pièce : cette opération se fait très proprement en opérant
sur une plaque de zinc; ce métal est assez tendre pour se laisser entamer
légèrement et permettre ainsi une section très nette des papiers, sans
aucune bavure. En même temps, il est assez résistant pour ne pas se
déformer. Toutes les fois qu'on veut découper correctement du papier
ou du carton, avec une pointe ou une lame tranchante, il faut toujours
prendre comme support une lame de zinc. C'est le seul moyen d'obtenir
une coupure correcte, sans bavures et sans endommager le tranchant de
la lame. Pour les objets de grande dimension, les cellules à ouverture

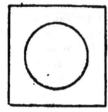

Fig. 175. — Cellule en papier, découpée   Fig. 176. — Cellule rectangulaire
           à l'emporte-pièce.   en papier.

ronde deviennent insuffisantes. On découpe alors, sur la plaque de zinc,
avec un bon scalpel, une cellule carrée ou rectangulaire (fig. 176) de la
dimension d'une lamelle.

Les cellules de verre se collent sur la lamelle avec du baume.
Les cellules de papier doivent être imprégnées préalablement de
baume très fluide, afin de chasser l'air qui se trouve emprisonné
entre les fibres; on les colle ensuite avec un peu de baume.

On dépose l'objet au centre de la cellule[1], on remplit de baume
la cavité et on applique la lamelle, chargée au préalable d'une
grosse goutte de baume. Il est préférable d'employer un excès de
baume, de manière à ne pas emprisonner de bulles d'air dans la
cavité de la cellule, ce qui obligerait à recommencer toute l'opération. On chasse ensuite l'excès de baume par compression et on
l'absorbe avec des bandelettes de buvard.

L'emploi de ces cellules est très commode avec les objets épais. Sans
cellule, la lamelle prend une position oblique qui peut gêner l'observation. En outre, le baume, en couche épaisse, est insuffisamment retenu
par capillarité et coule très facilement en dehors de la préparation.
Celle-ci est excessivement longue à sécher et doit rester des semaines à
l'étuve. Enfin, la compression est très difficile à exercer et on risque de
briser la lamelle. Tous ces inconvénients sont évités par l'emploi des
cellules.

1. Lorsque l'objet est imprégné d'un dissolvant *non volatil* (terpinéol, essence
de girofle, chloralphénol), il faut le déposer auparavant sur une bandelette de
buvard, de façon à absorber la majorité du liquide.

Au lieu de cellules, on peut souvent se servir avec avantage de *fragments de lamelles*, *de poils* ou *de cheveux* qui soutiennent la lamelle,
assurent son horizontalité et permettent aussi de comprimer la préparation sans écraser l'objet (p. 236)

Montage de séries d'objets. — Le montage des objets séparés
ne rencontre pas d'autre obstacle que leur épaisseur. Il est plus
difficile de monter correctement un groupe de plusieurs objets,
sans que ceux-ci se déplacent au moment où on applique la lamelle.
Pour éviter cet inconvénient, il faut les coller au préalable. De
nombreuses méthodes ont été proposées : une des meilleures
consiste à employer le collodion de Schœllibaum (p. 359) modifié
par Benoit-Bazille. Au lieu d'essence de girofle, on le prépare avec
l'essence de lavande, dont on mélange 2 parties avec 3 parties de
collodion. La lame est enduite de collodion de Schœllibaum : les
objets, pénétrés d'essence de girofle ou de terpinéol et essorés sur
du papier joseph, sont rangés sur la couche de collodion. On laisse
dessécher quelques instants, puis on monte au baume comme
d'habitude : les objets sont suffisamment collés pour ne pas se
déplacer. On peut aussi enduire la lame d'une très mince couche
de baume, laisser cette couche devenir poisseuse, ranger les objets
imprégnés de terpinéol et essorés, puis monter rapidement au
baume.

Compression des objets. — Les coupes au collodion et les
objets isolés ont quelquefois besoin d'être comprimés, pour assurer à la préparation une planéité et une minceur suffisantes et pour éloigner l'excès de baume. Pour être efficace
et inoffensive, la pression doit être continue.
Il faut donc proscrire la compression exercée
avec les doigts : ce procédé est brutal et surtout inefficace, car il ne peut durer assez longtemps.

Fig. 177. — Compres-
seur dit épingle
anglaise.

Il existe de petits compresseurs à ressort, dits épingles anglaises, formés d'un fil d'acier recourbé (fig. 177). Ces appareils sont très commodes,
mais on peut les remplacer par des petits poids de cuivre, des balles de
revolver ou de fusil, ou mieux encore par de petits tubes de verre à fond
plat, dans lesquels on verse un peu de mercure. Par ce dernier moyen,
on peut préparer à l'avance une série aussi nombreuse qu'on le désire
de poids gradués, qu'on place sur les lamelles des préparations à comprimer.
Il est une précaution essentielle à prendre avec ces poids : c'est d'éviter que le baume en excès passe par-dessus la lamelle et vienne mouil-

ler le poids. Il serait impossible de retirer ensuite ce dernier sans déplacer la lamelle et détériorer la préparation.

Les poids doivent rester en place plusieurs jours, jusqu'à dessiccation parfaite du baume sur les bords de la préparation. Lorsqu'on retire le poids trop tôt, l'élasticité de l'objet soulève la lamelle, fait rentrer de l'air et tout est à recommencer.

Séchage du baume. — Le baume sèche assez rapidement sur les bords de la préparation et beaucoup plus lentement à l'intérieur ; cependant, pour que la préparation soit maniable, il suffit que les bords soient solidifiés, de telle sorte que la lamelle ne puisse être déplacée. Pour activer le séchage, on peut mettre les préparations à l'étuve à 37° ; les coupes sèchent en quelques heures, les prépara-tions épaisses demandent plusieurs jours ou même plusieurs semaines.

Fig. 178. — Carton à volets pour préparations microscopiques.

Tant que le baume n'est pas parfai-tement sec, les lames doivent être con-servées à plat. En négligeant cette pré-caution, on s'expose à voir les lamelles glisser, le baume couler et les boîtes salies. Il faut donc garder les prépara-tions soit à plat, dans des cartons (fig. 178), soit en dressant verticale-ment les boîtes à rainures, de manière à ce que les lames soient horizontales.

Lorsqu'on veut étudier ou transporter de suite des préparations non sèches il faut les luter au lut de Krönig (p. 464). Cette précaution est nécessaire sous les tropiques, où le baume sèche toujours mal.

Bulles d'air. — Un grand écueil dans le montage des prépa-rations est la présence de bulles d'air. On évite généralement leur production en employant le procédé des deux gouttes de baume sur la lame et sur la lamelle et en abaissant doucement cette dernière tenue obliquement (p. 433 et 454). Lorsqu'il s'en produit, il y a plusieurs moyens de les éliminer : on peut appuyer sur la lamelle, de façon à chasser les bulles avec l'excès de baume, mais on s'expose à écraser la préparation. On peut aussi soulever délicatement la lamelle avec une aiguille, sur l'un des côtés, en ayant soin de caler le côté opposé avec une autre aiguille, pour éviter le glissement. Ce moyen est le meilleur.

Les petites bulles disparaissent d'elles-mêmes en quelques heures, parce que le baume est très avide d'oxygène. Nous parlerons plus loin (p. 613) de la rentrée de l'air dans les Arthropodes.

Térébenthine de Venise [1]. — Le seul avantage que la térébenthine de Venise présente sur le baume du Canada est de permettre de monter directement des objets sortant de l'alcool, sans passer par le xylol ou les éclaircissants. Ce milieu est donc particulièrement précieux pour les Arthropodes et les tissus végétaux, car il permet de simplifier beaucoup les manipulations. La définition est excellente, la transparence est parfaite et les fins détails sont plutôt mieux conservés que dans le baume, à cause de l'indice de réfraction plus faible de la térébenthine. Un autre avantage est de supporter la présence d'une petite quantité d'eau. On peut donc passer directement de l'alcool à 90° à la térébenthine, sans avoir besoin de deshydrater par l'alcool absolu.

Malheureusement, aucune coloration ne se conserve dans la térébenthine, aussi est-elle inutilisable pour les coupes et les objets colorés.

Voici comment je prépare la térébenthine de Venise, à l'imitation de Vosseler. Je mets dans un grand flacon, bien bouché, volumes égaux de térébenthine et d'alcool absolu ou au moins à 95°. Il faut que l'alcool soit assez fort pour que le mélange ne se trouble pas. A l'étuve à 37° la dissolution est assez rapide : on agite de temps à autre pour l'activer. Lorsqu'elle est complète, et que le liquide est bien homogène, on débouche le flacon et on laisse évaporer à l'étuve, jusqu'à consistance suffisante. En même temps, toutes les impuretés se déposent. On décante le liquide clair dans des flacons à baume. Le mode d'emploi est le même que pour le baume du Canada, le séchage est un peu plus lent [2].

Huile de cèdre. — L'huile de cèdre *épaissie* (et non l'essence de cèdre) est peut-être le meilleur de tous les milieux. C'est certainement un de ceux qui ménagent le mieux les colorations, particulièrement celles qui sont effectuées avec les colorants basiques du groupe du bleu de méthylène (p. 394-402), c'est-à-dire celles qui doivent être conservées dans un milieu non réducteur. Nous avons déjà indiqué ailleurs (p. 242) la nécessité de la présence de l'oxygène pour la conservation de ces colorations; l'huile de cèdre et surtout l'huile de paraffine conviennent parce qu'elles sont peu réductrices. L'huile de cèdre sèche suffisamment sur les bords des préparations, surtout à l'étuve, pour empêcher le déplacement des lamelles.

1. Je laisse de côté la résine Dammar qui ne présente pas d'avantages marqués sur le baume du Canada ; on l'emploie en solution dans le xylol.

2. On peut employer aussi le baume du Canada, dissous dans l'alcool absolu selon Seiler, mais ce milieu est moins tolérant pour des traces d'eau.

Glycérine gélatinée[1]. — Ce milieu est un des plus employés pour toutes sortes de travaux, parce qu'il est d'une grande commodité. On a proposé de très nombreuses formules, mais nous ne retiendrons que celle de Kaiser[2].

Gélatine.	7 gr.
Eau distillée.	42 gr.
Glycérine	50 gr.
Acide phénique[3].	1 gr.

Faire gonfler la gélatine dans l'eau pendant deux heures environ, ajouter la glycérine, faire fondre au bain-marie en agitant, puis ajouter l'acide phénique. Filtrer bien chaud sur coton de verre. Pour éliminer d'avance les filaments et les corps étrangers, il faut découper, dans les feuilles de gélatine, les parties losangiques, en rejetant les traces du filet sur lequel ces feuilles ont été solidifiées, car ce réseau est souillé de filaments provenant des ficelles du filet.

On peut monter certains objets peu délicats en passant directement de l'eau à la glycérine gélatinée; mais, généralement, il est préférable d'imprégner d'abord par la glycérine ou le lacto-phénol. En tout cas, il ne faut *jamais* passer de l'alcool à la glycérine gélatinée, sous peine d'avoir une coagulation immédiate et définitive de ce milieu, sous forme de nuages blancs opaques.

La meilleure manière d'imprégner les objets de glycérine consiste à les traiter par le mélange à volumes égaux d'alcool à 90°, de glycérine et d'eau distillée; on laisse ensuite ce mélange se concentrer par évaporation lente, d'abord à la température ordinaire, puis à l'étuve si c'est nécessaire. Finalement, l'objet se trouve plongé dans la glycérine pure, après évaporation complète de l'alcool et de l'eau.

Il y a deux moyens d'employer la glycérine gélatinée. On peut la chauffer au bain-marie dans un petit flacon et puiser dans la masse fondue avec une baguette de verre ou un pinceau. On peut aussi la couler dans une cuvette de verre ou de porcelaine et découper en lanières le produit solidifié. Au moment de s'en servir, on prélève un fragment qu'on dépose au centre d'une lame; on chauffe doucement pour faire fondre, sur une petite flamme ou sur la platine de Malassez (fig. 141). On dépose l'objet dans la

---

1. On dit souvent gélatine glycérinée, mais cette expression me paraît impropre, parce que, dans ce cas, le véritable milieu est la glycérine qui est simplement solidifiée par la gélatine.
2. *Botanisches Centralblatt*, I, p. 25. — Voir p. 585, note 2, la formule de Deane.
3. Au lieu d'acide phénique, on peut mettre un peu d'acide arsénieux ou de thymol.

goutte et on recouvre d'une lamelle, sur laquelle on a déposé une autre gouttelette fondue. On appuie légèrement et on chauffe de nouveau la lame, si c'est nécessaire, puis on laisse refroidir à plat. On enlève ensuite les bavures avec une petite brosse, sous le robinet d'eau froide.

Il est bon de luter, pour empêcher la poussière de s'accumuler sur les bords de la préparation et pour prévenir les inconvénients que produirait la fluidification du milieu, sous l'influence d'une forte chaleur. Comme lut, on prend une peinture émail quelconque. (ripolin) ou du maskenlack (p. 466), ou mieux encore du bitume de Judée (p. 466). Les bulles d'air ne disparaissent jamais dans la glycérine gélatinée; il faut donc les éviter avec soin et ne pas agiter ce milieu lorsqu'il est fondu, car il emprisonne très facilement de l'air, dont il est très difficile de le débarrasser. L'ébullition y développe aussi des bulles gazeuses très gênantes.

Fischer [1] a proposé une glycérine gélatinée au borax, sous forme d'un medium liquide qui sèche rapidement sur les bords de la préparation et dispense de luter :

Eau . . . . 240 gr.
Borax.   5 —
Glycérine . . . . 25 —
Gélatine. . . . . 40 —

Après dissolution, laisser quelque temps à l'étuve à paraffine. Ce liquide ne doit pas être acide.

Sirop d'Apathy [2].

Gomme arabique
Sucre de canne (non candi) } ãã
Eau

Après dissolution, ajouter 1 à 2 p. 100 de formol ou un peu de thymol.

Ce sirop est excellent pour monter toutes sortes d'objets qu'on ne veut pas deshydrater. Il conserve très bien toutes les colorations, même celles au bleu de méthylène (voir p. 379, le sirop de lévulose de Michaelis). Il devient rapidement très dur sur les bords de la préparation et dispense de tout lut. Il peut servir aussi à border certaines préparations en milieu liquide. Les objets qui pourraient se contracter sont plongés d'abord dans ce milieu fortement étendu d'eau; on laisse ensuite le liquide se concentrer peu à peu, par évaporation.

1. *Ztschr. f. wiss. Mikr.*, XXIX, p. 65, 1912.
2. *Ztschr. f. wiss. Mikr.*, IX, p. 37, 1892.

Milieux liquides.

Au point de vue de la réfringence et de la conservation des objets, les milieux liquides sont généralement très supérieurs aux milieux solides : malheureusement, un grand obstacle à leur emploi est la difficulté avec laquelle on arrive à fermer les préparations. Il y a pourtant beaucoup de cas où on sera obligé de les employer, soit pour des objets délicats qui seraient déformés par la deshydratation, soit pour conserver telles quelles des dissections ou des dilacérations difficiles, etc.

Je me contente d'énumérer des milieux liquides bien connus tels que l'eau formolée, la glycérine, le mélange glycérine-alcool-eau (à parties égales), etc. J'indique plus loin (p. 465) la manière de luter les préparations faites avec ces liquides.

Je mentionne en outre quelques milieux moins connus et cependant des plus utiles.

Lactophénol de Amann. — La formule de ce liquide a été publiée par Amann en 1896 [1] :

Acide phénique crist. chimiquement pur . . .	1 gr.
Acide lactique	1 —
Glycérine.	2 —
Eau distillée	1 —

L'acide phénique doit être parfaitement blanc et bien pur. Le mélange fraîchement préparé est incolore, mais il ne tarde pas à brunir sous l'influence de la lumière, ce qui est d'ailleurs sans importance. Pour le conserver incolore, il faut le garder en flacons jaunes.

Je considère ce réactif comme une des plus importantes acquisitions de la technique moderne [2]. Il est extrêmement utile pour examiner et conserver toutes espèces d'objets, animaux ou végétaux. Les éléments les plus délicats sont éclaircis sans être jamais contractés. Son indice de réfraction ($n = 1,44$) est tel qu'il permet de voir de fins détails qui disparaissent généralement dans les résines et dans la glycérine; il est bien plus agréable à manier que cette dernière. Je m'en sers pour examiner et monter tous les objets possibles et je m'en trouve très bien. Pour fermer les préparations, j'emploie maintenant le lut de Krönig (p. 464).

J'ai été beaucoup moins satisfait de la glycérine gélatinée et de

1. J. Amann, Konservierungsflüssigkeiten und Einschlussmedien für Moose, Chloro-und Cyanophyceen. *Ztschr. f. wiss. Mikr.*, XIII, p. 18, 1896.

2. M. Langeron, Emploi du lactophénol pour les Nématodes. *C. R. Soc. de biologie*, LVIII, p. 750, 1905.

la gomme au lactophénol de Amann. Je préfère monter à la glycérine gélatinée ordinaire ou au sirop d'Apathy, après imprégnation par le lactophénol.

Terpinéol. — Ce corps a été proposé récemment[1] par Mayer pour remplacer l'essence de girofle. Il présente, sur cette dernière, l'avantage d'être incolore, d'avoir une faible odeur de lilas et un indice de réfraction inférieur (1,48). Ce corps, qui est un produit synthétique, est moins coûteux que l'essence de girofle ; il peut servir de medium à condition de luter au lut de Krönig ou au sirop d'Apathy. Il admet des objets sortant de l'alcool à 90°. Il ne dissout pas le collodion.

Paraffine liquide. — Ce medium, peu connu, est susceptible de rendre de grands services. Il peut servir de liquide d'immersion[2] et présente, sur l'huile de cèdre, l'avantage du bon marché[3] et de la propreté, car il ne sèche pas, n'épaissit pas et s'enlève très facilement au buvard et avec le toluène (p. 73, note 1). Je trouve pourtant que la définition n'est pas aussi bonne qu'avec l'huile de cèdre ; il faut modifier notablement la longueur du tube par tâtonnements et encore on n'arrive jamais à un résultat parfait. Par contre, c'est un précieux milieu d'observation à cause de son faible indice (1,47), intermédiaire entre ceux du terpinéol et du lactophénol. Enfin sa neutralité et son absence de pouvoirs réducteur et oxydant lui donnent une grande supériorité pour la conservation des bleus basiques. Les objets doivent être deshydratés et passés au xylol avant d'être montés dans ce liquide. On lute au sirop d'Apathy ou au lut de Krönig[4].

J'ai été très heureux de voir Giemsa[5] préconiser de nouveau tout récemment ce medium pour les frottis et les coupes colorés au Romanovsky. Il conseille même de conserver dans la paraffine liquide les frottis desséchés pour les mettre à l'abri de l'air et les empêcher de perdre trop rapidement leur colorabilité.

Je pense qu'il peut être utile de connaître l'indice de réfraction

---

1. P. Mayer, Ueber ein neues Intermedium. *Ztschr. f. wiss. Mikr.*, XXVI, p. 523, 1909.

2. Rowntree, Note on the use of paraffinum liquidum as an immersion oil, *Journ. of path. and bact.*, XIII, p. 28, 1909.

3. Soixante-quinze centimes les cent grammes au lieu de cinq francs.

4. La *paroléine*, recommandée par Coles (The fading of aniline-stained microscopical preparations, *Lancet*, p. 877, 1er avril 1911), n'est autre chose que l'huile de paraffine préparée par Burroughs et Wellcome.

5. Giemsa, Paraffinöl als Einschlussmittel für Romanovsky-Präparate und als Konservierungsflüssigkeit für ungefärbte Trockenausstriche. *Centralbl. f. Bakt.*, Orig. LXX, p. 411, 1913.

et la solubilité des principaux milieux d'observation et de conservation, aussi ai-je réuni ces données dans le tableau suivant :

PRINCIPAUX MILIEUX D'OBSERVATION	INDICE DE RÉFRACTION MOYEN	SOLUBILITÉ		
		Eau.	Alcool.	Xylol.
Air	1			
Eau distillée.	1,33	+	+	0
Acétate de potassium, sol. aq. sat.	1,37	+	0	0
Glycérine 1 + alcool 1 + eau 1.	1,39	+	+	0
Lactophénol.	1,44	+	+	0
Acide lactique.	1,44	+	+	0
Glycérine	1,45	+	+	0
Paraffine liquide.	1,47	0	0	+
Térébenthine de Venise	1,47	0	+	+
Terpinéol	1,48	0	+	+
Chlorallactophénol.	1,49	+	+	0
Huile de cèdre.	1,51	0	+	+
Chloralphénol	1,52	+	+	+
Essence de girofle	1,53	0	+	+
Baume du Canada	1,53	0	+	+
Chloralchlorophénol	1,54	+	+	+
Monobromonaphtaline	1,56	0	+	+

Je joins à ce tableau celui du nombre de gouttes au gramme
des principaux réactifs. Ce tableau peut rendre des services pour
mesurer de petites quantités, sans recourir aux mesures graduées.
Les indications ne sont rigoureusement exactes que pour le
compte-gouttes de 3 mm. de diamètre extérieur et de 600 μ de diamètre intérieur. Pour tout autre compte-gouttes, elles ne sont
qu'approximatives.

RÉACTIFS	NOMBRE DE GOUTTES AU GRAMME	RÉACTIFS	NOMBRE DE GOUTTES AU GRAMME
Acide acétique cristalli-sable	56	Acide chlorhydrique. . .	21
Alcool absolu	68	Chloroforme	59
— à 95°	64	Eau distillée	20
— à 90°	61	Essence de térébenthine.	56
— à 80°	57	Ether sulfurique	93
— à 70°	56	Perchlorure de fer. . . .	19
— à 60°	53	Acide lactique.	39
Ammoniaque.	25	Pyridine	41
Acide azotique.	24	Acide sulfurique	26
		Teinture d'iode.	61

CHAPITRE XXIII

LUTS ET VERNIS

Il existe d'innombrables formules et procédés pour la fermeture des préparations. Ces manipulations sont chères aux amateurs de microscopie et aux marchands qui cherchent, avant tout, à obtenir un résultat agréable à l'œil. Il est certain qu'avec des lamelles rondes, scellées à la tournette avec un bon vernis, on obtient des préparations très jolies et très solides. Malheureusement, le travailleur ne dispose généralement pas du temps matériel suffisant pour effectuer ces opérations. Ou bien encore il n'exécute que par intermittence des préparations en milieux liquides et, au moment où il aurait besoin d'un bon vernis, sa provision est desséchée et hors d'usage. Il faut donc qu'il possède une méthode rapide, applicable aux lamelles carrées, qui sont d'usage courant, avec un lut facile à conserver.

Lut de Krönig. — Pour les préparations en milieu liquide, le lut le plus simple et le meilleur[1] est celui de Krönig[2].

> Cire jaune. . . . . 2 parties en poids.
> Colophane . . . . 7 à 9   —

On fait fondre la cire, dans une capsule de porcelaine ou de métal, et on ajoute peu à peu la colophane, en agitant avec une baguette de verre ou de fer. On coule ensuite dans de petites boîtes de fer blanc[3].

---

1. J'ai préconisé autrefois les bordures en gélatine glycérinée recouvertes de ripolin. J'y ai complètement renoncé car la gélatine absorbe le liquide de la préparation, l'air rentre et l'objet est écrasé. En outre, l'application de ces deux bordures était très longue, tandis que le procédé de Krönig est très simple et très rapide.

2. *Arch. f. mikr. Anat.*, XXVII, p. 657, 1886.

3. Les boîtes métalliques des cigarettes de luxe sont excellentes pour cela ; leur couvercle à charnière permet de conserver le lut à l'abri de la poussière.

Pour appliquer ce lut on se sert d'un fil de fer de 2,5 mm.
de diamètre, recourbé à angle droit (fig. 179) ou en triangle
(fig. 180). La partie recourbée doit avoir la largeur d'une lamelle
de dimensions moyennes, soit
22 mm. On chauffe modérément
ce fer à luter et on le plonge dans
le lut, qui fond à son contact. On
en porte une goutte en fusion aux
quatre coins de la lamelle : au
contact du verre, le lut se solidifie instantanément. Il ne reste
plus qu'à border les quatre côtés,
ce qui se fait très rapidement
en appliquant sur chacun d'eux
le fer chargé de lut. Il faut que
la bordure soit à cheval sur la
lame et la lamelle et recouvre cha-

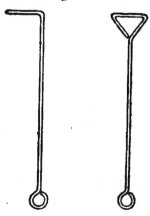

Fig. 179. — Fer à   Fig. 180. — Fer à
luter coudé.   luter triangulaire.

cune d'elles sur 3 mm. environ. Le fer doit être assez chaud pour
que le lut soit bien fondu et forme une masse homogène et sans
bavures (fig. 181).

Ce lut est très dur et adhère parfaitement au verre, à condition
que celui-ci soit *par-*
faitement propre et
sec. Il faut donc, avant
de luter, enlever la
moindre trace du liquide
conservateur. Le mieux
est d'entourer le doigt
d'un chiffon qu'on imbibe

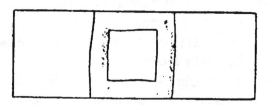

Fig. 181. — Aspect d'une préparation lutée au
lut de Krönig.

d'eau, d'alcool ou de toluène, suivant la nature du liquide à
enlever.

Pour la glycérine et le lactophénol, l'alcool est excellent. Pour
ne pas déranger la lamelle, on peut d'abord la fixer au quatre
coins et procéder ensuite au nettoyage des bords.

On peut préparer un lut analogue avec parties égales de paraffine dure (à 60°) et de baume de Canada (Apathy) ou de colophane. Les résultats sont les mêmes.

Sirop d'Apathy. — Ce medium, décrit p. 460, sert aussi de lut
pour les liquides non aqueux, tels que le terpinéol ou la paraffine
liquide. On l'applique au pinceau.

Bitume de Judée. — Ce 'corps sert surtout à faire des cellules a la tournette. Une excellente formule est la suivante, que je dois à l'obligeance de M. Benoit-Bazille :

Solution épaisse de bitume de Judée dans
   l'essence de térébenthine   } $\bar{a}\bar{a}$ en poids.
Mixtion des doreurs

On applique au pinceau. Au moyen de la tournette, on fait une cellule ronde sur une lame bien propre. Quand la cellule est sèche, on la remplit de liquide, on place l'objet et on recouvre d'une lamelle ronde. On essuie l'excédent de liquide et on borde à la tournette avec le même lut. Les préparations ainsi obtenues sont très jolies, malheureusement le procédé est long et ne peut convenir au travailleur pressé.

Maskenlack. — Ce vernis se trouve tout fait dans le commerce. C'est probablement une solution alcoolique de gomme laque, additionnée de noir de fumée ou d'une poudre bleue, suivant la couleur du vernis. On l'applique avec un pinceau qu'on nettoie ensuite à l'alcool. Il sert à faire des cellules, comme le bitume de Judée. Il est très bon aussi pour recouvrir d'autres luts, tels que celui de Krönig ou la paraffine.

Quand on veut fermer des préparations en milieu liquide, il faut absolument faire d'abord une cellule ronde ou carrée, suivant la forme de la lamelle. Une fois la cellule sèche, on y place l'objet avec le liquide et on recouvre de la lamelle. On aspire l'excès de liquide et on nettoie à l'alcool avec soin, car le maskenlack ne prend pas sur le verre mouillé d'eau ou de glycérine. On ferme ensuite la préparation à la main ou à la tournette, avec une première couche de maskenlack très épais. Après séchage complet on passe encore une ou deux couches de maskenlack moins épais (dilué avec de l'alcool). En regardant par transparence, on ne doit voir aucune fente dans la bordure, sinon appliquer une nouvelle couche.

Paraffine. — Ce lut est le plus simple de tous et il prend bien sur le verre parfaitement nettoyé, malheureusement il est très fragile et doit être recouvert d'une couche d'un vernis tel que le maskenlack. On applique la paraffine avec le fer à luter. Elle rend surtout des services pour la fermeture provisoire de préparations extemporanées.

CHAPITRE XXIV

DÉPIGMENTATION

La dépigmentation est souvent indispensable pour l'étude de certains objets, tels que l'œil, certains œufs, la peau de divers animaux, etc. C'est toujours une opération assez délicate, aussi les formules abondent-elles. Comme il faut adapter le réactif à l'objet et souvent tâtonner, je vais indiquer les principales méthodes.

1° **Méthode du chlore** (Mayer [1]). — Placer au fond d'un flacon quelques cristaux de chlorate de potassium, arroser de deux à trois gouttes d'acide chlorhydrique, puis, lorsque le chlore commence à se dégager, ajouter de l'alcool à 70°, dans lequel on immerge l'objet à dépigmenter. On l'y laisse jusqu'à blanchiment complet; au besoin, ajouter encore un peu d'acide. On décolore ainsi non seulement les pigments; mais encore le noircissement produit par l'acide osmique. Pour la chitine, employer de l'eau au lieu d'alcool. Ce procédé convient aussi pour les coupes collées.

2° **Procédé de l'acide chlorique** (Grynfelt et Mestrezat) [2]. — Préparer de l'acide chlorique par le procédé suivant :

Dans un ballon de verre, dissoudre à 50°, 50 gr. de chlorate de baryum dans 70 cm³ d'eau distillée. Après refroidissement partiel, ajouter, par petites portions et en agitant bien, 8,5 cm³ d'acide sulfurique pur à 66° Baumé dilués dans 40 cm³ d'eau distillée. Il se produit du sulfate de baryum insoluble et de l'acide chlorique qui reste en dissolution. Après 48 heures, décanter en flacon à l'émeri et conserver à l'obscurité.

Pour dépigmenter, ajouter 2 cm³ de solution d'acide chlorique à 15 cm³ d'alcool à 90°. On peut augmenter la dose si c'est nécessaire.

1. *Mitth. zool. Station Neapel*, II, p. 8, 1880.
2. Grynfelt et Mestrezat, Sur un nouveau procédé de dépigmentation des préparations histologiques. *C. R. Soc. biol.*, LXI, p. 87, 1906.

Opérer à 42° et laisser 10 à 12 heures en contact. On passe ensuite par les alcools, puis on lave à l'eau.

Les coupes doivent être collées à l'eau distillée et, au besoin, collodionnées par la méthode de Regaud (p. 360).

3° **Persulfate d'ammonium**. — Ce corps, qui est employé en photographie pour affaiblir les négatifs, réussit quelquefois très bien en solution aqueuse ou alcoolique à 4 p. 100.

4° **Eau oxygénée**. — Le meilleur procédé pour se procurer de l'eau oxygénée consiste à décomposer par l'eau le perborate de sodium. Cent grammes de ce corps développent au moins 8 litres d'oxygène. On augmente la production d'oxygène en ajoutant à la dissolution de l'acide citrique ou tartrique. Le liquide obtenu est neutre ou à peine acide. Les coupes ne sont pas altérées et les tissus osmiés se blanchissent très bien.

Pour faire de l'eau oxygénée à 12-15 volumes, on prend par exemple :

```
Eau distillée. . . . . . . . . . . . . . . . .   1000 gr.
Perborate de sodium . . . . . . . . . . . .    170 —
Acide citrique pulvérisé . . . . . . . . .      60 —
```

Pour faire de l'eau oxygénée à 20 volumes, on prendra :

```
Eau distillée . . . . . . . . . . . . . . . .   700 gr.
Perborate de sodium . . . . . . . . . . . .   210 gr.
Acide citrique pulvérisé. . . . . . . . . .   105 gr.
```

5° **Permanganate de potassium et acide oxalique**. — Cette méthode est due à Alfieri [1]. On traite l'objet ou les coupes par le permanganate de potassium à 1 p. 1000 pendant 2 à 24 heures. On lave à grande eau et on décolore par l'acide oxalique à 1 p. 300. On lave ensuite à l'eau. Herzog conseille de diluer cinq fois ces solutions pour les coupes à la paraffine.

6° **Acide chromique**. — Mawas [2] fait simplement agir sur les coupes collées de l'acide chromique à 1 ou 2 p. 100. Ce procédé ne gêne aucune coloration et ne décolle pas les coupes. Le pigment mélanique des tumeurs est décoloré plus facilement que le pigment rétinien.

---

1. *Monitore zool. ital.*, VIII, p. 57, 1897.
2. Mawas, Sur un nouveau procédé de dépigmentation des coupes histologiques, *C. R. Soc. de biologie*, LXXIV, p. 579, 1913.

CHAPITRE XXV

LIQUIDES CONSERVATEURS
POUR
COLLECTIONS MACROSCOPIQUES

Les deux principaux liquides conservateurs sont l'*alcool* et le *formol*. Le premier convient surtout pour les Arthropodes et pour les animaux dont on doit faire l'étude morphologique, car, s'il conserve généralement mal la structure histologique, il permet de rendre aux spécimens leur forme naturelle en les plongeant dans l'eau. Pour les collections, on prend au moins de l'alcool à 70°, ou plus généralement à 90°. Quand on y plonge des animaux frais, il faut le renouveler au moins une fois, car son titre baisse beaucoup et les pièces peuvent être macérées.

Le formol a été l'objet d'un véritable engouement, dont on commence heureusement à revenir. Nous avons dit plus haut (p. 277), qu'employé seul c'est un mauvais fixateur. Pourtant, à défaut d'autre liquide, il est très supérieur à l'alcool pour la conservation histologique des pièces, car il ne produit jamais de macération; il suffit d'en faire une dilution à 4 ou 5 p. 100 (p. 276). En outre, il donne de très jolies pièces pour les collections macroscopiques. Malheureusement, les matériaux ainsi conservés ne peuvent être disséqués, ni utilisés pour autre chose que pour la morphologie externe. S'ils sont déformés, il est impossible de leur rendre, par immersion dans l'eau, leur aspect primitif. Aussi, malgré son bon marché et la facilité de son emploi, le formol doit-il être employé avec beaucoup de circonspection. Nous donnerons des indications à ce sujet dans les divers chapitres des méthodes spéciales.

La préparation des *pièces anatomiques* destinées à la démonstration nécessite des précautions particulières à cause de la difficulté de conserver les couleurs. H. Seegy[1], préparateur au Musée phylogénétique d'Iéna, a donné des indications très précises pour l'emploi du formol : il conseille vivement l'emploi des solutions faibles : 1,5 p. 100 pour les peaux qui restent souples dans ce liquide et 2 p. 100 pour les animaux entiers. Ces faibles concentrations conserveraient passablement les couleurs. Il est nécessaire de titrer très exactement les solutions, au besoin à l'aide du formolomètre de Kœllner. D'innombrables formules ont été proposées, surtout en Allemagne, pour la conservation des pièces avec leur aspect naturel : nous nous contenterons d'indiquer celles qui nous paraissent les plus sûres.

A défaut d'autres réactifs on peut toujours obtenir une conservation suffisante des couleurs dans le mélange suivant :

> Glycérine
> Alcool à 90° } āā
> Formol à 40 p. 100

Enfin Unna et Reimann ont montré récemment que le *chlorure de zinc à 2 p. 100* constitue un liquide conservateur et fixateur qui peut rivaliser avec le formol (p. 271).

Méthode de Kaiserling[2]. — 1° *Fixer* les pièces dans le liquide suivant :

Phosphate de potassium	130 gr.
Phosphate de sodium	60 —
Chlorure de sodium	10 —
Azotate de potassium	50 —
Formol du commerce	400 cm³
Eau	4 000 —

Il est bon que la pièce repose sur du coton et ne soit d'aucun côté en contact avec le verre. Il est essentiel qu'elle soit entièrement recouverte par le liquide. La durée du bain varie, suivant le volume et la consistance de la pièce, de 12 heures à cinq jours au plus. Ce liquide peut servir deux ou trois fois.

2° *Développer* la couleur par un bain d'alcool à 90°. Retirer les pièces dès que les couleurs primitives ont réapparu.

1. H. Seegy, Die Konservierungstechnik in Formol. *Zool. Anzeiger*, XLI, p. 238, 1913.
2. Il y a de nombreuses variantes de la méthode de Kaiserling; je donne celle qui est employée au laboratoire d'anatomie pathologique de la Faculté de médecine de Paris.

3° *Conserver* définitivement dans :

Eau	1 000 cm³
Acétate de sodium.	225 gr.
Glycérine.	100 —

Renouveler ce liquide au bout de quelques jours.

Montage à la glycérine gélatinée. — Les petites pièces donnent de très jolies préparations lorsqu'elles sont incluses dans la glycérine gélatinée [1]. On prépare une gélatine bien transparente en y mélangeant un peu de blanc d'œuf et en portant à l'ébullition. On filtre sur papier Chardin. Une bonne formule de gélatine est celle de Kaiser (p. 459). Les pièces sont d'abord traitées par la méthode de Kaiserling, puis montées dans la gelée glycérinée, dans des boîtes de Petri ou d'autres récipients.

Méthode de Delépine à la gelée arséniée [2]. — Cette méthode donne d'aussi bons résultats que le Kaiserling pour la conservation des couleurs et ne présente pas les inconvénients des liquides pour le montage définitif des pièces.

1° *Fixer* pendant 3 jours à 2 semaines, suivant l'épaisseur des pièces, dans :

Formol à 40 p. 100.	100 cm³
Eau	900 —
Sulfate de sodium (pour amener la densité à 1024-1028)	20 gr.

2° *Développer* la couleur dans l'alcool à 80-90°. Retirer les pièces dès que la coloration primitive a reparu.

3° *Imprégner de glycérine arséniée* pendant 1 ou 2 jours au moins, ou même pendant 2 ou 3 semaines, s'il ne se produit pas de contraction :

Solution aqueuse saturée d'acide arsénieux. .	400 gr.
Glycérine.	600 —

La solution saturée d'acide arsénieux se prépare en faisant bouillir de l'eau avec un excès d'acide arsénieux pendant 2 heures; on laisse ensuite reposer pendant 12 heures.

1. Voir à ce sujet : Roussy, *C. R. Soc. de Biologie*, LXVI, p. 308, 1909. — R. Collin (*Ibid.*, LIX, p. 489, 1905', conseille le silicate de potassium.

2. S. Delépine. On the arsenious acid-glycerin-gelatin (arsenious jelly) method of preserving and mounting pathological specimens with their natural colours and on the use of new forms of receptacles for keeping Museum specimens. *Journ. of pathol. and bacteriol.*, XVIII, p. 345 et 478, 1914.

4° *Conserver* définitivement dans la *gelée arséniée* :

> Gélatine de Coignet (marque dorée). . . . . . 425 gr.
> Solution aqueuse saturée d'acide arsénieux. . 1500 —

La gélatine desséchée bien propre est ajoutée à la solution arsénieuse chaude; elle doit se dissoudre entièrement en moins de 30 minutes. Mélanger ensuite :

> Gelée chaude. . . . . 2000 gr.
> Glycérine chaude. . . . . 5800 —

Laisser refroidir à 20° environ, ajouter les blancs et les coquilles de six œufs, mélanger, réchauffer au point d'ébullition pendant 2 heures, puis passer à la flanelle et filtrer au papier.

Monter les pièces dans un bocal plat ou entre deux lames de verre. Delépine donne, dans son mémoire, de longs et minutieux détails sur la manière d'effectuer ce montage.

Préparations transparentes. — Spalteholz[1] arrive, en combinant l'emploi de liquides d'une réfringence particulière avec celui des injections, à obtenir des pièces anatomiques transparentes, très démonstratives. Les liquides qui lui ont donné les meilleurs résultats sont l'éther méthylique de l'acide salicylique et le benzoate de benzyle.

Durcissement des objets pour les coupes macroscopiques. — Fredet[2] conseille l'injection vasculaire par la formaline chromique (eau 4000, formol 100, acide chromique 5). Un cadavre humain est durci en deux mois.

Fermeture des bocaux.

Ciment de Groot. — Pour les bocaux remplis d'alcool, de Groot[3] conseille le mastic suivant, soluble dans l'eau, mais insoluble dans l'alcool quand il est sec. Prendre 8 parties de blanc de zinc, broyer dans un peu d'eau, puis ajouter de l'eau de manière à en utiliser 30 parties; y faire dissoudre à chaud, mais *sans bouillir*, 6 parties de gélatine. Appliquer à chaud (chauffer le ciment et les surfaces à réunir) pour sceller les plaques de verre ou obturer les bouchons de liège.

Ciment Lataste. — Convient pour tous les liquides. On le prépare en fondant ensemble deux parties de paraffine et une

---

1. Voir à ce sujet *Rev. gén. des sc.*, 15 décembre 1911. *Anat. Anzeiger*, XLI, p. 75, 1912, et *Ueber das Durchsichtigmachen von menschlichen und tierischen Präparate*, Leipzig, Hirzel, 1911.
2. *XIIIᵉ Congr. intern. de méd.*, Paris, 1900.
3. *Zool. Anzeiger*, XXVIII, p. 406-407, 1904.

partie de caoutchouc (vieux tubes de caoutchouc à gaz). Cette opération est très lente et demande à être conduite avec précaution pour que le mélange ne s'enflamme pas. Opérer dehors ou sous une hotte à bon tirage, à cause de l'odeur. Appliquer à chaud, en faisant fondre le ciment et en chauffant les surfaces à réunir.

Ciment au suif. — Faire fondre, sur un feux doux, 125 gr. de suif, puis y jeter 200 gr. de vieux tubes de caoutchouc à gaz coupés en menus morceaux. La fusion du caoutchouc est très lente; lorsqu'elle est complète, ajouter, en tournant, 200 gr. de talc. Pour utiliser ce mastic on le fait fondre et on l'applique avec un couteau chaud sur les surfaces bien sèches et légèrement chauffées.

Gomme arabique. — La simple dissolution de gomme arabique est excellente pour la fermeture provisoire des bocaux, au moyen d'une plaque de verre.

Moyens de coller les échantillons sur des lames de verre. — Pour les pièces conservées dans l'alcool, employer la solution forte de celloïdine (p. 319). Pour les pièces conservées dans les liquides aqueux, coller à la glycérine gélatinée (p. 459), puis, quand elle a fait prise, insolubiliser par un bain de formol à 5 p. 100. Ces colles sont absolument invisibles.

Étiquettes. — Dans une collection, les étiquettes doivent être écrites à l'encre de Chine et immergées dans les bocaux. C'est le seul moyen de les conserver propres et d'éviter les confusions.

Colle pour étiquettes. — Pourtant, si on veut les coller solidement, on fera une dissolution de 100 gr. de gomme arabique dans 250 cm³ d'eau et on y ajoutera 2 gr. de sulfate d'alumine dissous dans 20 cm³ d'eau.

Vernis pour étiquettes. — Passer rapidement sur l'étiquette un petit pinceau dur chargé de paraffine très chaude. Ce moyen très simple rend les étiquettes imperméables.

Encre pour écrire sur le verre. — Encre *noire* : une partie de silicate de potassium pour deux parties d'encre de Chine. Encre *blanche* : pâte d'oxyde de zinc dans le silicate de potassium.

Crayon pour écrire sur le verre. — Crayons gras spéciaux. On peut aussi écrire avec un fragment de feuille d'aluminium, découpé en pointe ou enroulé en tortillon : mouiller le verre avec la salive ou simplement y déposer un peu de buée. On réussit mieux en mouillant d'abord avec du silicate de potassium, puis en lavant à l'eau.

CHAPITRE XXVI

PRÉHENSION, CONTENTION, ANESTHÉSIE

Le premier soin d'un bon expérimentateur doit être de saisir et de maintenir correctement les animaux en expérience, tant pour les inoculer avec succès que pour se mettre à l'abri de blessures qui, avec certains virus, peuvent être des plus dangereuses. Non seulement un animal insuffisamment maintenu peut user de ses dents et de ses griffes, mais encore il peut occasionner des blessures avec les instruments d'inoculation.

Chien. — S'il est docile, le saisir solidement par la peau du cou. S'il est farouche, lui jeter autour du cou un nœud coulant et le soumettre à une demi-strangulation : on peut alors le museler et lui attacher les pattes. Un bon nœud coulant peut être fait avec un fouet de charretier, à l'extrémité duquel on attache, à la place de la mèche, un anneau de fer : on passe le manche dans cet anneau. La manœuvre de cet instrument, que j'ai appris à connaître à la fourrière de Tunis, est des plus faciles.

Pour *museler* un Chien, passer une bonne cordelette en arrière des canines, faire un nœud simple sous le maxillaire inférieur, puis ramener les deux brins sur le museau et les attacher solidement. On peut aussi passer une barre de fer en arrière des canines et faire une bonne ligature derrière la barre.

Pour l'*anesthésie*, donner du chloroforme par petites doses et sans que le liquide touche la muqueuse nasale. Se servir d'un cornet de carton, au fond duquel on met un tampon de coton.

Chat. — C'est le plus difficile à manier de tous les animaux. Pour la contention, l'enrouler dans une pièce de toile (p. 494). Pour l'anesthésie, le projeter dans un grand bocal avec un tampon imbibé de chloroforme. Dès qu'il tombe, le retirer, car cet animal est très sensible au chloroforme. Ne pas donner de petites doses

Lorsqu'on opère sur la tête, on peut enfermer l'animal dans la boîte que représente la fig. 182, la tête seule passant par l'échancrure.

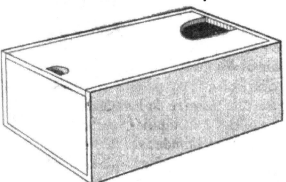

Fig. 182. — Boîte avec couvercle à coulisse pour Chien, Chat, Lapin, etc., permettant d'opérer sur la tête de l'animal.

Oiseaux. — Voir p. 623, fig. 211.

Lapin. — Le saisir par les oreilles. Prendre d'une main les quatre membres, de l'autre la tête. On peut encore l'attacher sur une planche comme dans la fig. 212, au moyen de ficelles ou de lacets de cuir ou l'enfermer dans la boîte que représente la fig. 182 la tête dépassant seule. Pour l'anesthésie, donner d'emblée une forte dose, au moyen d'un cornet, et suspendre dès que l'animal tombe en résolution. Ne pas donner de petites doses qui le tueraient à coup sûr.

Fig. 183. — Mors pour inoculation par ingestion. Cet appareil, facile à construire en bois, maintient ouverte la bouche de l'animal. Par l'orifice, on introduit une sonde en caoutchouc jusque dans l'estomac.

Cobaye. — Le saisir par la peau du dos. Très facile à maintenir.

Rats blancs et Souris blanches. — On peut généralement les saisir à la main par la queue. Pour les maintenir, les prendre à la nuque avec une longue pince à cran d'arrêt (fig. 253). Accrocher un anneau de la pince à un clou ou bien, d'une seule main, tenir la pince par les anneaux et saisir avec les doigts libres la base de la queue, de manière à maintenir l'animal en extension.

Souris grises et Rats gris. — Le Rat gris est très dangereux à manipuler; il faut avoir deux longues et fortes pinces. Saisir d'abord au hasard, si possible à travers le grillage de la cage, puis appliquer une autre pince sur la nuque. Desserrer la première pince, extraire l'animal de la cage et le maintenir en extension comme les Rats blancs. Au besoin, pour plus de sûreté, appliquer une seconde pince qu'on fait tenir par un aide.

On peut pourtant, avec de l'habitude et beaucoup de sang-froid, saisir à la main les Rats gris par la nuque et les tenir ainsi immobilisés et dans l'impossibilité de mordre.

Anesthésie : le chloroforme tue très facilement les Rats. Il est préférable d'employer l'éther. On opère dans un bocal et on retire l'animal dès qu'il tombe.

Singes. — Voir p. 667 la manière de s'en rendre maître, et fig. 212 la manière de les attacher. Les Singes de petite taille sont assez faciles à manipuler avec un peu d'habitude. La difficulté est pourtant plus grande avec les espèces à queue prenante et surtout avec certains Lémuriens, qui sont d'une souplesse extraordinaire et finissent toujours par se retourner pour mordre.

Marmottes. — Le seul moyen de saisir les Marmottes sans se faire mordre est de les prendre et de les porter par la queue. On peut ainsi faire seul une prise de sang à la queue. Aucun appareil de contention ne convient à la Marmotte, à cause de la forme de son crâne ; pour l'immobiliser, il faut la saisir brusquement par la nuque avec une main en la maintenant par la queue de l'autre main.

Chloralose. — Ce produit est excellent pour obtenir une anesthésie prolongée. On l'emploie en injection sous-cutanée dans l'eau tiède, à la dose moyenne de 10 centigr. par kilogr. d'animal. La résolution est parfaite et dure longtemps.

CHAPITRE XXVII

RÉSUMÉ DES MÉTHODES GÉNÉRALES

J'ai exposé, avec tous les détails essentiels, les méthodes générales de préparation des objets microscopiques ; mais il peut arriver que le débutant se sente perdu au milieu de ces descriptions forcément un peu longues. Aussi j'ai pensé qu'il serait bon, pour fixer les idées, de résumer sommairement la succession des opérations qu'on doit faire subir à un organe, ou à un objet à monter.

Premier exemple. — Faire des coupes dans un organe.

I. *Fixation.*

Instruments : un rasoir, une plaque de liège ; bocaux ou tubes à fond plat.
Réactif : Picroformol de Bouin (p. 285).

1° Extraire l'organe (voir autopsies, p. 573).
2° Diviser rapidement l'organe en gros fragments, sur la plaque de liège, avec le rasoir (p. 292).
3° Immerger dans le liquide de Bouin (p. 292).
4° Retirer les fragments au bout d'une heure ou deux : les débiter avec le rasoir en fragments de 3 ou 4 mm. d'épaisseur (p. 292).
5° Achever la fixation dans le liquide de Bouin pendant 3 jours au moins, 8 jours au plus.

II. *Lavage* dans l'alcool à 90° renouvelé trois fois [1] (p. 295).

III. *Deshydratation* dans l'alcool absolu renouvelé trois fois en 24 heures (p. 302).

IV. *Imprégnation* dans le toluène renouvelé trois fois (p. 306).

V. *Bain de paraffine* à 50°-55° (p. 308), en 2 bains successifs.

VI. *Inclusion définitive* (p. 312) dans la paraffine propre, dans une capsule d'étain, un moule de papier ou les barres de Leuckart.

VII. *Refroidissement* sous l'eau (p. 315).

1. Les temps que doivent durer les passages dans les liquides sont proportionnels aux volumes des pièces.

VIII. *Dresser* le bloc de paraffine, de manière à ce que ses faces soient parallèles deux à deux (p. 340).

IX. *Fixer* le bloc de paraffine au porte-objet du microtome (p. 340).

X. *Couper* en rubans (p. 342).

XI. *Coller les coupes à l'albumine* (p. 350).

Instruments : un scalpel, deux aiguilles à dissocier, une pipette compte-gouttes, lames conservées dans l'alcool.
Réactifs : albumine de Mayer, eau distillée.

1. *Détacher* du ruban une ou deux coupes avec un scalpel et les déposer sur une lame bien propre : le côté brillant des coupes doit être en dessous.

2. Avec une pipette, introduire *sous les coupes* l'eau albumineuse (p. 351), de façon à les faire flotter.

3. *Chauffer* la lame avec précaution, de préférence sur la platine chauffante. Les coupes s'étalent d'elles-mêmes sous l'influence de la chaleur. La paraffine ne doit pas fondre, sinon les coupes sont perdues.

Remarque. — Quand les coupes sont fortement plissées, il faut, avant de chauffer, et après les avoir fait flotter sur l'eau albumineuse, les déplisser une à une avec les aiguilles.

4. Après étalement parfait, *égoutter* l'excès de liquide.

5. *Orienter* la coupe au milieu de la lame avec les aiguilles.

6. *Placer* les lames sur un égouttoir photographique. *Sécher* au moins deux heures à l'étuve à 37°.

XII. *Déparaffiner* les coupes (p. 356).

Instruments : un porte-tube avec cinq tubes Borrel ou Jolly numérotés, toluène 1 et 2, alcool 1, 2 et 3 ; une cuvette en verre ou en porcelaine à rainures horizontales, pleine d'eau.

1. *Chauffer légèrement* les lames bien sèches, pour faire fondre la paraffine et *coaguler* l'albumine. Ne pas trop chauffer, sous peine d'altérer irrémédiablement les coupes.

2. Dissoudre la paraffine par un séjour de trente secondes dans chaque tube de toluène.

3. Enlever le toluène en passant successivement dans les trois tubes d'alcool à 90°.

4. Plonger dans la cuvette à rainures.

Les coupes sont prêtes à subir une coloration quelconque. Si on ne peut les colorer de suite, il faut les conserver dans l'alcool, mais *ne pas les laisser sécher*, sinon elles seraient irrémédiablement perdues.

XIII. *Colorer* à l'hématéine-éosine (p. 431).

Instruments : un porte-tube avec six tubes Borrel ou Jolly.
Réactifs : Hémalun acide de Mayer, alcool chlorhydrique (V gouttes p. 100), éosine de Höchst à 1 p. 100, alcool à 70°, alcool à 90°, xylol pur.

1. *Colorer* cinq à vingt minutes (ou plus) dans l'hémalun.
2. *Rincer* à l'eau.
3. *Différencier* quelques secondes dans l'alcool chlorhydrique.
4. *Laver* à fond à l'eau.
5. *Virer* au bleu noir par un séjour de cinq à dix minutes dans l'eau.
6. *Colorer* une minute dans l'éosine.
7. *Laver* à l'eau.
8. *Différencier* dans l'alcool à **70°**.
9. Passer dans l'alcool à **90°**.

XIV. *Deshydrater* (p. 432).

Retirer la lame de l'alcool à 90° et verser à trois reprises de l'alcool absolu :

1. La première fois, pour chasser l'alcool à 90°. Essuyer avec soin le dessous de la lame.
2 et 3. Les deux autres fois pour deshydrater : balancer la lame pour activer l'action de l'alcool. Éviter de deshydrater au voisinage de l'eau ; éviter de respirer sur les coupes.

XV. *Monter au baume* (p. 433 et 434).

1. Essuyer rapidement le dessous de la lame, dès que le dernier alcool absolu a agi, et *se hâter* de la plonger dans le tube de xylol propre.
2. Préparer une lamelle.
3. Retirer la lame du xylol : essuyer en dessous et autour des coupes.
4. Déposer une goutte de baume sur les coupes.
5. Déposer une gouttelette de baume au centre de la lamelle.
6. Retourner la lamelle, la tenir obliquement avec une pince et appliquer les deux gouttes de baume l'une contre l'autre, en posant d'abord le bord gauche de la lamelle sur la lame, puis abaissant doucement le bord droit soutenu par la pince.
7. Appuyer très légèrement pour chasser les bulles d'air et l'excès de baume.
8. Essuyer le pourtour de la lamelle avec des bandelettes de buvard.
9. Sécher à plat à l'étuve.

Deuxième exemple. — Monter dans le lactophénol un objet isolé ou dissocié.

1. Préparer une lame et une lamelle.

2. Déposer au centre de la lame une goutte de lactophénol.

3. Transporter et orienter l'objet sur la lame avec une aiguille lancéolée.

4. Déposer sur la lamelle une goutte de lactophénol (p. 461).

5. Laisser tomber la lamelle sur la lame, de manière à ce que les deux gouttes entrent en contact et que l'objet s'étale au centre de la préparation.

6. Appuyer très légèrement. Si le volume des gouttes a été bien calculé, le liquide ne dépasse pas les bords de la lamelle et on peut luter de suite.

7. Si le liquide dépasse les bords de la lamelle, aspirer l'excès avec des bandelettes de papier buvard : nettoyer avec le doigt entouré d'un chiffon imbibé d'alcool, jusqu'à ce qu'il n'y ait plus *aucune trace* de lactophénol. Éviter de déranger la lamelle.

8. Avec le fer à luter, appliquer aux quatre coins de la lamelle une goutte de lut de Krönig fondu (p. 464).

9. Achever le nettoyage à l'alcool si c'est nécessaire.

10. Achever de border la lamelle sur les quatre côtés.

Remarques. — *a.* Il faut laisser tomber la lamelle à plat; si on l'applique de gauche à droite, comme plus haut, l'objet est chassé vers la droite, surtout s'il y a trop de liquide.

b. S'il y a des bulles d'air (n° 6), soulever légèrement la lamelle avec une aiguille et la laisser retomber doucement; caler de l'autre côté avec une aiguille pour empêcher la lamelle de glisser. On arrive ainsi à éliminer les bulles.

CHAPITRE XXVIII

PRINCIPAUX INSUCCÈS
DES PRÉPARATIONS. — CAUSES
ET REMÈDES

Nous avons déjà signalé les accidents qui peuvent survenir lors de la confection des coupes (p. 344) et du collage sur les lames (p. 352). Il nous reste à étudier les insuccès ou les altérations qu'on constate dans les préparations terminées.

1. Les *déchirures* et les *plis* dans les coupes proviennent d'un mauvais étalement (p. 352). Pas de remède.

2. Les *différences d'épaisseur* dans les coupes proviennent de vibrations du rasoir ou d'une mauvaise inclusion (p. 345). Pas de remède.

3. La présence de *précipités* plus ou moins colorés peut reconnaître deux causes : ou bien un mauvais lavage après fixation, notamment lorsqu'on s'est servi de sublimé, ou bien un précipité de matière colorante. Ce dernier cas se produit surtout avec les couleurs d'aniline et dans la méthode de Romanovsky; on peut enlever ces précipités avec des liquides différenciateurs appropriés.

4. La préparation est *opaque*, sur fond noir elle a une teinte *laiteuse*. La cause de ce défaut est une déshydratation insuffisante : les tissus ont conservé une certaine quantité d'eau, qui a précipité le baume sous forme de gouttelettes résineuses microscopiques. Ce sont ces gouttelettes qui produisent l'opalescence et l'opacité. Pour rendre à la préparation sa transparence, il faut arroser la préparation de toluène, enlever *délicatement* la lamelle, bien dissoudre le baume au moyen du toluène, reprendre par l'alcool absolu, puis repasser par le toluène et le baume.

5. Les tissus ont un aspect contracté : les cellules sont comme

vidées, toute la coupe a une apparence fibreuse. Cet insuccès est presque toujours dû à une *mauvaise deshydratation* (p. 311) ou à une *élimination incomplète de l'alcool* des tissus avant l'inclusion. L'accident peut se produire aussi au cours de l'inclusion, lorsque la paraffine est trop chauffée. Souvent encore on a trop chauffé les coupes : soit en étalant sur l'eau albumineuse, soit en coagulant l'albumine avant de déparaffiner, soit en colorant à chaud sur la flamme. Pas de remède.

Une autre cause est la *dessiccation des coupes*. Nous en avons parlé en plusieurs endroits (p. 433 et 478), et nous avons recommandé de ne jamais laisser les coupes se dessécher entre deux opérations. Il n'y a pas de remède.

6. *Coloration insuffisante* : soit parce que le colorant n'a pu agir après certains fixateurs, soit parce que la différenciation a été poussée trop loin, soit parce que la coupe s'est décolorée (voir plus loin). On peut essayer de démonter la préparation : dissoudre le baume par le toluène, revenir à l'eau en passant par les alcools et recolorer.

7. *Coloration trop intense* : par séjour trop prolongé dans le bain colorant; par différenciation insuffisante; par suite d'une trop grande épaisseur des coupes. Démonter la préparation et revenir au différenciateur, en remontant la série des réactifs.

8. *Causes de décoloration des coupes*. — Ces causes ont été très bien étudiées dans un récent travail de Martin Heidenhain[1]. Nous pouvons les ranger dans les catégories suivantes :

a. **Réaction des tissus colorés.** — Les colorants végétaux sont décolorés en milieu acide, tandis que certaines couleurs d'aniline pâlissent en milieu alcalin. Il faut donc monter autant que possible en milieu neutre (baume neutre) ou modifier la réaction du milieu suivant la nature du colorant. Voir hématéine (p. 386), chromotropes (p. 411), rubine acide (p. 410).

L'acidité du milieu peut provenir du fixateur, du colorant ou des liquides différenciateurs. Enfin la décoloration peut provenir de l'oxydation de composés chromiques.

b. **Action de l'iode.** — L'iode est très employé en histologie, soit pour éliminer le sublimé, soit comme mordant. Ce corps se combine probablement aux substances albuminoïdes des tissus et fait pâlir ensuite les colorations. Le meilleur remède consiste à éliminer l'iode par l'hyposulfite de sodium (p. 426). Heidenhain conseille l'emploi d'une solution à 2,5 p. 100, qu'on étend de 9 parties d'eau, au moment de l'emploi.

1. M. Heidenhain, Ueber die Haltbarkeit mikroskopischer Präparate, insbesondere über die Nachbehandlung jodierter Gewebe mit Natriumthiosulfat. *Ztschr. f. wiss. Mikr.*, XXV, p. 397-400, 1908.

c. **Action du baume du Canada.** — Toutes les résines sont acides, avides d'oxygène et dissolvent certains colorants. Pour éviter la décoloration, il faut : employer du baume neutre; mettre aussi peu de baume que possible, de manière à réduire l'épaisseur de la préparation; se servir de grandes lamelles.

En effet, au contact de l'air, le baume neutre devient assez rapidement acide; de là, les décolorations partielles qu'on observe dans les coupes dont les bords atteignent ceux de la lamelle. Il faut que le bord des coupes soit toujours à 2 mm. au moins du bord de la lamelle.

Certains colorants (thionine, bleu polychrome, bleu de toluidine, vert de méthyle) se décolorent toujours dans le baume, parce qu'ils sont avides d'oxygène et ne peuvent supporter les milieux réducteurs. Dans ce cas, il faut monter dans la paraffine liquide.

Pour ces colorations et pour les préparations colorées au Romanovsky, la décoloration a toujours lieu du centre à la périphérie et non de la périphérie au centre, comme pour les coupes colorées à l'hématéine : en effet, elle est due surtout à l'action réductrice du baume et non à son oxydation. Les parties marginales, en contact avec l'air, pâlissent moins vite que le centre, qui est exclusivement soumis aux actions réductrices. C'est pourquoi il est préférable de conserver à sec, sans lamelle, les frottis qui supportent la dessiccation.

9. *Bulles d'air.* — Nous savons que les petites bulles disparaissent rapidement par l'oxydation du baume (p. 457). Pour enlever les grosses bulles, soulever la lamelle sur un côté, en l'appuyant du côté opposé pour l'empêcher de glisser (p. 457). Lorsqu'il est rentré de l'air dans une préparation ancienne, on peut ajouter du baume sur les côtés de la lamelle ou plonger toute la préparation dans le toluène, pour ramollir le baume, puis enlever ou soulever la lamelle pour chasser l'air.

10. *Lamelles et lames salies.* — Des dépôts de colorants, de baume, d'huile de cèdre, etc., salissent quelquefois les deux faces de la préparation et gênent beaucoup l'observation. On les enlève avec un dissolvant approprié, en prenant bien soin de ne pas déranger la lamelle. Au besoin, fixer celle-ci par deux ou quatre coins avec le lut de Krönig (p. 464).

11. *Nuages de gouttelettes résineuses.* — On voit souvent apparaître, sur les préparations longtemps conservées en boîtes, un nuage de fines gouttelettes recouvrant la lame et la lamelle. Il faut enlever ce nuage avec un chiffon imbibé de toluène, avant d'examiner la préparation. Ces gouttelettes apparaissent aussi dans les préparations montées à sec, dans l'air; alors il faut démonter la préparation et la nettoyer.

12. *Objets contractés* [1]. — Certains animaux et certains tissus ne peuvent être montés au baume qu'avec de grandes précautions et au moyen de passages très ménagés de l'alcool au xylol et au baume. Il y a même des animaux, tels que les Nématodes, qu'il est impossible de monter au baume. Les objets contractés dans le baume sont généralement perdus : le seul moyen dont on dispose pour essayer de les sauver est de démonter la préparation et de traiter l'objet par le chloralphénol ou le chloralchlorophénol (p. 611), après quoi on repasse de nouveau graduellement au baume.

---

1. Ne pas oublier que la dessiccation des objets peut amener leur contraction définitive. Nous répétons pour eux ce que nous avons dit pour les coupes : jamais un objet ne doit sécher entre deux opérations, il faut toujours le maintenir dans un liquide. Il n'y a d'exception que pour les frottis desséchés (p. 671).

TROISIÈME PARTIE

MÉTHODES SPÉCIALES

Dans cet ouvrage, qui est surtout destiné aux médecins et aux applications médicales de la microscopie, nous nous bornerons à indiquer les procédés d'étude applicables aux animaux parasites ou vulnérants. Nous exposerons les méthodes de recherches concernant la plupart des Protozoaires, des Vers et des Arthropodes, ainsi que la faune des eaux douces. Il sera facile de transposer ces méthodes, pour l'étude d'autres types d'intérêt purement zoologique. Les seuls animaux dont nous né parlerons pas en détail sont ceux qui appartiennent à la faune marine (Spongiaires, Cœlentérés, Échinodermes) : il est bien rare que le médecin ait à s'en occuper et il trouvera dans les ouvrages spéciaux les indications qui lui seront nécessaires.

J'ajouterai que la faune parasitaire ou vulnérante, et surtout la faune des eaux douces, fournissent au débutant un matériel abondant, très varié et très facile à se procurer. Il y trouvera des animaux de tous les groupes, dont l'étude présente un intérêt tout à fait pratique et lui permettra de se familiariser avec les techniques les plus délicates.

Des notions sommaires de technique botanique, mycologique et bactériologique me paraissent indispensables pour compléter l'exposé de toutes les méthodes fondamentales de recherches et de diagnostic microscopique.

PROTOZOAIRES

Dans l'étude des Protozoaires. l'examen à l'état frais joue un rôle considérable. Quand il s'agit d'organismes si délicats, les meilleures données morphologiques sont obtenues par l'examen direct de l'animal vivant. Les méthodes de fixation et de coloration ne conviennent que pour trouver plus facilement les microorganismes et pour révéler certains détails de la structure cytologique, peu visibles à l'état frais.

L'examen à l'état frais présente aussi une grande importance au point de vue médical ; c'est en effet la meilleure méthode pour le diagnostic des maladies à Protozoaires. Ce genre d'examen ne nécessite ni réactifs compliqués, ni perte de temps : pourvu qu'on possède un bon microscope, il peut être pratiqué extemporanément, même au lit du malade. Il sera complété ensuite par la coloration des matériaux recueillis lors de ce premier examen. Mais, pour simple que soit cette méthode, elle exige une parfaite éducation de l'œil et une connaissance complète du maniement du microscope.

Nous avons vu, en étudiant la formation des images microscopiques (p. 147), que ces images sont de deux sortes. Celles que fournissent les préparations colorées sont dues à des phénomènes d'absorption et se forment selon les lois de l'optique géométrique ; ces images sont faciles à observer et ne peuvent donner lieu à aucune erreur, lorsque la coloration est correcte. Au contraire, les images des corps non colorés résultent de phénomènes de réflexion, de réfraction et de diffraction ; leur production est soumise à des lois beaucoup plus compliquées. Les détails ne sont plus mis en évidence par des différences de coloration, mais par des différences de réfringence : au lieu de percevoir des parties colorées, on ne voit que des lignes ou des stries et des parties plus ou moins lumineuses. L'interprétation en est d'autant plus délicate

que, dans certaines conditions, on peut voir apparaître des stries
fictives. Nous avons démontré la production de ces stries, en faisant
une série d'expériences avec la lame de diffraction d'Abbe et le *Pleurosigma angulatum* (p. 57); nous avons indiqué en outre (p. 158) comment on peut reconnaître la véritable nature de ces stries, soit en
diaphragmant le cône d'éclairage, soit en intercalant un verre jaune
au-dessous du condensateur. Les stries réelles conservent toujours la
même intensité et le même écartement. Enfin nous avons montré
(p. 62) de quelle ressource pouvait être l'éclairage oblique, pour augmenter la résolution.

La première condition, pour l'examen à l'état frais des Protozoaires, est donc d'employer d'excellents objectifs et de connaître
toutes les ressources que peut fournir l'appareil d'éclairage. Cet
examen, lorsqu'il est correctement accompli, est le plus sûr
moyen de contrôle des résultats obtenus par les méthodes de fixation et de coloration, lorsque quelque doute s'élève dans l'esprit
de l'observateur. En effet, il est quelquefois difficile de distinguer
les artifices de préparation, surtout les précipités colorables dus
à certains fixateurs, des véritables détails de structure. Si l'objet
dont la nature est douteuse se trouve à la fois dans les préparations
colorées et dans les préparations fraîches, toute incertitude se
trouve supprimée.

L'éclairage à fond noir pourra rendre des services, notamment
pour le diagnostic des maladies à Tréponèmes. Par suite de phénomènes de diffraction, ces organismes paraissent plus volumineux qu'ils ne sont réellement, ce qui, combiné avec l'aspect
brillant qu'ils prennent sur le fond à peu près obscur du champ
optique, permet de les trouver facilement. Mais, comme nous
l'avons dit plus haut, ce procédé n'est avantageux, pour l'étude
morphologique fine, qu'entre des mains très exercées.

Pour tout ce qui concerne l'*examen à l'état frais*, on se reportera au chapitre dans lequel nous traitons de cette méthode générale (p. 232). Il en sera de même pour les *colorations vitales*
(p. 241).

CHAPITRE PREMIER

AMIBES

I. — RÉCOLTE DES AMIBES

1. Amibes non pathogènes. — *Amibes aquatiques*. — Il est facile de se procurer des Amibes vulgaires, au printemps ou en été.

Voici ce qu'il faut examiner : dans les mares, les touffes d'Oscillaires (Algues d'un bleu verdâtre foncé, qui vivent au fond de l'eau ou flottent en touffes à sa surface); la couche gélatineuse qui se trouve sous les feuilles de Nénuphars; la boue mélangée de détritus végétaux qui se trouve au fond des fossés. D'autre part, la mousse qui recouvre les rochers humides, les Sphaignes qui vivent dans certains marécages, sont très riches en Rhizopodes et particulièrement en Amibes. Il suffit de les exprimer comme des éponges et de recueillir l'eau qui en découle. On conserve cette eau dans de grands cristallisoirs qu'on place dans un endroit chaud : les Amibes viennent à la surface et on peut les séparer du reste du liquide. Schaudinn et Eyferth conseillent de jeter des lamelles dans l'eau renfermant les Amibes; celles-ci doivent s'y fixer et on retire au bout de quelques heures les lamelles couvertes d'Amibes.

Amibes de la paille. — Von Wasielewski et Hirschfeld [1] puis Wülker [2] ont étudié récemment un grand nombre d'Amibes. Un des procédés employés par eux pour s'en procurer consiste à mettre, dans un grand vase cylindrique en verre, 20 g. de paille hachée et à arroser avec un litre d'eau ordinaire bouillie. Dès qu'il se produit un voile à la surface, on en prélève une portion pour l'examiner et au besoin pour l'ensemencer sur gélose spéciale. On traite de même la terre, le tan, etc.

Amibes parasites. — On peut encore se procurer des Amibes en examinant le tartre et la carie dentaires chez l'Homme, ou le contenu rectal de divers animaux à sang froid, notamment de

---

1. Von Wasielewski und Hirschfeld, Untersuchungen über Kulturamöben. *Abh. d. Heidelberger Akad. d. Wiss.*, I, 1910.
2. Wülker, Die Technik der Amöbenzüchtung. *Centralbl. f. Bakt., Ref.*, L, p. 577-610, 1911. Travail très complet, basé sur le procédé de Mouton (voir p. 494).

Batraciens ou de Sangsues. Il n'est pas nécessaire pour cela de sacrifier l'animal. Il suffit d'introduire dans le rectum une effilure de pipette, dont l'ouverture ne soit pas trop étroite et dont les bords soient bien émoussés.

Dans la partie supérieure du gros intestin de la Souris[1] on trouve *Amœba muris* qui donne des kystes à 8 noyaux (incultivable). Chez les Blattes (*Periplaneta orientalis*) qu'on vient de capturer, on trouve aussi une Amibe très intéressante (couper la tête et les derniers anneaux abdominaux pour extraire le tube digestif).

Tous ces procédés sont excellents pendant la belle saison, mais, en hiver, il peut être à peu près impossible de se procurer des Amibes. Le procédé de la paille est celui qui, à cette époque, donnera les moins mauvais résultats.

2. **Amibes pathogènes**. — La recherche des Amibes dans les selles ne présente généralement pas de difficultés. Lorsque le malade est atteint de dysenterie bien typique, il suffit de prélever, avec le fil de platine, un petit fragment de mucosité sanguinolente et de l'examiner entre lame et lamelle, sans diluer avec aucun liquide additionnel, car la solution physiologique elle-même peut être fatale aux Amibes. On reconnaît ces organismes à leurs mouvements, à leurs vacuoles et aux globules rouges dont ils sont quelquefois bourrés.

Pour avoir de bons résultats, il faut conserver les Amibes bien vivantes pendant toute la durée de l'examen. Dans ce but, on doit faire déféquer le malade au moment de l'examen microscopique[2] et recueillir les matières, *non mélangées d'urine*, dans un vase ou bassin préalablement chauffé. Il n'est pas nécessaire d'employer la platine chauffante, mais il faut pratiquer l'examen de suite et à l'abri du froid. On peut donc difficilement faire un diagnostic avec des matières émises depuis quelque temps et surtout expédiées par la poste. Si on constate la présence de corpuscules mobiles, il faut :

1° S'assurer que ce sont bien des Amibes[3];

2° Examiner si ce sont : *a*) des Amibes dysentériques;

---

1. Voir Wenyon, *Arch. f. Protistenkunde*, Suppl. 1, p. 169-201, 1907.

2. Dans certains cas, on pourra prélever au niveau même des ulcérations, on faisant la *rectoscopie*.

3. Pour tout ce qui concerne les caractères morphologiques des organismes pathogènes, se reporter à l'excellent *Précis de parasitologie* du Dr Emile Brumpt. Paris, Masson, collection des Précis médicaux. — 2e édition, 1913.

b) des Amibes inoffensives du groupe *coli* ;

c) des Amibes saprophytes du groupe *limax*.

Un bon caractère des Amibes pathogènes est la présence d'un endoplasme bien distinct de l'ectoplasme, très vacuolaire et renfermant de nombreuses hématies. Mais il ne faut pas confondre les Amibes avec des macrophages ou des Infusoires.

3. **Kystes d'Amibes.** — La recherche des kystes d'Amibes dans les selles sera faite à l'état frais et l'examen pourra être complété par l'étude de frottis fixés et colorés.

a. *Examen à l'état frais.* — On prélève une parcelle de matières fécales et on examine entre lame et lamelle. Si les matières sont trop compactes, on dilue avec de la solution physiologique. On peut très bien diluer et tamiser la masse totale des matières, comme il est dit p. 598 et même opérer la concentration par la méthode de Telemann modifiée (p. 600). Les kystes d'Amibes résistent très bien à ce traitement et le diagnostic est grandement facilité.

J'ai remarqué que l'addition d'un peu de liquide de *Lugol* à la préparation augmente notablement la visibilité des kystes et de leurs noyaux. Ce moyen réussit très bien avec les selles fraîches, mais moins bien avec les matières conservées dans le formol (voir p. 493 ce procédé de conservation).

Les kystes sont très visibles avec un fort objectif à sec, à un grossissement de 400-500 diamètres ; mais, quand on est un peu exercé, on peut les rechercher avec un grossissement bien plus faible (200 diamètres). Pour le diagnostic différentiel et l'étude des noyaux, il faut employer l'objectif à immersion et diaphragmer.

Mathis [1] vient d'appliquer avec succès la méthode de Sinton au diagnostic rapide des kystes amibiens dans les selles :

1° Étaler au centre d'une lame, avec le fil de platine, une parcelle de matières ;

2° Sans sécher, retourner la préparation sur le goulot d'un petit bocal renfermant une solution d'acide osmique à 1 p. 100. Laisser agir *trente secondes* les vapeurs d'acide osmique ;

1. C. Mathis, Recherche des kystes d'Amibes dans les selles de l'Homme. *Bull. Soc. médico-chirurgicale Indo-Chine*, IV, n° 7, 1913.
Mathis, Procédé rapide de fixation et de coloration pour reconnaître aisément les kystes d'Amibes dans les selles. *Bull. Soc. méd. chir. Indo-Chine*, V, 19 avril 1914. — Sinton, *Ann. trop. med. paras.*, p. 230, 1912.

3° Retirer la lame, et verser sur le frottis toujours humide une goutte de solution aqueuse d'hématoxyline à 1 p. 200 (préparée comme il est dit p. 388);

4° Attendre quelques secondes, puis recouvrir d'une lamelle, essuyer l'excès de liquide et luter; d'ailleurs les préparations se conservent mal et conviennent surtout pour faciliter le diagnostic rapide.

L'ensemble de ces opérations dure *moins de deux minutes*: l'enveloppe et les noyaux des kystes sont colorés en brun foncé et très visibles. Pour le mode d'emploi de l'acide osmique, se reporter à la page 267.

b. *Coloration des frottis.* — Les frottis seront fixés humides et colorés à l'hématoxyline ferrique comme il est ci-dessous.

c. *Importance de la recherche des kystes.* — Elle est considérable, tant pour dépister les porteurs de kystes d'Amibes dysentériques, guéris en apparence par l'émétine, que pour montrer la contamination plus ou moins indirecte des eaux ou des aliments par les matières fécales [1].

II. — FIXATION ET COLORATION

Les meilleures préparations d'Amibes sont celles qu'on obtient en fixant des frottis humides et en les colorant ensuite par l'hématoxyline ferrique ou le Romanovsky.

Fixation. — On étend donc en couche très mince sur une lame, au moyen d'une lamelle, d'une aiguille ou d'une effilure de pipette, le produit riche en Amibes. Cet étalement exige un tour de main un peu différent de celui que nous décrivons pour le sang (p. 672). Il faut appuyer très peu la

Fig. 184. — Étalement en hachures des mucosités de dysenterie amibienne.

lamelle, ou plutôt la traîner en la laissant appuyer par son seul poids et procéder par petites saccades ou même par hachures (p. 184). On arrive ainsi à étaler des mucosités très visqueuses, sans écraser les Amibes et les leucocytes. Avant que le frottis n'ait eu le temps de sécher on se hâte de le plonger dans le fixateur.

1. C. W. Stiles, The value of Protozoa as an aid in determining focal contamination of the food supply. *Publ. Health Reports*, XXVIII, p. 260. 1913.

Je recommande surtout les liquides de Duboscq-Brasil (p. 286) et de Bouin (p. 285), qui donnent des résultats excellents et ne nécessitent que des manipulations très simples. Le sublimé alcoolique de Schaudinn, très vanté par l'école allemande, ne donne pas de meilleures fixations et exige un lavage très soigné à l'alcool iodé. Au contraire, avec les mélanges picriques, si on ne veut pas colorer de suite le matériel fixé, il suffit de laver les frottis à une ou deux reprises à l'alcool à 70° et de les conserver dans ce même liquide, sans se préoccuper de la légère coloration jaune qu'il peut conserver. On peut mettre ainsi en réserve de grandes quantités de lames chargées d'Amibes. L'essentiel est que le matériel soit *toujours dans un liquide* et *ne sèche jamais* : autrement les Amibes seraient déformées et deviendraient méconnaissables.

Coloration. — Pour le travail courant, deux méthodes sont à retenir : l'hématoxyline au fer de Heidenhain (méthode de choix) et le Romanovsky.

1° *Hématoxyline au fer*. — Procéder comme il a été dit pour la méthode générale de coloration (p. 388). Différencier jusqu'à ce que le protoplasma soit parfaitement clair et que le noyau montre nettement en noir sa charpente de chromatine. Les hématies phagocytées, qui sont sidérophiles, restent colorées en noir ou en bistre.

2° *Romanovsky*. — Les frottis fixés par les liquides picriques doivent être plongés dans l'alcool à 70° (p. 358), jusqu'à disparition de toute teinte jaune, puis lavés à fond dans l'eau. Employer la technique pour les frottis humides (p. 425)[1].

Darling[2] différencie les préparations en les agitant dans de l'alcool à 60°, additionné de X à XX gouttes d'ammoniaque p. 100, jusqu'à coloration violacée. Examiner de temps à autre au microscope, pour vérifier la différenciation. Le noyau des Protozoaires serait ainsi mieux mis en évidence.

Mouton[3] a obtenu les résultats suivants par *coloration vitale* : le rouge de ruthénium (p. 784) colore vivement le karyosome en rouge et le protoplasme en rose pâle; le bleu de méthylène colore bien le caryosome; de même pour le violet dahlia, mais celui-ci tue l'Amibe.

Fixation en masse et coupes. — On peut laisser tomber dans le fixateur des gouttes de mucus ou de pus, riches en Amibes.

1. Voir aussi à ce sujet : Von Wasielewski, Ueber Amöbennachweis. *Münch. med. Woch.*, n° 3, 1911.
2. Darling, Differentiating the various modifications of the Romanovsky stain. *Journ. of trop. med. and hyg.*, XV, p. 239, 1912.
3. *Ann. Inst. Pasteur*, XVI, p. 480, 1902.

Ces gouttes ne doivent pas être trop grosses, pour que le fixateur pénètre facilement. On inclut dans la paraffine, on coupe et on colore comme précédemment.

Le formol à 5 p. 100 conserve admirablement les Amibes et leurs kystes avec l'aspect qu'ils présentent à l'état frais. Ce procédé est particulièrement indiqué pour le *matériel destiné à l'enseignement* : on dilue les matières ou le mucus avec leur volume de solution formolée, puis on décante l'excès de liquide. S'il s'agit de matières normales renfermant des kystes, il est bon de les diluer et de les tamiser comme il est dit p. 598, de manière à éliminer tous les gros fragments. Les préparations, montées telles quelles entre lame et lamelle, se conservent bien lorsqu'elles sont lutées au lut de Krönig (p. 464).

III. — EXPÉRIMENTATION

L'étude des lésions se fait d'après les mêmes méthodes. Les fragments de rectum sont prélevés au niveau des ulcérations, piqués sur des lames de liège paraffiné (p. 293) et fixés suivant les méthodes habituelles. Le Duboscq-Brasil et le Bouin réussissent très bien : on colore ensuite à l'hémaléine-éosine, à l'hématoxyline ferrique ou au Romanovsky (méthode des coupes, p. 427).

On peut encore employer (de même que pour les frottis) la *méthode de Mallory et Wright* :

1. Fixer les pièces à l'alcool;
2. Colorer 5 minutes par une solution aqueuse saturée de thionine;
3. Différencier dans une solution d'acide oxalique à 1 ou 2 p. 100 pendant 30 secondes. Surveiller attentivement;
4. Laver à l'eau;
5. Alcools, xylol, huile de cèdre.

Le noyau des Amibes se colore en rouge, les autres noyaux en violet, les protoplasmes en diverses nuances de violet et de bleu. A notre avis, cette méthode ne donne pas d'aussi beaux résultats que le Romanovsky et a le grand inconvénient de débuter par une mauvaise fixation.

Le meilleur moyen d'élucider la nature pathogène d'une Amibe trouvée dans les selles est de l'inoculer au jeune Chat. Il en est d'ailleurs de même pour les Amibes des abcès du poumon, du foie ou du cerveau. On commence par examiner les déjections des animaux en expérience, pour s'assurer qu'ils ne sont pas déjà porteurs d'Amibes; puis on les laisse jeûner pendant un jour, de manière à ce qu'ils puissent vider complètement leur rectum. L'inoculation doit être faite dans cet organe; l'ingestion par la bouche ne réussit que lorsque les matières renferment des kystes d'Amibes. Il faut opérer avec des matières chaudes et autant que possible au lit du malade.

Voici le procédé employé par Brumpt, qui, avec des matières virulentes, a toujours réussi ses inoculations. On roule le Chat dans un tablier ou une grande pièce de toile; un aide s'assied, le prend sur les genoux et maintient solidement la tête et le train antérieur : il est très important que l'animal ne puisse dégager sa tête, car, pendant qu'il s'efforce de la glisser hors du linge, le train postérieur est facile à maintenir. Le rectum étant censé libre, l'opérateur y engage une grosse sonde en caoutchouc enduite de mucus glaireux ou de salive : en insistant, on arrive facilement à la faire pénétrer très profondément. Tout le succès de cette technique dépend de la profondeur à laquelle pénètre la sonde; si on peut la pousser jusqu'au cæcum, le résultat sera parfait. On injecte alors, avec une grosse seringue, une dizaine de centimètres cubes de mucosités riches en Amibes et encore chaudes. On retire doucement la sonde et on maintient l'animal pendant quelque temps la tête en bas, puis on le remet en cage.

Comme ces Amibes sont très pathogènes, il faut prendre de minutieuses précautions, et désinfecter soigneusement les déjections des animaux, par exemple avec du sapocrésol. Les antiseptiques à base de sels métalliques ne peuvent convenir, à cause du métal des cages et des plateaux qui les supportent.

IV. — CULTURE

La culture des Amibes a fait l'objet de travaux considérables, qui ont pour point de départ les recherches de Mouton [1] et de Lesage [2].

Mouton délaie un peu de terre dans l'eau stérilisée et ensemence avec ce liquide un milieu très pauvre, fait avec de la gélose à 2 p. 100, préalablement bien lavée; on coule cette gélose en boîtes de Petri ou autres. Pour repiquer les cultures premières, on ensemence d'abord la

1. Mouton. Recherches sur la digestion chez les Amibes. *Ann. Inst. Pasteur*, p. 457-509 pl. VIII, 1902.
2. Lesage, Culture de l'Amibe de la dysenterie des pays chauds. *Ann. Inst. Pasteur*, XIX, p. 9-16, 1905.

Bactérie qui doit nourrir les Amibes (par exemple *B. coli*) en six ou huit stries, rayonnant autour d'un cercle de 1 à 2 cent. de diamètre. Au bout d'un ou deux jours, on ensemence les Amibes au centre du cercle. Elles se développent le long des stries, en laissant derrière elles les Bactéries et les impuretés. Les cultures se purifient ainsi peu à peu.

Von Wasielewski et Hirschfeld [1] modifient comme il suit le milieu de Mouton : gélose 10, bouillon de Bœuf 100, eau distillée 900. Ils obtiennent en trois jours une abondante culture, en partant d'un kyste d'Amibe de la paille du groupe *limax*.

Franchini et Raspaolo [2] cultivent les Amibes presque sans microbes, sur gélose au sang de Nicolle (p. 536).

On n'a pu, jusqu'ici, cultiver les Amibes pathogènes. Toutes les cultures qui ont été obtenues ne renferment que des Amibes saprophytes du groupe de l'*Amœba limax* : aucune de ces cultures ne s'est montrée pathogène. Quelles que soient les Amibes, pathogènes ou non, il faut non seulement leur donner un milieu de culture approprié, mais encore les nourrir avec des Bactéries. Pour les Amibes de la paille, von Wasielewski conseille un Bacille du groupe du *fluorescens*.

Étude microscopique des cultures. — En goutte pendante, il faut environ 30 minutes pour obtenir la division des Amibes. Pour obtenir de belles préparations en partant des cultures, on peut employer le *procédé de Deetjen*, recommandé par von Wasielewski et Hirschfeld :

On recherche, dans les cultures en boîtes de Petri, les parties visibles à l'œil nu, formant une frange délicate de 2 à 3 mm. de large et renfermant beaucoup d'Amibes en division. On découpe ces portions de gélose, de façon à avoir des morceaux de 1 cm. à 1 cm. 5 de diamètre, qu'on dépose dans de larges cellules rondes collées sur lames (fig. 131). Ces cellules doivent être très grandes, car il faut qu'elles puissent admettre une lamelle qui doit reposer sur la surface de la gélose, sans toucher les bords de la cellule. Au bout d'une demi-heure à une heure de contact, presque toutes les Amibes se sont collées à la lamelle. On introduit alors, avec précaution, le liquide fixateur dans la cellule, de manière à ce qu'il ne touche pas la lamelle et mouille seulement la base du bloc de gélose. Il pénètre peu à peu par diffusion et finit par atteindre la couche d'Amibes; celles-ci sont beaucoup mieux fixées que par action directe.

Von Wasielewski et Hirschfeld n'emploient que le sublimé alcoolique

1. Von Wasielewski und Hirschfeld, Zur Technik der Amöbenuntersuchung. *Hygienische Rundschau*, XIX, p. 925 930, 1909. — Puschkarew, Zur Technik des Amœbenstudiums. *Ztschr. f. wiss. Mikr.*, XXVIII, p. 115-150, 1911. — G. Wulker, Die Technik der Amöbenzüchtung. *Centralbl. f. Bakteriol.*, I, *Referate*, L, p. 577, 1911.

2. *Malaria e mal. dei paesi caldi*, II, p. 130, 1911.

et l'acide osmique à 2 p. 100 : le premier fixe mieux les noyaux, le second différencie mieux l'endoplasme et l'ectoplasme et conserve les pseudopodes. Je crois qu'on pourrait utiliser aussi avec avantage le Bouin et le Duboscq-Brasil. Quoi qu'il en soit, on laisse agir le *sublimé* pendant une heure au plus; on arrête son action dès qu'au microscope les noyaux sont devenus bien apparents. On lave deux heures à l'alcool iodé, on rince à l'alcool et c'est seulement alors qu'on peut détacher la lamelle de la gélose. A ce moment, on peut laver la préparation sous un filet d'eau, qui entraîne les Bactéries et laisse les Amibes plus adhérentes. On colore par l'hématoxyline ferrique de Heidenhain.

L'*acide osmique* ne doit agir que pendant cinq minutes environ. Le bloc de gélose et la lamelle sont ensuite portés dans l'alcool à 50° pendant une heure. On détache la lamelle, on lave à l'eau et on colore. Après ce mode de fixation, le Romanovsky réussit très bien : on surcolore par le Giemsa et on différencie dans l'eau légèrement acidulée. Il faut éviter de sécher les préparations et, dans ce but, employer le procédé pour frottis humides.

Brumpt emploie le *procédé de la salive*, qui consiste à mélanger sur la lame le matériel à fixer avec un peu de salive ou de mucus nasal. On fait ensuite un frottis humide; la petite quantité de salive suffit pour faire adhérer les Amibes.

CHAPITRE II

SPOROZOAIRES

I. — HÉMOSPORIDIES

Matériel d'étude. — Pour ceux qui ne sont pas en pays paludéen et n'ont pas de malades à leur disposition, nous recommanderons les Hémosporidies des Oiseaux. Un des meilleurs sujets d'étude, facile à se procurer partout et très bon marché, est le Calfat (*Padda oryzivora*), qui est expédié en Europe en grande quantité des îles de la Sonde. C'est un Oiseau robuste, facile à nourrir (avec de l'alpiste, graine du *Phalaris canariensis*), supportant très bien de nombreuses prises de sang. Il est généralement porteur de gamètes de *Hæmoproteus Danilewskyi* : ce sont de gros parasites endoglobulaires, donnant avec le Romanovsky de magnifiques colorations; on trouve assez fréquemment des Oiseaux très parasités. Plus rarement, le *Padda* est porteur du *Plasmodium relictum*, parasite encore plus intéressant, car, au lieu de trouver seulement des gamètes, on peut observer encore toute l'évolution schizogonique.

Ce parasite se prête assez facilement aux infections expérimentales par l'intermédiaire de divers *Culex*. Ed. et Et. Sergent[1] ont montré que, pour infecter un Oiseau, il suffit de frotter sur sa peau le thorax écrasé d'un moustique porteur de sporozoïtes. On peut rencontrer aussi des trypanosomes dans le sang des *Padda*.

Les Singes et particulièrement les Macaques (*Macacus cynomolgus*) peuvent être porteurs de *Plasmodium* très voisins des parasites humains (*P. cynomolgi* et espèces voisines). On fera donc bien, lorsqu'on aura de ces animaux à sa disposition, de ne

1. *C. R. Soc. de biologie*, LXXIII, p. 36, 1912.

pas négliger l'examen attentif de leur sang. Un hasard heureux peut faire rencontrer un animal parasité[1]. Ces Singes ne sont pas très chers (20 à 25 fr.) et sont faciles à se procurer soit à Paris chez les marchands d'animaux du quai de la Mégisserie, soit à Anvers ou à Hambourg, dans les jardins zoologiques qui les expédient en colis postal.

Enfin les animaux à sang froid (Grenouilles, Lézards[2], Tortues) fourniront facilement des Hémogrégarines, parasites non pigmentés et dont l'évolution est tout entière à trouver.

Les méthodes que nous allons décrire s'appliquent aussi aux Babésies (ou Piroplasmes) (cf. p. 505).

1. *Examen à l'état frais*.

Cet examen est indispensable pour étudier les mouvements des Hémosporidies et les phénomènes qui accompagnent la fécondation. Il faut, en outre, s'habituer à faire le diagnostic chez l'Homme et les animaux, par examen direct, sans coloration. Ce genre de travail ne présente pas de difficultés particulières, lorsqu'on connaît bien la manœuvre de l'appareil d'éclairage et du diaphragme iris.

Voir page 669, la technique de l'examen du sang à l'état frais.

Prélèvement du sang. — Chez l'Homme (p. 666), on prélève le sang au doigt (pulpe ou face dorsale au-dessus de l'ongle). Chez les petits Oiseaux, on ponctionne sans danger une veine de la patte ou de l'aile : à la patte, la veine qui passe sur le fémur au-dessus du genou ; à l'aile, une grosse veine qui passe obliquement sur l'humérus. Chez le Singe, le mieux est d'inciser délicatement l'oreille avec des ciseaux fins : en procédant méthodiquement on peut faire un grand nombre de coupures sur chaque oreille, en alternant, un jour d'un côté, un jour de l'autre. Les premières coupures ont ainsi le temps de guérir, avant qu'on ait usé tout le contour et qu'on soit obligé de revenir au point de départ. Il n'est pas à conseiller de prendre le sang à la queue, car cet organe se gangrène facilement lorsqu'il est traumatisé.

1. R. Blanchard et M. Langeron. Le paludisme des Macaques. *Arch. de parasitologie*, XV, p. 529-542 ; 577-607, pl. VIII-X, 1912.

2. Manceaux conserve les Lézards de Tunisie en leur donnant du jaune d'œuf cuit, des pommes de terre cuites et un peu d'eau à boire. *Bull. Soc. pathol. exot.*, V, p. 347, 1912.

Méthode de Biffi. — Des méthodes d'examen plus compliquées ont été proposées par divers auteurs. Nous ne retiendrons que les procédés de Plehn et de Biffi, qui reposent sur l'emploi de l'huile de vaseline. On peut essayer aussi la *méthode Ross* à la gelée (p. 545).

Plehn couvre le doigt de vaseline liquide, pique, puis recueille le sang sur une lamelle huilée, de manière à empêcher le contact de l'air. Le procédé de Biffi[1] est encore meilleur. On dépose une goutte d'huile de vaseline sur une lame, puis on étale le sang ou le liquide à examiner sur une lamelle, qu'on se hâte de renverser encore humide sur l'huile. La préparation, bien lutée, se conserve plusieurs jours : elle présente les avantages de la goutte pendante sans en avoir les inconvénients. L'épaisseur est égale, l'éclairage égal, sans jeux de lumière comme sur une goutte convexe. On peut examiner aux plus forts grossissements, sans crainte de voir les organismes gagner la portion déclive de la goutte et s'éloigner hors de la portée de l'objectif. Cette méthode convient pour l'examen de tous les liquides organiques.

Pour des recherches spéciales il faudra employer, à la suite de Schaudinn,[2] la chambre humide sur platine chauffante.

Diagnostic du paludisme à l'état frais. — Cette recherche suppose des préparations parfaites, dans lesquelles les hématies sont bien à plat, non en piles, et légèrement séparées les unes des autres ou au plus contiguës. Il est inutile de perdre son temps à examiner des préparations qui ne présentent pas ces qualités, à moins que les gros parasites ne pullulent, ce qui rend le diagnostic évident.

1. *Recherche des formes jeunes.* — Elles tranchent sur le fond jaune paille de l'hématie par leur teinte blanchâtre, leur aspect opaque, leur contour bien défini. Lorsque ces formes sont annulaires, la vacuole centrale laisse apercevoir, par transparence, la teinte jaune de l'hématie; une portion de l'anneau est généralement plus épaissie. Quand le pigment existe, on n'en trouve qu'un ou deux grains. La recherche de ces formes jeunes, à l'état frais, est excessivement difficile, même pour des micrographes exercés.

2. *Plasmodies adultes.* — On voit très bien le parasite hyalin qui remplit l'hématie : la présence du pigment est pathognomonique. Ici, le diagnostic spécifique est relativement facile. Le *Plasmodium vivax* produit une hypertrophie globulaire très nette, l'hématie est remplie de pseudopodes très mobiles. Le pigment est en fins bâtonnets d'un brun rougeâtre, surtout visibles

1. *Bull. delle sci. mediche*, LXXIX, 1908.
2. Consulter à ce sujet le mémoire de Schaudinn sur le *Plasmodium vivax*. *Arb. aus. d. kais. Gesundheitsamte*, XIX.

dans les grandes formes. Au contraire *P. malariæ* atrophie le globule rouge, sa motilité est très faible et son aspect plus compact ; le parasite est toujours plus petit, moins diffus ; le pigment est en grains irréguliers, plus volumineux, de couleur brun chocolat.

3. *Gamètes.* — Les corps en croissant ont une forme très spéciale et renferment toujours un amas de pigment dans leur partie moyenne ; ils présentent au hile un reste globulaire. Les gamètes sphériques remplissent le globule et sont toujours abondamment fournis de pigment.

4. *Leucocytes pigmentés.* — Leur importance est très grande, mais il faut bien savoir qu'ils peuvent être rares, même dans des cas sévères. Pour les reconnaître sans erreur, il faut d'abord s'assurer qu'ils possèdent bien un noyau volumineux et ne pas les confondre avec des cellules épithéliales à petit noyau, provenant éventuellement de la peau. Les leucocytes pigmentés (ou mélanifères) sont presque toujours des grands mononucléaires, à noyau arrondi ou échancré.

Ce point établi, examiner le pigment qui est toujours abondant et se présente sous forme de bâtonnets ou de masses irrégulières. Il ne faut pas le confondre avec les poussières qui peuvent souiller la préparation, mais qui sont superposées aux leucocytes et non incluses dans leur masse, dispersées dans toute la préparation et non localisées. Le pigment libre est exceptionnel.

En *lumière polarisée* (p. 193), le pigment paludéen est biréfringent ; cette propriété permet de lever tous les doutes en cas d'hésitation, mais il faut employer un fort éclairage, car ce pigment est très opaque et faiblement biréfringent. Le pigment cutané, qui peut aussi induire en erreur, n'a jamais la forme de bâtonnets et n'est pas englobé par les leucocytes.

L'emploi du *fond noir* est *inutile* ; les parasites pigmentés et les leucocytes mélanifères se voient beaucoup mieux en lumière ordinaire, à condition de diaphragmer convenablement. Le pigment noir tranche sur le fond clair de la préparation, tandis qu'avec le fond noir il paraît brillant, comme les autres corpuscules de même taille.

Causes d'erreur. — Voici quelques sources de confusion qu'il suffit de connaître pour ne pas se laisser tromper :

1. *Vacuoles* et *fentes* des hématies. — Peuvent en imposer, mais n'ont pas de contours nets, épais, ni l'aspect blanchâtre et opaque des vrais

parasites. Les fentes ont toujours une teinte rougeâtre et une réfringence particulière.

2. *Crénelures.* — Peuvent faire hésiter lorsqu'elles apparaissent non à la périphérie, mais à la surface du globule. En variant la mise au point, on les voit devenir successivement brillantes et obscures. Ce sont donc des élévations de la surface (fig. 87, p. 157) et non des corps inclus.

3. *Hématoblastes.* — Peuvent être pris pour des parasites lorsqu'ils sont superposés aux hématies. Mais ce sont des masses granuleuses diffuses, n'ayant pas l'aspect opaque et le contour bien défini des véritables parasites.

4. *Faux flagelles*, qui se produisent au bout de quelque temps, aux dépens des hématies du sang anémique, et se détachent pour flotter dans le liquide de la préparation. Les vrais flagelles sont plus longs, plus épais, mobiles, et naissent aux dépens d'un gaméto pigmenté.

5. *Hématies repliées* ou contournées simulant des gamètes en croissant, mais ne possédant pas de pigment.

2. *Examen après coloration.*

Frottis desséchés. — Exécuter les frottis selon la méthode indiquée p. 671.

La fixation et la coloration se feront suivant une des nombreuses variantes de la méthode de Romanovsky (p. 417). Parmi ces procédés, ceux qui, à mon avis, donnent les meilleurs résultats sont la méthode panoptique de Pappenheim (p. 422) et le panchrome de Pappenheim (p. 424).

Pour un *diagnostic rapide*, on peut employer soit le bleu boracique de Manson (p. 402) ou la solution d'azur II de Giemsa (p. 400), après fixation par l'alcool, soit la méthode de Sabrazès (p. 670) (coloration vitale par le bleu de méthylène à 1 p. 500). Il est encore plus simple d'exécuter la méthode rapide de Giemsa (p. 417), qui donne en 10 minutes une préparation définitive.

Lorsque les parasites sont rares, on peut essayer la méthode des frottis épais de Ross (p. 674), ou les modifications de Cropper-Froes [1] et de James [2].

Procédé de Cropper, modifié par Froes. — 1. Faire des étalements épais en réunissant 5 grosses gouttes de sang. Laisser sécher.

1. Cropper, Rapid diagnosis of malaria. *Brit. med. Journ.*, p. 891, 20 avril 1912. — Froes, The rapid diagnosis of malaria. *Journ. of trop. med. and hyg.*, XVI, p. 272. 1913.

2. *South. med. Journ.*, III, oct. 1911. Analyse dans *Bull. Inst. Pasteur*, X, p. 877, 1912.

2. Colorer 2 minutes par le *liquide de Gasis* :

Bleu de méthylène . . . . 1 gr.
Acide chlorhydrique . . . . 0 cm³ 5
Alcool à 90° . . . : . . . . 10 —
Eau distillée . . . . 90 —

3. Laver soigneusement à l'eau.

Les parasites sont colorés et on ne voit pas seulement le pigment, comme avec le procédé primitif de Cropper.

Procédé de James. — 1. Faire un étalement épais avec une grosse goutte de sang; laisser sécher.

2. Deshémoglobiniser dans l'alcool chlorhydrique (X gouttes p. 50 cm³) pendant 10 à 20 minutes ou plus.

3. Laver à l'eau pour éliminer complètement l'acide chlorhydrique (10 minutes), sécher et colorer au Giemsa (méthode rapide, p. 417).

Pour neutraliser plus rapidement l'acide, Bosco [1] lave dans une solution faible de bicarbonate de sodium. Il a remarqué aussi qu'une immersion prolongée (12 heures) dans l'alcool acide dissout en partie le pigment des croissants et permet de mieux colorer le noyau.

Diagnostic du paludisme sur les frottis desséchés et colorés au Romanovsky. — Ce n'est pas ici le lieu de décrire les formes de Plasmodies qu'on rencontre dans les préparations. Nous voulons seulement mettre en garde contre les sources d'erreur.

Quels que soient la forme et le volume du corps examiné, il faut, pour que ce soit une Plasmodie, qu'on y distingue nettement une partie *bleue* et une partie *rouge*.

Dans les formes jeunes, les plus difficiles à reconnaître, on devra donc trouver ce noyau rouge et ce protoplasme bleu : les anneaux présenteront, en outre, une vacuole incolore ou d'un bleu très pâle. Si on n'arrive pas à constater ces caractères, on ne pourra affirmer l'existence d'une Plasmodie.

Pour les formes adultes, la présence du pigment s'ajoute aux caractères chromatiques; il en est de même des granulations caractéristiques.

Causes d'erreur (voir p. 679). — 1. Une des principales causes d'erreur est due aux *hématoblastes* superposés aux hématies. Lorsqu'ils sont isolés sur un globule, ils simulent un jeune parasite; lorsqu'il il y en a plusieurs, on peut les prendre pour les mérozoïtes d'un corps en rosace.

1. E. Bosco, Sul valore pratico dei thick films per la diagnosi microscopica della malaria. *Policlinico, sez. med.*, XXI, p. 238, 1914.

Il faut donc bien connaître ces corps, savoir qu'ils présentent un contour diffus, un contenu granuleux et qu'ils se colorent uniformément en violet, un peu plus foncé au centre. Jamais ils ne présentent un contraste net de rouge et de bleu, comme les vrais parasites.

Un amas d'hématoblastes peut simuler un gamète, mais on se tirera d'erreur en constatant l'absence du pigment.

2. *Vacuoles colorées*. — Elles sont quelquefois très fréquentes, surtout lorsque l'étalement a été fait dans de mauvaises conditions, avec une gouttelette longtemps exposée à l'air. Elles peuvent avoir un contour net et un aspect granuleux, mais ne présentent pas les zones rouge et bleue caractéristiques des parasites.

3. *Hématies à granulations basophiles*. — C'est tout au plus si ces granulations pourraient être confondues avec celles de Schüffner, mais elles n'en ont ni la coloration rouge ni les dimensions et elles ne sont pas accompagnées par un parasite.

4. Nous ne ferons que mentionner, comme autres sources d'erreur : les normoblastes à granulations basophiles, les débris de noyaux leucocytaires, les hématies en demi-lune, les leucocytes eux-mêmes et enfin les corps étrangers provenant de la peau sous forme de Levures, Bactéries, poussières, pigment, etc. Dans tous ces cas, il suffira de rechercher s'il y a vraiment un parasite coloré en rouge et en bleu et renfermant du pigment.

Frottis humides. — Ceux-ci n'ont d'intérêt que pour étudier la structure du noyau, après coloration par l'hématoxyline ferrique. Pour tous les autres détails morphologiques, les frottis desséchés et colorés au Romanovsky donnent d'excellentes préparations. Les frottis humides seront fixés d'après la méthode décrite p. 675 : faire les frottis sur lamelles et les déposer, face en dessous, sur le fixateur.

Diagnostic du paludisme latent. — En l'absence de parasites dans le sang périphérique et lorsqu'on soupçonne le paludisme, on pourra se guider sur les signes suivants [1] :

1. Présence d'urobiline dans l'urine.

2. Leucopénie (2 000 à 7 000) ou leucocytose (16 000 ou plus).

3. Mononucléose.

4. Variations leucocytaires avec mononucléose accentuée, accompagnant la leucopénie.

La méthode d'Urriola [2] par la recherche du pigment mélanique dans les urines n'a pas donné les résultats que l'auteur en attendait. Mes remarques à ce sujet [3] ont été corroborées par de nombreux observateurs.

Indice endémique. — L'indice endémique paludéen n'est autre chose que le pourcentage des enfants, au-dessous de 10 ans, qui sont infestés de paludisme. Pour le déterminer il faut effectuer concurremment les opérations suivantes :

1° *Recherches des stations à Anophélines* : examiner les collections d'eau en pêchant au filet fin (voir p. 645) et pointer sur la carte ou le plan celles qui renferment des larves d'Anophélines.

1. Acton et Knowles, The diagnosis of latent malaria. *Indian journ. of med. research*, I, p. 167. 1913.

2. *Semaine médicale*, 4 janvier 1911.

3. M. Langeron, Mission parasitologique en Tunisie (septembre-octobre 1912). *Archives de parasitologie*, XV, p. 112, 1912.

2° *Recherche des Anophélines adultes et pourcentage des individus infestés* : pour cela il faut en capturer le plus grand nombre possible, les disséquer et rechercher les sporozoïtes (voir p. 650). Noter autant que possible l'espèce ou au moins le genre ou conserver des individus semblables (voir p. 653) qu'on fera déterminer par un spécialiste.

3° *Palpation des rates* des enfants de 2 à 10 ans. Deux procédés : on fait coucher le sujet sur le côté droit, les jambes fléchies, la bouche ouverte ou bien on emploie la méthode de Sergent, l'enfant étant assis à terre et penché en avant. D'après les observations du Dr Joyeux, en Afrique occidentale, la notion de race est très importante. La splénomégalie est plus intense et plus prolongée chez les races blanches que chez les races noires. Au Soudan, les enfants mulâtres, issus d'Européens et de femmes indigènes, conservent leur splénomégalie jusqu'à 7 à 8 ans dans les deux tiers des cas, tandis que chez les enfants noirs, la rate est redevenue normale à cet âge dans 70 p. 100 des cas.

4° *Examen microscopique du sang.* — Voici les objets indispensables pour effectuer les prises de sang [1] :

200 lames au moins

100 cm³ d'alcool à 90°.

Des vaccinostyles ou des plumes d'acier extra-fines.

Des fiches numérotées.

Pour prélever le sang, on casse un bec d'une plume et on l'emmanche dans une pince à forcipressure. Chaque plume permet de faire deux prises de sang, chaque bec ne servant qu'une fois. On peut aussi profiter des séances de vaccination pour recueillir le sang au niveau d'une des scarifications qu'on fait un peu plus profonde.

On fait des frottis minces ou des étalements épais ; pour ces derniers on étale le sang avec la base convexe d'une des plumes, sous forme de tache circulaire. Les frottis minces seront colorés au Giemsa rapide (p. 417) ou au panoptique (p. 422); les étalements épais seront traités par la méthode de James (p. 502).

Sur les *fiches* on note, pour chaque individu examiné : date, nom, âge, sexe, couleur, race, dimensions de la rate (en saison sèche et en saison humide).

On a soin de graver le numéro de la fiche dans la couche de sang des frottis avec une pointe quelconque ou simplement un crayon très dur.

L'examen des lames de sang est évidemment plus long que la palpation des rates mais, par contre, c'est le seul procédé qui donne des résultats absolument certains. Il est donc nécessaire de le pratiquer, surtout au début d'un séjour dans un pays; si la palpation des rates donne des résultats concordants, on pourra, au bout d'un certain temps, se contenter de cette dernière.

Pour synthétiser les résultats on range les sujets par catégorie d'âge, de 5 ans en 5 ans, et, pour chaque catégorie, on indique le nombre d'individus observés et le pourcentage de cas positifs, en saison sèche et en saison humide.

---

1. Voir nombreux détails et conseils pratiques à ce sujet dans : von Egdorf, Malarial index work. *Public Health Reports*. XXVIII, p. 2830, 1913.

Recherche des Babésies. — La coloration des *Babesia* ne présente pas de difficultés : on obtient de très belles préparations avec toutes les variantes du Romanovsky. Leur recherche à l'état frais, par contre, n'est pas facile à cause de la petitesse des parasites et de l'absence de pigment. Lorsque les parasites sont rares on fera des étalements épais, suivant la technique indiquée pp. 501, 529 et 674. Baldrey et Mitchell ont indiqué[1] une sorte de coloration vitale qui peut permettre d'examiner rapidement un grand nombre d'animaux, pourvu qu'on ait un laboratoire. On défibrine le sang[2] et on en mélange une petite quantité, dans un verre de montre, avec une solution à 1 p. 100 de rouge neutre. On aspire le mélange dans une pipette de Wright[3], on scelle l'extrémité avec précaution, pour ne pas brûler, et on met 15 minutes à l'étuve à 37°. On examine alors une goutte du mélange entre lame et lamelle. Les *Babesia* sont colorés en rouge brique.

3. *Culture des Plasmodium*.

Depuis la première note de Bass et Johns[4], un grand nombre de travaux ont été publiés par des expérimentateurs qui ont essayé cette nouvelle méthode. Je m'en tiendrai à la dernière publication de Bass[5], qui donne l'exposé le plus récent de sa méthode.

Voici l'instrumentation qui est nécessaire : ·

1. *Seringue et aiguille* (1, fig. 185). — La seringue en verre est indispensable : les seringues métalliques donnent des produits solubles qui tuent les parasites. Prendre une grosse seringue graduée, de 10 ou 20 cm³, et une aiguille de fort calibre, pour éviter les efforts de succion et de pression ainsi que les bulles d'air, le tout étant très nuisible aux parasites.

1. *Journ. trop. veterinary sci.*, II, 1907.
2. Je crois qu'on peut opérer aussi bien avec du sang citraté, ce qui est beaucoup plus simple. Employer comme d'habitude le citrate de sodium à 1 p. 100.
3. A. E. Wright, *Handbook of the technique of the teat and capillary glass tube and its applications in medicine and bacteriology*. London, Constable, 1912. — La pipette à laquelle il est fait allusion ici est un fragment de tube de verre étiré aux deux extrémités. L'une des deux effilures est scellée et on chauffe légèrement la pipette pour que le liquide y pénètre grâce au vide produit par le refroidissement.
4. Bass et Johns, The cultivation of malarial Plasmodia (*Pl. vivax* et *Pl. falciparum*) in vitro. *Journ. of experim. med.*, XVI, p. 567, 1912.
5. Bass, Cultivation of malarial Plasmodia in vitro. *Amer. journ. of trop. dis. and preventive med.*, I, p. 546-561, pl. XV-XVIII, 1914.

2　*Tubes à défibriner* (3, fig. 185). — Tubes à essai de 25 mm. de diamètre, dont le bouchon de coton est traversé par une baguette de verre de 5 mm. de diamètre, descendant jusqu'au fond.

On peut encore souder une aiguille de platine iridié à un tube de verre qui remplace la baguette (2, fig. 185). Dans ce cas on n'emploie pas de seringue et on ponctionne directement la veine avec l'aiguille.

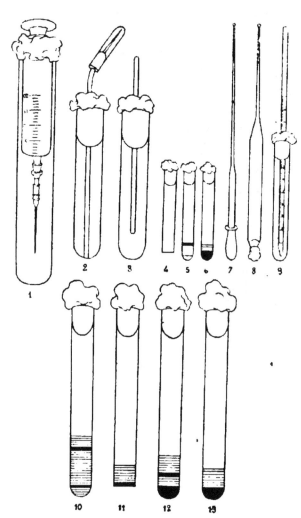

Fig. 185. — Instrumentation de Bass pour la culture des *Plasmodium*. — 1, seringue en verre; 2, tube à défibriner avec aiguille; 3, tube à défibriner; 4, tube à fond plat; 5, tube avec disque de papier; 6, tube garni de plasma; 7, pipette avec tétine en caoutchouc; 8, grosse pipette; 9, pipette graduée; 10, culture sur disque de papier; 11, culture en tube à fond plat; 12, culture sur plasma; 13, culture ordinaire. D'après Bass.

3. *Tubes à cultures* (5, 6, fig. 185). — Tubes à essai de 125 mm. de diamètre et de 12 cm. de hauteur.

4. *Pipette graduée* (9, fig. 185). — Divisée en dixièmes de cm^3. On la stérilise dans un long tube.

5. *Solution de dextrose* à 50 p. 100 dans l'eau distillée. Prendre de la dextrose de Merck et stériliser à 100° à trois reprises, trois jours consécutifs.

Le but de la dextrose est double : réaliser l'anaérobiose et réduire la perméabilité des héma-ties pour le liquide qui les baigne. Il semble que la molécule volumineuse de la dextrose remplace la grosse molécule de fibrinogène enlevée par la défibrination, et empêche la production de phénomènes d'osmose[1]. La meilleure proportion de dextrose est 0,5 à 1 p. 100 de liquide cultural.

6. *Pipettes capillaires* (7, fig. 185). — En tube de verre de 5 à 6 mm. de diamètre. Ne pas effiler trop finement pour ne pas tuer les Plasmodies au passage. Boucher au coton l'extrémité non effilée.

7. *Tétines en caoutchouc* (7, fig. 185) de première qualité.

8. *Étuve* chauffée à 40° ou même à 38° ou 37°.

En outre, si on veut obtenir plus d'une génération de parasites et éviter la mort des Plasmodies qui se trouvent enfouies sous une épaisse colonne de cellules, il faut avoir :

9. *Centrifugeur* pas trop rapide (800-2 000 tours) sous peine de tuer les parasites.

10. *Tubes de cultures* de mêmes dimensions que plus haut, mais à fond plat (4, fig. 185), ou munis d'un disque de papier à filtrer pur (5, fig. 185) tenu à 12 mm. du fond du tube par un morceau de tube de verre coupé bien droit et de même diamètre que le tube de culture.

11. *Pipettes ordinaires* (8, fig. 185) de 5 à 20 cm³, bouchées au coton et scellées.

12. *Tube de caoutchouc* de 50 cm. de longueur, avec embouchure et pince de Mohr, de diamètre suffisant pour remplir les pipettes ci-dessus.

Stériliser à sec tout le matériel de verre. La moindre trace d'eau est fatale aux parasites; il faut éviter de roussir les cotons, car les produits de condensation exercent aussi une action toxique.

Technique pour la culture d'une seule génération. — 1. *Recueillir* le sang dans une veine du pli du coude (voir p. 668 la technique de la ponction veineuse).

2. *Défibriner.* — Lorsqu'on s'est servi de la seringue, chasser le sang dans le tube à défibriner tenu incliné et garni préalablement, au moyen de la pipette graduée, de 1 dixième de cm³ de solution de dextrose pour 10 cm³ de sang. Éviter tout contact inutile du sang avec l'air. Défibriner doucement avec la tige de verre, sans faire de bulles. Enlever tige de verre et coton et remplacer ce dernier par un autre coton pris sur un tube stérilisé de même diamètre.

1. A rapprocher des observations de C. et R. Biot et G. Richard sur l'influence favorable de la glycose sur la vitalité de *Trypanosoma Lewisi.* C. R. Soc. de *Biologie*, LXXI, p. 368, 1911.

3. *Mise en culture*. — Le tube peut être laissé ainsi ou bien le sang dextrosé et défibriné peut être transporté dans d'autres tubes. En tous cas, la colonne de sang doit avoir de 25 à 50 mm. de hauteur; la hauteur du sérum qui surmonte les hématies et les parasites doit être au moins de 12 mm. 5 et ne doit pas dépasser 25 mm. (6, 13, fig. 185). La température de l'étuve ne doit pas s'élever au-dessus de 41° ni descendre au-dessous de 38°.

Les parasites vivent et se développent au sommet de la couche d'hématies, sur une épaisseur de 1 mm. au plus; tous ceux qui se trouvent placés plus profondément meurent en 2 à 20 heures.

4. *Prélèvements*. — Puiser avec une pipette capillaire, préalablement flambée puis refroidie, car une température de 45° à 50° tue les parasites. Il faut opérer avec beaucoup de dextérité et ne pas remuer les tubes, sous peine d'ensevelir les parasites vivants sous les cellules mortes.

Martini [1] préconise l'emploi d'une pipette spéciale, portant une

Fig. 186. — Pipette de Martini.

ampoule dans la portion effilée (fig. 186); en effet, dans les pipettes ordinaires, beaucoup de parasites restent adhérents aux parois et sont perdus.

Technique pour cultiver plus d'une génération. — Pour cela il est nécessaire d'*enlever les leucocytes*, pour empêcher qu'ils ne détruisent les mérozoïtes au moment de la segmentation.

1. *Centrifuger* le sang de manière à réunir les leucocytes à la surface de la couche d'hématies. On ne peut donner une durée précise pour cette opération. il faut seulement ne pas la prolonger plus qu'il n'est nécessaire.

2. *Mise en culture*. — On puise du sérum surnageant les hématies et on met dans un tube à fond plat (4, 11, fig. 185) sur une épaisseur de 12 à 25 mm. On puise avec soin des hématies et des parasites au milieu du culot et on les dépose au fond du tube; ne pas en mettre plus de 1 à 2 dixièmes de cm³, pour avoir une multiplication homogène des parasites.

On peut encore déposer les parasites (en quantité double) sur un diaphragme de papier (5, 10, fig. 185) en ayant soin qu'ils soient surmontés par une épaisseur de 12,5 mm. de sérum.

1. *Centrabl. f. Bakteriol., Orig.*, LXXIV, p. 251, 1914.

Enfin on peut préparer des tubes en y versant une hauteur de 12 à 25 mm. de sang humain; on centrifuge avant coagulation et on continue à centrifuger jusqu'à ce que cette dernière se produise. On ajoute alors 12 mm. de hauteur de sérum dextrosé frais au-dessus du plasma ainsi obtenu et on distribue soigneusement à la surface de ce plasma (12, fig. 185) les hématies et parasites provenant du sang défibriné, dextrosé et centrifugé.

3. *Repiquages.* — Préparer des tubes avec des hématies et du sérum frais. Puiser avec une pipette capillaire assez grande un peu de cellules et de parasites de la culture et 5 fois autant d'hématies fraîches; mélanger dans la pipette sans introduire de bulles d'air et ensemencer.

Les *Plasmodium vivax* et *falciparum* doivent être repiqués toutes les 48 heures, et dans les 4 à 5 heures du temps du maximum de la segmentation.

Le nombre de repiquages réussis dépend de la perfection des manipulations.

II. — COCCIDIES

Il est assez facile de se procurer du matériel. Au printemps, la Coccidiose du Lapin est fréquente [1]; il en est de même aux Etats-Unis pour la coccidiose aviaire. La recherche des oocystes dans les déjections permettra de reconnaître les animaux parasités. A défaut du *Coccidium cuniculi*, on pourra rechercher le *C. Schubergi* chez un Myriapode, le *Lithobius fortificatus*, fréquent sous les pierres dans les bois ou sous les écorces et facile à conserver en captivité : c'est avec cette espèce que Schaudinn a fait ses recherches sur les Coccidies [2]. Pour se procurer cette Coccidie, il faut isoler le tube digestif du Myriapode, en le disséquant dans la solution physiologique ou, plus simplement, en coupant les deux extrémités de l'animal et tirant l'intestin avec une pince. On examine ensuite à l'état frais, par dissociation, ou on fixe l'intestin pour en faire des coupes.

---

1. Une question encore à l'étude est celle des kystes de Gilruth, parasites qui se rencontrent dans la muqueuse digestive du Mouton, du Kangoroo, etc. Voir à ce sujet Gilruth, *Bull. Soc. pathol. exot.*, III, p. 297, 1910 et *Proc. Roy. Soc. Victoria*, 24 (N. S.), II, p. 432, 9 pl., 1911; Chatton, *Arch. zool. expér.*, V. p. CXIV. 1910.

2. *Zool. Jahrb. Anat.*, XIII, p. 197, 1900.

On peut encore rechercher *Klossia helicina* chez *Helix hortensis* ou d'autres espèces du genre ; Thiry a remarqué que les Escargots à péristome brun sont plus souvent parasités. Voici comment on opère d'après Salomonsen : on casse la coquille près de l'orifice, au niveau du 2e tour de spire ; on enlève les débris et on cherche le poumon et le cœur qu'on voit battre. A côté du cœur se trouve le rein, sous la forme d'une masse fusiforme jaunâtre, on le détache à la pince et aux ciseaux. On en dilacère une partie et on fixe le reste.

Au bord de la mer, les *Aggregata* du Poulpe et de la Seiche fournissent un merveilleux matériel [1].

Examen à l'état frais. — Dilacérer l'épithélium des organes parasités, soit dans la solution physiologique, soit dans le liquide viscéral ou le sérum de l'animal parasité, soit enfin dans le liquide de von Wasielewsky.

Eau.	200 cm³
Blanc d'œuf.	20 —
Sel marin.	1 gr.

Frottis. — Secs ou humides ; pour le foie, de préférence par apposition (p. 708). Colorer soit au Romanovsky, soit à l'hémalunéosine, soit à l'hématoxyline ferrique.

Coupes — Fixer les pièces au Bouin, au Duboscq-Brasil, au sublimé acétique ou au Flemming, suivant le résultat à obtenir. Coloration appropriée au fixateur.

Expérimentation. — On peut cultiver facilement les oocystes du *Coccidium cuniculi* : il suffit de recueillir des crottes de Lapin, que l'examen microscopique a montrées riches en parasites et de les mettre en chambre humide, par exemple dans une boîte de Petri, à la température ordinaire. Il sera bon de ne pas fermer hermétiquement le couvercle de la boîte, afin d'éviter autant que possible le développement des Moisissures. On pourra suivre ainsi, jour par jour, le développement des sporozoïtes à l'intérieur du sporocyste, en prélevant une parcelle de la culture.

Il est assez difficile de se procurer des animaux neufs pour les expériences d'infestation. Dans certaines régions, et notamment à Paris, presque tous les Lapins ont la coccidiose au printemps ;

1. Léger et Duboscq. *Arch. f. Protistenkunde*, XII, p. 44-108, pl. V-VII, 1908. — E. Brumpt. *Précis de Parasitologie*, Paris, Masson, collection des Précis médicaux, 2e édition, 1913 ; cf. p. 14.

aussi faut-il, pour les expériences, élever une portée avec des soins particuliers, pour que les petits ne s'infestent pas avec des feuilles de Choux ou d'autres herbages.

Pour infester les larves de *Blaps mortisaga* avec *Adelea zonula*, voici comment procède Moroff[1] : il broie des sporocystes mûrs avec le corps graisseux de l'hôte et un peu de son mouillé, de manière à faire une sorte de bouillie qu'il donne à manger aux larves, maintenues à jeun auparavant pendant quatre ou cinq jours.

Au bord de la mer, on obtient assez facilement, chez les *Portunus* et les *Pagurus*[2], le state schizogonique des *Aggregata* dont la sporogonie a lieu chez les Céphalopodes. Il suffit de donner aux Pagures et aux *Portunus* des intestins de Seiche ou de Poulpe infectés : on reconnaît facilement ces derniers au semis de petits kystes disséminés à la surface du tube digestif.

III. — GRÉGARINES

On trouve ces Protozoaires dans l'intestin d'un grand nombre d'Invertébrés et notamment des larves d'une foule d'Insectes. La larve du *Tenebrio molitor* (Ver de farine), qu'il est facile de se procurer chez les oiseleurs et les marchands d'animaux, quelquefois aussi dans les boulangeries, est presque toujours parasitée par une très belle espèce[3]. Dans les testicules du Lombric (au niveau des segments 11-13) on trouve fréquemment, surtout au printemps, le *Monocystis agilis*, espèce très mobile. Le *Stylorhynchus longirostris*, belle Grégarine à trois segments, vit dans l'intestin des *Blaps mortisaga* adulte. Dans l'intestin du Homard se trouve souvent une Grégarine gigantesque (*Porospora gigantea*).

L'examen à l'état frais est très facile. Pour étudier la locomotion, on peut mettre en suspension dans le liquide des grains de carmin ou un peu d'encre de Chine. Les colorations vitales démontrent l'existence d'inclusions particulières : les grains carminophiles se colorent par le picrocarmin ou le carmin acétique.

1. *Arch. f. Protistenkunde*, VIII, p. 18, 1906.
2. Ceux-ci sont souvent infestés naturellement.
3. Kuschakewitsch, *Arch. f. Protistenkunde*, Suppl. 1, p. 202-219, 1907.

Le Lugol met en évidence les grains de paraglycogène de Bütschli (colorés en jaune brunâtre).

Les *frottis* ne sont pas à conseiller, à cause du volume de ces animaux. Il est préférable de les monter à la gélatine glycérinée, au sirop du lévulose ou au sirop d'Apathy. On peut leur appliquer la méthode de fixation par l'acide osmique ou par la quinone à 4 p. 1 000 (p. 662). On peut enfin les monter dans du formol à 5 p. 100, simple ou légèrement picriqué (voir p. 564 le procédé de Brumpt pour les Infusoires) ; on lute au lut de Krönig qui tient très bien et ferme hermétiquement.

Par contre, l'étude du contenu des sporocystes se fera par la méthode des frottis secs ou mieux humides. On colore au Romanovsky ou par une teinture d'hématoxyline.

Les pièces destinées à être *coupées* seront fixées par les procédés habituels.

Outre les colorants classiques, on se trouvera bien d'employer l'excellente *méthode de Mallory* qui, malheureusement, ne fournit pas de résultats constants : les coupes à la paraffine sont d'abord colorées dans la fuchsine acide à 1 p. 100 pendant 1 à 3 minutes, puis, après lavage à l'eau, plongées dans de l'acide phosphomolybdique à 1 p. 100 pendant 1 à 2 minutes, et enfin bien lavées, puis colorées cinq minutes dans :

Eau.	200 cm³
Bleu d'aniline.	0,5 gr.
Orange G.	4 —
Acide oxalique	4 —

Laver rapidement à l'eau, passer par les alcools, le xylol et monter au baume.

L'étude de la cuticule pourra se faire par les méthodes d'imprégnations métalliques à l'or et à l'argent.

IV. — MYXOSPORIDIES

Nous joindrons à ce groupe celui des Microsporidies (cnidospores à quatre noyaux et une capsule polaire), qui renferme un parasite important, celui de la pébrine des Vers à soie, le *Nosema bombycis*. Comme type de ce groupe, on peut prendre aussi le *Pleistophora blattae*, parasite des tubes de Malpighi du *Periplaneta orientalis*, ou le *Glugea anomala* de l'Epinoche (*Gastrosteus aculeatus*, peau, branchies, ovaire). Pour mettre en évidence le filament spiral, garder 24 heures en chambre humid avec un peu de teinture d'iode. Dans les cellules nerveuses ganglionnaires de la Baudroie (*Lophius piscatorius*) on trouve le *Glugea lophii* Dofl., qui possède d'assez gros kystes.

Les Myxosporidies proprement dites (cnidospores à deux capsules polaires) sont fréquentes chez les animaux à sang froid les plus divers et notamment chez les Poissons et les Crustacés. Elles forment de petits kystes à la surface des téguments, des vaisseaux, des branchies, du foie, de la rate, de la vessie urinaire (*Myxidium Lieberkühni* Bütschli, du Brochet, *Esox lucius*) ou natatoire, etc.; on les trouve aussi dans les muscles (*Myxobolus Pfeifferi*[1] Thél., du Barbeau). On pourra les rechercher encore chez la Tanche et la Truite.

Examen à l'état frais. — La dilacération des kystes ou des masses parasitaires montre les spores, dans lesquelles il faut mettre en évidence les capsules polaires et le filament spiral. Pour faire dérouler ce filament, on a proposé de nombreux réactifs : alcalis caustiques (soude ou potasse), acides minéraux (chlorhydrique, azotique, sulfurique) ou organiques (acétique), glycérine, solutions iodées ou même eau distillée et enfin suc gastrique de l'hôte. Quelquefois on est obligé d'étaler les spores sur une lame et de les laisser sécher à l'air, avant de les traiter par les alcalis caustiques ou les acides minéraux; c'est seulement au moyen de cet artifice qu'on arrive à dérouler le filament. La putréfaction peut aussi rendre des services dans certains cas. Les spores du *Nosema bombycis* sont excessivement résistantes à tous ces réactifs.

La séparation des deux valves des spores s'obtient par l'action des mêmes réactifs.

Frottis. — De préférence frottis humides.

Coupes. — Outre les méthodes générales de coloration, nous signalerons celles de Mallory (p. 512) et de *Schuberg et Schröder*. Cette dernière consiste à colorer les objets en masse par le carmin boracique; après inclusion à la paraffine, on débite en coupes de 3 à 5 μ et on colore, soit par un colorant basique de contraste (bleu de méthylène ou vert de méthyle), soit par le *procédé de Blochmann*. On fait une solution de bleu de coton (sel de sodium[2] de l'acide trisulfonique de la triphénylrosaniline) à 0,05 p. 100 dans la solution aqueuse saturée d'acide picrique et on colore les coupes dans ce liquide pendant douze

---

1. Voir Keysselitz, *Arch. f. Protistenkunde*, XI. p. 252-275, 1908.
2. Blochmann et Bettendorf prennent le sel de calcium, Schuberg et Schröder le sel de sodium.

heures, puis on lave à l'eau, on déshydrate et on monte au baume. Employer le procédé du xylol salicylé (p. 435). Les valves sont jaunes, le protoplasme et les capsules polaires sont verts et les noyaux rouges.

Expérimentation. — Il est très facile, d'après Balbiani, d'infester les Vers à soie : il suffit de badigeonner des feuilles de Mûrier avec une bouillie obtenue en broyant un Papillon malade et de nourrir de jeunes Vers avec ces feuilles. Les expériences sur les Poissons se font par gavage avec du matériel infesté. (Voir à ce sujet le mémoire de Thélohan [1].)

V. — SARCOSPORIDIES

Les animaux les plus fréquemment parasités sont la Souris, le Porc et le Mouton. Dans les abattoirs parisiens, on trouve presque toujours des Moutons dont l'œsophage est plus ou moins farci de kystes de *Balbiania gigantea*.

Les muscles des Souris infestées présentent un aspect tendineux très particulier. On peut obtenir l'infestation expérimentale de ces animaux par ingestion de muscles de Souris parasitée (Th. Smith, L. Nègre [2], Negri [3]).

L'examen à l'état frais se fait en dilacérant les kystes dans l'eau physiologique, simple ou légèrement albumineuse.

Les *frottis* desséchés se colorent très bien par le Romanovsky et donnent d'excellentes préparations de spores. On a signalé récemment des formes libres dans le sang.

Les *coupes* de muscles parasités seront faites sur du matériel fixé par les procédés habituels. On colore par les colorants usuels.

1. Thélohan, Recherches sur les Myxosporidies. *Bull. scient. France et Belgique*, 1895.

2. L. Negro, *C. R. Soc. de Biologie*, LXIII, p. 371, 26 octobre 1907.

3. Negri, Beobachtungen über Sarcosporidien. *Centralbl. f. Bakt., Orig.*, XLVII p. 56-61, 1908.

CHAPITRE III

FLAGELLÉS

Il est nécessaire d'établir, au point de vue technique, une distinction entre les Flagellés libres et les Flagellés parasites.

On se procure les premiers par la pêche au filet fin et l'examen des végétaux aquatiques (voir p. 660, technique du plankton). Leur fixation et leur coloration se font soit entre lame et lamelle, soit en masse, au moyen du centrifugeur. Par ce dernier moyen, on peut les inclure dans la paraffine, en masse, et débiter en coupes minces le bloc ainsi obtenu. On fixe soit au Flemming, soit au sublimé alcoolique, soit au Duboscq-Brasil, soit à la quinone. On colore à l'hématoxyline ou au carmin. Pour mettre les flagelles en évidence, on peut employer la méthode de Nicolle et Morax (p. 757).

Parmi les Flagellés parasites, nous devons distinguer trois groupes : les Flagellés du tube digestif et des cavités naturelles, les Flagellés sanguicoles, et les Spirochètes. Ces trois sections sont tout à fait arbitraires et n'ont trait qu'aux manipulations techniques.

I. — FLAGELLÉS DU TUBE DIGESTIF

Ces Flagellés doivent être étudiés à l'état frais et sur frottis fixés à l'état humide.

Chez l'Homme, l'étude des Flagellés intestinaux prend une grande importance, car ils sont certainement la cause, jusqu'ici méconnue, de certaines entérites rebelles. Il est donc nécessaire d'examiner les selles à l'état frais, à ce point de vue particulier, et d'y rechercher les formes libres ou les kystes des genres *Prowazekia, Trichomonas, Tetramitus, Lamblia.*

Le *Lamblia intestinalis* paraît être le plus fréquent de ces parasites; il se présente généralement à l'état de kystes qu'il importe de connaître et de ne pas confondre avec ceux des Amibes. Ce parasite abonde généralement chez la Souris et le Rat, dans l'intestin grêle. On trouve, dans le cæcum du Cobaye, du Rat, de la Souris, de divers Singes, des *Trichomonas* quelquefois très nombreux.

Le *Bodo lacertae* est fréquent chez les Lézards d'Europe (examiner les déjections fraîchement émises).

L'examen à l'état frais ne présente généralement pas de difficulté à cause de la mobilité de ces organismes. Les kystes peuvent être assez difficiles à reconnaître, mais *l'addition d'un peu de Lugol* à la préparation donnera plus de visibilité à l'appareil nucléaire et aux flagelles.

Tous ces Flagellés se conservent assez longtemps vivants dans des préparations bien lutées. En chambre humide, leurs mouvements diminuent peu à peu d'intensité, ce qui permet d'éviter l'emploi des narcotiques. La coloration vitale réussit bien et permet même d'étudier la formation des kystes.

Le fond noir peut faciliter l'étude des flagelles, de leur nombre, de leur mode d'insertion, de la nature de leurs mouvements.

Pour exécuter les frottis, on procède comme pour les Amibes (p. 491 et fig. 184); au besoin, si le produit est trop épais, on le dilue sur la lame avec un peu de solution physiologique tiède et on élimine rapidement les gros débris en inclinant la lame. On étale ensuite et on fixe humide au Duboscq-Brasil. Escomel[1], puis Derrieu, ont obtenu de bons résultats en fixant des frottis humides pendant une minute par les vapeurs de brome.

En principe, il faut infliger à ces organismes très délicats le minimum de manipulations, n'opérer qu'avec du matériel très frais, car les formes non enkystées disparaissent rapidement; si on est obligé de retarder l'examen, conserver les matières à la glacière ou au moins au frais, mais non à l'étuve. Naturellement, les kystes sont bien plus résistants.

L'hématoxyline ferrique de Heidenhain est la méthode de choix pour la coloration. S'il s'agit simplement de faire un diagnostic de kystes de *Lamblia*, on peut, comme le conseille

1. Escomel, Sur la dysenterie à Trichomonas à Arequipa (Pérou). *Bull. Soc. pathol. exot.*, VI, p. 120, 1913. — Derrieu et Raynaud, Dysenterie chronique à Flagelle nouveau. *Bull. Soc. pathol. exotique*, VII, p. 571-573, 1914.

Mathis[1], faire des frottis desséchés et les colorer au Romanovsky ; les kystes se colorent en bleu et présentent, à un de leurs pôles, plusieurs masses nucléaires violacées.

Les matières humaines, renfermant des kystes de *Lamblia intestinalis* se conservent très bien dans le formol à 5 p. 100, après dilution et tamisage (p. 493).

Pour l'étude des *Flagellés du tube digestif des Arthropodes*, il faut isoler ce tube digestif par les procédés de dissection indiqués plus loin (p. 640 et 650) ; avec le contenu, on exécute des frottis secs ou humides qu'on colore au Romanovsky (méthode panoptique). Notons ici que le Mélophage du Mouton (*Melophagus ovinus*) est un matériel très commode pour l'étude des *Crithidia* (*Crithidia melophagi*[2]). Il suffit de couper la partie postérieure de l'abdomen de l'Insecte, puis de presser cet abdomen entre le pouce et l'index pour en faire sourdre une goutte de liquide sanguinolent qu'on étale, sèche et colore. Les *Crithidia* sont généralement très nombreux.

II. — FLAGELLÉS SANGUICOLES

Ce sont, pour nous, les Trypanosomes et les Trypanoplasmes, auxquels nous adjoindrons, au point de vue technique, les *Leishmania*.

Matériel d'étude. — Pour les Trypanosomes, rechercher chez la Grenouille le *T. rotatorium* ; chez le Surmulot le *T. Lewisi* ; chez l'Anguille le *T. granulosum*. On peut aussi s'adresser à un laboratoire pour obtenir une Souris inoculée avec un Trypanosome non pathogène pour l'Homme, tel que *T. Brucei*[3]. On aura ainsi des frottis très riches en parasites, mais on ne pourra conserver le virus que par des inoculations successives et rapprochées (tous les 4 ou 5 jours). Pour les Trypanoplasmes, on pourra se servir de la Tanche ; mais, comme les Poissons sont assez difficiles à mani-

1. *Loc. cit.*, p. 490, note 1.

2. L. Cauchemez, Recherches sur la transmission héréditaire du *Crithidia melophagi*. *C. R. Soc. de biologie*. LXXII, p. 1062, 1912.

3. L'entretien de ces virus est très coûteux, car il nécessite un matériel considérable et réclame beaucoup de temps. Je dois à l'obligeance de M. le Professeur Mesnil, de l'Institut Pasteur de Paris, les virus dont je me sers tous les ans pour les travaux pratiques de l'Institut de médecine coloniale ; je tiens à lui en exprimer ici toute ma reconnaissance.

puler, on fera mieux de s'adresser au Trypanoplasme de l'Escargot (*Trypanoplasma helicis* Leidy), toujours très abondant dans le réceptacle séminal Au commencement de la période d'hibernation, on trouve toutefois des formes non flagellées. Ce parasite existe non seulement chez *Helix pomatia*, mais encore chez un certain nombre d'autres Gastropodes pulmonés.

Les Poissons marins fournissent d'excellents matériaux d'étude pour les Flagellés sanguicoles. On prélève le sang, soit en piquant les branchies avec une effilure de pipette, soit en piquant la queue de l'animal, soit enfin en ponctionnant directement le cœur, avec ou sans ouverture préalable de la paroi. La ponction du cœur est la meilleure méthode pour obtenir du sang en quantité suffisante et non mélangé d'eau. On trouvera, p. 666, la manière de prélever le sang des différents animaux.

Trypanosomes et Trypanoplasmes.

Examen à l'état frais. — L'*examen* de ces organismes à l'*état frais* est on ne peut plus simple. On prélève une goutte de sang sur un animal en expérience et on examine entre lame et lamelle. La goutte ne doit pas être trop grosse[1], car si la couche de sang est trop épaisse, on a de la peine à apercevoir les Trypanosomes. Dans une bonne préparation, les hématies doivent former une seule couche et être légèrement séparées les unes des autres. On examine avec un fort objectif à sec, donnant environ 500 diamètres.

On reconnaît immédiatement les Trypanosomes à leurs mouvements et aux déplacements qu'ils impriment aux hématies. Pour faire des observations un peu prolongées, il faut luter les préparations, afin d'empêcher la dessiccation. On peut alors suivre longtemps les mouvements des Trypanosomes.

Les *colorations vitales* ne montrent pas grand'chose et ne sont guère à conseiller. C'est à peine si le rouge neutre colore quelques granulations protoplasmiques.

---

1. Se reporter aux instructions données, p. 669, pour l'examen du sang à l'état frais. Pour les *mensurations précises* des Trypanosomes (biométrie, courbes de Galton voir les travaux de Stephens et Fantham, *Proc. Roy. Soc.*, B, LXXXV, p. 223, 1912; *Annals of trop. med. and parasitology*, VI, p. 131, 1912 et VII, p. 27, 1913. Analyses dans *Bull. Institut Pasteur*, X, p. 889, 1912 et XI, p. 762, 1913. Voir aussi : Laveran et Mesnil, *Trypanosomes et trypanosomiases*, Paris, Masson, 2e édit., 1912.

En ce qui concerne le *Trypanosoma Lewisi*, il importe de noter deux observations de C. Biot [1] : les parasites se conservent vivants pendant plusieurs jours (jusqu'à 6 et 7 jours) dans le foie de l'animal *non ouvert* et mis à la glacière; ils peuvent être ranimés au besoin par l'addition de solution physiologique au sang extrait du foie par broyage.

L'*examen après coloration* se fait sur des frottis secs ou fixés à l'état humide.

Méthode de diagnostic. Frottis desséchés. — Les frottis sont exécutés suivant la méthode générale (p. 671) et desséchés le plus rapidement possible. Ils sont colorés ensuite par un dérivé quelconque de la méthode de Romanovsky. Je conseille particulièrement le Giemsa rapide et le panoptique de Pappenheim (p. 447).

Au point de vue cytologique, la valeur de la méthode de Romanovsky a été très contestée par Breinl et Moore [2], Rosenbusch [3], puis Minchin, qui lui reprochent de donner une fixation insuffisante et de modifier la forme de ces organismes. Minchin [4] a bien montré que les Trypanoplasmes sont presque toujours très déformés et méconnaissables dans les frottis secs. Il affirme aussi [5] que la méthode de Romanovsky exagère les détails de la structure nucléaire, en rendant plus volumineuses toutes les parties chromatiques. Les granulations ultra-microscopiques renfermées dans le noyau sont considérablement grossies et masquent toute la structure nucléaire. Ce phénomène est dû, non à la dessiccation, mais à la méthode de coloration : les substances qui colorent la chromatine en rouge sont précipitées, non seulement à l'intérieur de certains points, mais encore à leur périphérie, ce qui augmente leurs dimensions et donne une idée fausse de leur forme. Swellengrebel [6] a tenté de réhabiliter la méthode des frottis secs colorés au Giemsa, au moins en ce qui concerne les Trypanosomes. Il trouve que la différenciation du noyau et du blépharoplaste, ainsi obtenue par lui, est meilleure que celle qui est fournie par l'hématoxyline ferrique de Heidenhain.

J'ajouterai que *le procédé des frottis secs est parfaitement suffisant pour les travaux courants et qu'il donne toujours de très jolies préparations.*

1. *C. R. Soc. de biologie*, LXVIII, p. 615, 1910 et LXXI, p. 368, 1911.
2. Breinl et Moore, *Ann. of trop. med. and parasitology*, I, p. 470, 1907-1908.
3. Rosenbusch, Trypanosomen Studien. *Arch. f. Protistenkunde*, XV, p. 263-296, 1909.
4. Minchin. Observations on the Flagellates parasitic in the blood of freshwater Fishes. *Proc. Zool. Soc. London*, 1909.
5. Minchin. The structure of *Trypanosoma Lewisi* in relation to microscopical technique. *Quart. Journ. of micr. sci.*, LIII, p. 755-800, 1909.
6. Swellengrebel. Fixation and staining of *Trypanosoma Lewisi*. *Parasitology*, III, p. 226-238, 1910.

Méthode cytologique. Frottis humides. — *Méthode de Romanovsky pour les frottis humides.* — Cette méthode est décrite p. 425. C'est une des meilleures et des plus sûres pour les recherches cytologiques sur les Trypanosomes.

Méthode de Minchin. — Minchin a exposé longuement ses idées sur la structure cytologique des Trypanosomes et sur les meilleures méthodes pour la mettre en évidence, dans les deux travaux cités plus haut (p. 519, notes 4 et 5). Je ne saurais trop engager ceux qui veulent se livrer à l'étude approfondie de ces organismes, à lire les remarquables publications de Minchin. On y trouvera l'exposé détaillé et la critique des procédés de préparation des Trypanosomes. Je ne donne ici que les principes essentiels des méthodes les plus importantes.

FIXATION. — Minchin a obtenu les meilleurs résultats, en fixant en deux temps, d'après Weidenreich (p. 675).

1er temps. *Fixation osmique.* — Exécuter rapidement les frottis et, sans perdre de temps, plonger la lame dans un bocal bouché à l'émeri, au fond duquel on a versé quelques gouttes de solution d'acide osmique à 4 p. 100, à laquelle on ajoute 1 goutte d'acide acétique cristallisable par 20 gouttes. Laisser le frottis exposé aux vapeurs osmiques pendant 30 à 60 secondes.

2e temps. *Fixation alcoolique.* — Transférer le frottis dans un bocal d'alcool absolu (fig. 262), fixer pendant 10 minutes, puis sécher.

La fixation osmio-alcoolique, suivie de la dessiccation, convient surtout pour les préparations qui doivent être colorées au Romanovsky. Elle a, d'après Minchin, l'inconvénient de fixer incomplètement le noyau. Lorsqu'on veut colorer par un autre procédé (hématoxyline, méthode de Twort), il faut faire des frottis humides et les fixer au sublimé ou au Mann (p. 286). Dans ce cas, il est préférable d'exécuter les frottis sur lamelle, afin de pouvoir les déposer brusquement *face en dessous* à la surface du fixateur. Comme Minchin le fait remarquer avec raison, les lames ne peuvent être immergées facilement que par une extrémité et il en résulte toujours des déformations dans les éléments.

Les meilleurs fixateurs liquides seraient le sublimé acétique (p. 283), le sublimé alcoolique de Schaudinn (p. 283), et le liquide de Mann [1] (p. 286).

COLORATION. — 1. *Romanovsky.* — Minchin reconnaît que cette méthode est celle qui démontre le mieux les caractères généraux des Trypanosomes, surtout après la double fixation osmio-alcoolique, suivie de la dessiccation. Mais, comme nous venons de le dire, il lui reproche d'exagérer et de voiler les détails de la structure nucléaire. Notons que les frottis ainsi fixés se colorent beaucoup plus intensément que les frottis simplement séchés, aussi faut-il surveiller attentivement la

---

1. Je crois qu'on pourrait aussi employer avec avantage le Bouin et le Duboscq-Brasil ; en effet, Minchin a remarqué que le liquide de Mann, qui renferme de l'acide picrique et du formol, fixe mieux que le sublimé seul, et met notamment mieux en évidence les détails de la structure nucléaire. Clifford Dobell (*Archiv für Protistenkunde*, XXVI, p. 117, 1912) préconise les frottis fixés humides au Bouin, colorés au Giemsa, différenciés et deshydratés par l'acétone, puis montés sans dessiccation.

coloration, sous peine de voir le cytoplasme devenir opaque. Minchin emploie le liquide de Giemsa dilué dans la proportion de 1 goutte pour 1 cm³ d'eau distillée (p. 421). Il colore de 3 à 18 heures, ou moins, suivant la méthode de fixation; il lave rapidement à l'eau distillée, différencie quelques secondes dans le tannin-orange de Unna, puis lave une minute ou deux sous le robinet. On sèche ou bien on déshydrate par l'acétone et on monte au baume.

2. *Hématoxyline ferrique de Heidenhain*. — Pour Minchin, c'est la *méthode de choix* pour l'étude des détails de structure des noyaux et de l'appareil locomoteur. Les frottis doivent avoir été fixés humides par le sublimé ou le Mann. *Le principe est de prolonger les séjours dans le mordant et dans le colorant.*

a. Le frottis, préalablement fixé, est d'abord plongé pendant une heure dans l'alcool absolu, puis passé par une série d'alcools, en descendant de 10 en 10 degrés jusqu'à l'eau distillée.

b. Mordançage dans l'alun de fer à 3,5 p. 100 pendant une nuit (voir p. 388).

c. Lavage rapide à l'eau distillée.

d. Coloration dans l'hématoxyline à 0,5 p. 100 pendant vingt-quatre heures. On obtient cette solution en mélangeant parties égales d'eau distillée et de la solution d'hématoxyline de Heidenhain (p. 388.

Les lamelles doivent flotter sur les solutions colorantes, et ne pas y être immergées.

e. Différenciation, qui est l'opération la plus importante. Après lavage à l'eau distillée, Minchin plonge la lamelle dans la solution d'alun de fer, jusqu'à ce qu'elle paraisse se décolorer; on lave alors à l'eau et on examine à 400 diamètres. Si le karyosome apparaît nettement, la différenciation est suffisante, sinon il faut recommencer. Il est inutile de faire une coloration de fond.

Il est bon de préparer plusieurs lamelles et de les différencier négalement, de manière à mettre en évidence divers points de structure. Plus la différenciation est poussée loin, plus le cytoplasme devient pâle.

Minchin garantit l'uniformité des résultats obtenus, pourvu que le frottis n'ait pas séché et que la fixation ait été correcte. Lorsque le Romanovsky et l'hématoxyline ferrique donnent des résultats contradictoires, au point de vue de la structure nucléaire, c'est toujours à la méthode au fer que l'on doit accorder confiance.

3. *Méthode de Twort*. — Minchin indique, d'après Twort, la manière de préparer le colorant : mélanger deux solutions à demi saturées de rouge neutre et de vert lumière dans l'eau distillée, verser lentement le vert dans le rouge, placé au préalable dans un vase très large; chauffer le liquide à + 30° ou 40°. Rassembler le précipité par décantation, sans filtrer : le laver à l'eau distillée et le sécher à + 37°. On pèse 0,25 gr. de ce précipité, on triture avec un peu de sable blanc et on épuise par 100 cm³ d'alcool méthylique, renfermant 5 p. 100 de glycérine.

Pour l'emploi, on prend 2 parties de cette solution mère et une partie d'eau distillée; on colore pendant 1 heure, en ayant soin de mettre les frottis face en dessous, pour éviter les précipités. Après coloration, on différencie par l'éther glycérique de Unna (p. 442) à 2 p. 100 dans l'eau, pendant 1/2 ou 1 minute, puis on déshydrate par l'alcool absolu et on monte au baume. Les préparations doivent être fixées par un liquide renfermant du sublimé.

Cette méthode donne des colorations très délicates, mais qui manquent de contrastes. Elle ne convient pas pour les préparations de démonstration, mais, d'après Minchin, elle révèle la structure du noyau, aussi bien que l'hématoxyline ferrique. Le noyau, le blépharoplaste et les granules chromatoïdes sont rouges, le flagelle et le périplaste sont verts, le protoplasme paraît verdâtre.

Coloration des formes culturales des Flagellés. — On obtient des préparations suffisantes en effectuant des frottis desséchés soit avec le liquide de condensation renfermant les Flagellés, soit même avec des fragments de gélose pris au fond du tube, lorsque tout le liquide est évaporé. On colore par le Giemsa rapide (p. 417) ou par le panoptique (p. 422).

Mais avec cette simple méthode, on a quelquefois des insuccès, les Flagellés se colorent mal, ou même pas du tout et le fond de la préparation est couvert de fines granulations. Voici deux procédés qui permettront d'améliorer la technique.

Ponselle [1] fixe les frottis bien secs en versant à la surface une quantité du mélange suivant, suffisante pour bien couvrir la lame :

Alcool absolu . . . . 50 cm³
Teinture d'iode à 10 p. 100 . . . . X gouttes.

Laisser agir 5 minutes, puis laver à l'alcool absolu et sécher.

Verser ensuite quelques gouttes d'un sérum quelconque, de manière à bien couvrir le frottis [2]. Égoutter et laisser sécher, puis colorer au Giemsa.

Gray [3] lave les formes flagellées par centrifugation. Avec une pipette stérile, il puise le liquide de culture, puis trois fois autant de solution physiologique. Il fait passer ces liquides dans la partie élargie de la pipette et les mélange. On scelle l'effilure à peu de distance de la portion élargie, puis on enlève la tétine en caoutchouc et on centrifuge lentement pendant deux minutes, ce qui amène toutes les formes flagellées dans la portion effilée. Couper l'extrême pointe avec des ciseaux et déposer la goutte à l'extrémité d'une lame ; déposer à côté une goutte d'égal volume de sérum humain frais ; mélanger et étaler. Colorer au Giemsa.

1. Ponselle. Technique pour la coloration des Trypanosomes et Trypanoplasmes de culture. *C. R. Soc. de biologie*, LXXIV, p. 1072, 17 mai 1913.

2. L'emploi du sérum a déjà été préconisé par Leishman pour rafraîchir les coupes (A method of producing chromatin staining in sections. *Journ. of hygiene*, IV, p. 431, 1904). Thomson s'en est déjà servi pour les Trypanosomes de culture (*Journ. of hygiene*, VIII, p. 75, 1908). De même Laveran et Mesnil, *Trypanosomes et trypanosomiases*, 2e édition, Paris, Masson, 1912, p. 11.

3. Gray. Report on some observations made and work done at the Pasteur Institute, Tunis. *Journ. Roy. army medical corps*, XXI, p. 696-712, 1913.

Expérimentation.

1. Inoculation. — L'inoculation des Trypanosomes et des Trypanoplasmes consiste à prélever du sang chez l'animal malade et à inoculer ce sang à un animal sain.

Lorsqu'il s'agit de Trypanosomes pathogènes et d'animaux très infestés, il suffit d'inoculer quelques gouttes de sang. Ainsi, pour transmettre de Souris à Souris les divers Trypanosomes des Mammifères, il suffit de sectionner l'extrémité de la queue d'une Souris malade, de prélever une ou deux gouttes de sang avec l'extrémité bien effilée d'une pipette stérilisée[1] et d'inoculer

Fig. 187. — Pipette à double effilure pour inoculations.

immédiatement ce sang dans le péritoine d'une Souris saine. Nous indiquons plus loin (p. 531) les précautions à prendre pour éviter les accidents, lorsqu'on opère avec un virus dangereux pour l'Homme.

Lorsque l'animal est très peu infesté et ne présente que peu ou pas de parasites à l'examen du sang, il faut prélever une quantité plus grande de ce liquide. On le recueille alors dans une solution de citrate de sodium à 1 p. 100, de manière à empêcher la coagulation. On a soin de préparer d'avance :

1. La solution citratée, stérilisée ou simplement bouillie dans un petit vase conique d'Erlenmeyer;
2. Un petit cristallisoir stérilisé ou bouilli;
3. Quelques pipettes à pointe très fines stérilisées; ·
4. Une seringue de verre de 1 ou 2 centimètres cubes et son aiguille, le tout stérilisé ou bouilli.

L'animal étant immobilisé, on sectionne l'oreille ou la queue, suivant le cas. On fait écouler le sang goutte à goutte, dans le cristallisoir garni de 2 ou 3 cm³ de solution citratée : un aide doit

1. Au lieu de seringue on a très souvent avantage à inoculer à la pipette. On se sert pour cela de pipettes stérilisées dites *à double effilure* (fig. 187). On prend une pipette ordinaire (fig. 276), dans l'effilure de laquelle on fait une seconde effilure, de manière à avoir une pointe courte et fine. On évite ainsi l'ennui du nettoyage et de la stérilisation des seringues.

agiler continuellement et doucement le cristallisoir pour mélanger immédiatement le sang avec le liquide anticoagulant. Si l'animal est indocile ou si le sang s'écoule difficilement, on fera bien de puiser le sang dans la plaie, au fur et à mesure qu'il sourd, au moyen d'une des pipettes effilées, préalablement mouillée de citrate. Chaque goutte est soufflée dans le cristallisoir. On recueille ainsi une quantité de sang variant de 10 à 20 gouttes à 2 ou 3 cm³ suivant la taille et l'état de l'animal. Le mélange de sang et de citrate est inoculé : sous la peau du flanc, avec la seringue, s'il s'agit d'un animal d'assez grande taille comme le Singe ; dans le péritoine, à la pipette, s'il s'agit d'une Souris ou d'un Rat.

Lorsqu'on veut conserver certains virus qui tuent très vite la Souris et le Rat (sommeil, nagana, surra, etc.), il peut être avantageux, pour éviter une surveillance constante et de nombreux passages, d'employer le Cobaye ou le Lapin. On obtient, chez ces animaux, une maladie plus lente, pouvant durer plusieurs semaines. Il y a peu ou point de Trypanosomes dans le sang périphérique, mais il suffit d'inoculer une Souris avec 1 cm³ de sang, pour les faire apparaître chez cette dernière. Le Cobaye et le Lapin peuvent donc servir, dans certains cas, à conserver les virus à Trypanosomes.

Dans le cas où un animal inoculé vient à mourir inopinément, on peut tenter de sauver le virus en puisant du sang dans le cœur, après ouverture du thorax, et en l'inoculant à un animal sensible. Ce procédé est très bon aussi lorsqu'on veut saigner complètement un animal. La ponction du cœur proprement dite est décrite p. 537.

2. Évolution. — Les expériences de transmission expérimentale sont plus compliquées. Prenons d'abord, comme exemple, la transmission des Trypanosomes ou des Trypanoplasmes des Vertébrés à sang froid par les Sangsues. On doit aux remarquables travaux de Brumpt de bien connaître les conditions dans lesquelles on peut réaliser cette transmission. Rappelons, pour mémoire, que les résultats des expériences de Brumpt représentent les premiers documents précis que nous possédions sur l'évolution des Flagellés sanguicoles. A notre avis, répéter ces expériences, constitue le meilleur exercice pour un travailleur qui veut étudier les maladies à Trypanosomes. Le matériel est facile à élever et à disséquer et les résultats sont certains.

a. Évolution des Trypanosomes ou Trypanoplasmes des Vertébrés à sang froid. — Quel que soit le parasite à étudier, il faut se procurer un animal porteur de virus, des animaux sains de la même espèce et des Sangsues d'espèce appropriée. Ces Sangsues seront toujours des Rhynchobdelles ou Sangsues à trompe : d'une part, ce sont les seules pour lesquelles on connaisse des faits de transmission et, d'autre part, la structure de leur trompe fournit, comme nous le verrons, des facilités particulières pour suivre le mode d'inoculation.

Nous conseillons au débutant d'étudier l'évolution du Trypanosome de l'Anguille.(*Trypanosoma granulosum* Lav. et Mesn.) chez *Hemiclepsis marginata*[1].

Il est facile de se procurer partout, au printemps, des Anguilles adultes et des alevins d'Anguilles ; on en trouve chez tous les marchands de Poissons, en Europe. La plupart des Anguilles adultes hébergent ce Trypanosome ; il est facile de s'en assurer en examinant un peu de sang, prélevé soit au niveau des branchies, soit par piqûre de la queue. Les alevins sont presque sûrement indemnes. En effet ils sont capturés dans les estuaires au moment de la remonte ; or les Sangsues capables de les infester vivent exclusivement en eau douce et ne s'avancent jamais dans les eaux demi-salées où on capture les alevins. D'ailleurs, on peut contrôler ces derniers, en les faisant piquer par des embryons d'*Hemiclepsis*, comme nous le verrons plus loin.

Hemiclepsis marginata est la Sangsue qui se prête le mieux à ces expériences ; c'est une Glossosiphonide qui peut transmettre aux Poissons un grand nombre de Trypanosomes. On la trouve partout en Europe. Les jeunes exemplaires à jeun sont à l'affût, fixés sur les plantes aquatiques. Les adultes gorgés se tiennent de préférence sous les pierres des ruisseaux et des mares. On les y trouve parfois en abondance, au moment de la ponte annuelle, qui, pour la France, a lieu de mai à juillet (avec quelques variantes suivant les régions). Ces animaux pondent de 50 à 80 œufs qu'ils fixent sous une pierre ou un fragment de bois et qu'ils couvent jusqu'au moment de leur éclosion. Les petites Sangsues s'attachent alors au ventre de leur mère qui abandonne son support et transporte ses petits avec elle, jusqu'au moment où elle rencontre un Poisson sur lequel toutes vont se fixer. Après quatre ou cinq repas les petits deviennent adultes.

Cette Sangsue présente de grands avantages au point de vue expérimental. Elle est *facile à trouver* : c'est une petite Sangsue verdâtre, à

1. Tous les détails de cette évolution sont dus aux recherches de Brumpt. Les renseignements que je donne proviennent en partie de ses publications ; je dois le reste à des communications verbales, de sorte que beaucoup de détails sont inédits. J'ai d'ailleurs été témoin de ces belles expériences.

tête cordiforme, munie de 4 yeux. Les somites moyens sont formés de trois anneaux. La bouche est située profondément au fond de la ventouse antérieure : en arrière se trouve la gaine de la trompe, renfermant cet organe qui y est caché à l'état normal. On ne peut donc voir cette trompe que par transparence, en comprimant légèrement l'animal au moyen d'un compresseur (fig. 128). Elle est *relativement facile à élever* : on la conserve des mois dans des bocaux où elle se reproduit très bien. Il faut que ces bocaux renferment quelques plantes vertes (voir p. 663) : des lentilles d'eau (*Lemna trisulca* est une des meilleures espèces), des Algues filamenteuses, etc. Une mousse aquatique, très commune, *Amblystegium riparium*, rendra de grands services pour ces élevages, car elle vit très bien en aquarium. Il faut avoir soin de ne pas toucher à l'eau et de ne la renouveler qu'à la dernière extrémité : dans ce cas, il faut prendre une eau de même provenance et dans laquelle les mêmes plantes vivent depuis longtemps.

Pour commencer les expériences, il faut avoir un élevage de petites Sangsues. Pour cela, on se procure, au printemps, des adultes qu'on nourrit sur un Poisson quelconque et qui ne tardent pas à pondre. Les embryons sont toujours indemnes de parasites, même lorsqu'ils proviennent de parents infestés : ils peuvent donc servir en toute sûreté aux expériences de transmission.

On place un certain nombre de jeunes *Hemiclepsis* sur une grosse Anguille parasitée, dans un aquarium. Ces embryons vont se gorger avec voracité et ne tardent pas à être distendus, ce qui est un grand avantage. La seule précaution à prendre est d'empêcher l'Anguille de les dévorer. Pour cela, on lui introduit dans la bouche un hameçon auquel est fixée une ficelle, terminée par un flotteur en liège [1]. Lorsque les embryons sont gorgés, on les enlève au moyen d'un bourdonnet de coton hydrophile fixé à un petit bâton : c'est le seul moyen de ne pas les traumatiser. Il ne faut jamais les prendre avec les doigts, ni surtout avec une pince.

Lorsque les animaux ont digéré la plus grande partie du sang absorbé, ils sont redevenus transparents et on peut les examiner au compresseur (fig. 128), entre lame et lamelle. On aperçoit alors les petits Trypanosomes dans l'estomac ou dans l'intestin ; vers le 4e ou le 5e jour, ils apparaissent dans la gaine de la trompe. Cet examen est très bien supporté lorsque la compression n'est pas exagérée : c'est le seul moyen de savoir si une Sangsue est infectieuse ou non.

---

1. Le même artifice peut être employé avec toutes espèces de Poissons. Pour expérimenter sur les Tortues, on les attache à une pierre ou à un poids qui les maintient au fond de l'eau, tant que dure le repas des Sangsues.

Pour étudier, sur des frottis colorés, les formes flagellées de l'estomac et de l'intestin, il est nécessaire de sacrifier l'animal pendant sa digestion. On coupe alors, soit la partie antérieure, soit la partie postérieure ; on en fait sourdre le sang en la comprimant d'un bout à l'autre, puis on étale, fixe et colore par les méthodes habituelles, la goutte obtenue.

Dès que les Trypanosomes ont apparu dans la gaine de la trompe, les petites Sangsues sont devenues infectieuses et peuvent contaminer les alevins. Ceux-ci sont conservés en aquarium à eau courante et nourris avec des larves de Chironomes (Vers rouges de vase). Nous avons dit qu'ils sont à peu près toujours indemnes de Trypanosomes : pour s'en assurer, on peut mettre sur un alevin *un seul* embryon d'*Hemiclepsis* qu'on ne laisse pas se gorger complètement. Il est bien rare que cet embryon présente des Trypanosomes à la suite de ce repas. Après avoir été piquées par les Sangsues infectieuses, les petites Anguilles présentent des Trypanosomes au bout de 4 ou 5 jours.

Lorsqu'on veut étudier l'évolution des Trypanoplasmes, on peut s'adresser soit à *Hemiclepsis marginata*, soit à une Ichthyobdellide, *Piscicola geometra*. Je ne conseillerai pas cette espèce aux débutants, car elle est très difficile à trouver et à élever. C'est une petite Sangsue brunâtre, qui vit cachée dans les herbes aquatiques, notamment sous les feuilles de Nénuphars. Elle ne couve pas ses petits comme l'*Hemiclepsis* : elle se contente de pondre un certain nombre de cocons, renfermant un seul embryon. Celui-ci se gorge très peu et évolue très lentement. Par contre, les Piscicoles adultes vivent très longtemps en captivité.

Dans le nord de l'Afrique on peut répéter les expériences de Brumpt sur le *Trypanosoma inopinatum* de la Grenouille verte. Ce parasite est transmis par *Helobdella algira*. On la trouve communément sur les Batraciens au moment de la reproduction. Elle ne les quitte guère que pour pondre et se cache alors sous les pierres et les feuilles des plantes aquatiques. Les embryons, au nombre de 20 à 50, s'attachent à la mère comme ceux des *Hemiclepsis*. Ils sont très petits et se développent lentement. Ils se fixent de préférence autour des yeux des Batraciens. On peut observer chez eux la transmission héréditaire des Trypanosomes, découverte par E. Brumpt.

b. Évolution des Trypanosomes pathogènes des Mammifères. — Pour les Trypanosomes africains, opérer sur place, avec des Glossines obtenues par élevage ; les faire gorger sur des animaux infestés et tenter de contaminer des animaux sains et non immunisés. Étudier le contenu de la trompe et du tube digestif des Mouches, par dilacérations dans la solution physiologique et par frottis colorés. On coupe d'abord les ailes et les pattes de la Mouche, puis on sectionne le dernier anneau abdominal ; on peut ainsi extraire et préparer le tube digestif [1].

Des travaux récents établissent que certains Trypanosomes sont transmis non par piqûre, mais par l'intermédiaire des déjections, par pénétration directe à travers la peau ou les muqueuses. Voir à ce sujet les expériences de Brumpt sur le *Trypanosoma Cruzi* (p. 532) et celles de Nöller [2] sur le *Trypanosoma Lewisi* avec le *Ctenocephalus serraticeps* (p. 636).

III. — DIAGNOSTIC DES TRYPANOSOMOSES HUMAINES

Maladie du sommeil.

Lorsque l'ensemble des symptômes cliniques et des commémoratifs permet de soupçonner la maladie du sommeil, le diagnostic doit être précisé par la découverte du parasite ; mais sa recherche est souvent fort difficile, car il est généralement très rare dans le sang. Voici les divers procédés qu'on devra employer pour le mettre en évidence.

1. **Examen du sang périphérique**, d'abord à l'*état frais*. On prélève le sang au doigt ou à l'oreille ; s'il y a des érythèmes circinés, on prélèvera de préférence à ce niveau. Examiner entre lame et lamelle, en lutant au besoin à la vaseline ou à la paraffine pour éviter la dessiccation. Parcourir la préparation méthodiquement au moyen de la platine à chariot. Multiplier les préparations.

Si ce moyen échoue, faire un bon nombre de *frottis*, une douzaine au moins. Fixer et colorer au Romanovsky (Giemsa rapide ou panchrome). Quelquefois on n'aperçoit un Trypanosome qu'après avoir parcouru méthodiquement 15 ou 20 lames.

Lorsque l'examen à l'état frais a démontré la présence de Trypanosomes, il faut colorer aussi quelques frottis, pour faire l'étude morphologique du parasite.

1. Voir à ce sujet : Roubaud, Recherches sur la biologie et les adaptations de la *Glossina palpalis* : les Trypanosomes pathogènes et la *Glossina palpalis*. *Rapport de la mission d'études de la maladie du sommeil au Congo français, 1906-1908*, in-8° de 721 p., 8 pl., Paris, Masson, 1909 ; cf. p. 383-613.
2. Nöller, Die Uebertragungsweise der Rattentrypanosomen durch Flöhe. *Archiv f. Protistenkunde*, XXV, p. 386-424, 1912.

Lundie [1] a fait connaître un procédé qui réussit bien pour les *trypanosomoses animales* : recueillir du sang dans un tube à essai stérile, renfermant 5 gr. de citrate de potassium dissous dans 5 cm³ d'eau stérilisée. Remplir de sang aux trois quarts et rouler entre les mains pour bien mélanger, puis laisser reposer. Il se forme au-dessus du sang, en 30 minutes environ, une couche claire, où viennent se rassembler les Trypanosomes. Examiner cette couche et, s'il y a des parasites, les frottis seront très beaux.

Pour cultiver ces Trypanosomes, laisser reposer les hématies pendant 3 jours, puis aspirer la couche claire. En ajoutant un peu d'acide chlorhydrique à 0,02 p. 100, on donne au sang la couleur et la consistance qu'il prend dans l'estomac des Glossines et on peut obtenir dans les tubes de culture au moins une partie de l'évolution qui se produit chez ces Insectes.

Lundie applique ce procédé aux animaux qu'on abat pour la boucherie ou au gros gibier tué à la chasse; il fait couler le sang directement de la carotide (ou plus simplement d'une plaie de la gorge) dans les tubes préparés d'avance.

On peut employer la *méthode des frottis épais de Ross* (p. 674). Étaler grossièrement de grosses gouttes de sang (fig. 261). Sécher à l'air. Dissoudre l'hémoglobine dans le *liquide de Ruge* (p. 546). Fixer à l'alcool et colorer ou opérer par la méthode de James (p. 502).

On a signalé l'*auto-agglutination des hématies* comme étant un signe de probabilité. Elles se rassemblent alors en amas bien différents des piles de monnaie [2].

2. Centrifugation. — *Méthode de Martin et Lebœuf.* —

1. Prélever 10 cm³ de sang dans une veine du pli du coude (p. 668) et mélanger immédiatement à un égal volume de solution de citrate de sodium à 1 p. 100.

2. Centrifuger trois fois, en tournant à la vitesse de 65 tours de manivelle à la minute, ce qui correspond environ à 1 500 tours d'arbre pour le centrifugeur de Krauss (p. 697).

a. Tourner pendant sept à dix minutes, jusqu'à ce que le sang soit nettement séparé en deux couches.

b. Décanter le plasma et le centrifuger à nouveau pendant dix minutes. On trouve, dans le culot, des hématies, des embryons de Filaires, lorsque le malade en est porteur, et quelques Trypanosomes.

c. Décanter encore une fois le liquide clair et le centrifuger de nouveau pendant vingt minutes. Le culot ne renferme plus que très peu de leucocytes et d'hématies; on y trouve des hématoblastes, généralement méconnaissables, quelques Microfilaires et les Trypanosomes.

---

1. A. Lundie, The detection of Trypanosomes in animals. *Journ. of tropical med. and hyg.*, XVII, p. 22, 1911.

2. Voir aussi : Levaditi et Muttermilch, Diagnostic des Trypanosomes par le phénomène de l'attachement. *C. R. Soc. de biologie*, LX, p. 635, 1912.

Scott Macfie and Johnston, Auto-erythrophagosis as an aid to the diagnosis of trypanosomiasis. *Journ. London School. trop. med.*, II, p. 212, 1913.

3. Ponction ganglionnaire. — Ponctionner avec une petite seringue les ganglions cervicaux hypertrophiés. L'examen, à l'état frais ou en frottis, de la goutte de liquide ainsi obtenue, permet quelquefois de reconnaître des Trypanosomes très nets. A défaut des ganglions cervicaux, ponctionner les sous-maxillaires ou les inguinaux.

Voici, d'après Würtz, comment on doit procéder à cette opération, au moyen de sa seringue spéciale (fig. 188) :

Fig. 188. — Seringue de Würtz pour ponction ganglionnaire.

1° Bien fixer le ganglion avec les doigts et enfoncer l'aiguille.

2° Faire le vide en tirant le piston, puis fermer la communication du réservoir avec le corps de la seringue ; dilacérer légèrement le ganglion en déplaçant l'aiguille en tous sens : on doit voir pénétrer dans le réservoir un peu de suc ganglionnaire.

3° Retirer l'aiguille, ouvrir la communication entre les deux parties de la seringue et chasser le suc ganglionnaire sur des lames propres, pour l'examiner à l'état frais et en frottis.

4. Ponction lombaire. — On retire 10 cm³ de liquide céphalorachidien, suivant la technique habituelle (p. 694). On centrifuge une seule fois pendant 10 minutes, puis on examine le culot à l'état frais et en frottis colorés.

5. Inoculation expérimentale. — Lorsque tous ces moyens ont échoué, il faut encore tenter d'inoculer des animaux sensibles. Le réactif de choix est le Singe, pourvu qu'on s'adresse à une espèce réceptive. La plus sensible de toutes est le Singe Pata (*Cercopithecus ruber*), chez lequel l'évolution de la maladie est particulièrement rapide, car il meurt généralement en trois semaines (Brumpt et Würtz, Thiroux). Ce Singe est très abondant en Afrique : on peut donc l'employer sur place, pour le diagnostic ou pour les expériences d'infestation par les Glossines. Il est facile de se procurer cette espèce en Europe, soit chez les marchands d'animaux, soit dans les jardins zoologiques d'Anvers et de Hambourg. Ces Singes sont généralement très doux et faciles à manipuler. A leur défaut, on pourra prendre des Macaques, de préférence le *Macacus cynomolgus* ou le *Macacus sinicus* (Bonnet chinois), qui sont assez doux ; le *Macacus rhesus* convient aussi, mais il est plus sauvage, plus difficile à manier et impossible à apprivoiser. Il faut bien se garder d'acheter des Cynocéphales ou des *Cercopithecus fuliginosus*, car ces Singes ne sont pas sensibles au *Trypanosoma gambiense*.

Lorsque le sang a été prélevé aseptiquement, on peut faire une inoculation intrapéritonéale ; dans le cas contraire, on se contentera d'inoculer le sang sous la peau. Il faut injecter au moins 10 cm. de sang citraté, de façon à assurer la réussite ; aussi est-il difficile d'employer de petits animaux, tels que la Souris blanche et le Rat blanc, qui sont pourtant très sensibles et présentent de nombreux parasites dans le sang. Il faut éliminer complètement le Lapin et le Cobaye qui, bien que contractant une maladie mortelle, ne présentent que peu ou point de Trypanosomes dans le sang périphérique.

La manipulation des animaux porteurs du *Trypanosoma gambiense* est des plus dangereuses. Il faut se préserver d'une part du contact du sang, d'autre part des morsures. Théoriquement, un seul Trypanosome suffit pour donner la maladie et il pourrait bien se faire que ce soit vrai aussi en pratique. Il faut donc qu'aucune goutte de sang ne soit projetée et ne vienne en contact avec la peau, car une excoriation invisible suffirait pour offrir une porte d'entrée au virus. On devra obturer, avec du collodion, toutes les petites plaies visibles ; si on vient à être atteint par une goutte de sang, laver immédiatement avec de l'alcool ou mieux du formol à 5 p. 100, qui tue instantanément les Trypanosomes. Si le liquide atteint l'œil, instiller une ou deux gouttes de nitrate d'argent à 1 p. 100 ou au besoin de liquide de Lugol.

Les morsures sont aussi fort dangereuses, car l'animal qui mord s'est débattu auparavant, a pu se faire de petites plaies aux gencives ou aux lèvres et inoculer ainsi du sang virulent au moment où il mord.

Fig. 189. — Procédé du sabot pour prélever du sang aux petits Rongeurs inoculés avec un virus dangereux.

Avec les petits Rongeurs (Souris et Rat) on évite facilement les morsures en plaçant l'animal, sur lequel on puise le sang, dans une boîte en bois, fermée d'un côté par un grillage, dans le genre des petites cages dites « sabot » (fig. 189). Avec une pince, on saisit la queue,

qu'on fait passer à travers le grillage, puis à travers un trou percé
dans un morceau de carton. On peut alors prélever une certaine quantité de sang, par section de la queue, sans que l'animal puisse mordre
et sans que ses mouvements gênent l'opération. Se méfier des mouvements de circumduction qui peuvent amener la plaie de la queue en
contact avec la peau de l'opérateur. Dès que la prise de sang est terminée, cautériser avec le fer rouge ou simplement avec la flamme
d'une allumette. Il est très dangereux de prendre avec une pince et de
transporter un animal dont la queue n'est pas cautérisée et qui, en se
débattant, projette partout du sang virulent.

Chez le Singe, il faut prélever autant que possible le sang au niveau
de l'oreille, car les plaies de la queue amènent presque toujours de la
gangrène et peuvent faire perdre un animal intéressant. Le mieux est
d'immobiliser l'animal, ou au moins la tête, avec le mors d'un appareil
à contention. Cautériser avec soin après chaque prélèvement de sang.

Tous les instruments (ciseaux, bistouris, scalpels, etc.) doivent
être stérilisés par l'ébullition, immédiatement après l'opération.
Les Trypanosomes sont tués instantanément par l'eau bouillante.

Trypanosomose brésilienne à *Trypanosoma Cruzi*.

L'hôte intermédiaire de ce Trypanosome est, ainsi que Chagas
l'a démontré, *Conorhinus (Triatoma) megistus*. L'élevage de
cet animal se fait facilement au Brésil (Neiva) [1] et en France
(Brumpt). Les animaux ne sont jamais infectieux à leur naissance, mais il suffit d'un seul repas sur un animal contaminé
spontanément ou expérimentalement, pour qu'ils deviennent infectieux, peut-être par leur piqûre (Chagas), plus vraisemblable-
ment par leurs déjections (Brumpt) [2]. L'évolution du *Trypanosoma Cruzi* peut s'effectuer expérimentalement chez *Rhodnius
prolixus* et chez trois Punaises (*Cimex lectularius, C. rotun-
datus, C. Boueti*) (Brumpt).

Comme pour la maladie du sommeil, le parasite est généralement rare dans le sang périphérique ou bien son apparition y est
irrégulière. Chagas [3] recommande, pour le diagnostic, l'inoculation au Cobaye de quelques cm[3] de sang, prélevés par ponction
veineuse. Le Cobaye présente des Trypanosomes dans le sang au

1. *Mem. Inst. Oswaldo Cruz*, II, p. 206-212, 1910.
2. *Bull Soc. pathol. exot.*, V, p. 22-26 et 360-364, 1912.
3. Chagas, Nova tripanosomiaze humana. *Mem. Inst. Oswaldo Cruz*, I, p. 189,
1909.

bout de quelques jours et meurt en moins d'un mois. Les Ouistitis
du genre *Callithrix* sont encore plus sensibles.

Le *xénodiagnostic*, proposé par Brumpt[1], donnera des résultats
plus précis. Ce procédé consiste à faire le diagnostic au moyen
de la culture naturelle du parasite, dans le tube digestif de l'hôte
vecteur habituel ou d'un hôte vicariant.

Le xénodiagnostic sera tout particulièrement applicable à la
maladie de Chagas, car les Triatomes et les *Rhodnius* s'infestent
par le *T. Cruzi* dans 100 p. 100 des cas, dans les expériences
d'infestation. On prendra de préférence, pour le xénodiagnostic,
des larves au 3e stade ou des nymphes, obtenues par élevage
(p. 632); c'est à ces stades que les animaux se gorgent le plus.
On les portera sur les personnes ou les animaux suspects et, après
succion (15 à 30 minutes) on les installera dans des tubes, en
atmosphère humide, à l'étuve à 30°. Les Trypanosomes se développent rapidement dans leur tube digestif. On nourrit ensuite les
Insectes sur Pigeon ou sur Cobaye et on recherche les Trypanosomes par l'examen des déjections ou par dissection du tube
digestif.

IV. — DIAGNOSTIC DES LEISHMANIOSES

Ce diagnostic repose sur la découverte du parasite dans les
frottis et sur l'obtention de cultures, renfermant des formes
flagellées caractéristiques.

1° **Bouton d'Orient**. — Racler avec un bistouri le bord des
ulcérations ou le fond, de manière à faire des frottis, non avec le
sang, mais avec des éléments du tissu enflammé. Pour les lésions
non ulcérées, ponctionner à la seringue, avec une aiguille d'acier
fine et neuve. Aspirer un peu de pulpe sanglante et étaler sur
lames. C'est à ces lésions non ouvertes qu'on devra s'adresser pour
obtenir des cultures.

2° **Kala-azar**. — La seule méthode permettant le diagnostic
du kala-azar, d'une façon certaine, est la *ponction de la rate*. A
la suite d'accidents, dus à une technique défectueuse, on a essayé

---

1. E. Brumpt. Le xénodiagnostic. Application au diagnostic de quelques
infections parasitaires et en particulier à la trypanosomose de Chagas. *Bull.
Soc. pathol. exot.*, VII, p. 706, 1914.

de remplacer cette opération par l'examen du sang ou par la ponction du foie. Ces deux procédés ont été préconisés par les médecins anglais des Indes. Ch. Nicolle et Manceaux [1], puis Cannata [2] ont bien montré que l'*examen du sang* est infidèle, au moins en ce qui concerne le kala-azar méditerranéen, et que la ponction du foie ne permet pas de faire le diagnostic au début de la maladie.

Dans l'Inde, au contraire, le diagnostic peut être fait par la recherche des parasites dans les leucocytes du sang périphérique. Patton, à Madras, préfère employer ce procédé, tandis que dans certains districts du Bengale, où les rates sont plus solides, Muir effectue sans danger la ponction de la rate.

Si on ne peut pas pratiquer la ponction de la rate, on peut faire des *cultures en ensemençant le sang périphérique*, suivant la technique indiquée plus loin (p. 539). Ce procédé est très sûr, car on peut obtenir des résultats positifs avec un matériel qui n'a rien montré à l'examen microscopique [3].

Cummins et Ch. Nicolle se servent aussi du procédé du *vésicatoire* qui, dans certains cas, donne de bons résultats. On recherche le parasite dans la sérosité obtenue.

Samuel Cochran [4] excise un *ganglion cervical ou inguinal* et en fait des frottis après l'avoir coupé en deux. D'après lui, ce procédé serait très supérieur à la ponction de la rate, parce qu'il est sans danger et fournit un matériel abondant, renfermant de nombreux parasites.

Ponction de la rate. — Voici, d'après Ch. Nicolle [5], comment on doit pratiquer la *ponction de la rate*. L'essentiel est de bien choisir l'aiguille. Une grosse aiguille fournit beaucoup de sang et très peu de tissu du viscère ponctionné : elle expose en outre aux hémorragies et aux ruptures d'organe. Les accidents survenus au cours de ponctions de la rate étaient presque toujours

1. *Archives Inst. Pasteur Tunis*, p. 158, 1908.
2. Cannata, Sul reperto del parassita di Leishman nel sangue periferico. *Malaria e malattie d. paesi caldi*, IV, p. 303, 1913.
3. Ch. Nicolle. Le kala azar méditerranéen. *Arch. Inst. Pasteur Tunis*, p. 220, 1913. — Mayer et Werner, Kultur des Kala-azar Erregers (*L. Donovani*) aus dem peripherischen Blut des Menschen. *Deutsche med. Woch.*, p. 67, 17 janvier 1911.
4. *Journ. of trop. med.*, XV, p. 9, 1912; *Journ. London School trop. med.*, II, p. 179, 1913. Voir aussi Spagnolio, Sulla ganglio-puntura nella diagnosi di leishmaniosi. *Malaria e malattie d. paesi caldi*, IV, p. 3⁶⁵, 1913.
5. *Archives Inst. Pasteur Tunis*, p. 205, 1909, et *Bull. Soc. pathol. exot.*, p. 444, 1909.

dus à l'emploi d'aiguilles trop grosses. Avec une aiguille fine, au contraire, on obtient immédiatement un petit cylindre de tissu. Des aspirations répétées amènent en apparence une ponction blanche, mais, en réalité, on a dans la cavité de l'aiguille assez de pulpe splénique pour faire 3 ou 4 frottis ou pour ensemencer quelques tubes.

Donc proscrire les grosses aiguilles en platine iridié, qui déchirent les tissus. Éviter aussi les aiguilles usagées et rouillées, qui piquent mal. *Ne prendre que des aiguilles en acier, fines et neuves.* Stériliser la seringue et avoir soin de la *dessécher complètement* à l'étuve ou sur une flamme. Immobiliser parfaitement le malade, appliquer sur la peau une couche de teinture d'iode et piquer au milieu.

Ponction du foie chez le Chien (d'après Ch. Nicolle [1]). — Indispensable pour suivre le kala-azar infantile expérimental chez cet animal.

Prendre une aiguille fine, mais plus longue et plus résistante que pour l'Homme. Immobiliser parfaitement l'animal. Piquer dans le dixième espace intercostal droit, à un ou deux travers de doigt des apophyses épineuses. Pour trouver facilement cet espace, on compte à partir du bas; c'est donc alors le troisième, mais il faut bien savoir que le premier est très étroit.

Trépanation du fémur ou du tibia chez le Chien. — Pendant un séjour à l'Institut Pasteur de Tunis, le Dr Manceaux a bien voulu me montrer une méthode très élégante pour faire le diagnostic du kala-azar chez le Chien, par l'examen de la moelle osseuse, où les parasites sont souvent plus nombreux que dans la rate. Raser un point de la peau, choisi de telle sorte qu'il n'y ait pas trop de parties molles à traverser; appliquer une couche de teinture d'iode et trépaner l'os avec un petit foret mû par un porte-foret ou drille (on trouve ces instruments chez tous les quincailliers). Le foret a été bouilli au préalable. Trépaner doucement et s'arrêter dès que la pointe est parvenue dans le canal diaphysaire. En retirant le foret, on ramène assez de moelle pour faire un ou deux frottis.

Inoculation expérimentale du kala-azar au Chien [2]. —

---

1. *Arch. Inst. Pasteur Tunis*, p. 109, 1910.
2. Voir à ce sujet les nombreuses indications données par Ch. Nicolle pour ces inoculations et pour celles qu'on peut tenter avec les cultures, dans les *Archives de l'Inst. Pasteur de Tunis*, p. 226-241, 1913.

Prendre un assez gros morceau de rate, de moelle osseuse ou de foie d'un sujet fortement infecté. Broyer d'abord à sec dans un mortier ou un verre à fond dépoli, puis ajouter peu à peu de la solution physiologique, de manière à obtenir une émulsion épaisse. Injecter au moins 1 cm³ dans le foie et 10 cm³ dans le péritoine.

V. — CULTURE DES TRYPANOSOMES ET DES LEISHMANIA

La culture des Trypanosomes se fait en ensemençant le sang parasité dans des tubes de milieu de Griffon et Besançon, ou gélose au sang. Ce milieu, très improprement nommé milieu de Novy-Neal, a été modifié par ces deux derniers auteurs, puis par Ch. Nicolle, qui a beaucoup simplifié sa préparation et l'a rendue tout à fait pratique. On désigne habituellement ce milieu sous le nom de *milieu NNN* ou *milieu Novy-Neal-Nicolle*.

Milieu gélose-sang (formule Ch. Nicolle [1]). — On prépare le mélange suivant, sans neutraliser ni alcaliniser :

Eau ordinaire. . . . . 900 gr.
Gélose . . . . 14 —
Sel marin. . . . . 6 —

On répartit dans des tubes à essai, sur 3 à 4 centimètres de hauteur, et on stérilise à l'autoclave. On peut préparer ainsi à l'avance une provision de tubes qu'on peut conserver longtemps, pourvu qu'on les préserve de la dessiccation.

Manceaux [2] conseille de faire macérer la gélose dans de l'eau distillée qu'on renouvelle deux fois, d'abord au bout de cinq à six heures, puis au bout de vingt-quatre heures; on parfait alors le poids de 914 gr., puis on ajoute le sel et on fait fondre. Cette macération et ce lavage favorisent beaucoup les cultures.

Ponselle [3] supprime le chlorure de sodium, de manière à produire une hypotonie qui favorise les cultures (à rapprocher des expériences de M. Robertson, p. 541). Dissoudre 20 gr. de gélose non lavée dans 1 000 gr. d'eau ordinaire; mettre 2 à 3 cm³ de ce mélange dans chaque tube, stériliser, refroidir à 50°, ajouter un égal volume de sang de lapin défibriné.

1. C. R. Acad. des Sciences. CXLVI, p. 813, 1908. — Ann. Inst. Pasteur, XXII, p. 397, 1909.

2. Manceaux, Sur la technique de culture des Leishmania. Bull. Soc. path. exot., IV. p. 286-288, 1911.

3. Ponselle, Nouvelle modification au milieu Novy-Neal. C. R. Soc. de biologie, LXXIV, p. 339, 1913.

Pour rendre ce milieu propre à la culture des Trypanosomes, il suffit d'ajouter au contenu de chaque tube un tiers ou un quart de son volume de sang de Lapin, prélevé par *ponction aseptique du cœur*, suivant le procédé de Ch. Nicolle [1].

Ponction du cœur chez le Lapin (méthôde de Ch. Nicolle). — On prépare d'avance une ou plusieurs grosses seringues de 20 centimètres cubes, stérilisées avec leurs aiguilles spéciales (modèle Nicolle). Ces aiguilles sont en acier et de gros calibre (longueur 2 cm., diam. 1,5 mm.). On peut se servir de seringues en verre, mais les seringues à armature métallique sont plus commodes, à cause de l'anneau qui termine la tige du piston et qui permet de modérer à volonté la course de ce dernier. Les seringues en verre sont stérilisées entièrement enfermées dans de gros tubes à essai bouchés au coton. Les seringues à armature métallique ne sont enfoncées dans ces gros tubes que jusqu'au plateau métallique supérieur (fig. 190); on fait un bon joint de coton ordinaire pour fermer le tube. On peut ainsi manœuvrer le piston pour s'assurer de son fonctionnement et cela autant de fois qu'on le désire puisqu'on n'aspire que de l'air stérile.

Les tubes de gélose salée, fondus à 100°, sont maintenus liquéfiés à 48°-52°. On immobilise alors un Lapin sur l'appareil de contention : on rase la région précordiale et on la stérilise à la teinture d'iode.

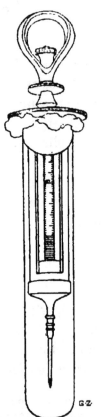

Fig. 190. — Seringue métallique pour ponction du cœur; dispositif pour la stérilisation.

Pour ponctionner le ventricule droit, on opère de la façon suivante : l'index gauche est appuyé sur l'angle formé par la septième côte gauche avec l'appendice xyphoïde. On remonte en comptant 4 espaces intercostaux. On arrive ainsi au 3e espace intercostal qu'on pique à 3 mm. du bord sternal, en dirigeant l'aiguille de bas en haut et d'avant en arrière, en inclinant légèrement à droite. Pratiquement, ainsi que je l'ai constaté, on peut se contenter de piquer à mi-chemin entre le bord supérieur du sternum et l'appendice xyphoïde.

On pénètre brusquement, puis on retire légèrement l'aiguille de 2 ou 3 mm. La seringue doit être tenue comme une plume à

1. *C. R. Soc. biol.*, 4 juillet 1903. Voir aussi Balfour, Note on a method of obtaining blood aseptically. 4 *Rep. Wellcome Labo. Khartoum. A. Med.*, p. 107, 1911.

écrire. La pointe de l'aiguille doit être parfaitement intacte, afin de ne pas blesser le myocarde.

Si on incline trop peu à droite, on pique le ventricule gauche, ce qui ne présente pas d'autre inconvénient que de fournir le sang plus lentement. Si on incline trop à droite, on longe le bord droit du cœur et on fait une ponction blanche. Il faut alors retirer un peu l'aiguille, de manière que la pointe seule soit dans la paroi; on rectifie la position et on pique de nouveau.

Ainsi pratiquée, la ponction du cœur est sans danger pour l'animal, à condition qu'on ne lui prenne pas trop de sang. Un même animal peut être ponctionné plusieurs fois, avec des intervalles.

On aspire le sang lentement et, lorsque la seringue est remplie, on retire l'aiguille brusquement. Bien entendu, si on doit aspirer plusieurs seringues, on laisse l'aiguille en place. Dans les deux cas, on se hâte de répartir le sang dans les tubes renfermant la gélose liquéfiée. Un aide présente les tubes à l'opérateur qui les garnit de sang; un second aide les saisit et les roule entre les doigts, pour effectuer le mélange du sang et de la gélose. Je fais mettre environ 3 cm³ de gélose salée dans chaque tube, de manière à y verser 1 cm³ de sang. Cette quantité est très facile à apprécier avec la tige graduée de la seringue métallique. Avec une grande seringue de 20 cm³ on peut donc faire 19 à 20 tubes, ce qui est généralement très suffisant et permet de ne pas tuer l'animal. On incline les tubes (fig. 283) et on les laisse ainsi pendant douze heures à la température du laboratoire, de manière à assurer la solidification: on les met ensuite pendant douze à vingt-quatre heures à l'étuve à 37° pour provoquer le dépôt de l'eau de condensation.

Si la gélose est trop chaude au moment du mélange, le sang est cuit et devient noir; si on a trop agité, il se forme une mousse persistante. Des tubes bien réussis doivent présenter une gélose rouge sang, bien transparente. A la base de la couche de gelée, il doit y avoir une certaine quantité d'eau de condensation.

J'ai vu Manceaux opérer seul de la manière suivante. Le Lapin est bien attaché sur un plateau métallique et les tubes de gélose sont liquéfiés au bain-marie et placés à côté du Lapin. On ponctionne le cœur et on remplit la seringue. Pour répartir, on continue à tenir la seringue de la main droite, le pouce passé dans l'anneau.

De la main gauche, on débouche chaque tube, on le prend, on y verse le sang, on le rebouche sommairement et on le replace au bain-marie. Lorsque la seringue est vidée, on reprend les tubes un par un : on bouche à fond, on flambe l'orifice et le coton, on roule soigneusement entre les doigts pour bien mélanger le sang et la gélose et finalement on incline.

On garde les tubes en observation pendant quelques jours et on élimine ceux qui présentent un développement microbien. Cet accident est très rare lorsqu'on opère avec soin.

Ensemencement. — On ensemence les Trypanosomes dans l'eau de condensation ; au cas où cette dernière ne serait pas assez abondante, on ajouterait un peu de solution physiologique stérilisée. Ce milieu convient aussi bien aux Trypanosomes des Poissons qu'à ceux des Mammifères. Brumpt a reconnu que les premiers donnent de plus belles cultures dans ces conditions que sur des milieux au sang de Poisson (Raie, Chien de mer).

Conserver les tubes à 18-20° ou seulement au voisinage de l'étuve à 37°. Les cultures sont généralement positives du 4e au 8e jour et, en les préservant de la dessiccation, on peut les conserver très longtemps vivantes (30 à 60 jours et même plus longtemps). Néanmoins, il est prudent d'effectuer des repiquages tous les 12-15 jours ; on opère à la pipette ou même avec une anse de platine.

Pour l'examen, on prélève un peu de liquide avec une pipette stérile ou une anse de platine ou encore, dans certains cas, on enlève les petites colonies formées par les Flagellés. On examine en goutte pendante ou en frottis colorés. Les meilleurs frottis sont obtenus, d'après Nicolle, en centrifugeant le liquide additionné d'un peu de solution physiologique ; on aspire le liquide clair, on lave avec un peu de solution physiologique et on centrifuge de nouveau. On rejette alors le liquide et on étale le culot (Voir p. 522, les méthodes de coloration des formes culturales).

Pour préserver les tubes de la dessiccation, on les capuchonne avec des capuchons stériles ou mieux, d'après Manceaux, on recouvre chaque tube d'un autre tube stérilisé bouché à l'ouate (fig. 191).

Nicolle et Manceaux [1] cultivent *Leishmania tropica* sur milieu solide (gélose au sang bien fraîche,) après aspiration de l'eau de

[1]. *C. R. Soc. biol.*, LXX, p. 712. 1911.

condensation. Ce procédé est commode pour purifier les cultures. J'ai remarqué que *Leishmania brasiliensis* végète très bien sur la gélose au sang humide, sans qu'il y ait d'eau de condensation. Les Flagellés sont très mobiles et conservent leur vitalité pendant des semaines. Les Moisissures n'arrêtent pas les cultures, à condition qu'elles n'envahissent pas le fond des tubes ; par contre les Bactéries empêchent absolument les Flagelles de se développer.

Fig. 191. — Procédé du double tube de Manceaux pour conserver les tubes de milieu Nicolle.

Milieu au sang chauffé. — Mathis[1] est arrivé à cultiver certains Trypanosomes, ainsi que les *Leishmania*, sur un milieu préparé en ajoutant simplement, à un volume de gélose nutritive (ou mieux de gélose salée de Nicolle), un ou deux volumes de sang *défibriné* de Bœuf ou de Cheval (ou d'un autre animal).

Le mélange est effectué avec la gélose refroidie aux environs de 50°, après avoir été fondue à 100°. On roule soigneusement les tubes, puis on les incline. Après solidification, stériliser, soit par plusieurs chauffages à 75-80° ou 100°, pendant une heure ; soit à l'autoclave à 120° pendant quinze minutes. Les substances toxiques pour les Trypanosomes se trouvent détruites en même temps. Si l'eau de condensation est insuffisante, ajouter quelques gouttes d'eau physiologique stérile, avec une pipette stérile.

Milieu liquide hémoglobinisé. — Row[2] remarque que l'hémoglobine est l'élément nécessaire pour la culture des *Leishmania* et organismes voisins ; il est bon que l'hémoglobine soit dissoute dans un milieu fluide et ne soit pas contenue dans les hématies.

Il propose donc d'employer, comme milieu de culture, de l'eau salée additionnée de sang hémolysé. Voici comment il opère :

1. Prélever 5 cm³ de sang par ponction veineuse aseptique ;

2. Défibriner en agitant avec des billes de verre ;

3. Hémolyser par addition de 8 à 10 volumes d'eau distillée stérilisée ;

1. *C. R. Soc. de biologie*, LXI, p. 550, 1906 et LXXI, p. 538, 1911.
2. R. Row, A simple hæmoglobinized saline culture medium, for the growth of Leishmania and allied Protozoa. *Brit. med. journ.*, I, p. 1119, 1912.

4. Préparer une série de tubes stérilisés, renfermant deux volumes de solution de chlorure de sodium à 1,2 p. 100. Chauffer ces tubes à 56° et y ajouter un volume de sang hémolysé. Le chauffage détruit le complément.

Avec 5 cm³ de sang, on peut faire une douzaine de tubes renfermant chacun 5 cm³ de milieu liquide.

Ce milieu est très économique, facile à préparer et permet de conserver longtemps des cultures vivantes, sans risque de dessiccation. On peut le préparer avec un sang quelconque ou même du sang humain.

Nöller [1] se sert d'un milieu analogue pour cultiver les Trypanosomes des Grenouilles : à des tubes de bouillon ordinaire légèrement alcalinisé, il ajoute égal volume ou demi-volume de sang de Mouton ou de Bœuf défibriné. Il chauffe ces tubes trois jours de suite pendant 30 minutes à 55° pour tuer les leucocytes, les Bactéries et les Trypanosomes de Bovidés et pour détruire le complément.

Les récents travaux de M. Roberston [2] paraissent devoir jeter un jour tout nouveau sur le déterminisme des cultures de Flagellés. Elle a vu des Trypanosomes de Poissons entrer en division active lorsqu'on dilue le sang avec son volume d'eau ordinaire ou distillée : ces divisions sont identiques à celles qu'on observe dans l'estomac des Sangsues ou dans les cultures. L'auteur explique ce phénomène par l'abaissement de la pression osmotique du milieu et l'absorption d'eau par les Trypanosomes ; elle établit un rapprochement très suggestif avec les expériences de Loeb sur la parthénogénèse expérimentale. Peut-être des actions physico-chimiques remplacent-elles normalement la fécondation chez les Flagellés, comme elles peuvent la remplacer expérimentalement pour les œufs d'Oursins.

Quoi qu'il en en soit, ces faits concordent avec les observations de Brumpt [3] qui, plusieurs fois, a vu des cultures à demi desséchées reprendre une nouvelle activité, par addition de solution physiologique qui venait diminuer la concentration du liquide.

Trypanosomes normaux des Bovidés. — On les recherche par le procédé de Delanoë [4]. Prélever le sang aseptiquement à la jugulaire, défibriner, ensemencer 2 heures après dans du bouillon ordinaire (3 cm³ de sang pour 10 cm³ de bouillon). On peut repiquer sur milieu Nicolle.

1. Nöller. Die Blutprotozoen des Wasserfrosches und ihre Uebertragung. *Archiv für Protistenkunde*, XXI, p. 190, 1913.

2. Muriel Robertson, Transmission of Flagellates living in the blood of certain freshwater Fishes. *Phil. Trans. Roy. Soc. London*, CCII, p. 45, 1911.

3. Communication verbale.

4. *Bull. Soc. pathol. exot.*, n° 2, 1911.

Cultures en cellules. — Nöller[1] cultive les Trypanosomes des Grenouilles entre lame et lamelle. Il dépose sur la lame bien propre deux gouttelettes de son bouillon au sang de Mouton, en ayant soin de prélever dans la partie où il n'y a pas d'hématies. Il ajoute une goutte de sang de Grenouille infectée, prélevé à la veine faciale suivant le procédé indiqué p. 667. Couvrir d'une lamelle propre et luter à la paraffine. S'il y a excès de liquide autour de la lamelle, attendre pour luter que cet excès ait séché. Ces cultures permettent d'observer aux plus forts grossissements.

Isolement d'un seul Trypanosome. — Divers procédés ont été décrits pour obtenir des cultures en partant d'un seul Trypanosome et pour isoler ainsi des races particulières. Un des meilleurs moyens paraît être celui de Frosch, employé par Henningfeld. On effile du verre de manière à obtenir des tubes capillaires de 18 µ de diamètre avec des parois épaisses de 6 µ; le tout est mesuré au microscope. On dilue le sang ou la culture avec du bouillon ou du sérum naturel ou artificiel. On remplit de ce mélange un capillaire coupé à 7 centimètres de longueur, on scelle avec un peu de paraffine pour empêcher l'entrée de l'air et on colle ce tube sur une lame avec un peu de vaseline. On examine avec un objectif moyen et un fort oculaire; on marque sur le capillaire, par deux points, la place où se trouve un Trypanosome bien isolé et on coupe ce segment avec précaution. On ensemence ce Trypanosome. Malgré sa simplicité cette méthode est fort longue à appliquer.

---

1. Nöller, Die Blutprotozoen des Wasserfrosches und ihre Uebertragung. *Archiv für Protistenkunde*, XXI, p. 192, 1913.

2. Henningfeld, Ueber die Isolierung einzelner Trypanosomen. *Centralbl. für Bakt., Orig.* LXXIII, p. 228, 1914. — R. Ohler, Ueber die Gewinnung reiner Trypanosomenstamme durch Einzellenübertragung. *Ibidem*, LXVIII, p. 569, 1913.

CHAPITRE IV

SPIROCHÈTES
ET ORGANISMES SPIRALÉS

Nous réunissons ces organismes aux Protozoaires (section des Flagellés) pour simplifier notre exposé. Ce n'est pas ici le lieu de discuter leurs affinités; mais, comme les mêmes méthodes techniques s'appliquent à tous les organismes spiralés, nous croyons plus commode d'exposer toutes ces méthodes dans le même chapitre.

L'étude pratique des organismes spiralés présente des difficultés particulières, en raison de leur petit volume et du peu d'affinité qu'ils présentent quelquefois pour les matières colorantes. L'examen à l'état frais sera grandement facilité par l'emploi du fond noir (p. 213).

Matériel d'étude. — Comme pour les Trypanosomes, on pourra demander à un laboratoire une Souris inoculée avec, par exemple, *Spirochæta gallinarum*. On aura ainsi des frottis très riches. L'enduit dentaire, qui existe, même chez les personnes les plus soigneuses, dans le sillon situé entre la gencive et la dent, fournira plusieurs types de Spirochètes en grande abondance. Pour l'étude des grosses espèces on prendra le *S. Balbianii* qui existe dans la tige cristalline de l'Huître. Les lésions syphilitiques permettront de se procurer en abondance des Tréponèmes. On obtient assez facilement le *Spirochæta plicatilis*, en laissant pourrir dans l'eau des Algues d'eau douce.

De très nombreuses méthodes ont été proposées pour la coloration et la recherche des organismes spiralés; j'en avais fait une sorte de revue, dans la première édition de cet ouvrage. Je crois qu'il est maintenant inutile de les signaler toutes; la plupart n'ont plus qu'un intérêt historique, certaines sont peu rationnelles, de peu de valeur ou font double emploi avec des procédés déjà connus et éprouvés. Je laisse aussi de côté les méthodes purement cytologiques, d'emploi peu courant, et je m'attache uniquement aux méthodes pratiques de diagnostic.

I. — MÉTHODES POUR LA COLORATION DES FROTTIS

1. *Méthode de Romanovsky*.

La supériorité incontestable de cette méthode sur toutes les autres provient de ce que le fond de la préparation est très peu coloré et que les divers éléments qu'on y rencontre prennent des tons différents. Les hématies sont rosées, les leucocytes violacés avec le cytoplasme plus ou moins bleu, les hématoblastes sont violacés ainsi que les organismes spiralés. Ces conditions facilitent beaucoup la recherche des Spirochètes et notamment des Tréponèmes [1].

On emploiera le *nouveau procédé rapide de Giemsa* (p. 417), le *panoptique* ou le *panchrome de Pappenheim* (p. 422 et 424). Toutes les autres modifications de la méthode de Romanovsky peuvent être laissées de côté car elles ne donnent pas de résultats aussi bons que ces trois méthodes.

Pour les recherches cytologiques, colorer par la méthode que Minchin a employée pour les Trypanosomes (p. 520).

2. *Méthode des colorants basiques*.

Cette méthode, qui consiste à employer des solutions concentrées de bleu de méthylène, de divers violets, de fuchsine basique, donne des colorations monochromes. Le procédé technique est très simple et réussit à coup sûr, mais il présente le grand inconvénient de donner une coloration uniforme et intense de toute la préparation. Les organismes spiralés sont bien colorés, mais ils ne ressortent ni sur le fond de la préparation ni parmi les autres éléments,

---

1. Pour la recherche des Tréponèmes, le frottis sera fait avec les précautions habituelles p. 551). On s'efforcera d'obtenir, à la périphérie du chancre, de la sérosité aussi peu mélangée de sang que possible.

dont la coloration est semblable comme tonalité et intensité. Il en résulte que le travail de recherche peut être très pénible lorsqu'il y a peu de Spirochètes.

Les très nombreux procédés qui ont été décrits ne présentent plus, à mon avis, aucun intérêt pratique ; je signale donc seulement la *coloration au violet de gentiane phéniqué ou aniliné,* qui peut rendre des services pour un diagnostic rapide :

1. *Fixer* le frottis à la flamme (3 passages dans la flamme d'un bec Bunsen, le frottis étant tenu face en dessus ; procédé mauvais et brutal) ou mieux par immersion de 10 minutes dans l'alcool absolu, puis séchage au buvard.

2. *Colorer* : verser sur le frottis quelques gouttes de violet phéniqué, chauffer jusqu'à apparition de vapeurs, retirer de la flamme et laisser colorer 1 ou 2 minutes.

3. *Laver, sécher* au buvard, *examiner.*

Coloration vitale. Méthode de Ross à la gelée[1]. — Je tiens à signaler cette méthode parce qu'elle peut se prêter à l'étude de tous les parasites sanguicoles.

1. Faire bouillir ensemble :

Sol. aq. de gélose de 2 p. 100 bouillie et filtrée . . . . 3 cm³
Bleu polychrome de Unna dilué au tiers . . . . 1 —
Citrate de sodium . .   4 gr. 5 ⎫
Chlorure de sodium. .   1 gr. 5 ⎬ de cette solution. 2 cm³
Sulfate d'atropine[2] . .   0 gr. 225 ⎪
Eau distillée . . . . .   100 cm³ ⎭

après ébullition, ajouter :
Sol. aq. de bicarbonate de sodium à 5 p. 100 . . . . . 0 cm³ 30

2. Déposer sur une lame une goutte de ce mélange ; la laisser s'étendre, refroidir et prendre en gelée.

3. Prélever avec une lamelle une goutte de sang qui sourd du chancre piqué avec une aiguille, retourner la lamelle et la poser sur la gelée.

4. Attendre 5 minutes et examiner.

1. *Proc. Roy. Soc. London*, B, LXXXI. p. 97, 1909. — *Lancet,* 16 janvier 1909. — *Brit. med. journ.*, 11 décembre 1912.

Jennings (*Brit. med. journ.*, 14 déc. 1912) prend 5 cm⁴ de sol. de gélose, 0,4 cm³ de bleu polychrome, 0,4 cm³ de bicarbonate de sodium à 5 p. 100 et complète avec de l'eau distillée le volume de 10 cm³.

Moolgavkar (*Ibidem*) fait dissoudre 1 gramme de gélose, 0 gr. 5 de chlorure de sodium et 4 cm³ de bleu polychrome dans 100 cm³ d'eau distillée. Il fait bouillir, filtre et garde en tubes.

2. Le sulfate d'atropine est facultatif, mais il favorise les mouvements des cellules.

3. *Méthode des imprégnations métalliques.*

Parmi les nombreuses méthodes d'imprégnation argentique qui ont été proposées pour l'étude des organismes spiralés je ne retiendrai que le procédé de Fontana et ses modifications par Tribondeau, méthodes sûres et rapides. Dans certains cas, on pourra employer aussi le procédé classique de van Ermengen pour la coloration des cils des Bactéries. Je ne maintiens pas les méthodes de Yamamoto et de Balfour et Buchanan, décrites dans ma première édition. J'estime qu'elles ne sauraient convenir au travail courant et qu'elles doivent être réservées pour des recherches très spéciales.

Procédé de Fontana. — La méthode de Fontana, au nitrate d'argent ammoniacal, publiée en 1912, a été récemment perfectionnée par l'auteur lui-même[1]. Voici comment elle doit être appliquée.

1. *Étaler* le sang ou la sérosité. Cette dernière est prélevée avec les précautions indiquées p. 551. *Sécher.*

2. *Déshémoglobiniser* en versant sur le frottis desséché quelques gouttes de *liquide de Ruge* :

<blockquote>
Acide acétique crist. 1
Formol à 40 p. 100 2
Eau distillée 100
</blockquote>

Renouveler cette opération à plusieurs reprises, de manière à dissoudre toute l'hémoglobine et à bien décolorer le fond.

3. *Laver* à l'eau courante, *égoutter* et *mordancer* par quelques gouttes de :

<blockquote>
Acide phénique neige. 1
Tannin. 5
Eau 100
</blockquote>

Chauffer légèrement la lame pendant quelques secondes, puis laver 30 secondes à l'eau courante.

4. *Imprégner* par le nitrate d'argent ammoniacal : verser quelques gouttes de liquide sur le frottis, chauffer légèrement

---

1. Fontana, Ueber einige Modifikationen der Färbungsmethode des T. pallidum mit ammoniakaler Silbernitrat. *Dermat. Woch.*, LVI, p. 301, 1913. La première méthode de Fontana a été publiée *ibidem*, LV, p. 1003, 1912.

pendant 20 à 30 secondes, laver à l'eau distillée, sécher. Si on veut monter la préparation sous lamelle, il faut employer le baume du Canada et non l'huile de cèdre qui décolorerait le frottis. Par contre on peut, sans inconvénient, examiner dans l'huile de cèdre, à condition de laver ensuite au toluène.

Si on trouve l'imprégnation trop faible, on peut recommencer plusieurs fois de suite le mordançage et l'action du sel d'argent.

> *Préparation du nitrate d'argent ammoniacal.* — Dans une solution de nitrate d'argent à 0,25 centigrammes p. 100, verser goutte à goutte de l'ammoniaque, avec une pipette capillaire, jusqu'à ce que le précipité brun qui est apparu tout d'abord soit complètement redissous. On ajoute alors goutte à goutte du nitrate d'argent à 0,25 p. 100, de manière à saturer l'excès d'ammoniaque et à obtenir un liquide légèrement opalescent. Il va sans dire qu'à chaque addition d'ammoniaque, puis de nitrate d'argent, il faut ajouter agiter soigneusement le liquide pour assurer le mélange.
>
> La solution ainsi obtenue conserve son activité pendant plusieurs mois.

Modifications de Tribondeau[1]. — Tribondeau a fait connaître en France et légèrement modifié la méthode primitive de Fontana. C'est lui qui a conseillé de déshémoglobiniser par le liquide de Ruge. En outre, il complète cette opération par un lavage à l'alcool absolu ou au moins à 95° (il recommande même d'enflammer sur le frottis les dernières gouttes de cet alcool, pratique que je ne saurais trop déconseiller). Il mordance par le tannin à 5 p. 100 et imprègne avec du nitrate d'argent ammoniacal à 5 p. 100; ce dernier est plus énergique mais expose davantage aux précipités.

L'avantage de la déshémoglobinisation est de permettre de faire des frottis assez épais, par conséquent plus riches en parasites. Nous verrons p. 551 comment Tribondeau conseille de prélever le matériel dans le cas particulier du Tréponème.

II. — MÉTHODES POUR LA COLORATION DES COUPES

Nous suivrons, dans l'étude de ces méthodes, la même marche que pour la coloration des frottis.

Méthode de Romanovsky. — En ce qui concerne les coupes d'organes, elle se ramène aux deux procédés de Giemsa et de

---

1. Tribondeau, Diagnostic microscopique du chancre induré. *Gaz. hebd. des sc. med.*, p. 484, 1912. — *Bull. soc. fr. de dermat. et de syphil.*, XXII, p. 174, 1912.

Pappenheim, spécialement modifiés pour les coupes (p. 427 et 428).

Méthode des imprégnations métalliques. — Cette méthode est, avec celle de Romanovsky, celle qui donne les résultats les plus démonstratifs et les plus sûrs. Les imprégnations de fragments d'organes se font toujours au nitrate d'argent. A moins d'indications contraires (action réductrice de la lumière) les opérations d'imprégnation et de réduction devront se faire dans des *flacons en verre jaune* et, autant que possible, à l'obscurité. C'est là une précaution souvent négligée, d'où de nombreux insuccès. Il faut aussi que le *poids* de nitrate d'argent dissous soit supérieur à celui des pièces.

Les imprégnations métalliques jouissent d'une grande faveur, parce qu'elles donnent des préparations très nettes et très durables. Elles présentent aussi l'avantage de réussir parfaitement avec des matériaux conservés depuis longtemps dans le formol.

Parmi les nombreux procédés qui ont été publiés, j'ai choisi ceux qui m'ont paru donner le plus facilement des résultats certains. Je ne décris pas le procédé primitif de Levaditi, parce qu'il me paraît faire double emploi avec celui de Yamamoto. Le procédé de Golgi, quoique un peu compliqué, est celui qui donne les plus beaux résultats.

Méthode de Levaditi et Manouélian. — Cette méthode, qui est une modification du procédé primitif de Levaditi, est une des plus employées en France. Ces deux procédés dérivent d'ailleurs de celui de Cajal (p. 449 et 712), dont ils ne sont qu'une modification, adaptée à la recherche des organismes spiralés dans les tissus.

Fixation. — Couper des fragments très minces, ayant 1 à 2 mm. d'épaisseur, et fixer vingt-quatre heures dans du formol à 10 p. 100. Durcir dans l'alcool à 95° pendant vingt-quatre heures.

Imprégnation. — Au sortir de l'alcool, jeter les fragments dans un récipient plein d'eau distillée qu'on change une fois; les y laisser jusqu'à ce qu'ils tombent au fond. A ce moment, les transporter dans un bocal en verre jaune, bouché à l'émeri, renfermant :

Pyridine pure . . . . 10 cm³
Nitrate d'argent à 1,5 p. 100 . . . . 90 —

Il est bon de suspendre les fragments d'organes à des fils.

Laisser douze heures à 37° ou trois heures à la température ordinaire, puis trois à cinq heures à 45°-50°.

Réduction. — Laver à l'eau distillée, puis plonger dans la solution suivante *fraichement* préparée :

Pyridine pure	15 cm³
Acétone	10 —
Acide pyrogallique en solution aqueuse à 4 p. 100.	90 —

Laisser agir pendant douze heures.

Inclure à la paraffine et couper comme d'habitude. On peut faire une *coloration* de contraste au bleu polychrome de Unna ou au bleu de toluidine à 1 p. 100, suivie d'une différenciation à l'éther glycérique de Unna (p. 442) très étendu (10 gouttes pour 20 cm³ d'eau dist.)[1].

Méthode rapide de Nakano[2]. — 1. *Fixer* de petits fragments pendant 10-20 minutes dans du formol à 10 p. 100.

2. *Couper* les fragments en disques minces de 1-2 mm. d'épaisseur et porter pendant trois à cinq heures dans de l'alcool à 95°.

3. *Laver* 10 minutes à l'eau courante.

4. *Imprégner* dans le nitrate d'argent à 1,5 p. 100 pendant 4-5 heures à l'étuve à 50°.

5. *Réduire* pendant 5-10 heures à l'étuve à 50° dans :

Acide pyrogallique	3 gr.
Formol à 10 p. 100	5 cm³
Eau distillée	100 —

6. *Déshydrater* et *inclure* la paraffine.

Méthode de Golgi[3] pour la coloration de l'appareil réticulaire interne, applicable à la recherche des organismes spiralés dans les tissus. Le grand avantage de cette méthode est de colorer en noir les Spirochètes seuls. Les tissus restent incolores et peuvent être teints par un colorant de contraste électif, tel que la safranine ou mieux le trichromique de Cajal (p. 440).

1. Minassian (*Giorn. ital. d. mal. ven. e. d. pelle.* I, 1910) procède très rapidement comme il suit :

1° *Fixer* et *imprégner* en vingt-quatre heures à 35° dans : nitrate d'argent 1,5, formol 5, eau 50 ; — 2° *Réduire* en vingt-quatre heures à froid dans : acide pyrogallique 3,5 formol 10, eau 100. Renouveler quatre ou cinq fois ce liquide ; — 3° *Déshydrater* et *inclure*. Opérer en flacons jaunes.

2. Nakano, Eine Schnellfärbungsmethode der *Spirochæta pallida* im Gewebe. *Dtsch. med. Woch.*, XXXVIII, p. 416, 1912.

3. Golgi, Di un metodo per la facile e pronta dimostrazione dell'apparato reticolare interno delle cellule nervose. *Arch. ital. biol.*, XLIX, p. 269-274, 1908. *Gazz. med. lombarda*, LXVII, p. 419-421, 1908.

1. *Fixation.* Traiter de deux à six heures à 30°, suivant la taille des fragments, par le mélange suivant :

Formol à 25 p. 100 . . . . }
Alcool à 90° . . . . } āā.
Acide arsénieux [1] en sol. aq. sat. . . . . }

2. *Imprégner*, après un court lavage, dans le nitrate d'argent à 1 p. 100 pendant dix à vingt-quatre heures.

3. Laver rapidement à l'eau distillée et *réduire*, pendant 8 à **24** heures, dans le réducteur de Cajal :

Hydroquinone . . . . 20 gr.
Sulfite de sodium . . . . 5 gr.
Formol . . . . 50 cm³
Eau . . . . 1 000 --

4. Laver à l'eau ordinaire, inclure à la paraffine, couper et déparaffiner les coupes.

5. Continuer par le *procédé de Veratti*.

Virer par le virage de Cajal, en poussant à fond au noir :

Sulfocyanure d'ammonium . . . . . 3 gr.
Hyposulfite de sodium . . . . 3 --
Eau . . . . 100 cm³
Chlorure d'or brun à 1 p. 100 . . . } quelques gouttes à ajouter
                                    } au moment de l'emploi.

6. *Décolorer* très rapidement (une à trois minutes) et avec précaution, dans :

Permanganate de potassium . . . . . . 0 gr. 50
Acide sulfurique pur . . . . 1 cm³
Eau . . . . 1 000 --

Au besoin, allonger de son volume d'eau pour modérer l'action,

6. *Blanchir* dans l'acide oxalique à 1 p. 100.

7. *Laver* à l'eau et *colorer* les tissus par le trichromique de Cajal.

Méthode de Sabrazès et Dupérié à la thionine picriquée. — Cette méthode a, comme celle de Veratti, l'avantage de donner une coloration élective des tissus, permettant leur étude anatomo-pathologique.

Imprégner les tissus par la méthode de Levaditi à la pyridine. Colorer

---

1. L'acide arsénieux ne doit pas être pris à l'état vitreux, mais en poudre ou en cristaux.

les coupes à la thionine phéniquée pendant 1 ou 2 minutes. Laver à fond à l'alcool absolu, puis au xylol. A ce moment, déposer à l'extrémité de la lame un ou deux cristaux d'acide picrique ; balancer pour faire lécher la coupe par le xylol picriqué. Dès qu'on voit apparaître un ton vert-pré, laver au xylol pur et monter au baume.

III. — PROCÉDÉS SPÉCIAUX

1. Spirochètes de grande taille. — Ces formes doivent être fixées en frottis humides par le Bouin, le Duboscq-Brasil ou le sublimé de Schaudinn, mais ce dernier, d'après Schellack, rend souvent les organismes granuleux et méconnaissables. Colorer ensuite à l'hématoxyline alunée ou ferrique.

2. Coloration ultra-rapide des Spirochètes sanguicoles (uniquement pour diagnostic rapide ou démonstration). — Arroser le frottis d'alcool à 90° et allumer cet alcool. Quand la combustion est achevée, recouvrir la lame de violet phéniqué et chauffer jusqu'à apparition de vapeurs. Laver, sécher, examiner. Bien entendu, ce procédé barbare n'est pas à recommander pour le travail ordinaire, mais il peut rendre des services et colore bien les Spirochètes du sang.

3. Recherche des Tréponèmes. — On peut classer en six catégories les procédés de diagnostic.

1. Examen, après coloration au Romanovsky, des frottis faits avec les produits pathologiques (sérosité des lésions, produit de ponction ganglionnaire).

2. Imprégnation argentique par la méthode de Fontana-Tribondeau. — Nous avons étudié cette méthode p. 546 et nous avons vu que, grâce à la déshémoglobinisation, il est possible de faire des frottis assez épais, par conséquent plus riches en parasites.

Le point important est donc le *prélèvement*. Voici comment Tribondeau conseille de procéder : « bien nettoyer le chancre avec du coton hydrophile, puis, à l'aide d'une lancette, d'un vaccinostyle ou d'un bistouri, faire, à cheval sur les bords du chancre, des scarifications parallèles entre elles, assez rapprochées, courtes, mais suffisamment profondes pour faire saigner. Le liquide séro-sanguinolent qui s'écoule est recueilli par raclage (pour exprimer les tissus) avec le bord d'une lamelle et étalé avec cette lamelle comme un frottis de sang. » Sécher par agitation et traiter suivant la technique de Fontana ou de Tribondeau (p. 546 et 547). *C'est actuellement la méthode de choix.*

On voit que cette méthode de prélèvement est totalement différente de celle qu'on devra employer pour le Romanovsky ou pour le fond noir et qui est exposée ci-dessous,

3. *Examen avec éclairage à fond noir.* — L'emploi du fond noir permet de faire très rapidement et sûrement le diagnostic microscopique de la syphilis, parce que, dans les préparations fraîches, le Tréponème se distingue facilement de tous les autres organismes spiralés. Pour tout ce qui concerne la technique de l'éclairage à fond noir, nous renvoyons aux pages 198 à 217 où cette question a été traitée. On examinera toutes les lésions suspectes, génitales ou extra-génitales, sans oublier le raclage de la face interne des amygdales.

1° *Prélèvement de l'exsudat.* — a. *Lésions ouvertes.* Pour faire un bon examen, il faut faire sourdre, des *lésions ouvertes, de la sérosité et non du sang.* Cette sérosité doit provenir du corps papillaire du derme, où les Tréponèmes sont très nombreux. Donc il faut d'abord nettoyer avec soin l'ulcération suspecte, avec un tampon de coton hydrophile légèrement imbibé d'eau stérilisée ou même d'éther de pétrole, comme le conseillent Arning et Klein, de manière à enlever toutes les croûtes. Essuyer ensuite avec un tampon sec et attendre quelques instants. Sur la surface nettoyée, on voit apparaître la sérosité, qu'on recueille avec l'effilure d'une pipette stérilisée. On en porte une gouttelette entre lame et lamelle parfaitement nettoyées et on lute à la vaseline ou à la paraffine, pour empêcher l'accès de l'air et l'évaporation. On aura d'autant plus de chances de réussite que le prélèvement aura été fait plus profondément ou plus près des bords. Wladissavliévitch [1] insiste sur la nécessité d'opérer *sans violence, sans grattage,* de manière à avoir de la sérosité profonde pure, non mouillée de sang.

Il ne faut jamais diluer la sérosité avec de l'eau qui gonfle le Tréponème et modifie sa forme au point de le rendre méconnaissable. Si on est obligé de diluer la sérosité, il faut absolument prendre de la solution physiologique.

b. *Lésions fermées.* — Quand il s'agit de *lésions fermées,* il faut ponctionner de préférence les parties marginales. Les *papules*

_____
1. *Semaine médicale,* 6 mars 1912.

seront grattées très légèrement. Dans les *pustules* et les *bulles*, on prélèvera la sérosité au fond de la lésion.

2º *Aspect du Treponema pallidum*. — Dans le champ du microscope (fig. 121), on aperçoit généralement une foule d'éléments de dimensions très variables. Ce sont des hématies, à contour circulaire très fin; des leucocytes, plus volumineux, irréguliers, remplis de granulations brillantes; des cellules épithéliales, sous forme de lambeaux de mosaïque, à gros éléments polygonaux, finement granuleux, avec un gros noyau sombre. Dans les espaces vides circulent des granulations de toute taille, plus ou moins mobiles et, parmi elles, les Tréponèmes, minces filaments brillants, à fines spires très régulières.

Suivant la mise au point, l'incidence de l'éclairage, l'état de conservation, la mobilité, ces organismes se présentent plus ou moins nettement sous leur forme typique. Quelquefois la spirale est très nette et les extrémités effilées bien visibles. D'autres fois on ne perçoit qu'une série de *ponctuations brillantes* ou de *petites lignes obliques*, régulièrement disposées en ligne droite ou quelque peu sineuse : ces ponctuations et ces bâtonnets sont scintillants, par suite des mouvements de l'animal.

Parmi ces mouvements, il faut bien distinguer les déplacements propres de ceux qui sont dus aux courants. Les mouvements propres se manifestent par des ondulations qui parcourent la spire d'un bout à l'autre. L'animal se déplace ainsi, soit dans le plan de la préparation, soit dans un plan vertical et oblique : dans ce dernier cas, on le voit disparaître plus ou moins complètement et, pour le suivre, il faut changer la mise au point. Mais ces mouvements sont très lents et bien différents de ceux de tous les autres Spirochètes. Ces derniers se déplacent très rapidement, soit par un vif mouvement de rotation, soit par des ondulations semblables à celles d'une Anguille. Le *Spirochæta dentium* lui-même a des mouvements plus rapides que ceux du Tréponème. D'ailleurs, la mobilité de ce dernier varie beaucoup, suivant la nature du milieu (eau, sérum artificiel, sérum normal, etc.) et suivant la température.

3º *Diagnostic différentiel*. — Il faut savoir distinguer le *Treponema pallidum* d'autres espèces morphologiquement voisines[1].

---

1. D'après Mucha (*Med. Klinik.*, p. 1498, 1908) les Tréponèmes paraîtraient blancs, tandis que les autres organismes spiralés auraient une teinte jaunâtre ou rougeâtre.

. Dans les *lésions génitales*, *Spirochæta refringens* est très souvent associé au Tréponème ; il est de forme plus trapue, sa spirale est moins serrée et ses mouvements sont plus brusques.

On peut trouver aussi, à ce niveau, *Spirochæta balanitidis*, grosse espèce, à larges ondulations aplaties, à extrémités arrondies ; *Spirochæta gracilis*, très semblable au Tréponème, mais à spire moins régulière et sans cils terminaux.

Dans les *lésions buccales*, on peut rencontrer : *Spirochæta buccalis* organisme épais, à double contour, ondulé plutôt que spiralé, à extrémités effilées et à membrane ondulante.

Spirochæta dentium, très semblable au Tréponème, mais plus court, un peu plus mobile, à tours de spires moins nombreux et plus serrés.

C'est à peine s'il est besoin de signaler le *Spirochæta Vincenti*, qui est ondulé, mais non spiralé et souvent associé au *Bacillus hastilis*.

On peut avoir à faire le diagnostic différentiel de la syphilis et du pian. On s'aidera surtout des signes cliniques, car le *Treponema pallidulum* est si voisin, morphologiquement, du *T. pallidum*, qu'il est bien difficile de les distinguer.

Le diagnostic devrait le plus souvent être confirmé par une préparation colorée, qui seule peut donner une certitude absolue.

4. *Examen par la méthode à l'encre de Chine.* — Cette méthode, séduisante par son extrême simplicité, a fait l'objet d'une foule de publications, surtout en Allemagne. Comme nous l'expliquons ailleurs (p. 758), le procédé original de Burri a été adapté à cette recherche particulière. Cette méthode a pour but de fournir, par un moyen beaucoup plus simple, des images analogues à celle que donne l'éclairage sur fond noir. Le liquide à examiner est mélangé avec de l'encre de Chine et étalé sur lame. Les éléments figurés apparaissent comme des taches claires, à contours très nets, sur le fond noir ou brunâtre de l'encre séchée.

Voici comment on doit pratiquer la recherche des Tréponèmes :

1. *Prélever* l'exsudat séreux comme il a été dit plus haut (p. 552) pour l'examen sur fond noir.

2. *Mélanger* sur lame une goutte de ce liquide avec une égale quantité d'encre de Chine, préparée comme il est dit p. 758. Le mélange doit être effectué aussi rapidement et aussi parfaitement que possible.

3. *Étaler* en couche mince, soit avec une lamelle, comme pour le sang, soit simplement avec une effilure de verre ou un fil de platine. Le frottis doit avoir une coloration brun pâle. Sécher par agitation, sans chauffer.

4. *Examiner* dans une goutte d'huile de cèdre. Les hématies forment de larges taches claires circulaires, les Bactéries et débris cellulaires des taches de forme et de dimensions très variables. Les organismes spiralés apparaissent sous forme de spirales claires ; on les détermine d'après leurs caractères morphologiques.

D'après Gins [1], ce procédé est appelé à remplacer toutes les colorations, car, habilement employé, il montre même les flagelles des Tréponèmes. Pourtant, il n'est pas exempt de sources d'erreur : Barach [2] met en garde contre les Spirochètes et formations analogues pouvant provenir de l'encre. Nous indiquons ailleurs (p. 758) les précautions à prendre pour purifier l'encre.

Harrison [3] remplace l'encre de Chine par le collargol. Si ce dernier est en poudre, il en mélange une partie avec 19 parties d'eau distillée et conserve en flacon opaque (voir aussi p. 759).

5. *Recherche du parasite dans le sang.* — Nous éliminons le procédé de Levaditi et Stanesco à la ricine, parce qu'il n'est pas d'un emploi pratique, à cause de la cherté de ce produit.

Nœggerath et *Stachelin* extraient au moins un cm[3] de sang et l'hémolysent par au moins 10 fois son volume d'acide acétique à 1/3 p. 100. Centrifuger énergiquement ; étaler et colorer le culot.

Nattan-Larrier et *Bergeron* hémolysent simplement par l'eau distillée : 10 cm[3] de sang sont répartis dans deux tubes de 100 cm[3] remplis d'eau ; on centrifuge énergiquement après hémolyse et on étale le culot.

6. *Biopsie* et recherche du Tréponème dans les tissus, par une des méthodes applicables aux coupes d'organes.

7. *Recherche dans des frottis d'organes.* — Il y a encore peu de travaux sur ce procédé, mais il est intéressant, car il permet de faire le diagnostic rétrospectif de la syphilis et peut avoir une grande importance médico-légale.

Dès 1907, Zabel [4] indique qu'on peut fixer au formol des frag-

1. Gins, Zur Technik und Verwendbarkeit des Burrischen Tuscheverfahrens. *Centralbl. f. Bakt., Orig.*, LII, p. 620-625, 1909. Consulter aussi Hecht et Wilenko, *Wien. klin. Woch.*, n° 26, 1909 et Fraser Gurd, *Journ. amer. med. assoc.*, LIV, n° 22, 1910.

2. *Journ. amer. med. assoc.*, LV, p. 1892, 1910.

3. Harrison, A modification of the Burri method of demonstrating Spirochæta pallida. *Journ. Roy. Army med. corps*, XIX, p. 769, 1912.

4. *Med. Klinik.*, n° 20, 1907.

ments d'organes et les conserver dans ce liquide. Pour déceler les Tréponèmes, on coupe un petit fragment du volume d'un haricot et on l'imbibe d'eau distillée pendant un quart d'heure. On essuie au buvard et on rafraichit la surface de section, avec laquelle on exécute les frottis. Ceux-ci sont colorés, soit au Giemsa, soit avec un colorant basique phéniqué.

Plus récemment, Dupérié[1] a montré que des pièces conservées depuis plusieurs mois dans le formol donnaient d'excellents résultats. La fixation doit être pratiquée avec du formol à 10 p. 100 : les pièces doivent rester longtemps dans ce liquide. Les frottis séchés, puis fixés à l'alcool, sont colorés au Giemsa alcalinisé (10 cm³ d'eau distillée, XV gouttes de Giemsa, X gouttes de carbonate de soude à 1 p. 1000).

Hecht et Wilenko[2] retrouvent le Tréponème, par le procédé à l'encre de Chine, dans des organes conservés dans le formol. Il suffit de gratter la surface de l'organe, de diluer dans l'eau distillée la bouillie obtenue et de mélanger une goutte de cette dilution avec une goutte d'encre de Chine, comme il est dit plus haut (p. 554).

1. *Jour. maladies cut. et syphil.*, (6) XX, 1909.
2. *Dtsch. med. Woch.*, p. 672, 1910.

CHAPITRE V

INFUSOIRES

Il est très facile de se procurer des Infusoires : les eaux stagnantes, les infusions et macérations de débris végétaux (foin, paille, feuilles, fumier de Cheval, etc.) renferment d'innombrables individus d'espèces variées. Il est plus difficile d'obtenir des cultures pures d'une espèce donnée. Le moyen le plus sûr est évidemment d'ensemencer, avec un seul individu de l'espèce en question, l'infusion nutritive stérilisée. On y arrive avec un peu de patience, surtout pour les grosses espèces, en faisant des dilutions successives, dont on puise une goutte avec une effilure de pipette. On examine chaque fois au microscope ces gouttes sur une lame et on s'assure que, finalement, on a bien un seul Infusoire.

Voici comment, d'après Hertwig, on peut se procurer des Paramécies. On prend une Anodonte, on hache le pied et les branchies et on met les morceaux à pourrir dans de l'eau. Au bout de quelques jours, on peut récolter à la pipette les Paramécies qui se sont rassemblées à la surface, sur les bords du vase. On les transporte alors dans des cristallisoirs remplis d'eau de mare riche en matières organiques. Dans chaque cristallisoir on suspend, à l'aide d'un fil, un petit nouet de gaze plein de feuilles de laitue hachées : ces feuilles, qu'on renouvelle souvent, favorisent le développement des Bactéries dont se nourrissent les Paramécies.

Les Infusoires parasites se trouvent dans l'intestin d'un grand nombre d'animaux. L'estomac des Ruminants et le cæcum du Cheval[1] fournissent des formes très intéressantes, pourvues de curieux appendices. Le jeune Porc héberge normalement le *Balan-*

---

1. Voir à ce sujet : Schuberg, Die Protozoen des Wiederkäuermagens. *Zool. Jahrb. Syst.*, III, p. 364, 1888 et Eberlein, *Ztschr. f. wiss. Zool.*, LIX, p. 232, 1895.

tidium coli, mais on n'en trouve pas sûrement chez tous les individus examinés. Les Batraciens sont plus commodes à se procurer ; chez presque toutes les Grenouilles de France on trouve abondamment *Opalina ranarum*, *Balantidium entozoon* et *Nyctotherus cordiformis* ; c'est un très bon matériel pour s'exercer à l'étude des Infusoires. Chez d'autres Batraciens on trouvera encore diverses espèces intéressantes. Metcalf [1] signale en particulier *Opalina intestinalis* et *O. caudata*, qui se trouvent dans le rectum de *Bombinator igneus* et de *B. pachypus*, et qui ne possèdent que deux masses nucléaires. Ces mêmes espèces, ou des variétés, se rencontrent en abondance chez *Bufo calamita* et *Discoglossus pictus* (Brumpt).

Les animaux parasités par une seule espèce peuvent servir à en infester d'autres par inoculation rectale. Les expériences de Brumpt ont montré que l'infestation buccale, bonne surtout chez les Têtards, est moins efficace que l'infestation rectale. En pratiquant l'élevage systématique des Batraciens, ce qui ne présente pas de grandes difficultés, on peut se procurer en quantité des animaux neufs, qu'on infeste dès le stade Têtard, en les nourrissant avec des déjections renfermant des kystes d'une espèce donnée d'Infusoires. J'ai été témoin des belles expériences encore inédites de Brumpt et j'ai pu me convaincre que les Batraciens constituent un matériel de premier ordre.

Pour obtenir des *Têtards neufs, non infestés* d'Infusoires, on peut emprunter, en la simplifiant, la méthode employée par Wollman [2] pour obtenir des Têtards bactériologiquement stériles. Laver les œufs à l'eau stérilisée, puis les laisser en paquets, dans des cristallisoirs couverts, avec de l'eau stérilisée, jusqu'au moment où l'embryon devient mobile, ce qui demande cinq à six jours. Dissocier alors le paquet avec des pinces et des ciseaux et prélever les œufs un à un, pour les stériliser avec leur enveloppe muqueuse. Pour ce faire, plonger les œufs dans de l'antiformine (p. 751) très diluée, qui dissout l'enveloppe muqueuse et avec elle les microbes qui la souillent. Surveiller très attentivement et arrêter l'action de l'antiformine dès que la membrane externe s'éclaircit, sous peine de voir l'embryon lui-même attaqué. Retirer les œufs avec une grosse pipette stérile et laver successivement dans 3 ou 4 tubes d'eau stérile. Déchirer la membrane interne avec deux aiguilles stériles et transporter le Têtard dans plusieurs tubes d'eau stérile pour

1. Metcaf, Opalina, its anatomy and reproduction. *Arch. f. Protistenkunde*, XIII, p. 198-200, 1909.

2. Wollman, Sur l'élevage des Têtards stériles. *Ann. Institut Pasteur*, XXVII, p. 154, 1913. Voir aussi, du même auteur : La vie aseptique. *Bull. Institut Pasteur*, XII, déc. 1914.

le laver. Pour opérer cette dissociation, Wollmann conseille de laisser
le Têtard se placer sur le flanc; mettre alors les pointes des aiguilles
du côté de la concavité dorsale et écarter brusquement. La membrane
éclate et projette le Têtard au dehors.

Les Têtards se nourrissent très bien avec des cadavres d'adultes
ou de Têtards; il y a pourtant de grandes variations dans
leur voracité suivant les espèces. Quant aux adultes auxquels
on tient, il faut, pour les conserver longtemps, se résigner à
les gaver avec des petits morceaux de viande crue. En captivité, certains Batraciens adultes ne mangent jamais seuls,
aussi ne subsistent-ils que quelques mois si on ne les gave
pas régulièrement. Brumpt se sert quelquefois avec avantage
d'Escargots pour cette opération. *Discoglossus pictus*, *Bombinator igneus*, *Bufo viridis*, *B. calamita*, *Rana esculenta*
se nourrissent bien avec des Mouches, des Asticots, de jeunes
Escargots, etc.

Examen à l'état frais. — On puise avec une effilure de
pipette dans les milieux naturels et dans les cultures. On trouve
les Infusoires parasites des Mammifères en examinant les déjections. Pour les Batraciens il faut, si on ne veut pas sacrifier
l'animal et ouvrir l'intestin, introduire dans le rectum une pipette
mousse, de calibre voulu. S'il n'y a pas de liquide, donner un
lavement de quelques gouttes d'eau physiologique, de manière à
diluer le contenu rectal et à délayer les Infusoires, qui vivent en
amas à la surface de la muqueuse.

Les Infusoires restent très longtemps vivants en goutte pendante ou entre lame et lamelle, lorsque la préparation est bien
lutée. Mais la rapidité de leurs mouvements est un grand obstacle
à l'observation prolongée. Aussi a-t-on proposé de nombreux
moyens pour *ralentir ces mouvements*. Tous reposent sur
l'emploi de substances mucilagineuses qu'on ajoute aux liquides
de culture ou d'examen. Brumpt emploie simplement de la *salive*
dépourvue de bulles d'air.

Statkewitsch [1] a fait une étude très complète des mucilages qui
conviennent le mieux pour l'étude des Infusoires. Il faut que le
mouvement des cils ne soit pas modifié dans sa nature, mais seulement ralenti, par la résistance que lui oppose la consistance du

1. P. Statkewitsch. Zur Methodik der biologischen Untersuchungen uber die
Protisten. *Arch. f. Protistenkunde*, V. p, 17-39, 1905.

milieu. Le principe de la méthode de Statkewitsch consiste à augmenter lentement et progressivement cette consistance, par la dissolution d'une substance colloïdale.

L'auteur partage ces substances en deux groupes : 1° muco-colloïdales (Caragahen, graines de *Plantago psyllium*, de Cognassier, gomme d'*Astragalus tragacanthus*, agar-agar); 2° protéo-colloïdales (gélatine, albumine, amidon, dextrine). Ce sont celles du premier groupe qui se prêtent le mieux à fournir des liquides de consistance variée, pourvu que leur mucilage se dissolve facilement dans l'eau froide et qu'elles ne renferment pas de substances toxiques. On peut distinguer 3 degrés dans cette consistance : liquide, sirupeuse et colloïde.

Ce sont les graines de *Plantago psyllium* qui fournissent les mucilages les plus délicats et les plus transparents. On met une couche de 1 à 2 cm. de ces graines au fond d'une large éprouvette et on verse par-dessus 5 à 10 cm³ de culture riche en Infusoires.

Le Caragahen (*Fucus crispus*) donne à volonté les trois consistances; aussi cette Algue se prête-t-elle à toutes les variétés de recherches, mais il faut avoir soin, avant de s'en servir, de la laver dans une solution de carbonate de soude à 0,5 ou 1 p. 100. On peut s'en servir pour épaissir toute la culture; pour cela on en met quelques brins dans le liquide et on les retire au bout de quatre à cinq jours, suivant la consistance qu'on veut atteindre : d'ailleurs, au bout de ce temps, le mucilage commence à se décomposer en donnant au milieu une réaction acide. On peut y obvier avec quelques cm³ de carbonate de soude à 1 p. 100. On peut aussi suspendre l'Algue dans de petits sachets (4 à 6 gr. pour 100 cm³ de culture). En trois jours le liquide est devenu assez consistant. Mais on peut le rendre plus épais en en faisant évaporer une petite portion dans un verre de montre ou sur une lame.

Certaines espèces, notamment les Paramécies, finissent par dégénérer dans ce milieu, qui est alors envahi par *Colpidium colpoda* et *Colpoda cucullus*, qui peuvent vivre fort longtemps dans des milieux très consistants. On peut empêcher la disparition des Paramécies en lavant la culture à l'eau fraîche, après trois ou quatre semaines, mais en ayant soin de maintenir le niveau exact du liquide par le procédé que nous indiquons plus loin. Au bout de trois jours, on remet quelques branches de *Fucus*, et, en renouvelant régulièrement ces opérations, on peut conserver les Paramécies pendant des mois.

Si on craint de perdre une culture précieuse, on n'en épaissit qu'une faible portion, dans un petit récipient.

Les graines de Cognassier donnent énormément de mucilage : il faut les employer dans la proportion de 1 gr. pour 50 d'eau. Elles permettent de préparer rapidement un milieu très consistant. La gomme d'Astragale (gomme adragante) s'emploie encore en moindre porportion ; on en met de 2 à 5 décigrammes au fond du vase de culture. Le milieu peut être rendu ainsi très épais en peu de temps. La gomme de Cerisier et la gomme arabique se dissolvent très lentement et donnent de moins bons résultats.

L'agar se dissout bien à chaud, mais très lentement à froid. Aussi convient-il particulièrement pour les cultures pures, en vases hauts et étroits. On y met 100 à 200 cm³ d'eau, 3 à 7 gr. d'agar en morceaux de

8 à 10 cm. de long, et des traces de carbonate de sodium et de phosphate de calcium. Deux ou trois jours après, on y ensemence les Infusoires qui s'y développent très lentement. Le liquide ne devient consistant qu'au bout de trois ou quatre mois. Ces cultures sont très propices à l'étude du chimisme de ces animaux.

La gélatine, préconisée par Ludloff, est fortement déconseillée par Statkewitsch. Il faut, en effet, liquéfier à chaque fois la gelée de gélatine et on n'arrive jamais à la mélanger parfaitement avec le liquide de la culture. En outre, les Infusoires s'y déforment et leurs mouvements ne sont plus normaux. Quant aux gelées d'albumine, d'amidon ou de dextrine, les Infusoires ne peuvent y vivre, à cause de la décomposition rapide de ces substances.

Dans certains cas, il peut être intéressant d'étudier les *mouvements des cils* dans des suspensions colorées (carmin d'indigo, charbon porphyrisé, poudre de Lycopode, etc.). Le volume des grains devra être proportionné à la taille des Infusoires. Le procédé à l'encre de Chine de Burri (p. 758), appliqué sans dessiccation, pourra rendre de très grands services. Mais tous ces moyens ne montrent que le sens du mouvement des cils et non les cils eux-mêmes.

Les *colorations vitales* sont d'une importance capitale pour l'étude des Infusoires. Le réactif le plus sûr est le rouge neutre (p. 244), qui colore quelquefois le noyau [1] et qui démontre beaucoup mieux que le bleu de méthylène certaines granulations cytoplasmiques : le rouge neutre permet en outre de suivre les progrès de la digestion, car il vire au rouge cerise en présence des acides et au rouge jaunâtre en présence des substances alcalines. La poudre de tournesol et le rouge congo (p. 246) donnent aussi des réactions digestives intéressantes. Certes [2] a employé le violet dahlia n° 170, le violet de méthyle 5B, le vert acide JEE de Poirrier en solution 1 p. 10 000 ou 1 p. 100 000, pour colorer le noyau. Les bleus 2BSE et C3B, ainsi que le bleu de diphénylamine, ne colorent que les vacuoles, mais tuent les Bactéries en les colorant intensément.

L'acide acétique ou le carmin acétique de Schneider (p. 383), appliqués au matériel frais, mettent souvent très bien en évidence la structure du cytoplasme et du noyau. La coloration ainsi obtenue n'est pas durable.

Culture des Infusoires. — Nous avons déjà dit quelques

1. Chez les Opalines, d'après Metcalf, le noyau et le nucléole ne se colorent jamais ; on ne peut mettre en évidence que les sphérules de l'endosarc et de l'ectosarc.

2. *C. R. Soc. de biologie*, avril 1884.

mots de ces cultures [1]. On les pratique habituellement dans des infusions de foin ou de paille ou dans de l'eau de mare. Pour avoir des cultures pures, il faut employer des liquides stérilisés par l'ébullition. Les cultures sont indispensables pour faire une étude méthodique et suivie, mais il est assez difficile de les entretenir longtemps car, d'une part, la faculté de multiplication s'épuise et, d'autre part, le milieu s'appauvrit et se charge de produits de déchet.

Pour remédier à ces inconvénients, Statkewitsch a proposé divers moyens.

1. *Lavages successifs.* On enlève l'ancien liquide, au moyen d'un siphon formé d'un tube de caoutchouc, terminé par un tube de verre plongeant jusqu'au fond du vase. Un autre tube, dont l'orifice est à 5 cm. environ au-dessous de la surface, sert à l'arrivée de l'eau fraîche. *L'essentiel est que le niveau de l'eau ne varie pas pendant toute la durée de l'opération*, qui doit être très lente (1 à 2 heures). La fréquence de ces lavages doit dépendre de la sensibilité des espèces : les Paramécies sont très exigeantes à ce point de vue. Il va sans dire que ces lavages doivent être complétés par l'enlèvement des débris végétaux putréfiés. On les remplace par des feuilles fraîches ou des Algues.

2. *Agitation mécanique.* Suffit souvent pour répartir les produits de déchet accumulés vers la surface et les rendre inoffensifs ; de même les matériaux nutritifs se trouvent mieux distribués. Enlever la croûte d'Algues qui se forme quelquefois à la surface.

3. *Neutralisation.* Avec une solution très faible (1 p. 100) de carbonate de sodium.

4. *Addition* d'une très petite quantité de phosphate de calcium en poudre.

Tsujitani[2] prépare une gélose à la décoction de paille :

Gélose.	5 gr.
Bouillon.	50 cm³
Décoction de paille à 20 p. 100	1 000 —

1. Maupas faisait ses cultures en chambre humide entre lame et lamelle. Les lamelles étaient soutenues par des poils de brosses à dents. Il isolait ses Infusoires à la pipette, par dilutions successives sur des lames. Ses travaux sont à lire par ceux qui veulent se livrer à l'étude des Infusoires. *Arch. de zool. expér.*, VI, 1888 et VII, 1889.

2. Tsujitani, *Ueber eine Methode, die Infusorien zu kultivieren. Mitth. med. Gesell. Tokio*, XVIII, 1901.

qu'il laisse solidifier en tubes inclinés. On creuse à la surface, avec le fil de platine, des stries irrégulières et on ensemence les Infusoires dans l'eau de condensation. Les Infusoires montent le long des stries, tandis que les Amibes, auxquelles ils peuvent être mélangés, restent au fond du tube. On nourrit les Infusoires avec des Bactéries.

Les Infusoires parasites sont très difficiles à conserver en cultures. Metcalf est arrivé à faire vivre quelques jours les Opalines des *Bombinator*, dans de grands verres de montre remplis de liquides appropriés. Elles vivent deux jours dans la solution physiologique à 6 p. 1 000, trois à neuf jours dans le même liquide additionné d'une partie du rectum et du contenu rectal de l'hôte. *Opalina obtrigona* (d'*Hyla arborea*) est l'espèce la plus résistante et *O. caudata* la plus délicate. Metcalf conseille encore l'emploi du liquide de Locke (p. 234).

Les *cultures en goutte pendante* conviennent mieux pour l'étude des petites formes de l'intestin des Têtards. On ouvre cet intestin sous le binoculaire (à 50 diam.) dans une goutte de solution physiologique ou de liquide de Locke, on sépare les Opalines et on recouvre d'une lamelle qu'on lute à la vaseline. Ce lut est préférable à tous les autres, d'après Metcalf, à cause de sa souplesse. De telles cultures peuvent vivre un ou deux jours. Chez certains individus, on peut voir, avec une netteté étonnante, les chromosomes, les fibrilles du fuseau et les granules achromatiques, mais il faut quelquefois chercher longtemps avant de trouver un individu favorable à cet examen. .

Fixation. — Il ne peut être question, pour les Infusoires, d'exécuter des frottis desséchés. La fixation doit donc se faire soit entre lame et lamelle, soit par la méthode des frottis humides, soit enfin en masse, par centrifugation.

De très nombreux fixateurs ont été proposés pour ce groupe, comme pour tous les autres. Notons d'abord que l'acide osmique en solution ou en vapeurs est souvent très infidèle. La plupart des auteurs recommandent l'emploi du sublimé principalement sous la forme du sublimé alcoolique de Schaudinn, mais, d'après Brumpt et d'après notre expérience personnelle, le Bouin ou le Duboscq-Brasil donnent d'aussi bons résultats. Les formes très contractiles (Vorticelles) pourront être fixées par la *méthode de l'anesthésie sous lamelle*, due à Certes et de Beauchamp[1]. Les animaux sont placés dans une goutte d'eau, entre lame et lamelle; la préparation est mise sur deux cales, dans une boîte de verre renfermant un peu d'alcool ou tout autre anesthésique volatil. Surveiller et, dès que les mouvements ont cessé, faire pénétrer un fixateur sous la lamelle.

Il est certain que le *formol* seul, en solution à 5 ou 10 p. 100,

1. P. de Beauchamp Fixation à l'état d'extension des animalcules contractiles et spécialement des Vorticelles. *Bull. Soc. zool. de France*. XXIX. p. 26, 1904.

donne des résultats merveilleux. Les Infusoires s'y conservent aussi beaux qu'à l'état frais : en usant d'un éclairage convenablement réglé, on peut les étudier sans coloration aussi bien qu'à l'état vivant. Ce procédé est précieux, car il permet de conserver *in toto*, simplement par addition d'eau formolée, le contenu intestinal d'un animal parasité ou le produit d'une culture. Nous avons vu des contenus rectaux d'Éléphant et d'autres Mammifères, rapportés ainsi par Brumpt de sa traversée de l'Afrique et montrant, après plusieurs années, de splendides Infusoires parasites. Le procédé est d'une extrême simplicité et réussit toujours.

Lorsqu'on a à sa disposition du matériel frais, qu'on étudie au fur et à mesure, il est préférable d'employer du formol légèrement picriqué. La fixation est encore meilleure et la légère teinte jaune que prennent les animaux est très favorable à l'observation. Brumpt emploie de préférence du formol à 5 p. 100, auquel il ajoute 10 p. 100 de Bouin (p. 285); ce liquide sert à la fois de fixateur et de milieu conservateur; on lute au lut de Krönig ou d'Apathy.

Voici, à notre avis, comment on doit procéder pour étudier et conserver au mieux les Infusoires parasites.

1° *Étude cytologique.* Sur frottis fixés humides au Bouin, au Duboscq-Brasil, au sublimé alcoolique, au Flemming, etc., puis colorés.

Pour faciliter l'adhérence des Infusoires à la lame, employer le *procédé de la salive* (p. 496) préconisé par Brumpt.

On peut aussi fixer en masse par centrifugation. Pour conserver les échantillons fixés, sans qu'ils se mélangent, Metcalf préconise, à la suite de Mayer, l'emploi de capsules de gélatine formées de deux tubes emboîtés (capsules Le Huby de Le Perdriel). Ces capsules sont moins fragiles que les petits tubes de verre et évitent l'emploi du tampon d'ouate, dans lequel une partie du matériel peut se perdre. On ferme au collodion le cylindre intérieur, de manière que son contenu ne glisse pas entre les deux cylindres et ne soit pas écrasé. Le tout est jeté dans l'alcool fort à 95° ou 90°, mais non à 80° qui ramollit la gélatine.

2° *Étude morphologique.* Déposer sur une lame une gouttelette de liquide renfermant les Infusoires, ajouter une goutte de Bouin très étendu, d'après la formule de Brumpt. Recouvrir d'une lamelle et luter. Avant d'ajouter le liquide fixateur, il est bon d'aspirer au buvard la plus grande quantité d'eau possible sans que toutefois les Infusoires se dessèchent.

3° *Conservation en masse* dans le formol à 5 ou 10 p. 100, suivant la quantité d'eau qui imbibe les objets.

Coloration. — Le carmin et l'hématoxyline sont les meilleurs colorants pour les Infusoires. Les meilleures teintures de carmin sont le carmin chlorhydrique et le carmin aluné. L'hématoxyline ferrique est indispensable pour l'étude du noyau. En ce qui concerne l'hématoxyline alunée, les avis sont partagés : beaucoup d'auteurs et notamment Metcalf, déconseillent l'hémalun et préconisent l'hématoxyline de Delafield. Cette dernière solution n'est vantée qu'à cause de sa puissance de coloration. J'ai déjà montré plus haut (p. 387) que cette formule est surannée et je crois qu'ici encore on peut la remplacer avec avantage par le glychémalun de Mayer, dont l'action est tout aussi énergique et dont la préparation et la conservation sont beaucoup plus aisées. J'ajouterai que l'hémalun de Mayer (nouvelle formule de 1904) m'a donné d'excellents résultats pour *Balantidium coli*, *B. entozoon*, *Nyctotherus cordiformis* et pour diverses Opalines.

Quoi qu'il en soit, il faut généralement surcolorer les Infusoires, puis les différencier dans de l'alcool chlorhydrique très dilué (1 à 2 p. 1000), surveiller au microscope et arrêter l'action par un lavage à l'eau ou mieux, d'après Metcalf, à l'eau légèrement ammoniacale. Avec l'hémalun de Mayer (nouvelle formule), on peut arriver facilement à obtenir une bonne coloration par teinture progressive, sans différenciation. Pour éviter la décoloration des préparations, Metcalf conseille d'exposer, pendant quelques secondes, aux vapeurs d'ammoniaque, les Opalines déshydratées et imprégnées d'huile de cèdre, avant de les monter au baume. Pour examiner les grosses espèces, fixées et colorées *in toto*, on peut les mettre dans l'huile de cèdre, l'essence de girofle ou le terpinéol, sous une lamelle supportée d'un côté par un cheveu. En imprimant de légers déplacements à cette lamelle, on peut retourner les Infusoires et les examiner sur toutes leurs faces.

Comme colorant de fond, on choisira l'éosine après l'hémalun ou le glychémalun et la fuchsine acide après l'hématoxyline ferrique.

Coupes d'Infusoires. — Ces coupes sont faciles à faire sur les Infusoires fixés en masse et déshydratés par centrifugation. Le culot, puisé avec une pipette, est inclus dans la paraffine et coupé comme un bloc de tissu. Pour faciliter cette inclusion, Metcalf conseille de faire tous les passages et l'inclusion dans de petits tubes de gélatine à fond rond, qu'on trouve facilement dans le commerce (capsules Le Huby de Le Perdriel). On se débarrasse ensuite de la gélatine en la ramollissant dans l'eau froide. Voir aussi p. 316 et p. 492 (coupes d'Amibes).

On colore les coupes à l'hématoxyline ferrique de Heidenhain, à l'hémalun, au glychémalun, à la safranine-vert lumière, etc.

Coloration des cils. — Les méthodes de coloration que nous avons indiquées pour les frottis et les coupes mettent généralement bien les cils en évidence, surtout en employant un bon colorant cytoplasmique. Pour une étude plus particulière de ces organes on peut employer le *procédé de Löffler* (p. 757), légèrement modifié pour être appliqué aux frottis humides. On a soin de ne chauffer ni le mordant, ni le colorant et de les faire agir tous deux à froid pendant au moins une demi-heure. Il faut éclaircir au xylol et non à l'essence de girofle. D'après Waddington[1], un bon moyen de mettre en évidence les cils des Infusoires (et surtout des Paramécies) est d'ajouter à la goutte d'eau qui les contient une goutte de tannin à 25 p. 100 dans la glycérine.

On peut encore *imprégner à l'argent* par la *méthode de Schuberg* : fixer dans un verre de montre par l'acide osmique bichromaté (1 partie d'acide osmique à 1 p. 100) pour 5 parties de bichromate de potassium à 2 p. 100). Bien mélanger avec le liquide riche en Infusoires, par plusieurs aspirations successives à la pipette compte-gouttes. Porter ensuite dans le nitrate d'argent d'abord très étendu, puis dans la solution à 1 p. 100. Laver enfin abondamment à l'eau distillée. Déshydrater et examiner dans le terpinéol, en usant de moyens mécaniques (chocs, compression) pour mettre mieux en évidence l'insertion des cils.

1. *Journ. Roy. micr. Soc.*, (2) III, p. 185.

CHAPITRE VI

CHLAMYDOZOAIRES

I. — *Corpuscules de Guarnieri de la vaccine*.

Le meilleur procédé d'étude consiste à inoculer la vaccine sur la cornée du Lapin, par stries superficielles ou par insertion dans l'épaisseur de la cornée. On récolte le meilleur matériel du deuxième au quatrième jour :

1. *Frottis par apposition* : toucher la cornée avec une lame ou une lamelle, sécher, fixer à l'alcool, et colorer au Romanovsky ou mieux traiter par la méthode des frottis humides et colorer au Romanovsky (procédé spécial, p. 425) ou à l'hématoxyline ferrique. Bien entendu, on peut employer aussi tous les procédés indiqués ci-dessous pour l'étude des corps de Negri.

2. *Fixation et inclusion* de la cornée par les procédés habituels. Colorer à l'hématoxyline alunée ou ferrique, au Mallory, au Gram, au trichromique de Cajal et surtout au Romanovsky modifié pour les coupes[1].

II. — *Corpuscules de Negri de la rage*.

Les très nombreux procédés, proposés pour colorer les corpuscules de Negri, peuvent se ramener à quatre sections.

1re section. Coloration par la méthode de Mann.

Méthode de Negri. — Fixer au Zenker des fragments de la corne d'Ammon de l'animal suspect. Inclure à la paraffine.

---

1. **Pour** plus de détails voir von Prowazek, *Taschenbuch der Protistenuntersuchung*, 2 Aufl., p. 78. — Mayer et Koysselitz, *Arch. f. Protistenkunde*, 1908, et *Beihefte z. Arch. f. Schiffs-u. Trop. Hyg.*, 1909.

Colorer par la méthode de Mann (p. 445). Les parasites et les nucléoles des cellules nerveuses sont colorés en rouge sur fond bleu.

Découverte de la corne d'Ammon. — Voici comment Lina Negri Luzzani[1] conseille de procéder pour aborder la corne d'Ammon chez les animaux :

Couper la peau suivant la ligne sagittale, la décoller et la rabattre sur les côtés; désinsérer les muscles attachés à la calotte crânienne et couper celle-ci avec un ostéotome, pour mettre à découvert le cerveau. Couper et enlever la dure-mère, séparer les deux hémisphères le long du sillon interhémisphérique et enlever leur partie supérieure jusqu'au corps calleux. Soulever le corps calleux et le trigone et pénétrer dans la portion temporale du ventricule latéral. Le plancher de ce ventricule se trouve découvert et on voit la corne d'Ammon; avec de fins ciseaux, on l'isole des tissus environnants. Avec un rasoir, exécuter une coupe perpendiculaire à la surface de la corne puis racler délicatement la surface de section, surtout au niveau de la substance grise. En dilacérant ce produit de raclage dans l'acide acétique très dilué, on obtient de nombreuses cellules isolées, dans lesquelles on aperçoit le parasite *à l'état frais.*

Pour fixer, il est préférable de faire deux sections frontales, perpendiculaires à l'axe de la corne et parallèles entre elles, de manière à avoir une coupe frontale de toute la corne d'Ammon.

Manouélian[2] fixe les pièces dans l'acétone iodée (VI gouttes de teinture d'iode, pour 50 cm³ d'acétone) pendant 30 minutes, puis déshydrate par l'acétone et inclut dans la paraffine. Coloration au Mann. Pour le diagnostic rapide, il exécute des frottis avec la corne d'Ammon, fixe quelques minutes dans l'acétone iodée, lave quelques secondes à l'acétone pure ou à l'alcool absolu, puis à l'eau pendant une minute. On colore ensuite au Mann en 15 minutes et on différencie par l'éther glycérique (p. 442) à 2 p. 100 dans l'alcool.

2° section. Coloration par action successive de l'éosine et du bleu de méthylène.

Méthode de Lentz. — Fixer (d'après Bohne) pendant une heure dans l'acétone à 37°, inclure en une heure et demie à la paraffine à 55°, chauffée à 58°. Colorer une minute par :

$$
\begin{array}{ll}
\text{Alcool à 60°.} \dots \dots \dots \dots \dots \dots & 100 \text{ cm}^3 \\
\text{Éosine extra BA de Hœchst} \dots \dots \dots & 0.5 \text{ gr.}
\end{array}
$$

---

1. *Annales Inst. Pasteur,* XXVII, p. 1039, 1913.
2. *Annales Inst. Pasteur,* XXVI, p. 972, 1912.

Laver à l'eau, puis colorer une minute dans :

Potasse à 0,01 p. 100 . . . . 100 cm³
Sol. alcoolique sat. de bleu de méthylène B Patent
de Höchst. . . . , ... 30 —

Essorer au buvard, différencier d'abord dans de l'alcool alcalinisé :

Alcool absolu . . . . 30 cm³
Soude caustique à 1 p. 100 dans l'alcool absolu. . V gouttes.
Il est essentiel que cet alcool soit parfaitement anhydre.

jusqu'à obtention d'une faible teinte éosine, puis dans de l'alcool absolu acétifié (1 goutte d'acide acétique à 50 p. 100 pour 30 cm³ d'alcool) jusqu'à ce que les tractus ganglionnaires apparaissent encore comme des lignes bleues. Déshydrater et monter au baume.

Lentz fait aussi des frottis avec des parcelles enlevées sur la section transversale de la corne d'Ammon, en prenant de préférence la région de grandes cellules. On fixe humide à l'alcool méthylique, on lave à l'alcool absolu et on colore comme ci-dessus.

Les corps de Negri sont colorés en rouge vif et leurs inclusions en bleu.

Méthode des frottis. — Harris fait des *frottis* avec la corne d'Ammon de l'animal suspect, fixe à l'alcool méthylique une minute, passe à l'eau, colore de 1 à 3 minutes dans une solution alcoolique d'éosine saturée et ancienne, lave quelques secondes, plonge 5 à 15 secondes dans une solution récente de bleu de méthylène alcalin, rince très rapidement et différencie dans l'alcool à 95°.

Baschieri procède de même, avec cette seule différence que l'éosine est en solution acétique faite à chaud et filtrée :

Alcool absolu . . . . 100 gr.
Éosine à l'alcool. 1
Acide acétique crist. . . . . 0,3 —

Colorer ensuite au bleu de méthylène à 0,5 p. 100.

Cette *méthode des frottis* est excellente pour le diagnostic rapide de la rage, car elle respecte bien la forme des cellules nerveuses et la localisation des corpuscules de Negri. Mais si elle suffit lorsque le résultat est positif, on ne peut rien conclure d'un résultat négatif, et il faut alors la compléter par la méthode des

coupes. Les frottis doivent être exécutés avec la substance grise
de la corne d'Ammon, après enlèvement de la mince bandelette
de substance blanche qui la recouvre.

3e section. Mordançage par l'iode.

Neri[1] a démontré l'existence du pouvoir iodorésistant des corpuscules de Negri ; il a su en tirer un excellent parti, pour insti-
tuer une méthode de coloration applicable aux frottis et aux
coupes.

Les frottis sont fixés à l'alcool absolu. Les pièces sont fixées
(d'après Bohne) une heure dans l'acétone, puis imprégnées pendant deux heures de paraffine à 55°, chauffée à 58°.

1. *Mordancer* dans l'éosine iodée pendant 10 minutes au
moins :

Eau distillée.	100 cm³
Iodure de potassium	0,2 gr.
Éosine.	1 —
Iode.	0,1 —

Dissoudre, d'une part, l'iodure de potassium et l'iode dans
50 cm³ d'eau et, d'autre part, l'éosine dans 50 cm³. mélanger,
filtrer.

2. Laver à l'eau distillée.

3. *Colorer* 5 minutes dans du bleu de méthylène à 1 p. 1 000.

4. Laver rapidement à l'eau distillée.

5. *Différencier* dans l'alcool à 95°, jusqu'à ce que la préparation prenne une belle teinte rose faiblement nuancée de bleu.

6. Alcool, xylol, baume.

Les corps de Negri doivent présenter une belle teinte rouge
violacée brillante, se détachant nettement sur le fond bleu pâle
du cytoplasme et sur le bleu foncé des noyaux des cellules nerveuses.

Les hématies sont colorées en rose vif, non violacé. On doit
voir, à l'intérieur des corps de Negri, les corpuscules basophiles
colorés en bleu[2].

---

1 Neri, Le diagnostic rapide de la rage. *Centralbl. f. Bakt., Orig.*, L, p. 409. 1909.

2. D'Amato et Faggella, qui nient la nature parasitaire des corps de Negri
les colorent, sur coupes de pièces fixées au Zenker, en 30 minutes dans le vert
de méthyle-pyronine de Pappenheim (p. 116). On différencie par l'alcool absolu
acétique (2 gouttes pour 10 cm³). *Ztschr. f. Hyg.*, LXV, p. 353, 1910.

La méthode d'Agalli, employée par Lentz [1] dès 1907, repose sur le même principe. On colore d'abord, comme dans la méthode de Lentz (p. 568), puis on mordance dans le Lugol pendant une minute (eau 300, KI 2, iode 1); on lave à l'eau, on différencie dans l'alcool méthylique jusqu'à teinte rouge, on lave à l'eau et on colore encore 30 secondes dans le bleu de méthylène, puis on termine comme dans la méthode de Lentz, par double différenciation dans les alcools alcalin et acide.

4° section. Coloration au Romanovsky des frottis et des coupes.

Employer les méthodes générales qui ont été décrites p. 416 à 429.

III. — Corpuscules de Prowazek du trachome.

On fait des frottis avec le produit du grattage des granulations ou, si la lésion s'y prête, on fait des frottis par apposition.

La méthode de Romanovski est certainement un des moyens les plus sûrs de colorer ces corpuscules.

Lindner [2] a montré qu'au début on ne trouve, dans ces inclusions, que le corps initial colorable en bleu par le Giemsa. Un peu plus tard, on voit apparaître des granulations métachromatiques azurophiles qui ne pren-

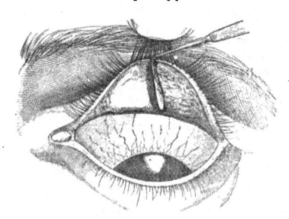

Fig. 192. — Prélèvement de l'épithélium conjonctival dans un cas de trachome à l'aide d'une spatule coudée dont le bord râcle légèrement la surface de la conjonctive tarsienne (d'après Morax).

nent pas de coloration élective. Le corps initial est donc une formation plasmatique, fortement basophile, mais non métachromatique. Cette basophilie permet d'obtenir une coloration élective. Pour cela, Lindner conseille d'acidifier le mélange de Giemsa,

1. Lentz, Ein Beitrag zur Färbung des Negrischen Körperchen. *Centralbl. f. Bakt.*, Orig., XLIV, p. 374-378, 1907.
2. Lindner, Zur Färbung der Prowazekschen Einschlüsse. *Centralbl. f. Bakt. Orig.*, LV, p. 420, 1910.

de façon à supprimer la réaction de l'éosinate d'azur et à faire agir l'azur de méthylène comme colorant basique. Lindner propose deux formules, l'une lente (A) qui réussit toujours et une autre rapide (B) moins sûre.

Formule A.	Eau distillée.	10 cm³
	Solution de Giemsa	V gouttes.
	Acide acétique à 1 p. 100. . .	1 —
Formule B.	Giemsa	X —
	Acide acétique à 1 p. 100. . .	X —

Fixer les frottis pendant 10 minutes par l'alcool absolu. Colorer une heure au moins dans la solution A ou 10 minutes dans la solution B. Pour les coupes, fixer les pièces au sublimé ou au formol, colorer les coupes 12 à 48 heures dans la solution A, puis laver une heure à l'eau distillée.

Les Bactéries, les labrocytes et les corpuscules de Prowazek sont colorés en bleu foncé, les noyaux des leucocytes sont bleuâtres et ceux des cellules épithéliales sont un peu moins roses que le cytoplasme.

L'examen sur fond noir ne paraît pas avoir donné encore de résultats pratiques. Rählmann[1] a vu nettement trois sortes de corpuscules qu'il considère comme caractéristiques : des éléments bactériformes, des masses protoplasmiques mobiles et des globules jaunâtres. Mais il ne sait auxquels conférer le rôle pathogène. Au point de vue du diagnostic microscopique, tout reste à faire de ce côté.

---

1. Rählman, Ueber Trachom. *Beitr. z. Augenheilkunde*, LXII, 1905.

MÉTAZOAIRES

CHAPITRE PREMIER

VERS

Nous n'étudierons, dans ce vaste groupe, que les Vers parasites ou Helminthes et les Annélides vulnérantes ou Sangsues[1].

I. — RÉCOLTE DES HELMINTHES

Nous devons rechercher les Helminthes dans tous les tissus ou organes des Vertébrés : il est donc indispensable de savoir faire correctement une autopsie. Les *instruments* nécessaires sont : des ciseaux ; deux paires de pinces, une fine et une grosse ; un scalpel, une sonde cannelée et, au besoin, un entérotome et une cisaille pour les côtes[2].

Marche de l'autopsie. — Nous supposons l'animal mort ou tué par saignée, par le gaz ou le choroforme. On commence par rechercher avec soin ses parasites externes (Puces, Poux, Acariens) (v. p. 634 la technique à suivre). Il faut ensuite le placer sur le dos, sur une planchette proportionnée à sa taille, les quatre membres étendus et fixés, et la tête fixée aussi au besoin. Les petits animaux (Batraciens, petits Rongeurs, petits Oiseaux)

---

1. Les Rotifères seront étudiés avec le plankton (p. 664).
2. Un bon moyen de conserver les instruments intacts, sous les tropiques, consiste, après nettoyage et séchage, à les plonger dans une solution de vaseline dans la benzine et à les égoutter pour enlever l'excès de liquide.

peuvent être piqués avec des épingles, sur une plaque de liège ou dans une *cuvette à dissection* à fond liégé : on peut encore se servir de cuvettes ou de boîtes métalliques, au fond desquelles on coule le mélange suivant :

Paraffine à 60°. . . . . 2 parties.
Caoutchouc. . . . . 1 —

ou simplement de la paraffine à 60° mélangée de noir animal.

Les épingles pénètrent très bien dans ces masses, dont la couleur est très favorable aux dissections.

Les animaux plus grands (Lapins, Chiens, Chats, etc.) peuvent être simplement cloués sur une planche ordinaire ; il est plus commode d'avoir une planche percée de trous ou garnie de clous (de préférence pitons ou anneaux à vis) sur les bords. On fixe les quatre membres [1] au moyen de ficelles ou lacs, noués de préférence au nœud physiologique (fig. 213, p. 624). Les plateaux métalliques sont encore meilleurs, car ils empêchent l'écoulement des liquides ; on peut percer des trous sur les bords pour passer des ficelles et attacher les animaux. Les Oiseaux seront plumés sur le ventre ; les animaux à long poil seront tondus à la tondeuse le long de la ligne d'incision. Pour les animaux à poil court, on se contente de mouiller le pelage du ventre. Ces précautions sont indispensables, car le poil et les plumes sont très gênants dans la suite. Pour l'autopsie des grands Mammifères, une visite aux abattoirs sera la meilleure démonstration.

Ouverture de l'animal. — Quel que soit l'animal, on doit faire une incision sur la face ventrale, du cou au pubis. Cette incision ne doit intéresser que la peau ; on la prolonge latéralement jusqu'à la racine des membres, puis on détache la peau avec le scalpel et on la récline sur les côtés, en la fixant au besoin avec des clous ou des épingles.

On ouvre ensuite la cavité abdominale avec les ciseaux, en ayant bien soin de pincer la paroi au moment de la première ouverture, de façon à ne pas léser les intestins. L'incision doit être prolongée jusqu'au sternum, en respectant le diaphragme. On examine alors la cavité abdominale et le péritoine : on voit s'il y a un épanchement, des fausses membranes, des adhérences, des Cysticerques, etc.

On ouvre ensuite la cavité thoracique, en désinsérant le diaphragme sur sa périphérie et en coupant les côtes de chaque côté, dans leur partie médiane, de manière à former un volet

1. Les Oiseaux seront fixés par trois lacs, un placé sur le cou, les deux autres aux pattes. On peut aussi attacher ou piquer les ailes, après les avoir plumées.

thoracique, qu'on relève en avant et qu'on peut couper à sa base
en haut du sternum. On examine alors la cavité pleurale, le péricarde, la surface des poumons. On note la présence de liquide,
de Cysticerques, on prélève le liquide s'il y a lieu, etc.

En cas d'odeur fétide, on peut la masquer en répandant quelques
gouttes de nitrobenzine (Thiry).

Enlèvement des viscères. — On enlève alors tout le paquet
viscéral : il suffit pour cela de poser une ligature ou une pince à
forcipressure aussi haut que possible dans le cou, de manière à
lier l'œsophage, la trachée et les gros vaisseaux. On coupe au-
dessus de la ligature puis, en tirant sur la pince ou la ligature,
on détache progressivement les viscères thoraciques, en s'aidant
des doigts ou du manche du scalpel. On sectionne les insertions
postérieures du diaphragme et on enlève d'un seul coup tout le
paquet des viscères abdo-
minaux. Le rectum est sectionné à son tour près de
l'anus, entre deux liga-
tures.

Fig. 193. — **Appareil pour comprimer les
fragments de muscle, pour la recherche
des Trichines.**

On peut alors examiner
le paquet viscéral sous
toutes ses faces et explorer le fond des cavités thoracique et
abdominale. Il ne doit plus rester, dans cette dernière, que la
vessie et les organes génitaux. La vessie est liée à sa base, puis
enlevée. On l'ouvre dans un cristallisoir et on examine le liquide,
puis la muqueuse (bilharziose humaine, Trichosome du Rat, etc.).

Examen des viscères. — Le *péricarde* est ouvert, on note et
prélève l'épanchement s'il y a lieu : le *cœur* est extrait, les ventri-
cules sont ouverts et on y recherche éventuellement les Filaires
(*Filaria immitis* du Chien).

Les *poumons* sont ensuite examinés : on note la congestion,
l'hépatisation (les fragments de poumon s'enfoncent dans l'eau),
les foyers inflammatoires ou purulents. Un examen microscopique
rapide des mucosités bronchiques ou du contenu caséeux des
foyers, montre la présence d'œufs de Nématodes (strongylose pulmonaire) ou de Trématodes (*Paragonimus Westermanni*, Trématodes pulmonaires des Grenouilles). On recherche ensuite,
dans les foyers ou les cavernes, les Nématodes ou Trématodes[1].

---

1. Chez la Grenouille, les Trématodes vivent à même le sac pulmonaire.

On examine ensuite la *trachée* et le *diaphragme* : dans ce dernier, on recherche éventuellement les Trichines en comprimant un fragment musculaire entre deux lames (fig. 193).

On passe ensuite au *foie*, dans lequel on peut trouver des Trématodes. On commence par ouvrir la vésicule biliaire dans un cristallisoir; le contenu est dilué au besoin dans la solution physiologique. On coupe ensuite le foie en tranches, qu'on presse entre les doigts pour faire sortir les Trématodes. On aperçoit quelquefois ces derniers dans les canaux biliaires, simplement en raclant la surface de section des tranches avec le dos du couteau.

Il faut, quelquefois, examiner aussi avec soin la veine porte et rechercher sur les surfaces de section le contenu de ses branches (*Schistosomum japonicum*). Enfin, on peut trouver dans le foie des larves de Cestodes (Échinocoques, Cysticerques, etc.), qui sont localisées, soit à la surface, soit dans la profondeur.

Éventuellement, on fait, avec le foie et la rate des *frottis par apposition* (p. 708), pour la recherche des Protozaires (*Plasmodium*, *Leishmania*, etc.). Pour cela, on sectionne avec un bon rasoir une petite tranche d'organe. On saisit cette tranche avec une pince ou avec les doigts et on l'applique en plusieurs endroits d'une lame bien propre. On fixe humide (p. 675) ou on dessèche rapidement comme un frottis de sang (p. 673) : on obtient ainsi un véritable décalque de la surface de section. Il ne faut pas frotter l'organe sur la lame, car on écrase les éléments.

Les *reins* sont décortiqués, puis fendus longitudinalement jusqu'au bassinet, en sectionnant leur bord convexe.

Le *péritoine* doit être examiné avec le plus grand soin, surtout lorsqu'on soupçonne la présence de certaines Filaires adultes. On doit examiner par transparence l'épiploon et tous les replis du mésentère.

Il ne reste plus à examiner que le *tube digestif*. Celui-ci est déroulé en entier. On a soin de couper le mésentère de façon à bien libérer les anses intestinales. Lorsque le tube digestif est court (Carnivores), on peut l'étaler en long sur une table et l'ouvrir d'un bout à l'autre, de l'œsophage au rectum. Pour les gros animaux et les Herbivores, il est préférable de le couper entre deux ligatures, par portions (œsophage, estomac, grêle, gros intestin) qu'on examine successivement. Ces portions doivent être ouvertes sur toute leur longueur, avec des ciseaux mousses ou mieux avec un entérotome : il faut procéder lentement et avec précaution de manière à ne pas couper les Helminthes. On doit avoir à sa portée un cristallisoir ou une cuvette photographique noire, garnis de solution physiologique. On y dépose les Helminthes au fur et à mesure qu'on les découvre. Les Cestodes, qui sont très fragiles, doivent être enlevés avec des précautions particulières. Au besoin, on arrose l'intestin d'eau physiologique pour les faire flotter ou même ou découpe la portion de muqueuse et on la porte dans le liquide, pour détacher l'animal sans le briser. Éventuellement on prélève, pour les fixer histologiquement, des portions avec les parasites implantés dans la muqueuse.

Les petits Helminthes doivent être recherchés par lévigation du contenu intestinal. On délaie avec de l'eau le contenu d'une portion d'intestin dans un cristallisoir ou une cuvette photographique noire. On laisse déposer quelques instants, puis on décante doucement. Les débris alimentaires, plus légers, sont entraînés avec le liquide; les Helminthes, toujours très denses, tombent rapidement au fond et y restent. Si le résidu est trop épais, on agite et décante une seconde fois. Finalement, on ne garde qu'un culot fluide, dans lequel on recherche les petits Helminthes. Ceux-

Fig. 194. — Cuvette à fond mi-partie noir et blanc, pour la recherche des petits Helminthes.

ci tranchent par leur couleur blanche sur le fond noir de la cuvette (fig. 194). On les prélève délicatement avec des pinces ou mieux avec un petit pinceau pour les porter dans l'eau physiologique.

Il est de la plus haute importance de pratiquer ces recherches avec beaucoup de méthode et de noter exactement en quel point on a trouvé les parasites. Leur situation dans l'intestin est régie par un déterminisme rigoureux qu'il importe de mettre en évidence; lorsque l'animal autopsié est fraîchement tué, tous les parasites sont encore en place et la plupart fixés à la muqueuse.

II. — FIXATION ET CONSERVATION DES HELMINTHES

Examen à l'état frais. — L'étude des Helminthes doit se faire, autant que possible, sur du matériel frais. Il ne faut pas oublier que l'étude des animaux conservés n'est qu'un pis aller : les véritables observations biologiques doivent être faites sur l'animal vivant. Beaucoup d'Helminthes, surtout les Vers plats, sont assez transparents pour pouvoir être étudiés entre lame et lamelle ou entre deux lames, au moyen d'une légère compression. Le binoculaire rendra de grands services pour l'examen des grosses espèces. En mettant les Helminthes à l'étuve à 37°, dans de la solution physiologique, ils présentent des mouvements très actifs qui donnent une bonne idée de l'action vulnérante que peuvent exercer certains d'entre eux.

Cestodes.

La grande difficulté à surmonter, dans la préparation de ces animaux, est leur contractilité : il faut s'efforcer de les fixer en extension.

1° **Conservation totale**. — Pour les *petites espèces*, ne dépassant pas 5 centimètres de longueur, on peut employer la *méthode par agitation* de Looss[1] : on racle le contenu de l'intestin et la muqueuse avec une lame mousse et on met, par portions, le produit du raclage dans un tube avec de la solution physiologique. On remplit presque complètement le tube, on le bouche au liège ou avec le pouce et on agite fortement pendant quelques instants (3 secondes), de manière à fatiguer les Vers et à faire cesser leurs contractions musculaires. On laisse déposer un instant, puis on remplace la moitié du liquide par du sublimé en solution aqueuse concentrée[2]. On agite de nouveau pendant quelques instants (30 secondes), puis on couche le tube à plat pour permettre aux Vers de s'étendre. On lave ensuite à l'eau à plusieurs reprises, puis à l'alcool iodé[3].

Lühe[4] fixe aussi par agitation dans un tube avec du sublimé concentré des espèces assez grandes, jusqu'à 15 cm. Il supprime l'agitation préalable dans la solution physiologique. Il couche le tube après agitation.

1. A. Looss. Zur Sammel und Conservierungstechnik von Helminthen. *Zool. Anzeiger*. XXIV. p. 302, 1901.
2. Ou de l'alcool-formol (p. 287), ou simplement de l'alcool. Dans ce cas, on décante dès que les animaux sont tués et on conserve dans l'alcool à 90°.
3. En voyage, on peut laisser le tout dans le sublimé pendant plusieurs jours ou même plusieurs semaines. On procède ensuite aux lavages. Si on a fixé à l'alcool-formol ou à l'alcool, on conserve dans ces liquides *purs*, sans laver.
4. *Centralbl. für Bakteriol.*, 1 Abth., XXX, p. 167, 1901.

Pour les *grandes espèces*, le traitement est beaucoup plus difficile. Looss conseille de les fixer dans une cuvette remplie de solution physiologique additionnée de 1 à 2 p. 100 de sublimé. On tient le Cestode avec une pince en bois ou en corne et on l'agite vivement de droite à gauche dans le liquide, de manière à l'étendre le plus possible. Les très grands exemplaires pourront être lavés à la solution physiologique, puis placés à cheval en travers de la main gauche, de manière à ce que les deux extrémités ne se touchent pas. On fait couler du sublimé concentré sur les deux parties du Ver.

Lorsqu'on ne désire pas conserver la structure histologique, je trouve bien préférable de laisser le Ver mourir en extension dans l'eau ou la solution physiologique, puis, dès qu'il ne réagit plus, on le plonge dans du formol à 5 p. 100.

2° **Fixation histologique.** — A mon avis, le meilleur moyen d'avoir de jolies pièces à colorer au carmin et à monter en préparations microscopiques, consiste à fixer des fragments de Cestodes par compression légère entre deux lames. Les fragments, aussi longs que possible, sont étendus entre deux lames, qu'on serre légèrement avec un fil enroulé autour de leurs deux extrémités. Les anneaux doivent être aplatis, mais non écrasés.

Les deux difficultés à surmonter sont l'écrasement et le glissement des anneaux qui fuient entre les deux lames, s'échappent sur les côtés ou se tassent vers une extrémité. Pour rendre la pression plus régulière, on découpe, dans un buvard blanc, une grande cellule rectangulaire de la dimension des lames (fig. 176). Lorsque les anneaux sont bien étalés, on plonge l'appareil dans le fixateur. Celui que je préfère est l'*alcool-formol*.

Alcool à 90° 90
Formol à 40 p. 100. 10

On opère dans un tube Borrel. Il est bien évident que les bords des anneaux sont fixés avant la partie centrale et que la pénétration du fixateur est très lente. Aussi, dès que les bords sont fixés, faut-il relâcher le fil et soulever délicatement une des lames, de manière à hâter l'opération en facilitant l'entrée du liquide. On serre de nouveau les lames avec le fil et on recommence plusieurs fois cette opération. Il faut bien faire attention à ne pas déchirer le Ver en écartant les lames.

Lorsqu'on désire simplement faire des coupes dans les anneaux, sans les examiner par transparence, je conseille une compression beaucoup plus légère. On peut alors employer un fixateur histologique quelconque : mais il importe que celui-ci ne soit pas acide, si on veut conserver les corpuscules calcaires.

3° **Larves de Cestodes.** — Les *Cysticerques* seront fixés par compression entre deux lames, après dévagination de la tête, ce qui s'obtient soit par taxis, soit en mettant les Cysticerques à l'étuve à 37°, dans la solution physiologique (voir aussi p. 254). On fixera de même des portions de *Cœnures*.

On obtiendra des préparations très instructives d'*Echinocoques* en fixant des fragments de membrane fertile : la compression, dans ce cas, devra être très légère, pour ne pas écraser les têtes.

Les *Cysticercoïdes*, qui sont toujours de très petite taille, peuvent être traités comme des objets isolés (p. 454 et 479). Le mieux sera de les étudier sur des coupes d'organes de l'hôte intermédiaire.

Les *Plérocercoïdes* sont trop épais pour être étudiés autrement que sur des coupes. Ils figureront aussi dans la collection de préparations macroscopiques, après fixation dans l'alcool ou le formol, soit isolément, soit avec les viscères dans lesquels ils se sont développés.

4° **Conservation en collection.** — Les plus jolis échantillons de collection sont ceux qui, après être morts en extension, ont été plongés dans du formol à 5 p. 100. Les Cestodes y gardent la demi-transparence de l'état frais et une grande souplesse. Le liquide devient toujours opalescent, mais on peut le remplacer par intervalles. L'alcool a le grave inconvénient de contracter les Cestodes et de les rendre opaques, ce qui est un grand obstacle aux recherches de systématique. Les grandes espèces peuvent être enroulées autour d'un gros cylindre de verre ou d'une carcasse de baguettes de verre ; on fixe les deux extrémités avec un fil. On peut encore faire sécher les Cestodes sur une lame de verre noir ou transparent à laquelle ils adhèrent très bien (fig. 195).

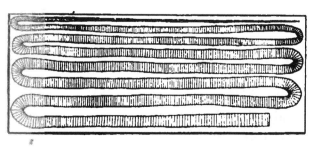

Fig. 195. — Cestode coloré au carmin et collé sur une lame de verre par le procédé de Marotel.

Marotel[1] combine ce procédé avec une coloration préalable au carmin boracique (p. 381).

Procédé de Marotel. — Le Cestode, lavé à l'eau tiède, meurt lentement en extension pendant le refroidissement de cette eau, il est ensuite coloré 6 à 12 heures au carmin boracique, lavé

1. Marotel. Nouveau mode de présentation des Cestodes. *Bull. Soc. sc. vétér. Lyon*, 11 février 1912.

4 à 6 heures à l'eau courante, différencié 5 à 10 secondes dans l'alcool légèrement acidulé par l'acide chlorhydrique, lavé de nouveau à l'eau, puis étalé sur une plaque de verre en lui faisant décrire autant de replis qu'il faut (fig. 195) Ce procédé est très pratique et très économique.

5° **Coloration des préparations des Cestodes.** — Le meilleur colorant est le carmin. Employer le carmin au borax alcoolique ou le carmin chlorhydrique (p. 382). Avoir soin de détacher les Cestodes des lames entre lesquelles ils ont été fixés. Différencier par l'alcool chlorhydrique à 1 p. 100. Déshydrater et monter au baume. Comprimer la préparation avec un petit tube de mercure (p. 456), de manière à avoir l'animal bien plat. Le picro-carmin donne aussi de jolies préparations : les crochets sont colorés électivement en jaune par l'acide picrique.

Les Cestodes dont les anneaux sont très opaques, notamment les *Hymenolepis*, doivent être *éclaircis* par l'acide acétique cristallisable avant la coloration. L'animal, fixé à l'alcool ou au Bouin (laver à l'alcool dans ce dernier cas), est traité pendant 5 minutes par l'acide acétique, lavé à l'eau, puis à l'alcool et coloré au carmin chlorhydrique (Joyeux).

Les coupes d'organes renfermant des Cestodes, seront colorées à l'hématéine-éosine ou par la méthode de Curtis (p. 702), avec laquelle les crochets sont teints électivement en rouge par la safranine.

Trématodes.

1° **Récolte**. — Nous avons vu comment on les récolte dans le foie (p. 576). Les Trématodes du tube digestif sont plus difficiles à découvrir, parce qu'ils sont quelquefois très petits. Voici comment Looss[1] conseille de procéder : on racle légèrement la muqueuse intestinale avec une lame mousse et on agite le produit par portions, comme il a été dit p. 578. On est sûr ainsi de ne pas perdre des petites espèces. Malheureusement, le triage par décantation est quelquefois très difficile, parce que les villosités sont aussi lourdes que les petits Trématodes. Il est préférable alors de couper l'intestin en morceaux qu'on agite fortement avec de la

---

1. *Loco citato* et Beitrago zur Systematik der Distomen. *Zool. Jahrbücher. Syst. Geogr. und Biol.*, XXVI, 1907.

solution physiologique; la plupart des Vers se détachent. L'avantage de ce dernier procédé est de fournir tous les Vers d'un segment intestinal donné.

2° **Fixation**. — Les *petites espèces* sont fixées par agitation, en remplaçant la solution physiologique par le fixateur (sublimé, Bouin, alcool-formol, alcool) comme il a été dit p. 578. Il faut proportionner la violence de l'agitation à la musculature des Vers et ne pas oublier que c'est cette agitation qui les met en extension. Bien entendu, lorsqu'on n'a que quelques Vers à traiter, on les fixe entre lame et lamelle ou entre deux lames, en les comprimant légèrement.

Parmi les *grosses espèces*, il y a deux catégories à distinguer; celles qui sont foliacées et peu musclées se fixent admirablement par compression entre deux lames retenues par des tours de fil, avec emploi éventuel d'une cellule en papier[1] (fig. 176). Il ne faut pas que la compression soit assez forte pour provoquer la sortie des œufs et du contenu intestinal.

Les espèces très épaisses ou de forme cylindrique sont lavées dans la solution physiologique, puis inondées du fixateur.

3° **Conservation en collection**. — Le formol à 5 p. 100 est excellent lorsque les animaux ont été tués en extension : dans ce liquide, ils restent souples et transparents et se prêtent très bien à l'étude. Mais, s'ils sont contractés ou plissés, il est impossible de leur rendre leur forme primitive. Au contraire, les échantillons fixés et conservés dans l'alcool (sans formol) reprennent facilement leur forme et leur souplesse, par simple immersion dans l'eau distillée.

4° **Coloration**. — Le carmin chlorhydrique donne d'admirables colorations surtout après fixation dans le formol ou l'alcool-formol. On monte au baume après déshydratation.

Les grosses espèces, qui seraient trop opaques, par suite de leur épaisseur, seront déshydratées et éclaircies dans la créosote (p. 586). On peut les monter sous bon lut de Krönig, dans des lames à concavité. Les très gros individus, tels que les *Paragonimus*, peuvent être conservés en tubes, après éclaircissement par la créosote; il sera nécessaire de les étudier par dissection à l'état frais ou par coupes sur du matériel fixé.

1. Ce mode de fixation convient à tous les Vers plats, tels que les Turbellariés (Planaires) et les Némertes. Pour ces derniers, voir Oxner, *Bull. Musée océan. Monaco*, n° 127, 1908.

Nématodes.

Les Nématodes sont particulièrement difficiles à monter en préparations microscopiques, à cause de la résistance de leur cuticule. Deux écueils sont à craindre : la contraction et le plissement de cette cuticule et l'impossibilité qui peut en résulter d'apercevoir les organes internes. En outre, il ne peut être question de monter ces Vers dans une résine ni de les colorer en masse.

La technique de Nématodes est donc tout à fait spéciale : les meilleures indications que nous possédions à ce sujet sont dues aux travaux de Looss sur les Sclérostomidés[1] et notamment sur les Ankylostomes[2].

Récolte et nettoyage des adultes. — Ces Vers sont récoltés et bien lavés dans la solution physiologique[3]. Ce nettoyage, qui devient impossible après la fixation, est surtout indispensable pour les Sclérestomidés, dont les capsules et les bourses copulatrices sont souvent encombrées de débris alimentaires ou épithéliaux. On met les Vers dans un tube au tiers rempli de liquide, on ferme avec le pouce et on agite vigoureusement : les animaux vivants supportent très bien ce traitement. On achève par un lavage dans un grand volume de liquide, pour détacher les bulles d'air.

La recherche des petits Nématodes dans de grandes quantités de matières (autopsies d'Herbivores, Ankylostomes dans les selles de l'Homme), se fait en délayant ces matières dans de grands bocaux pleins d'eau. On laisse déposer quelques instants et on décante l'eau chargée des parties les plus légères. On recommence à plusieurs reprises, en laissant sédimenter chaque fois 5 à 6 minutes. Pour les selles humaines, on s'arrête quand l'eau de lavage n'est plus trouble : il est inutile d'écraser les gros morceaux qui ne renferment généralement pas de Vers. Ce procédé est très rapide ; il permet de rassembler tous les Helminthes en 15 à 20 minutes.

On peut aussi laver les selles sur un fin tamis de toile métallique, sous un robinet. On agite le tamis continuellement et, au

1. Looss, The Sclerostomidae of Horses and Donkeys in Egypt. *Records of the Egypt. Gov. School of medicine, Cairo,* in-4° de 138 p., 13 pl., 1901.

2. Looss, The anatomy and life-history of Agchylostoma duodenale Dub. *Records of the Egypt. Gov. School of medicine, Cairo,* III, in-4° de 158 p., 10 pl., 1905 et IV, 1911.

3 L'eau fait gonfler et éclater certaines espèces, notamment les Filaires.

besoin, on écrase les matières avec une baguette de verre. Ce procédé est moins sûr, parce qu'on peut laisser échapper de petits Helminthes et traumatiser ceux qui restent sur le tamis ; il est aussi plus long.

Fixation. — La meilleure méthode est évidemment celle de Looss. On fait chauffer de l'alcool à 70°, jusqu'à ce que des bulles commencent à apparaitre (50° à 60°) au fond du vase et on y plonge les Vers. L'alcool ne doit pas être bouillant, de manière à ne pas durcir les tissus et à permettre une inclusion éventuelle dans la paraffine. Pourtant, s'il n'est pas assez chaud, l'extension ne se produit pas bien.

Les détails de la technique peuvent varier beaucoup. Il est préférable de faire chauffer l'alcool dans un ballon, car on évite ainsi les dangers de l'inflammation. Lorsque les Vers à fixer sont nombreux, on les rassemble dans un cristallisoir, avec aussi peu de liquide que possible, et on les inonde avec une grande quantité d'alcool chaud, puis on agite doucement, pour rendre la fixation bien uniforme pour tous.

Lorsqu'on n'a que quelques Vers à fixer, on peut faire chauffer l'alcool dans une capsule ou une casserole ; en mettant très peu de liquide et en usant d'une petite flamme, on évite l'inflammation de l'alcool. Si celle-ci se produit, on couvre le vase avec un carton et la flamme s'éteint de suite. On fixe les Vers en les plongeant un à un dans l'alcool chaud ; ils meurent immédiatement en extension.

Les Vers très longs et très minces, tels que les Filaires, Strongles, Trichocéphales, demandent des précautions particulières pour éviter les nœuds : ceux-ci doivent être dénoués avec deux aiguilles. Pour fixer les Trichocéphales, on les saisit délicatement par la grosse extrémité et on fait plonger la partie effilée dans le liquide en l'y agitant rapidement pendant quelques secondes. Lorsque l'alcool est chauffé au point voulu, les Vers s'étendent parfaitement ou ne forment que des courbes molles et à grand rayon. Les Trichosomes s'enroulent toujours malgré toutes les précautions (Looss).

Après la fixation, on peut conserver indéfiniment les Vers dans l'alcool à 70°.

Il est bien entendu que cette méthode ne s'applique qu'aux Vers vivants. Les individus morts seront simplement immergés dans l'alcool ou le formol. Les Ankylostomes sont encore vivants vingt-quatre heures après la mort de l'hôte. Il en est de même de la plupart des Nématodes intestinaux.

J'ai préconisé autrefois [1] le formol comme fixateur pour les Nématodes. Ce liquide donne des échantillons de collection macroscopique beaucoup plus jolis que ceux qu'on obtient avec l'alcool. Les préparations microscopiques réussissent très bien avec le lactophénol, dans lequel les Vers ainsi fixés restent parfaitement ronds. Mais ils se contractent généra-

1. M. Langeron, Emploi du lactophénol de Amann pour le montage des Néma todes. C. R. Soc. de biologie, LVIII, p. 749, 1905.

lement et s'éclaircissent mal dans la glycérine et la créosote et se ratatinent toujours dans l'alcool, ce qui explique pourquoi Looss rejette complètement le formol. En outre, ce liquide durcit trop et empêche de faire de bonnes inclusions à la paraffine. Donc, sans éliminer complètement, comme le fait Looss, l'emploi du formol, je pense qu'il faut restreindre son usage au cas de nécessité et aux objets macroscopiques.

Railliet et Henry préfèrent pourtant fixer par le formol à 3 p. 100 dans la solution physiologique ; ils conservent les Nématodes dans ce liquide. Pour monter en préparations, ils éclaircissent dans l'acide lactique (surveiller) et montent à la glycérine gélatinée.

André[1] fixe dans l'eau bouillante ce qui, à mon avis, durcit trop les tissus et conserve très mal les éléments histologiques. L'alcool chaud ou le formol sont bien préférables.

Les fixateurs renfermant des sels métalliques ou des acides, rapetissent et contractent les Vers et les empêchent de devenir transparents dans les liquides glycérinés.

●

Montage en préparations. — La plupart des Nématodes ne peuvent être déterminés qu'au microscope, à de forts grossissements, aussi faut-il les éclaircir pour les rendre transparents.

Glycérine ordinaire ou *gélatinée.* — C'est la méthode préconisée par Looss. Pour éviter le ratatinement, il faut passer très lentement de l'alcool à 70° à la glycérine. Looss fait une solution de glycérine à 5 p. 100 dans l'alcool à 70°. Il place les Vers dans une grande quantité de ce liquide et fait évaporer à l'étuve à 37°, jusqu'à ce qu'il ne reste que de la glycérine pure. Pour les espèces délicates, prendre une solution encore plus faible (1 à 3 pour 100). Surveiller les progrès de l'évaporation, de manière à ce qu'il y ait toujours assez de liquide pour recouvrir les Vers.

On peut conserver indéfiniment les échantillons dans la glycérine ou les monter en préparations dans ce liquide. Le seul inconvénient est la difficulté du lutage.

Montage à la glycérine gélatinée[2]. — On essuie soigneusement le Ver au buvard, on le place sur une lame et on le recouvre d'une lamelle. Celle-ci est soulevée d'un côté par l'épaisseur du Ver et touche la lame par l'autre côté : on la fixe en ce point à la lame avec une goutte de glycérine. On fait alors rouler l'échantillon en déplaçant la lamelle, tout en regardant au microscope : on arrive ainsi à orienter convenablement le Ver[3]. On fixe alors la lamelle par deux gouttes de lut, aux

1. É. André, Sur la fixation et la préparation des Némathelminthes. *Ztschr. f. wiss. Mikr.*, XXIV, p. 278-279, 1907.

2. Employer la formule de Kaiser (p. 159) ou celle de Deane : gélatine 1, eau 2, glycérine 4, en poids.

3. Ce procédé est minutieusement décrit par Looss. *Loco citato*, p. 534, note 1.

deux coins qui sont en contact avec la lame. On charge l'autre côté d'un léger poids, de manière à aplatir un peu le Ver sur ses deux faces. Ce résultat obtenu, on enlève poids et lamelle, on essuie la glycérine et on monte le Ver à la glycérine gélatinée sans rien déranger.

Pour monter plusieurs Vers sous la même lamelle, on les essuie, on les dispose, on charge la lamelle d'un poids et on pose la lame sur un plan bien horizontal (de préférence platine chauffante tiédie). On fait pénétrer goutte à goutte la glycérine gélatinée chaude sur un des côtés perpendiculaires à l'axe longitudinal des Vers, de manière à éviter les bulles d'air. Tout le secret de cette méthode consiste à employer la glycérine gélatinée à une température aussi basse que possible, pour ne pas ratatiner les Vers.

Créosote. — Looss se sert quelquefois de la créosote pour obtenir un éclaircissement très puissant. Il faut d'abord enlever complètement la glycérine par l'alcool, puis déshydrater. Si on veut remettre les Vers dans l'alcool, après examen dans la créosote, il faut les débarrasser complètement de ce produit par l'alcool absolu, car, s'il en reste la moindre trace, les échantillons prennent une teinte brune ou noire indélébile.

Lactophénol. — Après une expérience de plus de dix ans, je considère toujours le lactophénol de Amann comme un excellent milieu pour l'examen et la conservation des Nématodes. Ce liquide ne contracte jamais les Vers, même lorsqu'ils ont été fixés au formol. Il ne les gonfle pas non plus. La transparence est généralement très bonne, surtout pour les petites espèces.

Si on craint la légère teinte jaune que prennent quelquefois les échantillons, on peut supprimer l'acide phénique, ou même le remplacer par un poids égal de glycérine.

L'acide lactique éclaircit énormément les Nématodes; mais, si on a l'imprudence de les laisser trop longtemps en contact avec ce liquide, ils ne tardent pas à être gonflés et ramollis au point d'éclater d'eux-mêmes. Il ne faut donc user de ce réactif qu'avec une grande circonspection. Même lorsque les préparations ne sont pas détruites, il s'y forme des granules qui les rendent inutilisables.

Dissection des Nématodes. — Les grands Nématodes se dissèquent très bien sous l'eau ou sous la solution physiologique. Quant aux petites espèces, le mieux est de les ouvrir sous la glycérine, après imprégnation par ce liquide. On opère dans une petite cuvette, à fond garni de paraffine au noir de fumée ou de caoutchouc (p. 574).

Coupes de Nématodes. — Inclure à la paraffine, mais seulement après fixation à l'alcool. On peut passer de la glycérine à l'alcool à 90° ou 95°. Il faut *absolument* faire quelques incisions à la cuticule pour favoriser la pénétration des liquides. Imprégner par l'huile de cèdre qui ne rend pas les tissus cassants comme le xylol. Si les coupes se font difficilement (Ankylostomes, coupes de la capsule et coupes longitudinales), collodionner la surface du bloc avant chaque coupe (p. 346). Il faut alors coller les coupes au Schœllibaum (p. 359), la surface collodionnée en dessous. Colorer au carmin chlorhydrique ou à l'hématéine-éosine.

Trichines. — Fixer des fragments d'intestin grêle de Souris ou de Rats infestés expérimentalement (p. 609), à intervalles réguliers après l'ingestion, de manière à suivre la pénétration des femelles et la ponte. Rechercher les adultes dans le contenu intestinal, fixer à l'alcool chaud ou au formol, monter au lactophénol. Rechercher les embryons dans l'exsudat péritonéal, par examen à l'état frais et par frottis qu'on peut colorer à l'hématéine ou au Pappenheim. Pour l'étude histologique des lésions musculaires, fixer des fragments au Bouin et faire des coupes ; pour l'étude histomorphologique, comprimer des fragments de muscles (de préférence le diaphragme) entre deux lames, lier avec un fil et fixer à l'alcool ou à l'alcool-formol. Colorer au carmin chlorhydrique et monter au baume.

La recherche simple des kystes de Trichines dans les muscles des animaux infestés se fait en comprimant entre deux lames (fig. 193) des fragments du diaphragme et de divers autres muscles. On peut ajouter, pour éclaircir, un peu d'acide acétique étendu de son volume d'eau. Lorsque les Trichines sont très peu nombreuses, on les décèlera plus facilement au moyen de la digestion artificielle (p. 254). Ce dernier moyen permet aussi d'isoler les Trichines.

Filaires.

Filaires adultes. — Au cours des autopsies, les rechercher dans le péritoine (examiner par transparence), les muscles, sous la peau, dans les cavités cardiaques. Cette recherche est souvent très longue et très difficile. Éviter de tirer sur les Vers : lorsqu'on a mis à découvert l'extrémité de l'un d'eux, le couvrir avec un chiffon ou du coton imbibé de solution physiologique et attendre qu'il sorte de lui-même (Brumpt).

Fixer de préférence dans l'alcool chaud (p. 584). Le formol donne de jolis échantillons de collection, mais généralement peu utilisables pour l'étude.

Microfilaires sanguicoles :

1. *Examen à l'état frais*. — Mettre une goutte de sang entre
lame et lamelle (p. 669) : luter à la paraffine ou à la vaseline.
Examiner d'abord avec un grossissement faible (200 diam.), pour
repérer les Microfilaires, puis étudier à 700 ou 1000 diam. Cet
examen montre la forme, les mouvements, la présence ou l'absence
de la gaine, la forme de l'appareil buccal[1]. On peut opérer sur
sang citraté, c'est-à-dire additionné de solution de citrate de
sodium à 1 p. 100.

2. *Colorations vitales*. — La priorité de ces colorations appartient incontestablement à Pittaluga. Dès octobre 1903, dans un
périodique peu connu[2] parce qu'il n'a pas eu longue vie, Pittaluga
décrit, à propos des Microfilaires de *Dirofilaria immitis*, tous les
détails d'organisation qui ont été signalés cinq ans plus tard par
Rodenwaldt et Fülleborn.

Pittaluga a fait ces observations au moyen de colorations vitales
effectuées avec du bleu phéniqué de Kühne, de la thionine phéniquée
de Nicolle ou mieux du bleu de méthylène alcalin (30 centigr. de bleu
de méthylène et de carbonate de sodium pour 100 cm³ d'eau distillée).
La technique, très simple, consistait à renverser une lamelle chargée
d'une goutte de sang sur une lame portant une gouttelette de colorant.

Sans connaître ces observations, Penel[3] a redécouvert en 1905 les
colorations vitales et enfin celles-ci ont été reprises par les Allemands
et notamment par Rodenwaldt[4].

Le seul avantage de ces colorations est de mettre en évidence les
formations problématiques vues et décrites pour la première fois par
Pittaluga et interprétées déjà par lui comme appareil excréteur et
ébauche génitale. C'est ce que les auteurs allemands nomment encore
maintenant cellule excrétrice et cellules génitales. Pittaluga avait très
bien vu aussi les deux pores, qu'il nomme vésicules, et les cellules
dites sous-cuticulaires, qu'il nomme cellules superficielles.

Ce n'est pas ici le lieu[5] de discuter la valeur morphologique des
prétendues cellules excrétrice et génitales, notons seulement que ces
éléments paraissent avoir surtout les réactions des cytoplasmes et ne
pas présenter de véritable noyau.

1. Manson, pour observer cet appareil, fait sortir les embryons de leur gaine
par séjour des préparations à la glacière. *Brit. med. Journ.*, 1, p. 792-794, 1893.
2. G. Pittaluga, Sugli embrioni delle Filarie del Cane (*Filaria immitis* Leidy).
Archives latines de médecine et de biologie, I, p. 45-51, pl. I, 1903.
3. Penel, *Les Filaires du sang de l'Homme*. Thèse de Paris (médecine), 1905 ;
Cf. p. 139 et 110.
4. Rodenwaldt, Studien zur Morphologie der Mikrofilarien. *Archiv für Schiffs-
und Tropenhygiene*, XII, Beiheft 10, p. 18-20, 1908. — Differentialdiagnose
zwischen Mikrofilaria nocturna und diurna. *Ibidem*, XIII, p. 215-220, pl. IV, 1909.
5. Voir à ce sujet : M. Langeron, Les Filaires du Chien. *Arch. de parasitologie*,
XVII, 1915.

Les Allemands ont essayé de baser sur les variations de ces éléments des caractères distinctifs pour les diverses espèces de Microfilaires. Pratiquement, je ne trouve aucun avantage à cette innovation. Elle présente deux ordres d'inconvénients : d'abord la coloration, vitale ou autre, de ces éléments exige des conditions particulières (sang frais ou frottis récents) et beaucoup de temps; en outre les colorations ainsi obtenues sont très irrégulières, il faut souvent examiner un grand nombre de Filaires avant d'en trouver une qui soit convenablement colorée. Nous allons d'ailleurs, chemin faisant, critiquer dans le détail les conceptions allemandes de la technique d'étude des Microfilaires.

Pratique des colorations vitales. — Les deux colorants les moins toxiques sont le bleu de méthylène et l'azur II; le rouge neutre présente l'inconvénient d'agglomérer les hématies [1]. On peut procéder comme Pittaluga (voir plus haut) ou comme Rodenwaldt. Ce dernier mélange sur une lame une goutte de sang avec une goutte de solution d'azur II à 1 p. 3000 dans l'eau distillée. Recouvrir d'une lamelle et luter à la paraffine, sauf en deux points de deux côtés opposés, par lesquels on introduit, au bout de quelque temps, une très faible solution d'éosine. On procède par capillarité, en aspirant d'un côté avec du buvard pendant qu'on fait pénétrer le liquide du côté opposé. Il est indispensable de surveiller la coloration au microscope, car le moment favorable est très fugace; dès que les cellules sous-cuticulaires et somatiques commencent à se colorer, on ne distingue plus les cellules excrétrice et génitales. De plus ces éléments sont loin d'être nettement visibles sur toutes les Microfilaires d'une même préparation.

3. *Colorations semi-vitales.* — Employer la méthode de Sabrazès (p. 670), de Schilling-Torgau (p. 670) ou de Rodenwaldt. Dans ce dernier cas, employer des frottis desséchés aussi récents que possible. Surcolorer par l'azur II à 1 p. 1000 ces frottis non fixés. Au besoin chauffer légèrement, puis laver à l'eau et différencier par l'éther glycérique (p. 442), jusqu'à mise en évidence des cellules excrétrice et génitales. Laver à l'eau à fond, sécher et examiner dans l'huile de cèdre.

Fülleborn pratique la coloration semi-vitale sur des étalements épais (p. 591), desséchés et très récents (2 jours au plus). Colorer par le mélange suivant :

Azur II à 1 p. 100. . . . . 4 cm³
Chlorure de sodium à 9 p. 1000 . . . . . . 100 —

1. Voir p. 670 les autres procédés de coloration vitale et notamment la méthode de Pappenheim.

Il est bon d'alcaliniser très légèrement la solution d'azur II. Il faut arrêter la coloration dès que les Microfilaires apparaissent en bleu pâle et avant que les noyaux somatiques ne soient colorés; l'action de l'azur II peut durer environ de 1 heure et demie à 3 heures.

Différencier et examiner dans l'éosine extra BA de Höchst à 1 p. 1000 dans la solution physiologique à 9 p. 1000. Ces préparations ne se conservent pas et servent seulement à étudier extemporanément les cellules excrétrice et génitales.

4. Coloration des frottis. — a. Frottis humides. — Ce procédé est incontestablement le meilleur pour l'étude histologique fine des Microfilaires et pour les mensurations. Les recherches encore inédites de Treadgold démontrent que ce procédé est le seul qui permette de mettre en évidence d'une façon régulière et certaine, les prétendues cellules excrétrice et génitales.

Procédé de Looss [1]. — Étaler le sang en couche un peu épaisse sur des lames et se hâter de plonger, avant dessiccation, dans de l'alcool à 70° chaud (p. 584). Il vaut encore mieux étaler le sang sur des lamelles et les *faire flotter* à la surface de l'alcool chaud. Conserver ce matériel dans l'alcool à 70°.

On colore ensuite par l'hématoxyline, le carmin chlorhydrique, l'azur II, etc., avec ou sans deshémoglobinisation préalable comme ci-dessous. Monter au baume ou mieux, après coloration au carmin, dans la glycérine gélatinée après passage dans l'alcool glycériné, comme il est dit p. 585.

Procédé de Fülleborn [2]. — 1. *Faire des étalements épais* et laisser sécher complètement comme il est dit plus loin ou employer le procédé de la demi-dessiccation. Dans les deux cas, il est indispensable que le sang soit bien coagulé. Pour les frottis demi-desséchés, attendre que la partie periphérique soit séchée; entre cette partie et la portion centrale, il se forme une zone où les Microfilaires restent longtemps vivantes et très visibles.

2. *Deshémoglobiniser* dans la solution physiologique à 9 p. 1000, dans une cuvette à rainures ou en mettant la préparation face en-dessous sur des cales. Le sang sec s'hemolyse bien tandis que dans les frottis demi-desséchés, le centre encore humide reste coloré. Les frottis desséchés récents sont décolorés en 5 minutes; les frottis demi-desséchés devront séjourner 5 minutes face en dessous dans la solution physiologique, puis 15 minutes dans l'alcool à 60°, toujours face en dessous.

3. *Fixer* par la série des alcools (60°, 80°, 90°, 95°, 100°) ou par l'alcool à 70° chaud ou par tout autre fixateur.

4. *Laver* à l'eau distillée.

5. *Colorer* à l'hématéine-éosine (p. 431). La différenciation par l'alcool

---

1. Looss in Mense. *Handbuch der Tropenkrankheiten*, 2° édit., 1914.

2. Fülleborn, Zur Technik der Mikrofilarienfärbung. *Centrabbl. f. Bakteriol.*, *Orig.*, LXXIII, p. 127-141, 1914. Tous les procédés de Fülleborn que nous mentionnons sont extraits de cette publication. Voir aussi du même auteur, *Die Filarien des Menschen*, dans Mense. *Handbuch der Tropenkrankheiten*, 2° édition, 1914.

chlorhydrique doit mettre en évidence les cellules excrétrice et génitales. Il va sans dire qu'on peut colorer par toute autre méthode.

6. Déshydrater et monter au baume avec les mêmes précautions que
pour une coupe.

b. *Frottis desséchés.* — Il faut distinguer ici les frottis minces
ordinaires et les frottis épais. Je vais exposer d'abord les méthodes
de Fülleborn pour les frottis épais, puis j'en ferai la critique et je
donnerai des conclusions pratiques.

I. *Méthode de Fülleborn à l'hématoxyline.*

1. *Étaler* 2 ou 3 grosses gouttes de sang sur un espace de 2 à 3 cm.
carrés. Laisser sécher lentement : le sang doit se coaguler entièrement avant de commencer à sécher. Dans le cas contraire, la couche
se fendillerait et se détacherait en écailles. Il faut donc surveiller la
dessiccation et au besoin, surtout dans les climats secs, la retarder en
couvrant le frottis avec une boîte de Petri.

2. *Déshémoglobiniser* par l'eau distillée, face en dessous ou dans une
cuvette à rainures. Cette opération ne doit pas durer plus de 1 ou
2 minutes sauf pour les frottis anciens qui se déshémoglobinisent mal.

3. *Sécher*, opération indispensable pour éviter la contraction des
Microfilaires pendant la fixation.

4. *Fixer* pendant 10 minutes au moins dans l'alcool absolu, puis
sécher de nouveau.

5. *Colorer* intensément par l'hémalun ou le glychémalun (p. 387).

6. *Laver* à l'eau et *différencier* dans l'acide chlorhydrique à 2 p. 1000.

7. *Laver* à l'eau de source pour bleuir, puis sécher et examiner dans
l'huile de cèdre.

II. *Méthode de Fülleborn au vert de méthyle-pyronine.* — D'après Fülleborn, cette méthode réussit aussi bien avec des frottis récents qu'avec
des frottis anciens, elle donne des préparations durables et montre les
cellules somatiques ainsi que les cellules excrétrice et génitales. Par
contre les gaines ne sont pas colorées.

Il faut opérer sur des étalements épais desséchés; le matériel fixe
humide et conservé dans l'alcool ne convient pas. J'ai remarqué que
la méthode ne réussit pas non plus avec les frottis minces ordinaires.

1. *Déshémoglobiniser* dans la solution physiologique à 9 p. 1000 pendant 1 ou 2 minutes au plus et un peu plus longtemps pour les frottis
anciens.

2. Colorer de 30 minutes à 3 heures dans le vert de méthyle-pyronine phéniqué de Unna-Pappenheim (p. 447) étendu de 10 p. 100 de
solution physiologique (pour que l'eau distillée n'altère pas les éléments des Microfilaires).

3. *Différencier* et *déshydrater* très rapidement par les alcools à 60°, 80°
et 100°. Insister un peu plus si la coloration par la pyronine est trop
intense. Le résultat est bon lorsque, dans la partie antérieure de la
Microfilaire, la cellule excrétrice et la zone du pore excréteur sont
colorés en rouge, tout le reste étant coloré en bleu verdâtre.

4. Xylol, baume ou huile de cèdre.

5. *Remarques critiques*. — Que faut-il penser de ces méthodes compliquées et que devons-nous en retenir au point de vue exclusivement pratique? Disons rien ou bien peu de choses. Je ne nie pas l'intérêt et la valeur des travaux de Fülleborn sur les Microfilaires, mais je pense qu'au point de vue pratique les méthodes que ce savant préconise ne font que compliquer l'étude de ces parasites. Il est grand temps, dans l'intérêt des médecins coloniaux, de revenir à un procédé qui a fait ses preuves, qui ne nécessite aucun outillage spécial et qui permet de faire la recherche et le diagnostic des Microfilaires par les méthodes hématologiques ordinaires.

Valeur des caractères anatomiques. — Les auteurs allemands s'efforcent de classer les Microfilaires d'après la forme d'éléments particuliers auxquels on attribue les noms de cellule excrétrice et cellules génitales. Or ces éléments sont fort difficiles à voir: il est nécessaire d'employer, pour les mettre en évidence, les méthodes longues et délicates que nous venons de décrire et encore le résultat est loin d'être certain.

A mon avis, il y a trois caractères anatomiques bien plus importants, bien plus sûrs et très faciles à mettre en évidence. Ce sont la gaine, le corps interne et les cellules caudales. Les deux derniers ont du reste été très bien mis en valeur par Fülleborn.

J'ai déjà dit plus haut que la signification exacte des cellules excrétrice et génitales était encore des plus problématique. Pour moi je doute fort que ce soient de véritables cellules; je les considère plutôt comme des traînées d'une substance analogue à celle du corps interne, avec lequel elles paraissent d'ailleurs en relation étroite.

Valeur des méthodes techniques. — Toutes les méthodes que nous venons d'exposer doivent donc être reléguées au rang de procédés de laboratoire, excellents pour les recherches d'histologie fine, mais impraticables pour le diagnostic courant. Elles sont trop longues, trop compliquées et de résultat trop incertain.

Les *frottis épais* ou étalements épais présentent de nombreux inconvénients. S'ils sont faciles à exécuter, en revanche ils altèrent toujours les parasites à cause de la lenteur de la dessiccation et, en outre, ne permettent pas l'étude du tableau hématologique. Leur emploi ne saurait être justifié que lorsque les parasites sont très rares, ou lorsqu'on veut obtenir une grande quantité de Microfilaires dans un champ restreint.

6. Conclusions pratiques. — Je conseille vivement, pour l'étude des Microfilaires, *la coloration au Romanovsky de frottis minces ordinaires*. Les avantages de ce procédé sont les suivants :

1. Il ne nécessite ni matériel, ni apprentissage spécial. C'est la technique hématologique courante.

2. Il montre admirablement les caractères anatomiques que je

considère comme seuls essentiels pour l'étude des Microfilaires, c'est-à-dire, la gaine, les cellules somatiques et en particulier les cellules caudales si importantes, les deux pores, le corps interne.

3. Il donne en même temps le tableau hématologique.

4. Il est le plus rapide et le plus sûr et n'altère jamais les Microfilaires.

Confection des frottis. — Se conformer aux règles données p. 672. Avoir bien soin d'étaler *toute* la goutte de sang, en appuyant très peu la lamelle, de manière à ne pas obtenir un frottis trop mince. Il est indispensable que les bords et la fin du frottis, où s'accumulent les Microfilaires, soient accessibles à l'examen microscopique.

Coloration. — Employer une modification quelconque de la méthode de Romanovsky : Giemsa rapide (p. 417), panoptique (p. 422) ou panchrome (p. 424), comme pour un frottis de sang ordinaire. En ce qui concerne la coloration, je ne suis pas du tout de l'avis de Fülleborn; je trouve que le Romanovsky donne des résultats bien supérieurs à l'hématoxyline : la gaine est toujours très bien colorée et les caractères anatomiques essentiels, mentionnés plus haut, sont admirablement mis en évidence. Enfin le procédé est très rapide et en 10 minutes on peut avoir une préparation. Un autre avantage est que les Microfilaires se colorent très bien au Romanovsky, même dans des frottis très anciens, vieux de plusieurs années.

Examen. — Il est essentiel d'examiner les bords et l'extrémité terminale des frottis; c'est là qu'on est sûr de rencontrer les Microfilaires lorsqu'il y en a. *Il faut toujours rechercher les Microfilaires avec un faible grossissement (200 diam.),* sans cela on s'expose à passer à côté sans les voir. On prend ensuite l'objectif à immersion pour étudier les détails de structure.

En opérant comme je le conseille, on a non seulement les Microfilaires, mais encore le tableau hématologique complet, ce qui a une grande importance pour l'histoire du malade. Pratiquement, je considère cette méthode comme supérieure à celle des frottis humides; on peut l'employer partout, en toutes circonstances et, lorsqu'elle est bien exécutée, elle donne des résultats très exacts.

Numération des Microfilaires. — Fülleborn [1] conseille deux méthodes :

1. Mesurer le sang avec une pipette graduée et numérer dans une cellule à numération, après dissolution de l'hémoglobine par un liquide formo-acétique, coloré au violet de méthyle [2].

2. Mesurer le sang avec une pipette graduée et l'étaler sur une lame. Laver deux fois la pipette et étaler ces liquides de lavage sur deux lames différentes. Déshémoglobiniser la première dans l'eau distillée, face en dessous, puis fixer à l'alcool. Fixer seulement les deux autres. Compter les Microfilaires dans les trois lames.

Méthode d'enrichissement. — Fülleborn, dans le même travail, indique deux procédés :

1. *Pour la numération*, il importe peu d'avoir des Microfilaires mortes. *Centrifuger* le sang mesuré et mélangé avec le précédent liquide formo-acétique. Étaler et numérer le culot.

2. *Pour avoir des Microfilaires vivantes* : mélanger le sang avec de la solution physiologique [3] ; centrifuger à fond ; décanter; traiter le culot par l'eau distillée qui n'altère pas les embryons ; centrifuger de nouveau : remplacer l'eau distillée par de la solution physiologique et centrifuger une dernière fois.

Acanthocéphales.

Ces Vers sont surtout fréquents chez les Poissons, les Batraciens et les Oiseaux aquatiques. Chez le Porc on trouve *Gigantorhynchus gigas* et chez le Rat *G. moniliformis*. Lorsqu'ils sont fixés fortement à la muqueuse, il faut sectionner un fragment de celle-ci, et débarrasser ensuite délicatement la trompe des débris de tissu. Faire gonfler les Vers dans la solution physiologique, puis les fixer dans l'alcool chaud ou, s'ils sont de petite taille, les comprimer entre deux lames et les immerger dans l'alcool ou l'alcool-formol. Ce dernier procédé est le meilleur lorsqu'on doit monter les Vers en préparation microscopique et les colorer. Le meilleur colorant est le carmin chlorhydrique; on monte ensuite au baume. Ne jamais colorer dans une solution aqueuse qui gonflerait les Vers. Les grandes espèces se conservent admirablement dans le formol ou dans l'alcool.

III. — RECHERCHE ET CONSERVATION DES ŒUFS D'HELMINTHES

La recherche des œufs d'Helminthes, pour le diagnostic, doit être effectuée dans les produits d'excrétion des organes parasités :

1. Fülleborn. Ueber Versuche an Hundefilarien. *Arch. f. Schiffs und Tropenhygiene*, XII. Beiheft 8, p. 11-12, 1908.
2. Formol à 5 p. 100, 95; ac. acétique crist., 5; sol. alcooliq. conc. de violet de gentiane, 2.
3. Je préfère employer le citrate de sodium à 1 p. 100 qui empêche encore mieux la coagulation.

crachats, urine, matières fécales. Nous nous occuperons d'abord
de ces dernières qu'on a le plus souvent l'occasion d'examiner[1].
Pour les crachats et les urines, se reporter aux articles spéciaux
(p. 695 et 697).

La *coprologie microscopique* est la recherche des éléments
figurés qui se trouvent dans les déjections. Ces éléments figurés
peuvent être des débris alimentaires, des éléments histologiques,
des parasites, des œufs d'Helminthes. L'examen microscopique
des selles a pris peu à peu une grande importance clinique; pourtant il est encore trop souvent négligé, peut-être parce que beaucoup connaissent insuffisamment la technique coprologique.

Technique coprologique.

Elle comprend l'examen macroscopique et microscopique des
selles.

L'examen macroscopique est généralement négligé ou pratiqué superficiellement. Il ne faut pas seulement examiner les
matières à travers les parois d'un flacon ou dans un vase quelconque. Il faut encore les diluer comme il a été dit p. 583 et y
rechercher les gros débris alimentaires et les gros parasites. Il
faut aussi s'aider de la loupe pour rechercher, dans le sédiment,
les Helminthes de très petite taille, tels que les Trichines ou les
Heterophyes. L'emploi d'une cuvette photographique noire rendra
de grands services (p. 577). Quelques gouttes de nitrobenzine
peuvent être utiles pour masquer l'odeur (Thiry).

La *réaction acide ou alcaline* des selles est très importante à
connaitre, surtout dans les cas de diarrhées à Infusoires ou à
Flagellés. On la prend au papier de tournesol rouge ou bleu. Ce
dernier exige de grandes précautions pour être conservé sous les
tropiques pendant la saison humide, car il rougit très vite sous
l'influence de l'acide carbonique de l'air. Il faut donc le garder
en flacons bien secs et bien bouchés.

L'examen microscopique réclame des précautions spéciales,
surtout lorsqu'il s'agit de déceler un très petit nombre d'œufs ou

1. Pour rechercher les œufs de *Schistosomum* dans les calculs urinaires, Pfister
taille ces calculs en lames minces (p. 318) ou les traite par divers réactifs (acide
chlorhydrique, potasse, antiformine) qui les ramollissent et permettent d'y faire
des coupes. *Archiv für Schiffs und Trop. Hyg.*, XVII, p. 369 et 422, 1913.

d'établir un pourcentage par numération. Après une revue des procédés les plus utiles, nous indiquerons la technique qu'une longue expérience m'a démontré être la meilleure.

Prélèvement. — Il suffit en général que les matières soient recueillies dans un récipient parfaitement propre. On a conseillé de prélever les matières *directement dans le rectum*, par exemple avec un tube de verre dont les bords sont bien émoussés ; on enlève ainsi un petit cylindre ou une grosse goutte de matières. Toutefois ce procédé ne peut dispenser de l'examen des selles émises normalement.

Lorsqu'il s'agit d'examiner les selles d'une collectivité, par exemple dans les mines, il faut une instrumentation spéciale. Thiry recommande l'emploi des boîtes de Calmette. Ce sont des cylindres (diamètre 28 mm. ; hauteur 52 mm.) de zinc (fig. 196)

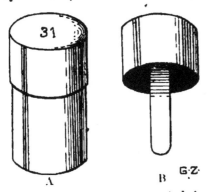

Fig. 196. — Boîte de Calmette. A, boîte fermée ; B, couvercle et languette.

(le laiton est trop cher, le fer-blanc trop oxydable et difficile à bien arrondir) dont le couvercle (B, fig. 196) porte, soudée à l'intérieur du fond, une languette au moyen de laquelle on prélève un peu de matières. Le couvercle de chaque boîte est numéroté de 1 à *n*. On fait déféquer chaque individu à terre ou mieux dans une assiette de carton (Thiry), on prélève avec la languette et on note le numéro de la boîte en face de chaque nom ou de chaque numéro matricule.

1º Examen direct. — La méthode la plus simple consiste à prélever un petit fragment de matière, à le diluer au besoin avec un peu d'eau physiologique bouillie et à l'étaler bien uniformément entre lame et lamelle. Ce procédé fournit d'excellents résultats, malgré sa simplicité, lorsqu'il est appliqué avec méthode et patience.

1º Employer toujours de très grandes lamelles 22×22 ou 22×32.

2º Étaler le mélange bien uniformément, non pas en écrasant la lamelle, mais en la déplaçant légèrement avec un mouvement tournant. Saisir la lamelle par ses bords, avec une pince, pour mieux effectuer ce mouvement. Les matières doivent former une couche mince, transparente [1], homogène.

3° Examiner méthodiquement toute la surface de la lamelle avec la platine à chariot, comme il a été dit p. 14 et 144 (fig. 79).

4° Ne pas conclure avant d'avoir examiné ainsi 4 à 6 préparations.

2° Méthodes d'enrichissement. — Ces méthodes ont pour but d'abréger l'examen et de faciliter le diagnostic, lorsque les œufs sont très peu nombreux.

Notons de suite l'importance pratique des méthodes d'enrichissement. Le temps qu'exigent ces manipulations est amplement compensé par l'économie de temps et de fatigue, réalisée sur un examen microscopique prolongé et infructueux. Parcourir méthodiquement une préparation de matières fécales exige une attention soutenue et toujours en éveil, à cause de la variété des objets et de la nécessité de déterminer la nature exacte de ceux qui peuvent ressembler à des œufs d'Helminthes, surtout lorsque ces derniers sont très rares. Il en résulte une grande fatigue cérébrale et oculaire, dont on peut supprimer une partie au moyen des procédés de concentration.

La concentration est une des méthodes les plus employées en micrographie générale, pour l'étude des éléments isolés et épars dans un milieu solide ou liquide. On la produit par des procédés mécaniques (centrifugation, lévigation), physiques (triage par les liqueurs denses), chimiques (dissolution de la gangue par l'eau, les acides ou les bases).

En ce qui concerne la recherche des œufs, l'idéal est d'arriver à éliminer tous les corps autres que ces œufs, en profitant de la solubilité et des différences de densité, de manière à obtenir finalement, sous un petit volume, tous les éléments parasitaires renfermés dans une grande quantité de matières.

Les procédés de concentration ont été portés à un très haut degré de précision et de perfection dans le domaine de la micrographie lithologique. Il serait à désirer que les biologistes s'inspirent un peu de ces méthodes et essaient de profiter des progrès réalisés par Thoulet, Lauby, etc. Un bon nombre de ces méthodes minéralogiques ne sont pas applicables aux œufs d'Helminthes, à cause de leur fragilité, mais il est des appareils, tels que le tube à lévigation de Lauby [2], qui pourraient être employés avec avantage, dans les laboratoires où on pratique constamment l'examen des matières fécales.

On a proposé un grand nombre de procédés. Maurice Hall a publié [3] une revue très complète de ces méthodes. C'est à ce

---

1. Il est souvent utile de diluer les matières avec du lactophénol, qui donne plus de transparence et augmente la réfringence des œufs, sans les gonfler ni les déformer; mais ce réactif peut rendre invisibles les Protozoaires, lorsque ceux-ci n'ont pas été fixés par le formol.

2. Voir note 3, p. 598.

3. Maurice C. Hall, *A comparative study of methods of examining fæces for evidences of parasitism. U. S. Depart. of agric. Bureau of animal industry. Bull. n° 135*, in-8 de 36 p., 1911. — *Journ. of trop. med.*, XIV, p. 169-171, 1911.

travail que j'emprunte la plupart des détails qui vont suivre, mais que je dispose dans un ordre différent.

a. **Sédimentation simple.** — Laisser déposer les matières liquides. Diluer les matières solides avec un excès d'eau, laisser reposer pendant 5 minutes, décanter le liquide trouble, recommencer plusieurs fois, jusqu'à ce que les eaux de lavage soient à peu près claires. On élimine ainsi les matières solubles et les particules amorphes; on produit donc une concentration partielle et on rend la pâte fécale moins obscure.

b. **Centrifugation.** — C'est une sédimentation rapide, appliquée à de petites quantités de matière. Letulle [1] reproche à ce procédé d'altérer la forme des œufs (*Schistosomum, Ankylostomum*); je n'ai pas constaté cet accident, bien que j'aie eu à centrifuger de grandes quantités d'urines bilharziennes.

c. **Tamisage.** — Le passage des matières à travers un tamis à mailles fines (1 mm.) a pour but de séparer les parties grossières, qui restent sur le filtre, des portions les plus fines, renfermant les œufs, qui passent avec l'eau de lavage. Ce procédé est employé par de nombreux auteurs (Bass, Teleman, Garrison, Brumpt) avec diverses variantes. C'est une bonne méthode pour trier de suite les gros parasites. Les œufs passent avec les eaux de lavage, qu'on recueille et qu'on sédimente. On peut laver encore le sédiment à plusieurs reprises, pour le concentrer et le dépouiller des particules amorphes.

d. **Traitement par les liquides denses.** — La séparation des divers éléments des sédiments, suivant leurs densités, au moyen de liqueurs plus ou moins denses, est un procédé très employé dans certaines branches de la micrographie, notamment en lithologie microscopique. Au point de vue général, je considère ce procédé comme très supérieur à la décantation, parce que les objets peuvent rester en suspension dans l'eau pendant des temps très variables, proportionnels non à leur densité mais à leurs dimensions, comme l'ont bien montré les recherches de Thoulet [2] et de Lauby [3]. Pour les recherches biologiques, l'emploi de ces liqueurs est malheureusement très limité, à cause des altérations et déformations qu'elles produisent dans les éléments.

Méthode de Bass [4]. — Bass a d'abord employé une solution concentrée de chlorure de sodium, puis a conseillé de préférence le chlorure de calcium, qui est employé aussi par Garrison [5]. Les matières sont étendues de 10 fois leur volume d'eau et passées au tamis. Le sédiment est lavé plusieurs fois par centrifugation, de manière à enlever le plus possible de matériaux solubles, puis mélangé à une solution de chlorure de

1. *Presse médicale*, 30 déc. 1905.

2. J. Thoulet, *Précis d'analyse des fonds sous-marins actuels et anciens*. Paris, Chapelot, 1907. — Analyse mécanique des sols sous-marins. *Ann. des mines* (9), XVII, 1900.

3. A. Lauby, Nouvelle méthode technique pour l'étude paléo-phytologique des formations sédimentaires anciennes. *Bull. Soc. botanique de France*, LVI, *Mémoire 15*, 1909.

4. *Journ. Amer. med. Assoc.*, XLVII, p. 185-189, 1906 et *Arch. intern. med.* Chicago, III, p. 446-450, 1909.

5. Garrison, Helminthological technic. *U. S. Naval med. Bull.*, IV, p. 345-354, 1910.

calcium de densité 1,050 [1]. On centrifuge de nouveau, les œufs tombent au fond, car leur densité varie de 1,050 à 1,100; ce qui surnage est rejeté. Si le sédiment est abondant, on le reprend par une solution plus concentrée, de densité 1,250 [2] et on centrifuge : les œufs se rassemblent à la surface; on élimine ainsi des parcelles lourdes et grossières qui gênent beaucoup pour l'examen microscopique. On enlève la couche superficielle du liquide, on la reprend par de l'eau pour revenir à 1,050 et on centrifuge. On retrouve, dans le culot final, tous les œufs qui existaient dans la quantité de matière mise en expérience. Wellmann [3] remplace le chlorure de calcium par l'acétate de sodium.

e. **Méthode chimique de Telemann** [4]. Prélever diverses portions des matières et délayer l'ensemble de ces prises dans un mélange à parties égales d'éther sulfurique et d'acide chlorhydrique. L'éther dissout les graisses neutres et les acides gras, tandis que l'acide dissout les albuminoïdes, les savons, la mucine, les phosphates, les sels de calcium. On passe au tamis fin, puis on centrifuge. Il se forme trois couches : au-dessus, l'éther avec les graisses; au milieu, l'acide avec les bactéries et les fines particules; au fond, le culot renfermant les œufs : le traitement a produit une concentration assez notable de ces derniers. Cette méthode présente le très grave inconvénient de détériorer rapidement le microscope, à cause des vapeurs acides que dégagent les préparations.

f. **Méthode mixte de Hall.** — Elle consiste à diviser finement les matières par agitation violente avec de l'eau, puis à les tamiser sur une série de six tamis de finesse croissante, les mailles du premier ayant 3 mm. et celles du dernier 250 µ. On examine macroscopiquement le résidu qui reste sur chaque tamis; le liquide recueilli est tamisé de nouveau sur de la soie à bluter, ou mieux sur un tamis en toile métallique à mailles de 117 à 134 µ. Le liquide trouble est mis à sédimenter puis est centrifugé.

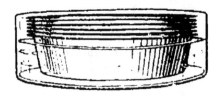

Fig. 197. — Les six tamis de Hall emboîtés et prêts à fonctionner.

Dans la première édition de cet ouvrage, j'avais longuement décrit cette excellente méthode. Malheureusement elle convient plutôt pour l'examen des déjections d'herbivores et n'est pas très pratique pour les déjections humaines, à cause de la dimension des tamis, qui sont difficiles à manier, et de la quantité considérable de liquide à centrifuger à la fin des opérations.

Je rappelle simplement la façon dont Hall [1] construit ses tamis, (fig. 197). On prend des cuvettes en fer-blanc s'emboîtant l'une dans

1. A 18° C. une solution à 10 p. 100 pèse 1,041 et une solution à 15 p. 100, 1,062, d'après Behrens; ces chiffres varient beaucoup suivant les auteurs et aussi suivant la pureté du produit employé.

2. Une solution à 26 p. 100 de sel anhydre pèse à peu près 1,2445 à 15°. Une solution à 55 p. 100 de sel hydraté pèse 1,252 à 18°.

3. Wellmann, Comments on tropical medicine. *Calif. State Journ. med.*, VIII, p. 312-313, 1910.

4. W. Telemann. Eine Methode zur Erleichterung der Auffindung von Parasiteneiern in den Fæces. *Dtsch. med. Woch.*, XXXIV, p. 1510, 1908.

l'autre et dont les bords ont environ 5 cent. de hauteur, avec un fond
de 15 cent. de diamètre. On découpe ce fond et on soude à la place des
toiles métalliques en fil de laiton ou de bronze. Les mailles de ces
toiles correspondent, dans le commerce [1], aux n°° 12, 16, 25, 40; le tamis
le plus large n'est pas compris dans ces numéros et aura des mailles de
3 mm. environ. Pour le second tamisage on prépare un tamis avec
une toile très fine n° 150, à mailles de 180 à 200 μ.

Pour l'usage, on emboîte les six tamis, on met le tout dans un grand
bac de verre ou d'émail et on verse les matières sur le premier tamis
qui est, bien entendu, celui des plus larges mailles. On ajoute assez
d'eau pour recouvrir le fond de ce tamis (fig. 197) et on tamise successivement avec les six tamis.

g. **Méthodes à l'antiformine.** — Yaoita [2] prélève gros comme un pois
de matières en 5 endroits différents de la masse fécale et dilue ces
prises avec 15 cm³ d'un mélange à parties égales d'antiformine à
25 p. 100 et d'éther. Secouer fortement, tamiser sur soie à bluter, centrifuger. Jeter les 3 couches supérieures et examiner le culot. Mac Neil [3]
dilue les matières avec l'antiformine à 25 p. 100, chauffe légèrement
sans faire bouillir, puis ajoute 5 p. 100 d'éther, agite, tamise et centrifuge.

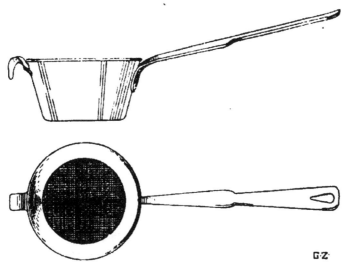

Fig. 198. — Tamis-passoire vu de face et de profil. Diamètre du fond : 5 cm.

h. **Méthode de Telemann modifiée.** — Finalement, après de
nombreux essais, voici la méthode que j'ai adoptée pour l'enrichissement des selles : je me suis inspiré des modifications proposées par Miyagawa et Jörgensen [5].

1. Catalogue de Renaud, Tripette et Cⁱᵉ, 39, rue Jean-Jacques Rousseau, à Paris.
2. *Deutsche med. Woch.*, p. 1510, 1912.
3. *Journ. Amer. med. assoc.*, LXI, p. 1628, 1913.
4. *Mitt. med. Gesellsch. zu Tokio*, XXVI, 1912 et *Centralbl. für Bakteriologie,
Orig.*, LXIX, p. 135, 1913.
5. *Hospitalsidende*, 1 et 8 octobre 1913 et *Brit. med. journ.*, 7 février 1914.

1° *Dilution des matières*. — Prendre en 5 ou 6 points de la masse fécale gros comme un pois ou une petite noisette de matières. Introduire ces prises dans un flacon à large goulot, bouché à l'émeri, de 100 cm³. Ajouter une vingtaine de grosses billes de verre et assez de solution physiologique pour recouvrir le tout. Agiter violemment jusqu'à ce que les matières forment une suspension homogène. Au besoin, s'il reste des masses fécales dures, décanter la dilution obtenue et ajouter une nouvelle quantité de solution physiologique.

2° *Tamisage*. — J'ai construit, pour cette opération, des tamis analogues à ceux de Hall, mais beaucoup plus petits. Ce sont des

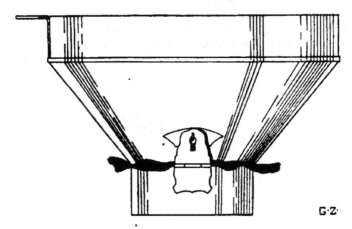

Fig. 199. — Tamis de peintre à fond à charnière et toiles interchangeables.

passoires à thé (fig. 198) dont le fond a été découpé et remplacé par des toiles métalliques en bronze des n°⁵ 150, 70, 40, 25. J'emploie rarement le tamis 150 (mailles de 200 μ). Le plus souvent, je passe la dilution d'abord sur le tamis 40 (mailles de 500 μ), puis sur le tamis 70 (mailles de 340 μ). Lorsqu'il y a de gros débris ou si le tamisage est trop lent, je fais un premier passage sur le tamis 25 dont les mailles ont 1 mm. Pour tamiser de grandes quantités de matières, j'emploie un tamis de peintre, dont le fond à charnière (fig. 199) permet de changer facilement les toiles métalliques.

3° *Traitement par l'acide chlorhydrique*. — Le liquide tamisé est introduit dans un flacon à large goulot bouché à l'émeri et additionné de la moitié de son volume d'un mélange à parties égales d'acide chlorhydrique et d'eau. On peut employer l'acide chlorhydrique ordinaire. Le tout est secoué énergiquement pour bien effectuer le mélange et on laisse l'acide agir pendant quelques minutes.

4° *Traitement par l'éther*. — Ajouter au mélange acide son volume d'éther sulfurique ordinaire. Agiter d'abord très doucement, puis de plus en plus fort de manière à obtenir une émulsion homogène.

5° *Centrifugation*. — Centrifuger cette émulsion avec les précautions habituelles (p. 697). Cent tours de manivelle suffisent amplement avec le centrifugeur a main. Il se forme 4 couches : 1, l'éther chargé de graisses et de matières colorantes; 2, une épaisse couche formée de fins détritus non figurés et non déterminables; 3, une couche de liquide acide et coloré; 4, le culot renfermant les parties lourdes : débris végétaux, kystes de Protozoaires, œufs d'Helminthes.

On se débarrasse des 3 couches supérieures en retournant le tube d'un coup sec, le culot reste adhérent au fond et on remplit de nouveau les tubes pour continuer la centrifugation. Finalement, on obtient, dans un culot de très faible volume, tous les œufs d'Helminthes, mélangés à quelques débris lourds.

Marche à suivre pour l'examen microscopique des selles. — 1. Faire déféquer le malade dans une assiette, de manière à avoir des selles chaudes et non mélangées d'urine. ,

2. Prélever une goutte des selles si elles sont liquides ou un peu de mucus qui recouvre les selles solides et examiner entre lame et lamelle sans addition d'aucun liquide. En cas de nécessité absolue, diluer avec une gouttelette de solution physiologique. Ce premier examen a pour but la *recherche des Protozoaires* (Amibes, Flagellés), sous leur forme libre. Il est essentiel de le pratiquer sur des selles encore chaudes et d'effectuer le minimum de manipulations.

3. Prélever un petit fragment de matières et pratiquer l'*examen direct*, tel qu'il est décrit p. 596. Il suffit d'examiner une seule préparation. On se rend compte ainsi de l'aspect et de la composition de la pâte fécale, de la présence ou de l'absence des œufs d'Helminthes et des kystes de Protozoaires, de la nature et de l'état des débris alimentaires, de la présence de grains de savons calcaires, etc. Souvent cet examen se confond avec le précédent.

4. *Examen dans la solution de Lugol*. — Diluer une goutte ou un fragment de matières dans une goutte de liquide de Lugol. On met ainsi en évidence : les débris amylacés dont on constate

l'état de digestion : les *Clostridium* (*Bacillus amylobacter*) ; les Protozoaires et leurs kystes dont les noyaux et flagelles deviennent beaucoup plus visibles (p. 490 et 516).

5. *Dilution* et *tamisage* des matières, comme il est dit p. 600 pour la méthode de Telemann modifiée.

6. *Examen* entre lame et lamelle du produit du tamisage et comparaison avec le résultat obtenu par l'examen direct. Essayer aussi l'action du Lugol. Ce temps n'est pas indispensable.

7. *Traitement par l'acide chlorhydrique et l'éther*, et *centrifugation* comme il est dit p. 601 pour la méthode de Telemann modifiée.

8. *Examen du culot.*

Cette méthode réussit très bien avec les selles fraîches, mais ne donne que des résultats médiocres avec les selles conservées dans le formol.

Lumière polarisée. — Je crois être le premier qui ait eu l'idée d'employer ce procédé optique pour l'examen microscopique des matières fécales. Depuis la publication de la 1ᵉ édition de cet ouvrage, Wasserthal et Goiffon [1] ont repris cette question et étudié systématiquement en lumière polarisée divers aliments et divers types de matières fécales. De nos recherches et des leurs il résulte que :

1. Les débris végétaux s'illuminent brillamment entre les nicols croisés et produisent des phénomènes de pléochroisme. Tous les débris cellulosiques, même les plus fins, sont fortement biréfringents.

2. Les grains d'amidon mal cuits ou mal digérés présentent leurs particularités habituelles décrites p. 196, tandis que les grains bien cuits ou bien digérés restent obscurs entre les nicols croisés.

3. Il est facile de distinguer le tissu conjonctif du mucus concrété en fausses membranes : le premier s'illumine, le second reste obscur.

4. Les fibres musculaires intactes s'illuminent : celles qui sont bien digérées restent obscures.

5. La coque des œufs d'Helminthes est biréfringente dans les genres suivants : *Bothriocephalus, Clonorchis, Paragonimus, Trichocephalus.*

L'emploi de l'appareil de polarisation a été décrit en détail dans la première partie (p. 182 à 197).

Colorants. — Les essais de coloration qui ont été tentés n'ont rien donné de satisfaisant. Le Sudan III ne convient que pour la recherche des graisses (p. 723) et l'iode (sous forme de liquide de Lugol) montre nettement les grains d'amidon, les Levures, les *Clostridium* de *Bacillus amylobacter* et met très bien en évidence les noyaux et flagelles des kystes de Protozoaires.

1. Wasserthal et R. Goiffon. L'examen microscopique des selles au polariscope. *Arch. des maladies appareil digestif et nutrition*, 1913. — R. Goiffon. La coprologie usuelle, son interprétation. *Presse médicale*, p. 645, 6 août 1913.

Numération des œufs d'Helminthes.

Leichtenstern [1] pèse une certaine quantité de matières, la mélange à 100 cm³ d'eau et compte les œufs renfermés dans une goutte (0,05 cm³). Il obtient ainsi le nombre d'œufs au gramme.

Brumpt [2] opère de la façon suivante : peser 5 gr. de matières, les étendre de deux volumes d'eau distillée et bien homogénéiser, puis passer au tamis de 1 mm. Laver deux fois le résidu qui reste sur le tamis, en exprimant chaque fois. Réunir le produit des trois opérations, ajouter un vingtième de formol [3] et sédimenter en 24 heures. Décanter et peser le résidu : soit 20 gr. le poids obtenu. Chaque gramme de matières est donc représenté par 4 gr. de dilution. On cherche alors combien il y a de gouttes dans un gramme de dilution bien homogène : suivant le diamètre du compte-gouttes, on en trouve de 20 à 30. On examine entre lame et lamelle une ou deux gouttes et on numère les diverses espèces d'œufs. Il est facile de calculer, au moyen de ces données, la teneur en œufs de 1 gr. de matière : on multiplie le nombre d'œufs trouvés dans une goutte par le nombre de gouttes au gramme et par le chiffre de la dilution. Ce procédé, quoique trouvé d'une façon indépendante, rappelle celui de Lutz [4].

Conclusions à tirer de l'examen des préparations.

On n'a encore que des données éparses et contradictoires sur les relations entre le nombre des parasites et le chiffre d'œufs trouvés dans les selles [5].

En ce qui concerne le diagnostic, un examen négatif doit toujours laisser subsister un doute, car le parasitisme peut exister sans se manifester par des œufs :

1° Lorsqu'il n'y a que des mâles de Nématodes;

2° Lorsqu'il n'y a que des larves de Cestodes ou de jeunes Trématodes;

3° Lorsque les femelles sont infécondes;

4° Par suite d'oscillations dans l'expulsion des œufs;

5° Lorsque les parasites ne pondent pas dans l'intestin (Ténias, Oxyures, etc.).

Il sera donc bon, en cas d'échec, de répéter l'examen pendant plusieurs jours consécutifs.

1. *Deutsche med. Woch.*, n° 11-14, 1886.

2. Brumpt, Diagnostic des épizooties parasitaires. *Rev. gén. des sc.*, p. 123-127, 1911.

3. L'action du formol est triple : antiseptique, décolorant, fixateur qui empêche en partie les œufs d'évoluer.

4. Lutz, *Ueber Ankylostomum duodenale und ankylostomiasis.* Volkmann's Sammlung klin. Vorträge, Leipzig, Breitkopf und Härtel, 1885.

5. Leichtenstern (*loco citato*) divise par 47 le nombre d'œufs d'Ankylostomes trouvé dans un gramme de matières et connaît ainsi le nombre de femelles. Ce procédé est basé sur de nombreuses autopsies.

Causes d'erreur. — Le débutant peut prendre les œufs pour des débris alimentaires ou, plus fréquemment, faire la confusion inverse. Il ne faut pas oublier que les œufs possèdent une membrane à double contour, de forme et de dimensions caractéristiques ; dans cette enveloppe se trouve un embryon ou une ébauche embryonnaire présentant aussi des caractères spéciaux.

Parmi les corps figurés qui peuvent être pris pour des œufs, signalons : les grains de pollen ; les spores de Lycopode ; les spores de Champignons et notamment celles de Truffe, d'Ustilaginées et d'Urédinées ; les sphérules de savons calcaires ; les fragments de trachéides spiralées prenant la forme d'anneaux. Il ne faut pas non plus prendre certains poils végétaux pour des embryons d'Helminthes ; ces poils ont toujours une paroi épaisse et une base d'implantation tronquée.

Conservation des œufs d'Helminthes en préparations définitives.

Il peut être nécessaire, pour les comparaisons ultérieures ou pour les besoins de l'enseignement, de conserver les œufs d'Helminthes, soit en réserve, dans des tubes, soit en préparations microscopiques.

Matériaux de collection. — Le produit de la sédimentation des matières peut être conservé soit dans le formol à 5 p. 100, soit dans le lactophénol. Le formol fixe très bien les œufs et leur conserve leur aspect naturel, mais il produit quelquefois autour d'eux de fâcheuses agglutinations de particules. Le lactophénol a l'avantage de ne pas s'évaporer et d'éclaircir les œufs, mais il leur enlève un peu de leur aspect naturel.

Préparations microscopiques. — On peut monter la plupart des matières dans l'eau formolée et luter au lut de Krönig. Personnellement, je préfère de beaucoup le montage au lactophénol (p. 461 et 479) qui donne des préparations très limpides, dans lesquelles les œufs sont admirablement éclaircis, en conservant leurs caractères morphologiques et leurs dimensions.

Looss[1] procède comme il suit pour monter à la glycérine gélatinée : délayer les matières avec de l'eau et éliminer les gros fragments ; fixer en mélangeant la bouillie avec de l'alcool à 70° glycériné (à 5 p. 100), chauffé à + 70°. Après refroidissement,

1. Looss in Mense, *Handb. d. Tropenkrankheiten.* I, p. 79, 1905.

décanter, ajouter de l'alcool glycériné frais, évaporer à l'étuve et monter à la glycérine gélatinée.

On peut encore traiter les matières par dilution et tamisage, comme il est dit p. 601, puis, après sédimentation, reprendre par le mélange à parties égales d'alcool, de glycérine et d'eau distillée. En laissant évaporer lentement (p. 459), les matières finissent par être dans la glycérine pure et peuvent alors être montées à la glycérine gélatinée, sans que les œufs subissent de déformation.

Les œufs des *Tænia* exigent quelquefois d'être éclaircis par l'acide lactique et montés dans ce liquide.

IV. — EXPÉRIMENTATION

En ce qui concerne les Cestodes et les Trématodes je ne puis qu'indiquer les matériaux les plus favorables. Les Nématodes, dont le cycle est en partie libre, se prêtent aux expériences *in vitro* et donneront lieu à de plus longs développements.

Cestodes. — Le matériel le plus facile à employer est le *Tænia serrata* du Chien, dont l'évolution larvaire se produit chez le Lapin : tuer les Lapins entre le 3e-4e et le 15e-20e jours et fixer le foie. On y trouvera les débuts de la formation du *Cysticercus pisiformis*, avec des lésions très intéressantes. On peut opérer aussi avec le *Tænia crassicollis* du Chat [1] et obtenir le *Cysticercus fasciolaris* chez le Rat ou la Souris, ou inversement. Pour le *Tænia echinococcus*, répéter les belles expériences de Dévé. Rechercher les Cysticercoïdes dans les Puces et les Poux (disséquer dans la solution physiologique) de Chiens infestés de *Dipylidium caninum*.

Trématodes. Essayer l'évolution des œufs qui se trouvent dans les voies biliaires des Moutons douves ; le Miracidium ne sort quelquefois qu'au bout de plusieurs semaines. Il n'est pas toujours facile de trouver des *Limnæa truncatula*.

Chez la Grenouille [2], on trouve de nombreux Trématodes qui se prêtent très bien aux expériences. Le *Diplodiscus subclavatus*, Paramphistomidé du rectum, évolue chez divers petits *Planorbis*. Dans l'intestin grêle, on peut trouver jusqu'à six espèces : le *Brandesia turgida* s'enkyste dans des tumeurs qui font saillie à la surface externe du duodénum ; *Brachycœlium crassicolle*, *Opisthioglyphe endoloba*, *Pleurogenes claviger*, *P. medians*, *Prosotocus confusus*, vivent fixés à la muqueuse. Ils sont excessivement petits, et, pour les découvrir, il faut examiner à un

1 Brumpt a reconnu qu'il est facile d'infester le Chat avec le *Cysticercus fasciolaris* bien mûr, mais *très difficile* d'infester le Rat et la Souris en partant d'anneaux du *Tænia crassicollis*.

2. A. Looss, *Die Distomen unserer Fische und Frösche*. Stuttgart, 1894. — Brauer, *Süsswasserfauna Deutschlands*, Heft 17, *Trematoden*. Iena. Fischer, 1909.

faible grossissement le produit de raclage de la muqueuse. Dans la bouche, on trouve *Halipegus ovocaudatus*; dans les poumons : *Haplometra cylindracea, Pneumoneces variegatus* et *P. similis*; dans la vessie, *Gorgodera cygnoides* et *Polystomum integerrimum*, ce dernier appartenant au groupe des Trématodes monogénèses. Pour les expériences sur le *Schistosomum japonicum* [1], Katsurada et Hashegawa ont figuré un appareil très ingénieux, sorte de cangue, qui permet de faire flotter le Chat, animal receptif, dans l'eau chargée de *Miracidia* (fig. 200).

Fig. 200. - Cangue pour expérimenter sur les animaux qu'on doit immerger. D'après Katsurada et Hashegawa.

Nématodes. — La nécessité de combattre l'ankylostomose a porté les chercheurs à perfectionner les procédés techniques d'expérimentation. Ceux-ci ont été présentés sous leur forme la plus récente par Looss, dans la seconde partie de sa monographie de l'Ankylostome [2].

Culture des Ankylostomes et Anguillules par la méthode de Looss. — Mélanger parties égales de matières et de noir animal et étendre la pâte en couche mince, dans une boîte de Petri. Le noir ne doit pas être acide et la pâte doit être assez consistante pour qu'on puisse retourner le vase sans qu'elle coule : donc, pour les selles dures, ajouter de l'eau ; pour les selles diarrhéiques, décanter ou augmenter un peu la quantité de noir.

Le noir agit en enlevant l'odeur et la réaction acide ; il empêche la putréfaction et aère la culture. Pour les cultures en larges vases, il faut même compléter cette aération par des sarclages effectués avec une spatule, tous les deux ou trois jours.

Pêche des larves. — Le procédé de Looss est une amélioration de celui de Leichtenstern. Exposer les cultures à l'air, jusqu'à dessiccation superficielle, puis les recouvrir d'eau. On voit les larves sortir et on les décante avec l'eau. On peut recommencer plusieurs fois de suite, si la pâte est assez dure pour ne pas se délayer.

Nettoyage des larves. — Par *décantation* ou par *filtration*. Ce dernier procédé est basé sur la propriété qu'ont les larves de traverser le papier à filtrer. Filtrer d'abord rapidement le liquide renfermant les larves, attendre que celles-ci aient traversé le filtre, puis les entraîner en remplissant de nouveau le filtre d'eau. Sédimenter pour avoir les

1. *Centralblatt f. Bakt., Orig.*, LIII, p. 519-522. 1910.
2. *Records of the Egypt. Gov. School of medicine*, Cairo. IV. 1911.

larves. Ne pas oublier que leurs mouvements sont actifs à 25° mais cessent vers 15°. Se méfier de la dessiccation.

On peut encore préparer un sachet formé de 3 ou 4 épaisseurs de vieux linge, le remplir de culture riche en larves et le suspendre dans un vase plein de sublimé à 1 p. 5000, qui ne tue pas les larves. En cas de froid, on peut opérer à l'étuve.

Expérimentation. — Préparer des cadres en fil de fer ou de laiton, rectangulaires ou ovales, de 6-10 sur 4-5 cent. Les recouvrir de huit épaisseurs de gaze à pansements ou de deux épaisseurs de forte toile ; attacher des cordons aux deux petits côtés. Préparer des bonnets de toile pour les Chiens en expérience : ces bonnets ont une ouverture entre le nez et les yeux pour la respiration, on les attache derrière les oreilles. Les Chiens s'occupent uniquement à les enlever, sans se soucier de ce qui leur arrive d'autre part. Appliquer et attacher, à l'endroit choisi, le rectangle de toile, l'imbiber avec le liquide riche en larves, pour réaliser les conditions naturelles d'infestation par les vêtements mouillés. Au besoin, renouveler l'imbibition plusieurs fois. L'expérience finie, on enlève le bandage, on nettoie la place, on la sèche, et on délivre le Chien. Le bonnet empêche l'infestation par la voie buccale. Tuer l'animal par le chloroforme, le plonger dans le formol à 2 p. 100, après ouverture de l'abdomen et du thorax et remplissage des cavités naturelles. Prélever les pièces après durcissement.

Fixation et coloration des larves. — Fixer à l'alcool à 70° chaud. Sédimenter dans un tube à fond rond. Enlever l'alcool avec une pipette. Le remplacer par du carmin chlorhydrique et laisser colorer 24 heures. Différencier dans l'alcool chlorhydrique (5 gouttes d'HCl p. 100). Laver à l'alcool pur et monter au baume (après déshydratation et passage au xylol) ou mieux à la glycérine gélatinée (après passage dans l'alcool glycériné à 5 p. 100 et concentration à l'étuve).

Méthode de Nissle et Wagener [1]. — Verser, dans des boîtes de Petri, un milieu préparé en faisant bouillir, pendant une heure, 100 cm³ d'eau avec 1 gr. de gélose. Étendre à la surface, avec un pinceau, les matières délayées dans de l'eau. Cette méthode est commode pour le diagnostic et la numération, car il est facile d'apercevoir les larves; mais elle expose à de graves erreurs, car la détermination de ces larves est très difficile.

Méthode de Fülleborn [2]. — Placer les matières dans un entonnoir en verre (fig. 201) garni, au lieu d'un filtre en papier, d'un entonnoir de gaze noircie. Au fond, on met du sable stérilisé et au-dessus, les matières. L'entonnoir est posé sur une éprouvette, placée dans une grande cuve de verre pleine de lessive de potasse, qui tue très rapidement les larves. L'éprouvette est tenue à distance des bords par un triangle de fil de fer. On évite ainsi la sortie des larves et l'infestation de l'expérimentateur. Les larves strongyloïdes enkystées se rassemblent, à la partie supérieure de

1. *Hyg. Rundschau*, p. 57-60, 1901.
2. Fülleborn, Methode zur Anreicherung von Ankylostomenlarven. *Archiv für Schiffs-und Tropenhygiene*, XV, p. 368-371, 1911.

la gaze, en tortillons ou mèches caractéristiques, bien visibles sur le fond noir. Ces mèches se produisent surtout en dehors de l'étuve et sont favorisées par la condensation de l'eau sur les parois. Pour l'expérimentation, on prélève les mèches et on les porte directement sur la peau de l'animal.

Trichine. — Pour infester les Souris, Brumpt les met dans un bocal avec un très petit fragment de viande trichinée. Si la dose est trop forte, l'animal meurt, à la période des troubles gastro-intestinaux, avant l'infestation musculaire.

Acanthocéphales. — Il est facile d'expérimenter sur les Crustacés d'eau douce, qui servent d'hôtes intermédiaires à certaines espèces. *Asellus aquaticus* convient pour l'*Echinorhynchus hæruca* de la Grenouille et pour *E. angustatus* des Poissons carnivores. *Gammarus pulex* héberge les larves de plusieurs espèces et, entre autres, celles de l'*Echinorhynchus proteus* des Poissons.

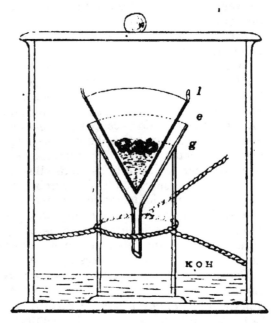

Fig. 201. — Appareil de Fülleborn pour l'élevage des larves d'Ankylostome. — KOH, lessive de potasse; *l*, larves agglomérées en mèches; *e*, entonnoir en gaze noire; *g*, entonnoir en verre.

V. — SANGSUES

Anesthésier les animaux dans l'eau chloroformée ou plus simplement avec de l'eau de Seltz, puis fixer par le sublimé ou tout autre fixateur. Débiter ensuite en tranches pour inclure et couper.

Pour les travaux de systématique, la fixation dans l'eau bouillante ou l'alcool à 70° bouillant suffisent parfaitement. Conserver les animaux dans l'alcool. Pour l'élevage des petites espèces de Sangsues, voir p. 525-527.

Cette technique est applicable à l'étude des *Lombrics*. Avant de les tuer, il faut leur faire évacuer la terre qui remplit leur tube digestif : pour cela, on les garde quelque temps sur du papier buvard humide ou du marc de café. Ces substances, surtout la dernière, se coupent passablement bien dans la paraffine.

CHAPITRE II

ARTHROPODES

Les seuls Arthropodes qui nous intéressent au point de vue médical sont les Arachnides et les Insectes[1]. Ils sont caractérisés par la présence d'un squelette chitineux externe. La systématique de ces animaux est basée sur les caractères de ce squelette. Leur préparation microscopique doit donc être envisagée à deux points de vue très différents, suivant qu'il s'agit de conserver leurs caractères extérieurs ou d'étudier leur structure histologique.

Dans le premier cas, les parties molles importent peu; il faut seulement conserver les caractères externes dans leur intégrité et les rendre visibles, en amenant l'animal à un degré suffisant de transparence.

Dans le second cas, au contraire, il faut, ou se débarrasser du squelette chitineux, ou, au moins, le ramollir suffisamment, pour permettre d'appliquer aux organes internes les méthodes histologiques.

Préparation du squelette externe.

Nous supposons l'animal tué. Nous verrons les procédés à employer pour chaque groupe. Il s'agit de le monter entre lame et lamelle. Les amateurs de microscopie arrivent, à force de patience, à aplatir parfaitement les Arthropodes, par l'action prolongée de la potasse, suivie d'une compression méthodique; malheureusement ces préparations ne sont pas toujours utilisables pour les tra-

---

1. Los petits Crustacés, qui peuvent servir d'hôtes intermédiaires, sont justiciables, soit des méthodes du plankton (p. 660), soit des méthodes que nous ⁀ns exposer pour les Arthropodes.

vaux de systématique. Je préfère beaucoup les préparations un peu épaisses, respectant mieux les reliefs et les rapports des divers organes. On peut, dans certains cas, obtenir un aplatissement modéré en tuant l'animal par le chloroforme, en le ramollissant immédiatement dans l'eau très chaude et en le disposant entre deux lames qu'on charge de poids progressifs (petits tubes contenant du mercure, p. 456); après aplatissement, on lie les deux lames avec un fil et on plonge le tout dans l'alcool pour durcir.

A. **Méthode de la térébenthine de Venise.** — Ce procédé est le plus simple de tous et donne des résultats parfaits. L'animal doit avoir séjourné quelque temps dans l'alcool à 95°; on l'en sort, on le dépose dans une goutte de térébenthine de Venise, préparée comme il a été dit p. 458, et on recouvre d'une lamelle avec ou sans cellule. Les parties molles sont souvent fixées et conservées parfaitement, et peuvent être étudiées à travers la carapace chitineuse.

B. **Méthode du chloralphénol.** — Le baume du Canada est un excellent médium, mais d'un emploi plus compliqué, car il faut passer, après l'alcool, par un liquide intermédiaire. Pour éviter à la fois cet inconvénient et le durcissement inévitable des objets dans l'alcool absolu et le toluène, j'emploie depuis longtemps et j'ai préconisé récemment l'emploi du *chloralphénol de Amann*[1].

Cet excellent réactif[2] n'a été créé par son auteur qu'en vue de l'examen des objets végétaux, mais il s'applique très bien aux Arthropodes. Il se prépare de deux façons : soit avec du phénol ordinaire :

> Hydrate de chloral crist. . . . . 2 parties.
> Acide phénique crist 1   —

soit avec du para-monochlorophénol :

> Hydrate de chloral crist.) ãã.
> Monochlorophénol (para).)

On liquéfie ces deux mélanges à une douce chaleur et on les conserve en flacons compte-gouttes à pipette (fig. 170). Le premier ($n = 1,52$) a l'inconvénient de cristalliser trop facilement en

---

1. M. Langeron, Emploi du chloralphénol de Amann pour le montage des Arthropodes. *C. R. Soc. de biologie*, LXX, p. 457, 1911.
2. J. Amann, Neue Beobachtungsmedien. *Ztschr. f. wiss. Mikr.*, XVI, p. 38, 1899.

hiver : on peut reprocher au second ($n = 1,54$) son odeur pénétrante et tenace.

Tous deux sont *miscibles aussi bien avec l'eau qu'avec le baume*, sans donner aucune espèce de trouble ou de précipité. Ils jouissent donc de la précieuse propriété d'éclaircir, de déshydrater et de permettre le *passage direct* dans le baume.

Voici comment on opère : l'animal, frais ou conservé dans l'alcool, est porté dans le chloralphénol, soit dans un petit tube, soit simplement sur lame, sous lamelle. Laisser agir de six à douze heures et renouveler le liquide au moins une fois, pour assurer une déshydratation parfaite. Égoutter l'animal sur du buvard. Monter au baume dissous dans le xylol. Si l'échantillon est très fragile, ne pas toucher à la lamelle, aspirer le chloralphénol avec du buvard et le remplacer peu à peu par du baume.

Les avantages de cette méthode sont les suivants :

1° *Simplicité et rapidité*, car on emploie un réactif unique, non volatil,

2° *Intégrité des échantillons* qui subissent le minimum de manipulations, restent mous, non cassants, ne perdent ni poils, ni écailles, ni organes caractéristiques et conservent exactement leur forme, sans contraction, ni gonflement.

3° *Dissection facile* des pièces chitineuses (pièces buccales), car les animaux deviennent très mous.

Il ne faut pas laisser les objets fragiles (larves) pendant trop longtemps dans ce liquide, sous peine de les voir éclater et se dissocier. Pour les objets très opaques, Amann conseille de saturer ces médiums, avec du salicylate de sodium (fondre à une douce chaleur, p. 786).

La seule contre-indication a trait aux animaux gorgés de sang, qu'il faut faire bouillir dans la potasse.

C. Méthode de la potasse caustique. — Ce procédé, très ancien, est le plus connu, mais c'est aussi le plus mauvais, parce qu'il détruit non seulement les parties molles, mais quelquefois aussi des organes essentiels (poils, piquants, écailles). On met les animaux dans une solution de potasse ou de soude caustiques à 10 p. 100. On peut opérer à la température ordinaire (quelques jours), à l'étuve à 37° ou 50° (quelques heures), et enfin à la température de l'ébullition (quelques minutes). Ce dernier moyen est à déconseiller à cause de l'agitation violente qu'il produit; il est préférable, dans ce cas, d'opérer au bain-marie pendant dix à quinze minutes.

Laver à l'eau distillée acétifiée, à l'eau distillée pure, puis passer à l'alcool et monter à la térébenthine de Venise.

Si l'action de la potasse a été trop prolongée et si la chitine est décolorée, on peut rendre aux animaux leur aspect primitif en les colorant par une solution d'acide pyrogallique dans l'alcool ou la glycérine[1]. En cas de surcoloration, régresser par l'alcool chlorhydrique faible.

D. Régénération du matériel desséché. — Enderlein[2] conseille le traitement par la potasse faible. Je trouve bien préférable d'employer le lactophénol à chaud (à l'étuve à 37°), ou encore de faire bouillir dans le lactophénol à 10 p. 100 dans l'eau. Traiter ensuite par le chloralphénol ou l'alcool.

Insuccès et remèdes. — Les deux principaux insuccès, dans le montage des Arthropodes, sont l'opacité ou la transparence trop grande qui masque les détails.

1° *Transparence trop grande.* — Colorer la chitine par l'acide pyrogallique ou employer un milieu moins réfringent que le baume. Comme milieux liquides, on prendra le terpinéol ou le lactophénol et, comme milieu solide, la glycérine gélatinée. Dans ce dernier cas il faut, au préalable, imbiber l'objet de glycérine, par concentration dans l'alcool glycériné (p. 585) ou dans le mélange alcool-glycérine-eau (p. 459).

2° *Opacité.* — Quelquefois due au sang dont l'animal est gorgé. En principe, les animaux gorgés donnent de mauvaises préparations; il faut les traiter par la potasse pour éliminer le sang ou mieux, si possible, les laisser mourir d'inanition.

Le plus souvent, l'opacité est due à la rentrée de gaz dans les appendices. Il s'agit ici d'un phénomène particulier aux objets dont la cuticule est difficilement pénétrable : lors du passage d'un médium peu dense et volatil (toluène) dans un médium plus dense (baume), le premier sort plus vite que le second ne peut entrer; il en résulte un vide partiel, qui est rempli par de l'air ou des gaz provenant des liquides employés. Cet accident est généralement irréparable, même par le vide ou l'ébullition. Il ne se produit jamais avec ma méthode au chloralphénol et il est très rare avec la térébenthine de Venise.

Méthodes histologiques.

A. Fixation. — Employer des liquides très pénétrants, tels que le Duboscq-Brasil (p. 286), le Carnoy (p. 284, note 1) ou le Gilson (p. 284). Cameron, Burgess, Semichon, etc., conseillent le mélange suivant, qui ne rend pas les objets friables :

Alcool à 70°	90 cm³
Formol à 40 p. 100	7 —
Acide acétique cristallisable	3 —

---

1. Mayer, *Grundzüge d. mikr. Technik*, 3ᵉ édition, 1907, p. 427.
2. *Zool. Anzeiger.* XXVII, p. 479, 1904.

Fixer douze heures au moins, puis laver et conserver dans l'alcool à 70°.

B. Inclusion. — C'est ici le cas d'employer les méthodes mixtes au collodion et à la paraffine (p. 322) de Stephens et Christophers et de Field et Martin. — Metalnikoff [1] inclut à la paraffine, puis rabote cette dernière en face des points chitineux : traiter alors par de l'eau de Javel qui ramollit seulement les points non protégés par la paraffine. — On peut aussi inclure à la celloidine (Low).

C. Ramollissement de la chitine. — Louss a montré depuis longtemps [2] que l'eau de Javel (p. 783) ramollit et rend transparente la chitine des Arthropodes. On peut opérer à l'ébullition, mais, si on veut conserver les parties molles, il faut opérer à froid avec de l'eau de Javel étendue de 5 vol. d'eau.

I. — LINGUATULIDES

Les *larves de Linguatules* sont quelquefois difficiles à monter en préparations, surtout lorsqu'elles ont été conservées dans le formol : l'acide lactique est alors le seul milieu qui les éclaircit sans les contracter. Après fixation à l'alcool chaud, elles sont plus faciles à monter dans les résines.

II. — ACARIENS

La meilleure manière de *tuer* les Acariens, petits ou grands, lorsqu'il ne s'agit pas de recherches histologiques, est de les jeter dans l'eau bouillante ou l'alcool à 70° bouillant. Les animaux y meurent en extension parfaite. Il faut *proscrire absolument* l'alcool froid ou le formol; le premier fait contracter les appendices et le second durcit les objets, au point de rendre impossible toute manipulation ultérieure. L'alcool acétifié, préconisé par Benoit-Bazille [3], m'a paru inférieur à l'alcool chaud.

Les *Demodex* seront examinés en traitant par l'éther, le toluène, ou mieux l'huile de paraffine, la substance blanche extraite des comédons. Il faut bien savoir que toute personne est habituellement porteur de ces parasites et qu'en insistant on arrive toujours à les trouver. Ils siègent surtout à la base des comédons,

1. S. Metalnikoff. Sur un procédé nouveau pour faire des coupes microscopiques dans les animaux pourvus d'un tégument chitineux épais. *Arch. zool. expér.*, p. LXVI-LXVIII, 1901.

2. *Zool. Anzeiger*, VIII, p. 233, 1885. — Pour fixer les organes chitineux sans les durcir, voir la technique de Hollande. *Arch. d'anat. micr.*, XIII, p. 171-318, 1911.

3. *Bull. Soc. zool.*, XXXIII, p. 114, 1908. Voici la formule de Benoit-Bazille : eau, 50; alcool à 90° phéniqué à 2 p. 100, 30; acide acétique crist., 10. Conserver les objets dans l'alcool à 90° acétifié par 10 p. 100 d'acide acétique crist.

dans la partie filamenteuse, et non au voisinage de la surface[1]. Le meilleur endroit pour les trouver est la commissure de la narine. Pour les examiner, on diaphragme fortement. On peut ensuite passer à l'alcool et à la térébenthine de Venise, soit dans un petit tube, soit sous la lamelle. Il est plus simple de monter au lut de Krönig dans l'huile de paraffine, après nettoyage parfait des bords de la préparation.

Kraus[2] a remarqué qu'en frottis (et non en coupes) les *Demodex* se montrent acido-résistants et se colorent très bien par le Ziehl-Neelsen (p. 748).

Les *Sarcoptes* de l'Homme sont recueillis en ouvrant un sillon et en recueillant le point blanc qui se trouve au fond avec une aiguille ou un cil de Porc. Ce point est une femelle qu'on transporte dans une goutte de lactophénol. Elle adhère d'elle-même à l'aiguille par ses ventouses.

Le diagnostic des *gales animales* est souvent plus difficile, notamment chez le Cheval. Lorsque les croûtes sont épaisses, l'examen des parties superficielles ne montre rien ; il faut gratter jusqu'au sang les parties profondes et examiner le produit de raclage dans le chlorallactophénol ou dans la potasse à 30 p. 100 (technique des teignes, p. 774).

Les meilleurs milieux de conservation pour les *petits Acariens* sont le lactophénol et la glycérine gélatinée : les résines les rendent généralement trop transparents.

IXODIDÉS[3]

Ces Acariens de grande taille sont d'une haute importance pour le biologiste, parce qu'ils sont suceurs de sang et vecteurs de maladies à Protozoaires. Aussi faut-il, non seulement les connaître au point de vue systématique, mais encore savoir les élever pour avoir du matériel expérimental.

Récolte[4]. — Les *Argas* ont les mœurs des Punaises. Ils vivent pendant le jour dans les fentes étroites des parois des habitations qu'ils

1. Du Bois, Recherche du *Demodex folliculorum* dans la peau saine. *Ann. de dermat.*, n° 4, 188-190, 1910.
2. A. Kraus, Ueber färbetechnische Methoden zum Nachweis des Acarus folliculorum. *Arch. fur Dermat. und Syph.*, LVIII, p. 351, 1901.
3. R. Blanchard, *L'Insecte et l'infection*, 1er fascicule, Paris, 1910.
4. Je suppose connues la distribution géographique et la biologie de ces animaux.

infestent. On peut les trouver, par exemple, dans les poulaillers, en soulevant des planches, des plâtras fendillés, etc. Le soir, ils sortent pour se gorger et on peut alors les capturer sur les animaux, ou placer des Poules pour les attirer, etc. Ils rentrent dans leurs fentes dès qu'ils sont gorgés.

Les *Ornithodorus* ont des mœurs analogues à celles des *Argas*, avec cette différence qu'ils vivent dans le sable. C'est donc au moment où ils sortent qu'on pourra les saisir; il ne faut pas oublier qu'ils sont difficiles à apercevoir à cause de leur mimétisme.

Les *Ixodinés*, au contraire, sont des parasites relativement permanents. La capture directe sur leur hôte est longue et difficile, même avec les animaux domestiques : elle est impossible avec les animaux sauvages. Brumpt a découvert un moyen très ingénieux pour opérer la capture indirecte. L'animal est placé dans une cage en grillage métallique fig. 202), au-dessus d'un plateau rempli d'eau. Les Tiques se détachent

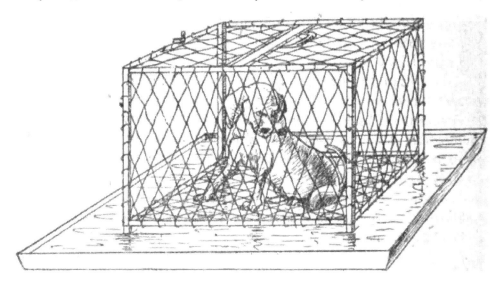

Fig. 202. — Méthode de Brumpt pour recueillir les Tiques gorgées.

et tombent dans l'eau, où elles peuvent séjourner sans inconvénient pendant un grand nombre d'heures; on les recueille chaque jour, on les lave soigneusement, on les sèche au buvard et on les installe comme il est dit p. 619.

On peut opérer aussi avec l'animal mort ou avec sa dépouille. Mais alors, il faut faire recueillir les Tiques, dans les peaux, par un animal sur lequel elles se fixent. Le Hérisson est particulièrement commode pour ce genre d'expériences. Il s'enfonce dans tous les replis de la dépouille et recueille la majorité des Ixodes, dont il ne peut se débarrasser à cause de ses piquants qui l'empêchent de se gratter. A défaut de Hérisson, prendre un Cobaye ou encore un jeune Chien ou un jeune Chat, mais le résultat est beaucoup moins bon. A son tour, le Hérisson est mis dans une cage, au-dessus de l'eau, et on recueille les Tiques gorgées qui tombent. C'est ainsi que Brumpt a pu se procurer la faune d'Ixodes des Cerfs de France, au moyen de peaux d'animaux tués à la chasse.

En voyage, il peut être utile d'avoir des cages démontables ou pliantes, c'est pourquoi je figure (fig. 203 et 204) un modèle de cage pliante dû au Dr Rapin, de Nantes.

Méthodes d'examen.

Animaux vivants. — On les immobilise entre deux lames, serrées avec des anneaux de caoutchouc. On peut alors les étudier commodément au binoculaire.

Conservation à sec. — La plupart de ces animaux, principalement les Ixodinés ou Tiques, et de préférence les spécimens non gorgés, peuvent être piqués en collection comme des Insectes. Pour cela on les tue dans une

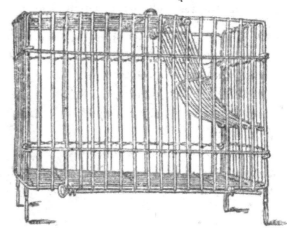

Fig. 203. — Cage pliante du Dr Rapin, montée.

bouteille de cyanure (p. 625) et on les pique sur une languette

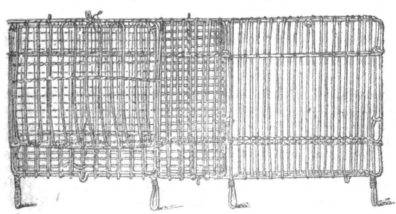

Fig. 204. — Cage pliante du Dr Rapin, pliée.

de carton comme les Moustiques (p. 654). Ce procédé est excellent pour l'étude de la morphologie externe[1].

1. Brumpt a remarqué que, par la dessiccation, les palpes des Ixodinés s'écartent et mettent très bien en évidence les pièces buccales.

On peut encore les monter à sec entre lame et lamelle, lorsqu'ils ne sont pas trop épais. Pour cela on les comprime entre deux lames, les pattes bien étendues, lorsqu'ils sont encore mous après avoir été tués par le cyanure, et on les laisse sécher longtemps dans cette position. Il ne faut luter la lamelle que lorsqu'ils sont parfaitement secs, autrement ils moisissent.

Conservation en préparations. — Le meilleur médium est la térébenthine de Venise. On tue les animaux par l'alcool à 70° chaud ; on les transporte ensuite dans l'alcool à 95°, puis dans la résine. Les exemplaires tués au cyanure seront bien étalés entre deux lames et durcis dans cette position, dans l'alcool à 90°. S'ils sont trop opaques ou gorgés de sang, on peut les traiter par la potasse, mais avec précaution, pour ne pas endommager les appendices. Il n'y a pas avantage à aplatir immodérément les animaux, car on perdrait le notion exacte des plans et de la position respective des parties[1].

Les préparations à la térébenthine présentent l'avantage d'une solidité parfaite et d'une conservation indéfinie, mais on apprécie moins bien certains détails que sur le matériel desséché et piqué et surtout que sur le matériel frais[2].

Mues. — Les Argasinés, qui muent beaucoup plus que les Ixodinés, abandonnent une dépouille qui conserve les plus fins détails de la morphologie externe et même des pièces buccales. Il est avantageux de recueillir ces mues, beaucoup plus faciles à monter que les animaux eux-mêmes, qui sont souvent très épais et très opaques. Les mues sont mouillées d'alcool à 95° et montées à la térébenthine de Venise.

Dissection. — Les gros individus, principalement les Argasinés, se dissèquent très bien dans une petite cuvette préparée comme il a été dit p. 574. On commence par prendre l'animal entre le pouce et l'index et, avec de très fins ciseaux, on découpe tout autour un lambeau dorsal, en ayant bien soin de n'entamer que le tégument. Pour les Argas, on coupe finement la marge qui sépare les deux faces. On fixe ensuite l'animal avec les épingles fines qui servent à piquer les Moustiques. On opère sous l'eau physiologique et avec le binoculaire. On

---

1. Les préparations commerciales présentent souvent ce défaut.
2. Nuttall (*Parasitology*, I, p. 162, 1908) traite les Ixodinés à froid par la potasse à 10 p. 100, lave à l'eau acétifiée, déshydrate, colore au xylol saturé d'acide picrique et monte au baume. Pour obtenir un éclaircissement maximum, il conseille l'emploi de l'acide phénique fondu. Je crois que le chloralphénol, simple ou salicylé, donne des résultats de beaucoup supérieurs à ceux de ces deux méthodes.

relève lentement le lambeau dorsal avec une pince, en coupant les tractus conjonctifs qui le relient au lambeau ventral. Il faut avoir bien soin de ne pas léser le tube digestif et, de préférence, il faut prendre des animaux non gorgés. On fixe le lambeau dorsal avec des épingles ou mieux on le coupe au niveau de la tête. On peut alors étudier commodément les organes internes et les fixer séparement pour y faire des coupes. Lorsqu'il s'agit simplement de recherches anatomiques, on peut employer avec avantage le *procédé de Możejko* [1] qui consiste à injecter dans l'abdomen du sublimé acétique. Laver à l'eau, puis à l'alcool iodé et disséquer sous l'eau.

Méthodes d'élevage [2].

Tout le secret consiste dans une propreté parfaite et dans la réalisation d'un état hygrométrique approprié. Brumpt a reconnu que chaque espèce a des exigences particulières à ce point de vue; il faut donc tâtonner pour trouver l'optimum. Comme il m'est impossible d'entrer dans le détail des cas particuliers, on se guidera sur les indications générales qui vont suivre.

Ixodinés. — On peut partir d'un point quelconque de l'évolution : œuf ou animal *gorgé* (cette dernière condition est essentielle). Pratiquer la récolte comme il a été dit p. 616. Supposons que nous parlions de *femelles gorgées*. Chacune est mise dans un petit tube, juste assez gros pour lui livrer passage; au fond on met un petit chiffon de papier joseph et on bouche au *coton ordinaire*. On réunit plusieurs de ces tubes dans un cylindre Borrel (fig. 205), au fond duquel se trouve de l'ouate hydrophile recouverte d'eau, de manière à saturer de vapeur d'eau l'atmosphère du tube; on laisse à la température ordinaire ou on met à l'étuve (à 25° au plus). La *ponte* a lieu dans les tubes et *l'éclosion* se produit au bout de quelques semaines.

Le meilleur moyen pour *élever les larves* [3], sans en perdre, consiste à les mettre dans un tube Borrel avec une Souris ou un Rat nouveau-né. Celui-ci peut vivre quatre à cinq jours à l'étuve

1. Możejko, Ueber das Seziéren von Insekten und Spinnen. Mikrotechnische Mitteilungen. *Ztschr. f. wiss. Mikr.*, XXIX, p. 520, 1912.
2. Tous les renseignements concernant l'élevage des Ixodidés sont entièrement dus à des communications verbales de mon excellent collègue et ami le Dr Brumpt. Sa compétence et les succès remarquables obtenus dans ses expériences sont la meilleure garantie de la perfection de ces méthodes, dont les détails sont encore inédits.
3. Ceci s'applique aux larves ubiquistes. Certaines espèces ne peuvent se développer que sur les Vertébrés à sang froid.

à 37°, ce qui est suffisant pour que les larves se gorgent. L'opération se fait en deux temps : 1° On met l'animal dans un tube à essai sur du buvard, avec les larves sur lesquelles on veut expérimenter. On bouche le tube au coton. — 2° Quand les larves sont fixées, on transporte l'animal dans un tube Borrel garni d'un peu de coton et de papier joseph. Le tube est posé dans un vase garni d'une couche d'eau (fig. 206) et le tout est recouvert d'une cloche, de manière à assurer l'aération, sans nuire à l'état hygrométrique. Les larves gorgées grimpent le long du tube et tombent dans l'eau où on les recueille. On pourrait aussi mettre les larves sur des Hérissons ou de jeunes Chiens, mais il y a toujours d'assez fortes pertes, surtout avec les Chiens qui se grattent. On opérerait encore en deux temps : 1° On met d'abord l'animal en contact avec les larves dans un sac de toile fermé. — 2° Quand les parasites sont fixés, on transporte l'animal dans une cage posée sur un plateau rempli d'eau (fig. 202).

Fig. 205. — Ponte expérimentale des Ixodinés, d'après Brumpt.

Les *larves gorgées* sont sorties de l'eau, essorées au buvard et mises par lots dans de petits tubes bouchés au coton ordinaire, toujours avec un peu de papier buvard pour absorber les excréments [1]. Les tubes sont placés dans des cylindres Borrel comme plus haut (fig. 207).

Après la mue, les *nymphes* sont mises à gorger sur le Hérisson. Le Chien et le Chat sont beaucoup moins favorables et on a toujours avec eux de fortes pertes. Après gorgement, elles sont recueillies dans l'eau, séchées au buvard et réinstallées comme

---

1. Quel que soit l'Arthropode qu'on élève il faut toujours mettre un peu de papier buvard chiffonné ou plissé. Cette précaution est *absolument indispensable* : 1° pour permettre aux animaux de se maintenir sans fatigue; 2° pour absorber les excréments. Si on ne met pas de buvard, les animaux se fatiguent, tombent au fond du tube et meurent ou bien ils sont mouillés par leurs excréments, se collent au verre et meurent.

précédemment. On fait de même pour les *adultes*, toujours en employant de préférence le Hérisson.

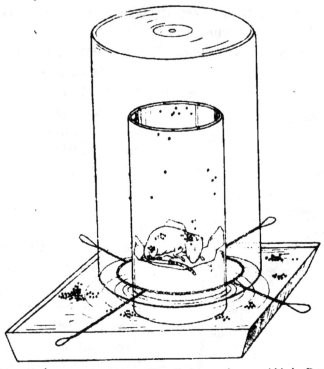

Fig. 206. — Élevage des larves d'Ixodinés par le procédé de Brumpt. D'après Brumpt.

Argasinés. — Les principes sont les mêmes, mais ces animaux ont besoin d'une atmosphère moins saturée d'humidité et supportent très bien l'étuve à 37°.

Les *Ornithodorus* peuvent être conservés très longtemps dans le sable, de préférence du sable de leur pays d'origine. On met ce sable dans un grand cristallisoir (fig. 209)

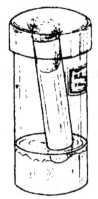

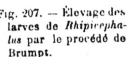

Fig. 207. — Élevage des larves de *Rhipicephalus* par le procédé de Brumpt.

Fig. 208. — Tube Borrel avec papier plissé, pour l'élevage et la conservation des *Argas*.

couvert par une lame de verre; ne pas oublier un petit cristallisoir plein d'eau. Les femelles gorgées peuvent pondre dans le sable. Pour recueillir les *jeunes nymphes*, on étale le sable, par petites portions, sur une grande feuille de papier à filtrer; on

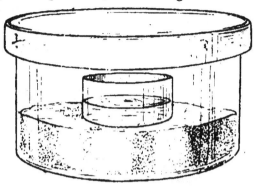

fait rouler le sable en relevant les bords de la feuille et on aperçoit alors facilement les nymphes qui restent accrochées au papier. On peut aussi faire *pondre* les femelles dans des petits tubes qu'on met dans un cylindre Borrel, avec un petit tube plein d'eau et bouché au coton. Les

Fig. 209. — Conservation des *Ornithodorus* dans le sable.

nymphes sont traitées comme celle des *Argas*.

Les *Argas* sont conservés dans des tubes Borrel (fig. 208), sur

du papier buvard plié en accordéon. Un petit tube, rempli d'eau et bouché au coton, suffit à assurer l'humidité nécessaire. On met un capuchon de papier à filtrer sous le bouchon du cylindre, pour empêcher les évasions. Pour la ponte, on peut mettre chaque femelle dans un petit tube, mais ce n'est pas nécessaire.

Les *larves* des *Argas* doivent être gorgées sur des Oiseaux. On prend, par exemple, un jeune Poulet qu'on met dans un bac de verre (fig. 210) et sur lequel on porte

Fig. 210. — Appareil pour faire gorger les larves d'*Argas*.

les larves. Au fond du bac, on met un appareil semblable à celui qui sert à élever les Punaises (fig. 221) et formé de deux planchettes en bois. Il faut que la planchette inférieure soit munie de quatre petits pieds, pour l'éloigner du fond du bac et des excréments qui s'y accumulent. Après s'être gorgées, les larves se réfugient entre les deux planchettes où on les recueille [1]. Si elles sont sales, on les lave à l'eau tiède, on les essore au buvard et on les met en petits tubes ou en cylindre Borrel, sur du papier plissé.

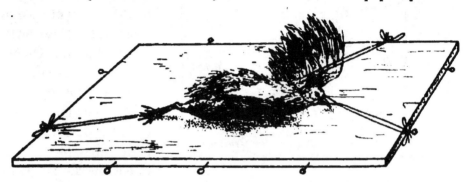

Fig. 211. — Manière d'attacher les Oiseaux pour les faire piquer expérimentalement.

Les *nymphes d'Argas* devront être gorgées sur un Oiseau immobilisé comme le montre la figure 211. On plume un des flancs, on y applique un cylindre Borrel dont on a enlevé le fond

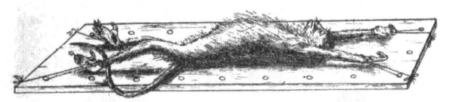

Fig. 212. — Manière d'attacher un Singe pour le faire piquer expérimentalement.

et dans lequel on verse les animaux à gorger. On les retire ensuite délicatement avec une pince, au fur et à mesure qu'ils se détachent [2]. Quand tout le lot est gorgé, on lave à l'eau tiède, on essore sur du buvard et on réinstalle en tubes.

Les nymphes d'*Ornithodorus* sont gorgées de la même façon, soit sur un Oiseau, soit sur un Mammifère, par exemple un Singe. La figure 212 montre comment on peut immobiliser très simplement un Singe, sur une planche percée de trous. Pour ne pas

---

1. Ces larves gorgées ne peuvent grimper contre les parois du bac, comme le feraient des larves d'Ixodinés.

2. Le repas doit être surveillé continuellement par l'opérateur, car les animaux se détachent au bout de quelques minutes, dès qu'ils sont gorgés.

blesser l'animal, les liens seront attachés aux membres par le nœud dont la figure 213 démontre les différents temps. Quand

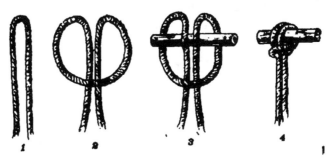

Fig. 213. — Manière de faire le nœud physiologique.

l'animal tire, le nœud se serre : il se relâche quand l'animal ne tire plus. Les membres doivent être bien tendus, comme le montre la figure. Pour de petits Mammifères (Rats, Souris) il est préférable de se servir d'un grillage métallique auquel on les attache comme le montre la figure 214.

Fig. 214. — Manière d'attacher les petits Rongeurs, sur un grillage métallique pour les faire piquer expérimentalement.

Les repas des *adultes* se font de la même façon.

Expédition des Ixodidés vivants. — Pour un court voyage de quelques jours, les Ixodes et *Argas* voyagent très bien, emballés dans du papier joseph, dans des tubes de verre bien bouchés. Pour un plus long transport, mettre Ixodes et *Argas* dans des tubes de verre bien bouchés au coton et garnis de papier joseph plissé.

Les Ixodes doivent être en outre dans une atmosphère humide, entretenue par un fragment d'éponge mouillée ou un peu de coton hydrophile humide. Les *Ornithodorus* doivent être expédiés dans leur sable d'origine, dans des boîtes de bois ou de fer-blanc.

III. — INSECTES

Pour étudier les Insectes, il faut d'abord savoir les récolter; la plupart des indications seront données au fur et à mesure, à propos de chaque groupe, mais il y a quelques points communs qui vont être exposés de suite pour éviter des redites.

Instruments nécessaires. — Bouteille à cyanure, chloroforme, petits tubes bouchés, épingles n° 3, 4, et micro, pince à piquer, plaque de tourbe ou d'agave, boîtes à Insectes à fond liégé, disques ou rectangles de carton blanc.

Bouteille à cyanure. — Sert à tuer la plupart des Arthropodes non microscopiques, par les vapeurs qu'émet le cyanure de potassium au contact de l'eau [1]. Ces bouteilles se trouvent dans le commerce, mais il est plus avantageux de les préparer soi-même.

Prendre un flacon à large ouverture, bien bouché au liège, et pouvant tenir dans la poche. Couler au fond du plâtre gâché avec une solution concentrée (20 p. 100) de cyanure de potassium : ce plâtre doit avoir la consistance d'une crème épaisse. Laisser sécher. On peut aussi mettre au fond du flacon un lit de cyanure concassé et recouvrir d'une couche de plâtre gâché. Laisser sécher. Ce mélange peut rester actif pendant plusieurs mois. Il faut garnir en outre le flacon de copeaux de papier joseph et veiller à ce qu'il soit toujours parfaitement sec. Dès que les Insectes sont morts, on les met provisoirement dans des tubes bien secs, garnis d'un peu de papier joseph chiffonné.

Plus simplement, envelopper un morceau de cyanure dans du papier joseph humide, le placer au fond d'un flacon à large goulot ou d'un gros tube et recouvrir de papier joseph chiffonné et sec. Changer ce dernier papier s'il devient mouillé. Il est préférable de mettre le cyanure dans un petit tube étroit, à l'intérieur duquel on le maintient par un petit tampon de papier joseph humide. Fixer ce tube dans le bouchon, l'ouverture en bas, de manière à ce que les vapeurs se dégagent dans la bouteille.

Les Insectes doivent séjourner dans ces appareils jusqu'à *mort* véritable, c'est-à-dire environ une demi-heure, mais pas plus, car le cyanure altère certaines couleurs.

Chloroforme et benzine. — Ces deux moyens ne doivent pas être rejetés, car ils tuent rapidement les Insectes et rendent de grands services dans les pays très humides, lorsque le cyanure devient par trop

1. Au contact de l'air, la solution aqueuse de cyanure de potassium se décompose spontanément en carbonate de potassium et acide cyanhydrique.

déliquescent. Leurs seuls inconvénients sont leur grande volatilité et le léger durcissement qu'ils produisent (surtout le chloroforme). Il ne faut pas qu'ils entrent en contact avec les Insectes; ils ne doivent agir que par leurs vapeurs. On en imbibe un petit tampon qu'on sépare des Insectes par une rondelle perforée de liège ou de carton. Howlett[1] a construit un appareil très ingénieux qui peut servir à la fois pour le cyanure ou le chloroforme (fig. 215). C'est un tube ouvert aux deux extré-

mités : la substance toxique est séparée des Insectes par un bouchon perforé au centre et recouvert de gaze sur ses deux faces : grâce au bouchon inférieur on peut changer le poison sans que les Insectes s'échappent. Le plâtre cyanuré peut y être introduit sous forme de pastilles.

Feuilles de Laurier-cerise. — Notons enfin que les feuilles de Laurier-cerise coupées en morceaux et placées dans un flacon ou dans un tube, suffisent pour asphyxier les Insectes et les maintiennent en état de parfaite fraîcheur pendant quelques jours.

Modes de conservation des Insectes. — Pour les travaux de systématique, il est indispensable d'avoir des Insectes préparés à sec[2]. C'est le seul moyen de conserver convenablement les couleurs, poils, écailles, etc., qui servent de base aux descriptions.

Les échantillons conservés dans l'alcool ne sont bons que pour les études anatomiques. On a bien la ressource de les sortir de l'alcool et de les sécher, mais les couleurs sont toujours altérées et les écailles détachées; on dit que les échantillons sont lavés.

Fig. 215. — Tube de Howlett à poison interchangeable pour tuer les Insectes.

Manière de piquer les Insectes. — Pour conserver les Insectes à sec, il faut les piquer avec des épingles entomologiques. Les meilleures sont les épingles noires, dites autrichiennes, dont on choisit le numéro, suivant la taille de l'Insecte. Pour les travaux parasitologiques, j'estime que deux sortes d'épingles suffisent: les unes très petites, à deux pointes, dites épingles *micro* (c'est-à-dire pour Microlépidoptères); les autres suffisamment résistantes pour pouvoir être piquées dans le liège ou l'agave sans le secours d'une pince (n° 3 ou 4). Éviter avec soin les longues épingles fines qui sont difficiles à piquer et trop élastiques.

Les gros Insectes sont piqués directement avec les fortes épingles : les petits individus sont d'abord piqués sur un disque ou un rectangle de carton (ou un cube de moelle de sureau) avec une épingle très fine et le carton est supporté à son tour par une épingle forte (fig. 249). Cette

1. Howlett, On the collection and preservation of Insects. *Parasitology*, III, p. 185-189. 1911.
2. Bouvier, Récolte et conservation des Diptères. *Annales Inst. Pasteur*, XX, p. 517-563, 1906.

méthode est décrite p. 654. A chaque épingle doit être annexé un petit carton, portant une indication d'origine ou un numéro d'ordre.

Il ne faut *jamais coller* les Insectes, si petits qu'ils soient :

Voici les règles pour piquer les divers groupes d'Insectes :

Coléoptères : près de la base de l'élytre droite et bien au milieu de cette élytre, de sorte que l'épingle ressorte derrière la deuxième paire de pattes.

Orthoptères : au milieu du corps, entre les bases des ailes, lorsque celles-ci sont étendues ; au sommet de l'aile droite, lorsque les ailes sont fermées.

Hémiptères : comme les Coléoptères ou au milieu du scutellum.

Homoptères : les grosses espèces au milieu du mésothorax, les autres comme les Hémiptères.

Hyménoptères, Diptères, Névroptères, Lépidoptères[1] : au milieu du thorax.

Pince à piquer. — Pour manipuler les Insectes piqués et pour enfoncer convenablement les épingles dans les boîtes liégées, il faut se servir d'une pince à piquer, dont les extrémités sont recourbées et arrondies (fig. 216).

Fig. 216. — Pince à piquer les Insectes.

Il est commode d'avoir une boîte à épingles, avec un compartiment pour cette pince et des cases pour les divers numéros d'épingles.

Boîtes à Insectes. — Les collections d'Insectes piqués doivent être conservées dans des boîtes à fond liégé. Les cartons dits à double gorge ne donnent pas une sécurité absolue, car les petits Coléoptères destructeurs pondent dans le velours qui garnit les gorges. Les cartons à fermeture ordinaire suffisent parfaitement, lorsqu'ils sont bien construits. Les boîtes vitrées sont commodes pour la démonstration. Le meilleur préservatif est la créosote de Hêtre, avec laquelle on badigeonne tous les ans l'intérieur du couvercle ou les côtés de la boîte[2].

Pour les pays chauds. Maxwell-Lefroy[3] recommande les boîtes en bois de teck, peintes en blanc à l'intérieur. Le liège est peint aussi en blanc : au-dessus et au-dessous on coule une certaine épaisseur du mélange suivant : paraffine à 60°, 80 ; naphtaline 20. Ce liège paraffiné est bien supérieur au liège couvert de papier.

Étiquetage des Insectes. — Il faut y apporter tous ses soins, car un échantillon d'histoire naturelle non étiqueté est *sans valeur*. L'étiquette doit être fixée à l'épingle et porter : la localité, la date, le nom du collecteur, la station (sur un animal mort, vivant, etc.). Lorsque de nombreux échantillons d'une même espèce ont été récoltés en même temps,

1. Deegener (*Zool. Anzeiger*, XL, p. 29, 1912) met les chenilles (chloroformées) dans de l'eau froide qu'il fait bouillir 30 à 60 secondes pour les tuer. Les chenilles ne doivent pas être à jeun, pour éviter les contractions. Laisser refroidir, puis passer dans les alcools à 40, 60, 90, 100, puis dans un mélange à parties égales d'alcool et de xylol et enfin dans le xylol. Sécher à l'étuve sur du buvard, puis piquer avec une épingle et mettre en collection. Ce procédé s'applique à toutes les larves et pupes d'Insectes.

2. C'est ainsi que sont disposées les collections du Muséum d'histoire naturelle de Paris. Je dois ces renseignements à l'obligeance de M. R. du Buysson.

3. *Parasitology*, IV, p. 174, 1911. Voir aussi Howlett, *Ibidem*, III, p. 485, 1911.

on peut les réunir avec une étiquette collective ou en indiquant seulement pour chacun d'eux un numéro d'ordre.

Transport des Insectes desséchés. — Les Insectes piqués voyagent difficilement; si on veut les transporter sous cette forme, il faut emballer la boîte qui les contient dans une caisse garnie de coton ou de fibre de bois. Bien enfoncer les épingles, car un seul Insecte détaché peut produire un désastre irréparable. On peut encore mettre chaque Insecte dans un large tube de verre (fig. 249).

Les voyageurs, explorateurs, missionnaires feront mieux d'emballer les Insectes par lits, entre des feuilles d'ouate [1] taillées à la dimension de la boîte d'emballage et préalablement comprimées. Les Insectes y sont rangés avec soin, de manière à ne pas se toucher; on les dessèche parfaitement dans un courant d'air chaud (au-dessus d'une lampe) et on peut fermer hermétiquement les boîtes; après dessiccation parfaite, on peut très bien employer des boîtes métalliques. Avoir soin que les boîtes soient bien remplies d'ouate, pour éviter le tassement et le ballottement.

Le procédé des boîtes d'allumettes remplies de coton et disposées comme l'indiquent les figures 246 et 247, est excellent surtout pour les petits Insectes. Ce procédé a été employé par Brumpt pendant sa traversée de l'Afrique; de mon côté, j'ai reçu de nombreux envois provenant d'Afrique occidentale, préparés suivant cette méthode et parfaitement conservés.

Insectes dans l'alcool. — Cette méthode ne convient que pour les petits Insectes. Il faut de l'alcool fort, du coton cardé et des tubes de verre longs (8 à 10 cm.), étroits (14 à 18 mm.) et bouchés au liège. A défaut de tubes spéciaux, on peut prendre des tubes à essai, dans lesquels on place les Insectes par groupes séparés par des tampons de coton.

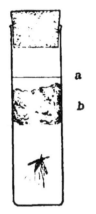

Fig. 217. — Manière de conserver les petits Insectes dans l'alcool. — *a*, niveau du liquide; *b*, tampon de coton bien serré, au-dessous duquel il ne doit pas y avoir de bulles d'air. D'après Langeron, *in Archives de parasitologie.*

Enfoncer un tampon de coton bien serré jusqu'au-dessous du niveau du liquide (fig. 217), de manière à immobiliser les Insectes et à empêcher l'introduction de bulles d'air. Cette dernière condition est essentielle, car l'agitation du liquide avec de l'air brise infailliblement les appendices. On peut mettre plusieurs Insectes dans un même tube. Si le bouchon de liège est défectueux on peut l'améliorer en l'enveloppant d'une feuille d'étain (papier de chocolat).

Ne pas oublier de placer, à *l'intérieur du tube*, une étiquette écrite au crayon ou à l'encre de Chine et portant un numéro d'ordre ou l'indication du lieu et de la date de la capture.

Ramollissement des Insectes desséchés. — En principe, il est préférable de piquer les Insectes aussitôt après leur mort, mais souvent

---

1. Certains entomologistes proscrivent absolument l'emploi du coton. Avec un peu de soin, on arrive à en débarrasser les pattes des Insectes sans les briser. C'est, malgré cet inconvénient, le procédé de transport le plus pratique.

cela n'est pas possible en voyage. Il faut donc ramollir les Insectes desséchés, pour les piquer sans les briser. Un des ramollissoirs les plus pratiques est celui de Villeneuve[1] (fig. 218) : un cristallisoir ou un bol est à moitié rempli de sable fin mouillé, on recouvre le sable avec quelques épaisseurs de papier à filtrer, sur lequel on dépose les Insectes à ramollir. Recouvrir avec un entonnoir, dont l'orifice supérieur reste ouvert, de manière à éviter un excès d'humidité. Surveiller attentivement les Insectes, pour qu'ils ne s'imbibent pas d'eau et ne moisissent pas : ils doivent être dans une atmosphère humide, mais non en contact avec l'eau. Une nuit suffit généralement.

Le sable doit avoir été soigneusement lavé. Il ne doit pas être trop mouillé ; en creusant un trou dans le sable avec le doigt, ce trou ne doit pas se remplir d'eau.

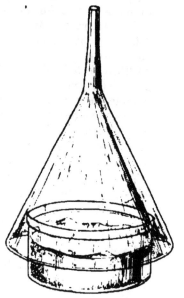

Fig. 218. — Ramollissoir de Villeneuve.

Appareil de Sergent (fig. 219). — Indispensable pour l'étude des Insectes piqués, sous le microscope ou le binoculaire. Se fixe à la platine avec la vis de pression et permet d'orienter l'animal dans toutes les positions possibles, sans crainte de le détériorer. On enfonce dans le bouchon de liège l'épingle qui supporte l'échantillon à étudier.

Insectoscope de P. Marié[2]. — Avec l'appareil de Sergent, on arrive très rapidement à des positions limites, qui obligent à faire plusieurs séries de mouvements avant d'obtenir pour l'objet la position cherchée. Non seulement on risque de briser l'objet,

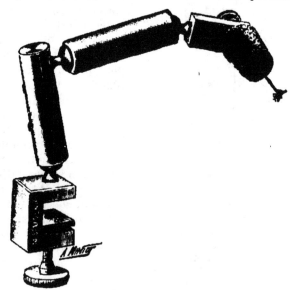

Fig. 219. — Appareil de Sergent pour l'étude des Insectes.

---

1. *Feuille des jeunes naturalistes* (L), XXXV, p. 45, 1905.
2. P. Marié, Dispositif nouveau facilitant l'examen microscopique des objets opaques ou non, en relief, insectoscope. *Bull. Soc. d'encouragement pour l'industrie nationale*, mai 1913. — L'insectoscope est construit par Stiassnie.

mais on éprouve une grande difficulté à le maintenir en place sous l'objectif et à conserver la mise au point.

L'insectoscope de P. Marié (fig. 220) a pour but de permettre un nombre illimité de mouvements de l'objet, sans que celui-ci sorte du centre optique. Ce résultat est obtenu grâce à un support construit de telle sorte que l'ensemble des mouvements, effectués par l'objet, figure une sphère fictive, ayant pour centre cet objet ou une de ses parties, s'il est trop volumineux. Les mouvements s'effectuent autour de trois axes de rotation. En outre, le porte-objet peut être centré au moyen d'une vis d'Archimède. Cet appareil est exclusivement destiné aux objets piqués sur épingle ou montés dans une griffe. On le fixe à un binoculaire ou à une petite monture spéciale (fig. 220).

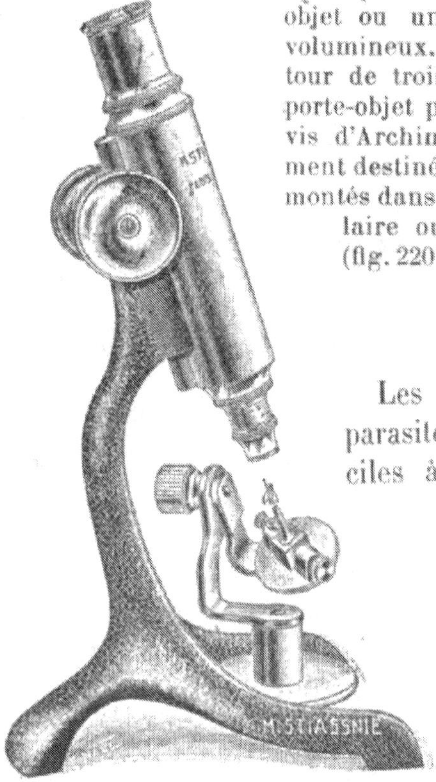

Fig. 220. — Insectoscope de P. Marié, monté sur un microscope spécial.

HÉMIPTÈRES

Les *Poux*, surtout ceux qui sont parasites de l'Homme, sont assez difficiles à conserver parce qu'ils sont très voraces, et meurent très vite, si on ne les gorge pas au moins toutes les vingt-quatre heures.

Warburton[1] et Fantham[2] sont arrivés à obtenir en captivité le cycle complet du *Pediculus vestimenti*. Fantham garde les adultes fixés à des fragments de flanelle dans des tubes placés dans ses vêtements : il les nourrit sur lui deux fois par jour. La ponte et l'élevage des larves réussissent bien.

Ch. Nicolle[3] conserve les Poux vivants pendant 3 à 4 semaines en chambre humide à l'étuve à 28° : les Poux sont installés sur du papier plissé dans des tubes bouchés au coton (voir les procédés d'élevage des Ixodidés, p. 619 et fig. 205); les tubes sont réunis dans un bocal au fond duquel se trouve une couche de coton

1. *Reports local Govern. Board Publ. Health and med. matters*. London, New Series, n° 2, 1909.
2. *Proc. Roy. Soc. London*, B, LXXXIV, p. 506, 1912.
3. Nicolle, Blaizot, Conseil, Etiologie de la fièvre récurrente. *Ann. Inst. Pasteur*, XXVII, p. 210, 1913.

hydrophile mouillé. **Le bocal est bouché au coton sec. Nourrir les animaux sur l'Homme**; pour cela, vider le contenu de chaque tube dans une boîte de Petri. *Ne manipuler lès Poux qu'avec une aiguille courbe, ne jamais les saisir avec une pince.* Compter les animaux chaque fois, pour être sûr de n'en pas perdre.

Ces animaux sont faciles à tuer par le jeûne, le cyanure ou l'alcool chaud. Ils se montent sans difficulté dans la térébenthine de Venise. Leur dis-section se fait comme celle des Moustiques.

Les *Punaises* sont des animaux noctur-nes : c'est donc la nuit qu'il faut les capturer dans les en-droits où elles pul-lulent. Le jour, on

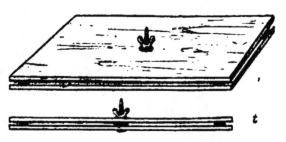

Fig. 221. — Appareil de Brumpt pour l'élevage des Punaises ; *t*, coupe transversale.

peut les récolter comme les *Argas*, en soulevant les parties craquelées ou fendillées des parois des habitations.

E. Brumpt les élève par le procédé suivant. Dans un grand bac en verre, on installe des Souris blanches avec du grain. Au fond du bac, on place l'appareil représenté par la figure 221. Il est for-mé de deux planchettes de bois, écartées de quelques millimètres par de petits tasseaux et maintenues serrées par un écrou à oreilles. Ces planchettes sont indispensables pour servir d'abri aux Punaises. Il suffit de placer dans le bac des couples de Punaises adultes pour avoir, au bout de quelques mois, un abondant élevage. Pour retirer des Punaises, il suffit de desserrer l'écrou et d'écarter les planches.

Pour conserver les Punaises en expérience ou pour les expédier, il faut toujours se servir de tubes garnis de papier joseph chiffonné.

On monte les Punaises à la térébenthine de Venise. Le résultat est parfait avec des animaux à jeun tués dans l'alcool à 70° chaud. On peut aussi piquer des échantillons secs.

Leur dissection se fait comme celle des Moustiques (p. 650). On peut aussi, pour les gros échantillons, découper le bord de l'animal et relever un lambeau dorsal, comme pour les *Argas* (p. 618). Voici comment procède Patton[1] : arracher avec soin pattes et

1. Patton, *The development of the Leishman-Donovan parasite in Cimex rotun-datus*, 2ᵈ Report, 1907. Scient. mem. by med. Officers, India.

élytres, sans léser le prothorax; tourner la tête de l'animal du côté de l'opérateur. Piquer de la main gauche une fine aiguille dans le côté droit du prothorax et, de la main droite, avec une autre aiguille, séparer le prothorax du mésothorax. Presser doucement sur l'abdomen avec l'aiguille de droite et tirer avec celle de gauche pour extraire le tube digestif.

Les *Réduvides* ont pris une grande importance en parasitologie, depuis qu'on connaît le mode de transmission du *Trypanosoma Cruzi* (p. 532). Les *Triatoma megista* et *infestans*, *Rhodnius prolixus*, peuvent très bien être expédiés d'Amérique en France, pourvu qu'ils soient emballés dans des récipients aérés (boîtes en bois ou en fer-blanc) et bien garnis de papier plissé, de manière à ce que les animaux puissent s'accrocher avec leurs griffes. Les adultes périssent généralement en route, mais les larves et les nymphes survivent très bien et les œufs arrivent en excellent état. Brumpt élève ces animaux à l'étuve à 25° ou 30°, avec les mêmes précautions que les *Argas*. Voici, d'après des renseignements verbaux inédits, comment il procède :

Les *œufs* éclosent en 15 à 30 jours, suivant les espèces et suivant la température. Pour étudier une espèce, il faut avoir à sa disposition au moins une quarantaine d'œufs, pour être certain d'obtenir des mâles et des femelles et d'avoir ainsi le cycle évolutif complet.

Les œufs de certaines espèces résistent bien à la dessiccation (*Triatoma megista*, *T. infestans*, *T. Chagasi*, etc.); d'autres se dessèchent facilement et meurent (*Triatoma sordida*, *T. rubrofasciata*, *Rhodnius prolixus*).

Il faut donc mettre les œufs dans de petits tubes, avec un fragment de papier filtre et boucher au coton; les tubes sont groupés dans des cylindres Borrel garnis d'un petit tube d'eau (fig. 208). Le tout est mis à l'étuve à 30°. Dans ces conditions, on obtient l'éclosion de *T. megista* en quinze jours, celle de *T. infestans* en seize jours, celle de *T. sordida* en dix-sept jours, celle de *T. Chagasi* en vingt et un jours, celle de *Rhodnius prolixus* en dix-sept jours (E. Brumpt).

A la température de 25°, les *larves* peuvent se gorger de sang trois ou quatre jours après leur naissance: il suffit de renverser le tube qui les renferme sur la peau d'un Pigeon ou d'un Cobaye pour les voir se remplir de sang. Ces larves subissent quatre mues et grossissent de plus en plus, aussi faut-il les mettre de moins en moins nombreuses dans les tubes et prendre ces derniers de plus en plus gros, au fur et à mesure qu'elles avancent en âge. En effet, il faut absolument éviter que ces animaux ne se souillent avec leurs déjections; il va sans dire que les tubes seront toujours garnis d'un morceau de papier buvard.

Après la 4ᵉ mue, on obtient des *nymphes* dont l'élevage se poursuit de la même façon : les nymphes font de trois à sept ou huit repas, avant de muer en adultes.

Les *adultes* mâles et femelles doivent être réunis dans un petit bocal, garni de papier buvard plissé, de façon à permettre l'accouplement; celui-ci a généralement lieu après le premier repas.

Quelques jours après l'accouplement, les femelles pondent. Les *Rhodnius prolixus* pondent des œufs roses d'emblée, qu'ils collent au tampon de coton ou au papier buvard des tubes. Les Triatomes pondent leurs œufs dans le coton ou les abandonnent dans le tube; ces œufs sont d'abord blancs, puis deviennent roses au bout de quelques jours, et enfin prennent généralement une teinte rouge corail quelques jours avant l'éclosion. Dans la nature, les œufs sont pondus dans les crevasses des murs ou dans les poutres vermoulues.

Il est difficile de faire voyager les adultes parce qu'ils sont délicats et obligés de se nourrir tous les cinq ou six jours, ou même plus souvent. Les larves aux divers stades se gorgent moins souvent, et sont plus résistantes. Les œufs voyagent parfaitement à de longues distances. Toutefois Brumpt a reçu au bout de deux mois, en parfait état, des adultes, des larves et des œufs emballés dans des tubes de bambou percés de petits trous.

DIPTÈRES

Pupipares.

Il faut une certaine habitude pour saisir ces animaux dans le pelage des Mammifères. Ils sont très agiles et s'échappent facilement entre les doigts.

Les formes non ailées peuvent être piquées à sec ou montées à la térébenthine de Venise. Les formes ailées seront piquées en collection. La dissection des pièces buccales exige un ramollissement préalable dans la potasse ou dans le chloralphénol.

Les Mélophages peuvent être élevés facilement en captivité, en prenant les mêmes précautions que pour les *Argas* (p. 622).

.

Puces.

La *récolte* des Puces se fait différemment, suivant qu'on veut les avoir vivantes ou mortes. Pour avoir les Puces *vivantes*, il faut immobiliser l'animal, et soulever le poil méthodiquement et avec précaution. Les Puces abondent surtout dans les endroits où les animaux ne peuvent se gratter. Pour les capturer, on peut les prendre avec un petit tube dans lequel on les fait sauter[1], avec un pinceau mouillé, ou avec une pince autour des mors de laquelle on a enroulé un peu de coton (Tiraboschi[2]). On les dépose au fur et à mesure dans des tubes bien secs (tubes à essai ou mieux petits tubes bouchés au liège, dans lesquels elles vivent très bien si on les aère tous les jours).

On peut encore tuer l'animal, puis le mettre sous cloche sur une feuille de papier blanc ; les ectoparasites abandonnent leur hôte et sont faciles à voir et à récolter sur le papier.

Les Puces *mortes* sont beaucoup plus faciles à récolter. Il suffit d'exposer les animaux, pendant quelques instants, aux vapeurs de chloroforme. Les Puces meurent bien avant leur hôte et même, si l'action du chloroforme n'a pas été trop prolongée, elles sont seulement étourdies.

Montage des préparations. — Beaucoup de méthodes ont été proposées, mais peu sont satisfaisantes. La condition essentielle, pour avoir de belles préparations, est de monter des Puces à jeun. Celles qui sont capturées vivantes et gorgées, seront donc conservées jusqu'à ce qu'elles aient achevé de digérer ; les Puces gorgées et mortes devront être traitées par la potasse, ce qui est toujours un pis aller[3].

La térébenthine de Venise, qui, à ma connaissance, n'est signalée par aucun auteur, est un excellent moyen de monter les

1. Certaines espèces qui ne sautent pas (*Ctenopsylla musculi, Ceratophyllus fasciatus* et divers *Ceratopsylla*) sont plus faciles à capturer que les espèces sauteuses.
2. Tiraboschi. Les Rats, les Souris et leurs parasites cutanés. *Arch. de parasitologie*, VIII, p. 238, 1904.
3. Non seulement on risque de détacher des poils caractéristiques, mais les animaux sont trop ramollis et s'aplatissent sous le poids de la lamelle au point de donner une idée très fausse de leur morphologie.

Puces, préalablement traitées par l'alcool à 90° [1]. On peut aussi employer le chloralphénol et monter au baume : le chloralphénol ramollit assez les Insectes pour permettre la dissection des pièces buccales sous le binoculaire.

Élevage des Puces. — Opération très facile à réussir. Pour un grand élevage permanent, Joyeux met, sur une couche de sciure de bois, dans un bocal (fig. 222) ou un grand seau de verre, un Rat auquel il coupe, d'un coup de ciseaux, les incisives inférieures au ras de la gencive (l'extraction provoquerait de véritables délabrements). On le nourrit de pain mouillé et de grain bouilli et on sectionne de nouveau les incisives lorsqu'elles repoussent. De cette manière, le Rat ne peut détruire ses Puces en les mangeant et il peut vivre plusieurs semaines. Pourtant les Puces de Rongeurs pullulent tellement dans ces conditions que l'animal meurt épuisé en une quinzaine de jours. Les Puces de Chien et de Chat se multiplient moins activement.

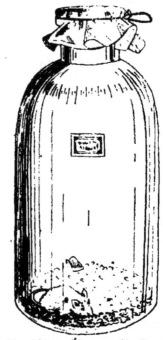

Fig. 222. — Élevage des Puces sur une Souris. D'après Brumpt.

Pour isoler les larves, on tamise les débris qui sont au fond du bocal; on peut élever ces larves à part en les nourrissant avec du sang desséché. Les cocons sont déposés contre les parois et parmi les débris.

J'ai souvent employé un autre procédé. J'isole dans un tube bouché au liège une ou plusieurs femelles pleines (reconnaissables à leur abdomen gonflé et blanchâtre); elles ne tardent pas à pondre chacune environ 10 à 12 œufs. On peut alors tuer ces femelles. On ajoute dans le tube quelques débris de son, ou mieux de la sciure de bois finement tamisée (Joyeux), et un peu de sang séché pour nourrir les larves et on bouche au coton. Le développement se poursuit très bien et on peut prélever larves et nymphes (en cocons) au stade désiré. On les tue dans l'alcool à 70° chaud et on les monte à la térébenthine de Venise.

1. Tiraboschi conseille l'huile de cèdre. C'est un excellent milieu, mais d'emploi peu commode, car il oblige à luter les préparations.

Dissection des Puces. — On peut très bien opérer à l'œil nu, soit en procédant comme pour les Moustiques (p. 630), soit, comme le conseille Nöller (voir p. 528, note 2), en séparant le thorax de l'abdomen et en extrayant les viscères par la partie supérieure de ce dernier. Avoir soin de sectionner le rectum en avant de l'anus; pour cela couper le 9ᵉ et le 10ᵉ segments, juste en avant de la plaque sensorielle.

Expérimentation. — On peut faire piquer les Puces en les maintenant simplement dans un petit tube, isolément ou par groupes.

Méthode de Nöller. — On peut employer aussi l'ingénieux

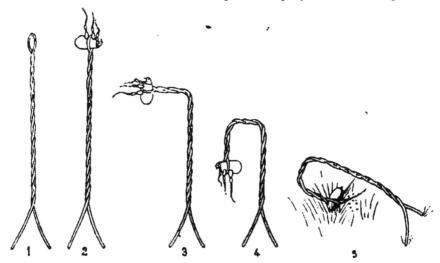

Fig. 223. — Méthode de Nöller. 1, boucle de fil d'argent; 2, manière de fixer la Puce; 3, première courbure; 4, deuxième courbure; 5, l'appareil en place dans les poils de l'animal en expérience.

appareil proposé par Nöller[1] : prendre du fil d'argent de 0,15 à 0,2 mm. de diamètre ou simplement du fil de cuivre très fin pour bobine d'induction (Wenyon[2]); couper un fragment de 10 cm., le plier en deux sur une aiguille et le tordre de manière à avoir une petite anse (1, fig. 223), dans laquelle on fera pénétrer la Puce. Laisser deux bouts libres de 1 cm. de long environ. La dimension de l'anse a une grande importance, elle doit être calculée d'après la taille de la Puce à laquelle l'appareil est destiné.

1. Nöller, Demonstration einer neuen Arbeitsmethode zum Studium der Krankheitsübertragung durch Flöhe. *Centralbl. f. Bakt., Referate, Beilage 2*, LIV, p. 251, 1912. — *Archiv f. Protistenkunde*, XXV, p. 386, 1912.

2. Wenyon. Experiments on the behaviour of Leishmania and allied Flagellates in Bugs and Fleas. *Journ. London School. trop. med.*, II, p. 21, 1913.

Pour saisir la Puce, la projeter dans un cristallisoir plein d'eau ; la prendre entre le pouce et l'index de la main gauche, de telle sorte qu'elle soit maintenue par l'abdomen, le dos tourné en bas et les pattes en haut. Par de légers mouvements des deux doigts, on fait saillir la tête tout en maintenant l'abdomen. La boucle métallique, tenue de la main droite, est alors glissée délicatement autour de la tête ; l'animal se débat violemment et finit par faire passer dans l'anse sa 1re paire de pattes. On peut serrer la boucle à ce moment (Wenyon) ou faire passer encore la 2e paire de pattes avec une fine aiguille (Nöller) ; d'après Nöller la succion se fait mieux dans cette position. Pour fixer la boucle, lâcher la Puce, tenir la tige métallique et rétrécir délicatement l'anse avec une petite pince, de telle sorte que l'animal soit exactement maintenu (2, fig. 223).

Pour faire piquer, on courbe deux fois la tige métallique (3 et 4, fig. 223) et on écarte les deux extrémités libres du fil, de manière à former un chevalet qui maintient la Puce en position de piquer (5, fig. 223).

On peut garder ainsi les Puces attachées pendant des semaines et les faire piquer un grand nombre de fois. Dans l'intervalle des repas, Nöller les conserve dans des boîtes de verre non couvertes, entre deux couches de coton hydrophile ; en renouvelant ce coton à chaque repas, on peut contrôler facilement l'émission des déjections. On garde les Insectes à une température convenable pour l'évolution des parasites. Ce procédé de contention permet de recueillir très facilement les déjections des Puces, pour s'assurer si elles sont infestées et pour surveiller l'évolution des parasites dans leur tube digestif. Lorsque la Puce a sucé le sang pendant 5 à 10 minutes, elle expulse violemment un mélange de sang digéré et de sang frais, renfermant toujours des Flagellés, lorsque l'animal est parasité. Il faut guetter ce moment pour recevoir les déjections sur une lame convenablement orientée. On étale et on colore immédiatement.

Avec un peu d'habitude, la méthode de Nöller est facile à appliquer aux Puces volumineuses, telles que les femelles de *Ctenocephalus canis*. La difficulté augmente avec les petites espèces.

Brachycères.

La *capture* des Brachycères se fait soit avec le filet de tulle ou de mousseline, soit avec des tubes de chasse.

Capture au filet. — Avec le filet, on peut saisir les animaux au vol ou les capturer lorsqu'ils sont posés. La poche de ce filet (fig. 224) doit être en étoffe très souple (tulle de moustiquaire) et deux fois plus longue que le diamètre du cercle métallique. Elle doit aussi être plus allongée d'un côté et l'angle du côté le plus long doit être arrondi (fig. 224). Le tulle sera cousu à un fort ruban de toile, formant coulisse autour de l'anneau. Le manche du filet sera plus ou moins long : le modèle que j'ai fait construire et qui est représenté figure 224 tient facilement en poche. Le diamètre du cercle est de 14 à 15 cm.[1]; la longueur du manche est de 15 cm. Dès que l'Insecte a pénétré dans le filet, il faut replier la poche sur le cercle par un mouvement du poignet, de façon à enfermer l'animal. On le

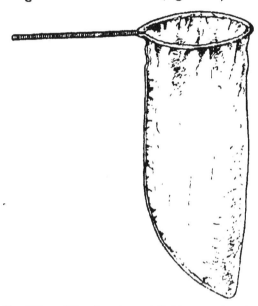

Fig. 224. — Filet à main en tulle de moustiquaire pour la capture des Insectes.

pousse ensuite peu à peu vers la pointe, qui doit être *arrondie*, de façon à le cerner et à le faire pénétrer dans un tube ordinaire ou à cyanure, *sans le saisir avec les doigts*. La couleur du filet n'est pas indifférente ; le blanc effraie certains insectes (Œstrides), d'autres (Tabanides) ont une prédilection pour les étoffes noires. La meilleure couleur sera donc le vert ou le noir : on obtiendra ces couleurs par teinture du tulle avec une teinture commerciale.

Capture au tube. — Quelquefois un large tube de verre, au fond duquel se trouve un tampon de coton légèrement imbibé de chloroforme, rend de grands services. L'Insecte est immédiatement étourdi et on le fait passer dans l'alcool ou dans la bouteille à cyanure. Ce procédé est commode pour prendre les animaux posés ou en train de piquer. Avec un peu d'habitude on peut même se servir d'un petit tube bouché ordinaire, de 20 mm. de

---

1. Il est préférable de lui donner une forme ovale, par exemple 14 sur 16 cm. On prend du fil de fer galvanisé de 2 mm. de diamètre.

diametre. sans chloroforme : on l'applique sur l'Insecte, celui-ci s'envole vers le fond et on bouche prestement. On peut conserver ainsi les Insectes vivants pendant toute la durée de la chasse (fig. 225) et ne les tuer qu'au retour, soit dans la bouteille a cyanure, soit en introduisant dans le tube une languette de buvard imbibée de chloroforme.

Pour capturer un Insecte avec le tube, sur une vitre, il faut, après avoir coiffé l'animal, introduire un morceau de carton entre la vitre et l'orifice du tube. Autrement l'Insecte, voyant la lumière, ne s'envolera jamais vers le fond du tube.

Il faut connaitre les lieux où on trouvera les divers groupes de Diptères : les *Asilides* se posent au soleil sur le sol et sur les arbres, les *Tabanides* fréquentent les lisières des bois et se posent volontiers sur les vêtements noirs. les *Muscides* affectionnent les murs ensoleillés, les tas d'ordures ou de fumier, les *Stomoxes* pullulent dans les étables et les habitations, etc.

Fig. 225. — Capture et conservation des Insectes vivants.

Conservation. — Pour l'étude systématique, les Brachycères doivent être piqués, soit directement au moyen d'une forte épingle, soit, s'ils sont de petite taille (à partir de la Mouche domestique), par le procédé des deux épingles (p. 634). Les matériaux pour les dissections et manipulations seront conservés dans l'alcool. Pour examiner au microscope ou au binoculaire de très petites formes, Delcourt [1] conseille de les aspirer dans un tube étranglé où elles se coincent. C'est une simplication de la méthode du rotateur capillaire.

Méthode de Newstead [2] pour préparer l'appareil mâle des Glossines. — Cette méthode est applicable à tous les Insectes, car la systématique a de plus en plus tendance à utiliser la structure microscopique des organes génitaux du mâle.

1. Couper l'abdomen de l'Insecte desséché et le mettre dans un tube à essai, avec de la potasse à 10 p. 100. Bouillir 15 minutes au bain-marie.

1. *C. R. Soc. de biologie*, LXX, p. 97-98, 1911.
2. Newstead, A revision of the Tsetse-Flies. *Bull. of entomol. research*, II, p. 13, 1911.

2. Laver à l'eau cinq minutes. Appuyer sur l'abdomen avec un pinceau de martre n° 1, en le roulant vers l'hypopygium, de manière à distendre ce dernier. Chasser complètement tout le contenu de l'abdomen.

3. Passer par les alcools, l'essence de girofle et monter au baume : de profil pour le groupe de la *Glossina fusca* ; en position dorso-ventrale, le *ventre en haut*, pour les groupes *palpalis* et *morsitans*. L'aplatissement de l'abdomen doit être pratiqué en conséquence, dès le traitement au pinceau, car il est difficile d'y revenir ensuite. Veiller à ce que l'appareil génital soit toujours bien étalé.

Remarques. — Je crois qu'on peut modifier avantageusement cette méthode suivant les principes énoncés, p. 611. L'ébullition est nécessaire pour le matériel desséché ; pour le matériel frais, on la remplace par un séjour dans le chloralphénol. Le terpinéol donnera de meilleurs résultats que l'essence de girofle et, surtout, il sera plus simple de monter à la térébenthine de Venise au sortir de l'alcool à 95°.

Dissection des Glossines. — Il est facile d'isoler le tube digestif, par dissection dans la solution physiologique, après avoir fendu longitudinalement l'animal. Par contre, il est nécessaire de procéder avec précaution pour obtenir les glandes salivaires, sans qu'elles soient souillées par le contenu du tube digestif. Voici comment opère Ll. Lloyd [1] :

Saisir la Mouche entre le pouce et l'index de la main gauche et inciser longitudinalement le thorax sur la ligne médiane dorsale, du cou à l'abdomen. Plonger l'Insecte dans la solution physiologique et sectionner transversalement le thorax le long des sutures, presque jusqu'à la base des pattes. Enlever les muscles longitudinaux du thorax. Placer une aiguille à chaque extrémité de l'incision longitudinale ; tirer doucement sur ces aiguilles pour séparer les deux moitiés du thorax. Le tube digestif se rompt entre le pharynx et le proventricule : les glandes salivaires se trouvent extraites de l'abdomen et débarrassées du corps adipeux. Elles n'entraînent avec elles que quelques fines trachées. Achever la dissection du thorax et de la tête, de manière à avoir une préparation renfermant la trompe, le pharynx et les glandes salivaires.

Élevage. — Certains Diptères pondent assez facilement en captivité : il suffit d'isoler les femelles gravides dans un tube (fig. 225). Les jeunes larves ne tardent pas à éclore et on leur donne une nourriture appropriée : les espèces carnassières sont nourries avec de la viande, celles qui vivent dans le fumier seront élevées dans du son humide. Ce procédé, que je crois avoir été le premier à indiquer [2], permet d'élever très facilement les *Stomoxys*, *Musca*, etc. On dispose le son mouillé ou la viande dans un petit tube (fig. 226) ou dans un grand bocal, suivant le nombre de larves. On met au besoin à l'étuve à 25°. Dès que la pupation est produite, il est bon de transporter les pupes dans un tube

1. *Bull. of entomological research*, III, p. 95-96, 1912.
2. M. Langeron. Remarques sur la ponte du *Stomoxys calcitrans* et l'élevage des larves de Muscides. *C. R. Soc. de biologie*, LXIX, p. 230, 1910.

bien sec. Les récipients d'élevage et d'éclosion doivent être fermés avec une forte toile, solidement ficelée, car les larves ont une grande tendance à s'évader et déjouent souvent les précautions les mieux prises. Les adultes pourvus d'une vésicule céphalique traversent, après leur éclosion, des bouchons de coton même très serrés : faute d'être averti, on peut perdre tout le produit d'un élevage.

On peut élever ainsi non seulement des œufs, mais des larves recueillies dans diverses conditions et dont on ne connaît pas les adultes.

Il est prudent de mettre ces tubes d'éle-vage dans un garde-manger ou dans une cage dans le genre de celle qui est repré-sentée fig. 240. Brumpt a remarqué en effet que d'autres Mouches (par exemple des *Lucilia*) peuvent venir pondre sur la toile qui renferme les tubes et introduire leurs œufs à l'intérieur de ceux-ci.

Fig. 226. — Dispositif pour l'élevage des lar-ves de Muscides dans le son mouillé.

Pour conserver les adultes des genres piqueurs (*Stomoxys*[1]), il suffit, outre les repas réguliers, de leur assurer une humidité convenable. On doit donc les installer dans des tubes bouchés au coton et garnis d'un peu de papier plissé : ces tubes sont réunis dans un bocal bouché au coton ordinaire et garni au fond d'une couche de coton hydrophile mouillé. Le tout est mis à l'obscurité.

Larves. — Le meilleur moyen de tuer les larves est de les plonger dans de l'alcool à 70° bouillant[2], ou, plus simplement, de les mettre dans de l'eau froide qu'on porte à l'ébullition (p. 627, note 1).

Elles meurent en extension parfaite et on les transporte ensuite dans l'alcool à 90°. On peut les vider, par ébullition dans la potasse, et obtenir de belles préparations de la cuticule et de ses orne-ments. Pour étudier la forme des stigmates antérieurs et posté-

1. Mitzmain, Methods employed in feeding and keeping Flies for laboratory purposes. *Philippine journ. of science, B, med. sc.*, VII, p. 511, 1912. — The bio-nomics of *Stomoxys calcitrans*, *Ibidem*, VIII, p. 29-48, 1913.

Bishopp, The Stable Fly, *Farmers' Bulletin*, n° 540, Washington, 1913.

2. Pour la fixation histologique des larves on peut employer le liquide de van Leeuwen (*Zool. Anzeiger*, XXXII, p. 316, 1907) : alcool absolu 6, chloro-forme 1, formol 1, acide acétique crist. 0,5 et ajouter 1 d'acide picrique pour 100 parties du mélange.

rieurs, on enlève ces organes avec un rasoir et on les monte dans la térébenthine de Venise.

Élevage des Tabanides. — Les *œufs* sont pondus, soit sur les feuilles des plantes aquatiques émergées (*Sagittaria*, *Typha*, *Sparganium*, etc.) soit sur les pierres des ruisseaux. Ils sont assez faciles à découvrir, parce qu'ils forment des amas arrondis, généralement de couleur foncée. Ils éclosent en sept à huit jours.

Pour l'élevage des larves, J. S. Hine[1] conseille l'emploi de bocaux de 500 cm³ au plus, contenant du sable humide sur une épaisseur d'environ 7 centimètres. Il faut employer du sable fin bien lavé et le recouvrir d'une couche épaisse de fines feuilles de plantes aquatiques. Les bocaux doivent être fermés par un couvercle percé d'un ou deux trous, afin d'empêcher une évaporation trop rapide, tout en assurant l'aération. Il faut séparer les larves, une dans chaque bocal, car elles sont carnassières et se dévoreraient entre elles. On leur donne comme nourriture de petits Crustacés ou d'autres petits Invertébrés aquatiques, obtenus par pêche au filet fin. Les Algues sont aussi très bonnes pour recouvrir le sable, mais il ne faut en mettre qu'une petite quantité et éviter l'excès d'eau, autrement il se produit de la putréfaction. L'avantage des Algues est qu'elles ne présentent pas de parties creuses dans lesquelles les larves peuvent se cacher, mais forment une sorte de tapis sous lequel elles se glissent. Pour les découvrir, il suffit de déchirer ce tapis. Les mauvaises odeurs sont fatales aux larves; pour les éviter, il faut surveiller les bocaux et les nettoyer souvent.

Les larves qui viennent d'éclore ont 2 millimètres de longueur; elles croissent lentement et mettent quinze jours pour atteindre une longueur double. Elles se nourrissent bien de petits Crustacés vivants ou morts. Les larves rampent dans les bocaux et se tiennent généralement près de la surface du sable.

Les larves plus âgées se nourrissent bien d'animaux de plus grande taille (vers rouges ou larves de *Chironomus*), à la fin elles s'enterrent pour se transformer en nymphes. L'évolution totale dure environ dix mois.

---

1. J. S. Hine, *Habits and life histories of some Flies of family Tabanidae.* U. S. Depart. of agric., Bureau of ontomology, technical series, n° 12, part. II, 1906.

Nématocères.

Les procédés techniques diffèrent notablement, suivant qu'il s'agit des Culicides ou des petits Nématocères piqueurs. L'énorme importance des Moustiques en pathologie humaine a conduit à créer pour leur étude une technique très perfectionnée, dont nous allons donner les indications essentielles.

Moustiques ou Culicides [1].

Capture des adultes. — Surtout dans les habitations (maisons, huttes, tentes), dans les endroits obscurs. On les prend avec un tube de chasse. En posant doucement le tube sur le Moustique endormi, celui-ci s'envole immé-diatement au fond et on bouche rapidement avec du coton ou avec le doigt.

Pour tuer, le chloroforme est le moyen le plus rapide, mais le cya-nure donne de plus jolis échantil-lons (p. 625). Pour conserver les animaux vivants, on les capture dans un tube ordinaire et on les fait

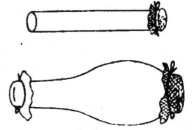

Fig. 227. — Appareil d'Adie pour la capture des Moustiques. D'après Adie.

passer soit dans un grand bocal où on les réunit, soit dans des tubes à essai où on les garde isolément (fig. 228). On peut aussi les garder vivants pendant quelques heures, dans de longs tubes à essai, en isolant chaque individu par un petit tampon de coton. Adie [2] a fait connaître un très bon moyen de capture rapide. Un tube à essai ouvert aux deux bouts et fermé d'un côté par du tulle (fig. 227) sert à la capture. On souffle les ani-maux (par le côté garni de tulle) dans un bocal ou un verre de lampe (fig. 227), fermé par une lame de caoutchouc (morceau de chambre à air) percée d'une fente qui fait fermeture automatique.

Dans les pays à paludisme, il est indispensable de capturer des

1. R. Blanchard, *Les Moustiques, Histoire naturelle et médicale*, Paris, in-8 de 673 p., 1905

2. Adie, A handy méthode of collecting adult Anopheles. *Paludism*, 3, p. 55. 1911.

Anophèles vivants, pour établir le pourcentage de ceux qui sont infestés de sporozoïtes.

Conservation des adultes vivants. — *Conserver toujours les adultes à l'obscurité.*

Il faut proscrire absolument les cages en tulle, dans lesquelles la mortalité est énorme. Ces cages ne doivent servir que pour l'éclosion des nymphes (p. 648). Pour assurer aux adultes l'état hygrométrique qui leur est indispensable, il faut les garder dans un bocal. On peut, par exemple, mettre au fond une couche de sable, dans laquelle on enfonce un petit vase rempli d'eau qui servira aussi pour la ponte. On fait pénétrer dans le bocal une bande de carton inclinée, indispensable pour que les animaux puissent s'accrocher, car, sur le verre, ils se fatiguent rapidement, tombent et meurent. On ferme le bocal avec du tulle, à travers lequel les animaux piquent très bien, sans qu'il soit nécessaire de les sortir. Il faut les nourrir toutes les quarante-huit heures en leur faisant

Fig. 228. — Conservation des Moustiques vivants dans un tube à essai.

piquer son bras ou le flanc déplumé d'un Oiseau (Poulet, Pigeon).

Entre les repas de sang, on peut leur donner des raisins et des dattes, mais jamais de bananes qui favorisent trop la pullulation des Bactéries et des Levures dans l'intestin des Moustiques (Darling).

On peut aussi, comme le montre la fig. 229, renverser un bocal garni d'un carton, sur un petit cristallisoir plein d'eau.

Fig. 229. — Dispositif pour conserver vivants les Moustiques adultes. D'après Stephens et Christophers.

Wenyon prend simplement des vases en terre poreuse, tels que des pots à fleurs, recouverts d'un morceau de mousseline fine et placés dans une assiette d'eau (voir p. 657).

Adie[1] conserve les *Anopheles* pendant trois semaines, sans les faire piquer, en mettant dans le bocal une datte sèche, enveloppée

---

1. *Paludism*, n° 3, p. 62, 1911.

de mousseline, et un petit morceau d'éponge mouillée, dans laquelle on pique un rameau vert.

Transvasement des Moustiques. — Il se fait très facilement en couvrant le vase inférieur d'une étoffe noire, les Moustiques s'envolent alors dans le vase supérieur. La fermeture Adie en caoutchouc facilite beaucoup cette opération. On peut aussi fermer avec du tulle, dans lequel on découpe un orifice, obturé par un tampon d'ouate.

On peut encore lâcher les Moustiques dans une cage d'élevage (fig. 240) et les capturer un à un dans des tubes pour les faire piquer.

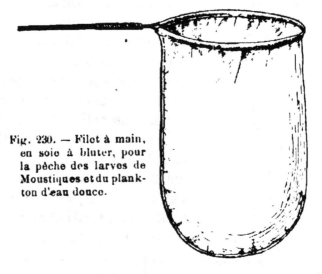

Fig. 230. — Filet à main, en soie à bluter, pour la pêche des larves de Moustiques et du plankton d'eau douce.

Élevage des Moustiques. — On peut partir de l'œuf ou de la larve. Les œufs de Culex sont faciles à voir, mais ceux de *Stegomyia* et d'*Anopheles* échappent très fréquemment aux recherches, parce qu'ils sont pondus isolément. Pourtant, en examinant avec soin le produit de pêches au filet fin, effectuées méthodiquement dans les gîtes appropriés, on finit par en trouver.

Pêche au filet fin. — Ces pêches sont indispensables pour connaître la faune des Moustiques d'une contrée et pour se procurer, par élevage, les animaux neufs nécessaires pour les expériences.

Le matériel se compose d'un filet fin, d'une tasse, d'une pipette, d'une pince, d'un bocal et d'une provision de petits tubes bouchés.

Le *filet fin* doit être en soie à bluter[1] triple force, d'un numéro plus gros (n° 46) que pour le plankton (p. 660), à moins qu'on ne veuille pêcher à la fois larves de Moustiques et plankton. On peut avoir un petit filet du modèle représenté fig. 230, tenant dans la poche et facile à adapter au bout d'une canne ou d'un bâton quelconque. On le confectionne très facilement avec du fil de fer de 2 mm. de diamètre qu'on tord en forme d'anneau de 13 à 15 cm. de diamètre et dont on réunit

1. La soie à bluter est le seul tissu qui soit assez résistant et dont les mailles gardent un écartement assez constant. Le canevas ne convient pas du tout.

les deux extrémités par une bonne ligature en fil de laiton. La soie à bluter doit être cousue à un fort ruban de fil qui forme coulisse autour de l'anneau; la poche aura 18 à 20 cm. de profondeur.

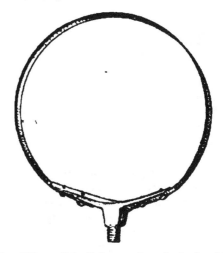

Fig. 232. — Détail du cercle *e* de la fig. 231.

Un filet beaucoup plus solide est représenté fig. 231 : *c* et *d* sont deux fortes cannes en bambou de 1 m. de longueur qui peuvent s'emmancher l'une dans l'autre; *e* est un cercle en fort ressort d'acier qu'on doit peindre soigneusement. La

Fig. 233. — Tasse pour le triage des pêches.

c   *d*

Fig. 231. — Armature de filet pour la pêche dans les eaux douces. — *c*, canne en bambou de 1 mètre de longueur, sur laquelle se visse le cercle *e*. A cette canne on peut ajouter, à frottement dur, la rallonge *d* de même longueur.

fig. 232 représente le détail de ce cercle et montre comment il est fixé, par quatre vis, sur une pièce en cuivre qui se visse dans une douille à une des extrémités de la canne *c*. Le diamètre du cercle est de 15 cm. On fait coudre tout autour un fort ruban de fil auquel sera fixée la poche en soie à bluter.

La *tasse* (fig. 233) sera de préférence émaillée et blanche à l'intérieur. Les tasses en aluminium sont très légères et moins fragiles, mais on y voit moins bien les animaux.

La *pipette* (fig. 234) est un simple tube de verre de 10 à 15 cm. de longueur, armé d'une tétine en caoutchouc.

Pour pêcher, on promène le filet dans les eaux où se trouvent les larves : la soie fait filtre et retient tous les organismes plus gros que

Fig. 234. — Pipette pour le triage des pêches.

les mailles. Pour examiner le produit de la pêche, on remplit la tasse avec de l'eau, on retourne avec la main la poche du filet, après avoir enlevé les gros corps étrangers, et on délaie dans cette eau tout ce qui est resté sur le filet. Il ne reste plus qu'à faire le triage avec la pince et la pipette; la pince sert à enlever les débris végétaux, les gros Insectes, etc.; la pipette sert à capturer les larves de Moustiques et à les transporter dans le bocal où on a mis un peu d'eau. Pour saisir les animaux avec la pipette on utilise l'aspiration produite en desserrant la tétine en caoutchouc; les larves supportent très bien ce traitement sans dommage. Lorsque la collection d'eau est trop petite pour qu'on y promène le filet, on puise avec la tasse et on filtre dans le filet l'eau ainsi puisée, de façon à ne conserver que des larves, qu'on transvase dans le bocal.

Stations des larves [1]. — Les Culicinés sont généralement peu difficiles et se développent partout où il y a une collection d'eau, si petite qu'elle soit. Ces faits sont bien connus et nous n'avons pas à y insister. La découverte des larves d'Anophélines est plus délicate : elles exigent une eau propre, limpide, stagnante, entourée d'herbes. Partout où ces conditions sont réalisées, on peut s'attendre à en rencontrer. En France, dans tous les endroits où je me suis donné la peine de les

Fig. 235. — Marécages à Anophélines. Végétation fixée. *n*, niveau normal de l'eau; *h*, hautes eaux; *b*, basses eaux. D'après Daniels.

Fig. 236. — Marécage à Anophélines. Végétation flottante. *n*, niveau de l'eau. D'après Daniels.

chercher systématiquement, j'en ai toujours trouvé : mon expérience personnelle porte sur la Bretagne, les environs de Paris, le Jura et la région des Dombes : dans les étangs de cette dernière contrée, on trouve en quantité prodigieuse les larves de l'*Anopheles maculipennis*. Partout cette espèce est associée à l'*A. bifurcatus*, en plus ou moins grande abondance.

Daniels a bien montré les deux manières dont peut se comporter la végétation : ou bien elle garnit toute la berge (fig. 235) et alors l'eau la baigne plus ou moins, suivant les variations de son niveau (*h, n, b*); ou bien elle est flottante (fig. 236) et suit le niveau de l'eau dans ses

1. Il est bien évident que tout ce qui est dit des larves s'applique aussi aux nymphes.

fluctuations. C'est surtout ce dernier cas qui est favorable à la pullulation des larves d'Anophèles, principalement sous les tropiques.

Nous ne pouvons entrer dans le détail des stations, qui demanderait de longs développements. En principe, et surtout dans les pays chauds, faut explorer toutes les collections d'eau, permanentes ou temporaires, herbeuses ou non, si petites qu'elles soient.

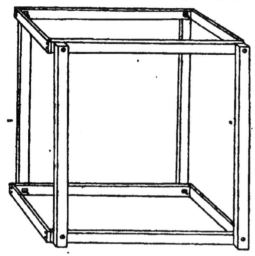

Fig. 237. — Cage pour l'élevage des Moustiques. Bâti monté.

Transport des larves. — Elles supportent très bien un court transport (trente minutes), même avec de fortes secousses (automobile, bicyclette), dans un large bocal à demi rempli d'eau. Si la durée du transport augmente, la mortalité devient énorme, surtout si les secousses sont telles que les larves et les nymphes ne puissent rester un instant en contact avec la surface de l'eau pour respirer.

Le Cheval ou le Mulet sont particulièrement défavorables; le chemin de fer est au contraire sans action nuisible, ainsi que la marche à pied, coupée de fréquents arrêts. Il est indispensable que le bocal soit assez large pour que toutes les larves puissent se tenir en même temps à la surface. Quelquefois les nymphes s'accommodent du transport à la surface du coton mouillé, mais les larves périssent rapidement dans ces conditions.

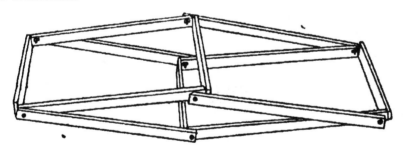

Fig. 238. — Cage pour l'élevage des Moustiques. Bâti plié sans démontage.

Élevage des larves. — On peut opérer dans un bocal à demi rempli d'eau et couvert d'un morceau de tulle, mais, pour la facilité des captures, il est bien préférable d'employer une cage en tulle.

J'ai combiné un modèle de cage démontable, très facile à emporter en voyage. Le bâti (fig. 237) est formé de lattes de bois léger, ayant 2 cm. de largeur. Ces lattes sont assemblées de manière à former deux cadres rectangulaires, mesurant environ 34 sur 21 cm. Ces deux cadres sont reliés par quatre montants de 32 cm., fixés par des boulons. En desserrant ces derniers, on peut plier la cage comme l'indique la figure 238, sans rien démonter. En dévissant complètement deux des boulons, on peut replier la cage comme l'indique la figure 239 ;

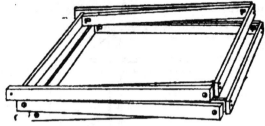

Fig. 239. — Cage pour l'élevage des Moustiques. Bâti plié, après démontage partiel de deux montants verticaux.

elle occupe alors un volume insignifiant. On recouvre ce bâti avec une cage en tulle, renforcée sur les arêtes par des rubans de fil. Une des petites faces du cube porte une ouverture, pourvue d'une manche fermée par un élastique, et par laquelle on peut passer le bras (fig. 240).

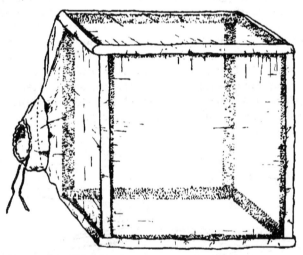

Fig. 240. — Cage pour l'élevage des Moustiques, modèle Langeron.

Sous cette cage, on installe un ou plusieurs vases (cristallisoir, terrine en terre, etc.), dans lesquels on met *séparément* les larves et les nymphes. L'eau doit être limpide ; on y ajoute quelques Lentilles d'eau et quelques Algues filamenteuses. Si cela est possible, il est bon d'employer l'eau dans laquelle vivaient les larves. Celles-ci sont très voraces et doivent avoir à leur disposition un plankton suffisant. *Conserver les élevages de larves en pleine lumière et non au soleil.*

Se méfier des ennemis des larves. aussi faut-il trier avec soin la récolte à la pipette et enlever tous les autres animaux (Hémiptères, larves de Coléoptères, etc.).

Avoir soin de trier chaque jour les nymphes à la pipette et de les transporter dans un récipient séparé, car les larves les bousculent et peuvent faire manquer l'éclosion.

Pour capturer les adultes contre les parois de la cage, introduire par l'ouverture la main armée d'un gros tube de chasse, garni ou non de chloroforme ou de cyanure, suivant qu'on veut avoir les Moustiques vivants ou morts. Fermer le tube avec la main libre pour hâter l'asphyxie. Ne jamais tuer un Moustique aussitôt après son éclosion, mais attendre quelques heures pour que les téguments aient le temps de durcir; autrement les ailes s'enroulent et l'animal se déforme.

Pour conserver les adultes vivants, se reporter aux indications données p. 644. Ils peuvent généralement faire leur premier repas vingt-quatre heures après l'éclosion.

Fig. 241. — Aspect d'une femelle gravide de Moustique. *a*, de profil; *b*, de face. D'après Stephens et Christophers.

Ponte en captivité. — Les meilleurs Moustiques pour la ponte sont les femelles gravides (fig. 241)[1], capturées dans les maisons. On les installe comme il a été dit p. 644; elles pondent dans l'eau du verre de montre. Ou mieux encore, d'après Stephens et Christophers, on prend un bocal à très large ouverture (fig. 229), qu'on renverse sur un petit cristallisoir plein d'eau. A la surface de cette eau, on fait nager un mince morceau de liège sur lequel on pose une petite feuille de papier blanc. *Conserver à l'obscurité*. Les Moustiques pondent, soit dans l'eau, soit sur le papier; c'est un bon moyen d'avoir des œufs d'*Anopheles*. On peut réussir l'élevage complet en partant de ces œufs.

Dissection des Moustiques. — Elle a pour but l'étude du tube digestif, des glandes salivaires et des organes génitaux, ainsi que la découverte des kystes et sporozoïtes des *Plasmodium*. *Il ne faut disséquer que des Moustiques ayant digéré complètement*[2]. Opérer de préférence sous le binoculaire, ou au moins sous la loupe (fig. 57, p. 101). Rechercher les *Anopheles* infestés, dans les endroits où on a constaté du paludisme chez les enfants : se munir d'autant de tubes qu'on veut récolter de Moustiques.

---

1. En noir, l'estomac plein de sang ; en blanc, au-dessus le jabot, au-dessous les ovaires.

2. La dissection ne peut être effectuée que sur des Moustiques frais, venant d'être tués. Les échantillons conservés dans l'alcool sont inutilisables.

Préparer de la solution physiologique, deux bonnes aiguilles emmanchées, un fond noir et blanc (fig. 242) préparé en collant des carrés de papier blanc et noir sous une feuille de verre.

Fig. 242. — Fond noir et blanc pour les dissections fines.

D'après Perry[1], *l'emploi de la bile* facilite beaucoup les manipulations. En effet, le verre est toujours plus ou moins gras à la surface; aussi les liquides se rassemblent en gouttes arrondies ayant une forte tension superficielle. Il en résulte que les petits organes flottent et échappent aux aiguilles. Si on étale une petite goutte de bile sur une lame, l'eau s'y étend ensuite uniformément. En effet, la bile a une remarquable affinité pour les graisses, elle se mélange très bien à l'eau et, en solution diluée, elle n'altère pas les organes les plus délicats des Insectes. Par ce moyen, on peut graduer à volonté l'épaisseur de la couche liquide dans laquelle on dissèque. Pour nettoyer la lame, on lave à l'eau, on essuie et on étale une autre goutte de bile pour effectuer une nouvelle dissection.

A. Estomac. Méthode de Stephens[2]. — 1. Tuer un Moustique par le chloroforme ou simplement en frappant le tube contre le genou.

2. Le poser sur une lame, le prendre par une aile avec une pince et arracher, avec une autre pince, l'autre aile et les pattes.

3. Ajouter une grosse goutte de solution physiologique, mettre le Moustique *sur le dos* et transfixer le thorax avec l'aiguille gauche (fig. 243, A). Avec l'aiguille droite, faire deux encoches de chaque côté de l'abdomen, le plus près possible de l'extrémité postérieure (au niveau du 6e ou du 7e segment) (fig. 243, B).

4. Tirer doucement avec l'aiguille droite sur le dernier segment de

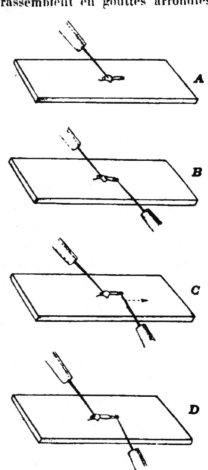

Fig. 243. — Dissection du tube digestif des Moustiques. D'après Stephens et Christophers.

1. Perry, The use of bile in Insect dissections. *Paludism*, 5, p. 44, 1912.
2. Stephens. Methods for detecting sporozoïts and zygotes in Mosquitos infected with malaria. *Bull. entomol. research*. II, p. 1-8, 1911.

l'abdomen (fig. 243, C). La paroi externe se rompt au niveau des encoches et on voit apparaître les ovaires, l'intestin et les tubes de Malpighi, puis l'estomac et l'œsophage (fig. 243, D).

5. Couper la partie supérieure de l'œsophage, encore attachée au jabot rempli de bulles gazeuses, et couper aussi l'intestin au-dessous des tubes de Malpighi.

6. Enlever tous les débris, ne garder que l'estomac, porter le thorax sur une autre lame, ajouter une goutte propre pour laver l'estomac et couvrir d'une lamelle. Examiner en diaphragmant avec soin [1].

Les kystes (oocystes) jeunes (6-7 μ) sont transparents, ovales ou arrondis et renferment du *pigment très visible et caractéristique* [2]. Les gros kystes ont un double contour très net; ils renferment ou non du pigment et leur diamètre peut atteindre 40-60 μ. On distingue très bien les sporozoïtes.

7. *Coloration.* — Le mieux est de fixer l'estomac au Bouin ou au Duboscq-Brasil, de l'inclure à la paraffine et de colorer les coupes à l'hématoxyline ferrique ou au Romanovsky, comme un frottis de sang.

Stephens conseille de fixer entre lame et lamelle, par le formol à 10 p. 100; l'estomac reste collé à l'une des deux, on lave à l'eau et on colore au bleu de méthylène [3]. Monter au baume. Fülleborn [4], après fixation entre lame et lamelle, déshydrate, traite par l'alcool-éther, recouvre d'une solution légère de celloïdine, plonge dans l'eau distillée et enlève l'objet enrobé dans la pellicule. On peut colorer ou monter tel que, au baume ou à la glycérine gélatinée, après imprégnation par l'alcool glycériné.

Méthode d'Eysell [5] — Couper l'abdomen en A (fig. 245). Piquer en *a* et *b* avec les aiguilles pour séparer le 6e anneau du 7e en tirant doucement; opérer de même en *c* et *d*. Fixer *e* avec la pointe d'une aiguille et tirer doucement sur *c*.

B. Glandes salivaires. Méthode de Stephens. — 1. Coucher l'animal (ou le thorax) sur le côté droit, la trompe tournée vers l'opérateur. *Ne pas ajouter trop d'eau salée*, pour ne pas perdre les glandes. Se rappeler qu'elles sont situées ventralement, au-dessus de l'origine de la première paire de pattes. *Opérer sur fond blanc.*

2. Tenir les aiguilles horizontalement. Appuyer l'aiguille gauche sur le thorax pour l'immobiliser; poser l'aiguille droite sur la partie postérieure de la tête et tirer très doucement, par petites secousses ménagées. On enlève ainsi la tête, avec une petite masse blanche renfermant les glandes.

3. Couvrir d'une lamelle et examiner en diaphragmant fortement. Les digitations des glandes sont brillantes et réfringentes.

4. Séparer les glandes de la tête. Poser l'aiguille gauche sur la tête et dilacérer la petite masse blanche avec l'aiguille droite. Il faut

---

1. Il faut savoir qu'en disséquant les Moustiques on peut trouver des Trématodes, des Nématodes, des Sporozoaires et des Flagellés.

2. Ne pas confondre avec les cellules péricardiales brunâtres. Ne pas prendre les fibres musculaires de l'œsophage pour des sporozoïtes.

3. Je conseillerai plutôt l'azur II à 1 p. 1000. On peut aussi conserver simplement dans l'eau formolée.

4. *Arch. f. Schiffs-und Tropenhygiene*, XV, p. 543, 1911.

5. Eysell, *Die Stechmücken* in Mense, *Handbuch der Tropenkrankheiten*, 2e édition, I, p. 97-182, 1913 et *Archiv für Schiffs-und Tropenhygiene*, VIII, p. 300, 1904.

employer très peu de liquide et veiller à ce que les glandes n'adhèrent pas à l'aiguille.

5. Faire un frottis avec les glandes, sécher rapidement et colorer au Romanovsky.

Ancienne méthode. — Couper en 1 et 2 (fig. 244) et dilacérer soigneusement le segment ainsi isolé. Ce procédé peut servir, au cas où la méthode de Stephens n'aurait pas réussi et où on aurait arraché la tête sans les glandes.

Fig. 244. — Dissection des glandes salivaires des Moustiques. Ancienne méthode.

Méthode d'Eysell. — Presser sur le thorax pour faire saillir le cou, puis couper en B (fig. 245). Tirer en *g* et *f*, pour séparer les deux moitiés jusqu'à la tête. Fixer la tête en la transfixant en *h* et extraire les glandes salivaires avec l'autre aiguille.

Méthode des frères Sergent [1]. — Ce n'est pas une méthode de dissection, comme les précédentes, mais un procédé de diagnostic : arracher brusquement la tête avec une pince fine, serrer le thorax avec cette pince et faire sourdre les tissus thoraciques, avec lesquels on exécute un frottis. Colorer au Romanovsky et chercher les sporozoïtes.

Collections de Moustiques. — Les Moustiques conservés dans l'alcool (fig. 247) sont généralement peu utilisables, soit parce que leurs écailles sont lavées par le liquide, soit parce qu'il est impossible de les des-

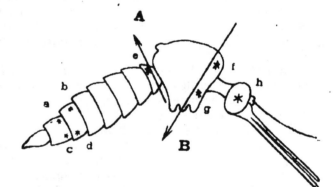

Fig. 245. — Dissection du tube digestif et des glandes salivaires. Tracé des incisions d'après Eysell.

sécher convenablement ensuite. Lorsqu'on n'a pas le temps ou la possibilité de les piquer, le mieux est de les conserver par le procédé des boîtes d'allumettes : on garnit le tiroir d'une couche d'ouate très légère et bien étirée, sur laquelle on dépose les Moustiques, puis on entoure d'une bande de papier, disposée comme le montrent les figures 246 et 247, et permettant de tirer le tiroir sans froisser les Insectes. On peut en mettre plusieurs dans chaque boîte, à condition qu'ils ne puissent se toucher. Une goutte de créosote dans la ouate est un bon préservatif contre les Insectes destructeurs et les Moisissures ; on peut aussi mettre,

1. Ed. et Et. Sergent, *Campagne antipaludique en Algérie en 1908*, p. 162.

au fond du tiroir, sous la ouate, quelques cristaux de naphtaline.

Inscrire les indications sur la bande de papier.

Pour piquer les Moustiques ainsi desséchés, mettre simplement le tiroir ouvert au ramollissoir (fig. 218). On peut alors enlever les animaux et les débarrasser du coton sans les briser.

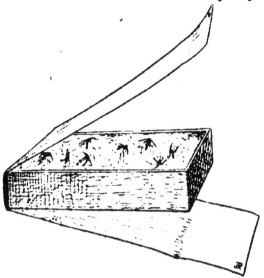

Fig. 216. — Procédé de la boîte d'allumettes pour la conservation et l'expédition des Insectes fragiles. Manière de disposer les échantillons dans le tiroir [1].

Méthode des deux épingles. — 1. Découper dans du carton mince (genre carte de visite) des disques (avec un emporte-pièce rond) ou mieux des carrés ou des rectangles [2].

2. Placer le Moustique (récemment tué ou ramolli) sur le dos, sur une plaque de tourbe ou d'agave.

3. Prendre avec la pince à piquer une épingle micro (fig. 248, 1) et la piquer au centre du disque posé sur une plaque de tourbe. Enfoncer la micro jusqu'à la moitié de sa longueur [3].

4. Retirer la micro de la plaque de tourbe avec le disque et piquer le Moustique exactement entre les pattes, de manière à ce que l'épingle ressorte de 1 millimètre environ sur le dos, bien au milieu du thorax (fig. 248, 2 et 3).

5. Retirer doucement la micro portant le disque et le Moustique, prendre le disque avec les doigts ou la pince, poser le bord sur la plaque de tourbe

Fig. 217. — Boîte fermée, avec notes de chasse inscrites sur la bande de papier.

1. Les figures 216 et 217 ont été extraites d'une notice (*Instructions sommaires pour les pays chauds*) publiée par le Laboratoire de Parasitologie de la Faculté de Médecine de Paris.

2. On trouve dans le commerce des feuilles de rectangles toutes imprimées, qu'il suffit de découper aux ciseaux. On peut aussi employer de petits cubes de moelle de Sureau qui sont excellents, mais un peu longs à préparer.

3. Si la micro a une tête et si on veut enlever cette tête, avoir soin de couper l'épingle *obliquement*, avec de forts ciseaux, de manière à pouvoir la piquer de nouveau dans un autre disque, si c'est nécessaire.

et le traverser avec une forte épingle n° 3 (fig. 248, 4), avec laquelle on pique ensuite l'étiquette. Le disque doit se trouver à peu près au tiers supérieur de l'épingle.

Le Moustique est ainsi solidement fixé au petit appareil formé par le disque et les deux épingles. Le tout peut être piqué dans une boîte à Insectes ou dans un large tube bouché [1] (fig. 249), procédé excellent pour le transport, l'expédition et même pour la démonstration, car il permet de faire circuler les échantillons entre les mains des élèves.

Ne pas oublier que la détermination des Moustiques se fait à l'aide des écailles, il faut donc soumettre les échantillons au minimum de manipulations et éviter avec soin les frottements. Un Moustique incorrectement piqué, mais intact, vaudra toujours mieux qu'un Moustique bien piqué, mais qui a perdu une partie de ses écailles. Employer l'appareil de Sergent ou de Marié (fig. 219 et 220) ou à leur défaut un bouchon collé sur une lame, pour l'examen au microscope ou au binoculaire.

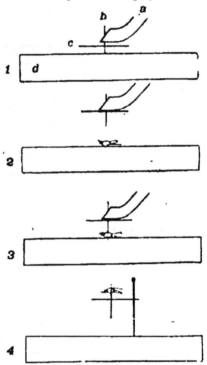

Fig. 248. — Méthode des deux épingles. *a*, pince à piquer; *b*, épingle micro; *c*, rectangle de carton; *d*, plaque de tourbe ou d'agave. D'après Daniels.

Préparations microscopiques. — Les œufs seront montés au lactophénol ou à la glycérine gélatinée (p. 458). Les larves et les adultes seront tués dans l'alcool et montés à la térébenthine de Venise [2]. Pour la dissection et la séparation des pièces buccales, ramollir dans le chloralphénol et passer directement au baume.

1. Ne pas enfermer les Insectes avant dessiccation complète. Consulter à ce sujet : A system of mounting, examining, preserving mosquitoes. *Paludism*, n° 3, p. 57-61, pl. III, 1911.

2. King (*Amer. journ. of trop. dis.*, I, p. 103, 1913) tue, durcit et éclaircit les larves de Moustiques dans un mélange à parties égales d'acide phénique et d'alcool absolu; après 10 à 15 minutes d'action de ce mélange, il monte dans une solution de colophane dans l'essence de térébenthine.

Ne jamais bouillir dans la potasse ni larves ni adultes. Le chloral-phénol permet d'obtenir des larves d'une transparence absolue. Ne jamais monter d'adultes gorgés.

Petits Nématocères.

Psychodidés[1]. — Certains Phlébotomes adultes sont des animaux domestiques ; on les trouve donc dans les maisons, mais ils sont très difficiles à voir et à capturer à cause de leur petite taille. Le meilleur moyen est de les coiffer d'un tube pendant qu'ils piquent. D'autres espèces, notamment *P. minutus*, vivent en grand nombre en ectoparasites sur les Reptiles (Lézards ou Serpents) comme le montrent les recherches de Howlett[2] et de Roubaud[3].

Les larves et les nymphes sont extraordinairement difficiles à découvrir ; elles se développent de préférence dans les crevasses humides des murs et des rochers, là où il y a humidité, obscurité et présence de détritus azotés (Insectes morts, déjections de Lézards, etc.).

Fig. 249. — Moustique piqué par la méthode des deux épingles.

Marett[4] pratique *l'élevage des Phlébotomes* en partant d'adultes qu'il fait pondre.

Il mouille les parois d'un tube à essai et y introduit des déjections de Lézards et de Myriapodes, puis y lâche les Phlébotomes adultes et bouche au coton. La ponte a lieu au bout de 8 à 10 jours, les œufs éclosent après 5 à 6 jours ; pendant tout ce temps on a soin d'entretenir l'humidité du tube en y introduisant tous les jours une ou deux gouttes d'eau. Quand les

1. R. Blanchard. Quelques mots sur les Phlebotomus. *Arch. de parasitologie*, XIII, 1909. — R. Newstead. The Papataci Flies (Phlebotomus) of the Maltese Islands. *Bull. entomol. research*, II, p. 47-48, 3 pl., 1911. *Annals of trop. med. and parasitology*, V, p. 139-181, 3 pl., 1911. — M. Langeron, Localités nouvelles de Phlébotomes, *C. R. Soc. de biologie*, LXXII, p. 973, 1912.

2. Howlett, The natural host of Phlebotomus minutus. *Indian journ. med. research*, I, p. 31, 1913. — The breeding places of Phlebotomus, *Journ. of trop. med. and hyg.*, XVI, p. 255, 1913.

3. *Bull. Soc. pathol. exotique*, VI, p. 126, 1913 et VII, p. 83, 1914.

4. Marett, The life history of Phlebotomus. *Journ. Roy. Army med. corps*, XVII p. 13, 1911.

larves sont écloses, on remplit le tube d'eau et on renverse le tout dans une boîte de Petri garnie de buvard mouillé. On enlève l'excès d'eau, on ajoute les mêmes détritus que plus haut et on élève en atmosphère humide.

Pour *conserver les adultes vivants*, on emploiera le procédé de Wenyon[1] déjà mentionné p. 644 pour les Moustiques; il faudra recouvrir le vase poreux d'une gaze très fine. Pour capturer les adultes et les faire piquer expérimentalement, on les lâche dans une moustiquaire ou une cage d'élevage et on les prend un à un dans des tubes sur les parois. Wenyon a gardé ainsi des adultes jusqu'à 46 jours.

On peut arriver à piquer les adultes, mais c'est une besogne très délicate. Généralement on les monte au baume, mais je préfère la térébenthine de Venise ou le lactophénol qui est moins réfringent. Rien ne remplace l'étude des individus frais.

Simulidés. — Les larves et nymphes de *Simulium* sont faciles à découvrir dans les eaux à cours rapide, sur les pierres et les herbes. L'élevage des larves en captivité est difficile à réaliser, parce que l'eau courante est indispensable; mais l'éclosion des nymphes, conservées à sec ou dans l'eau, se produit sans difficulté. Comme les adultes volent en nuage, on les capture facilement avec un petit filet ou un mouchoir, mouillé d'eau ou d'alcool. Les échantillons piqués à sec sont préférables à ceux qui sont conservés dans l'alcool et montés au baume.

Chironomidés. — Ce groupe renferme un très grand nombre de formes piqueuses et non piqueuses. La biologie des larves est très curieuse et très mal connue : toutes paraissent aquatiques, mais vivent de façons très particulières. Certaines larves de *Ceratopogon* vivent dans la sève qui coule des plaies des arbres (Ormes); j'ai fait connaître[2] des larves d'*Orthocladius* qui vivent dans les sources incrustantes, jouent un grand rôle dans la formation des tufs calcaires et dont les traces se retrouvent jusque dans l'éocène inférieur.

Les adultes se capturent comme les Simulidés. Ils sont généralement trop petits pour être piqués; on les conserve dans l'alcool

1. Wenyon, The length of life of Phlebotomus in captivity. *Journ. London School trop. med.*, II, p. 170, 1913.
2. M. Langeron, Flore fossile de Sézanne, 3ᵉ fascicule. *Bull. Soc. hist. nat. d'Autun*, XV, p. 59-83, pl. III-V, 1902.

et on les monte à la térébenthine de Venise ou au lactophénol.

Les *Blépharocérides*, dont les larves vivent dans les eaux courantes, se traitent de la même manière.

HYMÉNOPTÈRES

L'élevage des Hyménoptères, parasites des Insectes nuisibles aux
plantes cultivées (Cochenilles, Chenilles, etc.), a été réalisé par un
grand nombre d'entomologistes et d'agronomes américains et français [1]. L'acclimatation de ces Insectes aux États-Unis (Californie,
Texas, etc.), aux îles Hawaï, au Cap, en Italie, au Portugal, etc.,
a rendu des services énormes. On a pu sauver ainsi des cultures
tout à fait compromises par des fléaux comparables au Phylloxera,
contre lequel on ne peut malheureusement pas lutter de la même
façon. Ces succès remarquables ont été remportés pour la Canne
à sucre, le Caféier, l'Oranger, le Citronnier, le Pommier, etc.

Le principe de l'élevage est le suivant : on récolte les Chenilles
ou autres Insectes parasités par les Hyménoptères et on les enferme
dans des récipients (tonneaux, caisses, etc.) recouverts d'une toile
métallique, assez fine pour laisser passer les Insectes auxiliaires
utiles et pour empêcher de sortir les Papillons, les Coléoptères
(Charançons), etc. Ces caisses d'élevage sont placées dans les cultures infestées : les Hyménoptères parasites éclosent, s'échappent
et font leur œuvre. En quelques années, l'espèce utile est accli-
matée et lutte avec efficacité contre les ennemis des cultures.

E. Brumpt a découvert, en France, un petit Hyménoptère parasite des nymphes d'*Ixodes ricinus*; c'est l'*Ixodiphagus Caucurtei* du Buysson, 1911 [2]; il a pu, avec cet Hyménoptère,
infester expérimentalement : *Ixodes ricinus*, *Hæmaphysalis
concinna* et *H. inermis*, *Rhipicephalus sanguineus*, *Derma-
centor reticulatus* et *D. venustus*. Le résultat obtenu dans
cette dernière espèce est particulièrement intéressant, parce
qu'elle transmet une maladie mortelle pour l'Homme, la fièvre

---

1. P. Marchal, Utilisation des Insectes auxiliaires entomophages dans la lutte
contre les Insectes nuisibles à l'agriculture. *Ann. Inst. agronomique.* (2) VI, in-8
de 74 p., 1907.

2. R. du Buysson, Un Hyménoptère parasite des Ixodes. *Archives de parasitologie,* XV, p. 246, 1912.

pourprée des Montagnes Rocheuses. Brumpt propose[1] de tenter l'acclimatation de l'*Ixodiphagus Caucurtei* dans les Montagnes Rocheuses, où il pourra très probablement trouver des conditions d'existence favorables. C'est la première fois qu'on propose un semblable moyen prophylactique en pathologie humaine ou animale. Les milliers de nymphes d'Ixodidés que Brumpt a pu facilement infester expérimentalement sur le Hérisson, avec des *Ixodiphagus* élevés en petits tubes isolés (fig. 205), permettraient d'avoir des élevages suffisamment importants pour tenter une expérience dans la nature.

Quelques jours après la piqûre de l'Hyménoptère, la nymphe prend un aspect spécial. Brumpt l'isole alors dans un petit tube, et l'élève en cylindre Borrel (fig. 205), suivant la technique qu'il a préconisée pour les Tiques (p. 619). Quand il prévoit que l'éclosion des Insectes est proche, il infeste un Hérisson avec des nymphes de diverses espèces de Tiques et vide sur son dos les *Ixodiphagus* : ceux-ci vont alors insérer leurs œufs dans toutes les nymphes qu'ils rencontrent.

Richardson[2] et Pinkus[3] ont montré qu'un autre Hyménoptère, *Spalangia muscidarum* Richardson, s'attaque aux pupes de Stomoxes aux Etats-Unis et peut en détruire jusqu'à 40 p. 100. Pinkus, dans son mémoire, décrit la manière d'élever cet Hyménoptère.

---

1. E. Brumpt, Utilisation des Insectes auxiliaires entomophages dans la lutte contre les Insectes pathogènes. *Presse médicale*, 3 mai 1913.

2. Richardson, Studies on the habits and development of a Hymenopterous parasite, *Spalangia muscidarum* Richardson. *Journ. of morphology*, XXIV, p. 513, 1913.

3. Harry Pinkus, The life history and habits of *Spalangia muscidarum* a parasite of the stable Fly. *Psyche*, XX, p. 148, 1913.

CHAPITRE III

PLANKTON

Il ne peut être question, dans cet ouvrage, de faire une étude même sommaire de la technique du plankton [1]. Je veux seulement donner quelques indications utiles, pour l'étude de la faune et de la flore microscopiques des eaux douces.

Pêche du plankton. — Les traités spéciaux donnent les indications complètes sur tous les modèles de filets. Nous nous contenterons d'adapter à la monture décrite p. 646 (fig. 231 et 232) une poche en soie à bluter d'un numéro proportionné aux organismes à récolter. Pour pêcher des Infusoires on prendra, par exemple, une gaze double force X, n° 16, 17 ou 18 [2], mais il ne faut pas oublier que ces filets se colmatent très facilement. Les double extra XXX, n° 8 à 10, sont d'un emploi plus facile et retiennent déjà des organismes très petits.

Le fond du filet est lavé dans une tasse, comme il est dit p. 647, et le produit de la pêche est rapporté au laboratoire, réuni dans un bocal unique ou séparé dans des tubes suivant les circonstances.

Préparation et triage. — La récolte peut être fixée *in toto* ou bien on peut trier les organismes, suivant leur nature et leur taille. Pour pratiquer la fixation, il faut aussi concentrer le plankton dans la plus petite quantité d'eau possible.

De tous les appareils qui ont été proposés, nous ne retiendrons que celui de Francotte [3], qui est très simple, très ingénieux et très

1. Consulter, par exemple, à ce sujet : Steuer, *Planktonkunde*, 1910 et *Leitfaden der Planktonkunde*, 1911.
2. Catalogue de Renaud, Tripetto et Cⁱᵉ, 39, rue Jean-Jacques Rousseau, Paris. Certaines maisons anglaises, par exemple Flatters and Garnett, 32, Dover Street, Manchester, fabriquent des appareils très perfectionnés, pour la pêche du plankton d'eau douce.
3. Francotte, Appareil pour la préparation et le triage du plankton. *Bull. Institut océanographique de Monaco*, n° 222, 25 janvier 1912.

pratique (fig. 250). Le filtre pipette se compose d'un tube D qui peut être un verre à gaz rétréci aux deux extrémités, un verre de lampe à pétrole ou même un simple tube à entonnoir (genre tube de sûreté). La partie inférieure est garnie d'un tamis de soie à bluter de numéro approprié, retenu par un anneau de caoutchouc. La partie supérieure est fermée par un bouchon, portant un tube C, auquel est adapté un tube de caoutchouc B, terminé par le tube T [1] servant de pipette d'aspiration. Le plankton à filtrer est en A. On comprend comment E et D étant pleins d'eau, si on soulève le tube D, il se produit en T une aspiration qui amorce le siphon. On peut laisser la filtration s'opérer ou bien, en pinçant le tube, saisir par aspiration tel ou tel organisme. L'excédent de liquide s'écoule de E en

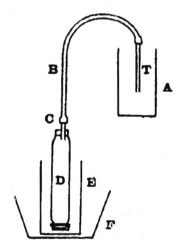

Fig. 250. — Appareil de Francotte pour le triage du plankton. D'après Francotte.

F et le contenu du filtre D ne peut jamais rester à sec. Si le filtre se colmate, par accumulation des organismes, soulever le tube D et l'enfoncer vivement deux ou trois fois pour remettre le plankton en suspension. La dimension de l'appareil varie suivant la nature et la quantité du plankton à traiter : pour les triages, faire un appareil qu'on puisse tenir tout entier de la main gauche, pendant qu'on dirige la pipette T de la main droite.

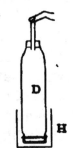

Fig. 251. — Appareil de Francotte pour la fixation du plankton. D'après Francotte.

Fixation. — Lorsque tous les animaux sont rassemblés dans le tube D, enlever le tube de caoutchouc. Soulever lentement le tube D pour laisser écouler la majeure partie de l'eau, fermer hermétiquement le tube C avec l'index (fig. 251) et porter le plankton, flottant dans quelques centimètres cubes d'eau [2], dans le vase H renfermant le fixateur. Plonger doucement pour que l'eau, moins dense, surnage et pour que les

1. Le tube de caoutchouc a 11 mm. de diam. ; le tube T a 12 mm. et est effilé à la partie inférieure. Ces dimensions varieront suivant la nature du plankton.

2. La plus petite quantité possible pour ne pas diluer trop le fixateur. Il ne faut pas non plus que les organismes collent à la soie à bluter.

animaux restant au fond soient bien fixés. Puis, avec un agitateur, pousser le lien de caoutchouc, faire tomber la soie dans le vase H et l'agiter pour libérer les organismes. Procéder au lavage comme d'habitude.

Fixateurs. — Tous les fixateurs conviennent, notamment le Flemming faible [1] et le sublimé à saturation. Francotte emploie aussi le liquide de Lo Bianco, formé de parties égales de Flemming faible et de formol à 40 p. 100; ce mélange ne se conserve pas et ne doit pas agir longtemps. Le formol seul est très mauvais, il est souvent acide et produit fréquemment la macération des organismes.

Meunier et Vaney [2] ont proposé récemment l'emploi de la *quinone en solution aqueuse à 2 à 4 p. 1000*. Ce réactif doit être fraîchement préparé car il brunit très vite à l'air. Le plankton est ensuite conservé dans l'alcool à 70°. Les noyaux se colorent en brun, les cytoplasmes en jaune brunâtre faible.

A. Bonnet [3] applique cette méthode aux Algues et monte ensuite à la glycérine gélatinée. La chlorophylle prend une teinte brun-verdâtre très favorable.

A. Nathansohn [4] conserve le plankton marin dans l'alcool à 70°, déshydrate par l'alcool absolu, éclaircit trois fois dans le xylol phéniqué à 1 p. 3 (p. 361), monte au baume et examine avec l'éclairage à fond noir.

Méthode de Francotte pour les préparations microscopiques.

Solution A, fixatrice et colorante :

Eau	55 cm³
Alcool à 90°	20 —
Glycérine	20 —
Formol à 40 p. 100	5 —
Vésuvine	0,05 cgr.
Vert malachite	0,10 —

Solution B, conservatrice :

Eau	50 cm³
Alcool	20 —
Glycérine	30 —

---

1. Eau 1000, acide chromique 2,5, acide osmique 1, acide acétique, 1.

2. Meunier et Vaney, Nouveau procédé de fixation du plankton. *C. R. Soc. de biologie*, LXVIII, p. 727-729, 1910.

3. A. Bonnet, Fixation des algues par la quinone. *C. R. Soc. de biologie*, 4 juin 1910.

4. *Bull. Institut océanographique de Monaco*, n° 140, 1909.

Prendre une goutte de plankton filtré et vivant, mélanger sur lame avec un peu de **A**. Couvrir d'une lamelle, supportée au besoin par deux bandelettes de buvard. Laisser évaporer lentement en complétant le volume avec B, jusqu'à ce qu'il ne se produise plus de vide. Luter. On peut colorer de même le plankton fixé. Convient pour le plankton d'eau douce et marin.

Conservation des animaux vivants. — A propos du plankton, je vais donner quelques indications sur la manière d'installer un aquarium d'eau douce. On peut garder longtemps, sur la table de travail, beaucoup d'animaux dans des cuves de verre analogues à celles de la figure 252 et mesurant 15 : 10 : 5 cm. Quelle que soit la taille du récipient, il faut, chose qu'on oublie trop souvent, préserver les animaux d'un excès de lumière, sinon beaucoup d'entre eux périssent et les Algues vertes envahissent tout. Un bon moyen d'y obvier est de réaliser un éclairage oblique, en recou-

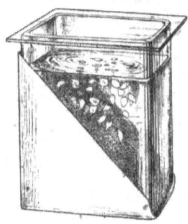

Fig. 252. — Aquarium pour plankton d'eau douce.

vrant l'aquarium d'une gaine de papier ou de métal, disposée comme l'indique la figure 252. La plaque de verre, destinée à empêcher l'évaporation trop rapide et à préserver des poussières, ne doit pas s'appliquer hermétiquement, de façon à ne pas gêner l'aération.

Des indications ont déjà été données p. 525 sur la manière d'élever les Sangsues au laboratoire. Répétons ici que, la plupart du temps, des bocaux cylindriques ordinaires conviennent très bien pour installer des aquariums[1]; on en aura toute une série, depuis les petits bocaux de 100 cm³ jusqu'aux grands bocaux de 4 à 5 litres, ce qui est la taille maxima. On met au fond un peu de sable fin et, pour aérer l'eau, on y place une plante aquatique susceptible de vivre en captivité; les meilleures sont les Mousses, notamment *Amblystegium riparium* et *Fontinalis antipyretica*; pour cette dernière, il est bon de prendre une tige fixée à un petit

---

1. Consulter à ce sujet : F. Brocher, *L'aquarium de chambre.* 2ᵉ édition, Paris, Payot, 1913.

caillou, on en trouvera facilement dans les ruisseaux, tandis que la première espèce préfère les marécages et les fossés; on peut prendre aussi une tige de *Myriophyllum*; les Lentilles d'eau conviennent beaucoup moins bien, car elles n'oxygènent pas l'eau. Couvrir ces bocaux avec des lames de verre ne fermant pas hermétiquement.

Rotifères.

Les Rotifères ont une grande importance pour caractériser les planktons d'eau douce. De Beauchamp[1] a donné des instructions minutieuses et très pratiques pour leur préparation. Les formes pélagiques sont pêchées au filet fin; pour recueillir les formes non pélagiques, on transporte au laboratoire, dans un linge mouillé, des plantes aquatiques, en choisissant les formes flottantes (*Nuphar*, *Nymphea*) ou à feuilles très découpées (*Ceratophyllum*, *Myriophyllum*, *Ranunculus*). A l'arrivée, on les met dans un baquet avec un peu d'eau pour les couvrir. Les Rotifères se rassemblent en nuage à la surface, du côté de la lumière; on les recueille avec un tube. De même le produit de la pêche pélagique est mis à reposer une demi-heure ou une heure et soumis à un éclairage unilatéral : on recueille dans un tube le nuage de Rotifères.

Anesthésie : avec le *liquide de Rousselet* concentré :

Chlorhydrate de cocaïne	1 gr.
Alcool méthylique pur	10 cm³
Eau distillée	10 —

Ajouter en trois fois, à intervalles de cinq minutes, une à trois fois autant de gouttes de narcotique qu'il y a de centimètres cubes de liquide.

Fixation. — Quand les animaux sont tombés au fond du liquide, ajouter, par centimètre cube, une goutte d'acide osmique à 1 p. 100. Sédimenter (10 à 15 minutes au plus), décanter, laver à l'eau deux ou trois fois, puis conserver dans le formol à 2 p. 100.

Monter en cellules de papier ou de verre, dans l'eau formolée et luter avec soin.

Pour préparer des *individus isolés*, anesthésier sur lame ou dans un verre de montre par le liquide de Rousselet étendu de deux volumes d'eau [2]. Ajouter l'anesthésique avec un tire-ligne, comme le conseille Rubenthaler, ou plus simplement en le laissant écouler d'une fine pipette. Quand l'animal est bien étalé et immobile, fixer par l'acide osmique étendu, ou par les vapeurs osmiques, en renversant la lame sur le goulot du flacon. Monter dans l'eau formolée, dans une cellule en verre ou en papier.

1. P. de Beauchamp, Instructions pour la récolte et la fixation en masse des Rotifères. *Arch. de zool. expér. et générale*, 4, IV, Notes et Revue, p. xxvii-xxxiii, 1906.

2. Ou, dans certains cas, avec la stovaïne à 1 p. 100 (de Beauchamp). Voir aussi p. 563, la méthode d'anesthésie sous lamelle, applicable aux Rotifères et autres organismes du plankton.

Foraminifères.

Ces animaux sont presque tous marins. On se les procure en pêchant au filet fin et en examinant des boues marines convenablement choisies. On les fixe [1] soit aux liquides picriques (Bouin ou Duboscq-Brasil), soit au sublimé alcoolique, soit à l'acide osmique à 1 p. 100 [2]. On colore à l'hématoxyline alunée ou ferrique, au carmin aluné, à la safranine, etc. On peut dissoudre les carapaces dans l'eau de Javel ou dans les lessives alcalines.

Debes [3] isole les animaux par la liqueur de Thoulet [4] (iodures de mercure et de potassium) et préconise des procédés particuliers de montage.

Radiolaires et Héliozoaires.

Pour ce groupe, comme pour le précédent, nous ne pouvons donner que des indications très sommaires. La recherche de ces animaux exige du temps et de la patience. Il faut examiner minutieusement les dépôts qui se trouvent sur les végétaux aquatiques et sur les débris végétaux pourrissant dans l'eau. Le plus grand nombre sera capturé en pêchant au filet fin. La majorité de ces organismes vit dans la mer. Tous les auteurs qui ont étudié des genres de l'un ou l'autre de ces groupes ont conseillé des méthodes particulières dont nous ne pouvons donner ici l'énumération complète. Toutes se ramènent à l'emploi du sublimé alcoolique, de l'acide osmique, du Duboscq-Brasil ou du Flemming comme fixateurs. On colore avec des teintures d'hématoxyline ou de carmin.

1. Voir p. 662, les méthodes générales de fixation du plankton, et notamment la méthode à la *quinone* de Mounier et Vaney.

2. Schaudinn, *Zeitschr. f. wiss. Zool.*, LIX, p. 193, 1895.

3. Debes, Zur Technik der Foraminiferenpräparation, *Sitzber. d. Naturforsch. Gesell.*, Leipzig, XXXVII, 1910. Résumé dans *Zetchr. f. wiss. Mikr.*, XXVIII, p. 370-372, 1911.

4. Voir p. 598, note 2.

CHAPITRE IV

EXAMEN DES LIQUIDES ORGANIQUES

TECHNIQUE HÉMATOLOGIQUE

La technique hématologique comprend la *prise du sang*, l'*examen à l'état frais*, les *colorations vitales*, la *méthode des frottis desséchés*, la *méthode des frottis humides* et enfin la *numération* des divers éléments du sang.

Prise du sang. — Chez l'*Homme*, piqûre du lobule de l'oreille ou du doigt : pour l'oreille, prendre le lobule entre le pouce et l'index et piquer le *bord*, car, en piquant le plat appuyé sur un doigt, on risque de traverser et de s'infecter. Pour le doigt, piquer de préférence la face dorsale, en arrière de la racine de l'ongle. La piqûre doit être assez profonde pour que le sang sorte sans compression du doigt ; si cette dernière est nécessaire, comprimer légèrement en remontant les côtés du doigt (artères latérales). Ne pas presser trop fortement, car on obtient alors un mélange de lymphe et de sang. Rejeter les aiguilles rondes qui donnent un trou rond, petit, douloureux, saignant mal. Les aiguilles lancéolées bien tranchantes sont excellentes ; on peut prendre aussi des vaccinostyles [1] ou même simplement de fines plumes d'acier, dont on casse une pointe. Ce dernier procédé est excellent quand on a beaucoup de malades à examiner (voir p. 504) ; chaque plume ne sert que pour un malade. Emmancher dans un porte-plume ou mieux dans une pince hémostatique et flamber rapidement la pointe. Les lancettes à curseur et à ressort sont excel-

---

1. Ne *jamais* chauffer directement dans la flamme et encore moins faire rougir un instrument d'acier. Cette erreur est malheureusement trop répandue. Désinfecter par l'alcool et l'éther ou l'ébullition dans l'eau saturée de borate de sodium.

lentes, surtout en clientèle et pour les sujets timorés. Laver la peau à l'alcool avant et après la prise de sang.

Les *petits Rongeurs* (Rat, Souris) seront saisis par la peau du cou avec une pince hémostatique ou une pince à kyste (fig. 253). On accroche l'anneau à un clou, un bouton de tiroir, etc. On saisit la queue de l'animal, en tirant assez fortement et on sectionne l'extrémité. Pour l'hémostase, brûler la plaie avec une veilleuse de gaz, une allumette, un fer rouge, etc. Pour les virus dangereux, voir p. 531 le procédé du sabot et de la plaque de carton (fig. 189). Pour obtenir d'assez grandes quantités de sang, voir plus loin (p. 669) la *ponction oculaire*. Chez le *Cobaye* et le *Lapin* on fend légèrement l'oreille. Cautériser au fer rouge.

Chez le *Singe*, on prend de préférence à l'oreille (p. 498 et 530). Pour saisir ces animaux, revêtir la main droite d'un gant d'escrime et plonger résolument le poing fermé dans la cage : acculer l'animal dans un coin, s'il mord lui présenter le poing fermé, c'est-à-dire le côté rembourré du gant; s'efforcer de saisir la queue pour le tirer hors de la cage. Caci fait, on ramène de la main droite les deux bras derrière le dos, pendant que la main gauche tient la queue. L'animal est alors rendu inoffensif et on peut ôter le gant.

Fig 253. — Pince pour saisir les petits Rongeurs.

Chez les *Chauves-Souris* [1], on pique la veine qui réunit le membre postérieur à la queue et qu'on voit par transparence à travers la membrane.

Chez les *petits Oiseaux*, piquer une veine du genou ou du coude (p. 498) : la crête des Poulets saigne très facilement; chez le Pigeon on peut piquer la plante des doigts.

Les *Amphibiens* saignent quelquefois difficilement : on peut couper les doigts, mais ce procédé barbare amène rapidement la nécrose des extrémités. On peut encore ponctionner l'artère poplitée au jarret, mais on risque de provoquer un vaste hématome dans les espaces lymphatiques. Ces deux procédés ne fournissent d'ailleurs pas du sang pur, mais un liquide souillé de lymphe et de sécrétions cutanées. Nöller [2] conseille de ponctionner la veine faciale de la Grenouille. Ce vaisseau est facilement accessible, on l'aperçoit dans la commissure, en avant du muscle masticateur, dans la gouttière de la mâchoire supérieure. De là

1. Nicolle et Comte (*Ann. Inst. Pasteur*, XX, p. 319, 1906) conservent les Chauves-Souris au chaud (25°) et en les gavant de Mouches pour les adultes, de lait pour les jeunes, ce qui est plus facile. D'après Rollinat et Trouessart, certaines espèces vivent bien en captivité, nourries avec des Blattes.

2. Nöller, Die Protozoen des Wasserfrosches und ihre Uebertragung. *Archiv für Protistenkunde*, XXXI, p. 175, 1913.

elle se dirige vers la grande veine cutanée. Saisir l'animal de la main gauche, abaisser la mâchoire inférieure et maintenir la bouche ouverte en y introduisant l'index gauche. Ponctionner la veine avec une effilure de pipette. L'hémostase se fait d'elle-même lorsque l'animal ferme la bouche, car la mâchoire inférieure s'adapte exactement dans la rainure où passe la veine. Chez les *Tortues*, on ne peut avoir de sang que par la section de la queue qui est souvent très courte et difficile à prendre, surtout chez les Tortues terrestres. Pour les *Poissons*, voir p. 518.

Moyens d'obtenir de grandes quantités de sang. — Ces procédés sont un peu en dehors de la technique microscopique proprement dite. J'ai indiqué ailleurs (p. 537) la technique de la ponction du cœur chez le Lapin.

Ponction du cœur chez le Cobaye, d'après Raybaud et Hawthorn [1]. On cherche le bord gauche du sternum, à 8-10 mm. au-dessus du sommet de l'angle formé par la base de l'appendice xyphoïde et le dernier cartilage costal articulé avec le sternum. Enfoncer l'aiguille à 15-17 mm. au-dessus de la pénultième ou antépénultième articulation chrondro-sternale, en inclinant vers la ligne médiane. On pénètre ainsi dans le ventricule gauche. Plus haut on rencontre l'oreillette et on risque de la déchirer. Plus bas on tombe dans le diaphragme et plus en dehors dans le poumon.

Ponction veineuse. — *Chez le Cobaye*, la jugulaire externe suit une ligne partant de l'angle de la mâchoire, pour aboutir au milieu de l'espace séparant l'épaule du sternum. Découvrir la veine, aspirer le sang à la seringue ou à la pipette; au besoin, lier du côté du cœur, pour augmenter l'afflux du sang.

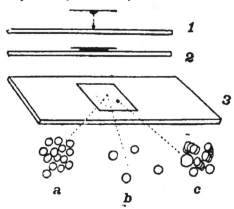

Fig. 254. — Examen du sang à l'état frais. 1 et 2, manière d'appliquer la lamelle; 3, diverses zones de la préparation. D'après Daniels.

Chez le Lapin, choisir la veine marginale externe de l'oreille. Frotter l'oreille avec du xylol pour produire un afflux de sang. Bien tendre l'oreille; comprimer la veine avec le doigt ou avec une pince, pour la rendre turgescente; piquer bien dans l'axe. Pour la veine jugulaire externe, les repères anatomiques sont les mêmes que pour le Cobaye.

Chez le Chien, prendre la petite saphène ou veine externe du membre postérieur; elle est facile à trouver, à la partie supérieure du tendon d'Achille. Ne pas inciser la peau.

Chez les Oiseaux, prendre la veine axillaire ou celle de la patte (p. 498) au genou.

Chez l'Homme, la ponction veineuse est très facile à faire, sans danger et non douloureuse. Choisir le pli du coude, ligaturer le bras, faire une application de teinture d'iode, ponctionner la médiane céphalique.

1. *C. R. Soc. biol.*, LV, p. 815. 1903.

ou simplement la veine qui paraît *la plus fixe*, avec une *aiguille d'acier neuve*, de calibre un peu fort et *bien perméable*. Enfoncer progressivement (le débutant enfonce toujours trop et dépasse la veine) et s'arrêter quand on voit sourdre le sang. L'aiguille doit être dans l'axe de la veine et presque parallèle à la peau, la pointe dirigée vers le haut du bras. Voici comment procède A. Vernes : Enfoncer l'aiguille, tangentiellement au vaisseau, sur la ligne de repère que forme l'un de ses bords. La peau étant traversée, la pointe de l'aiguille se trouve en contact avec la veine. On ouvre alors l'angle que l'aiguille fait avec la veine et on la pousse dans la direction du vaisseau. Celui-ci est repoussé, décrit un arc, puis bientôt s'enferre sur l'aiguille. A ce moment on doit voir apparaître le sang. Adapter la seringue et aspirer ou laisser simplement le sang couler par l'aiguille, si elle est assez grosse. Quand on a fini, desserrer d'abord le lien, puis retirer l'aiguille et masser pour détruire le parallélisme des orifices. Il est inutile de faire un pansement.

Ponction oculaire [1]. – Ce procédé consiste à ponctionner le sinus caverneux. On fait pénétrer une effilure de pipette dans l'angle interne de l'œil, entre le globe oculaire et la paroi osseuse ; la pointe doit être tenue inclinée à 45° et on la fait cheminer d'avant en arrière le long de l'os. Enfoncer de 5 mm. pour la Souris, 10 mm. pour le Rat, 12 mm. pour le Cobaye.

Examen à l'état frais. — Toucher la gouttelette de sang avec une lamelle (fig. 234, 1). Lorsque l'animal saigne mal, on peut, dans certains cas, puiser le sang avec une effilure de pipette et le transporter ainsi sur les lamelles. Laisser tomber la lamelle sur une lame. La goutte de sang doit s'étaler d'*elle-même* (fig. 234, 2) et présenter à l'examen trois zones (fig. 234, 3), une centrale avec des globules rares (*b*), une moyenne avec des globules bien étalés (*a*), une périphérique avec des globules tassés et en piles de monnaie (*c*). Les zones *a* et *b* sont les meilleures pour l'examen et pour la recherche des parasites. Border à la paraffine ou à la vaseline, pour empêcher la dessiccation.

Ce procédé réussit très bien, à condition : 1° que lame et lamelle soient parfaitement propres et dégraissées ; 2° que la goutte ne soit pas trop grosse, car, si la lamelle flotte, tous les globules s'accolent en rouleaux au lieu de s'étaler.

On recherche ainsi les formes pigmentées des Plasmodies (p. 498), les Trypanosomes, les organismes spiralés et les Filaires.

Emploi du fond noir. — Il peut rendre des services pour étudier les déformations globulaires mais, à part les hémoconies [2], ne

1. A. Pettit, *Procédé simple pour prélever du sang chez les petits Rongeurs.* C. R. Soc. de biologie, LXXIV, p. 11, 1913.

2. F. Cottin, *Étude sur les hémoconies ou granulations libres du sang observées à l'ultra-microscope.* Thèse de Paris (médecine), 1911. — *Arch. maladies cœur,* déc. 1911.

montre généralement rien de plus que l'examen en lumière ordinaire bien fait, sauf en ce qui concerne les parasites très peu réfringents. L'interprétation des images du fond noir exige la connaissance préalable des objets en lumière ordinaire. Un observateur exercé préférera souvent l'examen en lumière ordinaire, plus simple et surtout plus souple, par suite de la manœuvre du diaphragme.

·Les hémoconies sont particulièrement abondantes après ingestion de matières grasses et chez les jeunes Mammifères au sein.

Coloration vitale. — Très utile pour démontrer certaines modifications des hématies et mettre les parasites en évidence. Ce n'est pas une véritable coloration vitale, car les éléments sont généralement tués par le réactif. Il faut pourtant conserver cette dénomination, car les résultats sont très différents de ceux qui sont fournis par les autres méthodes de coloration.

a. Méthode de Pappenheim. — Faire une solution alcoolique concentrée avec le colorant, en étaler une goutte (comme pour un frottis de sang), sur une lame bien propre et flambée, puis sécher. On peut préparer les lames d'avance et les conserver à l'abri de la poussière.

Déposer une goutte de sang sur la lame ainsi préparée, recouvrir d'une lamelle assez large pour que le sang n'en atteigne pas les bords.

Les meilleurs colorants sont le bleu de crésyl brillant, l'azur II, le sudan III (pour les granulations graisseuses). On peut employer aussi les bleus de méthylène et de toluidine, le violet de méthyle, le bleu de Nil, la pyronine, le rouge neutre. Le vert de méthyle, le vert malachite, la fuchsine, la safranine ne donnent pas de colorations vitales.

b. Méthode de Schilling-Torgau [1]. — Procéder comme en *a*, mais, après coloration vitale, étaler le sang, sécher, fixer cinq minutes à l'alcool méthylique et colorer par la dilution normale du liquide de Giemsa (p. 421). Il est préférable de préparer comme ci-dessus une lame avec le bleu de crésyl brillant, étaler le sang sur cette lame, laisser sécher lentement dans une boîte de Petri fermée, puis fixer 3 minutes à l'alcool méthylique et colorer au Giemsa ordinaire.

c. Méthode de Sabrazès [2]. — Excellente et très simple. Faire un frottis, le sécher et le recouvrir d'une lamelle chargée d'une goutte de bleu de methylène à 1 p. 500. Luter au besoin. Colore très bien les Bactéries (sauf les Bacilles acido-résistants), les Protozoaires (sauf le Tréponème), les granulations et le réticulum de certaines hématies (paludisme, animaux intoxiqués par le plomb), les leucocytes, etc. Excellent procédé pour la coloration vitale des hématies granuleuses, au cours des ictères hémolytiques.

1. *Folia hæmatologica*, IX, p. 332, 1909; XI, *Archiv*, p. 343, 1911; XIV, *Archiv*, p. 221-233, 1912. Voir aussi *Archiv f. Schiffs und Tropenhygiene*, XV, p. 126, 1911.
2. *Gaz. hebd. sci. méd. de Bordeaux*, 29 nov. 1908 et *passim*, 1909 et 1910. — *Arch. maladies cœur, vaisseaux, sang*, III, 1910. — *Folia hæmatologica, Archiv*, X, 1910. — *C. R. Soc. de biologie*, LXX, p. 247, 1911.

Préparer la solution avec du bleu de méthylène chimiquement pur dans un grand flacon; ne jamais remuer; puiser avec une effilure de pipette.

Schilling-Torgau pratique le même procédé avec du bleu boracique de Manson (p. 402), en solution ancienne et convenablement diluée.

d. Méthode de Ross à la gelée. — Voir p. 545.

e. Recherche des granulations graisseuses (*Cesari Demel* [1]). Préparer les deux solutions :

A $\begin{cases} \text{Sudan III.} & 0,04 \text{ gr.} \\ \text{Alcool absolu} & 10 \quad — \end{cases}$

B $\begin{cases} \text{Brillankresylblau} & 0,02 \quad — \\ \text{Alcool absolu} & 10 \quad — \end{cases}$

Mélanger parties égales de ces deux solutions et étaler comme pour la méthode *a*. Après dessiccation, déposer une goutte de sang, puis une lamelle. Micheli [2] s'est servi de cette méthode pour le diagnostic différentiel entre la méningite purulente (50 à 80 p. 100 de leucocytes sudanophiles) et la méningite tuberculeuse (pas de leucocytes sudanophiles).

b. Méthode au rouge neutre d'Achard et Ramond [3] pour rechercher la vitalité des leucocytes (dans les leucocytes morts, le noyau se colore en rouge brun). — Verser dans un tube à centrifuger 10 gouttes de rouge neutre à 1 p. 1000 dans la solution physiologique et 15 gouttes d'eau salée citratée à 6 p. 1000. Dans ce mélange on laisse tomber, soit une goutte de sang, soit le culot de centrifugation des sérosités ou du liquide céphalo-rachidien. On porte vingt minutes à 37° puis on examine en chambre humide. Opérer cet examen rapidement (5 minutes), pour que les leucocytes n'aient pas le temps de mourir.

f. Recherche des leucocytes à granulations iodophiles. — Faire un frottis, le sécher et le laisser pendant quelques minutes dans un cylindre de Borrel, au fond duquel on a mis quelques cristaux d'iode; puis examiner à l'immersion, en recherchant les leucocytes qui renferment des granulations brun acajou. Pour conserver les préparations, on peut les monter au sirop de lévulose (p. 379).

Frottis desséchés. — Méthode fondamentale de l'hématologie. *Préparer* des *lames neuves* et bien dégraissées par brossage dans

1. *Giorn. R. Accad. di med. di Torino*, p. 180, 1907.
2. *Giorn. R. Accad. di med. di Torino*, p. 199, 1907.
3. *C. R. Soc. de biologie*, LXVI, 8 mai 1909. — Vitalité, résistance et activité des globules blancs dans les maladies. *Semaine médicale*, 3 nov. 1909. On y trouvera diverses autres techniques que nous ne pouvons reproduire ici, faute de place. Pour l'étude de l'*activité leucocytaire* et du *pouvoir leuco-activant* des humeurs, voir la Thèse de Ch. Foix, Paris, 1911, où on trouvera des détails complets sur la technique à employer : dans des ampoules à injections, coupées en deux, on mélange, d'une part, 10 gouttes de sérum normal, 10 gouttes de sérum artificiel citraté (NaCl 7 gr. 5, citrate de sodium 6 gr., eau 1000), 1 goutte d'émulsion de Levures de muguet (tuées au formol puis lavées) et 1 goutte de sang normal témoin; d'autre part, les mêmes éléments, mais avec une goutte de sang à étudier. Brasser. Porter 30 minutes à l'étuve à 37°, centrifuger 10 minutes, étaler le culot en frottis épais, sécher, hémolyser, colorer au Romanovsky. Numérer les polynucléaires et les Levures incluses et établir le rapport $\dfrac{\text{Levures}}{\text{polynucléaires}}$.

l'eau de savon, lavées à l'eau, conservées dans l'alcool à 90° (p. 227), puis essuyées soigneusement avec un linge non pelucheux ; une ou plusieurs *lamelles* 22 × 32, aussi minces et souples que possible, les choisir à bord bien droit, sans échancrures ni saillies,

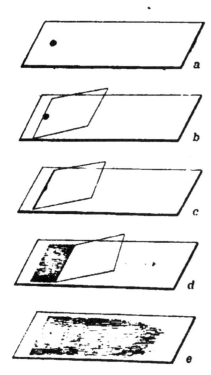

reuforcer une des extrémités par une étiquette collée à cheval sur le petit côté. *Prélever* le sang comme il est dit plus haut (p. 666). Avoir soin d'employer, pour chaque frottis, une goutte de sang bien ronde et bien fraîche, non coagulée. Lorsque le sang a tendance à se coaguler ou à s'étaler autour de la plaie, bien essuyer la peau et faire sourdre une nouvelle goutte par une pression légère.

Confection des frottis. — Cinq temps :

a. Déposer une gouttelette de sang à un centimètre environ de l'extrémité d'une lame (fig. 255, a), ou encore prendre cette gouttelette avec le tranchant du petit côté de la lamelle.

b. Tenir la lamelle inclinée à 15° (fig. 255, b) et mettre le petit côté en contact avec la lame, au point où se trouve la goutte de sang.

Fig. 255. — *a-d*, les quatre temps successifs de l'exécution d'un frottis de sang ; *e*, aspect que doit présenter le frottis terminé. D'après Langeron, in *Archives de parasitologie.*

c. Attendre que cette goutte ait fusé (fig. 255, c) par capillarité tout le long du petit côté.

d. Tirer la lamelle (fig. 255 d), en appuyant légèrement, de façon à étaler le sang en couche mince et uniforme. Il y a deux façons de procéder : ou bien on *tire* la lamelle de gauche à droite (fig. 257 et fig. 255, d), et alors les éléments sont entraînés par capillarité et par frottement, ou bien on_ *pousse* la lamelle (fig. 256 et 258) de droite à gauche, et les éléments sont entraînés seulement par capillarité. Les deux procédés sont bons. Le second a l'avantage de ne pas rouler ni comprimer les éléments, mais il permet moins facilement de régler l'épaisseur et la marche des frottis. Ce qui est essentiel, c'est de tirer la lamelle d'*un seul coup* et *sans s'arrêter ni se reprendre*.

e. *Dessécher rapidement* le frottis, en agitant la lame ou en l'éventant avec un carton, un éventail arabe, etc. Cette des- siccation rapide est indispen- sable pour la bonne conserva- tion de la forme des globules

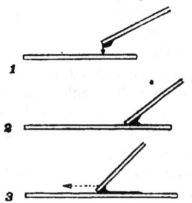

Fig. 256. — Exécution d'un frottis *en poussant*. D'après Daniels.

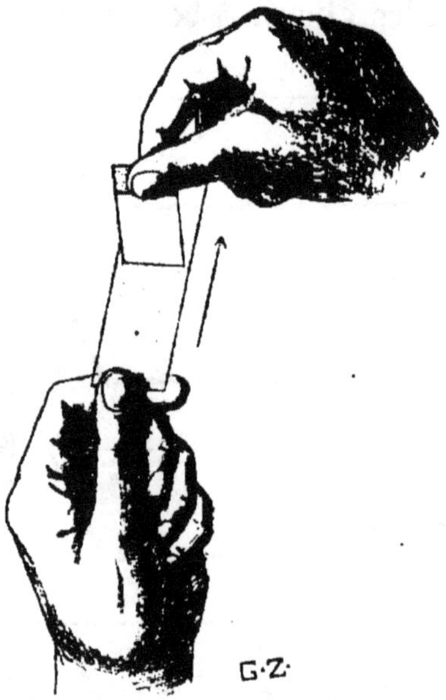

Fig. 257. — Position des mains pour exécuter un frottis en tirant.

et des parasites. *Ne jamais chauffer* pour sécher les frottis.

Conditions que doit remplir un frottis. — Il doit être mince et complet :

1° *Mince* : les globules doivent être étalés en une seule couche

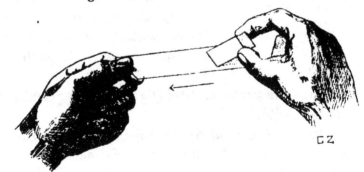

Fig. 258. — Position des mains pour exécuter un frottis en poussant..

et séparés les uns des autres, sans se recouvrir ni former d'amas.

2° *Complet* : la goutte de sang doit être étalée en entier (donc ne pas la prendre trop grosse!). S'il en est autrement, la lamelle entraîne, avec l'excès de sang, la plupart des leucocytes, des hématies parasitées, des Filaires, etc., d'où erreurs de diagnostic. Le frottis doit présenter l'aspect représenté en *e* (fig. 255), avec une extrémité arrondie et des bords accessibles à l'observation microscopique.

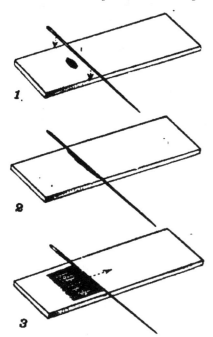

Fig. 259.—Exécution d'un frottis de sang avec une aiguille. D'après Daniels.

Autres procédés. — En cas de besoin, on peut faire le frottis avec une aiguille (fig. 259) ou avec une autre lame, dont on a cassé un coin, de telle sorte que la couche de sang n'atteigne pas le bord de la première lame. Autrement on ne peut examiner les parties latérales du frottis ; cet inconvénient serait très grave, parce que c'est sur les bords qu'il y a le plus de leucocytes et de Protozoaires.

Proscrire absolument les procédés où on emploie du papier (carte de visite, papier à cigarettes, etc.). Ces objets absorbent le plasma, retiennent les leucocytes et les hematies parasitées et donnent des frottis *détestables*.

Les divers étaleurs métalliques qui ont été proposés sont tous à déconseiller parce qu'ils donnent des frottis trop minces et trop larges.

Insuccès. — 1. Le sang s'étale mal par places : lame malpropre ou grasse.

2. Le frottis se termine par une ligne droite et épaisse : goutte de sang trop grosse ou lamelle trop appuyée, ou encore on s'est repris à plusieurs fois et on a tiré la lamelle en hésitant.

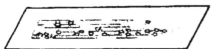

Fig. 260. — Frottis de sang troué par les trompes de Mouches.

3. Le frottis se termine par de grandes dentelures ou de longs prolongements : lamelle trop appuyée ou à bord irrégulier. Recommencer en poussant la lamelle de droite à gauche (fig. 256 et 258).

4. Le frottis est troué de petites perforations rondes : ce sont les traces de trompes de Mouches (fig. 260). Cet accident est très frequent dans les pays chauds. Si on laisse un frottis exposé à l'air, il peut être complètement détruit en quelques instants. Cet accident n'est pas rare en été dans les pays tempérés.

Frottis épais. — Ce procédé, dû a Ross [1] (voir p. 501), est destiné à permettre de découvrir, dans le sang, des parasites qui y existent en très petit nombre. Déposer sur une lame plusieurs grosses gouttes de sang (fig. 261, *a*), les réunir en une seule nappe avec une aiguille

1. *Lancet*, I, p. 86. 1903. — *Thompson Yates Laboratories Reports*, V. part. 1, 1903.

(fig. 261, *b*) et laisser sécher. Déshémoglobiniser par le liquide de Ruge (p. 546), puis fixer à l'alcool et colorer par le Giemsa dilué (1 goutte pour 1 cm³ d'eau dist.). Ce procédé est très employé dans les pays anglais, mais je trouve qu'il donne des résultats si médiocres et si aléatoires que je n'en conseille pas l'emploi habituel. Les frottis de ce genre un peu anciens se colorent très mal. Voir p. 501 les modifications de Cropper et de James.

Frottis humides[1]. — En hématologie, ce procédé n'est utile que pour des recherches cytologiques très spéciales. Faire de préférence les frottis *sur lamelle*, de manière à les déposer face en dessous et à les faire flotter à la surface du fixateur. Ne prendre que du sang riche en parasites, faire les frottis sur lamelle par la méthode ordinaire ou puiser et étaler la goutte de sang avec une effilure de pipette. Se hâter pour que la couche n'ait pas le temps de sécher.

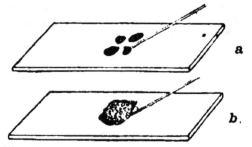

Fig. 261. — Exécution d'un frottis épais par la méthode de Ross. D'après Daniels.

Tous les fixateurs conviennent. On colore ensuite à l'hématoxyline ferrique (p. 388) ou au Giemsa pour frottis humides.

Si on fait les frottis sur lame, les déposer face en dessous, sur deux cales, dans une cuvette ou une boîte de Petri pleine de fixateur.

Méthode de Weidenreich[2]. — Elle consiste à fixer le sang avant l'étalement. Mettre dans un bocal bouchant à l'émeri 5 cm³ d'acide osmique à 1 p. 100 avec 10 gouttes d'acide acétique cristallisable. Exposer d'abord la lame pendant deux minutes aux vapeurs osmiques, puis étaler le sang et, sans sécher, exposer aux vapeurs pendant une minute. Sécher, fixer par l'alcool absolu pendant 10 minutes. Laver pendant une minute dans du permanganate de potassium très dilué (2 gouttes de solution à 1 p. 100 dans 50 cm³ d'eau). Laver à l'eau, puis sécher au buvard. Colorer au Romanovsky.

Conservation des frottis desséchés.

— Ils se conservent très longtemps, *à condition de n'être pas fixés*. En voyage, il ne faut donc jamais fixer les frottis. On se contente de les emballer, séparément ou par petits groupes, dans des feuilles de papier, portant une indication ou un numéro d'ordre. Ces paquets sont enfermés dans des boites hermétiquement closes et conservées à l'abri de l'humidité. La colorabilité des frottis diminue au fur et à mesure qu'ils vieillissent; pourtant, avec les méthodes de Pappenheim (procédé panoptique), on peut, en prolongeant la coloration pendant une heure, obtenir des résultats suffisants.

1. Voir p. 520 la méthode de Minchin.
2. *Folia hæmatologica*. III. p. 1-7, 1906

Pappenheim[1] conseille de traiter pendant vingt-quatre heures par l'eau distillée les vieux frottis *non fixés*. On colore ensuite, sans fixation, par le May-Grümvald étendu de son volume d'eau, puis par le Giemsa, comme dans la méthode panoptique (p. 422).

Enfin j'ai signalé récemment[2] le parti qu'on peut tirer du peroxyde de benzol pour régénérer partiellement les vieux frottis devenus incolorables. Suivre la technique décrite p. 273.

Coloration du sang[3]. — La découverte des colorations panoptiques a rendu inutiles, dans la pratique courante, toutes les autres méthodes de coloration. Je conseille donc, en ce qui concerne le sang, de laisser de côté toutes les anciennes méthodes (hématéine-éosine, triacide d'Ehrlich, bleu polychrome) : ces procédés étaient excellents autrefois, mais ils doivent passer maintenant dans le domaine historique ou être réservés à des recherches spéciales. Avec les méthodes panoptiques, on obtient d'un seul coup et avec une seule préparation, la coloration élective de tous les éléments normaux et anormaux du sang, avec des nuances précises et constantes, correspondant à leurs affinités chromatiques. On colore en outre des éléments (granulations azurophiles, chromatine des Protozoaires, corps en demi-lune, hématies granuleuses) que les autres méthodes ne peuvent pas mettre en évidence.

Qu'il s'agisse du sang normal ou pathologique ou de la recherche des Hématozoaires (p. 501), je conseille de colorer les frottis, soit par la *méthode panoptique de Pappenheim* (p. 422), soit par le *panchrome de Pappenheim* (p. 424).

Les parties acidophiles (*hématies, granulations éosinophiles*) sont rouges ou rosées ; les *noyaux des leucocytes et des hématies*, violet plus ou moins foncé ; les *noyaux des Protozoaires* et les *granulations azurophiles*, d'un beau pourpre. Les *granulations* neutrophiles sont violettes, les granulations basophiles des labrocytes[4], d'un bleu foncé presque noir ; les ponctuations basophiles des hématies, bleu cobalt. Le protoplasme des lymphocytes et des parasites est d'un beau bleu ciel. Les hématoblastes sont violacés.

Procédés particuliers. — On peut encore fixer le frottis (cinq minutes dans l'alcool méthylique pur, dix minutes dans l'alcool absolu,

---

1. *Folia hæmatologica*, XIII, *Archiv*, p. 340, 1912.

2. Langeron, Remarques sur l'emploi du peroxyde de benzol en hématologie coloniale. *C. R. Soc. de biologie*, LXXVI, p. 502, 1914.

3. Pour la coloration des leucocytes dans les tissus, voir p. 704-705.

4. Les labrocytes sont assez abondants, à l'état normal, chez le Lapin et surtout chez le Cobaye et le Hérisson, où ils sont très caractéristiques.

fig. 262), laisser sécher, puis colorer dans le Giemsa dilué, avec les
précautions ordinaires, à 1 goutte pour 1 cm³ d'eau distillée.

Pour la coloration spécifique des *granulations neutrophiles*, fixer par
la chaleur : mettre un cristal d'urée (fondant à 131°) sur une extrémité
de la lame, poser la lame sur la platine chauffante (fig. 141), surveiller
et retirer dès que le cristal commence à fondre. Après refroidissement,
colorer quinze minutes au moins par le tria-
cide d'Ehrlich, laver très rapidement à l'eau,
sécher.

Pour la coloration spécifique des *granulations acidophiles*, opérer de même avec le triacide d'Ehrlich spécial pour ces granulations
(éosine-aurantia-induline).

Hématoblastes. — Contrairement à ce
qui est dit dans certains ouvrages, les hématoblastes sont très faciles à colorer, sur
les frottis desséchés, par la méthode de
Romanovsky et notamment par la méthode
panoptique et le panchrome de Pappenheim. Il faut donc les étudier sur des
préparations *colorées* : ils sont très visibles
dans toute l'étendue de la préparation et
pas seulement dans sa portion initiale
comme on l'a dit quelquefois à tort. Ils
sont légèrement azurophiles et, dans les
préparations fixées, ils se colorent par

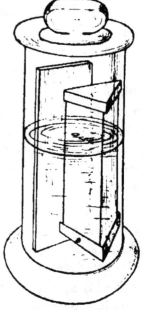

Fig. 262. — Bocal pour fixer
les frottis par l'alcool absolu.

l'azur de méthylène (orthochromatiquement), par l'éosinate d'azur
(métachromatiquement) et en partie par le bleu de crésyl brillant.
En outre, l'azur et le bleu de crésyl, donnent avec eux des colorations vitales.

Pour les *colorer dans les coupes*[1], il faut fixer de minces
tranches de rate et colorer les coupes par le Romanovsky (procédés
pour les coupes).

On peut étudier les hématoblastes, soit dans des frottis ordinaires de sang d'un Mammifère quelconque, soit par le procédé à
l'encre de Chine (p. 758), qui permet d'en faire facilement une
numération assez exacte par rapport aux hématies; mais la
technique la plus précise est due aux recherches d'Achard et
Aynaud[2]. Le fait capital, démontré par ces auteurs, est que les

1. Voir à ce sujet la méthode de Le Sourd et Pagniez. *C. R. Soc. de biologie*,
21 octobre 1911.
2. Aynaud. Le globulin de l'Homme. Méthodes d'observation et de numération

hématoblastes disparaissent au contact des tissus; il est donc indispensable de prélever le sang par *ponction veineuse*.

Prélèvement. — Seringue en verre de 5 cm³, avec aiguille d'acier de 15 mm. de longueur et de 1 mm. 7 de diamètre. Aspirer 2 cm³ de citrate de sodium à 10 p. 100 préalablement stérilisé. Désinfecter la peau avec un liquide aqueux (pour éviter la vaso-constriction). Ponctionner rapidement la veine, pousser un peu de citrate, puis aspirer. Verser le sang dans un tube paraffiné ou dans le fixateur.

Examen à l'état frais. — Laisser sédimenter, puis prélever du plasma et examiner en goutte pendante, sous lamelle vaselinée. Les hématoblastes apparaissent sous forme de petits fuseaux très pâles.

Coloration. — Frottis desséchés faits avec le sang citraté. Le Romanovsky réussit *seul*. On peut aussi fixer le sang en masse [1] avant de l'étaler.

Numération [2]. — Elle est destinée à établir le rapport $\dfrac{\text{hématies}}{\text{hématoblastes}}$
$= \dfrac{H}{h}$. Il est *indispensable* de recueillir le sang par ponction veineuse comme plus haut. Retirer la seringue, en laissant l'aiguille pour remplir un mélangeur Potain destiné à numérer les hématies. Ajouter un peu de sang au liquide de dilution suivant :

Citrate de sodium.	10 gr.
Chlorure de sodium.	5 —
Eau distillée	Q. s. pour 500 cm³
Formol à 40 p. 100	10 cm¹

de manière à avoir un liquide rosé. Dans les 16 grands carrés de la cellule de Thoma (fig. 264), il doit y avoir 1 200-1 500 hématies. Numérer à 500 diamètres, en diaphragmant fortement. Compter hématies et hématoblastes dans les 16 grands carrés et établir le rapport $\dfrac{H}{h}$. Pour connaître le nombre d'hématoblastes par mm³, diviser le nombre d'hématies par ce rapport. A l'état normal, le chiffre moyen est de 216 000.

Réticulum fibrineux. — A l'étude des hématoblastes se rattache celle du réticulum fibrineux, méthode très simple, dont Hayem et ses élèves ont su tirer des déductions intéressantes.

Déposer une goutte de sang sur une lame bien propre, ou mieux sur une cellule de Ranvier (fig. 134). Piquer le doigt du malade de manière à avoir une grosse goutte, dans laquelle on puise avec une fine pipette ou sur laquelle on pose doucement le centre de la lame. Recouvrir très délicatement d'une lamelle et fermer à la vaseline, *sans déplacer la*

applicables en clinique. *Progrès médical*, 22 avril 1911; *Annales de l'Institut Pasteur*, XXV, p. 56-78, 1911.

1. Par exemple dans un mélange de 9 cm³ d'acide osmique à 2 p. 100 avec 1 cm³ de citrate de sodium à 10 p. 100. On fait tomber 5 gouttes de sang dans 10 cm³ de fixateur. Centrifuger deux fois, étaler le second culot et colorer au Romanovsky.

2. Aynaud, Méthode de numération des globulins de l'Homme. *C. R. Soc. de biologie*, 18 juin 1910. — Brodie and Russel, The enumeration of blood platelots. *Journ. of physiology*, XXI, 1907. — Helber, Zählung der Blutplättchen, *Dtsch. Archiv f. klin. Med.*, LXXXI, 1905.

lamelle. Examiner à 500 diamètres le réticulum fibrineux qui se forme dans les lacs situés entre les piles de globules. Normalement ce réticulum est presque invisible. On peut en même temps apprécier grossièrement le nombre des leucocytes.

Causes d'erreur dans l'examen des lames de sang.

Balfour [1] a donné une excellente revue de ces causes d'erreurs (avec figures en couleur). Il les divise en deux groupes, suivant qu'elles sont d'origine externe ou qu'elles proviennent du sang lui-même.

1° Corps étrangers d'origine externe. — Poils d'Insectes, filaments de coton, simulant des Microfilaires. Cellules de Levures, conidies cloisonnées, spores diverses. Pour les animaux blessés par coup de feu, se méfier des parasites intestinaux et des spermatozoïdes qui peuvent passer dans le sang. Examiner les parties de la lame non couvertes de sang, pour voir si on n'y trouve pas les mêmes corps ; se rappeler que les parasites du sang sont rarement isolés. Ne pas oublier que le buvard, avec lequel on sèche les préparations, peut transporter d'une lame à l'autre hématies et parasites. Les débutants se méfieront des précipités colorés. Les corps X de Howell et Horrocks ont été retrouvés sur des lames sans frottis de sang, colorées au Wright [2] ; cet exemple est à retenir.

Dans les pays chauds, de longs filaments mycéliens se développent très rapidement à la surface des frottis et produisent des appareils conidiens. Voir aussi p. 674, fig. 260, les perforations rondes produites par les trompes des Mouches.

2° Corps étrangers d'origine interne. — Dans le *sang frais* : hématies crénelées, vacuoles (quelquefois très trompeuses), granulations issues des leucocytes, hématies altérées par le chauffage (intentionnel ou accidentel), hématoblastes, hémoconies, corps flagelliformes indéterminés.

Dans les *préparations colorées* : hématoblastes (principale cause d'erreur, on les reconnaît à leur structure réticulée ; ceux des Sauropsidés (cellules en fuseau, *Spindelzellen*) sont encore plus trompeurs). Altérations globulaires (corps en pessaire, en demi-lune [3], anneaux de Cabot, taches marginales azurophiles, qu'il ne faut pas confondre avec les *Anaplasma*, restes nucléaires ou centrosomes, etc.). Altérations globulaires artificielles dues au frottis, aux fautes de technique, etc. Altérations leucocytaires et débris leucocytaires : il faut aussi reconnaître dans les leucocytes les plasmosomes de Ferrata (petits et métachromatiques) et les corps de Kurloff [4] (fréquents chez le Cobaye, volumineux et azurophiles).

1. Balfour, Fallacies and puzzles in blood examination. *Fourth Report of the Wellcome tropical research Laboratories at Kharthoum*, vol. A, Medical, p. 109-125, 1911.

2. Balfour, A blood puzzle solved. The so-called X bodies, *Lancet*, 6 juillet 1912.

3. M. Langeron, Hématies en demi-lune, *C. R. Soc. de biologie*, LXX, p. 131, 1911. *Association française pour l'avancement des sciences, Congrès de Dijon*, p. 588-596, 1911.

4. Huffmann, The Kurloff-body, a spurious parasite. *Parasitology*, IV, p. 457-462, 1912. — Schilling-Torgau, Ueber die feinere Morphologie der Kurloff-Körper und ihre Aehnlichkeit mit Chlamydozoen Einschlüssen, II. *Centralbl. f. Bakteriologie*, Orig., LXIX, p. 412, 1913.

3° **Hématozoaires nouveaux ou douteux.** — *Sergentella hominis* Brumpt, 1910. Corps de Hœfer.

A ces causes d'erreur, on peut ajouter celles qui ont été signalées récemment par Schilling-Torgau [1]. Je ne suivrai pas cet auteur dans ses considérations hypothétiques sur la structure des hématies. Je signale seulement les faux parasites (reproduits expérimentalement chez le Chat et le Cobaye) qui apparaissent, au cours des anémies, sous forme d'une aire bleue plus ou moins annulaire, avec un ou plusieurs points rouges. Schilling considère comme des pseudo-parasites : les formes persistantes du paludisme (*Dauerformen*) de Plehn ; les parasites du typhus exanthématique de Krompecher-Goldzieher et Angyom ; l'*Anaplasma marginale* et tous les corpuscules marginaux ; les parasites de la fièvre jaune de Seidelin. Je reproduis ces indications sous toutes réserves et seulement pour recommander aux observateurs la plus grande prudence.

NUMÉRATION

L'appareil de numération le plus répandu est celui de Thoma-Zeiss, mais le meilleur, à mon avis, est celui de Malassez. L'appareil d'Hayem [1] est aussi un excellent instrument, mais moins pratique que les précédents ; faute de place je renonce à le décrire.

A. — *Appareil à numération de Thoma.*

Cet appareil comprend deux pipettes pour dilution, l'une pour les hématies, l'autre pour les leucocytes, et une chambre humide graduée, avec des *lamelles spéciales* à faces absolument planes.

La pipette destinée à la numération des globules rouges (fig. 263 et 266) est la plus étroite ; elle est marquée, au-dessus de la boule, du chiffre 101, ce qui veut dire que la boule correspond à 100 parties et la tige à une partie, et que la dilution normale est à 1 p. 100. La tige porte, en outre, d'autres divisions permettant des dilutions plus faibles (1 p. 200, 1 p. 300, etc.).

La pipette des leucocytes est la plus large ; elle est marquée du chiffre 11, qui représente 10 parties pour la boule et une partie pour la tige ; la dilution obtenue avec cette pipette est donc à 1 p. 10.

1. Schilling-Torgau, Ueber die Bedeutung neuerer hämatologischer Befunde und Methoden für die Tropenkrankheiten, *Beihefte z. Archiv für Schiffs. Trop. Hyg.*, I, p. 87-89, pl. VII, 1912. — Körmöczi, Protozoenähnliche Gebilde des Blutes, *Centralbl. f. Bakteriologie, Orig.*, LXI, p. 366-375, 1911.

Chambre graduée[1]. — Examiner d'abord la graduation avec un

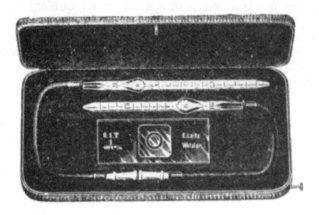

Fig. 263. — Compte-globules de Thoma.

grossissement d'environ 200 diamètres (diaphragmer). Des stries fines (fig. 264), qui se coupent à angle droit, forment un grand carré de

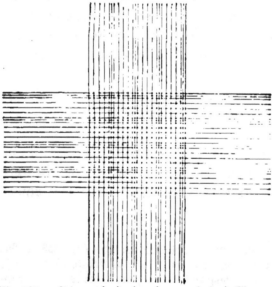

Fig. 264. — Réseau de la chambre graduée de Thoma.

1 mm. de côté, divisé en 400 petits carrés qui ont 1/20 de mm. de côté. Chaque petit carré a une surface de 1/400 de mm. carré : la profondeur de la cellule est de 1/10 de mm. Le volume du liquide, au niveau de chaque carré, est donc de $1/400 \times 1/10 = 1/4000$ de mm³.

Soit 10 le nombre d'hématies trouvé dans un carré, il y a donc 10 hématies dans 1/4000 de mm³. Dans 1 mm³, il y aura $10 \times 4\,000 = 40\,000$ hématies. Comme le sang a été dilué au centième, il y aura

$40\,000 \times 100 = 4\,000\,000$ hématies par mm³.

Pour numérer, on compte les globules dans un grand nombre de carrés, puis on divise le nombre des globules comptés par le nombre de

---

1. Outre l'ancienne chambre de Thoma, on emploie beaucoup maintenant la chambre de Bürker, qui possède deux champs quadrillés, séparés par une rigole, et dans laquelle la lamelle est mise en place avant le remplissage, ce qui facilite beaucoup cette opération. La répartition se fait par capillarité et est très égale : l'influence de la pression atmosphérique est nulle, car la cellule reste ouverte. *Münch. med. Woch.*, LII. p. 912 et *Pflügers Archiv*, CXLII. p. 337. 1911.

carrés. La formule à employer, pour avoir le nombre d'hématies au mm³, est la suivante :

$$\frac{4\,000 \times \text{chiffre de la dilution} \times \text{nombre de globules comptés}}{\text{nombre de carrés dans lesquels on a compté les globules.}}$$

Lignes d'orientation. — Toutes les cinq rangés de carrés (fig. 264), ceux-ci sont divisés en deux par une ligne destinée à empêcher l'œil de s'égarer, mais dont on ne tient pas compte pour la numération. Ces lignes d'orientation délimitent seulement des grands carrés, renfermant chacun 16 petits carrés.

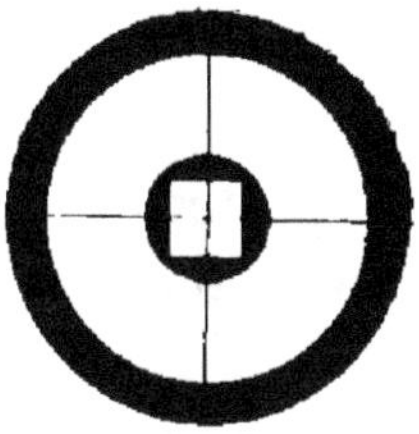

Fig. 265. — Réseau de l'oculaire de Metz.

Appareil de Metz. — Dans le nouvel appareil de Metz [1] on se sert d'une chambre humide de Thoma ou de Bürker, mais ces chambres ne sont pas graduées. La numération s'effectue au moyen d'un oculaire spécial, dans lequel se trouve, entre les deux lentilles, une plaque de verre portant un petit carré central, entouré d'un grand anneau clair (fig. 265); carrés et anneaux sont subdivisés en quatre quarts par une croix noire.

Le petit carré est calculé de telle sorte qu'il suffit de multiplier par 100 000 le nombre d'hématies qu'il couvre pour avoir la teneur en mm³, avec une dilution au centième. Le grand cercle clair sert à compter les globules blancs; on multiplie par 1 000 le chiffre trouvé avec une dilution au dixième.

L'avantage de cet appareil est de permettre d'effectuer la numération en des points quelconques de la chambre humide, en choisissant ceux où les éléments sont répartis le plus uniformément. Les lignes noires de l'oculaire sont bien plus visibles que les traits gravés des chambres graduées.

Pour se servir de cet appareil, il faut réaliser, par le tirage du tube, l'égalité entre le carré gravé au fond de la chambre humide et le carré central de l'oculaire; grâce à ce repère, on sera sûr de l'exactitude des calculs.

Nettoyage des pipettes. — Il est parfait, lorsque la boule de verre n'adhère pas à la paroi. Il faut donc, *immédiatement après la numération* :

1. Adapter le caoutchouc à la pointe et souffler le reste du sang dilué.
2. Aspirer de l'acide acétique étendu.
3. Laver à l'eau distillée à plusieurs reprises.
4. Laver à l'alcool absolu deux ou trois fois.
5. Laver à l'éther deux ou trois fois en le laissant écouler, *sans souffler*.
6. Laisser sécher ou insuffler de l'air chaud (avec une double poire).

Si on fait des numérations successives, on se contente, entre chacune, de laver la pipette à l'eau distillée (2 ou 3 fois) puis au liquide de dilution (2 fois).

Ne jamais laisser sécher le sang dans la pipette; si cet accident se produisait, nettoyer le tube capillaire avec un crin de Cheval ou aspirer un peu de solution de potasse caustique à 10 p. 100 et laver ensuite comme ci-dessus, après dissolution du caillot, ou mieux dissoudre ce

1. *Münchener med. Woch.*, n° 17, 1914.

dernier par digestion artificielle (p. 254), à 37°, avec une solution de 0 gr. 1 de pepsine pour 100 cm³ d'acide chlorhydrique à 1 p. 100.

Laver les chambres graduées à l'eau distillée, puis à l'alcool.

Numération des globules rouges.

Liquide de dilution : on peut prendre de la solution physiologique, mais le meilleur liquide est celui de Marcano[1].

Sulfate de sodium.	5 gr.
Eau distillée	100 cm³
Formol à 40 p. 100.	1 —

1. Piquer la face dorsale du doigt, près de l'ongle, assez profondément pour que le sang s'écoule librement. Ne pas presser pour éviter le mélange avec la lymphe (p. 666).

2. Poser la pointe de la pipette dans la goutte de sang, aspirer doucement, jusqu'au trait 1 (dilution à 1 p. 100) pour le sang anémique et jusqu'au trait 0,5 (dilution à 1 p. 200) pour le sang

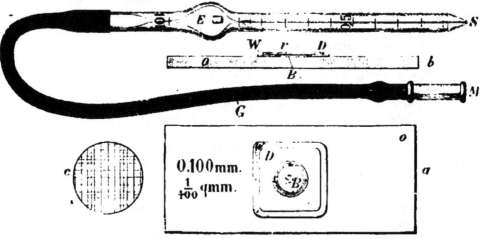

Fig. 266. — Compte-globules de Thoma. E, perle de verre; S, extrémité de la pipette; G, tube de caoutchouc; M, embout d'aspiration; b, coupe de la chambre graduée; o, lame; W, pourtour de la cellule; r, rigole; B, chambre graduée proprement dite; D, lamelle; a, ensemble de la chambre graduée; c, un des grands carrés du réseau quadrillé.

normal. Éviter les bulles d'air; s'il y en a, recommencer l'opération.

3. Avec du papier joseph, essuyer le sang autour de la pointe et enlever l'excès de sang, s'il y en a, dans le tube capillaire, de telle

---

1. Benario (*Dtsche. med. Woch.*, p. 572, 1891), Marcano (*Arch. de méd. expér.*, XI, p. 431, 1899), puis Armand-Delille et Launoy (*Annales Inst. Pasteur*, XXV, p. 222, 1911) ont montré l'action stabilisante du formol sur les hématies. Cette action est telle, que les globules, lavés et stabilisés, fonctionnent aussi bien que les hématies fraîches pour la déviation du complément.

sorte que l'affleurement se fasse exactement au niveau du trait choisi.

4. Aspirer rapidement le liquide de dilution jusqu'au trait **101** *exactement*. Enlever doucement le caoutchouc. Il ne doit pas y avoir de bulles d'air dans le réservoir, sinon il faut recommencer l'opération.

5. Tenir le pouce et l'index sur les deux ouvertures de la pipette et secouer quelques secondes, pour effectuer le mélange du sang et du liquide de dilution, au moyen de la perle de verre.

6. Remettre le caoutchouc. Chasser doucement le contenu de la tige (**2 gouttes**), puis déposer une très petite goutte au centre de la cellule graduée.

7. Souffler sur la lamelle, appliquer un des côtés sur la lame et abaisser l'autre rapidement, en le soutenant avec une pince ou une aiguille et appuyer légèrement[1]. Le disque central de la cellule doit être complètement recouvert par la goutte de sang; il ne doit pas y avoir de bulles d'air et le liquide ne doit pas passer entre la lame et la lamelle, entre lesquelles on doit voir les anneaux de Newton. Les globules doivent être uniformément distribués dans les carrés. Si ces conditions ne sont pas exactement réalisées, laver et sécher la cellule et remettre une nouvelle goutte.

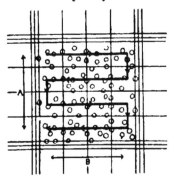

Fig. 267. — Marche à suivre pour la numération : compter en suivant les flèches du trait noir. A et B, les deux côtés sur lesquels on compte les hématies à cheval sur les traits.

8. Attendre que les globules soient déposés, puis compter les hématies dans le plus grand nombre possible de petits carrés[2] et appliquer la formule donnée plus haut, ou, plus simplement, avec la dilution à 1 p. **100**, compter les hématies dans cinq des grands carrés, limités par les lignes d'orientation, et multiplier par **5 000** pour trouver le nombre d'hématies au millimètre cube, car les cinq carrés représentent 1/5 000e de mm³.

Pour compter, il faut suivre une marche méthodique.

---

1. Avec les nouvelles chambres de Bürker, la lamelle est placée d'avance et on remplit la cellule par les deux côtés, sans aucune difficulté.

2. Avec un sang normal, il y a environ 10 à 12 hématies par petit carré et 60 leucocytes dans 100 petits carrés.

Employer un grossissement de 200 à 400 diamètres et diaphragmer assez fortement le condensateur. Dans chaque grand carré, compter en suivant les petits carrés, par tranches horizontales ou verticales (fig. 267) : pour chaque petit carré, ne compter les hématies qui sont à cheval sur les lignes de séparation que sur deux côtés, par exemple sur la ligne du bas et sur celle de gauche (A et B, fig. 267). De cette manière, on est sûr de ne pas compter deux fois les mêmes éléments [1].

Numération des leucocytes.

Liquide de dilution : acide acétique à 0,5 p. 100, additionné de cinq gouttes de solution à 1 p. 100 de violet pentaméthylé (5B) [2]. Ce liquide détruit les hématies et ne laisse subsister que les leucocytes colorés en violet.

1. Verser le liquide de dilution dans un verre de montre.

2. Piquer profondément, pour obtenir une grosse goutte de sang : aspirer jusqu'au trait 1, en ayant soin de tenir la pipette *horizontale*, car le sang s'échappe très facilement. Il est bon de boucher au coton la grosse extrémité, pour éviter plus sûrement cet accident.

3. Essuyer la pipette et affleurer exactement au chiffre 1.

4. Fermer la pointe avec le doigt et plonger dans le liquide.

5. Aspirer légèrement et ne retirer le doigt qu'après avoir commencé à aspirer. Tenir la pipette horizontale et remplir jusqu'au trait 11.

Le reste des opérations s'effectue comme pour les hématies; mais, à cause du petit nombre des éléments, il faut les compter dans toute l'étendue de la chambre graduée, c'est-à-dire dans les 400 carrés. Lorsqu'on a dilué au 1/10, il suffit de multiplier par 100 le chiffre de leucocytes trouvé, car chaque carré correspond à 1/100 de mm³. Employer un grossissement qui permette d'avoir dans le champ au moins un des grands carrés (fig. 266, *c*).

1. Dans les laboratoires où on fait habituellement de la microphotographie, on peut photographier les champs de numération, soit sur plaque négative, soit, beaucoup plus simplement, sur papier négatif au gélatino-bromure. On peut faire ensuite à loisir la numération, en pointant chaque hématie. On est sûr ainsi de ne pas commettre d'erreur.

2. En cas d'éosinophilie intense, on peut faire la *numération directe des éosinophiles* en remplaçant, dans le liquide de dilution, le violet de méthyle par l'éosine, dont on fait une solution à 1 p. 100. A. Dunger (*Münch. med. Woch.*, LVII, p. 1942, 1910) dilue à 1 p. 10 avec le liquide suivant : éosine à 1 p. 100, 10; acétone, 10; eau distillée, 80. Il numère à un faible grossissement, dans une cellule de Bürker. Normalement, il y a de 100 à 200 éosinophiles par mm³.

B. — *Compte-globules de Malassez*.

La *pipette*, dite *mélangeur de Potain*, est analogue à celle de Thoma ; elle permet des dilutions au 100e [1], au 200e, au 300e, au 400e.

La *chambre graduée* (fig. 268) est enchâssée dans une plaque métallique. L'épaisseur est réglée par trois vis qui font saillie et sur lesquelles

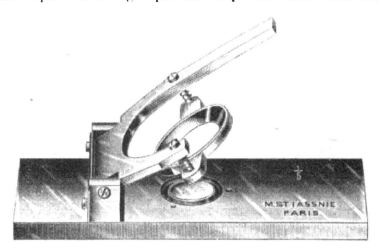

Fig. 268. — Chambre graduée à compresseur du compte-globules de Malassez.

vient s'appuyer la lamelle ; la saillie est de 1/5 de mm. Cette disposition est, à mon avis, très supérieure à celle de la chambre en verre de Thoma. Non seulement elle permet une construction beaucoup plus précise, mais encore, par le fait que la lamelle repose seulement sur trois pointes, il y a moins de danger de voir un corps étranger s'interposer, venir augmenter l'épaisseur de la cellule et causer de grosses erreurs. Enfin, le contact exact de la lamelle avec les trois pointes est assuré automatiquement par le compresseur : la mise en place de la lamelle se produit d'une façon parfaite et sans danger de bulles d'air, comme cela arrive trop souvent avec la cellule de Thoma. Ce compresseur assure à la cellule de Malassez une grosse supériorité : grâce à lui, la préparation réussit à coup sûr et les chances d'erreur sont bien diminuées.

Le *quadrillage* est un peu différent de celui de Thoma. Les champs de numération sont des rectangles (fig. 269) composés de 20 petits carrés : chaque rectangle ayant 1/20 de mm. carré de surface et 1/5 de mm. d'épaisseur, correspond à un centième de mm³. Il y a 10 rangées de 10 rectangles, soit 100 rectangles, dont l'ensemble correspond à 1 mm³, ce qui simplifie énormément les calculs.

---

1. On obtient le mélange au 50e en remplissant deux fois de suite le tube capillaire jusqu'à la division 1.

Parmi ces rectangles, les uns ne sont pas subdivisés, les autres sont traversés par des lignes horizontales ou verticales, d'autres enfin sont subdivisés en 20 petits carrés. C'est dans ces derniers seuls qu'on compte les globules rouges.

1. Prises de sang. — Opérer comme il est dit plus haut. Diluer au 400ᵉ (division 4) pour le sang normal et au 100ᵉ (division 1) pour les sangs anémiques.

2. Mise en préparation. — Fixer la lamelle (n'employer que les lamelles rondes spéciales à faces planes) au cercle du compresseur, en mouillant très légèrement ce dernier. Rabattre, pour s'assurer que la lamelle touche bien les trois vis (on ne doit entendre aucun bruit en la frappant légèrement avec le manche d'une aiguille). Relever à 45° le compresseur portant la lamelle (fig. 268). Déposer une goutte de mélange sur le disque gradué et rabattre doucement le compresseur. Il ne doit pas y avoir de bulles d'air sur la partie graduée.

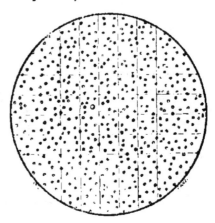

Fig. 269. — Aspect d'un rectangle de la chambre graduée de Malassez. Sang normal, dilution au 400ᵉ.

3. Numération. — Attendre que les globules soient déposés, puis compter les hématies dans les rectangles divisés en petits carrés, en suivant la marche indiquée p. 684.

Pour la dilution au 100ᵉ, compter les globules qui se trouvent dans un rectangle [1]. Si la chambre est au 1/5 de mm., ce rectangle correspond à 1/100ᵉ de mm³ de dilution au centième, c'est-à-dire à 1 : 10 000ᵉ de mm³. Il suffit donc de multiplier par 10 000 le chiffre obtenu (ajouter quatre zéros). Pour plus d'exactitude, compter dans plusieurs rectangles et prendre le chiffre moyen.

Pour les autres dilutions : compter, additionner les globules qui se trouvent dans 2, 3, 4 rectangles, suivant que la dilution est au 200ᵉ, au 300ᵉ, au 400ᵉ; ajouter quatre zéros au chiffre obtenu. Pour plus d'exactitude, compter deux fois plus de rectangles et prendre la moyenne.

1. Avec le sang normal, il y a environ 25 hématies par petit carré avec la dilution au 100ᵉ et 6 hématies avec la dilution au 400ᵉ.

Numération des leucocytes. — Faire un mélange au 100ᵉ et compter les globules qui se trouvent dans les cent rectangles subdivisés ou non. Comme cette surface correspond à un mm², il suffit de multiplier par 100, chiffre de la dilution, pour avoir le nombre de leucocytes au mm³.

Pour bien voir les leucocytes, mettre au point un peu au-déssus du point normal ; les leucocytes, très réfringents, apparaissent alors très nettement comme de petits points brillants. On peut aussi les colorer, en ajoutant au liquide de Marcano 5 gouttes p. 100 de sol. aq. à 1 p. 100 de violet pentaméthylé. On peut aussi hémolyser les hématies par le liquide acétique indiqué p. 685.

C. — *Hématocrite.*

L'hématocrite de Daland est un appareil qui permet d'évaluer, par centrifugation et sans dilution, le chiffre approximatif des hématies. Il se compose d'une armature métallique (fig. 270), qui se fixe sur l'arbre du centrifugeur[1], à la place du porte-tubes. A cette armature, on

Fig. 270. — Hématocrite de Daland (modèle de Krauss).

adapte deux tubes de verre capillaires de 50 mm. de longueur, divisés en 100 parties de 0 mm. 5 de longueur.

Pour faire la prise de sang, on pique le doigt comme d'habitude, on

Fig. 271. — Lecture de l'hématocrite après centrifugation.

tient le tube horizontalement et on en plonge la pointe dans la goutte de sang. Généralement le remplissage se fait tout seul ; mais on peut l'aider par une légère aspiration avec un tube de caoutchouc ou avec la pipette spéciale. On remplit rapidement les deux tubes, et on les fixe dans l'armature, le zéro en dehors ; il est essentiel que les rondelles de caoutchouc qui appuient sur les extrémités des tubes soient en bon

---

1. Cet appareil ne peut fonctionner qu'avec un centrifugeur à deux vitesses, dont la seconde peut fournir 12 000 tours à la minute (fig. 273).

état, surtout du côté extérieur, sinon le sang serait projeté au dehors. Centrifuger pendant deux minutes, à la vitesse de 77 tours de manivelle à la minute. Lire à la loupe (fig. 271) le chiffre auquel s'arrête la traînée rouge et multiplier par 100 000 (ajouter cinq zéros). A la fin de l'opération, le tube doit rester entièrement rempli par le sérum, sinon il y a eu une fuite et il faut recommencer. Les résultats obtenus sont très suffisamment exacts et toujours comparables, à condition que la longueur et le diamètre des tubes soient toujours les mêmes et que la manivelle soit tournée à la même vitesse dans des temps égaux.

Pour nettoyer les tubes de l'hématocrite, les plonger dans l'eau distillée et y faire passer un crin de Cheval, à l'extrémité duquel est attaché un fil de coton. Sécher en insufflant de l'air avec une pompe de bicyclette ou une double poire.

Valeur des procédés de numération. — Théoriquement, les compte-globules donnent tous des résultats très précis. Pratiquement, beaucoup de numérations sont inexactes, parce qu'on néglige quelque précaution essentielle. Pour réussir, il faut suivre scrupuleusement les indications que nous venons de donner et bien s'exercer avec du sang normal, avant de numérer du sang pathologique. Ne pas oublier qu'un chiffre isolé ne signifie rien et que les résultats ne démontrent quelque chose que lorsqu'ils sont comparables. Une légère erreur constante est moins nuisible que des erreurs variables qui empêchent toute comparaison.

Théoriquement, les compte-globules sont très supérieurs à l'hématocrite; pratiquement, ce dernier peut rendre de grands services, à cause de la rapidité de la numération et parce qu'il donne une appréciation suffisamment approchée. Mais, avec cet instrument, plus encore qu'avec les compte-globules, il faut s'astreindre à opérer toujours scrupuleusement dans les mêmes conditions, pour que les résultats soient comparables. En outre, les indications de l'hématocrite se trouvent faussées, lorsqu'il y a des variations dans les dimensions des hématies, au cours de certains états pathologiques. On peut cependant tirer de ce fait des conclusions très précises et très utiles, puisque, dans ce cas, l'écart entre l'hématimètre et le compte-globules est proportionnel aux variations de volume des hématies. L'hématocrite donne alors leur diamètre moyen plus rapidement et presque aussi sûrement que la globulimétrie [1].

Numération des liquides pauvres en éléments, tels que le liquide céphalo-rachidien : employer des cellules à grande capa-

1. Malassez, Nouveau procédé pour la mensuration des globules sanguins, règle globulimétrique. *C. R. Soc. biol.*, 5 janvier 1889. — P. Claisse, La globulimétrie, *Journ. de méd. interne*, 10 avril 1909.

cité telles que celles de Fuchs-Rosenthal (3 mm³) ou de Nageotte et numérer le liquide tel quel, non dilué. La cellule de Nageotte contient 50 mm³; les traits sont espacés de 250 μ et la hauteur de la cellule est de 500 μ; une division vaut donc 1,25 mm³ (voir plus loin, p. 694, l'emploi de cet appareil).

Formule leucocytaire. — La numération nous renseigne sur le chiffre absolu des hématies et des leucocytes et sur le rapport de ces deux nombres : on peut même, comme nous l'avons vu, numérer les éosinophiles. Mais, pour connaître la proportion de chaque variété de leucocytes, il faut faire la formule leucocytaire qui donne le pourcentage de chacune de ces variétés.

Comme la numération, l'établissement de la formule leucocytaire est une opération très simple en apparence, mais qui est sujette à de nombreuses causes d'erreur, de telle sorte que les résultats obtenus sont rarement dignes de confiance.

L'établissement d'une bonne formule suppose d'abord des frottis irréprochables et surtout *complets*. Il faut que la goutte de sang soit sortie du doigt sans pression, qu'elle soit petite et étalée en entier. On comprend que si une partie de la goutte a été entraînée hors de la lame par la lamelle, la formule est faussée. Les frottis faits avec une carte de visite ou un papier donnent fatalement des formules leucocytaires entachées d'erreur, car le papier retient une partie des éléments. *Le frottis doit être coloré par une méthode panoptique* (Pappenheim ou panchrome) qui permet de reconnaître, sur une seule préparation, toutes les variétés de leucocytes.

Pour établir la formule leucocytaire, on explore donc méthodiquement un frottis, avec la platine à chariot, de préférence sur les bords et vers l'extrémité, dans les zones où les leucocytes sont *uniformément répartis*. Rejeter l'extrémité où les leucocytes sont tassés les uns contre les autres et où on ne trouve que les grandes formes. Dans le milieu du frottis, au contraire, les leucocytes dominent. Le mieux est d'explorer les bords en décrivant des méandres, comme le montre la fig. 272. Compter 100 leucocytes sur chacun des bords. Pour inscrire ces leucocytes, préparer une feuille de papier divisée en colonnes (voir le tableau ci-contre), suivant les types leucocytaires qu'on admet [1]. Chaque leucocyte rencontré est marqué par un trait, dans la colonne à laquelle il correspond. Le tableau ci-contre présente plu-

---

1. Ces types varient avec les écoles; il m'est impossible de traiter ici cette question, qui sort du domaine de la technique.

Tableau pour 'l'établissement de la formule leucocytaire.

Exemple d'une formule leucocytaire normale.

	MONONUCLÉAIRES		POLYNUCLÉAIRES				ÉOSI-NOPHILES	BASO-PHILES (LABRO-CYTES)
			NEUTROPHILES					
	LYM-PHOCYTES	GRANDS MONO-NUCLÉAIRES	myélocytes	méta-myélocytes à noyau réniforme	à noyau non segmenté	à noyau segmenté		
Pourcentage normal	23	6	0	0	4	63	3	1
	ǀ	ǀ			ǀ	ǀǀǀǀ ǀǀ		
10	ǀǀǀ					ǀǀǀǀ ǀ	ǀ	
20	ǀǀ	ǀ				ǀǀǀǀ ǀǀ		
30	ǀǀǀ	ǀ			ǀ	ǀǀǀǀ		
40	ǀǀ					ǀǀǀǀ ǀǀǀ		
50	ǀǀǀ	ǀ			ǀ	ǀǀǀǀ		
60	ǀǀǀ					ǀǀǀǀ ǀ	ǀ	
70	ǀǀǀǀ	ǀ				ǀǀǀǀ		ǀ
80	ǀ				ǀ	ǀǀǀǀ ǀǀ	ǀ	
90	ǀ	ǀ				ǀǀǀǀ ǀǀǀ		
100	ǀǀ	ǀ				ǀǀǀǀ ǀ	ǀ	
10	ǀǀǀǀ	ǀ			ǀ	ǀǀǀǀ		
20	ǀǀǀ					ǀǀǀǀ ǀǀ		
30	ǀǀ	ǀ			ǀ	ǀǀǀǀ	ǀ	
40	ǀ				ǀ	ǀǀǀǀ ǀǀ		ǀ
50	ǀǀ	ǀ				ǀǀǀǀ ǀǀ		
60	ǀǀǀ					ǀǀǀǀ		
70	ǀǀ	ǀ				ǀǀǀǀ ǀ	ǀ	
80	ǀ	ǀ			ǀ	ǀǀǀǀ ǀ		
90	ǀǀǀ					ǀǀǀǀ ǀǀ		
200								
Total	46	12	0	0	8	126	6	2
Pourcentage total	23	6	0	0	4	63	3	1

sieurs avantages. D'abord il permet d'inscrire les leucocytes par groupes de 10; dès qu'on a inscrit 10 éléments quelconques dans la première colonne, on passe à la seconde; on sait ainsi à tout moment combien on a compté de leucocytes. Ensuite il permet d'établir facilement la *formule de déviation d'Arneth pour les neutrophiles* : admettons avec Arneth que, dans le sang normal il n'y a ni myélocytes, ni métamyélocytes et environ 5 p. 100 de formes à noyau non segmenté, il restera 63 p. 100 de neutrophiles à noyau segmenté. Si on écrit les noms de ces 4 classes principales de polynucléaires neutrophiles de gauche à droite, en commençant par les myélocytes, une augmentation de ces derniers ou des métamyélocytes produira ce qu'on appelle une *déviation à gauche*, tandis qu'une augmentation des formes segmentées produit une *déviation à droite*. La déviation à gauche est généralement d'un pronostic fâcheux.

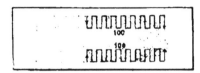

Fig. 272. — Marche en ligne brisée avec la platine à chariot, pour établir une formule leucocytaire. Compter 100 leucocytes de chaque côté du frottis.

Seguin et Mathis ont proposé un procédé rapide très commode [1]. On prépare, d'une part, dans une boîte, 500 perles de verre (ou pois, haricots, billes, etc.), et, d'autre part, autant de boîtes vides que de types leucocytaires. L'opérateur nomme à haute voix les leucocytes au fur et à mesure qu'il les rencontre et un aide met chaque fois une perle dans la boîte correspondante. Quand les 500 perles sont épuisées, on compte les perles de chaque boîte, sauf dans celle qui renferme le plus de perles. On établit le pourcentage en divisant par 5 et on a le chiffre des polynucléaires par soustraction.

Schüffner [2] numère et fait la formule leucocytaire en une seule opération, en diluant avec :

NaCl.	4	gr.
Acide phénique.	3	—
Formol.	1	—
Borax	0,10	—
Eau distillée	1 000	—

à 10 cm³ de cette solution, on ajoute 1 à 2 gouttes de bleu polychrome. Stitt [3] prend simplement du Giemsa dilué avec du formol à 5 p. 100 (1 goutte pour 1 cm³).

1. *Ann. d'hyg. et de méd. coloniales*, XIII, p. 338, 1910.
2. *Münch. med. Woch.*, LVIII, p. 1451, 1911.
3. *Philippine Journ. of sci.*, B. *Med. sci.*, V, p. 233, 1910.

CYTODIAGNOSTIC

Il n'y a pas à proprement parler de technique spéciale pour le cytodiagnostic. Les procédés de fixation et de coloration sont les mêmes que pour le sang. On étale le liquide à examiner, directement s'il est épais (purulent ou séro-purulent), après centrifugation s'il est séreux ou séro-fibrineux.

Le liquide des épanchements (plèvre, péricarde, etc.) est récolté par ponction exploratrice ou évacuatrice. Il faut en avoir 15 à 20 cm³, mais 1 à 2 cm³ peuvent suffire à la rigueur, notamment lorsqu'il s'agit d'une éruption vésico-bulleuse ou du liquide d'un vésicatoire. Ce dernier liquide ne devra pas être prélevé après plus de douze heures, car la formule cytologique change rapidement.

Le procédé de choix est la *centrifugation immédiate*, avant que la coagulation ne se soit produite. On est sûr d'avoir ainsi tous les éléments cytologiques. Pour se débarrasser des hématies trop abondantes, hémolyser par l'alcool au tiers (Loeper et Louste) qui conserve les autres éléments.

La *défibrination immédiate* se fait en versant le liquide dans un petit ballon garni de billes de verre et stérilisé; on agite jusqu'à coagulation complète de la fibrine (cinq minutes environ). Cette opération ne change pas, pratiquement, la composition du liquide. La *défibrination tardive* se pratique de même : on verse liquide et coagulum dans le flacon garni de billes et on agite pendant dix minutes, pour dissocier le coagulum.

Décanter doucement le liquide, centrifuger à fond (jusqu'à ce que le liquide ne contienne plus d'éléments visibles au microscope), décanter complètement en retournant le tube (Widal), étaler le culot ou l'examiner à l'état frais (colorations vitales). La meilleure coloration des frottis desséchés est celle qu'on obtient avec la méthode panoptique ou le panchrome de Pappenheim. Les résultats sont supérieurs à ceux de toutes les autres méthodes. La numération des cellules et la formule des espèces (formule cytologique) se font comme pour le sang.

L'examen cytologique du *liquide gastrique* se fait avec le produit de lavage de l'estomac. Le sujet reste à jeun depuis la veille au soir; on commence par vider l'estomac avec la sonde, si c'est nécessaire. On fait ensuite un premier lavage avec 250 cm³ de solution physiologique ; on jette ce liquide et on introduit une nouvelle quantité de 250 cm³ qu'on retire immédiatement et qu'on centrifuge. Le culot est étalé et coloré.

Liquide céphalo-rachidien. — Rappelons que la ponction lombaire se pratique avec de grosses aiguilles, de préférence en platine, de 8 à 10 cm. de longueur et de 2 mm. de diamètre. Bien vérifier leur perméabilité. Repérer la ligne tangente aux deux crêtes iliaques : cette ligne passe par l'apophyse épineuse de la quatrième lombaire : appuyer l'index gauche sur cette apophyse. Ponctionner soit entre la quatrième et la cinquième lombaire, soit entre la cinquième lombaire et la première sacrée (position assise ou couchée, dos bien arrondi) [1]. Recueillir le liquide dans trois tubes différents (sang) : on a rarement besoin d'aspirer avec la seringue. Ne jamais enlever plus de 10 cm³. Centrifuger *à fond*, pendant dix minutes, dans des tubes à extrémité très étroite. Décanter à fond en retournant le tube, tenir le tube retourné et remplir une fine pipette par capillarité avec le culot ; étaler sur plusieurs lames en décrivant des cercles avec l'extrémité de la pipette, sécher et colorer au Pappenheim ou au panchrome.

Numération des éléments figurés. — On opère avec la cellule de Nageotte [2] (p. 689) directement, sans dilution, ni centrifugation. On colore d'abord les éléments, dans le tube où on a recueilli le liquide, avec une trace de bleu polychrome de Unna. On agite, puis on prélève du liquide avec une pipette pour remplir la cellule. Attendre 10 à 20 minutes, pour laisser les éléments tomber au fond. Compter 10 à 20 carrés et faire la moyenne. Quand il y a beaucoup de sang, détruire auparavant les hématies en ajoutant 2 gouttes d'acide acétique par cm³ de liquide.

Mucus nasal. — Prélever en faisant moucher le malade dans une compresse stérilisée ou mieux directement, avec le fil de platine nu ou entouré d'une petite mèche de coton non hydrophile. Étaler sur lames et colorer.

---

1. Nous ne pouvons donner ici le détail de cette opération ; nous ne faisons qu'en noter les points essentiels. Chez le Chien, repérer la septième lombaire, dont l'apophyse épineuse est au-dessous de la ligne des deux crêtes iliaques : pour ponctionner dans le sixième espace, enfoncer l'aiguille presque verticalement sur l'apophyse de la septième lombaire ; pour ponctionner dans l'espace lombo-sacré, piquer très obliquement le long de l'apophyse de la première sacrée (Lépinay, *Rev. pathol. comparée*, p. 355, 1911). Chez le Cheval, piquer entre la dernière lombaire et la première sacrée, d'avant en arrière et un peu obliquement, enfoncer de 13 à 15 cent. (Prévost, Brissy et Barbier, *Bull. Soc. centr. méd. vétér.*, p. 77, 1911).

2. *C. R. Soc. de biologie*, 7 décembre 1907.

EXAMEN DU PUS

L'étalement du pus doit être fait avec des précautions particulières, si on ne veut pas avoir des frottis *inutilisables*. Il ne faut jamais écraser le pus entre lame et lamelle ou entre deux lames ; on doit l'étaler comme une goutte de sang (fig. 257), mais en ayant soin d'*appuyer très légèrement* la lamelle, de manière à ne pas écraser les leucocytes. On peut aussi pratiquer l'étalement avec le fil de platine ou l'extrémité d'une pipette.

La *coloration* se fera de préférence par la méthode panoptique de Pappenheim, qui colore tout, même les Bactéries. Le diagnostic de ces dernières se fera par les méthodes bactériologiques (p. 747), mais la méthode panoptique donne une fixation et une coloration très supérieures, pour juger de la formule leucocytaire : cette méthode seule permet la recherche et la détermination des Protozoaires.

Ne pas oublier de pratiquer l'*examen à l'état frais*, entre lame et lamelle, en diluant le pus dans la solution physiologique s'il est trop épais. On reconnaît ainsi certaines mycoses, l'actinomycose, les Amibes, etc.

EXAMEN DES CRACHATS

Les crachats doivent être examinés aussi frais que possible. On commence par les verser dans une grande boîte de Petri, pour pratiquer l'*examen macroscopique* sur fond noir et sur fond blanc (fig. 242). On note la répartition des parties purulentes, spiralées, des moules bronchiques, on retire les débris alimentaires, etc.

L'*examen à l'état frais* est indispensable, surtout pour la recherche des parasites et de leurs œufs; on le pratique en examinant simplement une parcelle entre lame et lamelle. Diluer au besoin dans la solution physiologique, ou dans l'eau formolée qui permet d'obtenir d'emblée des préparations persistantes, par lutage au lut de Krönig. On peut faire aussi des colorations extemporanées au Lugol ou avec un colorant basique (azur II à 1 p. 1000, bleu de méthylène à 1 p. 500).

L'*étalement* présente souvent de grandes difficultés. On peut opérer comme pour le sang, avec une lame et une lamelle, mais en procédant par à-coups et en hachant en quelque sorte la matière à étaler (fig. 184, p. 491). Contrairement à ce que nous avons dit pour le sang, on peut s'arrêter, reprendre et même revenir en arrière. On peut aussi étaler avec un fort fil de platine, ou mieux de nickel chromé, aplati en spatule à l'extrémité (fig. 284, *a*) : on arrive facilement, par ce moyen, à dissocier des crachats très épais. Ne *jamais* écraser entre lame et lamelle ou entre deux lames, car on rend méconnaissables la plupart des éléments.

Après étalement, *on dessèche le plus rapidement possible* par agitation à l'air, comme pour le sang.

La *coloration*, pour l'étude générale des crachats, se fera par la méthode panoptique ou le panchrome de Pappenheim. On met ainsi en évidence tous les éléments, avec leurs réactions chromatiques particulières, notamment les éosinophiles qui sont quelquefois très abondants (asthme) [1]. En outre, pour l'*étude de la mucine*, il est indispensable de colorer par les réactifs de cette substance (p. 727). Un des meilleurs est le bleu polychrome de Unna [2], qui colore métachromatiquement la mucine en rouge.

La métachromasie est plus sensible à la lumière artificielle qu'à la lumière du jour. Le bleu de Unna met en évidence non seulement le mucus hyalin, mais encore des réticulums mucineux métachromatiques, provenant de cellules bronchiques dégénérées et souvent pris pour de la fibrine, dont ils n'ont aucune des réactions (de Jong). La fibrine se colore en bleu grisâtre ou verdâtre avec le bleu de Unna. Enfin, ce dernier réactif colore en bleu violet, et non en rouge, la substance séro-albumineuse qui forme la partie fondamentale de certains crachats. Les granulations que renferment certaines cellules pourront être caractérisées par les réactions du fer (pigment ferrique, p. 723 et 728), de la graisse, etc. Les grains anthracosiques sont insolubles et opaques, aussi bien en lumière ordinaire qu'en lumière polarisée.

En résumé, le Romanovsky donne la cytologie du crachat, le bleu de Unna renseigne sur son histochimie ; les recherches bactériologiques seront pratiquées par les méthodes ordinaires (p. 748).

1. D'après Wendenberg (Ueber eosinophile Sputumzellen im besonderen bei Tuberkulose. *Beitr. z. Klinik d. Tuberculose*, XXIX, p. 103-110, 1913), un crachat suspect de tuberculose peut être diagnostiqué comme tel avec une assez grande certitude lorsqu'il contient plus de 5 p. 100 d'éosinophiles. Procéder comme il suit : faire un Ziehl comme il est dit p. 718, colorer une minute dans l'éosine à 2 p. 100, laver, colorer 5 à 10 secondes au bleu boracique, laver.

2. Bezançon et de Jong, *Traité de l'examen des crachats*. Paris, Masson, 1913. Les auteurs recommandent la fixation pendant une minute par l'acide chromique à 1 p. 100, avant la coloration au bleu de Unna.

EXAMEN DES URINES

Comme pour les autres liquides organiques, nous nous tiendrons strictement au point de vue de la technique microscopique. Il ne faut pas oublier que les sédiments urinaires renferment, non seulement des éléments minéraux, mais encore des corps figurés très délicats, qui doivent être fixés et colorés avec soin.

Comme les éléments en suspension dans les urines pathologiques sont presque toujours disséminés dans une grande quantité de liquide, toutes les méthodes d'examen reposent sur une *centrifugation* préalable. Cette opération est indispensable et doit être pratiquée le plus tôt possible, pour soustraire les éléments figurés aux altérations produites par la fermentation. Il faut donc rejeter absolument la sédimentation simple et centrifuger les urines aussitôt après leur émission. Lorsque la centrifugation n'est pas trop brutale, les cylindres ne sont nullement altérés.

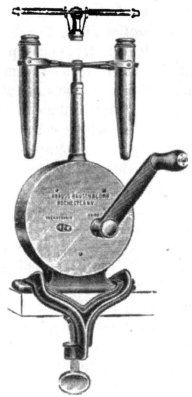

Fig. 273. — Centrifugeur de Krauss à deux vitesses Au-dessus des deux tubes on a figuré l'hématocrite.

Centrifugation. — Les conditions essentielles d'une bonne centrifugation sont les suivantes :

1° Équilibrer avec soin les tubes. Pour cela, il est indispensable de les mettre sur les plateaux d'une balance, dans des supports appropriés (tubes de bois, de carton) et d'égaliser leur poids le plus soigneusement possible. Si tout le liquide à centrifuger est dans un seul tube, remplir l'autre avec de l'eau, mais ne jamais employer de matières solides (grenaille de plomb). Lorsque les tubes ne sont pas parfaitement équilibrés, il se produit des trépidations, très nuisibles aux engrenages et au dépôt régulier des sédiments. Le mouvement doit être doux et uniforme, sinon il faut vérifier l'équilibre, non seulement avec les tubes, mais encore avec les étuis porte-tubes.

2° Le démarrage et l'arrêt doivent être lents et progressifs, sinon les remous produits remettent partiellement les sédiments en suspension. Pour arrêter, le mieux est de lâcher la manivelle ou d'interrompre la force motrice et de laisser l'appareil s'arrêter seul.

Ces recommandations s'appliquent à tous les modèles de centrifugeurs.

Les centrifugeurs les plus commodes sont ceux qui ont deux vitesses, une pour l'hématocrite (10 000 tours), l'autre pour l'urine, les crachats, le lait, etc. (3 000 tours à la minute), (fig. 273). Pour centrifuger de grandes quantités de liquide, on emploiera un dispositif à quatre tubes (fig. 275). Ces appareils se recommandent au travailleur isolé,

Fig. 274. — Centrifugeur à une vitesse de Stiassnie.

Fig. 275. — Appareil à quatre tubes pour centrifuger de grandes quantités de liquide.

mais, dans les grands laboratoires, il y a avantage à avoir des centrifugeurs électriques qui travaillent automatiquement (centrifugeurs de Jouan).

Traitement des sédiments urinaires. — Avec les appareils tels que ceux des figures 273 et 274, centrifuger trois minutes et décanter en retournant les tubes. On peut ensuite procéder de deux façons différentes : ou bien on étale le culot sur des lames, avec les précautions ordinaires, ou bien on le fixe d'abord et on le lave par centrifugation, puis on l'étale.

Je préfère la première méthode qui, lorsqu'elle est appliquée avec soin, donne d'excellents résultats et permet la coloration par le Romanovsky. On procède exactement comme pour le sang, en ayant soin de faire l'étalement très légèrement, pour ne pas écraser et rendre méconnaissables les éléments délicats. Il faut donc appuyer très peu la lamelle et plutôt étaler par capillarité en la poussant de droite à gauche, comme il est dit p. 672 (fig. 258).

Pour la fixation avant étalement, Brandeis[1] emploie le Flemming, mais je reproche à ce réactif de rendre les colorations difficiles et je préférerais le sublimé acétique ou, mieux encore, le Bouin. Borne et Vadam[2] traitent d'abord l'urine par l'acide acétique, pour éliminer les carbonates et les phosphates, puis ils centrifugent et agitent le culot avec 2 ou 3 cm³ du liquide suivant :

Borate de sodium . . . .   2 gr.
Acide borique.. . . . .   2 —
Blanc d'œuf.. . . . .   2 —
Eau . . . .   100 cm³

fraîchement préparé, qui dissout les urates et fixe les éléments figurés; on centrifuge de nouveau et on examine le culot directement ou après étalement, dessiccation et coloration.

Quel que soit le procédé employé, il ne faut pas oublier que l'*examen du culot à l'état frais* est d'une importance capitale pour le diagnostic des maladies parasitaires (Protozoaires, filariose, bilharziose, etc.).

En ce qui concerne la bilharziose, ne pas oublier que les œufs sont souvent localisés dans les petits caillots rendus à la fin de la miction.

Cet examen est indispensable aussi pour l'étude des *cylindres*, qui sont méconnaissables sur les préparations sèches.

L'éclairage à fond noir (p. 198) pourra rendre des services aux opérateurs très exercés, connaissant à fond l'examen microscopique des urines. Pour le débutant, il ne peut être qu'une source d'erreurs (p. 213). Au contraire, la méthode à l'encre de Chine (p. 758) démontre bien les cylindres. Employer de l'encre diluée au dixième[3].

Les *recherches bactériologiques* seront faites d'après les techniques spéciales (p. 753).

Recherche de la graisse dans l'urine. — Importante en cas de chylurie et de lipurie. Mélanger quelques centimètres cubes d'urine avec volumes égaux d'alcool à 90° et de solution alcoolique concentrée de Sudan III. Examiner le précipité au microscope, au besoin en le lavant à l'alcool sous la lamelle. La graisse se colore en rouge, tandis que l'albumine reste incolore. Ne pas confondre la chylurie (urine laiteuse) avec la lipurie, dans laquelle les gouttelettes huileuses se rassemblent à la surface sans s'émulsionner.

1. *Journ. de méd. de Bordeaux*, p. 213, 1910.
2. *Presse médicale*, 25 mars 1903.
3. K. Stoevesandt. Darstellung von Urincylindern mittelst das Tuscheverfahren. *Dtsch. med. Woch.*, n° 52, 1909.

On a proposé plusieurs méthodes pour faire des *préparations durables avec les sédiments urinaires*. Skutetsky [1] les monte à la glycérine gélatinée ou les conserve à sec. Il traite les urines neutres et acides par un mélange de 20 cm³ de solution aqueuse de rouge neutre à 1 p. 100 et de 10 gouttes de solution alcoolique de violet de méthyle : les cylindres cireux se colorent en bleu, le reste en rouge.

Les urines acides sont traitées par le crocein-scharlach JB en solution dans l'alcool à 70°. Enfin, il emploie le procédé à l'encre de Chine (p. 758) qui lui a donné de bons résultats : il fait un mélange de deux parties d'eau pour une partie d'encre et ajoute ce mélange à la glycérine gélatinée, dans laquelle il monte le sédiment.

1. Stutotsky, Die Herstollung von Dauerpräparaten der Harnsedimente. *Dtsch med. Woch.*, XXXVI, p. 1760-1762, 1910

CHAPITRE V

TECHNIQUE HISTOLOGIQUE
ÉLÉMENTAIRE

Il ne peut être question ici de donner un aperçu, même sommaire, de la technique histologique.

En effet, pour indiquer avec précision la manière de colorer les divers organes et de mettre en évidence leurs particularités de structure, il faut introduire des descriptions qui ne concorderaient plus avec l'esprit exclusivement pratique et technique de cet ouvrage. Je suppose que le lecteur possède les notions d'histologie indispensables et, dans ces conditions, les méthodes générales et spéciales que je décris suffisent dans l'immense majorité des cas. Il existe d'excellents ouvrages, français et étrangers, dans lesquels on trouvera les indications de micrographie appliquée, nécessaires pour des études purement histologiques. Je ne me place donc pas ici au point de vue de l'histologiste, mais à celui du chercheur, du naturaliste et du médecin, qui observe et expérimente et qui veut pouvoir lire facilement les coupes exécutées dans les organes d'animaux en expérience. Les histologistes choisissent leur matériel, en s'attachant aux types chez lesquels tel ou tel tissu est plus facile à voir. L'expérimentateur est forcé de tirer parti d'un animal quelconque, qu'il est contraint d'étudier pour des raisons de réceptivité; il doit donc se contenter de méthodes histologiques plus générales, convenant à la plupart des cas. Aussi, je limite mes indications à quelques méthodes très simples, plutôt topographiques, permettant la lecture facile des coupes.

Tissu conjonctif.

Ce tissu forme la partie fondamentale de tous les organes, aussi faut-il s'attendre à le rencontrer partout dans les coupes. De plus, il joue un rôle considérable dans les organes sclérosés. Il est donc nécessaire de le mettre en évidence et de le différencier du tissu musculaire lisse. Il faut, en outre, distinguer, dans le tissu conjonctif. les fibres conjonctives proprement dites (collagène), les fibres élastiques (élastine), et les cellules. Parmi ces dernières, nous devons surtout savoir mettre en évidence les plasmocytes[1], les labrocytes et les leucocytes éosinophiles.

Collagène. — Les méthodes électives ont pour objet de le distinguer des fibres élastiques et des prolongements protoplasmiques des cellules conjonctives. Ces méthodes reposent sur la faculté que possède le collagène de se colorer par certains composés sulfonés de la rosaniline, notamment par deux colorants acides, la fuchsine acide (p. 410) et le bleu d'aniline (p. 412).

Nous avons déjà donné, parmi les méthodes générales, un certain nombre de procédés très favorables pour la mise en évidence du collagène. L'hématéine-éosine et les chromotropes peuvent suffire, lorsqu'ils sont correctement employés (p. 431 et 434). Le safran (p. 436), le vert lumière (méthodes de Prenant, p. 437 et de Masson, p. 440), le picro-carmin d'indigo donnent aussi d'excellentes colorations du collagène.

Comme méthodes plus particulièrement électives, nous avons le van Gieson (p. 434), *procédé à la fuchsine acide* et les *méthodes aux bleus d'aniline*. Nous avons déjà décrit (p. 437) le *trichromique de P. Masson*, qui fournit certainement la coloration la plus élective connue pour le collagène. Les méthodes de Mallory (p. 512), de Blochmann et de Schuberg (p. 513) sont applicables au tissu conjonctif, surtout après coloration par l'hématoxyline ferrique de Weigert, à la place du carmin boracique. Nous donnons, en outre, la méthode de Curtis, qui est aussi très élective, mais qui a l'inconvénient d'employer l'acide picrique, réactif qui finit toujours par diffuser d'une manière fâcheuse.

Méthode de Curtis[2]. — Parmi les diverses méthodes proposées par Curtis, je ne retiendrai que celle du noir-naphtol B, qui, à mon avis, est la plus simple et la plus démonstrative.

1. Débarrasser les coupes de la paraffine suivant la méthode habituelle et colorer les noyaux dans la safranine anilinée (p. 404).

2. Rincer à l'eau, puis égoutter soigneusement l'excès d'eau.

1. Voir p. 704, note 3.

2. F. Curtis. Méthode de coloration élective du tissu conjonctif, *C. R. Soc. de biologie*, LVIII. p. 1038-1040, 1905.

3. Verser sur la lame le mélange suivant :

A. Solution saturée d'acide picrique dans l'eau distillée.

B. { Eau distillée . . . . 80 cm³
    { Glycérine . . . . 20 gr.
    { Noir-naphtol B . . . . 1 —

Mélanger 9 parties de A avec une partie de B.

Laisser agir trois à cinq minutes.

4. *Sans laver à l'eau*, différencier par l'alcool absolu, jusqu'à ce qu'il ne s'échappe plus de couleur rouge et que les parties conjonctives ressortent en bleu, sur le fond jaune de la préparation.

5. Arrêter la différenciation en plongeant dans le toluène, puis monter au baume.

Dans une préparation réussie, les noyaux sont rouges, les protoplasmes et l'élastine jaunes, le collagène d'un beau bleu noir. Je considère cette méthode comme une des plus précises pour l'étude des scléroses.

Dubreuil[1] emploie les bleus d'aniline dits n° 1, 2 et 3 (bleus Zachariadès[2]). Colorer par la safranine anilinée, différencier par l'alcool à 60°, puis laver à l'eau et égoutter. Verser sur la lame le mélange suivant :

Sol. aq. à 1 p. 200 de bleu pour micrographie, n° 2 .   4 cm³
— sat. d'acide picrique . . . . 46 —

Laver à l'eau, différencier dans l'alcool absolu, laver au xylol et monter au baume[3].

Méthode de Unna[4]. — Parmi les très nombreuses méthodes proposées par Unna, nous n'en retiendrons que deux, celle du bleu polychrome et de l'orcéine, décrite p. 443, et celle du bleu d'aniline-orcéine :

Colorer les coupes dans le mélange suivant pendant une à douze heures :

Orcéine. 1   gr.
Wasserblau. . . . . 0,25 —
Glycérine . . . . 10 —
Eau distillée . . . . 30 —
Alcool à 95°. . . . . 60 —

Différencier par l'alcool ordinaire ou mieux l'alcool chlorhydrique à 1 p. 100. Le collagène est bleu, l'élastine, les muscles et les protoplasmes prennent le ton rougeâtre de l'orcéine.

1. G. Dubreuil, Le picro-bleu, emploi de ce réactif pour la coloration spécifique des fibrilles conjonctives, application à l'étude du tissu réticulé du ganglion lymphatique. *Bibliogr. anatomique. C. R. de l'Assoc. des anatomistes*, VI, p. 62-66, 1904.

2. Usines de produits chimiques et matières colorantes de St-Denis, 105, rue Lafayette, Paris.

3. On peut conseiller encore les méthodes de Mallory (p. 512), de Blochmann et Bettendorf et de Schuberg (p. 513, au bleu d'aniline. Toutes ces méthodes colorent le collagène en bleu.

4. Voir de longs détails dans *Monatsh. f. prakt. Dermat.*, XVIII et XIX, 1894, et XXXIV, 1902.

Fibres élastiques. — Elles ont une grande affinité pour l'acide osmique, par lequel elles se colorent beaucoup plus vite que les autres tissus. Elles résistent à l'action des alcalis caustiques (soude et potasse). Les deux principales méthodes de coloration sont celles de Unna par l'orcéine et de Weigert par la fuchsine-résorcine.

Méthode à l'orcéine. — (Méthode de Taenzer modifiée par Unna). Colorer les coupes, pendant quinze minutes environ, dans une solution d'orcéine à 1 p. 100 dans l'alcool chlorhydrique à 1 p. 100. On peut chauffer très légèrement (30°). Laver à l'alcool chlorhydrique et monter au baume. On peut colorer les noyaux à l'hémalun avant ou après avoir différencié par l'alcool acide.

Méthode de Weigert [1]. — Le réactif de Weigert se prépare en précipitant par le perchlorure de fer une solution de résorcine et de fuchsine. On dissout, dans 200 cm³ d'eau bouillante, 2 gr. de fuchsine et 4 gr. de résorcine ; on ajoute 25 cm³ de perchlorure de fer à 30 p. 100 et on laisse bouillir quelques minutes, tout en remuant avec un agitateur. Filtrer. Dissoudre le précipité (sans le laver, pour qu'il y ait une trace de perchlorure de fer) dans 200 cm³ d'alcool à 90° chaud : après refroidissement, ajouter 4 cm³ d'acide chlorhydrique. Ce mélange ne se conserve que six semaines [2]. Colorer les coupes pendant trente à soixante minutes, laver à l'alcool et au xylol et monter au baume. Les fibres élastiques sont d'un bleu foncé presque noir. On peut colorer les noyaux au carmin avant ou après, ou associer cette coloration à l'hématéine-van Gieson, au picro-bleu de Curtis ou de Weigert, etc.

Plasmocytes [3] (Plasmazellen). — Pour bien étudier ces éléments, Unna recommande de fixer les tissus à l'alcool absolu et de ne jamais les mettre en contact ni avec du tannin, ni avec des sels métalliques. Cependant, on obtient encore de bonnes colorations avec les fixateurs ordinaires.

Pour la coloration, on peut employer les procédés suivants :

Méthodes de Unna au bleu polychrome et éther glycérique (p. 441) au bleu polychrome et orcéine (p. 443) ; méthode à l'éosine-bleu de toluidine (p. 444) ; méthode panoptique et panchrome de Pappenheim (p. 422 et 424) ; méthode du vert de méthyle-pyronine phéniqué de Unna-Pappenheim (p. 446).

Labrocytes [3] (Mastzellen). — Leurs granulations basophiles se

---

1. C. Weigert, Ueber eine Methode zur Färbung elasticher Fasern. *Centralbl. allg. Pathol. u. path. Anat.*, IX, p. 289-292, 1898.

2. Fischer (*Virchow's Archiv*, CXXX, p. 285, 1902 et CLXXII, p. 517, 1903) nomme ce mélange *fuchséline*. On peut l'additionner de Scharlach R, pour colorer en même temps les graisses.

3. Ce mot a été introduit dans la nomenclature par le Prof. R. Blanchard, de même que celui de labrocyte (p. 377, note 1).

colorent métachromatiquement avec le bleu polychrome de Unna, orthochromatiquement avec les colorants basiques et le Romanovsky. Un des meilleurs moyens de les mettre en évidence est la méthode de Unna au bleu polychrome et éther glycérique (p. 441); le panchrome de Pappenheim donne une métachromasie moins accentuée, mais démontre mieux les autres éléments des tissus.

Leucocytes éosinophiles. — Toutes les méthodes de coloration, dans lesquelles il entre un colorant acide, les démontrent très bien; il en est de même du Romanovsky appliqué aux coupes. Pourtant, si on recherche spécialement ces éléments, on emploiera la méthode de Martinotti[1] : colorer les coupes à l'hémalun de Mayer, laver et virer au bleu, puis colorer douze à vingt-quatre heures dans une solution très diluée d'éosine bleuâtre à l'eau [2] (p. 411) (2 gouttes de solution à 1 p. 100 dans 50 à 100 cm³ d'eau). Faire la solution mère d'éosine dans un mélange de trente parties de glycérine pour soixante-dix parties d'eau. On peut aussi surcolorer avec cette solution mère à 1 p. 100 et régresser d'abord dans l'eau, puis dans l'alcool à 70° (p. 432).

Hématies. — Très bien mises en évidence par toutes les méthodes où il entre un colorant acide; la méthode de Mann (p. 445) les colore d'une façon particulièrement nette [3].

Graisse et tissu adipeux. — Sur les coupes, le tissu adipeux se présente généralement sous la forme d'un fin réseau à larges mailles, parce que le contenu des cellules adipeuses a été dissous par les réactifs employés pour l'inclusion à la paraffine. Cet accident se produit même avec des pièces fixées par un liquide renfermant de l'acide osmique. Les graisses osmiées sont surtout solubles dans l'essence de térébenthine, l'éther et la créosote (Flemming); le xylol, le chloroforme et l'essence de girofle sont moins actifs; l'éther de pétrole ne les dissout que très difficilement (Wlassak). Il faut bien savoir aussi que tout ce que l'acide osmique colore n'est pas de la graisse et que les diverses graisses se colorent inégalement (voir Microchimie, p. 726).

Voici comment Mulon[4] conseille d'opérer, pour rechercher la

1. Martinotti, Tecnica della dimostrazione delle cellule eosinofile. *Ztschr. f. wiss. Micr.*, XXVI, p. 4-28, 1909.
2. Ou d'une autre éosine, voir p. 411 des conseils à ce sujet.
3. Pelagatti obtient une élection très spéciale avec l'hélianthine en solution à 1 p. 100 dans le tannin à 5 p. 100. Sa méthode est assez compliquée (*Folia hæmatologica*, I, p. 207, 1905).
4. P. Mulon, Action de l'acide osmique sur les graisses. Histochimie et

graisse dans les tissus par l'acide osmique : fixer au Bouin, colorer des fragments *très minces*, pendant quarante-huit heures, dans l'acide osmique à 2 p. 100 et passer par les alcools ; imprégner dans l'éther de pétrole pendant quarante-cinq minutes à 35° (attention au feu), puis dans la paraffine à 50° pendant trente minutes. Coller les coupes à l'eau, enlever la paraffine par l'éther de pétrole et monter à la glycérine ordinaire ou gélatinée ou à l'huile de paraffine.

Outre l'acide osmique, nous possédons encore deux substances colorantes qui permettent de mettre la graisse en évidence : ce sont le Sudan III et le Scharlach R (Fettponceau).

Le *Sudan III*, introduit dans la technique par Daddi [1], est une poudre rougeâtre, insoluble dans l'eau, soluble dans l'alcool et les graisses. On en fait une solution saturée dans l'alcool à 70°. On colore des coupes de tissus non fixés ou fixés au formol ou au Bouin et coupés par congélation. Laver à l'alcool à 70°, puis examiner dans la glycérine ordinaire ou gélatinée ou mieux encore dans le sirop de lévulose (p. 379). Les globules graisseux sont colorés en rouge orangé. On peut, avant de faire agir le Sudan, colorer à l'hémalun.

Le *Scharlach R* s'emploie, d'après Herxheimer [2], en solution dans un mélange à parties égales d'alcool à 70° et d'acétone. Voici comment procède Mulon (*loco citato*) : fixer au formol salé ou au Bouin, couper par congélation, colorer deux minutes par le Scharlach, laver rapidement à l'alcool et monter à la glycérine ou au sirop de lévulose (p. 379). La graisse est colorée en rouge. (Voir d'autres détails, p. 726.)

Tissu tendineux.

Retterer et Lelièvre fixent [3] les tendons au Bouin ou au Zenker. Après lavage, déshydrater par l'alcool au tiers, puis par l'huile d'aniline ; imprégner par l'essence de cèdre pendant douze heures,

technique. *C. R. Association des Anatomistes*, VI, p. 12-23, 1914 ; *Bibl. anatomique* XIII, p. 208-213.

1. *Arch. ital. biol.*, XXVI, p. 143, 1896. — Voir aussi Rieddor, *Deutsches Archiv f. klin. Med.*, 1897.

2. *Ztschr. f. wiss. Mikr.*, XXI, p. 57, 1904. Consulter aussi Fischer, Ueber die Fettfärbung mit Sudan III und Scharlach R. *Ctrlbl. f. allg. Pathol. u. pathol. Anat.*, XIII, p. 913-946, 1902.

3. Retterer et Lelièvre, Technique du tissu tendineux. *C. R. Soc. de biologie*, LXX, p. 503, 1911.

puis douze heures dans un mélange à parties égales d'essence de cèdre et de paraffine à 36°, puis une heure dans la paraffine à 36° pure et enfin dans la paraffine à 54°. Comme méthodes de coloration employer : hématoxyline, carmin, orcéine, fuchsine-résorcine, hématoxyline ferrique.

D'après Heidenhain [1] le rouge de ruthénium (p. 784) donne des colorations très instructives. On fait à main levée, avec un fort scalpel, des coupes transversales aussi minces que possible dans un tendon de veau desséché, bien homogène, non fendillé. Recueillir les coupes dans de l'eau distillée où elles se déroulent; colorer une ou deux heures dans la solution étendue de rouge de ruthénium, préparée comme il est dit p. 783. Conserver les coupes dans de l'alcool à 10 p. 100 et examiner extemporanément dans l'alcool faible ou dans l'eau, car la coloration n'est pas durable. Les cloisons conjonctives et les cellules tendineuses apparaissent en beau rouge sur fond presque incolore.

Pour différencier les muscles des tendons, Heidenhain [2] recommande la méthode de Mallory (p. 512) légèrement modifiée. La coloration par la rubine acide peut être remplacée par le carmin aluné ou mieux encore par l'azocarmin B en solution aqueuse à 1 p. 100 légèrement acétifiée. Le mordançage par l'acide phosphomolybdique n'est pas modifié, mais la solution de bleu d'aniline doit être étendue d'au moins quatre fois son volume d'eau. La coloration pourra alors durer sans danger vingt à trente minutes, sans qu'on ait à craindre de surcoloration. Les larves âgées de Salamandre et de Triton conviennent très bien pour cette étude.

Tissu cartilagineux.

Nous savons (p. 377) que la substance fondamentale du cartilage est chromotrope pour un certain nombre de colorants, notamment la thionine, le bleu de toluidine, et tous les colorants métachromatiques bleus et violets qui la colorent en rouge, puis pour la safranine qui la colore en jaune. Ces réactions sont utiles à connaître pour déceler le cartilage dans les coupes.

Tissu osseux.

On se reportera au chapitre de la décalcification (p. 256), en n'oubliant pas que les pièces doivent être fixées avant d'être décalcifiées; on les traite ensuite comme les autres tissus.

1. Heidenhain, Ueber die Bearbeitung der Sehnen zu Kurszwecken, insbesondere über die Verwendung des Rutheniumrots und der Malloryschen Bindegewebsfärbung. *Ztschr. f. wiss. Mikr.*, XXX, p. 161, 1913.

2. *Ibidem.*

Retterer et Lelièvre [1] fixent l'os, le décalcifient, puis le déshydratent par l'action successive de l'alcool au tiers et de l'huile d'aniline. Imprégner douze heures par l'essence de cèdre, dix-sept heures par un mélange d'essence de cèdre et de paraffine à 36° et enfin par la paraffine à 54°.

Colorer par le carmin aluné, puis l'hémalun et différencier par l'acide chlorhydrique très faible et picriqué ; on peut colorer aussi par l'hémalun, différencier par l'acide chlorhydrique picriqué, puis laver et colorer le fond à l'acide picrique.

La *moelle osseuse* présente un intérêt tout particulier, en tant qu'organe hématopoïétique et lieu de multiplication de certains Protozoaires (*Plasmodium, Leishmania*, etc.). On peut étudier la moelle osseuse, soit en frottis, soit en coupes. Sur le vivant, on peut prélever la moelle avec un petit trépan, suivant la méthode exposée p. 535 : cette opération est inoffensive, lorsqu'elle est exécutée avec soin.

Les *frottis* doivent être exécutés avec délicatesse, pour ne pas écraser les éléments qui sont très fragiles. On procède par apposition, avec la surface de section de l'os ou un petit fragment de moelle qu'on tient au bout d'une pince. On peut aussi étaler la moelle avec une aiguille ou un fil de platine, en diluant au besoin avec un peu de solution physiologique. Sécher rapidement. Colorer par la méthode panoptique où le panchrome de Pappenheim. On peut aussi faire des frottis humides, les fixer au Bouin ou au peroxyde de benzol (p. 273) et les colorer par le Romanovsky (p. 416) ou l'hématoxyline ferrique (p. 388).

Pour les coupes, on extrait de petits fragments de moelle et on les fixe au Bouin ou au peroxyde de benzol. Branca emploie le mélange de Tellyesniczky (p. 282) auquel il ajoute 20 p. 100 de formol.

Foie, rate et ganglions lymphatiques.

Ces organes seront étudiés, non seulement au moyen de coupes, mais encore avec des *frottis par apposition*, exécutés avec l'organe frais. Le frottis ordinaire, fait en frottant un morceau d'organe sur une lame, est un procédé barbare qui ne montre rien

---

1. Retterer et Lelièvre, Nouvelle méthode pour l'étude du tissu osseux. *Soc. de biologie*, LXX, p. 630, 1911.

que des éléments écrasés. Au contraire, le frottis par apposition se fait en appliquant, sur la lame, une section fraîche d'un fragment d'organe et en appuyant légèrement, *sans frotter*, de manière à obtenir un véritable *décalque* des éléments cellulaires qui adhèrent à la surface du verre. On peut faire ainsi plusieurs décalques sur la même lame, avec une même surface de section. Il est important de *bien sécher* cette surface, de manière à ne pas avoir simplement un frottis de sang.

Ce procédé est applicable à tous les organes parenchymateux, notamment au foie, à la rate, au pancréas, aux ganglions lymphatiques et même aux centres nerveux (p. 710). Les frottis sont desséchés ou fixés humides (p. 425). Pour les frottis desséchés, on obtient encore de meilleurs résultats en employant la méthode de Weidenreich (p. 675).

Les colorations les plus intéressantes des frottis et des coupes d'organes lymphatiques et hématopoïétiques sont celles qu'on obtient avec le Romanovsky. Employer de préférence la méthode panoptique ou le panchrome de Pappenheim.

Tissu nerveux.

Nous avons déjà exposé p. 449, deux méthodes d'imprégnation argentique des neurofibrilles. Nous passons sous silence les méthodes de colorations vitales, qui ne sont pas du domaine de la pratique courante et dont l'exposé nous entraînerait à des développements hors de proportion avec le cadre de cet ouvrage[1].

D'ailleurs, pour tout ce qui concerne la technique très spéciale du système nerveux, tant au point de vue normal qu'au point de vue anatomo-pathologique, je ne saurais mieux faire que de renvoyer le lecteur à l'excellent ouvrage de Roussy et Lhermitte[2]. Je me contente d'indiquer ici, comme pour les autres tissus, les procédés les plus essentiels et les plus courants.

Un des meilleurs procédés de fixation des centres nerveux pour le travail courant, consiste à employer l'alcool-formol (p. 287) ou encore, plus simplement, le formol à 10 p. 100[3]. Ce dernier pro-

---

1. Voir à ce sujet Michailov, Die Anwendung des Methylenblaus in der Neurologie. *Ztschr. f. wiss. Mikr.*, XXVII. p. 1-21, 1910. On y trouvera l'exposé des colorations vitales et de la fixation du colorant et des tissus par le molybdate d'ammonium formolé.

2. G. Roussy et J. Lhermitte, *Les techniques anatomo-pathologiques du système nerveux*. Paris, Masson, in-8° de 255 p., 1914.

3. Loyez, Coloration à l'hématoxyline ferrique de pièces nerveuses simplement

cédé supprime l'inconvénient du chromage et permet de couper à sec un hémisphère entier, après inclusion au collodion. On peut, sur la même pièce, faire une série de colorations à l'hématéine-éosine [1], au Nissl, au Weigert modifié, etc.

On peut étudier la forme des cellules nerveuses au moyen de frottis. On écrase doucement, entre lame et lamelle, un petit morceau de substance grise gros comme un pois (p. 569). On étale ensuite, en tirant doucement la lamelle tout le long de la lame. Colorer au Nissl ou au Romanovsky.

Coloration de la myéline. Méthode de Weigert modifiée par Loyez. — Fixer au moins 8 jours dans le formol à 10 p. 100 et inclure de préférence *au collodion* (la myéline pourrait disparaître pendant l'inclusion à la paraffine).

1. Mordancer vingt-quatre heures dans l'alun de fer à 4 p. 100.
2. Laver rapidement à l'eau distillée.
3. Colorer vingt-quatre heures à 37° par l'hématoxyline de Weigert :

A. { Hématoxyline. . . . . 1 gr.
    { Alcool à 95° . . . . 10 cm³
B. { Solution saturée de carbonate de lithium. . 2 —
    { Eau distillée . . . . 90 —

Mélanger A et B.
4. Laver à l'eau.
5. Différenciation. *Premier temps* dans l'alun de fer à 4 p. 100, jusqu'à ce que la substance grise se dessine en plus clair. Laver à l'eau distillée.

Deuxième temps dans le différenciateur de Weigert en suivant au microscope :

Ferricyanure de potassium. . . . . 2 gr. 5
Borate de sodium . . . . 2 —
Eau distillée . . . . 200 cm³

6. Laver à l'eau, puis à l'eau ammoniacale, puis encore à l'eau.
7. Alcools, xylol, baume. Les gaines de myéline sont noir bleu, le reste brunâtre.

formolées et incluses au collodion. *C. R. Soc. de biologie*, LXIX, p. 151 et 517, 1910. — Mann a déjà fait remarquer depuis longtemps (*Ztschr. f. wiss. Mikr.*, XI, p. 194, 1894, que l'alcool absolu ou à 95° fixe assez bien les cellules nerveuses au repos, mais non celles qui sont en activité, parce que ces dernières sont gorgées de lymphe et ont un noyau volumineux. L'action déshydratante de l'alcool y produit des contractions énormes.

[1]. Dans les coupes de moelle, colorées à l'hématéine-éosine, on trouve dans certains cas, par exemple dans le paludisme, des *corps* dits *amyloïdes* qui se colorent en bleu et forment des masses arrondies à contour mal défini. Ces corps donnent les réactions de la matière amyloïde (p. 725).

Coloration de la névroglie. Méthode d'Anglade et Morel.

1. Fixer quatre jours à froid ou quarante-huit heures à 37° dans :

Sol. aq. de sublimé à 7 p. 100. . . . . . . 1 partie.
Liquide de Fol [1]. . . . . 3 parties.

Changer le fixateur autant de fois qu'il se trouble, puis laver deux heures à l'eau courante et inclure à la paraffine.

2. Colorer les coupes dans une solution aqueuse saturée de bleu Victoria, pendant vingt-quatre heures à froid.

3. *Sans laver*, porter pendant dix minutes dans le Lugol, puis laver rapidement et sécher au buvard.

4. Différencier sous le microscope par le xylol aniliné :

Xylol. 1
Aniline. 2

Laver au xylol et monter au baume. Les fibrilles et noyaux névrogliques sont colorés en violet foncé. On peut colorer ensuite les autres éléments par l'éosine [2].

Coloration des cellules nerveuses.

— Comme procédé général, on peut employer la méthode de Mann (dite de Dominici) à l'éosine-bleu de toluidine (p. 444) ou la méthode de Mann proprement dite au bleu de méthyle-éosine (procédé lent, p. 445).

Pour l'étude des corps tigroïdes ou basophiles, on devra employer la *méthode de Nissl* dont une des meilleures modifications est celle de de Gothard [3] :

1. Fixer par l'alcool-formol (p. 287) ou simplement par l'alcool à 95-96° plusieurs fois renouvelé, et inclure au collodion ou à la paraffine.

2. Colorer pendant trente minutes à vingt-quatre heures dans le bleu polychrome de Unna.

3. Laver rapidement à l'eau, puis à l'alcool à 90° et différencier dans le mélange suivant :

Alcool absolu . . . . 16 vol.
Xylol . . . . 5 —
Créosote de hêtre . . . . 5 —
Essence de cajeput . . . . 4 —

4. Laver à l'alcool absolu, puis soigneusement au xylol et monter à l'huile de cèdre.

On peut encore, plus simplement, surtout pour les coupes à la paraffine, qui sont difficiles à sécher au buvard, différencier par l'éther glycérique qui donne des résultats au moins aussi bons que le mélange de de Gothard.

On peut encore employer le vert de méthyle-pyronine phéniqué (p. 446)

1. Le liquide de Fol est ainsi constitué : 2 parties d'acide osmique à 1 p. 100, 5 parties d'acide acétique à 2 p. 100; 25 parties d'acide chromique à 1 p. 100 et 68 parties d'eau distillée.

2. La place nous manque pour donner les méthodes de Weigert et de Benda particulières à la névroglie.

3. De Gothard, Modifications à la méthode de Nissl, *C. R. Soc. de biologie,* p. 530, 1898.

qui colore en beau rouge les corps de Nissl; malheureusement les préparations se conservent mal.

Imprégnations argentiques [1]. — J'ai déjà exposé, p. 449, la méthode de Ramon y Cajal pour l'imprégnation des neurofibrilles. Voici comment on peut la modifier pour les autres cas particuliers. Ces modifications donnent des imprégnations beaucoup plus pénétrantes, permettant d'utiliser des pièces de 3 mm. d'épaisseur.

Fibres à myéline. — Fixer les fragments pendant vingt-quatre heures dans l'alcool absolu et procéder comme il est dit p. 450, avec cette seule différence que le bain réducteur devra être additionné de 0,50 p. 100 de sulfite de sodium.

Fibres sans myéline. — Durcir vingt-quatre heures dans l'alcool absolu, additionné de 0,25 à 1 p. 100 d'ammoniaque. Laver quelques minutes à l'eau distillée et imprégner trois à cinq jours à 37° dans le nitrate d'argent à 1,5 p. 100. Continuer comme précédemment.

Arborisations péricellulaires. — Durcir vingt-quatre heures dans du formol à 25 p. 100, additionné de quelques gouttes d'ammoniaque (0,50 p. 100 au plus). Laver longuement à l'eau courante (6-12 heures). Imprégner comme il est dit p. 450.

Pour améliorer la teinte des coupes obtenues par toutes ces variantes, il est bon de les virer au virage de Cajal (p. 550).

Appareil réticulaire interne. — *Méthode de Golgi*, p. 549 (à la fin, colorer au carmin aluné).

Méthode de Cajal [2]. — 1. *Fixer* de huit à vingt-quatre heures des fragments de tissu nerveux de 2 à 2,5 mm. d'épaisseur dans :

Nitrate d'uranium.	1 gr.
Formol	15 cm³
Eau distillée.	100 —

2. *Laver* rapidement et *imprégner* de vingt-quatre à quarante-huit heures dans le nitrate d'argent à 1,5 p. 100.

3. *Laver* deux fois rapidement à l'eau distillée et *réduire* dans :

Hydroquinone.	2 gr.
Formol	6 cm³
Eau distillée	100 —
Sulfite de sodium anhydre.	0,15 à 0,25 centigr.

La quantité de sulfite doit être suffisante pour que le bain prenne en quelques instants une couleur jaune paille.

Les résultats sont meilleurs avec les animaux nouveau-nés; en tout cas l'appareil réticulaire ne se colore que dans les couches superficielles.

4. *Déshydrater* par l'alcool à 50°, puis à 96°, *inclure* au collodion, couper, éclaircir les coupes à l'essence d'origan et monter au baume; on peut colorer les noyaux par l'hématoxyline ou le violet de gentiane.

---

1. Je ne décris pas la méthode de Golgi au chromate d'argent qui est en dehors de la pratique courante et nécessite un procédé particulier pour le montage des coupes. Ne pas confondre cette méthode avec la nouvelle méthode de Golgi (p. 549) pour l'appareil réticulaire interne.

2. S. Ramon y Cajal, Formula de fijacion para la demonstración fácil del aparato reticular de Golgi y apuntes sobre la disposición de dicho aparato en la retina, en los nervias y algunas estados patológicas. *Trabajos Labor. invest. biol. Univ. Madrid*, X, p. 209, 1912.

Œil.

Il est assez difficile d'obtenir de bonnes coupes totales de l'œil, après inclusion à la paraffine, et il va sans dire que les coupes au collodion sont toujours trop épaisses. Avec la paraffine, les principaux écueils sont d'abord le durcissement excessif du cristallin, puis le décollement de la rétine. Il ne faut donc espérer un bon résultat qu'avec des yeux de très jeunes animaux. Pourtant l'imprégnation par la ligroïne (p. 307) permettra d'obvier en grande partie au durcissement exagéré. La fixation peut être faite avec un liquide quelconque. Cantonnet[1] recommande les liquides isotoniques : par exemple, ajouter 0 gr. 67 de chlorure de sodium à 50 cm³ de sublimé à saturation pour la conjonctive et la cornée et 0 gr. 30 pour les membranes internes. Pour dépigmenter, employer la méthode d'Alfieri (p. 468). Colorer de préférence à l'hématoxyline ferrique, avec coloration de fond à l'orange G. Pour l'*examen bactériologique* des sécrétions conjonctivales, voir p. 571 et 747).

Peau.

La peau est un des tissus au niveau duquel on pratique le plus souvent des examens microscopiques, soit pour le diagnostic des dermatoses, soit au point de vue histologique et cytologique[2].

En ce qui concerne la peau humaine, les fragments sont prélevés sur des pièces opératoires ou par biopsie. Dans ce dernier cas, il faut avoir soin de prélever assez profondément, pour avoir une idée bien exacte de la lésion à examiner. Pour les biopsies superficielles, l'anesthésie au chlorure d'éthyle suffit; elle n'a pas les inconvénients de l'injection de cocaïne qui altère toujours les cellules. Il n'en est pas de même pour les prélèvements profonds et étendus, pour lesquels la cocaïne est indispensable et n'a pas le temps de modifier toute l'épaisseur des tissus.

La fixation doit être pratiquée, autant que possible, au moment du prélèvement. Le Bouin est le meilleur fixateur. Au cas où on aurait à transporter ou à expédier la pièce prélevée, avoir soin de ne pas l'emballer dans une substance absorbante (compresses

1. *Archives d'ophthalmologie*, 1909.
2. Rubens Duval, *Cytologie des inflammations cutanées*. Thèse de Paris (médecine), in-8° de 272 p., 3 pl., 1908.

en toile ou en gaze), qui enlèverait aux tissus les liquides qui les baignent et favoriserait le desséchement. Envelopper simplement le fragment dans un peu de taffetas gommé, ou mieux l'insérer dans un petit tube bien sec et bouché avec un liège neuf.

Pour l'étude purement histologique de la peau, les fragments de choix sont ceux qui proviennent d'excisions opératoires de la lèvre. Il y a toujours sur les bords des parties saines, sur lesquelles on peut étudier à la fois, la muqueuse, la peau et les bulbes pileux.

L'inclusion de la peau ne présente pas de difficultés spéciales : le seul écueil qu'on ait à redouter est le durcissement exagéré des pièces. On y obviera en se servant de toluène ou mieux encore de ligroïne, et non de xylol pour l'imprégnation. Il faudra aussi ne pas craindre de prolonger le bain de paraffine pendant dix à douze heures. En observant ces précautions, on aura rarement des insuccès.

Les méthodes de coloration sont très nombreuses : la méthode à l'hématéine-éosine est le procédé fondamental, mais on pourra employer toutes les autres, y compris celles qui sont spéciales au tissu conjonctif, suivant la nature de la lésion à étudier; je recommande surtout la méthode au safran (p. 436) ou le trichromique de Pierre Masson (p. 437) et la méthode au bleu polychrome de Unna (p. 441). On fera, s'il y a lieu, la recherche de la fibrine par une méthode appropriée (p. 727).

Pour colorer les *filaments d'union*, voici comment procède P. Masson : laisser les coupes déparaffinées, pendant quarante-huit heures à trois jours dans la solution de Fontana à 10 p. 100 (p. 547), puis rincer à l'eau et virer au virage de Cajal (p. 550). On peut faire ensuite un magenta-picro-indigo-carmin.

Examen des squames. — L'examen des squames et des croûtes a une importance capitale pour le diagnostic de toutes les maladies cutanées.

Prélèvement : soit à la pince, de préférence la pince à épiler, soit par raclage avec une lame de verre qu'on tient inclinée à 45° et avec laquelle on racle de bas en haut. Le produit du raclage est recueilli sur une autre lame qu'on place perpendiculairement à la peau. L'aspect et l'étendue des lambeaux, l'abondance de la graisse donnent déjà de précieuses indications. Les squames normales sont formées de cellules cornées, non nucléées, peu adhérentes entre elles. Au contraire, les squames séborrhéiques sont très grasses et s'enlèvent en larges lambeaux; les squames pityriasiques forment de petits lambeaux renfermant des cellules nucléées, etc.

Dissocier si les squames sont trop épaisses.

Dégraisser par le mélange alcool-éther à parties égales ou par le chloroforme. Cette opération est indispensable pour permettre la pénétration du colorant.

Fixation par l'acide acétique cristallisable à 50 p. 100 ou par l'acide formique, à l'ébullition. On peut évaporer lentement à chaud ou mieux retirer les squames et les laver à l'eau distillée.

Coloration par un colorant basique, de préférence le bleu polychrome de Unna (p. 401), le bleu boracique de Sahli (p. 402) ou l'azur II alcalinisé (p. 400). On peut alors diagnostiquer la nature pavimenteuse ou leucocytaire des squames. On devra aussi, dans certains cas, rechercher la fibrine (p. 727).

Laver à l'eau, passer par les alcools, le xylol et le baume.

La *recherche des parasites* (Acariens, Champignons) se fait surtout par l'examen extemporané dans la potasse à 40 p. 100 et mieux encore dans les liquides de Amann (p. 615 et 775).

Examen des exsudats cutanés. — Récolte par expression ou raclage avec la lame de verre. Étaler, sécher, fixer et colorer. La recherche des graisses est très importante. Voir p. 726 les procédés à employer pour les déceler et pour distinguer les oléines, les palmitines, les acides gras libres, les graisses neutres, les lécithines, etc.

CHAPITRE VI

TECHNIQUE CYTOLOGIQUE

Il n'y a pas à proprement parler de technique cytologique car, au fond, les cytologistes n'emploient pas, sauf pour certains cas spéciaux, de procédés particuliers. Le premier point est d'obtenir des fixations aussi parfaites que possible, avec du matériel bien frais : ensuite, il faut pratiquer des colorations soignées avec des méthodes rationnelles.

Si on entend par cytologie *l'analyse chromatique*, toutes les méthodes indiquées dans cet ouvrage sont des méthodes cytologiques.

Cette analyse peut envisager la répartition des divers tissus dans les organes et la coloration élective de certains d'entre eux. Nous utiliserons alors les *méthodes topographiques* dont les principales sont l'hématéine-éosine, le trichromique et le safran de Pierre Masson, le van Gieson, les colorants du tissu élastique, etc.

Si cette analyse a pour but de rechercher la nature des éléments cellulaires qui composent les tissus, nous emploierons les *méthodes cytologiques* proprement dites, mais, ici encore, nous devons faire une distinction, suivant que nous étudierons de préférence les *réactions chromatiques* du noyau ou du cytoplasme et de ses enclaves, ou bien la *structure fine* de la cellule. Un bon exemple du premier cas nous est fourni par les immortels travaux d'Ehrlich sur les granulations leucocytaires, travaux qui ont été le fondement de l'analyse chromatique cytologique et non plus seulement topographique. Les divers perfectionnements de la méthode de Romanovsky, tels que nous les avons exposés dans les pages précédentes, représentent pour nous la plus haute différenciation actuelle de cette forme de l'analyse chromatique.

J'ai dit plus haut (p. 262) comment le règne trop exclusif des fixateurs oxydants avait longtemps porté les histologistes à négliger le cytoplasme au profit du noyau. Cette tendance persiste encore dans la cytologie moderne dont les vues sont trop souvent unilatérales. Le grand mérite de Unna a été de montrer l'importance de la fixation par les agents réducteurs qui n'altèrent pas les cytoplasmes; l'étude de ces derniers, conduite parallèlement à celle des noyaux, a fait connaître d'importantes particularités (corps de Nissl, plasmocytes, labrocytes, etc.). Tout ce qu'on sait sur le rôle des phénomènes d'oxydation en histologie (p. 261) trouve ici son application. Il est bon de le répéter, car on néglige trop souvent de faire l'analyse chromatique et l'étude des granulations cytoplasmiques, parallèlement aux recherches structurales dont nous allons parler.

Dans le second cas, en effet, il ne s'agit plus d'obtenir une *différenciation polychrome*, correspondant à des affinités chimiques probables, mais non encore définies. On s'efforce au contraire, à tort ou à raison, de mettre en évidence des détails de structure : peu importe que la coloration soit *monochrome*, pourvu que la *différenciation structurale* soit obtenue. L'ancienne distinction entre colorants nucléaires et colorants cytoplasmiques ne semble plus de mise en ce qui concerne les études cytologiques proprement dites. Si les colorations, dites de fond, sont très utiles, ou même indispensables, pour les études topographiques, elles sont plutôt gênantes en cytologie. En outre, la distinction classique entre le domaine nucléaire et le domaine cytoplasmique tend de plus en plus à s'effacer. Non seulement le cytoplasme prend une part importante aux mouvements nucléaires, mais encore il est de plus en plus certain qu'il renferme des formations particulières, dont le rôle est à peine entrevu, mais se révèle déjà comme essentiel. Or ces formations, qu'il s'agisse d'ergastoplasme, de mitochondries, d'appareil réticulaire, etc., ne sont pas colorables par les colorants dits cytoplasmiques.

La technique cytologique proprement dite, au sens le plus étroit du mot, tend à se spécialiser dans ces méthodes monochromes qui colorent électivement les particularités structurales du corps cellulaire : elle comprend donc aussi bien des méthodes de coloration proprement dites que les imprégnations métalliques, types de la méthode monochrome.

Rappelons que *la méthode cytologique fondamentale est la coloration à l'hématoxyline ferrique*, avec ou sans coloration de fond. Mais cette méthode s'adresse surtout aux formations nucléaires, elle doit être complétée par des procédés permettant de colorer d'autres appareils que nous allons passer rapidement en revue.

Appareil réticulaire interne. — Imprégner par la méthode spéciale de Golgi (p. 549). Cet appareil a été vu, non seulement dans les cellules nerveuses, mais encore dans une foule d'autres éléments normaux ou pathologiques, si bien qu'il paraît devoir être considéré comme un organe essentiel de la cellule.

Un récent travail du Dr Aldo Perroncito [1] fait connaître les phénomènes très particuliers qui président à la division de cet appareil et nous apprend qu'un Mollusque, très commun dans les eaux douces, le *Viviparus viviparus (Paludina vivipara)*, présente, dans son testicule, un matériel remarquable pour l'étude de ces formations. Ce Mollusque est un petit Gastéropode operculé, *dioïque*, à coquille conique surbaissée, à sept tours de spire très saillants, et ornée de trois bandes spirales brun foncé. Il présente deux longs tentacules inégaux.

Ergastoplasme. — Pour mettre en évidence ce protoplasme supérieur, propre aux cellules sécrétrices [2], on emploie les fixateurs ordinaires et, de préférence, des colorants basiques (hématoxyline, safranine, bleu de toluidine, bleu polychrome, etc.).

Mitochondries [3]. — Je ne puis que mentionner le procédé classique de Benda et celui de Regaud. Voici un procédé un peu différent, qui m'a été communiqué par Pierre Masson et qui donne des résultats tout à fait certains :

1. *Fixer* des tranches très minces pendant quatre jours dans le Zenker formolé (80 parties de Zenker additionnées de 20 parties de formol à 40 p. 100). Changer le liquide dès qu'il précipite.

2. *Chromer* pendant douze à quinze jours ou plus dans le bichromate de potassium à 3 p. 100.

3. *Laver* vingt-quatre heures à l'eau courante.

4. *Inclure* à la paraffine par le procédé de la ligroïne (p. 307).

5. Exécuter des coupes ayant au plus 2 μ d'épaisseur, coller à la gélatine (p. 354).

6. Traiter les coupes par la teinture d'iode, pour éliminer toute trace de sublimé, puis laver à l'alcool et à l'eau.

7. *Colorer* de 30 minutes à 24 heures, à l'étuve à 50-55°, dans la fuchsine acide anilinée de Altmann (solution de rubine acide à 20 p. 100 dans l'eau anilinée).

8. Laver à l'eau et *différencier* dans :

Sol. alcoolique sat. d'acide picrique   1
Eau distillée.   2

1. A. Perroncito, Mitochrondres, chromidies et appareil réticulaire interne dans les cellules spermatiques. Le phénomène de la dictyokinèse. *Arch. ital. de biol.,* LIV, p. 307-315, 3 pl., 1911.

2. Prenant, Sur le protoplasme supérieur (archoplasme, kinoplasme, ergastoplasme). Étude critique. *Journ. de l'Anat. et de la Physiol.,* XXXIV et XXXV, 1898-1899. — Les mitochondries et l'ergastoplasme, *ibid.,* XLVI, p. 217-285, 1910.

3. Fauré-Fremiet. Études sur les mitochondries des Protozoaires et des cellules sexuelles. *Arch. Anat. micr.,* XI, p. 457-648, 5 pl., 1910.

Renouveler ce liquide deux fois, jusqu'à ce que les noyaux apparaissent en jaune.

Si on a prolongé la coloration, il est préférable de différencier avec un mélange à parties égales d'alcool picriqué et d'eau distillée.

9. Alcool absolu, xylol, baume.

Karyokinèse. — Les meilleures méthodes, pour l'étude de la karyokinèse, sont l'hématoxyline ferrique de Heidenhain (p. 388), le trichromique de Cajal (p. 440) et en général les méthodes par les colorants basiques.

A titre d'exemple d'une méthode embryologique, je donnerai la *méthode de Pierre Masson* pour l'étude de l'évolution des œufs de l'*Ascaris megalocephala* du Cheval. Ce matériel, très facile à trouver, est excellent pour démontrer tous les stades de la maturation, de la fécondation et de la segmentation.

1. Sectionner les oviductes et les plonger dans un fixateur aqueux quelconque; après coagulation, mettre dans l'eau, à l'étuve à 37°.

2. Prélever d'heure en heure des fragments de 5 mm. de longueur et les fixer dans le Gilson (p. 284) pur ou additionné d'un tiers d'alcool absolu. La fixation dure trente minutes; on laisse ensuite vingt-quatre heures dans de l'alcool absolu légèrement iodé, puis on lave pendant deux heures dans l'alcool absolu renouvelé deux ou trois fois.

3. Porter les fragments dans le toluène pur, où ils s'éclaircissent rapidement, puis dans un petit cristallisoir ou un verre de montre, rempli d'une solution de paraffine dans le toluène, fondant vers 35°. Abandonner tel quel, sans couvercle, dans l'étuve à 37° pendant plusieurs jours.

4. *Inclusion définitive.* — Quand la masse s'est réduite et commence à cristalliser, immerger les pièces dans de la paraffine à 45°, en les agitant doucement pour favoriser la pénétration. L'*opération ne doit pas durer plus d'une ou deux minutes*. Refroidir la paraffine aussi rapidement que possible.

5. Colorer les coupes par la méthode de Heidenhain (p. 388).

Si on opère sur les *œufs de Grenouille*, voici le moyen employé par Bataillon [1] pour les débarrasser de leur enveloppe albumineuse : on les plonge dans le cyanure de potassium à 5 p. 1000, puis on les lave soigneusement.

1. Communication verbale de P. Masson.

CHAPITRE VII

ANALYSE CHROMATIQUE
ET MICROCHIMIE

Analyse chromatique et microchimie sont deux méthodes qu'il importe de ne pas confondre. La microchimie proprement dite devrait avoir pour but de caractériser les corps par des réactions chimiques, explicables par les lois de la chimie macroscopique. L'analyse chromatique, au contraire, se borne généralement à déceler certains corps par des colorations à la vérité spécifiques, mais non expliquées au point de vue chimique et qui ne nous donnent aucun renseignement sur la nature du corps ainsi révélé.

Prenant a bien fait ressortir cette importante distinction, dans une étude d'ensemble [1], au début de laquelle il met en garde les histologistes contre l'abus qui est fait du mot microchimie.

Inversement, il ne faut pas établir une distinction fondamentale entre ces deux méthodes, car la microchimie emprunte souvent des réactions colorantes. Aussi réunissons-nous, dans le même chapitre, les réactions de divers ordres (solubilité, précipitation, coloration) qui permettent de caractériser certains éléments des tissus, que ces réactions soient empiriques ou qu'elles correspondent à des entités chimiques déterminées. Nous étudierons donc d'abord les réactions générales, puis celles qui sont particulières aux principales substances qu'on peut être appelé à déceler dans les tissus.

Réactions générales.

1. Alcalinité, acidité et neutralité. — Pour les tissus frais et les colorations vitales, on emploie les réactifs ordinaires de la chimie (tournesol, rouge neutre, rouge congo, etc., p. 246).

1. A. Prenant, Méthodes et résultats de la microchimie. *Journ. de l'Anat. et de la Physiol.*, XLVI, p. 343-404, 1910.

Un réactif empirique et assez ennuyeux à préparer, mais qui donne de bons résultats est la *teinture de Chou rouge* (*Brassica oleracea* var. *crispa*). Ce liquide est violet avec les corps neutres, rouge violacé lorsque la réaction est faiblement acide, pourpre lorsqu'elle est acide, jaune rougeâtre lorsqu'elle est fortement acide. Les substances alcalines le font virer au bleu pur ou verdâtre et les alcalis forts le décomposent, en lui donnant une couleur jaune orangée. Dans ce dernier cas seulement, la teinte n'est pas réversible par neutralisation.

Pour préparer cette teinture [1], on hache les feuilles et on les met dans l'eau qu'on chauffe lentement à + 45-55° C. La matière colorante diffuse dans l'eau ; lorsque la teinture paraît assez foncée, on la décante et on la fait bouillir, pour la débarrasser des albuminoïdes. On ajoute une trace d'acide salicylique pour empêcher la putréfaction. On peut aussi faire simplement une macération alcoolique à poids égaux, comme le conseille Arnoldov [2] et, à défaut de Chou rouge, on peut employer le jus d'*Orange sanguine*, additionné de son volume d'alcool.

Ces réactifs doivent agir pendant quelque temps sur des coupes de tissus frais ou fixés par l'alcool. Ils conviennent aussi bien pour les cellules végétales que pour les cellules animales.

Pour les tissus fixés et pour les coupes après inclusion, on emploie des matières colorantes à fonction acide ou basique. Quelle que soit l'explication qu'on adopte pour le phénomène des teintures (p. 364), il y a des faits indiscutables, qui plaident en faveur de l'interprétation chimique et qui fournissent de sérieux éléments de diagnostic.

L'*alcalinité* peut être recherchée par la *réaction de Mylius* à l'iodéosine [3] ; on dissout ce corps dans l'éther ou le chloroforme et on le met en contact cinq minutes avec les coupes aussi privées d'eau que possible, dans des vases de verre parfaitement nettoyés [4]. Au contact des bases, il se forme un précipité rouge d'érythrosine. Pour conserver la préparation, on lave à l'éther à plusieurs reprises et on monte au baume parfaitement neutre, car l'action réductrice du baume ordinaire décolorerait rapidement les coupes.

D'après Pappenheim, le bleu de Nil BB benzylé est encore plus sensible. On peut employer aussi les mélanges acides, tels

---

1. Strasburger, *Das botanische Practicum*, 4e édit., Iéna, Fischer, 1907; cf. p. 127.

2. Arnoldov, *Russki Vratch*, p. 480, 1906.

3. L'iodéosine est la tétraiodo-fluorescéine, radical acide, de couleur jaunâtre, dont le sel de sodium est l'érythrosine (p. 411).

4. Les silicates alcalins du verre s'isolent peu à peu, au point de former à la surface des lames une gaine alcaline qui donne la réaction de Mylius. Les lames qui servent pour ces expériences doivent donc être lavées avec un acide, par exemple le mélange de bichromate de potassium et d'acide sulfurique (p. 230), suivi de lavages à l'eau distillée.

que le bleu de méthyle-éosine de Mann, qui se fixe sur les éléments basiques (acidophiles).

L'*acidité* est encore plus facile à démontrer, à cause de l'abondance et de la sensibilité des colorants basiques. Signalons, comme composés acides (basophiles) : la chromatine nucléaire, les granulations de Nissl dans les cellules nerveuses, le mucus, etc. Tous les colorants vitaux, qui sont basiques, mettent en évidence des composés à fonction acide.

La *neutralité* est décelée par les colorants neutres.

Pour que ces réactions réussissent, il faut opérer dans des conditions particulières, notamment en ce qui concerne les fixateurs, et ne pas oublier que certains d'entre eux, ainsi que certains mordants, peuvent produire l'inversion de la coloration. Il faut donc employer, pour ces recherches, des fixateurs dits indifférents (alcool, formol, acide picrique).

La *métachromasie* peut, dans certains cas, donner d'utiles indications. Nous avons vu que Hansen (p. 378) explique chimiquement ce phénomène et que, d'autre part, Pappenheim (p. 379 et 415) admet deux sortes de métachromasie, l'une basophile, l'autre neutrophile.

2. Corps réducteurs et oxydants.

— Le pouvoir réducteur du protoplasme peut être décelé par la formation de leuco-composés, aux dépens des colorants vitaux (rouge neutre, bleu de méthylène).

Les corps oxydants (oxydases) sont beaucoup plus faciles à démontrer.

Le principal réactif est la teinture alcoolique de gaïac[1] qui prend une coloration bleue en présence des oxydases. Il y a deux cas à distinguer : les oxydases vraies bleuissent directement la teinture et les peroxydases seulement après addition d'eau oxygénée.

On peut employer aussi divers phénols qui virent : la pyrocatéchine et le gaïacol au rouge grenat, le thymol au rose, le pyrogallol au rouge orange, la phénolphtaléine au rouge, etc.

Le récent *procédé de Schultze* est très sensible mais ne donne qu'une coloration fugace : traiter pendant quinze minutes les frottis frais ou les coupes fixées au formol, par une solution à 1 p. 100 de naphtol α, additionnée de deux gouttes de lessive de

---

1. Cette teinture doit être fraîche, faite avec de l'alcool absolu parfaitement pur et avoir une couleur brun foncé.

soude, puis, pendant cinq minutes, par une solution à 1 p. 100 de diméthylparaphénylènediamine. Laver et examiner dans l'eau ou la glycérine. Colore les leucocytes de la série myéloïde.

3. Distinction du protoplasma mort et vivant. — Cela revient à pratiquer les colorations vitales (voir à ce sujet p. 241, ainsi que la méthode d'Achard et Ramond pour le diagnostic de la vitalité des leucocytes, p. 671).

4. Recherche des graisses dans les selles. — Le meilleur réactif est le Sudan III (p. 706).

Saathoff[1] prend gros comme un pois de matières; écraser sur une lame; laisser évaporer un peu si les matières sont liquides. Ajouter 2 ou 3 gouttes de solution de Sudan :

Acide acétique crist.	90
Alcool à 90°	10
Sudan III	à saturation.

Mélanger rapidement et se hâter d'appliquer une lamelle pour éviter l'évaporation et la formation de cristaux. Appuyer fortement sur la lamelle, puis chauffer 30 secondes, mais sans faire bouillir, Examiner à un fort grossissement : les globules graisseux sont colorées en rouge ou en jaune; par le refroidissement, ils se transforment en cristaux incolores d'acides gras. En réchauffant, on voit reparaître les gouttelettes et la coloration.

Réactions spéciales.

Fer. — Voici la méthode employée par P. Chevallier[1] : la pièce, fixée comme d'habitude au Bouin ou simplement à l'alcool, est incluse à la paraffine et débitée en coupes de diverses épaisseurs. Les coupes sont traitées au moins pendant 20 minutes par une solution saturée de ferrocyanure de potassium. On égoutte et on plonge dans de l'acide chlorhydrique à 1 p. 100. Il se forme du bleu de Prusse dans toutes les parties qui renferment du fer. On lave alors les coupes jusqu'à disparition de toute trace d'acide, puis on colore à l'hématéine-éosine, au van Gieson, à la safranine, etc. P. Chevallier a démontré que le démasquage du fer n'est pas indispensable; pour le pratiquer on traiterait les coupes par de l'alcool acidulé par 3 p. 100 d'acide azotique ou

1. L. Saathoff, Eine einfache Methode, das Fett im Stuhl färberisch-mikroskopisch nachzuweisen und quantitativ abzuschätzen. *Munch. med. Woch.*, LIX, p. 2381, 1912.

2. P. Chevallier, *La rate, organe de l'assimilation du fer*. Thèse de la Fac. de médecine de Paris, in-8° de 65 p., 1913.

6 p. 100 d'acide sulfurique, avant de les plonger dans le bain de ferro-cyanure.

Notons enfin que le sulfocyanure de potassium donne, avec les sels de fer au maximum, une coloration rouge intense et caractéristique.

Cuivre. — Après fixation par l'alcool, le ferrocyanure de potassium donne une coloration rouge. La diphénylcarbazide est très sensible (Cazeneuve) et donne une coloration violette.

Phosphore. — *Méthode de Mac Callum* [1] : fixer les tissus par l'alcool et les traiter dix minutes, à 35°, par une solution de molybdate d'ammonium acidulée par l'acide azotique, puis laver à l'eau. Il se produit du phosphomolybdate d'ammonium qui se colore en vert (oxyde de molybdène), au contact d'une solution fraîche de chlorhydrate de phénylhydrazine à 1 à 4 p. 100. Le molybdate seul ne donne rien avec ce réactif ou seulement une coloration brunâtre. Voir d'autres méthodes, p. 792.

Sels de calcium. — Autant ces sels sont faciles à caractériser macroscopiquement, autant les procédés microchimiques sont douteux et incertains. Un des meilleurs est celui de Grandis et Mainini [2] : surcolorer dans la purpurine en solution alcoolique, puis traiter par la solution de chlorure de sodium qui donne, au contact des sels de chaux, du chlorure de calcium. Ce dernier précipite la purpurine. On monte ensuite au baume. Il faut savoir aussi que l'hématéine colore en violet intense toutes les parties des tissus en voie de calcification.

Amidon. — La coloration bleue par l'iode (liquide de Lugol pur ou dilué) est trop connue pour qu'il soit nécessaire d'insister.

Glycogène [3]. — Ce corps prend, avec la solution iodo-iodurée, une coloration brun acajou caractéristique. Il faut employer des tissus fixés à l'alcool, à cause de la solubilité du glycogène dans l'eau.

L'iode peut être employé sous forme de gomme iodée (méthodes d'Ehrlich, de Brault) ou de glycérine iodée (Barfurth). La *gomme iodée* se prépare en ajoutant, à 200 cm³ de solution de gomme arabique, 1 gr. d'iode et 10 gr. d'iodure de potassium dissous dans 30 cm³ d'eau. La coupe, faite dans les tissus fixés à l'alcool et inclus ou non, est recouverte de gomme iodée. Après quinze minutes, on applique une lamelle sur laquelle on pose un poids. Les préparations sont permanentes, mais celles à la glycérine iodée ne le sont pas. On peut traiter de même le sang en frottis desséchés ou simplement mélangé à la gomme iodée.

Driessen colore les coupes au carmin, déshydrate, puis colore le glycogène en trois à cinq minutes par le xylol iodé phéniqué. Pour préparer ce dernier, mélanger parties égales de Lugol et de xylol phéniqué (à 1 p. 3) et puiser avec une pipette le xylol iodé qui surnage. En cas de surcoloration, laver au xylol phénique. Monter au baume.

Fischer précipite le glycogène par le tannin à 10 p. 100. On y plonge pendant dix minutes, au sortir de l'alcool, des coupes à la paraffine de tissus fixés à l'alcool. Laver ensuite au bichromate de potassium,

1. *Proc. Roy. Soc.*, LXIII, p. 467, 1898.
2. *Arch. ital. de biol.*, XXXIV, p. 73-78, 1900.
3. Outre le travail de Prenant cité plus haut, voir encore les revues de Vastarini (*Atti d. R. Accad. med.-chir. di Napoli*, 1902) et de P. Mayer (*Ztschr. f. wiss. Mikr.*, p. 513, 1902).

d'abord à 1 p. 100 qui permet d'éliminer le tannin, puis à 10 p. 100. On peut alors laver à l'eau, car le glycogène est devenu insoluble. Colorer à la safranine anilinée et monter au baume. Le glycogène seul est rouge brillant.

Dégénérescence amyloïde. — 1. *Réaction de l'iode*. — La matière amyloïde se rapproche du glycogène par la teinte brun acajou qu'elle prend au contact de l'iode ; mais elle s'en distingue parce qu'elle est insoluble dans l'eau, ne précipite pas par l'alcool et ne disparaît pas après la mort. On traite simplement les coupes ou les tissus par le Lugol et on observe dans l'eau iodée.

2. *Réaction de l'acide sulfurique iodé*. — L'acide sulfurique à 1 p. 100 fait virer au bleu violacé ou au noir verdâtre la teinte que le glycogène a prise au contact de l'iode.

3. *Réaction métachromatique*. — On peut utiliser aussi les propriétés métachromatiques de la matière amyloïde (p. 377) ; si on colore par le violet de méthyle ou de gentiane et si on traite ensuite par l'acide acétique à 2 p. 100, les parties dégénérées sont rouges ; avec la thionine et le crésyl violet RR elles sont bleues ; avec le vert de méthyle, le vert d'iode, elles sont violettes. Il ne faut pas oublier que la métachromasie peut disparaître par l'action de l'alcool absolu et que, pour le diagnostic de la dégénérescence amyloïde par ce procédé, il faut examiner les coupes dans l'eau, le sirop de levulose ou le sirop d'Apathy. La topographie des lesions doit toujours être étudiée avec la méthode à l'hématéine-éosine.

Hiraki [1] a remarqué que, par la méthode panoptique de Pappenheim (p. 422), la matière amyloïde se colore en violet foncé et le tissu conjonctif en rose pâle. La coloration réussit bien, surtout après fixation par le liquide de Orth (p. 283).

Dégénérescence hyaline. — Ressemble à la colloïde, se gonfle par l'acide acétique, se colore par le carmin neutre. On peut la déceler par la *méthode de Kühne* : les tissus fixés à l'alcool sont colorés, au sortir de l'alcool, dans un mélange de neuf parties de solution alcoolique saturée de cristal violet, et d'une partie de solution de carbonate d'ammonium à 1 p. 100. On lave et on passe deux minutes au Lugol, puis on différencie par une solution saturée de fluorescéine dans l'alcool absolu. Xylol. Baume. Les parties dégénérées se colorent en rouge, le reste en violet pâle.

L'hématéine-éosine met très bien en évidence la structure vitreuse de ces parties dégénérées.

Dégénérescence colloïde. — Se gonfle dans l'acide acétique, se colore en brun (sans réduction) par l'acide osmique, en verdâtre par la thionine et le bleu de Unna. En somme, il n'y a pas de réaction caractéristique de cette dégénérescence.

La *tuméfaction trouble* est assez mal caractérisée par la présence de débris granuleux qui prennent tous les colorants. A l'état frais, les noyaux *disparaissent* par l'action de l'acide acétique ; les colorants (Sudan III) et les dissolvants des graisses ne donnent aucun résultat.

La *nécrose* est surtout acidophile et se colore d'une façon diffuse.

Dégénérescence graisseuse. — Nous avons déjà décrit la manière de colorer les graisses dans les tissus (p. 705) et dans les selles (p. 723).

---

1. *Verhandl. d. japanischen pathol. Gesellschaft*. Kyoto, p. 71, 1913.

En ce qui concerne l'action de l'*acide osmique*, ajoutons que, d'après les recherches de Mulon (citées plus haut p. 706), ce corps permet de distinguer deux groupes parmi les graisses animales : les unes noircissent fortement et sont riches en trioléine ; les autres (par exemple les lécithines) prennent seulement une teinte bistre, parce qu'elles sont pauvres en oléine et constituées surtout par la tripalmitine et la tristéarine. En outre, ces dernières noircissent au moment du passage à l'alcool (coloration secondaire) et demeurent pourtant très sensibles à l'action des dissolvants. Pour reconnaître la nature d'une graisse, Mulon conseille de fixer au Bouin, de couper par congélation, de colorer vingt-quatre heures par l'acide osmique, de laver six heures à l'eau distillée et de laisser vingt-quatre heures dans l'alcool. On examine dans la glycérine, on compare à d'autres coupes non passées par l'alcool et on juge de la richesse en oléine.

Certains colorants, tels que le *rouge neutre*, le *sulfate et le chlorhydrate de bleu de Nil*, le *bleu de crésyl brillant*, peuvent donner de bonnes indications sur la nature neutre ou acide des graisses[1]. Nous avons vu (p. 245) que ces colorants sont toujours fortement dissociés dans leurs solutions aqueuses ; celles-ci renferment donc le sel coloré très soluble, la base colorée peu soluble, un radical acide incolore. La base, peu soluble dans l'eau, est fortement soluble dans les graisses neutres et dans tous leurs solvants (chloroforme, éther, alcool, acétone, benzine, toluène, etc.). Les graisses neutres se coloreront donc en jaune avec le rouge neutre et en rouge avec les bleus.

Acides gras libres. — Ils forment avec l'acétate de cuivre un sel vert insoluble. On peut donc, d'après Benda, fixer dans du formol à 10 p. 100, additionné de 1 p. 100 d'acétate de cuivre, puis, après deux à quatre jours, couper par congélation, colorer la graisse au Sudan et les noyaux à l'hématéine. Les cristaux d'acides gras seront verts. Les acides gras prennent le Gram, ce qui les distingue encore des graisses neutres.

En outre ces corps se colorent en rouge par le rouge neutre, et en bleu par le bleu de Nil et le bleu de crésyl brillant parce qu'ils forment immédiatement de nouveaux sels avec la base libre, comme nous venons de l'expliquer pour les graisses neutres.

Cholestérine. — Verser sur les coupes de l'acide sulfurique à 30 p. 100 : la cholestérine se colore en rouge carmin. La couleur est bleue si on a traité d'abord par le Lugol.

Lécithine et lipoïdes. — La lécithine se colore en bistre par l'acide osmique et présente la coloration secondaire après passage à l'alcool. Sur des coupes fraîches, en lumière polarisée, elle paraît biréfringente au bout de quelques instants et présente le phénomène de la croix de polarisation.

Méthode de Ciaccio [2] *pour la coloration des lipoïdes dans les coupes.* —

1. *Fixer* par le formol à 4 p. 100 ou mieux par le liquide suivant pendant 24-48 heures :

1. Fauré-Fremiet, Sur la valeur des indications microchimiques fournies par quelques colorants vitaux. *Anat. Anzeiger*, XL, p. 378, 1911.

2. E. T. Bell, Ciaccio's method for the demonstration of lipoïds. *Journ. med. research*, XXIV, p. 539, 1911.

Kasarinoff, Vergleichende Untersuchungen zur Histologie der Lipoïde. *Beitr. z. path. Anat. u. z. allg. Pathol.*, XLIX, p. 490, 1910.

Bichromate de potassium à 5 p. 100. . . .	100 cm³
Formol à 4 p. 100	20 --
Acide formique pur.	IV-V gouttes.
Acide acétique crist.	5 cm³

2. *Mordancer* 5 à 8 jours dans le bichromate de potassium à 5 p. 100.

3. *Laver* 24 heures à l'eau courante.

4. *Inclure* à la paraffine, coller les coupes à la gélatine (p. 354).

5. Au sortir de l'alcool, colorer 30 minutes dans la solution alcoolique de Sudan III (p. 706).

6. Monter au sirop de lévulose (p. 379).

Les granulations et gouttelettes de lécithine sont colorées en orangé.

Mucine. — Cette substance n'est pas gonflée par l'acide acétique, mais rétractée sous forme de traînées brillantes. Un autre caractère essentiel est sa métachromasie; elle se colore en rouge avec le violet de méthyle, la thionine, le bleu de toluidine, le bleu polychrome de Unna (p. 377).

Un des meilleurs réactifs du mucus dans les coupes est le *muci-carmin de Mayer* [1]. Voici comment P. Masson [2] conseille de l'employer : fixer au Bouin, colorer par l'hématoxyline ferrique de Weigert, différencier dans l'alcool chlorhydrique, laver à l'eau, puis colorer deux heures à froid, dans une solution aqueuse d'aurantia à 1 p. 100. Laver et colorer encore deux heures à froid dans le muci-carmin de Mayer à 1 p. 100. Rincer et colorer trente secondes dans le carmin d'indigo picrique (0,10 p. 100 de sol. aq. sat. d'acide picrique). Laver deux minutes dans l'eau acétifiée (2 gouttes p. 50). Alcool à 90°, alcool absolu, différencier douze à vingt-quatre heures dans le xylol. Le tissu conjonctif est bleu, le mucus rouge vif, les muscles sont jaunes et les noyaux noirs.

Un autre réactif du mucus est la *muchématéine de Mayer* [3]; on la prépare comme le glychémalun (p. 387), en employant les produits suivants :

Hématéine de Geigy.	0 gr. 2
Glycérine	40 —
Eau distillée	60 cm³
Chlorure d'aluminium.	0 gr. 2

Ce liquide, employé pur, colore lentement le noyau et le cytoplasme, mais très rapidement et en bleu violacé intense le mucus et le contenu des cellules caliciformes.

Le *trichromique de Prenant* (p. 437) est excellent aussi. Fixer au Bouin. Colorer fortement par l'éosine, puis à l'hématoxyline ferrique. Colorer rapidement (deux à trois secondes) par le vert lumière en solution hydro-alcoolique concentrée. Différencier à l'alcool. Le mucus est coloré en vert.

Fibrine. — Gonflée par l'acide acétique qui la rend homogène; forme des réseaux par coagulation (p. 678). Se colore généralement par les

1. *Mitth. zool. Station Neapel*, XII, p. 320, 1896.

2. *Bull. Mém. Soc. anat.*, XII, p. 904-905, 1910. Voir aussi : A. Guiyesse-Pellissier, Double coloration du mucus des cellules caliciformes par le vert-lumière et le muci-carmin. *C. R. Soc. de biologie*, LXXII, p. 910, 1912.

3. *Mitth. zool. Station Neapel*, XII, p. 307, 1896.

couleurs acides. Pour la différencier dans les coupes, employer la *méthode de Weigert* : fixer à l'alcool, inclure à la paraffine, colorer dix minutes dans le violet de gentiane à saturation dans l'eau d'aniline, laver à l'eau, passer cinq minutes dans le Lugol, sécher au buvard et différencier dans l'huile d'aniline pure ou étendue de son volume de xylol. Laver au xylol et monter au baume. La fibrine est colorée en violet foncé.

Herxheimer [1] colore vingt secondes sur lame par une solution aqueuse d'alizarine à 2 p. 100, puis traite une minute par l'acétate d'uranyle à 2 p. 100. Laver à l'eau, alcool, xylol, baume.

Élastine. — Voir p. 704, les réactions caractéristiques de l'orcéine et de la fuchséline. Insoluble dans les acides et les alcalis dilués. Soluble dans l'acide chlorhydrique concentré. Difficilement soluble par digestion artificielle.

Collagène. — Élément essentiel des fibres conjonctives des Vertébrés. Insoluble dans les acides étendus et les alcalis concentrés. Se gonfle dans les acides et les alcalis dilués. Résiste à la digestion tryptique, mais se dissout dans la pepsine chlorhydrique. Pour les réactions colorantes, voir p. 702.

Chitine. — Existe chez beaucoup d'Invertébrés, chez certains Protozoaires et certains Champignons. Insoluble dans les acides minéraux dilués, les alcalis concentrés, l'oxyde de cuivre ammoniacal (réactif de Schweizer). Soluble dans les acides minéraux concentrés et les hypochlorites de potassium et de sodium en solutions concentrées. L'iode, en solution dans le chlorure de calcium (chlorure de calcium 16, eau 4, iodure de potassium 0,5, iode 0,05), la colore en rouge violacé. Les acides minéraux concentrés la transforment en glucosamine.

Éléidine. — Substance jaunâtre, semi-liquide, qui caractérise les cellules des couches superficielles du corps muqueux. Se présente sous forme de granulations qui réduisent l'acide osmique. Se colore électivement en rouge intense par le rouge congo en solution aqueuse à 1 p. 100 : la couleur vire au bleu par les acides faibles. En colorant par le congo et l'hématoxyline, l'éléidine est rouge, la kératohyaline bleue. L'éléidine se colore aussi par la teinture d'alkanna (p. 785, note 2).

Kératohyaline. — Forme la masse principale des ongles, cheveux, poils, couche cornée, etc. Se distingue de l'éléidine parce qu'elle ne se colore ni par le congo, ni par l'alkanna, mais par l'hématoxyline et le carmin. Elle est insoluble dans les acides dilués et les alcalis et résiste à la digestion artificielle.

Corps nitrophiles. — Les substances ainsi désignées par Semichon se colorent électivement par les colorants acides nitrés (p. 408). Ce sont, par exemple, les corps albuminoïdes de réserve du corps adipeux des Insectes, les granulations vitellines des Poissons, la matière cornée de l'épiderme des Vertébrés, les fibres élastiques, certaines couches de la chitine, la soie des Insectes, les soies des Polychètes et des Oligochètes, etc. En général, les substances qui ne produisent pas de tyrosine par dédoublement ne sont pas nitrophiles, mais l'inverse n'est pas vrai.

Pigments. — Il s'agit souvent de distinguer le pigment paludéen

---

1. *Münch. med. Woch.*, n° 33, 1909.

(hémozoïne) de la mélanine. Brown [1] a indiqué les réactions suivantes : les oxydants, tels que le permanganate de potassium et l'eau oxygénée, décolorent la mélanine, mais non le pigment paludéen. Ce dernier est soluble dans la potasse alcoolique tandis que la mélanine ne l'est pas. Il faut savoir en outre que le pigment paludéen est biréfringent (p. 500), qu'il est soluble dans le sulfhydrate d'ammoniaque et qu'il ne donne pas la réaction du fer.

Le *pigment ocre*, qu'on trouve dans les organes des paludéens, des malades atteints de cirrhose de Hanot, etc., n'est pas soluble dans la potasse et donne la réaction du fer (p. 723).

P. Masson [2] obtient comme il suit l'*imprégnation argentique* du pigment : fixer au Bouin, laver les coupes à l'eau de source, puis à l'eau distillée pendant 15 minutes. Imprégner pendant 48 heures par le mélange de Fontana (p. 546) à 5 p. 100. Laver à l'eau distillée puis virer par un virage-fixage au plomb. Laver à l'eau et colorer la coupe histologiquement.

Bilirubine. — Dans les anciens foyers hémorragiques, on trouve des cristaux, en forme de rhomboèdres ou de fines aiguilles, qu'on désignait autrefois sous le nom d'*hématoïdine* : il est démontré maintenant que ce corps est identique à la bilirubine. Ces cristaux sont insolubles dans l'eau, très peu solubles dans l'alcool, l'éther, l'acide acétique, *très solubles dans le chloroforme*. Ils sont solubles dans l'ammoniaque, la potasse et la soude. L'acide azotique agit comme oxydant : les cristaux s'entourent d'une zone verte, due à la transformation de la bilirubine en biliverdine. Ce corps ne donne pas la réaction du fer, mais on trouve aussi, dans les foyers hémorragiques, du pigment ferrugineux décelable par la réaction du bleu de Prusse (p. 723).

Hémine. — L'hémine, ou chlorhydrate d'hématine, a une grande importance pratique, car elle permet de déterminer la présence du sang, lorsque celui-ci n'est pas reconnaissable à l'examen microscopique direct. S'il s'agit, par exemple, de sang desséché, on l'humecte avec une solution très faible (1 p. 500 ou 1 p. 1000) de chlorure de sodium et *on laisse sécher complètement*. On ajoute de l'acide acétique cristallisable. On évapore en chauffant légèrement, sans faire bouillir, et on laisse refroidir. Il se produit une double décomposition, qui donne naissance à de l'acétate de sodium et à de l'acide chlorhydrique. Celui-ci se combine à l'hématine pour former de l'hémine, qui précipite sous forme de tablettes rhomboïdales à angles aigus, souvent groupées en croix ou en étoiles, de couleur *brunâtre* (*cristaux de Teichmann*). Opérer sous lamelle, pour rendre l'évaporation plus lente et avoir des cristaux plus volumineux. Ces cristaux sont biréfringents et s'illuminent entre les nicols croisés.

Nippe [3] reproche au chlorure de sodium de former des cristaux qui obscurcissent les préparations. Il préfère dissoudre dans 100 gr. d'acide acétique 1 décigr. de chlorure, de bromure et d'iodure de potassium. Mettre sur la lame quelques gouttes de ce liquide avec les traces de sang, couvrir d'une lamelle et chauffer légèrement. Les cristaux d'hémine se forment en quantité.

1. *Journ. exper. med.*, XIII, p. 290, 1911.
2. *C. R. Soc. de biologie*, LXXV, p. 210, 1913.
3. *Deutsche med. Woch.*, 21 nov. 1912.

Enfin la réaction des cristaux d'iodhydrate d'hématine ou *cristaux de Strzysowski* [1] est encore plus sensible et plus rapide que celle des cristaux de Teichmann; on traite les taches de sang d'abord par l'iodure de sodium à 1 p. 500, puis par l'acide acétique cristallisable. Les cristaux ainsi obtenus sont plus foncés que ceux de Teichmann.

Volutine. — Cette substance est métachromatique. D'après A. Meyer [2], pour distinguer, dans les Bactéries, le noyau des grains de volutine, colorer par le bleu de méthylène, puis traiter par l'acide sulfurique à 1 p. 100. Le noyau et le cytoplasme se décolorent, la volutine seule reste colorée.

1. *Therapeutische Monatshefte*, 1901. Cette méthode a été créée pour la recherche du sang dans les fèces, mais elle peut très bien servir aussi en médecine légale.
2. A. Meyer, *Die Zelle der Bakterien*. Jena, Fischer, 1912.

CHAPITRE VIII

MÉTHODE DES INJECTIONS PHYSIOLOGIQUES[1]

Les injections de substances colorées solides ou liquides, effectuées dans la cavité générale ou le système circulatoire des animaux vivants, ont été utilisées, surtout par les histo-physiologistes, dans le but de faciliter l'étude de la phagocytose et de l'excrétion[2].

Les corps colorés injectés étant des substances étrangères à l'organisme, se comportent physiologiquement comme les déchets normaux de l'activité vitale (éléments vieillis ou mortifiés, produits d'excrétion normaux, toxines, etc.). Ils sont, par réaction défensive de l'individu, rapidement éliminés. Les cellules phagocytaires capturent les particules solides et les cellules excrétrices soutirent de l'organisme les liquides colorés injectés. Dans les deux cas, les éléments actifs se chargent des réactifs employés, ils se colorent donc et, de ce fait, ils sont facilement mis en évidence. En suivant pas à pas les diverses phases des phénomènes, on peut saisir le mécanisme de la phagocytose et de l'excrétion.

En résumé, l'emploi judicieux et critique de la méthode des injections physiologiques permet :

1. Je dois à l'aimable obligeance de M. le Professeur Bruntz les documents que renferme ce chapitre. Je suis heureux de lui en témoigner ici toute ma reconnaissance.

2. Pour la recherche des organes excréteurs, indépendamment des injections physiologiques, on peut obtenir quelquefois de très bons résultats, avec certaines espèces animales, en les faisant vivre dans de l'eau colorée ou tenant en suspension une poudre colorée (carmin) ou encore en arrosant leur nourriture avec une solution colorée (bleu de méthylène). Une petite quantité des colorants peut être absorbée, passer dans le sang ou aller s'accumuler dans les organes excréteurs. Cette méthode de recherches est très précieuse, elle est à essayer quand les animaux sont de trop petite taille pour pouvoir être injectés.

1° D'étudier le mécanisme de l'élimination des substances étrangères à l'organisme ;

2° De découvrir des cellules phagocytaires ou excrétrices, isolées ou groupées en organes ;

3° De reconnaître le rôle éliminateur d'organes connus pour posséder d'autres fonctions.

L'élimination d'un colorant injecté a été aperçue pour la première fois par Chrzonsczewski (1864). Cet auteur, ayant injecté du carmin ammoniacal dans les veines d'un Chien, dans le but d'étudier l'anatomie du rein, constata que le réactif s'éliminait. Les premiers auteurs ayant utilisé la méthode des injections physiologiques furent Heidenhain (1874), von Wittich (1875), Nussbaum (1878), etc., qui expérimentèrent chez les Vertébrés ; mais la méthode fut également employée de bonne heure chez les Invertébrés par Schindler (1878), Solger (1881), Kovalevsky (1889), etc. Il faut renoncer à citer tous les auteurs qui, au cours de leurs recherches, utilisèrent la méthode des injections physiologiques. Ceux qui s'occupèrent principalement de la technique et qui, à l'aide de la précieuse méthode dont nous parlons, firent des travaux d'ensemble, sont peu nombreux, ce sont surtout : Kovalevsky [1], Cuénot [2] et Bruntz [3].

Pour expérimenter, il faut :

1° Faire choix des réactifs colorés solides ou liquides à injecter, suivant qu'on veut étudier la phagocytose ou l'excrétion ;

2° Pratiquer les injections.

I. — RÉACTIFS

Les réactifs utilisables sont assez nombreux. Ils doivent satisfaire aux exigences suivantes : 1° n'être pas ou presque pas toxiques ; 2° ne pas se décomposer dans l'organisme, ne pas se dissoudre (quand il s'agit de recherches concernant la phagocytose) ou ne pas se précipiter (lorsqu'il s'agit de recherches concernant

1. A. Kovalevsky, Beitrag zur Kenntniss der Exkretionsorgane. *Biol. Centralbl.*, IX. p. 33. 1889. — Sur les organes excréteurs chez les Arthropodes terrestres. *Congr. internat. de zool. Moscou*. 2ᵉ session, 1ʳᵉ partie. p. 187. 1892.

2. L. Cuénot. Études physiologiques sur les Gastéropodes pulmonés. *Arch. de biol.*, XII. p. 683, 1892. — Études physiologiques sur les Oligochètes. *Arch. de biol.*, XV. p. 79, 1898. — L'excrétion chez les Mollusques. *Arch. de biol.*, XVI, p. 49, 1900.

3. L. Bruntz. Études physiologiques sur les Orthoptères. *Arch. de biol.*, XIV, p. 203, 1896. — Les globules sanguins et les organes lymphoïdes des Invertébrés. *Arch. anat. micr.*, I, p. 153, 1897. — Contribution à l'étude de l'excrétion chez les Arthropodes. *Arch. de biol.*, XX, p. 217, 1904. — Sur le rôle excréteur des cellules (néphrocytes qui éliminent les liquides colorés des injections physiologiques. *Ann. sc. nat. Zool.*, X. p. 265, 1910.

l'excrétion) ; 3° être très vivement colorés, afin que l'expérimentateur ne soit pas obligé d'en injecter une grande quantité, ce qui, dans ce cas, troublerait l'équilibre des liquides de l'économie.

Dans la pratique, on n'emploie qu'un petit nombre de réactifs, que nous citons dans leur ordre d'importance, en distinguant ceux qui servent à l'étude de la phagocytose, de ceux qui servent à l'étude de l'excrétion.

A. *Réactifs colorés pour l'étude de la phagocytose.*

Encre de Chine. — Ce réactif se prépare au moment du besoin, à l'aide d'un bâton d'encre solide qu'on triture dans un verre de montre, avec un peu d'eau ou de sérum artificiel. Les meilleures encres sont celles qui fournissent les particules les plus fines ; la comparaison entre diverses encres peut se faire au microscope. Il faut éviter d'employer les encres liquides du commerce, sauf celle qui est destinée à la méthode de Burri (p. 758). L'encre de Chine est le meilleur réactif à employer dans la recherche des organes phagocytaires, c'est celui dont le maniement est le plus facile.

Poudre de carmin. — Dans le commerce, on trouve le carmin en morceaux. On prépare le réactif en pulvérisant le carmin dans un mortier, en tamisant finement le produit et en le mettant en suspension dans de l'eau distillée. On prépare un réactif plus fin, en faisant dissoudre du carmin dans de l'eau ammoniacale et en évaporant le liquide à l'étuve. Pendant cette dernière opération, le carmin se précipite. Le précipité est recueilli sur un filtre, lavé et mis en suspension dans de l'eau distillée. On peut également obtenir le précipité de carmin en ajoutant, à la solution ammoniacale, de l'acide acétique étendu, en évitant de redissoudre le carmin.

Tournesol. — Le tournesol pulvérisé et finement tamisé, mis en suspension dans de l'eau, constitue un réactif précieux, parce que la coloration des particules phagocytées indique, par virage, la réaction des cellules phagocytaires. Le tournesol est un produit dont on ne peut injecter que de petites quantités, car il est toxique, comme le tournesol d'orcine de de Luynes, qu'on peut également utiliser et qui présente l'avantage d'être plus sensible.

Noir de Seiche (Encre de Seiche). — Ce réactif s'extrait de la poche de noir du *Sepia officinalis*. Les Seiches pêchées sont conservées à sec, pour qu'elles ne rejettent pas leur encre. A la suite d'une dissection des animaux morts, on retire les poches, dont on vide le contenu dans un récipient. On laisse dessécher l'encre et, pour l'usage, au moment du besoin, on triture dans de l'eau un peu de la masse pulvérulente.

On peut encore utiliser, comme réactifs, divers produits beaucoup moins recommandables, tels que le bleu de Prusse, le vermillon, un amidon de petite taille (riz), etc., mis en suspension dans de l'eau. Ces réactifs, ainsi que ceux que nous avons énumérés plus haut, se retrouvent en place dans les cellules, sur des coupes histologiques. On a employé également les injections de lait, d'émulsions huileuses, de spermatozoïdes et d'hématies. Un meilleur procédé consiste à injecter des bouillons de culture de Bactéries, autant que possible de grande taille. Avant leur destruction, il est facile de retrouver les Bactéries dans les cellules phagocytaires, en utilisant les colorants usités en bactériologie.

B. *Réactifs colorés pour l'étude de l'excrétion.*

Carmin ammoniacal (Carminate d'ammoniaque). — Ce réactif se prépare en pulvérisant le carmin dans un mortier. On y ajoute assez d'eau pour former une pâte fluide et ensuite quelques gouttes de la solution ammoniacale du commerce, en quantité suffisante pour dissoudre le carmin; puis on étend la liqueur avec de l'eau, de façon à obtenir un réactif très liquide et très coloré. La solution se conserve ainsi. Au moment du besoin, on en prélève une partie, qu'on évapore lentement à l'étuve jusqu'à la disparition totale de l'odeur ammoniacale. On laisse refroidir, on filtre et on utilise de suite.

Le carmin ammoniacal a été très employé par tous les auteurs ayant étudié l'excrétion. Ce réactif est très précieux car, après fixation, il demeure en place dans les cellules excrétrices et se retrouve sur des préparations histologiques, si on a eu soin d'utiliser des fixateurs peu ou pas acides (le meilleur à employer est la solution aqueuse saturée de sublimé). Les coupes peuvent être colorées par une solution aqueuse étendue d'hématoxyline; la coloration devra être surveillée, car il faut éviter les décolorations à l'alcool acide. Les coupes peuvent être colorées aussi à l'hématoxyline et au vert lumière ou au brun de Bismarck.

Carmin d'indigo. — La solution aqueuse assez concentrée

de carmin d'indigo donne de bons résultats dans l'étude de l'excrétion. Le colorant ne se dissout pas dans l'eau salée et, comme le carmin ammoniacal, il se précipite quelquefois après l'injection. Le carmin d'indigo n'est généralement pas visible en place dans les cellules excrétrices, car il s'élimine souvent à l'état de leucodérivé, mais il se retrouve dans la lumière des organes éliminateurs, sur le frais et sur les coupes histologiques. Dans ce dernier cas, la fixation doit être faite à l'alcool absolu.

Le collage des coupes sur les lames s'effectue par le collodion de Schœllibaum (p. 359). Pour colorer, user d'une solution d'éosine dans l'alcool absolu.

Tournesol soluble. — Ce réactif se trouve dans le commerce; il donne avec l'eau une solution limpide, qui n'est pas toujours très bien supportée par les animaux auxquels on l'injecte, mais qui présente l'avantage d'indiquer, par virage, la nature de la réaction chimique des cellules excrétrices.

Colorants artificiels. — Parmi les nombreux colorants artificiels qu'on emploie en solution dans la solution physiologique, l'eau de mer, le sang de l'animal à injecter, ou beaucoup plus simplement dans l'eau, les plus usités sont : le *bleu de méthylène*, la *fuchsine acide*, la *safranine*, la *vésuvine*, le *vert lumière*, le *vert d'iode*, le *rouge Congo*, l'*Echtroth*, l'*alizarine*, etc.

Le bleu de méthylène, éliminé par certaines cellules, peut se retrouver sur des préparations fixées et sur des coupes histologiques. Fixer les pièces au molybdate d'ammoniaque (solution aqueuse à 5-8 p. 100) ou au chlorure de platine (solution aqueuse à 1 p. 100) ou à l'aide de réactifs plus fins, employés pour l'étude histologique du système nerveux par la méthode d'Ehrlich. Colorer les coupes au carmin boracique.

La fuchsine acide, l'alizarine et le rouge Congo éliminés, indiquent la réaction des cellules excrétrices. En *milieu alcalin*, la fuchsine acide se décolore complètement (p. 410) et se recolore en rouge vif par addition d'acide acétique. Dans le même milieu, l'alizarine présente une teinte violacée, le rouge Congo une coloration rougeâtre. En *milieu acide*, l'alizarine passe au jaune ou au rouge orangé et le rouge Congo prend une coloration bleuâtre (p. 246).

Indépendamment des réactifs colorés cités, on peut employer aussi, dans les recherches concernant l'excrétion, des injections de solutions aqueuses de sels organiques de fer (lactate, tartrate, saccharate, etc.). Ces sels sont fixés par les cellules excrétrices; celles-ci sont facilement mises en évidence, lorsqu'on les traite de façon à obtenir la réaction du bleu de Prusse. La technique est la suivante : injecter une petite quantité d'une solution concentrée d'un sel de fer; sacrifier l'animal douze à quinze heures après, disséquer et arroser les tissus avec une solution aqueuse de ferrocyanure de potassium à 1,50 p. 100. Laisser agir pendant un quart d'heure, puis verser sur la préparation de l'acide chlorhydrique étendu (0,5 p. 100); laisser agir pendant un quart d'heure, laver à l'eau salée et fixer au sublimé. Coloration des coupes au carmin boracique.

Dans l'étude expérimentale des organes excréteurs, on utilise quelquefois, en injections, des mélanges de deux solutions colorées (par exemple, carmin ammoniacal et carmin d'indigo). Ces mélanges doivent naturellement ne pas donner de précipités.

Enfin, les mélanges de poudres et de liquides colorés (par exemple, encre de Chine et carmin ammoniacal) sont aussi très employés, ils sont indispensables à la recherche des cellules à la fois excrétrices et phagocytaires (néphro-phagocytes de Bruntz).

II. — PRATIQUE DES INJECTIONS

En ce qui concerne la pratique des injections, aucune règle générale ne peut être formulée. Suivant la taille des animaux avec lesquels on expérimente, on utilise les seringues ou, le plus souvent, un simple tube de verre effilé (voir pipette à double effilure, p. 523, fig. 187). La pointe doit être plus ou moins fine et plus ou moins résistante, suivant la taille de l'animal et l'épaisseur de ses téguments. En s'aidant d'une loupe, on peut, quand on a acquis une certaine habitude, injecter des animaux excessivement petits. On doit faire des blessures aussi légères que possible et éviter toute perte de sang.

L'injection se fait, suivant les cas, soit dans la cavité générale, soit dans le système circulatoire sanguin ou lymphatique. L'endroit même de l'injection est déterminé par des considérations anatomiques.

Les quantités de réactif à injecter varient aussi avec la taille et la résistance des animaux; elles doivent toujours être assez petites pour ne pas troubler profondément l'état physiologique de l'organisme. Certaines espèces sont particulièrement sensibles à l'action de quelques réactifs.

Pour qu'une expérience soit bien réussie, l'animal ne doit pas sembler souffrir de l'injection ou, du moins, il doit se remettre très vite.

Il est quelquefois avantageux, pour obtenir des préparations bien démonstratives, de faire subir, à un même animal, deux injections, soit du même réactif, soit de réactifs différents. La première injection charge surtout les organes excréteurs ouverts (reins, foie), tandis que la seconde va s'accumuler de préférence dans les cellules closes ou néphrocytes.

III. — RÉSULTATS DES INJECTIONS PHYSIOLOGIQUES

La phagocytose des particules solides injectées est toujours rapide et quelquefois complète au bout de quelques minutes, si la quantité de réactif utilisé n'a pas été trop forte.

L'élimination des liquides colorés par les cellules excrétrices s'effectue plus ou moins vite, suivant les espèces animales considérées, et suivant la nature du réactif employé. En règle générale, les Vertébrés éliminent plus vite que les Invertébrés et les animaux à sang chaud plus vite que ceux à sang froid. Le carmin d'indigo est très rapidement excrété, le carmin ammoniacal l'est plus lentement; dix minutes peuvent suffire à l'élimination du premier réactif, alors que six à douze heures sont quelquefois nécessaires pour l'élimination du second.

La marche de l'élimination des réactifs injectés peut être suivie chez des animaux transparents. Par suite de la circulation du réactif, peu de minutes après l'opération, l'animal se montre uniformément coloré, puis la décoloration se fait plus ou moins vite, et, au bout d'un certain temps, seuls demeurent colorés les cellules ou les organes fixateurs du réactif (sauf quelques causes d'erreurs signalées plus loin).

L'examen des cellules et des organes peut se faire sur le vivant, si les animaux sont transparents, ou sur des dissections dans le cas contraire. Les tissus peuvent être examinés sur le frais, dans une goutte de sang ou de solution physiologique, ou, dans certains cas, après fixation et même sur des coupes histologiques. Les cellules phagocytaires renferment les particules solides dans les mailles du cytoplasme ou dans de fines vacuoles. Les cellules excrétrices montrent les liquides colorés, fixés dans une ou plusieurs vacuoles ou sur des boules ou grains de sécrétion.

IV. — LES CAUSES D'ERREURS

Les injections physiologiques ne donnent de résultats fidèles qu'entre des mains parfaitement excercées.

Pour éviter une mauvaise interprétation des données fournies par les expériences, différentes causes d'erreurs sont à signaler.

En ce qui concerne la *phagocytose*, des embolies formées

d'amas de globules sanguins, ayant capturé les particules solides, peuvent être prises pour des organes phagocytaires. Ce fait est d'autant plus fréquent que, pour des raisons anatomiques et physiologiques, les embolies se reproduisent généralement aux mêmes endroits.

Quelquefois, une partie du produit injecté se dissout et s'élimine alors par des cellules excrétrices qui peuvent être prises, à tort, pour des éléments phagocytaires. Ainsi, les hématies cèdent toujours de l'hémoglobine et souvent aussi une petite quantité de carmin injecté se dissout à la faveur de l'alcalinité du sang.

En ce qui concerne l'*excrétion*, il faut se mettre en garde contre les phénomènes d'absorption, de phagocytose, de coloration diffuse et de coloration instantanée.

Pour éviter l'absorption des réactifs colorés, il faut empêcher les animaux injectés de se lécher ou de boire le réactif et il faut aussi ne pas pousser les injections dans le tube digestif ou dans les organes glandulaires qui en dépendent.

Il peut arriver, par suite de réactions entre substances colloïdales, que les réactifs employés à la recherche des organes excréteurs précipitent dans le corps de l'animal. Ces précipités sont capturés par des cellules phagocytaires, qui ne doivent pas être prises pour des éléments excréteurs. Avec un peu d'habitude, on distingue facilement, par comparaison, un réactif (le carmin par exemple) phagocyté, du même réactif excrété.

Quelques solutions colorent souvent d'une manière diffuse des formations spéciales, éléments cellulaires ou non. Par exemple, le carmin ammoniacal colore très électivement la substance fondamentale du cartilage, le chorion des œufs et certaines fibres conjonctives; le bleu de méthylène se fixe sur le système nerveux; la garance sur la substance fondamentale des os, etc. Dans ces cas, la substance colorante n'a pas été excrétée; il s'agit là de colorations diffuses, fournies par un simple phénomène de teinture, résultant, comme la plupart de ces phénomènes, de la précipitation de granules colloïdaux.

Quelques réactifs, le bleu de méthylène, le rouge neutre, etc., mis en présence d'éléments cellulaires frais, peuvent colorer des granulations cytoplasmiques. Ces colorations sont brutales, instantanées : ce sont encore des phénomènes de teinture et non des phénomènes de sécrétion. Ces phénomènes de teinture ne sont du reste possibles que chez des cellules tuées ou rendues malades par des réactifs.

Une longue pratique de la méthode des injections physiologiques, a conduit Bruntz à formuler le principe suivant : Une cellule, colorée à la suite d'une injection physiologique, sera déclarée excrétrice : 1° si le colorant injecté a été fixé électivement, soit dans une ou plusieurs vacuoles, soit sur des boules ou des grains de sécrétion ; 2° si la cellule est demeurée bien vivante chez un individu parfaitement sain. Les cellules, dont les noyaux ou le cytoplasme ou quelquefois des granulations se sont colorés d'une manière diffuse, sont des cellules mortes ou malades ; 3° si les phénomènes de fixation des colorants, quoique rapides dans certains cas, ne se sont pas produits instantanément. C'est là l'indice d'un véritable processus glandulaire.

CHAPITRE IX

TECHNIQUE MICROSCOPIQUE MÉDICO-LÉGALE

Recherche du sang. — Examiner les taches de sang frais en les diluant dans la solution physiologique ou dans le liquide de Marcano (p. 683), mais jamais dans l'eau distillée qui détruit les hématies. Mesurer les globules pour les déterminer. Les taches anciennes pourront être dissociées sur lame, dans la potasse à 30 p. 100 ou le liquide de Pacini (eau 300, glycérine 100, chlorure de sodium 2, sublimé 1). Enfin on fera les réactions des cristaux d'hémine (cristaux de Teichmann et de Strzysowski) (p. 729). La rouille et la graisse empêchent ces réactions de réussir. Ces recherches sont souvent hérissées de difficultés et on fera bien de faire de nombreuses expériences comparatives, avec du matériel d'origine connue[1]. Les taches de sang digéré par les Arthropodes piqueurs ne renferment plus d'hématies reconnaissables.

La méthode spectroscopique et celle des précipitines devront compléter les renseignements fournis par le microscope.

Examen des poils. — L'emploi des milieux éclaircissants de Amann pourra rendre de grands services ; ils donnent des préparations moins fragiles et plus durables que la potasse ou que les acides (acide azotique dilué). Les parties à mettre en évidence sont les cellules cuticulaires, la couche moyenne et la substance médullaire.

Chez l'*Homme*[2], les poils sont lisses, parce que les cellules cuticulaires ne sont pas saillantes. La couche corticale est beaucoup

---

1. Voir à ce sujet : Lacassagne, *Précis de médecine légale*. Paris, Masson, collection des Précis médicaux et Vibert, *Précis de médecine légale*, Paris, Baillière.
2. Lambert et Balthazard, *Le poil de l'Homme et des animaux*. Paris. Steinheil, in-8° de 236 p., 31 pl., 1910.

plus développée que la substance médullaire ; cette dernière est souvent très peu visible. Il n'y a pas de changements brusques dans la coloration.

Au contraire, chez les *animaux*, le poil est généralement denticulé par les saillies des cellules cuticulaires, la substance médullaire est très visible et il y a des variations de couleur très brusques.

Les coupes de poils se font très bien après inclusion dans la paraffine [1]. La détermination repose sur des comparaisons avec des échantillons types.

Examen des taches de sperme. — On pourra dissocier des filaments de tissu dans l'acide acétique à 5 p. 100 ou dans la solution physiologique, mais les meilleurs résultats seront obtenus par la coloration. Le gros écueil de cette recherche est la difficulté de colorer électivement les spermatozoïdes sans que le tissu lui-même soit coloré.

Méthode de Corin et Stockis [2]. — Elle remédie à cet inconvénient. On prépare à l'avance la solution suivante, qui se conserve indéfiniment :

Érythrosine	1 gr.
Ammoniaque	200 cm³

L'emploi de l'ammoniaque est indispensable pour éviter la coloration du tissu et réaliser la teinture élective des spermatozoïdes. On ne peut lui associer que l'érythrosine ou le rose bengale qui ne sont pas décomposés par l'ammoniaque et qui, étant des dérivés iodés de la fluorescéine (p. 411) ont une affinité spéciale pour les spermatozoïdes.

Faire une coupure aux ciseaux dans le tissu suspect, puis détacher avec une pince un seul filament de 3 à 4 mm. de long. Le tremper 1 ou 2 secondes dans le colorant, puis le porter sur une lame dans une goutte d'eau distillée. Dissocier soigneusement avec deux aiguilles sur fond noir, puis couvrir d'une lamelle et examiner de préférence avec un objectif à sec (300 diam.). Si on travaille à la lumière artificielle, intercaler un écran vert qui fait paraître les spermatozoïdes noirs.

---

1. Lelong inclut les poils, réunis en touffe après dégraissage, dans une solution sirupeuse de colle forte et coupe à sec après dessiccation incomplète (communiqué par Benoit-Bazille).

2. G. Corin et E. Stockis, Nouvelle méthode de recherche des taches spermatiques sur le linge. *Arch. d'anthropol. criminelle et de méd. légale*, XXIII, p. 852-865, 1908.

La nature du tissu et l'âge des taches n'influent en rien sur la coloration. Toutes les cellules animales sont colorées en même temps que les spermatozoïdes, d'où valeur générale du procédé pour l'examen de toutes taches produites par des liquides organiques. Par contre, les corps étrangers qui peuvent simuler des têtes de spermatozoïdes ne se colorent pas.

Enfin, la coloration en masse du tissu, par le même procédé suivi d'un lavage à l'eau distillée, permettra, en cas de linges blancs, de déceler les points où se trouvent les taches et d'orienter ainsi les recherches. On prélèvera dans les taches colorées et on pratiquera l'examen d'un filament comme plus haut.

Méthode à l'encre de Chine (p. 758). — Ce procédé peut être utile, comme l'a montré Kojima [1], lorsqu'il s'agit d'étoffes rouges ou autres, pour lesquelles la coloration à l'érythrosine ne donnerait pas de résultats. On mélange alors à l'encre de Chine le produit de la macération dans l'eau distillée, la solution physiologique, l'acide acétique à 5 p. 100 ou l'eau ammoniacale.

1. *Sei-i-Kwai, Medical journal*, Tokio, 30 avril 1910.

TROISIÈME SECTION

TECHNIQUE BOTANIQUE

Nous réunissons dans cette section les procédés techniques particuliers aux Bactéries, aux Champignons et aux végétaux supérieurs. Ces procédés sont peu nombreux, parce que la technique tend de plus en plus à s'unifier. Au point de vue cytologique, les procédés généraux sont les mèmes pour les animaux et pour les plantes. La technique botanique ne peut donc guère réclamer, comme méthodes spéciales, que les procédés de culture (et encore ils sont communs avec ceux qu'on emploie pour les Protozoaires) et que les procédés de coloration, qui servent à caractériser la membrane végétale et certains dérivés du protoplasme. Les méthodes que nous allons indiquer sont donc plutôt des tours de main, particuliers à tel ou tel groupe. Elles ne sont ni plus ni moins spécialisées que les méthodes destinées aux recherches sur les Vers ou les Arthropodes. Quand on se livre à l'étude d'un groupe quelconque d'êtres vivants, les procédés généraux se précisent de plus en plus, si bien que la technique fine de chaque groupe nécessiterait de très longs développements; mais il n'y a pas, fondamentalement, plus de différence entre la technique de deux groupes aussi dissemblables que les Vers et les Arthropodes, qu'entre la technique zoologique et la technique botanique.

CHAPITRE PREMIER

TECHNIQUE BACTÉRIOLOGIQUE

Nous serons très bref sur ce chapitre, qu'on trouvera traité avec de grands détails dans d'excellents ouvrages classiques [1]. Nous ne donnerons donc qu'une sorte d'aide-mémoire des colorations les plus usuelles, en insistant sur les procédés nouveaux. Il est bien entendu que, pour nous, la technique bactériologique est limitée aux procédés d'étude des Bactéries proprement dites, à l'exclusion des Protozoaires et des Champignons.

Nous laissons complètement de côté les méthodes de culture, nous bornant aux examens les plus courants.

La *méthode fondamentale*, en bactériologie, *est celle des frottis desséchés* : le produit à examiner est étalé en couche mince sur une lame propre, desséché rapidement, fixé, puis coloré. *La coloration des Bactéries dans les coupes* se fait par les mêmes méthodes que pour les frottis, sauf pour les exceptions qui vont être indiquées plus loin.

Principes de la coloration des Bactéries. — Il n'y a pas de méthodes spéciales pour la coloration des Bactéries : on utilise simplement les procédés histologiques généraux et principalement les *méthodes des colorants basiques* (p. 393). La *méthode de Romanovsky* colore admirablement toutes les Bactéries ; elle constitue souvent un procédé de recherche excellent, quoique généralement méconnu.

L'extrême résistance des Bactéries aux agents destructeurs a favorisé peu à peu l'emploi de méthodes brutales, aggravées encore par l'inexpérience de beaucoup d'opérateurs. Les Bactéries résistent tant bien que mal au flambage, à l'ébullition, etc., mais les

1. Bard, *Précis des examens de laboratoire*, et Bezançon. *Précis de microbiologie clinique*. Paris, Masson, collection des Précis médicaux.

autres éléments du pus ou des liquides organiques sont détruits ou rendus méconnaissables. Les résultats obtenus seraient autrement instructifs si, en procédant avec un peu de soin, on ménageait les éléments leucocytaires ou autres. La méthode de Romanovsky (procédé panoptique et panchrome de Pappenheim) permet justement d'obtenir, avec le minimum de manipulations, la meilleure conservation possible de tous les éléments et de leurs rapports avec les Bactéries. Bien entendu, elle ne peut remplacer les procédés de différenciation, destinés à mettre en évidence telle ou telle Bactérie.

La théorie de la *méthode de Gram* a été faite p. 405 ; notons seulement ici qu'il y a, chez les Bactéries, parallélisme entre la réaction de Gram d'une part et, d'autre part, l'acido-résistance, l'alcali-résistance et la résistance au ferment digestif.

Chaque fois que la méthode de Gram donne un résultat incertain et laisse des doutes, la *méthode de Claudius* (p. 407) tire d'embarras. Dans les deux cas la différenciation est suffisante lorsque, dans les leucocytes, le noyau seul reste coloré.

Fixation. — Il est d'usage courant de fixer *à la flamme* les frottis renfermant des Bactéries. En principe, ce procédé est excellent, mais, en pratique, il est généralement très mal appliqué et transformé en flambage. A l'origine, on opérait presque exclusivement sur lamelles, ce qui facilitait beaucoup la fixation par la chaleur, suivant le procédé classique : passer la lamelle trois fois dans la flamme d'un bec Bunsen, d'un mouvement lent, comme si on coupait du pain. Actuellement, on étale plutôt les produits sur lames, ce qui rend la fixation à la flamme bien plus difficile à pratiquer. L'*alcool méthylique* fixe très bien en quelques secondes : on arrose le frottis avec ce réactif et on laisse évaporer.

Prélèvement. — Les liquides à examiner doivent être puisés

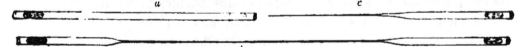

Fig. 276. — Fabrication des pipettes stériles. *a*, tube stérilisé en réserve ; *b*, tube étiré ; *c*, pipette isolée.

dans des pipettes stérilisées. Pour les fabriquer, on coupe un morceau de tube de verre de 5 à 6 mm. de diamètre en fragments de 20 cm. de longueur (cinq fragments dans un mètre). On bouche les deux extrémités avec un tampon d'ouate (fig. 276, *a*). On stérilise au four Pasteur ou à l'autoclave ; on peut ainsi conserver et

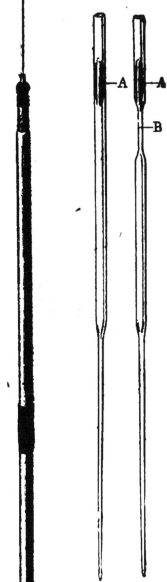

transporter facilement une provision de tubes stériles, qu'on étire au moment de l'emploi.

Pour les prélèvements, faire un étranglement en arrière du coton, sans le brûler (fig. 278, B), puis faire une effilure au milieu du tube, de façon à obtenir deux pipettes (fig. 276, *b*). Il sera facile ensuite de sceller les deux parties effilées et d'enfermer le prélèvement dans la partie renflée. Dans certains cas, on emploiera la *pipette à boule* : pour la fabriquer, on commence par fermer un morceau de tube en l'effilant (fig. 280). On chauffe ensuite fortement la partie moyenne et, lorsqu'elle est portée *au rouge*, on souffle la boule. On peut faire ensuite un étranglement en arrière de la place réservée au tampon de coton.

Travail du verre. — La fabrication des pipettes ordinaires et à boules est une opération très facile. Tout le secret consiste à avoir une flamme assez chaude, bien réglée et à *tourner continuel.ement* le verre entre les doigts, tant qu'il est dans la flamme; ne le retirer qu'au moment de l'étirer ou de le souffler, ces deux opérations devant toujours être effectuées en *dehors de la flamme.* Le chalumeau à gaz n'est pas indispensable, on

Fig. 278. — Pipettes stérilisées. A, bouchon de coton; B, étranglement.

opère très bien avec un bec Bunsen ordinaire (fig. 279). Si on n'a pas le gaz, on se servira d'une lampe éolipyle (lampe à souder) alimentée par l'essence minérale. Les lampes à alcool donnent une flamme relativement froide, avec laquelle on ne peut travailler que des tubes en verre mince et bien fusible. Il existe de petits chalumeaux à alcool très pratiques, soit le

Fig. 279. — Porte-objet [...] alimenté [...] pièce interm[é]diaire en [...]

chalumeau de Coster, soit le petit appareil très puissant et très commode, imaginé par Souel de Lyon [1].

Examen du pus. Coloration des Gonocoques et des Bactéries pyogènes.

Faire les frottis, comme il est dit p. 695, en prélevant le pus avec une pipette stérile ou un fil de platine flambé [2]. Colorer au Romanovsky (p. 416), à l'azur II alcalinisé (p. 400), par la méthode de Sabrazès p. 670) ou par le bleu de toluidine en solution à 1 p. 100 dans l'eau distillée (Thiry). Comme contrôle, pratiquer le Gram-Nicolle (p. 406) et recolorer le fond par le Ziehl à froid : comme le Gonocoque ne prend pas le Gram, il se colore en rouge tandis que les Streptocoques et les Staphylocoques se colorent en violet.

Examen des sécrétions conjonctivales [3].

— Prélever de préférence, avec l'anse de platine flambée ou une effilure de pipette : le tampon de coton est moins bon. Abaisser la paupière inférieure, promener l'anse de platine dans le cul-de-sac inférieur ; si l'exsudat est peu abondant, puiser dans le petit cul-de-sac qui est devant la caroncule, dans la commissure interne. Étaler sur lame avec précaution, sécher et colorer au Romanovsky ou au Gram-Nicolle.

Fig. 279. — Bec Bunsen à veilleuse. Modèle Cogit.

En outre Morax recommande l'emploi du *mélange de Pick et Jacobsohn*, procédé expéditif, mais qui n'est pas supérieur au panoptique de Pappenheim. Voici comment procède Morax. Mélanger *au moment de l'emploi* :

Eau distillée	20 cm³
Fuchsine phéniquée de Ziehl	XV gouttes.
Sol. alcoolique sat. de bleu de méthylène.	VIII —

Colorer 20 à 30 secondes, puis laver et sécher au buvard.

Examen des fausses membranes. Recherche du Bacille

---

1. Se trouve à Paris, chez Cogit.

2. Pour emmancher un fil de platine, faire rougir l'extrémité d'un agitateur et y enfoncer le fil de platine tenu avec une pince et préalablement rougi. Les manches en aluminium (fig. 277) avec vis permettant d'y adapter des fils de diverses grosseurs sont beaucoup plus pratiques. Au sujet des fils de platine, de nickel chromé, de tungstène voir p. 763.

3. V. Morax, *Précis d'ophthalmologie*. Collection des Précis médicaux, Paris, Masson, 2e édit., 1913.

de la diphtérie. — L'examen des mucosités et fausses membranes qui recouvrent les muqueuses a une grande importance clinique. Prélever avec la spatule de platine (fig. 284) ou mieux avec un écouvillon. Ce dernier est fait avec un fil de fer, dont une extrémité est entourée d'un peu d'ouate, en forme de tampon long et étroit, et dont l'autre extrémité est tordue en boucle. On introduit le tout dans un tube à essai bouché au coton et on stérilise.

Avec les exsudats ainsi prélevés, on fait un frottis (ou une culture) : colorer par le Romanovsy, le Ziehl dilué, l'azur II alcalin ou le bleu de toluidine (Thiry). Ce Bacille *prend très bien le Gram* ; ce caractère joint à la forme des Bacilles et à leur disposition *en broussaille* permet

Fig. 280. — Pipette à boule.

généralement de faire le diagnostic, qui doit être contrôlé par la culture. On peut faire des coupes très démonstratives avec les fausses membranes.

On a proposé, pour la coloration du Bacille de Lœffler, un grand nombre d'autres méthodes dans le détail desquelles nous ne pouvons entrer. Une des plus en faveur paraît être celle de Gins [1].

Examen des crachats. Recherche du Bacille de la tuberculose. — *Méthode classique.* — 1° Recueillir 40 à 50 cm³ de crachats frais [2], du matin autant que possible, dans un flacon à large goulot bien propre. Examiner les crachats sur fond noir (fig. 242) et *prélever*, avec le fil de platine flambé, une parcelle purulente, solide et épaisse, grosse comme une forte tête d'épingle.

2° *Étaler* soit avec le fil de platine, soit en écrasant la parcelle entre deux lames qu'on fait ensuite *glisser* l'une sur l'autre en sens contraire (ne jamais les séparer par arrachement). Ne pas employer de lamelles, qui sont trop étroites et trop fragiles.

3° *Sécher* en agitant à l'air.

4° *Fixer* en passant trois fois, face en dessus, dans la flamme d'un bec Bunsen, d'un mouvement lent, comme si on coupait du pain.

5° *Colorer par le procédé de Ziehl-Neelsen.* — Déposer sur

1. Gins. Zür Farbung der Diphteriebazillen. *Dtsch. med. Woch.*, XXXIX, p. 502, 1913.
2. Voir p. 696, note 1, l'importance des éosinophiles dans les crachats pour le diagnostic probable de la tuberculose.

le frottis quelques gouttes de liquide de Ziehl (p. 408). Tenir la lame avec une pince de Debrand (fig. 288) et la porter sur la platine chauffante (fig. 141) ou au-dessus d'une très petite flamme. Chauffer jusqu'à apparition de vapeurs (pas plus loin! le liquide ne doit pas bouillir) et retirer immédiatement du feu dès que les vapeurs apparaissent. Recommencer trois fois cette opération, puis laver longuement à l'eau. Il va sans dire que la préparation ne doit pas se dessécher et que, si le liquide s'évapore, il faut se hâter d'en ajouter une nouvelle quantité.

6° *Décolorer* par l'acide azotique au tiers [1] (eau distillée 2 vol., acide azotique 1 vol.) ou par l'acide sulfurique au quart, pendant quelques secondes, puis laver à grande eau. La préparation, d'abord jaunâtre, redevient rosée.

7° *Décolorer à fond* par l'alcool absolu, jusqu'à teinte rosée à peine visible, puis laver à l'eau.

8° *Colorer* quelques instants par une solution aqueuse de bleu de méthylène d'un titre quelconque, plutôt faible.

9° *Laver, sécher, examiner* dans de l'huile de cèdre.

Les Bacilles sont colorés en rouge, le reste en bleu : rechercher les Bacilles dans les parties minces.

Cette méthode, ainsi que celle de Biot qui en est une simple modification, est la seule qui permette de différencier d'une façon certaine le Bacille de Koch des autres acido-résistants [2], sauf le Bacille de la lèpre qui est encore plus acido-résistant et pour lequel nous décrivons plus loin (p. 754) des méthodes spéciales.

L'*acido-résistance* est une propriété que possèdent certains Bacilles de se colorer intensément par les couleurs basiques et d'abandonner très difficilement ces couleurs sous l'action des acides.

Méthode de C. Biot [3]. — Ce procédé, très peu connu, même en France, mérite d'être signalé à cause de sa simplicité. On procède

1. On a proposé l'emploi d'autres acides moins énergiques : acide citrique ou tartrique à 10 p. 100 dans l'eau, et surtout *acide lactique à 2 p. 100 dans l'alcool* (méthode de Häuser). Ces produits ont une action moins brutale et sont beaucoup plus faciles à employer. Malheureusement ils ne donnent pas toute sécurité pour le diagnostic, car ils ne décolorent pas les Bacilles accidentellement acido-résistants. La méthode de Ziehl-Neelsen donne seule une sécurité absolue.

2. G. Gavi propose un procédé très simple pour différencier le Bacille de Koch des autres acido-résistants : faire un Ziehl, puis plonger la lame dans l'eau bouillante pendant 2 minutes à 2 minutes et demie. Le bacille de Koch seul reste coloré. *The veterinary record*, 21 février 1914.

3. Biot, Nouvelle méthode de coloration intensive des Bacilles de Koch. *C. R. Assoc. des anatomistes*, Congrès de Lyon, p. 234-237, 1901.

comme pour le Ziehl-Neelsen y compris les décolorations par l'acide azotique et l'alcool. puis, après un lavage à l'eau, on renforce la coloration par une immersion de quelques minutes dans le formol pur. Les Bacilles prennent une belle teinte violacée, presque noire, qui dispense de faire une coloration de fond.

Méthode de Spengler [1] **à l'acide picrique.** — Faire un Ziehl (chauffer très peu), puis, sans laver, traiter la préparation pendant deux ou trois secondes par l'alcool picriqué (parties égales d'alcool à 95° et de solution aqueuse saturée d'acide picrique); laver à l'alcool à 60°; décolorer par l'acide azotique à 15 p. 100 (30 secondes), laver de nouveau à l'alcool à 60° jusqu'à décoloration complète, puis à l'alcool picriqué. Laver à l'eau distillée et sécher.

Excellente méthode, très rapide et mettant remarquablement les Bacilles en évidence, même sous leurs formes les plus difficilement colorables.

Méthode d'Hermann. — Préparer séparément les deux solutions :
A. Solution de cristal-violet à 3 p. 100 dans l'alcool à 95°.
B. Solution aqueuse de carbonate d'ammonium à 1 p. 100.
Au moment de l'emploi, prendre :

Solution A . . . . 1 partie.
Solution B . . . . 3 parties (mordant).

Colorer le frottis à chaud (sans ébullition) pendant quelques minutes. Laver à l'eau, puis décolorer d'abord par l'acide azotique à 10 p. 100 pendant quelques secondes, puis par l'alcool absolu. On peut colorer le fond par la chrysoïdine à 0,3 p. 100. Excellente méthode, mais qui n'est pas supérieure au Ziehl-Neelsen.

Coloration dans les coupes. — Colorer au Ziehl-Neelsen à froid, pendant 15 à 30 minutes; si on craint l'action trop brutale de l'acide azotique, employer la *méthode de Kühne-Borrel* : après coloration au Ziehl, traiter la coupe, pendant quelques secondes. par le chlorhydrate d'aniline à 2 p. 100, puis décolorer par l'alcool absolu. Colorer le fond au bleu de méthylène. On peut aussi employer la méthode de Spengler.

Méthodes d'enrichissement. — Les Bacilles sont quelquefois très rares dans les crachats ou localisés dans des parcelles qui échappent à l'examen. On a donc cherché des méthodes qui permettent d'enrichir, c'est-à-dire de concentrer tous les Bacilles dans un très faible culot, qu'on étale en entier et qu'on colore. Depuis quelques années, ces procédés d'enrichissement ont pris une importance considérable et ont donné naissance à une littérature énorme, ce qui, d'ailleurs, démontre leur insuffisance et leur imperfection.

L'enrichissement comprend deux temps : la *fluidification* des crachats et la *sédimentation*.

La *fluidification* peut être produite soit par l'action des alcalis

---

1. *Dtsch. med. Woch.* n° 9, 28 février 1907.

caustiques, soit par digestion artificielle. Les alcalis caustiques peuvent être employés tels quels ou mieux additionnés d'eau de Javel : on obtient ainsi un liquide lancé par Uhlenhuth [1] sous le nom d'*antiformine*. Il est important de savoir que, neuf ans avant les publications allemandes, deux Français, de Launoïse et Girard [2], ont fait connaître une méthode d'homogénéisation en deux temps, par l'action successive de l'eau de Javel et de la lessive de soude. Leur procédé a été simplement repris et démarqué par les auteurs allemands. L'antiformine est un liquide [3] de couleur jaunâtre, qui dissout la kératine, la chitine, la soie, mais non le coton, ni la laine, ni les matières cireuses. Il dissout aussi les Bactéries et les Protozoaires, mais non les Bacilles acido-résistants : il ne tue ni le Bacille de la tuberculose, ni les spores charbonneuses et permet l'inoculation du culot, ce qui lui donne une grosse supériorité sur les procédés aux alcalis simples. D'après Thiry (communication verbale), *l'eau de Javel seule* donne d'aussi bons résultats que l'antiformine.

Méthode de Jousset. Inoscopie. — Un des meilleurs procédés pour la *digestion artificielle* est certainement l'*inoscopie de Jousset* [4] (ις, ινος, fibrine). Voici la formule du liquide de Jousset :

Pepsine	1 à 2 gr.
Glycérine	10 cm³
Acide chlorhydrique pur à 22°	10 —
Fluorure de sodium	3 gr.
Eau distillée.	1 000 cm³

Prendre 1 cm³ de réactif pour 10 cm³ de crachats, mettre deux à trois heures à l'étuve à 37°, en agitant toutes les demi-heures. Centrifuger et rechercher les Bacilles en étalant et colorant le culot [5].

Pour le sang : on recueille 30 cm³ de ce liquide par ponction veineuse (p. 608). on laque dans 200 cm³ d'eau distillée stérilisée, on filtre sur une compresse bouillie dans l'eau alcalinisée et on lave le caillot à l'eau distillée (précaution indispensable). Les caillots fibrineux rosés

1. Uhlenhuth et Xylander. Untersuchungen über Antiformin. *Arb. a. d. kais. Gesundheitsamte*, XXXII, p. 158, 1909.

2. Congrès contre la tuberculose, Naples, 25-28 avril 1900, *Presse médicale*, p. 8, 167, 5 mai 1900.

3. On peut le préparer soi-même en mélangeant parties égales d'hypochlorite de sodium (eau de Javel) et de soude caustique à 15 p. 100.

4. A. Jousset. L'inoscopie. *Arch. de méd. expérim.*, p. 289-305, 1903. — *Semaine médicale*, 21 janvier 1903.

5. Nemmser et Lissowska (*Dtsch. med. Woch.*, p. 1697, 1911) préfèrent la digestion tryptique alcaline (5 cm³ de crachats, 5 cm³ de soude à 0,1 p. 100, trypsine ou pancréatine 0,1, chloroforme II à III gouttes) ou acide (5 cm³ de crachats, 5 cm³ d'HCl à 0,1 p. 100, trypsine 0,1); ou bien encore l'oxydation en milieu acide (5 cm³ de crachats, V-X gouttes d'acide perchlorique, eau q. s. pour 10 cm³). Toutes ces opérations se font à l'étuve à 37°. Centrifuger, étaler.

sont additionnés de 10 à 30 cm³ de liquide inoscopique et traités comme plus haut.

La *sédimentation* présente des difficultés, surtout avec les procédés par les alcalis ou l'antiformine, à cause de la faible différence de densité qui existe entre les Bacilles et le liquide d'homogénéisation. La densité du Bacille est de 1,010 à 1,080. Il faut donc, pour le collecter, soit diminuer la densité du liquide, centrifuger et récolter le culot; soit employer des liquides lourds, centrifuger et récolter les Bacilles à la surface. Dans ce dernier cas il est encore meilleur de les collecter dans un liquide très léger [1].

Méthode de Bezançon et Philibert [2]. — 1. Mesurer dans une éprouvette graduée la quantité de crachats à traiter et mesurer d'autre part une quantité d'eau 10 fois supérieure.

2. Mettre dans une capsule de porcelaine les crachats, la moitié de l'eau et autant de gouttes de lessive de soude qu'il y a de cm³ de crachats. Chauffer doucement, en agitant constamment et ajouter petit à petit le reste de l'eau.

3. Laisser refroidir.

4. Verser le liquide dans une éprouvette graduée et prendre la densité avec un densimètre gradué de 950 à 1 100 [3]. Si la densité dépasse 1 004, ajouter un peu d'alcool à 50° pour la ramener à 999-1 000.

5. Centrifuger longuement (1 heure) au centrifugeur électrique.

6. Décanter, étaler le culot (faire 2 lames), colorer une lame au Ziehl-Neelsen, l'autre au Spengler.]

N'employer que de la verrerie scrupuleusement nettoyée.

Méthode de l'antiformine [4]. — 1. Mélanger 10 cm³ de crachats avec 20 cm³ d'antiformine à 50 p. 100, agiter et laisser reposer dix à trente minutes en agitant de temps en temps.

2. Ajouter 30 cm³ d'alcool à 60° pour abaisser la densité, puis bien mélanger.

3. Centrifuger en tubes effilés, pendant trente minutes à une heure à la centrifugeuse électrique.

4. Étaler et colorer le culot.

Pour recueillir les Bacilles à la surface du liquide, Jacobson [5] agite le liquide homogénéisé avec de la ligroïne [6] (substance voisine des éthers de pétrole) qui remonte à la surface en entraînant les Bacilles; on recueille ces derniers à la limite qui sépare les deux couches. De l'avis général, ce procédé ne vaut pas la méthode de l'antiformine, telle que nous venons de la décrire d'après Schulte [7].

1. Bezançon et Philibert. Importance de la notion de densité dans la recherche du Bacille de Koch par homogénéisation du crachat. *Progrès médical*, 13 mai 1911. — *Bull. Soc. études scientifiques dans la tuberculose*, avril 1911. *Bull. Soc. méd. des hôp.*, 14 nov. 1912.

2. *Progrès médical*, 13 mai 1911. — *Bull. Soc. méd. des hôp.*, 14 nov. 1912.

3. Si la quantité de liquide est trop faible pour baigner le densimètre, ajouter, à tout hasard, un peu d'alcool à 50°.

4. Schulte, Methodik und Technik der neueren Verfahren zum Nachweis von Tuberkelbazillen. *Med. Klinik.*, p. 172, 1910. — Gettkant, Zur Technik des Antiforminmethod. *Dtsch. med. Woch.*, XL, p. 182, 1914.

5. *C. R. Soc. de biologie*, LXVII, p. 507, 1909.

6. Bogasov (*Ztschr. f. Tuberk.*, XV, p. 554, 1910) préfère l'éther de pétrole; Koslow (*Berl. klin. Woch.*, n° 25, 1910) préconise un mélange d'éther et d'acétone.

7. Se méfier des Bacilles acido-résistants provenant des enduits qui se forment

Recherche du Bacille de la tuberculose dans l'urine. — Recueillir l'urine aseptiquement par cathétérisme vésical, après lavage soigné de l'urèthre et répartir en tubes rigoureusement propres. Centrifuger longuement, de préférence au centrifugeur électrique. Étaler le culot sur lames et colorer au Ziehl-Neelsen. L'écueil à éviter est la confusion avec d'autres acido-résistants, notamment le Bacille du smegma; aussi faut-il colorer longuement (10 minutes), décolorer longuement (acide azotique 2 minutes, alcool absolu 5 minutes). Pratiquée ainsi, la méthode de Ziehl-Neelsen donne toute sécurité [1]. Confirmer le diagnostic par l'inoculation au Cobaye. On peut traiter le culot par la *méthode d'Ellermann et Erlandsen* [2] (excellente aussi pour les crachats) : centrifuger l'urine à fond, ajouter au culot quatre volumes de carbonate de sodium à 0,25 p. 100. Laisser vingt-quatre heures à l'étuve à 37°, puis décanter et centrifuger. Le culot est mélangé avec quatre volumes de soude caustique à 0,25 p. 100 : on chauffe au bain-marie jusqu'à ébullition. Centrifuger et étaler le culot. Colorer par la méthode de Spengler (p. 750).

Bactérioscopie du sang. — Lœper et Louste [3] hémolysent par l'alcool au tiers. En prélevant au doigt, faire tomber 15 gouttes de sang dans 15 cm³ d'alcool au tiers; par ponction veineuse, aspirer 1 cm³ de sang dans une seringue de 20 cm³ contenant 19 cm³ d'alcool au tiers. Centrifuger. Ce procédé conserve assez bien les éléments figurés autres que les hématies. — On peut employer aussi le procédé de Jousset (p. 751).

Procédé de la Sangsue de Lesieur [4]. — Ce procédé a l'avantage de fournir du sang incoagulable. Appliquer 3 ou 4 grosses Sangsues, préalablement bien lavées à l'eau bouillie; elles doivent se gorger en 30 à 40 minutes. Pour les détacher, leur appliquer du sel sur la tête. On peut aussi sectionner leur partie postérieure : on obtient ainsi la *Sangsue en fontaine*, qui peut fournir 30 à 40 cm³ de sang. Les Sangsues entières seront exprimées dans des tubes stériles, avec ou sans section de la tête; chacune donne 20 à 25 cm³ de sang. Centrifuger, puiser

dans les robinets d'eau et les tuyaux de caoutchouc. Voir à ce sujet Beitzke, *Berl. klin. Woch.*, n° 31, 1910.

1. E.-L. Gautier, Recherche des Bacilles de Koch dans les urines. *Journal d'urologie*, V, p. 161-170, 1911.

2. Ellermann et Erlandsen, *Ztschr. f. Hyg.*, LXI, p. 219, 1903. — Martinelli, *Riforma medica*, p. 572, 1911.

3. *Arch. de méd. expér.*, 1905. — Louste, Bactérioscopie et cytoscopie du sang par l'hémolyse immédiate. Thèse de Paris (médecine), 1906.

4. Lesieur, Recherche des Microbes dans le sang par le procédé de la Sangsue. *Journ. de physiol. et de pathol. génér.*, p. 875, 1901.

dans le fond du culot, étaler et au besoin déshémoglobiniser. Ce procédé est bon pour la recherche du Bacille tuberculeux dans le sang.

Recherche du Bacille de la lèpre. — On le recherche systématiquement dans le mucus nasal. Ce Bacille est très acido-résistant et se colore comme celui de la tuberculose.

On emploie le *procédé de Baumgarten* :

1. *Colorer à froid* par la fuchsine phéniquée de Ziehl ou plus simplement par la solution hydro-alcoolique (sol. alcoolique sat. de fuchsine basique V gouttes, eau distillée 5 cm³).

2. *Laver* rapidement à l'eau, puis *différencier par l'alcool azotique* à 10 p. 100 pendant 30 secondes.

3. Laver à l'eau et colorer le fond au bleu de méthylène ou de toluidine.

Par ce procédé le Bacille de Koch et les autres acido-résistants (Bacille de Karlinski) se décolorent, ce qui permet de différencier avec certitude le Bacille de la lèpre.

Bowmann [1] fait remarquer qu'on trouve quelquefois des Bacilles acido-résistants dans le mucus nasal, en dehors des cas de lèpre : il insiste en outre sur la nécessité de gratter la cloison et de ne pas se contenter de l'examen du mucus. Voir p. 694 la manière de prélever le mucus nasal.

Pour provoquer la rhinite, Leredde et Pautrier [2] font prendre au malade, pendant 2 jours, 4 gr. d'iodure de potassium par jour. On recueille le mucus nasal au cours du second jour.

Pour les lésions cutanées (tubercules et même macules), exciser un fragment, laver à l'eau distillée pour enlever le sang, essorer au buvard et faire des frottis. Il est encore préférable de fixer histologiquement le fragment biopsié et d'y rechercher les Bacilles sur les coupes par la méthode de Baumgarten.

Recherche du Bacille pesteux. — Ce Bacille ne prend pas le Gram. Dans le cas où on voudrait conserver ou expédier des fragments de ganglions pour le diagnostic, voici comment Broquet [3] conseille de procéder : prélever stérilement les ganglions et les mettre dans un flacon stérilisé, avec une quantité suffisante du mélange suivant :

Eau distillée.	80
Glycérine	20
Carbonate de calcium	2

1. *Bull. Manila med. soc.*, III, p. 89-90, 1911.
2. *C. R. Soc. de biologie*, décembre 1902. — L.-M. Pautrier, Le diagnostic de la lèpre par les méthodes de laboratoire. *Presse médicale*. 14 mars 1914.
3. *Annales Inst. Pasteur*. XXIV, p. 888-894, 1910.

Les organes s'y conservent suffisamment pendant treize jours. Pour le diagnostic, prélever un fragment, éponger au papier stérilisé, broyer et émulsionner dans la solution physiologique et inoculer dans les muscles de la cuisse 1 cm³ à un Cobaye et un demi-cm³ à deux Rats.

Coloration des capsules des Bactéries. — Les capsules des Bactéries sont assez difficiles à mettre en évidence : on y arrive quelquefois par une double coloration par le Gram et l'éosine, pour les Bactéries qui prennent le Gram (Pneumocoque), ou encore en employant le bleu polychrome de Unna, qui peut colorer métachromatiquement la capsule. Bien entendu, le Romanovsky donne d'excellents résultats.

Baehr et Kantor ont publié récemment[1] une revue critique de cette importante question. Une des meilleures méthodes est certainement celle de Hamm[2]. Voici comment on procède : la fixation doit être faite d'après la méthode de Weidenreich (p. 675), mais on supprime le traitement au permanganate. Pour les Bactéries cultivées, il faut diluer la culture non dans l'eau, mais dans un liquide visqueux (sérum sanguin, liquide d'ascite ou d'hydrocèle). Ne jamais fixer à la flamme, qui altère les capsules. Colorer au Giemsa[3], en chauffant très légèrement. Les Bactéries sont bleues, les capsules roses.

On trouvera plus loin (p. 758) d'autres méthodes basées sur le procédé à l'encre de Chine.

Pour colorer le *Pneumocoque* dans les frottis, on emploie généralement le *procédé à l'acide acétique* : on colore le frottis pendant une ou deux minutes par le violet phéniqué ou le Ziehl, on lave à l'eau et on traite rapidement par l'acide acétique à 1 p. 100; laver, sécher et examiner dans l'huile de cèdre. On peut aussi, d'après M. Nicolle, colorer au violet phéniqué et décolorer rapidement par l'alcool-acétone au tiers.

Coloration des spores. — Les spores résistent énergiquement à la coloration, mais, une fois colorées, retiennent fortement les couleurs. Les méthodes pour acido-résistants leur conviennent donc. Von Betegh[4] colore longuement au Ziehl, lave à l'eau, puis colore deux à trois minutes à froid, par la solution concentrée de dahlia. On lave encore à l'eau, puis on fait agir le Lugol dix à quinze minutes. On différencie à fond dans l'alcool acétone (par-

1. G. Baehr et J. Kantor, A comparative study of methods for staining the capsules of Bacteria. *Centralblatt f. Bakt.*, *Orig.*, LXIII, p. 120-128, 1912.
2. *Centralblatt f. Bakt. Orig.*, XLIII, p. 287-303, 1 pl., 1907.
3. Je préfère le panchrome de Pappenheim.
4. *Centralblatt f. Bakt. Orig.*, LII, p. 550, 1909.

ties égales pour les cultures : alcool 2, acétone 1 pour les produits pathologiques), laver à l'eau, sécher. La gaine des acido-résistants est rouge, les spores sont noires.

Proca et Danila [1] ont montré que les spores tuées se colorent en bleu dans le mélange de Proca, tandis que les spores vivantes restent incolores. Il y a là un précieux moyen de contrôle des procédés de stérilisation.

Le *mélange de Proca* [2] est ainsi constitué :

Fuchsine phéniquée de Ziehl. . . . .   8 cm³
Bleu de Lœffler [3] . . . .   100 —
Eau distillée . . . .   100 —

Laisser le flacon ouvert pendant vingt-quatre heures avant d'utiliser ce mélange. Colorer une minute et laver à l'eau : les Bactéries vivantes se colorent en bleu, les Bactéries mortes en rouge. Les spores mortes se colorent en bleu, les spores vivantes restent incolores.

Enfin Waldmann [4] colore simplement les spores par le bleu de méthylène alcalinisé (eau 100 cm³, bleu de méthylène 2 cgr., potasse 1 cgr.) Chauffer légèrement, puis colorer le fond au Ziehl étendu.

Pour la *démonstration des spores charbonneuses* dans les cultures, voici comment procède Bitter [5] : faire des frottis sur des lames bien propres et *fixer* soigneusement à la flamme, puis *mordancer* pendant 10 à 20 minutes dans du formol à 4 p. 100. Laver à fond à l'eau et sécher, puis colorer dans le liquide suivant, préparé au moment du besoin :

Sol. alcoolique sat. de bleu de méthylène . . . .   3 cm³
Potasse à 5 p. 10 000 . . . .   10 —

Faire bouillir le colorant sur la lame à plusieurs reprises, pendant trois minutes, puis laver à fond à l'eau courante. Colorer ensuite 30 secondes à la safranine (eau distillée 4, sol. alcoolique sat. de safranine 1). Laver et sécher. Le corps microbien est rouge, les spores sont bleues. Un des avantages de cette méthode est qu'on peut garder indéfiniment le matériel de démonstration dans le formol à 4 p. 100.

1. *C. R. Soc. de biologie*, LXVIII, p. 307, 1909.
2. *C. R. Soc. de biologie*, 10 juillet 1909.
3. Pour préparer le bleu de Lœffler (p. 403), mélanger extemporanément 3 parties de sol. alcoolique concentrée de bleu de méthylène avec 10 parties de solution de potasse à 1 p. 10 000 fraîchement préparée (non carbonatée).
4. *Berl. tierärzt. Woch.*, 13 avril 1911.
5. *Centralbl. f. Bakteriol.*, LXVIII, p. 227, 1913.

Coloration des cils des Bactéries. — Ces colorations ne réussissent qu'avec les cultures pures et encore il est essentiel d'observer certaines précautions. Il faut employer des lames rigoureusement propres, sur lesquelles les liquides s'étalent d'eux-mêmes uniformément. Faire avec la culture et de l'eau distillée une émulsion à peine trouble et bien homogène. Déposer sur la lame une série de gouttes de cette émulsion et les laisser s'étaler d'elles-mêmes. Laisser sécher à l'abri des poussières et ne pas fixer. On obtient ainsi une couche excessivement mince, dans laquelle les Bactéries sont bien séparées.

Imprégnation argentique. — Employer le procédé classique de van Ermengen ou celui de Fontana (p. 546).

Procédé de Van Ermengen. — 1. Fixer le frottis pendant trente minutes à froid ou une minute à 50° dans :

Acide osmique à 2 p. 100.	8 cm³
Solution aqueuse de tannin à 10 p. 100. . . .	16 —
Acide acétique cristallisable	1 goutte.

2. Laver à l'eau, puis à l'alcool absolu.
3. Imprégner une ou deux minutes dans :

Nitrate d'argent crist.	1 gr.
Eau distillée	200 cm³

4. *Sans laver*, porter une minute dans le bain réducteur :

Acide gallique. . . . ›	5 gr.
Acide tannique	3 —
Acétate de sodium fondu	10 —
Eau distillée	350 cm³

5. *Sans laver*, reporter dans le bain d'argent jusqu'à coloration noire.
6. Laver, sécher, monter au baume.

Méthode de Nicolle et Morax. — Ce procédé est une simplification de la *méthode classique de Lœffler*.

1° *Mordançage*. — Déposer sur la lame une grosse goutte d'encre de fuchsine de Lœffler, fraîchement préparée :

Sol. aq. de tannin à 20 p. 80	10 cm³
— sat. à froid de sulfate ferreux . . .	5 —
Alcool absolu saturé de fuchsine basique . .	1 —

Chauffer quelques secondes sur une veilleuse, puis, dès que les vapeurs apparaissent, jeter le mordant et laver doucement à la pissette. Recommencer trois fois, en essuyant la face inférieure de la lame et la pince (fig. 288) à chaque fois, pour que l'encre de fuchsine ne les touche pas, ce qui gâterait l'opération.

2° *Coloration* au Ziehl. Laver, sécher.

Méthode de l'encre de Chine. — Le procédé à l'encre de

Chine, tel que nous le pratiquons maintenant, est dû à Burri [1] :
mais il est juste de dire que l'emploi de l'encre de Chine en micro-
copie, pour l'étude des microorganismes, a été conseillé par Errera [2],
dès 1884, pour l'étude des contours des organismes pourvus d'une
capsule gélatineuse.

Primitivement, Burri a créé son procédé pour obtenir facilement des
cultures pures de Bactéries, en partant d'une seule cellule, isolée dans
une goutte d'encre et rendue ainsi facilement visible. Il n'a pas tardé
à en étendre l'application à l'examen de toutes espèces de microorganismes. Pour les diagnostics et les recherches morphologiques, on
mélange le liquide à examiner avec une goutte d'encre de Chine, on
étale le tout sur une lame, on laisse sécher et on examine dans l'huile
de cèdre. Les microorganismes ressortent en blanc sur le fond noir ou
brunâtre de l'encre : le résultat obtenu est à peu près le même qu'avec
l'éclairage à fond noir.

L'encre de Chine est préparée avec du noir de fumée très fin, mis
en suspension dans un liquide gommeux; le tout présente les caractères d'un liquide colloïdal. Les particules charbonneuses sont excessivement fines et denses, aussi, après dessiccation, donnent-elles l'impression d'un fond noir uniforme, même aux plus forts grossissements. Ces
particules sont en suspension homogène dans le liquide gommeux,
mais elles sont facilement agglutinées en flocons et précipitées, par
exemple par les solutions salines ou acides.

Toutes les encres de Chine ne conviennent pas. La meilleure
paraît être celle de Günther Wagner, dite Pelikantusche n° 541.
Elle est trop épaisse pour être employée pure; il faut donc la
diluer de cinq fois [3] son volume d'eau distillée, répartir par portions de 2 ou 3 cm³ dans des tubes à essai bien bouchés au coton
et stériliser à deux ou trois reprises pendant une heure à 100°.
Laisser reposer ensuite au moins deux ou trois semaines avant
l'emploi ou au besoin centrifuger, de manière à avoir une suspension aussi fine que possible. Ne jamais secouer les tubes,
mais puiser avec une pipette stérile ou une anse de platine préalablement flambée. Il est essentiel que l'encre reste parfaitement
stérile, autrement les organismes qui s'y développent peuvent
constituer de graves causes d'erreur. On peut ajouter une trace
de formol pour assurer la conservation.

Nous avons vu page 534 l'emploi de cette méthode pour le
diagnostic de la syphilis. Elle peut servir à examiner toutes

---

1. R. Burri, *Das Tuscheverfahren*. Jena. Fischer, in-8° de 42 p., 3 pl., 1909.
2. L. Errera, Sur l'emploi de l'encre de Chine en microscopie. *Bull. Soc. belge
de microscopie*, X. p. 178, 1884.
3. Ou seulement de moitié d'après Gins.

espèces de microorganismes. Gins [1] s'en sert pour démontrer les *cils* du Bacille typhique et de certaines autres Bactéries : pour les *capsules*, il fixe au sublimé concentré le frottis fait comme plus haut, lave à l'eau, puis colore à la thionine phéniquée. Les capsules sont incolores sur fond noir et les Bactéries sont colorées. E. Rulison [2], pour démontrer les capsules, fait un Gram, colore le fond à la fuchsine acide, lave, sèche et étale une couche d'encre sur le frottis ainsi coloré.

Sangiorgi et Eisenberg [3] ont remarqué que les Bactéries ne prenant pas le Gram, présentent, dans l'encre, une partie centrale sombre, entourée par une bordure claire nettement délimitée. Jagic [4] se sert du procédé de Burri pour faire des préparations définitives de Bactéries agglutinées.

Nitsche [5] et Harrison [6] ont proposé de remplacer l'encre de Chine par le collargol. Les images obtenues sont plus fines, mais les préparations ne se conserveraient pas.

Enfin, divers auteurs remplacent l'encre de Chine par des solutions concentrées de colorants qui ne prennent pas sur les Bactéries. Fischer [7] emploie le rouge congo, le bleu d'aniline, la nigrosine, la fuchsine acide. Eisenberg [8] propose un mélange de 3 parties de sol. aq. sat. de Chinablau avec 1 partie de sol. aq. sat. de cyanosine. Ce mélange se trouve dans le commerce sous le nom de Cyanochin. De même que l'encre de Chine, ces colorants doivent être parfaitement stérilisés et sédimentés avant l'emploi.

1. *Centralbl. f. Bakteriol., Orig.*, LVII, p. 472-478, 1911. Prendre de l'encre étendue do son volume d'eau.
2. *Journ. amer. med. assoc.*, LIV, p. 1126, 1910.
3. *Centralbl. f. Bakteriol., Orig.*, LV et LVI, p. 183, 1910.
4. *Wien. med. Woch.*, p. 328, 1910.
5. *Centrabl. f. Bakteriol., Orig.*, LXIII, p. 575, 1912.
6. *Brit. med. journ.*, II, p. 1547, 1912.
7. *Ztschr. f. wiss. Mikr.*, XXVII, 1910. *Centralbl. f. Bakteriol., Ref.*, LI.
8. *Centralbl. f. Bakteriol., Ref., Beilage zur Band* LIV, p. 145, 1912.

CHAPITRE II

TECHNIQUE MYCOLOGIQUE

La technique mycologique tient, pour beaucoup de points, de la technique bactériologique. En effet, l'étude vraiment scientifique des Champignons, et surtout des Champignons microscopiques, repose sur la méthode des cultures pures. Les difficultés sont pourtant moins grandes que pour les Bactéries et les précautions moins rigoureuses, car les contaminations sont plus faciles à déceler, en raison du volume des éléments et de leurs caractères morphologiques bien définis.

Le cadre de ce volume ne me permet pas de m'étendre sur ce chapitre, aussi, pour cette question comme pour les précédentes, je me bornerai aux indications les plus essentielles.

Milieux de culture. — Lorsqu'on veut faire l'étude biologique complète d'un Champignon, il faut le cultiver sur un grand nombre de milieux et étudier les modifications qu'il leur imprime. Pratiquement, pour le diagnostic et l'étude morphologique, deux sortes de milieux suffisent : la carotte [1] et un milieu gélosé.

Carotte. — On lave soigneusement les carottes et on les découpe à l'emporte-pièce (fig. 282), ou simplement au couteau, en prismes allongés, qu'on introduit dans des tubes spéciaux (fig. 281) ou simplement dans des tubes ordinaires.

Avoir soin de remplir d'eau l'ampoule inférieure jusqu'à la base du morceau de carotte. Pour les tubes ordinaires mettre un doigt d'eau. Stériliser vingt minutes à 120°.

Milieux gélosés. — Les milieux gélosés types sont ceux de Sabouraud : ces milieux, créés pour l'étude des teignes sont de deux sortes.

---

1. Ou une racine analogue, dans les pays où la carotte n'est pas connue. En Europe, je considère la carotte comme supérieure à la pomme de terre pour les Champignons. La betterave est aussi très favorable.

Le *milieu d'épreuve* est un milieu fortement sucré (4 p. 100), sur lequel les Champignons des teignes prennent leurs formes typiques : le *milieu de conservation* est un milieu non sucré, destiné à empêcher les Champignons des teignes de se pléomorphiser.

Outre ces deux milieux, j'en emploie *un troisième*, renfermant moitié moins de sucre (2 p. 100) que le milieu d'épreuve et plus favorable, à mon avis, pour beaucoup de Champignons.

Pour les cultures en milieu liquide ou en goutte pendante,

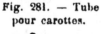
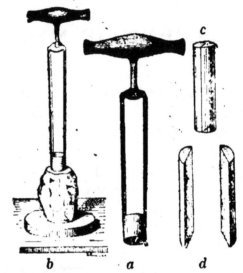

Fig. 281. — Tube pour carottes.

Fig. 282. — Manière de découper les pommes de terre ou les carottes à l'emporte-pièce. — *a*, emporte-pièce ; *b*, manière de découper la carotte sur un disque de bois ou de liège ; *c*, cylindre découpé par l'emporte-pièce ; *d*, les deux moitiés du cylindre. D'après Bezançon.

on aura d'excellents bouillons sucrés en supprimant simplement la gélose dans ces formules. *Aucun de ces milieux*, solides ou liquides, *ne doit être neutralisé.*

Enfin, pour beaucoup de Moisissures, on obtient d'excellents résultats avec la *gélatine aux pruneaux.*

Milieu d'épreuve de Sabouraud :

Eau de source.	1 000 cm³
Glycose massée de Chanut [1]	40 gr.
Peptone granulée de Chassaing	10 —
Gélose coupée en petits morceaux	18 —

1. Ou maltose brute de Chanut suivant les cas. Sabouraud a démontré la supériorité des sucres bruts sur les produits chimiquement purs. Ces sucres, ainsi que la peptone, se trouvent chez Cogit, à Paris.

Milieu de conservation de Sabouraud :

Eau de source.	1 000 cm³
Gélose.	18 gr.
Peptone granulée de Chassaing . . . .\. .	30 —

Gélose sucrée ordinaire :

Eau de source.	1 000 cm³
Glycose massée de Chanut.	20 gr.
Peptone granulée de Chassaing	10 —
Gélose.	18 —

Gélatine aux pruneaux : Faire tremper 100 gr. de pruneaux dans 200 cm³ d'eau pendant une nuit. Faire cuire à feu doux pendant une ou deux heures, décanter, compléter à 200 cm³ et ajouter 20 gr. de gélatine. Faire fondre au bain-marie. Répartir en tubes. Stériliser vingt minutes à 110°. A la place de la gélatine on peut mettre 1,8 p. 100 de gélose.

Fabrication du milieu d'épreuve de Sabouraud. — Elle exige quelques précautions très simples, mais indispensables, qui ont été mises en lumière par Sabouraud [1].

1° *Chauffage.* — Mélanger tous les éléments dans un grand ballon, laisser la gélose s'imbiber pendant une demi-heure, puis porter à l'autoclave. Monter lentement à 120° avec une seule couronne de gaz, éteindre dès qu'on atteint cette température.

2° *Filtration.* — Quand l'autoclave est redescendu à 100°, ouvrir et bien agiter le ballon pour mélanger exactement le contenu. Mettre dans l'autoclave deux ballons de un litre, munis chacun d'un entonnoir et d'un filtre plissé en *papier Chardin*. Répartir la gélose dans ces deux entonnoirs. Dès qu'un des filtres ne laisse plus passer le liquide que goutte à goutte, on enlève l'entonnoir, on le remplace par un autre garni d'un filtre neuf, au-dessus duquel on crève le filtre engorgé. L'entonnoir sale est lavé et garni d'un autre filtre. On continue, en s'arrangeant de telle sorte que les filtres laissent toujours couler un filet de liquide. On obtient ainsi une filtration très rapide, avec un déchet insignifiant et on évite l'emploi de l'appareil à filtrations chaudes dont la lenteur est désespérante. L'autoclave éteint, mais encore chaud, suffit pour maintenir la gélose à l'état liquide.

Après filtration, on réunit le tout dans un même ballon et on agite pour assurer l'homogénéité du liquide.

3° *Répartition.* Avec un entonnoir dont la douille porte un tube de caoutchouc muni d'une pince de Mohr et d'un tube effilé. Garnir convenablement les tubes ou les matras coniques. Ne pas mouiller les parties qui seront en contact avec le bouchon d'ouate. Boucher à l'ouate ordinaire, mais ne pas faire les bouchons trop serrés, car ils ne sécheraient pas après la stérilisation.

4° *Stérilisation.* — Monter *très lentement* à 120° avec une seule couronne de gaz. Éteindre dès qu'on a atteint cette température. Aussitôt

1. *Annales de Dermatologie*, p. 93, 1908. — *Arch. de Parasitologie*, XII, p. 33, 1908. — *Maladies du cuir chevelu*, III, *Maladies cryptogamiques*, Paris, Masson, 1910. p. 113.

que la pression est tombée, retirer immédiatement les tubes et les incliner en les soutenant avec un gros tube de verre (fig. 283). Sous les tropiques, à défaut d'auto-clave, on peut tenir les tubes pendant 30 minutes au bain-marie bouillant, puis les exposer au grand soleil pendant une journée et terminer le soir par une nouvelle stérilisation de 30 minutes à 100°.

Fig. 283. — Manière d'incliner les tubes pour solidifier la gélose. D'après Bezançon.

Pendant toute la durée des opérations, la gélose ne doit pas se solidifier. Il ne faut donc s'interrompre, si peu que ce soit, à aucun moment. Un litre de gélose donne environ cent tubes. Une gélose glucosée bien faite doit être transparente et de couleur légèrement bleuâtre, ce qui indique que le sucre n'a pas été caramélisé. La gélose maltosée est beaucoup plus foncée.

Cultures en tubes. — C'est le procédé ordinaire, qui suffit pour la plupart des cas, soit qu'on parte des lésions, soit qu'on fasse seulement un repiquage. L'ensemencement se pratique avec les mêmes précautions que pour les Bactéries (fig. 285). Il faut employer des fils de platine assez résistants, car les Champignons forment souvent des enduits difficiles à dissocier. Des trois formes représentées par la figure 284, le fil droit et la spatule sont les plus favorables. L'anneau ou anse [1] sera réservé pour la manipulation des milieux et des cultures liquides.

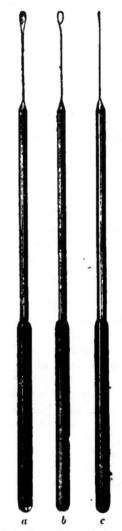

Fig. 284. — Trois modèles de fils de platine. *a*, spatule ; *b*, anse ; *c*, aiguille. D'après Bezançon.

Fils de nickel chromé ou de tungstène. — Les fils de platine présentent deux grands inconvénients : leur prix très élevé, dépassant 6 fr. le gramme, puis leur faible dureté qui fait qu'ils se courbent à la moindre résistance. En bactériologie, ces inconvénients sont moins graves parce qu'on opère avec des fils fins et sur des cultures généralement très molles.

---

1. C'est ce que certains ouvrages français appellent *öse*. Je crois inutile d'adopter ce terme germanique, suffisamment traduit par le substantif *anse*.

Mais en mycologie, il en va tout autrement. Le prélèvement de beaucoup de produits pathologiques et de cultures exige l'emploi d'une forte spatule de platine qui est très coûteuse et dont la rigidité est toujours insuffisante pour couper et détacher les produits résistants. Il est étonnant qu'on n'ait pas cherché plutôt un succédané du platine, d'un prix minime et donnant des fils plus rigides. Sur les conseils de mon excellent ami le Dr Thiry, j'ai essayé un métal dont il a bien voulu me procurer des échantillons : c'est un alliage de nickel et de chrome qui porte dans le commerce le nom de *nichrome*. On le trouve en fils de 0,8, 0,6 et 1 mm. de diamètre, au prix de 30 centimes le gramme environ [1]. La rigidité est parfaite et permet de prélever dans les colonies les plus dures et les plus cartonnées. L'oxydation superficielle que produisent les chauffages répétés ne nuit en rien à l'emploi de ces fils. Le nichrome a été étudié à Nancy par Guntz et Thiry et, de son côté, Thiry s'est servi de fils de tungstène [2]; il les a trouvés très rigides, mais un peu cassants ; leur prix est de 1 fr. 50 le gramme environ.

Le repiquage se fera de préférence en points séparés, plutôt qu'en stries. On obtient ainsi de belles cultures concentriques. Au contraire, les cultures premières partant des lésions devront être faites en longue strie, de façon à disséminer les germes à la surface du milieu de culture et à rendre leur séparation éventuelle plus facile. *Ensemencer abondamment*, car les produits pathologiques sont généralement pauvres en germes.

Ne jamais capuchonner les tubes et les laisser presque toujours à la température du laboratoire.

Conservation et envoi des cultures de Champignons. — Pinoy [3] a donné à ce sujet des indications très judicieuses : les cultures de Champignons à spores résistantes (Ascomycètes) doivent être parfaitement desséchées et conservées ou expédiées en tubes simplement bouchés au coton. Pour les espèces à spores fragiles (Mucorinées), on pourra conserver très longtemps les cultures vivantes en les ensemençant dans du bouillon sucré (1 p. 100), sous une couche d'huile de vaseline (3 cm³ pour 10 cm³ de bouillon). Ne jamais expédier de tubes scellés ou cachetés, renfermant des cultures sur milieu humide, car toutes les spores germent en même temps et les colonies meurent faute d'air.

1. Le nichrome se trouve chez Dronnan Glover and Coober, 42731 Corne-exchange. Buildings Handing Ditch, Manchester.

2. Les fils de tungstène peuvent se trouver chez Neveu, successeur de Fontaine, rue Racine et rue Monsieur-le-Prince, à Paris. Voir : Th. Nogier, Le tungstène comme rival du platine en électricité. *Arch. d'électricité médicale*, 10 mai 1913.

3. Pinoy. Conservation et envoi des cultures de Champignons inférieurs. *Bull. Soc. pathol. exot.*, II. p. 60-63, 1909.

Cultures en matras. — Ces matras sont des petits flacons coniques d'Erlenmeyer, au fond desquels on coule un mince disque de gélose. Au centre on fait un ensemencement en piqûre. On obtient ainsi de magnifiques cultures circulaires, très caractéristiques. L'avantage de ces récipients est de donner aux Champignons un cube d'air plus considérable et un espace libre bien plus grand.

Cultures en cellules. — La méthode des cultures en gouttes

Fig. 285. — Manière d'ensemencer les tubes de gélose. D'après Bezançon.

pendantes est la méthode cardinale de la mycologie : elle seule permet d'observer *in situ* les organes de fructification, sur lesquels repose toute la systématique.

En effet, l'examen direct, par dilacération des cultures, ne montre généralement que des débris dissociés. On y reconnaît bien les organes caractéristiques, mais ils ont généralement perdu tout rapport avec

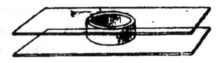

Fig. 286.   - Culture en cellule sur lame.

le mycélium. Je ne mentionnerai que pour mémoire le procédé du décalque (Klatsch) qui nécessite l'emploi de boîtes de Petri et ne donne pas de meilleurs résultats.

Au contraire, la culture en cellules, en gouttes pendantes ou sur milieu solide, permet de suivre pas à pas le développement du mycélium, d'observer l'apparition des appareils de fructification et enfin de fixer la culture en préparation définitive, au moment favorable.

La méthode des cultures en gouttes pendantes, telle que nous l'appliquons, est due à Van Tieghem et Le Monnier[1], qui l'ont employée pour leurs belles recherches sur les Mucorinées. Elle consiste essentiellement à cultiver les Champignons dans une goutte de milieu solide ou liquide, placée à la face inférieure

1. *Ann. des sc. nat.*, (5). XVII, p. 263, 1873.

d'une lame ou d'une lamelle reposant sur une cellule en verre
(fig. 131 et 286). Celle-ci est formée par un anneau de verre
(fig. 130) collé sur une lame. Voici la technique à laquelle je
me suis arrêté [1].

Préparation des cellules. — Elle consiste à coller les anneaux
sur les lames au moyen du lut de Krönig
(p. 464). Je choisis des anneaux de 18
à 20 mm. de diamètre, de façon à pouvoir les recouvrir avec des lamelles
22×22. Je fais fondre un peu de lut
dans une petite capsule de métal ou de
porcelaine placée sur la platine chauffante (fig. 141). Je plonge dans le lut
fondu la tranche de l'anneau de verre,
je la pose sur une lame, je porte le tout
un instant sur la platine et j'appuye fortement pour assurer l'adhérence parfaite.

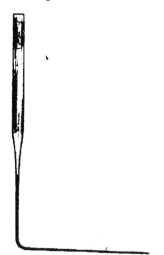

Fig. 287. — **Pipette coudée
pour ensemencement des
cultures en cellule.**

Au moment de se servir de ces cellules, on les flambe et on les *retourne* sur
un support analogue à celui de la figure
289. D'autre part, la lame [2] sur laquelle
on pratiquera l'ensemencement est
flambée et retournée sur le même support ou simplement tenue,
face flambée en dessous, avec la pince Debrand (fig. 288).
Lorsqu'on emploie un milieu solide, on en dépose une trace
au-dessous du milieu de la lame avec la spatule de platine. Pour
les milieux liquides, il est
bon d'employer une pipette
coudée (fig. 287). La goutte
ne doit être ni trop petite,
car elle s'évaporerait facile-
ment, ni trop grosse, car elle pourrait toucher les bords de la
cellule. J'ai déjà dit (p. 237) que, sur les lames flambées au

Fig. 288. — Pince de Debrand.

1. Landrieu a proposé un petit appareil en verre inventé par lui pour les cultures cellulaires. Voir à ce sujet sa thèse de doctorat en médecine, *Les mycoses
oculaires*, Paris, 1912; cf. p. 98.

2. Il est plus facile d'opérer avec des lames, mais, lorsqu'on doit suivre la culture à un fort grossissement (300 diam.) il est indispensable d'opérer sur
lamelles, qui permettent seules l'emploi d'objectifs à court foyer. Dans ce cas, on
fixe la lamelle dans une pince de Cornet ou de Debrand et on fait ainsi très
commodément l'ensemencement *en dessous*, exactement comme pour une lame.

bec Bunsen, les liquides ont une fâcheuse tendance à s'étaler. On
peut, pour obvier à cet inconvénient, les flamber sur la flamme
d'une lampe à alcool.

Ensemencement. — L'idéal, pour une culture en cellule, est
d'ensemencer *une seule spore*. Malheureusement l'obtention de
cette spore unique est un procédé long et délicat. Pour y parvenir,
il faut faire une émulsion de spores, en s'arrangeant de manière
à ce que chaque goutte renferme une spore. On dépose des gouttes

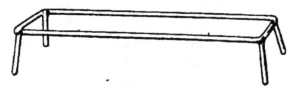

Fig. 289. — Support en nickel pour colorations et ensemencements.

sous une série de lames flambées et on choisit au microscope
celles qui renferment une seule spore.

On peut généralement se dispenser de cette précaution, surtout
si on part d'une culture pure. Il suffit alors d'ensemencer un
très petit nombre de spores. Pour cela, on fait une première
émulsion de spores *sous* une lame flambée et on prélève une
trace de cette émulsion qu'on ensemence *sous* la lame préparée.

On peut aussi, suivant la méthode de Lindner [1], puiser dans la
dilution de spores ou de Levures avec une fine plume à dessin
et faire des points sur des lames ou des lamelles non dégraissées
(flamber à la lampe à alcool). Choisir au microscope les gouttes
qui ne renferment qu'un élément et y ajouter une goutte de
milieu nutritif pour cultiver cet élément.

Fermeture. — Prendre une des cellules, la retourner et la
poser face en dessus sur la table. Sans tarder, appliquer la lame
ensemencée sur la cellule, en mettant la goutte bien au milieu et
en prenant bien soin qu'elle ne puisse toucher les bords de
l'anneau de verre. On peut fermer à la vaseline qu'on applique au
pinceau, en tenant le petit appareil entre le pouce et l'index. Je
trouve préférable de luter à la paraffine tendre qu'on applique
avec le fer à luter (fig. 180). Il peut être avantageux, dans certains cas, de mettre au fond de la cellule une goutte d'eau stérilisée, pour éviter le desséchement. Il faut savoir que, même à la

1. Lindner, *Mikroskopische Betriebskontrolle in den Gärungsgewerben*, Berlin,
1909, p. 230.

température ordinaire, cette eau se condense sur la lame supérieure et augmente peu à peu le volume de la goutte.

Conduite de la culture. — Il faut toujours faire un assez grand nombre de cellules, à cause des insuccès inévitables (dessèchement ou étalement des gouttes). Les cultures à la température ordinaire réussissent généralement sans difficulté. Il n'en est pas de même de celles des Champignons thermophiles, qu'on est obligé de pratiquer à l'étuve ; dans ces conditions, il est fréquent de voir la goutte se dessécher ou s'étaler. Quand on juge que la

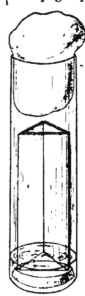

Fig. 290. — Culture sèche en tube. D'après de Beurmann et Gougerot.

Fig. 291. — Culture sèche sur lame piquée dans la gélose. D'après de Beurmann et Gougerot.

Fig. 292. — Culture sèche en cylindre Borrel. D'après de Beurmann et Gougerot.

culture est suffisamment développée, on détache la lame, on la retourne face en haut et on la met sécher à l'étuve à 37° : elle est alors prête à subir la coloration (Sabouraud).

Cultures à sec. — Depuis bien longtemps, les mycologues qui se sont occupés de Champignons filamenteux ont tâché d'obvier à la difficulté d'observer les cultures en tubes et à l'ennui de préparer des cultures en cellules. Unna paraît être le premier qui ait résolu la question par la méthode des cultures dites sèches ou à sec [1]. Il ensemençait les Champignons sur le bord d'une

1. Unna, Die Züchtung der Oberhautpilze. *Monatsh. f. prakt. Dermat.*, VII, p. 165, 1888. — Zur Untersuchungstechnik der Hyphomyceten. *Centralbl. f. Bakteriol.*, XI, p. 1-9, 10-14, 1892.

gouttelette du milieu solide, placée soit sur une lame, soit dans un tube et observait le développement du mycélium sur le verre sec. Ce procédé a été repris récemment, pour l'étude de la sporotrichose, par de Beurmann et Gougerot qui lui ont donné le nom de procédé des lames sèches : ils placent une lame de verre dans un tube garni d'un doigt de bouillon sucré (fig. 290), ils la piquent dans un tube de gélose sucrée (fig. 291), ou mieux encore disposent trois paires de lames dans un tube Borrel (fig. 292), en les maintenant écartées par un liège entaillé [1]. Après stérilisation de l'appareil, on ensemence le Champignon dans le liquide et le long des lames de verre; le mycélium se développe sur ces lames, sous forme de colonies étoilées, quelquefois très caractéristiques. Ce procédé est bien plus expéditif que celui des cultures en cellules, mais il est aussi moins rigoureux; le développement des colonies est livré au hasard et il est difficile de les suivre au microscope. Il est impossible de faire des cultures en partant d'une seule spore.

Méthodes d'examen. — Nous ne saurions assez répéter que la méthode des frottis ne convient pas pour les Champignons. C'est une erreur, malheureusement trop répandue, parmi ceux qui ne sont pas botanistes et mycologues de profession, de croire que les Champignons doivent être traités par les méthodes bactériologiques. Les frottis ne peuvent donner aucune idée de la morphologie des Champignons, parce que leur confection fragmente le mycélium, détache les spores et brise les ramifications. A part quelques exceptions, les colorants bactériologiques ne donnent que de très mauvais résultats, parce qu'ils sont beaucoup trop énergiques. Lorsqu'on recherche des Bactéries, on s'efforce de les colorer le plus intensément possible; peu importe la différenciation de la membrane ou du protoplasme, pourvu qu'on reconnaisse la forme de l'organisme et ses réactions colorantes (réaction de Gram, acido-résistance). Pour les Champignons, il en est tout autrement : les caractères de la membrane, des cloisons, etc., ont une grande importance systématique. En outre, ce sont des végétaux fragiles qui, généralement, ne supportent pas sans dommage les procédés un peu violents des bactériologistes (fixation à la flamme, dessiccation, etc.). A part les Microsiphonés qui, pour certains points, se rapprochent des Bactéries, les Champignons réclament une technique délicate.

1. P. Chevallier a heureusement modifié ce dispositif en substituant au liège entaillé un petit tube de verre.

Lorsqu'on les étudie dans les tissus, ceux-ci doivent être traités par les méthodes histologiques, mais, lorsqu'on examine des Champignons en cultures ordinaires ou cellulaires, il faut éviter les manipulations qui peuvent contracter et déformer les filaments mycéliens et les spores. Ici, deux cas, peuvent se présenter : ou bien on veut faire l'étude cytologique du Champignon, et alors les procédés à employer sont exactement les mêmes que ceux de la cytologie animale [1], pour la fixation, l'inclusion et la coloration ; ou bien on veut simplement faire l'étude morphologique, et alors il faut examiner le Champignon dans un liquide approprié, qui éclaircisse ses éléments tout en conservant leur forme. C'est dans ce liquide que devront être exécutés les dessins qui sont la base de toute bonne description systématique. Le montage au baume est très délicat et déforme généralement les Champignons. Il est préférable de monter en milieu liquide ou à la glycérine gélatinée, ceux qui n'ont pas été traités par les méthodes histologiques.

Coupes de cultures. — Lorsque les cultures cellulaires sont difficiles à obtenir et que la dilacération des cultures ordinaires ne donne pas de bons résultats, la meilleure méthode est alors de fixer la culture en masse, par un fixateur histologique, de préférence par le liquide de Duboscq-Brasil, qui mouille très bien les Champignons. On extrait alors la culture du tube ou du matras et on la traite exactement comme une pièce histologique, mais en prenant bien soin de ne pas léser la couche mycélienne. Les coupes réussissent très bien avec la carotte et avec la gélose. On fait des coupes un peu épaisses, de manière à bien voir l'insertion des conidies. Colorer de préférence au bleu de Unna, avec différenciation par l'éther glycérique.

Recherche des Champignons dans les tissus. — Lorsqu'il s'agit de Champignons filamenteux, le meilleur procédé de recherche est l'examen des tissus dans la potasse à 40 p. 100 (voir p. 774 l'examen des teignes). Lorsque le Champignon n'existe pas, dans les tissus, à l'état filamenteux, la recherche directe est généralement inutile ; il est préférable de recourir d'emblée à la culture. C'est le cas de la sporotrichose et en général des mycoses généralisées. On peut arriver cependant à déceler ces Champignons dans les fragments de tissus fixés, inclus, puis colorés par un

---

1. Un modèle d'études cytologiques est le travail de Maire. *Recherches cytologiques et taxonomiques sur les Basidiomycètes*. Thèse de Paris (sciences), in-8° de 209 p., 8 pl., 1902. *Bull. Soc. mycol. de France*, 1902.

colorant basique, par exemple le bleu polychrome de Unna (p. 441) ou le bleu de toluidine, seul associé à l'éosine (p. 444) : l'hémaléine-éosine donne quelquefois aussi de bons résultats. Nous étudierons plus loin les cas particuliers.

Quoi qu'il en soit, dans tous les cas de mycoses, on fera bien de conserver d'une part du *matériel à sec* dans des tubes stériles, d'autre part du *matériel fixé* par un fixateur histologique, de préférence le liquide de Bouin.

Examen et coloration des Champignons filamenteux. — Qu'il s'agisse d'une culture ordinaire dissociée ou d'une culture cellulaire, il faut débarrasser les filaments mycéliens de l'air qu'ils emprisonnent entre eux, les éclaircir et au besoin les colorer.

Un des meilleurs milieux [1] d'observation est certainement le *lactophénol de Amann* (p. 461). Il suffit souvent d'examiner le Champignon dans ce liquide pour étudier parfaitement sa morphologie. Ce procédé présente l'avantage de ne masquer aucun des détails de la membrane. Pour le matériel desséché et pour chasser les bulles d'air, il suffit de chauffer doucement la préparation, jusqu'à apparition de bulles, de façon à chasser l'air et à rendre leur turgescence aux filaments mycéliens. On peut monter les préparations dans ce même liquide en lutant au lut de Krönig (p. 464).

Le meilleur colorant pour ces préparations est le *bleu coton* qu'on emploiera, suivant les cas, en dissolution à 1 p. 100 dans l'eau ou à 0,5 p. 100 dans le lactophénol. A mon avis, le bleu au lactophénol est très supérieur au bleu lactique [2]. Les recherches de Guéguen [3] ont montré que le meilleur bleu coton est le bleu C 4 B de Poirrier (Société anonyme des matières colorantes de Saint-Denis). Le *bleu au lactophénol* colore soit la membrane, surtout lorsqu'elle renferme de la callose, soit le contenu protoplasmique des filaments. Après coloration, on lave à l'eau et on monte au lactophénol, ou à la glycérine gélatinée, après imprégnation par le lactophénol. On peut employer aussi le *picro bleu d'aniline* qu'on prépare en dissolvant 1 gramme de bleu coton dans 100 cm³ de solution aqueuse saturée d'acide picrique.

Dans certains cas, on emploie avec avantage le *Sudan III*

1. Pinoy a proposé le milieu suivant : Hydrate de chloral 40 gr., glycérine 20 gr., eau 20 gr., solution alcoolique d'acétate de plomb à 2 p. 100, 10 cm³. Filtrer. *Bull. Soc. pathol. exot.*, II, p. 62, 1909.

2. Le *bleu lactique* se prépare en broyant 5 centigr. de bleu coton avec 30 gr. d'acide lactique. Filtrer après 24 heures.

3. *Bull. Soc. mycologique de France*, XXI, p. 42-46, 1905.

en solution dans le lactophénol (solution concentrée à chaud), qu'on peut additionner d'un millième de bleu coton, comme le conseille Guéguen. On met ainsi en évidence des matières grasses ou au moins sudanophiles. On peut aussi se servir avec avantage du triple colorant de Guéguen [1] (acide lactique 100, Sudan III, 0 gr. 1, dissoudre à chaud et ajouter 0,1 de bleu coton et 30 gouttes de teinture d'iode; conserver à l'abri de la lumière) qui met en évidence à la fois les graisses, l'amidon et le glycogène.

Inoculations expérimentales. — Il nous est impossible de donner ici le détail des méthodes d'inoculation particulières à l'étude de chaque mycose. C'est d'ailleurs un champ dans lequel l'ingéniosité de l'expérimentateur devra se donner libre cours. Le temps n'est plus où l'on injectait des doses massives de spores dans les veines d'un Lapin : ces procédés, un peu violents, sont trop éloignés des voies plus discrètes que suit la nature pour produire l'infestation de l'organisme animal ou humain.

Une heureuse tendance à se rapprocher de ces voies naturelles s'est montrée depuis quelques années. Je n'en donnerai pour exemple que la réussite des tentatives de Pinoy pour reproduire expérimentalement certains mycétomes. Ce succès est dû, d'un côté au choix de l'animal réceptif, en l'espèce le Pigeon, et, d'un autre côté, au mode spécial d'inoculation, dans la patte de cet animal.

L'étude expérimentale des mycoses présente des difficultés particulières : ce sont en effet des maladies souvent locales, au moins au début. Il ne suffit pas toujours, pour les reproduire, d'introduire dans la circulation ou dans le péritoine l'agent pathogène, sous une forme quelconque. Nous ne savons pas au juste à quel état se trouve, dans la nature, le Champignon, au moment où il pénètre dans l'organisme. Cet état favorable peut être celui de spores ou de conidies ou encore de mycélium développé dans des conditions particulières. C'est ce que Pinoy réalise en inoculant, dans les pattes des Pigeons, des cultures étouffées sous l'huile de vaseline.

Il faut ensuite trouver, pour chaque Champignon, un animal réceptif : ainsi, le Lapin se prête aux mycoses aspergillaires généralisées, le Pigeon aux mycoses localisées dans la patte, le Rat fait très facilement de l'orchite sporotrichosique, le Cobaye convient pour l'étude expérimentale des teignes, etc.

1. *Bull. Soc. mycologique de France*, XXII, p. 221-226, 1906.

Enfin, il faut choisir le meilleur mode d'inoculation, en se rapprochant autant que possible des moyens naturels. Or il est probable que les Champignons pénètrent presque toujours dans l'organisme par la voie cutanée, beaucoup plus rarement par les voies respiratoire ou digestive. Pour les mycoses généralisées, on emploiera la voie sous-cutanée, sanguine ou péritonéale. Pour les mycoses localisées, on emploiera uniquement la voie sous-cutanée : on aura souvent avantage, au lieu d'inoculer à la seringue une émulsion de spores, à insérer sous la peau de petites échardes ou des fragments de Bambou, sur lesquels on aura auparavant cultivé le Champignon à expérimenter.

Toutes ces expériences ne réussissent que dans certaines conditions, aussi est-il prudent d'inoculer un assez grand nombre d'animaux.

En cas de succès, il est *absolument indispensable d'obtenir des rétrocultures*, en partant des lésions obtenues. C'est la seule preuve irréfutable de la réussite de l'expérience.

Phycomycètes.

Un écueil dans l'étude des cultures est la diffluence des sporanges. Pour l'éviter, on fixera dans l'alcool ammoniacal à 10 p. 100, puis on colorera au bleu au lactophénol.

Pour l'étude cytologique des œufs et zygospores, il est indispensable de faire des inclusions à la paraffine de portions de cultures fixées en masse.

Blastomycètes.

Les cultures seront examinées dans le lactophénol et colorées au bleu coton. On peut aussi faire des frottis et les colorer, soit au Romanovsky, soit au bleu coton en solution aqueuse à 1 p. 100, à l'azur II alcalin, etc. Dans les frottis d'organes et dans les coupes, on pourra les rechercher par la méthode de Gram. Le bleu de toluidine en solution dans l'eau distillée (Vuillemin et Potron) colore bien la membrane, surtout dans les coupes de tissus.

L'action pathogène sera étudiée le plus souvent par inoculation intra-péritonéale au Lapin ou au Cobaye.

Pour obtenir des *asques* avec les Levures, faire des cultures soit sur blocs de plâtre, soit sur milieu très peu sucré[1] (eau 100. gélose 1, peptone 1, glucose 0,25), ou mieux encore sur des lames en terre de pipe (Thiry) plongeant, dans un tube à essai, dans quelques cm³ de ce dernier liquide préparé sans gélose.

Sedgwick et Wilson[2] prennent de la Levure haute bien fraîche et l'étalent en couche mince sur du papier filtre stérilisé, posé sur une assiette, sur du coton hydrophile stérilisé, mouillé d'eau stérilisée. Mettre le tout sous cloche à l'étuve à 25°. Les asques se forment en 2-3 jours.

Pour l'*étude cytologique*, on peut opérer par centrifugation en diluant la culture avec le fixateur, puis en faisant toutes les autres opérations (lavage, coloration à l'hématoxyline ferrique), dans les tubes du centrifugeur. Guillermond[3] a proposé des techniques ingénieuses : il fixe et colore en masse des cultures sur carotte, puis gratte le dépôt de Levures pour l'étaler sur lames et le monter : ou bien il fait une culture de Levures en milieu liquide et y ensemence ensuite du *Penicillium crustaceum*. Le mycélium, recueilli avec une pince, entraîne de nombreuses Levures qu'on transporte facilement ainsi dans les bains fixateurs et colorants. On étale ensuite sur une lame. Colorer à l'hématoxyline ferrique ou au bleu polychrome régressé à l'éther glycérique. Le meilleur fixateur est le picroformol de Bouin.

Champignons des teignes[4].

1. **Prélever** les poils, squames ou cheveux avec la pince à épiler ou par raclage avec une lame. Conserver entre deux lames flambées, enveloppées dans une feuille de papier portant les indications manuscrites. Cette réserve peut fournir pendant longtemps des *cultures pures* ou du matériel de diagnostic.

2. **Diagnostic.** — La *méthode classique* consiste à faire l'examen extemporané dans la potasse à 30 p. 100 (eau 70, potasse en

1. Gorodkowa, Ueber das Verfahren rasch die Sporen von Hefepilzen zu gewinnen. *Bull. jardin impérial Saint-Pétersbourg*, VIII, p. 165, 1908.
2. Sedgwick et Wilson, *Einführung in die allgemeine Biologie*, Leipzig, Teubner, 1913.
3. Guillermond, *Recherches cytologiques sur les Levures et quelques Moisissures à forme levure*. Thèse de la Faculté des sciences de Paris, 1902. *Revue générale de botanique*, 1903.
4. Tous les détails qui vont suivre sauf la nouvelle méthode que je propose pour le diagnostic) sont empruntés à l'ouvrage du Dr Sabouraud, *Maladies du cuir chevelu*, III, *Maladies cryptogamiques*, *Les teignes*. Paris, Masson, in-8° de 855 p., 38 pl., 1910.

pastilles 30). Mettre le cheveu ou la squame entre lame et lamelle, dans la solution de potasse : chauffer avec précaution jusqu'à apparition de bulles. Examiner la préparation telle quelle, après avoir essuyé les bords avec des bandelettes de buvard. Diaphragmer fortement.

Il n'est pas facile, après le traitement par la potasse, d'obtenir les préparations permanentes indispensables pour les comparaisons.

Nouvelle méthode. — Je préfère beaucoup, pour le diagnostic, traiter les cheveux ou les squames par un des éclaircissants de Amann. Le lactophénol n'éclaircit pas assez : le meilleur milieu à employer est le chlorallactophénol (p. 786). Si les cheveux sont très opaques, prendre le chlorallactophénol salicylé (p. 786). Chauffer très légèrement pour faciliter la pénétration. On obtient ainsi, instantanément, des préparations au moins aussi bien éclaircies que par la potasse et dans lesquelles les éléments ne sont pas dissociés. Le cheveu est simplement ramolli, mais ne s'écrase pas.

Pour rendre ces préparations permanentes, on peut les monter telles quelles, en lutant simplement la lamelle au lut de **Krönig**. On peut aussi enlever la lamelle, absorber l'éclaircissant avec du buvard et le remplacer par du chloralphénol, puis par de la térébenthine de Venise ou du baume. L'opération ne demande que quelques instants et les cheveux la supportent très bien car ils sont peu fragiles.

3. *Préparations colorées de cheveux et de squames. Méthode de Sabouraud.* — Dégraisser au chloroforme, faire bouillir deux ou trois minutes dans l'acide formique, laver à l'eau distillée, colorer une minute au bleu de Sahli (p. 402), laver, déshydrater, monter au baume.

4. *Méthode d'ensemencement.* — Tout le secret de la réussite consiste dans l'*ensemencement parcellaire* sur le milieu d'épreuve de Sabouraud (p. 761) : la *partie parasitée* du cheveu ou du poil devra donc être divisée en parcelles aussi petites que possible, sur une lame flambée, avec un scalpel stérile. Les fragments, saisis avec le fil de platine flambé puis humecté sur la gélose, sont disposés dans les tubes, à un centimètre l'un de l'autre. Cette fragmentation est indispensable pour mettre en liberté les éléments du mycélium, condition sans laquelle la culture ne serait pas possible.

Pour l'herpès circiné, on fait sourdre du pus ou de la sérosité qu'on ensemence. Si la lésion est sèche, on racle des squames qu'on fragmente et qu'on ensemence.

Sabouraud recommande de faire de nombreux tubes (5 ou 6 au moins) et de n'ensemencer que 5 ou 6 parcelles sur chaque tube. Laisser les tubes non capuchonnés à la température ordinaire, ou au plus à l'étuve à 25°. Pour conserver les cultures avec leur forme typique et éviter l'apparition du pléomorphisme, il faut repiquer sur milieu de conservation (p. 762).

5. Inoculations expérimentales. — Le Cobaye est l'animal de choix, mais il est immunisé par une première inoculation. Tondre entre les deux épaules, charger de culture une aiguille mousse flambée, insérer le Champignon dans le derme. Le traumatisme est guéri en cinq jours; les lésions apparaissent vers le huitième jour et guérissent spontanément au bout d'un mois. C'est vers le quinzième jour qu'on trouve le plus de poils malades, parasités surtout à la base. On peut aussi inoculer des poils malades, mais en ayant soin de ne prendre que la base, pour éviter les Moisissures banales qui souillent l'extrémité.

Mycétomes.

Le diagnostic des mycétomes [1] doit toujours se faire par l'examen des grains dans la potasse, à chaud ou à froid : ce procédé permettra de reconnaître la présence des filaments mycéliens, d'écraser les grains, d'étudier leur forme, etc. Pour les mycétomes à *Discomyces*, on pourra aussi faire des frottis avec les grains et colorer par l'azur II alcalin ou par le Gram : un examen à l'état frais bien fait, avec ou sans potasse, montrera toutefois beaucoup plus de choses que ces frottis, où les éléments sont dissociés et fragmentés.

Il faut toujours fixer histologiquement des pièces. Pour les coupes, on emploiera d'abord la coloration à l'hématéine-éosine qui permettra de juger des réactions des tissus. Si le Champignon ne se colore pas, on complétera la coloration en faisant un Gram ordinaire ou modifié d'après Lignières (p. 778). Bien entendu, les pièces seront fixées au Bouin comme d'habitude. La détermination du Champignon ne peut se faire que par les cultures.

Si on pense avoir isolé l'agent pathogène, il faudra expérimenter

---

1. E. Brumpt. Les mycétomes. *Arch. de parasitologie*, X, p. 489-572, pl. XII-XXI, 1906.

par *inoculations locales* (méthode de Pinoy. p. 772), de préférence par insertion sous la peau de fragments de Bambou. épines, aiguillons, etc., sur lesquels on a obtenu des cultures.

Actinomycoses.

L'étude pratique des actinomycoses comprend le diagnostic, l'examen des coupes et les cultures.

Examen du pus. — La *recherche des grains* dans le pus ne présente généralement aucune difficulté : il suffit d'étaler un peu de pus sur une lame et d'examiner à l'œil nu ou à un faible grossissement. On isole les grains avec une aiguille. on les transporte dans une goutte de solution physiologique et on examine entre lame et lamelle en écrasant légèrement. En diaphragmant convenablement, on voit très bien l'aspect mûriforme des grains et, dans les portions plus écrasées, les filaments et les massues.

Lorsqu'on veut *isoler* une certaine quantité de grains, on peut traiter le pus par la potasse à 30 p. 100 et laver le dépôt à plusieurs reprises par décantation ou centrifugation.

Pour *enrichir* le pus, lorsque le diagnostic microscopique est difficile ou douteux, par suite de la rareté des éléments parasitaires, on emploiera avec avantage les procédés d'enrichissement décrits à propos des crachats tuberculeux (p. 750) : lessive de soude, eau de Javel, etc.

Coloration du pus. — La coloration des Champignons de l'actinomycose présente une difficulté particulière, parce qu'il faut mettre en évidence les filaments mycéliens et les massues. On profite de ce que les filaments sont fortement basophiles et prennent le Gram, tandis que les massues sont plutôt acidophiles et ne prennent pas le Gram. On pourra donc faire d'abord un Gram, par la méthode ordinaire, puis colorer le fond et les massues par l'éosine à 1 p. 100 ou mieux par la fuchsine acide à 1 p. 100, ou encore par la fuchsine phéniquée de Ziehl, mais sans chauffer. La fuchsine acide présente l'avantage de donner une coloration intense et de permettre une différenciation facile par l'eau : on arrête la différenciation en lavant à l'eau acidulée par l'acide acétique.

On peut faire des coupes de pus très instructives, en laissant tomber de grosses gouttes de pus dans du Bouin et en traitant ensuite comme un fragment de tissu.

Coloration des coupes. — De très nombreuses méthodes ont

été proposées [1], mais aucune n'est parfaite. Celle qui m'a donné les meilleurs résultats est encore celle de Lignières [2] que j'emploie comme il suit :

1. Colorer à l'hématéine, différencier et virer comme d'habitude (p. 431).

2. Colorer au violet phéniqué (p. 405) pendant trois minutes à froid.

3. Laver rapidement à l'eau.

4. Faire agir le Lugol (p. 406) pendant une minute.

5. Sans laver, *décolorer* par la solution de Lignières

Alcool	40 cm³
Acétone	10 —
Acide acétique cristallisable	1 —
Sol. aq. sat. de fuchsine acide	VI gouttes.

jusqu'à ce que la coupe prenne une coloration rouge vif et que les grains d'actinomycose restent seuls colorés en violet (surveiller au microscope).

6. *Différencier* dans de l'eau propre, jusqu'à ce que les massues apparaissent en rouge vif sur un fond rose très clair. A ce moment, laver à l'eau acétifiée pour arrêter la décoloration.

7. Alcool absolu, xylol salicylique (p. 435), baume.

On peut aussi faire un Gram ordinaire et colorer ensuite le fond et les massues par l'éosine, en différenciant comme il est dit p. 432 ou par la rubine acide à 1 p. 100, en différenciant comme plus haut.

Lorsque la préparation est bien réussie, les noyaux sont violacés, les protoplasmes rosés, le collagène et les massues rouge vif, les filaments mycéliens bleu violet très foncé. Si on a soin d'acidifier le xylol, la conservation est assez bonne.

Une autre méthode, d'usage courant, est la suivante :

1. Colorer quelques minutes à chaud par la fuchsine phéniquée de Ziehl.

2. Laver à l'eau, puis faire agir pendant quelques secondes une solution de chlorhydrate d'aniline à 2 p. 100 (p. 750).

3. Décolorer par l'alcool absolu; les massues seules restent colorées en rouge.

---

1. Voir notamment la revue de P. Chaussé. Méthodes de coloration communes à l'actinobacillose, l'actinomycose et la botryomycose. *Ann. Institut Pasteur*, XXIII, p. 503-508, 1909. D'après Lignières, la meilleure méthode pour colorer l'*Actinobacille* est le Romanovsky.

2. *Arch. de parasitologie*, VII, p. 414-1903.

4. Faire un Gram-Nicolle pour colorer les filaments en violet.

5. Colorer le fond par l'éosine ou par le picro-indigo-carmin (p. 412).

Enfin on peut employer la méthode de Mann à l'éosine bleu de toluidine (p. 444); les massues sont orangées, les filaments bleus.

Cultures. — L'isolement est difficile à cause de la présence des autres Bactéries, mais c'est le seul procédé qui permette d'identifier sérieusement les *Discomyces* [1]. Les cultures *aérobies* se font sur gélose sucrée à 1 p. 100 dans les conditions ordinaires. Pour les cultures *anaérobies*, on emploiera le procédé suivant :

1. Prendre les grains dans les lésions fermées, puis les laver au bouillon stérile ou à l'eau stérile.

2. Choisir un grain et l'écraser entre deux lames. Pour l'actinomycose du Bœuf, vérifier si ce grain renferme bien des filaments, en examinant dans l'eau stérile.

3. Semer le produit de la dissociation dans un tube de gélose ordinaire, additionnée de 1 p. 100 de dextrose et liquéfiée à 40° ou 45°. Bien agiter avec le fil de platine, pour répartir le produit dans toute la masse du milieu de culture. Laisser refroidir sans incliner. Mettre à l'étuve à 37°. Les colonies se développent en deux à huit jours dans la profondeur de la gélose.

4. *Repiquage.* Extraire la gélose du tube et prélever les colonies en la découpant avec une forte spatule de platine. Choisir les colonies au microscope, en examinant les fragments entre lame et lamelle flambées, à un faible grossissement. Laver à nouveau dans du bouillon stérile. Ensemencer comme précédemment dans la profondeur de la gélose et mettre à l'étuve.

Pour faciliter ces opérations [2], employer des tubes de Burri, ouverts aux deux extrémités et fermés d'un côté par un bouchon de caoutchouc : il est facile d'en extraire le cylindre de gélose qu'on découpe ensuite en disques pour prélever les bonnes colonies.

Lorsque les grains sont très souillés de Bactéries, on pratique le premier ensemencement comme il a été dit plus haut, et, en outre, on met quelques grains, bien lavés, dans des tubes secs et stériles qu'on garde à l'obscurité et à la température ordinaire, pendant deux ou trois semaines. On fait ensuite des ensemencements avec ce matériel conservé, après la mort de la majorité des Bactéries.

Sporotrichose.

Le *diagnostic* ne peut être fait que par les cultures, car il est très difficile de déceler le Champignon dans les pus des lésions, où il n'existe que sous la forme d'éléments ovoïdes dissociés, ou conidies-levures. Pourtant, Pinoy et Magrou ont obtenu de bonnes

---

1. Ravaut et Pinoy, Sur une nouvelle forme de discomycose cutanée. *Ann. de dermat. et de syphil.*, X. p. 417-432, 1909.

2. Pour la réalisation facile d'un milieu liquide pour *anaérobies*, signalons l'élégant procédé de Césari et Alleaux, qui consiste à ajouter simplement à chaque tube des traces de sulfure de calcium préalablement stérilisé à 180° en tube ouvert. *Annales Inst. Pasteur*, XXVI, p. 632, 1912.

colorations de ces conidies-levures avec la méthode de Claudius (p. 407), légèrement modifiée par Brédré ; les temps sont simplement augmentés : vingt minutes pour la coloration au violet et dix minutes de contact avec la solution picriquée.

Prélèvement. — Dans les *lésions fermées*, on puise le pus ou la sérosité sanguinolente avec une seringue stérilisée. Pour les *lésions ouvertes*, on ensemence le pus qui est sous la croûte ou bien on nettoie à l'eau bouillie et on fait sourdre de la sérosité : les cultures ainsi obtenues sont presque toujours pures d'emblée.

Ne pas craindre d'ensemencer largement en strie et de faire de nombreux tubes (au moins cinq ou six). Ensemencer sur gélose glycosée de Sabouraud ou sur carotte. Laisser les tubes non capuchonnés à la température ordinaire. Les colonies typiques apparaissent du cinquième au douzième jour.

A défaut de milieux de culture, on peut conserver le pus pendant quelques jours dans des tubes secs et stériles. Le Champignon se développe souvent très bien dans ces conditions sur le verre sec.

Il faut bien savoir, et c'est sur quoi on n'a pas assez insisté, que toute colonie étoilée qui se développe n'est pas forcément une colonie de *Sporotrichum*. Le diagnostic ne sera certain qu'après vérification au microscope des caractères morphologiques du Champignon. Les cultures bien développées sont assez caractéristiques, mais, en bonne mycologie, les caractères macroscopiques ne suffisent pas pour faire une détermination. La vérification microscopique pourra se faire sur les colonies développées au contact du verre, surtout si on a eu soin, comme le recommande Gougerot, de laisser couler une goutte de pus le long de la paroi du tube, vers le point de rencontre de la gélose et du verre. On peut aussi ensemencer tout en haut de la gélose, mais, en ce point, on risque de voir les colonies se dessécher rapidement.

Pour étudier la *morphologie des Sporotrichum*, il faut absolument faire des cultures sur lames sèches, ou mieux des cultures en cellules. Les meilleurs colorants sont le bleu de toluidine, l'azur II alcalin et le bleu coton. Monter au lactophénol ou à la glycérine gélatinée.

Pour l'*étude expérimentale*, l'animal le plus sensible est le Rat (ou la Souris), chez lequel on obtient soit une orchite sporotrichosique, soit des lésions généralisées. Pinoy et Magrou [1] ont obtenu récemment l'orchite caractéristique, chez le Cobaye, par simple insertion dans le testicule d'un crin chargé de pus sporotrichosique très pauvre en éléments parasitaires. Il y a là un procédé de diagnostic qui peut rendre des services dans les cas douteux : l'animal est anesthésié, un des testicules est abaissé dans sa bourse, on cautérise au fer rouge le point d'entrée et le point de sortie, puis on passe le crin à travers le testicule. Il va sans dire que les résultats expérimentaux doivent toujours être contrôlés par des rétrocultures.

1. Pinoy et Magrou, Sur une méthode de diagnostic possible de la sporotrichose par inoculation directe de pus au Cobaye. *C. R. Soc. de biologie*, p. 387, 4 nov. 1911. Pinoy et Magrou ont tenté cette expérience à la suite du succès obtenu par Magrou, en inoculant au Cobaye, avec le même procédé, le Botryocoque de la botryomycose équine. *C. R. Soc. de biologie*, p. 221, 18 fév. 1911. Voir à ce sujet la thèse de Magrou, *Les grains botryomycotiques, leur signification en pathologie et en biologie générales*. Thèse de Paris (médecine), 1911.

CHAPITRE III

HISTOLOGIE ET CYTOLOGIE VÉGÉTALES

Il peut être utile pour le micrographe, et même pour le médecin, de savoir examiner extemporanément et colorer une coupe de tissus végétaux ou de rechercher un Champignon parasite dans une plante. Aussi, je donnerai quelques indications très sommaires de technique botanique élémentaire.

Fixation. — Elle diffère suivant le but qu'on se propose. **Pour** les recherches cytologiques, on se sert des fixateurs histologiques ; pour les travaux anatomiques, il suffit de conserver le matériel dans l'alcool[1] ou dans un mélange à parties égales d'*alcool*, de *glycérine* et d'*eau*, qui donne aux tissus une consistance très favorable. Les *échantillons desséchés* et le *matériel d'herbier* devront être ramollis dans le mélange alcool-glycérine-eau et ou mieux encore dans le lactophénol à 10 p. 100 à chaud.

Inclusion. — Les tissus végétaux peuvent être inclus à la *paraffine* et débités en coupes sériées, exactement comme les tissus animaux, pourvu qu'ils ne soient pas trop lignifiés.

Pour un examen rapide, ce mode d'inclusion n'est pas nécessaire ; on obtient d'excellentes coupes au microtome à main ou au microtome de Lelong, après enrobage dans la *moelle du sureau* (p. 333). Pour les matériaux frais, on prend de la moelle de sureau sèche ; mais, pour les objets conservés dans l'alcool, ou dans le mélange alcool-glycérine-eau, il est préférable d'employer de la moelle de sureau conservée dans l'alcool à 70°. Ne couper que de petits fragments, dont la surface de section ait, au plus 5 mm. de largeur.

---

1. Si le matériel vient à durcir au point d'être très fragile, il suffit, pour le ramollir, de le plonger quelque temps dans l'eau. On peut le remettre ensuite dans l'alcool fort, sans qu'il redevienne friable (de Vries).

Pour couper les *objets durs* (bois, graines), il faut prendre un petit fragment; humecter la surface de section avec de l'eau ou de la glycérine, suivant le cas; faire des coupes aussi minces que possible et de très peu d'étendue, pour ne pas casser le tranchant du rasoir. Prendre une lame solide, à dos large (fig. 149, *y*) et à faces planes. Ne pas attaquer l'objet par la tranche, mais par la surface. Si le couteau pénètre trop, le retirer sans essayer d'achever la coupe, car celle-ci serait trop épaisse et on risquerait d'abîmer le tranchant. En ayant soin de tirer le rasoir comme il a été dit p. 333, on arrive à enlever de petits copeaux très minces et suffisamment étendus pour l'examen microscopique.

Les *matériaux lignifiés*, conservés dans l'alcool, peuvent être ramollis suffisamment par le mélange à parties égales alcool-glycérine-eau. Couper avec un rasoir à dos très large (fig. 149, *y*) et à faces planes.

Pour l'inclusion à la paraffine d'objets non fixés histologiquement, il est indispensable de prendre des tissus parfaitement frais et bien turgides et de les déshydrater très progressivement, en commençant par de l'alcool à 25°, auquel on ajoute peu à peu de l'alcool à 95° par petites portions et en agitant soigneusement.

Les coupes d'anatomie végétale ne peuvent généralement pas être collées sur lames : en effet, les cellules doivent être vidées par l'hypochlorite de sodium et la plupart des colles ne résistent pas à ce réactif[1]. Aussi, la plupart du temps, emploie-t-on les coupes non collées, faites à la paraffine ou dans la moelle de sureau.

Pour manipuler les coupes non collées, employer un pinceau, ou une aiguille (droite ou lancéolée), mais ne jamais se servir de pinces.

Bain d'hypochlorite. — Ce bain est nécessaire pour éclaircir les coupes non collées, destinées à l'étude des membranes cellulosiques et de l'anatomie végétale; il importe en effet de vider les cellules de leur contenu et de réduire les tissus à leur squelette cellulosique. Il est essentiel d'employer l'hypochlorite de sodium ou de potassium et non l'eau de Javel ordinaire, qui n'est généralement qu'une solution très impure d'hypochlorite de chaux. On pourrait toutefois précipiter la chaux par le carbonate de sodium ou de potassium et employer la liqueur filtrée.

---

1. Sauf la gélatine formolée de P. Masson (p. 354).

Il ne faut pas prolonger trop longtemps l'action de l'hypochlorite, surtout avec les tissus jeunes qui pourraient être détruits. La durée des bains variera donc de quelques secondes à cinq ou dix minutes. Lorsque les coupes proviennent d'échantillons desséchés, il faut opérer à chaud. On place alors le verre de montre renfermant l'hypochlorite et les coupes sur la platine chauffante (fig. 141) et on surveille soigneusement pour retirer les coupes dès que l'éclaircissement est complet.

Laver ensuite dans l'eau acidulée par l'acide acétique ou dans le bisulfite de soude dilué, puis à l'eau ordinaire.

Coloration. — Pour les *recherches cytologiques* on emploiera les mêmes méthodes que pour la cytologie animale. Pour les *recherches anatomiques* on pratiquera les méthodes de coloration suivantes, qui permettent de colorer à la fois la cellulose, les membranes lignifiées et le liège :

1° *Carmin et vert d'iode.* — La méthode classique est la double coloration par le carmin aluné et le vert d'iode (ou le bleu de méthylène aluné).

1° Colorer une heure au moins au carmin aluné de Grenacher (p. 382).
2° Laver rapidement à l'eau.
3° Colorer quelques secondes, dans un verre de montre renfermant quelques centimètres cubes d'eau à laquelle on a ajouté un peu de vert d'iode.
4° Monter au baume, à la glycérine gélatinée ou au sirop d'Apathy.

Les éléments lignifiés sont colorés en beau vert, le reste en rouge carmin ; les préparations sont très belles et le contraste des deux couleurs parfait. Le même résultat peut être obtenu avec le vert solide et la deltapurpurine.

2° *Bleu de méthylène et rouge de ruthénium.* — Cette méthode donne, à mon avis [1], des résultats encore plus beaux, et peut être employée facilement avec les coupes à la paraffine collées sur lames.

1° Colorer cinq à dix minutes dans le bleu de méthylène aluné [2] (bleu de méthylène 1, alun 10, eau 100), laver à l'eau.
2° Colorer cinq à dix minutes dans la solution de rouge de ruthénium. Ce sel (sesquichlorure de ruthénium ammoniacal), dont le prix est très élevé (60 fr. le gr.), se vend par décigrammes, sous la forme d'une

1. M. Langeron, *Monographie du genre* Aleurites. Thèse de Paris (médecine), in-8° de 160 p., 52 fig., 1902.
2. L'alun joue le rôle de mordant et rend la coloration au bleu de méthylène plus stable.

poudre brun rougeâtre, soluble dans l'eau et dans la solution d'alun mais non dans l'alcool et la glycérine.

Comme sa solution aqueuse ne se conserve pas, on la prépare extemporanément, en ajoutant une trace de ce corps à quelques centimètres cubes d'eau distillée, dans un verre de montre, de manière à obtenir un liquide rouge foncé.

3° Monter au baume, au sirop d'Apathy ou à la glycérine gélatinée.

Le liège se colore en vert, le sclérenchyme en violet, le bois en bleu, les parenchymes en rose plus ou moins foncé.

3° *Méthode de Petit* [1]. — Colorer le liège en *rouge* par la teinture d'alkanna [2]; laver rapidement à l'alcool et colorer le bois en *vert* par le vert d'iode alcoolique, puis laver à l'alcool; colorer la cellulose en *jaune* par l'action successive de solutions aqueuses d'acétate de plomb et de bichromate de potassium, avec lavage à l'eau distillée entre les deux. Monter à la glycérine gélatinée, au sirop d'Apathy ou au baume.

4° *Violet neutre de Godfrin* [3]. — Faire une solution aqueuse de violet neutre de Casella à 1 p. 5000. Les composés pectiques sont colorés en rouge brun, le bois et le liège en violet foncé. La cellulose, la callose et la cutine ne se colorent pas. Ce seul réactif permet donc, en s'aidant de l'anatomie, de caractériser tous les éléments d'une coupe.

En résumé, avec le rouge de ruthénium, le bleu de méthylène aluné et le Sudan III, on peut mettre en évidence toutes les parties essentielles des tissus végétaux, dans les coupes traitées préalablement par l'hypochlorite de sodium. A la rigueur, le violet neutre peut suffire seul.

Montage d'objets non colorés. — Lorsqu'il s'agit simplement de recherches anatomiques, les colorations ne sont pas nécessaires. Une foule d'objets peuvent être examinés et montés ainsi sans coloration, qu'il s'agisse de coupes ou de petits organes et végétaux entiers.

Pour ces opérations, je conseille vivement d'employer les

1. *C. R. Soc. de biologie*, LV, p. 507, 1903. — *Bull. Soc. bot. de France*, L, p. 181, 1903.

2. Voici comment Guignard (*Journ. de bot.*, VI, p. 447, 1890) conseille de préparer la teinture d'alkanna. Épuiser 10 gr. d'alkanna (orcanette) pulvérisé par 30 cm³ d'alcool absolu, filtrer et évaporer à l'étuve. Dissoudre le résidu dans 5 cm³ d'acide acétique cristallisable, puis ajouter 50 cm³ d'alcool à 50 p. 100 et filtrer après vingt-quatre heures. Si, pendant la coloration des coupes, un précipité avait tendance à se former, ajouter un peu d'alcool à 50 p. 100.

3. *Bull. Soc. bot. de France*, XLVI, p. 324, 1899.

méthodes de Amann (p. 611, note 2), qui donnent d'excellents résultats et épargnent beaucoup de temps.

Le *ramollissement et le gonflement du matériel desséché* se fait très bien dans le *lactophénol* (p. 461) pur ou étendu, de préférence à chaud. Le *chlorallactophénol* :

Hydrate de chloral crist. . . . . . 2 parties en poids.
Acide phénique crist 1   —
Acide lactique pur 1   —

donne encore de meilleurs résultats. Pour obtenir le gonflement maximum, employer le *lactochloral*, mélange à parties égales d'hydrate de chloral et d'acide lactique.

Le *matériel frais* peut être fixé et déshydraté très rapidement par le *chloralphénol* et le *chloralchlorophénol* (p. 611). Le noyau est mis admirablement en évidence et les tissus les plus aqueux sont déshydratés sans contraction. On opère sur lame et, pour les objets épais, lignifiés ou fortement colorés, on chauffe légèrement. On renouvelle une ou deux fois le liquide, en l'aspirant chaque fois avec des bandelettes de buvard. Finalement, on remplace peu à peu le chloralphénol par du baume au xylol. Le tout ne dure que quelques minutes.

Pour *éclaircir* des objets lignifiés et très fortement colorés, on ajoute au chlorallactophénol du salicylate de sodium[1]. On obtient ainsi un des plus puissants éclaircissants qui existent :

Hydrate de chloral crist 4
Acide phénique crist 4
Acide lactique pur 2
Salicylate de sodium. 1

Pour *rendre les organes végétaux transparents*, sortir de l'alcool, laver à l'eau puis plonger dans l'eau de Javel jusqu'à ce que les pièces deviennent d'un blanc laiteux opaque. Laver à l'eau, puis traiter par le formol à 10 p. 100. Déshydrater progressivement, puis éclaircir par le toluène, puis par une essence ou mieux par le terpinéol.

Milieux cupriques. — Pour conserver la couleur verte de la chlorophylle, il suffit d'ajouter aux milieux de Amann 2 p. 1 000 de chlorure de cuivre préalablement dissous dans un peu d'eau.

---

1. Le salicylate de sodium a été préconisé par Lenz (*Zeitschr f. wiss. Mikr.*, XI, p. 16-21, 1894). Dissous dans son poids d'eau, il donne un liquide neutre, non avide d'eau, ni caustique, ni toxique, miscible à l'acide phénique et à l'essence de girofle. Il gonfle l'amidon et n'empêche pas la réaction de l'iode.

Coloration des coupes en séries. — Pour les travaux de cytologie, employer les techniques de la cytologie animale ; voici deux méthodes excellentes pour les recherches anatomiques :

1° *Safranine et hématoxyline.* — Les coupes, traitées par l'alcool, sont colorées plusieurs heures dans la safranine, à 1 p. 100 dans l'alcool à 50 p. 100. Régresser par l'alcool chlorhydrique (p. 431) jusqu'à ce que les parties lignifiées et cutinisées soient seules colorées. Laver à l'eau, puis colorer quelques minutes par l'hémalun ou le glychémalun, en suivant la technique décrite p. 431. Déshydrater et monter au baume. La cellulose est violacée, le bois, le liège et les parties cutinisées sont rouges.

2° *Safranine et bleu à l'eau.* — Colorer, comme ci-dessus, dans la safranine alcoolique. Régresser, laver à l'eau, puis colorer par le bleu à l'eau à 1 p. 100 (p. 412) ; chauffer légèrement jusqu'à émission de vapeurs, laver à l'eau, déshydrater et monter au baume. La cellulose est bleue, les parties lignifiées, subérifiées, cutinisées sont rouges.

Microchimie végétale. — Je me bornerai à indiquer des réactions simples, permettant de reconnaître les principaux composés qu'on peut avoir à caractériser dans des végétaux. Je ne puis donner la bibliographie de toutes ces réactions, mais je dois dire qu'en ce qui concerne les membranes, la majorité de nos connaissances est due aux belles recherches de Mangin. Pour les réactions générales, se reporter aux indications de la p. 720.

Aleurone. — Se colore : en jaune par l'iodure de potassium iodé (eau 100, iodure de potassium 0,5, iode 1), en rouge par le réactif de Millon. Donne les réactions des matières albuminoïdes. De plus, les grains d'aleurone (noix, noisette, amande, arachide) font partie des substances dites nitrophiles (p. 408 et 728).

Pour colorer les grains d'aleurone dans les coupes, fixer par l'alcool saturé d'acide picrique, laver à l'alcool, colorer par l'éosine dissoute dans l'alcool absolu, laver à l'alcool absolu et monter au baume. La substance fondamentale est rouge foncé, le cristalloïde orangé, le globoïde incolore.

Albuminoïdes. — Ces corps ne donnent pas de réactions absolument caractéristiques, aussi faut-il toujours essayer plusieurs réactifs pour les reconnaître sûrement. Il est bon de fixer d'abord l'objet par l'alcool absolu, qui durcit les tissus et dissout un certain nombre de substances (résines, graisses, chlorophylle, alcaloïdes, tannins) qui pourraient troubler les réactions. Il est bon quelquefois d'ajouter à l'alcool 5 p. 100 d'acide tartrique (Errera) pour coaguler les albuminoïdes.

Les principaux réactifs sont les suivants, par ordre de sensibilité décroissante :

iodure de potassium iodé, coloration jaune ;

éosine en solution aqueuse très faible, coloration rouge ;

réactif de Millon [1], coloration rouge (qui se produit aussi avec certaines gommes et certains composés aromatiques) ;

réaction xanthoprotéique, coloration jaune, obtenue par l'action de l'acide azotique concentré ; cette coloration devient plus foncée par addition d'ammoniaque ;

acide phosphomolybdique [2], coloration jaune, obtenue en une ou deux heures.

sulfate de nickel en solution concentrée dans l'ammoniaque, coloration jaune ou bleue, cette dernière passant à l'orangé par l'action de la potasse (réaction de Guezda) ; le tannin se colore à peu près de même ; mais la couleur ne vire pas par la potasse ;

réaction du biuret : traiter les coupes par une solution assez concentrée de sulfate de cuivre, laver une heure à l'eau, puis traiter par la potasse concentrée. La coloration obtenue varie du rougeâtre au violacé, suivant la nature des albuminoïdes.

A part les colorations fournies par l'iode, l'éosine et l'acide azotique, les autres réactions donnent des précipités colorés, opaques, assez longs à se produire. Comme pour toutes les opérations microchimiques, la réussite et l'appréciation du résultat sont choses délicates, qui exigent une éducation préalable.

Amidon. — Se colore en *bleu* par l'iode qu'on emploie sous forme d'iodure de potassium iodé ; croix noire en lumière polarisée (p. 196). Pour la recherche de l'amidon dans le matériel desséché, traiter par l'acide lactique auquel on ajoute un peu d'iode (Lagerheim). Les tissus reprennent leur volume primitif.

Callose. — Insoluble dans l'oxyde de cuivre ammoniacal. Se colore par la coralline sodée (en solution dans le carbonate de sodium à 30 p. 100; au besoin différencier ensuite par le carbonate de sodium à 4 p. 100), les bleus d'aniline solubles à l'eau (particulièrement le bleu coton C 4 B de Poirrier, le bleu brillant, etc.). Les bleus doivent être employés en solution à 1 p. 100, acidulée par 3 p. 100 d'acide acétique.

Coloration combinée de la cellulose et de la callose : mélanger deux solutions de bleu d'aniline et d'orseilline BB acidulées par 3 p. 100 d'acide acétique ; la callose sera bleue, la cellulose rose. Monter à la glycérine gélatinée ou au sirop d'Apathy.

Carotine. — Se colore en *bleu* par les acides sulfurique et azotique concentrés et par le mélange d'acide chlorhydrique et de phénol. Soluble dans le sulfure de carbone avec une belle couleur rouge sang. Pour le pléochroïsme, voir p. 197.

Cellulose. — Les réactions de la cellulose sont quelquefois assez difficiles à obtenir. En effet, elles ne se manifestent clairement qu'après transformation de cette substance en matière amyloïde. Cette transformation se produit sous l'influence des chlorures métalliques, des acides minéraux (acide phosphorique iodé de Mangin) et surtout des alcalis caustiques. L'iode, après action de l'acide sulfurique, donne une colo-

---

1. Ce réactif doit être préparé extemporanément : dissoudre du mercure dans son poids d'acide azotique, puis étendre d'un égal volume d'eau distillée.

2. On emploie cet acide sous forme de phosphomolybdate de sodium dissous dans l'acide azotique : dissoudre 1 gr. de phosphomolybdate de sodium dans un mélange de 95 gr. d'eau distillée et de 5 gr. d'acide azotique concentré. Filtrer après quelques jours de repos.

ration *bleue*. Les chlorures de zinc, de calcium et d'aluminium (Mangin) iodés[1] donnent une coloration *violette* : cette réaction classique est quelquefois très difficile à obtenir, à cause de la lenteur avec laquelle agit le chlorure métallique. Le chlorure de zinc trop concentré ne donne rien. Vis-à-vis des colorants, la cellulose (transformée) est acidophile et prend de préférence des couleurs azoïques : rouge congo (en solution dans l'ammoniaque étendue à 2 à 3 p. 100) ; benzopurpurine, deltapurpurine, en bain alcalin ; orseilline BB[2], rouge d'orseille A, azorubine, en bain acide. Soluble dans l'oxyde de cuivre ammoniacal[3] (réactif de Schweitzer).

Le chlorure d'étain iodé (Mangin) donne une coloration bleue qui permet de distinguer la cellulose de l'amidon ; ce dernier se colore en violet par le même réactif. On le prépare en décomposant par très peu d'eau le chlorure d'étain fumant ; on ajoute un peu de solution aqueuse d'iode et de chlorure de potassium.

La *cellulose des Champignons* est bien différente parce qu'elle est généralement mélangée d'une grande quantité de *chitine*, aussi ne donne-t-elle aucune des réactions précédentes.

L'hémalun colore plus ou moins toutes les celluloses non lignifiées.

Membranes cutinisées. — Le Sudan III[1] en solution alcoolique (p. 706) les colore en rouge intense, la cyanine en bleu. Les cuticules se colorent électivement par la méthode de Ziehl-Neelsen (p. 748).

Membranes lignifiées. — En général, les colorants directs de la laine et de la soie colorent bien le bois, tandis que les colorants directs du coton colorent les parties non lignifiées. Il est bon de fixer la couleur par un bain d'alun à 10 p. 100. Les meilleures colorations, pour mettre le bois en évidence, sont les suivantes : safranine anilinée (différenciation dans l'alcool chlorhydrique) ; carmin aluné et vert d'iode, vert de méthyle ou bleu de méthylène (p. 784) ; vert solide et deltapurpurine (p. 784) ; on peut encore colorer les coupes pendant quinze minutes dans une solution alcoolique concentrée de cyanine, laver à l'alcool, puis colorer quinze minutes dans une solution de rouge congo dans l'ammoniaque à 3 p. 100, alcool, xylol, baume. Les membranes lignifiées sont bleues, les autres rouges.

La fuchsine ammoniacale donne aussi une bonne coloration du bois, du suber et de la cutine : on sature d'ammoniaque une solution alcoolique de fuchsine, jusqu'à obtention d'une coloration jaune paille. Cette solution ne se conserve que pendant quelques jours. Colorer quelques minutes, laver à l'eau distillée, puis à l'eau acétifiée, et colorer de nouveau, pendant quinze minutes, par le bleu de méthylène. Monter au baume. Notons enfin que *le bois et le suber prennent le Gram*.

----

1. A 10 cm³ de solution sirupeuse de ces chlorures, ajouter 5 décigr. d'iodure de potassium et 1 décigr. d'iode. Conserver en flacons jaunes. — Nowopokrowsky, *Beihefte z. bot. Zentralbl.*, I, XXVIII, p. 90, 1912) prépare ce liquide en dissolvant 20 gr de chlorure de zinc dans 8,5 cm³ d'eau, puis en versant goutte à goutte dans cette solution de l'iodure de potassium iodé (eau 60, iodure de potassium 3, iode 1.5) jusqu'à ce que le précipité d'iode ne disparaisse plus par agitation. On peut aussi employer ces deux liquides séparément et successivement.

2. Voir p. 791, note 1.

3. Se prépare en arrosant d'ammoniaque de la tournure de cuivre. Doit dissoudre le coton.

4. Ce réactif a été introduit dans la technique botanique par Buscalioni (*Malpighia*, XII, 1898, très nombreux détails dans ce mémoire).

Les réactions caractéristiques de la lignification sont les suivantes : coloration *pourpre intense* par l'action successive de la phloroglucine en solution alcoolique, puis de l'acide chlorhydrique étendu ; coloration *jaune* par le sulfate d'aniline suivi de l'acide sulfurique étendu. La solution aqueuse de fuchsine donne, après différenciation par l'alcool picriqué (une partie de solution alcoolique saturée pour deux parties d'eau), une coloration exclusive du bois.

Réaction de Maule : traiter les coupes pendant 5 minutes par le permanganate de potassium à 1 p. 100. Laver à l'eau et décolorer par l'acide chlorhydrique étendu. Laver à fond, puis traiter par l'ammoniaque, la lignine seule se colore en rouge.

Liège. — Se colore en *rouge* par le Sudan III et la teinture d'alkanna, en *bleu* par la cyanine en solution aqueuse, en *brun* par l'iode et l'acide sulfurique. Il est insoluble dans l'oxyde de cuivre ammoniacal.

Il se colore électivement dans le violet de gentiane ammoniacal ou le vert acide ammoniacal : on les prépare en ajoutant peu à peu de l'ammoniaque à une solution alcoolique de ces colorants jusqu'à décoloration presque complète. Après une action de quelques minutes, on lave à l'acide chlorhydrique à 5 p. 100 pour différencier la couleur ; en lavant simplement à l'eau, le bois reste coloré.

Avec le vert acide, on peut faire une double coloration, en ajoutant extemporanément, à la solution ammoniacale, un peu de solution aqueuse concentrée de rouge congo. On colore cinq minutes, puis on lave à l'eau. Le bois et le suber sont verts, le reste jaune.

Composés pectiques. — Ils se comportent comme des acides et prennent les colorants basiques (de préférence en solution acidulée par 1 p. 100 d'acide acétique) mais non les colorants acides comme la cellulose. Le meilleur réactif de ces composés est le rouge de ruthénium, la coloration ainsi obtenue se conserve très bien dans le baume. Le violet neutre (p. 785) les colore en rouge brunâtre. Le bleu de naphtylène les colore métachromatiquement.

Réactions différentielles : la cellulose pure ne se colore que par le bleu de méthylène et les matières pectiques ne prennent pas le congo ammoniacal.

Coloration combinée de la cellulose et des composés pectiques : vider les cellules, puis colorer par une solution aqueuse de benzoazurine ou d'azurine brillante, laver à l'eau, fixer la coloration par le sulfate de cuivre à 1 p. 100, laver à l'eau, colorer au rouge de ruthénium et monter à la glycérine gélatinée ou au sirop d'Apathy.

Tannin. — Les composés tanniques se colorent en noir bleuâtre par le perchlorure de fer, en brun par le bichromate de potassium, en rouge par la potasse, en bleu foncé par le bleu de méthylène. Ce dernier colorant donne une réaction très nette, même en solution très étendue (1 p. 500 000), avec des tissus frais, mais il ne faut pas oublier qu'il colore de même la phloroglucine. Le réactif de Bræmer (1 partie de tungstate de sodium et 2 parties d'acétate de sodium pour 10 parties d'eau distillée) donne, avec les véritables tannins, un précipité jaune-fauve, insoluble dans les acides (sauf les acides citrique et tartrique concentrés).

Matières grasses. — Le réactif le plus commode est le Sudan III en solution alcoolique, qui les colore en rouge vif (ce réactif colore aussi les cires, les résines, la cutine, la subérine et le latex, mais ne colore ni la cellulose, ni la lignine, ni les mucilages). On peut faire une double coloration par le bleu de méthylène et le Sudan (A. Meyer). Fixer l'objet sur la lame par une goutte de solution formolée, ajouter une goutte de bleu de méthylène à 0,5 p. 100 et colorer dix minutes; colorer ensuite par le Sudan alcoolique, en surveillant au microscope.

Huiles. — Les huiles grasses se colorent en rouge par le Sudan; elles sont insolubles dans l'acide acétique et en partie solubles dans l'alcool; les huiles éthérées se dissolvent dans l'acide acétique et l'alcool, elles se colorent en bleu par la cyanine en solution alcoolique à 1 p. 100.

Résines. — Elles se colorent en rouge par le Sudan III et la teinture d'alkanna.

Gommes. — Il y en a deux sortes : les gommes pectiques qui se colorent comme les mucilages pectiques (rouge de ruthénium) et les gommes cellulosiques (gomme adragante) qui se colorent à la fois par le rouge de ruthénium et par les colorants de la cellulose.

Les coupes, au sortir de l'alcool, sont traitées par le sous-acétate de plomb, qui coagule la gomme et la rend insoluble. On lave à l'eau, puis on colore au rouge de ruthénium. Déshydrater et monter au baume.

Les vraies gommes ne se colorent pas par la coralline sodée et prennent une couleur rouge intense avec le mélange de phloroglucine et d'acide chlorhydrique. Lutz distingue les gommes de la cellulose par l'action successive du rouge neutre de Cassella [1] et du vert acide J3E [2] de Poirrier : la gomme est rouge, la cellulose pure verte.

Mucilages. — Les mucilages cellulosiques (les plus rares, salep) présentent les réactions de la cellulose, ils sont biréfringents; les mucilages pectiques (les plus fréquents, se gonflent et donnent des solutions filantes) se colorent par les colorants basiques et par le rouge de ruthénium (bonne conservation dans le baume); les mucilages callosiques se dissolvent sans se gonfler, se colorent par la coralline sodée et le bleu d'aniline en solution acétifiée, mais non par les colorants basiques. La distinction n'est pas toujours facile, à cause des mélanges fréquents de ces mucilages entre eux et avec les gommes.

Inuline. — Nous avons déjà mentionné (p. 197) les propriétés optiques des sphéro-cristaux d'inuline, obtenus en faisant macérer dans l'alcool des fragments un peu épais de tubercules de Dahlia. L'inuline ne se distingue optiquement des sphéro-cristaux de phosphate de calcium que par une biréfringence plus forte. Mais ces derniers ne sont pas, comme l'inuline, entièrement solubles dans l'acide sulfurique concentré. On peut encore caractériser chimiquement ces sphéro-cristaux en traitant les coupes d'abord par le naphtol α ou le thymol en solution alcoolique à 15 p. 100, puis par l'acide sulfurique concentré (réaction de Molisch). La coloration obtenue est le violet foncé avec le naphtol et le pourpre foncé avec le thymol. On peut aussi traiter les coupes à froid par une solution alcoolique d'orcine [3], puis à chaud par l'acide chlorhydrique : coloration rouge orangé (réaction de Green).

1. 0 gr. 25 dans 20 cm³ d'alcool à 90° et 30 cm³ d'eau.
2. 0 gr. 20 dans 20 cm³ d'alcool à 90° et 30 cm³ d'eau.
3. L'*orcine* est le principe colorant de l'orseille. Cette dernière est le produit brut de la fermentation des Lichens à orseille (p. 413), au contact de l'air, de l'ammoniaque et de la chaux. Ne pas confondre avec l'*orcéine* qui est produite aux dépens de l'orcine par l'action combinée de l'air et de l'ammoniaque. Le *Persio* est de l'orseille séchée et pulvérisée.

Sucres. — Molisch les caractérise, comme l'inuline, par l'action successive du naphtol α ou du thymol et de l'acide sulfurique concentré. La réaction est nette et rapide (deux minutes) avec la saccharose, la lactose, la maltose, la dextrose et la lévulose ; elle est moins rapide (15 à 30 minutes) avec les autres hydrates de carbone, qui doivent d'abord être transformés en sucre par l'action de l'acide sulfurique. Cette réaction est très sensible, elle permet de déceler 0,00001 p. 100 de sucre.

Oxalate de calcium. — Ce sel se présente généralement sous forme de raphides ou de druses (masses hérissées de pointements cristallins) : ces cristaux sont insolubles dans l'eau et dans l'acide acétique, assez solubles dans l'acide chlorhydrique. L'acide sulfurique les transforme (à chaud) en une masse d'aiguilles de gypse (sulfate de calcium). Pour distinguer l'oxalate de calcium du sulfate de calcium, employer une solution de chlorure de baryum dans l'acide chlorhydrique : ce réactif dissout l'oxalate et donne avec le sulfate un précipité de sulfate de baryum. En lumière polarisée, les cristaux d'oxalate de calcium peuvent, sous certaines orientations, ne pas s'illuminer entre les nicols croisés.

Pour *colorer* les membranes incrustées de matières minérales et particulièrement d'oxalate de calcium, employer le vert d'anthracène (méthode de Mangin). Dissoudre gros comme un grain de blé de vert d'anthracène dans 15 cm³ d'ammoniaque à 30 p. 100. Préparer cette solution au moment de s'en servir, colorer les objets ou les coupes pendant quelques minutes, au sortir de l'eau distillée, laver à l'eau distillée et examiner dans ce liquide.

Phosphore et phosphate de calcium. — Voir p. 724 la méthode de Mac Callum. On peut aussi, d'après Lilienfeld et Monti, traiter les coupes par le molybdate d'ammonium (1 gr. dissous dans 12 cm³ d'acide azotique de d. 1,18) pendant une heure au plus, les laver avec soin, puis les plonger dans une solution à 20 p. 100 d'acide pyrogallique. La coloration des parties phosphorées varie du jaune au noir. On peut conserver les préparations dans le baume.

Le molybdate d'ammonium seul donne bien un précipité jaune caractéristique avec les phosphates, mais il ne faut pas le confondre avec la réaction xanthroprotéique, due à l'acide azotique du réactif. Le tartrate de potassium empêche la formation du précipité.

Enfin une réaction très sensible est celle du phosphate ammoniacomagnésien. Traiter les coupes par un mélange de 25 vol. de sol. aq. conc. de sulfate de magnésium, 2 vol. de sol. aq. conc. de chlorure d'ammonium, 15 vol. d'eau. On obtient des cristaux caractéristiques en forme d'X ou de couvercle de cercueil.

Réactions des principaux colorants :

Alkanna (teinture) : liège, matières grasses, résines.

Bleu coton : callose.

Bleu de méthyllène pur : tannin ; *aluné* : bois et suber.

Carmin aluné : membranes non lignifiées.

Congo : bleuit avec les acides ; *Congo ammoniacal* : cellulose.

Coralline sodée : callose (coloration fugace).

Cyanine : bois, suber, membranes cutinisées, élaioplastes, huiles éthérées.

Deltapurpurine (alcalinisée) : membranes non lignifiées.

Fuchsine ammoniacale : bois, suber, cutine.

Phloroglucine et acide chlorhydrique : bois, gommes, inuline (coloration fugace).

Rouge de ruthénium : composés pectiques.

Safranine : bois et suber.

Sudan III colore électivement : suber, cutine, graisses, résines, huiles, cires; ne colore ni les tanpins, ni les membranes non subérifiées.

Vert d'iode, vert de méthyle, vert solide : bois et suber.

Violet neutre : composés pectiques, bois et suber.

Méthode de Gram : bois et suber.

Cryptogames. — Toutes les fois qu'il ne s'agit pas de recherches cytologiques, le lactophénol de Amann rend les plus grands services, quel que soit le groupe de Cryptogames qu'on désire étudier. Non seulement ce réactif facilite la conservation et l'étude microscopique du matériel frais, mais encore il permet de restaurer, d'une manière surprenante, le matériel desséché, conservé dans les herbiers. L'imbibition par le lactophénol à froid, ou, dans certains cas, à chaud et même à l'ébullition, rend aux cellules leur turgescence et restitue aux organes la forme qu'ils avaient à l'état frais. Ce liquide est donc indispensable pour toutes les recherches de morphologie. Les préparations ainsi obtenues se conservent indéfiniment; il suffit de les luter au lut de Krönig.

Les recherches cytologiques se feront par les méthodes habituelles; en outre, pour l'étude des éléments sexuels mobiles (anthérozoïdes), la méthode des frottis humides pourra rendre de signalés services, à condition que ces éléments soient en suspension dans une petite quantité de liquide.

Pour les *Champignons*, se reporter à la technique mycologique (p. 760 à 781). J'ajouterai seulement quelques détails sur la manière de colorer les *Champignons dans les tissus végétaux*. Cette méthode [1] s'applique surtout aux Peronosporées et utilise la richesse en callose de leur membrane. Les fragments [2], frais ou desséchés, sont bouillis dans l'alcool pour enlever l'air. Blanchir pendant six à douze heures dans l'acide chlorhydrique au tiers, additionné de 5 p. 100 de chlorate de potassium. On conserve ensuite dans l'alcool. Au moment de colorer, on traite pendant une heure au moins par la potasse en solution concentrée dans l'alcool. On colore ensuite dans l'acide acétique, auquel on

---

1. Mangin, *Bull. Soc. hist. nat. Autun*, VIII, 1895.

2. Si les coupes sont déjà exécutées, il suffit de les passer à l'eau de Javel, puis de les laver, avant le traitement par la potasse alcoolique.

ajoute quelques gouttes de solution aqueuse d'orseilline BB[1] et
de bleu d'aniline, de manière à obtenir un liquide violet. Après
coloration, on remplace peu à peu le colorant par la glycérine.
Le mycélium est bleu, les parois cellulaires sont roses. On peut
aussi colorer deux ou trois heures par un mélange de benzoazurine ou d'azurine brillante et de rosaazurine, en dissolution dans
le carbonate de sodium à 20 p. 100. Laver à l'eau et observer
dans de la glycérine, étendue avec une solution de sulfate de
cuivre à 2 p. 100 qui fixe les couleurs. Le mycélium est rose, les
parois cellulaires bleues.

Kölpin Ravn[2] fixe le matériel au Flemming (ou sinon mordance
dans l'acide chromique à 1 p. 100). Il colore quinze à vingt heures
dans une solution concentrée d'orseilline BB dans l'acide acétique
à 3 p. 100. Laver à l'eau, puis colorer une ou deux heures dans
une solution concentrée de bleu d'aniline dans l'acide acétique à
3 p. 100. Laver et différencier dans l'alcool à 90°. Alcool absolu,
xylol, baume. Par cette méthode, on colore aussi le contenu des
cellules. Les filaments mycéliens sont bleu foncé, les parois cellulaires de la plante nourricière bleu clair, les noyaux et le cytoplasme rouges.

On peut encore, plus simplement, d'après Noël Bernard, colorer
au bleu d'aniline, après macération dans l'hydrate de chloral
sirupeux.

Voici quelques cas particuliers de coloration :

Les Peronosporées (*Cystopus*, *Bremia lactucæ*, *Peronospora ficariæ*, *Phy-
tophtora infestans*, *Plasmopara viticola*, etc.), les *Entyloma*, la plupart des
Urédinées, les *Pseudopeziza*, les *Lophodermium* se colorent électivement
par la deltapurpurine. Traiter les coupes par l'eau de Javel, bien laver,
puis colorer par la deltapurpurine en solution aqueuse à 1 p. 100.
Examiner dans ce réactif.

Les Ustilaginées et la plupart des Ascomycètes (*Nectria*, *Sphærella*,
Epichloe, etc.) seront colorés par le bleu coton au lactophénol (eau de
Javel, lavage, coloration et examen dans le bleu).

Enfin les *Erysiphe*, les *Exoascus* seront colorés par la rosaazurine en
solution aqueuse à 3 p. 100.

En résumé, avec la deltapurpurine à 1 p. 100, la rosaazurine à 3 p. 100
et le bleu coton au lactophénol, on peut mettre facilement en évidence
tous les Champignons parasites des plantes.

---

1. L'orseilline BB est un colorant azoïque artificiel. Ne pas confondre avec
l'orceilline n° 4, qui n'est autre chose que l'Echtroth ou cerasine, ni avec l'orcéine
et l'orcine (p. 791, note 3).

2. Strasburger. *Das botanische Praktikum*. Jena, Fischer. 4e édit., 1902, cf.
p. 685.

Pour les *collections macroscopiques* de Champignons, Lutz [1] a indiqué une série de liquides qui permettent de conserver assez bien les couleurs des espèces charnues

Je ne dirai qu'un mot au sujet des *Lichens* : on ne peut les inclure à la paraffine, car ils deviennent si cassants qu'il est impossible de les couper. Pourtant Hugo Fischer arrive à inclure à la paraffine et à débiter en coupes de 5 μ, *Xanthoria parietina* et *Evernia prunastri*, en les déshydratant incomplètement (voir sa méthode, p. 311, note 1). Si on ne veut pas faire de coupes dans la moelle du sureau, il faut, pour les recherches cytologiques, inclure au collodion et durcir les blocs dans un mélange de 10 parties de glycérine pour une partie d'alcool à 95° : la consistance ainsi obtenue est parfaite (Bauer).

Les *Algues* ne doivent jamais être *conservées* dans du formol. On emploiera de préférence l'alcool picriqué. Pour les petites espèces, le procédé de la quinone (p. 662) est excellent.

Le lactophénol et autres milieux de Amann donnent de très bons résultats. Pour les Algues vertes, employer les mélanges cupriques (p. 786).

Une autre formule est le *lactophénol cuprique de Amann* :

Lactophénol.	30 grammes.	
Eau.	95	—
Chlorure de cuivre	2	—
Acétate de cuivre	2	—

ajouter 5 à 10 p. 100 de ce liquide à l'eau qui renferme les Algues vertes : celles-ci sont fixées et peuvent être conservées ainsi très longtemps.

Les Algues peuvent être *montées* en préparations microscopiques soit dans le lactophénol ordinaire, soit dans la glycérine gélatinée, après imprégnation par le lactophénol. On peut faire agir ce dernier réactif, soit sur le matériel frais, soit sur des Algues préalablement fixées par l'acide picrique, en solution aqueuse ou alcoolique, ou par la quinone.

La *décalcification* est nécessaire pour les espèces qui sont incrustées de carbonate de calcium. Le principe de cette opération est le même que pour les tissus animaux (p. 256), c'est-à-dire qu'il faut fixer les Algues avant de les soumettre à l'action du décalcifiant, ou combiner les deux opérations, de manière à produire en même temps la fixation et la décalcification. En outre,

---

1. *Bull. Soc. mycol. de France*. XVII, p. 302-307.

pour la bonne réussite, il est indispensable que la dissolution des sels calcaires soit effectuée lentement, autant que possible sans dégagement violent de bulles gazeuses.

Pour les Algues, le meilleur décalcifiant paraît être l'acide acétique étendu; on en fait une solution à 5 p. 100 dans l'eau ou dans la solution aqueuse saturée d'acide picrique. On suspend les Algues dans une grande quantité de ce liquide et on les y laisse jusqu'à décalcification complète, en renouvelant au besoin deux ou trois fois le liquide acide. On peut décalcifier aussi par le lactophénol (simple ou cuprique) à 5 p. 100.

Le procédé à employer dépend des circonstances. Pour de petits objets déjà dissociés, fixés ou non préablement, on peut opérer sur lame, avec le lactophénol étendu. Pour les objets volumineux, l'acide acétique est préférable. C'est le procédé dont je me suis servi dans mes recherches sur les tufs calcaires [1]; j'ai pu inclure à la paraffine et débiter en coupes sériées le matériel ainsi obtenu. La conservation est suffisante pour les recherches de systématique; il est facile, sur de telles coupes, d'essayer toutes sortes de colorations. Lorsqu'on a soin d'inclure à la paraffine tendre (45°) et de faire les coupes assez épaisses (20 à 30 μ), on peut suivre sur une grande distance la plupart des filaments. Néanmoins, il faut toujours compléter l'étude de ces coupes par des dissociations soigneuses, exécutées avec des portions correspondantes du matériel décalcifié.

Pour l'*étude cytologique* des algues filamenteuses vertes ou rouges, on fixera par un mélange chromo-acétique (acide chromique 1, acide acétique cristallisable 4, eau 400) qui ne plasmolyse pas, on colore ensuite par l'hématoxyline ferrique et on monte au baume ou à la glycérine gélatinée, en ayant soin de déshydrater très progressivement.

Je borne là cet exposé très rapide des rudiments de la technique botanique. Dans un ouvrage faisant partie d'une collection médicale, il ne m'est pas possible d'insister davantage sur des questions qui sont du ressort de la botanique pure. Le lecteur qui désire approfondir ses recherches dans ce sens, trouvera des renseignements très complets dans les ouvrages cités, soit dans le cours du volume, soit dans la bibliographie générale.

---

1. M. Langeron, Flore fossile de Sézanne, 3e fascicule. Nouvelles considérations sur les formations travertineuses anciennes et contemporaines. *Bull. Soc. hist. nat. d'Autun*, XV, p. 59-83, pl. III-V. 1902.

LISTE DES PRINCIPAUX RÉACTIFS EMPLOYÉS
EN MICROSCOPIE
AVEC INDICATION DES QUANTITÉS UTILES

Fixateurs :

Formol.	1 lit.
Acide picrique.	250 gr.
Acide acétique cristallisable	500 —
Bichlorure de mercure.	250 —
Acide osmique.	1 —

Colorants :

Bleu de méthylène chimiquement pur	5 —
— de toluidine	5 —
— coton C4B de Poirrier.	5 —
Fuchsine basique	10 —
— acide.	5 —
Eosine soluble dans l'eau	10 —
Violet de gentiane.	10 —
Azur II	1 —
Safranine	5 —
Carmin n° 40	10 —
Hématoxyline	5 —
Hématéine	5 —

Réactifs divers :

Eau distillée	en quantité
Alcool à 90°.	en quantité
— absolu.	4 flacons de 250 gr,
Toluène.	2 lit.
Acétone.	1 —
Chloroforme.	250 gr,
Acide chlorhydrique.	250
— azotique	250 —
— lactique	250 —
— phénique neige.	500 —
Glycérine	500 —
Iode.	100 —
Iodure de potassium.	100 —
Chlorure de sodium	1000 —
Nitrate d'argent	10

Alun de fer . . . . 100 gr.
— de potasse . . . . 100 —
Huile de cèdre pour immersion . . . . 25 —
Baume du Canada . . . . 250 —
Térébenthine de Venise . . . . 250 —
Paraffine . . . . 1000 —
Gélatine . . . . 250 —
Colophane . . . . 500 —
Cire d'abeilles . . . . 250 —

RÉACTIFS INDISPENSABLES
POUR LE DIAGNOSTIC HÉMATOLOGIQUE
ET BACTÉRIOLOGIQUE

Hématologie :

Eau distillée.
Colorant de May-Grünwald.
Colorant de Giemsa.

Bactériologie :

Violet phéniqué.
Fuchsine phéniquée de Ziehl.
Bleu de toluidine à 1 p. 100.
Liquide de Lugol.
Acide azotique au tiers.
Alcool à 90°.
Alcool absolu.
Acétone.
Toluène.
Huile de cèdre pour immersion.

RÉACTIFS POUR LA COPROLOGIE

Acide chlorhydrique ordinaire . . . . 1000 gr.
Éther sulfurique . . . . 1000 —
Billes de verre.
Tamis gradués.
Centrifugeur.

PRINCIPAUX INSTRUMENTS NÉCESSAIRES
POUR LA MICROSCOPIE

Microscope.
Lames.
Lamelles.
Tubes bouchés au liege.
Tube de verre pour effiler les pipettes.

Lime à couper le verre.
Papier joseph.
Papier buvard épais.
Papier à filtrer.
Fil de platine.
Pince Debrand.
Petite balance.
Étiquettes gommées.
Fer à luter et lut.
Éprouvettes graduées de 250 cm³ et de 10 cm³.

BIBLIOGRAPHIE GÉNÉRALE

Enzyklopädie der mikroskopischen Technik, herausgegeben von P. Ehrlich, R. Krause, M. Mosse, H. Rosin, K. Weigert, 2" édition, Berlin, Urban et Schwarzenberg, 2 vol , 1910.

Behrens, *Tabellen zum Gebrauch bei mikroskopischen Arbeiten*, 4ᵉ édition, Leipzig, Hirzel, 1908.

Bolles Lee et Henneguy, *Traité des méthodes techniques de l'anatomie microscopique*, 3ᵉ édition, Paris, Doin, 1902.

Bolles Lee et P. Mayer, *Grundzüge der mikroskopischen Technik für Zoologen und Anatomen*, 4ᵉ édition, Berlin, Friedländer, 1911-

Mann, *Physiological histology. Methods and theory*. Oxford, Clarendon Press, 1902.

Stephens et Christophers, *The practical study of malaria and other blood parasites*, 3ᵉ édition, Liverpool, University Press, Williams and Norgate, 1908.

Strasburger, *Das botanische Praktikum*, 5ᵉ édition, Jena, Fischer, 1914.

A. E. Wright, *Handbook of the technique of the teat and capillary glass tube and its applications in medicine and bacteriology*. London, Constable, 1912.

A. E. Wright, *Principles of microscopy, being an introduction to work with the microscope*. London, Constable, 1906.

TABLE ALPHABÉTIQUE

Les **chiffres gras** *indiquent la page où se trouve l'étude spéciale de l'objet mentionné.*

772-14. — Coulommiers. Imp. PAUL BRODARD. — 1-16.

MASSON ET Cⁱᵉ, ÉDITEURS

LIBRAIRES DE L'ACADÉMIE DE MÉDECINE
120, BOULEVARD SAINT-GERMAIN, PARIS

▣ COLLECTION HORIZON ▣
PRÉCIS DE MÉDECINE ET
DE CHIRURGIE DE GUERRE

Les Traités de Médecine et de Chirurgie d'avant guerre conservent encore toute leur valeur, mais ne contiennent pas les notions acquises au cours des récents événements. — Cette *COLLECTION* réunit dans des monographies courtes et pratiques tout ce que la guerre a apporté de connaissances nouvelles. Ces petits *PRÉCIS* sont signés par quelques-uns des spécialistes à qui sont principalement dus les progrès de la Médecine et de la Chirurgie de Guerre.

CHACUN DES VOLUMES DE CETTE COLLECTION EST MIS

EN VENTE AU PRIX DE 4 FRANCS

Volumes parus (janvier 1918) :

Les premières heures du Blessé de guerre. *Du trou d'obus au poste de secours,* — par P. BERTEIN et A. NIMIER.

L'Évolution des Plaies de Guerre. *Mécanismes biologiques fondamentaux,* — par A. POLICARD, Pr. ag. à la Fac. de Lyon.

La Fièvre typhoïde et les Fièvres paratyphoïdes, — par H. VINCENT, Médecin-Inspecteur de l'Armée, Membre de l'Académie de Médecine, et L. MURATET, (2ᵉ *édition.*)

Le Paludisme macédonien, — par les Dʳˢ P. ARMAND-DELILLE P. ABRAMI, HENRI LEMAIRE, G. PAISSEAU. Préface du Pʳ LAVE RAN (1 *planche en couleurs*).

Majoration syndicale temporaire de
10 0/0 sur tous les prix de ce catalogue.

Hystérie-Pithiatisme et Troubles nerveux d'ordre réflexe,
— par J. BABINSKI, Membre de l'Académie de Médecine, et
J. FROMENT, Pʳ agrégé (2ᵉ édition).

Troubles mentaux de guerre, — par JEAN LÉPINE, Professeur
de clinique des Maladies nerveuses à l'Université de Lyon.

Formes cliniques des Lésions des Nerfs, — par Mᵐᵉ ATHA-
NASSIO-BENISTY, Interne des Hôpitaux de Paris, avec Préface
du Pʳ Pierre MARIE, Membre de l'Académie de Médecine (avec
81 *figures originales et 7 planches*) (2ᵉ édition).

Traitement et Restauration des Lésions des Nerfs, — par
Mᵐᵉ ATHANASSIO-BENISTY. Préface du Prof. Pierre MARIE (avec
62 *fig. et 4 planches*).

Blessures de la Moelle et de la Queue de cheval, — par les
Dʳ G. ROUSSY, Prof. agr., et J. LHERMITTE, Anc. chef de
Laboratoire.

Blessures du Cerveau. *Formes cliniques* — par CH. CHATELIN,
Préface du Pʳ Pierre MARIE (2ᵉ édition).

Le Traitement des Plaies infectées, — par A. CARREL et
G. DEHELLY (avec 78 *figures et 4 planches*) (2ᵉ édition).

Les Blessures de l'abdomen, — par J. ABADIE, Correspondant
Nat. de la Société de Chirurgie, Préface du Dʳ J.-L. FAURE.
(2ᵉ édition.)

Plaies de la Plèvre et du Poumon, — par R. GRÉGOIRE,
Professeur agrégé à la Faculté de Paris, Chirurgien des Hôpitaux, et COURCOUX, Médecin des Hôpitaux de Paris.

Traitement des Fractures, — par R. LERICHE, professeur
agrégé à la Faculté de Médecine de Lyon (2 *volumes*).

TOME I. — *Fractures articulaires (avec 97 fig.)* (2ᵉ édition).

TOME II. — *Fractures diaphysaires (avec 156 figures).* (Épuisé.)

Fractures de l'Orbite — par F. LAGRANGE, Professeur à la
Faculté de Bordeaux (avec 77 *figures et 2 planches*).

Les Fractures de la Mâchoire inférieure, — par L. IMBERT,
Correspondant de la Société de Chirurgie, et Pierre RÉAL (avec
97 *figures*).

Otites et Surdités de Guerre, — par les Dʳˢ H. BOURGEOIS, Oto-rhino-laryngologiste des Hôpitaux de Paris, et SOURDILLE (*avec figures et planches*).

La Prothèse des Amputés *en Chirurgie de guerre,* — par Aug. BROCA, Professeur à la Faculté de Paris, et DUCROQUET. Chirurgien Orthopédiste de l'Hôpital Rothschild (*avec 210 fig.*)

Troubles locomoteurs *consécutifs aux blessures de guerre.* — par Aug. BROCA, Professeur à la Faculté de Paris.

Localisation et extraction des projectiles, — par OMBRÉDANNE. Professeur agr., et R. LEDOUX-LEBARD, (2ᵉ *édition*.)

Electro-diagnostic de guerre. — par A. ZIMMERN, Professeur agr. à la Faculté de Paris, et P. PEROL, ancien Interne Pr.

Guide pratique du Médecin dans les expertises médico-légales militaires, — par le Médecin Principal de 1ʳᵉ classe DUCO et le Médecin-Major de 1ʳᵉ classe BLUM.

Blessures du Crâne. Traitement opératoire des Plaies du Crâne, — par T. de MARTEL (2ᵉ *édition*).

Paraîtront prochainement :

Suture primitive des plaies de guerre, — par le Dʳ René LEMAITRE.

Commotions et Émotions de guerre, — par André LÉRI. Professeur agr., et Th. BECK, ancien Interne des Asiles.

Traitement des Psychonévroses de guerre, — par G. ROUSSY. J. BOISSEAU, et M. D'OELSNITZ.

Prothèse fonctionnelle *en chirurgie de guerre,* — par DUCROQUET, Chirurgien-orthopédiste de l'Hôpital Rothschild.

La Suspension dans le Traitement des Fractures. *Appareils Anglo-Américains,* — par P. DESFOSSES et CHARLES-ROBERT.

Volumes épuisés :

La Syphilis, — par G. THIBIERGE.

Les formes anormales du Téta-nos, — par COURTOIS-SUFFIT et R. GIROUX.

Dysenteries, Choléra, Typhus, — par H. VINCENT.

Psychonévroses, — par les Dʳˢ G. ROUSSY et J. LHERMITTE.

Blessures des Vaisseaux, — par L. SENCERT.

Séquelles ostéo-articulaires, — par A. BROCA.

MASSON ET C⁰ˢ, ÉDITEURS

Viennent de paraître :

F. JAUGEAS

Assistant de radiothérapie à l'Hôpital Saint-Antoine, chef au laboratoire de radiologie du Dʳ BÉCLÈRE.

Précis de

Radiodiagnostic

Technique et Clinique

Deuxième édition revue et augmentée

Un volume broché de 550 pages, 220 figures et 63 planches hors texte... **20** fr.

L'ouvrage se vend relié au prix de **24** fr.

L a deuxième édition de ce Précis n'est pas seulement une réédition considérablement augmentée, elle tient compte de la grande expérience de la guerre qui a permis d'affermir ou d'étendre le domaine de la radiographie, et comprend plusieurs chapitres entièrement remaniés.

Un nombre accru de planches hors texte et de schémas démonstratifs constituent une *documentation par la vue* unique, indispensable dans un ouvrage de cette nature,

Dʳ A. MARTIN

De l'Ambulance de l'Océan, *La Panne*.

La Prothèse

du Membre Inférieur

Préface du Pʳ DEPAGE

Un vol. de 112 pages avec figures dans le texte... **5** fr.

MASSON ET C⁹, ÉDITEURS

MASSON ET C⁰ˢ, ÉDITEURS

Paul ALQUIER
Ancien interne des Hôpitaux
de Paris.

J. TANTON
Médecin principal,
Professeur agrégé du Val-de-Grâce.

L'Appareillage
dans les Fractures

de Guerre

1 vol. in-8 de 250 pages, avec 182 figures . . . . **7 fr. 50**

D⁰ ARCELIN
Chef de service de Radiologie à l'Hôpital Saint-Joseph
et à l'Hôpital Saint-Luc.

L'Exploration radiologique
des Voies Urinaires

1 vol. gr. in-8 de 175 pages avec figures et 6 planches hors texte. **6 fr.**

F. BARJON
Médecin des Hôpitaux de Lyon.

Radiodiagnostic
des Affections
Pleuro-pulmonaires

1 vol. gr. in-8 de 192 pages avec figures et 26 planches . . . . **6 fr.**

MASSON ET C°, ÉDITEURS

J. TINEL

Ancien chef de Clinique et de Laboratoire de la Salpêtrière,
Chef du Centre Neurologique de la IV° Région.

Les Blessures des Nerfs

Sémiologie des Lésions nerveuses périphériques par Blessures de Guerre

Avec Préface du Professeur J. DEJERINE

1 *vol. gr. in-8, de 320 p. avec environ 350 fig. originales*. **12 fr. 50**

D° Francis HECKEL

La Névrose d'Angoisse

et les

États d'émotivité anxieuse

CLINIQUE — PATHOGÉNIE — TRAITEMENT

1 *vol. gr. in-8 de 535 pages* . . . . **9** fr.

D°° DEVAUX et LOGRE

Les Anxieux

ÉTUDE CLINIQUE

Avec Préface du D° DUPRÉ

1 *vol. in-8 de 256 pages*. . . . . **4 fr. 50**

MASSON ET C⁹, ÉDITEURS

COLLECTION DE PRÉCIS MÉDICAUX

(VOLUMES IN-8, CARTONNÉS TOILE ANGLAISE SOUPLE)

Paraîtront en mars 1918 :

L. BARD
Professeur de clinique médicale a l'Université de Genève.

Précis des Examens de laboratoire employés en clinique

3ᵉ édition. *Sous presse.*

J. DARIER
Médecin de l'hôpital Broca.

Précis de Dermatologie

2ᵉ édition. *Sous presse.*

Précis de Pathologie chirurgicale =

PAR MM.

**P. BÉGOUIN, H. BOURGEOIS, P. DUVAL. GOSSET, E. JEANBRAU,
LECÈNE, LENORMANT, R. PROUST, TIXIER**

Professeurs aux Facultés de Paris, Bordeaux, Lyon et Montpellier.

Tome I. — Pathologie chir. générale, Tissus, Crâne et Rachis. — 2ᵉ édition, 1110 pages, 385 figures . . . . **10 fr.**

Tome II. — Tête, Cou, Thorax. — 2ᵉ édition, 1068 pages, 320 figures . . . . **10 fr.**

Tome III. — Glandes mammaires, Abdomen, Appareil génital de l'homme. — 2ᵉ édit., 881 pages, 352 figures. **10 fr.**

Tome IV. — Organes génito-urinaires (suite), Affections des Membres. — 2ᵉ édition, 1200 pages, 429 figures. . **10 fr.**

Aug. BROCA
Professeur d'opérations et appareils à la Faculté de Médecine de Paris.

Précis de Médecine Opératoire =

510 figures dans le texte . . . . **9 fr.**

MASSON ET C⁰, ÉDITEURS
PRÉCIS MÉDICAUX

P. POIRIER
Professeur d'anatomie à la Faculté.

Amédée BAUMGARTNER
Ancien prosecteur

Dissection =

3ᵉ édition, 360 pages, 241 figures . . . . **8 fr.**

H. ROUVIÈRE
Chef des travaux anatomiques et professeur agrégé à la Faculté de Médecine de Paris

Anatomie et Dissection =

Tome I. — Tête, Cou, Membre supérieur. **12 fr.**

Tome II. — Thorax, Abdomen, Bassin, M. inférieur. **12 fr.**

G.-H. ROGER
Professeur à la Faculté de Paris.

Introduction à l'Etude de la Médecine

5ᵉ édit., 795 p. avec un Index explicatif des termes les plus usités. **10 fr.**

J. COURMONT
Professeur à la Faculté de Lyon.

AVEC LA COLLABORATION DE
Ch. LESIEUR et A. ROCHAIX

Hygiène =

810 pages, 227 figures en noir et en couleurs . . . . **12 fr.**

Ét. MARTIN
Professeur à la Faculté de Lyon.

Déontologie = et Médecine professionnelle

Un volume de 316 pages . . . . **5 fr.**

G. WEISS
Professeur à la Faculté de Paris.

Physique biologique =

3ᵉ édition, 566 pages, 575 figures . . . . **7 fr.**

M. LETULLE
Professeur à la Faculté de Paris.

L. NATTAN-LARRIER
Ancien chef de Laboratoire à la Faculté.

Anatomie Pathologique =

Tome I. — Histologie générale. App. circulatoire, respiratoire.
940 pages, 248 figures originales . . . . **16 fr.**

MASSON ET Cie, ÉDITEURS
PRÉCIS MÉDICAUX

Maurice ARTHUS
Professeur à l'Université de Lausanne.

Physiologie =
5ᵉ édition, 930 pages, 320 figures . . . . **12 fr.**

M. ARTHUS

Chimie physiologique =
8ᵉ édition, 430 pages, 130 figures, 5 planches en couleurs . . . **8 fr.**

E. BRUMPT
Professeur agrégé à la Faculté de Paris.

Parasitologie =
2ᵉ édition, 1011 pages, 608 figures et 4 planches en couleurs. **14 fr.**

M. LANGERON
Préparateur à la Faculté de Médecine de Paris.

Microscopie =
2ᵉ édition, 820 pages, 292 figures . . . . **12 fr.**

A. RICHAUD
Professeur agrégé à la Faculté de Paris.

Thérapeutique et Pharmacologie =
3ᵉ édition, 1000 pages . . . . **12 fr.**

P. NOBÉCOURT
Agrégé à la Faculté de Paris.

Médecine infantile =
2ᵉ édition, 932 pages, 136 figures, 2 planches. . . . . **14 fr.**

KIRMISSON
Professeur à la Faculté de Paris.

Chirurgie infantile =
2ᵉ édition, 796 pages, 475 figures. . . . . **12 fr.**

V. MORAX
Ophtalmologiste de l'hôpital Lariboisière.

Ophtalmologie =
2ᵉ édition, 768 pages, 427 figures . . . . **14 fr.**

MASSON ET Ce, ÉDITEURS
PRÉCIS MÉDICAUX

E. JEANSELME
Professeur agrégé.

E. RIST
Médecin des hôpitaux.

Pathologie exotique =

809 *pages*, 160 *figures* . . . . **12 fr.**

Nouvelles éditions en préparation :

Microbiologie clinique, par F. BEZANÇON. — *Biochimie*, par E. LAMBLING. — *Médecine légale*, par LACASSAGNE. — *Diagnostic médical*, par P. SPILLMANN, P. HAUSHALTER, L. SPILLMANN.

Viennent de paraître :

Shémas pour la Localisation des Lésions cérébrales

Par *Mme J DEJERINE* et *J. JUMENTIÉ*

Une fiche 38 × 62 *deux couleurs, 5 dessins d'après nature.*

La fiche . . . **0 fr. 30** | Les 100 fiches . . . **25 fr.**

Schémas d'Observations Cliniques Médicales et Chirurgicales. — Par *J. DEJERINE*

Sept fiches anatomiques 31×36

La fiche. **0 fr. 10** | 50 fiches assorties. **4 fr. 50** | 100 fiches. **8 fr.**

Schéma pour la Localisation des Lésions du Plexus Brachial. — Par *Henry MEIGE*

1 *fiche format* 24×33. La douzaine . . . . **1 fr.**

Schéma pour la Localisation des Lésions crâniennes

Par *Prof. Pierre MARIE, FOIX et BERTRAND*

1 *fiche (papier calque), format* 26×21. La douzaine . . . . . . **1 fr.**

Vient de paraître :

G. ROUSSY
Professeur agrégé, Chef des Travaux
d'Anatomie pathologique
à la Faculté de Paris.

I. BERTRAND
Externe des Hôpitaux de Paris,
Moniteur des Travaux pratiques d'anatomie
pathologique.

Travaux pratiques
d'Anatomie Pathologique
EN QUATORZE SÉANCES

— Préface du Professeur Pierre MARIE —

1 vol. in-8 de VI-224 pages, avec 106 planches, relié . . . . . . **6 fr.**

Ce volume présente sous forme d'atlas, avec texte détaillé en regard des figures, toutes les coupes étudiées dans les séances de travaux pratiques par les étudiants. Ce petit précis sera également utile aux spécialistes à qui il rappellera sous une forme concise les principaux types d'histologie pathologique microscopique.

Gustave ROUSSY
Professeur agrégé à la Faculté de Paris.

Jean LHERMITTE
Ancien chef de laboratoire à la Faculté

Les Techniques
anatomo-pathologiques
du Système nerveux

1 vol. petit in-8, de XVI-255 pages, avec figures, cartonné toile. **5 fr.**

H. BULLIARD
Préparateur d'histologie à la Faculté

Ch. CHAMPY
Prof. agrégé à la Faculté de Paris.

Abrégé d'Histologie
Vingt leçons avec notions de technique

Préface du Professeur A. PRENANT

1 vol. in-8, de 300 pages, 158 figures et 4 planches en couleur, cartonné toile . . . . **6 fr.**

MASSON ET C⁰, ÉDITEURS

J. DEJERINE

Professeur de clinique des maladies nerveuses à la Faculté de Médecine de Paris,
Médecin de la Salpêtrière, Membre de l'Académie de Médecine

Sémiologie des Affections du Système nerveux

1 fort vol. grand in-8 de 1212 pages, avec 560 figures en noir et en couleurs et 3 planches hors texte en couleurs. Relié toile . . . **40** fr.
Relié en 2 volumes . . . . **44** fr.

La Pratique Neurologique

PUBLIÉE SOUS LA DIRECTION DE PIERRE MARIE

Professeur a la Faculté de Médecine de Paris, Médecin de la Salpêtrière.

PAR MM.

O. CROUZON, G. DELAMARE, E. DESNOS, G. GUILLAIN, E. HUET, LANNOIS, A. LÉRI. F. MOUTIER, POULARD, ROUSSY

1 vol. gr. in-8, de 1408 pages, avec 302 fig. Relié toile . . . . **30** fr.

P. RUDAUX

Accoucheur des Hôpitaux de Paris.

Précis élémentaire d'Anatomie, de Physiologie et de Pathologie

TROISIÈME ÉDITION REVUE ET AUGMENTÉE

1 vol. in-8 écu de 828 pages, avec 580 figures dans le texte . . **10** fr.

Gaston LYON
Ancien chef de clinique médicale à la Faculté de Médecine de Paris.

Traité élémentaire
de Clinique thérapeutique

NEUVIÈME ÉDITION, REVUE ET AUGMENTÉE

fort volume gr. in-8 de XII-1791 pages, relié toile . . . . . . **28** fr.

G. LYON
Ancien chef de clinique
à la Faculté de Médecine de Paris.

P. LOISEAU
Ancien préparateur
à l'École supérieure de Pharmacie de Paris.

Formulaire Thérapeutique

CONFORME AU CODEX DE 1908

AVEC LA COLLABORATION DE MM.
L. DELHERM et Paul-Émile LÉVY.

Dixième édition, entièrement revue et augmentée en 1916

1 volume in-18 sur papier indien très mince, *relié maroquin.* **9** fr.

Cinquième édition.

Ch. SABOURIN

Traitement rationnel
de la Phtisie

1 volume in-8 de 172 pages. . . . . **5** fr.

G.-M. DEBOVE
Doyen honoraire de la Faculté.

G. POUCHET
Prof. de Pharmacologie à la Faculté
de Médecine.

A. SALLARD
Ancien interne des Hôpitaux de Paris

Aide-Mémoire de Thérapeutique

2ᵉ *édition. 1 vol. in-8 de 912 pages, relié toile* . . . . **18 fr.**

Ch. ACHARD
Professeur à la Faculté

G.-M. DEBOVE
Doyen de la Fac. de Paris.

J. CASTAIGNE
Professeur ag. à la Faculté.

Manuel des Maladies du Tube digestif

Tome I : *BOUCHE, PHARYNX, ŒSOPHAGE, ESTOMAC*
par **G. PAISSEAU, F. RATHERY, J.-Ch. ROUX**

1 *vol. grand in-8, de 725 pages, avec figures dans le texte* . . **14 fr.**

Tome II : *INTESTIN, PÉRITOINE, GLANDES SALIVAIRES, PANCRÉAS*

par **M. LOEPER, Ch. ESMONET, X. GOURAUD, L.-G. SIMON, L. BOIDIN et F. RATHERY**

1 *vol. grand in-8, de 810 p., avec 116 figures dans le texte* . . **14 fr.**

Manuel des Maladies de la Nutrition et Intoxications

par **L. BABONNEIX, J. CASTAIGNE, Abel GY, F. RATHERY**

1 *vol. grand in-8, 1082 p., avec 118 fig. dans le texte* . . . **20 fr.**

MASSON ET Cᵉ, ÉDITEURS
THÉRAPEUTIQUE CLINIQUE

Alfred MARTINET

Les Médicaments usuels

QUATRIÈME ÉDITION, ENTIÈREMENT REVUE

vol. in-8 de 600 pages, avec figures dans le texte . . . . . . **6** fr.

Alfred MARTINET

Les Aliments usuels

Composition — Préparation

DEUXIÈME ÉDITION, ENTIÈREMENT REVUE

1 vol. in-8 de VIII-352 pages, avec figures . . . . **4** fr.

Les Agents physiques usuels

*(Climatothérapie — Hydrothérapie — Crénothérapie
Thermothérapie — Méthode de Bier — Kinésithérapie
Électrothérapie. — Radiumthérapie.)*

Par les Dʳˢ **A. MARTINET, A. MOUGEOT, P. DESFOSSES, L. DUREY,
Ch. DUCROCQUET, L. DELHERM, H. DOMINICI**

vol. in-8 de XVI-633 pages, avec 170 fig. et 3 planches hors texte. **8** fr.

J. BROUSSES

Ex-répétiteur de Pathologie chirurgicale a l'Ecole du service de santé militaire.
Lauréat de l'Académie de Médecine, Membre correspondant de la Société de Chirurgie

Manuel technique de Massage

QUATRIÈME ÉDITION, REVUE ET AUGMENTÉE

1 vol. in-10, de 455 pages, avec 72 figures dans le texte, cartonné. **5** fr.

MASSON ET C⁰, EDITEURS

Vient de paraître :

Alfred MARTINET

Eléments de Biométrie

1 vol. grand in-8 de 192 pages, avec 72 figures et nombreux tableaux dans le texte. . . . . **4** fr.

Alfred MARTINET

Clinique et Thérapeutique Circulatoires

1 vol. in-8 de 584 pages, avec 222 figures dans le texte. . . . **12** fr.

Alfred MARTINET

Pressions artérielles et Viscosité sanguine

CIRCULATION — NUTRITION — DIURÈSE

1 vol. in-8 de 273 pages, avec 102 figures en noir et en couleurs. **7** fr.

M. LETULLE

Membre de l'Académie de Médecine
Professeur à la Faculté de Paris, Médecin de l'Hôpital Boucicaut.

Inspection — Palpation Percussion — Auscultation

DEUXIÈME ÉDITION, REVUE ET CORRIGÉE

1 vol. in-16 de 286 pages 116 fig. expliquées et commentés) . . **4** fr.

Dr *Alb.* **TERSON**
Ancien interne des Hôpitaux,
Ancien Chef de Clinique Ophtalmologique
à l'Hôtel-Dieu.

Ophtalmologie

du Médecin praticien

1 vol. in-8 relié, 480 *pages*, **348 figures** *et* 1 *planche* . . . . **12** fr.

Dr *G.* **LAURENS**

Oto-Rhino-Laryngologie

du Médecin praticien

DEUXIÈME ÉDITION

1 vol. in-8 relié, 418 *pages*, **393 figures** *dans le texte*. . . . **10** fr.

Ces deux ouvrages ne sont pas des livres de spécialistes.
Ils sont écrits pour *tous* les médecins qui, dans la clientèle
ou l'hôpital (maladie, accident ou blessure), sont contraints *tôt
ou tard* de voir *les premiers*, et *seuls*, un œil, une oreille, un nez,
une gorge malades. — Les ouvrages des Drs TERSON et LAURENS
disent au praticien ce qu'il faut observer ou entreprendre et
jusqu'où l'intervention lui appartient.

Ces deux livres contiennent un très grand nombre de croquis
et de schémas. Texte et figures se complètent et se commentent.

A. CHAUFFARD

Professeur de Clinique médicale à la Faculté de Médecine de Paris

Leçons

sur la

Lithiase Biliaire

1 vol. in-8 de 242 pages avec 20 planches hors texte, relié toile. **9 fr.**

F. BEZANÇON

Professeur agrégé
à la Faculté de Médecine de Paris,
Médecin des Hôpitaux.

S. I. DE JONG

Ancien chef de clinique
à la Faculté de Médecine
de Paris

Traité

de l'examen des crachats

Etude Histochimique

Cytologique, Bactériologique et Chimique

1 vol. in-8 de 411 pages, avec 8 planches en couleurs. . . . . **10 fr.**

Antoine FLORAND

Médecin
de l'hôpital Lariboisière.

Max FRANÇOIS

Assistant de consultation
à l'hôpital St-Antoine.

Henri FLURIN

Médecin
des Eaux de Cauterets.

Les Bronchites chroniques

Leur traitement

1 vol. in-8 de VIII-351 pages . . . . **4 fr.**

Jules COMBY

Médecin de l'hôpital des Enfants-Malades.

Deux cents
Consultations médicales
Pour les Maladies des Enfants

4ᵉ *édition. 1 vol. in-16, cartonné toile* . . . . **3 fr. 50**

La 4ᵉ édition de ce vade-mecum de poche a été méthodiquement complétée : ce petit livre néglige les curiosités cliniques. Ce qui intéresse le praticien, c'est la maladie commune, banale, et cet aide-mémoire contient, classés par ordre alphabétique, tous les renseignements pratiques nécessaires.

P. NOBÉCOURT

Professeur agrégé à la Faculté de Médecine de Paris, Médecin des hôpitaux.

Conférences pratiques
sur l'Alimentation
des Nourrissons

2ᵉ *édition. 1 vol. in-8 de 373 pages, avec 33 fig. dans le texte.* . **5 fr.**

A. LESAGE

Médecin des hôpitaux de Paris.

Traité
des Maladies du Nourrisson

1 *vol. in-8 de VI-736 pages, avec 68 figures dans le texte.* . . . **10 fr.**

Le nourrisson a une vie particulière et une pathologie spéciale. Pour les connaître, il faut comprendre le fonctionnement normal et pathologique de son organisme. L'ouvrage du Dʳ Lesage se place exclusivement à ce point de vue et éclaire, par les données acquises de la physiologie du nourrisson, la thérapeutique de ses maladies.

MASSON ET Cⁱᵉ, ÉDITEURS

E. FORGUE
Professeur de Clinique chirurgicale
a la Faculté de Médecine de Montpellier.

E. JEANBRAU
Professeur agrégé
à la Faculté de Médecine de Montpellier

Guide pratique du Médecin
dans les
Accidents du Travail

TROISIÈME ÉDITION AUGMENTÉE ET MISE AU COURANT DE LA JURISPRUDENCE

Par M. MOURRAL
Conseiller à la Cour de Rouen.

1 vol. in-8 de XXIV-684 pages, avec figures, cartonné toile . . . **9 fr.**

L. IMBERT
Agrégé des Facultés, Professeur
à l'Ecole de Médecine de Marseille,
Médecin expert près les Tribunaux.

C. ODDO
Professeur
à l'Ecole de Médecine de Marseille,
Médecin expert près les Tribunaux.

P. CHAVERNAC
Médecin expert près les Tribunaux.

Guide pour l'Evaluation
des Incapacités
DANS LES ACCIDENTS DU TRAVAIL

Préface de M. René VIVIANI

1 vol. in-8 de 950 pages, avec 88 figures, cartonné toile . . . **12 fr.**

Traité
des Maladies de l'Enfance

PUBLIÉ SOUS LA DIRECTION DE

J. GRANCHER
Professeur a la Faculté de Médecine de Paris,
Membre de l'Academie de Médecine,
Médecin de l'Hôpital des Enfants-Malades.

J. COMBY
Médecin de l'Hôpital des Enfants-Malades
Médecin du Dispensaire pour les Enfants
de la Société Philanthropique.

DEUXIÈME ÉDITION, ENTIÈREMENT REFONDUE

5 forts volumes gr. in-8 avec figures dans le texte . . . . . **112 fr.**

Ch. BOUCHARD

Professeur honoraire de pathologie générale
à la Faculté de Paris
Membre de l'Académie des Sciences
et de l'Académie de Médecine.

G.-H. ROGER

Professeur de pathologie expérimentale
à la Faculté de Paris
Membre de l'Académie de Médecine,
Médecin de l'Hôtel-Dieu.

Nouveau Traité de
Pathologie générale

Quatre volumes grand in-8, avec nombreuses figures dans le texte, reliés toile.

Volumes parus :

Tome I. — 1 *vol. gr. in-8 de 909 pages, relié toile* . . . . . . **22** fr.

Collaborateurs du Tome I : **Ch. ACHARD, J. BERGONIÉ, P. J. CADIOT et H. ROGER, P. COURMONT, M. DUVAL et P. MULON, A. IMBERT, J.-P. LANGLOIS, P. LE GENDRE, F. LEJARS, P. LENOIR, Th. NOGIER, H. ROGER, P. VUILLEMIN.**

Matières contenues dans ce volume : *Introduction. — Pathologie comparée de l'homme et des animaux. — Notions de Pathologie végétale. — Étiologie et pathogénie. — Pathogénie générale de l'Embryon; Tératogénie. — L'Hérédité et la Pathologie générale. — Immunités et prédispositions morbides. — De l'Anaphylaxie. — Les Agents mécaniques. — Influence du travail professionnel sur l'organisme. — Les Variations de Pression extérieure. — Actions pathogènes des Agents Physiques. — La lumière. — Les Agents chimiques; Les Caustiques.*

Tome II. — 1 *vol. gr. in-8, de 1174 pages, 204 fig. Relié toile.* **28** fr.

Collaborateurs du Tome II : **Fernand BEZANÇON, E. BODIN Jules COURMONT, Jules GUIART, A. ROCHAIX, G.-H. ROGER, Pierre TEISSIER**

Matières contenues dans ce volume : *Les Intoxications et les Auto-intoxications. — Parasitisme et Infection : Étiologie générale. — Les Bactéries. — Les Champignons parasites de l'Homme. — Biologie et rôle pathogène des Parasites animaux. — La Maladie Infectieuse; Étude pathogénique.*

L'ouvrage sera complet en 4 volumes. On acceptera des souscriptions jusqu'à l'apparition du tome III, au prix de 105 francs.

A. BESREDKA
Professeur à l'Institut Pasteur.

Anaphylaxie
et Antianaphylaxie

Préface de E. ROUX
Membre de l'Institut, Directeur de l'Institut Pasteur.

1 vol. in-8, de 160 pages . . . . **4 fr.**

A. PRENANT
Professeur
à la Faculté de Paris.

P. BOUIN
Professeur agrégé
à la Faculté de Nancy.

L. MAILLARD
Chef des travaux de Chimie biologique à la Faculté de Médecine de Paris

Traité d'Histologie

TOME I. — *CYTOLOGIE GÉNÉRALE ET SPÉCIALE*
TOME II. — *HISTOLOGIE ET ANATOMIE*

1 vol. gr. in-8, de XI-1199 p., avec 572 fig. dont 31 en couleurs. **50 fr.**

P.-J. MORAT
Professeur
à l'Université de Lyon.

Maurice DOYON
Professeur adjoint à la Faculté
de Médecine de Lyon.

Traité de Physiologie

TOME I. — **Fonctions élémentaires** . . . . **15 fr.**
TOME II. — **Fonctions d'innervation**, avec 263 figures . . **15 fr.**
TOME III. — **Fonctions de nutrition.** — Circul. — Calorif. **12 fr.**
TOME IV. — **Fonctions de nutrition** (*suite et fin*). — Respiration,
excrétion. — Digestion, absorption, avec 167 figures. . . . **12 fr.**
En préparation :
TOME V ET DERNIER. *Fonctions de relation et de reproduction.*

P. ACHALME
Directeur du Laboratoire colonial du Muséum, Ancien chef de clinique
à la Faculté de Médecine de Paris

Electronique et Biologie

1 volume gr. in-8 de 728 pages . . . . **18 fr.**

Vient de paraître

Leishmanioses

Kala-Azar, Bouton d'Orient, Leishmaniose américaine

Par A. LAVERAN

Professeur à l'Institut Pasteur,
Membre de l'Institut et de l'Académie de Médecine.

1 vol. in-8 de 515 pages, 40 figures, 6 planches hors texte en noir
et en couleurs. . . . . **15** fr.

A. LAVERAN
Professeur à l'Institut Pasteur
Membre de l'Institut.

F. MESNIL
Professeur
à l'Institut Pasteur.

Trypanosomes
et Trypanosomiases

2ᵉ *édition*, 1 vol. gr. in-8 de VIII-1000 pages, avec 198 figures dans le
texte et une planche hors texte en couleurs. . . . . **25** fr.

R. SABOURAUD
Directeur du Laboratoire Municipal à l'Hôpital Saint-Louis.

Maladies du Cuir Chevelu

TOME I. — *Maladies Séborrhéiques*. 1 vol. gr. in-8 . . . . . **10** fr.
TOME II. — *Maladies desquamatives*. 1 vol. gr. in-8 . . . . . **22** fr.
TOME III. — *Maladies cryptogamiques*. 1 vol. gr. in-8 . . . . **30** fr.

La Pratique Dermatologique

PUBLIÉE SOUS LA DIRECTION DE MM.

Ernest BESNIER, L. BROCQ, L. JACQUET

4 volumes reliés, avec figures et 89 planches en couleurs. . . **156** fr.

TOME I : **36** fr. — TOMES II, III, IV, chacun : **40** fr.

MASSON ET Cⁱᵉ, ÉDITEURS

P. POIRIER — A. CHARPY

Traité
d'Anatomie Humaine

NOUVELLE ÉDITION, ENTIÈREMENT REFONDUE PAR

A. CHARPY *et* **A. NICOLAS**

Professeur d'Anatomie à la Faculté
de Médecine de Toulouse

Professeur d'Anatomie à la Faculté
de Médecine de Paris.

O. AMOEDO, ARGAUD, A. BRANCA, R. COLLIN, B. CUNÉO, G. DELAMARE,
Paul DELBET, DIEULAFÉ, A. DRUAULT, P. FREDET, GLANTENAY,
A. GOSSET, M. GUIBÉ, P. JACQUES, Th. JONNESCO, E. LAGUESSE,
L. MANOUVRIER, P. NOBÉCOURT, O. PASTEAU, M. PICOU, A. PRENANT,
H. RIEFFEL, ROUVIÈRE, Ch. SIMON, A. SOULIÉ, B. de VRIESE,
WEBER.

P. POIRIER
Professeur d'Anatomie à la Faculté
de Médecine de Paris.

A. CHARPY
Professeur d'Anatomie à la Faculté
de Médecine de Toulouse.

B. CUNÉO
Professeur agrégé à la Faculté de Médecine de Paris.

Abrégé d'Anatomie

TOME I. — *Embryologie — Ostéologie — Arthrologie — Myologie.*

TOME II. — *Cœur — Artères — Veines — Lymphatiques — Centres nerveux — Nerfs crâniens — Nerfs rachidiens.*

TOME III. — *Organes des sens — Appareil digestif et annexes — Appareil respiratoire — Capsules surrénales — Appareil urinaire — Appareil génital de l'homme — Appareil génital de la femme — Périnée — Mamelles — Péritoine.*

3 volumes in-8°, formant ensemble 1620 pages, avec 976 figures en noir et en couleurs dans le texte, richement reliés toile, tête rouge. **50 fr.**

Avec reliure spéciale, dos maroquin. **55 fr.**

Précis de
Technique Opératoire

PAR LES PROSECTEURS DE LA FACULTÉ DE MÉDECINE DE PARIS

Avec introduction par le Professeur Paul BERGER

Pratique courante et Chirurgie d'urgence, par VICTOR VEAU. 4° *édition.*

Tête et cou, par CH. LENORMANT. 4° *édition.*

Thorax et membre supérieur, par A. SCHWARTZ. 3° *édition.*

Abdomen, par M. GUIBÉ. 3° *édition.*

Appareil urinaire et appareil génital de l'homme, par PIERRE DUVAL. 4° *édition.*

Appareil génital de la femme, par R. PROUST. 3° *édition.*

Membre inférieur, par GEORGES LABEY. 3° *édition.*

Chaque vol. illustré de nombreuses fig., la plupart originales . . **5 fr.**

Septième édition

Félix LEJARS

Professeur à la Faculté de Médecine de Paris, Chirurgien de l'Hôpital Saint-Antoine.

Traité de
Chirurgie d'urgence

1 vol. gr. in-8, de 1170 pages, 1086 figures, 20 planches, relié en
un volume . . . . **30 fr.**

Se vend également en deux volumes reliés. **35 fr.**

Cette fois encore le livre a été remis en chantier. Il n'a pas
grossi, bien qu'il comporte cinq chapitres nouveaux sur la
dilatation aiguë de l'estomac, les *interventions d'urgence dans
les pancréatites aiguës*, *l'oblitération des vaisseaux mésentériques*,
les *sigmoïdites*, les *luxations du bassin*, de multiples additions
de technique et 92 figures nouvelles.

Th. TUFFIER

Professeur agrégé.
Chirurgien de l'Hôpital
Beaujon.

P. DESFOSSES

Chirurgien de la Fondation de Gramont
d'Aster. Chirurgien adjoint de l'Hôpital
Britannique de Paris.

Petite Chirurgie pratique

QUATRIÈME ÉDITION REVUE ET AUGMENTÉE

1 vol. gr. in-8 de XII-670 pages avec 387 figures, relié toile. . **10 fr.**

Les Phagocytes en Chirurgie

Par le D' Raymond PETIT

Avec une Préface de M. le Professeur METCHNIKOFF

1 vol. in-8, avec 2 planches hors texte en couleurs . . . . **8 fr.**

G. MARION

Professeur agrégé à la Faculté.
Chirurgien de l'hôpital Lariboisière
(service Civiale)

M. HEITZ-BOYER

Chirurgien des hôpitaux,
Ancien chef de Clinique de l'hôpital
Necker.

Traité pratique
de Cystoscopie et de
Cathétérisme urétéral

2 vol. gr. in-8, reliure toile. L'ouvrage complet . . . . **50 fr.**

TOME I. — Cystoscopie d'Exploration

AVEC LA COLLABORATION DE

P. GERMAIN

Ancien assistant du service Civiale, Ancien interne de Necker.

1 vol. très gr. in-8 de 197 pages, avec 38 planches en couleurs hors texte et 88 figures dans le texte.

TOME II. — Cathétérisme urétéral,
intervention cystoscopique, cystophotographie

1 vol. très gr. in-8 de 194 pages, avec 18 planches en noir et en couleurs et 109 figures dans le texte.

Traité
de Gynécologie
Clinique et Opératoire

Par Samuel POZZI

Professeur de Clinique gynécologique
à la Faculté de Médecine de Paris,
Membre de l'Académie de Médecine,
Chirurgien de l'hôpital Broca.

QUATRIÈME ÉDITION, ENTIÈREMENT REFONDUE

Avec la collaboration de F. JAYLE

2 vol. gr. in-8 formant ensemble 1500 pages, avec 891 figures dans le texte. Reliés toile . . . . **40 fr.**

Léon BÉRARD
Professeur de clinique chirurgicale
à la Faculté de Médecine de Lyon.

Paul VIGNARD
Chirurgien de la Charité
(Lyon).

L'Appendicite

Étude clinique et critique

1 vol. gr. in-8 de XII-876 pages, avec 158 figures dans le texte. **18 fr.**

L. OMBRÉDANNE
Professeur agrégé à la Faculté de Médecine de Paris,
Chirurgien de l'Hôpital Bretonneau.

Technique Chirurgicale

Infantile

Indications opératoires, Opérations courantes

1 vol. in-8 de 342 pages, avec 210 figures . . . . **7 fr.**

Traité Médico-Chirurgical

des

Maladies de l'Estomac

et de l'Œsophage

Par MM.

A. MATHIEU
Médecin
de
l'Hôpital St-Antoine.

L. SENCERT
Professeur agrégé
à la
Faculté de Nancy.

Th. TUFFIER
Professeur agrégé,
Chirurgien
de l'Hôpital Beaujon.

AVEC LA COLLABORATION DE :

J. CH.-ROUX
Ancien interne
des
Hôpitaux de Paris,

ROUX-BERGER
Prosecteur
a l'Amphithéâtre
des Hôpitaux.

F. MOUTIER
Ancien interne
des
Hôpitaux de Paris

1 vol. gr. in-8 de 934 pages avec 300 figures dans le texte. . . **20 fr.**

MASSON ET Cⁱᵉ, ÉDITEURS

*Nouvelle
Publication périodique :*

Vient de paraître :

Fascicule I

AMBULANCE
DE L'OCÉAN

LA PANNE

Travaux publiés sous la direction du

Dᴿ A. DEPAGE

SECRÉTAIRES DE LA RÉDACTION :

Dᴿ A.ˢP. DUSTIN   Dᴿ G. DEBAISIEUX

Le Professeur Depage et ses collaborateurs ont entrepris la publication des travaux cliniques et scientifiques exécutés à l'Ambulance de l'Océan à La Panne (Belgique).

Ces travaux paraissent deux fois par an, par fascicules de 3oo pages environ; la plupart des grandes questions ayant trait à la chirurgie de guerre y sont étudiées par des praticiens spécialisés.

Grâce à la fondation à La Panne d'un Institut de Recherches scientifiques, la plupart des problèmes bactériologiques, sérologiques, biochimiques, cytologiques soulevés par l'étude des plaies de guerre ont pu être abordés avec fruit et feront également l'objet de nombreux articles.

L'ABONNEMENT POUR DEUX FASCICULES (1917 OU 1918) EST DE **30** FR. POUR LA FRANCE ET L'UNION POSTALE

Les fascicules sont vendus séparément 18 fr.

8o9o8. — IMP. LAHURE.